중국문학의 전통과 모색

박종숙 외 26인 공저

신아사

머리말

천지는 만물이 잠시 쉬어가는 곳이요, 시간은 영원토록 이곳을 지나가는 나그네(夫天地者, 萬物之逆旅, 光陰者, 百代之過客)라고 했습니다. 지난 젊은 시절, 류성준 선생님의 지도 아래, 모르는 한자 가득한 전공서적과 씨름했던 것이 엊그제 같은데, 어느새 선생님의 정년 기념 논문집을 준비하는 자리가 되었습니다. 청년 같았던 선생님을 모시고 학문의 즐거움을 알아가던 것이 엊그제 같은데, 선생님의 머리가 날로 희어지심을 뵈오니 슬프고도 감회가 새롭습니다. 시간과 공간의 무한한 흐름 속에 처한 유한한 삶을 노래하며, 긴 봄밤을 배회했던 이백이 생각납니다.

류성준 선생님께서는 지난 1980년도 한국외국어대학교 중국어과에 부임하신 이래 삼십 년 가까이 학문 연구와 제자 지도에 온갖 애정과 심혈을 쏟으셨습니다. 오늘 퇴임을 맞이하시는 선생님을 기리기 위해, 한국외국어대학교 대학원에서 박사학위를 지도받은 제자 스물 한 명과, 박사를 수료했거나 석사학위를 지도받은 후 유학 등을 통해 박사학위를 취득한 여섯 명이, 한데 모여 조촐한 자리를 마련했습니다. 물론 여기 모인 제자들 외에도 일반대학원 및 교육대학원에서 선생님의 지도를 받은 제자들은 수없이 많습니다. 다만 선생님의 제자들 가운데 이제까지 대학의 강단에서 강의와 연구를 업으로 삼는 스물 일곱 명이 선생님의 정년퇴임을 기념하는 논문집을 마련하게 된 것입니다. 이미 발표하였던 논문 가운데서, 나름대로 의의가 있다고 여겨지는 글들을 엄선하여 엮었습니다. 비록 류성준 선생님께서 일구어내신 연구 성과에 비하면 학문적 깊이와 폭이 그야말로 부끄러운 것들이지만, 이 정도의 자세로 홀로 설 수 있었던 것 역시 오로지 선생님 덕분입니다.

저희들은 인생에서 가장 젊고 왕성하게 삶을 헤쳐 나아가는 때인 2·30대에, 십여 년 이상을 선생님의 지도와 보살핌 아래, 학문에 대한 열정과 꿈을 키워왔다고 할 수 있습니다. 그 동안 선생님께서는 우리들이 비바람을 맞지 않게 막아주셨으며, 홀로 걸을 수 있도록 엄하게 훈육하셨습니다. 학문의 길에 들어선 누구나 그러하겠지만, 때로는 이루고자 하는 이상은 높은데, 학문적 열정만 가지고는 도무지 막연하여 어쩌지 못하던 때가 한두 번이 아니었습니다. 그때마다 자상하게 이끌어주시며 격려의 말씀을 아끼지 않으셨고 다독여 주셨습니다. 그러다가도 문득 우리들이 해이해진 마음으로 허튼 쪽을 넘보기라도 하면, 엄히 꾸중하고 일깨워 주셨습니다.

우리 제자들은 이제 4~50대 한창 나이로 나름의 학문적 성과를 일구어내야 한다는 압박을 받는 때에 이르렀습니다. 선생님께서 이제껏 쌓아 오신 학문적 업적이 도무지 오를 수 없는 크나큰 벽이라는 것을 더욱 실감하곤 합니다. 아마도 선생님께서는 퇴임의 이 순간에도 다음의 연구 목표를 궁리하고 계실 것이 분명합니다. 선생님께서 일생을 통해 이루신 '당시' 연구 방면에서의 업적은 이미 모두가 공인하는 큰 산이 되었으며, 그것은 한두 번의 반짝이는 기발한 발상으로 이루어 낼 수 있는 것이 아님을 저희들은 잘 알고 있습니다. 잘 안다고는 하지만 이 역시 아무나 뒤따를 수 없는 길이라는 것도 잘 알고 있습니다. 그래서 더더욱 선생님을 통해서 오늘의 우리 자신을 비추어 보며 앞으로의 길을 가늠해 보게 됩니다.

아직도 젊고 건강하시며, 학문의 열정 역시 여전하신 우리 선생님이 세월의 풍상을 뒤로 하고 일선의 자리에서 물러나시게 되었습니다.

그러나 선생님의 학문연구와 후진 양성의 현장에는 정년이 없습니다. 선생님께서 이제 현직에서 물러나 계신다고 해서 이제까지 뵈었던 선생님의 모습과 위상이 달라지지는 않을 것입니다. 이번 선생님의 퇴임은 오히려 그동안 짊어지셔야 했던 자질구레한 여러 공식적인 업무로부터 벗어나게 해드리는 하나의 절차에 지나지 않을 것입니다. 어쩌면 선생님께선 이제까지 이루어내신 연구 성과를 바탕으로 학문 연구와 제자 지도에 더 많은 시간을 낼 수 있는 홀가분한 기회를 맞으신 것인지도 모릅니다. 부디 건강을 잘 보살피시어 이제껏 그리하셨던 것처럼 모두의 곁에서 변함없는 학문적 열정으로 보다 높이 보다 멀리 정진하시기를 간절히 기원합니다. 강의와 연구논문을 통해서 여전히 언제 어디서나 선생님을 뵐 수 있기를 기원합니다.

오늘 이 논문집을 내기까지 여러 동문들과 출판사 사장님, 그리고 편집부 여러분이 보내주신 아낌없는 노고에 깊은 감사의 인사를 올립니다.

2008년 8월 15일

저자 일동

목 차

제2장 중국문학의 자연성과 미학

제3장 중국 고전시가의 시대정신과 내면세계

제4장 중국 고전시가의 형식과 예술적 표현

제5장 중국 현대문학의 방황과 모색

제1장

중국문학의 기원과 이론

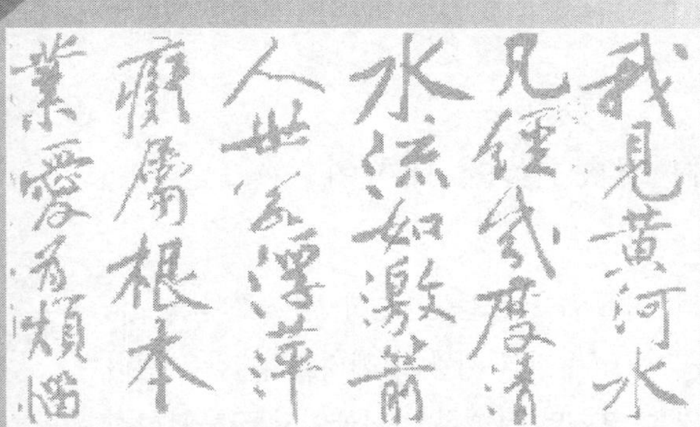

神話的 現實主義와 中國文學

朴鍾淑[*]

Ⅰ. 幻想的 現實主義에 대하여

최근 문예사조로서 환상적 현실주의 또는 마술적 현실주의(magic realism)가 각광을 받고 있다. 이는 『반지의 제왕』, 『해리포터』 같은 판타지소설을 시나리오로 하고 있는 영화의 선풍적 인기몰이와도 무관하지 않으나, 어쨌든 청소년의 청각과 시각을 사로잡고 있는 영상물이 상대적으로 날로 침체의 늪에 빠져들고 있는 순수 시, 소설 등의 손을 잡아끌고 있다는 점에서 문학의 앞날에 희망을 주고 있다.

환상은 비현실적인 허상으로, 눈에 보이지 않는 세계이다. 흔히 상상, 직관을 통하여, 또는 의식의 자연스런 흐름을 통하여 닿을 수 있는 환상은 문예사조로 말하자면 낭만주의, 상징주의, 내지는 초현실주의와 통한다. 반면에 현실은 문자 그대로 현실적인 실상으로, 눈에 역력히 보이는 세계이다. 그 때문에 과학적이고 상식적이며 합리적 분석이 가능한 영역이기도 하다. 문예사조로 말하자면 현실주의는 낭만주의, 상징주의, 초현실주의의 반대 지점에 서 있는 고전주의, 사실주의 및 자연주의와 통한다. 이처럼 어찌 보면 전혀 상반된 문예사조로서 도저히 서로 결합할 수 없을 듯한

* 호서대학교 중어중국학과 교수

환상과 현실이 가로 세로로 交織되어 있는 문예사조가 바로 환상적 현실주의이다.

한국의 문단에서 환상적 현실주의 계열의 작품을 발표해온 작가로는 최인석, 신경숙, 원재길 같은 청장년 작가들을 들 수 있다. 최인석의 경우를 보면 그의 「내 사랑 나의 귀신」에서처럼 주로 귀신과 그 귀신의 宿主가 되는 인간의 어울림을 통하여 달동네 철거촌의 척박한 현실을 타개하고 있다. 즉 이 소설에 일인칭 화자로 등장하는 '나'는 친구 귀연이의 엄마를 남몰래 사모하는데, 그녀는 최 영 장군 귀신을 모신 무당으로서, 푸닥거리 따위의 비현실적인 의식을 진행하기도 하지만 산동네 철거민들의 현실적인 생존권을 위하여 스스로 철거반의 삽차에 몸을 던진다. 귀신의 숙주로서 고상하게 안주하지 않고 온 몸을 던져 달동네 철거민의 처참한 마음을 현실적으로 대변하고 있는 것이다.

한편 "이미 사라지고 없는 것들을 불러와 유연하게 본질에 닿게 하고 자연의 꿈에 잠기게 하고 싶은 꿈"[1]이 있는 작가 신경숙은 "살아있는 사람들은 죽음을 먹고 산다"[2]고 단언하며 "소설이 보이는 것과 보이지 않는 것을 헤치고 나가 언젠가는 존재의 빛을 보게 해주리라 믿는다."[3] 그 때문에 그녀의 소설에서는 어린 시절 기차에 치어 죽은 어린애들의 모습이 보이고 말소리와 웃음소리가 들리고, 죽은 영혼이 산 친구들을 방문하고, 사람이 소와 사슴과 강아지와 대화를 하기도 한다. 그런가 하면 신경숙은 『외딴 방』, 『바이올렛』 같은 소설의 주인공을 통하여 빈궁한 삶 속에서 극도의 고독을 경험하면서 몸과 마음의 죽음을 초래하는 주인공의 현실을 적나라하게 그림으로써 궁극적으로 독자를 어디까지나 리얼리즘의 세계에 묶어둔다.

또 다른 한편 원재길은 「달밤에 몰래 만나다」에 '뿔이 하나 뿐인 염소', '눈이 하나이고 다리가 여섯인 송아지', '귀가 셋인 토끼', '늑대 울음소리를

1) 신경숙, 「부석사」, 『2001년도 이상문학상작품집』, 문학과 지성사, 2001, 당선소감
2) 신경숙, 『외딴방』, 문학동네, 2001, 313쪽
3) 신경숙, 『오래전 집을 떠날 때』, 창작과 비평사, 1997 서언

내는 분홍빛 오리' 같은 환상적 동물들을 등장시킴으로써, 이들 괴상한 동물에게 어린 시절 성장장애로 친구들로부터 따돌림 당하던 친구 영순이를 결부시킨다. 한마디로 이 같이 기형적인 동물들이 백안시되는 현실을 통하여 이 사회에서 손가락질 받으며 살아갈 수밖에 없는 장애인들의 현실을 파헤친 것이다. 장르는 다르지만 이창동 감독의 영화『오아시스』에서도 현실적으로 다소 모자라는 남녀 주인공이 서로 사랑하게 되어 서로 업고 업혀 도는 중, 느닷없이 인도 소년과 아기 코끼리가 등장하여 방안에 사랑의 꽃비를 뿌리는 장면이 있는데, 매우 환상적이면서도 장애 남녀의 사랑이라는 너무나 애절한 현실이 부각되어 있다.

중국문학사를 거슬러 올라가면『山海經』을 비롯하여 위진남북조 시대의『搜神記』『續薺諧記』등에서 환상과 현실이 교차되어 있는 많은 이야기를 발견한다. 특히 위진남북조 시대의 지괴소설에는 귀신이나 도깨비와 교류하는 사람, 개미나라와 박달나라에 가서 벼슬을 하고 사는 인물들이 등장하는데, 소설은 반드시 현실적인 물증, 예를 들어 구리 쟁반을 남기거나 주인공이 꿈을 깨고 현실로 돌아오는 것으로 끝을 맺는다. 지괴소설의 이 같은 마무리는 꿈과 현실, 즉 환상과 현실을 자연스럽게 연결해주는 교량적 역할을 함으로써 환상적 현실주의의 문예사조에 부합되는 바가 있다. 위진남북조의 지괴소설은 唐나라 때 李公佐의「南柯太守傳」의 傳奇소설과 明 나라 때 吳承恩의『西遊記』등의 종교소설로 이어지면서 환상적 현실주의 소설의 맥을 후대까지 이어갔다고 할 수 있다.

사회주의현실주의를 중심축으로 하고 있는 중화인민공화국의 현대문학사에서도 환상적인 현실주의 작품을 발견할 수 있다. 이른바 혁명적 낭만주의 작품으로 분류된 마오쩌뚱의 詞「蝶戀花」가 바로 그 경우인데, 주지하다시피 마오쩌뚱은 1950년대에 新民歌運動을 제창하면서 이 작품을 직접 썼는데, 공산혁명이라는 현실적 과제에 달의 신 같은 낭만을 끌어들인 이 작품은 당시 문인들 사이에도 적지 않은 논란을 불러 일으켰다. 왜냐하면 오늘날도 그러하지만 당시의 문인들도 대체로 현실주의는 이상을 동경하는 낭만주의에 대한 반발에서 나온 것이기 때문에 현실주의와 낭만주의가 결합하기는 어렵다고 보았기 때문이다. 그러나 마오쩌뚱은 민중을 대상으로 사회주의 혁명을 효과적으로 고취시키기 위해 民歌에는 혁명현실주의와 혁명낭만주의를 결합해야 한다는 주장을 거두지 않았을 뿐만 아니라 스스로 그러한 민가를 짓기까지 하였다. 즉 1930년 국민당에 의하여 피살된 자신의 첫 부인인 楊開慧의 친구 李淑一에게 화답하는 형식으로 지은 「접련화」는 남편 柳直筍을 잃은 리수이와 아내를 잃은 마오쩌뚱 자신의 동병상련을 드러낸 작품으로, 하늘나라로 간 양카이후이와 리우즈쑨의 소재를 묻는 마오쩌뚱에게 달의 남신 吳剛이 승리를 뜻하는 월계화 술을 받쳐 들고 달의 여신 姮娥가 이들의 충성을 위해 춤을 춘다는 환상적인 내용으로 되어 있다.

Ⅱ. 환상의 寶庫로서의 東北亞 神話

「접련화」에서처럼 환상의 원형은 신화이다. 일찍이 융(C. Jung)은 신화를 인류의 집단 무의식의 원형으로 보았고, 프라이(N. Frye)는 융의 이론을 신화비평이론으로 더욱 발전시켜 『비평의 해부(*Anatomy of Criticism*)』를 저술하였는데, 이 책은 문학에 있어서 신화가 얼마나 중요한 원형적 이야기인지에 대하여 갈파하고 있다.

사실 그리스 로마신화에 비하여 동북아시아의 신화는 그리 잘 정리되어 있지 않은 상태다. 『山海經』, 『楚辭』, 『列子』, 『桓檀古記』, 『符都誌』 등에 산재되어 있는 동북아 신화는 양적, 질적으로 그리스 로마신화에 뒤지지 않건만 이야기들이 얽히고 설혀서 일목요연하게 이해하기 어렵다는데 문제가 있다. 이처럼 난마처럼 얽혀 있는 동북아 신화를 요령 있게 정리하는 일은 본 논문의 능력 밖의 일이므로 차후의 과제로 넘기고, 본 장에서는 우선 동북아 신화에 등장하는 신들의 가장 기본적인 특성, 즉 신과 인간, 동물 및 자연물과의 관계, 나아가 신과 시간 및 신과 공간의 관계를 분석한다. 아울러 다음 장에서는 이들 신들의 이야기가 중국현대문학의 현실주의 소설과 시 속에서 구체적으로 어떠한 역할을 하고 있는지 살펴보기로 한다.

1. 사람과 동물과 한 몸인 신들의 이야기

동북아시아의 신들은 흔히 사람과 동물이 동체인 경우가 많은데 伏羲氏, 女媧氏, 神農氏, 共工氏, 西王母 등의 경우다. 먼저 팔괘를 처음으로 열어 하늘과 땅과 森羅萬象의 뜻을 전하였고 그물을 만들어 사람들에게 고기 잡는 법을 가르쳐주었다는 복희씨는 庖犧氏 또는 太昊氏로도 불리는데 몸은 뱀이고 머리는 소이고 범 꼬리에 얼굴이 사람이다. 또한 三皇 가운데 한 분이고 여와씨[4]의 오라버니로도 알려져 있다.

다음으로 여와씨는 복희씨의 누이 신으로서, 「복희 여와도」에서는 복희씨와 한 몸을 이루는 근친상간의 형상을 하고 있다. 女希氏, 媧皇이라고도 불리는 여와씨는 진흙으로 최초의 사람을 빚어서 만든 인류창조의 신으로도 알려져 있다. 「창세기」에서는 기독교의 신 여호와가 아담과 이브를 진흙으로 빚었다고 하는데, 여호와와 비슷한 발음의 여와씨가 만든 사람은 아담과 이브 둘만이 아니라 꽤 여럿이었다고 전한다. 즉 처음에는 진흙으로 인형을 빚듯 한 사람씩 빚던 여와씨는 성이 차지 않자 걸쭉한 진흙반죽과 새끼줄을 들고 높은 산에 올라가 새끼줄에 진흙반죽을 묻혀 탈탈 털었는데, 이렇게 떨어진 진흙 덩어리가 모두 사람이 되었다는 것이다. 또한 여와씨는 물의 신인 공공씨가 五帝의 하나로 알려진 顓頊과 제위를 놓고 다투다가 패배하자 화가 나서 하늘기둥을 끊는 바람에 서북쪽으로 기울어진 하늘을 오색의 돌로 손수 보수하고 또 자라의 네 발을 잘라 동극, 서극, 남극, 북극의 四極을 세웠으며 동남쪽으로 쏟아져내려오는 홍수를 갈대재로 막아낸 신으로도 알려져 있다. 아무튼 성미가 사나운 신으로 알려진 공공씨는 복희씨, 여와씨와 마찬가지로 얼굴은 사람이지만 몸은 뱀이었다

---

4) 女媧氏는 여왜씨로 독음되지만 지금까지의 독음 습관에 따라 그냥 여와씨로 쓰기로 한다.

고 한다.

다음으로 신농씨는 炎帝로도 불리는데, 인간에게 불의 사용법과 함께 농사짓는 법을 가르쳐주었고, 쇠붙이를 녹여서 거푸집에 부어 鑄物을 만드는 鑄造의 신과 술을 빚는 釀造의 신, 의료의 신, 음악의 신, 교역을 가르쳐 준 상업의 신으로도 알려져 있다. 다른 신들과 마찬가지로 인간에게 참으로 유익한 신이라고 할 수 있는 신농씨는 머리가 소이고 몸은 사람의 형상이었다고 전한다.

마지막으로 얼굴은 사람이지만 이빨과 꼬리가 범이고 더벅머리에 花冠을 쓴 다소 기괴한 형상으로 그려져 있는 西王母를 소개한다. 서왕모는 玉山의 동굴에서 살면서 하늘의 殺氣를 가지고 다섯 가지 잔혹한 일을 주관했다고도 한다. 그런가 하면 『木天子傳』과 『漢武帝故事』에 묘사된 서왕모는 매우 낭만적인 여신의 모습을 하고 있다. 먼저 『목천자전』을 보면 周 나라 목왕이 崑崙山에 가서 서왕모를 만나 瑤池에서 놀았는데, 서왕모는 목왕에게 검은 옥과 흰 옥을 선물하고 함께 술을 마시며 시를 지어 화답하였다. 서왕모가 목왕을 치켜세우며 또 놀러오라는 뜻의 시를 지어주자 목왕도 백성을 편안히 다스리고 3년 후에 꼭 다시 오겠다는 내용의 시로 화답한 후 서왕모와의 만남을 弇山의 돌에 기록하고 엄산을 '서왕모의 산'이라 불렀다.

또한 『한무제고사』에는 다음과 같은 이야기가 있다. 즉 한나라의 임금 무제가 장수와 불사를 꿈꾸고 있을 때 서왕모가 7월7일 7시에 7개의 天冠을 쓰고 자줏빛 수레를 타고 푸른 새의 호위를 받으며 지상에 내려왔다. 서왕모는 불사약을 구하는 한무제에게 "그대는 지상에 쌓아놓은 정이 너무 많아 불사약을 줄 수 없다"고 말한 뒤 대신 신선의 복숭아인 仙桃 일곱 개를 꺼내어 두 개는 자기가 먹고 다섯 개를 무제에게 주었다. 무제가 그 복숭아들을 먹고 나서 그 씨를 지상에 심으려하자 서왕모가 "이 복숭아는 지상에 심을 수 없는 하늘의 복숭아로, 천상에서도 3천년에 한번 열매를 맺는다"고 말한 후 홀연히 사라졌다.[5)]

요컨대 동북아의 주요 신들은 이처럼 사람과 뱀, 사람과 소, 사람과 범이 한 몸을 나누어 가지고 있으며 서왕모처럼 새의 호위를 받고, 달의 여신 상아처럼 두꺼비나 토끼로 변신하기도 할 만큼 사람과 동물과 긴밀히 연결되어 있다. 바꿔 말하면 신화 속의 신들은 사실 사람과 동물과 동일시 되었다는 뜻으로, 이는 신과 사람과 동물이 같은 생명줄로 이어져 있음을 의미한다고 할 수 있다.

2. 자연물과 한 몸인 신들의 이야기

자연물과 한 몸을 이루는 신들로는 태양신인 帝俊, 달의 신인 姮娥, 바람신인 蚩尤氏, 불의 신인 신농씨,[6] 구름신인 헌원씨, 및 해, 달, 별, 산, 바다, 수목, 논밭 등의 종합신인 盤古氏 등이 있다. 그런데 앞에서 언급한 대로 사람 얼굴에 뱀의 몸이었다는 水神 공공씨도 자연인 물의 신임을 볼 때, 또한 불을 담당했다는 신농씨도 소 머리에 사람 몸을 하고 있고 반고씨의 옆구리에서 벌레가 나와 사람으로 화했음을 볼 때, 무엇보다 동물이나 사람도 자연의 일부임을 감안할 때, 사람과 동물과 한 몸인 신들과 자연물과 한 몸인 신들은 서로 공통점이 있다고 하겠다.

자연물과 한 몸을 이룬 신들 가운데는 먼저 태양신인 제준이 있는데, 유감스럽게도 제준에 관한 기록은 필자의 불민함 때문인지 달의 신 항아의 남편이었다는 점 말고는 그리스로마신화의 아폴로의 이야기 같은 이야기 거리를 찾을 수 없었다. 이에 비하여 명궁 羿의 이야기는 잘 알려져 있다. 즉 요임금 시절에 11개의 태양이 떠서 초목을 타죽게 하므로 예가 활을 들어 그 가운데 10개의 태양을 쏴서 떨어뜨리고 한 개만 남겼다는 전설의 주인공이 바로 예이다. 그런가 하면 예가 요임금 때의 명궁이 아니라 夏나라 때 산동지방을 지배한 실력가라는 설도 있다.

---

5) 魯迅 著, 鄭範鎭 譯註, 『中國小說史略』, 汎學社, 1978, 39쪽

6) 불의 신으로는 신농씨 말고도 祝融氏, 燧人氏가 거론되기도 하는데 이렇게 이름과 역할이 서로 모순되고 중첩되어 있는 이유는 상고시대 민족과 국가의 변화에 따라 민족이 이합집산을 되풀이하면서 신화들이 교란된 데서 그 이유를 찾을 수 있겠다.

한편 달의 신으로 알려진 姮娥는 嫦娥 또는 嫦羲로도 불리는데, 예와 마찬가지로 서로 다른 이야기의 주인공으로 등장한다. 그 중 한 설에 의하면 항아는 태양신 제준의 아내로서 달 12개를 번갈아 낳고 日月山 골짜기에서 목욕을 했다고 한다. 또 다른 설에 따르면 항아는 예의 아내로, 예가 서왕모에게서 얻어온 불사약을 훔쳐 달로 달아나서 두꺼비가 되었다고 한다. 이와 비슷한 또 다른 기록에 따르면 항아가 불사약을 훔쳐 달로 달아나긴 했는데 두꺼비가 아니라 토끼로 변했다고 한다. 그런가 하면 그녀가 두꺼비 또는 토끼가 아니라 달의 정령 또는 달의 요정이 되었다는 설도 있다. 이 설들을 종합해 보면 항아는 원래 태양신 제준의 아내이자 달의 신이었는데 또 다른 태양신인 예가 나타나 기존의 태양신 제준을 멸하고 그 아내인 항아를 탈취하여 아내를 삼았으나 항아는 결국 예를 떠나 달에 가서 독자적 삶을 살았다는 이야기로 재구성해봄 직하다.

다음으로 바람신인 치우씨는 『桓檀古記』에 古朝鮮 제 14대 천황으로 기록되어 있는 만큼 東夷族의 신으로 추정된다. 치우씨에 대해서는 긍정적인 기록과 부정적인 기록이 있는데 긍정적 기록은 그를 안개바람을 일으켜 黃帝에 대항한 영웅으로 묘사한 반면 부정적 기록은 그를 黃帝 헌원씨에 반기를 들다가 멸망당한 패배자였다고 한다. 이처럼 風神 치우씨에 관하여 긍정과 부정이 엇갈리는 까닭은 후대 史官이 東夷族이었는지 華夏族이었는지에 따른 것으로 보인다. 즉 동이족 사관의 입장에서 볼 때 치우씨는 매우 용감한 신이었지만 헌원씨의 후예로 자처하는 화하족 사관의 입장에서는 매우 흉악한 신이었을 것이다.

구름신인 헌원씨에 관해서는 『楚辭』「九歌」에 묘사되어 있는데, 용이 이끄는 수레를 타고 天帝의 옷을 입고 번개처럼 내려오는 그 모습이 밝고 휘황한 빛이 끝 간 데 없다. 꽃단장을 한 巫女가 아무리 붙잡아두려고 해도 구름신은 불꽃처럼 높고 멀리 치솟아 대륙을 굽어보다가 순식간에 四海를 가로질러 종횡무진하는 카리스마를 과시한다.

마지막으로 제 몸을 희생시켜 천지를 창조하고 자연물과 인간을 창조한 반고씨에 대해서는 주지하는 대로이다. 즉 마치 소용돌이치는 계란 속

같은 혼돈 속에서 깊이 잠들어 있던 반고가 마침내 눈을 뜨고, 부화하는 병아리처럼 계란 껍질을 깨고 나온 반고는 제일 먼저 두 팔을 높이 쳐들어 가볍고 투명한 기운을 위로 보내고 두 발로 무겁고 혼탁한 기운을 내리누르기 시작한 끝에 드디어 가볍고 투명한 하늘과 무겁고 혼탁한 땅을 갈라 천지를 창조하였다. 그런 다음 힘이 다한 반고는 그만 숨을 거두게 되었는데, 숨진 그의 두 눈은 해와 달이 되었고 그의 근육은 산맥이 되었고 그의 온몸에 난 털은 우거진 숲이 되었다. 또한 반고의 피는 강과 바다를 이루어 흘렀고 살은 비옥한 논과 밭이 되었고 땀은 비가, 한숨은 바람이, 치아는 오색찬란한 보석이 되었으며 머리털은 밤하늘에 반짝이는 뭇별이 되었다. 마지막으로 반고의 옆구리에서 벌레가 한 마리 나왔는데 그것이 진화하여 결국 사람이 되었다는 것이다. 흔히 사람을 소우주로 말하는데, 반고신화야말로 해, 달, 별, 바람, 산, 바다, 논밭 등 자연물을 인간의 한 몸에 싣고 있음을 보여주는 단적인 예라고 하겠다.

3. 시간 신과 공간 신들의 이야기

시간과 공간을 넘나드는 신들의 이야기는 주로 『符都誌』에 기록된 麻姑氏와 그녀의 두 딸인 穹姬氏 와 巢姬氏, 그리고 네 손자인 黃穹氏, 青穹氏, 白巢氏, 黑巢氏의 활약상에서 찾을 수 있다. 『부도지』에 따르면 마고씨가 태어나기 전 선천시대인 태초에는 오직 빛과 소리만 있었는데 이 소리를 八呂音이라 불렀고, 바로 이 소리에서 虛達城과 實達城이 나왔고 허달성과 실달성에서 마고씨와 麻姑城이 나왔다. 바꿔 말하면 마고씨는 無의 나라(허달성)인 과거 선천시대와 有의 나라(실달성)인 미래 후천시대의 중간에 태어난 것이다. 마고씨는 지상에서 가장 높은 마고성에 살면서 선천을 남자로 삼고 후천을 여자로 삼아 배우자 없이 두 딸인 궁희씨와 소희씨를 낳았다. 한마디로 마고씨는 궁희씨와 소희씨를 처녀잉태하여 처녀출산한 것이다. 오직 과거의 시간을 의미하는 선천과 미래의 시간을 의미하는 후천의 만남만으로 말이다.

궁희씨와 소희씨 또한 선천과 후천의 정을 받아 결혼하지 않고 각각 두 天人과 두 天女를 낳았으니, 궁희씨가 낳은 두 천인이 황궁씨와 청궁씨이고 소희씨가 낳은 두 천인이 백소씨와 흑소씨다. 이들 네 천인이 6개의 律音을 맡았고, 이름이 밝혀지지 않은 네 천녀가 6개의 呂音을 맡았는데 율과 여가 각각 반음으로 엇갈려 이루어지는 12음계의 律呂가 바로 세상이 만들어지기 이전의 우주소리였던 셈이다.

드디어 선천시대의 운이 다하고 후천시대의 운이 열리자 마고씨가 실달성을 떨어뜨렸다. 그러자 실달성의 몸체가 열려 그 가운데서 땅이 생기고 물이 생겼고, 땅과 물이 서서히 바람과 함께 돌며 불이 생겼으며, 점차 낮과 밤이 갈라지고 사계절이 변화하며 식물과 동물을 길러냈다. 그러니까 생명의 시초는 地, 水, 火, 風이었던 셈이다. 그런데 이 지, 수, 화, 풍을 다름 아닌 마고씨의 손자이자 공간(방위) 신이기도 한 황궁씨(북방), 청궁씨(동방), 흑소씨(남방), 백소씨(서방)가 각각 담당하였다. 이렇게 보면 흙을 맡은 황궁씨, 물을 맡은 청궁씨, 불을 맡은 흑소씨, 및 바람을 맡은 백소씨도 모두 자연물의 신이라고 할 수 있다.

이처럼 四方 神인 황궁씨, 청궁씨, 흑소씨, 백소씨는 공간 신이기도 하면서 자연물의 신이기도 하였으니 이 가운데 물의 신인 청궁씨는 공공씨의 역할과 같고, 불의 신인 흑소씨는 수인씨와 신농씨, 또는 축융씨의 역할과 같고, 바람을 맡은 백소씨는 치우씨와 역할이 같다고 할 수 있다. 또한 百濟나 高句麗의 무덤 벽화에 그려져 있는 四神圖에 따르면 동 청룡, 서 백호, 남 주작, 북 현무라 하여 동방 신을 용으로, 서방 신을 호랑이로, 남방 신을 공작으로, 북방 신을 거북으로 그려 놓았으니 공간 신은 자연물뿐만 아니라 동물과도 한 몸을 이루고 있음을 알 수 있다.

그런가 하면 四方 神의 다른 한편에는 五方 神도 있는데 이 경우 동방 신 青帝는 나무 木을 맡고 서방 신 白帝는 쇠붙이 金을 맡고, 북방 신 黑帝가 물 水를 맡고, 남방 신 赤帝가 불 火를 맡고, 중방 신 黃帝가 흙 土를 맡는다고 한다. 이렇듯 오방 신의 역할이 사방 신과 다소 다른 것(사방 신의 경우 북방 신이 흙을 담당하였지만 오방 신의 경우 중방 신이 흙을 담당하고 북방 신은 물을 담당한다)도 역시 민족과 국가가 離合集散을 거듭하는데 따른 결과라고 할 수 있다.

요컨대 마고씨, 궁희씨, 소희씨 등 여성 신이 선천과 후천이라는 시간을 지배하는 신들이라면 황궁씨, 청궁씨, 흑소씨, 백소씨 등 남성신은 자연물과 동물과 한 몸을 이루기도 하면서 후천시대에 공간을 분담하여 지배한 신들이라고 하겠다. 또한 이들 신들은 시간과 공간, 과거와 미래, 이승과 저승, 및 산 영혼과 죽은 영혼간의 거리도 단박에 줄일 수 있고, 나아가 서로 간의 교류도 가능함을 알 수 있다.

Ⅲ. 중국현대문학의 神話的 現實主義

사람이 동물과 한 몸을 이루고, 지, 수, 화, 풍과 한 몸을 이루고, 시간과 공간을 지배하는 신들의 이야기인 東北亞 神話는 분명 문학 창작에 있어서 환상적인 소재이다. 중국현대문학의 중요한 장르인 시와 소설에서도 신화는 寓話와 民譚의 형식으로, 나아가 活喩와 象徵의 기법으로 많이 운용되고 있다. 그러나 한국과 마찬가지로 영국, 미국 등 서양의 열강으로부터 침략을 받으면서 근대화한 중국의 현대문학은 마냥 낭만적이고 환상적이고 초현실적일 수는 없었다. 눈 뻔히 뜬 채 빼기고 찢기는 현실 속에서 중국의 문인들은 어쩔 수 없이 현실주의 문학에 뿌리내리지 않을 수 없었던 것이다. 그 때문에 신화적 소재를 운용한 중국현대문학 작가들의 작품도 대체로 신화를 효과적으로 이용하여 현실주의를 기초로 하는 작품의 효과를 높였다고 할 수 있다.

1. 몇몇 현대시에 담겨 있는 신화적 현실주의

함축과 상징을 그 주요한 수법으로 하는 현대시에 있어서 신화는 시인들의 주목을 많이 받는 소재다. 신화적 분위기는 주로 낭만주의, 상징주의, 현대주의 계열의 시에서 특히 많이 발견되는데, 본 절에서는 郭沫若의 「天狗」, 徐志摩의 「偶然」, 艾青의 「太陽」이 어떻게 신화를 끌어들여 현실적인 의미를 부여했는지를 살핀다.

(1) 꾸어모루어의 「하늘개」

나는 한 마리 하늘개로다!
나는 달을 삼켰고,
나는 해를 삼켰고,
나는 모든 별들을 삼켰고,
나는 온 우주를 삼켰다.
나는 바로 나로다!

나는 달빛이고,
나는 햇빛이고,
나는 모든 별들의 빛이고,
나는 X광선의 빛이고
나는 온 우주에너지의 총량이다!

나는 날뛰고,
나는 울부짖고,
나는 탄다.
나는 열화같이 탄다!
나는 큰 바다같이 울부짖는다!
나는 전기같이 날뛴다!
나는 날뛰고,
나는 날뛰고,
나는 날뛴다.

나는 내 피부를 찢고,
나는 내 살을 먹고,
나는 내 피를 빨고,
나는 내 심장과 간을 깨문다.
나는 내 신경에서 날뛰고,
나는 내 척추에서 날뛰고,
나는 내 뇌에서 날뛴다.

나는 바로 나로다!
나의 내가 폭발할 것이다![7)]

하늘개는 중국 민담에 나오는 개로, 민담에 따르면 日蝕은 하늘개가 해를 삼킨 결과이고 月蝕은 하늘개가 달을 삼킨 결과라고 한다. 이 시에서 꾸어모루어는 자신을 하늘 개와 동일시하여 자신이 해와 달뿐만 아니라 모든 별과 온 우주까지 삼켜서 스스로 햇빛, 달빛, 별빛, X광선이 되고 나아가 온 우주의 에너지가 된다. 마치 반고씨의 오른 눈과 왼 눈, 그리고 머리털이 해와 달, 그리고 밤하늘의 뭇별이 되었듯이. 또한 하늘개인 나는 나의 살을 먹고 나의 피를 빨고, 나의 척수와 뇌 속을 날아다닌다. 반고씨의 살이 비옥한 논과 밭이 되어 사람들이 그 땅을 갈아서 먹고 반고씨의 피가 바다와 강물이 되어 사람들이 그 물을 빨아 마시듯이.

하늘개는 神性을 지닌 神犬이지만 동시에 인간의 행동을 하는 존재로서, 사람과 동물과 한 몸인 신이라고도 할 수 있다. 꾸어모루어는 이 시를 통하여 스스로 무한히 확장될 수 있고 동시에 또 무한히 축소될 수 있는 자기 자신의 폭발적 야심을 매우 효과적으로 표현하고 있다. 실제로 꾸어모루어는 젊은이의 터질 듯한 포부를 융통성 있게 관리함으로써 굴곡

7) 我是一條天狗呀／ 我把月來吞了／ 我把日來吞了／ 我把一切的星球來吞了／ 我把全宇宙來吞了／ 我便是我了／／ 我是月底光／ 我是日底光／ 我是一切星球底光／ 我是X光線底光／ 我是全宇宙底Energy底總量／／ 我飛奔／ 我狂叫／ 我燃燒／ 我如烈火一樣地燃燒／ 我如大海一樣地狂叫／ 我如電氣一樣地飛跑／ 我飛跑／ 我飛跑／ 我飛跑／ 我剝我的皮／ 我食我的肉／ 我吸我的血／ 我嚙我的心肝／ 我在我神經上飛跑／ 我在我脊髓上飛跑／ 我在我腦筋上飛跑／／ 我便是我呀／ 我的我要爆了(岳洪治 編撰, 『現代十八家詩』, 中國文聯出版公司, 1991, 49-50쪽)

많은 중국현대사에서 길을 잃지 않고 자신의 야망을 성취하는데 성공하였다고 할 수 있다.

(2) 쉬즈모의 「우연」

나는 하늘의 한 조각 구름,
우연히 그대의 물결 속에 투영된-.
그대 의아해할 필요는 없소
더욱 기뻐해서도 아니 되오
눈 깜짝할 사이에 자취 없이 사라질 테니까.

그대와 나 어둔 밤바다 위에서 만났지만
그대는 그대의, 나는 나의 방향이 있소.
그대 기억하여도 좋지만
결국 그대는 잊게 될 거요
우리 만났을 때 서로 방출했던 그 빛을![8)]

그대는 바다의 신이고 나는 구름의 신이다. 그대와 나는 신들이 활동하는 어둡고 신비로운 밤에 만나 서로 빛을 발하며 결합하였지만 환한 현실의 낮이 오면 서로 다른 방향으로 흘러갈 수밖에 없는 사이이다. 바꿔 말하자면 그대와 나는 水神과 雲神으로서, 한 밤중에 축제의 불꽃놀이를 하였지만 아침이 되면 그 사랑은 그야말로 눈 깜짝할 사이에 자취도 없이 사라지고 서로 다른 일상의 삶을 살아간다.

예술을 위한 예술을 추구한 심미주의 작가 쉬즈모는 남자와 여자의 사랑을 이처럼 자연과 한 몸을 이루는 운신과 수신의 신비롭고 낭만적인 사랑으로 상징하였지만, 그와 동시에 일상의 현실 속에서 그 사랑이 지속될 수 없음을 아쉬워하는 현실주의자의 면모도 보여주고 있다.

---

8) 我是天空里的一片雲／ 偶爾投影在你的波心-／ 你不必訝異／ 更無須歡喜／ 在轉瞬間消滅了踪影／／ 你我相逢在黑夜的海上／ 你有你的, 我有我的方向／ 你記得也好／ 最後你忘掉／ 在這交會時互放的光亮 (위책 146쪽)

(3) 아이칭의 「태양」

태고의 무덤으로부터
흑암의 세월로부터
인류의 죽음이 흐르는 저편으로부터
깊이 잠든 산맥을 뒤흔들며
모래언덕을 휘도는 불 바퀴 같이
태양이 나를 향해 굴러온다……

그 가려 덮을 수 없는 햇살이
생명을 숨쉬게 하고
무성한 나뭇가지가 그를 향해 춤추게 하고
강물이 미친 노래로 그를 향해 달리게 한다.

그가 올 때 난 들었다.
동면하던 애벌레가 땅 속에서 꿈틀거리는 소리를
군중이 광장에서 큰 소리로 떠드는 소리를
도시가 멀리서부터
전력과 강철로 그를 부르는 소리를

마침내 나의 가슴은
화염의 손에 찢기어
케케묵은 내 영혼이
강변에 내팽개쳐지니
나는 인류 재생의 확신을 갖는다.[9)]

태초의 어둠을 뚫고 태양신 제준이 불 바퀴처럼 휘돌아 나에게 굴러오고 있다. 전지전능한 태양신은 모래 언덕을 통과하며 나에게 다가오는 동안에도 온갖 생명을 호흡하게 한다. 즉 무성한 나뭇가지를 춤추게 하고 강물을

9) 從遠古的墓塋／ 從黑暗的年代／ 從人類死亡之流的那邊／ 震驚沈睡的山脈／ 若火輪飛旋於沙丘之上／ 太陽向我滾來／／它以難遮掩的光芒／ 使生命呼吸／ 使高樹繁枝向它舞蹈／使河流帶着狂歌奔向它去／／ 當它來時, 我聽見／ 冬蟄的蟲蛹轉動於地下／ 群衆在廣場上高聲說話／ 城市從遠方／ 用電力與鋼鐵召喚它／／ 於是我的心胸／ 被火焰之手撕開／ 陳腐的靈魂／ 擱棄在河畔／ 我乃有對於人類再生之確信 (위책 540-541쪽)

만들어낼 수 있을까? 만약 나무에게 코가 없다면 또 어떻게 이렇듯 감동적인 맑은 향기를 걸러낼 수 있을까? 나는 나무에게도 혀가 있어서 아침이슬과 가랑비를 맛볼 수 있다고 믿는다. 그렇다면 나무의 눈은? 눈도 틀림없이 나무의 몸체에서 반짝이면서 대자연의 무쌍한 변화를 지켜보고 있다.10)

츠즈지엔 소설에서 쉽게 맞닥뜨리는 이 같은 신화적 환상은 그녀가 몸은 냉엄한 현실을 떠날 수 없지만 마음만은 현실을 뛰어넘을 수 있음을 믿기에 가능하다. 실제로 그녀는 일찍이 한 산문에서 이렇게 토로한 적이 있다 : 상상은 수를 셀 수 없이 많은 신화와 전설을 탄생시켜서 우리로 하여금 이 소란한 생존 공간 안에도 은은한 빛을 반짝이게 하여 사람들로 하여금 따스함을 두 배로 느끼게 한다…… 내 몸은 비록 물고기 떼가 춤추고 은하수가 찬란한 곳에 갈 수 없다고 하더라도 나의 심령은 그곳에 가게 하리라.11)

요컨대 츠즈지엔은 인간이 소·개 등 동물과 한 몸을 이루고 별·눈과도 한 몸을 이루고 나아가 나무와도 한 몸을 이루는 등의 신화를 자신의 소설에 끌어들임으로써 현실 속에서 속박 받고 있는 삶을 위안받고, 나아가 유한한 삶을 극복해 나아가는 현실적인 힘을 얻고 있다고 하겠다.

(2) 과거와 현재의 만남

과거와 현재의 만남, 즉 산 자와 죽은 자의 교류는 앞서 언급했듯 장아이링, 리샤오, 팡팡 등 소설가의 작품에서 만날 수 있다. 물론 츠즈지엔도 산 자와 죽은 자가 만나서 대화하는 환상적 상황을 만드는 데 앞장서고 있다. 예를 들어 「푸른 풀이 노래하는 정오 : 靑草如歌的正午」에서 츠즈지엔은 일찍 죽은 아내를 위하여 아내가 생전에 좋아했던 손가방 등을 풀로 짜면서 늘 아내의 영혼과 대화를 나누는 주인공 陳生을 등장시킨다. 또한 「백야를 향한 여행 : 向着白夜旅行」의 여주인공 '나'는 이미 저세상 사람이 된 고고학자 馬孔多와 함께 백야를 보기 위해 긴 기차여행을 한다. 이

10) 遲子建, 『樹下』, 北岳文藝出版社, 2001, 116쪽
11) 遲子建, 「晩風中眺望彼岸」, 『遲子建』, 解放軍文藝出版社, 2000, 442-446쪽 참고

소설에서 '나'는 실제로 죽은 마콩두어를 위하여 침대를 따로 예약하고 다른 사람이 그의 침대에 함부로 접근하지 못하게 할 만큼 죽은 영혼을 산 사람과 똑같이 몸을 눕힐 공간이 필요한 존재로 그리고 있다. 또한 「음악과 화첩 속에서의 생활 : 音樂與畵冊里的生活」에서도 주인공 노부인은 하녀의 도움을 받아 겨우 방안에서 살 수 밖에 없을 만큼 쇠약한 몸이지만 음악을 듣고 화첩을 넘기면서 완전히 과거와 현재를 함께 살아간다.

다음으로 장아이링의 소설 『반생의 인연 : 半生緣』을 보자. 이 소설은 첫눈에 반하여 사랑하게 된 두 남녀가 결국 맺어지지 못하고 여주인공은 자신의 친 언니와 형부의 어리석은 음모에 말려 형부의 아이를 갖게 되고, 남주인공은 실종된 애인을 찾는데 실패한 후 사랑하지도 않는 여인과 결혼하는 비극적 종말을 맞는다.[12] 여기까지의 줄거리는 우리 주위에서도 흔히 볼 수 있는 연애담이나 결혼담일 수 있다. 그러나 이 소설의 제목인 『반생의 인연』은 전생에 사랑했던 사람들이 현생에서 다시 만나는 특별한 인연을 뜻하고, 이를 통해 우리는 작가 장아이링이 현재생을 과거생의 연장선상에서 보고 있음을 알 수 있다. 이에 따르면 남녀가 첫눈에 반해서 사랑을 하게 되는 것은 현생의 인연만이 아닌, 전생의 인연이 현생에 이어진 결과다.

리샤오의 소설 「구름다리 : 天橋」에서는 이른바 憑依, 즉 죽은 이가 산 이의 몸을 빌려 나타나는 현상을 다루고 있다. 이 소설에서 주인공 '나', 즉 王保는 1957년 당시 상해의 한 평범하고 선량한 선반공이었다. 그러나 그는 뜻밖에 反社會主義分子로 몰려 노동개조를 받기 위해 외진 곳으로 떠나게 되고, 몇 년 후 자신을 만나기 위해 기차를 탔던 어머니가 기차에서 강도를 만나 목숨을 잃었음을 알았지만, 1960년 당시 호수를 메우는 사업에 동원된 왕바오는 달려가서 모친의 시신조차 수습할 수 없었다. 결국 장장 22년 만에 원래의 선반공 자리로 돌아온 그는 결혼도 하고 몇 년 후에는 고향도 찾게 되는데, 그곳에서 그는 마침내 27년 전 비극적 죽음을

12) 장애령 지음, 권효진 옮김, 『半生緣』, 도서출판 문일, 1999, 19-300 참고

당한 어머니의 목소리를 듣는다. 그러니까 어머니의 영혼을 입은 숙모를 통해 왕바오는 자신이 억울하게 죽임을 당하였고, 오랫동안 들판을 헤매고 있으니 부디 자신을 찾아 달라고 말하는 어머니의 목소리를 들은 것이다. 너무도 처절한 모친의 목소리를 들은 왕바오는 결국 구름다리를 지나던 기차로부터 내던짐을 당한 어머니의 시신을 찾아 수습함으로써 이야기는 끝이 난다.

한편 팡팡의 소설 「풍경 : 風景」은 1960년대 漢口의 한 빈민촌 판잣집에서 살아가는 부모와 아홉 남매의 처참한 이야기를 그린 작품인데, 이 소설의 話者는 태어난 지 보름 만에 죽어서 창문 밑에 묻혀있는 여덟째 아이인 '나'이다. 즉 죽은 영혼의 시점에서 산 사람들의 이야기를 매우 사실적으로 묘사한 것이다. 죽은 사람의 시선으로 산 사람들의 욕망과 야심을 마치 한 폭의 풍경화를 바라보듯 냉정하게 바라본다는 점에서 이 소설 또한 과거와 현재가 공존하는 신화적 특성을 지닌 현실주의 작품이라고 하겠다.

요컨대 팡팡의 「풍경」, 리샤오의 「구름다리」, 장아이링의 「반생의 인연」, 그리고 츠즈지엔의 「푸른 풀이 노래하는 정오」 등의 작품들은 이렇듯 모두 과거의 영혼과 현재의 영혼의 만남이라는 시간적 환상을 깔고 있지만 사실 따지고 보면 모두 다 현실주의 소설이라고 할 수 있다. 왜냐하면 소설의 전체적인 줄거리가 여전히 일상과 상식에 깊이 뿌리내리고 있기 때문이다.

(3) 이곳과 저곳의 만남

과거와 현재의 만남이 시간의 자유로운 이동이라면 이곳과 저곳의 만남은 공간의 자유로운 이동이다. 물론 시간의 이동은 자연히 공간의 이동을 수반하기도 하지만 때로는 현재 또는 과거에 이곳과 저곳이 순간적으로 교차하는 공간이동만도 가능하다. 전자의 경우 츠즈지엔의 「음악과 화첩 속에서의 생활」에서처럼 주인공인 노부인은 자신의 방안에서 음악을 듣고 화첩을 넘기면서 東西古今의 예술 세계를 자유자재로 여행한다. 이 경우에는 시간이동과 공간이동이 서로 씨줄날줄로 교차되면서 주인공은 나름대로 행복한 생활을 하다가 현실적으로 죽음이라는 끝을 맞고 있다.

반면에 쉬샤오빈의 「룸비니성 : 藍毗尼城」에서의 공간이동은 거의 같은 시간대에 진행되는 특징이 있다. 즉 석가모니로 알려진 고타마 싯다르타가 태어난 성인 룸비니성을 제목으로 삼은 이 소설은 비행기 사고로 황량한 벌판에 혼자 떨어진 '나'가 산발한 채 불을 쬐고 있는 남루한 한 여인을 만나는 장면으로 시작된다. 내가 그 여인에게 다가가 몇 마디 건넨 후, 배가 고프다고 말하자 그 여인은 나를 데리고 순식간에 룸비니성에 이른다. 그곳에는 맑고 푸르고 향기 나는 호수와 거대한 꽃이 있었고, 먹고 마실 것이 넘쳤다. 허기진 배를 채우고 난 나는 그곳에서 회색 옷을 입은 한 더러운 남자가 聖母같이 숭고하고 아름다운 그 여인을 탐하는 광경을 보고 이를 저지하려다가 오히려 그 여인에게 팔을 물리고 룸비니성의 지도를 온 몸에 문신당하는 벌을 받게 된다.

또 다시 순식간에 그 여인을 처음 만난 장소로 이동해 있는 나는 역시 처음 그대로 산발한 머리에 남루한 옷차림의 그녀에게 다가가 왜 룸비니성에 돌아가서 여왕 노릇을 하지 않느냐고 묻는다. 그러자 그 여인은 나에게 그곳의 옷은 언제나 벗어버려야 할 옷임을 모르느냐고 되묻는다. 그럼 왜 나를 이끌고 그곳에 갔느냐고 묻자 그 여인은 "너의 굶주림을 어떻게 해결할 수 있었겠는가?"하며 "만약 내가 너를 데리고 가지 않았더라면 너는 내 발가락이라도 뜯어먹었을 것이다."라고 말했다. 이 일이 있은 지 몇 년 후 한 고고학자가 나의 등에 새겨진 흐릿한 문신을 발견하게 되는데 그것은 다름 아닌 룸비니성의 지도였다고 소설은 끝을 맺는다.

요컨대 환상이 난무하는 이 소설에서 쉬샤오빈은 나의 등에 흐릿하게 남아 있는 룸비니성의 지도를 통하여 식욕과 성욕 같이 제어하기 어려운 인간의 현실적인 욕망을 환기시켜준다. 아울러 더러움과 깨끗함, 어지러움과 정돈됨, 및 욕망과 해탈의 양면을 한 손에 쥐고 있는 존재로서의 '그 여인'을 등장시킴으로써, 그 여인에게 평범한 여인으로서의 人性과 함께 관세음보살 같은 神性을 부여하기도 한다.

이 소설뿐만 아니라 「물고기좌 : 雙魚星座」, 「天籟 : 하늘의 소리」 등 환상적이고 신비스러운 제목의 소설을 즐겨 발표해온 쉬샤오빈은 현대 중국의 어떤 작가보다 더 환상적이고 마술적이고 신화적인 소재를 좋아하는 듯하다. 그러나 동시에 "룸비니성의 지도가 문신되어 있는 내 몸"에서 보여주듯 그녀가 추구하는 환상과 마술, 그리고 신화는 어디까지나 몸이라는 현실적 실체에 체현되고 있음을 주목하지 않을 수 없다.

Ⅳ. 神話的 現實主義의 미래

흔히 문예사조를 이야기할 때 고전주의에서 낭만주의로, 낭만주의에서 사실주의, 즉 현실주의로 발전하였고, 다시 사실주의에서 상징주의, 즉 초현실주의로 변화해왔다고 한다. 이에 따르면 네모반듯한 고전주의의 틀을 깨고 자유로운 낭만주의가 등장했고, 낭만주의가 극에 달하자 다시 규격과 범주를 갖춘 현실주의가 강조되었고, 현실주의가 개인의 운신의 폭을 극도로 제한하자 다시 현실이라는 울타리를 뛰어넘는 초현실주의에 자리를 내주지 않을 수 없었다는 설명이다.

역사를 직선적인 발전으로 보는 시각에 따르면 분명 고전주의, 낭만주의, 현실주의, 초현실주의 식으로 문예사조가 발전해왔다고 볼 수 있다. 그러나 역사를 원형적인 순환으로 본다면 반대로 현실주의와 비현실주의라는 양대 사조가 반복적으로 순환해왔다고도 볼 수 있다. 즉 규율과 규범, 상식과 과학, 내지는 이성과 합리적 설명이 가능한 세계가 고전주의와 현실주의 세계라면 자유와 일탈, 비상식과 상상, 내지는 감정과 비합리적 직관으로 느끼는 보이지 않는 세계가 바로 낭만주의와 초현실주의의 세계로서 이 양 극단이 반복적으로 자리를 바꿨다고 보는 것이다.

보이는 세계를 생시라 하고 보이지 않는 세계를 꿈이라 한다면 마치 낮과 밤처럼 새끼줄 꼬듯 반복적으로 나타나는 현실주의와 초현실주의는 사실 正과 反의 관계로 이 둘은 서로 전혀 다른 길이라고 하는 사람이 많다. 때문에 마오쩌뚱이 이른바 新民歌運動을 일으키면서 붙였던 혁명적 낭만주의라는 용어는 당시 문예비평가들 사이에서 감히 드러내놓고 표현할 수 없었던 넌 센스였고, 지금도 그렇게 생각하는 비평가들이 적지 않을 것이다. 하지만 正과 反이 만나 合을 이루듯 서로 다른 개념의 결합이 그토록 불가능한 것은 아니다. 꿈이 생시이고 생시가 꿈인, 현실과 비현실의 전향적 합일도 마음만 먹으면 가능한 일이다. 마치 입자와 반입자가 융합 반응하면서 서로 다른 두 입자가 각자의 질량을 잃고 합해지면서 엄청난 에너지를 방출하는 것처럼 말이다.

비현실주의, 즉 낭만주의의 정점에는 신화가 있다. 환상의 극점에도 신화가 있다. 융(Jung)이 지적한 대로 인류의 집단무의식으로서의 신화는 문학의 원형이고, 문학 비평에 있어서 신화비평은 무궁무진한 잠재력을 가지고 있다. 더구나 그리스로마신화처럼 수없이 각색되고 윤문되어오지 못한 동아시아의 신화들, 예를 들어 삼황오제 신화, 반고신화, 마고신화, 여와신화, 및 기타 신들의 이야기는 거의 처녀지로 남겨져 있어서 앞으로 많은 문학연구가들로부터 관심과 주목을 받게 될 것이 분명하다. 이미 전 세계적인 문예사조로 각광을 받고 있는 환상적 현실주의, 즉 마술적 현실주의에 있어서 신화는 환상 또는 마술의 가장 심오하고 광대한 소재로 이용되고 있기 때문이다.

다시 말하지만 신화는 보이는 현실과 상식의 한계를 극복하기 위해서 인류의 잠재된 의식, 즉 무의식을 최대한 동원한 결과이다. 그런 의미에서 신화는 환상의 寶庫일 뿐만 아니라 문학의 보고이기도 하다. 신화로부터 건져 올릴 大魚는 우리의 상상을 초월하는 大鵬일 수 있다. 물론 현실이라는 토대에 발을 붙이고 살아갈 수밖에 없는 우리에게 현실주의는 꼭 필요한 발판이다. 과학과 상식, 이성과 합리주의를 기반으로 하는 현실주의는 문자 그대로 우리 일상의 엄연한 현실이기 때문이다. 그래서 현실주의가 正이라면 초 현실을 대표하는 신화는 反이고 정과 반이 합해진 신화적 현실주의는 合이라 하겠다. 이처럼 정과 반이라는 양극단을 동시에 아우르는 합인 신화적 현실주의야말로 21세기 문단을 선도할 창창한 미래라고 할 수 있다.

參考文獻

岳洪治 編撰,『現代十八家詩』, 北京, 中國文聯出版公司, 1991
遲子建 著,『樹下』, 太原, 北岳文藝出版社, 2001
徐小斌 著,『迷園』, 徐小斌文集 第二卷, 北京, 花藝出版社, 1998
艾 青,『艾靑全集』, 石家庄, 花山文藝出版社, 1991
朴堤上 原著, 金殷洙 편,『符都誌』, 서울, 가나출판사, 1986
鹿島氏 譯,『桓檀古記』, 부산, 圖書出版 民族文化, 1982
北 崖 著, 申學均 譯,『揆園史話』, 서울, 大同文化社, 1974
魯 迅 著, 鄭範鎭 譯註,『中國小說史略』, 서울, 汎學社. 1978
박종숙 지음,『중국문학사의 한국적 고찰』, 서울, 지문사, 2003
박종숙 著,『韓國人이 읽는 中國現代文學史』, 서울, 漢城文化, 2004
박종숙,「중국현대남녀소설의 같은 점과 다른 점」,『中國現代文學』 제14호
박종숙,「네 잎, 두 가지, 그리고 한 줄기」,『中國現代文學』 제23호

출처 : 『中國學研究』 29집 (원제 : 중국현대문학의 神話的 現實主義)

서사시와 동아시아소설의 기원

全弘哲*

I

근래 동아시아 담론이 활발하다. 19세기말 서구 근대문명이 동아시아에 진입할 무렵 그 충격에 주눅들어 수세적인 자세를 취했던 것과는 대조적으로 자본주의의 주변부로 인식되던 동아시아 각국이 정치・경제적으로 괄목하게 발전한 지금은 서구식 근대화에 대한 비판적 시각과 함께 서구중심주의적 관점이 낳은 종래의 동아시아문화에 대한 편향된 시각을 수정하려는 시도가 폭넓은 공감을 얻고 있다. 특히 탈냉전 이후 거대담론이 잠복하면서 도래한 脫근대(서구)적 조류는 동아시아(한・중・일) 각국에 反오리엔탈리즘 분위기를 유행시키면서 전통에 대한 복권 작업을 광범위하게 진행시키고 있다. 사실 서구적 근대화에 대해 비판적 거리를 두기보다는 수용의 속도경쟁만을 벌여왔는지도 모르는 동아시아에서 잃어버린 전통 찾기에 나서고 있는 것은 일종의 당위적 행위인지도 모른다. 그러나 최근 동아시아문화의 전통을 둘러싼 한・일・중 학계의 일부 논의는 동서양 문화의 합리적 지양점을 찾기 위한 진지한 고민보다는 자국 문화의 독자성을 강조하는 언설들로 탈바꿈되고 있는 현상이 뚜렷하다. 특히 오리엔탈리

---

* 우석대학교 유통통상학부 교수

즘에 대한 대응 논리로 각국에서 내재적 발전론이 각이한 모습으로 무대에 재등장하고 있는 사실은 동아시아문화의 전통 속에 내재되어 있는 '서구적 근대화의 진정한 대안'을 공동으로 모색하는 것을 어렵게 만들고 있다. 이는 소설 전통에 관한 각국의 논의에서도 예외가 아니어서, 소설의 발생 및 근대소설의 형성에 대한 동아시아 각국의 논의는 종전의 서구 중심적 해석을 거부하고 민족적 특수성과 자생적 성장을 강조하는 방향으로 소설사를 설명하려는 추세를 보여주고 있다. 따라서 이 글에서는 反오리엔탈리즘과 내재적 발전론이 동아시아소설 담론에서 기묘하게 결합되어 각국 공히 전통으로의 국수주의적 회귀 양상을 보이고 있는 것을 비판함으로써 동서양을 넘어서는 보편적 소설사 읽기에 한 걸음 다가가고자 한다. 논의 순서는 동아시아소설 비평가들에게서 발견되는 내재적 발전론은 궁극적으로 오늘날까지 은연중에 잠재되어 있는 소양소설 우위론 특히 서사시(Epic)[1] 콤플렉스와 무관하지 않다고 보아 이에 대해 비판적 검토를 진행한 후 동아시아소설의 진정한 전통은 과연 무엇일 수 있는가를 모색해 보기로 한다.

Ⅱ

고대 그리스 서사시(Epic)는 기존의 이야기 형식 가운데 최초의 완전한 형태를 갖추고 있고 반신(半神)이요 기적을 만드는 눈먼 예언자 호메로스(Homeros)의 신화적인 위엄 때문에 서구에서는 일찍부터 소설의 새로운 형식과 서사시와의 관계에 깊은 관심을 두어 왔다. 특히 비평가들은 18세기에 들어와서 서사시가 특정한 종류의 문명의 소산이라는 사실을 깨닫고,

---

1) 서구의 Epic과 Narrative poet는 모두 서사시로 번역되는데 이 글에서 사용한 서사시라는 용어는 기본적으로 서양의 Epic을 지칭한다. 중국 학계에서는 Epic은 史詩, Narrative poet은 서사시로 변역하는데 중국 학계의 Epic에 대한 논의 부분에서는 史詩라는 용어를 그대로 사용한다.

이에 따라 새롭게 등장한 소설이란 장르에 주목하기 시작했다. 특히 헤겔의 고전주의 미학에 바탕한 루카치가 서사시는 "선험적 좌표에 힘입어 총체성이 지배하던 형이상학적 고향 속에서 인간의 영혼이 아무런 문제없이 안주하고 있던 그리스의 역사철학적 고향 속에서 인간의 영혼이 아무런 문제없이 안주하고 있던 그리스의 역사철학 상황의 산물"[2)]인 반면, 소설(Romance)은 "이미 선험적 좌표와 형이상학적 고향을 상실하고 서사시적 총체성의 세계를 다시 찾으려는 고독한 현대인의 영혼이 직면하고 있는 역사철학적 상황의 산물" 즉 '부르주아 시대의 서사시'라고 명명한 것을 기화로 호메로스가 살았다는 전설이 전해지는 '울퉁불퉁한 키오스섬'은 소설 비평가들의 성지순례 일번지로 떠오르게 된다. 이른 바 소설의 서사시 근원설이 만들어지는 것이다. 서구의 고전적 소설론이라 할 수 있는 이 주장은 소설의 형성 경로를 '신화(Myth)／서사시(Epic)--로망스(Romance)--노블(Novel)'로 설정하고 그 기원을 고대 그리스 서사시(Epic)와 관련지어 해석하면서 서사시의 장르적 속성으로 "행위의 일관성, 진행의 신속성, 이야기의 중간에서 시작하는 기법, 초자연적인 요소・예언・지하세계 등의 등장, 화려한 장식적 비유법, 수식어의 반복"[3)] 그리고 무엇보다 영웅적인 인물들에 대한 묘사 등을 거론하며 소설에 서사시적 접근을 강요한다.

소설의 서사시 근원설은 근대가 시작되면서 동아시아에 유입된 후 오늘날까지 현대 소설론 교과서의 앞자리를 점하고 있어 그 영향력이 여전함을 볼 수 있다.[4)] 그러나 동아시아 소설사가들의 입장에서 볼 때, 그리스 서사시의 존재는 서양소설의 영원한 고향이요 위대한 전범으로서 동양의 자화상을 비추어주는 거울 역할을 하기도 하지만 동시에 서양인의 우월감을 부추기고 동양에 서양 콤플렉스를 가져다주는 근원으로 인식되게 된다. 때문에 동아시아 소설사가들은 그리스 서사시와 소설의 연관성을 인정하

---

2) 루카치 저, 반성완 역, ≪소설의 이론≫, 심설당, 1985, 213면.
3) Paul Merchant 저, 이성원 역, ≪서사시≫, 서울대학교 출판부, 1987, 1-2쪽
4) 한국현대소설연구회 편, <제1부 소설의 세계. 제1장 소설의 기원>, ≪현대소설론≫, 평민사, 1994

면서도 한편으로는 서사시 콤플렉스를 극복하기 위해 독자적인 대응 논리를 구축하게 되는데, 한·중·일의 모범론·특수론·내화론이 그것이다.

먼저 모범론이란 한국소설사의 모범적 실상을 토대로 서양 소설이론의 편향성을 시정하고 제3세계 소설의 자생적인 발생을 집중하여 소설의 보편 이론을 새롭게 확립하려는 관점을 말한다. 이러한 입장은 국문학사의 자생적 발전 경로를 밝히는데 큰 공헌을 한 조동일에게서 찾아진다. 조동일 논점의 핵심은 선행 갈래인 서사시와 소설의 관계에 두어져 있는데, 서양 소설론의 대표주자 루카치와 바흐친의 소설관을 비판하는 다음 대목은 그의 기본관점이 어떠한가를 잘 보여준다.

> 루카치는 헤겔의 견해를 이어서 서사시와 소설의 관계를 논했다.......소설이 근대적 시민 서사시라는 견해는 전에 서사시가 차지하던 위치를 소설이 물려받았다는 사실을 지적하고, 서사시와의 대비를 통해 소설의 특색을 부각시킨 의의가 있을 따름이고, 서사시가 변해서 소설이 되었다는 문학사적 과정을 밝힌 것은 아니다.5)

> 바흐친은 서사시가 서사문학의 전범이라고 하지 않고, 서사시와 대립적인 관계를 가지고 소설이 발전해 왔다고 했으므로 고대 그리스 서사시 중심의 서사문학론에서 벗어날 수 있는 거점을 제공했다......서사시와 소설의 공존은 서사시가 저급문화인 경우에만 가능하다. 고급문학인 서사시가 저급문화인 소설과 공존해 왔다는 바흐친의 주장은 억지이다.6)

조동일은 루카치가 고대 그리스 서사시를 서사시의 전범으로 받들고 소설은 근대소설에 국한하고 있다고 비판하고, 바흐친에 대해서는 서사시와 소설의 갈래 차이를 문제삼았을 따름이고 그 둘의 문학사적 관계는 중요시하지 않았다고 비판하면서 국문학사의 실상을 토대로 '이행기서사시와 이행기소설'을 특화시켜 제3세계 소설의 자생적 성장을 입증하려고 시도한다. 그러나 조동일의 새로운 소설 이론 구상은 다음과 같은 문제점

---

5) 조동일 <서사시 전통과 근대소설>, (≪한국문학과 세계문학≫, 지식산업사), 162쪽
6) 조동일, 앞의 책 166-167쪽

을 해결하지 않고는 민족주의적 대응 논리라는 비판을 면하기 어려울 듯하다.

첫째, 루카치와 바흐친 소설론에 대한 편향적 해석이 내포되어 있다. 먼저 조동일의 비판과는 달리 루카치가 고대 그리스의 서사시를 소설의 선험적 고향이라고 한 것은 서사시라는 양식으로부터 소설 양식이 출현하였음을 말하는 것이 아니라, 고대 그리스시대에 서사시가 차지하는 위치를 근대 시민사회에 들어와서는 소설의 그 위치를 대신하게 됨을 지적한 것이었다. 즉 사회적 물질적 상이한 조건이 만들어낸 서사시와 소설의 대립적 성격을 말한 것이었지 서사시와 소설의 전승관계를 주장한 것은 아니었다. 또 조동일은 바흐친을 비판하면서 서사시와 소설의 공존론을 문제 삼고 나온 것은 서사시와 소설의 관계에 대한 독법의 상이함에서 온 불가피한 논리 충돌로 보인다. 왜냐하면 오직 서사시의 전통 속에서 소설의 발생경로를 추적하고 있는 조동일 논리의 연속성을 위해 고급문학에 속하는 서사시는 따로 존재하고 '저급문학인 서사시에서 또 하나의 저급문학인 소설이 생겨났다'며 이행기문학을 통해 서사시 지속의 문학사적 근거를 강조한 반면, 바흐친은 서사시와 소설의 관련성이나 공존 현상에 관심을 두기보다는 그 거리를 분명히 전제하고 고급문학 외부에서 비공식적인 삶을 영위하는 개방적이고 언제나 진행중인 장르를 소설로 보고 있기 때문이다.

둘째, 과연 소설은 서사시가 변해서 생겨난 것인가? 일반적으로 "예술사에서의 영향은 아버지로부터 아들에게 전수되는 것이 아니라 삼촌에서부터 조카에게로 전수된다"고 한다. "이 법칙에 따르면 소설에 있어서 혁신의 원천은 선행 소설로부터가 아니라 어떤 주변적 혹은 비문학적 저술의 조합으로부터 오게 된다."[7] 사실 소설이란 장르의 삶을 들여다보면 선행 장르가 지닌 관습의 힘에 영향을 받으면서도 끊임없이 주변 장르와 교섭하면서 새롭게 변신해온 것을 확인할 수 있다. 이는 서사시 전통에 국한한

7) 월리스 마틴 저, 김문현 옮김, ≪소설이론의 역사≫, 현대소설사, 1991, 70쪽

소설사 해석이 소설형성의 실상과는 거리가 있을 수 있음을 시사한다. 따라서 조동일이 서사시 전통을 축으로 소설의 보편 이론을 새롭게 정립하려면 소설의 형성과 관계있는 여러 서사체의 구실을 서사시론 안으로 끌어들여 소설사의 발전 경로를 보다 합리적으로 해명해야 할 것이다.

셋째, 이행기문학을 설정하여 비 서양권 특히 제3세계 소설의 자생적 성장을 추적하고 있음에도 불구하고 서양 소설사의 특수한 현상에 얽매여 소설사를 해석한 혐의가 짙다. 서양 소설의, 특수성에 해당하는 서사시와 소설의 관계는 동아시아에서는 역사와 소설의 관계로 대치하여 이해할 필요가 있다. 그렇지 않고 서사시의 전통을 축으로 동아시아 소설을 이해하게 되면 서사시 不在 현상을 보이고 있는 중국문학사와 구비서사시와 기록서사시가 풍성한 한국문학사 그리고 서사시적 장편소설이 조기에 발달한 일본문학사의 소설 형성은 전혀 다른 발전 경로를 거친 것이 되어 버린다. 이러한 문제점들은 아이러니컬하게도 반 서구중심주의를 내걸고 있는 그의 소설론이 현상적으로는 서양의 소설론을 비판적으로 극복한 듯이 보이지만 실제로는 서양의 전통적 소설론인 서사시 근원설에서 벗어나지 못한 체 한국소설사를 비롯한 제3세계 소설사에 무리하게 적용시킨 데서 야기된 것이라고 할 수 있다.

다음은 중국의 내재적 발전론에 대하여 살펴보기로 한다. 중국 측의 입장을 특수론이라고 규명한 것은 중국학자들이 중국문학의 史詩 부재 현상을 중국소설의 특수성에서 연유하는 것으로 해석하려는 경향이 우세하기 때문이다. 다음 인용문은 사시 부재 현상에 대한 북경대학 중문과 교수인 천핑유엔(陳平原)의 설명이다.

> 漢民族은 왜 사시를 남기지 않았을까? 이는 아마도 영원히 풀리지 않는 수수께끼일 것이다. 이 수수께끼는 금세기 유명한 시인과 학자들의 관심을 끈 적이 있지만 연구성과는 그리 크지 않았다. 따라서 제일 현명한 방법은 한민족에게는 史詩(Epic)가 남아 있지 않다는 것을 임시적인 사실로 수용하여 중국문학에 끼친 깊은 영향을 연구하는 것이다. 장래에 어느 날 갑자기 중국 史詩의 원시기록이 발견될 수 있다는 점이나 민간에 많은 민족의 史詩

> 가 유전될 수 있음을 조금도 의심하지 않는다. (가령 神農이 만들었다는 胡北 지방의 <<黑暗傳>> 그러나 문학 교류 체계에 진입하지 못한 史詩는 이천년간 중국문학의 발전에 직접적인 영향을 끼친 적이 없다. 오히려 그것의 부재는(정확히 말하면 문학 교류체계 가운데 존재하지 않는) 우리가 중국문학의 특수성과 중화민족의 특수한 심리를 연구하는데 사유의 실마리를 제공한다.[8)]

중국문학에 史詩가 부재한 이유에 대해서는 천핑유엔 이전에도 여러 학자들이 관심을 갖고 거론한 적이 있다. 예컨대, 상상력의 부족 때문에 史詩를 써내지 못했다고 한 후스(胡適), 신화와 함께 역사화되었기 때문에 소실되었다고 한 마오뚠(茅盾), 상고 시대의 제한된 상형문자로는 풍부한 구어로 음송되는 史詩를 기록할 수 없었다고 한 린겅쩌(林庚) 등이 그들이다. 그런데 문제는 史詩 전통이 부재한 중국소설의 발전을 어떻게 해석하느냐에 있다. 이에 대한 반응은 크게 이식론과 자생론으로 나누어진다. 먼저 이식론은 중국문학은 서정시를 중심으로 발전된 탓에 서구와 달리 소설이 조기에 발달하지 못하고 불교문학이 들어오면서 唐代 이후에나 성장하게 된다고 주장하고 자생론은 중국문화의 특수성과 중국소설의 내재적 발전을 강조하면서 史傳과 道教가 중국소설의 모태요 온상이라고 주장한다. 전자의 이식론은 중국소설의 발생의 외래설을 주장한 원이두어(聞一多)[9)], 불교 유입 이후 唐代 變文[10)]을 계기로 중국 서사문학이 혁명적 변이를 겪었다고 주장한 빅터 메이어(Victor H. Mair) 등에 의하여 개진되었다. 반면 후자의 자생론은 일반 중국소설사가들에게 보편적 논리로 수용되고 있으며 서구에서는 빅터 메이어를 공박한 드워스킨(K.DeWoskin)과 이드마(Idema)가 역사 서사와 도교를 사례로 중국소설의 명백한 연속성을

---

8) 陳平原, ≪中國小說敍事模式的轉變≫, 上海人民出版社, 305쪽(이종민 역, ≪중국소설서사학≫, 살림, 388-389쪽).

9) 聞一多, <文學的歷史動向>, ≪神話與詩≫, 古籍出版社, 1956.

10) 變文이란 唐代 속강승들이 불법 포교시 사용했던 唐代의 화본소설이라 할 수 있다. 내용은 불교 고사와 관련된 것이 많으나, 세속화되면서 중국의 역사 고사. 민간 고사 등을 대거 채용하게 된다. 형식은 이야기(설)와 노래(창)를 적절히 운용하고 있다.

주장한 바가 있다. 여기서 후자는 중국소설의 내재적 발전에 관한 이론 구상이 어떠한가를 확인시켜 주는데 천핑유엔의 이야기를 통해 그 구도를 좀더 파악하기로 하자.

> 고대 중국에는 거대한 편폭과 서사성이 풍부한 史詩(Epic)가 남아 있지 않다. 장기간 동안 '서사(Narrative)'를 역사서가 독점하고 있어서 수천 년 동안 문인들은 소설을 이야기할 때면 언제나 <<사기>>를 본보기로 삼았다. 또 중국은 시의 나라여서 어떤 문학형식이 문학구조의 중심에 끼려면 시가의 서정적 특징을 차용하지 않으면 안되었다. 그렇게 하지 않고서는 독자들의 호응을 얻기가 매우 힘들었다. 이 두 가지 즉 史傳 전통과 詩騷 전통이야말로 중국소설의 내재적 발전에 중대한 역할을 하였다.[11]

여기서 주목되는 점은 史詩가 부재한 중국소설의 발전을 설명하면서 서사시 대신 서정시와 역사서를 내부 기제로 부각시킨 데 있다. 천핑유엔의 관점[12]에 따르면 서양의 작가들은 서사성이 매우 강하고 규모가 큰 史詩를 많이 창작한 데 반해 史詩를 남기지 않은 중국 작가들은 史를 시가에 유입할 때 서정적 색채가 농후하고 함축적으로 창작하는 특수한 문학적 관습에 지배받게 된다. 그 결과 중국소설은 시의 왕국에서 시민권을 취득하기 위해 古體詩, 樂府, 律詩, 絶句, 詞, 曲 등 수많은 시가를 운용하지 않으면 안되었다. 대표적인 중국 고전소설에 다수의 詩詞가 삽입되어 있는 것--- ≪수호전≫에 556수의 시가 ≪삼국연의≫에 157수의 시와 2수의 詞가, ≪홍루몽≫에 124수의 시와 35수의 曲, 그리고 8수의 詞가 인용되어 있다.---은 바로 詩騷 전통의 영향이다. 시소 전통과 함께 중국소설의 내재적 발전에 큰 공헌을 한 또 하나의 요소는 史傳 전통이다.

---

11) 陳平原 ≪小說史 : 理論與實踐≫, 北京大學出版社, 1993, 182쪽

12) 천핑유엔이 자생론자인가 아닌가에 대해서는 논란의 여지가 있다. 왜냐하면 천핑유엔은 중국 현대소설의 형성을 전반적 西化의 결과로 파악하는 이식론이나 중국소설 자체의 내재적 발전에 기인한다는 '전통계승론'의 단면적인 해석을 비판하고 서양문학의 유입과 전통문학의 양분 양자를 모두 인정하고 있기 때문이다. 그러나 그의 관점은 기본적으로 '전통문학의 구실'에 큰 비중을 두고 있어 내재적 발전론의 울타리를 벗어나지 못하고 있다.

史傳 전통이란 소위 實錄精神과 紀傳體적 서술 방식을 특징으로 하는 歷史傳統을 말하는데 허구적 상상력이 풍부한 서양소설과 다르게 중국소설이 줄곧 사실의 기록화에 치중한 것은 모두 사전 전통과 관련이 있다.

소위 중국소설의 민족적 특수성이라는 측면에서 보자면, 시소 전통과 사전 전통은 중국소설의 내재적 발전에 큰 공헌을 했다고 할 수 있다. 그러나 이를 서양소설 우위론을 극복하려는 중국 측의 대응 논리라는 각도에서 보며 다음과 같은 문제점이 발견된다.

첫째, 사전 전통에 대한 일방적 해석의 가능성이다. 세계 여러 문명권 나라 가운데 중국은 문자언어가 조기에 발달한 탓에 기록된 문헌자료가 풍부하게 남아 있고, 기록문학은 매 시기 중국문학사의 구심점 역할을 해왔다. 그러나 중국소설사를 보면, 唐代에 이르러서야 진정한 의미의 소설로 볼 수 있는 傳奇가 출현하고 그 이전 시기는 소설의 미발달 시기였다는 것이 일반적인 관측이다. 이 때문에 중국소설의 연속성을 주장하는 학자들은 소설의 맹아와 성장을 史傳과 관련시키려는 시도를 오래 전부터 해왔다. 사전 전통과 소설의 관계를 의도적으로 誤讀하거나 확대 해석할 가능성은 바로 여기에 잠복해 있다. 따라서 중국소설사에서 사전 전통을 거론할 경우는 그 전승 관계보다는 서양에서 서사시와 소설이 갈등 관계를 유지하면서 발전했던 것처럼 중국의 소설도 史傳 주변에서 小道로 경시받으면서 비공식문학에서 공식 문학으로 전이되는 과정에서 일어난 갖가지 문학적 현상에 유의해야 할 것이다.

둘째, 시소 전통에 대한 이해 방식의 문제다. 『시경』과 『이소』에서 시작된 서정시 전통이 중국 서사문학의 발전에 구체적으로 어떤 작용을 했던가는 아직까지 명확히 해명되고 있지 않다. 서경호의 지적대로 중국 전통문학이 끊임없이 '시적 속성으로 회귀'하려 했던 현상[13]은 자기 문화의 고급 형식을 더욱더 숙련화하여 지속시키는 문인 사회의 속성으로 볼 때 과연 비 전통문학인 소설의 서사 방식과 아무런 마찰없이 융화되었는지, 또

---

13) 서경호, <중국문학의 발생과정에 대한 고찰>, ≪중국문학≫, 제22집, 1994.

민간 說書의 고유한 說唱的 서사 방식이 소설의 문인화 추세에 따라 '雅化' 되는 과정에서 우리 나라의 판소리사에서 확인되는 것처럼 구술문학의 민중지향성이 탈각된 체 사대부지향 추구로 나아가지는 않았는지 의문시 된다. 이와 같은 의문은 중국소설과 시소 전통의 관계를 민족적 형식의 단순한 계승으로 파악해서는 해명할 수 없다. 그보다는 토착 양식과 외래 양식, 구술 장르와 기록 장르, 기층문학과 엘리트문학이 상호 교섭하면서 만들어내는 다층적 변주에 초점을 두어 소설사를 읽어낼 때만 그 본모습을 보게 될 것이다.

이상에서 살펴보았듯이 구비문학의 발전 맥락을 축으로 소설사의 발전을 설명하고 있는 한국의 모범론과는 달리 중국의 특수론은 기록문학의 양대 맹주인 서정시와 역사서를 축으로 내재적 발전 경로를 설명하고 있다. 이러한 차이는 자국어 문자문학이 조기에 발달한 중국문학과 그렇지 못한 국문학을 놓고 양국의 학자들이 자국의 자존심을 개입시켜 서구 콤플렉스를 극복하는 대응 논리로 만든 데서 기인한다고 보면 지나친 단정일까?

다음은 일본 內化論의 구도를 살피기로 한다. 일본의 내재 발전론을 '내화론'이라 규정한 것은 일본 학자들이 일본 문학은 토착의 사고방식을 지속적으로 유지하면서 결코 외래 체계를 배척하지 않고 적극 수용하여 철저히 일본화 했다고 주장하기 때문이다. 일본의 내화론은 두 가지 측면 ---서양문학과 동양문학에 대한 관점---에서 한국·중국과는 확연히 구별된다. 다음은 가또 슈우치(加藤周一)의 이야기이다.

> 서양문학사는 고전시대부터 희곡과 서사시를 중심으로 전개되었다. 주요한 표현 형식으로서의 산문 소설[장편소설, Novel : 인용자주]이 나타난 것은 18세기 이후의 일에 지나지 않는다. 이른 시기에 서정시와 산문 소설을 중심으로 발달하고 14~5세기에 이르러 희곡을 덧붙인 일본문학사는 그런 뜻에서 서양의 경우와는 아주 다르다.[14)]

14) 加藤周一 저, 김태준·노영희 옮김, ≪일본문학사I≫, 시사일본어사, 1995, 279쪽

기본적으로 서양문학을 바라보는 일본 비평가의 심리에는 서사시 콤플렉스가 개입되어 있지 않다. 오히려 서양문학에 대한 일본문학의 우위 내지는 대등을 역설하려는 의도가 다분히 내재되어 있다. 이는 일본문학사에 세계 최초의 장편소설이라고 하는 『우쓰호모노가타리(宇津保物語)』가 10세기 후반에 출현했고, 11세기초에는 전 54권에 달하는 장편소설 ≪겐지모노가타리(源氏物語)≫가 창작되는 등 서양의 대서사시와 장편소설에 대한 콤플렉스를 떨쳐버릴 수 있는 문학 내적 조건이 구비되어 있기 때문이다. 또 일본의 소설가들은 근대소설의 자생성에 대하여도 한국과 중국의 학계만큼 예민하지 않다. 오히려 서양의 근대소설을 조기에 받아들여 그들 문학의 자양분으로 삼을 수 있었던 것을 장점으로 내세우기까지 한다. 이러한 현상은 한국이나 중국과 달리 서구적 근대화의 진행과정에서 식민지 경험을 받지 않고 서양문화를 적극적으로 받아들여 근대화를 이룬 외적 조건에서 기인하는 것으로 보인다. 한편 동양 문화의 종주국으로 자부하는 중국 문화를 보는 관점도 철저히 '일본주의'적이다. 과거 아시아에 대한 일본 지식인의 인식에 커다란 영향을 끼친 바 있는 쓰다 소키치(津田左右吉)의 말을 들어 보자

> 동양문화라는 말이 서양문화에 대립하는 것으로 선전되고 있는 경향이 있긴 하지만 이른바 서양문화는 하나의 세계로서 역사적인 전개에 의해 형성된 하나의 문화이기 때문에 공통적인 요소 한 가지로 일본과 인도 그리고 중국의 문화를 동양문화라고 지칭하는 것은 서양 문화의 의미와 다르다....... 서양 문화는 물질적이고 동양문화는 정신적이라고 하는 기묘한 선전을 하는 사람의 대부분은 중국 사상의 숭배자이며 또 그들이 말하는 동양은 중국을 중심으로 하는 것이다.15)

쓰다 소키지가 '동양 문화'를 하나의 문화권으로 간주하는 것을 부정하는 근본적인 이유는 중국 문화에 대한 일본 문화의 독자성을 주장하기 위해서다. 그의 논리에 따르면, 일본과 중국이 유교에 의해 공통적인 교양

---

15) 쓰다 소키치 지음, ≪중국 사상과 일본 사상≫, 소화, 1996, 87-91쪽

과 사상을 갖추었다는 생각은 하나의 망상이다. 또 일본 불교와 중국 불교는 공통역사가 없는 다른 세계였고 이 점에서도 일본을 중국과 동일시할 수 없다. 일보의 불교는 중국화한 적이 없고, 초민족적인 성격을 가진 불교가 일본식으로 '내화'된 것이다. 이처럼 일본 문화는 중국 문화와 분명히 구별되는 문화적 독자성이 있다는 관념은 일본문학사 내부에서도 그대로 발견된다. 예컨대, 『고지키(古史記)』와 『니혼쇼키(日本書記)』의 神代史 부분은 6세기 이래의 조선과의 교섭 및 7·8세기 중국과의 조공 관계에서 일본 왕권의 정통성과 독자성을 증명하기 위하여 의도적으로 질서정연하게 꿰어 맞추었다는 것이 통설이다. 또 일본문학의 특질론에 있어서도 중국의 문학가는 보편적인 원리에서 출발하여 구체적인 경우에 이르고 전체로서 부분을 감싸려고 하지만, 일본의 문학가는 구체적인 경우에 집착해서 그 특수성을 중시하고 부분에서 시작하여 전체에 이르려고 한다[16]며 변별화한다. 이와 같은 현상은 일본 민족의 고유한 독자성을 강조하는 '내화론' 의 발생 근거를 보여주는데, 그 속에는 간과할 수 없는 주요한 문제점이 내포되어 있다.

첫째, 일본 문화의 제현상을 일본만의 특수한 것으로 간주해 버리고 세계성을 띄는 보편문화적인 의미를 추구하지 않는다. 문화에서 보편적인 것은 민족적인 것 바깥에 존재하는 특수한 것이 아니라, 민족적인 것 내부에 존재한다. 따라서 일본 문화의 속성에 대한 담론은 인류 보편적인 가치를 도외시하고 민족적 특수성만을 운위해서는 곤란하다. 이런 점에서 일본 문화의 독자성을 강조하는 내화론이 과거처럼 아시아 차별론에 입각한 '서양주의'나 '脫亞論'으로 흐르지 않기 위해서는. 서양 문화와 동아시아 문화의 변증적 연관에 관심을 기울여야 할 것이다.

둘째, 일본문학의 중심을 귀족주의적 미학에 두고 고급문학의 정제된 양식을 '일본적 특질'로 간주하는 경향이 있다. 흔히 일본문학은 궁정의 귀족과 여인, 승려, 무사 귀족 등 지배 권력의 중심과 주변에서 유지되고

16) 加藤周一, 앞의 책, 11쪽과 39쪽

성장하였다고 한다. 실제로 모노가타리(物語)와 와카(和歌), 일기(日記), 렌가(연(連歌), 노(能), 가부키(歌(舞伎) 등 일본 문학의 주요 장르들은 귀족 재배층의 패트롱 역학과 밀접한 연관이 있다. 그러나 일본 문학의 이면에는 헤이안 시대부터 서민 대중을 주체로 한 脫 귀족주의적 문학 역시 존재하고 있었다. 세속적인 민담과 민가가 풍부한 『후도키(風土記)』와 만요수(萬葉集), 일본문학의 위대한 예외라고 일컬어지는 『곤자쿠 모노가타리(今昔物語)』, 대중에 기반을 두고 있었던 교겐(狂言), 날카로운 풍자정신이 깃들어 있는 쎈류(川柳)와 잣파이(雜俳), 왕조의 귀족적 취향을 벗어나 민중의 일상성을 담아낸 하이카이(俳諧), 17~8세기 대도시 서민(정인)의 현실을 그려낸 우기요죠오시(浮世草子)와 요미혼(讀本) 등은 일본 문학의 또다른 면모를 보여준다. 따라서 일본문학의 민족적 특성에 대한 논의는 민중대중 문학과 고급 취향의 귀족문학 간의 양면적 관계를 세밀히 따져야 할 것이다.

일본의 내화론이 자국 문화의 독자성을 주장하고 있는 점에서는 한·중 내재발전론의 민족적 뿌리 심기와 유사하다. 그러나 전전의 탈아론(脫亞論)과 전후의 아시아주의가 모두 서구적 근대화와 근대 극복을 구호로 내걸고 일본 제국주의의 이데올로기 구실을 한 경험을 상기할 때, 일본주의에 토대한 그들의 (동)아시아문화론은 부정적 일탈 가능성이 높다. 특히 탈(脫)중국중심주의와 동양부정론에서 드러났듯이 일본의 내화론이 서양주의와 손잡을 가능성이 한층 농후하고 문화 보편주의적 입장과 거리가 먼 점은 동아시아 문화의 진정한 전통에 대한 탐구의 많은 몫을 한·중 지식인들이 짊어져야 함을 말해준다.

Ⅲ

과연 동아시아 소설의 전통은 무엇인가? 공유될 수 있는 허상이 아닌 실상으로 존재한다면 그것은 무엇일 수 있을까? 이제까지 賢問愚答만을 반복해 왔는지도 모르는 동아시아소설론은 민족주의적인 담론을 넘어서 서양소설사와 생산적인 대화를 유지하며 새로운 길을 모색할 필요가 있다. 그 길은 신작로를 새로이 개통하기 위한 또 하나의 거대 담론을 만들어내는 것이 아니라 전통 그 자체에 대한 고쳐 읽기로부터 출발할 필요가 있다. 글을 마무리해야 할 시점이지만 한·중·일 학계의 소설 발생과 근대소설의 형성에 대한 관점으로 되돌아가 동아시아소설론을 생산적으로 전화할 수 있는 단초를 찾아본다.

우선 한·중·일 학계의 관점을 다시 한 번 떠올려 보자. 먼저 한국의 경우 소설의 발생은 김시습의 『금오신화』나 위로 올려 잡을 경우 羅末麗初의 『최치원전』을 거론하며, 근대소설의 자생적 토대로는 국문소설인 『홍길동전』과 판소리계소설을 지목하고 있다. 중국의 경우 秦漢 시대에 소설이란 말이 있긴 하였으나 진정한 의미의 소설은 唐代의 전기나 宋代의 話本에서부터 시작된다고 보며, 근대소설의 내적 토대로는 위로 올라갈 경우 傳奇와 話本, 후대로 내려올 경우 『金瓶梅』, 『紅樓夢』, 『儒林外史』 등을 거론하는 것이 상례다, 일본에서는 모노가타리(物語)를 소설 발생의 계기로 보고, 근대소설의 본토적 뿌리로는 앞쪽으로 올라갈 경우 10세기 후반의 『오치쿠보 모노가타리』를 들고 있다(가또 슈유치). 그런데 한·중·일의 『최치원전』 『금오신화』 --전기와 화본--모노가타리 그리고 이를 모태로 발전한 각국 근대소설의 맹아적 작품들은 토착적 성격에 따른 차이에도 불구하고 유사점과 공통점을 내함하고 있다. 그러나 동아시아 삼국이 상이한 근대화 경로를 겪는 과정에서 서구의 오리엔탈리즘과 중화중심주의에 맞서 내재적 발전론이 각국에 뿌리를 내리면서 바로 이 유사성과 공통성이 오히려 문제가 되어 논의되는 예상치 못한 방향으로 전재된다. 즉 유사성과 공통성이 소설사의 보편적 과정에서 차지하는 가차와 민족문화적인 의미를 생산적인 측면에서 검토하기보다는, 영향자와 수용자의 관계에서 바라보기 시작하면서 이른 바 자생설과 이식설 간의 다툼이 장기간 논의를 주도하게 된다. 예컨대, 한국의 판소리 기원 논쟁, 중국의 變文논쟁, 일본의 모노가타리 기원론 등은 외래영향설에 대한 각국의 대응과정에서 유발된 것인데 삼국 모두 수많은 미해결 과제를 남긴

체 내재발전론의 승리로 귀결된다.

그런데 동아시아소설의 전통을 영향과 수용의 관계를 떠나서 바라보면, '민중적 구비연행물'을 공동의 모태로 하여 토착화되고 기록문학화된 사실을 알 수 있다. 예컨대, 1) 『삼국유사』와 『수이전』 속의 설화, 2) 중국 唐代의 講唱敍事物인 變文, 3) 일본의 초기 모노가타리인 『다케토리 모노가타리(竹取物語)』와 『곤자쿠 모노가타리(今昔物語)』 三者를 비교해보면 동아시아소설의 전통 속에 민중 구비창작의 고대적 형식들과 그 미적 가치가 고스란히 감추어져 있음을 알 수 있다. 그리고 이는 '서사시와 설화의 몰락적 후기 생산물'[17]인 서구 소설의 형성 경로와도 기본 맥락이 통한다. 지면의 제약상 구체적으로 언급하지 못한 이 부분에 대한 재해석은 동아시아소설의 전통 논의에 새로운 전이의 계기를 가져다줄지도 모른다. 또다시 一國主義적 태도와 고정 관념에 투항하지 않는다면...

출처 : 『문학과 사회』 통권36호

17) 브르노 힐레부란트, 박병화.원당희 옮김, ≪소설의 이론≫, 현대소설사, 1993, 20쪽

『典論·論文』 文氣論의 형성 배경

김민종*

Ⅰ. 들어가는 말

氣 개념의 탄생과 발전은 先秦 이래의 오랜 역사적 경험을 거치면서 다양한 학문 영역과 관련하여 논의되어 왔다. 철학의 영역은 물론이고, 문학·과학·예술·의학은 물론 종교에 이르기까지, 물질과 정신의 범주를 넘나들며 氣 개념의 내포와 외연은 몇 마디의 짧은 문장으로는 쉽게 한정지울 수 없는 특성을 지니게 되었다. 이는 氣 개념이 중국, 넓게는 동북아 문화 전반에 지니고 있는 광범위한 영향력의 정도를 대변하는 것인 동시에, 이를 해석하는 대표적 문화 코드로서의 상징적 성격을 말해주고 있는 것이기도 하다. 이처럼 氣를 둘러싼 전통적 논의가 매우 포괄적이고 다양했던 까닭에, 많은 학자들의 경우 氣 함의의 多義的이고 重層的인 성격을 고려하여 氣를 개념이 아닌 범주의 관점에서 고찰하고 있는 것이다.[1]

---

* 명지대학교 방목기초교육대학 교수

1) 氣 개념의 포괄성과 다의성을 고려할 때, 氣를 범주의 관점으로 이해하려는 시각은 적절한 것으로 판단된다. 또한 이처럼 포괄적 주제인 氣에 대하여 논하고자 할 때, '氣는 무엇인가'라는 實體論的 접근보다는, '氣는 어떻게 쓰이는가'라는 기능론적 접근 방식이 氣의 성격과 역할을 보다 효과적으로 규명할 수 있는 방법이 될 것이라고 정세근 교수는 밝히고 있다. 정세근, 「회화와 서예, 氣로 채우는 無의 여백」, 『기학의 모험 2』, 64쪽. 본 논문 역시 이러한 취지에 입각하여 氣의 문학적 역할을 고찰하고자 하는데 목적을 두고 있다. 氣를 범주의 관점에서 고찰

문학 방면으로 시야를 좁혀 살펴보면, 氣 개념은 최초 曹丕『典論・論文』의 文氣論을 통해 새롭게 문학비평의 영역으로 수용되었다.『典論・論文』의 文氣論이 주목한 점은 작품 창작에서 작가가 차지하는 역할과 기능이었으며, 보다 구체적으로는 작품의 수준과 풍격이 작가 개인의 선천적인 개성과 才氣에 의해 결정된다는 점을 강조하고자 하였다. 이후 氣의 함의는 작가의 개성이나 기질 또는 才氣 등을 지칭하는 개념으로 사용되어 왔으며,[2] 이는 중국문학비평에서 風格論이라는 새로운 영역의 출발을 알리는 계기를 마련하였다고 할 수 있다.

본 논문은 氣 개념이『典論・論文』을 통해 文氣論이라는 작가 비평 이론을 형성하기까지의 과정에 대해 고찰하고자 한다. 이는 氣 개념이 종래의 철학 중심의 범주에서 새롭게 문학비평 영역으로 변화 수용되기까지의 과정에 대한 탐색이라 할 수 있을 것이다. 동시에 文氣論의 제기가 본격적인 문학 風格論의 발단이었다는 점을 감안할 때, 중국의 전통 문학비평이 작가 위주의 風格論 중심으로 발전하게 된 계기와, 風格論이 지닌 주관적이고 印象批評的인 성격의 연원도 아울러 살펴볼 수 있는 기회가 될 것이다.

Ⅱ. 文氣 개념 출현의 의미

『典論・論文』은 익히 알려진 바와 같이 중국문학비평사 최초의 문학 전반에 관한 본격적인 전문 비평 저작이다.[3] 비록 많은 내용이 단편적인

한 전문적인 저작으로는 氣, 함의의 변화를 시대와 철학자별로 분석한『氣』와, 中西 문화의 비교 연구 관점에서 중국 각 시기별 대표 氣論을 심층적으로 분석한『中國氣論哲學硏究』등이 있다. 張立文,『氣』, 北京 : 中國人民大學出版社, 1990. 曾振宇『中國氣論哲學硏究』, 濟南 : 山東大學出版社, 2001.

2) 『典論・論文』의 氣의 함의에 관한 다양한 견해에 관해서는 楊松年,「『典論論文』'文以氣爲主'之 '氣'字疏釋」,『中國古典文學批評論集』17-24쪽 참조

3) 『典論・論文』 이전에도 중국문학비평에서 문학에 관한 전문적 저술이 없었던 것은 아니다. 예를 들어「詩大序」・班固의「離騷序」와「兩都賦序」・王逸의「楚辭章句序」등은 역시 문학에 관한 전문적 저술이라 할 수 있을 것이다. 그러나

서술에 머물러있다는 아쉬움에도 불구하고, 『典論 · 論文』은 문학의 효용, 작가의 개성과 작품의 풍격 및 문체, 그리고 문학 비평의 올바른 태도 등 문학의 다양한 방면을 언급하고 있으며, 이에 대한 曹丕의 독창적인 견해와 후대에 끼친 영향으로 인해 중국문학비평사에서 독보적인 위치를 차지하고 있다고 할 수 있을 것이다. 曹丕는 『典論 · 論文』의 저술 동기에 관해 다음과 같이 밝히고 있다.

> 문인들 간에 서로 경시하는 풍조는 옛날부터 그러했다. 傅毅는 班固와 문장 수준이 비슷하였는데도 班固는 그를 가벼이 보았으니, 아우인 班超에게 보내는 서신에서 "武仲(傅毅의 字)은 글을 잘 지어 蘭臺令史의 벼슬을 얻었지만, 그는 붓을 대면 멈추지 못하고 쓸데없이 늘여 쓰는 병폐가 있다."고 말하였다. 무릇 사람들은 스스로 드러내어 뽐내기를 잘하지만, 글이란 한 가지의 體裁만 있는 것이 아니라서, 모든 體裁에 두루 뛰어난 이는 드물다. 그러므로 각자가 자신의 장점만을 내세운 채 다른 사람의 단점을 서로 경시하는 것이다. 속담에 "집안의 다 떨어진 빗자루조차도 천금이나 되는 듯 귀하게 여긴다."라고 하였는데, 이것이 바로 스스로의 단점을 보지 못하는 병폐인 것이다. (文人相輕, 自古而然. 傅毅之於班固, 伯仲之間耳, 而固小之, 與弟超書曰 : "武仲以能屬文, 爲蘭臺令史, 下筆不能自休." 夫人善於自見, 而文非一體, 鮮能備善, 是以各以所長, 相輕所短. 里語曰 : "家有弊帚, 享之千金." 斯不自見之患也.)

曹丕는 『典論 · 論文』의 저술이 당시 작가들이 자신의 장점만을 생각한 채 다른 작가의 단점을 서로 비난하는 문단의 잘못된 풍토를 바로잡기 위한 것임을 밝히고 있다. 이에 따라 그의 비평 이론은 실제 비평의 방식을 지향하게 되었고, 이는 자연스럽게 당시 문단의 대표적 인물들인 建安七子에 대한 비평으로 이어지게 되었다.

이들은 모두 한 가지 문체나 작품 또는 작가 등을 대상으로 하고 있다는 점에서 문학 전반을 포괄하고 있는 『典論 · 論文』과는 차이를 보인다.

> 王粲은 辭賦에 능하였으며, 徐幹은 때로 齊나라의 완만한 氣風을 나타냈으나, 王粲에 필적할 만하였다. 예를 들어 王粲의 「初征賦」·「登樓賦」·「槐賦」·「征思賦」와, 徐幹의 「元猿賦」·「漏巵賦」·「員扇賦」·「橘賦」와 같은 작품들은, 비록 張衡과 蔡邕이라 하더라도 능가하지 못한다. 그러나 다른 문장에 있어서는 이와 같지 못하였다. 陳琳과 阮瑀의 章表書記 문체는 이 시대의 뛰어난 문장이다. 應瑒은 溫和하나 굳세지 못하며, 劉楨은 굳세나 치밀하지 못하다. 孔融은 才氣가 빼어나 다른 사람을 능가하였으나, 논리가 부족하고 修辭가 과도하였다. 그러나 문장 중의 조롱하는 표현 가운데 뛰어난 것은 揚雄과 班固에 비견할 만하다. (王粲長於辭賦, 徐幹時有齊氣, 然粲之匹也. 如粲之「初征」·「登樓」·「槐賦」·「征思」, 幹之「元猿」·「漏巵」·「員扇」·「橘賦」, 雖張蔡不過也. 然於他文, 未能稱是. 琳瑀之章表書記, 今之雋也. 應瑒和而不壯, 劉楨壯而不密, 孔融體氣高妙, 有過人者, 然不能持論, 理不勝詞, 以至於雜以嘲戲. 及其所善, 揚班儔也.)

建安七子의 작품에 나타난 풍격과 장단점 그리고 特長의 문체에 대한 지적을 통해 曹丕가 말하고자 했던 점은, 모든 작가의 창작 수준이 나름의 한계를 지니고 있다는 것이었다. 이는 그가 앞서 『典論·論文』에서 말한 "文非一體, 鮮能備善"과 "무릇 奏議文은 雅正해야 하고, 書論文은 이치에 맞아야 하며, 銘誄文은 실제 사실에 부합되어야 하고, 詩賦는 화려해야 한다. 이 넷은 서로 다른 종류인 까닭에 이것 모두에 능한 사람은 드물며, 오직 재능을 두루 갖춘 사람만이 그 體裁를 다 갖출 수 있는 것이다. (蓋奏議宜雅, 書論宜理, 銘誄尙實, 詩賦欲麗. 此四科不同, 故能之者偏也. 惟通才能備其體.)"에 대한 부연 설명이라 할 수 있을 것이다. 작가들의 개인 역량에서 드러나는 이러한 편차와 다양성의 원인에 대해 曹丕는 이를 선천적인 氣의 차이에서 비롯된 것으로 인식하였다.

> 문장의 풍격은 氣에 의해 결정되며, 氣에는 淸濁의 구분이 있어 억지로 그것을 얻을 수는 없다. 음악에 비유하자면, 가락이 비록 일정하고 같은 규칙의 연주 방식을 사용한다 해도, 氣의 운용이 서로 달라 사람마다 교묘함과 서투름의 차이가 있는 것이니, 비록 부자나 형제지간이라 하여도 자식이나 아우에게 전해줄 수 없는 것이다. (文以氣爲主, 氣之淸濁有體, 不可力强而致. 譬諸音樂, 曲度雖均, 節奏同檢, 至於引氣不齊, 巧拙有素, 雖在父兄, 不能以移子弟.)

曹丕는 위의 문장에서 작가의 氣의 차이에 의해 작품의 우열이 생겨나고, 이러한 氣는 선천적으로 결정되는 것임을 말하고 있다. 이처럼 氣라는 평가 기준을 통해『典論·論文』의 文氣 개념이 형성되면서, 중국문학비평의 전통에서 작가 비평이라는 새로운 영역의 첫 장이 열리게 되었다. 이후 작가의 氣, 즉 개성은 개별 작가에 대한 비평의 근거이자 척도라는 새로운 역할을 담당하게 되었다. 아울러 氣가 비평의 척도로 기능하면서 작가 개성에 대한 중시 더욱 자연스러운 현상이 되었으며, 이는 다시 작가와 작품에 대한 風格論의 형성으로 발전할 수 있게 되었다. 따라서『典論·論文』文氣 개념의 출현은 중국문학비평에서 風格論 형성의 직접적인 계기를 마련하였다는 점에서도 중요한 의의를 찾을 수 있을 것이다. 이하의 장절에서는 이러한 文氣 개념이 형성되기까지의 과정에 대해 구체적으로 살펴보고자 한다.

Ⅲ. 文氣論의 형성 배경

文氣論의 형성 배경에 관해서는 다음의 두 가지 점이 집중적으로 검토되어야 할 것이다. 먼저 漢末·魏初 시기에 이르러 왜 文氣論이라는 작가 개성의 유형 분류를 위한 이론이 요구되었는가 하는 점이다. 文氣論은 기본적으로 작가 비평의 성격을 지닌 이론이다. 文氣論의 기본 관점은 작가 개인의 氣가 작품의 수준과 풍격을 결정하는 핵심적 요인이 된다는 것이다. 따라서 文氣論 형성에 관한 기본적 이해를 위해서는, 建安 시기에 이르러 문학 창작에서 작가 비평의 필요성에 주목하게 된 배경에 대해 면밀한 검토가 이루어져야 할 것이다. 다음으로는 종래 철학과 의학 영역을 중심으로 사용되었던 氣의 개념이 어떻게 작가 비평을 위해 활용될 수 있었는가 하는 점에 대한 검토이다. 이는 氣가 철학과 의학 영역에서 문학 영역으로 변용되는 과정과 그러한 과정의 가능성에 대한 탐색으로, 氣 개념이 작가 비평을 위한 특유의 文氣論으로 전환될 수 있었던 배경을 고찰하려는 것이다. 이상의 두 가지 문제에 대한 검토를 통해 중국문학비평의 전통에서 작가 비평이라는 새로운 영역의 효시를 이룬 文氣論의 형성 배경을 살펴보고자 한다.

1. 문학 환경의 변화 : 작가 비평의 필요성 대두

작가 비평의 필요성이 제기되기 위해서는 먼저 다양한 作家群의 형성이 전제되어야 한다. 이는 바꾸어 말하면 『典論·論文』의 文氣論이 출현한 시기에 이미 다양한 작가 계층이 존재하고 있었음을 말해주는 것이기도 하다. 이하의 내용에서는 먼저 『典論·論文』의 시기에 이르기까지 어떠한 과정을 거쳐 다양한 작가 계층이 형성되었으며, 왜 그들에 대한 비평의 필요성이 제기되었는가를 검토하고자 한다.

중국의 문학 전통 가운데 작가와 관련하여 漢初에 일어난 중요한 사건의 하나는 다름 아닌 屈原의 출현일 것이다. 屈原의 출현은 다양한 각도에서 그 의미를 조명해볼 수 있겠지만, 그 중 주목할 만한 것 중의 하나는 작가, 즉 '개인의 글쓰기'에 대한 漢代 초기의 새로운 인식일 것이다. 戰國 시기 말엽에 이르기까지 글쓰기, 특히 문학적 글쓰기에서 종래 『詩經』과 같은 집단 창작의 경우 작가의 역할이 차지하는 비중은 상대적으로 크지 않았다고 할 수 있다. 그러나 屈原은 「離騷」를 통해 신화적 사물을 동원한 작가 감성의 극대화라는 이전에는 볼 수 없었던 개인 창작의 형태를 선보였다. 중국문학사 최초의 개인 창작물인 「離騷」를 통해 漢初의 지식인들은 屈原이라는 작가 개인과 '개인의 글쓰기'가 지니는 의미에 대해 새롭게 인식하는 계기를 마련하였으며, 이는 중국의 문학 전통에서 작가 개인에 대한 본격적 탐구의 시발이 되었다고 할 수 있다.[4)]

屈原의 '개인의 글쓰기'에서 출발한 작가 의식을 바탕으로 漢代에는 매우 왕성한 개인 저작 활동이 이루어졌다. 그러나 漢代의 작가 의식은

4) 屈原이 지니는 개인적 글쓰기의 의미에 대해서는 서경호, 『중국 문학의 발생과 그 변화의 궤적』 241~255 쪽 참조.

전체적으로 武帝 이래 漢 왕실의 통치 이념으로 확립된 儒家 사상의 견고한 장벽에 둘러싸여있었다. 따라서 그들의 작가 의식은 자유로운 개성의 발현으로 나타난 것이 아니라, 儒家 사상의 이념적 규범인 도덕적 善을 구현하는 형태로 제한된 모습이었다. 兩漢 전 시기를 관통하면서 치열하게 진행된 今古文論爭이 사상계 전반의 치열한 儒家 이념 성향을 대변하는 것이었다면, 남녀의 애정을 노래한 「關雎」詩를 后妃의 德으로 해석한 「詩大序」, 철저하게 儒家 이념과의 합치 여부가 판단의 잣대이었던 屈原과 「離騷」에 대한 평가 등은 漢代의 작가 의식이 얼마나 철저하게 儒家 사상의 울타리에 갇혀있었는가를 보여주는 좋은 경우라 할 수 있을 것이다.

그러나 이처럼 견고했던 漢代의 儒家的 작가 의식도 漢末에 이르러서는 급격한 균열의 조짐을 드러낸다. 균열은 漢末 왕권의 약화로 시작된 정권의 불안정, 그리고 이로 인해 야기된 儒家的 이념에 대한 신뢰의 동요에서 비롯되었다. 漢代에 글쓰기를 담당하고 있던 계층인 지식인 집단은 기본적으로 황제의 통치권을 위임 받아 구현하는 관료로서 지배 계층을 이루고 있었다. 그러나 王莽의 新을 거쳐 東漢 시기에 접어들자 환관의 정치 개입에 따른 관료 계급의 정치력 약화가 본격화되었고, 또 장기적으로 지속되는 상황이 전개되었다. 이에 따라 지식인 집단의 위상은 상대적으로 크게 낮아졌으며, 정치적 포부의 실현 기회도 아울러 멀어지게 되었다. 황제는 더 이상 지식인 계층의 정치적·정신적 구심점이 되지 못했으며, 정치적 위상의 약화와 동시에 찾아온 경제적 위기는 이들 집단의 정체성 위기로까지 발전하였다. 지식인 집단의 정치적·경제적 불안은 그들이 신봉하던 儒家 이념에 대한 동요로 확산되었으며, 刑名之學과 黃老之術의 유행으로 이어졌다. 漢初 "百家 사상을 배척하고, 儒家 학술만을 존중한다.(罷黜百家, 獨存儒術)"는 정치적 이념은 이제 돌아갈 수 없는 이상으로 변한 것이다. 이러한 정치적·경제적·사상적 상황의 변화는 지식인들의 그들 집단에 대한 결속력을 크게 약화시켰으며, 이는 결국 지식인들이 사상적·감성적으로 개인화되는 단계로까지 발전하였다. 지식인들의 개인화는 그들의 글쓰기에 대한 패러다임 역시 分化의 과정에 접어들었음을 의미한다. 이제부터는 종래 획일적 이념의 속박 아래 이루어진 천편일률적인 글쓰기가 아닌 개인 내면의 사상과 감성을 독자적으로 어떻게 표현해야 하는지에 대한 고민이 시작된 것이다. 작가들의 독자적 글쓰기에 대한 고민은 작가 역할의 중요성에 대한 새로운 인식이었으며, 이는 자연스럽게 다양한 유형의 작가 계층과 문장 體裁를 형성하는 계기로 연결될 수 있었다.『四庫全書總目提要』「詩文評類」序文의 기록은『典論·論文』이 등장하기까지의 문학 발전 상황에 대해 다음과 같이 설명하고 있다.

> 문장은 兩漢보다 흥성한 때가 없었으니, 廣大한 강물의 모습과도 같았다. 글이 지어지면서 규범도 생겨났으나, 격률의 구속은 없었다. 建安·黃初年間에 이르러 문장의 體裁가 점차 갖추어지자, 문장을 평론하는 이론들이 출현하였다. (文章莫盛於兩漢, 渾渾灝灝, 文成法立, 無格律之可拘. 建安黃初, 體裁漸備, 故論文之說出焉.)

『四庫全書總目提要』는『典論·論文』이라는 중국문학비평 최초의 본격적인 전문 문학 이론이 출현하기까지의 문학 발전 상황을 언급하면서, 漢末에 이르러서는 이미 충분한 창작의 성과가 축적되어있었음을 지적하고 있다. 漢代 문학 창작의 풍부한 성과는 바로 이처럼 다양한 작가 계층이 있어 가능한 것이었으며, 작가 비평의 필요성을 통한 文氣論의 제기는 이러한 다양한 작가 계층의 평가라는 문학적·시대적 배경을 토대로 한 것이었다.

다양한 작가 계층과 함께 새로운 작가 비평의 필요성이 요구되는 또 다른 요인으로는 작가에 대한 평가 방식의 변화이다. 儒家 사상의 쇠퇴와 함께 개인화되고 다양화된 작가 집단에 대한 평가 기준이 이전과는 달라야 했기 때문이다. 과거에는 儒家 이념의 도덕적 善의 구현이 작가들에 대한 유일한 평가 기준이었다. 즉 개인의 인격이 儒家 이념을 얼마나 충실히 반영하고 있는가 하는 점이 평가를 좌우한 것이었다. 그러나 儒家 사상이 통치 이념으로의 기능을 상실한 漢末에 이르러서는 이러한 이념적 가치가 더 이상 중시되지 않았다. 그보다는 亂世의 정치적 혼란을 해결할 실무적

능력이 정치적 발탁의 중요한 기준으로 부상한 것이다. 曹操의 九品中正制에 의한 인재 등용은 당시 인물 평가 방식이 어떠했는가를 보여주는 적절한 實例가 될 수 있을 것이다. 漢末에 성행했던 담론인 淸談에서의 인물 평가 방식 또한 개인의 능력이 주요 기준이었음을 『世說新語』의 기록이 잘 보여주고 있다.

> 劉越石(劉琨)이 말하길 : "華彦夏(華軼)는 식견과 재능은 부족하지만, 강인함과 과감성은 뛰어나다"라고 했다."(劉越石云 : "華彦夏識能不足, 彊果有餘.)" (『世說新語·識鑒』)

> 司馬文王(司馬昭)이 武陔에게 묻기를 : "陳玄伯(陳泰)을 그의 부친인 司空(陳羣)과 비교하면 어떻습니까?"라고 하자, 武陔가 대답하기를 : "雅正한 인품과 널리 통달한 학문으로 천하의 교화를 자기의 임무로 삼을 수 있는 면에서는 그의 부친만 못합니다. 그러나 명철하고 노련한 재능과 지극히 간명한 방법으로 공을 세우고 일을 처리하는 면에서는 그의 부친보다 뛰어납니다"라고 말했다." (司馬文王問武陔 : "陳玄伯何如其父司空?" 陔曰 : "通雅博暢, 能以天下聲敎爲己任者, 不如也. 明練簡至, 立功立事, 過之.") (『世說新語·品藻』)

개인의 분야별 특기와 능력이 인물 평가의 주요 기준이 되면서, 작가에 대한 평가도 종래의 이념적 잣대가 아닌 유형별 능력으로 변화되는 계기를 맞이하였다. 이에 따라 개별 작가의 문체별 장단점이나 풍격상의 특징 등을 설명해줄 수 있는 작가 비평의 새로운 기준이 필요하게 된 것이다.

한편으로 文氣論을 통한 작가 비평의 필요성에 대한 또 다른 요인으로는 당시의 문단 상황을 들 수 있을 것이다. 曹氏 父子의 문학 창작과 문인들에 대한 관심과 애호가 매우 각별하였던 점은 익히 알려져 있는 사실이다. 당시 魏의 수도 鄴京은 이들의 적극적인 후원 아래 많은 문인들이 모여 하나의 문단을 형성하고 있었으며, 일종의 문화 중심지로서의 역할을 수행하고 있었다고 할 수 있다. 문인들의 입장에서는 대규모의 문학적 환경이 조성되고, 같은 집단에 속하는 사람들끼리 서로 교유하며 지내게 된 상황은 이전엔 겪어보지 못했던 색다른 경험이었을 것이다. 그들은 이제 정치적·경제적 능력을 장악하고 있는 든든한 후견인을 배경으로 문학 창작에만 전념할 수 있는 기반이 마련된 셈이었다. 그러나 한편으론 鄴京의 문단 형성은 문인들에게는 경쟁의 場이 마련되었음을 의미하는 것이기도 하였다. 鄴京은 문인들이 동료이기도한 다수의 독자들에게 자신의 글쓰기 능력을 평가받고, 이를 통해 出仕의 기회를 마련하는 장소가 된 것이다. 또한 앞서 『世說新語』에서 볼 수 있는 바와 같이 당시는 이미 개인에 대한 평가의 기준이 이념에서 능력 중심으로 바뀌어져있는 상황이었다. 이제부터의 글쓰기는 남과 다른 개성과 능력을 인정받는 것이 중요한 비중을 차지하게 되었으며, 문인간의 치열한 경쟁은 피할 수 없는 현실로 다가왔을 것이다. 이처럼 치열한 경쟁의 이면에는 당연히 상호간의 비방이라는 부작용이 수반되었을 것이며, 그 비방 정도의 심각함은 曹丕 『典論·論文』 저술의 배경이 될 정도이었음을 앞의 문장("各以所長, 相輕所短".)에서 밝힌바 있다. 문단의 상황이 이러해지자 공정한 작가 비평을 위한 기준 마련이 시급한 과제로 대두되었을 것이며, 이는 文氣論이라는 작가 비평 기준의 출현 요인으로 작용하였을 것임을 어렵지 않게 예상할 수 있다. 『典論·論文』에서 曹丕가 鄴京의 많은 문인 가운데 특별히 7인만을 선정하여 建安七子라 명명한 것 역시, 그가 자신의 文氣論을 주요 기준으로 삼아 시도한 작가 비평 작업의 일환이라는 시각에서 이해할 수 있을 것이다.

이외에도 작가 비평의 출현 원인을 독자 계층의 관점에서 접근하는 것도 文氣論의 배경을 이해할 수 있는 유용한 방식이 될 수 있을 것이다. 중국의 문학 전통에서 최초로 이루어진 작자와 독자와의 관계 설정은, 처음으로 독자를 염두에 두고 저술된 戰國 시기 諸子들의 개인 저작에서 비롯되었을 것으로 추론된다. 이 시기 개인 저작의 출현은 비록 제한된 집단 안에서지만 글쓰기를 통한 저자와 독자의 초보적인 관계 설정을 가능하게 하였을 것이다. 漢代에 이르러 중국 문인들의 글쓰기가 왕성하게 이루어지면서 보다 적극적인 독자층이 형성되었을 것이며, 우리는 이를 漢初의 賦 창작에 나타난 모방 풍조를 통해 확인할 수 있다. 예를 들어 漢初 枚乘의 대표적 賦作인 「七發」이라는 새로운 형식의 賦體 등장 이후

이를 모방한 많은 작품들이 뒤를 이었음을 볼 때,[5] 漢初에 이미 상당한 독자군, 특히 자신들이 글을 쓰는 작자이면서 동시에 다른 사람의 글쓰기 방법을 통해 새로운 글쓰기를 시도하려는 작자 겸 독자 집단이 형성되어있음을 알 수 있다. 漢初보다 훨씬 많은 다수의 독자 계층이 형성되었을 建安 시기는 이러한 작자 겸 독자들의 창작과 감상을 위한 작가 비평의 기준이 요구되는 시기였으며, 이 점 또한 文氣論의 출현을 촉진시킨 요인으로 볼 수 있을 것이다.

이상의 검토를 통해 작가 비평의 필요성이 대두되게 된 원인에 관해 살펴보았다. 결국 文氣論이라는 작가 비평의 출현은 작가 역할에 관한 인식의 변화, 다양한 작가 계층의 형성, 그리고 새로운 작가 비평 기준의 필요성이라는 당시 문단의 시대적 요구가 주요한 배경이 되어 탄생한 것이라 할 수 있을 것이다.

2. 氣 개념의 문학적 變容

漢代 말엽에 작가 비평의 필요성이 제기되고 또 이에 따라 작가들에 대한 탐색이 다방면으로 진행되면서, 이제 당면한 과제는 작가 평가를 위한 이론적 근거를 마련하는 일이었다. 建安 문단의 작가 평가에서 가장 우선시 했던 점은 작가 性情의 자유로운 발산이었다. 이는 漢末의 작가들이 儒家 이념이라는 사상적 굴레는 물론, 賦體의 모방 인습에서 벗어나면서부터 자연스럽게 예정된 결과라 할 수 있을 것이다. 개성의 발현이 강조되면서 개별 작가의 특징과 장단점에 대한 설명이 가능해졌으며, 이를 통해 작가와 작품에 대한 비평도 이루어질 수 있었다. 이제 작가 비평 이론의 완성을 위해 남은 일은 개별 작가에서 나타나는 개성의 차이에

---

5) 이전에 枚乘이 『七發』을 창작하자, 傅毅・劉廣世・崔駰・李尤・桓麟・崔琦・劉梁과 같은 문인들이 그 형식을 모방하여 따라 지었으니, 『七激』・『七興』・『七依』・『七疑』・『七說』・『七蠲』・『七擧』와 같은 작품들이 앞을 다투어 출현하였다. (昔枚乘作『七發』, 而屬文之士若傅毅・劉廣世・崔駰・李尤・桓麟・崔琦・劉梁之徒, 承其流而作之者, 紛焉『七激』・『七興』・『七依』・『七疑』・『七說』・『七蠲』・『七擧』之篇.)(『藝文類聚』五十七)

대한 이론적 근거를 정립하는 것이었다. 그리고 이에 대한 설명으로 제기된 것이 바로 文氣 이론인 것이다.

文氣論의 제기는 종래 철학과 의학 영역을 중심으로 사용되던 氣 개념이 이제 문학 영역으로 수용되었음을 보여준다. 그러나 文氣論이 비록 曹丕에 의해 최초로 제기되었다고 해서, 그것이 직접적으로 曹丕의 독창적 이론임을 의미하는 것은 아니다. 문학에서의 이론적 근거 정립, 특히 특정 시기의 작가와 작품에 관련된 평가는 해당 시기의 문학을 포함한 문화 전반의 환경과 불가분의 관계를 맺을 수밖에 없고, 이 점에서는 文氣論 역시 예외일 수 없을 것이다. 따라서 이하의 내용에서는 氣 개념의 이러한 문학적 변용을 가능하게 한 機制가 무엇이었는가를 두 가지 측면에서 검토하고자 한다. 첫째는 曹丕가 文氣論에서 작가 개성과 氣 개념의 결합을 시도하였을 때, 양자 사이에는 어떤 상관관계가 있는지를 氣의 생명 의식 관점에서 살펴볼 것이다. 둘째는 文氣論이 당시 성행한 인물 품평의 평가 방식으로부터 어떠한 영향을 받았는지를 검토하고자 한다.

(1) 작가 개성과 氣의 결합 : 氣의 生命性

작가 개성의 차이를 설명하기 위해 曹丕가 文氣 개념을 제시하였을 때, 그 이론의 근거는 작품 창작의 본질에 관한 曹丕의 인식에 기초한 것이었다. "'文以氣爲主' 이 구절은 단도직입적으로 문학에서의 가장 근본적인 문제를 언급하고 있다. 즉 문학이란 그 본질에 있어서 작자 개인 생명의 외재적 표현이며, 문학 작자의 풍격 표현은 작자 개인의 천부적 재능과 기질로 결정된다는 것이다."[6] 따라서 문학 작품은 작가 개성의 발현이며, 개별 작가들에서 보이는 개성의 차이는 天賦의 氣에서 비롯된다는 것이 曹丕 文氣論의 중심 내용을 이룬다. 曹丕가 이처럼 文氣論을 통해 작가의 개성과 氣를 결합하였을 때, 양자를 결합시키는 핵심적 연결고리는

6) "'文以氣爲主'這一句話直截觸及到文學上最根本的問題：文學，就其本質而言，是作者個人生命的外在表現，文學作者的風格表現決定於作者個人的生命才性." 蔡英俊，「曹丕『典論論文』析論」，『中外文學』 8卷 12期，1980年 5月，133쪽.

다름 아닌 氣 함의에 내포된 生命性이었다. 氣 함의의 생명성은 '엷게 흐르는 구름의 기운'[7]을 통해 '天體를 흐르는 기운'을 표현하고 있는 최초의 字源으로부터 시작되었으며, 이후 천지만물을 형성하는 근원적인 실재의 개념으로 구체화되었다.

> 氣가 있어야 태어나고, 氣가 없어지면 사라지니, 태어나는 것은 그 氣 때문이다. (有氣則生, 無氣則死, 生者以其氣.) (『管子·內業』)

> 무릇 만물에게 생명을 주는 것은 精氣이다. (凡物之精, 此則爲生.) (『管子·樞言』)

이처럼 古代人들에게 있어 氣는 끊임없이 탄생과 소멸을 반복하는 이 세계를 살아있게 만드는 구체적 실재이자 생명이었다. 이후 氣와 관련하여 다양한 개념들이 파생되어 나오긴 하였지만,[8] 그들 가운데 어느 것도 생명의 원천이라는 氣의 근원적 성격을 지니지 않고 있는 것은 없는 것이다. 따라서 古代人들에게 있어 "무릇 천지 사이의 모든 만물은 陰陽의 氣가 낳은 것(凡天地之間, 陰陽所生)"(『論衡·商蟲』)이 된다. 인간 역시 陰陽의 氣가 화합하여 이루어진 것이며, 그 性情 또한 陰陽의 氣로부터 생겨나는 것이다. 王充의 氣論에는 이러한 관념이 잘 반영되어 있다.

> 인간은 천지의 본성을 부여받고 五常의 氣를 품고 있어 인자하기도 하고 의롭기도 하니, 이는 타고난 성품이 다른 때문이다. 동작이나 행동거지가 빠르기도 하고 느리기도 한 것은 타고난 판단 능력이 다른 때문이다. 그러나 얼굴색이 희고 검은 것, 신장이 길고 짧은 것은 늙어 죽을 때까지 바꿀 수 없는 것이니, 천성이 그러한 때문이다. (人稟天地之性, 懷五常之氣, 或仁或義, 性術乖也. 動作趨翔, 或重或輕, 性識詭也. 面色或白或黑, 身形或長或短, 至老極死, 不可變易, 天性然也.) (『論衡·本性』)

---

7) "氣는 구름의 기운이다. (气, 雲氣也.)" 許愼 撰, 段玉裁 注, 『說文解字注』.

8) 『氣』는 氣의 함의가 확대 발전된 유형을 네 방면으로 분류하고 있다. 첫째는 왕성한 모임과 흩어짐의 과정을 통해 만물을 형성하는 개념. 둘째는 사람이 호흡하는 숨결의 개념. 셋째는 사람의 血氣 개념. 넷째는 사람의 도덕 정신과 자연 氣象을 나타내는 개념이다. 張立文, 『氣』, 20-21쪽.

이를 통해 볼 때 曹丕의 文氣論는 氣와 개성을 양자의 함의에 내재된 생명성과 선천성을 바탕으로 결합하였으며, 이를 통해 개별 작가들의 개성 차이를 설명하고자 한 것임을 알 수 있다.

아울러 曹丕는 氣와 개성이 지닌 생명성 뿐만 아니라, 문학이 지닌 생명성에 대해서도 깊은 인식을 갖추고 있었다.

> 무릇 문장은 나라를 다스리는 근간이며, 不朽의 성대한 사업이다. (蓋文章經國之大業. 不朽之盛事.) (『典論·論文』)
> 살아서는 七尺의 육신일지라도, 죽어서는 다만 관 속의 한줌 흙으로 남을 뿐이다. 오직 덕을 쌓아 이름을 날리는 것만이 영원하며, 그 다음으로는 저작을 남기는 일만한 것이 없다. (生有七尺之形, 死唯一棺之土. 唯立德揚名, 可以不朽, 其次莫如著篇籍.) (「與王朗書」)

위에 인용한 曹丕의 '立言不朽' 관념은 문학의 영원한 생명성에 대한 그의 신념을 표현한 것으로, 이러한 그의 인식은 인간 생명의 유한성에 대한 각성에서 출발하였다고 할 수 있을 것이다. 물론 曹丕의 이러한 '立言不朽' 관념을 대부분의 중국 전통 지식인에게 보이는 보편적 특성의 일단으로 간주할 수도 있겠지만, 그 시기 정치·사회적 動亂과 질병 등으로 야기된 인생무상에 대한 각별한 감회가 문학의 생명성에 대한 인식을 더욱 심화시키는 원인이 되었을 것이다. 아울러 당시의 어지러운 시대상을 감안할 때 인생무상에 대한 감회는 비단 曹丕 개인에게만 국한된 것이 아니었으며, 그 시기 지식인들이라면 누구나 공유하는 인식이었을 것이다. 曹丕는 『典論·論文』에서 "수명은 때가 되면 다하고, 榮華와 즐거움도 자신의 代에서 그칠 뿐이다. 이 두 가지는 반드시 도달하는 정해진 시간이 있기 마련이니, 문장의 무궁함만은 못한 것이다. (年壽有時而盡, 榮樂止乎其身, 二者必至之常期, 未若文章之無窮.)"와 같은 감회를 밝히고 있는데, 이 역시 亂世에 절감하는 생명의 한계에 대한 안타까움과, 그와 결부된 '立言不朽'의 신념을 잘 보여주고 있다. 결국 '立言不朽'의 신념에서 출발한 曹丕의 문학에 대한 생명 의식은, 그가 작가 비평을 위해 氣의 생명성을 도입한 후, 이 생명성에 기초하여 文氣論을 착안하게 된 하나의 동기로 작용하였다고 할 수 있을 것이다.

이상의 분석을 통해 살펴본 것처럼, 氣 개념은 엷게 흐르는 구름의 모습인 雲氣를 나타냈던 本義에서 출발한다. 이후 점차 확대된 氣의 함의는 세계의 근원적인 실재로서 생명 활동의 존재 근거로 발전하였으며, 생명의 원천으로 간주되었다. 曹丕는 생명의 근원으로서 氣의 함의에 내포된 생명성을 작가 개성의 근원으로 이해하였으며, 이를 바탕으로 文氣論을 제기한 것이다. 아울러 인간 생명의 유한성에 대한 자각과 문학이 지닌 시간적 영속성에 대한 기대를 토대로 한 '立言不朽' 신념 또한 曹丕 文氣論에 내재된 생명 의식의 표출이라 할 수 있을 것이다.

(2) 인물 품평의 영향

인물 품평은 본래 東漢 시기 인재의 선발과 임용을 위해 생겨난 정치적 목적을 지닌 평론 방식이었다. 漢末의 정치적 혼란기에는 政事를 담당할 능력 있는 인재가 필요했고, 이에 따라 인재의 발탁을 위한 적절한 평가가 요구되었던 것이다. 그러나 인물 품평은 본래의 실용적 취지와는 별개로 인물의 풍모나 덕행 또는 기질・언행・재능 등을 표현하는 평론의 형태로 그 성격이 변화되어갔다. 인물 품평의 이러한 성격 변화에 나타나는 특징으로는, 실제의 인물 품평에서 氣 개념이 매우 활발하게 활용되고 있다는 사실이다.9)

> 氣가 맑고 명랑한 사람을 문장의 조리가 갖추어졌다고 부르는데, 文理는 禮의 근본이 된다. (氣淸而朗者, 謂之文理, 文理也者, 禮之本也.) (『人物志・九徵』)

---

9) 문학 관념의 발전이라는 측면에서 인물 품평의 성격 변화에 나타나는 특징 가운데 주목할 점은, 文才의 高下가 당시 품평의 주요 내용의 하나였다는 사실이다. 이는 "文辭의 빼어남과 졸렬함으로 족히 재능을 평가할 수 있다. (文辭美惡, 足以觀才)"(『論衡・佚文』)라는 왕충의 언급에서 보이는 것처럼, 文才의 高下를 통해서도 인물의 품평이 가능하다는 인식이 바탕에는 漢末에 접어들면서 확산되기 시작한 문장의 중요성에 대한 각성이라는 시대적 추세를 반영한 것이었다. 曹魏 시기의 저작인 劉劭의 『人物志』에서 「文章」이라는 독립된 항목을 설정하여 인물을 평가한 사실은 이러한 시대적 추세를 잘 보여준다.

> 용모의 움직임은 心氣에서 나오는데, 심기의 徵驗은 말소리의 변화에서 볼 수 있다. (夫容之動作, 發乎心氣, 心氣之徵, 則聲變是也.) (『人物志・九徵』)
>
> 매우 용맹한 사람은 기세가 맹렬하여 용감하게 결판을내려 하므로, 만용을 부리다 실패하더라도 개의치 않는다. (雄悍之人, 氣奮勇決, 不戒其勇之毁跌.) (『人物志・體別』)
>
> 기력이 다른 사람보다 뛰어나야 용감하여 일을 실행할 수 있으며, 지혜로 사태를 명확히 판단할 수 있어야 웅재라 할 수 있는데, 韓信이 이런 인물이다. (氣力過人, 勇能行之, 智足斷事, 乃可以爲雄, 韓信是也.) (『人物志・英雄』)
> 그러므로 몸가짐이 단정하고 氣가 맑으면 아름다운 명성이 생겨난다. (是故骨直氣淸, 則休名生焉.) (『人物志・八觀』)

앞에서 언급한 바와 같이 인간이 태어나고 그 기질을 형성하는 것은 모두 氣에서 비롯된 것이라는 인식이 일찍부터 있어왔다. 따라서 氣 개념을 통해 인물 품평을 시도하게 된 것은 매우 자연스러운 현상이라 할 수 있을 것이다. 인물의 개성을 평가하기 위해 氣 개념을 활용한 인물 품평 방식에서 曹丕 文氣論과 관련하여 중요한 사항은, 曹丕가 작가의 개성을 설명하기 위해 제기한 文氣論의 방식이 인물 품평의 방식과 매우 유사하다는 것이다. 이는 『典論・論文』의 文氣論이 인물 품평 방식의 직접적인 영향을 받아 제기되었다는 사실을 말해주고 있다. 인물 품평의 曹丕에 대한 영향은 비단 文氣論 뿐만 아니라 『典論・論文』의 작가 비평 전반에 걸쳐 나타난다. 예를 들어 建安七子들에 대한 평가가 상세한 분석이 아닌 전체적인 풍격 위주의 평론인 점, 간략하고 개괄적인 표현을 통해 작가들의 주요 특징만을 부각하여 상호 비교하는 방식, 그리고 작가의 文才를 유형화하여 각자의 재능에는 서로의 特長이 있다는 관점[10] 등은 曹丕의 작가 비평이 당시의 인물 품평 방식에서 받은 영향을 잘 보여준다고 할

---

10) 작가의 文才를 유형화 경우로는 다음의 두 문장을 예로 들 수 있을 것이다. 『典論・論文』: 此(奏議・書論・銘誄・詩賦)四科不同, 故能之者偏也. 惟通才能備其體. 『人物志・材能』: 사람의 재질은 같지 않아서 재능도 각기 차이가 있게 된다. (夫人材不同, 能各有異.)”

수 있을 것이다. 아울러 曹丕의 이러한 작가 비평 방식은 이후 중국문학비평의 작가론이 풍격 위주의 심미적이고 인상주의적 비평의 성격을 형성하는데 지대한 영향을 발휘하였다는 점 역시 중요하게 고려되어야 할 것이다.

Ⅳ. 맺음말

이상의 고찰을 통하여 曹丕『典論·論文』文氣論의 형성 배경을 살펴보았다. 曹丕가 文氣論을 제기하게 된 기본적인 배경은 漢末 建安 시기의 활발한 문학 창작 성과를 토대로 한 작가와 작품 비평의 필요성 때문이었다. 이는 바꾸어 말하면『典論·論文』이 등장한 建安 연간은 이미 다수의 작가 계층이 형성되어 있었으며, 다양한 형태의 작품 창작 활동이 이루어지고 있었음을 반증하고 있다고 할 수 있다. 曹丕가 文氣論을 통해 작가에 대한 비평 기준을 제시하고자 하였던 것은 이처럼 다양한 유형의 작가들이라는 문학적 배경이 있었기 때문에 가능한 시도였던 것이다. 曹丕는 다양한 유형으로 표출되는 작가들의 개성에 대해 이론적 근거를 정립하고자 하였으며, 이를 위해 文氣 개념을 제시한 것이다. 曹丕는 文氣論을 통하여 작품의 풍격이 작가의 氣, 즉 생명력에 의해 결정된다는 것을 말하고자 하였으며, 이를 통해 문학 창작 활동에서 작자 才性의 중요성을 강조하고자 하였다. 曹丕의 文氣論 형성에는 당시 성행하던 인물 품평의 방식의 영향과 함께, 작가의 개성을 氣의 생명성과 연결시킨 그의 인식이 주요한 요인으로 작용하였다.

曹丕의 文氣論을 통하여 이전까지 철학과 의학 영역을 중심으로 전개되던 氣 개념이 문학 영역으로 수용되는 轉機가 마련되었으며, 이는 중국문학비평 발전에 커다란 획을 긋는 중요한 발전이었다. 徐復觀은 文氣論의 이러한 의의에 대해 다음과 같이 평가하고 있다. "중국 문학과 예술 역시 특별히 氣의 문제를 중시하였다. 이는 매우 오래전부터 작자의 생리 작용이 작품에 영향을 미칠 수 있으며, 작품에 생명력의 감각을 부여할 수 있다는 것을 자각한데 따른 것이다. 이러한 자각으로부터 문학・예술의 개성과 예술성에 대해 파악할 수 있었으며, 문학・예술・인간 사이의 근원적인 관계에 대해 명백하게 인식할 수 있었던 것이다."[11] 徐復觀의 평가처럼 『典論・論文』의 文氣論은 작품의 생명력에 대한 새로운 자각이었으며, 이는 작가 평가에 대한 진일보한 인식임과 더불어, 중국의 문학비평에서 작가를 중심으로 하는 風格論을 형성하는 초석이 되었다고 할 수 있을 것이다.

參考文獻

曹 丕, 『典論・論文』, (蕭統 選, 李善 注, 『文選』, 香港 : 商務印書館香港分館, 1978.)

許愼 撰, 段玉裁 注, 『說文解字注』, 上海 : 上海古籍出版社, 1997.

劉義慶, 『世說新語』, 臺北 : 藝文印書舘, 1974.

劉劭 지음, 이승환 옮김, 『人物志』, 서울 : 홍익출판사, 1999.

『四庫全書總目』, 臺北 : 商務印書舘, 1983.

王運熙・楊明 著, 『魏晉南北朝文學批評史』, 上海 : 上海古籍出版社, 1989.

張立文, 『氣』, 北京 : 中國人民大學出版社, 1990.

曾振宇, 『中國氣論哲學硏究』, 濟南 : 山東大學出版社, 2001.

서경호, 『중국 문학의 발생과 그 변화의 궤적』, 서울 : 문학과지성사, 2003.

조동일 外, 『기학의 모험 2』, 서울 : 들녘, 2004.

王夢鷗, 「試論曹丕怎樣發見文氣」, 『中外文學』 8卷 4期, 1979年 9月.

徐復觀, 「中國文學中的氣的問題」, 『中國文學論集』, 臺北 : 臺灣學生書局, 1980.

蔡英俊, 「曹丕『典論論文』析論」, 『中外文學』 8卷 12期, 1980年 5月.

楊松年, 『典論論文』 '文以氣爲主'之 '氣'字疏釋」, 『中國古典文學批評論集』, 香港 : 三聯書店, 출판연도 미상.

王運熙, 「中國古代文論中的文氣說」, 『中國古代文論管窺』, 濟南 : 齊魯書社, 1987.

姜小靑, 「'文氣'論」, 『蘇州大學學報』(哲學社會科學版), 1996年 제1期.

王世朝, 「文氣說源流考」, 『靑海師範大學學報』(哲學社會科學版), 2005年 第5期.

출처 : 『中國硏究』 第37卷(원제 : 『典論・論文』 文氣論의 형성 배경 고찰)

---

11) 中國文學・藝術中, 也特別重視氣的問題, 這是很早便自覺到作者的生理作用, 會給作品以影響, 與作品以生命力的感覺, 因而能由此以把握到文學・藝術中的個性與藝術性, 使文學・藝術與人的根源地關係, 得而徹底明瞭. 徐復觀, 「中國文學中的氣的問題」, 『中國文學論集』, 297쪽.

서예이론의 창작과 모색

郭魯鳳*

Ⅰ. 머리말

서예를 공부하는 사람에게 있어서 서론을 이해한다는 것은 절대로 필요한 일이다. 그러나 중국 고대 서론은 매우 풍부하여 그것을 전부 이해한다는 것은 무척 힘든 일이 아닐 수 없다. 특히 이러한 글들은 대부분 語錄體나 詩話의 형식을 취하며 하나하나가 독립적이어서 일정한 체계를 세우기가 쉽지 않다. 고대 서론을 계통으로 나누어 하나의 체계를 세운다는 것은 시험적으로 각 서예이론의 기본 사상을 파악하는 일이다. 우리는 이것을 통하여 옛사람이 서예에 어떠한 의의를 부여했고, 그러한 의의는 서예에서 도대체 무엇을 추구하려고 한 것이며, 또한 그들의 최후 이상은 무엇인가를 비교적 깊게 이해할 수 있다. 서론은 서예의 실천에 대한 종합적인 결정체이며, 동시에 당시의 문화 사상을 반영하는 이론이기도 하다. 따라서 서론의 체계를 세운다는 것은 당시의 심미관을 탐구할 수 있는 징검다리의 역할도 겸하고 있다.

---

* 동방대학원대학교 서예과 교수

우리가 서예를 하면서도 이에 대한 이론연구를 등한시한 것은 사실이다. 처음 문자가 생기고 이를 書寫하는 과정에서 書寫者의 性情을 글씨에 반영시키고 이를 예술적 시각으로 보기 시작하고부터 서예라는 것이 생겨났다. 따라서 처음에는 글씨의 형태에 치중하다가 나중에는 글씨를 쓰는 주체자의 성정을 중시하게 되었고, 마침내는 씌어진 글씨를 하나의 작품으로 보고 새로운 창작을 도모하기에 이르렀다. 이것을 이론으로 체계화시키면 바로 形質論·性情論·創作論이라 할 수 있다. 이는 서예의 기본구조이면서 가장 핵심적인 문제들이다. 여기에서는 이에 대한 초보적인 서론체계를 세워 서예의 본질을 파악하기 위한 밑거름으로 삼고자 한다. 이에 대한 방법론은 다음과 같다. 즉, 形質論에서는 글씨 형태의 뼈대를 이루는 '骨氣'에 중점을 둘 것이며, 性情論에서는 작품에서 나타나는 '神彩'와 작가의 性情을 작품에 깃들게 하는 것과 '字外功夫'인 '學養'에 중점을 둘 것이며, 創作論에서는 자연과 조형적인 문제 그리고 '通變'에 대해 살펴보고 여기서 얻어진 결과를 정리하여 결론으로 삼고자 한다. 이는 어디까지나 서론체계에 대한 초보적인 탐구이기 때문에 자세한 내용보다는 조심스럽게 전체적인 맥락을 파악하는 데에 목적을 두려고 한다. 그리고 앞으로 이에 대한 연구가 활발하게 진행되어 한국 서단의 나아갈 바를 제시해줄 수 있다면, 이 글은 분명 현실적 가치가 있을 것이다.

Ⅱ. 形質論

'形'과 '質'은 서예에서 형태와 질감을 가리킨다. 이는 점과 획의 長短·肥瘦·方圓·多寡·剛柔 등으로 자형 및 分行·布白의 구성을 가리키니, 형질미는 서예의 외재적 아름다움을 말한다. 이러한 형질은 서론에서 '神彩'와는 상대적인 말로 사용되며, '情性' 혹은 '性情'과도 상대적이다. 형질은 공력과 법도에서 나온다.1)

이러한 형질론을 가장 대표하는 것이 바로 '骨氣論'이다. 骨氣라는 것은 일종의 비유 하는 말로 骨이란 것은 인체의 근본을 지탱하고 있는 것으로 그 질은 견고하고 질기다. 氣란 통상적으로 정신의 격조를 가리키는 말이다. 따라서 骨氣의 일반적인 의미는 강직하고 아당거리지 않는 일종의 인격적 정신을 말한다. 그러나 서론 중에서 骨氣라는 말은 더욱 풍부한 의미를 함유하고 있다. 骨은 통상적으로 骨力을 말하고 있으니, 이는 필획에 내재된 힘으로 이것으로부터 筋이라는 말이 파생된다. 그리고 氣란 서론 중에서 여러 가지의 의미가 함유되고 있다. 즉 氣勢 · 氣韻 · 氣脈(즉 行氣) 등과 서예의 여러 요소 중에서 神氣와 書卷氣, 및 서예의 정신적 의취인 氣味 등은 전부 氣라고 볼 수 있다. 이것으로 본다면 骨(筋까지 포함하여)은 서예에서 비교적 형상적인 점과 획의 형태나 질감, 그리고 힘과 이것으로부터 형성된 미감에 편중된 것을 말한다. 이에 반하여 氣는 서예의 형상 가운데 비교적 추상적인 형식에서 어떤 정신적인 미학을 추구하는 데에 주로 편중되어 있다. 따라서 '骨氣論'을 좁은 의미로 해석한다면 골력에 관한 기법과 의의, 그리고 미학의 특징적인 이론이라고 볼 수 있다. 그리고 넓은 의미의 '骨氣論'은 骨力論과 氣論을 포함하고, 또한 이것들에 대한 관계까지를 포함하여 말할 수 있다.[2] 그러면 이를 骨에 대한 기본적인 것, 氣에 포함된 주요내용, 骨과 氣의 관계 등 3가지 방면으로 나누어 살펴보도록 하겠다.

1. 筋骨爲先

골력의 기본적인 요구는 힘이 글씨 안에 들어 있어야 하는 것[力在字中][3]이다. 이러한 것은 骨과 筋으로 나눌 수 있으니, 劉熙載는 이에 대하여 "글씨에 과감한 힘이 있는 것이 골이다. 그리고 글씨에 참음을 함유하는

---

1) 陶明君, ≪中國書論辭典≫ 69쪽, 湖南美術出版社 2001年
2) 郭魯鳳, ≪中國歷代書論≫ 366쪽, 東文選 2000年
3) 이에 대한 최초의 언급은 蔡邕의 ≪九勢≫에서 "藏頭護尾, 力在字中, 下筆用力, 肌膚之麗."라고 한 말에서 비롯된다.

힘이 있는 것을 근이라 한다."[4]라고 하였다. 이렇게 골과 근에 대해 사람들에게 "力在字中"에서 요구하고 있는 점과 획의 형질을 비유하면서 구체적으로 이를 깨닫게 하였다.

골기의 기본적 의의는 바로 서예의 필력감으로 그 형상의 아름다움을 확립하는 것을 제일로 삼고 있다. 따라서 "골기에 힘써 골이 이미 존재하면 여기에 굳셈과 윤택함을 가하여야 한다."[5]라는 것과, "가장자리 공간까지 소통한 것을 達이라 한다."[6]라는 것, "붓이 중봉을 얻으면 살이 바깥에 있고 골이 안에 있게 된다."[7]라고 한 것과, 깊이 모서리를 감추면 정신이 온전하지 않고 봉망이 드러남이 많으면 진중하고 무겁지가 않다고 말하는 것 등은 모두 서로 다른 각도에서 골력의 중요성을 말하고 있는 것이다. 또한 "가운데가 통한 것을 통이라 한다."[8]에 이르러서는 골기의 개념을 더욱 확대하여 점과 획이 결자와 관계가 있다는 것에까지 도달하였다. 즉 결체에 있어서 가운데 기가 통하여야만 한다는 것은 바로 골기를 체현할 수 있는 요소 중의 하나라는 것이다. 여기서 골력이라는 것은 서예의 기본적인 요소이며 또한 모든 것의 기초이기도 하다. 골이 없으면 근이 없게 되고 근과 골이 없으면 굳센 아름다움[遒麗]과 연미한 아름다움[妍媚], 그리고 형세와 아름다운 신채 등이 모두 사치스러운 말이 된다. 그러므로 "서예는 근골을 우선으로 한다."[9]라는 것은 서예의 심미적 요구와 형상 본체의 형식적인 요구로부터 출발하여 서예에 내재된 필력에 대한 기본정신을 설명한 것으로, 형질론의 가장 중요한 요소이다.

---

4) 劉熙載, ≪書概≫ : "字有果敢之力, 骨也. 字有含忍之力, 筋也."
5) 孫過庭, ≪書譜≫ : "務在骨氣, 骨旣存矣, 而遒潤加之."
6) 劉熙載, ≪書概≫ : "骨氣而曰洞達者, 中透謂通, 邊透爲達."
7) 蔣驥, ≪續書譜≫ : "筆得中鋒, 則肉在外而骨在內."
8) 劉熙載, ≪書概≫ : "中透爲洞."
9) 朱履貞, ≪書學捷要≫ : "書以筋骨爲先."

2. 氣味第一

氣라는 것은 고대 서론 중에서 매우 복잡한 의미를 함유하고 있다. 그러나 이를 크게 두 가지로 나눈다면 하나는 서예 형식 본래의 氣이며, 다른 하나는 서예가의 사상과 정신이 묵시적으로 서예의 정취에 옮겨지는 것을 氣라고 할 수 있다. 전자는 "자연스러운 흐름"[10], "안은 가득차는 것을 귀히 여기고, 밖은 허한 것을 귀히 여기며, 일어남에 외롭지 않아야 하고, 엎드림에 적지 않아야 한다. 돌고 우러러봄이 가깝지 않아야 하고, 등지고 접함이 멀지 않아야 한다."[11] 등으로 모두가 기를 형식적으로 구성하고 있는 일반적 방식이다. 후자는 예를 들어 '神氣'·'陽氣'·'陰氣'·'淸和'·'淸濁' 등으로 모두 서예의 서로 다른 정신적인 면모를 개괄하고 있다. '書卷氣'는 서예가의 연박하고 우아한 격조를 설명한 것이다. 종합적으로 말하면 서로 다른 기는 사람들에게 문득 '氣味'라는 것으로 받아들여지게 된다는 것이다. 이는 형식에서 정신에 이르는 구성이 서로 다른 서예의 풍격이라는 것을 총괄하여 말한 것이라 하겠다.

氣라는 것은 사람의 생명과 활력을 나타내는 것이다. 서예를 창작하는 사람은 모두 살아 있으면서 성정·기질·정신의 면모 등이 서로 다르기 때문에 서예의 작품도 풍부하고 다채로운 풍격과 형체미를 다하면서 오묘한 기를 나타내고 있다. 바로 이러한 점 때문에 고대 서론 중에는 기에 관한 이론을 밝히면서 "서예는 氣味를 제일로 삼는다."[12]라는 논점을 제시하고 있다. 그리고 骨氣라는 것은 이미 서예의 氣味 중에 있는 기본 내용의 하나로 이것은 또한 각종의 氣라는 것과 서로 어우러지며 직접 또는 간접으로 깊은 관계를 가지고 있다.

---

10) 梁同書, ≪與張芑堂論書≫ : "寫字要有氣, 氣須從熟得來. 有氣則自有勢, 大小長短, 高下欹整, 隨筆所注, 自然貫注, 成一片段."
11) 王羲之, ≪記白雲先生書訣≫ : "內貴盈, 外貴虛. 起不孤, 伏不寡. 回仰非近, 背接非遠."
12) 李瑞淸, ≪玉梅花盦書斷≫ : "書以氣味爲第一."

3. 骨氣相合

이것은 骨과 氣의 관계를 논술한 것으로 이는 골기론 중에서 매우 중요한 내용이다. 李世民의 글13)을 보면 이러한 골과 기의 관계를 비교적 완전하게 설명하고 있음을 알 수 있다. 그가 말하고 있는 神・心・氣라는 것은 먼저 그가 제목으로 설정하고 있는 ≪指意≫ 즉 筆意를 말하는 것이다. 이러한 필의는 최종에 가서는 결국 서예가의 사상으로 귀결되고 있으니, 이는 서예가의 미학 의식과 정신적인 경지를 반영하고 있다고 볼 수 있다. 그리고 "마음은 기에 합하고, 기는 마음에 합한다."14)라는 것은 즉 골과 기를 결합한 말이다. 여기서 氣라는 것은 '神氣冲和'15)의 氣로 이것은 바로 서예의 총체적인 격조를 말한다. 이는 곧 근과 골이 "神氣冲和"에 이르는 기본적인 요소라는 말로 골기의 정신을 안으로 함유하고 있다. 朱和羹이 말한 "풍신이라는 것은 골 가운데 살이 붙어 있는 것이다."16)라는 의미 또한 이것과 같은 것으로 筋骨과 神氣의 관계를 좀더 분명하게 말한 것뿐이다.

李世民은 또한 "정신은 마음의 작용이다."17)라고 말하여 필의와 서예가의 사상을 하나로 결합시키고 있다. 여기서 마음[心]이라는 것은 바로 사상[思]을 말하는 것으로, 이는 '思與神會'18)로 귀결된다. 생각과 정신이 모이는 것은[思與神會] 깨달음[悟]에서 얻어야 하는데, 이는 바로 근골로 서예의 형상을 이룬다는 것을 기본으로 삼아 한 말이다. 따라서 그가 "지금 나는 옛사람들의 글씨를 임서함에 특별히 그 형세를 배우지 않고 오직

---

13) 李世民, ≪指意≫ : "夫字以神爲精魄, 神若不和, 則字無態度也, 以心爲筋骨, 心若不堅, 則字無勁健也. 以副毛爲皮膚, 副若不圓, 則字無溫潤也. 所資心, 副參用, 神氣冲和爲妙. 今比重明輕, 用指腕不如鋒芒, 用鋒芒不如冲和之氣, 自然手腕輕虛, 則鋒含沈靜. 夫心合于氣. 氣合于心. 神, 心之用也, 心必靜而已矣."

14) 上同書

15) 上同書

16) 朱和羹, ≪臨池心解≫ : "風神者, 骨中帶肉也."

17) 李世民, ≪指意≫ : "神, 心之用也."

18) 上同書 : "思與神會, 同乎自然, 不知所以然而然矣."

그 골력을 추구함에 있다."[19]라고 말한 것도 전혀 무리가 아니다. 骨力이라는 것은 결국 氣味의 중요한 부분과 기초를 이루는 것이기 때문에 서로 다른 근골의 표현 방식은 바로 風神과 老勁 등의 서로 다른 기미로 표현되어 지기도 한다. 이러한 골기론은 곧 "근골이 서지 않으면 살이 어디에 붙을 것인가? 형질이 군세지 않으면 신채는 어디에서 오는가?"[20]라는 중요한 논점을 야기시켜 드디어 '神彩論'에 내재된 서론의 전제를 이루게 된다.

Ⅲ. 性情論

'性情'이란 사람의 감성과 심리세계를 가리키는 말이다. 아직 사물에 따라 움직이지 않고, 희로애락이 생겨나지 않았을 때 본래 그대로 상태의 심경을 '性'이라 말한다. 그리고 이미 사물에 따라 움직이고 희로애락이 생겨났을 때의 심경을 '情'이라 말한다. 이는 심미주체의 범주에 속하면서 본체론의 의의가 있다. 이것은 이미 심미와 창작 그리고 감상의 내재적 기초를 이루며, 또한 아름다움과 작품의 중요한 의미가 내포되어 있다. 이것은 서예가의 筆法·筆勢·筆意를 통하여 나타나는 일종의 정신적 상태이다.[21] 이러한 서예가의 '성정'이 서예작품에서 흘러나오거나 표현되어지는 것을 神彩·寄情·學養 등으로 나누어 살펴보기로 하겠다.

1. 神 彩

서예의 이론에 있어서 형태와 정신의 관계를 체현하는 이론이 바로 '神彩論'이다. 이러한 이론은 최초로 南齊 때에 王僧虔이 제시하였으며, 唐의 張懷瓘이 다시 확충하고 역대의 많은 서예가들이 이를 보충하면서

19) 李世民, ≪論書≫ : "今吾臨古人之書, 殊不學其形勢, 惟在求其骨力."
20) 宋曹, ≪書法約言≫ : "筋骨不立, 脂肉何附. 形質不健, 神彩何來."
21) 陶明君, ≪中國書論辭典≫ 70쪽, 湖南美術出版社 2001年

마침내 서예 이론의 중요한 핵심으로 등장하게 되었다. 여기서 제시하고 있는 서예의 신채는 회화에서 전하고 있는 정신[神]과는 결코 같은 것은 아니다. 왜냐 하면 회화에서 전하고 있는 정신이라는 것은 주로 자연 중에서 구체적으로 형상하고 있는 생명의 정신을 묘사하거나, 혹은 하나의 산이나 물 가운데서 작자의 정신을 이입시키는 것이기 때문이다. 그런데 서예에서 추구하고 있는 것으로 다른 점은 서예에서는 온갖 다른 것을 포괄하여 하나로 만든다는 점이다. 서예에서의 형태는 자연적인 한자의 형태를 추상적으로 나타내기 때문에 자연의 특징을 흉내낼 수 없다. 그렇기 때문에 서예에서 신채라는 것이 비록 글자의 형태와 시각적인 감각을 통한 것이지만, 중심을 이루는 것은 역시 작자의 정신을 전달하는 데에 있다. 이러한 '神彩論'은 형태와 정신을 겸비한 것, 오직 신채만을 보는 관점, 자기의 정신을 나타내는 것 등 세 가지로 나눌 수 있다. 이에 대한 구체적인 내용을 살펴보면 다음과 같다.

첫째, 形態와 精神을 겸비한다.

이는 서예에서 나타나는 형태와 정신의 대립적인 관계를 설명하는 말로 王僧虔이 말한 "서예의 묘한 이치는 신채를 으뜸으로 삼고, 형질을 그 다음으로 삼는다. 만일 이것을 겸비하는 자가 있다면 비로소 옛사람의 필법을 이을 수 있을 것이다."[22]라는 데에서 찾을 수 있다. 여기서 형태[形]라고 하는 것은 물질에 존재하고 있는 일종의 방식으로 이를 表象이라 할 수 있다. 그리고 정신[神]이라고 하는 것은 의식적인 정신으로 이는 서예에 있어서 사람의 생명활동을 이루는 본질적인 내용이다. 따라서 형질의 筆法·墨法·章法 등은 단지 수단에 불과한 것이고, 정신으로 쓰고자하는 것이 최종의 목적이 된다. 이러한 설명은 신채가 서예에서 주된 역할을 한다는 것을 나타내려고 한 말이다.

둘째, 오직 神彩만을 본다.

이는 王僧虔이 제시한 '신채론'을 이어 張懷瓘이 "깊이 글씨를 아는

---

22) 王僧虔, ≪筆意贊≫ : "書之妙道, 神彩爲上, 形質次之, 兼之者方可紹于古人."

사람은 오직 신채만을 보고 글자의 형태는 보지 않는다."[23]라고 단정적으로 말한 것이 가장 대표적이다. 장회관의 이러한 설은 서예의 감상에서도 "풍신과 골기가 있는 것이 위를 차지하고, 연미하고 공용이 있는 글씨가 아래에 위치한다."[24]라는 관점으로 이어지고 있다. 이러한 이론은 송나라의 尙意서풍을 형성하는 데에 중요한 역할을 하였다. 그렇기 때문에 蔡襄은 "글씨를 배우는 요점은 오직 정신과 기운을 취하여 아름답게 하는 데에 있다."[25]라고 하였으며, 蘇軾은 楊凝式의 글씨를 배움에 "정신을 닮는 것이지 형태를 닮는 것이 아니다."[26]라고 말했다. 이것은 모두 서예에서 형태보다 정신만을 강조하는 '신채론'이라 할 수 있다.

옛사람의 글씨를 임서하는 것은 반드시 최종적으로 그 글씨에 대한 정신을 깨닫는 것에 귀결된다. 만약 겨우 구체적인 필법과 결자 그리고 장법 등 물질적으로 인식이 되는 대상에만 머물게 된다면 서예의 오묘한 이치와 깊은 맛을 알지 못하게 된다. 다시 말하면 판에 박은 듯한 모사만을 하게 되면 옛사람의 글씨에 포함되어 있는 주체적인 정신을 체현할 수 없게 된다는 것이다. 물론 이러한 것은 임모를 함에 있어서 가장 높은 경지에 도달한 경우가 되겠다. 이러한 정도가 되면 서예의 물질적인 내용인 형태에 대한 것을 진정으로 이해하고 파악한 뒤에 다시 상승하여 신채에 대한 것을 추구하는 단계에 이르러야 한다. 즉, 형태를 버리고 정신의 사상을 구하려는 것은 莊子에서 말하고 있는 '뜻을 얻었으면 말을 잊는다[得意忘言].'는 것과, '물고기를 얻었으면 통발을 잊는다[得魚忘筌].'라는 말과 같은 것이다.

셋째, 자기의 精神을 나타낸다.

이는 劉熙載가 말한 "글씨는 정신이 들어가야 하며 정신에는 나의 정신

---

23) 張懷瓘, ≪文字論≫ : "深識書者, 唯觀神彩, 不見字形."

24) 上同書 : "風神骨氣者居上, 姸美功用者居下."

25) 蔡襄, ≪宋端明殿學士蔡忠惠公文集≫ : "學書之要, 唯取神氣爲佳, 若模象體勢, 雖形似而無精神, 乃不知書者所爲耳."

26) 吳德旋, ≪初月樓論書隨筆≫ : "東坡自云, 余書盡意作之似蔡君謨, 稍放似楊風子. 東坡于少師, 神似非形似, 觀其筆勢, 殆可伯仲."

과 다른 사람의 정신이 구별되어야 한다. 다른 사람의 정신이 들어간다는 것은 나를 변화하여 옛것을 만드는 것이다. 그리고 나의 정신을 들어가게 한다는 것은 옛것을 변화하여 나의 것으로 만드는 것이다."[27]라는 데에서 잘 나타나 있다. 이는 형태를 버리고 정신을 취한다는 설을 심화시키면서 신채를 더욱 심각하게 설명한 말이다. 이른바 '他神'이란 창작자가 깨달은 고대 서예가의 인격과 정신의 생명력에 대한 정취를 말하는 것이다. 그리고 '我神'이란 자신의 생명이 세계에 존재하고 있는 미에 대한 이해를 말하는 것으로 즉, 자신의 인격과 정신을 표현한 것이라 하겠다. 그리고 '化古爲我, 書入我神'이란 서예에 대한 이해가 이미 더욱 높은 단계에 이르렀다는 것을 말한다. 여기에서는 이미 옛사람의 글씨에 함유하고 있는 인격과 정신을 이해하고 감동하여 이를 흡수하였을 뿐만 아니라, 동시에 서예가가 창조하려는 원동력의 아름다움도 깨달았다는 것을 의미하고 있다. 이러한 것을 이끌어주는 것이 바로 서예에서 표현하고 있는 나의 인격과 정신이며, '他神'은 단지 감상과 계시에 지나지 않는다. 따라서 '他神'을 변화하여 '我神'으로 영도하여야만 비로소 '古化爲我'의 경지를 이룰 수 있다. 이때 '我'라는 것은 옛사람의 모든 우수한 문화유산을 흡수하여 새롭게 태어난 새로운 자기가 되는 것이다. 이때의 글씨는 완전히 자신의 정신이 존재하여 창작을 함에 있어서도 온갖 정을 품을 뿐만 아니라 마음 밑바닥에는 무수한 변화를 다스릴 만한 무한한 용량이 생기게 된다. 이렇게 되어야만 창작자나 감상자가 자연이나 인생에 대한 각종의 이해와 정감을 서로 함께 할 수 있다.

2. 寄 情

'寄情論'은 중국 고대문학 이론에서 중요한 명제의 하나로 '詩言志'[28]와 '詩緣情'설과도 통한다. 서예가 비록 고도의 추상성을 가지고 있었지만

27) 劉熙載, ≪書概≫ : "書貴入神, 而神有我神, 他神之別. 入他神者, 我化爲古也. 入我神者, 古化爲我也."

28) 이는 ≪尙書 · 堯典≫에 나오는 말로 당시에는 '志'와 '情'을 합하여 하나의 관점으로 생각하고 있었기 때문에 이를 서로 혼용하였다.

그것이 주로 도덕과 교화의 목적으로 편중되어 있었을 때에는 서론 중에서 주도적인 역할을 하지 못했다. 그러나 서예가 작가의 性情을 깃들인다는 '寄情論'이 제시되면서 문제는 달라지기 시작했다.

먼저 "사람의 성정을 옮길 수 있어야 서예의 지극함이 된다."[29]라는 것은 서예가의 성정을 표현한다는 본질적인 특징을 밝힌 이론이다. 이는 작가의 정감과 내용이 충만되어 있는 글씨라야만 진정으로 예술의 가치와 생명력을 지닐 수 있다는 말이 된다. 여기서 '移情'이란 두 가지 의미가 있으니 하나는 서예가의 정감을 옮김으로써 서로 다른 의미를 형성하는 것이고, 다른 하나는 서예가의 감정을 작품에 스며들게 함으로써 다른 사람의 감정을 불러일으키고 감동하게 만드는 것을 말한다. 따라서 창작과 감상이란 면에서 볼 때 "성정을 다스리는 것은 글씨에서 제일 먼저 해야 할 일이다."[30]라는 것은 서예의 근본적인 법칙이며, 글씨를 연습할 때 "마음과 손이 성정에 도달해서"[31] "그 성정을 따르면 업을 이룰 수 있고, 그 마음을 위배하면 보람이 없어진다."[32]라는 것은 바로 서예의 지극함에 도달하는 지름길이라는 것을 알 수 있다.

그렇다면 서예는 어떠한 방식으로 성정을 나타내는가? 서예는 회화나 문학과 달리 단지 한자의 形質로 성정을 표현하는 예술이다. "굽고 곧은 거칠은 필적은 부드럽고 윤택한 것과 뻣뻣하고 마른 데에 있다."[33]라는 것은 형질 중에서 가장 거친 것으로 즉, 가장 기본적인 요구로부터 출발하여 거의 형질이 성정에 도달하는 법칙을 제시한 것이다. 여기서 부드럽고 윤택한 것[柔潤]은 형질의 생동감과 영활한 기운을 말하는 것이고, 뻣뻣하고 마른 것[硬燥]은 딱딱하고 판에 박은 듯하여 이른바 '주판알[算子]'이

29) 康有爲, ≪廣藝舟雙楫≫ : "雖文士夸妄之語, 然寫黃庭則神游縹渺, 書古誓則情志沈郁. 能移人情, 乃爲書之至極."

30) 劉熙載, ≪書概≫ : "筆性墨情, 皆以其人之性情爲本. 是則理性情者, 書之首務也."

31) 王僧虔, ≪筆意贊≫ : "必使心忘于筆, 手忘于書, 心手達情, 書不妄想, 是謂求之不得, 考之卽暢."

32) 張懷瓘, ≪六體書論≫ : "人面不同, 性分各異, 書道雖一, 各有所便. 順其情則業成, 違其衷則功棄, 豈能成大名者哉."

33) 包世臣, ≪藝舟雙楫≫ : "曲直之粗迹, 在柔潤與硬燥."

라고 표현되어지는 것을 말한다. 따라서 이러한 것은 서예가 되지 못하고 단지 '記文'만 되기 때문에 기법이 빈곤하고 단조로워 생동감이 풍부한 정감 세계를 표현할 수 없다. 張旭의 초서가 "변하여 움직이면 귀신과 같아 실마리와 끝을 잡을 수 없다."[34]는 경지를 이룰 수 있었던 것은 바로 "마음에서 움직임이 있으면 반드시 초서로 이를 펴내었다."가 되었기 때문이다. 그리고 懷素의 초서는 형질이 고도로 간결하여 기세로 사람을 압도하고 희비의 경지를 초월한 불도의 방종한 정을 표현하였기 때문에 "슬픔과 기쁨을 모두 풀어서 없앴다."[35]라고 하였다. 또한 王羲之의 "슬픈 가운데 법을 이룬"[36] 경지는 서예가 능히 문자의 意義를 초월하여 형질이 성정을 근본으로 하고 있음을 나타내는 말이다. 그러므로 서예의 오묘한 것 중의 하나는 바로 "성정이 형질에 도달하고, 형질은 성정에 근본한다."[37]라는 것이다.

이처럼 서예의 성정은 형질로서 표현되나 구체적으로 어떠한 종류의 점과 획의 형태가 슬픔이 되고 또한 기쁨이 되는지는 단정할 수 없다. 서예의 성정은 구체적으로 어떠한 특정적인 정감을 표현하는 것이 아니라, 단지 어떠한 정감으로부터 변화된 추상적인 정서 또는 장기간 쌓아올린 정감의 결정을 말한다. 예를 들면, 懷素의 '悲喜雙遣'과 張旭의 '悲喜雙用'과 같은 것으로 표현되고 있다. 따라서 서예는 다른 예술과 마찬가지로 어느 정도 장기간 형성된 정감을 표현하는 격식을 이루고 있다. 예를 들면 "예서는 정확하면서도 조밀하려고 하며, 초서는 흐르면서도 유창함을 귀히 여긴다."[38]와 같은 것이다. 이러한 예서와 초서가 서로 다른 서예가의

---

34) 韓愈, <送高閑上人序> : "往時張旭善草書, 不治他技. 喜怒, 窘窮, 憂悲, 愉佚, 怨恨, 思慕, 酣醉, 無聊, 不平, 有動于心, 必于草書焉發之. 觀于物, 見山水崖谷, 鳥獸蟲魚, 草木之花實, 日月列星, 風雨水火, 雷霆霹靂, 歌舞戰鬪, 天地萬物之變, 可喜可愕, 一寓于書. 故旭之書, 變動猶鬼神, 不可端倪."

35) 劉熙載, ≪書概≫ : "張長史書悲喜雙用, 懷素書悲喜雙遣."

36) 董其昌, ≪容臺別集≫ : "昔右軍諸帖, 半出于問病吊唁, 從哀戚中結法, 所謂淚漬老筆者, 其書獨垂至今."

37) 包世臣, ≪藝舟雙楫≫ : "性情達于形質, 形質本于性情."

38) 孫過庭, ≪書譜≫ : "篆尙婉而通, 隷欲精而密, 草貴流而暢, 章務檢而便. 然後凜之以風神, 溫之以妍潤, 鼓之以枯勁, 和之以閑雅. 故可達其情性, 形其哀樂."

손에서 서로 다른 취향과 풍모를 나타내고 있지만 결국 이러한 것들은 "가히 그 성정에 달할 수 있고, 또한 내심의 슬픔과 기쁨까지도 형용할 수 있다."[39]라는 것으로 귀결된다. 이 때의 서사적인 기법은 이미 한 차원이 높아진 정신적인 의미를 담게 된다. '神彩論'에서 말한 옛사람의 글씨를 임서함에 반드시 그 형태에 정신이 들어가야 한다는 것도 따지고 보면 먼저 기법을 파악한 뒤에 다시 정신에 도달하여야 한다는 것을 말하는 것이다. 이것이 이른바 "성정을 함양시킬 수 있고, 또한 뜻과 기운을 느껴 펴낼 수 있다."[40]라는 것이다. 이와 유사한 정감의 경지에 도달하여야만 비로소 '形似'를 면하고 자기의 성정을 나타낼 수 있는 경지에 이를 수 있다. 그런 다음 "생각을 달려 고금의 그러한 조화를 깨닫고, 뜻은 깊고 호방한 가운데 깃들이면"[41] 비로소 "새로운 이치와 기이한 자태"[42]가 생겨 스스로 일가의 면모를 이루게 된다.

3. 學 養

서예가 작가의 性情을 나타내는 예술이란 것을 부인할 사람은 없을 것이다. 그렇기 때문에 작가의 성정을 깃들인다는 '寄情論'이 성립된다. 그러나 서예가가 서예 이외의 학문을 닦아 자신의 학식과 수양을 높임으로써 심미능력을 배양하여 서예의 경지를 높인다는 '學養論'도 性情을 표현하는 데에 중요한 역할을 한다. 이것을 또한 '字外功夫'라고도 한다. 張照는 "자연과 놀면서 여기에 학문의 힘을 더해야 생동감을 나타낼 수 있다. 생동감이 있어야 법도에 들어갈 수 있고, 그런 다음에야 모든 것에 적중될

---

39) 上同書

40) 蔣驥, ≪續書譜≫ : "學書莫難于臨古. 當先思其人之梗概, 及其人之喜怒哀樂, 并詳考其作書之時與地, 一一會于胸中, 然後臨摹. 卽此可以涵養性情, 感發志氣. 若絶不念此, 而徒求形似, 則不足與論書."

41) 康有爲, ≪廣藝舟雙楫≫ : "新理異態, 古人所貴. 逸少曰, 作一字須數種意. 故先貴存想, 馳思造化古今之故, 寓情深郁豪放之間, 象物于飛潛動植流峙之奇, 以疾澀通八法之則, 以陰陽備四時之氣. 新理異態, 自然佚出."

42) 上同書

수 있다."[43]라고 하면서 '학양론'의 중요성을 말했다.

'學養論'에는 '學'과 '養'이란 두 개의 명제가 공존하고 있다. 여기서 전자는 서예가가 반드시 글씨 이외의 공부 즉, 글씨를 제외한 모든 방면에서 영양을 흡수하고 학문을 쌓아야 한다는 것을 가리킨다. 그리고 후자는 이러한 영양을 자기의 인격 가운데로 흡수하여 일종의 초탈한 기질을 양성하고, 서예를 창작함에 정취와 의미를 더욱 심후하게 해야 한다는 것을 말한다. 따라서 '學'을 하지 않으면 '養'이 되지 아니하고, 또한 '養'을 할 수 없으면 '學'도 무용지물이 되니 이 두 가지는 서로 긴밀한 관계를 가지고 있다고 하겠다. 서론에서 '學'에 대한 의미는 다음과 같은 두 가지의 내용을 가지고 있다.

첫째는 '行萬里路'이다.

즉, 대자연 가운데에서 심령을 정화시키고 성정을 도야하여 천변만화의 아름다움을 가진 대자연을 관찰함으로써 이를 통하여 서법을 이해한 다음 깨달음을 얻는 것이다. 이렇게 되면 서예의 아름다운 영감을 창조하게 되어 새로운 비약을 할 수 있게 된다. 이것이 바로 "대개 생각이 마음에서 쌓이게 되면 사물에 접촉하여 이를 느끼게 된다."[44]라는 말이며, 또한 "조화에서 배우고, 또한 다른 유형에서 이를 구한다."[45]라는 것이다. 역사의 기록을 보면 깨달음으로 인하여 서예의 커다란 변화를 가져온 사람의 예가 많이 나온다. 예를 들면, 王羲之 · 張旭 · 顔眞卿 · 懷素 · 黃庭堅 · 董其昌 등으로 이들은 모두 창작과정에서 '異類而求之'를 실천하여 깨달음을 얻어 성공한 사람들이다. 이러한 예는 이른바 '觀劍器舞' · '担夫爭道' · '夏雲變幻' 등에서 찾아볼 수 있다. 그리고 역사상으로 유명한 "印印泥"와 "錐劃沙" 그리고 "屋漏痕"과 같은 필법이나 필의에 대한 이론도 모두

43) 張照, ≪天瓶齋書畵題跋≫ : "惟與造物者游, 而又加之以學力, 然後能生動. 能生動, 然後入規矩. 入規矩, 然後曲亦中乎繩, 而直亦中乎鉤."

44) 朱長文, ≪續書斷≫ : "蓋積慮于中, 觸物以感之, 則通達無方矣, 天下之事, 不心通而强以爲之, 未有能至焉者也."

45) 張懷瓘, ≪書斷≫ : "善學者乃學之于造化, 異類而求之, 固不取乎原本, 而各逞其自然."

'積慮于中, 觸物以感之'에 대한 결과라고 볼 수 있다.

둘째로 '讀萬卷書'이다.

蘇軾은 일찍이 "글씨를 연습하여 못쓰게 된 것이 산같이 쌓일 정도가 되어도 아직 보배스러운 글씨가 되기에 부족하고, 책을 만 권이나 읽어야 비로소 정신을 통할 수 있다."[46]라는 말을 하였다. 이것은 죽을 때까지 '字內求字'라는 공부를 한다면, 이는 한갓 세월만 허비한 것이 되니 글씨 이외에 많은 책을 읽어 쌓음이 많아지면 자연히 더욱 높은 정신세계를 추구하게 되어 서예의 품격을 한 차원 더 높일 수 있게 된다는 말이다. 따라서 만약 글씨만 열심히 쓰고 시문・회화・인장・음악 등의 예술적 수양이 전혀 없다면, 이는 높은 경지에 도달할 수 없다. 예를 들어 역대로 이름난 서예가를 보면 모두가 글씨뿐만 아니라 다른 예술에도 조예가 깊었음을 알 수 있다. '讀萬卷書'는 역대 서론 중에서 많이 거론하였지만 송나라 때가 이를 가장 중요시하였다. 예를 들어 黃庭堅은 서예가란 마땅히 "흉중에 수천 권의 책을 읽은 지식이 있고"[47] "흉중에 도의가 있어야 하며"[48], 글씨는 "학문과 문장의 기운이 물씬거리면서 필묵 사이에 풍긴다."[49]라는 것을 강조하였다. 여기에서 '學'은 이미 '養'으로 변화하여 결국 서예가의 흉금과 정신세계를 변화하게 되므로 서론에서는 이것들을 '學養論'으로 표현하고 있다. 蘇軾과 黃庭堅 이후에 '胸次說'・'書卷氣說'・'修身養心說'・'書外求書說' 등으로 표현되어지는 것들은 모두가 이 '學養論'을 반영하거나 또는 여기에서 파생되어 나온 말들이다.

---

46) 蘇軾, <柳氏二外生求筆蹟> : "退筆成山未足珍, 讀書萬卷始通神."
47) 黃庭堅, ≪山谷文集≫ : "若使胸中有書數千卷, 不隨世碌碌, 則書不病而韻似勝."
48) 上同書 : "學書須要胸中有道義, 又廣之以聖哲之學, 書乃可貴."
49) 黃庭堅, <跋蘇軾書遠景樓賦> : "余謂東坡書, 學問文章之氣, 鬱鬱芊芊, 發于筆墨之間, 此所以他人終莫能及爾."

Ⅳ. 創作論

작가의 성정과 개성이 담긴 독창적인 작품을 제작하는 창작이야말로 모든 서예가들의 염원이라 할 수 있다. 그러나 서예에서 창작이라는 개념은 애매모호하여 분명하지 않으면서도 매우 중요한 명제이다. 이는 서예 창작에 대한 연구가 그만큼 복잡하고 다양하다는 것을 의미한다. 고대에는 창작관념과 의식이 결핍되었고, 대신에 글씨를 쓰는 과정을 더욱 중요시 하였다. 따라서 창작이란 오늘날 필요에 따라 건립된 것이지만, 이는 고금에까지 미치는 문제이다. 창작은 일종의 구체적 행위이나 이를 연구함에 또한 이론적 思維를 운용해야 하기 때문에, 이는 실천과 이론이란 양대 영역으로 나눌 수 있다. 이에 대한 이론은 매우 다양하게 정리할 수 있으나 결국 종합하면 서예에 관계되는 모든 것을 자연에서 찾는 관점, 서예를 순전히 조형적으로 보는 관점, 그리고 서예의 모든 변화에 통달하여 새로운 창작을 도모한다는 관점으로 나눌 수 있다.

1. 自 然

지금 전해지고 있는 서론 중에서 가장 먼저 서예를 토론한 문장을 보면 '書體'·'書狀'·'書勢'라고 일컫고 있다. 이는 서예의 미와 실용적 의의를 분리함으로써 서예의 독립적 가치를 확정지은 것이다. 즉, 자연의 미를 빌려 서예의 미를 형용하는 것으로 서예를 龍蛇·鳥獸·花草·雲霞·巖壑·流水 등에 비유하였으니 이러한 자연물은 서예미의 표준과 근거가 되었다. 예를 들면 ≪漢書·藝文志≫에서 언급한 8체 중에 蟲書라는 것이 있었으며, 王莽 때 六書 중에 鳥蟲書라는 것이 있었고, 당나라 韋續은 56종류의 서체를 나열하였고, 庾元威는 1백20종류의 서체를 열거하였는데, 그 가운데 雕蟲篆·穭菜篆·龍爪書·蝌蚪書·蛟脚書·靈芝書·蛇書·龍蟲·虎書·龜書·花書 등이 있다. 또한 孫過庭은 ≪書譜≫에서 "다시 龍書·蛇書·雲書·垂露篆·龜書·鶴頭書·花書·芝英書 등이 있다."[50]라고 말했다.

또한 서예의 개별 필획을 자연에 비유하기도 했다. 이러한 것은 衛夫人의 ≪筆陣圖≫에서 제일 먼저 나타나니 "一은 마치 천 리에 구름이 진을 친 것처럼 하고, 丶는 높은 봉우리에서 돌이 떨어지는 형세와 같고, ノ은 뭍에서 무소뿔과 코끼리의 상아를 부러뜨리는 것처럼 힘이 강해야 한다."[51]라는 것이다. 그리고 王羲之가 지었다고 전해지는 ≪筆勢論十二章≫을 보면 "벌 허리 모양과 학 다리 모양처럼 하지 말라."[52]와 "조밀함을 상하게 하지 말아야 하는데, 조밀하면 병으로 몸을 얽는 것 같다. 다시 성근 것을 상하게 하지 말아야 하는데, 성글면 물에 빠진 날짐승 같다. 긴 것을 상하게 하지 말아야 하는데, 길게 되면 죽은 뱀이 나무에 걸려 있는 것 같다. 짧은 것을 상하게 하지 말아야 하는데, 짧으면 밟혀 죽은 두꺼비와 같다."[53]와 "만일 하나의 점이 잘못되었다면 이는 미인의 한쪽 눈이 병든 것과 같고, 하나의 획이 잘못되었다면 마치 장사의 한쪽 다리가 절단된 것과 같다."[54]라고 하였다. 또한 梁武帝인 蕭衍은 ≪草書狀≫에서 "빠르기는 놀란 뱀이 길을 잃은 것 같고, 더디기는 맑은 물이 배회하는 것 같다. 천천히 갈 때에는 까마귀가 가는 것 같고, 급하게 갈 때에는 까치가 드날리는 것 같고, 뽑을 때에는 꿩이 쪼는 것 같고, 점은 토끼가 내던지는 것 같다."[55]라고 말했다. 이러한 것은 모두 자연을 빌려 서예 형태미의 창작을 도모한 것이라 하겠다.

그리고 서예가의 작품을 품평하는 데에 있어서도 자연물에 비유한 것이

---

50) 孫過庭, ≪書譜≫ : "復有龍蛇雲露之流, 龜鶴花英之類."

51) 衛夫人, ≪筆陣圖≫ : "一 如千里陣雲, 丶 如高峰墜石, ノ 陸斷犀象."

52) 王羲之, ≪筆勢論十二章≫, <健壯章> 第六 : "勿使蜂腰, 鶴膝."

53) 王羲之, ≪筆勢論十二章≫, <節制章> 第十 : "不宜傷密, 密則似其衆纏身, 復不宜傷疏, 疏則似溺水之禽, 不宜傷長, 長則似死蛇洛樹, 不宜傷短, 短則似踏死蝦裏."

54) 王羲之, ≪筆勢論十二章≫, <譬成章> 第十二 : "倘一點失所, 若美人之病一目, 一畫失節, 如壯士之折一肱."

55) 蕭衍, ≪草書狀≫ : "疾若驚蛇之失道, 遲若溫水之徘徊. 緩則鴉行, 急則鵲裏, 抽如雉啄, 點如珩擲."

많다. 예를 들면 蕭衍은 鍾繇와 王羲之의 글씨를 평가함에 "종요의 글씨는 마치 구름 속의 고니가 하늘에서 노닐고, 기러기떼가 바다에서 희롱하는 것 같다 왕희지의 글씨는 웅장하고 뛰어나 마치 용이 하늘의 문으로 뛰어오르고, 호랑이가 하늘에 있는 궁궐에 누워 있는 것 같다."[56]라고 말했다. 이와 같은 표현은 ≪唐人書評≫에서도 보이니 "위부인의 글씨는 마치 머리에 꽃을 꽂고 아미를 내리깔며 춤을 추는 아름다운 여자와 같다. 또한 춤추는 미녀가 무대에 올라 선녀와 함께 그림자가 되기도 하고, 붉은 연꽃이 물에 비치기도 하고, 푸른 늪에 노을이 떠 있기도 한 것 같다."[57] 사실 이러한 비유를 가장 많이 사용한 사람은 康有爲로 그가 碑에 대해 評을 한 것을 보면 전체가 서예작품을 자연물로 비유하고 있다. 즉, "<爨龍顔碑>는 軒轅과 같은 옛날 성인이 면류관을 단정히 쓰고 치마를 내린 것과 같다. <石門銘>은 瑤島의 한가로운 신선이 난새를 곁말로 부리고 학을 타고 있는 것과 같다……<弔比干文>은 陽朔의 산과 같이 파리하고 깎아지른 것으로 천하에 으뜸이다. <刁遵志>는 西湖의 물과 같이 수려한 아름다움으로 세상에 유명한 것과 같다……<張猛龍碑>는 주공이 예를 제정한 것처럼 일마다 모두 아름답다. <馬君起浮圖>는 서양의 기계처럼 곳곳마다 새로운 뜻이 있다."[58]

서예는 회화와 달리 자연 사물을 묘사하지 않지만, 자연 현상으로부터 서예를 연상하여 창작의 계발을 얻는 경우가 많다. 이러한 예를 몇 가지 들어보면 다음과 같다.

> 張旭은 처음에 공주의 가마꾼이 길을 다투는 것을 보고, 또한 鼓吹曲을 듣고 필법의 뜻을 얻었다. 그리고 공손씨의 검무를 보고 그 정신을 얻었다

---

56) 蕭衍, ≪古今書人優劣評≫ : "鍾繇書如雲鵠游天, 群鴻戲海. 王羲之書字勢雄逸, 如龍跳天門, 虎臥鳳闕."

57) 韋續, ≪唐人書評≫ : "衛夫人書如揷花舞女, 低昻美容. 又如美女登台, 仙娥弄影, 紅蓮映水, 碧沼浮霞."

58) 康有爲, ≪廣藝舟雙楫≫ : "爨龍顔若軒轅古聖, 端冕垂裳. 石門銘若瑤島散仙, 柱鸞跨鶴……弔比干文若陽朔之山, 以瘦瞻甲天下. 刁遵志如西湖之水, 以秀美名豈中……張猛龍如周公制禮, 事事皆美善. 馬君起浮圖若泰西機器, 處處有新意."

.始見公主擔夫爭道, 又聞鼓吹而得筆法意. 觀公孫氏舞劍器而得其神. (≪新唐書≫ 卷202)

문동(字 : 與可)은 뱀이 싸우는 것을 보고 초서가 나아졌다.
文與可見蛇鬪而草書進.(宋文同 ≪論草書≫, 見 ≪佩文齋書畵譜≫ 卷6)

뇌간부(字 : 太簡)는 강물이 불어나는 소리를 듣고 필법이 나아졌다.
雷太簡聞江聲而筆法進.(雷簡夫 ≪江聲帖≫, 見 ≪墨池編≫ 卷3)

懷素가 스스로 말하길 "나는 여름 구름에 기이한 봉우리가 많은 것을 보고 그때마다 항상 스승으로 삼았다. 여름 구름은 바람에 인하여 변화하니 이에 일정한 형세가 없으며, 또한 벽이 갈라진 틈을 만나도 하나하나가 자연스럽다."
貧道觀夏雲多奇峯, 輒常師之. 夏雲因風變化乃無常勢, 又遇壁坼之路, 一一自然.(陸羽 ≪唐僧懷素傳≫, 見 ≪書苑菁華≫ 卷18)

이렇게 서체 · 서예가 · 작품 등을 자연을 빌려 설명하였지만, 정작 글씨를 쓰는 마음에서부터 조탁하지 않고 진솔하면서도 자연스러운 정신상태를 가져야 한다. 즉, 蔡邕이 말한 "먼저 회포를 풀고 성정에 맡겨 뜻이 가는 바를 따른다."59)라는 것은 자연스러운 정신상태가 창작을 하기 전의 준비단계에서부터 완성에 이르기까지의 전과정에 걸쳐 필수불가결하다는 말이다. 이러한 자연은 蘇軾이 말한 "글씨는 아름다움에 뜻을 두지 않을 때 비로소 아름답게 된다."60)라는 것과 서로 일치한다. 그렇기 때문에 진부한 법도에 구속을 받지 않고 뜻에 따라 한가롭게 나아간다는 '逸品'을 '神品'보다 높은 경지에 놓기도 하였다. '일품'은 '신품'의 기초 위에다 더욱 천진난만함을 강조하는 것이기 때문에 이른바 '無籍因循' · '超逸優游' · '不經意' · '頹然天放' · '無意取態'라는 말로 표현되기도 하였다. '일품'은 창작과정 중에서 애초에 잘 쓰려는 마음을 두지 않음으로써 예술효

59) 蔡邕, ≪筆論≫ : "書者, 散也. 欲書先散懷抱, 任情恣性, 然後書之. 若迫于事, 雖中山兎毫不能佳也. 夫書, 先默坐靜思, 隨意所適, 言不出口, 氣不盈息, 沉密神彩, 如對至尊, 則無不善矣."
60) 蘇軾, ≪評草書≫ : "書初無意于佳乃佳爾.."

과를 구체화하는 일종의 예술적 품격과 심미적인 전형을 획득하는 것으로 二王·張旭·懷素·楊凝式·米芾·董其昌 등의 작품들이 여기에 속한다. 이러한 영향은 뒤에 '巧'한 것보다는 '拙'함을 숭상하는 '四寧四毋'61)설의 창작관을 낳았다.

2. 造 形

조형의 미를 현대회화의 술어로 말하면 '추상의 미'이다. 흔히 서예를 추상화라고 말하는 사람이 많다. 왜냐하면 서예는 정말로 실제 사물을 模寫하는 것이 아니라 점·선·흑·백으로 구성미의 효과를 나타내며, 아울러 창조적 영감을 취하기 때문이다. 이른바 '神彩'라는 것은 조형의 효과이고, '字形'이라는 것은 충분히 분별하고 인식할 수 있는 문자 부호이다. 따라서 "오직 신채만 보고 자형은 보지 않는다."라는 것은 진정으로 서예를 감상하는 자는 문자에 얽매이지 않고 마치 추상화를 보는 것처럼 서예를 감상한다는 것이다. 따라서 서예의 조형적 관점은 서예의 結構 질서에 착안하여 情態的 건축성의 미적 규율에 편중하는 '理性派'와 서예의 氣勢 변화에 착안하여 動態的 음악성의 미적 규율에 편중하는 '感性派'라는 두 개의 계통으로 나누어 살펴볼 수 있다.62)

'理性派'가 주장하는 것은 '尙法'으로, 여기에는 적어도 두 가지 의미가 있다. 하나는 서예가가 창작할 때 고요한 심정을 유지하는 것이다. 이에 대해 虞世南은 "보는 것을 거두고, 듣는 것을 돌이키고, 생각을 끊고 정신을 모아 마음을 바르게 하고, 기를 화목케 한다."63)라고 하였다. 이러한 심리상태가 있으면 머리가 냉정하고 맑게 되어 이성이 완전히 지배하게 된다. 또한 "마음이 군주가 되고, 손이 보조가 된다."64)라는 것은 韓方明이 말한

---

61) 이는 淸의 傅山이 주장한 "寧拙毋巧, 寧醜毋媚, 寧支離毋輕滑, 寧眞率毋安排."라는 것으로 뒤에 碑學書風을 일으키는 원동력이 되었다.
62) 熊秉明／郭魯鳳, ≪中國書藝理論體系≫57-60쪽, 東文選 2002年
63) 虞世南, ≪筆髓論≫ : "收視反聽, 絶慮凝神, 心正氣和."
64) 上同書 : "心爲君, 手爲輔."

"뜻이 붓 앞에 있고, 붓이 마음 뒤에 자리한다."65)라는 것과 같다. 다른 하나는 완성된 작품에는 마땅히 균형미와 명랑미, 그리고 질서미를 갖추어야 한다. 이에 대해 歐陽詢은 "점과 획이 고르게 조화되고, 상하가 균형되면서 평평하다[點畵調勻, 上下均平]."라고 하였다. 唐의 서예가들은 법을 숭상했는데, 여기서 법이란 곧 객관적 조형규율을 가리킨다. 이러한 조형규율의 전형을 이룬 서예가로는 虞世南의 凝練, 歐陽詢의 謹嚴, 褚遂良의 疎朗, 顔眞卿의 雄强함 등이 있다. 그리고 이후 조형에 대한 연구가 많았지만, 가장 대표적인 것은 조형 방면에 착안하여 '大小九宮法'66)을 제시한 包世臣이다. 그는 "붓 가운데가 실하면 쌓여서 글자를 이루고, 이것이 쌓여 행을 이루고, 이것이 점철되어 폭을 이루어 기가 모두 찬다."67)라고 하였다. 여기에서 '氣皆滿'이란 의심할 여지없이 전체적인 회화성의 조형 효과를 가리킨다. 이와 같이 '理性派'는 명확하고 엄밀한 결구에 착안하여 해서로 표현의 근거를 삼는다.

'感性派'의 서론은 두 파로 나눌 수 있으니 하나는 창작할 때 機體 운동의 느리고 빠름에 착안한 파이고, 다른 하나는 필묵이 종이위에서 조성되는 각종 효과에 착안한 파이다. 전자는 懷素의 초서가 대표적이니 "술지게미를 베고 누룩을 깔고 반쯤 취한 듯 갑자기 서너 번 큰 소리를 지르더니 벽 가득히 종횡으로 천만 자를 쓰더라."68)라는 것과 "붓을 던지며 높게 연달아 소리를 지르는 것을 보면 정말 귀신이 글씨를 돕는다는 것을 알

---

65) 韓方明, ≪授筆要說≫ : "意在筆先, 筆居心後."

66) 칸 안에 가는 획으로 하나의 井자를 그어 점과 획을 고르게 배분하는 것을 '小九宮'이라 한다. 이러한 '九宮法'은 일종의 幾何複製 기술로 한 글자의 결구에 운용했을 뿐만 아니라, 글자와 글자 사이의 관계에도 운용하였다. 그리고 매 3행이 서로 나란히 하여 아홉 자에 이르면 또한 '大九宮'이 된다. 그중에서 한 글자는 즉, 中宮이 되어 필수적으로 위아래 사방의 여덟 글자를 통합하여 거느린다. 그리고 여덟 글자는 모두 中宮을 받들고 읍하면서 향하는 형세가 있다. 이러한 '大九宮'법은 회화의 안목으로 본 것이니, 즉 글자와 글자의 위아래와 좌우로 구성된 조형의 관계를 감상한다.

67) 包世臣, ≪藝舟雙楫 · 答熙載九問≫ : "筆中實, 則積成字, 累成行, 綴成幅, 而氣皆滿."

68) 竇冀, <懷素草書歌> : "枕糟藉麴猶半醉, 忽然大叫三五聲, 滿壁縱橫千萬字."

수 있다." 여기서 이른바 '鬼神'이란 피부와 살이 긴장되고 이완되며, 호흡과 맥박이 율동적이고 잠재의식이 일어나는 등 여러 종류의 생명 현상에 대한 총화를 말한다. 필묵이 종이와 서로 만나 조성되는 물질성의 효과는 '感性派'들이 중시하는 문제이다. 盧携는 종이와 붓의 관계에 대해 좋은 말을 하였으니, 즉 "종이가 강하면 부드러운 붓을 쓰고……종이가 부드러우면 강한 붓을 써야 한다.……순전히 강하면 마치 송곳으로 돌에 획을 긋는 것과 같고……순전히 부드러우면 마치 진흙으로 진흙을 씻는 것과 같고……이미 원만하고 유창하지 않아서 정신과 품격이 망하게 된다."69) 라고 말했다. 그리고 고대에는 대체로 濃墨을 사용하였으니 虞龢와 蘇軾이 가장 대표적인 서예가이다. 이에 반하여 米芾과 董其昌은 즐겨 淡墨을 사용했으니, 이는 우연이 아니라 그들이 표현하고 있는 일종의 맑고 새로우면서 깨끗한 의취를 강조하기 위함이다. 이외에 張裕釗는 '漲墨'을 사용하여 회화의 발묵 효과를 나타내었고, '감성파'의 대표자인 何紹基는 법도에 맞지 않는 '敗筆'을 사용하여 전체적으로 활발하고 자유로운 의취를 나타냈다. 이와 같이 '感性派'는 동태적인 기세와 리듬에 착안하여 행초서로 표현의 근거를 삼는다.

3. 通 變

'通變論'은 고대 서예 창작론의 하나로 모든 예술 발전의 내재적인 규율이다. 세상의 모든 사물은 모두 부단히 발전하고 변화한다. 고대에 이러한 '變'의 관점을 최초로 제시한 사람은 西晉의 陸機이며, 이후 梁의 劉勰은 ≪文心雕龍≫에서 '通變'이란 장을 별도로 마련하여 이 둘의 관계를 자세하게 서술했다. 그 근본 취지는 여전히 옛것에 통하고 새롭게 변화해야 한다는 것이다. ≪文心雕龍≫이후 "법은 반드시 옛것을 스승으로 삼아야 하고, 뜻은 나에게로부터 나와야 한다."라는 通變觀은 고대문학 예술 비판

69) 盧携, ≪臨池妙訣≫ : "紙剛則用軟筆……紙柔用硬筆……純剛如以錐畵石……純柔如以泥洗泥, 旣不圓暢, 神格亡矣."

과 계승에 매우 중요한 이론으로 등장하게 되었다. 서론도 이와 마찬가지로 '통변론'을 완전한 명제로 삼고 있으니 그 주요 내용은 다음과 같다.

첫째, 여러 書體에 박통해야 變法을 할 수 있다.

서예의 각 서체는 자기만의 독립적인 기법 체계를 가지고 있으며, 각 서체의 기법은 각기 다른 것 같지만 실은 서로 통하는 요소가 있다. 이미 해서의 기법을 통한 다음에는 마땅히 각 서체의 기법을 통하여 이것들을 하나로 융합시켜야만 비로소 '통'이란 지극한 단계에 이를 수 있다. 또한 이 경지에 오른 다음에야 비로소 '변'이란 단계에 나아갈 수 있다. 여기서 '통'을 할 수 있는 관건은 바로 형태로 말미암아 정신에 이르는 것이니, 즉 필법을 얻은 다음에 비로소 필의를 깨우칠 수 있다. 이른바 "법에 합하지 않는 것은 또한 끝내 글씨라 말할 수 없으니"70) 가장 지극한 경지는 "자연에서 얻어 글씨를 씀에 문득 필의가 나타난다."71)라는 것이다. 여기에서의 법이란 '我意'를 체현시킨 것이 될 것이다. 이른바 '平正'과 '險絶'의 관계, 또는 '規矩'와 '從心所欲'과의 관계는 실제에 있어서 '통'과 '변'의 관계와 같다. 이것들은 모두 서로 다른 각도와 방법을 통하여 고법을 통하여 새로운 뜻을 변화하려는 것을 설명한 말에 지나지 않는다.

둘째, 古今을 貫通해야 새롭게 변할 수 있다.

옛날에 일가를 이룬 서예가들은 모두 전 사람들의 서체를 통달한 뒤에 스스로 그 서체를 새롭게 변화하여 후세에 이름을 남긴 사람들이다. 따라서 서예사에 나타난 유명 서예가들은 모두 이러한 '通古'를 통하여 '變今'을 이룬 사람들이다. 옛날 서예가들을 품평함에 매번 어떤 서예가의 근원을 논하거나 또는 그 '變'에 대해 언급한다. 이는 바로 '通變'의 관점으로 그 사람 또는 그 서체 내지는 어떤 시대에 숭상했던 심미의 관점을 논한 것이다. 배우는 입장에서 볼 때 서예의 전통이 오랫동안 쌓일수록 '通'을

---

70) 董逌, ≪廣川書跋≫ : "書法貴在得筆意, 若拘于法者, 正唐經生所傳者爾, 其于古人極地不復到也. 觀前人于書自有得于天然者, 下手便見筆意. 其于工夫不至, 雖不害爲佳致, 然不合于法者亦終不可語書也."

71) 上同書

요구하는 것이 그만큼 더욱 높아지고 대신에 '變'을 하기가 더욱 힘들어진다. 그러나 반대적으로 생각하면 '變'의 기초가 갈수록 풍부하고 넓어져 여기서 새롭게 나오는 작품은 그 위치가 더욱 높아질 것이니, 이는 전통이 지니고 있는 이중성이기도 하다. 米芾은 젊었을 때 옛사람이 쓴 글자를 集字하는 것을 숭상하였으나, 이것은 여러 사람들의 장점을 모아 하나를 이루는 작업이다. 그런 다음 사람들에게 자기의 글씨가 어디에서 나왔는지를 알지 못하게 하여 마침내 일가를 이루어 천고의 명필이 되었다. 이는 바로 '通變'의 좋은 예라고 할 수 있다. 만일 서예사에 어떤 서예가의 연원과 스스로 일가를 이루는 과정을 서술하였다면, 이는 곧 그 서예가가 어떻게 '通'을 하여서 '變'을 이루었는지에 대한 역사를 말하는 것이다. 그러므로 '變'이라는 것은 반드시 '通古'를 기초로 해야 한다.

셋째, '通變'의 실현에 대한 문제이다.

서예에서 '通變'의 실현은 서예가의 주체정신을 강조하는 것이다. 그러나 문제는 서예가의 주체정신을 어떻게 사람들에게 접수시키고 이해시키느냐에 달려있다. 그 해결방법은 바로 "묘함은 합할 수 있음에 있고, 정신은 떨어질 수 있음에 있다."72) 여기서 '妙在能合'이란 옛사람들의 서법에 대한 기법, 또는 신채와 정신을 통하여 그것이 공생할 수 있는 자양분을 얻어 사람들에게 이해시키는 것이다. 그리고 '神在能離'란 성정을 숨기지 않고 스스로 문을 여는 것을 말한다. 이는 다시 말하여 '無我'에서 '有我'로 변하는 것으로, 이미 말한 바와 같이 '他神'을 변화하여 '我神'이 되도록 한다. 이러한 과정은 '通變'에서 최고로 높은 경지이나, '我'가 되었을 때에는 전 사람들의 아름다움을 이미 흠뻑 흡수한 뒤의 완전한 '新我'라야 한다. 이는 바로 王澍가 말한 "법첩을 임서함에 같게 하지 않을 수 없으며, 또한 한갓 같게만 할 수 없다. 형태의 닮음에서 시작하여 정신의 닮음을 탐구하면 같지 아니한 바가 없다."73)라는 것이다. 이는 서예가 어떻게

---

72) 董其昌, ≪容臺別集≫ : "蓋書家妙在能合, 神在能離."

73) 王澍, ≪論書賸語≫ : "臨帖不可不似, 又不可徒似, 始于形似, 究于神似, 斯無所不似矣."

共性과 個性을 통일하며 최종적으로 옛사람과 더불어 형체의 밖에서 정신적으로 어떻게 합하느냐 하는 문제이다. 이미 옛사람들의 법도와 예술의 정신과 통한 다음 다시 자기의 방법 또는 정신으로 변하여야 된다. 그렇게 하여 '神離'의 '妙合'에 도달한다면, 그 글씨도 곧 일종의 '古'로부터 싹이 움터 '新'이 될 것이다. 이러한 것이 옛사람들이 즐겨 말하는 '入古出新'이다. 따라서 서예가들은 '通變'의 정신으로 고루한 서예가 다시 한 번 새로운 광채를 발휘하도록 만들어야 한다.

Ⅳ. 맺음말

지금까지 서예의 외재적인 '形質論'과 내재적인 '性情論', 그리고 이것들을 병행하여 창작하는 '創作論'에 대해 살펴보았다. 이것들은 서예가 갖추어야할 기본적인 요소이며, 동시에 우리가 서예작품을 함에 항상 염두에 두고 실천해야할 사항이기도 하다. 이에 대한 것을 정리하면 다음과 같다.

'形質論'은 형태와 질감을 가리키는 것으로, 여기에서 가장 중점은 서예의 뼈대가 되는 '骨氣'이다. '骨氣'의 기본적 의의는 바로 서예의 필력감으로, 힘이 글씨 가운데 들어가게 하여 형상의 아름다움을 확립하는 것이 제일 중요하다. 그렇기 때문에 筋骨과 氣味를 우선으로 하면서 골과 기가 서로 잘 조화를 이루어 원만한 글씨가 되도록 하는 것이 '형질론'의 과제라고 할 수 있다. 그러나 이것은 어디까지나 형태에만 중점을 두었을 뿐 아직 작가의 性情이 작품에서 배어나오는 데까지는 이르지 못하기 때문에 자연히 '性情論'이 대두된다. 서예가 예술이 되는 요인은 작가의 성정이 작품에 침투하여 자신만의 고유하고 독특한 풍격인 '我神'이 창출되기 때문이다. 그리고 이를 감상하는 것이 바로 '神彩論'이다. 따라서 작가의 성정을 작품에 깃들여서 '我神'을 나타내는 것도 중요하지만, 이보다 더욱 중요한 것은 '字外功夫'를 통하여 작가의 성정과 '我神'의 경지를 상승시키는 일이다. 그렇기 때문에 '寄情'과 '學養'론이란 명제가 대두되었다. 이상은 바로 서예의 외형적인 면과 내재적인 면을 '形質論'과 '性情論'으로 나누어 살펴본 내용이다. '創作論'에서는 이렇게 오묘한 서예의 창작방법에 대하여 설명했다. 즉, 자연의 미를 빌려 서예의 미를 나타내고, 모든 자연물을 서예미의 표준과 근거로 삼은 '自然論'이 있고, 서예미가 일종의 조형적 질서와 법칙에서 나왔다고 보면 직접적으로 조형 규율을 파악하여 서예를 창작하는 '造形論'이 있다. 그리고 과거의 모든 서체와 일가를 이루었던 서예가의 필법과 필의를 통달하여 새롭게 변화된 창작을 하는 '通變論'이 있다. 이러한 '創作論'에는 동방과 서방의 방식, 그리고 고금을 통해 전통적으로 행해졌던 것들이 망라되어 있다.

이 글은 앞에서 말한 바와 같이 초보적인 서론체계에 지나지 않는다. 따라서 아직까지는 완전하지 않지만 앞으로 이에 대한 연구자들이 많이 나와 과학적이고 완전한 서론체계를 세운다면 현재 갈팡질팡한 서단에 앞길을 밝히는 커다란 횃불이 될 것이다. 이 글은 다만 그렇게 될 날을 기다리며 이것이 하나의 초석이 되는 것으로 그 의의를 부여할 수 있을 것이다.

參考文獻

≪歷代書法論文選≫, 華正書局 1988年
劉小晴, ≪中國書學技法評注≫, 上海書畵出版社 1991年
季伏昆, ≪中國書論輯要≫, 江蘇美術出版社 2000年
陶明君, ≪中國書論辭典≫, 湖南美術出版社 2001年
宋民 / 郭魯鳳, ≪中國書藝美學≫, 東文選 1998年
熊秉明 / 郭魯鳳, ≪中國書藝理論體系≫ 東文選 2002年
郭魯鳳, ≪中國書學論著解題≫, 다운샘 2000年
郭魯鳳, ≪中國歷代書論≫, 東文選 2000年

출처 : 『書藝學硏究』 第四號 (원제 : 中國書論體系에 대한 初探)

제2장

중국문학의 자연성과 미학

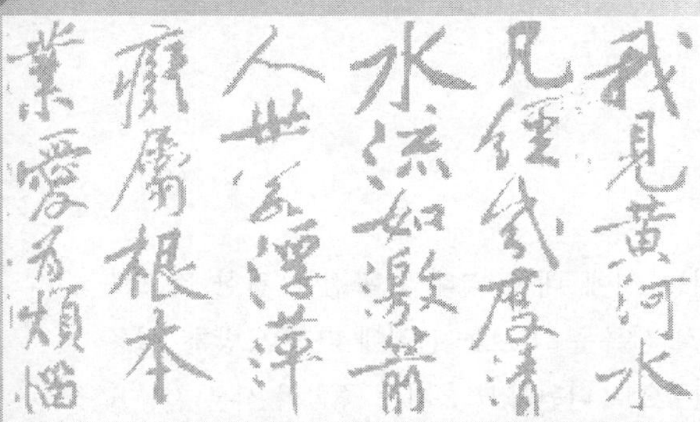

자연과 자연성의 거리와 합일

-『시학』과 『문심조룡』을 중심으로-

심규호 *

시론에 대한 첫 번째 논의는 시에 대한 역대의 관점에 관한 것으로 시작하기 마련이다. 일반적으로 시론은 그 보는 관점에 따라 모방론, 실용론, 표현론, 구조론(또는 형식론)으로 나뉜다.[1] 혹자는 중국의 시론 전통을 표현론에, 서구의 시론 전통을 반영론(혹은 재현론)에 두고 있는데, 이 역시 동일한 범주에 따른 구분이라고 할 수 있다. 그러나 본고의 목적은 이러한 고전적인 시관의 면면을 살피는데 있는 것이 아니라 시에 관한 중서(中西)의 근본적인 상사와 상이점을 찾는데 있다. 어떤 이론이든 우연하게 또는 돌발적으로 창조되지 않는 까닭에 당연히 그 시원(始原)의 핵심을 찾는 것이 비교의 첫걸음이 될 것이라고 생각하기 때문이다.

중서 비교시론(협의의 시학을 중심으로)의 서두를 굳이 아리스토텔레스의『시학』과 유협의『문심조룡』으로 택한 것은 양자가 공히 중서 문학이론

* 제주산업정보대학 관광중국어통역과 교수

1) '일반적'이라는 것은 우리에게 주어진 시, 또는 문학에 관한 개론서에서 흔히 볼 수 있는 분류 방법이란 뜻이다. 그 방법은 에이브람스(Abrams, M. H),『거울과 등불(*The Mirror and the Lamp)*』, Oxford Univ, Press, 1971, pp. 6-7, 「예술 비평의 몇 가지 좌표(some coordinates of art criticism)」에서 분류한 '모방적 이론(mimetic theories)', '실용적 이론(pragmatic theories)', '표현적 이론(expressive theories)', '객관적 이론(objective theories)'에 따른 것이다.

(시론을 포함하여)의 본격적이고 체계적인 시작으로 간주되기 때문이다. 물론 양자의 차이는 현격하다. 『시학』은 원래 '작시기술(作詩技術)'의 뜻으로 주로 철학자의 입장에서 시, 특히 희극(戲劇)과 서사시의 본질과 기능에 관해 논의한 것이지만 『문심조룡』은 '문', 즉 시문에 포함하는 모든 종류의 글쓰기의 원리와 비평에 대해 문학사상가의 입장에서 논한 것이다.[2)] 따라서 이를 단순히 '중서 비교시학'이라고 칭하는 것은 그다지 적절치 않은 듯하다.[3)] 또한 동서양의 학문은 오랜 세월 봉쇄적 환경 속에서 서로 다른 사유체제와 그 사승(師承)관계를 통해 발전하면서 다양한 갈림길을 거쳐 거의 평행관계를 유지하고 있는 것처럼 여겨지기도 한다. 이 점에 대해서는 이미 앞선 「도론」에서 언급한 바 있다. 물론 모든 비교는 구별을 전제로 한다. 그러나 또한 모든 구별은 단서를 단 구별일 따름이다.

본문은 『시학』과 『문심조룡』을 통해 자연(세계)와 인간, 그리고 문학의

---

2) 『문심조룡』은 비록 시가(詩歌 : 시, 악부, 부 등 여러 가지 문체를 포함하는)에 많은 비중을 두고 있는 것이 사실이나 단순한 시론과 상이하며, 굳이 말하자면 문론이라고 말할 수 있다. 유협은 『문심조룡』을 쓴 이후 불가에 귀의하였는데, 그의 저작이 불교, 특히 인명학(因明學)의 영향을 받은 것은 이미 주지하는 사실이다. 이런 면에서 그의 저작은 또한 사상가의 저술이라고 하기에 부족함이 없다. 다른 한편 『시학』에서 '시'란 지금의 그것과 차이가 있으며, 주로 서사시와 희극을 포함한 포괄적인 뜻이다. 그래서 그의 『시학』은 문학이론 혹은 미학논문으로 간주되기도 한다. 체르니셰프스키가 『미학논문집』에서 『시학』을 서구 미학사에서 가장 중요한 미학논문이며, 모든 미학의 근거였다고 말한 것은 이 때문이다.

3) 여홍(余虹)의 『중국문론과 서방시학』 (삼련서점, 북경, 1999년)에 따르면, 일반적으로 사람들은 "문론이란 문학이론의 간칭이고 중국고대문학은 중국고대문학이론의 간칭이다. 문학이론은 곧 시학의 의미이기 때문에 중국고대 문론은 곧 중국고대 시학이란 의미이다"는 추론에 익숙해 있으나 이는 억측에 불과하다. 현대한어에서 문학이론과 시학은 'theory of literature'와 'poetics'의 역어로 중국의 문론이나 시론의 뜻과 다르기 때문이다. 사실 서구 미학(18세기)에서 개념화한 문학의 함의와 이에서 형성된 문학이론이란 학문은 아리스토텔레스의 시학(광의의 시론)의 연장선상에 있는 것이다. 그러나 이러한 문학이론은 중국고대의 광의의 문론(모든 글쓰기를 모두 포함하는)이나 협의의 문론(문필, 시문의 구분에 의한 문론)과 사뭇 다르며, 당연히 그 개념계통 또한 크게 다르다. 예를 들어 서구의 문학이론(시학)이 형식과 내용, 모방과 상상, 실용과 심미, 본질과 현상 등으로 구성되어 있다면, 중국은 문, 도, 기(氣), 의경(意境), 신사(神思), 풍골(風骨) 등으로 구성되어 있다. 따라서 서구 중심주의적 발상인 '중서비교시학' 대신 '중국적 문론'과 '서구적 시학' 비교라고 하는 것이 객관적일 것이다.

관계에서 가장 근원적인 문제, 즉 문학의 본원에 관해 다루고자 한다. 모든 문학양식이 이에서 벗어날 수 없다는 점에서 시론 역시 이에서 시작하는 것이 타당할 듯하다. 그 단서의 하나로 본문은 '자연, 자연성, 그리고 인간'을 서두에 놓고자 한다. 바로 이 점에서 흥미롭게도 『시학』과 『문심조룡』은 비교 가능한 텍스트로 적절하다. 『시학』과 『문심조룡』은 중서 문학에 다방면에 걸쳐 영향을 끼쳤기 때문에 본문에서 그 전체를 비교 탐구한다는 것은 불가능할뿐더러 불필요하다.

Ⅰ. 자연, 자연성, 그리고 인간

자연[4]은 자연성이 아니다. 자연은 인간의 생존 조건이자 환경으로서 천지, 그리고 그 안에 존재하는 만물을 뜻하며, 자연성은 자연스러움, 즉 '자연이연(自然而然 : 스스로 그러하여 그러함)'의 의미이다. 그러나 자연성은 동서양을 막론하고 인간의 자연(천지만물)에 대한 태도나 관점에서 비롯된다는 점에서 자연과 밀접한 관련을 맺는다.

중국의 경우 상조(商朝)사람들은 만물에 정령이 존재한다고 믿었다. 그들은 자연을 통해 신과 함께 사는 것이나 다름없었다. 모든 것을 신에게 물었고, 그에 따라 행하고자 했다. 그것은 그리스의 신화시대와 다를 바 없었을 것이다. 이후 인간의 이지(理智)가 발전하면서 사람들은 점차 자연의 자연성을 통해 만물의 근원에 대해 탐구하기 시작했다.

중국의 경우 만물의 법칙에 대해 처음 눈을 돌린 이들은 무격(巫覡)이다. 그들은 천지의 관계에 주목하였고, 천상을 통해 역법을 만들었으며, 스스로 천명의 고지자(告知者)로 자처하였다. 이는 그리스의 시인이 신탁을

---

4) 고대 한어에서 자연을 축자적으로 풀이하면 '스스로 그러함'이니 그것 자체로 존재하여 인위나 추동하는 것이 필요 없음을 뜻한다. 본고는 이를 '자연성'이라고 칭한다. 자연을 지금처럼 Nature의 뜻으로 해석한 것은 근래의 역어일 뿐이다. 중국인의 입장에서 볼 때, Nature는 물론 '스스로 그러한 것'이니 자연에 속하나, 보다 정확하게 표현한다면 고대 한어의 '천지만물(天地萬物)'이 적합하다.

받는 이로 여긴 것과 다를 바 없다. 이러한 지식과 사상의 전통은 관습처럼 이어져 음양가, 도가, 그리고 유가의 사상 등에 흡수되었고 '천도', '천명', '도' 등의 관념이 형성되기에 이르렀다. 특히 노자는 가히 도라고 말할 수 없는 '불가도(不可道)'의 '도'를 제시하여 천지만물의 근원에 대해 진지한 탐색을 했다. 그것은 천지만물의 '스스로 그러하여 그러함', 즉 자연성에 대한 가장 구체적인 논의였다.[5] 그가 제시한 '불가도'의 '도'는 모든 만물의 시작과 근원으로 상정되었다.[6]

한편 선진(先秦) 유가(특히 공자)의 경우 천지만물의 근원으로서 자연성에 대해 구체적으로 발언한 적이 드물었다고 하나, 『역(易)·계사』에서 "한번 음, 한번 양으로 변화하는 것을 일러 도라고 말한다."라고 한 것이나, 『주역정의』에서 "형이상자는 도이고, 형이하자는 기이다."[7]라고 한 것을 보면 유가 역시 나름의 '천도'의 전통을 이어받고 있음을 알 수 있다. 기실 그들이 중시한 '천명' 역시 '도'의 속성이 아닐 수 없었다.

이렇듯 유가나 도가는 물론이고 이후 모든 지식이나 사상은 각기 나름의 함의를 부가하여 '도' 개념을 활용하였으니, 문학도 예외는 아니었다. 중국의 모든 담론의 첫머리에 등장하는 '도'는 언제나 그것이 궁극적인 시작이거나 근원이라는 뜻이다. 이렇듯 '도'는 이미 주대(周代)에 이미 모든 존재물을 존재하게 만드는 궁극적인 근원이자, 인간의 모든 것, 즉 정치, 사회, 문학, 경제 등을 모두 포괄한 법도이자 불변의 규칙으로 상정되었다. 자연의 자연성 속에서 발견한 '도'는 점차 자연 자체를 벗어나 이른바 '천경지의(天經地義)'가 되었다. 그러나 중국인들은 결코 자연과 자연성으로서 '도'를 분리시키지 않았다. 장자가 『장자』에서 '도'의 무소부재(無所不在)를 통해 물아일체(物我一體)를 주장한 것이나, 동중서(董仲舒)가 『춘추번로(春秋繁露)』에서 '천인합일(天人合一)'을 주장한 것은 그 증명인 셈이다.

---

5) 『노자』 25장, "人法地, 地法天, 天法道, 道法自然." 王弼注, 진고응(陳鼓應)주석, 『노자주석 및 평가(老子註釋及評介)』, 중화서국. 본서에서 『노자』는 이 책에 따른다.
6) 『노자』 41장, "道生一, 一生二, 二生三, 三生萬物."
7) 『주역정의(周易定義)』, "形而上者謂之道, 形而下者謂之器", 『십삼경주소』 본, 중화서국, 1980년 83쪽.

다른 한편 서구 문명의 근원 가운데 하나인 그리스 문화에서 자연은 'physis', 즉 존재하는 것 또는 물리의 의미와 같았다.[8] 존재하는 것에 인간이 포함됨은 물론이다. 그러나 신성(神聖)이 존재하던 신화시대가 끝나고 인성(人性)의 지혜(sophia)로 신성을 회의하게 되면서 그리스 사람들은 인간을 자연과 구분하게 되었다. 무엇보다 중요한 지표는 인간이 이성과 언어를 지니고 있다는 점이었다. 어느새 인간은 만물의 척도가 될 수 있는 위치에 오르게 되었으며, 자연을 대상으로 탐구할 수 있는 자격을 얻게 되었다. 그 자격을 얻는 대신 신화의 세계를 잃어버린 그들은 대신 자연을 초월하는 어떤 것의 존재를 확인하고자 노력했으며, 그 존재 또한 인간이 지닌 이성으로 사유할 수 있다고 확신했다. 플라톤은 그러한 이성으로 찾은 또 다른 세계를 '이데아(Idea)'라고 불렀다. 그는 이러한 '이데아'야말로 진정한 실재이며 진리라고 주장하고, 현상세계는 '이데아' 세계에 대한 모방이자 반영이라고 여겼다. 이후 아리스토텔레스는 플라톤과 달리 실재와 진리가 이념처럼 초월적인 것이 아니라 인간들이 경험하는 사물이나 사실에서 발견할 수 있는 보편적인 성질(그가 주장한 사인四因 가운데 형식인形式因)이라고 전제하고, 사물과 사실에 내재하는 보편성을 찾는 일에 주력하였다. 그는 존재적 존재, 즉 일반적이고 보편적인 존재를 존재 자체로 여겼고, 그러한 보편성의 궁극적인 실체를 제1원인이라고 불렀으며, "존재를 존재이게 하고, 존재의 자유자재로운 성질을 연구하는 과학"을 제 1철학(이른바 형이상학)이라고 명명했다.[9] 그러나 그의 제1원인 역시 비록 플라톤의 이념처럼 현상의 세계를 초월한 다른 세계에 존재하는 것은 아닐지라도 질료를 지니고 감각으로 경험할 수 있는 사물이 아닌 영원불멸의 최초의 원인이라는 점에서 플라톤식 유심론의 동일선상에

8) 영어 'nature'는 라틴어 'natura'에서 온 말이며, 자연을 뜻하는 'natura'는 그리스어 'physis(물질, 몸뚱이)'를 옮긴 말이다.

9) 아리스토텔레스, 『형이상학』, 「제 4권」. 헤겔, 『철학사강연록』 제 2권, 북경, 상무인서관, 1982년, 27쪽. 사실 형이상학(Metaphysica)이란 말은 아리스토텔레스의 저작인 『물리학』 뒤에 놓였기 때문에 명명된 것으로 '물리학 다음(後物理學)'이라는 뜻이다. 이를 중세기에 합성하여 메타피직(Metaphysic)이라고 칭했다.

놓여 있다. 이후 중세 스콜라 철학자들이 아리스토텔레스의 제 1원인에서 기독교의 신을 발견한 것도 바로 이런 이유 때문이다.

근세기에 이르기까지 플라톤의 이념, 또는 아리스토텔레스가 제 1철학 또는 지혜(sophia)로 찾고자 했던 제 1원인은 신, 물 자체(칸트), 이념(헤겔) 등의 개념으로 대체되기도 했으나 근본적으로 존재를 존재이게 만드는 것에 대한 의미에서 크게 벗어나지 않았다. 바로 이러한 점에서 볼 때 그리스 문화에서 자생한 형이상학적 관념으로서 '이념' 또는 '제 1원인'과 중국의 '도'는 공히 존재하는 것을 존재하게 만드는 어떤 것이라는 점에서 일치한다.[10] 그러나 양자는 분명한 차이가 있다. 그 핵심은 중국의 '도'는 자연성을 지닌 것으로서 자연(此岸)을 벗어난 또 다른 세계(彼岸)가 아닌 것에 반해, 그리스의 '이념'과 '제 1원인'은 자연성을 지닌 것이되 실제로 자연(천지만물)을 벗어나 있었다는 점이다.[11] 중국인들이 자연성을 만물의 근원으로 간주하고, 자연에 합일하기를 추구하였던 것은 바로 그들이 최상, 최고의 이상으로 여겼던 '도'가 언제 어디서나 자연(인간을 포함하여)을 벗어난 적이 없는 시종일관(始終一貫)하고 무소부재(無所不在)한 것이기 때문이었다. 그러나 이와 반대로 그리스인들은 자연성이 인간에게 이성을 부여하고, 그것을 통해 자연을 탐구하고 심지어 자연성까지 탐구할 수 있다고 여겼으니, 이는 자연성이 이미 자연을 떠나 있었기 때문이었던 것이다. 그러한 그들에게 자연은 당연히 중국처럼 합일의 대상이 아니라 다만 탐구의 대상일 수밖에 없었던 것이다.

---

10) 20세기 초엽에 번역가 엄복(嚴復)이 메타피직을 형이상학이라고 번역한 것은 이런 면에서 탁월했다.

11) 플라톤과 달리 아리스토텔레스의 경우 존재하는 것에서 보편성을 찾았다는 점에서 자연에서 벗어나지 않았다고 할 수 있을지 모르나, 그가 자연에서 찾고자 했던 제 1원인이란 자연 그 자체가 아니라 그 자연을 존재하게 하는 보편성이었던 것이다. 그런 면에서 그 역시 자연은 객체이거나 대상이었을 뿐 주체가 아니었다.

Ⅱ. 자연과 자연성의 거리-모방과 즐거움

동서양을 막론하고 자연성은 만물의 시초이자 인간의 모든 사유와 행위의 근원, 즉 본성의 근거이다. 그것은 인간과 자연의 만남을 주선하고, 이를 통해 문학을 생산하는데 간여한다. 아리스토텔레스는 『시학』 제 4장에서 이렇게 말하고 있다.

> 시는 사람의 본성에 뿌리박은 두 가지 원인에서 발생한다고 말할 수 있다. 첫째, 사람은 처음부터 모방적 행동 성향(모방 본능)을 지니고 있다. 사람은 극히 모방적이며 모방을 통하여 그의 지식의 첫걸음을 내딛는다는 점에서 다른 동물들과 다르다. 둘째, 모든 사람이 모방적 사물에서 즐거움을 얻는다는 것이다.……모방의 행위가 우리에게 아주 자연스러운 것이고 아울러 선율과 리듬도 자연스러운 것이니까 초창기에 특별한 능력을 지닌 사람들이 오랜 과정을 거치면서 거듭 즉흥적으로 창작하는 사이에 시가 생겨나는 것이다.[12)]

아리스토텔레스는 시의 발생에 대해 '두 가지 원인'으로 말미암는다고 주장하고 있다.[13)] 그에 따르면, 모방(mimesis)[14)] 본능과 그에 따른 즐거

---

12) 이상섭 저, 『아리스토텔레스의 『시학』 연구』, 문학과 지성사, 2002년, 28쪽. 본고의 『시학』은 이 책에 나오는 『시학』 번역(영문판 Else, Gerald F, *Aristotle's 'Poetics'*. Ann Arbor : Michigan UP, 1967년판을 중요 텍스트로 삼았음)을 따르며, 이외에 천병희 역, 『아리스토텔레스 시학』, 앞의 책, 중문판 『아리스토텔레스전집』, 묘력전(苗力田) 주편, 중국인민대학출판사, 1991년판을 참조하였다. 별도의 주석이 없는 경우 이상섭의 국역본을 참조한 것이다.

13) 『시학』 본문에 나오는 '두 가지 원인'에 대해 중설이 분분한데, 첫째, '모방 본능'과 '선율과 리듬', 둘째, '모방 본능'과 '모방된 작품에서 느끼는 쾌감', 셋째, '모방 본능', '모방된 작품에서 느끼는 쾌감', '선율과 리듬' 등으로 나누어 볼 수 있다. 필자 생각에 첫째 원인은 모방 본능이고, 두 번째는 쾌감(선율과 리듬이 주는 쾌감과 모방된 작품에서 느끼는 쾌감을 공히 포괄한)이라고 보는 것이 적합할 듯하다.

14) 미메시스(mimesis)는 일반적으로 모방으로 번역된다. 그러나 이상섭이 말한 바대로 단순히 복제나 흉내내기의 의미가 아니라 오늘날의 '표현'까지 포함되는 개념으로 이해해야할 것이다. 또한 시와 미메시스를 연관시킨 것은 아리스토텔레

움, 그리고 선율과 리듬 등은 모두 인간이 시를 짓게 되는 근본 원인인 셈인데, 그것들은 모두 '사람의 본성에 뿌리박은 것'이라는 점에서 주목할 만하다. 분명 그는 시 창작의 원인(근원)[15]을 바로 사람의 천성, 또는 본성에서 찾고 있다. 그렇다면 사람의 본성은 무엇인가? 아리스토텔레스는 『니코스마윤리학』 제 10권에서 "본성의 일은 저절로 그러한 것으로서 분명 인력으로 미칠 수 있는 것이 아니라 신의 판정에 의해 사람에게 부여한 것이다"[16]라고 하여 본성을 신이 인간에게 부여한 것으로 돌리고 있다. 그렇다면 사람의 본성은 그가 주장한 제 1원인이자, 앞서 언급한 자연성과 다를 바 없는 것이라고 말할 수 있다. 그렇다면 자연성에서 시의 근원을 찾는 것은 유협이 문학의 근원을 '저절로 그러한 도'에서 찾는 것과 일치한다고 말할 수 있을 것이다.

그런데 문제는 왜 하필이면 인간의 자연적인 본성 가운데 굳이 모방 본능과 즐거움을 꺼냈느냐는 점에 있다. 우선 그가 모방 본능을 시 발생의 첫 번째 원인으로 삼은 것은 천지만물에 대한 그리스 인들의 관념에서 비롯되는 것이라고 볼 수 있다. 소크라테스나 플라톤의 경우에서 볼 수 있다시피 구체적인 사물은 이념의 모방이고, 시인의 시는 그러한 모본에 대한 모방이다. 이렇듯 모방의 객체는 당연히 천지만물이 아닐 수 없다. 아리스토텔레스 역시 시를 본능적인 모방 행위로 간주하고 있다. 그러나 스승 대신 진리를 택한 그는 플라톤의 이데아 세계를 부정하였다. 당연히 현실 세계의 모방은 결코 소크라테스나 플라톤 식으로 아무런 지식도 없이 그저 거울만 달랑 들고 모본(模本)을 재 모방하는 것이 결코 아니었다.[17] 오히려 모방은 단순한 복제가 아니라 객관적이고 이성적인 기준에

스 이전에 소크라테스나 플라톤도 마찬가지인데, 이는 그리스의 오랜 전통에 기인하는 것이다. 따라서 아리스토텔레스만의 독창적인 개념이라고 볼 수 없다. 이상섭 앞의 책, 18쪽, 166쪽 참조.

15) 아리스토텔레스 철학에서 '원인'은 '본원'과 동일한 뜻이다. 그는 『형이상학』 제 5권에서 "일체의 원인은 모두 본원이다"라고 말한 바 있다. 『아리스토텔레스전집』, 제 8권, 苗力田 주편, 중국인민대학출판사, 1991년, 제 289쪽.

16) 위의 책, 제 8권 233쪽.

17) 플라톤, 『국가론』, 이상섭, 앞의 책, 237-238쪽.

의존하는 기술이었다. 아리스토텔레스는 『윤리학』에서 “기술이란 진정한 이성 작용에 관련된 만들기 능력이다”라고 말한 바 있는데, 이렇듯 모방은 곧 시인의 기술이었고, 그 결과가 바로 작품(특히 비극)이었던 것이다. 그가 플라톤이 추방했던 시인을 다시 자신의 왕국으로 끌어들인 것은 바로 이 때문이다.

아리스토텔레스는 이념 대신 자연, 즉 존재하는 것에서 보편성을 찾고자 했다. 그 보편성이란 존재하는 모든 질료는 각기 개별적인 형식에 의해 목적을 달성하도록 되어 있다는 보편적 원칙이다.[18] 아리스토텔레스는 시 역시 이러한 보편적 원칙에 따른다고 여겼다.

> 시인의 일은 실제로 일어난 사건들을 이야기하는 것이 아니라 일어날 수 있는 일, 개연성이나 필연성의 법칙에 따라 일어나리라 기대할 수 있는 일을 이야기하는 것이다.……역사가는 실제로 일어난 사실들을 이야기하고 시인은 일어날 수 있는 일을 이야기한다는 사실에 차이가 있는 것이다. 바로 이 까닭에 시는 역사보다 더 철학적이며 더 심각하다. 시는 보편적인 것을 더 많이 이야기하는 데 반해 역사는 특수한 것을 이야기하기 때문이다.…… 시는 등장인물들에게 특정한 이름들을 붙이면서도 바로 이러한 보편성을 목표로 삼고 있다.[19]

따라서 시인은 보편적 법칙에 따라 자신에게 주어진 질료의 목적을 알아보고 그것에 맞는 형식을 통해 보편적 법칙을 실현한다. 시인은 이러한 보편성의 과학을 추구하는 자로서 일종의 기술자이며, 시(모방)는 그가 만든 “리듬과 말과 선율”[20]을 수단으로 만든 제작품이다. 그렇다면 시 작품의 원천은 사실 모방 기술자로서 시인에게 귀속되는 셈이다. 그렇다면 자연의 사물 생성과 시인의 작품 창조는 같은 것인가? 그는 시는 음악이나 춤, 조각 등과 마찬가지로 인간이 행하는 일로서 일종의 사물의 생성과

---

18) 기본적으로 아리스토텔레스 철학의 근간은 목적론(teleology)이다. 목적론에 따르면 모든 존재하는 질료는 각기 독특한 형식에 따라 목적을 성취하도록 되어 있다. 그리고 바로 그것이 보편적 법칙이자 보편성이다.

19) 『시학』 제 9장, 이상섭 앞의 책, 55쪽.

20) 『시학』 제 1장 「기본 문제들」, 앞의 책, 15쪽.

관련된 일이기는 하지만 자연이 사물을 생성하는 것과 다르다고 하였다. 왜냐하면 자연은 그 자체에 근원이 존재하고 생성되는 것이기 때문이다.

이렇듯 시인은 나름의 기술과 원칙에 따라 대상을 모방하기 때문에 결코 플라톤 식의 광인과 같은 영감이 필요하지 않는 대신 창작 기술과 창작에 필요한 여러 가지 전제 조건이 필요하다.[21] 아리스토텔레스는 『시학』 첫머리에서 이렇게 말하고 있다.

> 나는 일반적인 의미의 시 창작 기술, 시의 여러 종류, 그들 각각의 본질적 기능들을 논의하고, 시 창작에 성공하기 위해 필요한 플롯 구성의 방법을 설명하고, 시를 이루는 부분들의 수와 성질을 가려내고, 기타 이 연구에 관련된 여러 문제들을 취급하려고 한다.

그의 『시학』은 바로 이를 위해 저술한 것이었다. 그에 따르면 모방 기술자, 즉 시인은 어떤 '행동을 하는 사람'들을 모방한다.[22] 다시 말해 모방의 대상으로 사람의 행동(praxis)을 강조하고 있다는 점이다. 프락시스는 어떤 목적을 이루려고 하는 행동을 뜻한다. 따라서 그런 행동은 궁극적으로 윤리와 관계가 있으며, 사상이나 정신 또는 감정과 대조된다. 게다가 그 행동은 자신의 행동이 아니라 주로 타인의 행동이다. 모방의 대상이 자신이 아니라 타인이라는 뜻이다. 그렇다면 시인은 자신의 감정이나 사상을 표현하는 대신 자신의 이성에 근거하여 플롯을 조직하며, 이를 통해 대상을 적절하게(그의 말에 따르면 '극적으로') 모방해야만 한다. 『시학』 제 9장에서 "시인은 모방 자체에 시인으로서의 자격이 달려 있고 모방의 대상이 행동인 만큼 그는 운문의 제작자이기보다 플롯의 구성자여야 한다."라고 한 것은 바로 이 때문이다. 바로 이 점에서 서정시는 아리스토텔레스의 『시학』에서 논외의 대상으로 빠지고, 시인의 정감 역시 충분하게 인지되고 있음에도 불구하고 시작(詩作)의 중요 대상에서 제외된다. 이는 중국 시학과 근본적으로 대치되는 한 부분이다.

---

21) 『시학』 제 1장, 이상섭, 앞의 책, 15쪽.
22) 『시학』 제 2장 「모방의 대상」, 위의 책, 22쪽.

두 번째로 아리스토텔레스는 즐거움을 또 하나의 원인으로 삼았다. 기본적으로 그는 인생의 목적을 행복, 즉 즐거움으로 보았다. 그는 즐거움이란 사람이 자기의 능력이나 지식을 본래 목적대로 사용하는 경우에 경험하는 것이라고 하였다.[23] 그것은 질료에서 형식을 마련하면서 얻는 즐거움이자 곧 모방의 즐거움이다. 그러나 『시학』에서 말한 즐거움이란 모방, 즉 창작 과정에서 얻는 즐거움이 아니라 인지(認知)의 즐거움, 즉 모방된 사물에 대해 그것이 모방한 기술임을 인지하는 과정에서 얻는 즐거움이다. 아리스토텔레스는 "우리는 보기만 해도 고통스러운 사물을 아주 자세하게 그린 그림을 바라보면서 즐거움을 느낀다"[24]라고 했는데, 이는 그것이 모방의 산물이라는 것을 인지하고 그것을 통해 지식을 얻기 때문에 즐겁다는 뜻이다. 물론 모방 기술자 역시 자신의 작품을 통해 즐거움을 얻을 수 있다. 그러나 이미 그것은 대상에 대한 즐거움이지 창작의 즐거움이 아니다. 그는 『시학』 제 14장에서 "시인은 모방에 의해 연민과 두려움으로부터 오는 즐거움을 제공해야 하므로 이 즐거움을 플롯의 사건들 속에서 구현해야 한다."[25]고 말하고 있다. 그가 말한 즐거움은 앞서 말한 인지의 즐거움 이외에 정서적 카타르시스(katharsis : 정화)란 쾌감도 포함한다. 카타르시스는 분명 정감의 각도에서 시학의 효용을 논의한 것이라고 할 수 있는데, 다만 그러한 정감이 독립적인 것으로 다루어지지는 않았다. 또한 카타르시스는 관람자의 입장에서 작품(특히 비극)을 보고 느끼는 즐거움의 하나이다. 이렇듯 그가 생각하는 시의 기원으로서 즐거움이란 창작자가 아닌 감상자의 즐거움이기 때문에 모방의 주체로서 시인은 끊임없이 어떻게 하면 그러한 즐거움을 줄 수 있을 것인가 고민해야한다. 아리스토텔레스가 서정시 대신 서사시와 비극을 시학의 주제로 택한 것은 비극이야말로 "심각하고 완전하며 일정한 크기가 있는 하나의 행동의 모방으로서 그 여러 부분에 따라 여러 형식으로 아름답게 꾸민 언어로 되어 있고, 이야기

---

23) 위의 책, 174쪽 참조.
24) 『시학』 제 4장, 위의 책, 28쪽.
25) 『시학』 제 14장, 위의 책, 77쪽.

가 아닌 극적 연기의 방식을 취하여 연민과 두려움을 일으켜서 그런 감정들에 '카타르시스'를 행하는 것"[26)]이기 때문이었다. 『시학』에서 비극적 플롯, 플롯 구성의 방식, 언어적 표현, 시적 언어의 기본 원칙 등에 대해 치중한 것 역시 어떻게 하면 모방의 기술을 최대한 발휘할 수 있는가, 그리고 그것을 통해 어떻게 감상자가 즐거움을 느끼는가에 대해 논의하고자 했기 때문일 것이다. 이는 근본적으로 아리스토텔레스가 창작자의 입장이 아니라 관중, 해설자, 또는 비평자의 입장에서 시학을 다루고 있기 때문인데, 이는 시인의 입장에서 시를 평가하는 중국의 전통과 크게 다른 점이다.

이상에서 살펴본 바대로 인간의 천성, 즉 자연성에서 기원한 모방본능과 즐거움은 아리스토텔레스의 『시학』을 관통하는 가장 중요한 핵심이다. 물론 그의 미메시스나 즐거움에 대한 관념은 당시 그리스인들의 세계관을 토대로 생성된 것이며, 이후 서구 문화에 적지 않은 영향을 끼쳤다. 그것은 계승이거나 반동(antimimesis)이었으며, 때로 반동적 계승이거나 계승적 반동이었다.[27)] 이후 근세기에 들어와 문학(시학)이 기술적 모방이라는 대전제에서 크게 벗어나 정감을 중시하게 된 것[28)] 역시 전체 서구 시학의 발전사에서 볼 때 아리스토텔레스의 『시학』 전통과 무관하다고 말할 수 없을 것이다.

---

26) 『시학』 제 6장. 위의 책, 40쪽.

27) 에이브람스는 『거울과 등불』에서 문학을 거울과 등불에 비교한 바 있다. 그는 문학을 거울처럼 사실적 재현을 하는 것과 등불처럼 창조적 표현을 하는 것으로 구분하였다. 물론 전자는 플라톤과 아리스토텔레스에 의해 논의된 모방설에 그 근원을 둔 이론이며, 이후 창조적 표현은 그것에 대한 반동이라고 말할 수 있다. 계승적 반동 또는 반동적 계승이란 예컨대 모방의 개념이 르네상스 시대로 넘어와 카스텔베트로나 마조니에게 수용되어 사실주의적 관점과 낭만주의적 관점으로 정립되었고, 또 다시 신플라톤주의자들에 의해 다른 모습으로 드러났음을 뜻한다. 이에 대해서는 이승훈, 『시론』, 고려원, 1992년, 22-27쪽 참조.

28) 어네스트 카시르의 『인론(人論)』에 따르면, 서구의 경우 루소와 괴테의 시대까지 예술 모방이론은 시종일관 불변의 신조로 간주되었으나 새로운 미학이론의 시대가 루소와 괴테의 시대로부터 발아하기 시작하였다. 특히 루소는 고전주의와 신고전주의 전통의 예술이론을 반대하고, 예술은 경험 세계의 묘사나 복사가 아니라 정감과 정감의 유로라고 생각했던 것이다. 이후에 예술은 정감을 표현한다는 이론이 점차 서구에 커다란 영향을 끼치게 되었다. 부도빈(傅道彬) 등 저, 『문학이란 무엇인가?』, 북경대학출판사, 2002년, 26쪽 재인용.

Ⅲ. 자연과 자연성의 합일

-도·성(聖)·경(經)의 삼위일체-

유협은 문학의 근원을 자연의 도에서 찾았다. 그는 『문심조룡』「원도」에서 이렇게 서두를 떼고 있다.

> "문(文)은 위대한 덕을 이룬다(文之爲德也大矣). 천지와 더불어 생겨남은 무엇 때문인가? 무릇 천지의 검은 빛과 누른빛이 서로 어울리고 형체가 모지고 둥근 것으로 나뉘며, 해와 달이 구슬을 연결시킨 것처럼 이어져 아름다운 하늘의 형상을 드리우고, 산과 내가 아름다운 모습으로 빛나 조리가 있는 땅의 형체를 덮고 있으니 이것이 모두 도의 문(道之文)인 것이다. 위로 해와 달이 토해내는 빛을 보고, 아래로 산과 내의 아름다움을 살펴 천지는 높고 낮음으로 위치를 정하니 그런 까닭에 양의(兩儀), 즉 자연의 두 가지가 생기게 된 것이다. 오로지 사람이 그 사이에 참여하여 오묘한 성령을 모았으니 이를 일러 삼재(三才)라고 부른다. 사람은 오행의 정화가 되며 천지의 마음을 실현한다. 마음이 생겨나니 언어가 세워지고, 언어가 세워지니 문장이 분명해졌으니(心生而言立, 言立而文明), 이것이 바로 스스로 그러한 도이다(自然之道)."29)

유협은 그 시작부터 일목요연하게 문과 천지인(天地人), 즉 자연과 인간, 그리고 문학의 연관에 대해 단정적으로 언급하고 있다. 그에 따르면, 문이 위대함은 천지와 더불어 생겨났기 때문이다. 물론 여기에서 말하는 '문'은 물론 단순히 문학, 문장, 시문 등을 뜻하는 것이 아니다. 그것은 오히려 하늘과 땅의 무늬, 즉 천지만물(자연)의 무늬이다. 다시 말해 '문'은 천지만물, 즉 우주의 모식(模式), 즉 양식(樣式), 유형(類型), 패턴(pattern)이다. 물론 천지만물의 문양이자 모식인 그것은 자연성을 속성으로 지니지 않을 수 없다. 사람은 그러한 천지만물에 참여하여(參), 천지만물을 구성하는

---

29) 『문심조룡집주』, 유협(劉勰) 저, 황숙림(黃叔琳) 주, 기윤(紀昀) 평, 중화서국, 1957년, 「원도」. 이하 『문심조룡』은 모두 이 책을 근간으로 하며, 편명만 밝힌다.

오행의 정수(五行之秀)가 되며, 천지의 마음(天地之心)을 실현한다. 따라서 자연의 무늬는 곧 인간의 무늬인 문과 같다. 물론 이러한 문의 일치성은 '스스로 그러한 도'에 의한 것이다. 이렇듯 유협은 문의 근원, 문학의 발생을 자연성에 두고 있다. 그가 「원도」에서 "인문의 근원은 태극에서 시작한다"[30]고 한 것은 바로 이러한 뜻이다. 이는 아리스토텔레스가 구체적으로 인간의 모방 본능과 즐거움을 인간의 본성으로 삼고, 그러한 천성, 즉 자연성이 곧 문학의 원천이라고 주장한 것과 동일하다.

그러나 문학의 자연성에 대한 일차적 인식은 동일하나, 양자 간에는 근본적인 차이가 존재한다. 앞서 아리스토텔레스는 인간은 모방 본능(자연성)에 따라 이성과 기술을 가지고 감각적인 대상을 모방하며, 그 결과물을 통해 즐거움(행복)을 느낀다고 주장했다. 그러나 유협에게 있어서 자연은 결코 자연성과 벗어난 것이 아니었다. 따라서 자연은 단순히 모방의 대상이 아니라 합일의 대상이 될 수밖에 없었다. 그가 모방 본능 대신 정감의 자연스러운 유로(流露)를 중시하고 성인과 경전에의 의거(依據)를 제시하였으며, 감상의 즐거움 대신 창작에 더욱 많은 부분을 할애한 것은 바로 이 때문이다. 그는 「서지(序志)」에서 '문심(文心)'이란 문에 대해 마음을 쓰는 것, 즉 문을 창작하는 문제에 관한 것이라고 말한 바 있다.[31]

유협에게 있어서 문학의 원천은 자연성이며, 그것은 자연과 유리되어 있지 않다. 그 자연성은 구체적으로 자연과 접하면서 정감이 자연스럽게 유로되는 것을 뜻하며, 그것이 바로 문학창작의 시작인 것이었다. 이는 중국 시가이론 가운데 가장 핵심적인 발언으로 정감의 자연스러운 유로를

---

30) 「원도」, "人文之元, 肇自太極". 태극은 『주역』에서 나온 말이다. 『주역정의(周易正義)』 권 7, "이러한 까닭에 역에는 태극이 있어 이에서 양의(兩儀)가 생겨나고, 양의에서 사상(四象)이 생겨나며 사상에서 팔괘(八卦)가 생겨난다"고 하였는데, 공영달(孔穎達)의 소(疏)에 따르면, "태극은 천지가 아직 분화되기 이전의 원기로서 모든 것이 혼합되어 하나로 되어 있는 것이니, 태초(太初), 태일(太一)이다." 결국 태극, 태초, 태일은 노자나 장자의 '도'와 다를 바 없는 자연성 그 자체이다.

31) 실제로 그의 『문심조룡』 50편은 제 1장 「원도」부터 5장 「변소(辯騷)」는 문학원론에 해당하고, 제 6장 「명시(明詩)」부터 제 25장 「서기(書記)」까지는 문학양식론(문체론), 이외에 후기에 해당하는 「서지」편을 제외하면 모두가 창작에 관한 논술이다.

근간으로 한 논리인 「모시대서(毛詩大序)」의 시언지(詩言志)나 육기(陸機) 「문부(文賦)」의 시연정(詩緣情)과 동일선상에 놓여 있다.32) 유협 역시 동일선상에서 이렇게 말하고 있다.

> 사람은 일곱 가지 감정을 품부 받아 외물에 반응하여 느끼고, 외물에 감응하여 그 뜻을 노래하게 되니 스스로 그러함이 아닌 것이 없다.33)

물론 이는 시의 경우에만 국한된 것이 아니다. 『문심조룡』 「정채(情采)」에서 그는 문식(文飾)을 형상의 문식(形文), 소리의 문식(聲文), 성정의 문식(情文)으로 나누고, 이러한 문식이 보불(黼黻 : 임금의 대례복이니 오색이 어울려 만든 비단의 문식을 뜻한다)을 낳고, 소하(韶夏 : 소는 순임금의 음악, 하는 우임금의 음악으로 이른바 아악의 뜻이다)를 만들고, 사장(辭章 : 문장)을 이루는 것은 곧 '신리지수(神理之數 : 신묘한 도리의 술수라는 뜻이니 곧 자연성의 다른 이름이다)'라고 하였으니,34) 모든 문학이 자연성에 따른 정감의 유로로 문채를 지닌 작품을 만들게 되는 것이다.

이렇듯 정감의 자연스러운 유로설은 근본적으로 자연지문(自然之文)과 인문지문(人文之文)의 동일성에 토대를 두고 있기 때문에 가능한 것이다. 분명 유협이 볼 때 인간은 "천지만물을 구성하는 오행의 정수가 되며, 천지의 마음을 실현한다". 그것은 정감의 자연스러운 유로로 이어진다. 그러나 그렇다고 자연지문과 인간지문이 완전히 같은 것은 결코 아니다.

---

32) 시언지(詩言志)의 '지'와 시연정(詩緣情)의 '정'은 분명 차이가 있다. 그러나 분명한 것은 시언지의 '지'에도 정감이 포함되어 있으며, 시연정의 '정' 역시 시가의 사상적 요인을 완전히 배제해야 한다는 발언이 아니라는 점이다. 일단 유협은 이를 성정(性情), 또는 정성(情性)이란 개념으로 통합하여 시가는 음영정성(吟詠情性)이라고 풀이하였다. 물론 이것이 정성의 문제가 완전히 해결되었음을 뜻하는 것은 물론 아니다. 이후에도 정과 성의 문제는 중국 철학의 중요한 화두로 건재하였다. 현대 중국의 『문심조룡』 주석본의 경우 정성을 정지(情志), 즉 사상과 감정으로 해석하는 것이 일반적이다.

33) 『문심조룡』, 「명시(明時)」, "人稟七情, 應物斯感, 感物吟志, 莫非自然." 『예기』에 따르면 칠정은 희노애구애오욕(喜怒哀懼愛惡欲) 등 일곱 가지이다.

34) 「정채」, "故立文之道, 其理有三. 一曰形文, 五色是也. 二曰聲文, 五音是也. 三曰情文, 五性是也. 五色雜而成黼黻, 五音比而成韶夏, 五性發而爲辭章, 神理之數也."

만약 그렇다면 감정을 지닌 인간이 외물에 감응하여 읊은 것은 모조리 시가 되고, 누구의 작품이든 경전의 반열에 오를 수 있을 것이다. 그러나 그렇지 않다. '도심(道心)'은 오로지 미묘하나 인심(人心)은 위태롭기 때문이다.[35] 그래서 그는 「체성(體性)」에서 다음과 같이 말한 것이다.

> 감정이 움직이면 말로 표현되고, 이지(理智)가 발동하면 문장으로 나타난다. 이는 진실로 은미한 것을 따라 분명한 것으로 옮겨지며 안에서 기인하여 밖의 것과 부합하는 것이다.[36]

> 그러나 사람의 재능에는 범용과 뛰어남(庸儁)이 있고, 기질에는 강함과 부드러움(剛柔)가 있으며, 학식에는 천박함과 심원함(淺深)이 있고, 습관에는 고아함과 비속함(雅鄭)의 차이가 있다. 이런 것들은 각기 성정에 의하여 형성되고 후천적인 감염에 의해 배양되는 것이다.[37]

그의 말인 즉 인간은 누구나 성정을 지니고 있으되 사람마다 그 차이가 있다는 뜻이다. 차이가 있다면 당연히 최고의 것이 없을 수 없으니 성인은 바로 그 최고의 성정을 지닌 이이며, 그의 글(경전)은 최고의 전범이 된다. 유협이 「원도」의 뒤를 이어 「징성(徵聖)」, 「종경(宗經)」에서 성인과 경전의 문제를 제기한 것은 바로 이 때문이다.

성인이 최고인 이유는 "감(鑑 : 통찰력)이 해와 달같이 밝고, 묘(妙)함이 기(機 : 기미)와 신(神)처럼 최고조에 이르렀다"고 여겨지기 때문이며, 그의 글이 최고의 전범이 되는 이유는 "문장이 보편적인 규범을 이루고, 사유가 사물의 법칙에 합치된다"[38]고 상정했기 때문이다. 그래서 유협은 「원도」와 「종경」편에서 다음과 같이 말한 것이다.

---

35) 「원도」 마지막 찬(贊)에서 유협은 '道心惟微'라고 말하고 있다. 범문란(范文瀾)의 주석에 따르면 이는 『순자』 「해폐(解蔽)」의 "인심은 위태롭고 도심은 미묘하다"는 구절에서 따온 말이라고 한다.

36) 「체성」, "夫情動而言形, 理發而文見, 蓋沿隱以至顯, 因內而符外者也.

37) 「체성」, "然才有庸儁, 氣有剛柔, 學有淺深, 習有雅鄭, 幷情性所鑠, 陶染所凝."

38) 「징성」, "鑑周日月, 妙極機神, 文成規矩, 思合符契."

> 도(자연성)는 성인에 의해 문장으로 나타나고, 성인은 문장을 통해 도를 밝혀놓았다. 그가 밝혀 놓은 도는 아무 데에도 막힘이 없고, 매일 사용해도 끝이 없다.[39]

> (성인의 경전은) 천지의 법이 되고 귀신을 본받으며, 사물의 질서를 세우고, 사람의 기율을 제정한다. 성령의 깊은 뜻을 통찰하여 문장의 골수를 지극히 한다.……그 내용이 모두 사람의 성정을 도야하고, 그 말들은 모든 문장을 구성하는 표본이 된다.[40]

그리고 계속해서 경서를 바탕으로 한 문장의 본질적인 여섯 가지 특징(六義)에 대해 '깊고 거짓 없는 정감(情深而不詭)', '맑고 잡되지 않은 풍격(風淸而不雜)', '진실하고 거짓에 물들지 않은 사실(事信而不誕)', '정직하여 잘못된 것이 없는 내용(義直而不回)', '간결하여 잡된 데로 흐르지 않는 문체(體約而不蕪)', '화려하면서도 음란하지 않는 문식(文麗而不淫)'이라고 했던 것이다.

이렇듯 유협은 도가 성인과 성인의 문장인 경을 통해 발현한다고 주장하여 경전을 모든 문장의 전범으로 삼았다.[41] 이는 다시 말해 도(자연성)가 자연의 문을 통해 드러나는 것처럼 경전을 통해 인문의 문으로 드러난다는 뜻이다. 이리하여 인문의 문은 자연의 문과 정확하게 합치할 수 있게 된 것이다. 흥미로운 점은 그것이 단순히 경전의 중요성에 대한 강조만이 아니라는 점이다. 그가 제시한 경전은 주로 유가의 경전들인『역경』,『상서』,『시경』,『예기』,『춘추』등이다. 주지하다시피『역경』을 제외한 나머지 책들은 도의 세계를 밝히는 책이 아니라 역사이자 문학이며, 의식(儀式)에 관한 책이다. 그럼에도 그가 경전을 도와 합치시킨 것은 '인문의 문'에 대해 최고의 위치를 부여한 것이 아닐 수 없다. 문학에 대한 이러한 최고의 찬사는 플라톤이나 아리스토텔레스가 철학에 부여한 그것과 동일한 것이

39)「원도」, "道沿聖以垂文, 聖因文而明道. 旁通而無凝, 日用而不匱."

40)「종경」, "故象天地, 效鬼神, 參物序, 制人紀, 洞性靈之奧區, 極文章之骨髓者也." "極乎性情, 辭亦匠於文理"

41) 성인과 경전에 대한 추존은 이미 그 전부터 존재했다.『국어・초어상(楚語上)』, 상해고적출판사, 표점배인본(標點排印本), 530쪽, 1980년 참조.

다. 물론 성인과 경전에 대한 추존이 중국문학의 완고한 보수성을 낳는데 결정적인 역할을 했다는 점을 상기하지 않을 수 없으나. 문학의 진정한 의미를 지고지상의 위치로 격상시켜 생명과 존재의 의의로 승화시키는데 그의 주장은 결정적이었다. 또한 그것은 문학 창작의 의미에 대한 최상의 의미 부여이기도 하다.42)

앞서 살핀 바대로 서구 시학의 근간이 된 아리스토텔레스의 『시학』은 인간의 이성에 근거하여 대상에 대한 창조적 모방이 가능하며, 그 결과로서 작품은 인간에게 즐거움을 준다고 주장하였다. 그가 주장한 창조적 모방은 근원을 자연성에 두고 있다는 점에서 유협의 '원도(原道)'개념과 상응한다. 본고는 이를 '자연성'이라고 지칭하였는데, 그 근원적 일치성을 제외하고 양자는 각기 다른 길로 접어들었다. 그것은 무엇보다 자연과 자연성에 대한 일치와 분리에서 비롯된다. 유협이 자연(천지만물)과 자연성을 일치시켰다면, 아리스토텔레스는 천지만물의 존재 자체에서 자연성을 찾았으나 천지만물은 자연성이 아니었다. 그래서 유협이 인간의 외물에 대한 자연스러운 정감 유로를 자연성에 포함시켜 주로 창작론을 중심으로 논의하면서 성인과 경전을 절대적인 의거로 삼은 데에 반하여 아리스토텔레스는 질료 대신 형식을, 합일 대신 모방을 주장하고, 언어와 음율의 문제, 그리고 플롯을 강조하였으며, 관람자의 입장에서 그러한 모방의 즐거움에 대해 언급한 것이다. 이렇듯 서구와 중국의 문예관은 서로 다른 길로 접어들어 각기 나름대로 발전하였다. 시론 역시 예외는 아니다.

출처 : 『계간 문예 다층』 2003년 겨울호

---

42) 조비(曹丕)는 『전론·논문』에서 문장은 "나라를 다스리는데 필요한 위대한 것이며, 영원히 썩지 않는 성대한 일이다(經國之大業, 不朽之盛事)"라고 하였는데, 이러한 인식은 그 이전부터 존재했으며, 유협의 문학관념이 직접적인 영향을 끼쳤다.

중국 자연시 창작의 심리적 요인 고찰

배 다니엘*

Ⅰ. 서 론

인간은 자연 속에서 태어나 자연과 함께 살다가 자연 속으로 돌아간다. 지극히 평범한 말이나 인간의 자연관과 자연시를 이해하는데 있어 역시 제일 먼저 떠올릴 수밖에 없다. 인간이 살아가면서 생각하고 바라보고 자신의 감정을 토로하는 배경에는 항상 자연이라는 존재가 함께 하고 있는 것이다. 초기에는 외경심을 갖고, 혹은 신비감을 지닌 두려운 존재 등으로 각각 다른 시선으로 자연을 바라보지만 인간의 경험과 지식의 축적에 따라 자연은 서서히 친근한 존재로 인식되게 된다. 결국 자연은 인간이 끝내 다 풀지 못하는 미지의 영역을 지니고 있다 해도 현실 눈앞의 정경만으로도 미감과 안식을 제공하기에 충분한 존재가 되는 것이다. 그렇다면 시인들이 자연을 느끼고 노래하는 것은 마치 생활의 일부처럼 너무도 자연스러워 보인다.

중국 자연시[1]의 발전을 살펴보면 자연시가 창작되어지게 된 것 역시

---

* 남서울대학교 중국학과 교수

1) 중문학에서는 산수자연을 노래한 시를 일컫는 용어로는 山水詩, 田園詩. 景物詩, 花鳥詩, 山水田園詩 등이 전통적으로 사용되고 있다. 여기에서 “자연시”라는 용어는 자연계의 모든 경물을 묘사한 시를 가리키는 총칭적인 용어로 사용한다. 서구문학에서 자연을 읊은 시를 지칭하는 용어로는 “Landscape Poetry”라는

일시적인 현상이나 개인의 의도적인 창작의 결과로 이루어진 것은 아니었음을 발견하게 된다. 비록 陶淵明과 謝靈運에 의해 창작의 기틀이 확립되고, 魏晉代와 唐代를 거치면서 수많은 시인들이 자연시 창작의 꽃을 피어 나갔기에 자연시파가 하나의 유파처럼 그리고 자연시가 특정시인에 의해 주력된 창작분야인 것처럼 보이는지 모르지만 이는 결코 아니다. 자연은 모든 시인에 의해 창작이 시도되어진 주제이며 시인의 의식과 행위가 자연을 떠나서 이루어진 것이 없기 때문이다. 어느 시인이 자연시의 창작에 있어 뛰어난 성과를 남겼느냐 혹은 누가 여러 주제 중 좀 더 자연시 창작방면에 공력을 기울였느냐가 자연시의 성취를 살펴봄에 있어 생각해 볼 수 있는 문제인 것이다.

본 논문은 기존에 활발하게 연구되고 있는 자연시의 창작유파나 시인, 작품 풍격 등에 관한 부분과 연계하여 자연시는 과연 어떤 심리적 맥락에서 창작되어지는 가를 살펴보는 것을 목적으로 한다. 모든 문학이 그렇듯 자연시 역시 여러 가지 요인으로 인해 창작이 이루어진다.[2] 그러한 제반 창작요인 중 창작심리 부분을 살펴보는 것은 자연시의 전반적인 연구에 있어 선행되어야 할 기초적 분석이라는 생각이 든다. 자연시의 창작은 대체로 자연미에 대한 경도, 자연 속에서의 자아의 발견과 해탈의 도모, 자연 속에서 자유의 추구 등의 인식과 욕구의 단계를 거친 후 창작의식의 발현을 통해 작품으로 완성된다고 보는 바, 다음 본문에서는 그러한 단계에 따라 서술해 나가기로 하겠다.

말이 있는데 이 역시 "자연시"라는 용어로 번역되어 사용되고 있다.

2) 다른 시와 마찬가지로 자연시 창작의 발생 요인 역시 몇 가지라고 단정할 수 없을 만큼 간단하지 않다. 단순히 생각해 본다면 시인이 자연을 바라보고 느낀 미감을 순수하게 표현해 낸 것이 자연시일 것이다. 그러나 자연시의 여러 창작요인들 즉 시인의 심리, 시대적 배경, 종교나 사상적 영향, 자연의 모습, 문학적 배경, 은일성향의 소유여부, 창작의 의도 등 기타 요인들 역시 자연시의 창작을 결정짓는 요인이며, 아울러 이런 요인들로 인해 시의 풍격이 다채롭게 형성되는 것이다.

Ⅱ. 자연시 창작의 심리적 요인

중국의 자연시는 그 연원이 깊고 다채로우면서도 풍부한 창작의 성취를 이루고 있다. 先秦代 맹아하여 漢末에 탄생을 보았고 魏晋代에 성숙을 겪었으며 唐代에 와서 큰 번영을 이루는 일련의 과정을 거치면서 그 시대의 특색을 가미한 성취를 이루며 시가창작의 중요한 표현방법으로 자리 매김 해왔다. 자연을 대하면서 느낀 시인의 심미의식을 표현해 낸 것이 自然詩요, 이 자연시는 시인이 자연을 대하며 얻은 정서와 창작의도에 따라 그 성취와 특색이 형성되게 된다. 본 장에서는 어떠한 원인들이 시인들로 하여금 자연시를 창작하게 만드는 것인가, 또한 그에 따른 자연시 창작풍격의 양상은 어떻게 달리 나타날 수 있는가 등에 대하여 생각해보도록 한다.

1. 자연미에 대한 경도

시인들이 자연시를 창작하게 된 것은 자연을 바라보고 자연이 지니고 있는 미에 대한 감탄과 경도를 이룬 데에서 그 실마리를 찾아볼 수 있다. 인간에게는 본래 자연에 대한 친화적 의식과 귀속의식이 있다. 이는 고금을 통틀어 모두 통용되는 말이나 상고시대로 갈수록 그리고 서양보다 동양에서 더욱 그러했다고 할 수 있다.[3] 일찍이 天人合一觀을 가장 강조했

3) 중국과 서구의 자연관과 자연시의 창작은 여러 가지 면에서 대조된 면을 보이고 있다. 시기적으로 중국은 魏晋代를 거치면서 산수전원시의 형식으로 발전하여왔는데 비해 서구(영문학의 경우)의 자연시는 대체로 18세기 낭만주의의 발흥과 더불어 창작되어진다. 창작에 임하는 심리도 다른 점이 많았다. 중국은 현실에서의 실의를 자연에서 서사한 것이 많은 반면 서구는 도시적 삶의 모순에 대한 불만에서 창작이 시작되었고, 중국인이 인간을 자연의 일부로 보고 친화적 개념으로 생각했다면, 서구인은 자연을 인간이 정복하고 극복하여야 하는 대상으로 보았으며, 중국인이 자연과의 합일을 이루기 위해 세속과 현실에 대한 미련을 제거하는 것을 목표로 삼은 반면 서구인은 자연을 도덕적 이상이 실현된 세계로

던 老莊思想에서 自然을 道의 본체로 본 것은 반드시 유물적이며 가시적인 자연을 논한 것만은 아니었다.[4] 또한 시경과 초사를 비롯한 초기시가에서부터 자연을 묘사한 부분은 많이 있었으나 이 부분은 자연경물 자체보다는 하나의 주제를 돋보이게 하는 매개체로 활용된 정도였었다. 초기 사상과 시가에서 담론하던 자연은 자체의 미감을 지닌 형상적 존재로는 아직 미약한 것이었다. 그러나 이러한 사상과 주제 부각을 위한 매개체로서의 자연묘사 역시 자연에 대한 인식과 미감을 한층 가시적으로 발전시킨 초기적 요소였다는 점에서는 의의를 찾아볼 수 있겠다.

자연은 아름다운 형태미와 천연의 신비감을 지닌 분위기, 그리고 정중동의 역동적인 변화와 千變萬化하는 기세 등을 통해 다중 미감을 제공하는 존재이다. 다채롭고 화려한 외경을 지닌 채 사람들의 이목을 집중시키는 기묘함, 그러면서도 자연스럽고 친숙하게 우리의 정과 마음을 풀어놓을 수 있는 푸근한 대상이라는 점은 사람들의 마음에 미감을 불러일으키고 시적인 서정을 제공하기에 충분한 것이다. 눈앞 산수자연이 보여주는 정경은 그 아득하게 펼쳐진 비경으로 이목을 집중시키며, 장대한 광경으로 호연지기를 함양하게 해주고, 청려한 자태로 순박한 정신과 무한한 삶의 활력을 불러일으키게 해준다. 자연은 눈과 귀와 정신을 맑고도 새롭게 해주며 창작의 원천을 제공하는 제재의 濫觴이요, 오관의 서정을 따른 의식의 서사를 가능하게 해주는 자료의 총집합체인 것이다. 자연시는 눈앞

보고 인간과의 일정한 거리를 유지한 채 이해하려고 했던 점들을 대략적으로 꼽을 수 있다.

4) 일찍이 老子와 莊子는 道를 논함에 있어 자연관을 핵심으로 하였다. 老子는 『老子』 二十五章에서 "사람은 땅을 본받으며, 땅은 하늘을 본받고, 하늘은 도를 본받으며, 도는 자연을 본받는다.(人法地, 地法天, 天法道, 道法自然.)"라 했고, 莊子 역시 "聖人者, 原天地之美, 而達萬物之理.(『莊子 · 知北游』)"라 하여 처음으로 "天地의 美"와 "萬物의 이치" 사이의 유기적 관계, 즉 美와 道의 상관관계를 지적하며 老子의 "法道"에 대한 설명의 보충을 시도하였다. 그들은 철학을 설명하기 위하여 자연의 속성을 설명하였으니, 이때의 자연은 일체의 비인위적이며 천연적인 존재를 일컫는 것으로 단순히 유물적인 자연만을 가리키는 것은 아니었다. 이러한 사고는 후세의 산수심미관에 철학적 기초를 제공했지만 자연경물 중에서 만물의 본질을 인식하는 수준이었지 자연 자체에 대한 감상은 아니었다.

자연의 정경에서 미감을 발견하게 된 시인의 마음을 읊은 데에서부터 최초의 서사가 시작되는 것이다.

魏晋代 이전까지는 아직 전적으로 산수자연을 묘사한 시가 탄생되지 않았으며 시 속에서 자연을 읊은 부분은 주제를 부각시키기 위한 배경정도에 머무르고 있었다. 산수자연이 문인들에 마음에 차츰차츰 미적인 존재로 자리잡게 되는 과정과 자연미에 경도하여 자연시를 창작하게 된 문인의 심리적 양태를 설명하면서 우선적으로 언급할 수 있는 것은 자연자체가 지닌 아름다움에 대한 시인의 인식이라 할 수 있다. 魏晋代 이전까지 문인들은 자연산수를 은둔의 장소, 신선의 장소, 散會의 장소 정도로 생각했었다. 그러다가 魏晋代를 거치면서 시인들은 취미적이고 오락적인 생활로 자연을 바라보고 산수를 사랑하게 된다. 취미와 오락의 대상으로서 자연을 바라보게 될 때 문인들이 추구하는 바는 당연히 자연미였다. 이로 인해 자연이 감상적인 대상으로 변화하게 되는 것이니, 魏晋代를 거치면서 자연이 점차 자연미 추구의 대상으로 바뀌게 되었다는 것은 자연을 대하면서 시인의 미감이 발동했다는 점과 연관하여 큰 의의가 있는 것이다.

魏晋代를 거치면서 시인들이 자연에서의 순수한 미감을 점차로 인식하게 된 결과 詩經과 楚辭 등 초기시가에서 볼 수 없었던 자연 자체에 대한 묘사를 이룬 시가가 하나씩 창작되기에 이른다. 일례로 자연시의 발단을 이룬 작품이며 建安 行役詩 중 가장 우수한 작으로 평가받고 있는 曹操의 「觀滄海」를 보면 눈앞 정경이 비애나 우수의 감정을 배제한 채 객관적으로 펼쳐지고 있음을 발견할 수 있다.

東臨碣石 동쪽으로 비석을 마주보고 서서
以觀滄海 푸른 바다를 바라본다
水何澹澹 물은 어찌 그리 맑은가
山島竦峙 산과 섬은 우뚝 솟아있네
樹木叢生 수목은 울창하게 자라나고
百草豊茂 온갖 풀들 무성하구나
秋風蕭瑟 가을 바람 소슬하게 불어오고

洪波涌起 큰 물결 용솟음치네
日月之行 해와 달의 운행이
若出其中 마치 그 가운데서 떠오르는 듯하다
星漢燦爛 은하수 찬란히 빛나니
若出其里 그 역시 그 안에서부터 떠오는 듯하다
幸甚至哉 이처럼 행복할 수 있을까
歌以咏志 노래불러 그 뜻을 펼치노라

끝간데 없는 큰 바다의 모습으로 시야의 범위를 확대시켰다. 솟아있는 섬, 물결치는 파도 등을 아득한 윤곽으로 그렸고, 울창한 초목이 대자연에 생기를 불러일으키고 있으며, 가을바람이 일으키는 파도가 사철의 소식을 전해준다. 영원한 시공 속에서 짧은 인생의 비애를 탄식하고 있으나 시인은 우주의 기개를 대해와 함께 포용하여 하나의 合一體로 그리고 있다. 이 작품 한 수를 들어 산수자연의 순전한 묘사가 이루어지게 되었다는 평가는 아직 이르지만, [5] 이러한 시는 산수자연을 心懷를 표현하기 위한 보조매체로만 보던 시각이 점차 교정되어 본격적인 자연시의 창작을 이루게 하는 단계와의 중간역할로서의 의의가 있다.

晋의 王羲之가 會稽 山陰의 蘭亭에서 문우들과 함께 宴集했던 蘭亭詩는 자연시의 발전상 맹아기에 출현한 작품이다. 이 시집에 실린 시는 대다수가 玄風을 읊은 玄言詩인데 그 중에는 자연의 정경을 직설적으로 묘사한 서경시도 섞여있다. 당시 문인들이 자연 자체에서 미감을 느꼈고, 자연에서 받은 바 감동을 다른 목적 없이 순수하게 묘사하고자 했던 시도가 담겨있는 것이다. 蘭亭의 문인들은 散懷를 위해 산수를 찾았건만 결국 아름다운 山水를 사랑하는 쪽으로 발전하게 되는 것이다. 散懷를 강조하는 곳에 玄風의 시가 나타나게 되며, 아름다운 산수에로 눈길을 주시하는 곳에 산수의 시가 나타나게 되는 것이다.[6] 이런 묘사들을 통해 자연시의

5) 曹操의 이 시는 내용과 풍격으로 볼 때 후대의 일반적인 자연시와 별 차이가 없으나 이 작품 一首는 魏晋代 시가사상 하나의 특례를 남긴데 불과하다고 보는 것이 일반적인 문학사가의 시선이다. 좋은 예이기는 하나 이러한 행역시 一首로 자연시 시대의 본격적인 도래가 이루어졌다고 말하기는 아직 시기상조인 것이다.

싹이 여기저기 움트는 것을 발견할 수 있는데 몇 개의 단락을 예거해 본다.

高泉吐東岑　　높은 샘물은 동쪽 산봉우리에서 솟아나고
洄瀾自淨槩　　구비도는 물결은 절로 맑은 샘물이 되네
臨川疊曲流　　시내 가까이 굽이도는 물결이 겹치고
豊林映綠薄　　풍성한 숲은 엷은 푸르름 물결에 비추인다[7]

春水滿四澤　　봄 물 온갖 못에 그득하고
夏雲多奇峰　　여름날 구름 기이한 봉우리 많다
秋月揚明輝　　가을 달 밝은 빛을 뿌리고
冬嶺秀寒松　　겨울 산봉우리는 찬 소나무 수려하다[8]

靑天瑩如鏡　　푸른 하늘은 맑기가 거울과 같고
凝津奕如硏　　차가운 나루터 마치 닦아놓은 듯하구나[9]

맑고 깨끗한 강물과 푸른 숲의 조화와 대조, 봄 여름 가을 겨울의 물과 구름, 달과 산봉우리의 정경, 맑고 푸른 날 강가의 풍경 등을 다른 의도 없이 순수하게 묘사해 놓고 있는 것을 발견할 수 있다. 이러한 순수한 묘사들은 후대 謝靈運을 거치면서 좀 더 색채감을 띤 수려한 묘사로 발전하고 있다.

遠巖映蘭薄　　먼 바위산은 무성하게 자라는 난초로 빛나고
白日麗江皐　　밝은 햇살 강의 으슥한 곳까지 비친다
原隰荑綠柳　　들녘에는 푸른 버들이 싹트고
墟囿散紅桃　　동산에는 붉은 복숭아 꽃 흩날린다

---

6) 小尾郊一 著, 尹壽榮 譯『中國文學속의 自然觀』(江原大學出版部, 1988年 12月), 164쪽 참조. 또한 본서에서는 이를 "莊老告退, 而山水方滋."라고 말하는 노장과 산수가 동시에 출현하고 있는 것이며 마침내 노장보다 산수의 비중이 무거워지는 결과로 나타나게 되는 것이라 보고 있다.

7) 庾闡「三月三日臨曲水」

8) 顧愷之「神情」

9) 湛方生「天晴」

자연미 자체를 읊은 것이나 이전 작품과 비교할 때 자연시 대가의 작품답게 '蘭薄', '白日', '綠柳', '紅桃' 등의 색채어로 밝은 봄날을 화려하게 그리고 있음을 발견할 수 있다. 물론 이렇게 작품의 일부를 들어 謝靈運 자연시의 창작 특성이라고 할 수는 없으나 전대 시인들과 달리 謝靈運 자신이 자연에서 일차적으로 얻은 미적 감동을 의도적으로 묘사한 데에서 그 의의를 찾아볼 수 있다. 자신이 "산수간에 맑은 빛 있으니, 그 맑은 빛은 사람을 즐겁게 한다(山水有淸暉, 淸暉能娛人)"라고 했던 의식의 일단인 것이다.

이상에서 간단하게 예를 들은 曹操, 蘭亭詩, 謝靈運 등의 시는 자연의 아름다운 정경을 대하면서 그 속에서 느낀 미감과 서정을 순수하게 그린 작들의 일면이 된다. 이는 자연시의 여러 가지 창작동기 중에 가장 초기적인 단계에 해당된다. 대자연의 청신하고 순박함은 사람의 마음에 풍부한 활력을 제공하고, 감동된 심정에 격정과 기쁨을 불러일으키며, 감각적인 미는 자연스런 감정의 분출을 통한 서사를 가능하게 한다. 따라서 자연에서 얻은 감동을 별도의 감정 없이 순수하게 서사하는 것은 모든 자연시의 창작의 첫걸음이며, 이러한 초기적 미감의 순수한 인식 없이 지어진 자연시는 의도적이거나 목적을 지닌 작품의 배경 혹은 하부구조 역할밖에 담당할 수가 없는 것이다.

2. 자아의 발견과 정신적 해탈의 도모

자연시는 자연에서 느낀 초기적 미감의 단순 묘사를 담당하는 것으로 그 본분을 다하지는 않는다. 자연을 처음 접했을 때 인간은 무한한 감개를 느끼며 그 아름다움에 압도당하지만 단순한 객관적 묘사에만 만족할 만큼 시인의 서정이 간단한 것은 아닌 것이다. 자연 산수는 형상미, 율동미, 기상 등 다중의 미감을 지닌 존재이고 자연의 오묘한 형상미가 주는 심리적 쾌감은 사람의 마음에 기쁨 못지 않게 순수함과 차분한 정화의 기회도 제공한다. 일찍이 공자는 顔淵의 安貧樂道를 칭찬하면서 장소에 구애받지 않는 마음의 평정을 논한 바 있으나,[10] 사람의 낙은 자연산수와 함께 할 때 그 크기가 더욱 증가하는 것이요 인생의 제반 喜怒哀樂 감정 역시 산수 속에서라면 해탈을 얻기가 더욱 용이한 것이다. 즉 산수자연이라는 장소는 자체가 지닌 미적 아름다움 못지 않게 인간의 감정을 투영할 수 있는 좋은 매개체인 것이다.

魏晋代 이후 현학의 흥기와 산수 심미의식의 발전을 겪으며 朝野의 명사들은 莊子의 "천지간의 미와 만물간의 이치를 통달"[11]하기 위한 수단으로 산수자연간을 유람하면서 산의 솟아오름과 물의 흘러감, 해 뜨고 달 지는 모습, 봄꽃의 화려함과 가을꽃의 청초함 등을 감상하면서 만물의 생육과 生死盛衰의 법칙 그리고 인생의 본성 등을 깨닫게 되었다. 이 시기 자연시인으로 유명했던 陶淵明은 「歸去來兮辭」에서 그러한 得悟에 대해 다음과 같이 읊은 바 있다.

登東皐以舒嘯	동쪽 언덕에 올라 느릿하게 휘파람 불어보고
臨淸流而賦詩	맑은 물가에 가서 시도 지어본다
聊乘化以歸盡	이렇게 하면서 정신은 승화되고 본성으로 돌아가니
樂乎天命復奚疑	천명을 알고 즐기는데 다시 또 무엇을 의심하랴?

산수간에 머물고 유람함이 자연의 아름다움을 감상하는 것 못지 않게 개인의 자아발견과 해탈의 한 방편이 됨을 표현한 것이다. 실제로 자연은 역대 문인들에게 있어 여러 의미의 해탈을 얻게 하는 도경이었다. 인생의 제반 고뇌와 감정을 투영할 수 있는 장소, 그리고 새로운 깨달음을 제공하여 한층 성숙한 인생의 의식을 고양하게 하는 곳, 자연은 언제나 그런 의미로 문인들의 가슴에 한 줄기 해답을 제공하여 왔던 것이다.

거대한 자연은 찰나 같은 인생의 短促이나 유한함을 인식하게 해주며 자신의 운명에 대한 겸손한 인식과 성실성을 일깨워주는 존재이다. 일찍이

---

10) 『論語·雍也』: "賢哉, 回也! 一簞食, 一瓢飮, 在陋巷, 人不堪其憂, 回也不改其樂."

11) 『莊子·知北游』: "原天地之美, 而達萬物之理."

蘇東坡 같은 이는 자연을 보면서

> 내 생애의 짧음을 슬퍼하고 장강의 무궁함을 부러워하누나. … 만약 변화의 일면만 보자면 천지간에 사물은 일순간도 원래의 모양을 유지하지 못할 것이요, 변화하지 않는 면만 보자면 사물과 나는 모두 영원할 것이라(哀吾生之須臾, 羨長江之無窮. … 蓋將自其變者而觀之, 則天地曾不能以一瞬；自其不變者而觀之, 則物與我皆無盡也.)[12]

라 하여 자연 속에서의 인간의 왜소함의 인식과 이에 대한 극복을 설파했다.

또 거대한 자연 속에서 滄海一粟 같은 자신이지만, 자신의 성정대로 소오하며 자연을 즐기기로 마음을 먹은 문인들도 있었다. 미세한 존재로서의 자신의 모습에 대한 회의보다는 자연의 본성과 함께 하면서 충실한 의식과 생활을 추구한 경우이다. 柳宗元 같은 이는 다음과 같이 읊고 있다.

> 아득하구나 천지간의 正大한 기와 함께 함이여, 그 끝 간 바를 얻지 못하도다. 크고 크도다 조물주와 함께 노님이여 그 무궁한 바를 알지 못하도다. … 정신이 온전히 하나로 되고, 부지중에 만물과 일체가 되는 도다.(悠悠乎與顥氣俱, 而莫得其涯；洋洋乎與造物者游, 而不知其所窮 … 心凝形釋, 與萬化冥合.)[13]

永州 西山에 올라 자연을 바라보면서 흉중의 塵埃가 씻겨나간 듯한 쾌감과 정경에의 도취를 느끼고는 이내 정신적 해탈과 자연만물과의 융합을 경험하게 된 장면이다. 이렇듯 자연은 문인에게 자아의 발견과 정신적 해탈의 성취감을 맛보게 해주는 존재였다.

李白의 경우 人生世事의 풍파 속에서 고난과 환란을 잊고 산수자연 속에서 진솔한 본성과 인간의 이상향을 찾고자 시도한 바가 있다.

---

12) 蘇軾「赤壁賦」
13) 柳宗元「始得西山宴游記」

問余何意栖碧山	내게 묻길 어째서 푸른 산 속에 사느냐 하니
笑而不答心自閑	빙그레 웃을 뿐 마음 절로 한가롭다
桃花流水窅然去	복숭아 꽃 물에 흘러 아득히 흘러가니
別有天地非人間	천지간에 별다른 곳이요 인간세상 아니로다

자연은 인간의 모든 번뇌를 잊고 새로운 정경에 심취할 수 있는 곳일 뿐만 아니라 이상을 추구할 수 있는 이상향의 귀착지도 된다. 이상향의 개념을 지닌 자연은 중국인에게 道家와 佛家의 사상적 인식이 추가될 때 더욱 실감 있게 다가오게 된다. 역대 많은 문인들이 자연과 儒道佛家의 사상을 접목한 채 자연을 바라보았으니,[14] 종교적 철학적 이상향을 추구할 때 그려지는 귀착지는 가상의 세계라 해도 결국은 유추가 가능한 현실 자연이 모델이 될 수밖에 없었던 것이다.

산수자연은 진솔한 즐거움을 느끼게 해주면서 자연의 천연함과 연계된 인생의 별다른 멋을 창조하게 해주는 곳이다. 역대 문인들이 이렇게 자연 속에서 물아일여의 경지와 정신적 해탈을 추구하던 전통은 자연을 대하는 시각이 자연에 대한 순응과 감상에서 자아의 초월단계로 발전해 나갔음을 의미한다. 즉 단순한 감상에서 즐거움 발견의 단계를 거쳐 정신적 해탈, 그리고 나아가서는 이상향의 모델로까지 발전하는 인식의 단계별 진전을 살필 수 있는 것이다.

3. 자연 속에서 자유의 추구

인간은 자신이 태어나 살고 있는 자연에 강한 애착을 느낀다. 흙으로 와서 흙으로 돌아가는 존재이기에 자연에 대할 때 본능적인 집착과 편안한 감정을 갖게 되는 것이다. 대자연은 인류의 고향이다. 인류를 배출하고 양육하며 보존시키는 어머니와 같은 존재이다. 인간이 최초로 가지게 되는 기억과 향수 역시 자연과 밀접한 연관이 있으며 인간에게 가장 유구하고

14) 자연시와 儒道佛家 사상과의 관계는 별도로 다루어야 할 만큼 많은 분량의 언급을 필요로 하는 부분이다. 이에 대하여는 拙稿『山水詩의 흥기와 儒·道·佛家 사상』(『중국학논총』 제11집(한국중국문화학회, 2001)을 통해 소견을 언급한 바 있다.

심각한 관계를 제공하는 것도 자연이다. 또한 인간은 대자연을 이루는 한 요소이며 천지만물은 인간에게 가장 친밀한 친구와도 같다. 과거 농경사회의 생활상 역시 자연을 기초로 한 생활이었기에 자연은 인간에게 人化된 자연이요 인간은 자연화 된 인간상을 가지고 있었던 것이다. 그렇기에 인간은 자연을 바라볼 때마다 무한한 편안함과 赤子之心 같은 순수함을 얻게 되는 것이다. 그러한 자연에게서 인간이 얻게 되는 가장 큰 힘은 바로 "자유"라 할 수 있다.

인간이 산수 중에서 해탈을 도모한다는 것은 인간 본연의 자유의식을 추구하기 위한 것과도 연관이 있다. 인간의 자유의지의 발현과 추구라는 문제는 자연 속에서의 "逍遙游"를 지향한 문학이 갖고 있는 영원한 주제이기도 하다. 인류는 인간의 욕구와 억압사이에서 자유를 추구하며 발전해왔다. 심지어 인류 발전사의 일부분은 인류가 자연계에서의 생존의 자유, 사회에서의 활동의 자유, 자아개성의 자유 등을 위해 天地와 他人 그리고 人間 자신과의 투쟁을 해온 역사라 할 수 있다.[15] 중국의 경우 예법의 규율에 대항한 嵇康·阮籍 등의 "자연사상"이 바로 그러한 자유의 추구였다.[16] 이 경우 "자연"이라는 말은 "자유"라는 말과도 통하며, 인생의 자유를 쟁취하며 인격의 독립을 추구하는 이에게 자연은 하나의 일시적인

15) 章尚正「山水審美中的生命精神」(中國文化研究, 1998, 3) : "一部人類發展史, 實質就是人類爲了爭取自然界生存的自由, 在社會活動的自由, 與自我個性發展的自由而與天, 與人, 與自身鬪爭的歷史."

16) 魏晋代 정치상 실권은 司馬氏에게 있었는데, 횡음, 잔혹, 공포 등으로 대변되던 이 집단의 통치형태 하에서 당시 지식인들의 상당한 고뇌 속에 빠져있었다. 司馬氏들은 소위 "名教"를 제창하였는데, 이 名教는 통치와 치세에 필요한 봉건사회적 엄격한 규범이었다. 행위규범의 형식을 띤 名教는 당시 지식인들의 반항의식을 초래하였으니, 阮籍·嵇康 같은 이는 名教가 주는 질곡에 대항하기 위해 "自然崇尚"을 제창하게 된다. 阮籍은 유가사상인 名教의 예법에 대해 서로 죽이고 혼란시키며 위태롭고 죽음에 이르게 하는 술책일 뿐이라고 비판하였고(阮籍『大人先生傳』: "夫大人者, 乃與造物同體, 天地幷生, 逍遙浮世, 與道俱成, 變化散聚, 不常其形. 天地制域于內, 而浮明開達于外."), 嵇康 역시 대부분 사람들이 이러한 예법을 견디지 못할 것이라고 반항하였다.(嵇康「與山巨源絶交書」: "人倫有法, 朝廷有法, 自惟至熟, 有必不堪者七, 甚不可者二.") 즉 그들은 사람들이 자기의 사욕을 위하여 수단과 방법을 가리지 않는 문제에 대한 가장 이상적인 사회통합방법은 정신적으로 초탈하여 "자연"에 맡기는 것이라고 생각하였다.

혹은 영원한 途徑이 되었다.

역대 문인들이 자연시의 창작을 통해 산수자연 속에서 자유를 읊었음은 여러 가지 의미를 가지고 있다. 산수자연 속에서의 자유는 첫째, 자신 심신의 소욕을 따르는 자유를 의미한다. 봉건문인들은 忠君報國과 立身揚名의 가치관을 가지고 있었으므로 밖으로는 삼강오륜 등 禮樂의 행위준거에 의한 제약을, 안으로는 스스로를 삼가고 제어해야 하는 의식의 구속을 항상 인식하고 살아야 했다. 늘 "이 몸이 내 것이 아님을 늘 탄식하니, 어느 때나 그러한 구속을 잊을 수 있을까(長恨此身非我身, 何時忘却營營)"[17] 하는 비애감을 일면 느끼고 살아가는 것이다. 설사 세사와 俗務에서 일시적으로 자유롭다 해도 마음은 온전히 자유롭지 못한 경우가 대부분이었다. 그러나 속세를 벗어나 자연을 대하게 되면 觸景生情의 감정이 절로 우러나와 진실한 자유를 체득하게 된다. 인간의 자유의지를 북돋는데 있어 자연만큼 좋은 배경이 없는 것이다. 일례로 韓愈의 다음 시를 보면 그러한 의식의 자유가 펼쳐져 있음을 살필 수 있다.

「山石」

當流赤足蹋澗石	시냇물에 이르러 맨발로 돌을 건너고
水聲激激風生衣	물소리 출렁이는데 바람이 옷에 일어난다
人生如此自可樂	인생이 이와 같을 진데 절로 즐거워라
豈必局束爲人鞿	어찌 사람들이 만들어 놓은 굴레에 얽매일까?
嗟哉吾黨二三子	아아 우리 친구 두서넛은
安得至老不更歸	어찌 늙도록 다시는 안 돌아간다고 말하지 않겠는가

韓愈가 정치적 실의를 안고 있을 때 쓴 작품이지만, 자연 속에서 맑은 경지를 만끽하고 있음은 현실의 우울함을 잊기에 충분하다. 암담한 내면과 대조되는 자연의 세계는 자유로운 의식으로 향하는 통로이다. 인생의 굴레를 벗어난 자연 속에서의 자유를 읊은 시의 예는 이루 열거할 수 없을 정도이다.

---

17) 蘇軾「臨江仙·夜歸臨皐」

다음으로 산수자연 속에서의 자유는 자연을 빌어 고금을 논하는 사상적 자유와도 연관이 있다. 사상과 언론의 자유가 미약했던 봉건시대에 가슴속에 많은 지식과 사유를 담고 있는 문인일수록 是非曲直을 직언하고 싶은 욕구는 더욱 컸을 것이다. 자신의 독자적인 견해를 직언 할 수 없는 현실은 무언가 대리적 존재를 찾게 되는데 그럴 때 눈앞에 펼쳐진 자연은 완곡한 방법으로 자신의 사상을 표현할 수 있는 좋은 재료이다. 산세 같은 험준한 기세로 자신의 심회를 서발하나 안개와 구름 같은 배경을 함께 묘사하면서 보호색을 펼치면 필화나 박해를 어느 정도 피해나갈 수 있다. 천고에 絶唱되는 志士들의 많은 영사와 회고작품이 상당수 자연시의 형식을 띠고 기술되어 있음은 이를 반증하는 것이다. 또 영사와 회고작품 못지않게 산하를 들어 현실정치를 비판한 작품 또한 작자의 대담한 시심을 보여주는 예가 된다.

또한 산수자연 속에서는 眞과 淳朴함으로의 회귀하는 정신적 자유를 얻을 수 있다. 어머니의 품 같은 대자연을 접하게 되면 고아한 문인이나 필부 할 것 없이 푸른 물과 같은 맑은 마음, 구름과 같은 한아함, 곧은 소나무와 같은 절개를 깨닫게 되니 세상의 공명이나 허식으로부터 진실해지고 物과 我가 하나되는 정신적 경계를 체득하게 되는 것이다. 자연시에 자주 등장하는 蓑笠翁이 낚시하며 자연에 귀의하고 돌아가지 않는 형상은 진실한 자연을 가슴에 품고 "홀로 천지간에 정신을 왕래하는(獨與天地精神往來)" 고아하고 정결한 정신적 자유를 소유한 형상인 것이다.

산수자연 속에서는 사람마다 독특하게 소유한 개성의 자유를 체험할 수 있다. 봉건주의 사회에서 개인의 개성과 소욕이 제한되는 현실은 자연으로 몰입하는 순간 개성과 정체성의 확인과 확립을 시도할 수 있다. 일례로 李白과 같은 이는 翰林學士로 있을 시 조정에서 응제문학의 창작에 임해야하는 마음의 번뇌를 안고 있었으나, 이를 벗어나 강남 산수를 유람할 때 비로소 자신의 개성을 찾을 수 있었다.[18] 시인이 자신의 개성을 확인하는 방법은 여러 가지가 있을 수 있으나 자연 속에 관조된 자신의

---

18) 李白「夢游天姥吟留別」:"且放白鹿青崖間, 須行卽騎訪名山. 安能摧眉折腰事權貴, 使我不得開心顔."

모습을 바라보는 것처럼 진실되고 참된 방법은 없을 것이다. 자연시의 창작은 바로 이렇게 자신의 참된 위치를 확인한 경지에서부터 시작되는 것이 아닐까?

4. 자연미 묘사를 통한 창작의식 고양

눈앞에 펼쳐진 자연으로 인해 흥취가 일어나는 경지를 맛보게 되면 시인은 그 마음에서 역동하는 신선한 감성을 창조의 희열로 연결시키고자 한다. 창조는 문인이 자아를 실현하고자 하는 필연적 선택이요, 심중의 즐거움이나 정신적 자유를 한 단계 더 높은 경지로 승화시키는 하나의 방법이 된다. 또한 작품 창조의 과정을 거쳐야만 일시적이고 개인적인 감성이 영원한 생명력을 얻게 되는 것이다. 인간이 자연에서 이룩한 분야는 문학, 예술, 건축, 원림 등을 비롯한 여러 과학적 영역이 있으나, 그 중에서도 중국의 자연시는 참여한 역대 문인들의 숫자나 작품 수 등이 가장 많고 괄목할 만한 성취를 이룬 부분이다.

눈앞에 펼쳐진 아름다운 경물은 시인의 마음에 정을 불러일으키고 정은 어느덧 흥으로 연결된다. 劉勰은 자연경물에 대해 "산은 첩첩 물은 감돌고 나무들과 구름은 서로 섞여 합해있네. 눈길이 한 번 둘러보면 마음도 따라 움직인다네. 봄날 해는 더디 가는데 가을 바람은 스산해라. 정을 서로 건네듯이 흥이 일어나 답하는 듯 하도다.(山沓水迎, 樹雜雲合. 目既往還, 心亦吐納. 春日遲遲, 秋風颯颯. 情往似贈, 興來如答.)"[19]라고 한 바 있는데, 이는 산과 물, 나무, 구름 등 눈앞에 펼쳐진 자연을 통해 사람의 마음에 자연스럽게 흥취가 일어남을 논한 것이요, 나아가서는 소위 情景交融의 초기발생단계를 설명한 부분이 된다. 情景交融의 단계를 거치면서 시인은 창작의 의지를 더욱 불태우는 것이다. 자연 속을 노닐며 정경을 감상하다 시흥이 올라 창작에의 의지를 설파하고 있는 작품의 예로 宋 戴復古의 「題萍鄉何叔萬雲山」 一首를 예거해 본다.

---

19) 『文心雕龍』「物色」

拄杖穿雲去	지팡이 짚고 구름 뚫고 산 위를 오르니
一坡仍一坡	언덕 하나에 또 언덕 하나라
地高山不峻	지세 높고 산은 험하지 않은데
花少竹還多	꽃은 적고 대나무는 많구나
家近登臨便	집 가까이 있어 오르기 편리한데
人賢氣味和	사람 심성 어질어지고 기운도 조화롭다
能詩老姚合	姚仲同과 함께 늙어가면서 시를 쓰며
朝夕共飮哦	아침저녁으로 함께 술 마시고 싶나니

이 시는 자연을 대함에 있어 실제적 현실과 그리 멀리 있지 않은 곳을 택했다. 사회라는 작은 곳에서 자연이라는 큰 곳으로 회귀함은 피로한 심신이 휴식과 안위의 정신적 경계에 도달함을 의미한다. 사람, 시간, 자연의 다양한 변화 속에서 얻는 가장 큰 소득은 영혼의 승화요, 이는 인정미, 인성미, 인격미를 더욱 깊게 계도하는 방법이다. "사람 심성이 어질어지고 기운도 조화로와 지는" 것은 바로 이렇게 얻어지는 인성의 자연회복을 의미한다.[20] 이러한 경지에서 시인은 창작의 욕구를 얻게 되고 진솔한 작품을 쓰기 위한 시심을 연마하게 되는 것이다.

역대 문인들이 자연을 대하면서 창작에 임하게 되는 경우는 사람마다 같지 않았다. 어떤 이는 자연 속에서의 희락을 위해 자연을 찾아 유람했고, 어떤 이는 仕途의 실의를 느낄 때 자연에 심신을 의탁했으며, 어떤 이는 憤世嫉俗의 의식을 가지고 자연을 통해 현실을 투사하기도 했고, 본래 자연을 애호하던 초심의 순수함이 그리울 때 다시금 자연으로 향하기도 했었다. 그런 이들에게 자연은 대개 미려한 자태와 편안한 안식을 제공하곤 했으나, 때로 자연은 시인의 마음에 아름다운 존재로만 인식된 것은 아니었다. 만약 천지간에 펼쳐진 흑암이나 맹렬한 바람, 이어지는 빗줄기 등의 정경을 눈앞 배경으로 하여 자연을 바라본다면 이는 사람의 마음에

---

20) 章尙正은『中國山水文學硏究』(學林出版社, 1997, 9. 제5장 <山水詩與旅游的雙向影響>)에서 "旅游將詩人引向山水勝景, 還導致人性的復歸自然. … 那些不甘心喪失自我, 墮爲鷹犬的耿介之士, 多蔑視禮敎, 抗志塵外, 借山水澡雪精神, 追求眞善美人性的復歸."라 하여 산수 속에서 얻게되는 영혼승화의 경지를 설명한 바 있어 참고가 된다.

참담한 심정을 야기 시켰을 것이요, 고향을 떠나 있거나 귀양을 가 있는 등 심리적 고뇌를 안고 자연을 바라보게 될 때 역시 깊은 비장함을 불러일으키게 하였을 것이다. 여기에 가을이나 겨울 같은 시기적 배경이 더해진다면 한층 더 우수를 느끼기에 충분했을 것이다.

그러나 자연시가 극도로 발전한 唐代와 그 이후 창작된 시를 보면 옛날 屈原이 자연 속에서 초췌한 모습으로 떠돌던 모습과는 다른 일종의 초극적인 창작의 풍격이 곧잘 등장하곤 한다. 이는 유배지에서 창작에 임했던 문인들의 작품에서도 자주 발견된다.21) 아마도 唐代 이후의 문인들은 자연과 산수 속에서의 미적인 흥취를 발견한 이후 이를 줄기차게 창작으로 연결시켜 가치 있고 생명력 있는 작품을 창출해 왔기 때문이 아닌가 한다. 이러한 한 예로 晩唐 張碧의 작품 一首를 예거해 본다. 꽃 피고 지는 모습을 보고 자신의 의식을 투영하였는데 고적한 은일 심사를 극복하고 한가로움 중에 담박함을 추구하는 그의 의지를 드러내고 있음을 발견할 수 있다.

「惜花三首」 其三

朝開暮落煎人老	아침에 피었다 저녁에 지니 애가 타 마음 늙어
無人爲報東君道	동쪽 군자의 도리 알리는 이 없네
留取穠紅伴醉吟	붉은 꽃나무 취해 함께 취하며 시 읊노니
莫敎少女來吹掃	소녀여 이 꽃잎 쓸지를 말지어다

이 작품은 東晋 陶淵明「飮酒」其五의 의경을 원용하였고22) 盛唐 王維「田園樂」一首의 여유23)를 함께 살리고 있는 작이다. 꽃의 생사가 짧음을 아쉬워하고 있음은 우리네 인생이 그와 같은 것임을 영탄한 것이요, 동쪽

21) 일례로 蘇轍은 「黃州快哉亭記」에서 "今張君(懷安)不以謫爲患, 收會計之余功, 而自放山水之間, 此其中有以過人者. 將蓬戶瓮牖, 無所不快 ; 而況乎濯長江之淸流, 揖西山之白雲, 窮耳目之勝以自適也哉!"라 하여 폄적당한 벽지에서도 산수간에서 자적함을 읊은 적이 있는데 이는 物外之心으로 자연 속에서 초연해 하는 의식이 빚어낸 결과라 하겠다.

22) 陶淵明 「飮酒」 其五 "采菊東籬下, 悠然見南山."

23) 王維 「田園樂」 : "紅桃復含宿雨, 柳綠更帶春烟. 花落家僮未掃, 鶯啼山客猶眠."

군자는 은자의 모습이나 당시에 이 도리를 진정으로 깨달아 아는 이가 없음을 한탄하고 있는 것이다. 시인은 차라리 꽃나무와 함께 취하며 시를 창작하고 읊음으로써 세상과 분원을 함께 하지 않고자 하는 초탈의 의지를 보인다. 인위적인 것이나 자연의 도리를 해하는 모든 것을 배격하는 시인은 꽃잎도 쓸지 않고 그대로 감상하려는 무아의 경지로 들어가고 있다. 담박함으로 시작하여 孤寂함의 그늘을 피해나가며 王維식의 物我一如를 추구하면서 창작의 의지를 설파하고 있는 결말이 주목된다.

자연미 묘사를 통한 창작의식의 고양은 단순한 寫景이나 일시적인 해탈의 경지에만 머무르지 않는다. 중국의 자연시가 현실로부터의 비애나 좌절감의 극복이라는 명제에서 출발한 것이 많은 것은 사실이나, 자연이 단순히 현실과 대립된 소외된 공간이라는 이분법적인 구도만을 갖고 있는 것은 아닌 것이다. 자연은 인간세상이나 속세의 인위적인 것에서는 발견할 수 없는 영원성을 지닌 존재이며, 학문이나 지식, 사상 등 인간의 문명들 보다 더욱 값진 것을 내포하고 있는 존재이다. 스스로 순리를 지키면서 모든 것을 포용하고 재창조하는 무한한 힘의 원천, 삶의 상처를 치유하고 극복하게 함으로써 질서와 조화의 세계에 이르도록 하는 도덕적 기능을 지닌 치료자 - 그것이 바로 자연이 인간에게 베푸는 시혜요, 자연 자신이 갖고 있는 위대한 정화력인 것이다. 이러한 자연을 통해 시인은 삶의 위안뿐만 아니라 새로운 희열과 상상력이 동원된 작품의 창조를 얻을 수 있는 것이다.

Ⅲ. 결 어

이상으로 자연시 창작과 연관된 여러 창작심리를 살펴보았다. 자연시가 발생하게 된 것은 魏晋代를 거치면서 문인들이 자연에서 느낀 미감을 점차 순수하게 작품에 묘사하기 시작하면서부터이나, 이 작품의 창작에는 점차로 여러 가지 창작요인들 즉 시인의 심리, 시대적 배경, 종교나 사상적 영향, 자연의 모습, 문학적 배경, 은일성향의 소유여부, 창작의 의도 등

기타 자연시의 창작을 결정짓는 요인들이 다양하게 이입되게 된다. 이러한 요인들은 자연시의 풍격을 다채롭게 형성시키면서 각 시인과 시대마다의 특성을 지닌 채 발전되어 왔다. 자연시는 시인이 자연을 바라보고 느낀 미감을 순수하게 표현해내기 시작한 데에서부터 자연 속에서의 자아의 발견과 해탈의 도모, 자연 속에서 자유의 추구 등의 인식과 욕구를 따라 작품으로 창작되어졌던 것이다. 시인들이 반드시 일련의 의식의 단계를 따라 시를 창작한 것은 아니었다 해도 자연시의 발전이라는 측면을 생각해 볼 때 그러한 단계적 효용론은 생각할만한 대목이 된다. 아울러 중국 자연시의 창작은 자연에 몰입한 시인들의 物我一如의식과도 연관이 있다. 시인들은 자연을 탐구의 대상으로 보기보다는 안식과 위안을 얻을 수 있는 편안한 공간으로 인식하였다. 그러한 사고로부터 출발하여 시인은 자연을 위대함이나 경외감을 지닌 상대적 존재로 보기보다는 시인자신이 몰입하여 융화할 수 있는 일체감을 지닌 존재로 보고 그러한 감정을 서사하게 된다. 이러한 창작심리는 자연의 형상묘사 보다는 자연 속에 투영된 시인의 감성을 그리도록 귀결되는 것이다.

요컨대 자연에서 인간이 발견할 수 있는 미감은 결국 자연자체의 정경, 그 사람의 현재 처지, 심리적 상태, 시기적 배경 등이 한데 어루러진 복합적인 감정의 결정체라 할 수 있다. 여기에다 다른 제반 요인들, 즉 지리적 배경이나 종교적 신앙, 각종 사상 등도 미감의 형성에 영향을 줄 수 있는 것이다. 최초의 원시적인 자연이 인간의 눈앞에서 인지되고, 情을 가지고 景을 바라보던가 혹은 景을 보다가 情이 촉발되던가 하여 情景의 교융이 일어나게 된다. 그러나 시인의 손에 의해 결국 최후까지 남게 되는 것은 바로 자연에서 얻은 장엄한 교훈이나 해탈, 소요, 득도 등의 기록이다. 자연미 묘사를 통한 창작의식의 고양이야말로 중국의 자연시가 시대를 거쳐오면서 발전을 거듭하며 창작될 수 있었던 힘의 원천이며, 이러한 창작을 가능하게 한 것은 시인 자신이 자연 속에서 얼마나 커다란 감성과 창작의식을 얻을 수 있었는가 하는 점과도 깊은 연관이 있었다 할 것이다.

參考文獻

小尾郊一 著, 尹壽榮 譯『中國文學속의 自然觀』江原大學出版部, 1988年 12月
葛曉音『山水田園詩派硏究』(遼寧大學出版社, 1993. 1)
葛曉音『漢唐文學的嬗變』(北京大學出版社, 1990. 11)
章尙正『中國山水文學硏究』(學林出版社 1997. 9.)
楊憲邦『中國哲學通史』第一卷 (中國人民大學出版社, 1987. 9)
徐應佩「中國山水文學與思維方式」(語文學刊(呼和浩特) 1990. 5)
李文初「論東晋的山水詩」(人民大 復印報刊 1986. 4)
葛曉音「山水方滋, 莊老未退」(『學術月刊』1985. 제2기)
木　公「山水詩興起原因新探」(湖南師範大社會科學學報, 1996. 4)
曉　風「山水詩硏究縱覽」(語文導報(杭州), 1987. 3)
姚漢榮「中國山水文學的幾個問題」(上海大學學報 : 社科版, 1992.6)
賀秀明「明理·抒情·審美」(厦門大學學報, 1992. 4)
陳邵明「隱逸文化與古代文學審美視野的拓展」(長沙水電師院社會科學學報, 1996. 4)
田耕宇「隱逸觀念的新變」(河北師範大學學報 : 社科版, 1996. 3)
王蘇娥「淺談中國山水田園詩的審美構成因素」(湖南教育學院學報, 1997. 4)
章尙正「山水審美中的生命精神」(中國文化硏究, 1998, 3)

출처 : 『中國硏究』제27권(원제 : 中國 自然詩의 창작심리 고찰)

謝靈運 山水詩의 玄言詩的 요소와 수사기법

문승용*

Ⅰ. 서 론

謝靈運(385~433)은 陳郡 夏陽(지금의 河南省 太康縣 일대)사람으로서 東晋 世族출신인 康樂縣公 謝玄의 손자이다. 謝靈運은 元嘉年間의 대표시인[1]으로서 여러 차례의 은거와 유배 생활을 통해서 많은 山水詩를 지었고, 이 때문에 문학사에서 山水詩의 開祖[2]라고 일컫게 되었다.

謝靈運이 山水詩를 지었다고 처음으로 언급한 것은 『宋書 · 謝靈運傳』에서,

> 郡에 이름난 산이나 강이 있으면, 謝靈運은 늘 좋아하고 즐겼으니, 태수로 나아갔더라도 이미 제 뜻을 다 펴지 못한다고 여겨서 결국은 마음대로 이리저리 노닐었다.... 가는 곳마다 문득 시를 읊어 자신의 뜻을 다 폈다.(郡有名山水, 靈運素所愛好, 出守旣不得志, 遂肆意遊遨.... 所至輒爲詩詠, 以致其意焉.)[3]

* 한국외대 중국어과 강사

1) 陳延杰 注, 鍾嶸 撰, 『詩品注』(臺北 : 開明書局, 1964), 4쪽. "謝客爲元嘉之雄"
2) 吳小平 編, 『中國文學大辭典』(天津 : 天津人民出版社, 1991) 588쪽 "... 創作了大量的山水詩, 開創了中國詩歌史上的山水詩一脈." 章培恒 主編, 『中國文學史』(上海 : 復旦大學出版社, 1996) 373쪽 "由他開創的山水詩, 是中國古典詩歌中最重要的流派之一." 肖馳 著, 『中國詩歌美學』(北京 : 北京大學出版社, 1986) 145쪽 "謝靈運, 在古代被認爲是山水詩開山建幢的人物"

라고 한 것이다. 謝靈運의 山水詩는 당시에도 두루 읽혔으며,[4] 齊梁代의 謝朓, 何遜, 陰鏗 뿐 아니라 唐代의 李白, 王維, 孟浩然, 韋應物, 柳宗元 등 많은 시인들에게 깊은 영향을 미쳤다.[5] 특히 白居易는 「讀謝靈運詩」에서 謝靈運 山水詩를 일컬어서 "..., 굳센 뜻 막히어 쓰이지 않으니, 마땅히 쏟아낼 곳 있어야 하네. 山水詩를 쏟아 내니, 뛰어난 운치는 기괴한 정취와 어울린다.(..., 壯志鬱不用, 須有所洩處. 洩爲山水詩, 逸韻諧奇趣.)"[6]라고 평하기 도 하였다.

그런데 謝靈運이 山水詩의 개조라는 확고한 평가를 받게 된 것은 沈德潛이 『說詩晬語』에서 "劉勰이 이르기를, 老莊사상이 물러가고 산수를 다룬 시가 바야흐로 융성해졌다고 하였으니, 마땅히 謝靈運을 그것의 개조라고 해야 하겠다.(劉勰云, 老莊告退而山水方滋. 遊山水詩, 應以康樂爲開先也.)"[7]라고 하여, 劉勰이 『文心雕龍』에서 南朝 宋代의 文帝의 元嘉年間(424~453)에 謝靈運이 山水詩의 시작을 열었다고 해야 한다고 밝힌 데에 근거하여서 謝靈運이 山水詩의 개조로 봐야 한다고 하였다.

그러나 王毅는 錢鍾書의 『談藝錄』 239쪽에 의거하여 山水詩는 東晋代의 支遁에게서 시작되었다고 봐야 한다고 했고, 또 范文瀾의 『文心雕龍·明詩注』에는 山水詩의 발단이 東晋의 庾闡 등에게서 시작되었다고 밝힌 고증을 소개했다.[8] 즉 劉勰이 지적한 대로 山水詩의 시작은 謝靈運의

---

3) 沈約 撰, 『宋書』(北京 : 中華書局, 1983) 1753·4쪽.

4) 沈約 撰, 『宋書·謝靈運傳』 1754쪽 : "每有一詩至都邑, 貴賤莫不競寫, 宿昔之間, 士庶皆徧, 遠近欽慕, 名動京師."

5) 鄧潭洲 著, 「論謝靈運和他的山水詩」(『古典文學論文選』, 長沙 : 湖南人民出版社, 1984) 70쪽.

6) 王全 點校, 『全唐詩』 卷430 (北京 : 中華書局, 1985) 4742쪽 "吾聞達士道, 窮通順冥數. 通乃朝廷來, 窮卽江湖去. 謝公纔廓落, 與世不相遇 壯志鬱不用, 須有所洩處. 洩爲山水詩, 逸韻諧奇趣. 大必籠天海, 細不遺草樹. 豈惟玩景物, 亦欲攄心素. 往往卽事中, 未能忘興諭. 因知康樂作, 不獨在章句." 그리고 『韻語陽秋』(臺靜農 編 『百種詩話總類編』, 臺北 : 藝文印書館, 1974) 1111쪽에서도 이것을 인용하면서 "謝靈運在永嘉臨川, 作山水詩甚多, 往往皆佳句."라고 하였다.

7) 沈德潛 著, 『說詩晬語』(王夫之 等撰, 『淸詩話』 上海 : 上海古籍出版社, 1978, 532쪽). 沈德潛도 『古詩源』에서는 "山水閑適, 時遇理趣, 匠心獨運, 少任規則. 建安諸子非其所屑, …"라고 謝靈運의 山水詩를 평하였다.

시대보다 한 대를 올려 잡아야 한다는 뜻이다. 그런데 山水詩가 단순히 산수 경물을 묘사의 대상으로 했는가가 중요한 것이 아니라 산수 경물을 읊되 그 안에 작가의 성정이 얼마나 잘 이입되어 융화하였는가가 중요한 것이겠다. 그런 의미에서 謝靈運이 山水詩의 개조라고 하는 것에는 크게 모자라지 않다. 본고에서는 이러한 측면에서 謝靈運 山水詩의 사상 내용과 수사 형식 방면의 연원을 궁구해서 謝靈運 山水詩의 문학사적 성격을 규정해 보고자 한다.

Ⅱ. 본 론

謝靈運 시에 대한 평가는 역대로 매우 상반되게 전개되었다. 하나는 元嘉年間 문학의 특징인 화려한 辭藻, 新奇, 聲韻과 對偶를 중시하는 山水詩의 대표 시인[元嘉之雄]으로서이고, 다른 하나는 皎然이『詩式』「文章宗旨」편에서

> 예전에 여러 학자들과 謝靈運이 글을 지은 것에 대해서 논하기를, 성정에 솔직하고, 수사적 기교를 부리려 하지 않아서 드러난 풍격이 자연스럽다고 했다.... 惠休가 평하기를 謝靈運의 시는 마치 연꽃이 물에서 금새 나온 듯하다고 했다. 이 말은 매우 타당하다. 그러므로 위로는 시경과 초사에 버금갈 수 있고, 아래로는 魏晉과 建安시대의 시편들을 뛰어넘을 수 있다. 참으로 질박하기도 하다.(曩者嘗與諸公論康樂爲文, 直于性情, 尙于作用, 不顧詞彩, 而風流自然.... 惠休所評, 謝詩如芙蓉出水, 斯言頗近矣. 故能上躡風騷, 下超魏晉建安製作, 其椎輪乎?)[9]

라고 밝혔듯이, 謝靈運의 작품이 작가 성정의 솔직한 표현을 중시하고, 詞彩를 추구하지 않으면서 자연스러운 풍격을 자아낸다고 한 것이다. 謝靈

8) 王毅 著,「東晋玄言詩與山水詩」(『中國古典文學論叢6輯』, 北京 : 人民文學出版社, 1987) 68쪽.
9) 周維德 校注, 皎然 著,『詩式校注』(杭州 : 浙江古籍出版社, 1993), 17쪽.

運은 왜 이토록 상반된 평을 받고 있는 것일까? 다음에서 謝靈運 시 가운데 특히 山水詩 방면에서 사상 내용 방면의 연원으로서 宋代 이전의 玄言詩와 형식 방면에서 수사상의 상반된 평에 대한 두 연원 관계로 나누어서 살펴보고자 한다.

1. 사상 내용 방면 – 玄言詩的 연원

謝靈運이 살았던 宋代의 문단 상황에 대하여, 劉勰은 『文心雕龍 · 明詩』에서, "宋代 초기의 작품들은, 문체에 변혁이 있었다. 老莊사상이 물러나고, 산수의 아름다움을 노래하는 것이 바야흐로 많아졌다.(宋初文詠, 體有因革. 莊老告退, 而山水方滋.)"10)라고 하였는데, 이것은 宋代 초기 문단이 老莊 사상을 고양하는 玄言詩를 謝靈運을 대표로 하는 山水詩가 밀어내고 바야흐로 山水詩가 번성하게 되었다고 한 것이다.11)

玄言詩는 魏晉代 정치적인 암흑 시대에 많은 문인들이 살해당하는 공포스러운 정치상황에서 儒學이 쇠퇴하고 老莊사상이 성행하면서 문인들이 목숨을 보전하기 위해서 현실을 떠나 방탕한 생활 속에서 술과 약을 즐기면서 허무적인 老莊사상을 반영한 시 작품을 말한다. 그러므로 劉勰이 『文心雕龍 · 時序』에서 "시는 반드시 老子의 뜻을 띠고, 부는 바로 莊子의 생각을 담아야 한다.(詩必柱下之旨歸, 賦乃漆園之義疏.)"12)라고 말했던 것처럼, 魏晉代의 玄言詩나 賦의 내용은 노자와 장자의 정취에 부합하였다. 그런데 劉勰은 宋代가 되어서는 그러한 玄言詩의 풍조가 물러가고 山水詩가 열리기 시작했다고 하는 것이고, 沈德潛도 이 말에 근거하여 『說詩晬語』에서 謝靈運을 山水詩의 개조라고 해야 한다고 했던 것이다.

그런데 실제로 謝靈運의 山水詩가 宋代 이전에 주로 유행했던 玄言詩를

---

10) 戶田浩曉 譯注, 劉勰 撰, 『文心雕龍』 86쪽.

11) 沈約도 『宋書 · 謝靈運傳』에서 "自建武暨義熙, 歷載將百, 雖綴響聯詞, 波屬雲委, ...無聞焉爾."라고 하였다.

12) 戶田浩曉 譯注, 劉勰 撰, 『文心雕龍』 607쪽.

물리치고 당시 元嘉年間의 주된 시가로 자리잡았던 것일까? 謝靈運의 山水詩는 대개 老莊의 이론을 완전히 일소한 것이 아니라 오히려 玄言의 이치를 펴는 것으로 끝맺고 있다. 謝靈運의 시편 가운데 玄言의 이치를 드러낸 마지막 구를 예로 들면 다음과 같은 것들이 있다.

運往無淹物, 세월이 흘러가니 만물도 스러져 가고,
年逝覺易催. 나이가 드니 재촉하듯 흘러감을 느낀다.(「歲暮」)

萬事難幷歡, 세상 일 마음대로 더불어 즐길 수 없어,
達生幸可托. 인생에 달관하길 바랄 뿐이다.(「齋中讀書」)

持操豈獨古, 지조를 지킨 것이 어찌 옛 분들뿐이겠나,
無悶徵在今. 아무 번민 없는 이가 여기에 있다. (「登池上樓」)

未若長疏散, 오랜 동안 얽매이지 않는 것만 못하고,
萬事恒抱朴. 모든 일 늘상 질박해야겠다.(「過白岸亭」)

想像崑山恣, 곤륜산의 자태를 상상하며,
緬邈區中緣. 까마득히 속세의 인연을 잊고자 한다.
始信安期術, 애초부터 安期生 같은 神人을 믿어
得盡養生年. 몸을 닦아 천년을 다하고저 한다.(「登江中孤嶼」)

寄言攝生客, 천년을 살고자 하는 이에게 이르노니,
試用此道推. 이러한 삶을 한번 살아 보시라.(「石壁精舍還湖中作」)

倘遇浮丘公, 혹시라도 浮丘生 같은 神人이라도 만나면,
長絶子徽音. 그대와의 아름다웠던 기억이 길이 끊어지리.(「登臨海嶠初發强中作」)

이렇듯 謝靈運의 山水詩의 마무리는 老莊사상을 빌미로 끝맺고 있음을 알 수 있다. 그것은 魏晉시대 玄言詩가 유행하게 된 이유 가운데 당시 정치적인 암흑의 시대에서 목숨을 보전하기 위해서 현실을 등지고 산수 자연으로 떠나 지내야 했던 당시의 시대적인 분위기 때문에 그랬던 것처럼

謝靈運의 시대가 비록 정치적인 암흑의 상황은 아니었지만, 東晉에서 南朝 宋으로 왕조가 교체되면서 謝靈運이 개인적으로 겪어야 했던 정치적인 불우가 魏晉시대와 매우 유사했던 때문이겠다. 그렇다면 謝靈運이 정말로 정치적으로 불우하기만 했던 것일까?

謝靈運은 15세에 康樂公을 세습 받았고 21세에 관직에 나아갔으며, 이후 劉毅 밑에서 記室參軍 등을 지냈다. 그러나 劉毅가 劉裕에 대항했다가 패하고 자살하자, 謝靈運은 劉裕 밑으로 옮겨가 秘書丞과 中書侍郎 등을 지냈다. 그러나 劉裕가 元熙 2년(420)에 宋朝를 건립하자, 謝靈運은 公爵에서 侯爵으로 강등되었다. 그것은 謝靈運이 일찍이 劉裕에게 대항하였던 劉毅의 밑에 있었기 때문이었다. 그렇지만 당시 조정에서는 謝靈運의 문학적 재능만은 인정해 주었다.13) 이에 謝靈運은 자신의 재능에 마땅한 중요한 요직에 오르지 못하는 것에 늘 불만을 품고 있었다.14) 永初 3년(422)에 少帝가 즉위하자 謝靈運은 永嘉(지금의 浙江省 溫州市)에 太守로 나아갔지만 병을 핑계 삼아 고향인 始寧에 돌아가 은거하였다. 이 시기 謝靈運은 자신이 이런 궁벽진 곳에 보내졌다는 것에 실의하고는 군의 유명한 산이며 강을 유람 다니며 시흥이 날 때면 山水詩를 짓는 것으로 소일했다. 그러나 이런 가운데에도 민간의 송사를 처리하는 것만큼은 능력을 발휘하여 민원이 발생하는 일은 없었다고 한다.

이 시기는 謝靈運에게 있어서 정치적으로는 암울한 때였지만, 이러한 현실이 謝靈運에게 여기저기 방랑하며, 산수에 자신의 불우한 심정을 빗대어서 읊게 했던 것이다. 元嘉 8년(431)에는 臨川(지금의 江西省 撫州 서쪽)의 內史로 갔다가, 이때에도 謝靈運은 업무에는 힘쓰지 않고 산수를 유람하는 것으로 소일하고 있다가 중앙에서 파견 나온 관리를 잡아 가두고 군대를 일으켜 저항하다가 잡혔다. 이때 文帝는 謝靈運의 재주를 아껴서 면직만 시키고, 廣州지방으로 유배를 보냈다. 元嘉10년(433년)에 謝靈運은 또다시 다른 사람들과 내통한다고 무고를 당했는데, 이때에 謝靈運은

---

13) 沈約 撰, 『宋書 · 謝靈運傳』 1753쪽. "唯以文義處之, 不以應實相許"
14) 위와 같음. "自謂才能宜參權要, 旣不見知, 常懷憤憤."

모반을 꿰하다가 결국 처형을 당하였다. 그의 나이는 49세였다.

이렇듯 謝靈運은 여러 차례의 은거와 유배 생활을 통해서 많은 山水詩를 지었던 것인 만큼 謝靈運 山水詩는 자신의 정치적인 불우한 현실을 잊고자 했던 상황에서 지어졌다고 할 수 있다. 그래서 謝靈運은 「擬魏太子鄴中集詩」의 서문에서 자신의 정치적인 불우를 간접적으로 묘사하여 지난 시절 문학을 애호하지 않았던 군주 아래에서 문학에 재주가 있었던 이들이 제대로 대접받지 못했던 것을 建安末期의 문단 상황과 빗대어서 자신의 처지를 스스로 위로하고 있다.[15] 여기에서 謝靈運은 당시 군주가 자신을 인정해주지 않는다는 것에 대하여 간접적으로 불만을 표시했다고도 할 수 있다. 그렇지만, 宋朝의 건국자인 武帝 劉裕를 비롯해서 少帝와 文帝는 말타기, 음악의 음률, 경전이나 史書 뿐 아니라 글씨도 잘 썼던 제왕들이며,[16] 『文心雕龍·時序』에서도 "文帝는 문채 나게 高雅하다(文帝彬雅.)"[17]고 한 것을 미루어 볼 때, 謝靈運이 당시 제왕들이 문학을 애호하지 않았고 그 때문에 자신이 중용되지 않았다는 식의 불만은 실제 사실과 일치하지 않는다.[18] 이러한 謝靈運의 불만은 당시 왕조가 바뀌면서 처했던 謝靈運의 정치적인 처지와 公爵의 후예로서 '奢豪'한 삶을 살았던 성장 배경과 '褊激'한 성격에서 나온 불만 표출의 결과라고 봐야하겠다.[19]

그렇지만 스스로는 정치적인 홀대를 받고 있다고 여겼던 謝靈運은 山水詩를 짓는 데에 있어서 玄言詩의 형식을 본따서 인생의 허무와 초탈을

---

15) 張溥 編『謝康樂集』卷2(『漢魏六朝百三名家集』 제3책, 上海 : 江蘇廣陵古籍印刷社 1990) 379쪽 "楚襄王時, 有宋玉唐景, 梁孝王時, 有鄒枚嚴馬, 遊者美矣, 而其主不文. 漢武帝徐樂諸才, 備應對之能, 而雄猜多忌. 豈獲晤言之適. 不誣方將, 庶必賢於今日爾. 歲月如流, 零落將盡. 撰文懷人, 感往增愴."

16) 戶田浩曉 譯注, 劉勰 著, 『文心雕龍』 611쪽. "宋武愛文" "文帝... 博涉經史, 善隷書" 『宋書』 "博涉經史, 善隷書"

17) 戶田浩曉 譯注, 劉勰 撰, 『文心雕龍』 611쪽.

18) 劉師培 著, 『中國中古文學史』(北京 : 商務印書館, 1975) 70·1쪽 : 南朝의 宋代에는 『南史·孝武帝紀』에 "帝少讀書, 七行俱下, 才藻甚美."라고 한 것에서도 보듯이, 전 시대를 걸쳐서 제왕들이 문학을 몹시 애호하였다는 것을 알 수 있다.

19) 沈約 撰 『宋書·謝靈運傳』 1743쪽 "性奢豪, 車服鮮麗, 衣裳器物, 多改舊制, 世共宗之." "爲性褊激, 多愆禮度."

노래하는 것으로 끝맺어 스스로를 위로하려고 했던 것이다. 자신의 인생에 있어서 정치적인 시름을 잊게 해주는 老莊사상에의 기탁은 매우 당연한 것이었다. 그러므로 "老莊사상이 물러나고, 산수의 아름다움을 노래하는 것이 바야흐로 많아졌다."라고 한 劉勰의 宋代 문단에 대한 평은 옳지 않다. 오히려 謝靈運의 경우 老莊사상을 물리치고 山水詩라는 새로운 시가 형식을 열었던 것이 아니라 晉代의 마치 老莊사상을 고양하는 道德論과도 같던 玄言詩[20]들이 산수경물을 제재로 하는 山水詩에 접목되어 시가의 새로운 경지를 열었던 것이라고 봐야 하겠다.

鍾嶸은『詩品』上品에서 謝靈運 시의 연원에 대하여 "그의 연원은 陳思王 曹植에게서 나왔다.(其源出於陳思)"[21]라고 하였는데, 鍾嶸이 謝靈運의 연원을 조식에게 둔 중요한 이유로는 謝靈運 스스로 정치적으로 푸대접을 받았다고 여긴 측면에서, 형인 曹丕와 태자 자리를 놓고 경쟁하다가 결국 아비인 曹操가 죽은 이후 형 曹丕가 魏文帝에 오르면서 줄곧 핍박을 받아야 했던 曹植이야말로 謝靈運의 정치적인 불우의 처지와 일치하기 때문에 생겨난 시 풍격이 같아서이다.[22]

한편 鍾嶸이『詩品』의 上品에서 謝靈運의 연원으로 밝힌 曹植은 國風에 연원하였다고 하였고, 上品의 다른 시 가운데 古詩 역시 國風에 연원하였다고 하였다. 鍾嶸이 國風에 대해서는 따로 설명하지 않았으나, 古詩의 '意悲而遠'하다는 것과 曹植의 '情兼雅怨'하다는 평에서 볼 수 있듯이 鍾嶸이 '悲'나 '怨'의 정서를 매우 비중있게 다루고 있음을 알 수 있으며, 이에 따라 謝靈運의 山水詩 역시 그의 정치적인 불우의 심정이 잘 반영되어

20) 陳延傑 注, 鍾嶸 撰,『詩品 · 序』7쪽 : "永嘉貴黃老, 稍尙虛談.... 爰及江表, 微波尙傳, 孫綽許詢桓庾諸公, 皆平典似道德論, 建安風力盡矣."

21) 陳延杰 注, 鍾嶸 撰,『詩品』17쪽. 劉勰은『文心雕龍·才略』에서 宋代의 문단 정황에 대하여 거듭 밝히기를, "宋來美談, 亦以建安爲口實, 何也, 豈非崇文之盛世, 招才之嘉會哉."라고 하여, 宋代 이래로 건안문단을 흠모하는 풍조가 있었다고 했다.

22) 張伯偉 著「鍾嶸詩品謝靈運條疎證」(『中國古典文學論叢』제3집, 北京 : 人民文學出版社, 1985) 123쪽 :『詩品』에서 謝靈運의 연원을 조식에게 두는 것에 대하여 수사방면에 국한하여 '蟬聯章法', '交錯句與隔句對', '工于鍊字', '善于發端', '境界相類'의 5개 방면에서 조식과 謝靈運 시의 연원관계를 밝히고 있다.

있다고 한 것이라고 볼 수 있다.

2. 수사 형식 방면

(1) '情必極貌'와 '辭必窮力'

謝靈運 시에 있어서 수사방면의 특징을 설명해 준 것으로는, 劉勰이 『文心雕龍・明詩』에서 謝靈運으로 대표되는 宋初 문단의 특징을 설명하여 "宋代 초기의 작품들은... 내용은 반드시 대상의 모습을 완전히 궁구하여 묘사하고, 표현은 반드시 온힘을 다하여 새로움을 추구한다.(宋初文詠, ... 情必極貌以寫物, 辭必窮力而追新.)"[23]라고 하였고, 鍾嶸은 『詩品』에서 "(謝靈運의 시에는) 張協의 시체가 섞여 있다. 그러므로 사물을 공교히 묘사하는 것을 높였다.(雜有景陽之體, 故尙巧似.)"[24]라고 하였고, 嚴羽는 『滄浪詩話』에서 "謝靈運의 시는 정밀하고 공교하다.... 이미 처음부터 끝까지 대구를 이루고 있다.(康樂之詩精工, ..., 已是徹首尾成對句矣.)"[25]라고 하였고, 沈德潛은 『說詩晬語』에서 "謝靈運의 시는 시적 구상을 함에 있어서 자연스러운 것과는 거리가 먼데, 남들이 따를수 없는 부분은 새롭고도 높은 경지에 올라 있다는 것이다.... 다른 사람들보다 뛰어난 것은 바로 배열을 잘 한 데에 있다.(謝詩經營而反於自然, 不可及處, 在新在俊.... 謝詩勝人正在排.)"[26]라고 하였다. 즉 謝靈運 山水詩의 수사상의 특징을 '極貌', '追新', '尙巧似', '對句', '在排'라고 다시 정리할 수 있겠다. 그런데 이와 같은 수사상의 특징은 곧 賦體의 특징을 일컫는 것이기도 하다.

賦에 대하여 劉勰은 『文心雕龍・詮賦』에서 그것의 名義와 起源을 정의하기를,

23) 戶田浩曉 譯注, 劉勰 撰『文心雕龍』86쪽.
24) 陳延杰 注, 鍾嶸 撰, 『詩品注』, 17쪽.
25) 郭紹虞 校釋, 嚴羽 撰, 『滄浪詩話校釋』(北京 : 人民文學出版社, 1983) 151・158쪽.
26) 沈德潛 著, 『說詩晬語』(王夫之 等撰, 『淸詩話』, 上海 : 上海古籍出版社, 1978) 532쪽.

> 시에는 六義가 있는데, 그 두 번째가 賦이다. 賦라고 하는 것은 '편다'는 의미이다. 文彩를 펴고 엮되, 사물을 형용하고 뜻을 묘사하는 것이다. 예전에 邵公은 '公卿은 시를 받치고, 小師는 箴을 지어 군주를 깨우치고, 맹인 樂師는 읊는다.'라고 하였고, 『詩經』의 毛傳에는 '높은 곳에 올라 부를 지을 수 있다면, 대부가 될만하다.'라고 하였다.(詩有六義, 其二曰賦. 賦者鋪也. 鋪采摛文, 體物寫志也. 昔邵公稱, 公卿獻詩, 師箴瞍賦. 傳云, 登高能賦, 可爲大夫.)[27]

라고 하였고, 이어서 또 같은 편에서 賦의 본질과 賦를 짓는 목적에 대하여

> '높은 곳에 올라 부를 지을 수 있다면 대부가 될만하다.'라고 한 뜻을 따져보니, 사람이 여러 가지 사물을 보면 반드시 감정에 느껴지는 것이 있게 된다. 감정은 사물을 매개로 하여 움직이는 것이므로 (이런 감정을 賦로 서술하면,) 반드시 그 뜻이 명료하고도 典雅해 진다. 또 사물은 인간의 감정을 매개로 하여 그 존재가 분명해지는 것이기 때문에 (대상물을 賦로 읊으면,) 그 문사는 교묘하고도 아름다워진다.(原夫登高之旨, 蓋覩物興情. 情以物興, 故義必明雅. 物以情覩, 故詞必巧麗.)[28]

라고 하였다. 劉勰이 말한 賦의 특징을 다시 요약하자면, "높은 곳에 올라(登高)" "文彩를 펴고 엮되, 사물을 형용하고 뜻을 묘사함에(鋪采摛文, 體物寫志)" "감정은 사물에 의해 흥기되고(情以物興)" "사물은 감정에 의해서 표현된다.(物以情覩)"는 것인데, 이러한 賦의 특징은 산수를 유람하며 사물을 읊는 山水詩의 특징이기도 하니, 謝靈運 山水詩의 전범이 되는 사작 태도라고 할 수 있다.

漢代 賦의 내용은 비록 帝王에 대한 송덕과 화려한 궁정생활, 장엄한 사냥여행과 같은 것을 주로 다루지만, 謝靈運 시대에 와서는 비로소 자연계의 경물이 주요한 審美 대상으로서 묘사되었으며, 그때까지 다른 시인들에 의해서 산수를 유람하면서 경치를 읊은 시가 없었던 것이 아니지만, 산수의 아름다움이 비로소 시가의 주요한 내용이 되었다. 게다가 시인

27) 戶田浩曉 譯注, 劉勰 撰, 『文心雕龍』 117・8쪽.
28) 戶田浩曉 譯注, 劉勰 撰, 『文心雕龍』 129쪽.

자신의 사상과 감정이 객관의 산수 경물 안에 의탁되기 시작했던 것이 謝靈運에게서 비롯되었다고 할 수 있다.

그리하여 鍾嶸은 『詩品』 上品 謝靈運條에서 "감흥이 풍부하고 재주가 뛰어나서 보는 것마다 시로 써냈는데, 안으로는 감정이 결핍되어 있지 않고, 밖으로는 경물의 묘사에 빠뜨리는 것이 없다.(興多才高, 寓目輒書, 內無乏思, 外無遺物.)"29)라고 평한 것이다. 王夫之 역시 謝靈運을 평하여 "표현된 감정은 괜한 것이 아니어서 모두 경치로 그려질 수 있으며, 그려진 경치가 단순한 경치이기만 한 것이 아니어서 경치 속에 늘 감정이 담겨 있다.(情不虛情, 情皆可景, 景非滯景, 景總含情.)"30)라고 하였다. 이것은 謝靈運의 山水詩에서 '감정을 가지고 경물을 묘사하고(以情寫景),' '경물을 빌어서 감정을 서술하는(借景抒情)' 情景交融의 사작수법이 잘 어우러져 감동을 더해 주고 있다는 것을 말하는 것이다. 그러므로 그때까지 漢賦가 사실이나 사물을 장황하게 읊어 복잡다단하게 묘사하던 것을 주로 하던 병폐를 완전히 씻은 것이라고 할 수 있다. 즉, 謝靈運의 山水詩는 산수 경물을 빌어 자신의 심정을 읊으며, 그러한 가운데 자신의 심정이 경물에 자연스레 자리하였으니, '情景交融'의 경지를 잘 실현했다고 할 수 있다.

실제로 賦體의 요소를 많이 가지고 있는 謝靈運의 山水詩를 예로 들면 「登池上樓」같은 것이다.

潛虯媚幽姿, 잠긴 虯龍이 그윽히 자태를 뽐내고,
飛鴻響遠音. 날으는 큰 기러기 소리 높여 운다.
薄霄愧雲浮, 하늘에 오르니 뜬 구름에 부끄럽고,
棲川怍淵沈. 내에 깃드니 깊이 잠기지 못해 아쉽다.
進德智所拙, 벼슬에 나서니 지혜가 보잘 것 없고,
退耕力不任. 물러나 밭 갈고자 하나 힘이 부친다.
狥祿反窮海, 벼슬살이하러 이 궁벽한 바다까지 와서는
臥痾對空林. 병들어 누워 빈 숲만 바라본다.

---

29) 陳延杰 注, 鍾嶸 撰, 『詩品注』, 17쪽.
30) 劉心明 譯註, 『謝靈運詩選』, (重慶 : 巴蜀書社, 1994), 6쪽에서 『古詩評選 · 』 卷5를 재인용.

衾枕昧節候, 이불 덮고 누워지내니 시절을 알지 못해,
褰開暫窺臨. 거두고 일어나서 문득 바라다본다.
傾耳聆波瀾, 귀 기울여 출렁이는 물소리 듣다가,
擧目眺嶇嶔. 눈을 치켜 떠 높은 산 바라본다.
初景革緖風, 봄날의 첫 풍경 겨울 끝자락을 거두고,
新陽改故陰. 새로 난 볕 묵은 분위기 바꾼다.
池塘生春草, 둑방에는 봄풀 돋아나고,
園柳變鳴禽. 정원 버드나무에는 우짖는 새 소리 새롭다.
祁祁傷豳歌, 『詩經 · 豳風』에 마음이 내내 아프고,
萋萋感楚吟. 『楚辭 · 招隱士』 가 뭉게뭉게 생각난다.

索居易永久, 헤어져 살 때에는 오래도록 지속될까 싶었는데,
離羣難處心. 떨어져 살다보니 마음을 추스르기 어렵다.
持操豈獨古, 지조를 지킨 것이 어찌 옛 분들뿐이겠나.
無悶徵在今. 아무 번민 없는 이가 여기에 있다.[31)]

이 시는 3단락으로 나뉘어져 있어서 전반부는 시인이 관직에 나아가서 적응하지 못하고 물러나 있는 것도 자신의 직분이 아니라는 것을 느끼는 모순된 심리 상태와 정치적으로 득세하지 못하여 永嘉로 쫓겨간 불만의 심정을 펴고, 중반에서는 謝靈運이 오랜 병에 시달리던 가운데 樓에 올라서 창 밖의 짙은 봄기운을 감상하지만, 고향에 대한 그리움만 더한다는 것이고, 마지막 부분에서는 자신의 고독감을 떨어버리고 이제는 더 이상 괴로워하지 않겠다고 스스로를 위로하는 내용이다.

謝靈運의 대표적인 이 山水詩는 매 구절마다 韻字(音, 沈, 任, 林, 臨, 嶔, 陰, 禽, 吟, 心, 今)를 쓰고 있는 것은 물론이고, 潛虯(잠긴 虯龍)과 飛鴻(날으는 큰 기러기), 薄霄(하늘에 오르다)과 棲川(내에 깃들다), 進德(벼슬에 나서다)와 退耕(물러나 밭 갈다), 反窮海(궁벽한 바다까지 오다)와 對空林(빈 숲만 바라본다), 衾枕(이불 덮고 눕는다)와 褰開(거두고 일어난다), 傾耳(귀 기울인다)와 擧目(눈을 치켜 뜬다), 初景(봄날의 첫 풍경)과 新陽(새로 난 볕), 池塘(둑방)과 園柳(정원 버드나무), 祁祁(『詩經 · 豳風』)

31) 逯欽立 輯校, 『先秦漢魏晉南北朝詩』(北京 : 中華書局, 1984) 1161쪽.

과 萋萋(『楚辭·招隱士』), 索居(헤어져 살다)와 離羣(떨어져 살다)와 같이 이 시는 거의 전구에 걸쳐서 대구를 쓰고 있다. 이렇듯 음운과 대구의 수법을 전용한 이 山水詩는 賦體의 수사기법을 원용한 것이라고 할 수 있다.

賦體는 원래 詩의 六義의 하나로서 '직접적으로 진술하고 서사한다.(陳述敍寫)'는 뜻으로 古詩의 한 부류였는데, [32] 전국시대 이후 시가와 산문의 결합된 형태로서 '騷體賦'가 형성되었다가, 다시 漢代에 이르러서는 漢賦만의 독특한 특징으로서 '鋪采摛文, 體物寫志'의 양식으로 발전하였다. 즉 본래는 시가 형식의 한 부류에서 발생하여 산문의 양식으로 자리 잡은 賦體가 이후 중국시가의 대표적인 시체가 되는 唐代 近體詩의 음운과 대구와 같은 수식 방면에도 영향을 끼쳤던 것인데,[33] 宋代 謝靈運의 山水詩는 그 중간적인 역할을 했다고 말할 수 있는 것이다.

그러므로 謝靈運 山水詩의 진정한 가치는 山水詩의 개조라는 것에 있는 것이 아니라 수사방면에 있어서 운문의 형식에서 파생된 산문의 형식인 賦體의 양식을 가지고 다시금 운문의 수사상 형식방면의 발전 과정에서 唐代 近體詩로 이어지는 징검다리 역할을 했다는 점이라고 하겠다.

(2) '不願詞彩, 而風流自然'

앞 절에서 밝힌 것처럼 謝靈運이 賦體의 영향을 받아 수사적인 기교를 잘 운용하였다고는 하지만, 후대에 가장 많이 읽혀지는 謝靈運의 시구는 오히려 "池塘生春草, 園柳變禽聲"과 같이 매우 꾸밈이 없는 시구이다. 이 시구는 앞 절에서 인용한 謝靈運 山水詩의 대표작이랄 수 있는 「登池上樓」의 한 구절로서 『石林詩話』에서 평하기를,

---

32) 郭紹虞 主編, 『中國歷代文論選』(上海 : 上海古籍出版社, 1986) : 鄭玄 『毛詩正義』 "賦之言鋪", 摯虞 『文章流別論』 "賦者, 敷陳之稱也.", 朱熹 『詩集傳』 "賦者, 敷陳其事而直言之者也." 班固 「兩都賦·序」 "賦者, 古詩之流也."

33) 康金聲 著, 『漢賦縱橫』(太原 : 山西人民出版社, 1992), 198쪽~202쪽.

> '池塘生春草, 園柳變禽聲.'의 구를 세상에서는 대체로 이 말이 공교롭다는 것을 깨닫지 못하고, 다만 '奇'하다는 것만으로 이해하고자 할 뿐이다. 이 말의 공교함은 바로 특별히 마음을 쓰는 것이 없다는 데에 있는 것으로, 문득 경치를 대하게 되고 글을 짓게 된 것처럼, 잘 깎고 다듬는 것을 하지 않았다. 그러므로 보통의 마음가짐으로는 이룰 수 있는 경지가 아니다. 謝靈運 같은 시인의 미묘한 경지는 마땅히 이것으로써 근본을 삼고 있으니, 애써서 생각만 한다거나 어려운 말만 늘어놓는 이는 흔히 깨닫지 못한다.(池塘生春草, 園柳變禽聲. 世多不解此語爲工, 蓋欲以奇求之耳. 此語之工, 正在無所用意, 猝然與景相遇, 借以成章, 不假繩削, 故非常情所能到, 詩家妙處, 當須以此爲根本. 而思苦言難者, 往往不悟.)[34]

라고 하였다. 그러므로 수사적인 형식미를 반대하고 질박하고 자연스러운 和諧美를 중시하는 鍾嶸이 『詩品』에서 謝靈運을 上品에 두었던 이유를 이 시평에서 살펴볼 수 있는 것이다. 謝靈運 山水詩의 특징을 일컬어서 鍾嶸이 『詩品』 서문에서는 "元嘉연간에는 謝靈運이 있었는데, 재주가 뛰어나고 문채가 대단하여 매우 화려하고 염정한 것을 따를 수가 없을 지경이다.(元嘉中, 有謝靈運, 才高詞盛, 富豔難蹤.)"[35]라고 하였고, 上品 謝靈運條에서는 "안으로는 생각을 하나도 빠뜨리지 않았고, 밖으로는 하나도 사물을 놓치지 않았으니, 그것이 번다할 정도로 수식적이라고 하는 것은 옳다고 하겠다.(內無乏思, 外無遺物, 其繁富, 宜哉.)"[36]라고 하였지만, 만약에 鍾嶸이 평한 대로 謝靈運이 '繁富'하기만 했다면 어떻게 上品에 둘 수가 있었겠는가. 鍾嶸은 『詩品』 서문에서 몇몇 모범적인 시구를 골라 게시하여 평하였는데, 여기에 謝靈運의 시구도 한 구절 포함되어 있다.

> ... '밝은 달이 쌓인 눈에 비친다'라고 한 구절이 어찌 경전이나 사서에 나오는 것이겠는가, 대개는 보태거나 빌려다가 쓴 것이 아니라 직접 보고 느낀 것을 쓴 것이다.(..., 明月照積雪, 詎出經史, 觀古今勝語, 多非補假, 皆有直尋.)[37]

34) 葉夢得 著, 『石林詩話』 卷中(何文煥 輯 『歷代詩話』 北京 : 1983) 426쪽.
35) 陳延杰 注, 鍾嶸 撰, 『詩品注』, 3쪽.
36) 陳延杰 注, 鍾嶸 撰, 『詩品注』, 17쪽
37) 陳延杰 注, 鍾嶸 撰, 『詩品注』, 7쪽.

라고 하였으니, 謝靈運의 山水詩는 수사적인 기교에 힘쓰는 賦體의 양식을 빌려쓰고 있지만, 鍾嶸이 이상으로 여기는 '直尋', 즉 애써서 갈고 닦는 것이 아니면서 보고 느낀 것을 꾸밈없이 써서 자연스러운 맛을 느끼게 하는 경지를 실현하였음을 인정하고 있는 것이다. '明月照積雪'라고 한 시구는 謝靈運의 「歲暮」로서

殷憂不能寐, 걱정스런 마음에 잠 못 이루어,
苦此夜難頽. 이 밤 힘겹기만 한데 언제나 물러갈까.
明月照積雪, 밝은 달 쌓인 눈을 비추고,
朔風勁且哀. 겨울 바람 매섭고도 슬프다.
運往無淹物, 세월이 흘러가니 만물도 스러져 가고,
年逝覺易催. 나이가 드니 재촉하듯 흘러감을 느낀다.[38)]

라고 한 것인데, 이 시는 한 해를 마무리하며 긴 밤 잠 못 이루는데, 세월은 마냥 흘러가고, 인생은 쉬 늙는 것에 대한 감상을 읊은 것으로 매우 꾸밈이 없이 담백하게 읊었다. 이것은 謝靈運의 시를 평하여 "동해에 돛단배를 띄우고, 바람과 해가 유연히 흘러가는 것 같다.(東海揚帆, 風日流利.)"[39)] 라고 한 것에 딱 들어맞는 것이라고 할 수 있다.

이런 이유 때문에 鍾嶸도 謝靈運條에서 지나치게 수사상의 형식미를 추구하여, 상당히 번다한 것이 병폐가 되었다.(逸蕩過之, 頗以繁富爲累.)"[40)]라고 하여 謝靈運 山水詩의 허물을 지적했으면서도, 다시 "비유하자면, 푸른 솔이 관목 가운데에서 우뚝 솟은 것 같고, 흰 옥이 모래무지에서 반짝이는 것과 같으니, 그의 고결함을 깎아 내리기에는 부족하다.(譬猶青松之拔灌木, 白玉之映塵沙, 未足貶其高潔也.)"[41)]라고 하여, 謝靈運을 上品에 둘 만한 이유를 설명하고 있다. 즉 謝靈運 시의 수사적 번다함(繁富)보다는 내용상의 맑고 깨끗함(高潔)을 보다 인정해 주었다고 할 수 있으며, 한편

38) 逯欽立 輯校, 『先秦漢魏晉南北朝詩』 1181쪽.
39) 沈德潛 著, 『說詩晬語』, 532쪽. 실제로 沈德潛은 다른 사람들의 이러한 평을 반대한다는 의미에서 이 구절을 인용한 것이다.
40) 陳延杰 注, 鍾嶸 撰, 『詩品注』, 17쪽.
41) 陳延傑 注, 鍾嶸 撰, 『詩品注』 17쪽.

陳繹曾도 謝靈運을 평하기를, "崎險함을 위주로 하였으면서도 자연스러운 공교함이 있다. 李白과 杜甫의 심오한 경지도 여기에서 많이 취하였다.(以險爲主, 以自然爲工. 李杜取深處多取此.)"[42]라고 한 것처럼, 상반된 정취를 겸비하였다고 하는 것이 謝靈運 시의 장점임을 인정할 수 있겠다.

Ⅲ. 결 론

謝靈運 山水詩의 연원에 있어서 사상 내용 방면에서는 그의 정치적인 실의의 해소 수단이 되었던 玄言詩에 있으며, 수사 기법 방면에는 賦體의 요소라고 할 수 있는 '鋪采摛文, 體物寫志'을 잘 실현한 것과 그와 상반되게 자연스러운 性情을 꾸밈없이 잘 이끌어낸 방면에서 謝靈運 山水詩의 연원 관계를 궁구해 보았다. 역시 논란의 여지가 남는 것은 수사상 기법의 운용에 있어서 위에서 나누어 밝힌 대로 그 평이 매우 상반되는데, 이렇듯 상반된 시가 특징을 謝靈運의 산수시가 어떻게 조화롭게 겸하고 있는가에 대한 해석의 문제가 명확해야겠다는 것이 연구과제로 남는다. 그러나 역시 이러한 상반된 요소의 조화로운 겸비가 謝靈運 山水詩의 장점인 것만은 분명하다고 할 수 있다.

그리고 謝靈運 山水詩의 문학사적 가치를 들자면, 劉勰이 말한 대로 老莊사상을 담는 玄言詩를 일소하고 새로운 형식의 山水詩를 연 것이 아니라, 자신의 정치적인 불우를 잊기 위한 방편으로 玄言詩의 수법을 원용하였지만, 산수 경물을 제재로 하여 玄言詩的인 요소를 山水詩의 양식에 접목시켜 새로운 시가 경지를 이룩했다는 점이 謝靈運의 문학사적 의의라고 봐야 하겠다.

42) 陳繹曾 撰『詩譜』(丁福保 輯,『歷代詩話續編』北京：1983) 630쪽.

參考文獻

康金聲 著, 『漢賦縱橫』(太原 : 山西人民出版社, 1992)
郭紹虞 校釋, 嚴羽 著, 『滄浪詩話校釋』(北京 : 人民文學出版社, 1983)
郭紹虞 主編, 『中國歷代文論選』(上海 : 上海古籍出版社, 1986)
逯欽立 輯校, 『先秦漢魏晉南北朝詩』(北京 : 中華書局, 1984)
臺靜農 編, 『百種詩話類編』(臺北 : 藝文印書館印行, 1974)
鄧潭淵 著, 「論謝靈運和他的山水詩」(『古典文學論文選』 長沙 : 湖南人民出版社, 1984)
沈德潛 著, 『說詩晬語』(王夫之 等撰, 『淸詩話』, 上海 : 上海古籍出版社, 1978)
沈 約 撰, 『宋書』, (北京 : 中華書局, 1983)
葉夢得 著, 『石林詩話』(何文煥 輯 『歷代詩話』 北京 : 中華書局, 1983)
吳小平 編, 『中國文學大辭典』(天津 : 天津人民出版社, 1991)
王 玫 著, 『六朝山水詩史』(天津 : 天津人民出版社, 1996)
王 毅 著, 「東晋玄言詩與山水詩」(『中國古典文學論叢』 6輯, 北京 : 人民文學出版社, 1987)
王全 點校, 『全唐詩』(北京 : 中華書局, 1985)
劉心明 譯注, 『謝靈運詩選譯』(重慶 : 巴蜀書社, 1994)
章培恒 主編, 『中國文學史』(上海 : 復旦大學出版社, 1996)
張伯偉著, 「鍾嶸詩品謝靈運條疏證」(『中國古典文學論叢』 제3집, 北京 : 人民文學出版社, 1985)
張 溥 編, 『謝康樂集』(『漢魏六朝百三名家集』 제3책, 上海 : 江蘇廣陵古籍印刷社, 1990)
周維德 校注, 皎然 撰, 『詩式校注』(杭州 : 浙江古籍出版社, 1993)
陳繹曾 撰 『詩譜』(丁福保 輯, 『歷代詩話續編』 北京 : 中華書局, 1983)
陳延杰 注, 鍾嶸 撰, 『詩品注』(臺北 : 開明出版社, 1964)
肖 馳 著, 『中國詩歌美學』(北京 : 北京大學出版社, 1986)
戶田浩曉 譯注, 劉勰 撰, 『文心雕龍』(東京 : 明治書院, 1983)

출처 : 『中國硏究』 제31권(원제 : 謝靈運 山水詩 淵源 考)

韋應物의 "吏隱"과 그의 田園詩

崔雄赫*

I. 머리말

위응물(A.D.735?~792?)[1]은 古詩와 律詩는 물론 歌行體에 이르기까지 다양한 體裁를 사용하여 광범위한 題材를 다룬 시가 작품 570여 수를 남겼다. 그 가운데 상당수의 작품을 전원시로 분류할 수 있으며 이 작품들은 그의 주요한 문학적 성과물로 기록되고 있다.[2]

그는 전원시 창작에 있어 전원시의 開祖로 불리우는 도연명으로부터 제재나 풍격 등을 학습했음은 물론 인품조차도 진솔하고 담박한 도연명을 닮아 후대 비평가들에 의하여 도연명에게 가장 가까운 시인으로 평가되었다.[3] 그러나 도연명은 물론 王維 孟浩然 등의 전원시가 대부분 隱居시기에

---

* 대구가톨릭대학교 중어중문학과 교수

1) 위응물의 生卒年에 대하여 일반적으로는 傅璇琮이 「韋應物系年考證」(『唐代詩人叢考』, 北京, 中華書局, 1980)에서 고증한 바대로 A.D.737~792(?)의 설을 따르고 있으나 여기서는 陶敏이 「韋應物生平新考」(『湘潭師範學院學報』, 1998年第1期)와 「簡譜」(陶敏 · 王友勝 校注, 『韋應物集校注』, 上海, 上海古籍出版社, 1998, 657-668쪽)에서 주장한 바를 따랐으며, 아울러 위응물 작품의 창작 연도는 이들의 고증 내용과 함께 胥雲의 「韋應物事迹考評」(『西南民族學院學報』 (哲社版), 1995年第2期)을 대비하여 참조하였음.

2) 王學泰 等 撰著, 『唐代文學史』, 北京, 人民文學出版社, 1995, 608-609쪽. 陶敏 · 王友勝, 위의 책, 「前言」 6쪽.

3) 최웅혁, 「『淸詩話』 와 『淸詩話續編』의 陶淵明 詩에 관한 評語 硏究」, 『中國學硏究』

창작된 것과는 달리 그의 전원시는 관직에 재임할 당시의 작품이 대부분이며, 그 내용에 있어서도 위응물 이전의 전원시는 은둔의 정서가 저변에 깔려있는 상태에서 전원의 한적한 정취를 노래하고 있는 반면 그의 전원시는 전원경물의 아름다움이나 전원생활의 정취를 노래하는 동시에 행정, 시찰 등 관리로서의 일상생활은 물론 고통 받는 백성들에 대한 동정심과 자신의 무능력에 대한 자괴감 등 관리로서의 강열한 소명의식마저도 함께 담아내고 있으며 나아가 전원생활과 관직생활의 상호 모순된 상황을 한 편의 시 속에 조화롭게 그려내고 있다.

그의 전원시가 이 같은 특징을 지니게 된 원인은 그의 處世方式인 "이은"에 의하여 설명되어질 수 있다. 出仕와 隱遁 사이에서 고뇌하던 위응물은 관직에 있으면서도 은둔하듯 생활한다는 이은의 처세방식을 취함으로써 심리적 갈등으로부터 벗어나 마음의 평정을 얻었고 시 창작에 몰두할 수 있었던 것이다. "이은"의 처세방식은 滁州刺史[4]로 출사한 시기를 전후하여 창작한 작품들에서부터 가장 완숙된 모습으로 표현되고 있는데 그가 전원시를 대량으로 창작하기 시작하는 것도 바로 이 무렵의 일이다. 따라서 위응물이 중년이후 그의 처세방식이자 생활방식으로 삼았던 "이은"과 전원시 창작 사이에는 깊은 관련이 있다고 추론해 볼 수 있다.

이 글에서는 이와 같은 추론을 바탕으로 위응물의 전원시에는 "이은"의 처세방식이 그대로 반영되어 있다고 전제하고 먼저 위응물이 "이은"을 실현하기까지의 과정을 살펴본 뒤 "이은"이 전원시 창작에 어떠한 영향을 미치고 있으며 또한 전원시 속에 어떻게 표현되고 있는지 살펴보고자 한다.

29집, 2004, 108-111쪽.

4) 滁州는 지금의 安徽省 滁縣으로 위응물은 782년 가을부터 784년 겨울까지 이곳에서 자사를 지냈으며, 자리에서 물러난 후에도 785년 가을 江州刺史로 부름을 받아 옮겨가지 전까지 이곳에서 한거하였음.

Ⅱ. 위응물 "이은"의 실현 과정

15세의 어린 나이에 三衛郎의 신분으로 현종을 가까이 시위하게 된 위응물은 뒷날 "젊어서 현종을 모시게 되어 총애를 믿고 무뢰하게 굴었으니, 길거리의 불량배 행세를 하였고 집안에 살인범을 숨겨 주기도 하였다. 아침이면 도박판을 벌였고 저녁이면 동쪽 마을 여인네를 희롱하였으나 사례(司隷)[5]도 감히 나를 붙잡지 못하였으니 내가 황제를 시위하였기 때문이다. 화청궁(華淸宮)에 눈보라치던 밤이나 장양궁에서 수렵을 할 때도 분별없이 술을 마시며 멋대로 굴었다."[6]라고 당시 자신의 모습을 그리고 있다. 여기에 어느 정도의 과장이 있다 하더라도 "소신이 앞에서 행차를 인도하는 직무를 맡아 파정으로 길을 열었습니다."[7] "은혜를 입어 매번 화청지에서 몸을 씻었고, 사냥을 호위할 때도 위수의 북쪽 밭을 짓밟지 않았다. 조정이 무사하여 함께 잔치를 즐겼으니 궁궐에 미인과 음악이 끊이지 않았다."[8] "겨울 사냥과 봄 제사를 무사히 마치면, 두루 잔치를 열어 즐거이 노닐고 많이 나누어 주셨다."[9]라고 하여 현종을 호종하던 때의 일들을 회상하는 시구들을 보면, 당시의 그가 상당한 자부심을 갖고 있었음을 알 수 있으니 혈기 왕성한 어린 나이에 이 같은 자부심이 더해져 분별없이 호기를 부렸을 그를 쉽게 짐작해 볼 수 있다.

그로부터 6년 후인 天寶14年(A.D.755년)에 安史의 난이 일어나 이듬해 6월 長安이 반군에게 함락되자 그는 장안의 서쪽 외곽지역인 武功 등지로 피난을 다니며 전장의 참혹한 현실 속에서 빚어지는 사회의 각종 병리

---

5) 수도 長安의 치안을 맡아보던 관직. 司隷校尉라고도 함.

6) "少事武皇帝, 無賴恃恩私. 身作里中橫, 家藏亡命兒, 朝持摴蒲局, 暮竊東鄰姬. 司隷不敢捕, 立在白玉墀. 驪山風雪夜, 長楊羽獵時. 一字都不識, 飮酒肆頑痴."(「逢楊開府」卷五)

7) "小臣職前驅, 馳道出灞亭."(「酬鄭戶曹驪山感懷」卷五)

8) "蒙恩每浴華池水, 扈獵不蹂渭北田. 朝廷無事共歡燕, 美人絲管從九天."(「溫泉行」卷九)

9) "冬狩春祠無一事, 歡游洽宴多頒賜."(「白沙亭逢吳叟歌」卷十)

현상을 목도하였고 과중한 부세와 병역에 시달리던 민중들의 목소리를 직접 듣게 되었다. 이에 그는 지난날 학업을 게을리 하며 오만방자하게 굴었던 자신을 반성하고 中唐 사회의 현실을 새로운 시각과 사고로 바라보게 되었으며, "공부하기에 이미 늦었지만 붓을 들고 시 짓기를 배웠다."[10] 라고 하였듯이 太學에 들어가 체계적인 儒家의 교육을 받게 되었다.

위응물은 29세(763년)에 洛陽丞으로 출사하여[11] 비로소 유가의 교육을 받은 사대부로서의 사회적 책임을 수행하게 된다. 당시 그가 맡은 직책은 "대장부는 나라를 위하여 적을 격파함이 산을 밀쳐내듯 해야 하거늘 하필이면 주부를 맡아 앉아서 귀밑머리만 쇠게 하다니"[12] 등의 시구에 나타나있듯이 자신이 품은 바의 뜻을 펼쳐볼 수 있는 자리는 아니었으나 유가의 가르침에 따라 청렴정직한 관리로 주어진 임무에 충실하고자 하였다. 이러하였던 그에게 관직을 버리고 고향으로 돌아갈 결심을 하게 하는 사건이 발생하였으니 두 명의 기병이 환관의 세를 등에 업고 멋대로 백성들에게 해를 가하자 그는 이들을 법에 따라 처벌하려 하였고 결국 이 일이 화근이 되어 재판을 받게 된 것이다.[13] 이에 그는 부임한 지 만 2년 만에 낙양승을 물러나 낙양의 同德寺에서 한거한다. "네모난 구멍에는 둥근 목재를 끼울 수 없고, 곧은 나무는 바퀴가 되기 어렵다. 재목은 각기 그 쓰임새를 헤아려 사용해야 하거늘, 천성을 거스르면 삶이 괴롭고 힘들다. 윗사람에게 허리를 구부리는 것은 내 일이 아니요, 물마시며 안빈낙도하는 것은 내게 닥친 가난이 아니다. ……. 책은 써서 무엇 하겠나, 동쪽 언덕으로

10) "讀書事已晩, 把筆學題詩."(「逢楊開府」卷五)

11) 陶敏과 王友勝은 위응물이 25세에 관직에 나아가 河陽府에서 일하였다고 주장하고 있으나(陶敏・王友勝, 앞의 책, 「簡譜」 660쪽) 이에 대한 구체적인 고증이 미비하다고 판단됨.

12) "丈夫當爲國, 破敵如摧山. 何必事州府, 坐使鬢毛班."(「寄暢當」卷三)

13) 이 사건에 대하여 沈明遠은 「補韋應物傳」에서 "永泰中, 遷洛陽丞. 兩軍騎士倚中貴人勢, 驕橫爲民害, 應物疾之, 痛繩以法, 被訟, 弗爲屈."이라 기록하고 있으며(韋應物, 『韋江州集』(四部叢刊初編 縮印 明刊本), 上海, 上海商務印書館. 「附錄」68쪽), 위응물 자신도 「示從子河南尉班」(卷二)의 서문에서 "永泰中, 余任洛陽丞, 以撲抶軍騎, 時從子河南尉班, 亦以剛直爲政, 俱見訟於居守. 因詩示意, 府縣好我者, 豈曠斯文."이라 하였음.

가 농사를 지으리라."[14] 당시의 심정을 이렇게 노래하였던 그는 權臣과 宦官의 득세로 인하여 부패하고 타락한 정치 현실에 좌절하며 단지 휴직원을 제출하는 것으로 밖에는 달리 저항할 방도가 없었지만 위의 시를 통하여 현실과의 타협을 거부하며 退隱하려는 굳은 의지를 표현하였다. 그는 낙양승을 물러난 이후 779년 善福精舍[15]로 들어가 한거하기 전까지 河南府[16] 兵曹參軍, 京兆府工曹參軍, 高陵縣[17]令, 鄠縣[18]令, 櫟縣[19]令 등의 관직을 거치며 출사와 한거를 거듭하였으나, 관직에 재임하고 있던 동안에도 언제나 은둔을 갈망하며 노래하였다.

「高陵書情寄三原盧少府」(卷二)

直方難爲進, 정직하고 곧으니 승진하기 어려워
守此微賤班. 이 같은 미천한 자리를 지키고 있네.
開卷不及顧, 책을 펴도 볼 틈이 없고
沉埋案牘間. 공문서에 파묻혀 있다네.
兵凶久相踐, 병난과 재난이 오래도록 지속되니
賦徭豈得閑. 부세와 요역은 언제나 그치려나.
促戚下可哀, 전전긍긍하는 백성들이 가여우나
寬政身致患. 너그러이 다스리면 나에게 화가 미치네.
日夕思自退. 밤낮으로 스스로 물러날 생각을 하며
出門望故山, 문을 나서 고향 산을 바라본다.
君心儻如此. 그대 마음 만일 이와 같다면
攜手相與還. 손잡고 함께 돌아가세.

경조부 고릉현령일 때(775년) 지은 시이다. 마흔을 넘긴 나이에 관직 경험도 갖춘 그는 맡은 바 임무에 충실하려 노력하고 있으나 이에 상응하는 직분을 부여받지 못한데 대하여 불만을 토로하였고, 감당하기 어려운 각종

14) "方鑿不受圓, 直木難爲輪. 揆材各有用, 反性生苦辛. 折腰非吾事, 飮水非吾貧. ……. 著書復何爲, 當去東皐耘."(「任洛陽丞請告」卷八)
15) 長安의 서쪽 교외인 灃上에 있던 불교사원.
16) 河南과 洛陽을 포함한 행정구역.
17) 京兆府에 속해 있던 縣으로 지금의 陝西省 高陵縣 서남쪽에 위치.
18) 京兆府에 속해 있던 縣으로 지금의 陝西省 戶縣.
19) 지금의 陝西省 臨潼縣 동북쪽에 위치.

세금과 병역에 시달리고 있는 백성들을 보면서도 자신에게 화가 미칠까 두려워 관대하게 다스리지 못하는 것을 괴로워하며 밤낮으로 퇴은을 다짐하고 있다. 다음의 시 역시 같은 성향의 작품이다.

「寄李儋元錫」(卷三)

去年花裏逢君別,	작년 꽃이 만발했을 때 그대와 헤어져
今日花開已一年.	오늘 꽃이 피니 일년이 되었구려.
世事茫茫難自料,	세상 사 아득하여 스스로 헤아리기 어려우며
春愁黯黯獨成眠.	봄날이라 마음 뒤숭숭하여 홀로 잠 못 이룬다오.
身多疾病思田里,	몸에 병이 많으니 고향이 생각나고
邑有流亡愧俸錢.	고을에 유랑민들이 있으니 녹봉을 받기가 부끄럽소.
聞道欲來相問訊,	듣건대 그대 나를 만나러 온다하여
西樓望月幾回圓.	서루에 올라 바라 본 달이 몇 번이나 둥글게 되었던지.

저주자사를 지내던 784년 봄의 작품이다. 바로 전 해인 783년 10월에 일어난 涇原의 변란[20]으로 德宗이 피난을 하고 지방에서는 군벌들이 서로 세력을 다투었으니 정국은 몹시 혼란스러웠으며 경제는 피폐하였다. 나라의 앞날과 자신의 운명에 대한 걱정에 잠 못 이루던 시인은 설상가상으로 각종 병마에 시달렸으며 자신이 관할하는 고을에 난을 피해 찾아든 유랑민들을 보면서 더욱 괴로워한다. 이에 친구에게 속내를 털어놓고 위안받고자 하였으니 이미 찾아오겠다고 기별을 한 친구를 애타게 기다리고 있다. 우리는 이 시를 통하여 그가 퇴은을 원했던 이유가 단순히 관직에 회의를 갖게 되었기 때문만은 아니며 권신들과 환관들에 의하여 휘둘려지는 정치현실, 계속되는 전쟁과 재난으로 고통 받는 백성, 그 백성들에게 아무런 역할도 하지 못하며 바라보기만 해야 하는 무능력한 자신 나아가 중년이후 그를 괴롭힌 각종 질병에 이르기까지 이 모든 것들이 그로 하여금 관직을

20) 涇原節度使를 지냈던 朱泚가 군사를 이끌고 長安으로 침공하여 德宗이 奉天(지금의 陝西省 乾縣)으로 피난을 하였던 사건.(涇原은 장안 서북쪽의 涇州와 原州를 말하며, 涇州는 지금의 甘肅省 涇川縣과 鎭原縣 지역이고, 原州는 지금의 寧夏回族自治區의 固原縣 지역임)

감당하기 어렵게 하였으며 은둔을 결심하게 하였음을 알 수 있다.

관직생활에 회의를 느낀 그는 "장저(長沮)와 걸닉(桀溺)처럼 함께 농사 지으며 담박하게 전원의 오두막을 지키고 싶네."[21]라고 노래하기도 하였고, 자신의 처지를 새장 속에 갇힌 새에 비유하면서 京兆府功曹로 있었을 당시에는 "어찌 허리춤에 맨 인수에 미련이 있으랴, 새장에 갇힌 새와 같은 신세이거늘"[22]이라 하였으며, 뒷날 尙書省 郎官이 되어서도 "한번 오면 응당 다시 돌아가거늘, 이곳은 마치 새장과 같아 싫구나. 하물며 나는 산림의 은자이면서 관복을 차려 입고 상서성에 앉아 있으니."[23]라고 하여 관직에서 물러나고자 하는 마음을 강하게 표현하기도 하였다. 그러나 그는 퇴은의 결의를 실천에 옮기지 않았을 뿐만 아니라 도리어 직무에 충실하며 백성들을 보살피려 노력하는 관리의 모습으로 되돌아왔다.

夙駕祗府名, 일찌감치 수레를 타고 부명을 받들어
冒炎不遑息. 더위를 무릅쓰고 한가로이 쉬지 않으며,
百里次雲陽, 백리길 운양에 이르러
閭閻問漂溺. 집집마다 떠내려가고 잠긴 상황을 묻는다.
「使雲陽寄府曹」(卷二)

爲郡訪凋瘵, 군에서 병든 백성을 찾아보고
守程難損益. 법도를 지켜 손익을 없게 한다.
「郡樓春燕」(卷一)

均徭視屬城, 속현을 시찰하며 요역을 고르게 하고
問疾躬里閭. 직접 마을을 다니며 질병이 도는 지 묻는다.
「發蒲塘驛沿路見泉谷村墅忽想京師舊居追懷昔年」(卷六)
於玆省甿俗, 이에 백성들의 풍속을 헤아려
一用勸農桑. 뽕나무 농사를 지으라고 권한다.
「登重玄寺閣」(卷七)

---

21) "方願沮溺耦, 淡泊守田廬."(「秋郊作」卷七)
22) "豈戀腰間綬, 如役籠中禽."(「雨夜宿淸都觀」卷七)
23) "一來當復去, 猶此厭樊籠. 況我林棲子, 朝服坐南宮."(「憶灃上幽居」卷六)

위에서부터 차례로 京兆府功曹參軍, 滁州刺史, 江州[24]刺史, 蘇州刺史를 지낼 때의 일들을 기록한 것이다. 수해를 당한 고을에 피해상황을 알아보기 위하여 더위를 무릅쓰고 백리 길을 단숨에 달려가거나 자신이 맡고 있는 군현을 돌며 백성들의 생활상을 살피고 요역을 고르게 하거나 농사에 조언하기도 하는 등 직무에 만전을 기하는 자신의 모습을 그리고 있다. 또한 그는 보다 더 훌륭히 책무를 수행하고자 고뇌하기도 하였으니 다음의 시구들에서는 출사와 은둔 사이의 갈등은 찾아보기 어렵다.

> 祇應傳善政, 단지 훌륭히 정사를 볼 수 있다면
> 日夕慰高堂. 날 저물어 관사에서 편히 잘 터인데.
> 「送黎六郎赴陽翟少府」(卷四)

> 逍遙池館華, 소요하며 남정의 아름다움 즐기노라니
> 益愧專城寵. 자사로서 총애 받음이 더욱더 부끄럽구나.
> 「春游南亭」(卷七)

> 何當四海晏, 어이 해야 온 세상이 평안하며
> 甘與齊民耕. 백성들과 함께 즐거이 밭을 갈 수 있으랴.
> 「京師叛亂寄諸弟」(卷三)

> 自慚居處崇, 높은 곳에 기거함이 부끄럽구나
> 未睹斯民康. 백성들이 평안함을 아직 보지 못하였는데.
> 「君齋雨中與諸文士燕集」(卷一)

직무에 임하고 있을 때는 물론이요 한가로이 경치를 즐기다가도 한편으로는 관리로서의 자신을 반성하고 감당할 수 없는 병역과 조세로 인하여 어려운 삶을 살아가고 있는 백성들을 동정하며 사대부로서의 사회와 백성들에 대한 책임의식을 다지고 있다. 그는 또한 통치자의 잔혹한 박탈과 압박에 고통 받는 백성들의 참상을 보며 분개하여 이를 고발하기도 하였다.

---

24) 지금의 江西省 九江.

「采玉行」(卷十)

官府徵白丁, 관아에서 힘센 젊은이를 불러 모으며
言采藍溪玉. 남계의 옥을 캔다고 하네.
絶嶺夜無家, 험한 고갯마루에 밤에는 집 한 채 없어
深榛雨中宿. 가시덤불에서 비를 맞으며 잠을 잔다.
獨婦餉糧還, 밥 들고 갔던 혼자 된 아낙네 돌아와서는
哀哀舍南哭. 슬프디 슬프게 집 앞에서 우네.

藍溪[25]에 있는 옥 광산에 동원되어 고생하며 옥을 캐는 젊은이들의 실상을 폭로하면서 그들의 생활상을 직접 묘사하기보다는 먹을 것을 날라 갔던 아내가 집에 돌아와 서글피 우는 모습을 그려놓음으로써 한층 더 생동감 있고 호소력 있게 그들의 참상을 전달하고 있다. 역시 농민들의 참상을 고발하고 있다고 볼 수 있는 다음 작품을 보면,

「山耕叟」(卷八)

蕭蕭垂白髮, 백발을 얼기설기 늘어뜨리고
默默詎知情. 말이 없으니 그 속마음을 어찌 알랴.
獨放寒林燒, 홀로 가을 숲에 불을 놓으며
多尋虎迹行. 호랑이 행적을 찾아다닌다.
暮歸何處宿, 날 저물면 어디에서 쉬다가
來此空山耕. 이 인적 없는 산에 와 밭을 가는가.

사람의 발길이 닿지 않는 곳을 찾아 火田을 일구며 살아가는 노인을 그리고 있다. 말이 없으니 속마음을 알길 없다는 표현으로 노인의 신분이나 행적을 감추는 듯하지만 그는 병역과 조세를 견디다 못 해 산중에 숨어 지내는 유랑민임을 짐작하게 한다.

이와 같이 사회와 백성들에 대한 굳은 책임의식을 지니고 관직에 임했던 위응물은 765년 마지못해 낙양승에서 물러나며 "숲속에 은거할 수 없으니, 그저 조정의 은혜가 그립구나."[26]라고 하여 지난 날 현종을 호종하던

25) 陝西省 藍田縣 藍田山의 藍谷에서 발원하여 북으로 灞河로 유입되며 藍水라고도 함. 예로부터 아름다운 옥이 생산되던 곳.

시절을 떠올리며 조정에 대한 연민과 관직에 대한 미련을 남기기도 하였고, 호현령으로 재임하던 때에도 "도장에서 목욕재계하고 처음으로 단약을 먹으니, 속세의 일과 맛있는 음식이 잘못임을 이미 깨달았다. 자각산 봉우리를 바라보며 돌아가는 이에게 감사하지만, 허리에 찬 관인(官印)은 마음과는 다르다오."[27]라고 하여 마음은 仙界에 가 있으나 맡은 바 임무를 저버릴 수 없다는 처세태도를 밝히기도 하였다. 또한 저주자사를 지내면서 "조용한 이 곳이 좋아 차마 발길이 떨어지지 않으나, 주어진 업무를 서둘러야 한다네.[28]라고 하여 은둔하고 싶은 마음 간절하지만 해야 할 업무가 급하다며 자사의 직분으로 돌아가기도 하였다.

관직에 미련을 버리지 못하였으며 선계를 동경하지만 맡은 바 임무에 충실하고자 자신의 직분으로 돌아오기도 하였고 산수를 즐기다가도 발길을 되돌렸던 까닭은 바로 그가 유가의 가르침에서 비롯된 사회적 책임의식을 지니고 있었기 때문이었다. 따라서 위응물이 출사와 은둔 사이의 갈등으로부터 벗어나지 못하였던 것은 유가의 가르침을 충실히 실천하고자 하였던 그에게 있어 어쩌면 필연적인 것이었다고 할 수 있다.

위응물의 은둔에 대하여 劉蔚은 다음의 두 시 구절들을 내세워 상당히 설득력 있는 주장을 펴고 있다.

世道良自退, 지금의 세상에서는 스스로 물러남이 최선이니
榮名亦空虛. 부귀공명은 덧없는 것이라네.
與子終携手, 결국은 너와 손을 잡고
歲晏當來居. 나이 들면 응당 이 곳에 와 지내리.
「休沐東還胄貴里示端」(卷二)

責逋甘首免, 도망간 농부를 문책하는 관직에서 먼저 물러나
歲晏當歸田. 나이 들면 응당 전원으로 돌아가리.
「答崔都水」(卷五)

---

26) "不能林下去, 祗戀府廷恩."(「示從子河南尉班」卷二)
27) "道場齋戒今初服, 人事葷膻已覺非. 一望嵐峰拜還使, 腰間銅印如心違."(「紫閣東林居士叔緘賜松英丸捧對忻蓋非塵侶之所當服輒獻詩代啓」卷二)
28) "樂幽心屢止, 遵事迹猶遽."(「東郊」卷七)

劉蔚은 위의 두 시 구절에서 모두 "歲晏"이라고 은둔의 시기를 언급하고 있다는 사실에 주목하여, "세안"은 인생의 만년을 뜻하는 말이므로 위응물이 은둔을 실천하는 시기를 관직을 끝마친 이후 또는 사회적 책임을 완성한 이후로 설정하였다고 주장하였다.[29] 위의 두 작품은 각각 779년과 780년의 작품으로 그가 역현령을 사직하고 선복정사에 한거하던 무렵의 작품들이다. 몇 년 뒤인 783년 저주자사를 지낼 때의 작품에서도 "誰言戀虎符, 終當還舊丘.(누가 자사의 직에 연연한다 하였는가, 끝내는 응당 옛 집으로 돌아가리.)"[30]라고 하여 은둔의 시기를 만년(終)으로 설정한 시구가 있으므로 위의 주장이 설득력을 얻는다.

만일 위의 주장이 인정된다면, 우리는 오랫동안 출사와 은둔의 갈등 속에서 고뇌하던 위응물이 779년 선복정사에서 한거하던 시기를 전후하여 은둔에 대한 그의 생각을 정리하였고 그 결과 관리로서의 사회적 책임을 다한 뒤 전원에 은둔하여 생을 마감하리라 결심하였다고 말할 수 있다. 이와 같은 은둔에 대한 입장 정리가 비록 출사와 은둔 사이의 갈등에서 완전히 벗어나게 하지는 못하였다 하더라도 이로 인하여 그가 마음의 평정을 얻고 있음을 이 시기 이후에 창작된 시들을 통하여 살펴 볼 수 있다.

「寄全椒山中道士」(卷三)

今朝郡齋冷, 오늘 아침은 관아가 조용하니
忽念山中客. 문득 산중의 도사가 생각난다.
澗底束荊薪, 시냇가에서 땔나무를 해다가
歸來煮白石. 돌아와 흰 돌을 삶았겠지.
欲持一瓢酒, 술 한 병 들고서
遠慰風雨夕. 비바람 치는 밤에 멀리서나마 위로하려 하지만,
落葉滿空山, 낙엽이 온 산을 뒤덮었으니
何處尋行迹. 어디에서 행적을 찾으랴.

29) 劉蔚, 「式論韋應物的吏隱心態與儒道禪思想之關系」, 『江蘇石油化工學院學報』, 2001年 3月(第2卷第1期), 17쪽.

30) 「月晦憶去年與親友曲水游宴」(卷六)

위의 작품 역시 저주자사 시절의 작품이지만 앞의 「고릉서정기삼원로소부」와는 분위기가 사뭇 다르다. 관직 생활 가운데 틈을 내어 평소 내왕하던 산중도사의 삶을 떠올리며 그를 동경하고 있는 시인의 모습이다. 현실 정치에 대한 울분, 맡은 바 직책에 대한 책임감, 고통 받는 백성에 대한 동정심 등으로부터 벗어나 유유자적하는 삶을 엿볼 수 있으며 출사와 은둔의 갈등으로부터도 멀어져 있는 모습이다.

이 시에 묘사된 바와 같이 관직에 몸담고 있으되 은둔하는 것과 다를 바 없이 생활하는 것이 바로 "이은"이다. 그는 일찍부터 "이은"의 처세방식을 염두에 두고 있었으니 "봄바람 부는 파릉원에서 이별주를 마시니, 시끄러운 저자거리에 돌아왔다고 탓하지 마시오. 조정에 있으면서도 세상을 피하여 숨어서 한가로이 지내던 동방삭을 보지 못하였소."[31]라고 하여 관직에 있으면서도 도리어 그 관직 안에 은둔하여 유유자적하며 세상을 등지고 살았던 동방삭의 "이은"에 대하여 잘 인식하고 있음을 분명하게 드러내고 있다.

蔣寅은 그의 논문에서 "'이은'이란 단지 '비록 관직에 있어도 은둔한 것과 같은 것'만이 아니라 특히 지위가 높지 않은 하급관료 시인이 은둔하듯 관직에 있는 일종의 처세 태도를 가리킨다."[32]라고 정의하였다. "이은"을 실현하던 시기의 위응물은 자사였다. 자사는 하나의 州를 관할하는 행정장관으로 唐代에는 주의 등급에 따라 從三品에서 正四品下에 이르는 품계를 부여받았으므로[33] 하급관료라고 볼 수는 없다. 그러나 중앙의 관료가 아닌 지방관이었기에 위의 「寄全椒山中道士」에서 묘사하고 있는 것과 같은 "이은" 생활이 가능하였을 것이다.

선복정사에서 한거하던 무렵, 사회적 책무를 다한 뒤 관직에서 물러나

---

31) "春風飮餞灞陵原, 莫厭歸來朝市喧. 不見東方朔, 避世從容金馬門."(「送褚校書歸舊山歌」卷十)

32) "'吏隱'不光是 '雖居官而猶如隱者'它特指地位不高的小官僚詩人居官如隱的一種處世態度."(蔣寅, 「古典詩歌中的 "吏隱"」, 蕭州大學學報(哲社版), 2004年 3月(第2期), 54쪽)

33) 呂宗力 主編, 『中國歷代官制大辭典』, 北京, 北京出版社, 1994, 470쪽.

은거하겠다고 결심하였던 위응물은 이러한 마음가짐으로 출사와 은둔 사이의 갈등에서 벗어났고 이에 관직생활과 은둔생활을 병행하며 이 둘의 조화를 이루어 나가는 "이은"을 실현할 수 있게 되었다.

Ⅲ. 위응물의 "이은"과 그의 전원시

앞에서 살펴 본 바와 같이 위응물이 "이은"의 생활 방식으로 출사와 은둔 사이의 모순과 갈등으로부터 벗어난 것은 장안의 선복정사에서 2년간의 한거생활을 끝내고 저주자사로 부임하면서부터이다. 馬現誠은 위응물이 선복정사에서 한거한 때부터 저주자사로 재임한 기간까지의 5년 동안이 위응물과 불교와의 관계가 가장 밀접하였던 기간이라고 말하고, 첫째, 禪師들과의 왕래가 빈번하였고, 둘째, 마음가짐이 淡泊閑寂하게 되었으며 산수를 한껏 즐기는 취향이 생겨났고, 셋째, 禪宗의 義理에 대하여 나름대로의 깨달음을 얻었으며 불교의 각 종파에 대하여 자유롭게 통달하였다는 세 가지 현상으로 위응물과 불교와의 관계를 정리하고 있다.[34)]

선종의 의리에 대한 자세한 논의를 하지 않는다 하더라도 장기간 禪房에 기거하며 禪師들과 교류하면서 산수경물에 몰입하는 가운데 그는 선종의 기본 의리를 자연스레 체득하게 되었을 것이다. 다음 시에는 선복정사에서 한거하던 때의 모습이 잘 묘사되어 있다.

「園亭覽物」(卷七)

積雨時物變,　장마비 내려 만물이 변화하니
夏綠滿園新.　여름의 푸른빛이 온 뜰에 가득하다.
殘花已落實,　남아있던 꽃들도 이미 열매를 맺었고
高笋半成筠.　다 자란 죽순이 절반은 대나무가 되었다.
守此幽棲地,　이 은거지를 지키고 있으니
自是忘機人.　스스로 세상사를 잊은 사람이라네.

---

34) 馬現誠, 「佛教與韋應物及其詩」, 『東岳論叢』, 1999年7月(第20卷第4期), 127-128쪽.

스스로를 완전히 세상사를 잊고 사는 은사의 형상으로 그려놓았다. 산수자연으로부터 佛性을 깨달아 정신적 脫俗을 실천하고자 하는 것이 선종이 제창하는 바이니 위의 시에 그려진 위응물은 이미 선종의 의리에 가까이 가 있다고 할 수 있다. 즉 그는 저주자사로 출사하기 이전 선복정사에서 한거하며 이미 탈속의 경지를 체험하였으며 그 후 관직에 나아가서도 틈나는 대로 산수자연을 탐닉하며 탈속의 경지에 들고자 하였다. 이 같은 생활태도로 인하여 그는 또한 산중의 은사들과 빈번히 교류하였다.

「秋夜寄丘二十二員外」(卷三)

懷君屬秋夜, 이 가을 밤 그대가 생각나
散步咏涼天. 하늘에 대고 시 한 수 읊으며 서성댄다.
山空松子落, 적막한 산중에 솔방울이 떨어지니
幽人應未眠. 숨어사는 그대 응당 잠 못 들 터인데.

평소 교류하던 은사 丘丹을 생각하며 읊은 시이다. 적막한 산중에서 늦도록 가을밤의 정취에 젖어있는 은둔자의 모습을 노래하며 자신도 그 경지를 체득해 보려고 하였을 것이다. 『韋江州集』「卷三」에 주로 실려 있는 隱士 道士 璨師 律師 處士 尊師 들과의 寄贈詩들을 통하여 위응물이 이들과 빈번히 교류하였음을 알 수 있다. 탈속의 경지를 체험하고 은사들과 교류하며 생활하는 시인의 눈에 비친 전원의 경물은 이미 예전의 모습이 아니었다.

「園林晏起寄昭應韓明府盧主簿」(卷三)

田家已耕作, 농가에선 이미 경작을 시작하였고
井屋起晨烟. 집집마다 새벽 연기 피어오른다.
園林鳴好鳥, 뜰에서는 새가 아름답게 지저귀는데
閑居猶獨眠. 여전히 홀로 누워 한가로이 지낸다.
不覺朝已晏, 날이 이미 밝았는지도 모른 채
起來望靑天. 일어나 푸른 하늘을 바라본다.
四體一舒散, 사지를 쭉 펴고 기지개를 켜니

情性亦欣然. 마음이 즐거워진다.
還復茅簷下, 처마 밑에 돌아와
對酒思數賢. 술잔을 드니 여러 현인들이 생각나네.
束帶理官府, 관대를 매고 관아로 나아가니
簡牘盈目前. 공문서가 눈앞에 가득하다.
當念中林賞, 숲에서 보고 즐길 일이 생각나
覽物遍山川. 산천을 돌며 경물을 살펴본다.
上非遇明世, 지금은 밝은 세상이 아니니
庶以道自全. 그저 이 도리로 스스로를 보전하리.

고통 받는 백성들의 모습이나 이들을 바라보며 괴로워하는 자신의 모습은 간데없고 단지 평화로우며 아름다운 전원풍경과 그 속에 젖어 한가로이 지내는 자신의 모습만을 그리고 있다. 시인은 해가 중천에 올라서야 자리에서 일어나 한적한 전원의 정취를 만끽한다. 그러다 일이 생기면 의관을 차리고 관아로 나서지만 속마음은 여전히 숲속을 거닐고 산천을 떠돌아다닌다고 노래한다. 전형적인 "이은"을 실현하는 삶의 모습이다. 마지막 구의 "道"는 "이은"의 생활방식으로 처세하는 도리를 가리킨다고 풀이할 수 있을 것이다. 다음의 시 역시 "이은"을 노래하고 있다.

「東郊」(卷七)

吏舍跼終年, 한 해가 다가도록 관사에 얽매여 있다가
出郊曠淸曙. 교외로 나와 맑은 새벽을 마음껏 즐긴다.
楊柳散和風, 수양버들 바람에 날리고
靑山澹吾慮. 푸른 산이 내 마음을 맑게 한다.
依叢適自憩, 숲에서 마음껏 쉬며
緣澗還復去. 냇가를 따라 이리저리 걸어 다닌다.
微雨靄芳原, 보슬비는 꽃 핀 들판을 적시고
春鳩鳴何處. 뻐꾸기가 어디선가 지저귄다.
樂幽心屢止, 조용한 이곳이 좋아 떠나지 못하고 망설이는데
遵事迹猶遽. 공무를 수행함도 서둘러야 한다네.
終罷斯結廬, 결국 사직하여 오두막 지으면
慕陶眞可庶. 도연명을 흠모함에 실로 가깝지 않은가.

업무에 얽매여 있던 시인이 오랜만에 교외로 나가 산과 숲과 강이 어우러진 자연의 아름다움을 한껏 누리고 있다. 그러던 차에 문득 자신의 직무를 떠올리고는 관사로 향하지만 못내 아쉬워 몇 번이고 가던 걸음을 멈춘다. 관직에 있으면서도 한가한 시간이면 산수를 즐기며 시를 읊는 "이은"의 생활방식을 묘사한 시 이다. 선복정사에 은거하기 직전의 작품인 다음 시에서도 그가 이미 "이은"을 실현하고 있음을 엿 볼 수 있다.

「縣內閑居贈溫公」(卷二)

滿郭春色嵐已昏, 성 안은 온통 봄빛이며 아지랑이도 피어오르고
鴉栖散吏掩重門. 갈가마귀 둥지 찾고 아전들 돌아가니 중문을 닫는다.
雖居世網當清淨, 얽히고설킨 세상에 산다 해도 마음은 응당 맑고 깨끗하며
夜對高僧無一言. 저녁에는 고승을 만나선 아무 말이 없다네.

낮에는 관리로서 직분을 다하지만 밤이면 고승들과 교류하며 혼탁한 현실의 삶 속에서 더럽혀진 몸과 마음을 깨끗이 닦는다. 이는 곧 "이은"을 실현하는 또 하나의 생활방식이다.

위응물의 모든 전원시가 "이은"을 노래하고 있는 것은 물론 아니며 특히 저주자사 부임 이후의 전원시들이라고 해서 모두 "이은"을 노래하고 있지는 않다. 역시 선복정사에서 한거하던 시기에 창작한 다음의 전원시에서는 "이은"을 통한 마음의 평화를 읽을 수 없다.

「觀田家」(卷七)

微雨衆卉新, 보슬비에 뭇 풀들 새싹이 돋고
一雷驚蟄始. 천둥 치자 경칩이 시작되었다.
田家幾日閑, 농가에 한가한 날 얼마나 되랴
耕種從此起. 밭 갈고 씨뿌리기 이제부터 시작이네.
丁壯俱在野, 힘센 젊은이들 모두 들로 나가고
場圃亦就理. 채마밭도 이미 갈아 놓았다.
歸來景常晏, 언제나 해 질 녘이 되어야 돌아오면서
飮犢西澗水. 서쪽 계곡에서 송아지에게 물을 먹인다.

饑劬不自苦, 굶주리고 힘들어도 괴로워하지 않으며
膏澤且爲喜. 단비 내려 대지를 적시면 기뻐한다.
倉廩無宿儲, 곳간에는 남겨둔 곡식이 없는데
徭役猶未已. 부역은 아직 끝나지 않았다.
方慚不耕者, 부끄럽구나 밭 갈지 않는 자여
祿食出閭里. 그대들의 녹봉은 농가에서 나온다네.

위응물의 대표작 가운데 하나로 꼽히고 있는 시이다. 농사철을 맞이하여 한결 더 바빠진 농부들의 고된 일상사를 묘사하는 것으로 시작된 이 노래는 아무리 힘들어도 참고 견디며 오직 농사만을 걱정하는 까닭에 단비가 내리자 즐거워하는 농부들을 읊조리는 대목에 이르러 시인은 오히려 분개한다. 농사짓는 것도 그토록 힘에 겨운데 그들에겐 아직도 다하지 못한 부역이 기다리고 있으며 게다가 먹을 양식도 없는 처지이다. 이에 자신을 포함한 관리들은 힘들여 농사를 짓지도 않으면서 농부들이 생산한 곡식을 녹봉으로 받고 있으니 부끄러워하라고 질책하고 있다. 위응물은 安史의 난으로 인하여 야기된 사회의 각종 병리 현상들이 더욱 심화되는 시기에 지방관으로 나아가 농촌의 처참한 현실을 목도하였다. 이에 그는 전원의 자연경물에 대한 느낌과 사랑을 노래하면서도 앞에서 이미 살펴본 바와 같이 사회적 책임의식을 강조하는 유가사상의 영향으로 사대부로서의 책무를 저버리지 못한 채 고통 받는 농부들에 대한 동정과 사회의 모순에 대한 울분을 함께 노래하고 있는 것이다.

劉熙載는 앞에서 이미 살펴 본 「고릉서정기삼원로소부」(卷二)에 대하여 "위소주(응물)가 백성들을 염려하는 마음이 원도주(결)와 같으니, 「고릉서정」을 보면 이르길‥ '병난과 재난이 오래도록 지속되니 부세와 요역은 언제나 그치려나. 전전긍긍하는 백성들이 가여우나 너그러이 다스리면 나에게 화가 미치네. 밤낮으로 스스로 물러날 생각을 하며 문을 나서 고향산을 바라본다.'라고 노래하였다. 이는 「춘릉행」 「적퇴시관리」와 함께 읽을 만하나, 기풍이 다르니 간략하고 힘이 있다."35)라고 평하였다. 원결의

35) "韋蘇州憂民之意如元道州, 試觀 「高陵書情」云‥ '兵凶久相踐, 賦徭豈得閑. 促戚

「춘릉행」과 「적퇴시관리」는 모두 서문을 통하여 창작 경위를 밝히고 있으니 道州[36]자사였던 원결이 몇 차례의 병란으로 도탄에 빠진 백성들을 목격한 뒤 그들의 고난스러운 삶의 현실을 반영하고 동정심을 표현한 작품들이며 「적퇴시관리」가 통치자의 횡포를 한층 더 신랄히 고발하고 있다. 유희재는 원결의 작품들에 나타난 사실주의 성향이 위응물의 작품에서도 발견됨을 말하고 있는 것이다. 위의 「관전가」 역시 이와 같은 성향의 작품이며 앞에서 이미 살펴본 「채옥행」과 더불어 「貴游行」(卷九)과 「夏冰歌」(卷十) 등 歌行體 형식의 시가들 역시 그러하다. 이러한 사실주의 성향의 전원시로는 위응물과 거의 같은 시기의 시인인 王建의 「田家行」을 찾아볼 수 있으며 晩唐의 皮日休, 聶夷中, 杜筍鶴 등의 작품들이 맥을 잇고 있으나, 대량으로 창작된 것은 뒷날 南宋의 范成大 陸游 楊萬里 등에 의해서 이다.[37] 따라서 「고릉서정기삼원로소부」나 「관전가」와 같은 작품이 이들의 先聲이라고 말할 수 있을 것이다.

「관전가」에서 농사를 짓지도 않으면서 농부들 덕에 먹고사는 관리들을 질책하던 그는 스스로 농사를 배우려하기도 하였다.

「種瓜」(卷八)

率性方鹵莽, 타고난 바 본래 솜씨가 없고
理生尤自疏. 산 것을 다루는 데는 더욱 익숙하지 못하다.
今年學種瓜, 올해 오이 심기를 배웠으나
園圃多荒蕪. 밭은 대부분 황폐해졌다.
衆草同雨露, 뭇 풀들이 비와 이슬과 함께 자라나
新苗獨翳如. 새싹은 시들해졌고,
直以春捃迫, 봄 내내 시간에 쫓겨
過時不得鋤, 때가 지나도록 김을 매지 못 하였다.

下可哀, 寬政身致患. 日夕思自退. 出門望故山,' 此可與 「春陵行」 「賊退示官吏」作幷讀, 但氣別婉勁耳." (劉熙載, 『藝槪』, 上海, 上海古籍出版社, 1978, 卷二 「詩槪」 62쪽)

36) 지금의 湖南省 道縣.

37) 피일휴의 「橡媼嘆」, 섭이중의 「傷田家」, 두순학의 「亂後逢村叟」, 범성대의 「催租行」, 육유의 「農家嘆」, 양만리의 「憫農」 등이 대표적인 작품이라 할 수 있음.

田家笑枉費, 농부들이 헛수고 했다고 놀려대더니
日夕轉空虛. 며칠 안 되어 텅 비어 폐허가 되었다.
信非吾儕事, 분명 나 같은 사람의 일이 아니니
且讀古人書. 그저 옛 사람의 책이나 읽으리.

이 시가 언제의 작품인지 분명하지 않다. 갓 배워 심은 오이 농사는 때맞춰 김을 매지 않아서 잡초가 오이 싹을 뒤덮었고 결국 밭은 엉망이 되어 농부들의 웃음거리가 되었다. 앞의 「관전가」에서 농부들 덕택에 호의호식하는 관리들을 책망하던 위응물이 자신도 결코 그 같은 책망으로부터 자유로울 수 없었으므로 농부들의 힘든 삶도 체험해 보고 자괴감도 덜어보려고 오이농사를 시도하게 되었을 것이다. 『韋江州集』 卷八의 「雜興」에는 "신농서를 즐겨 읽어서, 약초명을 많이 알았다."[38]로 시작하는 「種藥」, "한가한 휴가 날에, 서간의 냇가에 버들을 심는다."[39]라고 한 「西澗種柳」, 찻잎이 자라는 것을 즐거워하며 "깨끗한 성품을 더럽힐 수 없으니, 차를 마셔 세속의 번뇌를 씻는다."[40]라고 노래한 「喜園中茶生」 등 농사와 관련된 시들이 있다.

중국 고대 전원시의 가장 일반적인 주제는 전원생활 속에서의 한적한 정취라고 할 수 있으며 위응물의 작품 가운데도 이와 같은 주제를 다루고 있는 전원시들이 적지 않다. 780년 선복정사에서 한거할 때 지은 다음의 시는 그 가운데 대표작이라 할 만하다.

「閑居寄端及重陽」(卷三)

山明野寺曙鍾微, 산이 밝아오니 선복사 새벽 종소리 은은히 울리고
雪滿幽林人迹稀. 고요한 숲에 눈이 가득 쌓여 인적이 드물다.
閑居寥落生高興, 한가로이 지내며 적적하던 차에 기분이 몹시 좋아져
無事風塵獨不歸. 할 일 없는 속세로 돌아갈 줄 모르네.

---

38) "好讀神農書, 多識藥草名."
39) "聊將休暇日, 種柳西澗濱."
40) "潔性不可汚, 爲飮滌塵煩."

밤새 내린 눈으로 인적이 끊어진 사원의 새벽, 한가로이 지내며 무료해하던 시인은 설경에 매료되어 돌아올 줄 모른다. "風塵"은 벼슬길을 지칭하기도 하므로 관직으로 되돌아가지 않겠다는 의미로 풀이할 수도 있을 것이다. 저주자사 시절에 지은 다음 작품은 그의 대표작으로 꼽힌다.

「滁州西澗」(卷八)

獨憐幽草澗邊生　　서간 시냇가 그윽한 풀 마냥 사랑스럽고
上有黃鸝深樹鳴　　저만치 우거진 숲에서 꾀꼬리 우지진다.
春潮帶雨晩來急　　봄 강물은 비에 불어 저녁 되니 더욱 세차게 흐르고
野渡無人舟自橫　　들녘 나루터엔 사람은 없고 배만 홀로 비껴있네.

봄날 비 온 뒤 시냇가의 해질 녁 풍경을 노래하였다. 한적한 전원의 경치를 그리고 있다고 볼 수도 있으나, 인적이 끊기고 어두워진 나루터에 비로 인하여 급해진 물살 때문에 하류로 쓸리며 비스듬히 매어져 있는 나룻배는 속세의 거친 濁流 속에 처해 있으면서도 탈속의 경지를 지켜가고 있는 시인 자신의 형상을 그린 것으로 볼 수도 있겠다.

「幽居」(卷八)

貴賤雖異等,　귀하고 천함이 다르다 해도
出門皆有營.　문밖을 나서면 제각기 하는 일이 있으니.
獨無外物牽,　홀로 외물에 끌리지 않아
遂此幽居情.　끝내 한가로이 사는 정을 따른다.
微雨夜來過,　보슬비가 밤새 내렸으니
不知春草生.　봄풀은 얼마나 자랐을까.
青山忽已曙,　청산에 아침 해가 밝아오고
鳥雀繞舍鳴.　새들은 집을 둘러 지저귄다.
時與道人偶,　때로는 도사를 만나기도 하고
或隨樵者行.　때로는 나무꾼을 따라 간다.
自當安蹇劣,　나는 이렇게 사는 것이 즐거운 것을
誰謂薄世榮.　그 누가 이 세상 영화가 보잘 것 없다 하였는가.

역시 은둔지에서의 한적한 정취를 노래하고 있는 시이다. 한가로울 때면 자연경관의 아름다움을 만끽하며 때로는 은사들과 교류하기도 하는 삶에 안분지족하는 자신의 모습을 그렸다. 관직생활과 관련된 언급이 없으므로 이 시의 내용을 "이은"과 관련지어 말하기는 어려우나 "出門皆有營"의 구절에서 半官半隱의 이중생활을 암시하고 있다고도 볼 수 있을 것이다.

「관전가」나 「종과」는 "이은"과 직접 관련지어 논할 수는 없는 작품들이다. 그러나 전원에서의 한적한 정취를 표현하고 있는 「한거기단급중양」 「저주서간」 「유거」 등의 작품들이 추구하는 바의 경지는 "이은"을 통해 추구하는 탈속의 경지와 다를 바 없으며, 또한 이 작품들의 창작 시기가 대부분 선복정사에서의 한거생활 이후이므로 "이은"과 관련지어 논하기에 큰 무리가 없다.

위응물은 또한 자신의 하루하루의 삶을 보다 구체적으로 묘사하여 "이은"을 어떻게 실현하고 있는지를 분명히 밝히기도 하였다.

朝與詩人賞, 아침에는 시인들과 시를 즐기고
夜携禪客入. 저녁이면 참선하는 이들을 끌어 들이며,
自是塵外踪, 이로써 속세 밖의 세상을 좇을 것이니
無令吏趨急. 벼슬살이 재촉하지 마시오. 「花徑」(卷八)

物類誠可遣, 산수경물이 실로 즐길 만하거늘
疲甿終未忘. 지친 백성들을 끝내 잊을 수 없어,
還歸坐郡閣, 돌아와 군의 누각에 앉아 있지만
但見山蒼蒼. 그저 짙푸른 산만 바라보고 있다네. 「游瑯琊山」(卷七)

形迹雖拘檢, 몸은 비록 얽매여 있으나
世事澹無心. 세상사에 담담하니 아무 생각없다.
郡中多山水, 군에는 산수가 많으니
日夕聽幽禽. 아침저녁으로 고요한 새소리를 듣는다.
「南園陪王卿游矚」(卷七)

腰懸竹使符, 허리에는 자사의 부신을 달고
心與廬山緇. 마음으로는 여산의 승려와 함께 한다. 「郡內閑居」(卷八)

素友俱薄世, 순수한 벗들 모두 세상을 가벼이 여기니
屢招清景賞. 자주 불러 맑은 경치 감상한다. 「慈恩伽藍淸會」(卷一)

모두 선복정사에서 한거하던 시기 혹은 그 이후의 작품들이다. 몸에는 관복을 입었으나 속세의 온갖 티끌과 번뇌로부터 벗어나 언제나 산수자연을 가까이 하고, 선사 도사 거사 등과 어울려 지내는 "이은"생활의 모습들을 하나하나 진솔하게 그려놓고 있다. 그가 이와 같이 "이은" 그 자체를 부각시켜 표현하고 있는 까닭은 자신이 "이은"을 실현하고 있다는 사실을 주위에 알리는 동시에 확인시키고 싶었기 때문이었다고 볼 수 있다.

蔣寅은 "이은"을 실현함에 있어 시가 창작이 얼마나 중요한 역할을 하는지에 대하여 다음과 같이 말하고 있다. "시를 짓는 것 자체가 바로 '이은'생활 가운데 하나의 중요한 내용이며 난세를 떠도는 관리의 품위를 높이고 시의를 부여하는 핵심요소이다. 다시 말하면, 시가는 이은생활을 드러내고 인식하는 부호일 뿐만 아니라 그 자체가 또한 이은 개념 자체의 중요한 내용이다."41)라고 하였으며 또한 "시로써 비로소 관직에 있으면서도 은둔하는 마음을 드러내고 이은의 고상한 이름을 널리 알리며, 더욱이 평형되고 만족스러운 심리상태로 풍족한 생활을 누려 이은의 실질적 혜택을 얻는다. 이것이 이은의 기본 개념이다."42)라고 하였다. 이는 곧 시가 창작이 "이은"을 행하기 위한 필수불가결한 정신활동임을 지적하고 있는 것이다. 이렇게 볼 때, "아침 내내 시를 지으며, 매우 즐거워 함께 배회한다."43) "하루 종일 관아에 일이 없어, 파초 잎에 홀로 시를 적는다."44) "성안에는 온통 가련한 거만하게 구는 관리들뿐이니, 하루 종일 새로운 시를 짓는다."45) "시를 지어 무사함을 기뻐하며, 관대를 풀고 남쪽 문에 기대어 쉰다."46)라고 한 바와 같이 위응물이 詩作을 생활한 것도 역시

41) 蔣寅, 앞의 논문, 57쪽.
42) 위와 같음.
43) "終朝狎文墨, 高興共徘徊."(「對雨贈李主簿高秀才」卷二)
44) "盡日高齋無一事, 芭蕉葉上獨題詩."(「閑居寄諸弟」卷三)
45) "滿城憐傲吏, 終日賦新詩."(「和李二主簿寄淮上綦毋三」卷三)
46) "賦詩樂無事, 解帶偃南扉."(「和吳舍人早春歸沐西亭言志」卷五)

위와 같은 맥락으로 설명될 수 있을 것이다.

景剛은 현존하는 위응물의 작품 가운데 태학에서 시를 배운 이후 습작한 초기의 작품을 제외한 나머지가 약 500여수이며 그 가운데 저주에서 머물렀던 3년의 기간동안 창작한 작품이 120수로 5분의 1을 차지한다고 하였다.[47] 위응물의 작품 가운데 창작년도를 알 수 없는 경우가 적지 않으니 위의 수치가 정확하다고 보기 어려우나 景剛이 지적한 바를 근거로 위응물이 저주에서 지내는 동안 이전과는 비교할 수 없을 정도의 왕성한 창작활동을 하였다고 주장하기에는 부족함이 없다.

그가 이 시기에 이처럼 창작에 전념할 수 있었던 것은 결국 선복정사에서 한거한 이후로부터 "이은"을 실현하여 출사와 은둔 사이의 갈등으로부터 벗어날 수 있었고, "마음은 들판의 학처럼 속세와 멀어지고, 시는 마치 얼음을 넣은 옥병처럼 바닥이 훤히 보인다."[48]라고 하였듯이 시 속에 자신의 "이은"에 대한 모든 것을 숨김없이 담아놓게 된 결과이다.

그의 전원시 역시 이러한 결과로 창작되었으니 선복정사에서의 한거시기를 경계로 차이를 보이고 있다. 즉 한거 이전의 전원시들이 자연경물들에 대한 세세한 느낌이나 전원생활의 풍취를 노래하면서도 이에 흠뻑 젖어들지 못하고 백성들에 대한 동정이나 관직에 대한 책임감 등 세상사에서 완전히 해방되지 못한 半官半隱의 상태에서 창작되었다면 한거 이후의 전원시들은 출사와 은둔 사이의 갈등으로부터 벗어나 "이은"을 바탕으로 한 탈속의 경지를 한껏 누리며 노래하고 있다.

---

47) 景剛, 「韋應物與滁州」, 『北京大學學報』 (國內訪問學者・進修教師論文專刊), 2003, 139쪽.

48) "心同野鶴與塵遠, 詩似冰壺見底淸"(「贈王侍御」卷二)

Ⅳ. 맺음말

위응물은 약 30년간 출사와 한거를 거듭하며 관직에 대한 회의, 백성들에 대한 동정심과 책임감, 자신의 무능력 그리고 중년 이후 자신을 괴롭힌 각종 질병 등에 의하여 때로는 퇴은을 결심하며 이를 노래하였고 때로는 물러나 한거하였다. 그러나 완전한 은둔을 실천하지는 않았으며 언제나 관직생활로 되돌아가 보다 낳은 관리가 되기 위하여 고뇌하였으니 이는 그가 유가사상의 영향으로 사대부로서의 사회와 백성들에 대한 책임을 저버리지 못하였기 때문이었다.

출사와 은둔의 갈등 속에서 고민하던 위응물은 선복정사에서 한거하던 시기를 전후하여 사대부로서의 사회적 책임을 다한 이후 은둔하기로 새롭게 결심하였고, 이 시기 선종을 가까이 접하면서 자연스레 탈속의 경지를 체험하게 되었다. 그는 이러한 은둔에 대한 새로운 결심과 정신적 해탈을 밑바탕으로 삼아 평소 염두에 두고 있었던 "이은"을 실현할 수 있었으며 출사와 은둔 사이의 갈등에서 벗어나 마음의 평정을 얻게 되었다.

"이은"을 통하여 얻은 마음의 평정은 결국 왕성한 창작활동으로 이어졌으니 위응물이 대량으로 전원시를 짓기 시작하는 것도 바로 이 무렵이다. 그는 "이은"생활의 구체적인 모습을 전원시를 통하여 진솔하게 노래함으로써 관직에 몸담고 있으면서도 산수전원의 아름다움을 만끽하며 탈속의 경지를 체득하려는 "이은"의 실체를 확인하였다. 따라서 그에게 있어 전원시의 창작은 "이은"의 표현 수단인 동시에 그의 "이은"을 더욱 풍요롭게 해주는 정신활동이었다.

參考文獻

韋應物, 『韋江州集』(四部叢刊初編 縮印 明刊本), 上海, 上海商務印書館.
韋應物, 『韋蘇州集』(『文淵閣四庫全書』1072 「集部」11),
臺 北, 臺灣商務印書館, 1988.
『全唐詩』 第六冊(韋應物・卷186-195), 北京, 中華書局, 1979.
欒貴明 等 編著, 『全唐詩索引』(韋應物卷), 天津, 天津古籍出版社, 1997.
陶敏 王友勝 校注, 『韋應物集校注』, 上海, 上海古籍出版社, 1998.
李小松, 『孟浩然韋應物詩選』, 香港, 三聯書局, 1983.
권호종, 『韋應物詩選』(中國詩人叢書 : 唐代編 V6), 서울, 민미디어, 2001.
배다니엘, 『韋應物詩硏究』, 한국외국어대학교박사학위논문, 1997.
오윤숙, 『劉長卿 韋應物 自然詩 比較 硏究』,
성균관대학교박사학위논문, 1998.
傅璇琮, 『唐代詩人叢考』, 北京, 中華書局, 1980.
王學泰 等 撰著, 『唐代文學史』, 北京, 人民文學出版社, 1995.
錢文輝, 『唐代山水田園詩傳』, 長春, 吉林人民出版社, 2000.
呂宗力 主編, 『中國歷代官制大辭典』, 北京, 北京出版社, 1994.
陶敏, 「韋應物生平新考」, 『湘潭師範學院學報』, 1998年第1期.
胥雲, 「韋應物事迹考評」, 『西南民族學院學報』(哲社版), 1995年第2期.
劉蔚, 「式論韋應物的吏隱心態與儒道禪思想之關系」,
『江蘇石油化工學院學報』, 2001年3月(第2卷第1期)
景 剛, 「韋應物與滁州」, 『北京大學學報』(國內訪問學者・進修教師論文專刊), 2003.
馬現誠, 「佛教與韋應物及其詩」, 『東嶽論叢』, 1999年7月(第20卷第4期)
蔣 寅, 「古典詩歌中的"吏隱"」, 『蘇州大學學報』(哲學版), 2004年3月(第2期)
최웅혁, 『淸詩話』와 『淸詩話續編』의 陶淵明 詩에 관한 評語 硏究, 『中國學硏究』 29집.

출처 : 『中國學硏究』 38집

雅正과 神韻의 미학

-王士禎 詞論 -

김규선*

서 론

清初 문단의 거두, 王士禎((1634~1711)은 지금껏 神韻說의 지위와 중요성만을 인정받아 왔을 뿐, 상대적으로 詞, 詞論의 업적은 소홀시 되어 온 점이 없지 않다. 사실 詞學 분야에서도 그의 업적은 詩學 분야의 그것과 비견될 만한데도 그의 詞學에 대한 연구 성과는 아직 매우 부족한 형편이다. 하지만 康熙 初年 詞壇에 관한 현존 자료를 보면 王士禎은 清初에 극히 칭송 받던 詞作家였을 뿐만 아니라 활발한 詞論家였다. 더구나 清代에 가장 일찍 詞 짓기에 열중한 중요 詞人 중 한 사람으로서 詞選 편집, 詞話 서술뿐 아니라 많은 詞集의 評點도 수행했다. 이런 의미에서 그는 清詞 중흥을 이끈 가장 중요한 인물이었다고까지 말할 수 있다.

일찍이 顧貞觀도 王士禎의 당시 詞壇에서의 역할에 관해 아래와 같이 기술했다.

---

* 한국외대 중국어과 강사

國初에 관로의 諸公들이 술을 앞에 두고 長短句를 빌려 胸懷를 토로했는데 처음에는 寄託을 두는 것에서 시작하여 시간이 흐르고 나서는 諧暢을 힘썼다. 그리고 香岩(項元汴)과 倦圃(曹溶)이 당시를 주도했다. 당시 재야의 벗들도 연회석에 함께 참여해 각자 酬和의 글을 남겼고 吳越의 文人들도 풍문을 듣고 앞다퉈 참여해 곱기도 하고 거칠기도 한 작품들을 마구 지어댔다. 漁洋이 廣陵에 있었던 몇 년 동안 실로 詞界를 총 주도했다.

自國初輦轂諸公, 尊前酒邊, 借長短句以吐其胸中, 始而微有寄託, 久則務爲諧暢. 香岩・倦圃, 領袖一時. 唯時戴笠故交・担簦才子, 并與燕游之席, 各傳酬和之篇. 而吳越操觚家聞風競起, 選者作者姸媸雜陳. 漁洋之數載廣陵, 始爲斯道總持.[1]

王士禛이 본격적으로 詞 관련 활동을 벌인 것은 揚州 재임 5년간에 불과한데도 顧貞觀은 뜻밖에 당시 詞壇에서의 그의 주도적 지위를 인정하였다.

이밖에 康熙 16년(1677), 顧貞觀과 納蘭性德이 함께 編選한 『今詞初集』도 위 사실의 증명을 위해 참고할 만하다. 이 選集은 王士禛의 詞를 13수나 수록했다. 그보다 많은 詞를 수록한 이는 수록된 총 87명의 詞人들 중 陳子龍(29수), 龔鼎孳(27수), 朱彝尊(22수), 李雯(18수)뿐이니 여기에서도 順治, 康熙 詞壇에서 그가 차지했던 위치를 능히 짐작할 수 있다.

그러면 이제 淸初 王士禛의 구체적인 詞學 활동을 그 배경과 함께 살펴보도록 하겠다.

Ⅰ. 詞學 활동

1. 明末 淸初 詞壇의 상황

王士禛 詞學을 이해하려면 먼저 明末 淸初 詞壇의 시대적 상황을 파악해야 한다. 사실 詞의 극성기였던 宋이 元으로 바뀌면서부터 詞는 曲에 밀려

1) 「今詞初集・序」光緒翻刻本

퇴보를 면치 못했다. 그리고 이어진 明代 文壇은 "詩必盛唐, 文必秦漢"의 擬古主義가 성행하여 창조력이 결핍된 탓에 원래 감정의 표현이 主를 이루는 詞가 더욱 부진을 면치 못했다. 특히나 明代에는 長篇 故事가 특징인 元曲이 대대적으로 성행, 발전하여, 篇幅이 상대적으로 적은 詞는 한층 발전의 여지가 줄어들었고 宋代 詞音譜의 유실로 인해 음악과의 연관성까지 거의 잃고 말았다. 이런 상황에 대해 王世貞은 "曲이 흥하자 詞가 망하고"(曲興而詞亡) "元에는 曲만 있고 詞가 없다."(元有曲而無詞)[2]라고 하였으며 鄒祇謨도 "套數의 여러 곡이 유행하면서 지난날 '음악이 읊조림에 의거하는' 이치가 모두 없어졌다."(自套數諸曲行, 而昔時聲依永之理盡失矣)[3]라고 하였다.

하지만 그렇다고 해서 明末 淸初에 詞學上의 성과가 全無했던 것만은 아니다. 우선 詞論家로서는 宋詞의 婉約, 豪放의 구분법을 처음 제시한 張綖과, 詞의 本色說을 정립한 王世貞(1526~1590)이 있었고 대표적인 詞 창작 집단으로서는 明 天啓, 崇禎 年間에 松江에서 興起하여 康熙 中葉까지 근 반 세기 동안 지속된 雲間詞派가 있었다. 王士禎 詞學은 이들로부터 직접적인 영향을 받았다.

먼저 南湖居士 張綖은 최초의 詞 圖譜 『詩餘圖譜』[4]를 지은 것으로도 유명하지만 아무래도 詞體의 구분으로 후대 詞學에 심대한 영향을 끼친 것이 최대의 업적이다.

> 詞體는 대략 두 가지가 있으니 하나는 婉約이고 하나는 豪放이다. 婉約은 詞의 정취가 蘊蓄을 지향하고 豪放은 氣象이 호쾌함을 지향하니 이는 작가 자신에게 달려 있다. 예컨대 秦少游의 작품은 대체로 婉約이고 蘇子瞻의 작품은 대체로 豪放이다. 詞體는 기본적으로 婉約을 기준으로 삼으므로 東

---

2) 『藝苑卮言 · 詞論』

3) 『倚聲初集 · 鄒祇謨序』 康熙 初年刊本

4) 宋詞의 音譜가 亡失된 이후 詞는 純文學 양식이 되었다. 당시 詞를 짓던 사람들은 音譜를 의지할 수 없어 前代 詞人들의 聲韻 格式에 의거해 詞를 지을 수밖에 없는 형편이었으므로 詞 聲律의 규범화를 위해 圖譜가 필요해졌다(謝桃坊, 『中國詞學史』, 巴蜀書社出版社, 1993, 101쪽).

坡가 秦少游를 오늘날의 詞手라 평가한 것이고, 陳後山이 東坡의 詞를 천하의 기교를 극도로 발휘한 것이라 평했으나 그 본색은 아니다. 이 책에서 기준으로 제시한 것은 반드시 婉約이어야 만 詞의 본질을 획득할 수 있다는 것이며 음절이 리듬에 맞는 것이 중요하지, 詞의 기교는 미처 돌볼 겨를이 없는 것이라는 것을 독자들은 잘 알아야 한다.

按詞體大略有二：一體婉約, 一體豪放. 婉約者欲其詞情蘊蓄, 豪放者欲其氣象恢弘. 蓋亦存乎其人. 如秦少游之作, 多是婉約；蘇子瞻之作, 多是豪放. 大抵詞體以婉約爲正, 　故東坡稱少游今之詞手；後山評東坡詞雖極天下之工, 要非本色. 今所錄爲式者, 必是婉約, 庶得詞體, 又有惟取音節中調・不暇擇其詞之工者, 覽者詳之.[5)]

위의 婉約과 豪放의 兩大 詞體는 바로 風格이기도 하며 張綖은 어떤 詞 作家의 風格은 둘 중 어느 한 가지가 主인 것으로 보았다. 또한 兩大 詞體 중 婉約을 正體이자 本色으로 판단한 것도 특기할 만하다.

張綖의 이런 관점은 이후 여러 詞論家들의 일종의 金科玉條가 되었다. 後七子 중 一人인 王世貞 역시 "詞는 반드시 느긋하고 미려하여 마치 애교 넘치는 배우를 닮기도 해서 규방에서 읊을 수 있게 한다. 요염한 한 마디는 넋을 잃게 하고 기교넘치는 한 글자는 진한 흥분을 자아내게 하는 것이 중요한다. 慷慨와 포부, 종횡무진과 호쾌는 그 다음일 뿐이므로 짓지 않는 것이 좋다. 짓는다면 大雅의 죄인이 될 지언정 儒者의 冠을 쓰고 胡虜의 복장을 하지는 말아야 한다."(詞須婉轉綿麗, 淺至儇俏, 于閨詹內奏之, 一語之艶, 令人魂絶, 一字之工, 令人色飛, 乃爲貴耳. 至于慷慨磊落, 縱橫豪爽, 抑亦其次, 不作可耳. 作則寧爲大雅罪人, 勿儒冠而胡服也)[6)]라고 하였다. 이 말 중 "느긋하고 미려하여 마치 애교 넘치는 배우를 닮았다"(婉轉綿麗, 淺至儇俏)는 것은 婉約詞이며 "慷慨와 포부, 종횡무진과 호쾌"(慷慨磊落, 縱橫豪爽)는 豪放詞인데 王世貞은 豪放詞를 詞體의 형식으로 詩의 함의를 표현하는 것으로 보고 "儒者의 冠을 쓰고 胡虜의

5) 『增正詩餘圖譜・凡例』 游元涇校刊本
6) 『弇州山人詞部稿』, 『弇州山人詞評』

복장을 하였다"(儒冠而胡服也)고 칭함으로써 사실상 婉約詞를 詞의 本色으로 자리매김했다.

이후 王士禛은 『花草蒙拾』에서 "張南湖(綖)가 詞派를 둘로 나누어 하나는 婉約, 하나는 豪放이라 했다. 내 생각으로는 婉約은 李淸照를 宗主로 삼고 豪放은 辛棄疾을 으뜸으로 친다."(張南湖論詞派有二 : 一曰婉約, 一曰豪放. 僕謂婉約以易安爲宗, 豪放惟幼安稱首)라고 하고, 또 "王世貞이 蘇軾, 黃貞堅, 辛棄疾을 詞의 變體라 한 것이 그것이다."(弇州謂蘇 · 黃 · 稼軒謂詞之變體, 是也)라고 하였으니 사실상 위 두 詞論家들의 관점을 상당 부분 받아들였다고 할 수 있다.

한편 明末 淸初 詞壇의 묘사에서 마지막으로 언급하지 않을 수 없는 것은 곧 雲間詞派의 활동이다. 雲間詞派는 일찍이 明代 中葉 이후 董其昌을 대표로 하는 雲間畵派, 雲間書派를 꽃피운 江南 松江 지역에서 유명한 隱士인 陳繼儒와 施紹莘를 중심으로 興起하였다. 이어 陳子龍, 李雯, 宋征輿, 柳如, 夏完淳 등이 대표 詞人으로 등장하여 그 전성기를 이끌어 갔다. 전성기의 雲間詞派는 "尊晩唐, 北宋"의 기치를 들고서 明淸 교체 전에는 『花間集』을 본받아, 詞를 才子佳人의 풍류로서 대하며 주로 섬세한 小令의 형식으로 閨情, 閨怨類의 '言情之作'을 대량으로 창작했다. 그러나 南明의 멸망 뒤에는 詞風이 일변하여 일종의 다원화, 복잡화의 경향을 보였다. 이때의 작품들 중에는 閨怨의 感興을 寄託한 것들 외에 울적함과 좌절의 심리를 직접적으로 토로한 것들, 사회 현실과 소인배를 풍자한 것들, 典故를 빌어 애국자를 歌頌한 것들도 나타났다. 그런데 이후 陳子龍, 夏完淳이 殉國하고 李雯이 급사하는 등 주도적 인물들이 사라짐에 따라 雲間詞派는 쇠락의 길을 걸었고 詞風도 小令 형식에 집중하고 五代만을 본받는 등 점점 더 狹隘化 됨에 따라 급격히 그 영향력을 잃어갔다. 그러나 雲間詞派는 雅正을 倡導하고 晩唐, 北宋詞의 전통으로 회귀하는 한편, 詞의 抒情 기능을 중시하고 明詞의 纖弱한 氣風을 교정하는 등 적극적인 작용을 하였으며 그 영향력을 松江 인근 지역으로 전파함으로써 이후 陽羨派, 浙西派 등의 탄생과 吳偉業, 陳維崧(1625~1682), 朱彝尊, 納蘭性德 등

名家들의 배출을 가능케 했다. 물론 王士禎의 詞學 활동 역시 이들의 선도적인 詞壇 활동에 힘입은 바 컸다.[7]

王士禎은 이상과 같은, 明末 淸初의 詞壇 상황을 배경으로 詞學 활동을 전개하고 자신의 詞論을 정리, 발전시켰다. 그러나 彭孫遹이 『金粟詞話』에서 "근래 사람들의 詞는 오로지 雲間詞派만이 활발하다."(近人诗余, 云间独盛)라고 말했듯이 전체적으로 볼 때 당시의 詞壇은 저조함을 벗어나지 못한 상태였다. 淸初의 詞 中興은 王士禎과 廣陵 詞壇의 활동이 있은 뒤에야 비로소 가능해졌다.

2. 王士禎의 詞學 활동

王士禎의 시대에도 처음에는 詞作이 부진했다는 사실은 李漁(1611~1685)의 「笠翁餘集自序」를 보면 확인할 수 있다.

> 삼십 년 전에는 글을 읽고 힘써 배우는 學士들이 모두 과거공부에만 열중했다. 詩賦나 古文과 詞를 짓는 사람은 州郡마다 1~2家에 지나지 않았고 많다 해도 몇 사람뿐이었다. 내가 八股文에만 머리를 감싸고 매진한 것은 관직을 구하려는 목적 때문이었는데 당시 세상은 帖括(明經科에서 경문의 일부를 쓴 帖을 제시해 답안을 요구하는 시험의 일종), 時文의 세계였다. 그 뒤에는 詩教가 크게 유행하여 집집마다 三唐을 외우고 사람마다 四始(詩經의 극치)에 능하여 시에 능하지 못한 사람은 무시를 당했다. 帖括, 時文의 세상이 詩賦, 古文의 세상으로 변한 것이다. 그러나 결국 높은 곳에 올라 賦를 짓는 사람은 적었으며 譜에 따라 詞를 짓는 사람 역시 많이 볼 수 없었으니 대체로 모두 시인들뿐이었다. 그래서 근래 십 년 이래 시인들이 크게 늘어남으로 인해 귀하다는 생각이 들지 않았고 앞서기를 좋아하는 이들이 또 다시 시보다는 詩餘를 중시하게 되었다. 한 사람이 주창하자 모두가 호응해 이내 큰 바람이 일어나 시인들이 모두 詞客으로 변했을 뿐만 아니라 규방이나 어린 아이들, 상인에서 시골사람들까지 모두 따라갔다. 그래서 몇 권의 책을 읽고 거리의 노래 구조를 아는 이들이 모두 長短句를 지을 줄 알았다 …….

---

7) 柳文耀, 『雲間文博』 卷一(上海古籍出版社, 1988), 35쪽.

> 三十年以前, 讀書力學之士皆殫心制擧業. 作詩賦古文詞者, 每州郡不過一二家, 多則數人而止矣, 余盡埋頭八股, 爲干祿計. 是當日之世界, 帖括時文之世界也. 此後則詩教大行, 家誦三唐, 人工四始, 凡士有不能詩者輒爲通才所鄙. 是帖括時文之世界變而爲詩賦古文之世界矣. 然究竟登高作賦者少, 卽按譜塡詞者亦未數見, 大率皆詩人耳. 乃今十年以來, 因詩人太繁, 不覺其貴, 好勝之家又不重詩而重詩之餘矣. 一唱百和, 未幾成風, 無論一切詩人皆變詞客, 卽閨人稚子・估客村農, 凡能讀數卷書・識里巷歌謠之體者, 盡解作長短句….[8)]

위 글은 康熙 17년(1678)에 씌어졌다. 즉 順治 初年보다 정확히 30년 뒤인데 李漁는 그 당시 세간에 詞를 짓는 기풍이 없었고 최근 십 년 사이에 비로소 기풍이 살아났다고 말한다. 陳維崧도 「任植齋詞序」에서 順治 7, 8년 사이, 鄒祇謨, 董以寧과 술을 기울이며 小詞를 짓던 정경을 추억하여 "이 때 세상에 塡詞家들이 아직 적었다."(方是時天下塡詞家尙少)[9)]라고 술회했다.

이처럼 順治 前期 십 년간 詞 짓기는 줄곧 저조했으니 詞가 비로소 중흥한 것은 그로부터 30년 후의 일이다. 그렇다면 우리는 무엇이 당시 詞學 중흥의 계기가 되었을까 의문을 가질 필요가 있다. 필자는 그것을 廣陵에서의 王士禎의 詞學 활동이라고 본다. 王士禎이 廣陵에서 수 년간 여러 文友들과 詞로 酬唱을 하고 鄒祇謨와 함께 詞集을 選編한 것은 그의 평생의 문학 활동에서 가장 독특한 부분이며, 淸初의 전체 詞壇에서 가장 주목할 만한 사건이기도 했다. 이 점에 대해서는 嚴迪昌도 『淸詞史』에서 이미 긍정한 바 있다. 그러면 揚州 재임 5년간 王士禎은 구체적으로 어떠한 詞學 활동을 펼쳤을까? 문제를 더욱 분명히 해 서술을 진전시키기 위해 아래에 그의 詞學 활동 연표를 제시해 본다.

> 順治 11년(1654) : 會試 落第(順治 9년)로 집에 기거하며 『嘯餘譜』에 따라 詞 30수를 짓고 「和漱玉詞」몇 수를 지어 『阮亭詩餘』를 묶었다. 自序에서 "지난 십여 세 때 長短句를 배워 지어봤으나 신통치 않아 바로 그만두었다.

8) 『笠翁一家言・笠翁餘集』 上海文會堂石印本
9) 『陳迦陵文集・卷二』 患立堂刊本

이번 여름 몇 개월 동안 승녀들이 여름 解齋 때 편하게 지내는 것을 본받아 지내다가……우연히 『嘯餘譜』를 읽고 문득 붓을 들어 詞를 지었는데 어느덧 30수가 되었다. 易安의 『漱玉』 1권을 책 서랍에 넣어두고 여느 것보다 귀중하게 여겼는데 이제 그 原韻에 의거하며 모두 화답한다."(向十許歲, 學作長短句, 不工, 輒棄去. 今夏數居, 效比丘休夏自恣. ……偶讀『嘯餘譜』, 輒捻筆填詞, 次第得三十首. 易安『漱玉』一卷, 藏之文笥, 珍惜逾恒, 乃依其原韻盡和之)라고 하였다. 「和漱玉詞」의 "낭군은 오동꽃과 같고 첩은 오동꽃 봉황과 같다."(郎似桐花, 妾似桐花鳳)라는 구절은 인구에 회자되어 京師에 '玉桐花'라는 말이 유행했다.

順治 17년(1660) : 揚州 推官에 임명되었다. 가을에 鄒祇謨가 揚州에 와서 그와 함께 『倚聲初集』을 選했다. 그는 그 序에서 "『花間集』, 『草堂詩餘』는 원류이고 『花庵詞選』은 넓어서 섞여 있고 『尊前集』은 간략하여 성기다. 『古今詞統』은 諸家의 장점을 어느 정도 선정했지만 隆慶, ·萬歷은 상세하고 天啓, ·崇禎은 소략해서 鄒子와 내가 일찍이 이를 탄식했다. 그래서 50년 이래 薦紳(官吏), 隱逸, 宮閨의 작품을 망라해서 한 책을 만들어 『花間』, 『草堂』의 뒤를 계승해서 聲音의 道가 인멸되어 전하지 못하는 데에 이르지 않게 했으니 이는 옛 歌弦의 뜻이기도 하다. 책이 만들어지자 이름을 『倚聲』이라 하였다."(『花間』·『草堂』尙矣.『花庵』博而雜,『尊前』約以疏.『詞統』一編稍撮諸家之勝, 然詳于隆·萬, 略于啓·禎. 鄒子與予蓋嘗嘆之. 因網羅五十年來薦紳隱逸宮閨之制, 彙爲一書, 續『花間』·『草堂』之後, 使夫聲音之道不至湮沒而無傳. 亦猶古歌弦之意也. 書成, 命曰『倚聲』)고 적었다. 얼마 후 彭孫遹도 왔으며 鄒祇謨와 함께 그의 「沁園春·偶興」을 각기 和韻했다.

順治 18년(1661) : 이 해에 『青溪遺事』의 畵冊을 위해 「菩薩蠻」8수를 지었고, 여인을 소재로 「浣溪沙」(西施), 「解佩令」(洛神), 「望湘人」(柳毅傳書) 3수, 그리고 「海棠春·閨詞」 4수를 지었다. 이상의 詞들은 鄒祇謨, 彭孫遹, 陳維崧이 모두 和作했다.

康熙 元年(1662) : 袁于令 등 명사들과 紅橋에서 뱃놀이를 하며 詞 「浣溪詞」3수를 짓자 和答하는 사람들이 이어졌다.

康熙 3년(1664) : 孫默이 그와 鄒祇謨, 彭孫遹 세 사람의 詞를 책으로 냈고 鄒祇謨, 彭孫遹의 詞集에 그의 평이 실렸다.

康熙 5년(1666) : 西樵와 함께 陳維崧의 『烏絲詞』를 評校했다.

康熙 6년(1667) : 孫默이 또 曹爾堪, 王士祿, 尤侗 세 명의 詞集을 냈고 모두 그의 평이 실렸다.

康熙 7년(1668) : 孫默이 또 陳維崧, 陳世祥, 董以寧, 董俞 네 명의 詞集을 냈고 모두 그의 평이 실렸다. 이밖에 宋琬의 『二鄉亭詞』를 평했다.

康熙 9(1670)~10년 사이 : 京師의 宋琬의 저택에서 戲劇을 보고 「蝶戀花」를 지었다.
康熙 12년(1673)~15년 : 曹貞吉의 『珂雪詞』 2권을 평했다.
康熙 15년(1676) : 董元愷의 『蒼梧詞』 12권을 평했다.
康熙 18년(1679) : 卓回가 『古今詞匯』 3編 8卷을 모을 때 대조, 정정을 해 주었다.
康熙 28년(1689) : 章丘縣의 동년배 劉渡의 집 繡江園을 방문하여 기념으로 「點絳脣」을 벽에 남겼다.

王士禛의 일생을 종적으로 조감하면 주로 두 시기, 즉 順治 11년에 집에 머물 때와 揚州 근무 기간에 詞 창작이 집중적으로 이뤄졌음을 알 수 있다. 하지만 그의 詞學 활동은 康熙 28년 그가 56세일 때까지 지속적으로 이어졌다. 蔣景祁는 『刻瑤華集述』에서 "王詹事 阮亭이 詩格에 精研하여 『衍波』 이후는 일체 금하고 詞를 짓지 않았다."(王詹事阮亭精研詩格,「衍派」 以後禁不作詞)라고 말했지만 사실 신빙성이 없는 발언이다.10)

위의 연표를 통해 비교적 분명하게 당시 王士禛의 詞學 활동의 의의를 확인할 수 있다. 順治 11년, 그가 당시 詞人들에게 극찬을 받은 『阮亭詩餘』를 편찬했을 때, 陳維崧은 다만 술이 취했을 때나 가끔 한두 수 小詞를 지었을 뿐이다. 또 朱彝尊은 順治 10년 陳維崧과 친교를 맺었을 때 아직 詞 짓기를 알지 못했으며 3년 후 詞宗 曹溶을 따라 嶺表를 유람할 때 지은 『眉匠詞』는 나중에 대부분 삭제되었다. 현존하는 『江湖載酒集』의 많지 않은 작품은 이미 康熙 3년 雲中을 유람할 때 지어진 것들이다. 그리고 小長蘆釣師(朱彝尊)가 詞壇에 들어왔을 때는 마침 王士禛이 몸을 뺐을 때와 거의 일치한다. 이것은 정말 의미심장한 역사적 사례로서 王士禛이 객관적으로, 明에서 淸으로 이어지는 세 大家(吳偉業, 龔鼎孳, 曹溶)와 雙雄(陳維崧, 朱彝尊)을 잇는 교량 역할을 했음을 알 수 있다.

만약 王士禛이 보통 詞人이었거나 혼자 재미로 詞를 짓는 것에 불과했다면 그저 『今詞初集』 이나 『瑤華集』에 의미 없는 이름을 남기는 데 그쳤을

10) 「王漁洋與淸詞之發軔」, 『文學遺産』 1996年 第 2期, 94쪽.

것이며, 康熙 詞壇에 詞 짓기의 기풍을 일으키지도 못했을 것이다. 하지만 그는 역사에 의해 선택되어 揚州에 부임하고 詞學 활동을 전개함으로써 清初 詞壇의 부흥을 이끄는 위치에 서게 되었다.

隋代에 대운하가 개통된 이래, 廣陵은 수륙의 요충지로서 宋代에 '淮左名都'라는 명칭으로 불렸으며 清代에는 鹽運의 요충지로 더욱 발달하여 많은 富가 모여들었다. 또한 王士禎이 부임한 順治, 康熙의 교체기에는 揚州城 안팎에 유명한 才士들이 살고 있었다. 예컨대 현지 인물로는 吳綺, 宗元鼎 형제, 王懋麟 형제, 冒壁疆 부자, 孫枝蔚, 陳世祥이 있었고, 외지 사람으로는 陳維崧, 孫黙 등이 있었다.

당시 청년 명사로서 부임해온 王士禎은 이른바 "삼십의 王郎은 어엿한 젊은이로, 황금 鑄印을 두 팔에 차고 있네. 이런 건장함은 일찍이 보지 못했었네."(三十王郎年正少, 恰黃金鑄印雙懸肘 ; 此意氣, 古無有) (陳維崧, 「賀新郎 · 賀阮亭三十」)라는 평가를 받았다. 또한 예의 바르게 선비들을 대하고 서로 친밀하게 교류하며 시와 술을 나눴다. 孫金礪는 「紅橋雅集記」에서 당시 술을 마시며 시를 짓던 즐거운 장면을 형용하여 "뿔 술잔은 비가 쏟아지고 그림 새긴 피리는 서리가 날리는 듯하였네. 玉山이 모두 무너지고, 珠鬟이 기울어지려 하였으니 질탕한 風流는 충분한 즐거움을 가져다 주었네."(觥籌雨渙, 鏤管霜飛, 玉山皆頹, 珠鬟欲欹. 風流宕跌, 致足樂矣)라고 읊었다. 尤侗(1618~1704)도 彭孫遹의 『延露詞』를 위해 쓴 序文에서 그 상황을 언급했다.[11]

> 詩는 詩餘 때문에 망하고 또한 詩餘 때문에 존재하였으니 詩餘가 存亡을 한 것이 아니라 詩餘를 지은 사람이 존망케 한 것이다. ……대개 維揚은 아름다워서 본디 詩餘의 땅이다! ……蕪城에 올라선 '西風殘照'를 읊을 만하고 隋苑에 이르러선 '金鎖重門'을 읊을 만하고 玉鉤斜를 지나면서는 '曉星明滅'을 읊을 만하고 二十四橋에 올라선 '吹簫玉人'에게 물으며 '衣染鶯簧'을 읊을 만하고 青樓에 술을 싣고 가 '竹西歌吹'를 들으며 '并刀如翦'을 읊을 만하고 雷塘에 나아가 八月의 潮水를 보며 '玉虹遙挂'를 읊을 만하니 어찌

11) 『國朝名家詩餘 · 延露詞』 留松閣刊本

> 文章太守가 平山欄監에서만 독보적 글솜씨를 자랑하게 할 수 있겠는가. ……지금 彭子의 재능을 江山이 도와 큰 제방의 버들을 꺾고 官閣의 매화를 대하며 選樓의 公子가 물에 손을 씻고 책을 장정하며 殿脚의 夫人이 눈썹을 예쁘게 그리고 벼루를 받들고 있으니, 辛棄疾을 데리고 李淸照를 이끌어서 柳永을 머금고 秦觀을 吐하며 紅杏尙書와 花影郎中과 더불어 風月을 공평히 나눈다면 본디 詩餘의 땅인 維揚에 이어 彭子는 詩餘의 사람이 될 것이다. 그 땅이 있는데 그 사람이 있고 그 사람이 있는데 그 詞가 있는 것이다.

> 詩以餘亡, 亦以餘存. 非詩餘之能爲存亡, 則詩餘之人存亡之也. ……蓋維揚佳麗, 固詩餘之地也! ……故登蕪城, 宜賦西風殘照；弔隋苑, 宜賦金鎖重門；過玉鉤斜, 宜賦曉星明滅；上二十四橋, 問吹簫玉人, 宜賦衣染鶯簧；載酒靑樓, 聽竹西歌吹, 宜賦幷刀如翦；進雷塘, 觀八月潮, 宜賦玉虹遙挂. 豈惟平山欄檻, 讓文章太守揮毫獨步哉? ……今以彭子之才, 江山助之, 折大堤之楊柳, 對官閣之梅花. 選樓公子, 盥水裝書；殿脚夫人, 畵眉捧硯. 宜其提辛攀李, 含柳吐秦, 與紅杏尙書・花影郎中平分風月. 則維揚固詩餘之地, 而彭子乃詩餘之人也. 有其地, 有其人；有其人, 有其詞.

그들이 보기에 이미 揚州는 단순히 풍경이 아름다운 성곽이나 가무가 행해지는 연회장이 아니었다. 역사의 여운이 넘치고 宋詞의 예술적 분위기가 남아 있는 장소였다. 그들은 명승, 고적이 가득한 그곳에서 古今을 살피며 "詩餘가 存亡을 한 것이 아니라 詩餘를 지은 사람이 존망케 한 것이다."라고 깊은 감개를 노래했다.

彭孫遹은 확실히 '詩餘之人'이기는 했지만 아직 詩餘를 "存亡之"할 만한 인물은 아니었다. 당시에 변변한 爵祿이 없었던 그는 충분한 영향력을 발휘할 수 없었다. 오직 王士禎이 領袖가 되기에 가장 적당한 인물이었다. 지위와 명망, 재능, 탈속적인 흉금, 詞에 대한 흥미가 자연히 그를 廣陵詞 활동의 핵심 인물로 만들었다. 현재 彭孫遹, 鄒祗謨, 陳維崧, 이 세 명의 문집에 집중적으로 실려 있는 唱和之作을 통해 우리는 당시 그들이 酬唱한 우아한 분위기를 느껴볼 수 있다. 王士禎은 결국 廣陵에서의 몇 년간에 걸친 詞學 활동을 통해 康熙朝 詞 창작의 중흥기를 열었다.[12)]

---

12) 蔣寅, 위의 글, 96쪽.

앞의 연표에서 열거한 몇 차례 唱和 외에 예컨대 鄒祇謨 역시 「黃河淸慢·阮亭招觀競渡竟日即席同方坦庵·棲岡·邵村·唐耕塢諸先生分賦用晁次膺韻」, 「綺羅香·廣陵阮亭署中酬趙千門見贈原韻」, 「透碧宵·同阮亭飮吳陵宮紫懸先輩小西湖」, 「泛淸波摘遍·爲阮亭詠庭前金鯽」, 「翠羽吟·爲阮亭賦庭前鸂鶒」, 「三臺·用琅邪氏事贈王阮亭三十初度戱用辛稼軒用陸氏事送玉山陸令體」, 「戚氏·輯『倚聲集』將成復得阮亭新詞幷簡」 등의 詞를 남겼다. 모두 順治, 康熙 교체기에 王士禛의 官署에 들러 지은 작품들이다.

이처럼 빈번했던 唱和와 吟詠 활동은 揚州 詞學 활동에서 王士禛이 담당했던 주도적인 역할을 확인시켜준다. 그리고 嚴迪昌은 "揚州 詞學 활동의 중심에서 행해진 모임과 작품 선정은 곧 明, 淸 詞風 전환기의 극히 중요한 지표이다."(揚州詞學活動中心的社集和選政之操, 乃是明淸詞風相交接轉化期的一個極重要的標志)[13]라고 하여 그가 주도한 廣陵 詞 모임의 詞學史적 중요성을 확인시켰다. 하지만 王士禛이 주도하고 전개한 이런 활동들은 어찌 보면 문학 외적 현상일 뿐 진정으로 詞史 발전에 중대한 의미를 갖는 동시에, 淸詞 중흥에 끼친 王士禛의 주요 역할을 구현한 것은 역시 그의 새로운 詞論이다.

Ⅱ. 詞論 관련 著作과 詞觀

明代에는 각종 문학 體裁들이 성과를 거뒀지만 유독 詞學만이 상대적으로 부진했다. 그래서 淸初가 되어서 詞學의 停滯와 작가들의 암중모색이라는 국면이 빚어졌으며 바로 이 시점에서 詞學 전통의 새로운 확인이 이뤄져 詞風의 변혁이 일어났다. 비록 이 사건은 전적으로 王士禛의 손을 통해 완성된 것은 아니지만 그 시발점은 그의 詞學 활동이었으며 그 중요한

13) 嚴迪昌, 『陽羨詞派硏究』, 59쪽.

기초는 바로 그의 새로운 詞論이었다. 그러면 그의 詞論의 주요 주장을 분석하기에 앞서 그의 주요 詞論 관련 著作과 詞의 본질과 성격에 대한 그의 기본 관점을 확인해 보자.

1. 詞論 著作

王士禛 詞論을 고찰할 때 그 원천으로서 먼저 살펴야 할 것은 그의 유일한 專門 詞論集『花草蒙拾』14)이다. 이 詞論集은 歷代로 그 成立 연대가 논의의 한 대상이었는데 그간의 성과를 모아 현대의 吳宏一이 「王士禛的詞集與詞論」에서 다음과 같이 단언했다.

> 대략 順治 17년(1660)에서 康熙 9년(1670) 사이에 저작된 것으로 보이지만 그의 글에서 언급한 내용과 鄒祇謨, 彭孫遹이 유추한 내용들을 종합하면 王士禛이 揚州에서 관직생활을 할 때인 順治 17년(1660)에서 康熙 4년(1665) 사이이거나 늦어도 그로부터 몇 년 지나지 않은 시기에 이루졌음이 분명하다.15)

吳宏一이 鄒祇謨의『遠志齋詞衷』, 彭孫遹의『金粟詞話』, 沈謙의『塡詞雜說』등을 자세히 검토하여 내린 위의 결론은 상당히 정확하지만 그 연대 규정이 조금 광범위하다. 하지만 어쨌든 이 詞論集이 그의 廣陵 詞壇 활동 시기에 지어진 것만은 거의 확실해 보인다. 즉『花草蒙拾』이 씌어진 시기는 王士禛의 揚州 推官 재임 기간(1660~1664)이며 이때의 王士禛은 막 '而立'에 접어든 나이였다.

王士禛은 이 책의 저작 동기에 관해 그 小序에서 "이따금『花間』,『草堂』을 읽다가 마음에 와 닿는 것이 있으면 朱砂로 써놓은 것이 수십 편에

14) 唐圭璋 編,『詞話叢編』第一冊(中華書局, 1986), 671~686쪽.

15) "約著成于順治十七年以後, 至康熙九年間, 但根據文中所論, 以及和鄒祇謨, 彭孫遹互爲推轂, 互爲稱引來看, 應該著成于王氏司理揚州之時, 卽順治十七年後至康熙四年間, 至多晚不過幾年."(吳宏一,『淸代詞學四論』, 臺灣聯經出版事業公司, 1990, 45쪽)

달하였다. 程邨이 억지로 이것을 판각해 첫 권에 실어서 내가 이를 막을 수가 없어 『花草蒙拾』이라고 제목을 달았다.”(往讀『花間』·『草堂』偶有所觸, 輒以丹鉛書之, 積數十條, 程邨强刻此集卷首, 僕不能禁, 題曰『花草蒙拾』)라고 회상했다. 즉 『花草蒙拾』은 『花間』, 『草堂』의 札記 성격으로 씌어진 글이다. 그리고 위 글에서 ‘程邨’은 곧 王士禛의 친구 鄒祗謨이며 ‘此集’은 최근 학자 倫明의 의견에 따르면 『倚聲集』이다. 또 倫明은 「漁洋山人著書考」에서 “『花草蒙拾』은 王士禛의 저술이며… 『倚聲集』 첫 권에 실었다.”(『花草蒙拾』, 王士禛著……刻『倚聲集』卷首)[16]라고 하였다. 『倚聲集』은 현재 찾아보기 어려워 論究하기 힘들지만 「漁洋山人著書考」의 풍부한 기초자료 조사를 감안하면 그의 이 발언은 신빙성이 있다.

다음, 『倚聲集』의 성격과 著作 배경에 관해서도 알아보자. 『倚聲初集』이라고도 불리는 이 책은 王士禛과 鄒祗謨가 공동으로 編選한 詞集으로서 비록 專門 詞論集은 아니지만 작품 선별과 序言, 많은 評語들을 통해 王士禛 詞論의 원칙들이 구현된 중요 저작이다. 그 성립 연대는 공동 編者인 鄒祗謨의 행적을 통해 추적해 볼 수 있다. 鄒祗謨는 順治 17년(1660) 揚州에 와 康熙 3년(1664)에 雲陽으로 떠났으니, 그 기간이 王士禛의 揚州 推官 재임 기간과 정확히 일치한다. 이후 北京으로 자리를 옮긴 王士禛은 康熙 9년 鄒祗謨가 죽을 때까지 한 번도 그와 만나지 못했다. 따라서 『倚聲初集』이 이 두 사람의 공동 작업임을 감안하면 이 책의 성립 시기는 틀림없이 順治 17년~康熙 3년(1660~1664) 사이일 것이다. 또한 王士禛은 『香祖筆記』 卷九에서 “40년 전, 廣陵에서 鄒訏士 祗謨와 함께 『倚聲集』을 편집했다.”(40年前, 在廣陵與鄒訏士祗謨同定『倚聲集』)라고 했다. 『四庫全書總目提要』에서 『香祖筆記』에 대해 “모두 康熙 癸未(1703), 甲申(1704) 2년 동안 기록한 것이다.”(皆康熙癸未·甲申二年所記)라고 한 것을 감안하면 그 40년 전이란 康熙 2, 3년(1663, 4)을 뜻한다. 만약 이 ‘40년’이 정확한 숫자면 『倚聲集』의 성립 시점은 응당 그 때일 것이다.

16) 倫明, 「漁洋山人著書考」, 『燕京學報』 總第5期.

그렇지 않고 대체적인 숫자라 해도『倚聲集』의 성립 연대는 다만 위로 몇 년 정도밖에 올라가지 않는다. 왜냐하면 우리는 앞에서 이미 그 성립 연대의 하한선이 康熙 3년임을 확인했기 때문이다.

『花草蒙拾』과『倚聲初集』은 王士禎 詞論의 개략을 살필 수 있는 거의 모든 원천이다. 揚州를 떠난 후 그가 거의 詞學 활동에 종사하지 않았기 때문이다. 비록 다른 저작들에 詞 관련 주장이 없는 것은 아니지만 모두 극히 단편적이며 별반 의견이 달라진 것이 없다. 이 때문에 아울러 우리는 王士禎 詞論이 '而立'의 시기에 이미 기본 형태가 완성되었다고 단정할 수 있다.17)

2. 詞觀

王士禎 詞論에서 우선 눈에 띄는 점은 詞의 源流와 성격에 관한 그의 독특한 관점이다. 그는 이 부분에서 무엇보다도 詞와 樂府의 관계에 주목했다.『倚聲初集 · 序』를 보면 먼저 "師曠은 바람을 살펴 盛衰를 예감하고 季札은 음악을 관찰하여 興廢를 알아차렸다. 聲音의 道가 아니면 어떻게 사람을 이토록 깊이 감응시킬 수 있겠는가!"(夫師曠覘風而識盛衰, 季札觀樂而知興廢. 非聲音之爲道, 何以感人如此其深耶!)라고 하여 民心과 그 向背를 반영하는 음악의 기능을 중시함으로써 간접적인 방법으로 음악적 성격을 지닌 문학 장르들의 가치를 높였다. 이어 "대저 세대의 오르내림은 각기 다르지만 聲音의 내용은 같다."(大抵世代升降不同, 而聲音之道則一)라는 말로 초시대적인 '聲音之道'의 절대적 보편성도 강조하면서 비로소 음악적 韻文들을 문학사적으로 거론하기 시작한다.

> 樂辭를 詩라 하고 詩聲을 歌라 한다. 尼夫(孔子)가『詩經』을 刪定할 때 詩가 되고 聲이 된 것은 風雅에 포함하고 詩는 되고 聲이 되지 못한 것은 逸詩로 배치했다.『詩經』을 잘 읽는 자가 聲을 통해 의미를 고찰한다면 聖人의 본지에 거의 다가갈 것이다.

17) 鞏曰國, 위의 글, 63쪽.

樂辭曰詩, 詩聲曰歌. 尼夫之刪詩也, 得詩而得聲者, 則列之風雅, 得詩而不得聲者, 則置之逸詩. 善讀詩者, 由聲以考義, 而與聖人之志庶幾其不遠乎.

여기에서 王士禎은 『詩經』을 "聲으로 의미를 고찰하고"(聲以考義) "성인의 본지"(聖人之志)를 좇는 것으로 보았는데 사 역시 음악 문학인 까닭에 『詩經』처럼 民情을 표현하는 동시에 載道의 작용까지 갖춘 장르라는 것을 미루어 짐작하게 만든다. 그리하여 아래 부분에서는 드디어 詞의 문학사적 위치를 적극적으로 긍정하기에 이른다.

梨園의 弟子들이 부르는 노래는 대부분 당시 시인들의 작품이다. 예컨대 王之渙의 「凉州詞」와 白居易의 「柳枝」가 이에 해당하며 王維의 「渭城曲」은 더욱 많이 유전되어 樂府에선 세 번 중첩되는 형식으로까지 발전했다. 이밖에 李白과 杜甫, 李紳, 張籍 등이 사실에 따라 音調를 만들어 작품은 풍부하지만 그 음절이 노래로 부를 수는 없다. 詩의 功能이 궁지에 부닥치면서 聲音(詞)의 장르가 끝내 사라질 수 없었다. 이에 따라 溫庭筠과 和凝이 태어나 『花間』이 나오고 李淸照와 晏殊가 출현하며 『草堂』이 대두됐으니 이것이 詩의 餘事이고 樂府의 변화이다. 詩餘란 古詩의 다른 갈래이다.

梨園弟子所歌, 率當時詩人之作, 如王之渙之「凉州」·白居易之「柳枝」, 王維「渭城」一曲流傳尤盛, 樂府譜爲三疊. 此外, 雖以李白·杜甫·李紳·張籍之流, 因事創調, 篇什繁富, 要其音節皆不可歌. 詩之爲功旣窮, 而聲音之道勢不可以終廢. 於是溫·和生而『花間』作, 李·晏出而『草堂』興, 此詩之餘而樂府之變也. 詩餘者, 古詩之苗裔也.

위의 논리에 의하면 『花間』, 『草堂』 등의 출현은 시의 음악적 기능이 소실된 것과 연관이 있다. 民情의 본질을 전달하는 문학의 본질과 聲音의 道가 결코 폐기될 수 없는 초시대적인 것임을 상기하면 이는 당연한 일이다. 바로 이런 맥락에서 "詩의 功能이 궁지에 부닥치면서 聲音(詞)의 장르가 끝내 사라질 수 없었다."(詩之爲功旣窮, 而聲音之道勢不可以終廢)라고 말한 것이다. 결국 詞라는 문체의 출현은 시의 문체를 계승하여 일어난 셈이니 이 역시 문학사의 변화 규칙에 따른 발전이라고 할 수 있다.[18)]

王士禎은 이를 가리켜 구체적으로 "詞體는 古詩의 후예"라고 표명함으로써 고작 술자리의 여흥 취급을 받던 기존의 詞의 지위를 한껏 끌어올렸다.

이밖에 王士禎은 『阮亭詩餘·序』에서도 詞體의 문학사적 가치를 높게 평가하였다.

> 詩에 반드시 詩餘가 있는 것은 『經』에 반드시 『離騷』가 있는 것과 같으니 『騷』에 반드시 古詩와 樂府가 있는 것과 같다. 그리고 古詩와 樂府에 반드시 歌行과 近體·絶句가 있는 것도 같은 이치이다. 사람이 마음에 느낀 바가 있는데도 표현할 수 없을 땐 말로 표현하려 하고 말로 표현할 수 없을 땐 여운을 담아 길게 말하게 되고 길게 말하는 것으로 부족할 땐 반복해서 연결하고 읊고 짙게 스며들어서 비탄과 억울과 유쾌한 생각을 다 나타내려 하는 것이 사람의 마음이다.
>
> 夫詩之必有餘, 與『經』之必有『騷』,『騷』之必有古詩樂府, 古詩樂府之必有可行·近體·絶句, 其致一也. 凡人有所感于中, 而不可得達, 則思言之, 言之不足, 則長言之, 長言之不足, 則反復流連·詠嘆·淫佚, 以盡其悲鬱愉快之致, 亦人情也.

위 글은 『詩經』, 『離騷』, 古詩樂府, 歌行體, 近體詩, 絶句 등이 모두 인간의 진실한 감정과 느낌에서 기원하였으며 문자를 통해, 그리고 음악에 의지하여 탄생한 문학임을 역설하고 있다. 王士禎은 이런 주장으로 음악 및 문학 발전사에서의 詞體의 지위를 긍정하고 있다. 이런 논리대로라면 詞體는 『詩經』, 樂府와 비견되는 높은 가치와 독립적 지위를 획득하게 되는 것이다. 王士禎은 이런 방식으로 詞를 '小道'로 치부했던 당시 사람들의 편견을 타파하려 했다.

이상의 논의를 종합하면 王士禎은 民風과 民情을 진실하게 담아내는 음악적 韻文의 초시대적 본질을 확인하고 『詩經』에서 詞, 曲에 이르는 중국 韻文社 전체를 이 본질 위에 다시 세웠으며, 이런 방식으로 새롭게 詞體의 성격과 위치를 정립하였다. 특히 이 과정에서 음악성을 매개로

---

18) 卓惠美, 『王士禎詞與詞論之硏究』 (臺灣 淡江大學中國文學硏究所 碩士論文, 1994년), 218쪽.

詞와 古詩를 연결, 그 가치를 동일시한 것은 당시로서는 매우 획기적인 관점이었다.

Ⅲ. 詞論의 내용

王士禛 詞論의 경향에 관해 일반적으로 꼽는 특징은 바로 '自然'의 중시이다.[19] 그는 인위적 彫琢을 피한 '無痕迹'의 詞, 즉 '出於自然'의 詞를 지향하고 높이 평가했다. 이 관점은 곧 그의 詞論 전체를 떠받치는 기초이기도 하다. 이밖에 좋은 사의 주요 기준으로 '雅正'을 꼽기도 했다. 그런데 이런 관점들은 곧바로 宋代 詞學의 大家 張炎(1248~?)의 詞 주장을 상기시키고 실제로 여러 세부 사항에서 많은 연관성을 노출시키므로 상세한 고찰이 필요하다.

1. 張炎 詞論과의 관계

『花草蒙拾』에서 직접적으로 張炎 詞論을 거론하는 부분은 바로 아래 인용문이다.

> 張玉田이 말하기를 "詠物이 가장 어려운데 體認이 조금만 진실로 흐르면 구애되어 通暢하지 못하고 묘사가 조금만 거리가 있으면 어두워서 밝지 못하다"고 했다. 그래서 史梅溪(達祖)의 「詠春雪」, 「詠燕」과 姜白石의 「詠促織」을 絶唱으로 삼는 것이다.
>
> 張玉田謂："詠物最難, 體認稍眞, 則拘而不暢；摹寫差遠, 出晦而不明". 而以史梅溪之「詠春雪」·「詠燕」, 姜白石之「詠促織」爲絶唱.

張玉田은 바로 張炎이다. 위 글은 張炎의 『詞源·詠物』에서 직접적으로

19) 梁榮基, 『詞學理論綜考』(北京大學出版社, 1991), 21쪽.

영향을 받았다. 정신(神)을 취하면서도 형태(形)를 버리지 않고 사물(物)을 읊으면서도 사물에 빠지지 않는다는 것이 張炎의 詠物詞에 관한 주장이다. 王士禛은 이 기준을 받아들이고 그것으로 벗들인 鄒祗謨, 彭孫遹의 詠物詞를 평했다. 그래서 鄒祗謨의 「詠落花」, 「詠蟋蟀」, 「詠草」, 「詠金錢花」, 「詠白鸚鵡」 등에 대해 "정신을 담아내는 데만 그치는 것이 아니라 거의 혼백의 자취를 더듬고자 했다"(不獨傳神寫照, 殆欲追魂攝魄矣)고 賞讚했다. 아울러 陸輔가 『詞旨』에서 張炎의 詞論에 대해 서술한 부분을 살펴보자.

> 古人의 詩에 飜案法이 있는데 詞 또한 마찬가지다. 詞는 彫刻을 필요치 않는데 彫刻이 되면 氣를 상하므로 自然에 힘써야 한다. 周淸眞의 典麗와 姜白石의 騷雅, 史梅溪의 句法, 吳夢窓(吳文英)의 字面이 두드러지는데 四家의 장점을 취하고 四家의 단점을 버린 것이 바로 이 분(張炎)의 요체이다.
>
> 古人詩有飜案法, 詞亦然. 詞不用彫刻, 刻則傷氣, 務在自然. 周淸眞之典麗, 姜白石之騷雅, 史梅溪之句法, 吳夢窓之字面, 取四家之所長, 去四家之短, 此翁(張炎)之要訣.

王士禛도 『花草蒙拾』에서 "前輩가 史梅溪의 句法과 吳夢窓의 字面을 이야기한 것은 참으로 확고한 논평이지만 彫刻하면서도 天然을 잃지 않는 것이 더욱 필요하다."(前輩謂史梅溪之句法, 吳夢窓之字面, 固是確論 ; 尤須彫刻而不失天然)고 말했으니 이는 "詞가 彫刻이 필요치 않고 自然에 힘써야 한다"는 張炎의 주장을 계승한 것이 분명하다.

王士禛과 張炎은 詞의 심미적 취향에 있어서도 일치하는 점이 많다. 張炎은 詞가 雅正해야 하고 "한번 情에 부림을 당하면 雅正한 音을 잃는다."(一爲情所役, 則失其雅正之音)[20]고 생각했다. 그래서 柳永(987~1053), 康伯可의 저속한 詞를 비판하는 동시에 周邦彦(1056~1121)의 일부 詞에 대해서도 불만을 표시했다. 예컨대 周邦彦의 「解連環」, 「風流子」, 「意難忘」, 「慶宮春」 등의 結尾가 "갈수록 淳厚한 것이 변해 혼탁한 기풍이

---

20) 『詞源・雜論』

돼버렸다."(諄厚日變成澆風也)고 생각했다. 王士禎도 그와 똑같이 雅正을 詞 비평의 기준으로 보고 『花草蒙拾』에서 "牛給事(嶠)의 '일생을 모두 제쳐두고 오늘 그대와 맘껏 기쁨을 누리리라'는 지나치게 느끼한데 南唐(李煜)의 '제가 어려움을 무릅쓰고 온 것은 그대 맘껏 예뻐하게 하려는 것이오'가 여기에 기조를 두고 있다. '조용히 속삭이며 사람에 기대어 허리를 꼭 안는다'에 이르러서는 기풍이 바로 떨어진다."(牛給事 '須作一生拚, 盡君今日歡', 狎昵已極. 南唐 '奴爲出來難, 敎君恣意憐', 本此, 至 '檀口微微, 靠人緊把腰兒貼', 風斯下矣)고 주장했다.

다음으로, 張炎은 詞에 淸空이 필요하다고 주장하여 "詞는 淸空해야지 質實해서는 안된다. 淸空하면 古雅, 峻拔하지만 質實하면 凝澀, 晦昧하다."(詞要淸空, 不要質實. 淸空則古雅峻拔, 質實則凝澀晦昧)[21]라고 하였다. 이에 근거하여 그는 姜夔(1155~1221)의 詞가 마치 "들판에 구름이 홀로 날 때 오고 가는 자취가 없다"(野雲孤飛, 去留無迹)고 하고 吳文英(1212~1272)의 詞는 "마치 七寶로 장식한 누대와 같아 사람의 이목을 현혹시키는데 이것을 잘게 부수면 斷片도 이루지 못한다."(如七寶樓臺, 眩人眼目, 碎折下來, 不成片斷)[22]고 비판했다. 사실 그가 주장한 淸空이란 바로 古雅하고 자유로운 언어이며 아울러 淸幽, 淡遠, 空靈이 표현된 詞境을 뜻한다. 이 점에서도 王士禎은 張炎과 의견이 같다고 할 수 있다. 王士禎은 "陳大樽(子龍)의 시는 시작과 끝이 온화하고 미려한데 湘眞의 詞 또한 마찬가지다. 그러나 잘 배우지 못한 사람은 황금을 새겨 넣고 옥을 조각해 넣는데 그것은 마치 흙과 나무에 무늬와 수를 놓는 것일 뿐이다."(陳大樽詩首尾溫麗, 湘眞詞亦然. 然不善學者, 鏤金雕琼. 正如土木被文繡耳)라고 밝혔다. '鏤金雕琼'은 곧 淸空의 반대, 즉 質實로 나아가니, 따라서 그는 그것을 잘 배우지 못한 이의 행태라고 보았다. 또한 그는 『花間』의 뛰어난 점이 "황금을 넣고 자수를 놓았으나 흔적이 없는 것"(蹙金結繡而無痕迹)이라 보았으며 『草堂』의 뛰어난 점은 바로 "물이 촬촬촬 흐르고 봄이

21) 『詞源 · 淸空』
22) 위의 글

솜솜솜 무르익는 것"(采采流水, 蓬蓬遠春)이라고 생각했다. 이것은 '淸空'에 대한 그의 훌륭한 주석인 셈이다. 아울러 張炎은 詞가 意趣가 있어야 한다고 여겼으며 특히 詞가 前人을 답습하면 안 되고 새로움을 창출해야 함을 강조했다. 그런데 『花草蒙拾』 역시 인습적인 詞句를 일일이 드는 방법으로 비평의 기준이 前人을 답습하지 않는 데 있음을 드러낸다.

> "누각 위 맑은 하늘에서는 푸른 빛이 사방에 내리고"는 韓侍郞(偓)의 "누각에 기대어 눈물이 사방에 흘러내리네"에서 활용된 것으로 모두 가작이라 할 수 있다. 歐文忠(陽修)의 "언덕을 치는 春水엔 사방에 하늘이 드리웠다"와 柳員外(永)의 "사방 하늘 드리운 곳에 眼界가 끊어졌다"는 韓偓의 글귀에서 활용된 것인데 意致가 약간 감소되었다.
>
> "樓上晴天碧四垂", 本韓侍郞 "淚眼倚樓天四垂", 不妨幷佳. 歐文忠 "拍堤春水四垂天", 柳員外 "目斷四天垂", 皆本韓句, 而意至少減.

같은 답습이라 해도 歐陽修, 柳永이 사용한 '垂天', '天垂'는 원래의 '天四垂'와 비교해 달라진 게 없어 意趣가 줄어들었다. 그러나 "樓上晴天碧四垂"는 새로운 뜻이 있어서 王士禎의 인정을 받았다. 宋祁의 "紅杏의 가지 위에 春意가 요란하다"(紅杏枝頭春意鬧)가 "날씨 따스하니 살구나무 가지 붉구나."(暖覺杏梢紅)를 바탕으로 한 것과 李淸照의 "눈썹을 내리자 이내 마음에 오른다."(才下眉頭, 却上心頭)가 范仲淹의 "이 일은 모두 눈썹 사이와 마음 위에서 회피할 생각이 없다"(都來此事, 眉間心上, 無計相回避)을 바탕으로 한 것도 다 새로운 의미를 창출한 예로서 王士禎의 칭찬을 받았다. 이밖에도 詞의 창작에 있어 張炎은 억지로 남의 詞에 和韻하는 것을 반대하여 그것이 "한낱 고심만 낭비하여 문장 전체가 안정된 모습을 볼 수 없다."(徒費苦思, 未見有全章妥溜者)고 하였다. 王士禎 역시 "絶調는 억지로 만들 수 없다."(絶調不可强擬)고 생각해서 예를 들어 張杞의 「和花間詞」에 대해 "망령 든 남자가 古詩 十九首와 郊祀鐃歌를 두루 다뤄보려고 한 꼴이다."(妄男子擬遍十九首與郊祀鐃歌)라고 조소했다.

하지만 王士禎이 張炎의 詞論을 완전히 받아들였다고는 할 수 없다.

두 사람의 詞論 중에 서로 어긋나는 부분도 있기 때문이다. 예컨대 張炎은 辛棄疾의 豪放詞를 좋아하지 않아 "雅詞가 아니다."(非雅詞也), "筆墨을 戱弄하여 長短句의 시를 지은 것일 뿐이다."(戱弄筆墨爲長短句之詩耳)[23] 라고 생각했다. 반면 王士禎은 "辛詞磊落"라고 생각해 辛棄疾을 豪放派의 우두머리로 높이는 한편 그의 詞를 계승할 만한 이가 드물다고 주장했다. 이는 辛棄疾이 자신과 같은 山東 출신이라는 점을 감안한 사적 평가일 수도 있지만 어떻든 婉弱, 豪放 兩派를 兼容한 그의 태도는 긍정할 만하다.

위와 같이 王士禎 詞論은 張炎의 詞論의 미학적 기준과 취향을 대부분 긍정적으로 수용하였고 이를 바탕으로 詞論을 발전시키며 자체의 특성을 드러냈다. 그러면 이제 비로소 그의 詞論의 두드러진 특성들을 하나씩 확인해 보자.

2. 주요 특성

王士禎 詞論의 특성은 그가 상정한 이상적인 詞의 風格, 詞의 境界에서 공히 드러난다. 전체적으로 보면 詞作의 '自然' 風格, 神韻의 詞 境界, 詞의 豪放–婉約 이분법에 대한 개방적 태도 및 南宋 詞의 재발견 등을 꼽을 수 있는데, 이 특성들은 이후 淸代 詞 부흥의 훌륭한 밑거름이 되었다.

(1) 자연스럽고 솔직한 詞風의 選好

앞에서도 기술했듯이 明淸 교체기의 詞壇은 완전히 雲間詞派의 영향력 아래 있었고 王士禎 본인도 의심할 여지없이 張炎의 詞論 외에도 陳子龍(1608~1647)의 詞論을 일정 정도 받아들였을 것이다.[24] 이 점은 謝章鋌이 이미 지적한 바 있다. 그는 "옛날 陳大樽(子龍)이 溫(庭筠), 李(商隱)를

23) 『詞源 · 雜論』

24) 하지만 그는 이미 雲間詞派가 "泥于時代"하여 지나치게 편협하였음을 통찰하였으며, 당연히 자신의 박학함과 詩, 詞의 역사에 대한 식견을 토대로 하여 옛 전철, 즉 晩唐五代의 수준에 머무르는 우를 범하지 않았다.

正宗으로 삼은 뒤 吳梅村(偉業)에서 王阮亭까지 모두 이를 따라서 당시 晚唐을 추구하지 않는 사람이 없었다."(昔陳大樽以溫李爲宗, 自吳梅村以逮王阮亭, 翕然從之, 當其時無人不晚唐)[25]라고 기술했다. 바로 이런 이유로 인해 王士禛 詞論은 『花間』, 『草堂』을 正宗으로 삼고 "詞爲艶科"를 긍정하는 전통적 색채를 갖고 있다. 그의 詞作은 대체로 전통적인 여성 題材를 사용했고 詞論인 『花草蒙拾』도 역시 『花間』, 『草堂』를 읽은 札記이다. 그는 『倚聲初集』에서 伯兄인 西樵(王士祿)의 「蓄女怨 · 次溫飛卿韻」에 대해 "글자마다 생동해서 『花間』의 神이다."(字字生動, 『花間』 之神)라고 평했으며 彭孫遹의 「浣溪紗 · 踏靑」에 대해서는 "풍기는 氣가 난초와 같아서 彭十郎을 만날 때마다 나는 보잘 것 없는 사람인 것이 부끄럽다." (吹氣如蘭, 每當十郎, 輒自愧傖父)라고 평했는데, 이 양자는 모두 晚唐, 北宋 詞의 부드럽고 고운 자태에 대한 선호를 드러낸다.

하지만 『花間』, 『草堂』의 風度에 대한 그의 선호가 주로 양자의 자연스러움과 솔직함에 착안한 것임을 반드시 지적할 필요가 있다. 그는 그것이 곧 詩餘의 본색이라고 생각했다. 그는 曹爾堪의 「鷓鴣天 · 冬日小集」과 彭孫遹의 「如夢令 · 惜別」에 대해 모두 "그 本色은 사람이 배우기 어렵다."(本色人難學)고 하고 또 "羨門(彭孫遹)의 이런 부분은 결국 미칠 수 없다."(羨門此等處竟不可及)고 주장했다. 그의 詞論의 宗旨가 종래의 本色說을 직접적으로 계승하였음을 알 수 있다. 또 『花草蒙拾』에서는 "'향기가 나는 眞色은 사람이 배우기 어렵다'는 '단청한 여인은 묘사하기 쉽지만 眞色人은 배우기 어렵다'라는 것에서 나온 것으로 千古 詩文의 비결이 이 일곱 글자에 다 들어있다."('生香眞色人難學', 爲 '丹靑女易描, 眞色人難學'所從出. 千古詩文之訣, 盡此七字)라고 하였다. 이런 논단이 詞의 평에서 나온 것은, 그의 전체 이론의 外延에 역시 詞가 포함되어 있음을 드러낸다.

그렇다면 이 '人難學'의 '眞色'은 도대체 어떠한 경계를 가리키는 것일까? 그것은 바로 자연스러운 전달이다. 王士禛은 董以寧의 「長相思 · 舟泊」

---

25) 「賭棋山莊詞話」續編卷三, 『詞話叢編』 第4冊, 3530쪽.

에 대해 "두 起句에 압운한 것은 천연의 오묘함을 보여준다."(兩起句押, 妙出天然) (「蓉渡詞」)고 평했다. 이것은 押韻을 말한다. 또 黃永의 「滿江紅·聞笛」에 대해서는 "입을 통해 나온 것이 자연과 점차 가까워진다."(沖口而出, 漸近自然)(「溪男詞」)고 평했다. 이것은 언어를 말한다. 그리고 鄒祇謨의 「魚游春水·感憶」에 대해서는 "情을 전하고 景을 그리며 소매를 툭 쳐 장단에 맞추는 것 등이 모두 자연에 가깝다."(傳情繪景, 投袂赴節, 都近自然)고 주장했다. 이것은 情景, 音節을 말한다. 이른바 自然, 天然이라는 것은 모두 反人工, 反彫琢, 反穠艶의 예술 경향을 뜻한다. 이것은 梁淸標의 「眉峰碧·春日」에 대한 그의 評語에서도 발견된다. 그는 이 詞가 "40자로 엮어 곡진한 뜻을 전달하며 천연의 본색을 갖추고 있다. '붉은 살구나무 가지에 봄이 요란하다'고 읊은 저 尙書(宋祁)의 글은 金粉氣가 많다는 느낌이 들게 한다."(結十四字, 回環盡致, 本色天然. 彼紅杏枝頭春意鬧尙書, 猶嫌金粉氣重)고 평했다. 宋祁의 「玉樓春」는 王國維가 "鬧자 한 글자를 씀으로써 경계가 모두 드러났다."(著一鬧字, 而境界全出)(『人間詞話』)라고 하여 후대 사람들이 더욱 그것을 격찬하게 되었다. 그러나 王士禎의 '漸近自然'이라는 기준에서 보면 "紅杏枝頭春意鬧"는 "金粉氣重"을 면치 못한다.

(2) 神韻의 藝術 境界

위에서 기술한 대로 王士禎의 詞論은 비록 『花間』, 『草堂』의 金粉에서 나왔지만 그 양자를 초월하려는 의도를 드러냈다. 이런 의도는 그 동기가 『花間』의 예술적 특징에 대한 그의 어떤 가치판단에서 비롯되었다. 그는 彭孫遹의 「卜算子·詠懷」를 평하길 "羨門의 小令을 읽을 때마다 溫岐(庭筠)와 牛嶠는 文字를 떠나지 못했다고 일괄하고 싶게 된다."(每誦羨門小令, 輒妄謂溫岐·牛嶠未離文字)라고 하였고 彭孫遹의 「生查子·病起」에 대해서도 "한 글자를 쓰지 않아도 이따금 글 밖에 홀로 뛰어나다."(不著一字, 往往文外獨絶)라고 하였다. 여기에서 우리는 王士禎의 詞論과 詩論이 같은 宗旨, 즉 그가 누차 밝힌 "不著一字, 盡得風流"의 宗旨를 갖고 있음을 알 수 있다.

그는 詞를 논할 때도 똑같이 '神韻'의 범주로 그런 예술 境界를 지칭했다. 『倚聲初集』에서 陳子龍의 詞를 평하길 "大樽 등의 詞는 神韻이 天然하고 風味가 끝이 없어 마치 瑤臺의 신선이 홀로 서서 부채를 흔드는 듯하며, 「湘眞」은 만년에 지은 것으로 담긴 뜻이 아주 섬세하고 처량하다."(大樽諸詞神韻天然, 風味不盡, 如瑤臺仙子獨立却扇時, 而「湘眞」一刻, 晩年所作, 寄意更綿邈悽惻)라고 하였다. 그의 門人인 王懋麟은 「錦瑟詞 · 詞話」에서 그의 말을 끌어들여 "歐陽脩, 晏殊의 正派는 모두 神韻에 오묘함이 있다." (歐晏正派, 妙處俱在神韻, 不在字句)라고 하였다. 또한 그는 李天馥(1635~1699)과 함께 毛際可(1633~1708)의 『浣雪詞鈔』를 평하면서 그 첫 권의 첫 수 「瑤花 · 玉蘭」에 대해 "神韻의 담박하고 빼어남은 瑤臺月下의 구절을 읊는 것과 같다."(神韻澹雋, 如詠瑤臺月下之句)라고 하였다. 이상은 모두 神韻을 미학적 기준으로 삼아 작가를 평한 예들이며 『花草蒙拾』에서 "卓珂月(人月)이 逸才라고 자부하며 『詞統』의 편찬을 통해 수집, 채록하고 정수를 감별한 것은 말끔히 정리한 대단한 공로가 있다. 그러나 자신의 저작에 있어서는 宋人과 거리가 아직 멀어서 神韻과 興象이 전혀 보이지 않는다."(卓珂月自負逸才, 『詞統』一書搜采鑑別, 大有廓淸之功. 乃其自運, 去宋人門廡尙遠, 神韻興象, 都未夢見)라고 한 것은 神韻을 기준으로 내린 부정적 판단에 속한다.

神韻은 주로 사물과 관련된 개념이므로 王士禎은 詠物과 관련하여 비교적 많이 기술했으며 대체로 "정신을 담아내고"(傳神寫照), "외형을 취하지 않고 정신을 취했다"(不取形而取神)의 표현 방식을 추종했다. 이는 그의 詠物詩에 관한 주장인 '不粘不脫'과 표리관계를 이루는데, 그래서 蔣景祁(1646~1695)는 『刻瑤華集述』에서 "벗어버리려 하지도 않고 붙이려 하지도 않는다."(不欲脫, 亦不欲粘)를 『倚聲集』의 宗旨로 삼았다. 이 부분은 그의 詞論 경향에 대한 당시 사람들의 인식을 보여주며, 아울러 康熙朝 詞史의 방향에 대한 그의 영향도 나타낸다.

神韻은 사실상 王士禎 詞學 이론체계의 한 기본 범주였다. 그러나 필자가 보기에 王士禎 詞學 속의 神韻說은 詩論의 그것만큼 유명하지 않고 詞壇과

詞學에 있어서도 그리 중요시하지 않았다. 왜냐하면 詞體는 "정밀하고 아름답고 잘 꾸며져야 하는데"(要眇宜修) 완곡하고 부드러우면서도 아름다운 그 본질로 인해 자연히 神韻에 치우친 경향을 갖고 있기 때문이다. 따라서 이 문제에 있어 王士禎은 詞學에서는 어떤 발휘와 개척의 여지가 별로 없었다. 다시 말해 그의 詞論의 神韻 개념은 詩學에서만큼 사람들에게 풍부한 내포의미를 지닌 새 범주로 인식되지 못했다.

(3) 婉約과 豪放의 融合

어쨌든 王士禎 詞論의 핵심은 神韻說의 응용과 확산이 아니다. 그의 詞論의 발전 방향과 당대 詞壇에 대한 영향력은 南北宋을 아우르고 婉約, 豪放之爭을 초월하는 그의 포용성과 개방성에서 제일 먼저 결정되었다. 陳子龍은 연구자들에게 자주 인용되곤 하는 「幽蘭草序」에서 詞의 전통을 南唐부터 北宋에 이르는 諸家들로 확정하고 "金陵의 두 군주(李璟, 李煜)로부터 靖康에 이르기까지 대대로 작가가 있었는데."(自金陵二主, 以至靖康, 代有作者), "남쪽으로 넘어오고 나서 이 소리가 마침내 묘연해져 강개를 기탁한 작품은 뻣뻣하고 경솔해서 傖武에 가깝고 세속과 어울린 작품은 비루하고 천박해서 優伶에 젖어들었다."(南渡以還, 此聲遂渺. 寄慨者亢率而近于傖武, 諧俗者鄙淺而入于優伶)고 판단하였다. 그러나 이에 대해 王士禎은 첨예하게 반대 의견을 밝혔다.

> 宋이 남쪽으로 넘어온 뒤 梅溪(史達祖), 白石(姜夔), 竹屋(蔣捷), 夢窓(吳文英) 등 諸子들이 극진한 아름다움을 표출한 작품은 秦觀과 李淸照도 따라오지 못한다. 神韻이 天然한 곳은 미치지 못하기도 하지만 요컨대 충분히 주목하여 감탄할 만하다. 이는 마치 唐의 絶句가 晩唐의 劉賓客(禹錫)과 杜京兆(牧)에 이르러 빼어난 곳은 도리어 靑蓮(李白)과 龍標(王昌齡)보다 한층 앞서는 것과 같다.
>
> 宋南渡後, 梅溪・白石・竹屋・夢窓諸子, 極姸盡態, 反有秦・李未到者. 雖神韻天然處或減, 要自令人有觀止之嘆. 正如唐絶句, 至晩唐劉賓客・杜京兆, 妙處反進靑蓮・龍標一塵.

위의 말은 그가 자칭 '童蒙'이라고 하여 지은『花草蒙拾』안에 있으며 당연히 젊은 시절 형성된 견해일 것이다. 나중에는 彭孫遹의「白紵·春暮」를 평하면서 또 아래의 말을 보탰다.

> 詞는 少游와 易安을 宗主로 삼는 것이 원칙이다. 그러나 竹屋, 梅溪, 白石 등 諸公들이 극진한 아름다움을 표출한 작품은 秦觀과 李淸照도 따라오지 못한다. 비유하자면 絶句에 있어서 劉賓客과 杜京兆가 이따금 靑蓮과 龍標보다 한 단계 위에 올라 있는 것과 같다. 羨門(彭孫遹)이 高觀國과 史祖達에 각고의 노력을 기울였으므로 神妙한 조예가 많은 것이며 程村(鄒祗謨)도 내 말에 수긍했다.
>
> 詞以少游·易安爲宗固也, 然竹屋·梅溪·白石諸公極妍盡態處, 反有秦李未到者. 譬如絶句至劉賓客·杜京兆, 時出靑蓮·龍標一頭地. 羨門刻意高史, 故多神妙之詣, 程村亦首肯予言.

일찍이 鄒祗謨의『遠志齋詞衷』에서 인용된 바 있는 위 글은 南宋詞에 대한 王士禎의 재평가가 南宋詞 추종의 先聲일 뿐만 아니라 동년배 작가들의 동의와 찬사를 얻어 詞壇에 영향을 끼쳤음을 보여준다. 鄒祗謨가 그의『遠志齋詞衷』에서 詞가 "姜(夔), 史(達祖), 高(觀國), 吳(文英)에 이르러 한 편, 한 편 전체적으로 煉句, 琢字의 법이 갖춰지지 않은 것이 하나도 없다."(至姜·史·高·吳, 而融篇煉句琢字之法, 無一不備)라고 한 것은 바로 王士禎의 견해를 이어받은 것이다.

이런 열린 태도를 바탕으로 王士禎은 줄곧 대립해 왔던 婉約, 豪放 두 파에 대해서 통달한 입장을 취했다. 비록 婉約派를 우선시하기는 했지만 그렇다고 豪放派를 얕보거나 배척하지도 않았다. 그는 언젠가 "詞家들이 이따금 綺麗와 豪放 두 파를 좌우로 확연히 나누어버리기도 하는데 나는 마땅히 正變을 구분해야지 優劣로 구분해서는 안 된다고 생각한다."(詞家綺麗·豪放二派, 往往分左右袒. 予謂第當分正變, 不當分優劣)[26]고 주장했다. 또『倚聲初集·序』에서는 창작 範例의 관점에서 唐宋詞 발전의 몇

26)『香祖筆記』卷九

가지 단계와 유파를 서술했다.

> 詩餘는 古詩의 苗裔이다. 그 正을 이야기하자면 南唐의 두 君主(李璟, 李煜)가 시조가 되고 漱玉(李淸照), 淮海(秦觀)에 이르러 極盛을 이루었으며 高觀國, 史達祖가 음향을 계승했다. 그 變을 이야기하자면 眉山(蘇軾)이 始源을 열었고 稼軒(辛棄疾), 放翁(陸游)에 이르러 變의 극진을 보였으며 陳亮과 劉過가 그 후예이다. 詩人의 詞는 唐, 蜀, 五代의 諸人들이 이에 속하며 文人의 詞는 晏殊, 歐陽脩, 秦觀, 李淸照 등이 이에 속하며 詞人의 詞는 柳永, 周美成(邦彦), 康與之 등이 이에 속하며 英雄의 詞는 蘇軾, 陸游, 辛棄疾, 劉克庄이 이에 속한다.
>
> 詩餘者, 古詩之苗裔也. 語其正, 則南唐二主爲之祖, 至漱玉・淮海而極盛, 高・史其嗣響也 ; 語其變, 則眉山導其源, 至稼軒・放翁而盡變, 陳・劉其餘波也. 有詩人之詞, 唐・蜀・五代諸人是也 ; 有文人之詞, 晏・歐・秦・李諸君子是也 ; 有詞人之詞, 柳永・周美成・康與之之屬是也 ; 有英雄之詞, 蘇・陸・辛・劉是也.

이 주장은 詞史 자체의 발전에 착안하여 工拙의 가치판단보다 사실 인식을 중시하였다. 그래서 精深한 문학사의 식견을 보여주는 동시에 詞學 전통의 내포 의미를 한층 풍부하게 만들어 간접적으로 적절하면서도 실행 가능한 발전 경로를 詞壇에 제시하였다. 이런 이유로 당시 詞人들은 이 주장에 크게 동감하였다. 田同之는『西圃詞說』에서 이를 인용하며 "南宋과 北宋은 正變으로 논할 수는 있어도 工拙로 나눌 수는 없다."(南北宋止可論正變, 未可分工拙)라는 王士禛의 말을 "천고에 바꿀 수 없는 원론이다."(千古莫易之論)라고 극찬했다.

이밖에, 아마도 같은 濟南 출신이기 때문인지 王士禛은 李淸照, 辛棄疾, 이 두 同鄕 선배를 매우 존숭하여 그들을 각기 婉約과 豪放, 두 파의 대표 詞家로 보았다. 그는『花草蒙拾』에서 "張南湖(綖)가 詞派를 둘로 나누어 하나는 婉約, 하나는 豪放이라 했다. 내 생각으로는 婉約은 易安(李淸照)을 宗主로 삼고 豪放은 幼安(辛棄疾)을 으뜸으로 친다. 모두 우리 濟南 사람인데 계승하기가 어렵다."(張南湖論詞派有二 : 一曰婉約, 一曰豪放. 僕謂婉

約以易安爲宗, 豪放惟幼安稱首, 皆吾濟南人, 難乎爲繼矣)고 했다. 이는 地緣에 의한 판단의 혐의가 없지는 않지만 그 안에 體現된 시각은 깊은 이론적 의미가 있다. 沈曾植이 "이 논평은 明代의 諸公들이 미칠 수 있는 것이 아니다."(此論非明代諸公所及)라고 칭찬한 것도 아마도 그런 점에 착안한 것이리라. '二安并擧'는 婉約, 豪放, 두 風格의 대립을 해소하고 두 파의 예술 정신을 융합시켰으며, 아울러 北宋과 南宋의 詞에 대한 가치 판단을 동일하게 만들었다. 그럼으로써 詞의 전통을 더 명확하고 풍요롭게 변화시키고 淸詞로 하여금 『花間』의 가볍고 화려함에서 벗어나게 했다.

이후 康熙 17년(1678), 朱彛尊, 王森이 共編한 『詞綜』이 세상에 나와서는 그 순박하고 우아한 風格으로 『草堂』의 남은 영향까지 일소해 버렸다. 淸詞는 이때 비로소 전통의 개조를 완성하고 스스로 성숙한 경지에 도달했다. 언젠가 嚴迪昌은 "廣陵 詞壇의 집단 酬唱, 작품 선별, 교정 등의 활동은 포용하고 겸비하며 다양한 미학적 정취를 담아내는 폭넓은 기상을 보여준다."(廣陵詞壇的社集酬唱·合操選政的各種活動, 表現出來的是兼容并蓄·包納各種審美情趣的寬宏氣象)[27]라고 지적했다. 하지만 그는 동시에 王士禎이 豪放한 風格을 배척했다고 말하는 실수를 저질렀다. 文獻을 보면 王士禎은 결코 豪放한 風格을 배척한 흔적을 찾아볼 수 없다.

『花草蒙拾』에서는 '東坡豪放'에 대해 명확히 말하길 "名家의 길에는 본디 두 파가 있다. 蘇公이 스스로 이르기를 '내가 술에 취해 초서를 쓰면 술이 깨었을 때 열 손가락에서 기운이 철철 넘치는 것을 느낀다'고 했고 黃魯直도 '東坡의 글씨는 바다 위에 일렁이는 파도의 기운을 갖고 있다'고 했는데 東坡를 읽을 때도 이와 같이 해야 한다."(名家當行, 固有二派. 蘇公自云 : '吾醉後作草書, 覺酒氣拂拂, 從十指間出.' 黃魯亦云 : '東坡書挾海上風濤之氣.' 讀東坡當作如是觀)라고 했으며 '辛詞磊落'에 대해서는 또 "石勒이 이르기를 '大丈夫는 포부가 훤칠해야지 결국 曹孟德이나 司馬仲達의 여우같은 애교를 배워서는 안된다'고 했는데 稼軒의 詞도 이같이

27) 嚴迪昌, 『淸詞史』(江蘇古籍出版社, 1990), 51쪽.

봐야 한다."(石勒云, '大丈夫磊磊落落, 終不學曹孟德・司馬仲達狐媚.' 讀稼軒詞, 當作如是觀)라고 논했다. 그리고 만년에 편찬한 『古夫于亭雜錄』 卷四에 와서도 역시 "少游나 易安같은 詞가 본디 그 본색이지만 東坡와 稼軒이 太史公의 筆力으로 詞를 지은 것도 기묘함을 떨쳤다고 할 만하다. ……자체가 天地間에 훌륭한 글이므로 감히 小道라고 지목해서는 안 된다."(詞如少游・易安, 固是本色當行. 而東坡・稼軒以太史公筆力爲詞, 可謂振奇矣. ……自是天地間一種至文, 不敢以小道目之)라고 주장했다. 이 밖에도 그는 詞를 평하면서 자주 辛棄疾, 蘇東坡의 詞와 비교하였고 자신도 「踏莎行・醉後作」, 「南浦・寄興」, 「沁園春・偶興」 등에서 두 사람의 호방한 풍격을 본받았다. 朱彝尊에 비해서도 王士禎의 詞에 대한 취미는 사실 매우 활달하였다.

Ⅳ. 詩論과 詞論의 관계

여기에서 한 가지 밝혀야 할 문제가 있다. 그것은 바로 王士禎의 神韻詩論과 詞論의 관계이다. 현대의 張綱文, 孫克强 같은 연구자들은 습관적으로 "王士禎은 神韻說로 詩壇에서의 지위를 확고히 한 동시에 神韻說로 詞도 논하였다."라고 말한다. 즉 王士禎이 神韻說로 詩壇을 평정한 후에 그 이론을 詞論으로 옮겨왔다는 식이다.[28] 아래 구절들이 그 극명한 예이다.

> 그의 神韻은 淡泊과 蒼勁을 겸유하고 있는데 그의 詞論 역시 神韻을 宗旨로 삼고 있다……神韻說은 淡遠 속에 蒼勁을 나타낼 것을 주장하는데 그것은 필연적으로 그의 詞 창작에도 영향을 미쳤다.
>
> 他的神韻, 是要淡泊蒼勁兼而有之, 而他的詞論也是以神韻爲宗的……神韻說主張淡遠中見蒼勁, 必定影響到他詞的創作.[29]

---

28) 鞏曰國, 「從『花草蒙拾』看王漁洋詞論與詩論之關係」, 『淄博學院學報』 1999년 제2기, 62쪽.

> (王士禛)은 神韻說로 詩壇에서 높은 지위를 확립했는데 이와 동시에 그는 神韻說로 詞를 논하고 詞의 창작을 지도하였다.
>
> (王士禛)以其神韻說確立了詩壇上的崇高地位. 與此同時, 他還把神韻說用來論詞, 指導詞的創作實踐.30)

> 그러나 王士禛 詞論이 詩論보다 먼저 형성되었다고 보는 의견도 있다.

> 漁洋의 神韻說 활용에 있어 詞를 앞서 논하고 詩를 뒤에 논하였다. 따라서 실질적으로 시를 논하며 神韻을 주장한 영향이 詞論에 미친 것이 아니라 반대로 詞를 논하며 神韻을 주장했던 것이 詩論에 영향을 준 것이다.
>
> 漁洋神韻說用以論詞在前, 用以論詩在後, 實際上很可能不是論詩主神韻影響到論詞, 而是正相反, 因論詞主神韻而影響論詩.31)

과연 어떤 의견이 옳을까? 이 문제는 王士禛의 전문 詞論인『花草蒙拾』과, 그의 揚州 시절 5년간의 문학 활동에 대한 고찰을 통해 답을 찾을 수 있다.

먼저 위에서『花草蒙拾』의 성립 시기를 고찰하면서 그것이 王士禛E의 양주 재임 기간(1660~1665)이라는 결론을 낸 바 있다. 한편 王士禛의 대표적 詩論인 神韻說이 처음 본격적으로 개진된 글은 1688년 編選한『唐賢三昧集』의 序言이다. 이후『居易錄』,『池北偶談』,『香祖筆記』를 거치며 그의 神韻說은 더 풍부해지고 완벽을 기하게 된다.『唐賢三昧集』을 編選할 때 王士禛의 나이는 이미 55세였고『居易錄』,『池北偶談』,『香祖筆記』가 완성된 시기는 더 훗날이다. 즉 그의 詞論이 '而立'에 벌써 형성된 반면, 그의 詩論은 만년에 이르러 성숙한 셈이다. 따라서 그가 神韻詩論으로 먼저 詩壇을 휘어잡은 후 이어 그것으로 詞를 논했다는 주장은 설득력이 없다.

---

29) 薛祥生, 丁紀閩,「略論王漁洋詞的風格特徵」,『王漁洋研究論集』(山東文藝出版社, 1991), 127쪽.
30) 張綱,「王士禛的詞論及其創作實踐」,『南京師大學報』1994年 1期, 48쪽.
31) 蔣寅,「王漁洋與清詞之發軔」,『文學遺産』1996年 2期, 91쪽.

더구나 『花草蒙拾』에는 이런 말이 있다.

> 雲間의 몇몇 분들이 시가 格律에 얽매였다며 神韻을 높였다. 그러나 작은 폭에 얽매이고 時代에 함몰돼 식자들의 냉대를 면치 못하였다. 그 詞에 있어서도 南宋의 흐름을 섭렵하려 하지 않았으니 장점도 여기에 있고 단점도 여기에 있다.
>
> 雲間數公論詩拘格律, 崇神韻. 然拘于方幅, 泥于時代, 不免爲識者所少. 其于詞, 亦不欲涉南宋一筆, 佳處在此, 短處亦坐此.

위에서 雲間詞派가 神韻을 숭상했다는 말이 그의 생각인지 아니면 그들이 정말로 神韻을 표방했다는 것인지는 확실치 않다. 하지만 그가 그들의 창작에서 神韻을 발견하고 그 미학적 범주에 대한 啓發을 얻었을 수 있다. 현존 자료 역시 王士禛의 神韻說이 詩論보다 詞論에 먼저 이용되었음을 보여준다. 神韻을 강조한 詩論이 詞論에 영향을 준 것이 아니라 실제로는 그 반대일 수도 있는 것이다.

하지만 王士禛 詞論이 그의 神韻詩論을 형성시켰다는 논리도 성립되기 힘들다. 왜냐하면 揚州에 있던 5년 동안, 王士禛은 詩와 詞 양자에 다 관여했기 때문이다. 詩 창작과 비평에 종사하면서 역시 詞 창작과 비평에도 종사했다. 이 문제를 더 명확히 설명하기 위해 揚州 체류 5년간의 그의 문학 연표를 나열해 본다.

> 順治 17년(1660) : 揚州에 부임. 『過江集』을 냈다. 이 해에 「沁園春 · 偶興」을 지어 鄒祇謨, 彭孫遹이 각기 두 수를 和韻했다.
>
> 順治 18년(1661) : 『白門集』, 『入吳集』, 『歲暮懷人絶句』, 『鑾江倡和集』을 냄. 『神韻集』을 엮고 徐禎卿, 高叔嗣의 두 책을 評次하여 『二家詩選』(나중에 康熙 己卯年에 京師에서 판각)을 엮었다. 이 해에 王士禛이 쓴 詞는 『靑溪遺事』의 畵冊을 위해 지은 「菩薩蠻」 8수, 여인을 소재로 지은 「浣溪沙」(西施), 「解佩令」(洛神), 「望湘人」(柳毅傳書) 3수, 그리고 「海棠春 · 閨詞」 4수가 있다. 이상의 詞들은 鄒祇謨, 彭孫遹, 陳維崧이 모두 和作했다.
>
> 康熙 元年(1662) : 王士禛과 袁于令 등 명사들이 紅橋에서 제사를 지내고

『紅橋倡和集』을 남겼다. 王士禎이 詞「浣溪詞」3수를 짓자 和答하는 사람이 이어져 江南에 널리 전파되었다.

康熙 2년(1663) : 『癸卯詩集』을 내고 「論詩絶句」32수를 지었다. 이 해에 『花草蒙拾』, 『倚聲集』을 책으로 엮었으리라 추정된다.

康熙 3년(1664) : 봄에 명사들과 다시 紅橋에서 제사를 지내고 시를 지었다. 일을 보러 江寧으로 가는 길에 詩와 游記 몇 편을 짓고 『後百門集』을 엮었다. 이 해에 그는 『衍波詞』를 간행했고 또한 그가 評語를 단, 鄒祇謨, 彭孫遹, 두 사람의 詞集도 간행되었다.

위의 문학 활동 중 王士禎 詩論을 가장 잘 구현한 항목은 세 가지이다. 즉『神韻集』 編選, 『二家詩選』 編選, 「論詩絶句」32首의 창작이다. 『神韻集』의 명명은 王士禎이 처음 정식으로 神韻을 표방한 사건이었으며 『二家詩選』의 編選은 徐禎卿, 高叔嗣의 淸遠한 詩風에 대한 그의 편애에서 비롯되었다. 마지막으로 「論詩絶句」는 王維, 孟浩然, 韋應物, 柳宗元 등의 詩作을 추종하여 神韻 趣向의 기초를 확립하였다. 그런데 위 작가들에 대한 王士禎의 선호는 그의 어린 시절까지 그 기원이 소급된다. 「漁洋山人自撰年譜」에 의하면 王士禎이 여덟 살 때, 長兄 王士祿이 그가 唐詩를 즐겨 읽는 것을 보고 『唐詩宿』에 실린 王維, 孟浩然, 常建(708~765?), 王昌齡, 韋應物, 柳宗元의 시를 베껴 외우게 했다고 한다. 이런 淵源을 가진 그의 神韻詩論이 결국 揚州 시기에 와서 이미 원형을 갖췄으므로 감히 그의 詞論이 詩論에 영향을 끼쳤다고 말하기는 매우 어렵다.[32)]

하지만 王士禎의 詩論과 詞論이 각기 연원이 있다 하여 양자가 완전히 상호독립적이라고 말할 수도 없다. 위에 열거한 연표를 보면 알 수 있듯이 揚州 시절은 그의 창작에서 매우 풍성한 수확기여서 그 기간에 대량의 詩作과 詞作이 탄생하였다. 아울러 그는 명사들과 唱和하고, 詩集과 詞集을 編選하고, 詩詞 평론을 수행하기도 했다. 『花草蒙拾』 집필, 『倚聲集』 編選과 『神韻集』 및 『二家詩選』의 編選, 「論詩絶句」의 창작이 상호교차되었으니 이 과정에서 王士禎의 詩論과 詞論이 상호 영향을 끼쳤음은 너무나

32) 翟曰國, 위의 글, 65쪽.

당연한 일이다. 결코 王士禛의 창작 세계 안에서 詩와 詞를 칼로 가르듯 구분해서는 안 된다. 바로 詩詞 창작의 기초 위에서, 명사들과의 문학적 교류 속에서, 그리고 前人의 詩詞 창작과 詩詞論에 대한 탐색 속에서 王士禛의 神韻說은 형성되기 시작했다.

실제로 王士禛 본인도 神韻說을 이야기할 때 詩詞를 완전히 분리하지 않고 때로 양자를 竝擧했다. 『花草蒙拾』의 한 구절을 예로 들어보자.

> 張安國의 「雪詞」는 전반부는 刻畫가 좋지 못하다가 결론부에서 "楚溪의 山水, 碧湘의 樓閣"이라고 노래하고 있는데 이는 형상 밖을 寫照한 것이다. 그래서 頰上三毛(신의 경지에 이른 문장 등을 비유)의 오묘를 알게 된다. 古今 詞人이 눈을 노래한 것 가운데 '柳絮因風'을 제일의 佳話로 삼는데 羊孚의 贊과 陶淵明의 시 이후에 이 여덟 자만 눈에 띈다. 韓愈의 '銀杯縞帶'는 傖父가 그린 그림으로 謝安의 '撒鹽空中'과 무슨 차이가 있는가.

> 張安國「雪詞」, 前半刻畫不佳, 給乃云 "楚溪山水, 碧湘樓閣", 則寫照象外, 故知頰上三毛之妙也. 古今詞人詠雪, 以柳絮因風爲佳話第一. 自羊孚贊·陶淵明詩後, 僅見此八字, 銀杯縞帶, 傖父刻畫, 與撒鹽何殊.

詠雪詞에 대한 王士禛의 평가는 『居易錄』에도 유사한 내용이 있는데 그것은 자주 그의 神韻詩論을 해명하는 자료로 인용된다. 그는 張安國의 「雪詞」가 結尾에 매우 神韻이 있어 '頰上三毛의 오묘함'이 돋보인다고 한 후 詩 속의 예와 결합시켜 자기 관점을 서술한다. 그리고 謝道韞의 "'버들개지가 바람 따라 일어나는 것만 못하다."(未若柳絮因風起), 羊孚의 贊의 "淸을 힘입어 변화하고 氣를 타고 흩날리며 象을 만나 선명하고 결백하여 빛을 발한다."(資淸以化, 乘氣以霏, 値象能鮮, 卽潔成輝), 陶淵明의 "귀를 기울여도 希聲은 없고 눈에 들어온 것이 하얗고 깨끗한 것뿐이라네."(傾耳無希聲, 在目皓以潔)에 대해 묘사가 생생하다고 보았고, 특히 謝道韞의 詩句를 추켜올렸다. 그러나 韓愈가 '銀杯', '縞帶'로 눈을 형용한 것은 "傖父가 그림을 그린 것이고"(傖父刻畫), "허공에 소금을 뿌린 것에 비길 만하다."(撒鹽空中差可擬)고 하여 韻致가 전혀 없다고 혹평했다. 이런 자료 속에서 詩와 詞는 모두 王士禛의 神韻說 주장의 유기적 구성요소로 동원된다.

요컨대 우리는 王士禛의 神韻說이 詩에 대한 자신의 인식과 미적 판단을 기초로 하는 동시에 詞에 대한 인식과 미적 판단 역시 기초로 삼았다는 결론을 내릴 수 있다. 또한 그의 詩論과 詞論은 상호독립적인 동시에 상호영향을 주고받았으며 함께 神韻說을 심화시키고 풍부하게 만들었다.

결 론

마지막으로 王士禛 詞學의 영향을 정리해 보자. 이미 기본적으로 개괄하기는 했지만 그의 詞學은 당시 詞學의 일반적인 시야를 확장해 『花間』, 『草堂』을 넘어서서 새로이 전통을 구축하고 詞 짓기를 부흥시켰다. 『花草蒙拾』에서의 논의로 南宋詞에 대한 당시 사람들의 태도를 변화시켰을 뿐만 아니라 廣陵 詞壇의 활동을 주도하여 여러 文士들 사이에 詞 짓기에 대한 흥미를 불러 일으켰다. 특히 『倚聲初集』의 編選은 그 영향이 컸다. 예컨대 陽羨詞派의 유명 작가 徐鳳喈는 康熙 원년 겨울, 鄒祗謨의 집에서 『倚聲初集』을 접하고 "뛸 듯이 塡詞의 흥취가 일었다."(遂躍然動塡詞之興)[33]고 말했으며, 康熙 16년 王懋麟은 梁清標의 『棠村詞』를 위해 쓴 序文에서 "本朝의 詞學이 근래 들어 다시 융성한 것은 실로 武進 鄒進士程村(祗謨)이 『倚聲集』을 선집한 데서 시작되었다."(本朝詞學, 近復益盛, 實始于武進鄒進士程村『倚聲集』一選)라고 칭찬했다. 나아가 周頤는 "세상에서 阮亭이 詩에서 神韻을 宗으로 삼으면서 明清 사이에 詩格이 한번 변한 것은 알면서도 詞風의 변화 또한 阮亭으로부터 시작된 측면이 많다는 것을 아는 사람은 드물다."(世知阮亭詩以神韻爲宗, 明清之間, 詩格爲之一變. 而詞風之變亦自托阮亭之多始, 則罕知之)[34]라고 하여 그 영향의 심대

33) 『陽羨詞派硏究』, 69쪽.
34) 『蕙風詞話』 卷五.

함을 특별히 강조했다. 이런 이유로 20여 년 후 顧貞觀과 納蘭性德이 『今詞初集』을 함께 編選할 즈음이 되어서는 淸詞 중흥에 끼친 王士禛의 공로가 널리 定論이 되었다.

參考文獻

王士禛 著, 張宗柟 集, 戴鴻森 校點, 『帶經堂詩話』, 人民文學出版社, 1982.
王士禛 著, 惠棟・金榮 注, 『漁洋精華錄集注』, 齊魯書社, 1989.
王士禛 著, 李毓芙・牟通 等 整理, 『漁洋精華錄集釋』, 上海古籍出版社, 1999.
王士禛 著, 袁世碩 主編, 『王士禛全集』, 齊魯書社, 2007.
唐圭璋 編, 『詞話叢編』, 中華書局, 1986.
李少雍, 「談王士禛的詞論及詞作」, 『南充師範學院學報』, 1986년 4기.
吳 梅, 『詞學通論』, 臺灣商務印書館, 1988.
嚴迪昌, 『淸詞史』, 江蘇古籍出版社, 1990.
王運熙・顧易生 主編, 『中國文學批評史』, 上海古籍出版社, 1991.
唐富齡, 『明淸文學史』 淸代卷, 武漢大學出版社, 1991.
孫克强, 「王漁洋詞論初探」, 『蘇州大學學報』, 1992년 제3기.
劉大杰, 『中國文學發展史』, 香港, 三聯書店, 1992.
張 綱, 「王士禛的詞論主張及其創作實踐」, 『南京師大學報』, 1994년 제1기.
蔣 寅, 「王漁洋與淸詞之發軔」, 『文學遺產』, 1996년 제2기.
柳晟俊, 『淸詩話硏究』, 국학자료원, 1999.
鞏曰國, 「從『花草蒙拾』看王漁洋詞論與詩論之關係」, 『淄博學院學報』, 1999년 제2기.

출처 : 『왕사정의 문학비평 연구』 (한국외대 2008년 박사논문)에서 발췌

제3장

중국 고전시가의 시대정신과 내면세계

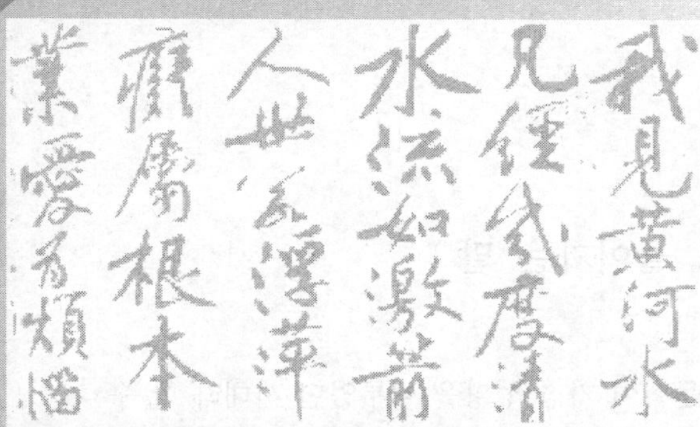

初盛唐 戰爭詩에 나타난 主戰的 傾向의 形成要因

金璟鉉*

Ⅰ. 들어가는 말

唐代는 중국문학사상 전쟁문학이 가장 성황을 이루었던 시대라 할 수 있다.[1] 특히 詩歌 방면에서의 성과는 매우 두드러진다. 우선 양적인 측면에서 볼 때 역대 어느 시대에도 당대만큼 많은 시인들이 전쟁을 제재나 소재로 삼은 적이 없으며, 생산된 작품의 수량은 다른 시대와 견줄 수 없을 정도로 단연 독보적이다. 질적인 측면에서 보더라도 당대의 전쟁시처럼 인구에 회자되고 그 예술적 가치를 높이 평가받은 경우는 많지 않다. 嚴羽가 『滄浪詩話』에서

> 당의 좋은 시는 대부분이 전쟁·폄적·여행·이별을 노래한 작품으로 종종 사람을 감동하게 하고 격정을 불러일으킨다.
>
> 唐人好詩, 多是征戍遷謫行旅離別之作, 往往能感動激發人意.(詩評)[2]

---

* 육군사관학교 외국어학과 교수

1) 胡雲翼, 『唐代的戰爭文學』, 台北, 商務印書館, 1974, 4쪽

2) 何文煥, 『歷代詩話』, 北京, 中華書局, 1981, 699쪽

라고 한 말은 당대 전쟁시의 우수성을 엿보게 하는 하나의 반증이라 하겠다.

문학이란 그 본질로 볼 때 전쟁에 대해서는 대립적 입장에 서게 마련이며, 특수한 경우를 제외하면 우수한 전쟁문학은 내용에 있어 모두 反戰文學의 형태를 띤다.3) 중국의 역대 시가 역시 전쟁을 묘사함에 있어 보편적으로 그 참상과 폐해, 그리고 민중이 겪는 고통에 초점을 맞추었으며, 反戰的 색채가 주류를 이루고 있다. 그러나 유독 당대의 전쟁시는 다음과 같은 점에서 다른 시대와 차별성을 갖는다. 첫째, 시기에 따라 작품의 수량뿐만 아니라 音調나 風格이 극명하게 차이를 보인다는 사실이다. 당대의 전쟁시는 주로 개국 이후부터 天寶년간 사이, 즉 初·盛唐시기에 대량으로 출현하였다. 아울러 이 시기의 작품들은 밝고 낙관적이며, 영웅주의적인 호방함과 애국주의적인 비장함을 담고 있는가 하면, 심지어 승전을 고취하고 찬양하는 등 主戰的인 색채가 농후하다. 둘째, 전쟁시의 영역이 크게 확대되었다는 점이다. 당 이외의 전쟁시 대부분이 전쟁의 傷痕에 천착하고 反戰的 휴머니즘에 국한되었다고 한다면, 당대 전쟁시는 邊方이란 '특수한 공간'을 새로운 묘사영역으로 개척하여 다양한 주제의 작품을 생산하였다는 것이 또 다른 특색이라 할 수 있다.

이 연구는 전쟁시가 왜 초성당 때 대량으로 출현하였으며, 이 시기의 작품이 무엇 때문에 적극적이고 主戰的인 색채를 띠는지 그 원인을 照明하는 데 초점을 맞추고자 한다. 아울러 이 글에서 사용한 '전쟁'이라는 용어는 廣義的인 개념,4) 즉 국가와 국가 혹은 종족과 종족간의 무력투쟁 뿐만 아니라 內亂까지도 범주에 포함하는 개념을 적용하였다.

---

3) 두산세계대백과 EnCyber, 문학이론 ; 전쟁문학

4) 협의적인 개념은 국제정치학파의 관점이다. 그들이 말하는 전쟁이란 국가 상호간에 행해지는 조직적이고 유혈적인 무력투쟁, 즉 국제무력전을 의미하며, 내란·동란 등으로 불리는 국내전쟁은 포함되지 않는다. (李東根, <壬亂戰爭文學硏究>, 『국문학연구』 제63집, 서울, 국문학연구회, 1983, 11쪽)

Ⅱ. 戰爭에 대한 積極的인 受容態度

당대에 전쟁시가 대량으로 출현하게 된 가장 큰 원인은 두 말할 나위 없이 전쟁이 빈번했기 때문이다. 당은 300년 왕조 역사상 전쟁 없는 朝代가 없었고, 전쟁 없이 지낸 10년이 없을 만큼 戰火로 얼룩진 시대였다.[5] 때로는 대외원정으로, 때로는 外患으로, 때로는 內亂으로, 때로는 내란과 외환의 중복으로 인하여 用兵이 끊이지 않았다. 문학은 현실을 반영하는 일종의 표현이요, 전쟁은 인류 활동 가운데 가장 잔인하면서도 극히 보편적인 현상이다.[6] 따라서 전쟁은 동서고금을 막론하고 문학의 주요한 묘사 대상이 되어왔다. 이른바 '시의 황금기'라 일컫는 당대에 전쟁시가 대량으로 쏟아져 나온 것은 당연한 귀결이라 하겠다.

전쟁시는 시인이 전쟁을 인식하고 수용하는 태도에 따라 그 음조와 색채를 달리한다. 다시 말해서 시인이 전쟁의 성격을 어떻게 규정하느냐에 따라 작품의 情調가 좌우된다는 것이다. 가령 어떤 전쟁에는 시인이 비분강개하여 적극적인 응전을 고취하고, 어떤 전쟁에는 풍자와 역설을 예각화하기도 하며, 또 어떤 전쟁에는 센티멘탈리즘이나 폐쇄적인 자아 속으로 굴절해 들어가기도 한다.[7] 그렇다면 당대의 시인들은 과연 전쟁을 어떻게 수용하였고, 또 어떻게 표현하였을까? 이는 시기에 따라 뚜렷한 차이를 보인다.

唐朝가 수행한 전쟁을 그 성격으로 보면 크게 '統一戰爭'·'自衛戰爭'·'擴張戰爭'·'內戰'의 네 가지로 구분할 수 있다. 먼저 '통일전쟁'이란 개국 초기 중원에 할거하고 있는 군웅과 패권을 놓고 벌인 전쟁을 말하며, 高祖 武德 元年(618)부터 太宗 貞觀 2年(628)까지 10년간이 여기에 해당한다. 이 당시 사방에는 薛擧·李軌·劉武周·王世忠·竇建德·蕭銑·劉黑闥

---

5) 『唐代的戰爭文學』, 7쪽
6) 『唐代的戰爭文學』, 2쪽
7) 김재홍, 『한국전쟁과 현대시의 응전력』, 서울, 평민사, 1978, 13쪽

·梁師都·高開道 등이 稱帝하며 할거하였는데, 이들 대다수가 盜匪集團의 본색을 벗어나지 못하고 폭정을 일삼았기 때문에 천하민심은 자연히 정치가 청명한 당으로 쏠리게 되었다.[8] 따라서 당은 만민구제를 大義名分으로 삼아 군웅 정벌에 나설 수 있었으며, 당인들은 그것이 설령 침략전이라 하더라도 정당한 전쟁으로 받아들였다. 이 시기에 출현한 전쟁시는 전쟁의 단면보다 개인의 의지나 포부와 같은 영웅심리묘사에 치중하고 있으며, 그 정조가 매우 강개하고 호방한 것이 특징이다. 가령 魏徵의 <述懷>와 같은 작품이 좋은 예라 하겠다.

<述懷>[9]

中原初逐鹿, 投筆事戎軒.
縱橫計不就, 慷慨志猶存.
-------(중 략)-------
豈不憚艱險, 深懷國士恩.
季布無二諾, 侯嬴重一言.
人生感意氣, 功名誰復論.

중원이 어지러워 붓 던지고 종군에 나섰네
재주는 장의소진에 미치지 못하나 강개한 뜻은 품고 있나니
------------------(중 략)------------------
어찌 험한 길 두렵지 않으랴만 나를 알아준 은덕을 깊이 새겼노라
계포와 후영은 자신의 말을 소중히 여겼으니
사람이 태어나 의기를 느끼면 공명은 따지지 않는다네

이 작품은 원래 魏 李密의 수하였던 魏徵이 당에 투항해서 魏 토벌을 자청하고 高祖 武德 元年(618년) 출정 때 지은 것이다.[10] 여기에는 강렬한 應戰意識이 깔려있으며, 자신을 重用해준 皇恩에 보답하고 대의를 따르기 위해 싸운다는 비장한 의지가 담겨있다.

---

8) 傅樂成 著·辛勝夏 譯, 『中國通史』(上), 서울, 宇鍾社, 1989, 424쪽
9) 『全唐詩』(第二冊), 北京, 中華書局, 1979, 441쪽
10) 劉開揚, 『唐詩通論』, 台北, 木鐸出版社, 1983, 21쪽

다음으로 '자위전쟁'은 중원통일 이후 변경을 방어하기 위해 異民族과 벌인 전쟁을 뜻하며, 시기적으로는 太宗 貞觀 3年(629)부터 玄宗 開元 24年(736)까지 100여 년간이 여기에 해당된다. 사실 이 기간 동안 당은 방어전만 수행한 것이 아니라 침공전도 병행하였기 때문에 엄밀한 의미에서 자위전쟁이라 단언할 수는 없다.[11] 그러나 貞觀·開元 兩大盛世에 따른 국력의 강성으로 사회 전반에 낙관적인 분위기가 팽배하고, 당인들이 異民族을 국가안위를 위협하는 존재로 인식함으로써 이들과의 전쟁은 그 성격과 상관없이 정당화되었던 것이다. 따라서 이 시기의 전쟁시는 대체로 밝고 씩씩하며 적극적이고 주전적인 색채를 띠었다.

<從軍行>[12] 駱賓王

平生一顧重, 意氣溢三軍.
野日分戈影, 天星合劍文.
弓弦抱漢月, 馬足踐胡塵.
不求生入塞, 唯當死報君.

평생에 막중한 황은을 입어, 의기가 삼군에 넘쳐흐르네
들판에 드리워진 창의 그림자, 별빛 아래 번득이는 예리한 검광
활시위는 달을 끌어안듯 당겨있고, 군마는 오랑캐 진영을 내달린다
살기를 도모하려 종군하지 않았으니, 오직 나라 위해 한 목숨 바치리라.

<從軍行>[13] 王昌齡

青海長雲暗雪天, 孤城遙望玉門關.
黃沙百戰穿金甲, 不破樓蘭終不還.

청해에 드리워진 구름 설산이 희미하고
외딴 성 아스라이 옥문관이 보이네

---

11) 肖澄宇, 「關于唐代邊塞詩評價的幾個問題」, 『唐代邊塞詩研究論文選粹』, 蘭州, 甘肅教育出版社, 1988, 30쪽 참조
12) 『全唐詩』(第三冊), 840쪽
13) 『全唐詩』(第四冊), 1444쪽

모래벌판 숱한 싸움 갑옷이 헤졌어도
오랑캐 무찌르지 않으면 돌아가지 않으리

위 두 편의 시에는 전쟁의 암울한 모습이 전혀 드러나지 않는다. 오히려 나라를 위해 오랑캐와 맞서 싸워야한다는 결연한 의지, 아군의 늠름한 위용, 변방의 악천후 속에서 분전하는 장졸의 용맹함 등과 같은 애국주의적이고 영웅주의적인 情調가 全篇에 가득하며, 행간마다 승전에 대한 낙관이 흐르고 있다.

'확장전쟁'이란 영토확장에 목적을 둔 침략전쟁을 가리키며, 시기적으로는 玄宗 開元 25年(737)부터 天寶 13年(754)까지를 범위로 잡는다.[14] 개원 말기부터 정치가 문란해지고 用兵이 더욱 빈번해졌으며, 잦은 戰費 조달로 민생이 불안해지면서 사람들은 점차 전쟁에 염증을 느끼기 시작하였다. 특히 천보 말기에 이르러서는 종래의 낙관적인 분위기가 크게 퇴색하고 전쟁에 대한 부정적 인식이 사회 전반으로 확산되었다. 이러한 인식의 변화는 李白과 杜甫의 작품 속에서 여실히 드러난다.

「烽火燃不息, 征戰無已時.」(李白, <戰城南>)[15]
"봉화불 꺼지지 않고, 정벌은 그침이 없네"
「邊庭流血成海水, 武皇開邊意未已.」(杜甫, <兵車行>)[16]
"변방에서 흘린 피 바다를 이루건만, 무황의 욕심은 끝이 없구나"

위에서 보는 바와 같이 두 시인은 전쟁의 성격을 '영토확장을 위한 침략전쟁'으로 인식하고 통치자의 好戰性과 무고한 인명의 희생에 대하여 개탄을 금치 못하고 있다.

그러나 이 시기의 전쟁시는 극단적인 반전주의로 흐르지 않고 主戰과

---

14) 開元 25年을 기점으로 설정한 이유는 李林甫가 득세하여 張九齡·嚴挺之 등 賢臣들을 축출하고 전횡을 일삼아 당의 몰락을 초래한 시발점이 된 때이기 때문이다.

15) 『全唐詩』(第五冊), 1682쪽

16) 『全唐詩』(第七冊), 2254쪽

非戰, 낙관과 비관이 혼재한 경향을 드러낸다. 아울러 시인의 시각이 균형을 이루고 시야가 크게 확대됨으로써 작품의 높은 예술적 성취를 이루어내었다. 자위전쟁기의 시인들이 민족주의적 편견에 사로잡혀 이족과의 전쟁을 정당화했던17) 반면, 확장전쟁기의 시인들은 끊임없이 계속되는 전쟁으로 민생이 피폐해지고 인간성이 파괴되는 현실 앞에서 전쟁의 본질에 대한 각성을 통해 그 明과 暗을 객관적으로 바라볼 수 있었기 때문이다.

따라서 이 시기의 작품에는 전쟁의 참혹한 면이 부각되고 인간의 복잡한 심리가 섬세한 필치로 그려져 있다. 가령 시신들이 뒹구는 처참한 전장과 오랜 전쟁에 지친 장졸의 모습, 이역생활의 고독과 향수, 이역의 특이하고 신기한 景物, 변방으로 떠나는 사람과 보내는 사람의 착잡한 심경, 군역에 나간 남편을 그리워하는 아낙네의 호소, 심지어 오랑캐에 대한 동정과 연민에 이르기까지 묘사의 범위가 광범위하다. 그러나 시의 음조만큼은 비관과 절망으로 흐르지 않고 여전히 희망과 씩씩함을 유지하였다. 두 편의 작품을 예로 들어본다.

<古從軍行>18) 李頎

白日登山望烽火, 黃昏飮馬傍交河.
行人刁斗風沙暗, 公主琵琶幽怨多.
野雲萬里無城郭, 雨雪紛紛連大漠.
胡雁哀鳴夜夜飛, 胡兒眼淚雙雙落.
聞道玉關猶被遮, 應將性命逐輕車.
年年戰骨埋荒外, 空見蒲桃入漢家.

낮에는 산에 올라 봉화대 바라보고,
해지면 교하에서 말에 물을 먹인다
순라 돌 때 모래바람 어이 그리 거세고
비파소리는 어이 그리도 애절한가?
끝없이 펼쳐진 벌판엔 마을도 없고

17) 洪讚, 『唐代戰爭詩硏究』, 台北, 文史哲出版社, 1987, 47쪽
18) 『全唐詩』(第四冊), 1348쪽

넓은 사막에 눈만 펄펄 내리네
북녘 기러기 밤새 슬피 울어대니
오랑캐 두 눈에 눈물이 흐른다
듣자하니 옥관은 아직도 막혀있어
그저 목숨 걸고 장수만 따를 뿐
해마다 백골은 들판에 쌓이는데
들어오는 것은 서역의 포도 밖에 없네

<子夜吳歌 · 秋歌>[19] 李白

長安一片月, 萬戶擣衣聲.
秋風吹不盡, 總是玉關情.
何日平胡虜, 良人罷遠征.

장안에 뜬 한 조각 달
집집마다 울리는 다듬이 소리
가을 바람 불어대니
자나깨나 玉關으로 향하는 마음
어느 때나 오랑캐 평정하고
우리 낭군 돌아오실런지요?

<古從軍行>은 이역의 황량한 환경과 인간의 불안심리를 교묘하게 배합하여 병사의 고단한 변방생활을 부각시킨 걸작이다. 특히 오랑캐에 대한 연민의 표현(第4聯)이나, 무고한 인명의 희생을 안타까워하며 전쟁의 종식을 갈망하는 대목(第6聯)에서 작가의 진한 휴머니즘을 엿볼 수 있다. 또 <子夜吳歌>는 전쟁터에 남편을 보낸 여인의 그리움이 절절하게 형상화된 작품이다. 그러나 두 작품 모두 전쟁의 상처를 노래하면서도 고통과 슬픔을 희망으로 승화시켜 전체적인 음조는 어둡지 않다.

한편 이 시기에는 여전히 주전적인 색채를 띤 작품도 적지 않게 출현하였다. 이러한 작품들은 주로 開元에서 天寶年間에 집중되어 있는데, 그것은 開元盛世로 고양된 낙관적 기류와 岑參 · 高適 등 걸출한 邊塞詩人의 출현에

19) 『全唐詩』 (第五冊), 1711쪽

기인한 바 크다. 여기에 관해서는 아래에서 다시 상세히 언급하기로 한다.

마지막으로 '내전'이란 叛亂·內亂·政變 등으로 인해 內地에서 벌인 전쟁을 가리키며, 시기상으로는 현종 천보 14년(755)부터 당의 멸망까지 해당된다. 현종 이후 中晩唐에 이르는 200년 기간은 거의 해마다 전쟁이 거듭되고, 내란이 속출하였다.[20] 특히 '安史의 亂'은 왕조의 근간을 뒤흔든 치명적인 사건이었다. 서울의 함락과 황제의 피난으로 대당제국의 권위가 크게 실추되었을 뿐만 아니라, 8년에 걸친 진압과정에서 엄청난 국력의 소모를 초래했기 때문이다. 더욱이 변방으로 국한되었던 戰火가 內地로 확산되면서 국민들은 왕실에 대한 신뢰와 민족적 자부심을 상실하기 시작하였다. 그러나 이러한 상황에서도 당인들은 반란에 대하여 매우 적대적이고 강한 저항의식을 드러내었다. 개원 말기부터 반전적 입장을 견지해온 杜甫가 <悲陳陶>에서 보여준 상이한 태도는 이를 증명하는 대표적인 사례이다.

<悲陳陶>[21] 杜甫

孟冬十郡良家子，血作陳陶澤中水.
野曠天淸無戰聲，四萬義軍同日死.
群胡歸來血洗箭，仍唱胡歌飮都市.
都人回面向北啼，日夜更望官軍至.

초겨울 열 고을의 젊은이들
흘린 피가 陳陶의 물을 이루었네
넓은 들판 맑은 하늘 싸우는 소리 멎었는데
4만의 의군 같은 날 죽었다오
오랑캐들 돌아와 피묻은 병기 닦으며
마을에서 술판 벌이고 노래를 불러댄다
사람들 고개 돌려 북쪽 향해 눈물짓고
자나깨나 관군이 오기만을 기다리네.

---

20) 胡雲翼, 『唐詩硏究』, 台北, 華聯出版社, 1973, 31쪽
21) 『全唐詩』(第七冊), 2268쪽

이 작품은 肅宗 至德 元年(756) 재상 房琯이 관군을 이끌고 咸陽 근처의 陳陶에서 안록산 반군과 싸워 대패한 사실을 비통하게 노래한 것이다[22]. 여기에는 장렬히 전사한 관군에 대한 애도와 반군의 만행에 대한 울분, 반군을 응징해달라는 간절한 염원이 깔려있을 뿐, 반전적 태도는 보이지 않는다.

Ⅲ. 時代精神의 高揚

H. Taine은 문학의 특성을 결정하는 요소로 種族·時代·環境 세 가지를 꼽았다.[23] 당대에 전쟁시가 성행하고, 또 전쟁시가 詩史上 중요한 지위를 차지하게 된 까닭도 이 세 가지 요소의 복합적인 작용과 무관하지 않다.

당의 통일은 漢 이래 400년 가까이 四分五裂되었던 漢族이 大統合을 이루었다는 점에서 큰 의미를 갖는다. 비록 魏晋과 隋가 잠시 통일을 달성했다고 하지만 왕조의 수명이 너무 짧았고 정치가 안정되지 않았기 때문에 오랜 단절로 인해 형성된 문화적 이질감을 해소하기 어려웠다. 그러나 당은 통일 직후 '貞觀의 治'가 이어져 경제적 번영과 민생의 안정을 조속히 실현하고[24], 청명한 정치가 상당기간 지속됨으로써 민족의 융합에 긍정적인 토양을 갖추게 되었다. 또한 교통의 발달로 물자의 수송은 물론, 문화의 교류와 상호학습이 활발해진 것도 민족간의 동질화를 촉진하고 가속화할 수 있었던 요인이다.

대외적으로는 태종의 강온양면전략이 주효하여 이족과의 관계에서 주도적인 위치를 차지하였다. 당시에 당은 북쪽의 東突厥, 동북의 奚·契丹, 서북의 西突厥, 서쪽의 吐谷渾·吐蕃 등 여러 이족과 대치하였는데, 태종은 '武威'와 '文德'을 적절히 병행하여 변방의 안정을 꾀함과 동시에 판도를

22) 孔凡信, 『歷代邊塞詩賞析』, 濟南, 明天出版社, 1988, 168쪽
23) H. Taine, *Introduction To History of English Literature*, 何寄澎, 『總是玉關情』, 台北, 聯經出版社, 1978, 34쪽에서 재인용
24) 『舊唐書』 卷三 太宗本紀 下 : "(貞觀)四年十二月辛亥, ...東至於海, 南至於嶺, 皆外門不閉, 行旅不齎糧焉."

확장해 나갔다.[25] '武威文德'이란 적대적인 종족에 대해서는 무력을 동원하여 굴복시키고, 약소한 종족에게는 유화정책을 펴서 복종하게 하는 일종의 양면전략이다. 그 결과 가장 강력했던 東突厥을 비롯하여 吐谷渾과 高昌이 크게 약화되거나 소멸되었으며, 奚·契丹과 薛延陀·回紇 등 鐵勒諸部가 화친을 청하였다. 이러한 기조를 바탕으로 당은 高宗에 이르러 마침내 판도가 漢代를 훨씬 능가하는 대제국을 건설하게 된다.

이른 바 '文治武功'의 성공은 당의 국세신장 뿐만 아니라 내부적 결속을 이루는 데 커다란 시너지 효과를 일으켰다. 당인들의 왕실에 대한 믿음과 충성심이 고양되었으며, 밝고 건강한 분위기가 사회 전반에 흐르고 민족적 공동체의식이 싹트기 시작한 것이다. 이러한 현상은 문단에서도 예외가 아니어서 초당의 시인들은 剛健하고 기백이 넘치는 壯歌를 거침없이 토해내었다. 특히 전쟁시는 그 정조가 매우 강개하고 격앙되며, 애국심리와 적극적인 현실참여의식을 표출하였다. 楊炯의 <從軍行>은 그 좋은 예이다.

<從軍行>[26] 楊炯

烽火照西京, 心中自不平.
牙璋辭鳳闕, 鐵騎繞龍城.
雪暗凋旗畫, 風多雜鼓聲.
寧爲百夫長, 勝作一書生.

봉화불 장안에 올라 마음이 절로 뒤숭숭
대장군 황제께 출정인사 올리더니, 철기병 금새 용성을 에워쌌다
짙은 눈보라에 군기 빛깔 희미하고, 거센 바람 속 북소리 섞여있네
차라리 백부장이 될지언정, 어찌 일개 서생으로 남으랴!

현종이 즉위한 이후 당은 '개원의 치'를 통해 국력의 절정기를 맞게 된다. 현종은 賢臣들을 중용하여 조정의 기강을 바로 세우는 한편, 각종

25) 태종의 거울에는 "理人必以文德, 防邊必以武威......不可以武威安民, 不可以文德備塞."라는 글귀가 새겨져 있었다.(洪讚, 『唐代戰爭詩硏究』, 44쪽 참조)
26) 『全唐詩』(第二冊), 611쪽

병폐를 제거하고 법령을 정비하여 백성들이 마음놓고 생업에 종사할 수 있는 여건을 조성하는 등 과감한 개혁정책을 시행하였다. 또한 변방에 10개의 兵鎭을 설치하여 異族의 발호를 효과적으로 제어하고 외국과의 交易을 촉진한 것도 빼놓을 수 없는 치적이다. 이러한 善政에 따라 경제적 번영과 민생의 안정을 이룸으로써 당은 貞觀에 이은 제2의 盛代를 열게 된 것이다. 杜甫는 <憶昔>에서 당시의 성황을 이렇게 노래하였다.

<憶昔>[27]

憶昔開元全盛日, 小邑猶藏萬家室.
稻米流脂粟米白, 公私倉廩俱豊實.
九州道路無豺虎, 遠行不勞吉日出.

지난 개원 전성기 돌이켜보면, 작은 고을도 사람들로 북적대었지.
쌀은 기름져 속살이 하얗고, 관청과 개인의 창고마다 물건이 가득.
사방 어느 길에도 무서운 짐승 없으니, 먼길 떠날 때 길일이 따로 없었네.

정관의 치가 민족융합을 촉진한 과정이었다고 한다면 개원의 치는 그 완성이면서 '大民族主義'를 등장시킨 계기라 할 수 있다. 정관치세에 따른 장기적인 사회안정과 국력의 신장으로 민족적 동질성을 회복해 가는 시점에서 다시 개원성대를 맞음으로 말미암아 당은 사회 전반에 민족적 자부심이 팽배하게 된다. 이러한 자부심은 강력한 응집력을 발휘하여 당의 발전에 동력으로 작용하였을 뿐만 아니라 당인들에게 적극적이고 낙관적이며 진취적인 정신을 심어주었다. 그러나 한편으로는 민족적 우월감을 형성하여 이민족에 대한 편견과 적대의식을 조장하기도 하였다.

성당의 시에는 이와 같은 시대정신이 그대로 반영되어 雄壯豪放하고 명랑하며 낭만주의적인 경향을 드러내었다. 소위 '盛唐氣象'이라는 말도 바로 시대정신이 작품에 구현된 것이라 할 수 있다. 성당시인들은 형식이나 수사기교보다 내용과 氣骨을 중요시하였으며, 淸新質朴함을 숭상하고

27) 『全唐詩』(第七冊), 2325쪽

建安風骨의 회복에 역점을 두었다. 성당 때 문단에서 漢魏六朝의 古樂府와 建安詩歌에 대한 학습이 활발했던 것은 이와 같은 맥락이라 하겠다. 또한 王昌齡·王維·崔顥·高適·岑參·李頎·李白·杜甫 등 전쟁시의 걸작을 남긴 시인들이 樂府詩를 즐겨 썼던 까닭도 강건하고 웅대한 기상을 표현하는 데 체제상 악부가 가장 적합하였기 때문이다.[28] 李白과 王之渙의 작품을 하나씩 보기로 하자.

<塞下曲>[29] 李白

五月天山雪, 無花只有寒.
笛中聞折柳, 春色未曾看.
曉戰隨金鼓, 宵眠抱玉鞍.
願將腰下劍, 直爲斬樓蘭.

5월의 천산에는 아직도 눈이 남아
꽃은 피지 않고 한기만 느껴지네
호적에서는 <절양류>가 흐르건만
봄빛은 여전히 찾아볼 수 없어라
새벽엔 징과 북소리 따라 싸움에 나서고
밤에는 안장을 껴안고 잠든다
맹세하노니, 이 허리춤의 칼로
단숨에 누란(오랑캐)을 베어버리리.

<凉州詞>[30] 王之渙

黃河遠上白雲間, 一片孤城萬仞山.
羌笛何須怨楊柳, 春風不度玉門關.

황하는 멀리 흰 구름 사이로 흐르고
깎아지른 산 속 성 하나 외롭네
오랑캐 피리는 어찌 꼭 버들을 원망하는가?
봄바람 옥문관을 넘지도 못하거늘

28) 王運熙, 『中國古代文論管窺』, 北京, 齊魯書社, 1987, 212~214쪽
29) 『全唐詩』(第五冊), 1700쪽
30) 『全唐詩』(第八冊), 2849쪽

위의 두 작품은 모두 '借景抒情'의 표현수법을 사용하여 雄健한 분위기를 연출해내고 있다. 또한 <새하곡>에서는 역경에도 굴하지 않고 이기고야 말겠다는 병사의 호방한 기상이 넘친다. 이러한 드높은 기개와 주전적 경향은 성당의 시가 아니면 찾아보기 어려운 것이다.

그러나 천보년간에 이르러 전쟁시는 개원시기와 달리 非戰的인 경향을 보이게 된다. 그 까닭은 정치적 난맥상이 나타나고 사회적 불안요소가 점증하기 시작한 데 있다. 현종이 황음에 빠지고 환관과 간신배의 득세로 정치가 문란해졌으며, 확장정책에 따른 전비조달과 군역동원으로 민생이 위협을 받게된 것이다. 또한 대외전쟁에서 패전하는 사례가 늘면서 당인들은 점차 활력을 상실하였다.

Ⅳ. 文人의 從軍

당대에 전쟁시의 양산을 촉진하고, 전쟁시가 예술적 성취면에서 새로운 지평을 열게된 또 하나의 요인으로 문인들의 종군이 보편화된 특수한 현상을 꼽을 수 있다. 이미 앞에서 언급한 바와 같이 初盛唐은 국력의 융성과 국세의 신장으로 말미암아 당인들 사이에 민족적 자부심이 팽배하고 대외발전에 대한 낙관적 전망과 적극적인 자세가 주류를 이루었다. 이러한 시대정신이 문인들로 하여금 변방문제에 관심을 갖고, 종군을 동경하게 한 하나의 이유라고 할 것이다. 그러나 보다 직접적인 원인은 당대의 幕府制度에서 찾아볼 수 있다.

'幕府'란 본래 장군이 출정했을 때 주둔지에서 군사지휘소로 사용한 막사를 지칭하는 것이다.[31] 그러나 漢 이후 그 기능과 규모가 점차 확대되어 六朝에 와서는 權臣이나 지방장관 혹은 원정군사령관이 軍政뿐만 아니라 행정까지 관장하는 지역통치기구로 발전하였다. 또한 업무가 번다해지

31) 戴偉華, 『唐代幕府與文學』, 北京, 現代出版社, 1990, 4쪽

면서 자연히 막부에는 武官 외에도 재능과 식견이 뛰어난 文士들이 필요하게 되었다.

당대의 막부는 李世民의 '秦王府'를 효시로 삼는다. 초창기에 '總管府'나 '都督府'가 있었지만 주요 임무가 軍事에 국한된 반면,[32] 진왕부는 군사지휘부의 역할 외에도 '十八學士'라고 불리는 문인집단을 통하여 통치기구로서의 기능까지 발휘하였던 것이다.[33] 태종이 즉위한 후 十八學士 가운데 房玄齡·杜如晦·魏徵 등은 宰相의 자리에까지 올라 貞觀治世를 이루는데 크게 공헌하였다. 이러한 '出將入相'의 사례는 문인들에게 종군을 자극하는 본보기가 되었다.

본격적인 막부의 등장은 '節度使'라는 官制와 궤를 같이 한다고 할 수 있다. '절도사'는 본래 都督이나 都護가 겸임하는 특수한 이름으로 高宗 이후에 비로소 시작된 것이다. 처음에는 단지 하나의 명의에 불과하였으나 玄宗 때 변방에 10개의 兵鎭을 설치하고 그 최고장관을 절도사라 부른 다음부터 정식 관직이 되었다.[34] 절도사는 황제의 특명을 받은 직책이라 그 예우와 권한이 막대하여 관할구역의 군정과 민정에 전권을 행사하였을 뿐만 아니라 수하에 거느린 幕僚의 규모도 컸고, 人事에 대하여 상당한 재량권을 발휘하였다.[35] 더욱이 幕職은 출신에 제한을 두지 않았고, 科擧에 급제하지 않았더라도 文名이 높을 경우에는 추천이나 초빙을 통해 임용하는 사례가 많았으며, 간혹 절도사의 추천에 따라 중앙의 관직까지 진출할 수 있었다. 이 때문에 많은 문인들이 막부로 모여들었고, 특히 懷才不遇한 문인들에게는 막부로 투신하는 것이 입신양명의 첩경으로 인식되었다. 실제로 당의 저명한 시인 가운데는 막부생활을 경험한 경우가 적지 않은데, 예를 들면 初唐의 王勃·駱賓王·陳子昂, 盛唐의 李白·杜甫·王維·孟浩然·高適·岑參, 中唐의 戴叔倫·李益·盧綸·戎昱·李華

32) 『中國通史』(下), 535쪽 참조
33) 『唐代幕府與文學』, 10쪽
34) 『中國通史』(下), 537쪽
35) 黃本驥, 『中國歷代職官表』, 台北, 洪氏出版社, 1983, 15~16쪽

·權德輿·李翱·韓翃·韓愈·皇甫湜·皇甫冉·司空曙, 晩唐의 李商隱·杜牧·段成式·李公佐·溫庭筠·韓偓 등이 모두 여기에 해당한다.[36] 『唐音癸籤』의 아래 기술은 문인의 막부 진출이 보편화된 당대의 특수한 상황을 여실히 보여주는 대목이다.

> 당의 시인들은 궁중뿐만 아니라 변방의 막부에서 종사하는 경우가 흔하였다. 가령 고적이 가서한에게, 잠삼이 고선지에게, 두보가 엄무에게 의탁한 것이 모두 그러하며, 중엽 이후 특히 많았다. 대체로 당제에 따르면 새로 급제한 사람은 막부로 가는 것이 보통이었고, 아직 등과하지 못한 재사들은 더욱 막부와 인연을 맺어 입신을 꾀하고자 하였다.
>
> 唐詞人自禁林外, 節鎭幕府爲盛. 如高適之依哥舒翰, 岑參之依高仙芝, 杜甫之依嚴武, 比比而是. 中葉後尤多. 蓋唐制, 新及第人, 例就辟外幕. 而布衣流落才士, 更多因緣幕府, 躡級進身.[37]

막부문인들은 변방이라는 특수한 공간에서 일상의 체험을 통해 우러난 감흥을 종종 시로 표현하였다. 그 작품들은 戰場의 생생한 장면을 비롯하여 將卒의 생활과 심리·宴會의 즐거움이나 동료를 송별하는 아쉬움, 이역의 자연풍물과 습속에 대한 경탄 등을 묘사대상으로 삼았다는 점에서 공통성을 갖는다. 한편 初盛唐에는 王之渙·王昌齡·崔顥 등과 같이 종군하지는 않았지만 변경지역을 직접 유람하면서 작품을 남긴 시인들도 일부 있었다. 이러한 작품들은 종래의 전쟁시와 비교할 때 題材나 素材가 크게 확대되었을 뿐만 아니라 풍격이 독특하여, 문학사에서는 이를 '邊塞詩'라 부르고 있다.

변새시의 개념에 관해서는 이견이 분분하다. 혹자는 변새시의 개념을 설정함에 있어 시기적으로는 성당, 지역적으로는 서북의 변방, 작가는 변방생활을 체험해야 하고, 작품은 그 시인의 주요 성취부분이어야 한다고 주장한다.[38] 그러나 변새시가 開元과 天寶年間에 대량으로 출현한 것은

---

36) 『唐代幕府與文學』, 23쪽.

37) 胡震亨, 『唐音癸籤』 卷27, 台北, 木鐸出版社, 1982, 285쪽.

분명하지만 변새시를 성당의 특산물로 국한하거나 서북의 河西·隴右 지역을 배경으로 한정하는 것은 타당하지 않다. 왜냐하면 비록 성당과 비교해서 수량이 많지 않고 음조나 색채가 쇠잔했다 하더라도 변새시 본연의 속성을 지닌 작품들이 中唐 이후에도 엄연히 존재하며, 모든 변새시가 서북지역을 배경으로 한 것은 아니기 때문이다.

성당 변새시의 특징은 그 情調가 '雄渾'하고 '悲壯'하며, 主戰的인 색채가 농후하다는 것이다. '웅혼'이란 "雄壯豪放한 氣象이 가득함"을 나타내는 미학개념[39]이며, '비장'은 자기희생을 통한 大義 실현의 의지를 반영하는 중국 전쟁시가의 전통 풍격[40]으로 해석된다. 이러한 정조가 중심에 깔리게 된 이유는 진취적이고 적극적인 시대정신이 愛國心을 자극한 면도 있지만, 종군시인의 功名에 대한 기대심리가 함께 투영된 면도 없지 않다. 가령 변새시파를 대표하는 岑參의 작품을 살펴보면 종군에 대한 이중적인 심리구조를 드러내고 있다. 다음은 잠삼의 작품 가운데 종군의 동기를 '忠君愛國'의 순수한 열정으로 호언한 사례이다.

>「小來思報國, 不是愛封侯.」(<送人赴安西>)[41]
> "어려서부터 나라에 보답할 길 생각하였지, 영달을 탐해서가 아니라네"
>「男兒感忠義, 萬里忘越鄉.」(<武威送劉單判官赴安西行營便呈高開府>)[42]
> "사내가 충의를 느끼면 만리 먼 길이라도 고향생각 잊는 법"
>「萬里奉王事, 一身無所求.
> 也知塞垣苦, 豈爲妻子謀.」(<初過隴山途中呈宇文判官>)[43]
> "나랏일 받들어 만리 길 떠나지만 이 한 몸 바라는 바 없네
> 또한 변방의 고충 익히 알거늘 어찌 처자식을 걱정하랴"

38) 譚優學, 「邊塞詩泛論」, 『唐代邊塞詩硏究論文選粹』, 2쪽
39) 佘正松, 「具備萬物, 橫絶太空-論盛唐邊塞詩的雄渾美」, 『中國古代近代文學硏究』 第11期, 成都, 1991, 116쪽
40) 廖立, 「岑參邊塞詩的風格特色」, 『唐代邊塞詩硏究論文選粹』, 186~187쪽 참조
41) 『全唐詩』(第六冊), 2081쪽
42) 『全唐詩』(第六冊), 2032쪽
43) 『全唐詩』(第六冊), 2025쪽

반면에 일부 작품에서는 종군이 '富貴榮達'을 얻기 위한 선택이었음을 토로하기도 한다.

> 「功名祗向馬上取, 眞是英雄一丈夫.」(<送李副使赴磧西官軍>)[44]
> "공명은 오직 말 위에서 얻어야만 진정 영웅 대장부라오."
> 「丈夫三十未富貴, 安能終日守筆硯.」(<銀山磧西館>)[45]
> "대장부 삼십에도 부귀 얻지 못했으니,
> 어찌 종일토록 필묵만 지킬 수 있으리오."
> 「悔向萬里來, 功名是何物.」(<日沒賀延磧作>)[46]
> "만리 길 떠나온 게 후회스럽네. 공명이 도대체 무엇이더냐?"

잠삼의 변새시를 雄心壯志와 功名心의 결합체로 평가[47]하는 까닭이 여기에 있는 것이다. 그러나 이러한 이중적 심리구조는 결코 잠삼에게만 국한된 것이 아니라 대부분의 종군시인들이 공유한 것이라 보아도 무방하다. 왜냐하면 문인의 종군은 진취적이고 낙관적인 시대정신과 더불어 邊功을 중요시한 왕실의 黷武政策이 공명심을 자극한데서 비롯되었기 때문이다. 변새시가 주전적인 경향을 띠는 것도 이와 무관하지 않다. 위에서 언급한 것처럼 막부에 종사하는 문인들이 입신영달을 이룰 수 있는 길은 절도사가 큰 공을 세워 함께 升次하거나, 절도사의 추천을 받아 조정에 발탁되는 경우였으므로 어느 경우이든 절도사의 신임과 총애를 받는 것이 급선무일 수밖에 없었다. 또한 문인들이 주로 判官이나 掌書記처럼 문서를 관장하는 막료였던 점[48]을 감안한다면, 이들의 작품에 자기과시와 時流迎合的인 표현이 종종 보이는 것은 새삼스러운 일이 아니다. 종군시인의 작품 가운데 送別詩·贈詩·獻詩의 형식이 많고, 勝戰과 戰功을 예찬하는 내용이 적지 않은 것은 이와 일맥상통한다 하겠다. 다시 잠삼의 대표작 한 편을 살펴보기로 한다.

---

44) 『全唐詩』(第六冊), 2055쪽
45) 『全唐詩』(第六冊), 2056쪽
46) 『全唐詩』(第六冊), 2102쪽
47) 李道英, 「淺論岑參邊塞詩中的功名心」, 『唐代邊塞詩研究論文選粹』, 220쪽
48) 『唐代幕府與文學』, 95쪽

<走馬川行奉送出師西征>49)

君不見, 走馬川行雪海邊, 平沙莽莽黃入天.
輪臺九月風夜吼, 一川碎石大如斗, 隨風滿地石亂走.
匈奴草黃馬正肥, 金山西見烟塵飛, 漢家大將西出師.
將軍金甲夜不脫, 半夜行軍戈相撥, 風頭如刀面如割.
馬毛帶雪汗氣蒸, 五花連錢旋作冰, 幕中草檄硯水凝.
虜騎聞之應膽懾, 料知短兵不敢接, 車師西門佇獻捷.

그대는 보지 못하는가
走馬川이 雪海 끝으로 흐르고
아득한 모래벌판 하늘에 닿아있는 것을!
輪臺의 9월, 바람은 밤새 울부짖고
강에는 됫박 만한 큰 돌이
바람 따라 사방을 굴러다닌다
오랑캐 땅 풀 누레지고 말이 살쪄서
金山 서쪽에 戰火가 피어오르니
우리 대장군 서쪽으로 출정하시네
장군은 밤에도 갑옷을 벗지 않으시고
야밤 행군에 창 끝이 서로 부딪히는데
칼날 같은 바람은 얼굴을 찢는 듯하다
말갈기에 엉킨 눈 땀으로 김이 되고
군마의 오줌은 금새 얼어붙어
격문을 쓰려니 장막 안의 벼룻물조차 굳는다
오랑캐 소문 듣고 간담이 서늘하여
감히 다가서지도 못할 터이니
군영 서문에서 개선을 기다리리.

이 작품은 天寶13년 가을, 伊西節度使인 封常淸이 播仙 정벌에 나서는 것을 전송하며 승전을 축원한 일종의 獻詩로써, 예술적으로는 서역 변방의 열악한 자연환경과 전장의 긴박감을 절묘하게 대비시켜 雄渾하면서도 悲壯한 느낌을 창출해낸 걸작이다.50) 여기에는 고난을 무릅쓰고 싸움터로

---

49) 『全唐詩』(第六冊), 2053쪽
50) 孫全民, 『唐代邊塞詩選注』, 合肥, 黃山書社, 1992, 179쪽

나아가는 장병의 英勇함과 승전에 대한 염원이 담겨있을 뿐, 人本主義的 통찰은 보이지 않는다.

변새시는 中唐에도 출현하며 여전히 주전적 색채를 띤 작품이 적지 않지만 음조나 풍격에서 성당과 사뭇 다르다. 성당의 변새시를 '雄渾·悲壯'한 풍격으로 특징짓는다면 중당의 변새시는 '蒼凉·沈鬱'이 主調를 이룬다는 것이다.[51] 그 원인은 시대상황의 변화에서 찾아볼 수 있다. 安史의 亂 이후 당은 국력이 급속도로 약화되면서 내부와 외부로부터의 심각한 도전에 직면하게 된다. 밖으로는 강성해진 吐蕃에게 서북지역을 빼앗기고 수세에 놓였으며, 안으로는 藩鎭의 亂이 속출하였다. 그러나 당은 이미 사태를 수습할만한 여력이 없었다. 중당의 시인들이 울분을 토하고 응전을 부르짖지만 결국 '창량·침울'로 흐르게 된 것은 바로 이러한 현실 앞에서 좌절감을 느꼈기 때문이라 할 것이다. 한편 중당에는 성당 변새시의 명맥을 유지한 壯歌도 더러 눈에 띤다. 李益의 <塞下曲>이 그 대표적인 예다.

<塞下曲>[52] 李益

伏波惟願裹尸還, 定遠何須生入關.
莫遣只輪歸海窟, 仍留一箭定天山.

복파장군 오로지 죽어서 돌아오기 원하였고
정원후 어찌 살아서 옥문관 들어오려 했으랴
오랑캐 병거 하나도 소굴로 돌려보내지 마라
천산이 안정되려면 하나의 군대라도 남아야 할 터이니

晩唐의 변새시는 그 음조가 더욱 悲愴하고 감상적이며 심지어 퇴폐적인 경향마저 보인다.[53] 그러나 이 부분은 본 연구에서 다루고자 하는 범위를 넘어서므로 더 이상 언급하지 않기로 하겠다.

---

51) 王昌猷·周小立, 「試論中唐邊塞詩」, 『唐代邊塞詩硏究論文選粹』, 270쪽
52) 『全唐詩』(第九冊), 3231쪽
53) 董乃斌, 「論中晩唐的邊塞詩」, 『唐代邊塞詩硏究論文選粹』, 264쪽

Ⅴ. 맺는 말

혹자는 당대의 전쟁시를 시대의 특산물이라고 하였다.[54] 이 말은 당대의 전쟁시가 종래의 전쟁시와 차별화 되는 까닭이 시대적 특수성에 기인하고 있음을 지적한 것이다. 본 연구가 얻어낸 결과도 이와 다르지 않다. 당대 전쟁시의 특징중 가장 두드러진 점은 主戰的 경향이 농후하다는 데 있다. 일반적으로 전쟁문학의 속성이 反戰的 휴머니즘을 추구한다는 사실에 비추어 본다면 매우 이례적인 경우라 하지 않을 수 없다. 그렇다면 과연 무엇이 주전성을 띠게된 원인으로 작용하였는가? 연구를 통하여 얻은 결론은 다음과 같다.

첫째, 전쟁의 성격에 따라 수용태도가 달랐다는 점이다. 개국 초기의 전쟁시는 주전적인 색채가 강하다. 왜냐하면 이때의 전쟁은 중원통일을 위한 群雄과의 싸움이었으며, 시인들은 이를 "도탄에 빠진 만민을 구제한다"는 '大義名分'이 뚜렷한 전쟁으로 인식하였기 때문이다. 따라서 이들의 작품에는 '意氣'나 '報恩'과 같은 詩語가 자주 등장하고, 적극적인 현실참여의식과 강렬한 應戰意志가 표출되었다.

貞觀부터 開元에 이르기까지의 전쟁시는 개국 초기와 상이한 수용태도에서 주전적인 색채를 띤다. 그 배경은 크게 두 가지로 나눌 수 있다. 하나는 정치환경의 변화로써 통일 이후 갈등의 대상이 異民族으로 바뀌고 전쟁의 성격도 邊境의 안정을 꾀하기 위한 自衛戰爭으로 바뀌었다는 점이다. 또 하나는 사회환경의 변화로, 국력의 융성과 국세의 신장에 따라 민족적 우월감이 팽배하였다는 점이다. 따라서 唐人들은 민족주의에 매몰되어 異族과의 전쟁을 당연시하는 태도를 보였다. 初盛唐 전쟁시의 주전적 경향은 바로 이러한 시대환경의 변화에 기인한 것이다.

둘째, 국력의 융성으로 인하여 진취적인 시대정신이 형성되었다는 점이

54) 蘇雪林, 『唐詩概論』, 台北, 商務印書館, 1988, 49쪽

다. 당의 발전은 太宗의 치적을 토대로 이루어졌다 해도 과언이 아니다. 그는 먼저 중원통일을 완성함으로써 개국 초기의 혼란을 조기에 수습하고 국력을 기르는 데 매진할 수 있는 기틀을 마련하였으며, '貞觀의 治'라 일컬어지는 청명한 정치로 경제적 번영과 민생의 안정을 꾀하였다. 또한 대외적으로는 '武威'와 '文德'을 병행하여 변방의 안정을 도모함과 동시에 판도를 넓혀나가는 성과도 거두었다.

이러한 정관성대의 바탕 위에 玄宗의 '開元의 治'가 이어짐으로써 당은 전성기를 구가하게 된다. 국력의 융성과 장기적인 사회안정으로 인하여 당인들 사이에는 적극적이고 낙관적이며 진취적인 정신이 팽배하였다. 성당의 雄壯豪放한 詩風은 바로 이러한 시대정신의 반영이다. 또한 성당시인들이 形式美보다 氣骨을 중시하고, 漢魏六朝의 樂府와 建安詩歌를 학습 모델로 삼은 것도 시대정신과 무관하지 않다.

셋째, 문인의 종군이 보편화되었다는 점이다. 종군시인들이 변방생활의 감흥을 표현한 시를 문학사에서는 '邊塞詩'라고 부른다. 변새시에는 다양한 소재의 작품이 포함되어 있지만 전쟁을 묘사한 작품들은 대개 주전적 경향이 강하다. 그 까닭은 우선 종군의 동기가 국력의 융성에 따른 민족적 자부심이 애국심리를 고취하고, 왕실의 邊功優待政策이 功名心을 자극하였기 때문이라는 데 있다.

또 하나는 구조적인 원인이다. 종군시인들은 보통 막부에서 判官이나 掌書記와 같은 文職幕僚의 직책을 담당하였으므로 절도사와는 수직적인 관계에 있었다. 더욱이 절도사는 막료의 前途를 좌지우지할 수 있을 만큼 논공행상에 절대적인 영향력을 가진 존재였다. 따라서 입신을 꿈꾸는 종군시인들은 신임을 얻기 위해 절도사에게 의탁하고 영합할 수밖에 없었다. 변새시 가운데 獻詩의 형식을 빌어 전쟁을 미화하고 승전을 축원하는 등 주전성 농후한 작품이 적지 않은 이유가 여기에 있는 것이다.

參考文獻

『舊唐書』(上), 서울, 景仁文化社, 1977
『全唐詩』, 北京, 中華書局, 1979
黃本驥,『中國歷代職官表』, 台北, 洪氏出版社, 1983
何文煥,『歷代詩話』, 北京, 中華書局, 1981
胡雲翼,『唐詩研究』, 台北, 華聯出版社, 1973
劉開揚,『唐詩通論』, 台北, 木鐸出版社, 1983
蘇雪林,『唐詩概論』, 台北, 商務印書館, 1988
胡震亨,『唐音癸籤』, 台北, 木鐸出版社, 1982
何寄澎,『總是玉關情』, 台北, 聯經出版事業公司, 1978
洪 讚,『唐代戰爭詩研究』, 台北, 文史哲出版社, 1987
胡雲翼,『唐代的戰爭文學』, 台北, 商務印書館, 1974
西北師範學院編輯部,『唐大邊塞詩研究論文選粹』, 蘭州, 甘肅教育出版社, 1988
王運熙,『中國古代文論管窺』, 北京, 齊魯書社, 1987
戴偉華,『唐代幕府與文學』, 北京, 現代出版社, 1990
孔凡信,『歷代邊塞詩賞析』, 濟南, 明天出版社, 1988
李炳海·于雪棠,『唐代邊塞詩傳』, 長春, 吉林人民出版社, 2000
孫全民,『唐代邊塞詩選注』, 合肥, 黃山書社, 1992
傅樂成 著·辛勝夏 譯,『中國通史』, 서울, 宇鍾社, 1989
김재홍,『한국전쟁과 현대시의 응전』, 서울, 평민사, 1978
이동근,「壬亂戰爭文學研究」,『국문학연구』제63집, 서울, 국문학연구회, 1983

출처 : 『中國學研究』 28집(원제 : 初盛唐 戰爭詩에 나타난 主戰的 傾向의 形成 要因 考察)

王梵志 시의 사회현실 반영

이우용*

Ⅰ. 왕범지의 시기와 분류

中國詩史上 唐代는 文人詩의 최고 전성기인 동시에 통속적인 白話詩가 본격적으로 출현한 시기이다. 특히 唐代의 顧況, 白居易, 杜荀鶴, 羅隱 등의 시인들이 口語를 즐겨 사용하여 우수한 시를 남길 수 있었던 데에는 "백화시의 광범위한 성행"이라는 요인이 그 배경으로 작용한다. 이는 胡適이『白話文學史 · 自序』(1928年)에서 初唐에서 晩唐에 이르는 唐詩史를 "점차 白話의 길로 가던 역사(一段逐漸白話化的歷史)"[1]로 파악하면서 唐代 白話詩의 중요성에 대해 언급한 것에서도 확인된다. 唐代 백화시를 대표하는 시인으로는 王梵志와 寒山을 들 수 있다. 이들에 의해 口語와 俗語는 詩語로서 자연스럽게 사용되기 시작했으며 후대의 詩僧인 拾得, 豐干 뿐만 아니라 白居易, 顧況 등 文人들에게도 커다란 영향을 끼쳤다. 특히 왕범지시는 唐代의 승려에게 환영을 받아 高僧이 인용하기도 하였고 詩話에도 언급이 되었으며 그 내용이 통속적이어서 사람들에게 쉽게 이해되고 민간에 널리 퍼졌었다. 뿐만 아니라 日本 平安朝時代(784-897)에 편찬된『日本國見在書目錄』에 왕범지의 詩集이 기재되어 있는 것으로

* 한국외대 중국어과 강사

1) 胡適,『白話文學史』, (長沙 : 岳麓書社, 1986), 10쪽.

보아 왕범지시는 8~9세기 사이에 이미 일본에까지 전해졌음을 알 수 있다.[2] 宋代에 와서도 왕범지시는 문인들의 사랑을 받았는데 「城外土饅頭」와 「梵志翻著襪」 같은 시들은 北宋의 시인 黃庭堅의 주목을 끌었고,[3] 南宋의 시인 范成大의 「重九日行營壽藏之地」시 "천년의 철로 된 문지방이 있다 해도 끝내는 하나의 흙 만두일 뿐이네.(縱有千年鐵門限, 終須一箇土饅頭)"의 "鐵門限"과 "土饅頭"는 왕범지시의 典故를 활용하였다.[4] 『紅樓夢』의 "鐵檻寺"나 "饅頭庵" 등도 이것에서 온 것이다. 明代 이후 왕범지시는 점차 失傳되어 淸代에 편찬된 『全唐詩』에는 왕범지시가 실리지 않았고 점차 사람들에게 잊히다, 1900년 敦煌에서 다량의 왕범지시 사본이 발견되어 다시금 세인의 주목을 받아 이후 활발한 연구가 진행되었다.

왕범지가 활동했던 시대에 관해서는 확정하기 어려운데 이는 그의 생애 및 생졸 연대를 살펴볼 수 있는 史料가 미비하기 때문이다. 五代 嚴子休의 『桂苑叢談·史遺』에 다음과 같은 기록이 있다.

> 왕범지는 衛州 黎陽 사람이다. 黎陽城 동쪽 15리에 王德祖라는 사람이 있었는데 隋나라 때로 집안에 능금나무가 있어 혹이 생기니 그 크기가 한 말이나 되었다. 삼 년이 지나자 그 혹이 썩어 문드러졌는데 왕덕조는 그것을 보고 그 껍질을 치우다 한 아이가 탯줄을 쥐고 나오는 것을 보고 그리하여 그를 거둬 키웠다. 일곱 살이 되어서야 말을 할 줄 알았는데 묻기를 "누가 저를 키웠나요?"라며 또 성과 이름을 물었다. 왕덕조는 사실대로 말해주었다. "나무에서 태어났으니 梵天이라 했고 후에 梵志로 바꾸었는데 우리 집에서 키웠으니 성을 王이라 한다." 시를 지어 사람들을 풍자함에 심히 그 뜻이 깊었으니 무릇 보살이 示化한 것이다. (王梵志, 衛州黎陽人也。 黎陽城東十五里有王德祖者, 當隋之時, 家有林檎樹生癭大如斗。經三年其癭朽爛, 德祖見之, 乃撤其皮, 遂見一孩兒抱胎而出, 因收養之。至七歲能語, 問曰:"誰人育我?"及問姓名。德祖具以實告:"因林木而生曰梵天, 後改曰志, 我家長育, 可姓王也。" 作詩諷人, 甚有意旨, 蓋菩薩示化也。)[5]

---

2) 神田喜一郎 撰, 郭自得·王三慶 譯, 「敦煌學近況(二)」, 『敦煌學』 제7집(1984), 15쪽 참조.

3) 『苕溪漁隱叢話』 前集卷五十六 「王梵志」참조.

4) 왕범지시 「世無百年人」와 「城外土饅頭」.

5) 嚴子休, 『桂苑叢談』, 『唐五代筆記小說大觀』, (上海:上海古籍出版社, 2000),

『太平廣記』 卷82에도 대동소이한 기록이 있는데, 이들을 종합해 보면 왕범지는 衛州 黎陽 (현 河南省 浚縣) 사람으로 隋代(文帝)에 능금나무 혹에서 태어났는데 王德祖라는 사람이 그를 거두어 키웠으므로 姓을 王이라 했고 이름을 梵天이라 했는데 후에 梵志로 바꾸었다고 한다. 『桂苑叢談』과 『太平廣記』는 왕범지의 탄생과 그가 태어난 시기에 관한 대단히 중요한 史料이나 그 내용이 지극히 傳說的이고 신빙성이 적기 때문에 이것들만 가지고 왕범지가 隋代에 태어났다고 할 수는 없다. 또 하나의 기록인 晩唐 范攄의 『雲溪友議』 卷下 「蜀僧喩」에는 "범지라는 사람은 서역의 나무 위에서 태어났는데 그리하여 범지라 이름 하였다.(梵志者, 生于西域林木之上, 因以梵志爲名。)"[6]라고 하여 왕범지를 아예 서역에서 태어났다고 하였으니 역시 믿기 어렵다. 따라서 왕범지의 시대를 보다 객관적으로 추정하기 위해서는 왕범지와 관련된 여러 자료와 왕범지시의 내용을 함께 비교하고 분석해야 한다.

왕범지라는 인물과 그의 생애를 확인할 수 있는 자료가 없는 관계로 왕범지의 생존 시기에 관해서는 연구자에 따라 견해가 각기 다르다. 그 시기를 隋代로 보는 견해도 있고(潘重規), 初唐으로 보는 견해도 있고(胡適, 趙和平 · 鄧文寬, 張錫厚, 朱鳳玉 등), 天寶 · 大曆 혹은 五代人으로까지 의심하는 견해도 있으며(入矢義高), 8세기 사람으로 보는 견해도 있고 (Demiéville), 王梵志라는 이름을 개인이 아닌 여러 사람의 假託으로 보는 견해도 있어(菊池英夫, 項楚 등) 어느 한 가지로 확정되어 있지 않다.[7]

1566쪽.

6) 范攄, 『雲溪友議』, 『唐五代筆記小說大觀』, (上海 : 上海古籍出版社, 2000), 1316쪽.

7) 이들의 견해는 다음의 자료를 참고하였음. 潘重規, 「王梵志出生時代的新觀察——解答全唐詩不收王梵志詩之謎」, 中央日報 1985年 4月 11日 ; 胡適, 「唐初的白話詩」, 『白話文學史』, (長沙 : 岳麓書社, 1986) ; 趙和平 · 鄧文寬, 「敦煌寫本王梵志詩校注」, 『北京大學學報』 1980年 第5 · 6期, 張錫厚, 『王梵志詩硏究彙錄』, (上海 : 上海古籍出版社, 1990) ; 張錫厚, 「唐初民間詩人王梵志考略」, 『王梵志詩校輯』 (北京 : 中華書局, 1983) ; 朱鳳玉, 「王梵志的時代及生平」, 『王梵志詩硏究』 上冊, (臺北 : 臺灣學生書局, 1986) ; 入矢義高, 「論王梵志」, 朱鳳玉 앞의 책 ; Paul Demiéville(戴密微), 「王梵志詩附太公家敎引言」, 『敦煌學』 第9輯, 1985 ; 菊池英夫, 「王梵志詩集和山上憶良『貧窮問答歌』之硏究」, 朱鳳玉, 앞의 책, ; 項楚,

이중 특히 項楚의 견해를 주목할 만한데, 왕범지시는 一時一人의 작품이 아니라 初唐에서 宋初에 이르는 긴 세월 동안의 無名의 白話詩人들의 총체적 작품이라고 보았고, 이 가운데는 北周 釋亡名의 「五盛陰」과 梁 寶誌和尚의 「大乘讚」을 改作한 시도 있음을 들어 이점을 더욱 실증하였다.[8] 또한 그는 張錫厚의 『王梵志詩校輯』이 나온 이래 그것의 오류를 수정·보완하는 많은 연구 성과를 흡수하고 더욱 많은 시를 增補하여 『王梵志詩校注』를 출간하였는데, 모두 390首를 수록하고 있으며 교감이 상세하고 충실한 주석을 가한 가장 완비된 교주본이라 할 수 있다. 그에 따르면 390수의 왕범지시는 다음의 네 가지의 계통으로 이루어져 있다.

① 三卷本王梵志詩集 (203首)
② 一百一十首本王梵志詩 (69首)
③ 一卷本王梵志詩 (92首)
④ 散見하는 王梵志詩 (26首)

① 三卷本王梵志詩集이란 原寫本에 "王梵志詩集卷上", "王梵志詩集卷中", "王梵志詩集卷第三" 등으로 기재되어 있는 寫本들 및 이러한 上中下 또는 一二三 계통에 속하는 것으로 보이는 寫本들을 통틀어 말한 것이다. 이에 속하는 시들은 주로 初唐시기 특히 武則天 집권 시기에 지어졌다. 이 시에서는 불교를 題材로 삼은 것이 많으나, 禪宗의 南宗思想의 흔적은 볼 수 없으니 이 시집이 결집된 것은 선종의 남종이 보편적으로 유행한 盛唐보다 이르다고 할 수 있다. 이 시집은 詩數가 가장 많고 현실성이 풍부하며 예술적 특색이 잘 구비되어 다른 어떤 계통의 詩集보다 가치가 높다.

② 一百一十首本王梵志詩란 레닌그라드에 소장되어 있는 L.1456 寫本과 런던에 소장되어 있는 S.4277 寫本에 실려 있는 시를 말한다. L.1456호

「王梵志詩論」, 『敦煌文學叢考』, (上海 : 上海古籍出版社, 1991).

8) 項楚, 「列一四五六號王梵志詩殘卷補校後記」, 『王梵志詩校注』 (上海 : 上海古籍出版社, 1991) 附錄 참조.

寫本의 끝머리에는 "大曆六年五月□□日抄王梵志詩一百一十首, 沙門法忍寫之記。"라는 題記가 있는데, 이 L.1456과 S.4277은 모두 法忍抄本王梵志詩卷의 한 부분임이 밝혀졌다.9) 이들 시의 창작연대는 抄寫된 해인 大曆六년(771)보다는 당연히 이를 것이다. 내용적으로 볼 때 이들 시는 불교시집이며 선종의 남종 색채가 농후하다. 따라서 이 시들은 선종이 널리 유행한 뒤인 盛唐시기에 승려들에 의해 창작되었다.

③ 一卷本王梵志詩란 原寫本에 "王梵志詩一卷"이라고 기재되어 있는 시를 말한다. 이 시집은 92首의 5言4句의 格言體 小詩를 수록하고 있는데 앞의 72수는 세속의 격언시이고 뒤의 20수는 불교의 격언시이다. 이 시는 내용상으로나 풍격상 기타의 왕범지시와 현저히 다른데 사실상 민간에 유행한 아동도서(童蒙讀本)로 또 하나의 아동도서인 『太公家教』와 같은 類이다. 『宋史 · 藝文志 · 別集類』에서 「王梵志詩一卷」을 晩唐과 五代의 작가 사이에 기재한 것으로 볼 때 이 시는 만당 시기의 민간의 지식인들이 지은 것이다.

④ 散見하는 王梵志詩란 돈황사본과 唐宋의 筆記와 詩話 등에 실린 시를 말한다. 이 시들은 來源과 時代가 각기 다르며 대략 盛唐이후에 지어졌고 몇몇 시들은 宋初에 지어졌을 가능성도 있다.10)

이상 네 가지 계통으로 이루어진 왕범지시는 서로 중복되는 詩가 한 首도 없으며 이는 이것들이 서로 다른 시기에 結集되었음을 설명하므로 왕범지시를 특정시기 특정인물의 작품으로 볼 수 없다는 項楚의 견해는 설득력을 갖는다. 왕범지시의 여러 계통 가운데 시대적으로 가장 앞서고 내용이 가장 풍부하고 형식이 가장 다양하며 그 시대의 사회현실을 잘 반영하면서 작품 수도 가장 많아 왕범지시를 대표하는 것이 바로 三卷本王梵志詩集이라 할 수 있다. 그러므로 三卷本王梵志詩集에 있는 사회현실을

---

9) 朱鳳玉, 「敦煌寫卷S4277號殘卷校釋」, 『敦煌學』 第12輯, 132-133쪽 「後記」 참조.
10) 이상 왕범지시의 계통에 관한 서술은 羅宗强 · 郝世峰, 『隋唐五代文學史』, (北京 : 高等教育出版社, 1990)의 제4장 「初唐白話詩」(제4장의 주필자는 項楚)와 項楚, 「王梵志詩論」, 『敦煌文學叢考』, (上海 : 上海古籍出版社, 1991)을 참조.

반영하는 시를 중심으로 그것이 당시 하층인민의 생활상을 어떻게 담아내고 있는지 살펴보고 그 가치와 의의를 찾고자 한다.

Ⅱ. 사회현실의 반영

왕범지시집의 序文을 통해 그 성격과 의의를 살펴볼 수 있다.

> 오로지 불교의 가르침에만 의할 것이니 無我요 苦요 空이로다. 전생의 業因이 보잘것없기 때문에 후세의 인과응보가 미약함을 알겠다. 시집을 편찬하여 선을 권하고 법을 어김을 경계한다. 왕범지 시집 목록이 비록 여러 편이지만 300여수의 시를 지었다. 모두 현세의 일들을 말했고 함부로 헛된 말을 하지 않았다. 왕범지가 남긴 글은 丁蘭과 郭巨의 뜻을 배워 경전의 문구에 구속되지 않고 모두 일반에서 쓰는 말로 서술했다. 이 시들을 보면 지혜로운 선비도 생각을 바꿀 뿐만 아니라 참으로 어리석은 이도 용모를 고칠 것이다. 멀고 가까이서 전해 들어 선을 권하고 악을 벌하게 될 것이다. 탐욕스런 관리가 착취를 점차 그칠 것이요, 녹봉만 받아먹는 관리가 스스로 청렴하고 근신할 것이다. 각자가 비록 어리석더라도 마음으로는 매우 걱정스러워할 것이다. 한번 두루 음미하고 몇 번 생각하여 잊지 말아야 한다. 高僧이 강설한다 해도 이 좋은 시를 읽는 것만 못할 것이다. 부모의 뜻을 거스르던 자가 아침저녁으로 안부를 묻는 효자가 되고 게으르던 며느리가 아침저녁으로 시부모를 섬길 것이다. 방종한 자와 탕자가 부끄러움을 느낄 것이요 온 나라를 떠돌아다니는 자가 고향을 그리워할 것이다. 게으르던 이가 밤에 일어나 (원문闕字 3) 게으르던 아내는 밤새워 길쌈을 할 것이다. 모두 죄와 복을 알게 될 것이니 열심히 밭 갈고 힘써 노력하여 양식이 족하게 될 것이다. 마음을 한결같이 하여 五根의 감정을 바꾸지 않으니 동쪽 서쪽 고을에서 함께 높이 칭송할 것이다. 오로지 이 문장을 읽어 숙달하게 해야만 어리석고 어두운 이가 모두 어질고 선량하게 될 것이다. (但以佛教道法, 無我苦空。知先薄之福緣, 悉後微之因果。撰修勸善, 誡勗非違。目錄雖則數條, 制詩三百餘首。具言時事, 不浪虛談。王梵志之遺文, 習丁郭之要義。不守經典, 皆陳俗語。非但智士迴意, 實亦愚夫改容。遠近傳聞, 勸懲令善。貪婪之史, 稍息侵漁；尸祿之官, 自當廉謹。各雖愚昧, 情極愴然。一遍略尋, 三思無忘。縱使大德講說, 不及讀此善文。逆子定省翻成孝, 嬾婦晨夕事姑嫜。查郎身弱

子生慙愧, 諸州游客憶家鄉。慵夫夜起□□□, 嬾婦徹明對絹筐。悉皆咸臻知罪福, 懃耕懇苦足糇粮。一志五情不改易, 東州西郡並稱揚。但令讀此篇章熟, 頑愚暗惷悉賢良。)11)

이 序文이 S.778과 S.5796 寫本에 실려 있는 것에서 알 수 있듯이 이는 王梵志詩集卷上 다시 말해서 三卷本王梵志詩集에 실려 있는 시의 특징을 말한 것으로 왕범지시는 불교의 사상을 바탕으로 勸善懲惡의 주제를 담고 있으며 俗語를 사용하여 현실을 묘사한 사회 교화적 내용의 시임을 알 수 있다. 왕범지는 唐代에 "菩薩示化"로 여겨졌고 불교를 제재로 한 작품이 많아 흔히 불교시인으로 알려져 있지만, 그 정화는 바로 세속적인 작품으로 이러한 시들은 당시의 각종 사회모순을 폭로하고 인정세태를 묘사하여 하층민의 질고와 정서를 잘 표현하고 있다.

1. 사회모순의 고발

왕범지시는 현실을 반영하는 강렬한 비판정신을 보여주는데 광범위한 사회모순을 단도직입적으로 폭로하고 寸鐵殺人의 방식으로 문제의 핵심을 찌른다. 「天下惡風俗」(116・卷三)은 喪期에 혼인하는 풍속을 비판하였는데 唐人은 이를 "從吉" 또는 "借吉"이라 불렀고, 「古人數下澤」(117・卷三)은 高門世族들의 매매혼 풍조를 지탄하였다.

古人數下澤,	옛 사람은 가문이 낮은 이도 헤아렸지만
今我少高門。	지금 나는 가문 높다는 자 경멸한다.
錢少婢不嫁,	돈이 적으면 계집종도 시집오지 않는데
財多奴共婚。	재물이 많으면 사내종이라도 그와 혼인한다.
各各販父祖,	각자 아버지 할아버지를 팔고
家家賣子孫。	집집마다 아들과 손자를 판다.
自言鬻姓望,	스스로 가문을 판다고 얘기하니
聲盡不可論。	명성이 다하면 논할 수 없다네.

11) 項楚, 『王梵志詩校注』, 1쪽.

그러나 왕범지시에 투영된 주된 생활면모는 사회의 상층이 아니라 하층이며, 가장 두드러진 특징은 하층민의 생활 속으로 깊이 파고들어가 그들의 핍박과 고통을 생생하게 詩에 담아내어 그들의 정서를 대변하고 사회의 모순을 고발한 점에 있다. 빈번한 전쟁으로 인한 참상과 조세의 압박 그리고 관리의 부패 등이 민생질고의 주된 원인으로 등장한다.

(1) 전쟁의 참상

전쟁의 참상을 그린 시에는 통치자의 영토 확장의 야욕으로 인한 끊임없는 정벌과 전쟁으로 고통 받는 兵士들의 비참한 상황을 그리고 있으며 강한 非戰意識을 보여준다.

「你道生勝死」(262・卷五)

你道生勝死,	너는 사는 것이 죽는 것보다 낫다고 하지만
我道死勝生。	나는 죽는 것이 사는 것보다 낫다고 말하리.
生卽苦戰死,	살아선 전쟁으로 고생하다 죽지만
死卽無人征。	죽으면 출정가는 이 없다.
十六作夫役,	열여섯 살에 夫役을 담당하고
二十充府兵。	스무 살에 府兵에 충원된다.
磧裏向前走,	사막에서 앞으로 나아가는데
衣鉀困須擎。	갑옷 입은 것이 피곤해 끌고 다녀야 한다.
白日趁食地,	낮에는 밥 먹을 곳으로 급히 달려가고
每夜悉知更。	밤마다 늘 야경을 돈다.
鐵鉢淹乾飯,	쇠 밥사발에 마른 식량 담고
同火共分諍。	동료들과 뒤엉켜 다툰다.
長頭飢欲死,	오랫동안 굶주려 죽을 지경이니
肚似破窮坑。	뱃속은 밑 빠진 구덩이 같다.
遣兒我受苦,	아들을 내보내어 나는 고생만 하니
慈母不須生。	어머니 나를 낳지 마셨어야 했거늘.

이 시는 죽는 것만도 못한 戰場에서의 병영생활을 府兵 자신을 話者로 하여 구체적으로 묘사하고 있다. 唐初의 兵制는 부병제이다. 府兵制는

西魏와 北周에서 비롯되어 隋代에 정비되었고 唐代에 계속 시행되다가 開元 13년(725)에 폐지되었으므로 이 시는 늦어도 開元 13년 이전에 씌어졌다. 府兵制와 均田制는 호적의 기초 위에서 이루어졌으며 당시의 호적은 黃·小·中·丁·老로 연령이 규정되었다. 隋唐 兩代의 규정을 표로 나타내면 다음과 같다.12)

年代 \ 種別		黃	小	中	丁	老
隋	開皇2년 (582)	1-3	4-10	11-17	18-59	60以上
	開皇3년 (583)	1-3	4-10	11-20	21-59	60以上
	大業初年(605頃)	1-3	4-10	11-21	22-59	60以上
唐	武德7년 (624) 開元7년 (719)	1-3	4-15	16-20	21-59	60以上
	神龍元年(705) 景雲元年(710)	1-3	4-15	16-21	22-58	59以上
	開元25년(737)	1-3	4-15	16-20	21-59	60以上
	天寶3년 (744)	1-3	4-17	18-22	23-59	60以上
	廣德元年(763)	1-3	4-17	18-24	25-54	55以上

"十六作夫役, 二十充府兵"이라 했으니 이 시에 나타난 中男과 丁男의 연령은 唐 前期에 해당한다. 丁男의 표준연령은 21세나 22세인데 왕범지 시는 五言이므로 "二十"은 "一"字나 "二"字가 생략된 어림수다.13) 시의 중반부 이하는 戰場에서의 처참한 생활이 사실적으로 묘사되어 있다. 낮에는 사막을 행군하고 밤마다 야경을 돌면서도 굶주린 배는 밑 빠진 구덩이 같다고 하여 고통의 실상을 생생히 전하고 있으며, 급기야 마지막 句에서 "慈母不須生"이라 하여 삶 자체를 체념하고 부정하는 丁男의 절망감을 서슴없이 드러내고 있다. 다음의 시도 전쟁의 비참함을 서술하고 있다.

---

12) 外山軍治, 「隋唐世界帝國」, 『東洋の歷史』 第5卷, (人物往來社, 1967), 155쪽. (朱鳳玉, 『王梵志詩研究』, 95쪽 참조.)

13) 上同.

「相將歸去來」(263・卷五)

相將歸去來,	서로 이끌고 돌아가리니
閻浮[14]不可停。	인간 세상에는 머무를 수 없다.
婦人應重役,	부녀자들은 과중한 요역에 복무하고
男子從征行。	남정네들은 종군하여 출정한다.
帶刀擬鬪煞,	칼 차고 싸워 죽이려 하니
逢陣卽相刑。	적진을 만나면 서로 죽인다.
將軍馬上死,	장군은 말 위에서 죽고
兵滅他軍營。	병사는 적진에서 죽는다.
血流遍荒野,	피는 거친 들판에 두루 흐르고
白骨在邊庭。	백골은 변경에 있다.
去馬猶殘跡,	떠도는 말은 잔해를 서성이고
空留紙上名。	兵簿에 이름만이 헛되이 남는다.
關山千万里,	關山은 천만리에 있는데
影絶故鄕城。	고향의 城과 영원히 이별한다.
生受刀光苦,	살면서 살육의 고통 겪으니
意裏極星星。	(죽으면) 마음이 지극히 평온하리.

1-2句에서 인간세상을 떠나 돌아가겠다고 한 곳은 바로 죽음의 세계이다. 이하는 그 이유가 설명되어 있다. 부녀자들은 요역에 동원되고 남정네들은 출정하여 적과 싸우다 결국 죽는다. 9-10句의 “血流遍荒野, 白骨在邊庭”은 그들의 처참한 최후가 마치 눈앞에 보이듯 생생하게 묘사되어 있다. 따라서 삶은 곧 고통이니 죽어서야 마음이 평온하다고 했다. 다음의 시도 시인이 얼마나 전쟁을 증오하는지 단적으로 보여주고 있다.

「天下惡官職」(48・卷二)

天下惡官職,	천하에 몹쓸 관직으로는
不過是府兵。	부병보다 더한 것이 없다
四面有賊動,	사방에서 적들이 움직이면

14) 閻浮提 즉 南贍部洲로 須彌四洲의 하나. 閻浮는 樹名. 提는 “提鞞波”의 약칭으로 意譯하면 洲. 洲 안에 염부나무가 많기 때문에 閻浮提라 부름. 詩文에서는 주로 人間世를 가리킴.

當日卽須行。　그때그때 출동해야 한다.
有緣重相見，　연분이 있으면 다시 만나 보련만
業薄卽隔生。　업보가 보잘것없으니 삶과는 단절된다.
逢賊被打煞，　적을 만나 맞아 죽으니
五品15)無人諍。　전공을 다투는 사람이 없다.

세상에서 府兵이 가장 몹쓸 관직이라고 했다. 전쟁에서는 내가 살기 위해서 적을 죽이지 않으면 안 된다. 적들이 쳐들어 올 때마다 출동하여 싸우다 결국에는 죽게 되는 것이 부병의 운명이니 戰功을 차지할 사람이 없음은 당연한 것이다. 뿐만 아니라 전쟁이 초래하는 참상은 싸우는 병사 뿐만이 아니라 그의 가정에도 이어진다.

「父母生兒身」(248・卷五)

父母生兒身，　부모는 자식의 몸을 낳았고
衣食養兒德。　옷과 음식은 자식의 德을 길렀다.
蹔託寄出來，　잠시 기탁하여 태어난 것이
欲似相便貸。　서로 빚진 것과 같다.
兒大作兵夫，　아이 자라 병사가 되어
西征吐番賊。　서쪽으로 토번의 도적 정벌하러 간다.
行後渾家死，　떠난 뒤 온 집안 식구들 죽으니
回來覓不得。　돌아와 찾아도 보이지 않는다.
兒身面向南，　아이는 남쪽을 향하고
死者頭向北。　죽은 이는 북쪽을 향한다.
父子相分擘，　아버지와 아들이 서로 헤어지니
不及元不識。　아예 몰랐던 것만 못하다.

천신만고 끝에 부병이 살아 돌아 왔으나 가족들은 전쟁으로 목숨을 잃어 찾아도 보이지 않는다. 이렇게 가족들이 헤어질 바엔 차라리 아버지와 아들의 관계로 태어나지 않음만 못하며 아예 자식이 없는 것만도 못하다

15) 唐代에는 從軍하여 전투에서 功을 세우면 의례적으로 爵位와 階級을 주었는데 五品에 들어갈 수 있었다.

고 했다. 전쟁에 대한 증오가 시인으로 하여금 이렇게 직설적인 표현을 쓰게 했다고 볼 수 있다.

전쟁은 삶과 죽음이 엇갈리는 가장 극한적인 상황이다. 王梵志詩에 있어 전쟁은 곧 죽음을 의미하며 그것은 바로 민중의 고통과 직결된다. 또한 詩에 나타나는 非戰意識은 삶을 부정하는 厭世主義로 흐르는데 이는 일반 邊塞詩와는 다른 불교적인 영향 때문이라 하겠다.

(2) 과중한 賦役

唐 前期에 시행한 租庸調法은 均田制의 바탕 하에 대량의 자영농민의 전제를 기초로 시행한 부세제도이다. 그러나 지주의 토지겸병에 따라 균전제는 붕괴되었으며 세금의 징수는 가난한 소농민에 집중되어 빈익빈 부익부 현상을 낳았다. 왕범지시는 이러한 봉건사회의 구조적인 모순 속에서 허덕이는 백성들과 세금과 요역을 독촉하는 관리들의 횡포 및 조세부담의 불균형을 첨예하게 폭로하고 있다. 먼저 조세의 압박에 시달리는 衆生의 고통을 묘사한 시를 보기로 한다.

「可笑世間人」(5・卷一)

可笑世間人,	우습도다 세상 사람들
癡多黠者少。	어리석은 자는 많고 지혜로운 자는 적다.
不愁死路長,	죽은 뒤 걸어야하는 기나긴 길을 염려하지 않고
貪著苦煩惱。	탐하고 집착하여 번뇌에 괴로워한다.
夜眠遊鬼界,	밤에 잠들어서는 귀신세계에서 놀고
天曉歸人道。	날이 밝으면 인간세계로 돌아온다.
忽起相羅拽,	일어나면 서로 잡아당기며
啾唧索租調。	욕하며 租稅와 調稅 독촉한다.
貧苦無處得,	빈궁하여 살 곳 없는데
相接被鞭拷。	서로 묶여 채찍질 당한다.
生時有苦痛,	살아있을 때 고통뿐이니
不如早死好。	일찍 죽는 것만 못하리.

이 시에는 "生苦死樂"이라는 시인의 生死觀이 깔려 있다. 욕하며 세금을 독촉하고 세금을 못내 고통 받는 것은 사람들이 모두 貪著이라는 번뇌에 가려있기 때문이니 이를 끊으라고 시인은 주장한다. 불교적인 관념을 담고 있는 시이나 한편으로는 이를 통해 당시에 조용조의 부담이 얼마나 극심했던가를 볼 수 있으며 이는 마지막 11-12句의 "生時有苦痛, 不如早死好"에 잘 집약되어 있다. 다음은 조용조의 폐단이 보다 구체적으로 묘사된 시를 보기로 한다.

「貧窮田舍漢」(270・卷五)

貧窮田舍漢,	가난한 촌부
菴子極孤悽。	초가집은 지극히 외롭고 처량하다.
兩共前生種,	쌍방이 전생에 업인을 심어
今世作夫妻。	현세에 부부가 되었다.
婦卽客舂擣,	아내는 곡식을 찧는 일에 품 팔고
夫卽客扶犁。	남편은 쟁기질에 품 판다.
黃昏到家裏,	황혼녘에 집으로 오니
無米復無柴。	쌀도 없고 땔감도 없다.
男女空餓肚,	남녀가 주리고 빈 배 움켜쥠이
狀似一食齋。[16]	마치 一食齋를 하는 듯.
里正追庸調,	里長은 庸稅와 調稅 추궁하고
村頭共相催。	村長도 함께 독촉한다.
幞頭巾子露,	복두 두건이 헤지고
衫破肚皮開。	적삼은 찢어져 뱃가죽 드러난다.
體上無裈袴,	몸에는 잠방이도 없고
足下復無鞋。	발에는 신도 없다.
醜婦來惡罵,	추악한 여편네 화내며 욕지거리하고
啾唧搦頭灰。	시끄럽게 욕하며 두건을 움켜쥔다.
里正被脚蹴,	이장은 다리 채이고
村頭被拳搓。	촌장은 주먹으로 얻어맞는다.
駈將見明府,	내몰리어 현령을 뵙지만
打脊趁迴來。	등 얻어맞고 돌아온다.

16) 불교의 齋法에 따르면 매일 오전에 一食만 함.

租調無處出,	세금 나올 곳 없으니
還須里正倍。	이장이 배상해야 한다.
門前見債主,	문 앞에선 빚쟁이 만나고
入戶見貧妻。	집에 들어서니 빈궁한 마누라 보인다.
舍漏兒啼哭,	집은 새고 아이는 우니
重重逢苦灾。	겹겹이 고난을 당한다.
如此硬窮漢,	이와 같이 곤궁한 이가
村村一兩枚。	마을마다 한두 명은 있도다.

시의 전반부에는 촌부들의 가난한 살림이 그려져 있다. 6句에 "夫卽客扶犁"라 했으니 그는 이미 자영농이 아니다. 남편은 쟁기질에 품 팔고 아내는 곡식을 찧는 일에 품을 팔면서 늦도록 일하지만 집에는 쌀도 땔감도 없이 늘 굶주리는데 이러한 상황에서도 세금은 어김없이 부과된다. 중반부에 이르면 세금을 독촉하는 里長과 村長 및 이들과 맞서는 村夫 사이에 실랑이가 벌어진다. 두건이 헤지고 적삼이 찢어지도록 싸우고 욕하며 세금을 독촉하다가 이장과 촌장은 촌부에게 얻어맞는다. 결국 촌부는 관가로 끌려가서 얻어맞고 이장이 세금을 대신 배상한다. 시의 후반부에는 설상가상으로 집 앞에선 빚쟁이 만나며 집은 새고 아이는 운다고 하여 이들의 운명을 더욱 처량하게 그리고 있다. 마을마다 이러한 사람들이 한두 명씩은 있다고 했으니 당시에 이러한 현상은 보편적이었음을 알 수 있다. 이와는 아주 대조적으로 지주와 관리의 결탁과 부패를 그린 다음의 시를 통해 당시 사회의 구조적인 모순을 볼 수 있다.

「富饒田舍兒」(269·卷五)

富饒田舍兒,	돈 많은 시골의 지주
論情實好事。	따지고 보면 실로 일 벌이길 좋아한다.
廣種如屯田,	널리 씨를 뿌림에 屯田을 치는 것과 같고
宅舍靑煙起。	집에는 푸른 연기 난다.
槽上飼肥馬,	우리에 살찐 말 먹이고
仍更買奴婢。	여전히 노비를 사들인다.
牛羊共成羣,	소와 양이 함께 무리를 이루고

滿圈養肫子。	우리 가득 돼지 새끼를 기른다.
窖內多埋穀,	움 속에 곡식을 많이 묻어두고
尋常願米貴。	늘 쌀값 오르길 바란다.
里正追役來,	里長이 요역을 추궁하러 오면
坐著南廳裏。	남쪽 대청에 앉힌다.
廣設好飮食,	맛있는 음식 두루 차려놓고
多酒勸遣醉。	술 많이 권해 취하게 만든다.
追車卽与車,	수레 달라면 수레 주고
須馬卽与馬。	말 요구하면 말을 준다.
須錢便与錢,	돈 요구하면 돈을 주고
和市[17]亦不避。	和市도 피하지 않는다.
索麵驢馱送,	밀가루 달라고 하면 나귀에 실어 보내고
續後更有雉。	이어서 꿩도 준비한다.
官人應須物,	관리가 요구하는 모든 물건은
當家皆具備。	스스로 모두 갖추고 있다.
縣官与恩澤,	현관이 은혜를 베푸니
曹司一家事。	관서의 일이 모두 한 집안 일이로다.
縱有重差科,	요역이 거듭 닥쳐와도
有錢不怕你。	돈 있으니 당신이 무섭지 않다네.

이 시는 앞의 시와 완전히 대조가 된다. 넓은 밭과 푸른 연기 나는 집 그리고 우리에 가득한 가축들은 지주의 부유함을 여실히 보여주며, 쌀을 움 속에 가득 쌓아두고 흉년이 들어 쌀값이 오르기를 바라는 그들에게서 부패한 인간상을 엿볼 수 있다. 그들은 이장이 요역을 추궁하러 오면 술과 음식을 차려놓고 뇌물을 바치며 그들과 결탁하여 요역을 면제받는다. 마지막 句 "有錢不怕你"는 당시의 지주와 관료들의 부패한 실상을 한마디로 대변한다. 이러한 사회의 구조적인 모순 속에서 경제적 수탈과 인신모욕을 받는 工人의 처지는 더욱 비참하게 묘사된다.

---

17) 관청에서 값을 매겨 民間으로부터 實物을 구매하는 제도. 본래 官民 쌍방이 서로 협의하여 交易하는 것을 말하는데 실제로는 관청이 백성의 재산을 약탈하는 방식이 됨.

「工匠莫學巧」(55・卷二)

工匠莫學巧,	工人은 좋은 기능을 배우지 말 것이니
巧卽他人使。	기술이 좋으면 다른 사람이 부려먹는다.
身是自來奴,	자신은 원래부터 종이었고
妻亦官人婢。	처 또한 관리의 종이다.
夫婿蹔時无,	남편이 잠시라도 없으면
曳將仍被恥。	끌려가서 욕을 당한다.
未作道与錢,	일하기 전에는 돈 준다 하고서
作了擘眼你。	하고나면 눈 치켜뜨며 아니라고 한다.
奴人賜酒食,	좋은 사람은 술과 음식을 보내주며
恩言出美氣。	은혜로운 말씀 속에서 온정이 나온다.
無賴不与錢,	나쁜 놈은 돈을 주지 않으며
蛆心打脊使。	음흉스럽게 등을 때린다.
貧窮實可憐,	빈궁하고 실로 가련하니
飢寒肚露地。	춥고 배고파 헐벗는다.
戶役一槩差,	호역은 예외 없이 부과되니
不辦棒下死。	응하지 않으면 몽둥이 맞고 죽는다.
寧可出頭坐,	차라리 도망치다가 걸려들지언정
誰肯被鞭恥。	누가 학대를 받으려 하겠는가.
何爲抛宅走?	어찌하여 집을 버리고 도주하는가?
良由不得止。	진실로 그치지 않기 때문이도다.

이러한 현실 속에서 농민과 工人은 경제적 압박과 요역에 시달리다 못해 집을 버리고 타향으로 도망하여 결국 流浪民이 된다.

「天下浮逃人」(278・卷五)

天下浮逃人,	천하에 호적을 이탈해 도주간 자들이
不啻多一半。	절반을 넘는다.
南北擲蹤藏,	남쪽과 북쪽으로 종적을 감추고
誑他暫歸貫。	남을 속이며 잠시 고향으로 돌아온다.
遊遊自覓活,	떠돌며 스스로 살 길을 찾고
不愁應戶役。	호역 감당할 것을 걱정하지 않는다.
無心念二親,	부모님 생각하는 마음은 없고
有意隨惡伴。	못된 무리와 어울릴 생각만 한다.

強處出頭來, 이득이 있는 곳이라면 선뜻 나서니
不須曹主喚。 주인이 따로 부를 필요도 없다.
聞苦卽深藏, 힘들다는 소리 들으면 깊이 숨어버리고
尋常擬相筭。 늘 서로 해치려고 한다.
欲似鳥作群, 새들이 무리 짓는 것과도 같이
驚卽當頭散。 놀라면 제각기 흩어진다.
心毒無忠孝, 마음이 악독하여 충성과 효성 없기로는
不過浮遊漢。 부랑자 이상이 없다.
此是五逆賊, 이러한 五逆의 도적은
打煞何須案。 때려죽이지 심리할 필요가 뭐 있으랴.

이 시는 농촌호구가 대량으로 호적을 이탈하여 도망간, 唐代 前期의 심각한 사회문제를 여실히 반영하고 있으며 이에 관한 史書의 기록도 적지 않다. 그러나 文人詩에는 이러한 문제를 언급한 것을 찾아 볼 수 없으니 왕범지시의 역사적 가치를 알 수 있다. 그러나 시에서는 이들을 부정적으로 묘사하여 "五逆賊"이라 매도하였는데 이는 통치계급의 영향을 받은 것으로, 사회문제를 구조적인 모순에서 살피지 않고 개인의 문제로만 돌리려는 인식의 한계를 보여준다.

(3) 관리의 부패

唐代의 科擧制度는 지배층의 구도를 貴族制에서 官僚制로 이행시킴으로써 門閥의 세력을 억제하고 황제를 중심으로 하는 중앙집권적 전제국가를 구축하려는 의도에서 시행된 인재선발 제도이다. 시험과목에는 秀才, 明經, 進士, 明法, 明書, 明算 등의 여러 科가 있었는데 秀才는 후에 폐지되었으며 또 明法 이하는 기술과목에 속하여 승급에 한도가 있었기 때문에 시험은 明經과 進士가 중심이 되었다. 시험에 합격한 사람들은 관리가 될 수 있는 자격을 갖추었을 뿐 관리가 되기 위해서는 吏部에서 시행하는 銓敍고시에 합격해야 관직을 받을 수 있었다. 『新唐書 · 選擧志』 下에 다음과 같은 기록이 있다.

> 무릇 인재를 선발하는 기준은 네 가지이다. 첫째는 身으로 몸집이 건장해야 한다. 둘째는 言으로 언사가 올바라야 한다. 셋째는 書로 필법이 힘 있고 아름다워야 한다. 넷째는 判으로 문리가 뛰어나야 한다. 이 네 가지가 다 갖추어졌다면 德行이 있는 사람을 우선시하며, 덕이 균등하면 재능으로 선발하고, 재능이 균등하면 힘쓰는 것으로 선발한다.18)

즉 身, 言, 書, 判의 네 가지를 관리 선발의 기준으로 제시하고 그 다음으로 德行을 들었다. 그러나 왕범지시에는 관리 선발의 표준으로 德行을 첫째로 꼽고 있다.

「弟一須景行」(125・卷三)

弟一須景行,	첫째 고상한 덕행이 있어야 하고
弟二須强明。	둘째 강건하고 명철해야 한다.
律令波濤涌,	법령이 파도같이 솟아나고
文詞花草生。	文詞가 화초처럼 피어난다.
心神激箭直,	정신은 화살같이 바르고
懷抱徹沙淸。	품은 바는 모래 비치는 물처럼 깨끗하다.
觀察惣如此,	고찰한 바가 모두 이와 같으면
何愁不太平。	태평하지 않다고 어이 근심하겠는가.

첫째로 고상한 덕행이 있어야 하고, 둘째로 강건하고 현명해야 한다. 그 다음에는 법률을 공평히 집행하고 문사를 지을 줄 알며 정신이 바르고 품은 바가 깨끗하다면 천하가 태평하지 않을 수 없다고 했다. 그러나 이것은 어디까지나 표준이자 이상형을 제시한 것일 뿐 정작 시에 묘사된 관리들의 현실은 무능하고 부패와 비리로 점철되어 있다.

---

18) 『新唐書・選擧志』 下 : "凡擇人之法有四 : 一曰身, 體貌豐偉 ; 二曰言, 言辭辯正 ; 三曰書, 楷法遒美 ; 四曰判, 文理優長。 四事皆可取, 則先德行 ; 德均以才, 才均以勞。"

「百姓被欺屈」(127・卷三)

百姓被欺屈,	백성이 업신여김을 당하면
三官[19]須爲申。	三司의 장관이 처리해 주어야 한다.
朝朝團坐入,	날마다 둘러 앉아
漸漸曲精新。	점점 억울함만 새롭다.
斷榆翻作柳,	느릅나무 잘라 뒤집어서 버드나무라 하고
判鬼却爲人。	귀신을 도리어 사람이라고 판결한다.
天子抱寃屈,	천자께서 억울함을 뒤집어쓰고
他揚陌上塵。	다른 자가 길에서 먼지를 날린다.

법의 집행이 공정하지 않고 法官의 喜怒哀樂에 따라 좌우된다. "斷榆翻作柳"라 판결하니 백성들의 억울한 죄는 쌓여 원성이 자자한데도 그 원망은 법관을 임명한 天子에게 돌아가고 법관 자신은 말을 타고 달리며 위세를 부린다. 기세등등한 관리와 힘없는 백성의 모습이 잘 대비되어 있으며 「代天理百姓」(128・卷三)도 이와 비슷한 내용이다.

「佐史非臺補」(28・卷二)

佐史非臺補,	좌사는 조정에서 임명하지 않고
任官州縣上。	주나 현에서 임명한다.
未是好出身,	벼슬길 오르기 수월치 않은데
丁兒避征防。	장년의 아들은 수자리를 피하려 한다.
不慮弃家門,	집 떠날 것을 염려하지 않으니
狗偸且求養。	노친을 모시겠다고 구차하게 요구한다.
每日求行案,	날마다 순찰하기를 바라며
尋常恐迸杖。	늘 겁주고 몽둥이질 한다.
食即衆廚飡,	음식은 큰 주방에서 먹고
童兒更護當。	아이들도 먹인다.
有事檢案追,	일 생기면 장부를 검토하고 소환하며
出帖付里正。	문서를 꺼내 이장에게 건넨다.
火急捉將來,	화급히 잡아와서는
險語唯須胱。	으름장 놓으며 진노한다.

19) 三司의 長官. 三司란 御史大夫, 中書, 門下.
『新唐書・百官志』三 : "凡寃而無告者, 三司詰之。三司, 謂御史大夫中書門下也。"

前人心裏怯,	불려온 사람이 겁을 먹고
乾喚愧曹長。	공연히 "曹長나리" 하며 감격한 체한다.
紙筆見續到,	뇌물이 속속 도착하고
仍送一縑餉。	비단도 계속 보내온다.
錢多早發遣,	돈 많으면 일찍 내보내고
物少被頡頏。	재물 적으면 괴롭힘 당한다.
解寫除却名,	끝나면 이름 지워주는데
揩赤將頭放。	붉은붓으로 지우고 놓아준다.

唐代에는 九品 이상의 관리만을 尙書省에서 임명하고 九品 이하는 流外라 하였는데 佐史는 지방관서의 胥吏로 流外에 속하므로 州나 縣에서 임명하였다. 流外에서 九品 이상의 流內로 진입하는 것을 "入流"라 하는데 이것은 科擧를 통한 정규적인 得官과정이 아니므로 이들의 승진에는 한계가 있었다. 3句의 "未是好出身"은 이를 말하는 것이다. 5·6句는 좌사의 아들이 "侍丁"을 자임하여 교묘하게 병역을 피하는 과정을 그리고 있다. 侍丁이란 老親을 모시는 丁男을 말하는데 요역이 면제되었다.[20] 7句 이하에는 좌사의 비리가 구체적으로 묘사되어 있다. 순찰할 때마다 협박하여 재물을 갈취하고 범법자를 소환하면 으름장을 놓는다. 15句의 "前人"이란 범법자를 말하는데 그가 두려워하는 것은 그의 죄가 아니라 좌사가 뇌물을 받고 풀어주겠다는 약속을 이행하지 않는 것이다. 그래서 관아의 서리에 불과한 좌사에게 "曹長"이라 부르며 아첨하면서 뇌물을 받고 자신을 풀어줄 것을 기대하며 감격하는 체한다. 뇌물이 속속 건네지고 佐史는 죄의 여부와 상관없이 범법자를 풀어주어 귀가시킨다.

이밖에 「三年作官二年半」(142·卷三)은 삼년간 관직에 있으면서 이년반을 관청수리에 허비하는 무능한 관리를 비판하고 있고, 「官職莫貪財」(146·卷三)는 재물을 탐하다 법망에 걸려들어 감옥에 가는 관리의 말로를 보여주고 있으며 「天子与你官」(126·卷三)도 강도의 마음을 품다 단죄받아 고통을 당하는 관리의 모습을 그리고 있다.

---

20) 『舊唐書·職官志』 二 : "若祖父母老疾, 家無兼丁, 免征行及番上。"
『唐律疏議』 卷三 : "侍丁, 依令免役, 唯輸調及租。"

2. 人情世態의 비판

사회현실을 반영한 왕범지시에는 앞서 살펴본 바와 같이 사회의 모순을 고발하고 부도덕한 지배계층을 비판한 시들이 주류를 이루며 이것은 곧 민생의 질고와 직결된다. 이러한 측면뿐만 아니라 당시 사회에 있어 승려의 타락이나 世人의 불효 및 게으르고 비루한 정신세계를 비판한 것도 적지 않다. 이들에 대해 시인은 한층 직설적이고 노골적으로 비판의 강도를 높이고 있다.

(1) 승려의 타락

唐初에는 道教가 중시되어 道士는 僧侶보다 높은 지위에 있었지만 기본적으로는 儒·佛·道 三教가 鼎立되어 있었다. 武周革命 뒤에는 武則天이 정치상의 목적으로 불교를 적극 옹호하여 승려의 지위가 도사보다 높아지자 스스로 자만하고 도교를 배척하는 경향이 만연하게 되는데 다음의 시에 그 일단이 보인다.

「道士頭側方」(23·卷二)

道士頭側方,	도사가 머리를 옆으로 향한 채
渾身惣著黃。	온 몸에 누런 옷을 입고 있다.
无心禮拜佛,	예불하려는 마음 없고
恒貴天尊堂。	늘 천존 모시는 사당을 귀히 여긴다.
三教同一體,	三教가 모두 한가지인데
徒自浪褒揚。	헛되이 잘난 체한다.
一种霑賢聖,	똑같이 성현에 속하니
无弱亦无强。	약한 것도 강한 것도 없다.
莫爲分別想,	분별하여 생각하지 말 것인데
師僧自說長。	중들은 스스로 잘났다고 한다.
同尊佛道教,	불교와 도교를 같이 존중하여
凡俗送衣裳。	속세의 사람들 옷가지를 보내준다.
粮食逢醫藥,	먹을 것과 약도 보내지니

垂死續命湯。[21]	다 죽어가더라도 생명을 이어주는 탕약이 된다.
敕取一生活,	조심성 있고 올바르게 일생을 살면
應報上天堂。	응보에 의해 천당으로 올라가노라.

5句에 "三敎同一體"라 하여 儒·佛·道 三敎의 조화를 강조하고 있고 俗人들도 불교와 도교를 똑같이 존중하지만 승려들은 스스로 잘났다 하며 거만한 태도를 취한다. 出家人으로서 이러한 태도는 俗人과 다를 바 없으니 종교의 허울을 쓴 그들의 탐욕이 보다 세밀히 묘사된 다음의 시를 보기로 한다.

「道人頭兀雷」(25·卷二)

道人[22]頭兀雷,	중들 그 머리 반들반들 둥글고
例頭肥特肚。	하나같이 살찐 숫소의 배모양이다.
本是俗家人,	본시 속세의 사람이었는데
出身勝地立。	출가하여 좋은 자리에 섰다.
飮食哺盂中,	음식은 사발에다 먹고
衣裳架上出。	옷은 횃대에 걸어두고 산다.
每日趁齋家,	날마다 법회를 여는 집에가
卽礼七拜佛。	일곱 부처에 절하고 이름을 읊는다.
飽喫更索錢,	배불리 먹고 돈도 챙기고는
低頭著門出。	고개 숙이고는 문을 나선다.
手把數珠行,	손에는 염주 들고 다니나
開肚元无物。	배를 갈라보면 본시 아무것도 없을 테지.
生平未必識,	평소 안면도 없으면서
獨養肥沒忽。	그저 저 살찐 자들을 공양한다네.
虫蛇能報恩,	벌레와 뱀도 은혜를 갚을 줄 아는데
人子何處出?	사람의 자식으로서 어디에서 나온 물건인가?

이 시는 승려의 寄生生活을 비판하고 있다. 1-2句에서 묘사된 번들번들한 머리에 불룩 나온 배는 그들이 추구하는 것이 해탈이 아닌 세속적

21) 續命湯은 수명을 연장시켜주는 湯藥.
22) 여기에서는 중을 가리킴.

탐욕임을 암시한다. 그들은 본시 俗人이었는데 출가하여 중이 됐으니 衣食의 걱정이 없다. 법회를 여는 집에 가서 念佛해 주면 잿밥도 얻어먹고 돈도 시주받을 수 있기 때문이다. 俗人들은 평소에 안면이 없어도 중에게 보시를 베푼다 했으니 그들의 편안한 생활을 짐작할 수 있다. 아래의 시도 같은 내용이다.

「童子得出家」(275・卷五)

童子得出家,	아이가 출가하여
一生受快樂。	일생동안 쾌락을 얻는다.
飮食滿盂中,	음식은 사발 속에 가득하고
架上選衣著。	횃대에서 입을 옷을 고른다.
平明欲稀粥,	새벽에 묽은 죽을 원하면
食手調羹臛。	요리사가 국을 조리한다.
飽喫取他錢,	배불리 얻어먹고 남의 돈 갈취하니
此是口客作。	이것이 입으로 먹고 사는 것이로다.
天王元不朝,	천자에게 본시 조알하지 않고
父母反拜却。	부모에게 절하는 것을 반대한다.
黠兒苦讀經,	총명한 이는 힘써 경을 읽어
發願離濁惡。	흐리고 악한 세계를 떠나길 바란다.
身心並出家,	몸과 마음 함께 출가하여
色欲無染著。	색욕에 연연하지 않는다.
同時小出家,	동시에 어려서 출가했는데
有悟亦有錯。	누구는 깨닫고 누구는 그르치나니.
憨癡求身肥,	어리석게도 제 몸 살찌기만을 바라며
每日服石藥。	날마다 약물을 복용한다.
生佛不拜礼,	살아있는 부처에게 절 올리지 않고
財色偏染著。	재색에만 연연해하는구나.
白日趂身名,	낮에는 공명을 좇고
兼能夜逐樂。	밤에는 쾌락 좇는 것에만 신났다.
不肯逍遙行,	해탈하려 하지는 않고
故故相纏縛。	일부러 번뇌에 싸여 있다.
滿街肥統統,	뒤룩뒤룩 살찐 자들이 거리에 가득한데
恰似鱉無脚。	마치 발 없는 자라와 같도다.

여기서도 출가하여 衣食의 걱정 없이 일생을 편안히 보내는 승려의 모습이 그려져 있다. 念佛이나 讀經을 하여 입으로 먹고 살며 佛法에 의해 왕이나 부모에게 절을 하지 않는다. 그러면서도 해탈의 마음은 없으니 시의 후반부에 승려의 타락한 모습이 생생히 드러나 있다. 제 몸을 살찌우며 오래 살려고 약물을 복용할 뿐만 아니라 재색에 탐닉하고 공명과 쾌락을 추구한다. 이러한 자들이 거리 가득 활개를 친다고 했으니 폐해의 심각성을 가늠할 수 있다. 이밖에 「麤行出家兒」(300 · 卷六)와 「寺內數箇尼」(26 · 卷二)에도 修行은 않고 재물에만 탐닉하는 승려와 비구니의 모습이 그려져 있다. 이상과 같이 왕범지시는 불교의 사상을 기반으로 하면서도 "三教의 一體"를 주장하거나 승려와 비구니를 비판하는 내용도 있음을 알 수 있다.

(2) 不孝

『王梵志詩集 · 序文』에 "왕범지가 남긴 글은 丁蘭과 郭巨[23]의 뜻을 배워(王梵志之遺文, 習丁郭之要義)"라고 한데서 알 수 있듯이 부모에 대한 효도와 불효에 대한 견책은 왕범지시의 주요한 主題 중의 하나이다.

「你若是好兒」(42 · 卷二)

你若是好兒,	네가 좋은 아들이라면
孝心看父母。	효성스런 마음으로 부모를 섬길 것이다.
五更床前立,	날샐 녘에 침상에서 일어나
卽問安穩不。	평안하신지 어쩐지 여쭈어라.
天明汝好心,	하늘도 그대의 착한마음 아시니
錢財橫入戶。	재물이 뜻밖에 집으로 들어오리.
王祥敬母恩,	왕상은 어머니 은혜를 공경하였고
冬竹抽筍与。	(孟宗은)겨울에 죽순을 따드렸다.
孝是韓伯瑜,	효하면 한백유이고

23) 古代의 유명한 孝子. 後漢의 丁蘭은 母親이 죽자 그 형상을 나무로 새겨 살아계신 듯 봉양했고, 晉의 郭巨는 홀어머니를 잘 봉양하기 위해 아들을 땅에 묻으려다 黃金을 발견했다 함.

董永孤養母。　　동영은 홀로 어머니를 봉양하였다.
你孝我亦孝,　　네가 효도하고 나 또한 효도하니
不絶孝門戶。　　효의 집안이 끊이지 않는다.

옛 孝子들의 故事로 孝의 모범을 삼고 있다. 王祥의 孝行은 『晉書·王祥傳』과 『搜神記』 卷11, 『太平御覽』 卷68, 『世說新語·德行』, 『初學記』 卷3, 敦煌本 『孝子傳』 등에 기록되어 있는데, 繼母가 겨울에 생선을 먹고 싶어 하자 옷을 벗고 얼음을 갈라 생선을 구하려 하니 얼음이 갈라져 잉어가 튀어 올라 왔다고 한다. 孟宗의 故事는 『三國志·吳志·三嗣主傳』의 裴注에 인용된 『楚國先賢傳』에 나오는데, 맹종의 어머니가 죽순을 좋아하였는데 겨울철이 다가와 죽순이 나지 않자 슬피 탄식하니 죽순이 나왔다고 한다. 韓伯瑜의 고사는 『說苑·建本』에 어머니가 그의 볼기를 치는데 아프지가 않자 울었다고 했고, 曹植의 「靈芝篇」에 한백유가 나이 칠십에 때때옷을 입고 부모님을 기쁘게 하였는데 어머니가 볼기를 쳐도 아프지 않자 흐느꼈다고 한다. 董永의 고사는 『法苑珠林』 卷62에 劉向의 『孝子傳』을 인용하여 동영의 아버지가 죽자 부자에게 자신을 팔아 장례를 치렀는데 부자가 베 삼백 필을 짜면 보내준다고 하자 天女가 내려와 그를 도와주었다고 했다. 曹植의 「靈芝篇」에도 비슷한 내용이 나오며 『董永變文』·『搜神記』·『孝子傳』 등의 敦煌遺書에도 보인다.[24)]

그러나 이러한 孝行은 시대가 지남에 따라 불효자들의 패륜으로 변질되었으니 다음의 시들을 통해서 그 심각성을 엿볼 수 있다.

「只見母憐兒」(43·卷二)

只見母憐兒,　　어머니가 아들 사랑함만 보일 뿐
不見兒憐母。　　아들이 어머니 사랑함은 보이지 않는다.
長大取得妻,　　다 커서 장가들어 아내 얻으면
却嫌父母醜。　　부모 추하다고 싫어한다.
耶娘不採括,　　부모는 거들떠보지도 않고

---

24) 項楚, 『王梵志詩校注』, 169-171쪽 참조.

專心聽婦語。	오로지 마누라 말만 듣는다.
生時不恭養,	살아있을 때 부양하지 않다가
死後祭埿土。	죽은 뒤 진흙 속에 제사지낸다.
如此倒見賊,	이 같은 불효자식은
打煞無人護。	때려 죽여도 도와줄 이 없으리.

「父母生男女」(44・卷二)

父母生男女,	부모가 아들 딸 낳아
沒娑可憐許。	예쁘다고 쓰다듬는다.
逢着好飮食,	맛있는 음식 보면
紙裹將來与。	종이에 싸서 가져온다.
心恒憶不忘,	마음속에 늘 생각하여 잊지 않으니
入家覓男女。	집에 들어서면 아들 딸 찾는다.
養大長成人,	다 자라 어른이 되니
角睛難共語。	눈 부라려서 같이 얘기하기도 어렵구나.
五逆前後事,	불효는 이전에도 이후에도 있는 일이니
我死卽到汝。	내 죽으면 너희 차례이다.

「夫婦生五男」(264・卷五)

夫婦生五男,	부부가 다섯 아들을 낳고
幷有一雙女。	또 두 딸을 두었다.
兒大須取妻,	아들 크니 장가를 들여야 했고
女大須嫁處。	딸 크니 시집을 보내야했다.
戶役差科來,	호역과 요역이 닥쳐
牽挽我夫婦。	우리 부부를 끌고 간다.
妻卽無褐被,	지어미는 거친 베옷도 없고
夫體無褌袴。	지아비의 몸엔 잠방이도 없다.
父母俱八十,	부모 모두 여든이고
兒年五十五。	아들 나인 쉰다섯.
當頭憂妻兒,	마주보며 처자식 걱정하고
不勤養父母。	힘써 부모를 부양하지 않는다.
渾家少粮食,	온 집안에 먹을 것 없으니
尋常空餓肚。	늘 배는 텅 비어 굶주린다.
麤飯衆廚湌,	거친 밥은 큰 주방에서 먹고
美味當房弆。	맛있는 것은 자기 방에 감춘다.

男女一出生, 아들 딸 한 번 태어나니
恰似餓狼虎。 굶주린 이리와 호랑이 같았다.
努眼看尊親, 눈 부라리고 부모 쳐다보며
只覓乳食處。 그저 젖만 찾았다.
少年生夜叉, 젊어서 夜叉를 낳았으니
老頭自受苦。 늙어 스스로 고통을 받는다.

상기의 詩들은 敦煌本『佛說父母恩重經』과 연계된다.

> 어머니는 아들보고 기뻐하며, 아들은 어머니 보고 기뻐하니, 두 사람의 사랑이 자못 깊어 이보다 더 한 것이 없다.……나이 들어 노쇠하니 서캐와 이가 들끓어 주야로 눕지 못하고 길게 탄식하니 무슨 죄와 허물이 있다고 이런 불효자를 낳았는가! 어쩌다 불러보면 눈을 치켜뜨고 화를 낸다. 며느리는 욕을 하며 머리 숙여 비웃는다.(母見兒歡, 兒見母喜, 二情恩愛慈重, 莫復過此。……年老色衰, 多饒蟣虱, 夙夜不臥, 長呼歎息, 何罪宿愆, 生此不孝之子! 或時喚呼, 瞋目驚怒。婦兒罵詈, 低頭含笑。)

『父母恩重經』은 역대의 大藏經에 실리지는 않았지만 敦煌遺書에는 30여개의 寫本이 있는 것으로 보아 민간에 널리 유행되었음을 알 수 있다. 상기의 시들은 곧『父母恩重經』의 주제를 표현한 시라고 볼 수 있다.25)

「孝是前身緣」(45・卷二)

孝是前身緣, 효는 전생의 인연이지
不由相放習。 모방하여 익히는 것이 아니다.
兒行不憶母, 아들은 떠나가 어머니 생각하지 않으나
母恒行坐泣。 어머닌 늘 길을 가나 자리에 앉으나 눈물만 흘린다.
兒行母亦征, 아들이 길 나서면 어머니 또한 멀리 나서니
項腿連惱急。 목덜미에 난 혹이 죽을 때까지 달라붙는 것과 같다오.
聞道賊出來, 적들이 나타났다는 소리 들으면
母愁空有骨。 어머니 근심하여 공연히 뼈에 사무치네.
兒迴見母面, 아들 돌아와서 어머니 얼굴 바라보면
顏色肥沒忽。 안색이 토실토실 환하시다네.

---

25) 項楚, 앞의 책, 175-176쪽 참조.

이 시는 孝란 전생의 인연에 의한 것이지 모방해서 되는 것이 아니라는 불교적 입장을 취하고 있다. 이 시 또한 『佛說父母恩重難報經』의 "十恩"과 관련이 있으니 그 중의 여덟 번째 항목이 "먼 길을 떠났을 때 걱정하시는 은혜(遠行憶念恩)"로 곧 이 시와 내용과 유사함을 볼 수 있다.[26] 이외에 「用錢索新婦」(39·卷二)는 부모를 돌보지 않고 저희들끼리만 好衣好食하는 아들과 며느리를, 「天下浮逃人」(278·卷五)와 「父母是怨家」(279·卷五)는 요역을 피해 가족과 고향을 등지는 자식을 질책하는 내용이다.

(3) 世人의 게으름

승려나 불효자 외에도 무능하고 나태한 世人도 힐난의 대상이 되었다.

「世間慵懶人」(37·卷二)

世間慵懶人,	세상에 게으른 자
五分向有二。	다섯 중에 둘이다.
例著一草衫,	풀 적삼 차려 입고
兩膊成山字。	두 어깨 山자 모양을 한다.
出語觜頭高,	말을 할지면 주둥이 높여
詐作達官子。	고관대작인양 한다.
草舍元無床,	초가집에는 본시 침상도 없고
無氈復無被。	털자리도 이불도 없다.
他家人定臥,	다른 사람은 깊은 밤에 누우나
日西展脚睡。	해 서쪽으로 기울자마자 다리 펴고 잔다.
諸人五更走,	다른 사람은 날샐 녘에 다니는데
日高未肯起。	해가 높이 떠도 일어나려 하지 않는다.
朝庭數十人,	친구들 수십 명인데
平章共博戲。	모여 노름하자고 들 한다.
菜粥喫一椀,	야채죽 한 사발 들이키고
街頭闊立地。	길가에 다리 벌리고 서 있다.
逢人若共語,	사람 만나 이야기 한답시고
荒說天下事。	세상일 함부로 지껄이지.

26) 項楚, 앞의 책, 179쪽 참조.

喚女作家生, 　딸을 불러다 노비로 삼고
將兒作奴使。 　아들을 데려다 노비로 삼는다.
妻即赤體行, 　아내는 알몸으로 다니고
尋常飢欲死。 　늘 굶주려 죽을 지경이다.
一群病癩賊, 　한 무리의 문둥이 같은 자들
却搦父母恥。 　부모님을 부끄럽게 만든다.
日月甚寬恩, 　해와 달이 매우 넓게 은혜를 베풀지만
不照五逆鬼。 　불효하는 놈들에겐 비치지 않으리.

허세를 부리며 無爲徒食하는 게으른 자의 형상이 아주 생생하게 묘사되어 있다. 남보다 일찍 자고 늦게 일어나면서 가난한 살림에 무리를 지어 노름을 한다. 자식들을 노비처럼 부리고 아내는 돌보지 않는 이러한 자들이 세상의 오분의 일이나 된다고 했다. 한편 게으른 아녀자도 이에 못지않다.

「家中漸漸貧」(38・卷二)

家中漸漸貧, 　집안이 점점 가난한 건
良由慵懶婦。 　실로 게으른 아내 때문이다.
長頭愛床坐, 　종일 침상에만 앉길 좋아하며
飽喫沒娑肚。 　배불리 먹고 배 어루만진다.
頻年懃生兒, 　해마다 열심히 아이 낳으나
不肯收家具。 　가구는 들이려 하질 않는다.
飲酒五夫敵, 　술 마실 땐 다섯 남자 먹는 만큼 먹지만
不解縫衫袴。 　적삼과 바지는 꿰맬 줄 모른다.
事當好衣裳, 　옷을 항상 좋아하여
得便走出去。 　기회 생기면 밖으로 나간다.
不要男爲伴, 　남자 짝하길 바라지 않는다면서
心裏恒攀慕。 　마음으로는 항상 그리워한다.
東家能涅舌, 　동쪽 집과 이러쿵저러쿵 말이 많고
西家好合鬪。 　서쪽 집과 싸우길 좋아한다.
兩家既不合, 　두 집안 화합하지 않고
角眼相蛆妒。 　눈 부라리며 서로 질투한다.
別覓好時對, 　따로 좋은 배필을 구하고
趁却莫交住。 　내쫓아 머물게 하지 말라.

부녀자의 게으르고 탐욕스러우며 시비를 일으키는 특성을 포착하여 뚜렷한 형상을 그려내고 있다. 침상에 앉아 배불리 먹으면서 가구는 들이려 하지 않는다. 말술을 마시며 옷을 꿰매지도 않고 밖으로 맴돌면서 외간 남자를 그리워한다. 뿐만 아니라 이웃과도 다투기만 하니 "家中漸漸貧"하는 것은 당연하다. 왕범지는 이러한 여인의 醜態를 조목조목 들면서 결국은 내쫓고 따로 좋은 배필을 찾으라고 질책하고 있다. 「索婦須好婦」(113・卷三), 「思量小家婦」(114・卷三), 「讒臣亂人國」(115・卷三) 등도 추악한 아내를 얻은 비참함을 題材로 삼고 있다.

(4) 심리적 병폐

왕범지시는 사람들 마음속 깊은 곳에 감춰진 저속한 심리와 본성을 숨김없이 드러내어 각양각색으로 가려진 위선을 폭로하고 있다.

「造作莊田猶未已」(311・卷六)

造作莊田猶未已,	농사일 아직 끝나지도 않았는데
堂上哭聲身已死。	집안에 곡소리 나고 몸은 이미 죽었다.
哭人盡是分錢人,	곡하는 사람들은 모두 재산을 나누는 자
口哭元來心裏喜。	입으로는 곡하지만 알고 보면 마음속으로는 기뻐한다.

「他人騎大馬」 (317・卷六)

他人騎大馬,	저 사람은 큰 말을 타는데
我獨跨驢子。	나만 나귀에 걸터앉았구나.
回顧擔柴漢,	땔나무 진 사람을 돌아보니
心下較些子。	마음이 조금은 나아진다.

위의 두 시는 三卷本王梵志詩集에 속하지는 않지만, 사람들의 위선과 자신보다 못한 사람을 보고 위안을 삼는 전형적인 심리상태를 보여준다. 「吾家昔富有」(293・卷五)도 한 때 부유했으나 몰락한 현재의 모습을 탄식하면서 동시에 벼락부자가 된 상대방을 비꼬고 있다.

吾家昔富有,	우리 집은 예전에 부유했고
你身窮欲死。	너는 빈궁해 죽을 지경이었다.
你今初有錢,	너는 이제 막 돈이 있으니
与我昔相似。	예전의 나와 비슷하다.
吾今乍無初,	내 이제 막 빈궁한 때가
還同昔日你。	또한 예전의 너와 같구나.
可惜好靴牙,	애석하도다 좋은 신발의 재료가
翻作破皮底。	헐어빠진 신 밑창이 되다니.

이와 같이 인정세태를 비판한 시들은 당시 사람들의 생활면모 뿐만 아니라 정신세계를 엿볼 수 있게 하여 그 시대를 더 깊이 이해하는데 많은 참고가 된다.

이상으로 왕범지의 사회현실시를 사회모순의 폭로와 세태의 비판이라는 측면에서 살펴보았다. 例詩에 나타나듯이 이러한 시들은 주로 三卷本王梵志詩集에 보이며 이 시들의 역사적인 배경은 初唐시기로 추정된다. 현실사회를 반영한 왕범지시는 사회의 하층에 깊이 파고들어 그들을 대신하여 사회적 모순을 생생한 묘사와 직설적인 표현으로 폭로하였다. 杜甫 이전의 文人詩는 하층민의 생활을 언급한 것이 적으며 특히 初唐 시기의 문인시에는 거의 전무하다고 할 수 있다. 이러한 시기에 지어진 왕범지시는 최초로 그리고 대량으로 사회 하층의 생활 모습을 표현하였을 뿐만 아니라, 문인들이 위에서 아래로 하층민의 생활을 내려다보며 동정을 표한 것과는 달리, 사회하층의 내부에서 백성의 생활을 관찰하였으며 그 일원으로서 그들의 고통을 표출하고 인정세태를 묘사하였다. 비록 예술적으로는 거칠고 성숙하지 못하지만 이것이야말로 민간시의 주된 특징으로, 왕범지시는 문인시가 도달하지 못한 사회하층의 깊은 구석을 더욱 진실 되고 구체적으로 다루었다는 점에서 그 의의를 지닌다고 하겠다.

參考文獻

張錫厚,『王梵志詩校輯』, 北京：中華書局, 1983.
朱鳳玉,『王梵志詩研究』上冊, 臺北：臺灣學生書局, 1986.
項 楚,『王梵志詩校注』, 上海：上海古籍出版社, 1991.
張錫厚,『王梵志詩研究彙錄』, 上海：上海古籍出版社, 1990.
項 楚,『敦煌文學叢考』, 上海：上海古籍出版社, 1991.
胡 適,『白話文學史』, 長沙：岳麓書社, 1986.
羅宗强・郝世峰 主編,『隋唐五代文學史』上卷, 北京：高等教育出版社, 1990.
喬象鍾・陳鐵民 主編,『唐代文學史』上, 北京：人民出版社, 1995.
上海古籍出版社 本社編,『唐五代筆記小說大觀』, 上海：上海古籍出版社, 2000.

출처 : 『王梵志詩 研究』(한국외대 1997년 석사논문)에서 발췌

杜詩 속 自我 표현 유형과 특징

고진아*

Ⅰ. 서 론

두보는 자신의 詩 전체에 자신을 둘러싼 역사의 소용돌이와 그에 따른 자신의 思想의 변화 발전 과정까지 상세히 기술했다. 때문에 두보 시는 詩史라고 불린다. 詩史로 불릴 만큼 주변 역사를 詩化해낸 두보는 自我 성찰과 自我표현에도 게으르지 않았다. 때문에 두보는 자신의 인생 역정 매순간의 자신의 모습을 詩속에 담아내려고 했다. 자연 두보의 詩속에는 自我에 대한 끊임없는 성찰과 그 성찰의 결과로 탄생된 詩 속 自我의 모습이 담겨져 있다. 이에 謝思湋는 두보의 詩를 自傳詩라고까지 주장했다.[1)] 두보 시를 自傳詩라고 한마디로 규정할 수 있는가에 관한 문제[2)]는

* 한국외대 중국어과 강사

1) 謝思煒, 「論自傳詩人杜甫」, 『唐宋詩學論集』, 商務印書館, 2004, 6쪽.
謝思湋는 杜甫詩의 自傳詩의 특징을 다음 세 가지로 정리했다.
① 전체 작품모두 자신의 생활과 경험을 반영했다.
② 인생의 중요한 단계마다 자신의 일을 회고하는 일련의 장편시를 창작하여 자신의 개인적 불행을 상세히 서술하고 사상적 모순과 고통을 분석하였으며 이와 더불어 사회 환경과 時事政治까지 언급했다. 예를 들면「自京赴奉先縣詠懷五百字」·「北征」·「秋日夔府詠懷一百韻」 등이 있다.
③ 晩年에 자신의 인생을 총괄하여 묘술한 순수한 自傳詩 작품이 있다. 예를 들면 「壯遊」·「昔遊」 등이 있다.

2) 사실 흔히 중국 고전 시 분야에서 자전시의 대표작으로 흔히 거론되는「離騷」·「悲憤

더욱 심도 있게 논의되어야할 문제이지만 두보 시에 自傳적인 요소가 포함되어 있다 사실만은 누구도 부인할 수없는 문제이다. 주지하는 바와 같이 사실 自傳이 단순한 한 개인의 운명에 관한 기록은 아니다. 自傳은 개인의 운명을 결정하는 사회 환경과 관련하여 주인공을 중심으로 주변 사회 환경을 透視하는 구조를 형성한다. 또한 주인공의 체험에 관한 묘사를 통하여 그를 둘러싼 사회역사 환경으로의 더 깊숙한 진입이 가능하게 한다. 즉 自傳이라는 양식을 통해 한 개인과 역사의 결합이 지면상에서 시도되는 것이다. 이러한 自傳적인 특징은 두보 詩의 곳곳에서 보이는데 두보는 詩속에서 인생 체험 과정을 보여주면서 두보가 산 시대와 그 시대속의 두보를 독자들에게 제시하였으며 그 과정에서 두보 인생과 두보를 둘러싼 역사의 비극을 돌출 시켰다.

그런데 杜甫詩가 자전적 특징을 가지고 있다는 사실은 하나의 典型에 불과하며 中國 古典문학에 있어 自傳적요소는 전통적이라고 볼 수 있다.[3)] 중국고전문학의 自傳的 특징의 발달과 두보시의 자전적 경향에 대한 논의는 중국의 謝思煒와 일본의 가와이코오조오를 중심으로 진행되었다.[4)] 이들의 논의를 참고로 하여 중국 古典詩분야에서의 自傳적 특징의 발달을 살펴보면 가장 먼저 屈原의 「離騷」가 제기된다. 屈原은 굴원은 「離騷」의

詩」·「哀江南賦」·「觀我生賦」 등의 작품들과 두보 시 가운데 자전적 요소를 지닌 작품들을 자전시로 볼 것 인가? 아니면 敍事詩로 볼 것 인가? 하는 문제 역시 논의의 여지가 많은 매우 중요한 문제이다. 하지만 본고의 연구 목적을 이들이 자전시인가? 서사시인가? 를 판가름하는데 두지 않기로 한다. 본 연구자는 謝思煒처럼 이들이 완전한 자전시라고 보지는 않는다. 하지만 이들이 자전적 특징을 충분히 지니고 있다고는 인정하므로 이 들의 자전적 특징을 논의함으로써 두보시의 자전적 특징을 이해하는데 도움을 받고자 한다.

3) 가와이코오조오 지음 심경호 옮김 『중국의 자전문학』 17-18쪽
중국의 근대 사소설 작가 욱달부는 "모든 작품은 작가의 자서전이다."라고 술회하였다. 모든 문학은 자전이라고 간주하는 것은 서구 문학보다 중국 고전문학분야에서 더 맞아 떨어진다. 중국에서는 시에서든 문에서든 작가 자신의 생활 속에서 벌어지는 현실의 상황, 실제 사건, 거기서 생기는 감정이나 상념 따위로 글로 엮어 내는 것을 문학이라고 간주하여 왔기 때문이다.

4) 謝思煒, 「論自傳詩人杜甫」, 「杜詩的自我審視與表現」 『唐宋詩學論集』, 商務印書館, 2004, 가와이코오조오 지음 심경호 옮김 『중국의 자전문학』, 소명출판, 2002.

첫머리에서 자신의 家系, 부친 그리고 자신의 탄생, 命名 등의 사실로부터 이야기를 시작하여 자신의 인생 경력을 서술하고 자신의 인생 역정 속에서 겪은 고통과 불행을 드러냈으며 자신의 사회활동과 내부 정신세계의 변화 양상을 상세하게 묘사했다. 때문에 굴원의 이러한 작품 속에 自傳적인 성격이 풍부하게 포함되어 있다고 볼 수는 있으나[5] 지나치게 환상적이고 신화적인 요소들이 많이 포함되어 있고 서사결구가 완전하지 않은 것이 작품내의 자전적적인 특징을 흐려지게 한다. 屈原 이후 가장 자전적인 특징을 두드러지게 보여주는 작품은 漢代 蔡琰의 「悲憤詩」이다.[6] 「悲憤詩」 시속에서 주인공은 '나'라는 1인칭 화자로 등장하고 있으며 한 여인의 인생역정을 다루고 한 여인의 불행을 총괄하여 보여주었으므로 표면상 自傳詩로써 충분한 요소를 지니고 있는 것처럼 보이지만 가와이코오조오는 『중국의 자전문학』에서 「悲憤詩」 내용 자체가 지나치게 극적이고 정제된 대구로 구성되어 있어 무질서 상태의 생생함과는 거리가 멀어서 실제체험의 報告라고 믿기는 어렵고 한 여성의 비극적인 인생체험을 소재로 삼아 서사풍으로 조립한 서사물로 보는 것이 무리가 없을 것 같다고 말했다.[7] 「悲憤詩」 이후 가장 유명한 自傳詩로는 庾信의 인생 逆轉과 조국의 멸망과 자신의 신세에 대한 탄식이 회고 방식으로 서술되어 있는 「哀江南賦」 와 顔之推가 세 번에 걸쳐 亡國을 체험하는 과정 중에 있었던 체험과 행적을 상세하게 기록한 「觀我生賦」가 손꼽힌다. 앞의 작품들이 자전시라고 불리는 주요한 원인은 자신의 불행을 토로하고 인생 비극을 돌출시키기 위해 자신의 인생 역정을 상세히 회고하였다는 데에 있다. 그런데 특기할

5) 가와이코오조오 지음 심경호 옮김 같은 책 22쪽.
唐나라 劉知幾의 『史通』 「序傳」편은 자전에 대해 종합적으로 고찰한 초기의 저작인데 「離騷」를 자전문학의 효시로 보았다.

6) 본고에서 「悲憤詩」가 僞作인지 아닌지는 논외의 문제이다. 「悲憤詩」의 자전시적 특징만을 논의의 대상으로 삼고자 한다. 謝思煒 역시 「論自傳詩人杜甫」에서 「悲憤詩」의 작자 문제를 떠나서 「悲憤詩」는 중국 自傳詩體의 성숙의 標志라고 했다. 「悲憤詩」에는 蔡琰이 난리통에 흉노족에게 납치되어 이국땅으로 끌려가 강압적으로 결혼한 뒤 자식까지 낳았으며 뒷날 曹操 덕분에 고국으로 돌아올 수 있었지만 자식과 생이별을 하였으며 또 다시 재혼을 하게 된 인생역정이 담겨져 있다.

7) 가와이코오조오 지음 심경호 옮김 같은 책 237쪽.

만한 점은 이와 같은 작품을 창작하게 된 동기가 모두 자신의 내면적인 변화에 있지 않고 외부적 환경의 변화에 따른 개인의 인생변화에서 야기되었다는 점이다. 때문에 작자는 시대의 고난 때문에 파란을 겪은 자신의 불행을 매개로 하여 시대하는 커다란 외부적인 세계 속에서 自我를 성찰하려고 했기 때문에 시속에 묘사된 自我는 작자가 처한 시대적 환경과 깊은 연관을 맺고 있다. 시대의 고난이 주는 압박의 결과로 과거와 현재의 극심한 차이를 지각하거나 현실속의 자신과 이상속의 자신의 모습이 지나치게 다르게 되었음을 인지할 때 작자는 자신의 인생을 돌이켜보고 自我를 觀照하면서 때로 자신의 불행한 인생 비극을 돌출시키고 때로는 과거와 현재의 차이, 현실과 이상의 차이를 좁혀보고자 노력한다. 그러한 과정 속에서 자전시라고 불릴 만한 작품들이 창작된 것이다. 때문에 자전시라고 불리는 작품들은 한편 개인의 인생 기록이 아닌 시대 기록처럼 보이기도 한다. 바로 이러한 전통을 흡수하여 성장한 두보시의 자전적 경향이 두보시의 詩史的 성격을 성숙시킨 것이다.

杜甫는 인생의 전환기마다 時事를 포함하여 자신의 인생역정을 서술한 장편의 詩를 창작하였는데 특히 「北遊」·「惜遊」·「壯遊」 등의 시에서는 자신의 일생을 시간의 순서에 따라 기술하였다. 이 가운데 특히 「壯遊」와 같은 詩를 보면 역사의 소용돌이에 휘말려 실의 한 채 늙어 가는 自我를 성찰하고 묘사하는 모습이 두드러진다. 의기양양했던 소년기를 거쳐, 각지를 유랑하고 벼슬길에 나갔다가 좌절하고 안록산의 난으로 유랑하게 된 인생전반을 112구에 걸쳐 자세하게 서술했는데 그 속에는 재기 넘쳤던 젊은 시절 杜甫의 모습, 외로운 유랑자의 모습, 가난하고 병든 궁생하기 짝이 없는 늙은 두보의 모습 등이 다채롭게 담겨있다.[8] 그런데 杜詩 속에 드러난 여러 가지 여러 가지 두보의 自我 유형에는 일관된 情調가 흐르고 있다. 자신의 궁색한 처지에 대한 절망과 근심이 바로 그것이다. 두보는 이 일관된 情緖속에서 自我를 다채로운 모습으로 표현했는데 이 또한

---

8) 仇兆鰲, 「壯遊」, 『杜詩詳注』, 中華書局, 1979, 1438쪽.

는 두보가 自我를 객관적으로 觀照할 수 있는 눈을 지니고 있었기 때문이다. 杜甫는 詩 속에서 자신을 표현할 때 '또 다른 自我'를 설정하고 자신은 마치 제 삼자처럼 그를 觀照의 대상으로 삼고 객관적으로 묘사했다.9) 두보는 이처럼 객관적이고 觀照적인 태도로 自我를 해학적으로 표현함으로써 自我에대한 절망과 근심을 극대화시켰다 또한 두보는 절대적인 절망과 근심 속에서도 결코 '임금을 요순위에 이르게 하고 다시 풍속을 순후하게 하고자 한다.'는 讀書人으로써의 희망을 버리지 않았다. 이는 두보로 하여금 본인의 불행만을 認知하는데 그치지 않게 하고 개인의 고난을 사회의 고난과 연결시켜 파악하게 했으며 불행한 사회현실을 改良함으로써 자신의 개인적 불행도 극복될 수 있다는 사회적 自我의 역할을 認知할 수 있게 했다.

때문에 본고에서는 杜甫가 詩에서 自我를 어떠한 유형으로 표현했는지 알아보고 그 自我 표현 과정에서 드러나는 특성을 고찰해 보고자 한다. 杜甫詩가 이후 중국 詩문학의 典型 역할을 수행했음을 상기해볼 때 본 연구는 한 고대 중국 시인들이 자신을 어떠한 방식으로 注視하고 自我를 성찰하였으며 어떠한 문화적 틀에 의해 自我를 표현하려 했는지 고찰할 수 있는 좋은 계기가 될 수 있을 것이다.

---

9) 杜陵野老, 杜陵野客 등등의 형상은 두보 자신이 설정한 시 속 '自我'라고 볼 수 있다. 두보는 自我를 분리하여 또 다른 제 삼자로써 자신을 묘사하는 것을 즐겼는데 이런 식의 自我 형상화는 두보에게 정서적 안정을 제공해 주었다. 실의한 자신을 묘사하면서 '我'를 사용하지 않고 자신과는 전혀 다른 별개의 형상처럼 보이는 杜陵野老, 杜陵野客 등을 사용함으로써 실재 자신과 별개의 自我인 杜陵野老, 杜陵野客 사이에는 일정한 거리가 발생하게 된다, 발생된 거리는 觀照의 대상이 된 杜陵野老, 杜陵野客 등의 형상이 自我라는 사실을 망각하게 하고 실의한 自我를 제 삼자의 각도에서 바라 볼 수 있게 해준다.

Ⅱ. 杜詩 속 自我의 표현 유형

杜甫는 詩 속에서 自我를 표현 할 때 지극히 객관적인 위치에 서서 觀照의 대상으로는 自我를 표현할 때 첫 번째로 杜陵人이라는 無名의 지극히 평범한 인간을 설정하여 자신의 쓸모없게 된 처지를 비관적으로 표현하였고, 老·白頭·病 등의 이미지를 활용하여 병든 자신을 표현했다. 또한 자신의 궁색한 처지를 극대화하여 자신의 가난뱅이 처지를 묘사했으며 雁·鷗 등의 이미지를 활용하여 자신을 외로운 유랑자로 그려냈다.

1. 杜陵人

자신의 詩 속에서 杜甫는 자신을 지칭할 때 '杜陵野老'[10) '杜陵野客'라는 말을 자주 사용하고 있는 모습을 볼 수 있는데 이는 근본적으로 杜甫 자신이 杜陵[11) 지역 출신임에 착안하여 표현한 것을 총괄한 것이다. 특히 두보가 술에 취했을 때 자신의 심정을 노래하여 廣文館 박사 鄭虔에게 바친 「醉時歌」의 다음 구절을 보면 두보가 자신을 杜陵人이라는 형상을 통해 자아를 어떤 식으로 성찰하고 표현했는지를 알 수 있다.

> 諸公袞袞登臺省, 廣文先生官獨冷。
> 甲第紛紛厭粱肉, 廣文先生飯不足。
> 先生有道出羲皇, 先生有才過屈宋。
> 德尊一代常坎軻, 名垂萬古知何用?
> 杜陵野客人更嗤, 被褐短窄鬢如絲。[12)

10) 『漢語大辭典』唐杜甫的自稱, 杜甫祖籍杜陵, 他也曾在杜陵, 附近居住. 故常自稱杜陵野老, 杜陵野客, 杜陵布衣

11) 『漢書 · 地理志』 옛날 두백의 나라가 있었던 곳이다. 한 선제를 이곳에 묻었기 때문에 그래서 두릉이라고 했다. 장안 남쪽 50리 되는 곳에 있다. (古杜伯國. 漢宣帝葬此, 因曰杜陵. 在長安南五十里.)

12) 仇兆鰲, 같은 책, 권3, 「醉時歌」, 174쪽.

제공들은 줄지어 여러 주요 관직에 오르는데
광문선생은 벼슬이 홀로 차갑구나.
크고 훌륭한 집에서는 흔한 좋은 쌀과 고기에 물리는데
광문선생은 밥이 부족하구나.
선생은 도를 지님이 복희씨를 넘어서고
선생은 재주를 지님이 굴원과 송옥을 능가하네.
덕이 일대에 존귀하나 때를 만나지 못했음에야
명성이 만세에 드리운들 무슨 쓸모가 있겠는가?
두릉의 촌로는 남들이 더욱 비웃는데
짤막한 겉옷을 걸치고 귀밑머리 새하얗구나.
…

두보는 먼저 능력은 있으나 때를 만나지 못해 불우하게 지내는 鄭虔의 처지를 묘사함으로써 그와 다를 바 없는 자신의 비극적인 처지를 부각시켰다. 특히 자신을 '杜陵의 촌로'라는 객체를 통해 제 3자의 시각으로 표현하였는데 그 이미지는 긍정적이기 보다 부정적이다. 鄭虔을 표현할 때 사용했던 '무슨 쓸모가 있겠는가(知何用) '라는 표현은 두보가 바로 자신에게 하고 싶었던 말이었다. 두보는 이 시를 통해 세상에서 인정받지 못하고 있으며, 심지어 세상 사람들의 仁情을 갈구할 만한 가치도 없는, 단지 나이만 먹어가는 비천한 인간에 불과한 존재라는 自我 이미지를 형상화하고 있다.

두보가 天寶 10년 長安에 있을 때 長安 근처의 咸陽縣과 華原縣에 있는 친구들에게 보낸 다음 詩「簡咸華兩縣諸子」[13]에서도 杜陵人을 통한 두보의 自我 표현이 돋보인다. 이 시는 천보 10년 황제가 불러서 시험을 친 뒤 담당관에게 보내어 선발되기를 기다리게 했을 때 지은 시이다.[14]

赤縣官曹擁材傑, 軟裘快馬當冰雪。
長安苦寒誰獨悲, 杜陵野老骨欲折。
南山豆苗早荒穢, 靑門瓜地新凍裂。

13) 仇兆鰲, 같은 책, 권2, 107쪽.
14) 황학『補注杜詩』"意是十年召詩後, 送隷有司參選時作。"

鄕里兒童項領成, 朝廷故舊禮數絶。
自然棄擲與時異, 況乃疏頑臨事拙。
飢臥動即向一旬, 敝裘何啻聯百結。
君不見空檣日色晩, 此老無聲淚垂血。

장안 관청에는 벼슬아치들이 많은데
부드러운 갖옷과 날쌘 말로 빙설을 맞는다.
장안의 지독한 추위에 뉘 홀로 슬퍼하나
두릉의 촌로는 뼈가 부러질 듯하다.
남산의 콩 싹은 일찍부터 황폐해졌고
청문의 참외밭은 새로 얼어 터졌다.
향리의 소인배들은 목을 뻣뻣하게 세우고
조정의 옛 벗들도 예의를 끊었다.
자연 버려져 시세와는 달라졌는데
하물며 소루 완고하여 일에 임하면 서툴기까지 함에야
배고파 누운 것이 툭하면 열흘이 되어가고
해진 옷은 어찌 백 조각을 이은 것에 그치랴.
그대는 보지 못했는가? 빈담에 해가 저물 때에
이 늙은이 소리 없이 피 눈물 흘리는 것을

그런데 詩題속 縣의 명칭을 어느 것으로 볼 것인가 하는 문제[15]는 詩의 해석 방향을 결정하는데 중요한 영향을 미친다. 이 長安에 있을 때 지은 詩로 보면 '赤縣官曹'는 득의한 長安의 벼슬아치들로써 '杜陵 촌로'인 杜甫와 대비를 이루는 형상이 된다. 또한 장안 관청 벼슬아치들의 부드러운 갖옷과 날쌘 말은 '杜陵 촌로'의 백번 이상 꼬 맨 옷과 대조를 이룬다. 더욱이 제 5구와 6구는 두릉 촌로의 물질적 생활 토대가 되는 콩밭과

15) 仇兆鰲, 같은 책, 권2, 107쪽. "咸一作成" 郭知達, 『九家集注杜詩』, 蔡夢弼, 『杜工部草堂詩箋』, 宋本 『分門集注杜工部詩』, 양권도 『杜工部年譜』 참고.
詩題 가운데 咸은 成이라고도 한다고 되어 있어 이를 '成都 華陽'이라고 보고 이 詩는 杜甫가 成都에 있을 때 지은 것이라고 주장하는 이도 있다. 그러나 詩속 '장안의 지독한 추위', '남산(종남산) 콩'과 '청문(장안성의 동남쪽 성문) 참외'라는 詩語들에만 주의를 기울여 봐도 이 詩는 杜甫가 長安에서 지은 것이 분명해진다. 두보가 長安에 있을 때 咸陽縣과 華原縣에 있는 친구들에게 보낸 것이라는 주장이 사실상 지배적이다.

참외 밭의 황폐함을 묘사하고 있는데 이는 다른 사람들로 하여금 더욱 杜甫의 비관적 처지를 이해할 수 있게 한다. 향리의 소인배들은 杜甫에게 방자하게 굴며 朝廷의 옛 친구들 역시 예의를 잊고 杜甫에게 관심을 기울여 주지 않는다. 이는 두보가 자아를 外向的으로 성찰한 것으로 모든 사람들은 자신을 외면하고 있다. 동시에 두보는 자아에 대해 內向的 성찰도 실시했는데 자신의 성품이 어리석을 뿐만 아니라 완고하기 까지 함을 발견했다.

이처럼 '杜陵人'이라는 두보의 自我 형상 안에는 관직도 의지할 곳도 없는 노쇠한 인간이 되어 버린 自我에 대한 성찰의 결과가 드러나 있다. 그런데 그 속에는 특별한 의미가 숨겨져 있다. 사실 '杜陵'은 名家가 배출된 매우 영예로운 곳이라는 뜻이 내포되어 있다. 이러한 의미가 직접적으로 드러난 詩의 일부를 선별하여 읽어보면 다음과 같다.

> …
> 令弟尙爲蒼水使, 名家莫出杜陵人。[16]
> 아우는 아직 창수의 사자 노릇을 하고 있지만
> 유명한 가문은 항상 두릉 출신의 인물들이 이루었네.
> …

> …
> 鄕里衣冠不乏賢, 杜陵韋曲未央前。[17]
> 고향의 벼슬아치들 중에는 현명한 사람 드물지 않아
> 두릉의 두씨와 위씨 저택이 미앙궁 앞에 있지.
> …

첫 번째 詩 「季夏送鄕弟韶陪黃門從叔朝謁」에서 고향의 동생뻘 되는 杜韶가 黃門侍郎 杜鴻漸을 모시고 朝廷으로 가는 것을 전송하면서 이일을 계기로 삼아 고향 杜陵에서 名家가 많이 배출되었다는 자부심까지 드러내고 있다. 또 두 번째 詩 「贈韋七贊善」은 재상의 지위에 까지 오른 에서는

16) 仇兆鰲, 같은 책, 권19, 「季夏送鄕弟韶陪黃門從叔朝謁」, 1648쪽.
17) 仇兆鰲, 같은 책, 권23, 「贈韋七贊善」 2064쪽.

역시 杜씨와 韋씨 가문이 뛰어난 인재를 많이 배출하여 長安에서 천자 가까이 살고 있다는 사실을 드러내며 杜陵이 명문가의 고향임을 강조한다.[18]

결론적으로 杜甫는 杜陵人이라는 自我 형상을 통해 자신은 '名家출신임에도 불구하고 無名無官의 쓸모없는 늙은이에 불과한 처지로 轉落하고 말았다.'는 사실을 보여주고 싶어 했다. 杜陵이 名家의 배출지라는 의미를 내포하고 있었다는 사실이 杜甫가 비참한 노년을 보내고 있음을 더욱 두드러지게 하는 상승작용을 하고 있음은 물론이다.

2. 병든 늙은이

두 번째로 杜甫는 自我를 표현 할 때 '老' '病' '白頭' 등의 詩語를 사용하여 늙고 병들었음을 표현했다. 먼저 '白頭' 이미지로써 자신의 年老함을 아쉬워한 시들을 例로 들면 다음과 같다.

…
白頭搔更短, 渾欲不勝簪。[19]

흰 머리 긁어 더욱 성기어져
마침내 비녀를 견디지 못하네.

…
堂上書生空白頭, 臨風三嗅馨香泣。[20]

집안서생이 헛되이 흰 머리 돋았는데
바람을 마주하고 세 번 향기를 맡고 눈물 흘린다.

---

18) 宋祁 『新唐書』 「宰相世係表」를 보면 杜氏 집안은 宰相 11인, 韋氏 집안은 宰相 14인을 배출했다고 기록되어 있다.
19) 仇兆鰲, 같은 책, 권4, 「春望」 320쪽.
20) 仇兆鰲, 같은 책, 권3, 「秋雨嘆」 三首 중 第 一首, 216쪽.

첫 번째 난리를 걱정하고 봄을 슬퍼하며 지은 「春望」[21]의 마지막 구절로써 바야흐로 세상을 구하고자 했으나 이미 자신이 늙었음을 인식하고 슬퍼한 구절이다.[22] 두 번째는 「秋雨嘆」이라는 詩題만봐도 알 수 있듯이 天寶 13년 가을 큰 장마가 있었을 때 가을비가 많이 내려 농작물에 피해가 많음을 근심하여 지은 詩다.[23] 인용된 구절은 이 詩의 마지막 구절로 '마루 위의 서생은' 두보 자신을 두고 한 말이다. 또한 '헛되이 흰머리 돋았음'은 단순히 年老함만을 상징하고 있지는 않다. 나라를 걱정하는 마음에 애가 닳아 자신의 머리가 하얗게 새었음을 말한 것이다. 나라를 걱정하는 마음에 매우 근심스러워하고 있다는 사실은 바로 다음 구절 '바람을 마주하고 세 번 향기를 맡고 눈물 흘린다.'에서 극명하게 드러난다. 이 구절은 예전에 "왕희지가 진나라의 혼란을 걱정하여 종일토록 꽃술을 꼬며 향기를 맡고 얼굴을 찌푸리며 말이 없었다."[24]는 故事를 비유하여 두보 자신의 마음을 드러낸 것이다. 이어 '老病'의 이미지로 자신이 늙고 병든 상태임을 호소한 例를 몇 개 들어보자면 다음과 같다.

> 唯將遲暮供多病, 未有涓埃答聖朝。[25]
>
> …
> 그저 저물어 가는 나이에 병만 많아지니
> 황제의 은혜에 티 끌 만큼의 보답도 올리지 못했네.
> …
>
> 老病巫山裏, 稽留楚客中。
> 藥殘他日裹, 花發去年叢。
> 夜足霑沙雨, 春多逆水風。

---

21) 仇兆鰲, 같은 책, 권4, 320쪽, "此憂亂傷春而作."
22) 王嗣奭, 『杜臆』, "落句方思濟世, 而自傷其老."
23) 仇兆鰲, 같은 책, 권3, 216쪽, "歎久雨害物."
24) 黃鶴 『補注杜詩』 "昔王羲之當晉亂, 終日撚花顰嗅香, 顰蹙無言, 時人不會其意, 蓋憂晉國之亂故也."
25) 仇兆鰲, 같은 책, 권10, 「野望」, 880쪽.

合分雙賜筆,[26] 猶作一飄蓬。[27]
親朋無一字, 老病有孤舟。[28]

무산에서 늙고 병들어 가며
초객이 되어 타향에서 체류하네.
약은 지난 날 준비해 두었던 주머니에서 없어져 가는데
꽃은 작년 떨기에서 다시 피어난다.
밤에는 모래사장을 적시는 비가 충분히 내리고
봄에는 물 흐름을 거스르는 바람이 많다네.
두 자루의 붓을 분배받아 마땅하련만
여전히 날리는 쑥과 같은 신세일 뿐.
친한 벗에게서 소식 한 자 없고
늙고 병든 이 몸에게는 외로운 배뿐이네.
…

첫 번째는 寶應 元年 成都에서 지은 작품으로 나라에 人事로 인한 어려움이 많음을 慨嘆한 「野望」이다. 인용한 구절은 5·6번째 句로 나라의 어려움에 전혀 도움이 되지 못한 체 병들고 늙어 가는 자신에 대한 慨嘆이 담겨 있다.[29] 두 번째 詩는 오랜 기간 동안 나그네로 떠돌며 생활하고 있음을 한탄하면서 다시 한 번 朝廷에 나아가 관직을 제수 받고 싶은 희망을 노래한 詩이다. 시 전체에 흐르는 작자의 朝廷 재진입의 희망과 詩題 「老病」이 극명한 대비를 이루며 작자의 이상과 현실의 격차를 드러내고 있어 특별히 全篇을 인용했다. 세 번째 시는 두보가 大曆 3년에 岳陽城 西門樓에 올라 洞庭湖를 바라보며 자신의 처지와 시절의 어려움을 노래한 「登岳陽樓」의 5·6句이다. 두보의 노쇠한 처지가 잘 드러나 있는 구절이다. 이처럼 '老病'과 '白頭'의 이미지를 빌어 표현된 두보의 自我는 슬프고 처량한 이미지를 전달하여 詩 속 침울한 분위기를 倍加시키고 있다.

---

26) 『漢語大辭典』 漢 應劭 「漢官儀」卷上 "尙書令僕丞郎, 月給赤管大筆一雙. 後因以 '賜筆' 指受到君王寵愛恩賜."
27) 仇兆鰲, 같은 책, 권15, 「老病」, 1282쪽.
28) 仇兆鰲, 같은 책, 권22, 「登岳陽樓」, 1946쪽.
29) 仇兆鰲, 같은 책, 권10, 880쪽. "五六屬自慨."

3. 가난뱅이

杜甫 詩에는 후세사람들이 杜甫의 自畵像을 그려낼 수 있을 정도로 구체적으로 두보의 외모 형상이 묘사되어 있는 부분이 많다. 그런데 두보의 外貌 묘사는 대부분 杜甫의 가난하고 궁상맞은 모습에 관한 것이 많다. 「乾元中寓居同穀縣作歌七首」에서는 杜甫의 궁핍한 처지가 세밀하게 묘사되어 있다.

有客有客字子美, 白頭亂發垂過耳。
歲拾橡栗隨狙公, 天寒日暮山谷里。
中原無書歸不得, 手脚凍皴皮肉死。
嗚呼一歌兮歌已哀, 悲風爲我從天來。30)

나그네여! 나그네여! 자는 자미로구나
흰머리 덥수룩하여 귀를 덮었네.
해마다 원숭이를 따라 도토리와 밤을 줍고
날씨 추운 저물녘에 산골짝을 헤 메는 구나
서울에서는 소식이 없어 돌아갈 수도 없고
손과 발은 얼어 터져 피부가 죽었네.
아 아 첫 노래부터 애달프니
슬픈 바람이 나를 위해 하늘에서 불어오는구나.

원숭이와 도토리를 다투는 신세일 정도로 가난한 두보의 덥수룩한 흰머리와 얼어 터져 죽은 피부가 된 손과 발의 시각적 이미지가 독자들에게 다가온다. 이 때 우리에게 다가오는 두보의 모습은 두보의 궁벽한 처지를 시사해주는 상징적인 모습들이다. 이 詩에서 두보는 이미 年老한 몸으로 추운 산 속에 기거하면서 어떻게 자신을 온전히 지킬 수 있을지 근심하며 울먹이고 있다. 또한 杜甫는 자신의 남루한 衣食을 구체적으로 묘사함으로써 자신의 가난한 처지를 표현했다. 먼저 자신의 거친 먹 거리를 노래한 부분을 보면 다음과 같다.

---

30) 仇兆鰲, 같은 책, 권8, 「乾元中寓居同穀縣作歌七首」 중 第1首, 693쪽.

…
종일 아름다운 손님 붙들고 앉아 있으면서 竟日淹留佳客坐,
평생 거친 밥 못난 유생의 먹을거리라오. 百年粗糲腐儒餐。[31]
…

…
나귀를 타고 다닌 지 십 수해 騎驢十三載,
장안 봄날에 나그네 생활을 하면서 旅食京華春。
아침에는 부잣집 문을 두드리고 朝扣富兒門,
저녁이면 살진 말의 뒤를 좇습니다. 暮隨肥馬塵。
먹다 남은 술과 찬 안주 殘杯與冷炙,
도처에서 몰래 슬퍼하고 가슴 아파 했습니다 到處潛悲辛。[32]
…

첫 번째 「賓至」詩에서는 두보는 귀한 손님이 찾아와 상을 마주하고 앉아 하루 종일 談笑를 나눈다. 그런데 상 위에는 거친 밥뿐이라는 것이다. 得意하지 못한 書生 처지라 손님 접대가 소홀함을 시사하고 있다. 두 번째는 두보가 天寶 7년에 과거에 낙방한 뒤 當時 尙書左丞이었던 韋濟에게 바치기 위해 쓴 「奉贈韋左丞丈二十韻」의 일부이다. 이 詩는 본래 두보의 벼슬길에서의 좌절 과정과 현실적인 좌절에도 꺾이지 않고 계속되는 두보의 求官의식이 잘 드러나 있기로 유명하다. 위에서 인용한 부분은 두보가 오랫동안 벼슬길에 나아갈 길을 모색하며 힘든 객지 생활을 인내하고 있음이 드러난다. 당시 권력자들의 집 앞에서 대문을 두들기다가 때로는 먼지바람 휘날리며 어디론가 출타하는 권세가들의 뒤에 서서 굽실거리는 두보의 모습이 보인다. 이러한 노력에도 불구하고 得意하는데 성공하지 못한 두보는 남이 먹다 남은 '찌꺼기 술'과 '식어버린 고기'를 가지고 허기와 恨을 달랜다. 때로 두보는 남이 먹다 남은 술과 찬 안주도 기꺼이 받아먹는 자신의 의복이 남루함에 대해서도 세부적으로 묘사해 놓았다.

31) 仇兆鰲, 같은 책, 권9, 「賓至」, 741쪽.
32) 仇兆鰲, 같은 책, 권1, 「奉贈韋左丞丈二十韻」, 73쪽.

飢臥動即向一旬，敝裘何啻聯百結。
君不見空牆日色晩，此老無聲淚垂血。[33)]

…

배고파 누운 것이 툭하면 열흘이 되어 가고
헤진 옷은 어찌 백 조각을 이은 것에 그치랴.
그대는 보지 못하였는가? 빈담에 해 저물 때에
이 늙은이 소리 없이 피눈물 흘리는 것을

去年潼關破，妻子隔絶久。
今夏草木長，脫身得西走。
麻鞋見天子，衣袖露兩肘。
朝廷愍生還，親故傷老醜。[34)]

작년에 동관이 무너져
처자식과 헤어진 지 오래되었도다.
올 여름 초목이 길게 자랄 적에
몸을 빼어 서쪽으로 갈 수 있게 되어
삼 신발을 신고서 천자를 알현했는데
소매에 양쪽 팔꿈치가 다 보이네.
조정에서는 살아 돌아온 것을 불쌍히 여기고
친구들은 늙고 추한 모습에 마음 아파하는구나.
…

첫 번째는「投簡成華兩縣諸子」詩의 마지막 부분을 인용한 것인데 仇兆鰲 역시 이 부분에 "이 단락은 스스로 굶주림과 추위에 고생하는 상황을 말한 것이다.[35)]"라고 설명했다. 여러 조각을 이어 붙인 너덜너덜한 헤진 옷이라는 시각적 이미지를 이용하여 두보는 숨죽여 피 눈물을 삼키는 자신의 고달픈 상황을 독자들에게 전달 하고자 했다. 두 번째 詩에서는 두보가 天寶 15년 반군에 억류되었다가 이듬해 탈출하여 天子가 있는

33) 仇兆鰲, 같은 책, 권2,「投簡成華兩縣諸子」재인용, 107쪽.
34) 仇兆鰲, 같은 책, 권5,「述懷」, 358쪽.
35) 仇兆鰲, 같은 책, 권2, 108쪽 "此自述饑寒之狀."

곳으로 달려간 사실을 적고 있다. 여기서 '양쪽 팔꿈치가 다 드러나 보인다.'는 것은 복장이 완전하지 못한 것을 말한다. 杜甫는 이처럼 자신의 궁벽한 처지를 묘사 할 때도 자신의 困境을 하나의 審美 대상으로 간주하고 표현했다. 杜甫는 다음의 「空囊」詩에서도 자신을 완전한 가난뱅이로 묘사하고 있으나 궁벽함속에서도 書生의 마지막 자존심을 잃지 않으려는 노력이 보인다.

…

밥을 짓지 않으니 우물물 새벽에 얼어있고	不爨井晨凍,
옷이 없으니 침상은 밤에 차구나.	無衣牀夜寒。
주머니가 비면 부끄러워할까 두려워	囊空恐羞澀,
돈 한 푼 남겨두노라.	留得一錢看。[36]

위에 인용한 杜詩들 가운데 그려진 두보의 自我 이미지는 처량하고 비참하다. 이들을 통해 독자들은 하나의 그림을 보듯 杜甫의 모습을 읽을 수 있다. 드문드문 남아있는 백발을 산발하고 두보의 모습 위에 늙고 병든 두보의 모습이 겹쳐진다. 또한 가난에 찌든 가족들과 함께 헤진 옷을 걸치고 앉아 거친 식사로 끼니를 때우는 두보의 모습이 선명하게 다가온다.

4. 외로운 유랑자

杜甫는 인생의 대부분을 객지에서 떠돌며 遊離乞食하다가 결국 가난과 병마에 시달리다 못해 湘江의 船上에서 객사했다. 때문에 杜甫 詩에는 이러한 그의 인생을 반영하여 자신을 외로운 유랑자의 이미지로 형상화했다. 杜甫는 詩속에서 자신을 외로운 유랑자로 표현할 때 적당한 대상을 끌어다가 비유적으로 표현했는데 주로 雁·鷗 등의 이미지를 빌어 표현했다. 먼저 「孤雁」詩를 보면 무리를 그리워하는 기러기의 형상을 빌어 유랑생활의 슬픔을 표현하고 있다.

---

36) 仇兆鰲, 같은 책, 권7, 「空囊」, 620쪽.

외로운 기러기 마시지도 쪼지도 않나니 孤雁不飮啄,
날며 우는 소리는 무리를 그리는 듯 飛鳴聲念群。
누가 불쌍히 여길까? 誰憐一片影,
만 겹 구름 속에서 무리를 잃은 것을 相失萬重雲。
끝까지 바라보니 여전히 보이는 듯 望盡似猶見,
슬픔 많은 지라 소리가 다시 들리는 듯 哀多如更聞。
들 까마귀는 생각이 없음인지 野鴉無意緖,
시끄러이 울어대는 소리 또 어지럽구나. 鳴噪自紛紛。[37)]

이 시 가운데 '一片影'은 한 조각의 그림자 즉 무리 가운데 홀로 떨어져 있는 기러기를 상징하고 있으며 또한 전란 중에 천지를 떠돌며 홀로 있는 두보 자신을 상징한다. 무리와 떨어져 무리를 그리워하며 우는 기러기를 통해 고향에 있는 一家 親知들이 그리워 속울음을 삼키고 있는 自我를 표현했다. 杜甫는 '鷗'의 이미지를 빌어 詩속 自我의 이미지를 표현하기도 했는데 「旅夜書懷」에서 그 例를 볼 수 있다.

어린 풀 언덕에 실바람 불어오고 細草微風岸,
높은 돛단배에 외로움이 깃드는 때 危檣獨夜舟。
별이 드리운 평야는 드넓게 펼쳐지고 星垂平野闊,
달이 뛰노는 큰 강은 도도히 흐른다. 月涌大江流。
이름을 어찌 글재주로 드러내겠는가? 名豈文章著,
벼슬도 노병으로 쉬어야할 처지 인데 官因老病休。
떠도는 신세 무엇과 같은가, 飄飄何所似,
천지간에 한 마리 갈매기 같네. 天地一沙鷗。[38)]

이때 두보는 成都를 떠나 배를 타고서 雲安으로 가는 도중이었다. 밤에 묶게 된 강 언덕에서 본 별이 드리운 평야의 광활함과 달을 품고 넘실거리는 큰 강의 드넓음은 두보의 외로움과 서글픔을 자극시키기에 충분했다. 게다가 '一沙鷗'를 보게 된 두보는 자신의 처지가 바로 저 한 마리의 갈매기

37) 仇兆鰲, 같은 책, 권17, 「孤雁」, 1530쪽.
38) 仇兆鰲, 같은 책, 권14, 「旅夜書懷」, 1228쪽.

와 같다고 느끼게 된 것이다. 예전에 충만했던 자신의 문장력에 대한 자만[39]도 이젠 사그라지고 있는 듯하다. '이름을 어찌 글재주로 드러내겠는가?'라고 말한 것은 杜甫 생전에 杜詩가 제대로 인정받지 못했던 사실을 반영하고 있다. 이처럼 두보는 '기러기' '갈매기' 등의 이미지를 통해 외로운 유랑생활에 지쳐가는 自我를 표현하고자 했다.

Ⅲ. 杜詩속 自我 표현의 특징

위에서 自我 표현 類型을 '杜陵人' '병든 늙은이' '가난뱅이' '외로운 유랑자' 등으로 분류하여 고찰하는 과정에서 다음과 같은 두 가지 특징이 두드러진다. 첫 째 두보는 자신을 표현할 때 현실과 理想의 乖離를 體感하고 自嘲하면서 諧謔的으로 표현했다. 둘째 杜甫는 자신의 불행을 개인적인 슬픔으로 체념하지 않고 항상 국가와 인민의 불행과 결부시켜 詩의 주제를 심화시켰다. 杜甫가 自嘲적이고 諧謔적으로 자신을 觀照할 수 있었던 앞서 언급했듯이 詩속 自我를 他者化하여 객관적으로 바라 볼 줄 알았기 때문이다. 또한 두보는 개인적 自我를 사회적 自我로 확대 할 줄 알았다. 두보는 자신을 觀照하면서 자신의 내면의 변화만을 응시하지 않고 자신의 인생 변화의 원동력이 되는 사회의 변화를 관찰하였다. 두보는 시대의 고난이 자신의 불행을 야기 시켰다는 사실을 충분히 認知하고 있었으며 自我에대한 省察이 시대라는 큰 틀 속에서 행해져야 한다는 사실을 알고 있었다.

1. 自嘲적이고 해학적인 표현

杜詩속에서는 항상 두 개의 自我가 존재했다. 하나는 반드시 憂國의식과 憂民의식에 충만된 사회의 棟樑이 되어야겠다는 自我와 자신과 주변을

39) 仇兆鰲, 같은 책, 권1 「奉贈韋左丞丈二十二韻」, 73쪽. "…下筆如有神. 賦料揚雄敵, 詩看子建親. 李邕求識面, 王翰願卜鄰 自謂頗挺出, 立登要路津. 致君堯舜上, 再使風俗淳.…"

直視하고 理想 실현에 매달리는 自我를 조롱하는 自我이다. 이 두 개의 自我는 종종 杜詩 속에서 서로 相衝되는 면을 보여주어 杜詩가 多面的이고 矛盾的인 면을 갖게 했다. 두보는 다른 사람에 의해 버려지고 세상일에 어둡고 어리석기까지 한 自我와[40] 자신을 은근히 '직과 설 '에 비유하는 自我의 분열로 혼란스러웠던 것이다. 그러나 두보는 자신을 正視할 줄 알았다. 때문에 자신의 사회적 위치와 사상이 보잘것없음을 認知하고 사회와 自我의 불일치를 자각함으로써 자신을 自嘲하고 해학적으로 표현하게 된 것이다. 이러한 이유로 세상과 어울리지 못하고 老醜한 자신을 自嘲하고 自虐하는 모습을 보여주고 있는 대표적인 작품은 「自京赴奉先縣詠懷五百字」이다.

두릉에 포의 있어	杜陵有布衣,
늙어 감에 뜻은 갈수록 졸렬하다.	老大意轉拙。
자부함이 얼마나 어리석었던가?	許身一何愚,
은근히 직과 설에 비유하였네.	竊比稷與契。
결국 크기만 할 뿐 쓸모없는 것이 되어서는	居然成濩落,
흰머리에도 고생함을 달갑게 여긴다.	白首甘契闊。
관을 덮어야 일이 끝날 것이니	蓋棺事則已,
이 뜻이 펼쳐지기를 항상 바란다.	此志常覬豁。
해가 다하도록 백성을 걱정하며	窮年憂黎元,
탄식하느라 속이 탄다.	嘆息腸內熱。
함께 공부한 사람들의 웃음 꺼리가 되나	取笑同學翁,
크게 노래하여 뜻을 더욱 격렬하게 한다.	浩歌彌激烈。
강과 바다에 살고자하는 마음을 가지고	非無江海志,
아무 거리낌 없이 세월을 보내고자 함이 없었던 것은 아니다.	蕭灑送日月。
......	
생각건대 땅 강아지와 개미의 무리들	顧惟螻蟻輩,
단지 스스로 자신의 굴만을 구할 뿐이거늘	但自求其穴。
어째서 큰 고래를 사모하여	胡爲慕大鯨,
곧 바다에 누울 흉내를 내려는 것인가?	輒擬偃溟渤。
이로써 삶의 이치를 깨닫나니	以玆悟生理,

40) 仇兆鰲, 같은 책, 권2, 「投簡成華兩縣諸子」, 107쪽.

간알을 일삼음을 홀로 부끄러워하여 獨恥事幹謁。
고생하며 마침내 지금에 이르러 兀兀遂至今,
티끌 속에 묻혀 있음을 참고 있다. 忍爲塵埃沒。
종내 소보와 허유에게는 부끄러우나 終愧巢與由,
아직 그 절개를 바꿀 수가 없구나. 未能易其節。
술에 취하여 잠시 마음을 달래고 沈飮聊自適,
마음껏 노래를 불러 감당하기 放歌頗愁絶。[41]
어려운 근심을 깬다.
……

첫머리의 '두릉에 포의 있어'는 앞의 Ⅱ장에서 논한바와 같이 자신을 제 삼자의 위치에 놓고 觀照的으로 서술하겠다는 의도를 보여주는 것이다. 이 詩에서 杜甫는 외부로부터 자신을 포착하여 객관적으로 묘사하고 있는데 첫 구를 통해 杜甫는 독자들에게 자신이 '杜陵' 사람이며 無官無名의 '布衣'의 신분에 있는 사람임을 알렸다.[42] 이는 杜甫가 자신은 세상에서 아무런 쓸모도 없는 무가치한 인간임을 강조하기 위해 貶下的으로 표현한 것이다. 그런데 곧 이어 자신이 자신을 '은근히 직과 설에 비유하였네.' 라고 말함으로써 杜甫가 큰 뜻을 지녔으나 이루지 못하고 失意했음이 더욱 더 부각된다. 여기서 '杜陵布衣의 형상'과 '자신을 은근히 稷과 契에 비유하는 형상'은 서로 극명하게 대비를 이루어 杜甫가 자신의 과거 행각이 허황되고 어리석었음을 한탄하고 있다는 사실을 알 수 있게 한다.

저는 예전 어린 나이에 甫昔少年日,
일찍이 국도를 관광하는 빈객으로 뽑혔습니다. 早充觀國賓。
글을 읽어 만권을 독파하니 讀書破萬卷,

41) 仇兆鰲, 같은 책, 권4, 「自京赴奉先縣詠懷五百字」, 264쪽.

42) 宋本은 詩題의 아래 "천보 14년 11월 초 지음(天寶十四載十一月初作)"이라는 10자가 달려 있는데 吉川幸次郞 『杜甫詩注』·淸 盧元昌 『杜詩闡』·黃生 『杜詩說』에서는 이 注가 맞지 않다고 되어 있다. 이는 천보 14년 10월초 杜甫가 이미 右衛率府 兵曹參軍이라는 직책을 받았다는데 근거를 두고 있다. 때문에 이는 '布衣'의 신분과는 모순된다는 것이다. 그러나 이러한 해석방식은 너무 기계적인 방식으로 '布衣'라는 말은 杜甫가 자신을 어떠한 시각으로 보았느냐하는 문제와 더 관련되어 있는 표현이다.

붓을 들면 신들린 듯 했지요.	下筆如有神。
부는 양웅과 필적할 만하다고 생각하였고	賦料揚雄敵,
시는 자건에 가까웠으며	詩看子建親。
이옹께서도 알고 지내고자하였고	李邕求識面,
왕한께서는 이웃이 되기를 원하셨습니다.	王翰願卜鄰。
스스로 자못 빼어나다고 여겨서	自謂頗挺出,
곧장 중요한 지위에 올라	立登要路津。
임금을 요순위에 오르게 하고	致君堯舜上,
다시 풍속을 순후하게 하고자 했습니다.	再使風俗淳。
이 뜻은 끝내 시들어 버렸고	此意竟蕭條,
떠돌며 노래하나 은자는 아닙니다.	行歌非隱淪。

위 詩는 「奉贈韋左丞丈二十二韻」의 일부인데 전체적인 맥락을 배제하고 '임금을 요순 위에 이르게 하고, 다시 풍속을 순후하게 하고자 했습니다.'라는 구절만을 생각해본다면 杜甫의 원대한 뜻이 표현되어 있는 것처럼 보인다. 그러나 이 구절은 원래 杜甫가 소년시절에 대한 회상을 시작하는 부분으로, 그에 이어지는 뒷부분에서 '이 뜻은 끝내 시들어 버렸으니, 떠돌며 노래하나 은자는 아닙니다.'라고 말함으로써 소년시절의 야심을 회상하는 부분임을 밝히고 있다. 이는 소년시절을 성찰하는 중에 밀려드는 자신에 대한 냉소와 서글픔을 표현한 부분임을 알 수 있다.

따라서 '임금을 요순 위에 이르게 하고, 다시 풍속을 순후하게 하고자 했던 것'은 현재의 杜甫가 과거의 杜甫를 돌아보는 것에 해당되며 '자부함이 얼마나 어리석었던가? 은근히 직과 설로 비유하였네.'는 현재의 杜甫가 또 이전 자신의 모습을 自嘲적인 시각으로 묘사한 것이다. 이는 모두 杜甫가 자신의 어리석은 모습을 형상화한 것이다.

2. 개인의 불행을 사회전체의 불행으로 認知 ; 사회적 自我

杜甫는 詩속에서 自我를 형상화 할 때 杜甫 자신의 불행을 묘사함에 있어 이를 개인적 불행으로 인식하는데 머물지 않고 국가와 인민의 불행으로 전환하여 인식하는 모습을 보여준다. 예를 들면 「白帝城最高樓」에서 높은 곳에 올라 정경을 내려다보다 감정이 촉발되어 시대와 나라를 걱정하고 아파하는 杜甫의 모습이 형상화 되어 있다.

> 杖藜嘆世者誰子, 泣血迸空回白頭。
>
> 지팡이 짚고 세상사 탄식하는 이는 뉘 집 자손인가?
> 피 눈물 허공에 뿌리며 하얗게 센 머리 돌리네.

여기서 '지팡이 짚고'는 자신의 늙고 병 든 형상을 표현한 것이고 '세상사에 대한 탄식'은 杜甫의 근심대상을 묘사한 것이다. 늙고 병든 杜甫의 '세상사에 대한 탄식'은 '피 눈물'로 전화되었으며 '피 눈물'을 '허공에 뿌리기'에 이르렀고 마지막으로는 '하얗게 센머리 돌리네.'라고 말하며 결말을 지었다. 이러한 표현을 통해 독자들은 견딜 수 없어 다시 먼 곳을 바라보며 몸서리치고 있는 杜甫 마음속 깊은 곳에서 일렁이고 있는 슬픔과 분노를 향해 더욱 깊이 몰입해 들어간다. '시절과 세상에 대해 근심하는' 杜甫의 형상은 오래도록 詩가 남기는 여운에 젖게 한다.

이처럼 杜甫의 自我형상은 고립적으로 표현되어 있지 않다. 杜甫는 자신의 自我 형상을 묘사할 때 자신의 감정을 표현하고 당시 시대 풍운과 사회배경에 대한 반영과 유기적으로 결합시켰다. 자신의 괴롭고 처량한 생활정경을 묘사할 때도 늘 국가와 인민을 걱정하는 태도를 버리지 않았다.

늙은 아내는 다른 현에 기탁하고 있는데	老妻寄異縣,
열 식구가 바람과 눈 속에 떨어져 있다.	十口隔風雪。
뉘 오랫동안 돌아보지 않을 수 있으리오.	誰能久不顧?
바라기는 가서 기갈을 함께하리라.	庶往共饑渴。
문에 들어서자 통곡소리 들리니	入門聞號咷,
어린 아들이 이미 굶주려 죽었구나.	幼子餓已卒。
내 어찌 한바탕 슬픔을 사양하리오.	吾寧舍一哀,
마을을 골목도 오열하는 구나.	里巷亦嗚咽。
부끄럽기는 사람의 아비가 되어서	所愧爲人父,
먹을 것이 없어 요절하게 했음이여	無食致夭折。

가을 벼가 익었는데 豈知秋禾登,
가난하여 이런 급박한 일이 생길 줄 어찌 알았으리요. 貧窶有蒼卒。
살아서 조세를 면하고 生常免租稅,
이름은 전쟁하는 일에 속하지 않았으나 名不隸征伐。
지나온 자취를 더듬어보면 오히려 신산하니 撫迹猶酸辛
보통 사람은 진실로 처량하리라 平人固騷屑。
조용히 업을 잃은 이들을 생각하고 默思失業徒,
인하여 멀리가 수자리하는 병졸들을 생각하니 因念遠戍卒。
근심스런 마음 종남산 같아서 憂端齊終南,
끝없이 이어져 없앨 수가 없구나. 澒洞不可掇。[43)]
…

「自京赴奉先縣詠懷五百字」시의 위와 같은 부분을 보면 杜甫가 어린 아들이 굶주려 죽은 일은 대수롭지 않게 여기는 것처럼 보이고 오히려 전쟁 통에 업을 잃은 이들과 수자리하는 병졸들을 생각하며 한숨 짓고 있는 杜甫의 形象이 더 강하게 다가온다. 아버지 된 자로써 어찌 자식의 죽음보다 슬프고 절망적인 일이 있을 수 있단 말인가? 이와 같이 杜甫는 개인의 불행과 가정의 불행으로부터 시작해서 국가와 인민의 불행으로 상황을 확대 전환시켜 작품의 주제를 심화시켰다. 또 「茅屋爲秋風所破歌」에서 역시 자신의 초가집이 거센 바람으로 무너지게 된 상황에서도 천하에 집 없는 많은 사람들을 생각하고 탄식하는 杜甫의 형상이 나타난다.

安得廣廈千萬間, 大庇天下寒士俱歡顔, 風雨不動安如山。[44)]

어떻게 하면 천 만 간 넓은 집을 장만하여
천하의 가난한 선비들 모두를 기쁜 얼굴 되게 하고,
비바람에도 움직임이 없는 산과 같게 할까?

杜甫는 때로 자신의 그런 모습을 自嘲하면서도 개인의 불행만을 탄식하

---

43) 仇兆鰲, 같은 책, 권4, 「自京赴奉先縣詠懷五百字」, 264쪽.
44) 仇兆鰲, 같은 책, 권10, 「茅屋爲秋風所破歌」, 831쪽.

는 사람이 아니었다. 개인의 불행과 국가와 인민의 불행을 연결 지어 함께 고민하는 사람이었다. 때문에 그의 詩속에 개인의 불행과 사회적 불행은 늘 상 분리되어 있지 않고 혼연 되어 있다. 이는 杜甫의 形象 뒤에 늘 杜甫가 처해있던 시대와 사회가 밑그림으로 그려져 있게 하는 역할을 한다.

Ⅳ. 결 론

杜甫 詩는 詩史로 칭해져 왔는데, 詩史로 불리게 된 가장 큰 이유는 杜詩에 광범위하게 杜甫가 생활했던 시대의 정치 경제 군사와 사회생활 각 방면이 반영되어 있기 때문이었다. 독자들은 詩를 읽으면 杜甫가 살던 시대상을 마치 거울을 들여다보듯 알 수 있을 정도였는데 杜詩라는 거울이 단지 시대 상황만을 비춰주고 있었던 것은 아니었다. 杜詩는 當時 사회의 風雲을 보여주고 있었을 뿐만 아니라 杜甫의 自我 역시 세밀하게 비춰주고 있다. 杜甫는 詩를 통해 자신의 비운에 찬 슬픈 인생에 대한 감정을 토로하였으며 여러 가지 방식으로 자신의 自我 형상을 묘사하였는데, 얼마나 세밀한 필치로 묘사를 하였던지 후대인들은 杜詩를 기반으로 杜甫 畵像을 그려내기도 했다.

杜甫는 '杜陵人'이라는 별개의 自我를 설정하여 失意한 후 비참하게 늙어 가고 있는 자신을 형상화 하였는데 杜甫는 杜陵人이라는 형상을 통해 자신이 "본래 명가 杜陵 출신의 남자인데 無名無官의 상태로 늙어가고 있다."는 사실을 표현하고자 했다. 특히 杜陵이 名家의 배출지라는 의미를 지니고 있음을 강조하여 杜甫가 비참한 老年을 보내고 있음을 더욱 부각시켰다. 특히 杜甫는 自我를 분리하여 또 다른 제삼자의 입장에서 자신을 묘사하는 것을 즐겼는데 이런 식의 自我 형상화는 杜甫에게 정서적 안정을 제공해주는 역할을 했다.

또한 杜甫는 '老' '病' '白頭' '孤雁' '鷗' 등의 이미지를 빌어 '병든 늙은이' '가난뱅이' '외로운 유랑자' 등의 類型으로 自我를 형상화함으로써 후대인들은 杜甫의 모습을 읽어낼 수 있게 했다. 드문드문 남아있는 백발을 산발한 채, 늙고 병든 몸을 이끌고 가난에 찌든 가족들과 함께 헤진 옷을 걸치고 거친 식사를 때우며 늘 상 눈물을 흘리는 杜甫의 모습이 선명하게 다가온다.

이와 같은 방식으로 杜甫가 詩속에서 自我를 형상화 할 때 두 가지 특징적인 태도를 지니고 있었다. 먼저 비참한 현실 속에서도 비현실적으로 원대한 이상과 꿈을 가지고 자신의 현실을 정확하게 直視하지 못하는 自我를 自嘲하는 태도를 지니고 있었으며 그런 자신을 諧謔的으로 묘사할 줄 알았다. 또한 杜甫는 때로 자신의 그런 모습을 自嘲하면서도 개인의 불행만을 탄식하는 사람이 아니었다. 개인의 불행과 국가와 인민의 불행을 연결 지어 함께 고민하는 사람이었다. 때문에 그의 詩속에 개인의 불행과 사회적 불행은 늘 상 분리되어 있지 않고 혼연 되어 늘 杜甫의 형상은 杜甫가 처한 시대와 사회를 배경삼고 서 있다. 이는 아마도 두보의 평생을 지탱해주었던 經世濟民의 이상이 자신의 개인적 불행은 압도해야한다는 강박관념 때문이었을 것으로 보인다.

參考文獻

仇兆鰲『杜詩詳註』北京 中華書局 1979.
陳貽焮『杜甫評傳』北京 北京大學出版社 2003.
馮　至『杜甫傳』天津 百花文藝出版社 1999.
王嗣奭『杜臆』上海 上海古籍出版社 1983.
華文軒編『杜甫卷 唐宋之部』北京 中華書局 1964.
劉　昫,『舊唐書』中華書局, 1975.
宋　祁,『新唐書』中華書局, 1975.
謝思煒『唐宋詩學論集』北京 商務印書館 2004.

출처 : 『中國學硏究』 38집

杜詩 속에 나타난 杜甫의 戰爭觀 변화

鄭鎬俊*

Ⅰ. 들어가는 말

杜甫는 일평생 정치와 현실 문제에 관심을 가지고 있던 시인이었다. 그런 그가 당시에 국가와 백성의 생활에 지대한 영향을 미치던 전쟁에 관해 관심을 가지는 것은 당연한 일이었다. 특히 杜甫는 開元·天寶 연간의 唐 왕조의 전성기와 '安史의 亂' 이후의 쇠퇴기를 모두 경험했던 시인으로, 전 생애에 걸쳐 많은 전쟁을 경험하게 되는데, 그는 전쟁의 성질에 따라 각기 다른 태도와 戰爭觀을 보이고 있다. 曹慕樊은 杜甫의 戰爭觀에 대하여 다음과 같이 네 가지로 구분을 해서 이야기하고 있는데, 그 내용을 보면, 첫째, 그는 영토 확장 전쟁에 대해서는 극단적인 반대를 하고 있다. 둘째, '安史의 亂'과 같은 국내 내부의 분열 전쟁에 대해서는 국가의 통일을 유지해야 한다는 입장에서 무력으로 평정할 것을 주장했다. 셋째, 농민 반란 전쟁에 대해서는 지주 계급의 입장에서 진압할 것을 주장했다. 넷째, 봉건 계급 내부의 내전에 대해서는 백성을 동정하는 입장에서 조속히 결론을 지을 것을 주장하며 줄곧 반대를 하였다.[1]는 것이다. 즉 이는 크게 보면 지배층의 욕심에서 비롯된 전쟁에 대해서는 반대를 하였지만, 국가를

---

* 한국외대 중국어과 강사

1) 曹慕樊, 「杜甫 "非戰"嗎?」, 『杜詩雜說』, p. 49, 四川人民出版社, 1981

위협하는 반란이나 침략에 대해서는 차선책으로 어쩔 수 없는 무력 진압에 찬성을 하였다고 이해할 수 있을 것이다. 이러한 杜甫의 전쟁관은 크게 安史의 亂을 전후로 해서 각각의 두드러진 양상을 드러내고 있다. 따라서 安史의 亂 전후의 杜甫의 시를 살펴봄으로써 그 속에서 드러나는 전쟁에 대한 杜甫의 관점을 살펴보고, 전쟁에 대한 杜甫의 생각이 일평생 국가와 민족을 위해 생을 바치고자 한 杜甫의 사상과 어떠한 관계가 있는지를 살펴보고자 한다.

Ⅱ. '安史의 亂' 이전의 杜甫의 戰爭觀

杜甫는 크게 '安史의 亂'을 전후로 해서 그의 전쟁에 대한 생각이 다소 변화를 보이게 된다. 물론 이는 전쟁의 성질과 밀접한 관계가 있다고 할 수 있을 것이다. 즉 安史의 亂 이전에 杜甫는 玄宗이 영토 확장을 위한 일으킨 침략 전쟁에 대해서 매우 강한 반대를 드러내고 있다. 玄宗은 집권 후에 강성한 국력을 바탕으로 영토를 확장하기 위해 주변의 이민족을 침략하는 영토 확장 전쟁을 빈번하게 일으켰다. 이는 통치자의 입장에서 보면 자기 국가의 강성함을 드러내고 영토 확장에 따른 이익을 얻기 위한 정당한 행위라고 할 수 있겠지만, 이에 동원되는 백성의 입장에서는 참으로 견디기 힘든 고통이었다. 즉 잦은 전쟁에 따른 군비 확충으로 인해 조세가 증가하여 막중한 부담을 가져왔고, 또한 군사로 징발되거나 부역을 나가 많은 장정들이 목숨을 잃게 되는 결과를 가져오기도 하였다. 한평생 社稷과 백성의 안위만을 생각한 시인 杜甫로서는 이러한 현실을 그냥 묵과할 수가 없었다. 그래서 杜甫는 시를 통해 이러한 현실에 대해 비판의 의견을 보이고 있다. 여기서는 이러한 杜甫의 非戰 의식을 담고 있는 시 몇 수를 살펴보도록 하겠다.

먼저 杜甫의 이러한 의식을 담고 있는 시로 「兵車行」을 들 수가 있을 것이다.

車轔轔, 馬蕭蕭, (1)	수레는 삐그덕삐그덕, 말은 히히잉,
行人弓箭各在腰。	출정하는 사람들 활과 살을 허리에 찼다.
耶孃妻子走相送,	부모와 처자들 달려와 서로 송별하니,
塵埃不見咸陽橋。	먼지와 티끌에 함양교도 안 보일 지경이다.
牽衣頓足攔道哭,	옷 붙들고 넘어지며 길을 막고 우는데,
哭聲直上干雲霄。	울음소리 곧바로 하늘에 닿을 듯하다.
道旁過者問行人, (2)	길 옆 지나가던 이 가는 사람에게 물어보니,
行人但云點行頻。	가는 사람이 다만 이런 말을 할 뿐이네. "징집이 잦지요.
或從十五北防河,	어떤 이는 열다섯에 북쪽으로 가서 황하를 지키다가,
便至四十西營田。	마흔 살이 되어서는 서쪽으로 가서 군전을 개간하였습니다.
去時里正與裹頭,	떠날 때는 里長이 머리를 싸주었더니,
歸來頭白還戍邊。	돌아올 땐 백발인데 또다시 변방에서 수자리 산답니다.
邊庭流血成海水,	변방의 흐르는 피는 바다를 이루어도,
武皇開邊意未已。	황제는 변방 개척 그 뜻 마지 않으시는군요.
君不聞,	그대는 듣지 못했습니까?
漢家山東二百州,	한나라의 산동의 이백 고을,
千村萬落生荊杞。	온 동네에 가시덤불이 자랐다는 것을.
縱有健婦把鋤犂,	비록 건강한 부인있어 호미와 쟁기를 잡고 있어도,
禾生隴畝無東西。	고랑마다 곡식들은 어지러이 자라고 있는 형편입니다.
況復秦兵耐苦戰,	더욱이 秦땅의 병사들이 苦戰을 잘 견딘다 하여,
被驅不異犬與雞。	몰아붙이는 것이 개와 닭에 다름없습니다.
長者雖有問, (3)	어른께서 비록 물어보지만,
役夫敢伸恨。	행역가는 주제에 어찌 감히 원한을 아뢰리요?
且如今年冬,	금년 겨울 같은 경우에는,
未休關西卒。	關西의 졸병은 쉴 틈이 없습니다.
縣官急索租,	현의 관리들은 세금을 독촉하나,
租稅從何出。	세금낼 돈이 어디에서 나오겠습니까?
信知生男惡,	참으로 알았습니다, 아들을 낳으면 나쁜 일이고,
反是生女好。	오히려 딸을 낳으면 좋은 일이라는 것을.
生女猶得嫁比鄰,	딸을 낳으면 그래도 이웃에다 시집이라도 보낼 수 있지만,
生男埋沒隨百草。	아들을 낳으면 잡초 속에 묻히게 될 뿐입니다.
君不見,	그대는 보지 못했습니까?
靑海頭,	靑海 가에,

古來白骨無人收。	옛날부터 흰 뼈다귀를 거둘 사람이 없는 것을.
新鬼煩冤舊鬼哭,	새 귀신은 괴로워하며 원통해하고 옛 귀신은 통곡하여,
天陰雨濕聲啾啾。	날 흐리고 비오는 날에 귀신의 울음 소리 으스스하다지요.”

仇兆鰲는 王嗣奭의 『杜臆』을 인용해서 이 시가 天寶 중기에 지어졌다고 보고 있지만,[2)] 정확한 시기를 지적하고 있지는 않다. 그런데, 韓成武는 그의 『杜甫詩全譯』에서 天寶 11년에 杜甫가 長安에 있을 때에 지은 것이라고 하면서, 그 근거로 『資治通鑑』에서의 천보 10년 4월의 南詔를 정벌할 때의 기록을 들고, 이 시를 非正義戰爭에 대한 작가의 강한 비판의 시로 보고 있다.[3)] 정확한 시기 문제는 논외로 하더라도 이 시가 天寶 년간에 지은 작품으로, 가족과 이별하는 征夫의 하소연을 통하여 당시 군주의 무모한 변경 확장 정책으로 인해 초래된 비참한 사회상을 묘사하고 비판한 시임에는 틀림없다. 특히 “邊庭流血成海水, 武皇開邊意未已。” 구는 당시의 상황에 대한 강한 반항의 목소리로 황제가 백성을 죽이고 있다고 직접적으로 비난을 하고 있는 것이다. 좀 더 시의 내용을 구체적으로 살펴보면, (1) 부분은 전쟁에 징발되어 가족과 이별하게 되는 슬픔에 찬 처참한 상황을 서술한 것이다. (2) 부분은 지나가는 나그네가 출정하는 군인과 하는 문답을 언급한 것으로, ‘防河’·‘營田’·‘戍邊’이라고 한 것은 전쟁으로 인한 소집이 잦았음을 이야기한 것이고, 변방 개척이 끊이지 않는다는 것은 당시에 군사력 남용한 것에 대해 풍자한 것으로 볼 수 있다. 山東은 太行山의 동쪽으로 옛날의 晉 지역, 즉 河北 지역을 가리키는 것으로 당의 수도가 장안이었기 때문에 山東이라 부른 것이다.[4)] 촌락은 황폐해졌는데

2) 仇兆鰲, 『杜詩詳注』 卷2, 「兵車行」 “『杜臆』: 舊注謂明皇用兵吐蕃, 民苦行役而作, 是也。此當作於天寶中年。”

3) 韓成武, 『杜甫詩全譯』, 「兵車行」解題 : “此詩當作於天寶十一載(752), 時杜甫在長安。『通鑑』 載, 天寶十載四月, 鮮于仲通討南詔, 大敗, 死六萬人。爲補充兵源, 再擊南詔, 楊國忠遣御史分道抓丁。於是行者愁怨, 父母妻子送行, 哭聲遍野。此詩卽爲此事而作, 表達了詩人對非正義戰爭的强烈譴責。

4) 錢謙益, 『錢注杜詩』 卷1 「兵車行」

도 남편은 군대에 나가고 없고 아내 홀로 밭을 간다는 데에서 백성의 생활이 정상적이지 않고 매우 곤고했다는 것을 보여주고 있다. (3) 부분은 다시 어른과 군역나가는 사람 사이에 주고받는 대화로, 계속되는 변방 개척 전쟁으로 인해 병사의 징발이 그치지 않는데다, 관청에서는 가혹한 세금까지 요구하여 당시의 일반 백성이 당하고 있는 고난을 사실적으로 묘사하고 있다. 이러한 杜甫의 인식은 당시의 다른 시인들 특히 우리가 익히 알고 있는 高適이나 岑參같은 邊塞派 시인들과 많은 차이점을 보이고 있다. 그들은 자신들이 이러한 전쟁에 직접 참여하여 전공을 세우고자 하는 바람으로 가득 차 있었기 때문에, 백성의 고통을 언급한 부분이 다소 보이기는 하나 대부분의 시는 당시의 전쟁의 승리를 칭송하거나 변방의 모습을 묘사하며 그곳에 머무는 병사의 기상을 칭송한 것들이다. 그러나 杜甫는 이러한 전쟁이 가져다 줄 재앙을 미리 예견하고 당시의 爲政者들을 강하게 비판하는 시를 짓고 있는 데에서 그의 위대한 모습을 다시 살펴볼 수 있는 것이다.

그러나 「兵車行」은 杜甫의 非戰 思想의 서곡이라고 할 수 있다. 이러한 杜甫의 思想은 「前出塞九首」에 이르러서 더욱 강하게 드러나게 된다. 그러면 이 시를 살펴보도록 하겠다.

戚戚去故里, 슬프게 근심하며 고향을 떠나,
悠悠赴交河。 아득히 먼 交河를 향해간다.
公家有程期, 조정에서 전선에 도착하라는 기한이 있었고,
亡命嬰禍羅。 名籍을 이탈하고 달아나면 화를 입는다.
君已富土境, 임금께서는 이미 충분히 영토를 넓히셨는데,
開邊一何多。 무력을 사용해서 변경을 개척하심이 어찌 이리 많으신지요.
棄絶父母恩, 부모의 은혜를 저버리고,
呑聲行負戈。 소리내지 않게 울면서 창을 지고 길을 떠난다.

『杜臆』에서는 이 작품을 天寶 년간에 哥舒翰이 伊川의 서쪽 700리 되는 곳에 있던 唐의 西州 交河로 吐蕃을 정벌나갔을 때에 지어진 것이라고 하였다.[5] 그 이유로 “磨刀嗚咽水(목이 메어 오열하며 隴頭水에서 칼을

가는데)"[6]라는 구를 들면서, 隴頭는 吐蕃으로 정벌나가는 사람들이 지나는 길이었기 때문이라고 하고 있다. 그러나 浦起龍은 서쪽을 정벌한 지 이미 오래되었으니 반드시 哥舒翰의 일에 얽매일 필요는 없으며, 「兵車行」과 같은 일을 가리키는 것이다[7]라고 하고 있는데, 영토 확장 전쟁이 가져다 준 피해에 대해 폭넓게 비판하고 있는 것으로 보는 것이 타당할 것 같다. 이 시는 그 중 제 1수로 가족과 이별하고 떠날 때의 정을 서술했다. 張綖은 '앞의 4구는 서사로 아랫 사람이 의를 몸소 시행함을 보여 주고, 뒤의 4구는 서정으로 윗사람의 不仁함을 보여준다. 그리하여 충분한 영토를 가지고 있어 이미 만족할 만한데, 부모의 은혜를 저버리고 길을 떠나게 하니 임금된 자는 홀로 어떠한 마음을 가지고 있는 것인가?' 라고 반문을 하며,[8] 이 시가 집권층의 非正義戰爭에 대한 비판이 내용을 담고 있음을 명확히 밝혀주고 있다. 특히 이 시의 5·6구는 당시의 집정자의 욕망으로 인해 벌어진 전쟁에 대한 작가의 강한 풍자와 비판의 뜻이 들어있는 것으로 전체시의 주제라고도 볼 수 있을 것이다.

다음으로 제6수를 보면 다음과 같다.

挽弓當挽强, 활을 당기면 반드시 센 활을 당겨야 하고,
用箭當用長。 화살을 사용하면 반드시 긴 화살을 사용해야 하리.
射人先射馬, 사람을 쏘려면 먼저 그가 탄 말을 쏘아야 하고,
擒賊先擒王。 적을 사로잡으려면 먼저 그 왕을 사로잡아야 하리.
殺人亦有限, 사람을 죽이는 것은 또한 한도가 있고,
立國自有疆。 나라를 세우는 것은 경계가 있어야 한다.
苟能制侵陵, 다만 적의 침략을 제지할 수 있을 뿐이니,
豈在多殺傷。 어찌 그들을 많이 살상할 수 있겠는가?

---

5) 『杜臆』: "前出塞云 '赴交河', 後出塞云 '赴薊門', 注云 : '唐西州交河, 在伊州西七百里。' 當是天寶間哥舒翰征吐蕃時事, 而詩有 '磨力嗚咽水', 隴頭乃出征吐蕃所經繇者, 詩亦當作于此時。"
6) 「前出塞」제3수
7) 浦起龍, 『讀杜心解』 卷一之一 : "西征已久, 不必泥定哥舒, 與「兵車行」所指同事。
8) 張綖注 : 前四敍事, 見在下者之率義。後四敍情, 見在上者之不仁。蓋富土開邊, 事之可已, 棄絶親恩, 人之大情, 爲人上者亦獨何心哉。(仇兆鰲, 『杜詩詳注』 卷2)

이 시는 당시의 무력의 남용을 탄식하는 것이다. 이 작품의 중심 내용은 바로 제4구에 있다. 전반부 3구는 제4구를 이끄는 말이고, 후반부 4구는 지나친 살육이 필요없는 까닭을 밝히고 있다. 즉 이 시는 杜甫의 戰爭觀을 분명히 볼 수 있는 것으로, 杜甫는 외부의 적이 침략했을 때에는 어쩔 수 없이 방어적 입장에서 전쟁은 할 수 있겠지만, 이 또한 지나친 살상은 안된다고 주장하고 있는 것이다. 그리하여 전쟁에서 이기기 위해서는 적의 왕만 사로잡을 뿐이라고 하며, 그 외의 살상에 대해서는 강하게 반대를 하고 있는 것이다. 이 부분은 바로 역으로 영토 확장 등의 욕심에 의해 다른 나라의 침략하는 전쟁에 대해서는 분명히 반대한다는 작가의 입장을 엿볼 수 있는 부분이기도 하다. 그래서 이 시에 대해『杜臆』에서는 다른 사람은 앞의 4구는 있으나, 반드시 뒤의 4구는 없는데, 王道로 천하를 다스리는 임금의 군대가 대적이 없는 까닭이 바로 앞뒤 8구의 내용을 겸하고 있기 때문이다[9]라고 하여 작가가 이 시를 지은 의도를 분명하게 설명하고 있다. 즉 杜甫와 동시대 혹은 이전의 다른 시인들의 시 속에서도 아주 미미하지만, 전쟁이 가져다 준 인명과 재산의 피해에 대해 우려하는 시구가 다소 존재하기는 한다. 그러나 두보와 비슷한 제재를 다룬 그들의 시 대부분은 영토 확장을 위한 침략 전쟁에 대해 국가의 강성함을 칭송하고 공을 세운 사람들에 대한 찬양이 주류를 이루고 있다. 반면에 杜甫의 전쟁관은 그 당시 백성의 입장에서 또는 침략받는 민중의 입장에서의 非戰의식을 지니고 있었으니 당시로서는 매우 진보적이었다고 할 수 있다.

이밖에도 杜甫는「送高三十五書記十五韻」의 첫 4구에서,

崆峒小麥熟,	崆峒山에 어린 보리가 익었으니,
且願休王師。	또한 왕의 군대가 잠시 쉬기를 바라노라.
請公問主將,	그대에게 청하노니 주장 가서한에게 물어보기를,
焉用窮荒爲。	"이때에 오랑캐의 땅에서까지 군대를 사용하려 하오?"라고 하게.

9)『杜臆』: "他人有前四句, 必無後四句, 而王者之師所以無敵, 正兼前後八句而有之也。"

라고 말을 하며, 변방의 장수가 군대를 함부로 사용함을 꾸짖는 것이다. '安史의 亂'은 당시의 무력 사용의 남발이 불러일으킨 것으로 공은 이미 먼저 그 조짐을 알았다. 바로 이 때에 高適이 哥舒翰의 書記가 되었고, 군대의 일은 모두 참모에게서 얻어지기 때문에 군대를 쉬게 하고 백성도 쉬게 하라고 깨우치고 있는 것이다.

그리고, 그 유명한 「自京赴奉先詠懷五百字」[10]의 끝부분에서는 "生常免租稅, 名不隸征伐。撫迹猶酸辛, 平人固騷屑。默思失業徒, 因念遠戍卒。憂端齊終南, 澒洞不可掇。(살아서는 항상 세금을 면하고, 이름은 징병에 속하지 않았다. 지나간 행적을 더듬어 보면 오히려 고통스러우니, 보통 사람은 진실로 근심스러울 것이로다. 조용히 직업이 없는 이들을 생각하고, 그로 인해 멀리 수자리 살러 간 병졸들을 생각한다. 근심의 끝이 종남산과 나란히 하여, 물결이 요동치듯 하니 거둘 길이 없구나.)"라고 하여, 天寶 말년 변방의 장군과 병사의 곤궁함과 세금과 징병으로 인한 백성의 고통을 근심하고 있다. 더군다나 공은 벼슬살이하던 집안의 자손이었기 때문에 직접 병역이나 부역의 의무를 감당할 필요는 없었는데도, 백성을 생각하는 마음에서 마치 자신의 일인양 근심하고 괴로워하는 모습이 진정으로 그 시대를 근심하는 지식인의 모습을 보는 것 같다.

지금까지 몇 수의 시에서 살펴보았듯이 '安史의 亂' 이전의 杜甫의 당시의 영토 확대 전쟁에 대한 생각은 시종일관 반대의 입장을 견지하고 있다고 볼 수 있다. 이는 한평생 국가와 백성을 위해 고민한 시인의 사상을 대변하는 단면이라고 할 수 있다. 杜甫가 다른 사대부 시인들과 다른 평가를 받는 이유 중의 하나도 집정자에 대한 무조건적인 충성을 한 것이 아니라, 시를 통하여 잘못된 것을 비판하며, 그 당시의 상황에서 백성의 입장을 그만큼 사실적으로 대변한 시인을 찾아볼 수 없기 때문이기도 한 것이다. 그러나 '安史의 亂'이라는 당대 최대의 재난이 발생하면서 전쟁을 바라보는 시인의 시각도 조금은 변화를 보이게 된다. 물론 그렇다고 해서 전쟁에

10) 仇兆鰲, 『杜詩詳注』 卷4

대한 杜甫의 시각이 완전히 변하는 것은 아니다. 지금부터 '安史의 亂' 이후의 杜甫의 전쟁관을 살펴보도록 하겠다.

Ⅲ. 安史의 亂 이후의 杜甫의 전쟁관

開元·天寶 년간의 풍요롭고 태평스런 세월 속에 잠재해 있던 많은 부조리와 문제점들이 표출되기 시작하여 결국은 755년에 唐代의 최대의 재앙이며 8년동안 계속되었던 전쟁인 '安史의 亂'이 발발하게 된다. '安史의 亂'의 발발 원인에 대해서는 여러 가지 설이 있지만, 결국은 집정자의 타락과 무능이 가장 큰 원인이었다는 것은 재론의 여지가 없을 것이다. 이에 대한 자세한 논의는 논지에서 벗어나는 것이니 논외로 하고, 이러한 상황 속에서 杜甫의 전쟁에 대한 입장은 어떠했는지 만을 살펴보고자 한다.

杜甫는 중년 이후에는 줄곧 전쟁 속에서 살아왔다고 할 수 있지만, 그 중에서도 가장 기간이 길고 피해가 심했던 전쟁이 바로 이 '安史의 亂'이라고 할 수 있다. 그리하여 杜甫는 이 전쟁의 참상을 자신의 시 속에서 "華夷相混合, 宇宙一羶腥。(漢人과 오랑캐가 한 곳에 뒤섞이게 되어, 천지간이 오랑캐의 누린내로 가득차게 되었다.)"[11], "萬人尙流冗，擧目惟蒿萊。今至大河北，盡作虎與豺。浩蕩想幽薊，王師安在哉。(많은 백성들이 유랑을 하게 되었는데, 눈을 들어 봐도 온통 잡초가 우거져 있을 뿐이다. 지금 넓은 하북 지역은, 온통 호랑이와 승냥이의 소굴이 되어 버렸구나. 그 넓은 幽州와 薊州를 생각해 보니, 나라의 군대는 어디에 있는 것인가?)"[12] 등과 같이 표현해 내고 있다. 그렇다면 이러한 상황을 하루빨리 종식시키고, 백성을 편안히 하기 위해서는 전쟁에서 승리하여 상황을 종결하는

11) 仇兆鰲,『杜詩詳注』卷8,「秦州見敕目薛三據授司議郎畢四曜除監察與二子有故遠喜遷官兼述索居凡三十韻」

12) 仇兆鰲,『杜詩詳注』卷7,「夏日歎」

수밖에 다른 방법은 없었던 것이었다. 따라서 杜甫 역시 이전의 침략 전쟁에 반대하던 자신의 태도를 다소 바꾸어 조정의 군대가 반군을 몰아내고 전쟁에서 승리하기를 원하는 것을 시 속에서 표현해 내고 있다. 그러면 이러한 杜甫의 생각을 담고 있는 시 몇 수를 살펴보도록 하겠다.

杜甫는 '安史의 亂'이 발발하자 가족을 鄜州에 피난을 시키고 肅宗의 行在所가 있는 靈武로 가다가 반군에게 사로잡혀 長安으로 압송을 당하게 된다. 그리고 그곳에서 백성들이 반군에게 살육과 약탈을 당하는 처참한 상황을 目睹하게 된다. 그러자 杜甫는 모든 唐나라 백성들과 마찬가지로 희망을 단지 관군에게 맡길 수 밖에 없는 상황에 부딪히게 된다. 그리하여 관군이 하루빨리 전쟁을 승리로 이끌어 이러한 고통스러운 시간을 종식시키기를 바라며 「悲陳陶」에서 이러한 자신의 생각을 드러내고 있다.

孟冬十郡良家子,	초겨울에 양가집 자제들의
血作陳陶澤中水。	선혈이 陳淘澤을 가득 채웠다.
野曠天清無戰聲,	들판은 넓고 하늘은 맑아 전쟁의 소리조차 없었는데,
四萬義軍同日死。	4만의 의로운 군대는 같은 날에 모두 전사했다.
群胡歸來雪洗箭,	많은 오랑캐들이 돌아오며 눈에다 피묻은 화살을 닦았고,
仍唱胡歌飮都市。	오랑캐 노래를 부르면서 장안에서 술을 마시고 즐긴다.
都人回面向北啼,	장안 사람들은 얼굴을 돌려 북쪽을 향해 울며,
日夜更望官軍至。	밤낮으로 관군이 와서 수복하기만을 고대하고 있구나.

이 시를 창작할 당시의 상황을 살펴보면, 至德(756) 元年 10월 房琯이 반군을 토벌하여 서울을 수복할 것을 자청하며 군대를 삼군으로 나누어 적을 향해 진격을 시작하였다. 그리하여 楊希文 · 劉悊 · 李光進으로 하여금 南軍 · 中軍 · 北軍을 거느리고 각각 宜壽 · 武功 · 奉川으로 진격을 하게 하고 자신은 중군을 지휘하며 선봉이 되었다. 辛丑日(21일)에 中軍과 北軍이 陳濤斜에서 적과 만나 접전을 하였으나 패하였다. 원래 방관은 신중하게 기회를 엿볼려고 했으나, 환관인 中使 邢延恩이 전쟁을 재촉하여 일을 그르치게 된데다,[13] 또한 방관이 원래 문관 출신이었기 때문에 전술에 능하지 못해 춘추 시대의 전법을 사용하여 적의 화공을 감당하지 못했기

때문이라고 역사서는 기록하고 있다.[14] 즉 이 전투는 당 왕조가 서울을 수복하는 것에 급해 재상을 장군으로 임명해 서둘러 강한 적과 대항하다가 많은 인명의 피해만 일으킨 것이라고 볼 수 있다.

이 시 속에서 작가는 반군의 잔악함과 백성의 관군의 반격을 바라는 마음을 드러내며, 백성의 강한 애국주의 정신을 표현하여, 이것이 당 왕조가 난리를 평정할 수 있었던 원동력이었음을 간접적으로 말하고 있다.

그러나 적이 강하였기 때문에 杜甫는 무작정 전투를 할 것이 아니라, 반전의 기회를 엿보아 일거에 섬멸해야 한다고 나름대로의 전략을 제시하고 있기도 하다. 그 한 예로 「悲青坂」을 들 수 있는데,

我軍青坂在東門,	우리의 군대가 青坂의 동문에 주둔하면서,
天寒飮馬太白窟。	날씨가 몹시 추운데 말에게 물을 먹이면서 태백굴에 있다.
黃頭奚兒日向西,	반군의 세력은 날마다 서쪽으로 향하면서,
數騎彎弓敢馳突。	많은 기병이 화살을 당기며 말을 몰아 돌진을 한다.
山雪河氷野蕭颼,	산과 강은 눈과 얼음이 덮여있고 들판에는 처량한 바람이 부는데,
青是烽煙白人骨。	푸른 색은 봉화의 연기이고 하얀 색은 죽은 사람의 뼈로구나.
焉得附書與我軍,	어찌해야 우리 군대에게 소식을 전할 수 있을까?
忍待明年莫倉卒。	내년에 형세가 좋아지기를 기다리면서 서둘지 말라고.

라고 하였다. 이 작품은 앞의 작품과 연속선상에 있는 것으로, 青坂이 어디인지는 확실치 않으나 陳濤斜 근처임에는 틀림없다. 이 시는 房琯이

13) 이 문제에 대해 陳貽焮은 『杜甫評傳』에서 朱鶴齡은 陳濤斜의 패전 이후에 두 번째 전투 이전에 中使 邢延恩이 독전을 하였다고 이해했다고 하며, 『舊唐書・房琯傳』(卷111) "及與敵對壘, 琯欲持重以伺之, 爲中使邢延恩等督戰. 蒼黃失據, 遂及於敗。"(『新唐書』 卷139 「房琯傳」에도 같은 내용이 기록되어 있다)의 구절을 예로 들어 朱鶴齡의 설이 틀렸다고 하고 있다. 그러나 朱鶴齡의 이 부분의 주석을 살펴보면 "朱鶴齡曰 : 考史琯旣敗, 猶欲持重有所伺。而中使邢延恩促戰, 遂大敗, 故末二句云云。又陳陶之敗與潼關之敗, 其失皆在以中人促戰, 不當專爲琯罪也, 故子美深悲之。(楊倫, 『杜詩鏡銓』 卷3)"라고 했으니 朱鶴齡도 환관의 독전으로 인해 陳濤斜의 전투도 실패한 것으로 인식했다고 보아도 무리가 없을 듯하다.

14) 『舊唐書』 卷111 「房琯傳」참조.

陳濤斜에서 패배한 이후에 이를 만회하기 위해 적과의 전투를 서두르다 다시 패전을 자초한 것을 슬퍼하는 것이다. 대패한 나머지 군사는 훈련을 하면서 쉬게 하는 것이 마땅한데도 과욕으로 인해, 이틀 후 아침에 다시 전투를 벌이다 백골만 황량한 들판에 나뒹굴게 된 것을 슬퍼하면서 신중하게 기회를 기다리라고 충고를 하는 것이다. 끝 2구 '焉得附書與我軍, 忍待明年莫倉卒。'는 작가의 이러한 생각을 이야기 한 것이다. 그러나 이렇게 전투를 서두르게 된 원인으로는 역시 환관의 독전을 간과할 수 없을 듯하다. 朱鶴齡은 이 전투의 패전 역시 앞의 陳濤의 패전, 潼關의 패전과 마찬가지로 전투를 서두른 환관에게도 책임이 있으니 전적으로 房琯의 책임으로 보는 것은 타당치 않다며 두보도 이를 깊이 슬퍼하고 있는 것이라고 말하고 있다.[15] 공은 자신이 적이 소굴인 長安에 잡혀 있었기 때문에, 적의 전력을 파악할 수 있었고, 이를 바탕으로 전쟁의 양상에 대해 정확히 인식을 하여 서두르지 말고 내년을 기약하라고 하고 있는데, 그 후 과연 至德 2년에 香積寺의 전투에서 승리를 하고 장안을 수복하게 되니 공의 통찰력에 다시금 감복하지 않을 수 없게 한다.

이처럼 杜甫가 당시의 전쟁 상황에 대한 정확한 인식을 바탕으로 시에서의 전략을 논한 시가 이외에도 「塞蘆子」·「觀兵」 등이 있는데, 그 중 「塞蘆子」를 보도록 하겠다.

五城何迢迢,	定遠·豊安 등의 다섯 성은 얼마나 아득한가!
迢迢隔河水。	아득하여 황하를 격하고 있구나.
邊兵盡東征,	변방의 군사들은 모두 동쪽으로 정벌을 하러 가,
城內空荊杞。	성 안에는 공허하게 荊杞만이 남아있다.
思明割懷衛,	사사명은 懷衛 두 주를 버렸고,
秀巖西未已。	高秀巖 또한 서쪽을 공격하는 것을 그만두지 않는다.
迴略大荒來,	그들이 황량한 서북쪽으로 우회해 공격하려 하여,
崤函蓋虛爾。	함곡관은 텅 비어 있을 뿐이네.
延州秦北戶,	연주는 진땅의 북문으로,

15) 주13) 참조

關防猶可倚。	노자관을 방어하는 것에 의지할 수 있는데,
焉得一萬人,	어찌 1만 명의 군사를 구하여,
疾驅塞蘆子。	급히 달려가 蘆子關을 막지 아니하는가?
岐有薛大夫,	鳳翔은 薛景仙이 지키고 있어,
旁制山賊起。	옆에서 토번이 일어나는 것을 막을 수 있다.
近聞昆戎徒,	최근에 들으니 이전에 침범한 토번을
爲退三百里。	그가 300리 밖으로 격퇴했다고 한다.
蘆關扼兩寇,	蘆子關은 사사명과 고수암의 西進을 막을 수 있으니,
深意實在此。	이곳을 방어해야 하는 깊은 뜻이 여기에 있다네.
誰能叫帝閽,	누가 이 건의를 천자께 아뢰줄 수 있으리오?
胡行速如鬼。	오랑캐의 행보의 빠르기가 귀신과 같은데.

이 시는 至德 2년(757) 봄에 杜甫가 長安에 포로로 잡혀있을 때에 지은 것이다. 蘆子는 蘆子關으로 오늘날의 陝西省 志丹縣 북쪽과 靖邊縣 경계로, 唐나라 때에는 延州에 속하는 곳이었다. 이 시는 변방을 어떻게 경영할지에 대한 작가의 생각을 드러낸 것으로 杜甫의 전쟁에 대한 전략과 그의 애국심을 볼 수 있다. 이 시의 배경에 대해 錢謙益은 "이 때에 적은 장안에 있었는데, 史思明·高秀巖의 대병은 太原을 향해 나아갔고, 函谷關은 텅 비어 있었다. 공은 延州의 정예군사 만 명으로 蘆子關을 막고 들어가 바로 장안을 공격하면 수복의 공을 세울 수 있다고 여겼다."고 하였고,[16] 朱鶴齡은 "이 시는 처음에는 다섯 성을 이야기하며 朔方의 대비가 없음을 근심하는 것이다. 史思明·高秀巖의 두 역적이 힘을 합하여 太原을 공격하려 하였는데, 太原을 함락하고 황하를 건너 서진하면 곧 延州의 경계이고 북으로 나아가면 곧 朔方의 다섯 성이었다. 靈武와 延州와의 거리는 겨우 600리에 지나지 않았다. 靈武는 수복의 근거지로, 공은 두 도적이 허점을 틈타 그곳을 공격할까봐 두려워하여 만 명의 병사로 蘆子關을 막고 두 도적의 북상을 견제하려 한 것이다. 이 때에 太原은 거의 방어하지 못하는 상황이었지만, 다행히 安祿山이 죽어 史思明이 范陽으로 돌아갔는데, 그 기세가 대단하여

---

16) 錢謙益, 『錢注杜詩』 卷2. "是時賊據長安, 史思明高秀巖重兵趨太原, 崤函空虛。公以爲得延州精兵萬人, 塞蘆關而入, 直擣長安, 可以立奏收復之功也。"

공이 깊이 근심하는 것이다.[17]"라고 하였다. 이 때의 전황을 살펴보면 至德 2년 정월에 史思明이 懷州와 衛州를 버리고 병력을 太原으로 진격시켰고, 高秀巖 역시 서진하여 사사명과 합류하려 하였다. 즉 이렇게 되면 수복의 근거지인 靈武 역시 위험해지기 때문에 蘆子關을 튼튼히 방어하고 적의 북상을 막으라는 작가의 생각을 말하고 있는 것이다. 이 시에서 작가는 자기 자신도 매우 어려운 상황에서 국가와 백성을 먼저 생각하는 입장에서 위기를 극복하기 위해 타당한 무력 사용 방법을 제시하고 있는 것이다.

위의 3수의 시는 공이 모두 장안에서 적에게 사로잡혔을 때에 지은 시인데, 시의 내용에서 보듯이 관군이 전쟁에서 승리하여 반군을 진압하기를 바라면서 승리를 위한 전략을 정확히 제시하고 있기도 하다. 杜甫는 강한 非戰意識을 가지고 있었지만, 전쟁에 대한 그의 기준은 당시의 국가와 백성의 필요가 어디에 있는가에 있었다. 이 말을 바꾸어 말하면 집권자가 영토 확장의 야욕을 가지고 자기의 이익을 위해 다른 나라를 침략하여 국가와 백성에게 많은 피해를 가져온 전쟁에 대해서는 그는 강하게 반대를 하였다. 그러나 '安史의 亂'이 일어나 조국과 백성에게 말할 수 없는 피해를 가져오자 그는 조정이 전쟁에서 승리하여 반란을 평정하기를 바라는 것이다. 그리하여 이전에는 당시의 집정자의 무능함과 타락에 대해서 비판하는 시를 많이 창작했지만, 亂이 일어난 상황에서 그 원인을 밝히는 것 또한 무의미하다고 그는 생각했을 것이고 非戰 의식을 고수하기도 힘들었을 것이다. 이러한 모든 것은 그의 애국주의 사상에서 비롯되었다고 볼 수 있으니, 한 가지 잣대로 그의 戰爭觀을 평가해서는 안될 것이다.[18]

長安 수복 이후에 杜甫는 華州司功參軍을 지낼 때에 洛陽을 갔다오는 길에 당시의 징병의 참상을 목도하고는 그 유명한 "三吏", "三別"을 창작

---

17) 朱鶴齡曰：此詩首以五城爲言, 蓋憂朔方之無備也。高史二寇合力攻太原, 克太原則渡河而西, 卽延州界, 北出卽朔方五城。靈距延才六百里爾。靈武爲興復根本, 公恐二寇乘虛襲之, 故欲以萬人守蘆關, 牽制二寇使不得北。時太原幾不守, 幸祿山死, 思明走歸范陽, 勢甚岌岌, 公故深以爲慮也。(楊倫,『杜詩鏡銓』卷3)

18) 傅庚生,『杜甫詩論』, Ⅲ. 杜甫非戰思想在詩歌裏的表現, p.75참조, 上海古籍出版社, 1985

하게 된다. 이 시들 속에서 杜甫는 전쟁으로 인해 징병 제도가 백성에게 가져다 준 고통에 대해서 동정을 하며 지나친 제도에 대해서 비판을 하고는 있지만, 역시 '安史의 亂' 이전과 같은 이에 대한 전면적인 부정이나 반대를 하지 않고, 단지 고난받는 백성을 위로하는 양상을 드러내고 있다. 먼저 「新安吏」를 보면,

客行新安道, 나그네가 신안의 길을 가고 있는데,
喧呼聞點兵。 떠들썩하게 병사를 점고하는 소리가 들려왔네.
借問新安吏, 신안의 관리에게 묻기를,
縣小更無丁。 "고을이 작아 장정이 더는 없겠지요?"라고 하였네.
府帖昨夜下, 관리가 대답하기를 "지난 밤에 상부에서 통첩이 오기를,
次選中男行。 이번에는 18세의 中男을 뽑아오라고 합니다." 라고 하였네.
中男絶短小, 中男은 너무 어리고 작은데,
何以守王城。 어찌 왕성을 지켜낼 수 있겠소?
肥男有母送, 뚱뚱한 사내는 어머니가 있어 전송을 나왔는데,
瘦男獨伶俜。 수척한 사내는 혼자여서 매우 처량하게 보이네.
白水暮東流, 해질녘의 맑은 물은 동쪽으로 흘러가는데,
青山猶哭聲。 청산에는 아직 통곡 소리가 남아있네.
莫自使眼枯, 울어서 그대들의 눈을 마르게 하지 말고,
收汝淚縱橫。 얼굴 가득히 흐르는 그대들의 눈물을 닦으시게나.
眼枯卽見骨, 눈이 말라붙어 눈두덩이의 뼈가 드러나도,
天地終無情。 천지는 끝내 무정하다네.
我軍取相州, 우리 군대가 相州를 공략한다 하기에,
日夕望其平。 아침 저녁으로 평정되기를 바랐지.
豈意賊難料, 어찌 생각했으리, 도적들의 세력이 예상 밖이어서,
歸軍星散營。 군대가 패하여 별처럼 흩어져 군영으로 돌아오게 될 줄을
就糧近故壘, 그러나 지금 양식 보급은 옛 보루 부근에서 하고,
練卒依舊京。 병졸의 훈련도 옛 서울을 근거지로 한다네.
掘壕不到水, 해자를 판다고 해도 물이 나오는 데까지는 아니고,
牧馬役亦輕。 말 먹이는 것도 가벼운 일이라네.
況乃王師順, 더구나 왕의 군대는 순리대로 사리에 맞게 행동하여,
撫養甚分明。 보살피고 길러줄 것이 정말로 분명하다네.
送行勿泣血, 전송하는 사람들이여 피눈물 흘리지 말게나,
僕射如父兄。 郭子儀 장군은 부모와 같은 분이라네.

라고 하고 있다. 이 시를 비롯하여 杜甫가 "三吏", "三別"을 창작할 시기의 배경은 다음과 같다. 乾元2년(759) 郭子儀를 비롯한 아홉 명의 절도사가 鄴城에서의 전투에서 대패하고, 손실을 입은 군사를 보충하기 위해 징병 제도를 더욱 강화하던 때에 杜甫가 이러한 현실을 친히 목격하고 이러한 위대한 시를 창작한 것이다. 그러나 다른 5수의 시도 마찬가지이지만 이 시는 한편으로는 고통받는 백성을 동정하면서도, 다른 한편으로는 반란을 진압하기 위해서는 백성을 징병하는 전쟁 이외에 다른 방법이 없다는 것을 인정하고 있는 것이다. 이 시의 제 4구 "縣小更無丁"는 작가가 관리에게 묻는 말이고, 다음 두 구는 관리가 대답하는 말이다. 즉 지난 밤에 상부에서 통첩이 와 오늘 아침에 中男을 모집해 전쟁터로 출발을 재촉하는 데에서 당시 상황의 급박함을 보여주고 있는 것이다. 그리고 "肥男有母送~天地終無情"는 전쟁터에 나가는 사람과 가족들의 비참한 이별의 광경을 매우 사실적으로 묘사하고 있는데, 당시의 정황으로 보아 이는 작가의 상상이 아니라 직접 본 것을 그대로 그려낸 것이라 할 수 있을 것이다. 특히 "眼枯卽見骨, 天地終無情" 두 구는 통치자에 대한 원망을 天地에 빗대어 하고 있는 것으로, 임금의 잘못을 하늘에 돌리고 있는 것이지만, 실제로는 통치자를 비난하고 있는 것이다. 그러나 이 시에서 보이는 杜甫의 전쟁관의 특징은 전쟁으로 인해 백성의 고통에 대해서는 걱정을 하고 있지만, 전쟁 자체에 대해서는 강한 반대를 하지 않는다는 것이다. 그리하여 마지막 8구에서는 전송하는 사람을 위로하면서 전쟁터에 나가도 걱정할 것이 없고 반드시 승리할 것이라고 말하고 있는 것이다. 이러한 杜甫의 태도는 어찌 보면 모순되는 것 같지만, 당시의 현실을 반영하며 시 속에서 조화롭게 묘사하고 있다고 할 수 있다.

「新婚別」을 살펴보면,

色絲附蓬麻, (1)	토사가 쑥과 삼에 붙어 사니,
引蔓故不長。	넝쿨 늘어뜨려도 자랄 수 없는 법이라네.
嫁女與征夫,	딸을 출정하는 사람에게 시집보내는 것은,
不如棄路傍。	길가에 버리는 것만 못한 것입니다.
結髮爲妻子, (2)	머리 묶고 그대의 아내가 되었지만,
席不暖君牀。	그대의 침상 따뜻하게 해본 적이 없네.
暮婚晨告別,	저녁에 혼인을 하고 새벽에 이별을 한 것은,
無乃太怱忙。	너무나 급한 것이 아닌가요?
君行雖不遠,	그대가 가는 곳이 비록 멀지 않다 하여도,
守邊赴河陽。	변방을 지키러 河陽에 가야 하네.
妾身未分明,	제 신분이 아직 분명치 못하니,
何以拜姑嫜。	어떻게 시부모님께 절을 올려야 하나요?
父母養我時,	부모님이 저를 키우실 때에,
日夜令我藏。	밤낮으로 나를 깊은 규방에 거하게 하셨네.
生女有所歸,	딸을 낳으면 시집을 가는 법,
雞狗亦得將。	닭과 개 또한 데리고 가지요.
君今死生地,	그대 지금 생사가 걸린 곳에 가시니,
沈痛迫中腸。	침통함이 애간장에까지 사무칩니다.
誓欲隨君往, (3)	맹세코 그대를 따르고자 하나,
形勢反蒼黃。	그러면 사정이 도리어 어렵게 되겠지요.
勿爲新婚念,	신혼을 염두에 두지 마시고,
努力事戎行。	병영의 일을 하는 데에 힘쓰십시오.
婦人在軍中,	여자가 군영에 있게 되면,
兵氣恐不揚。	군사들의 사기가 오르지 않을까봐 두렵습니다.
自嗟貧家女,	스스로 가난한 집 딸인 것을 탄식하며,
久致羅襦裳。	오랜만에 비단 옷을 장만했습니다.
羅襦不復施,	비단 옷을 다시는 입지 않을 것이고,
對君洗紅粧。	그대 보는 앞에서 붉은 화장을 지운답니다.
仰視百鳥飛,	우러러 온갖 새 나는 것을 보니,
大小必雙翔。	크고 작던 간에 반드시 짝을 지어 날개짓을 합니다.
人事多錯迕,	인간사 어긋나는 일이 많은 법,
與君永相望。	그대와 서로 영원히 바라보기를 바라네.

라고 말하고 있다. 이 시는 결혼을 하고 그 이튿날 새벽에 전쟁터로

남편을 떠나버린 여인의 말을 묘사하고 있는 것이다. (1) 부분은 비유로 興을 일으키는 것으로 전쟁과 병역에 대한 원망과 분노를 말하고 있다. (2) 부분은 결혼 이튿날 남편이 전쟁터로 떠난 신부의 한과 남편을 걱정하는 모습을 그리고 있다. 그리고 시부모님을 대할 때의 자신의 애매한 입장에 대해서도 이야기하고 있다. 그러나 (3) 부분에서 보이듯이 이 시에서 주인공인 이 여인은 무조건적으로 전쟁에 반대하고 남편이 돌아오기만을 바라는 것으로 묘사되고 있지 않다. 오히려 남편에게 신혼의 일은 생각하지 말고 병영의 일에만 몰두하라고 격려를 하고 있다. 즉 이는 남편이 떠나버린 자신의 신세를 한탄하고 있으면서도, 남편이 신혼에 신경을 써서 국토를 지키는 의무를 게을리 할까봐 걱정을 하고 있는 것이다. 이는 작가가 이 시를 통해 드러내려 한 의도라고도 볼 수 있을 것이다. 우리는 이러한 작가의 묘사를 통해 그의 주된 사상은 非戰이지만, 적의 침략을 받은 현실 속에서 백성과 조국을 위해서 전쟁을 승리하기를 기원하는 그의 염원을 볼 수 있는 것이다. 王嗣奭은 이 시를 "이 작품은 모두 부인의 말로 공이 그 마음을 헤아려서 지은 것이다. '妾身未分明' 2구, '婦人在軍中' 2구는 매우 세심한 말이다. '勿爲新婚念' 2구, '羅襦不復施' 2구는 대단한 윤리적인 말이다. 진실로 『詩經』에 비해도 부끄럽지 않다" 고 하였다.[19] 봉건 윤리의 잣대로서 시를 평가한 감이 없지 않지만 이 시를 『詩經』에 비유한 것은 이 시가 比興 수법으로써 부인의 감정을 표현한 것에 대한 높은 평가라고 할 수 있을 것이다.

이밖에도 이 시기의 杜甫의 시 중에 전쟁의 승리를 기원하고, 전쟁에 대한 杜甫 자신의 전략을 묘사한 시가 여러 수 존재하지만, 杜甫의 기본적인 생각은 변함없이 非戰에 있었다.

---

19) 王嗣奭, 『杜臆』 卷 3 : "一篇都是婦人語, 而公揣摩以發之。有極細心語, 如 '妾身未分明'二句, '婦人在軍中'二句是也。有極大綱常語, 如 '勿爲新婚念'二句, '羅襦不復施'二句是也。眞無愧於三百篇者。"

秦州時期 작품인 「擣衣」시를 살펴보면,

亦知戍不返,	또한 수자리를 살러 가면 돌아오지 못한다는 것을 알고 있지만,
秋至拭淸砧。	가을이 다가오니 다듬이 돌을 닦아 깨끗하게 한다.
已近苦寒月,	이미 지독한 추위의 계절이 다가왔으니,
況經長別心。	더욱 오랜 세월 이별한 채로 지낸 것이구나.
寧辭擣衣倦,	어찌 다듬이질의 피곤함을 사양하리요마는,
一寄塞垣深。	이 새로 만든 겨울옷을 변방에 부칠 수는 있을까?
用盡閨中力,	이 아녀자의 연약한 힘을 다 썼으니,
君聽空外音。	그대가 하늘 밖에서 이 소리를 들을 수 있기를 원하노라.

이 시는 아녀자가 수자리 살러 간 남편의 겨울옷을 만드는 것을 묘사한 시인데, 이 8구의 시 속에서 작가의 강한 非戰 의식이 묻어져 나오고 있다. 이 시는 직접적으로 전쟁을 반대하거나 전쟁을 언급하지는 않았지만, 남편을 변방에 수자리 살러 보낸 부녀자의 말을 대신 서술하는 것을 통해 전쟁이 가정에 가져다 중 비참한 모습을 독자로 하여금 상상할 수 있게 해 줌으로써 우회적으로 작가의 강한 非戰 의식을 표현한 것이라고 할 수 있을 것이다. 이 시의 주인공의 남편은 수자리를 살러 갔다고 한 것으로 보아, '安史의 亂'의 평정에 참가한 것이 아니라, 서역의 吐蕃과의 경계를 지키러 나간 것으로 보인다. 이는 盛唐 시기 변방 개척 전쟁이 가져다 준 또 하나의 폐해라고 할 수 있을 것이다. 盛唐 시기의 강성한 무력으로 복속시켰던 주변의 이민족들이 '安史의 亂'이라는 혼란을 틈타 변경을 계속해서 침략하였고, '安史의 亂' 중반기 이후의 당 제국은 두 개의 전선에서 전쟁을 수행하여야 하였다. 이로 인해 백성이 받은 폐해는 이루 말할 수 없었던 것이다. 따라서 杜甫는 이 시를 통해 전쟁에 반대하는 자신의 입장을 피력하였다고 볼 수 있을 것이다.

지금까지 安史의 亂 발발 이후 杜甫의 전쟁관의 변화를 살펴보았다. 非戰이라는 작가의 큰 생각은 변화가 없었지만, 중국 역사상 가장 위대한 애국주의 시인 중의 하나인 杜甫는 자신의 조국이 침략을 받아 고통받는 것을 지켜보고 있을 수가 없었다. 杜甫는 이러한 전쟁이 일어나게 된 원인이 물론 통치 계급의 사치와 잘못된 정책에서 비롯된 것임을 알고 있었지만, 조국이 위태로운 상황에 부딪히게 되자, 국가의 역량을 집중시켜 조속히 전쟁을 종식시키기를 기대했던 것이다. 따라서 백성이 전쟁터에 나가 받는 피해에 대해 가슴 아파하면서도, 자신의 왕조가 전쟁을 통해 승리하기를 바라는 것이다. 이는 모순이 되는 것 같지만, 杜甫가 백성과 조국의 이익을 위해서 고민하고 행동했다는 것을 생각해 볼 때 이해될 수 있는 부분이기도 하다.

Ⅳ. 나오는 말

지금까지 杜甫가 가지고 있던 전쟁에 대한 생각에 대해서 그의 작품을 통해 간략하나마 살펴보았다. 중년 이후의 생활을 거의 반복되는 전쟁 속에서 생활하였던 杜甫에게 전쟁은 작품 창작에도 큰 영향을 미쳤다고 할 수 있다. 이런 작가의 戰爭觀을 살펴보는 것은 그래서 의미가 있다고 할 수 있을 것이다. 결론적으로 杜甫는 통치자가 자신의 이익과 과시를 위해 주변의 여러 나라를 침략하는 것에 강하게 반대하였다고 볼 수 있다. 그는 시종일관 이러한 전쟁에 대하여 작품 속에서 강한 반대와 백성에게 가져다 준 고통에 대해서 비판을 하고 있다. 그러나 자신의 조국이 침략을 받았을 때에는 결연히 일어나 이에 대응할 것을 주장하고 있다. 이는 '安史의 亂' 시기의 그의 시 속에서 어렵지 않게 찾아볼 수 있는 부분이기도 하다. 그러나 이러한 전쟁 속에서도 백성이 받는 피해를 도외시하지 않고, 그들의 희생을 찬양하며 그들의 고통을 가슴 아파했다는 데에 그의 위대함이 있다고 할 수 있을 것이다. 이러한 杜甫의 전쟁관은 이후 그의 成都草堂 시기와 말년에 빈번하게 발생했던 藩鎭의 반란과 節度使들의 반란을 대하는 데에서도 변함없이 유지하고 있는데, 이 점이 우리가 杜甫를 조국과 백성을 사랑한 위대한 애국 시인이라고 평가하는 데에 하나의 기준이 된다고 할 수 있을 것이다.

參考文獻

仇兆鰲,『杜詩詳注』, 北京, 中華書局, 1995
浦起龍,『讀杜心解』, 北京, 中華書局, 2000
錢謙益,『錢注杜詩』, 上海, 上海古籍出版社, 1979
楊倫,『杜詩鏡銓』, 臺北, 華正書局, 1989
王嗣奭,『杜臆』, 上海, 上海古籍出版社, 1983
鄭文,『杜詩檠詁』, 成都, 巴蜀書社, 1992
蕭滌非,『杜甫研究』, 濟南, 齊魯書社, 1980
傅庚生,『杜甫詩論』, 上海, 上海古籍出版社, 1985
劉昫 等撰,『舊唐書』, 北京, 中華書局, 1997
歐陽修・宋祁 撰,『新唐書』, 北京, 中華書局, 1995
韓成武・張志民,『杜甫詩全譯』, 石家莊, 河北人民出版社, 1997
陳貽焮,『杜甫評傳』, 上海, 上海古籍出版社, 1988
曹慕樊,「杜甫 "非戰"嗎?」(『杜詩雜說』, 成都, 四川人民出版社), 1981
金啓華,「杜詩中所反映的戰爭問題」(『杜甫詩論叢』, 上海, 上海古籍出版社), 1985

출처 : 『中國研究』 제31권(원제 : 杜甫의 戰爭觀 小考)

盛唐 陶翰의 시 세계

-변새, 산수, 회고

俞聖濬*

Ⅰ. 머리말

> 무덕 초에도 잔물결이 여전히 남아 있었으나, 정관 말에 격조가 점차 고양되고, 경운 연간에는 심원한 가락이 꽤 널리 통용되더니, 개원 15년 이후에는 성률과 풍골이 비로소 갖추어졌다. (武德初, 微波尙在 ; 貞觀末, 標格漸高 ; 景雲中, 頗通遠調 ; 開元十五年後, 聲律風骨始備矣.)

唐詩가 齊梁風의 영향권에서 벗어나 당시로서의 독자적인 특색을 갖추게 되기까지의 과정에 대해 唐 殷璠(714前-753後)이 『河嶽英靈集』 서문에서 지적한 말이다. 그런데 은번이 당시 독자성 형성시기의 기점을 開元 15년(727)으로 잡은 까닭은 무엇일까? 린지중은 이 무렵 우수한 작가들이 군출하여 한 시대의 풍격을 형성했기 때문이라 하면서 中唐 顧況(約 737-806後) 「監察御史儲公集序」(『全唐文』 卷528)의 다음 대목을 증거로 들었다.

---

* 우석대학교 중국어과 교수

> 개원 14년, 엄황문(嚴挺之)이 지공거일 때 노국의 저광희가 우등으로 진사에 급제하고, 최국보·기무잠도 함께 급제하였다. 이듬해에는 상건·왕창령이 급제했는데 이 몇 사람은 모두 당시의 수재였다. (開元十四年, 嚴黃門知考功, 以魯國儲公進士高第, 與崔國輔員外·綦毋潛著作同時. 其明年, 擢第常建少府, 王龍標昌齡. 此數人皆當時之秀.)

그는 또 부연하여 儲光羲(約706-約762)·王昌齡(約698-約756)·常建(約699-約753) 등은 모두 殷璠이 높이 평가한 시인들이라 하면서 여기에 앞서 이름을 떨친 張說(667-731)·張九齡(678-740)·王維(約692-761)·孟浩然(689-740) 등과 조금 뒤에 활약한 陶翰(730 전후)·薛據(約701-約767)를 추가한다면 "시인의 대열이 웅장하다고 아니 말할 수 없으며", 따라서 이들을 통해 깊고 중후한 盛唐의 소리를 들을 수 있다고 하였다.[1] 주목되는 것은 도한을 이 "웅장한 시인의 대열"에 넣어 평가한 사실이다. 린지중의 평은 顧況이 「禮部員外郎陶氏集序」(『全唐文』 卷528)에서

> 기무잠과 왕창령이 그의 강한 적수였다. (綦毋著作潛·王龍標昌齡, 則其勍敵.)

고 한 것이나 清 王士禛(1634-1711)이 『帶經堂詩話·品藻類』(卷1)에서

> 당대 오언시는 개원·천보 연간에 뛰어난 장인들이 한꺼번에 나왔다. 왕유 이하, 맹호연·왕창령·잠삼·상건·유신허·이기·기무잠·조영·노상·도한 같은 이들이 모두 왕유와 서로 우열을 겨뤘다. (唐五言詩, 開元天寶間大匠同時竝出. 王右丞而下, 如孟浩然·王昌齡·岑參·常建·劉愼虛·李頎·綦毋潛·祖詠·盧象·陶翰之數公者, 皆與摩詰相頡頏.)

고 한 것과 맥을 같이 하지만 그간 세인의 관심권에서 벗어나 잊고 있던 도한의 존재를 唐詩史에 부상시킴으로써 연구의 필요성을 일깨운 데에

---

1) 林繼中, 『唐詩』(桂林 : 廣西師範大學出版社, 2000), 217쪽.

의의가 있다.

陶翰은 생년과 자 모두 미상이며 潤州 丹陽(지금의 江蘇 丹陽縣) 사람이다. 唐書에는 本傳이 없으며, 이후 宋 計有功(1126전후)의 『唐詩紀事』, 元 辛文房(1324전후)의 『唐才子傳』 등에 立傳되지만 짧고 단편적인 내용들이어서 생애 조망이나 재구성에는 별 도움이 안 된다. 다만 최근에 나온 타오민・푸쉬안중의 『唐五代文學編年史・初盛唐卷』에 散載된 도한 관련 기록이 참고가 되는데 이에 근거하여 도한의 생애를 간추려보면 다음과 같다.

도한은 생년 뿐만 아니라 유소년기의 사적도 확실하지 않은 채 開元 18년(730)에 進士試에 급제하였다. 이 해 혹은 전년쯤에 杭州 등지를 유랑하였고 이 때 「宿天竺寺」・「乘潮至漁浦作」 등을 지었다. 개원 19년 博學宏詞科에 급제하여 華陰丞으로 제수되었고 부임할 때 「望太華贈盧司倉」을 지었다. 개원 20년 華州 鄭縣에 들른 王昌齡의 방문을 받았다. 개원 23년(735) 가을, 睦州司戶로 폄적된 房琯(697-763)을 위해 「贈房侍御」를 썼다. 天寶 4년(745), 王維・裴總 등과 함께 江東으로 돌아가는 惠上人을 송별하였다. 천보 말에 太常博士(從七品上)와 禮部員外郞(從六品上)을 역임한 후 천보 13년(754)경에 사망하였다. 이외의 시적으로 서북변방(蕭關)에 出塞하고,[2] 孟浩然과 교유한 일[3] 등이 확인되나 정확한 시기는 알 수 없다.

도한의 문집은 顧況의 「禮部員外郞陶氏集序」에 의하면 綦毋通이 엮고 顧況이 서문을 썼으나 卷數나 詩數는 명시되어 있지 않다. 『新唐書・藝文四』 (卷60)에는 "『陶翰集』 卷亡"이라 기록되어 있고, 宋 陳振孫(約 1190-1249後)의 『直齋書錄解題』 (卷19)와 『宋史・藝文七』 (卷208)에는 "『陶翰集』 一卷"이라 씌어 있다. 오늘날 도한의 시는 殷璠의 『河嶽英靈

2) 「出蕭關懷古」 : "驅馬擊長劍, 行役至蕭關."

3) 「送孟大入蜀序」(『全唐文』 卷334) : "襄陽孟浩然, 精朗奇素, 幼高爲文, 天寶(sic)年始游西秦, 京師詞人皆嘆其曠絶也. 觀其匠思幽妙, 振言孤傑, 信詩伯矣, 不然者何以有聲於江楚間.…勉旃. 故交不才, 以文投贈."

集』에 11수, 計有功의 『唐詩紀事』에 10수, 高棅(1350-1423)의 『唐詩品彙』에 10수, 王士禎의 『唐賢三昧集』에 8수가 선록되고, 『全唐詩』(卷146)에는 17수가 실려 있다.[4] 본고에서는 『全唐詩』를 저본으로 사용하였다.

Ⅱ. 陶翰의 시

도한은 그가 교유한 孟浩然·王維·王昌齡 등과 비교할 수 없을 만큼 적은 시를 남기고 시체 또한 전적으로 五古에 쏠려있지만 주제는 꽤 다양한 편이다. 이러한 도한의 시가 과거 평자들에게는 어떻게 비쳐지고 평가되었는지 살펴본다.

역대인의 도한에 대한 평론은 많은 편이 아니지만 일반적으로 도한의 변새시를 주로 언급하여 그 특성을 부각시키거나, 혹은 도한을 변새시인으로 간주하여 그 작품세계를 개괄해온 경향이 있다. 가령 宋 陳巖肖(1147 전후)는 도한의 「古塞下曲」에 대해 "이 시를 보면 윗사람은 신하의 마음을 주의 깊게 꿰뚫어보지 않으면 안 되겠다."[5]고 하였고, 清 沈德潛(1673~1769)은 「出蕭關懷古」를 두고 "대우로 짜여있지만 기골이 있다."[6]고 하였으며, 清 吳喬(1611-1695)는 "도한의 시는 침착하고 웅건한 기세·진실한 측은지심·높고 넓은 경지를 모두 갖추고 있다."[7]고 하여 도한의 시가 변새풍에 쏠려있음을 암시하였다. 또 清 管世銘(1738-1798)은 더 나아가 "도한과 고적은 침착하면서 몹시 굳세다.", "도한은 강개하여 변새를 말하기를 좋아했다."[8]며 도한을 高適(704-756)과 같은 변새시인으로

4) 이밖에 『全唐詩補編』에는 「弔王將軍」과 「新安江林」이 추가되어 있는데, 전자는 常建의 작품임이 틀림없고, 후자는 제목만 전한다.

5) 『庚溪詩話』(卷上): "武將任邊瑣, 有功而不得伸. 觀此, 則上之人不可不屬通臣下之情也."

6) 『唐詩別裁』(卷1): "雖屬對偶, 尙有氣骨."

7) 『圍爐詩話』(卷2): "陶翰詩, 沈健·眞惻·高曠俱有之."

8) 『讀雪山房唐詩凡例·五古凡例』: "陶員外·高常侍沈着高蹇.", "陶翰慷慨, 喜言邊塞."

간주하였다. 이러한 평가경향은 근래에도 별 변함이 없어 원이둬는 도한을 高適・岑參(約715-769) 등과 함께 "변새를 전문적으로 묘사했다."[9]고 하였으며, 뤄중창・하오스펑은 "高適과 풍격이 비슷한 시인"[10]의 하나로 도한을 꼽았다. 도한이 邊塞派의 한 사람으로 평가되어 온 것은 작품의 특징이나 성격에 있어 변새시가 그의 시를 대표한다고 보았기 때문일 것이다. 그러나 변새시만으로 그의 작품 경향이나 시 세계를 개괄한다면 지나친 단순화의 오류에 빠질 우려가 있다. 왜냐하면 도한에게는 산수자연을 제재, 또는 배경으로 한 山水詩나 行旅詩가 주류를 이루고, 변새 제재와 직간접적으로 관련된 시는 5수에 지나지 않기 때문이다.[11] 도한 시의 이러한 제재 구성은 몇몇 詩話나 詩選을 통해서도 확인 가능하다. 元 吳師道(1283-1344)가 도한의 시에 대해 "글의 뜻이 순박하고 우아하다."[12]고 한 것이나, 王士禎이 과거 유명 산수시인의 하나로 도한을 든 것이나,[13] 清 潘德輿(1785-1839)가 도한의 「宿天竺寺」에 대해 "그윽하고 한가로운 정취를 곡진하게 그려 한 번 음미할 때마다 번거로운 마음이 싹 가신다."[14]고 한 것 등은 자연풍의 산수시도 도한 시의 주요 구성요소가 되고 있음을 말해준다. 또 殷璠의 『河嶽英靈集』, 高棅의 『唐詩品彙』, 王士禎의 『唐賢三昧集』에는 변새시보다 산수시가 더 많이 실리고 그 위에 회고시까지 수록되어 있는 것은 변새풍 이외의 다른 특성도 부각시켜야만 도한의 시에 대한 온당한 이해와 평가가 나올 수 있음을 시사한다. 따라서 본고는 邊塞・山水・懷古의 세 제재로 나누어 도한의 시를 고찰하고자 한다.

9) 鄭臨川 述評, 『聞一多論古典文學』(重慶出版社, 1984), 121쪽 : "王翰・李頎・王之渙・陶翰・高適・岑參等, 此派專寫邊塞."
10) 羅宗强・郝世峰, 『隋唐五代文學史』 第4節 「與高適風格接近的詩人」(北京 : 教育出版社, 1990), 263-265쪽.
11) 「古塞下曲」・「燕歌行」・「送朱大出關」・「出蕭關懷古」・「贈鄭員外」.
12) 『吳禮部詩話』 : "自儲光羲而下, 王建・崔顥・陶翰・崔國輔皆開元・天寶間人, 詞旨淳雅."
13) 『帶經堂詩話・品藻類』(卷1) : "古人山水之作, 莫如康樂・宣城, 盛唐王・孟・杜及王昌齡・劉愼虛・常建・盧象・陶翰・韋應物諸公, 搜抉靈奧, 可謂至矣."
14) 『養一齋詩話』(卷8) : "常建 '松際露微月, 淸光猶爲君', 劉愼虛 '松色空照水, 經聲時有人', 陶翰 '夜來猿鳥靜, 鐘梵寒雲中', …皆曲盡幽閒之趣, 每一誦味, 煩襟頓滌."

1. 邊塞詩

도한은 出塞의 경력이 있고, 변새시에 뛰어난 것으로 평가되어 왔음은 대강 전술한 바와 같다. 작품은 5수에 불과하지만 내용은 비교적 다양하여 從軍하는 이와 建功한 자를 찬미한 것, 邊功이 있는 자에 대한 부당한 대우를 고발한 것, 병사의 고뇌와 內地 가족의 원망을 반영한 것 등의 주제를 담고 있다. 세부적인 내용은 이하의 서술에서 보다 자세히 다루기로 한다.

(1) 從軍과 建功의 찬미

唐나라는 건국 초기에는 중원 평정과 천하 통일에 여념이 없어 突厥 등 주변민족의 침략을 받아 稱臣하기도 하였으나 太宗(626-649) 때는 정치가 안정되고 경제적 군사적인 힘을 비축하면서부터 적극적인 공세를 취하였다. 그 뒤로 武則天(684-705)과 中宗(684-710) 대에는 통치계급 간의 내부갈등과 종족간의 암투로 정국이 일시 혼란하였으나 玄宗(712-756)이 즉위하면서 당나라는 안정을 되찾아 정치·경제·사회 등 거의 모든 방면에서 전성기를 구가하였으며 대외관계도 이에 힘입어 변방 방어와 영토 확장에 적극 나서 주변민족과의 마찰과 전쟁이 끊이지 않았다. 이 때 현종은 邊功이 있는 자를 우대하는 정책을 폈고, 이것은 建功立業의 출세를 도모하는 士人들을 크게 매료시켜 布衣寒士는 물론, 과거 급제자나 관직 종사자까지 보다 나은 미래의 영달을 보장받기 위하여 변방에 대거 종군, 참전하였다.[15] 이런 시대상을 반영한 작품의 예로 먼저 다음 시를 든다.

15) 許總, 『唐詩史』 上冊(南京 : 江蘇教育出版社, 1995), 418쪽.

「送朱大出關」

楚客西上書	초 땅의 나그네 서쪽에 와서 글 올려왔건만,
十年不得意	십 년 되도록 뜻을 이루지 못했네.
平生相知者	평소에 서로 알고 지낸 자들,
晩節心各異	늘그막에 마음 모두 달라졌네.
長揖五侯門	권문세가에게 길게 읍하고 나서,
拂衣謝中貴	옷소매 뿌리치며 고관들과 헤어졌네.
丈夫多離別	장부에게 이별이 많은 것은,
各有四方事	저마다 사방에서 할 일이 있기 때문이리.
拔劍因高歌	장검 빼어들고 소리 높여 노래 부르니,
蕭蕭北風至	쌩쌩 북풍이 몰아치는 듯.
故人有斗酒	친구인 내게 말술이 있으니,
是夜共君醉	오늘밤 그대와 함께 취해야겠네.
努力强加餐	부디 몸조리 잘 하시고,
當年莫相棄	돌아온 그땐 버림받는 일 없을 걸세.

송별대상인 朱大가 누구인지는 분명하지 않지만,[16] 제1-6구의 서술에 의하면 오랫동안 과거에서 뜻을 이루지 못하고 미관말직을 전전하였던 듯하다. 시인은 이 불우한 처지를 타개하기 위해 출관하는 주대에 대해 그의 의기를 애국심으로 승화시켜 격려한 후 그의 건강과 앞날을 진심으로 축원하였다. 송별시는 교분이 있는 사람과의 헤어짐을 읊는 것이기 때문에 그 주체가 送者이든 行者이든 간에 그 속에는 우수・비애・연모 등이 스며들어 있게 마련이다. 그러나 이 시는 이별의 시름이나 아픔보다는 시인이 한 送序에서 "만 리가 아니면 원대한 계획을 보일 수 없다."[17]고 한 것 같은 종군 독려의 강개한 의기와 격앙한 외침이 주조를 이루어 시풍이 건장하고 힘차다.[18]

16) 孟浩然의 「送朱大入秦」(『全唐詩』 卷160)의 詩題에도 朱大가 등장하는데 동일인물이 아닌가 추정된다. 또 孟浩然에게는 「峴山送張去非遊巴東」(同前)이 있는데, 「峴山亭送朱大遊巴東」, 「送朱去非遊巴東」으로 표기된 판본도 있어 朱大가 朱去非임을 알 수 있다. 그러나 朱去非의 행적은 여전히 미상이다.
17) 「送封判官攝監察御史之磧西序」(『全唐文』 卷334) : "非萬里無以見遠圖."
18) 羅宗强・郝世峰, 앞의 책, 264쪽 및 羅宗强, 『隋唐五代文學思想史』 (上海古籍出版社, 1986), 98쪽.

다음 시 역시 창작동기로 보면 기증시이지만 내용은 변새시이다.[19)]

「贈鄭員外」

驄馬拂繡裳	청총어사 시절에 수놓은 바지 떨치고 나가,
按兵遼水陽	진군하던 군대 요수 북쪽에 세워뒀다.
西分雁門騎	서쪽엔 안문의 기병을 분산 배치하고,
北逐樓煩王	북쪽으로는 누번국 왕을 쫓아냈다.
聞道五軍集	적 대군이 모여 있다는 말을 듣고,
相邀百戰場	백전장에서 기다렸다가 쳤다.
風沙暗天起	모래바람이 하늘이 어둡도록 일더니,
擄騎森已行	포로로 잡힌 적 기병들 어느새 빽빽이 늘어서 있었다.
儒服揖諸將	유복 차림으로 여러 장수에게 읍하면서,
雄謀吞大荒	웅대한 계략 세워 먼 땅까지 병탄한 것이다.
金門來見謁	궁궐에 와 천자를 뵙고 나서,
朱紱生輝光	붉은 인끈에서 찬란한 빛이 났다.
數年侍御史	수년간 시어사를 지내다가,
稍遷尙書郎	조금 뒤에 상서랑으로 옮겼다.
人生志氣立	사람이 태어나면 뜻을 세워야 하지만,
所貴功業昌	중요한 건 빛나는 공적을 세우는 일이리니,
何必守章句	어찌 장구의 뜻에 얽매여,
終年事鉛黃	죽도록 문서 교정을 일삼으랴?
同時獻賦客	같은 때 임금님께 글 올린 나그네는,
尙在東陵傍	아직도 동릉 옆에서 지낸다오.

鄭員外[20)] 역시 누구인지는 확실하지 않지만 시의 내용으로 보아 儒者의 신분으로 일찍이 북쪽 변방 전투에 참가하여 혁혁한 전과를 세우고 개선한 인물이었음을 알 수 있다. 도한은 정씨의 화려한 전투경력과 전장에서 펼쳐 보인 웅대한 계략 및 入朝 뒤에 누리는 영달을 찬미하였다. "人生"에

19) 楊世明은 『唐詩史』(重慶出版社, 1996), 219쪽에서 "他的邊塞詩如「古塞下曲」·「燕歌行」·「贈鄭員外」·「出蕭關懷古」都很不錯."이라 하여 「贈鄭員外」를 변새시로 분류.

20) 이 시의 제19구 "同時獻賦客"과 『唐才子傳·陶翰』(卷2)의 "開元十八年, 崔明允下進士及第, 次年中博學宏詞, 與鄭昉同時"를 兼顧할 때, 鄭昉이 아닐까 추측되기도 한다.

서 "終年"까지의 구는 정씨가 보인 投筆從軍과 建功立業의 정신을 두고서 한 말이지만 여기에 담긴 인생신념은 성당인의 진취적이고 낙관적인 기상을 대변하면서 동시에 시인의 웅대한 이상과 포부도 읽게 한다.[21)]

(2) 통치자의 부당한 대우 고발

당시의 종군, 참전이 사인들에게 입신양명의 활로를 개척할 수 있는 호기였을지라도 현실적으로 관직, 관원의 수가 한정되어 있는 상황에서 조정이 邊功者 모두의 기대나 욕구를 빠짐없이 충족시키기는 불가능한 일이었다. 변방에서 화려한 전공을 세우고도 작위, 작록으로써 우대받지 못한 이들이 생겨났음은 물론이다.[22)] 도한은 이러한 현실을 樂府體에 담아 邊功이 있는 자가 겪는 아픔과 울분을 사실적으로 묘사하기도 한다. 「古塞下曲」과 「燕歌行」이 그 예인데 먼저 다음 시를 보기로 든다.

「古塞下曲」

進軍飛狐北	비호 북쪽으로 진군하자,
窮寇勢將變	궁지에 몰린 적들은 기세가 꺾이어 갔다.
日落沙塵昏	해가 지어 사막이 어둑할 때,
背河更一戰	황하 건너에서 또 한바탕 싸울 채비를 하였다.
騂馬黃金勒	황금 재갈 물린 붉은 말 힘차게 몰고,
琱弓白羽箭	아롱진 활에 흰 깃 화살을 메겨 힘껏 당기었다.
射殺左賢王	적 추장 사살하고서,
歸奏未央殿	궁궐에 아뢰러 돌아왔다.
欲言塞下事	변방에서 벌어진 일 말씀드리고 싶은데,
天子不召見	천자께선 불러서 만나주지 않았다.
東出咸陽門	동으로 함양문 나서려니
哀哀淚如霰	슬프고 슬퍼서 눈물이 싸락눈처럼 쏟아졌다.

飛狐는 지금의 河北 淶源縣에 있었던 옛 關隘의 이름으로 太行山 여덟

21) 羅宗强・郝世峰, 앞의 책, 264쪽.
22) 許總, 앞의 책, 363쪽.

지레목의 하나였다. 시의 전반부는 한 武將이 飛狐關의 험세를 무릅쓰고 북진하여 적을 물리치고, 내친 김에 야간공격까지 감행한 사실을 들어 임전무퇴의 기상을 찬양하고, 후반부는 적 추장 살해 후 전과보고를 위해 궁중에 달려왔음에도 천자의 문전박대를 받아 만나지도 못하고 돌아온 사실을 서술하였다. 당시에 敵王을 사로잡은 자에게는 대장군에 제수한다는 현종의 말에 장수들은 고무되어 있었다.[23] 따라서 적 추장을 사살한 무장은 공로로 대장군이나 이에 상응하는 처우를 기대하고 돌아왔을 것이다. 그러나 천자가 召見조차 해주지 않는 기막힌 현실 앞에서 무장은 그만 비통의 눈물을 흘리고 만다. 시에는 천자를 직접 원망하는 말은 없지만 무장을 이해하고 동정하는 입장에서 그의 불우를 "淚如霰"으로 형상화하여 천자를 풍간하는 효과를 거두고 있다. 陳巖肖가 『庚溪詩話』에서 "이 시를 보면 윗사람은 신하의 마음을 주의 깊게 꿰뚫어보지 않으면 안 되겠다."(旣引)고 한 것은 이러한 측면에서 이 시를 이해한 것이다.

「燕歌行」

請君留楚調	그대여 초나라 가락은 그만 멈추시고,
聽我吟燕歌	내가 부를 연나라 노래나 들어보시오.
家在遼水頭	우리 집은 요수 언저리에 있는데,
邊風意氣多	변방의 풍습답게 의기를 중시하는 사람이 많다오.
出身爲漢將	내 출신은 한나라 무장으로,
正値戎未和	마침 오랑캐가 평화 도모치 않고 전쟁 일으키니,
雪中凌天山	눈 속에서 천산을 넘고,
氷上渡交河	얼음 위로 교하를 건넜네.
大小百餘戰	크고 작은 전쟁 백 번 넘게 치렀건만,
封侯竟蹉跎	공후가 되려는 뜻 끝내 어긋나고 말았네.
歸來灞陵下	파릉 아래로 돌아와 지내는데,
故舊無相過	친구들의 발길이 뚝 끊겼네.
雄劍委塵匣	보검은 먼지 앉은 상자 속에 버려지고,
空門垂雀羅	빈 대문 앞엔 참새 그물만 쳐져있네.

23) 『新唐書・吐蕃傳』(卷216上) : "帝以書賜將軍裴旻曰 : '敢有掩戰功不及賞者, 士自陳, 將吏皆斬.…能禽其王者, 授大將軍.' 於是士益奮."

玉簪還趙女　　옥비녀는 조나라 미녀에게 돌아가고,
寶瑟付齊娥　　보배로운 거문고는 제나라 가녀에게 넘어갔네.
昔日不爲樂　　옛날 즐기지 못하고 고생만 했으니,
時哉今奈何　　세월이여 이젠 어찌해야 하는가?

「燕歌行」은 본시 계절의 변환, 병사의 망향, 규부의 애원 등을 주제로 한 相和歌辭의 하나이다.[24] 그러나 도한의 시는 이 전통주제에서 벗어나 백전노장의 불우한 처지를 노래하였다. 시의 전반부는 노장수의 고향과 출신에 이어, 天山과 交河까지 누빈 수많은 전투경력을 서술하고, 후반부는 청춘을 전장에 다 바치고 돌아왔음에도 공후가 되기는커녕 찾아주는 친구 하나 없고 가산마저 탕진된 비참한 처지를 표현하였다.「古塞下曲」과 같은 주제를 담고 있으나 표현법에 있어서는 노장수의 입을 통해 그의 처지와 심경을 사실적이고 세밀하게 묘사한 것이 특징이다.

(3) 兵士와 그 가족의 고뇌 반영

전쟁은 통치자의 소관일지라도 그것이 수반하는 피해나 고통은 고스란히 일반 백성, 특히 출정 병사와 內地 가족의 몫일 수밖에 없다. 물설고 낯선 땅에 끌려온 병사들은 고된 병영생활을 하면서 遠征의 객수와 망향심에 시달리고 가족들은 이산의 아픔과 그리움에 지치게 마련이었다. 도한은 전쟁이 망향과 이별의 상징인 것을 다음 시의 말미에서 읊고 있다.

「出蕭關懷古」

驅馬擊長劍　　말 몰고 장검 휘두르며,
行役至蕭關　　행역에 나서 소관에 왔노라.
悠悠五原上　　아득히 너른 오원의 대지 위에 서서,
永眺關河前　　관하 앞 바라보고 또 바라본다.
北虜三十萬　　북쪽 오랑캐 삼십만이,

24)『樂府詩集・相和歌辭七』(卷32) : "『樂府解題』曰 : '晉樂奏魏文帝「秋風」・「別日」二曲, 言時序遷換, 行役不歸, 婦人怨曠無所訴也.'『廣題』曰 : '燕, 地名也, 言良人從役於燕, 而爲此曲.'"

此中常控弦　　늘 활시위 당기어 쳐들어 온 곳이어라.
秦城亘宇宙　　진시황은 우주에 걸쳐 장성을 쌓았고,
漢帝理旌旃　　한나라 임금은 깃발 휘날리며 정벌에 나섰다.
刁斗鳴不息　　군중에선 조두 두드리는 소리가 쉬지 않고 울렸고,
羽書日夜傳　　깃털 꽂힌 격문은 밤낮으로 전해졌다.
五軍計莫就　　장군들은 적 물리칠 좋은 계책 올리지 못했고,
三策議空全　　모사들은 공허한 대비책만 내놓았다.
大漠横萬里　　광대한 사막 만 리에 걸쳐 있건만,
蕭條絶人煙　　쓸쓸히도 인가 하나 없구나.
孤城當瀚海　　외딴 성은 고비사막을 마주하고,
落日照祁連　　지는 해는 기련산을 비추고 있다.
愴矣苦寒奏　　처량하여라 구슬피 들려오는 노랫소리,
懐哉式微篇　　그립고녀 정든 고향.
更悲秦樓月　　더욱 슬프게도 진나라 여인이 누각에서 바라보았을 달이,
夜夜出胡天　　지금도 밤마다 오랑캐 하늘에 떠오르누나.

蕭關은 지금의 寧夏 固原縣 동남쪽에 있었던 關名으로 關中에서 塞北으로 가는 교통요지였다. 漢 文帝(180-B.C.157) 14년(B.C.166)에 흉노가 이곳으로 침입하여 回中宮을 불태웠고,[25] 元封 4년(B.C.107)에는 武帝(141-B.C.87)가 回中道를 통해 그곳 북쪽으로 나간 일이 있다.[26] 도한은 이 역사적인 蕭關에 "行役"하여 蕭關 일대의 산하를 바라보면서 秦漢 이래 끊임없이 벌어진 변방전쟁의 역사를 회고하며 감개에 젖어있다. 시인의 감개는 王昌齡의 "진나라 때의 밝은 달이 한나라의 관문을 비추고, 만 리 길을 나선 사람들 아직 돌아오지 않네."[27]에 담긴 정서와 일치한다. 곧 시인은 역대 왕조가 변방문제를 평화적으로 해결할 良策을 세우지 않아 천 백여 년이 지난 지금까지도 전쟁이 끊이지 않고 있음을 한탄한 후 이역에서 병사들이 겪는 망향심과 內地의 閨婦들이 겪는 그리움의

---

25) 『漢書・匈奴傳』(卷94上) : "孝文十四年, 匈奴單于十四萬騎入朝那・蕭關.…使騎兵入燒回中宮, 候騎至雍甘泉."
26) 『漢書・武帝紀』(卷6) : "(元封)四年冬十月, 行幸雍, 祠五畤. 通回中道, 遂北出蕭關, 歷獨鹿・鳴澤, 自代而還, 幸河東."
27) 「出塞二首」其一(『全唐詩』卷143) : "秦時明月漢時關, 萬里長征人未還."

고통을 표현한 것이다.[28] 大漠의 창망하고 광활한 모습과 전쟁으로 인한 망향과 이별의 아픔 등을 정경교융의 경지에서 낙필한 작품으로 필력이 웅장하고 중후한 데다 깊은 감개가 깃들여 있어[29] "흥상이 많은데다가 풍골도 갖추었다."[30]는 도한 시의 대표작으로 꼽힌다.[31]

2. 山水詩

도한은 여러 지역의 산수를 유력하면서 자연경관의 아름다움을 묘사한 위에 그 속에서 느끼는 갖가지 감정을 진지하게 표현하였다. 비록 이들 시는 繫年이 불가하여 시인의 처지와 정서가 시기에 따라 어떤 양상을 띠고 어떻게 변하였는지 체계적으로 파악하기가 쉽지 않지만, 이들에 표출, 또는 반영된 정서를 보면 대체로 漫遊와 隱居 및 이들에 거는 미래에 대한 기대감, 공을 이루고 자연에 歸隱하고픈 심정과 이의 실현 가능성이 희박해져 가는 데서 오는 초조감 내지는 불우감, 그리고 자연에 몰입하고픈 마음과 자연 속에서 일시 느끼는 悟道의 정취 등으로 집약된다. 이하의 서술에서는 이러한 내용들을 漫游·隱居와 이에 거는 기대감, 功成身退의 희구와 좌절, 悟道의 경지 추구 등으로 나누어 고찰하기로 한다.

(1) 漫遊·隱居와 이에 거는 기대감

漫遊는 당대, 특히 성당의 문인들에게 보편화된 생활경력으로 성당 산수시의 흥성이 이와 밀접한 관계가 있음은 잘 알려진 사실이다. 그러면 만유가 당시 문인들에게 彌漫하였던 까닭은 무엇일까? 일차적으로는 그 시대 특유의 국력의 강성, 사회의 안정, 경제의 번영 같은 외적 요인들에 기원한 바가 크지만, 보다 중요한 것은 그들의 내면 깊숙이 자리 잡은 정치적

28) 羅宗强·郝世峰, 앞의 책, 264-265쪽.
29) 楊世明, 앞의 책, 220쪽.
30) 殷璠, 『河嶽英靈集』(卷上) : "旣多興象, 復備風骨."
31) 林繼中, 앞의 책, 238쪽. 李珍華·傅璇琮, 「盛唐詩風與殷璠詩論」, 『河嶽英靈集研究』(北京 : 中華書局, 1992), 60쪽 등.

욕구 때문이었다. 곧 성당 문인들은 바깥 세상에 나아가 인생경력을 더 쌓고 교제를 넓힘으로써 자신의 정치적 포부를 실현하기 위한 앞길을 개척하자는 데 그 뜻이 있었던 것이다. 李白(701-762)이 삼사십 무렵에 剡中·江陵·蒼梧·幷州 등 중국의 태반을 답파한 것이나, 杜甫(712-770)가 청장년시절에 姑蘇·浙江·齊越 등지를 유력한 것도 같은 이유에서였다. 도한 역시 청년기에 漫遊를 통해 정치적 출로를 찾으려 했던 것 같다. 아래의 시는 이러한 만유에 거는 기대감이 잘 드러난 예이다.

「乘潮至漁浦作」

艤棹乘早潮	배 떠날 준비를 하여 아침 조수 타고 가는데,
潮來如風雨	조수가 비바람처럼 밀려온다.
樟臺忽已隱	장대가 홀연 숨어버리고,
界峯莫及覩	계봉이 눈길에서 사라졌다.
崩騰心爲失	용솟음치는 물결에 마음 산란해지고,
浩蕩目無主	광대한 물살에 눈앞이 아찔하다.
風停浪始聞	바람이 멎자 파도소리가 들려오기 시작하더니,
漾漾入漁浦	출렁출렁 파도가 어포로 밀려들어온다.
雲景共澄霽	구름과 노을은 모두 강물에 환히 비치고,
江山相呑吐	강물과 산은 서로 삼켰다 토해냈다 한다.
偉哉造化工	위대하도다 대자연의 솜씨는,
此事從終古	이런 일 예로부터 있었으리.
流沫誠足誡	큰 거품 내며 흐르는 물은 실로 경계할 만하고,
商歌調易苦	상가의 가락은 처량하기 쉽다.
頗因忠信全	충성과 신의가 모두 온전하기에,
客心猶栩栩	나그네 마음 그래도 기쁘다.

도한이 급제한 해인 개원 18년(730) 이전에 제작된 작품이다.[32] 시제의 漁浦는 지금의 浙江 蕭山縣 서남쪽에 있었던 포구이고, 樟臺는 浙江 杭州에 있었던 정자로 觀潮의 승지였다. 아침에 조수를 타고 항주를 떠나 어포로 舟行할 때 구경한 조수 滿干의 과정과 그에 따른 산수 경관의 변화

32) 陶敏·傅璇琮,『唐五代文學編年史·初盛唐卷』(瀋陽 : 遼海出版社, 1998), 664쪽.

및 나그네로서의 소회 등이 소상히 기술되어 있다. 특히 조수와 산수 경관은 遠近・上下・動靜・聲色을 모두 담고 있어 파노라마 같은 분위기를 연출한다. 도한은 이 시의 말미에서 나그네로서 익숙지 않은 환경에 조심하고 아직 때를 만나지 못한 것에 슬프기 쉬운 처지지만, 그래도 충성과 신의를 兼全했다고 자부하기에 마음이 기쁘다고 하였다. 漫遊에 거는 일말의 희망 내지는 기대감을 은연중에 내비치고 있음을 알 수 있다.

한편, 漫遊와 함께 당시 문인들 사이에 유행한 것이 隱居이다. 물론 이 시대에도 뚜렷한 道佛的 가치관의 형성을 통해서 避世하거나, 속세의 허무와 고통을 덜고 정신적 안식을 취하기 위해 은거하는 이들이 있었으나, "終南捷徑"이라는 당시의 고사가 말해주듯이 정치적 활로를 개척하자는 뜻에서 은거하는 경우가 더 많았다. 은거의 동기는 漫遊와 비슷했다. 다만, 시기에 있어 漫遊가 주로 及第나 入仕 전에 행해졌다면,[33] 隱居는 入仕 전은 물론, 급제 후 임용을 기다리거나, 罷官 뒤 再入仕를 준비할 때인 것[34]이 달랐을 뿐이다. 특히 罷官한 문인의 경우 직전의 관직은 대부분 縣尉・校書・參軍 같은 말단직이었다. 그리하여 懷才不遇의 불만을 품고 사직하여 은거를 통해 자아를 표방하고 명성을 높임으로써 재입사의 꿈을 실현하고자 하는 이들이 많았다. 도한 역시 이러한 은거형식을 통해 보다 나은 정치적 출로를 모색하려 하였던 것 같다. 다음 시가 이를 말해준다.

「望太華贈盧司倉」

作吏到西華, 관리되어 부임길에 서악 화산에 들러,
乃觀三峯壯。 삼봉의 웅장한 모습을 보노라.
削成元氣中, 험한 산세는 원기 속에서 칼로 깎아 만들어낸 듯하고,
傑出天河上。 높은 봉우리는 은하수 위로 우뚝 솟아있는 듯.
如有飛動色, 구름 위에서 날아 움직이는 것 같으니,
不知靑冥狀? 푸른 하늘에서의 모습은 어떠할지?

---

33) 陳伯海,『唐詩學引論』(上海 : 知識出版社, 1990), 47쪽.
34) 葛曉音,「盛唐田園詩和文人的隱居方式」,『詩國高潮與盛唐文化』(北京大出版社, 1998), 95쪽.

巨靈安在哉, 화산을 만든 거대한 신령은 지금 어디에 계실까,
厥跡猶可望。 그가 남긴 자취 아직도 바라볼 수 있구나.
方此歎行旅, 이제는 가야 할 한스러운 나그네 길,
末由飭仙裝。 신선의 행장을 갖출 수가 없구나.
葱蘢記星壇, 명성봉은 숲이 짙푸르게 우거지고,
明滅數雲嶂。 두 봉우리는 구름에 끊임없이 명멸하누나.
良友垂眞契, 좋은 벗이라면 참된 우정 보여야 하나니,
宿心所微尙。 이게 내가 예전부터 품어온 생각일세.
敢投歸山吟, 감히 「귀산음」을 보내드리니,
霞徑一相訪。 노을진 산길 서로 한 번 찾아보세 그려.

도한이 개원 19년(731) 博學宏詞科에 합격하고 華陰丞으로 부임할 때 지은 시이다.[35] 시의 전반부는 부임길에 華山에 들러 바라본 三峯(蓮花·玉女·明星)의 웅장하고 험준한 산세를 華山 형성에 얽힌 신화전설[36]과 조화시켜 생동감 있게 묘사하였다. 후반부는 촉박한 부임날짜에 쫓겨 華山을 다 구경할 수 없게 된 것을 아쉬워하면서 친구에게 歸山을 권유하는 내용이다. 특히 제9-10구의 "이제는 가야 할 한스러운 나그네 길, 신선의 행장을 갖출 수가 없구나."에는 華陰丞이라는 하위직에 대한 시인의 불만이 고도로 함축되어 있다. 곧 上句는 화음승 부임이 탐탁지 않음을, 下句는 그런 小官에 임명된 자로서 느끼는 정치적 한계를 은유한 것이며, 이러한 한계를 돌파할 방법으로 도한은 은거를 생각하였던 것이다. 성당문인들이 취한 은거방식 중에는 同隱, 또는 偕隱이라는 것이 있었다. 도한 역시 藍田(지금의 陝西 藍田縣)에서 王昌齡과 同隱했던 일이 있다.[37] 은거 중 견디기 힘든 고독감을 완화시켜 자연에 대한 깨달음을 심화하고, 속된 욕망을 떨치어 은거의지를 확고히 하기 위한 의도 외에, 명망이 있거나

35) 陶敏·傅璇琮, 앞의 책, 668쪽.
36) 張衡, 「西京賦」(『文選』 卷2) : "綴以二華, 巨靈贔屓, 高掌遠蹠, 以流河曲, 厥迹猶存." 三國 吳 薛綜 注 : "華, 山名也. 巨靈, 河神也.…古語云 : 此本一山, 當河水過之而曲行, 河之神以手擘開其上, 足蹋離其下, 中分爲二, 以通河流, 手足之迹, 于今尙在."
37) 王昌齡, 「鄭縣宿陶大公館中贈馮六元二」 : "本家藍田下, 非爲漁弋故.…幽居與君近, 出谷同所驚."

志趣가 통하는 자와의 교제를 통해 자신의 문학적 명성을 높여 재입사의 길을 열려는 데 그 뜻이 있었다.[38] 도한이 盧司倉에게 歸山 의식을 일깨우며 同隱을 권유한 것 역시 그런 정치적 출로의 실현을 기대하는 마음에서 나온 것이라 하겠다.

(2) 공성신퇴의 희구와 좌절

老子는 "공 이루고 명예 세우고, 몸 물러나는 것은 하늘의 도"[39]라고 하였다. 여기 "功成"이 濟世 염원의 실현을 뜻한다면, "身退"는 산림에 귀은하여 遺世獨立하는 것을 말한다. 따라서 앞서 살핀 만유와 은거에 거는 기대감은 "功成"을 희구하는 도한의 적극적인 입세의식에서 나온 것이라고 할 수 있다. 그러나 도한은 이러한 의식을 일생동안 견지하려 한 게 아니라, 공을 세우고 나면 물러난다는 功成身退의 뜻을 품고 있었다. 이러한 의식이 담긴 시로 다음 시를 본다.

「早過臨淮」

夜泊三風渚,	간밤에 삼풍저에 묵고 나서,
晨過臨淮島。	오늘 새벽 임회의 섬에 들렀다.
湖中海氣白,	호수엔 바다 안개가 뿌옇게 끼어 있고,
城上楚雲早。	성 위엔 초 땅의 아침 구름이 걸려있구나.
鱗鱗魚浦帆,	포구엔 돛단배가 비늘처럼 빽빽이 늘어서 있고,
漭漭蘆洲草。	물 섬엔 갈대풀이 끝없이 우거져 있구나.
川路日浩蕩,	물길이 날로 광대해지니,
惄焉心如擣。	걱정되는 마음 방망이로 치는 듯하다.
且言任倚伏,	사람 팔자 화복의 인연에 맡기라 하지만,
何暇念枯槁。	어느 겨를에 은거는 생각하랴?
范子名屢移,	범려는 자기 이름 여러 번 바꾸었고,
蘧公志常保。	거공은 자기의 뜻 변함없이 지켰노라.
古人去已久,	옛 사람 가신 지 아주 오래되니,
此理今難道。	이 이치 이젠 말하기 어렵구나.

38) 葛曉音, 위의 책, 98-99쪽.
39) 『老子・運夷第九』: "功成名遂, 身退, 天之道."

도한이 급제하기 전, 江湖를 유력할 때 지은 것으로 추정된다. 시제의 臨淮는 郡名으로 지금의 安徽 泗縣 동남쪽에 있었다. 간밤에 삼풍저에 묵고 나서 새벽에 들른 임회도와 그 주변경관, 낯선 땅에서 느끼는 우수, 만유에 거는 기대감이 실현될 가능성이 불투명한 데서 오는 초조감 등을 표현한 후, 范蠡와 蘧瑗(字는 伯玉)의 고사를 사용하여 시인 자신의 의중을 피력하였다. 范蠡는 춘추 월나라의 대부로 越王 勾踐(496-B.C.465)을 도와서 吳나라를 멸망시켜 會稽의 치욕을 씻어준 뒤 벼슬을 버리고 鴟夷子皮로 개명하여 齊나라 해변에 숨어살았다.40) 그리고 蘧瑗은 衛나라 靈公 때의 대부로 낡은 인식을 바꾸는 데 과감하고 出處進退에 융통성 있는 태도를 취하여 자신의 심지를 지켜나갔다.41) 도한이 范蠡와 蘧瑗을 거론한 까닭은 당연히 그들이 공을 이루고 은퇴한 데 있다. 도한은 이들이 걸었던 공성신퇴의 길이 자신에게도 열릴 날이 오길 간절히 바랐음을 알 수 있다.

도한에게 있어 진정한 공성신퇴는 범려와 거원의 官位(大夫)가 암시하듯이 縣尉·參軍 따위의 말단직이 아닌, 公侯·大夫 같은 고관대작이 되어 큰 사업을 성취한 뒤에 물러나는 것이었음은 물론이다. 그러나 시간이 가도 공성의 포부가 실현될 기미가 보이지 않자 도한은 좌절감에 젖게 되는데 다음 시에는 그러한 정서가 그대로 표출되어 있다.

「晩出伊闕寄河南裴中丞」

退無偃息資, 물러나자니 누워서 쉴 밑천이 없고,
進無當代策。 나아가자니 시대에 맞는 계책이 없도다.
冉冉時將暮, 세월은 흐르고 흘러 한 해가 저물어 가건만,
坐爲周南客。 이 몸은 부질없이 주남의 나그네 되어 지내노라.
前登闕塞門, 앞쪽 궐새 성문에 올라,

---

40) 『史記·越王勾踐世家』(卷41): "范蠡事越王勾踐, 旣苦身戮力, 與勾踐深謀二十餘年, 竟滅吳, …范蠡以爲大名之下, 難以久居, …乃裝其輕寶珠玉, 自與其私徒屬乘舟浮海以行, 終不反, …范蠡浮海出齊, 變姓名, 自謂鴟夷子皮, 耕于海畔."

41) 『莊子·則陽』: "蘧伯玉行年六十而六十化. 未嘗不始于是之, 而卒詘之以非也. 未知今之所謂是之, 非五十九非也."

永眺伊城陌。　이성의 큰길 뚫어지게 바라보니.
長川黯已空，　긴 내는 어둑해져 어느새 인적이 끊기고,
千里寒氣白。　천리 대지엔 찬 저녁안개가 뿌옇게 깔리누나.
家本渭水西，　우리 집은 본래 위수 서쪽에 있는데,
異日何所適。　뒷날 어디로 가게 될지.
秉志師禽尙，　마음은 전금과 여상을 본받아 왔고,
微言祖莊易。　미묘한 말은 장자와 역경을 받들어 왔다.
一辭林壑間，　숲과 계곡 사이에서 한 번 떠나온 뒤로,
共繫風塵役。　나나 그대 모두 세사에 매여있구려.
才名忽先進，　재주와 명망은 선현에 비할 바 아니지만,
天邑多紛劇。　장안은 어이 복잡하고 어지럽기만 한지.
豈念嘉遯時，　어찌 고상하게 은거할 날을 생각할 수 있으랴,
依依偶沮溺。　장저와 걸닉처럼 농삿일하던 때가 그립구나.

伊闕은 지금의 河南 洛陽市 남쪽에 있는 산이다. 일명 闕塞山·龍門山이라고도 하며 두 산이 대궐처럼 우뚝 솟아 마주하고 그 사이에 伊水가 흐른다 해서 붙여진 이름이다. 시인은 어느 늦가을 저녁에 伊闕山을 나서 그곳 성문에 올라 伊闕 일대를 바라보며 지금까지 자신이 걸어온 길을 회고하고 있다. 제11구의 "秉志師禽尙"은 시인이 展禽[42]과 呂尙[43]을 본받아 功成身退의 길을 걷고자 했고, 또 이것이 그의 삶을 관류하는 핵심 정서였음을 말해준다. 그러나 당시에 시인은 제1구의 "退無偃息資"와 제14구의 "共繫風塵役"의 내용으로 미루어 박봉과 잡무에 시달리는 縣尉나 主簿(正九品上) 같은 말단직에 있었음이 분명하다. 이에 이러한 이상과 현실의 괴리 속에서 아무 기약 없이 남은 한 해를 또 보내야하는 서글픈 현실은 시인의 마음을 침울하게 하고 있으며, 어둑하고 인적이 끊긴 긴

42) 『中文大辭典』(三) : "魯大夫, 名獲. 字季, 居柳下. 故人稱柳下惠, 官至士師. 三黜而不居, 人問之, 曰 : '直道而事人, 何必去父母之邦?'" 『論語·微子』 : "柳下惠爲士師. 三黜, 人曰 : '子未可以去乎?' 曰 : '直道而事人, 焉往而不三黜? 枉道而事人, 何必去父母之邦?'"

43) 『中文大辭典』(二) : "周, 東海人, 本姓姜氏, 其先封於呂, 從其封姓, 故曰呂尙. 字子牙. 年老隱於釣. 文王出獵遇於渭水之陽, 與語大悅, 曰吾太公望子久矣. 因號太公望.…武王滅紂, 有天下, 尙謀居多. 封於齊營丘, 得專征伐. 爲大國."

개천의 모습과 차가운 저녁 안개가 자욱이 깔린 천리 대지는 갈피를 잡을 수 없는 시인의 아득한 정서를 담고 있다. 이러한 정서는 다시 어지러운 장안 정국에 대한 불만과 그래도 入仕 전에 공성신퇴의 소박한 꿈을 갖고서 長沮와 桀溺[44]처럼 은거생활을 하던 때가 그립다는 자조적인 푸념으로 이어지고 있다.

(3) 悟道의 경지 추구

지금까지 살핀 도한의 산수시는 주로 정치적 욕구나 불만이 담긴 것들이었다. 그러나 도한은 이러한 내용이나 정서에 그치지 않고 자연 속에서 느끼는 희열과 悟道의 경지를 노래하기도 하였다. 「秋山夕興」과 「宿天竺寺」가 그것인데 먼저 다음 시를 보기로 든다.

「秋山夕興」

山月松篠下,	산 위에 뜬 달 소나무와 조릿대 숲에 깃들고,
月明山景鮮。	달은 밝아 산 경치가 곱다.
聊爲高秋酌,	애오라지 높은 가을 하늘에 끌려 술 따라 마시다가,
復此淸夜弦。	다시 이 맑은 밤에 거문고를 탄다.
晤語方獲志,	서로 터놓고 이야기하다 보면 마음이 흡족해지련만,
栖心亦彌年。	은일에 마음 둔 지도 한 해 밖에 안 되었다.
尙言興未逸,	우아한 흥취는 아직 얻지 못했다 할지니,
更理逍遙篇。	「소요편」을 더 익혀야겠다.

달 밝은 가을 산의 야경과 그 속에서 느끼는 정취를 노래하였다. 달이 산마루에 떠올라 솔숲, 대숲 속까지 환히 비추니 산 경치가 더욱 아름답고 이에 이끌려 잔질도 하고 거문고도 타본다. 그러나 가까이 할 은자가 없고 은일에 마음 둔 지도 한 해 밖에 안 된다. 그래서 탈속의 雅趣를 만끽하기에는 아직 부족하니, 『莊子 · 逍遙遊』를 더 공부하여 소요자적의 이치를 터득

44) 『論語 · 微子』 : "長沮 · 桀溺耦而耕, 孔子過之, 使子路問津焉.…(桀溺)曰 : '滔滔者, 天下皆是也, 而誰以易之? 且而與其從辟人之士也, 豈若從辟世之士哉?' 耰而不輟."

해야겠다는 것이다. 정신적 초탈을 통해 悟道의 경지를 맛보고자 한 시인의 마음을 읽어낼 수 있다.

다음은 悟道의 경지를 노래한 작품을 든다.

「宿天竺寺」

松柏亂巖口, 바위 동굴 어귀엔 송백이 어지럽게 우거지고,
山西微徑通。 산 서쪽으로 오솔길이 나있다.
天開一峯見, 날이 개자 한 산봉우리 나타나더니,
宮闕生虛空。 궁궐 같은 집 허공에 생겨난 듯.
正殿倚霞壁, 본당은 노을 진 암벽에 기대어 있고,
千樓標石叢。 수많은 누각은 돌무더기처럼 늘어서 있다.
夜來猿鳥靜, 밤이 되어 원숭이와 새 소리 그쳐 고요한데,
鐘梵響雲中。 구름 속에서 범종소리가 울려온다.
岑翠映湖月, 산의 푸른빛은 달 밝은 호수에 비치고,
泉聲亂溪風。 샘물소리는 시내바람에 실려 어지럽게 들려온다.
心超諸境外, 내 마음 속세 바깥으로 초월하니,
了與懸解同。 세상의 온갖 고통에서 벗어난 것 같다.
明發唯改視, 새벽에 다시 바깥을 보니,
朝日長崖東。 아침 햇살이 벼랑 동쪽에 길게 드리워져 있구나.
湖色濃蕩漾, 호수엔 붉게 물든 물결이 출렁이고,
海光漸曈曚。 바다엔 서서히 해가 돋아 오른다.
葛仙迹尙在, 갈홍의 자취 아직 남아 있고,
許氏道猶崇。 허매의 도도 여전히 추앙되고 있다.
獨往古來事, 나 홀로 옛일 더듬으며,
幽懷期二公。 마음속 깊이 두 분과 만날 기약을 해본다.

오늘날 절강성 杭州 靈隱寺 남쪽 天竺山에는 세 天竺寺, 곧 五代 吳越 때 세워진 上天竺寺(일명 法喜寺), 隋 開皇 17년(597)에 세워진 中天竺寺(일명 法淨寺), 東晋 咸和 5년(330)에 창건된 下天竺寺(일명 法鏡寺)가 있는데, 시제의 天竺寺는 본문에 등장하는 葛仙(葛洪)과 許氏(許邁)가 東晋人인 점으로 미루어 下天竺寺를 가리킴에 틀림없다. 이 下天竺寺 앞에는 飛來·蓮花峯, 合澗跳珠泉, 夢謝·流杯·月桂亭 등이 있고 뒤에는 金佛

洞·三生石·蓮花泉 같은 승지가 있다.[45] 이 시에는 이러한 승지들에 둘러싸인 下天竺寺의 자연경관, 여기에서 묵는 밤의 정취와 그 속에서 잠시 맛보는 오도의 희열, 새벽에 일어나 구경하게 되는 西湖 해돋이의 장관 등이 시간경과에 따라 遠近·上下·動靜·聲色이 조화를 이루며 세밀하게 묘사되어 있다. 潘德輿가 제7-8구에 대해 "그윽하고 한가한 정취를 곡진하게 그려 한 번 음미할 때마다 번거로운 마음이 싹 가신다."(旣引)고 한 것은 이 시가 시인의 초탈적 심경에서 우러난 것임을 말해주며, 이러한 경지는 제11-12구의 토로를 자연스럽게 이끌어내고 있다. 도한은 시의 말미에서 晉나라 葛洪(290-370)[46]과 許邁[47]가 남긴 仙跡을 보며 그들을 추모하고 있다. 일시적 悟道의 희열과 초탈적 심경을 넘어 신선의 세계로 나아가고픈 욕망에 젖어들고 있음을 알 수 있다.

3. 懷古詩

도한의 생애를 개관할 때 정착보다는 유랑이 많고 유랑 중에 느낀 갖가지 감정들을 변새시와 산수시 등으로 詩化해온 그에게 懷古詩가 없을 수 없다. 회고시는 古地를 유람하고 고적을 탐방하여 고인이나 옛 일을 추모하며 지은 시이기에 거기에는 역사흥망이나 덧없는 인간사에 대한 비애감이 담기게 마련이며, 이러한 주제는 과거와 현재, 그리고 인간과 자연을 대비시키는 수법을 통하여 표현되는 것이 통례이다. 도한의 회고시는 이러한 전통적인 주제와 묘법을 일부 계승하면서 현실에 대한 비감과 풍유의 뜻도 함께 담아낸 면을 보여준다. 이른바 "懷古傷今"과 "借古喩今" 수법이

---

45) 『中國歷史文化名城詞典』(上海辭書出版社, 1985), 365쪽.

46) 『晉書·葛洪傳』(卷72) : "葛洪, 字稚川, 丹陽句容人也.…尤好神仙導養之法. 從祖玄, 吳時學道得仙, 號曰葛仙翁, 以其煉丹秘術授弟子鄭隱. 洪就隱學, 悉得其法焉.…洪坐至日中, 兀然若睡而卒.…世以爲尸解得仙云."

47) 『晉書·王羲之傳』(卷80)附 「許邁傳」: "許邁, 字叔玄, 一名映, 丹楊句容庸人也.…永和二年, 移入臨安西山, 登巖茹芝, 眇爾自得, 有終焉之志.…後莫測所終, 好道者皆謂之羽化矣."

모두 강구되어 있는 셈인데 먼저 전자의 예로 다음 시를 든다.

「南楚懷古」

南國久蕪漫, 오랫동안 거칠어진 남국,
我來空鬱陶。 내 여기에 오니 공연히 울적해지누나.
君看章華宮, 그대여 장화궁 보시게나,
處處生黃蒿。 곳곳에 누런 쑥이 더부룩이 자랐구려.
但見陵與谷, 보이는 건 무덤과 골짜기뿐,
豈知賢與豪。 어찌 현인과 호인을 분간하랴,
精魄托古木, 죽은 이의 혼백 고목에 서리고,
寶玉捐江皐。 귀중한 옥 강가 언덕에 버려져 있구나.
倚棹下晴景, 노 저어 갠 날의 경치 찾아 내려가다가,
迴舟隨晚濤。 다시 배 돌려 저녁 물결 따라 저어간다.
碧雲暮寥落, 푸른 하늘에 낀 구름 저녁에 걷히니,
湖上秋天高。 호수 위의 가을 하늘이 드높기만 하다.
往事那堪問, 지난 일 어찌 물을 수 있으랴만,
此心徒自勞。 이 마음 공연히 고달프기만 한다.
獨餘湘水上, 상수 가에 홀로 남아 있노라니,
千載聞離騷。 천년 지난 지금에도 「이소」가 들려오는 듯.

章華宮은 楚나라 靈王(541-B.C.529)이 장화대를 축조하면서 세운 宮名으로 지금의 湖北 監利縣 서북쪽에 있었다. 전하는 바로는 이 궁궐은 매우 웅장하고 화려했으며, 특히 章華臺는 대단히 높아 여길 오르려면 세 번 쉬어야 했다고 한다.48) 시인은 황폐해진 남국의 楚를 방문해서 느끼는 울적한 마음의 서술에 이어 장화궁의 폐허를 바라보며 그 옛날 壯麗했던 위용을 상상하면서 여기에 황폐하고 쓸쓸하게 변해버린 현재의 모습을 강렬히 대비시켜 역사흥망과 덧없는 인간사에 대한 무한한 감개를 표현한 후 현실에 대한 비감을 토로하고 있다. 말이구는 屈原(約340-約B.C.278)에 대한 추모의 정을 나타낸 것이지만 이면에는 "千載"가 암시하듯이 임금이 어질지 못하고 덕이 없어 간신배들이 판치고 현능한 자들이

48) 『中國歷史文化名城詞典』, 568쪽.

배척당하는 당대의 현실에 대한 걱정과 슬픔을 담아내고자 하는 뜻이 깃들어 있다.

「經殺子谷」

扶蘇秦帝子,　부소는 진시황의 아들로,
擧代稱其賢。　그의 현능함 역대로 칭송되었다.
百萬猶在握,　백만 대군 아직 손아귀에 있어서,
可爭天下權。　천하 패권 쟁취할 수 있었건만,
束身就一劍,　몸 묶여 단칼에 죽으니,
壯志皆棄捐。　웅대한 뜻 모두 버려지게 되었다.
塞下有遺跡,　변방엔 유적이 있어,
千齡人共傳。　천년 지난 지금도 사람들에게 전해지거니,
疏蕪盡荒草,　거칠게 잡초만 더부룩이 자라고,
寂歷空寒煙。　쓸쓸히 찬 연기만 부질없이 끼어 있구나.
到此盡垂淚,　여기에 오면 모두가 눈물 흘릴 터,
非我獨潸然。　나만 홀로 눈물 뿌리는 건 아니리라.

扶蘇가 억울한 죽임을 당한 殺子谷을 지나며 지은 작품이다. 부소는 秦나라 始皇帝(259-B.C.210)의 장자로 시황제의 분서갱유를 간하다가 노여움을 사서 上郡(지금의 陝西 綏德縣 동남 일대)의 監軍으로 쫓겨났다. 시황제는 생전에 태자를 정하지 않았으므로 그가 병이 났을 때, 환관 趙高에게 편지를 주어 부소를 咸陽으로 불러들여 계위하게 하였다. 그러나 편지가 발송되기도 전에 시황제가 사망하자 조고는 蒙恬의 아우 蒙毅와 사이가 좋지 않았고 또 몽념은 부소의 신임이 두터웠으므로 부소가 즉위하면 몽씨가 득세하여 자기에게 불리할 것이라고 생각하였다. 그리하여 조고는 자기와 친한 시황제의 어린 아들 胡亥에게 접근하여 자립할 것을 권하고 이에 호해가 응하자 승상 李斯(248?-B.C.208)와 함께 거짓 詔書를 꾸며 호해를 태자로 삼고 부소를 賜死하였다.[49] 시의 전반부는 대체로 이런

49) 『史記 · 秦始皇本紀』(卷6) 및 傅樂成 著 辛勝夏 譯, 『中國通史』 上(서울 : 宇鍾社, 1982), 128쪽.

史實에 근거하여 부소의 어질고 관대한 인품과 간신배의 거짓 조서로 계위하지 못하고 억울하게 賜死된 사실을 서술하고, 후반부는 살자곡의 황량한 모습과 이에서 느끼는 슬픈 감정을 표현하였다. 부소가 궁정음모로 억울하게 죽임당한 사실은 개원 말기 현종의 애첩 武惠妃가 자기의 소생 壽王 李瑁를 嫡子 자리에 앉히기 위해 奸相 李林甫(?-752)와 결탁하여 太子 瑛(趙麗妃 소생)을 賜死케 한 일[50]을 연상케 한다. 李瑛을 부소에 비유하여 "千齡" 전의 비극이 그대로 재현되는 당대의 궁정현실을 풍자하고자 한 뜻이 읽혀진다.

Ⅲ. 맺음말

도한은 개원·천보기에 활약한 시인이라는 점 외에는 생졸년이 확실하지 않을 뿐더러 그 사이의 행적도 알 수 없는 게 많다. 다행히 부분적이긴 하지만 타오민·푸쉬안중에 의해 정리된 도한의 사적과 그에 대한 후세의 호평에 힘입어 본고를 살필 수 있었다.

도한은 17수의 시를 남기고 있다. 그가 교유한 孟浩然·王維·王昌齡 등의 시와 비교할 수 없을 만큼 적지만 담고 있는 주제는 꽤 다양하다. 곧 종군하는 이에 대한 建功立業의 축원, 변공자에 대한 찬미, 변공자에 대한 부당한 대우, 병사의 고뇌와 內地 가족의 그리움 등을 표현한 변새시, 은일생활의 동경, 공성신퇴의 희구와 좌절, 悟道의 경지와 희열을 노래한 산수시, 역사흥망과 덧없는 인간사에 대한 비애를 표현하고, 또 여기에 현실에 대한 비감과 풍유의 뜻을 기탁한 회고시 등 여러 환경과 처지에서 일어난 복잡다단한 사건과 정서를 충실히 작품화한 것이다.

이 가운데서 종군하는 이에 대한 建功立業의 축원, 변공자에 대한 찬미,

---

50) 『舊唐書·玄宗諸子·庶人瑛』(卷107), 『新唐書·十一宗諸子·太子瑛』(卷82), 『資治通鑑·唐紀三十·玄宗開元二十五年』(卷214) 및 傅樂成 著, 辛勝夏 譯, 앞의 책, 254쪽.

은일생활의 동경, 공성신퇴의 희구, 오도의 경지와 희열 등이 이른바 "盛唐氣象"이라는 진취적이고 낙관적인 시대정신을 반영한다면, 여타의 내용들은 대체로 그러한 기상의 외피에 가려진 사회적 위기나 모순을 반영한 것이라 할 수 있다. 그 중에서도 풍유나 비판의 경향을 띠는 후자의 경우가 도한 시의 주조를 이루는데 이는 오랜 유랑과 실의에서 오는 현실에 대한 비판의식과 "길흉화복은 애오라지 절로 바뀌어 변하고, 나가고 숨는 것은 서로 맞물려 돌고 도는 것"[51]에 나타나는 순환사상이 왕조의 전성기를 바라보는 그의 시각에 영향을 주었기 때문으로 보인다.

도한의 시풍도 시의 주제만큼이나 단순하지 않다. 吳喬는 "도한의 시에는 침착하고 웅건한 기세 · 진실한 측은지심 · 높고 넓은 경지가 다 있다"고 하였지만 이는 주로 그의 변새시에 주목한 평가이며, 변새시 외에 그의 산수시에는 순박하고 우아한 글의 뜻과 그윽하고 한가로운 정취가 있고 회고시에는 처량함과 悲慨가 있는 등 각 제재의 성격에 어울리는 다양한 시풍의 전개를 보이고 있다. 이처럼 다양한 주제와 풍격이 담겨있는 도한의 시는 하나같이 자아와 외물에 대한 진실한 감정이 바탕을 이루고 있고,[52] 또 그러한 감정을 자유롭게 표현하기 위해 격률 제약이 덜한 고체(五古)만을 사용한 특징을 보여준다. 이 점이 도한 시의 가장 두드러진 특색이며, 殷璠이 그의 시에 대해 "흥상이 많은 데다가 풍골도 갖추었으니, 삼백년 이전(晉宋)의 것과 함께 논할 만하다."[53]고 평한 것도 이런 관점에서 이해된다.[54] 여기서 도한 시의 특징으로 지적된 興象과 風骨의 겸비는 성당대에 王昌齡 · 薛據 같은 시인의 작품에서도 볼 수 있으므로,[55] 陶翰만의 독특한 것이라 할 수는 없다. 그렇지만 성당(특히 "開元十五年" 이후)

51) 「贈房侍御」: "倚伏聊自化, 行藏互推遷."

52) 喬象鍾 · 陳鐵民, 『唐代文學史』 上卷(北京 : 人民文學出版社, 1995), 241쪽 : "從陶翰今存的詩歌看, 確實多有眞情實感, 非泛泛而咏或無病呻吟."

53) 『河嶽英靈集』 (卷上) : "旣多興象, 復備風骨, 三百年以前, 方可論其體裁也."

54) 興象과 風骨의 의미와 그 둘의 관계, 그리고 風骨과 古體의 관계에 대해서는 喬象鍾 · 陳鐵民, 앞의 책, 236-241쪽.

55) 李珍華 · 傅璇琮, 앞의 책, 67-68쪽.

시학의 주요 경향을 漢魏風骨의 발전적 계승과 興象이 영롱한 詩境 및 자연미의 추구로서 파악한다면,56) 그러한 경향의 전개에 도한의 시가 일정 정도 기여한 것만은 부인할 수 없을 듯하다.

參考文獻

『史記』, 景仁文化社.
『漢書』, 上同.
『後漢書』, 上同.
『晉書』, 上同
『舊唐書』, 上同.
『新唐書』, 上同.
『全唐詩』, 中華書局, 1992.
『全唐文』, 上海古籍出版社, 1993.
孫映逵, 『唐才子傳校注』, 中國社會科學出版社, 1991.
計有功, 『唐詩紀事』, 上海古籍出版社, 1987.
何文煥, 『歷代詩話』, 中華書局, 1981.
丁福保, 『淸詩話』, 明倫出版社, 1971.
郭紹虞, 『淸詩話續編』, 上海古籍出版社, 1983.
陶敏・傅璇琮, 『唐五代文學編年史』(初盛唐卷), 遼海出版社, 1998.
羅宗强, 『隋唐五代文學思想史』, 上海古籍出版社, 1986.
羅宗强・郝世峰, 『隋唐五代文學史』(上) 北京高等教育出版社, 1990.
陳伯海, 『唐詩學引論』, 上海知識出版社, 1990.
李珍華・傅璇琮, 『河嶽英靈集硏究』, 中華書局, 1992.
許總, 『唐詩史』(上冊), 江蘇敎育出版社, 1995.
喬象鍾・陳鐵民, 『唐代文學史』(上卷), 人民文學出版社, 1995.
楊世明, 『唐詩史』, 重慶出版社, 1996.
張步雲, 『唐代詩歌』, 安徽敎育出版社, 1988.
葛曉音, 『詩國高潮與盛唐文化』, 北京大學出版社, 1998.
林繼中, 『唐詩』, 廣西師範大學出版社, 2000.
張明非, 『唐賢三昧集譯注』, 上海古籍出版社, 2000.
『中國歷史文化名城詞典』, 上海辭書出版社, 1985.

출처 : 『中國學硏究』 24집(원제 : 盛唐 陶翰의 시)

56) 羅宗强, 앞의 책, 90-117쪽.

柳宗元의 비극적 삶과 詩의 심미적 특징

— 永州後期 詩를 중심으로 —

임효섭*

Ⅰ. 序 論

柳宗元은 '唐宋變革期'[1]라고도 일컫는, 강성했던 唐帝國의 통치질서가 무너져 가는 격동의 시기에 庶族 官僚士大夫로서, 정치적 革新을 指向하였다가 실패해 貶謫당한 인물이다. 그의 詩는 대부분 貶謫 이후에 지어진 것으로, 이들 詩는 現實적 패배로 말미암은 憤怒와 挫折을 벗어나려는 몸부림이었다. 그의 詩는 대부분 정치·사회적 理想의 實踐에서 실패한 이후 그가 겪어야만 했던 內面의 苦痛과 心理적 葛藤에서 야기된 情緖 체계를 보여준다. 그런 의미에서 長安時期를 제외한 柳宗元 詩의 客觀的인 조건은 挫折과 격리였다고 할 수 있다. 사회적인 연관 속에서 對立과 統一의 과정을 거쳐서 서로 간에 가치를 주고받을 수 없을 때, 이것을 추구해 온 창작주체의 상실감과 무력감은 말로 표현할 수가 없는 것이 된다. 柳宗元은 貶謫으로 인한 사회 정치적인 격리 속에서 끊임없이 자신을 추스리고 昇華시켜야만 했다. 적어도 柳宗元은 永貞革新의 挫折로 초래된 자신의

---

* 동아대학교 인문과학대학 중국학부 교수

1) 辛聖坤, 「唐宋變革期論」, 『講座中國史』 3, 서울大學校東洋史學研究室 編, 지식산업사, 1989.

客觀的인 조건을 부정할 수도 超越할 수도 없는 庶族 士大夫였기 때문이다.

따라서 柳宗元의 詩世界는 무엇보다도 悲憤과 憤怒가 主旋律이었다. 간간이 누렸던 平靜에도 막연한 기다림에도 애절한 그리움에도 悲痛과 憤怒의 情調가 서려 있을 정도이다. 貶謫으로 인한 격리가 한 순간이었다면 쉽게 떨칠 수 있었겠지만 생을 마감하는 순간까지 계속된 이 상황은 悲憤과 憤怒로써 자기 內面의 情調를 정초하게 하였다. 그러면서도 그는 이 응어리를 있는 그대로 통쾌하게 풀어내지도 못한다. 폭발하는 듯한 감정의 노출보다는 內面 깊숙이 침윤하는 그의 情緖는 '知其不成而行之'하는 儒家의 전형이라고 할 수 있다.

抛棄할 수 없는 經世의 理想과 悲憤의 矛盾이 그의 情調의 또 다른 主旋律을 苦惱로 몰고 간 원인이었다. 일찍이 柳宗元은, 정치적인 理想을 위해 동분서주하던 長安時期에는 詩의 창작을 대수롭지 않게 여겼다고 말한 바 있다. 그러던 그가 貶謫 이후의 苦痛과 苦惱 속에서 활발한 창작역량을 보여준 것은 그의 詩가 苦惱의 꽃이었음을 말해준다. 다시 말하자면 그의 詩 창작은 司馬遷의 '發憤著書'와 韓愈의 '不平則鳴', 그리고 이후 歐陽修가 제기한 '窮而後工' 이론을 實踐한 典範이라 할 수 있었던 것이다. 실제로 그는 정치적 理想의 實現을 抛棄하지 못하면서, 한편으로는 그로 인한 苦痛에서 벗어나고 싶어했다. 바로 이 執着과 超越간의 葛藤이 곧 그의 苦惱였고 詩로서 吐露하지 않고는 견딜 수 없는 그의 '억제할 수 없는 열망'이었으며 詩 창작의 정신이었다. 그의 詩가 애를 끊는 탄식, 실없는 넋두리, 상처뿐인 오만 등을 투명한 여과지에 걸러 淡泊한 시정을 이끌어내고 있을 뿐 아니라, 수사를 부리지 않는 평이하고 質朴한 언어 속에 진실한 감정을 숨긴 듯 드러내었던 것도 이 때문이었다.

Ⅱ. 삶에 의하여 媒介된 鬱憤과 寂寞

柳宗元은 시련에 처하기 이전(貶謫되기 이전)인 長安시기에는 詩文을 많이 짓지 않았다. 특히 詩歌는 4수 밖에 짓지 않았다. 柳宗元에게 글쓰기는 정치적 자아실현이 불가능하였을 때, 자아실현을 위하여 선택된 수단이었던 것이다. 스스로도 정치적으로 자기 이상을 실현할 수 있는 지위에 있을 때에는, 글짓기를 놀이 정도로 생각하였다고 밝히고 있을 정도다. 이런 그가 貶謫당하여 이상을 실현할 수 없게 되자, 當代에 실현할 수 없는 자신의 '道' 즉 理想이 후세에라도 실현되기를 바라는 마음에서 글을 짓는다고 한 것이다. 그런 의미에서 理想과 貶謫은 柳宗元의 내적인 모순을 배태시킨 현실의 대립된 상황이었다. 실제로 그는 貶謫생활의 고통보다도 자신의 이상을 실현할 수 없다는 것에 더욱 괴로워하였다. 일반적인 士大夫들이 정치권력으로부터 멀어지면 곧바로 은거하거나 자신의 이상을 포기하는데 반하여, 마지막까지 그 꿈을 버릴 수 없었다는 것이 바로 그의 詩를 '峭'의 경지로 나아가게 한 힘이었다.

예를 들어 永州에서 지은 柳宗元의 詩歌는 貶謫의 좌절과 울분 속에서 자신을 자책·자조하거나, 산수를 배회하고 승려와 불경을 가까이 하면서 그 고통을 잊으려 노력하는 작품들이 대부분이다. 이 때의 그는 오래지 않아 조정에 복귀할 수 있으리라는 희망을 버리지 않은 상태였다. 이 시기의 詩가 좌절과 희망의 모순구조를 보이는 것은 이 때문이라 할 수 있다. 특히 冉溪로 거처를 옮기고 난 후의 柳宗元은 貶謫 初期에 비하여 정신적으로 다소 안정을 찾는 모습을 보인다. 그러나 가슴 속 깊은 곳에는 여전히 兼濟의 이상을 향한 열정이 요동치고 있었다. 주변의 山水를 유람하며 마음의 위안을 얻고자 노력하기도 했지만 이 시기 내내 자신의 이상에 대한 執着을 떨치지 못하는 바람에 끝내는 마음의 병을 만들기도 하였다. 게다가 자신은 모든 것으로부터 단절된 적막에 휩싸여 있었다. 타개할 수 없는 이 상황을 과감하게 벗어버리고 싶었지만 그럴수록 더욱 힘들게 얽혀드는 복잡한 심경으로 그의 시풍은 울분과 적막 사이를 오가게 된다.

元和 五年 10月 憲宗이 조서를 내려, 이듬해 정월 16일 京城 長安 東郊에서 籍田[2)]할 것이라는 조칙을 내리자 柳宗元은 永州에서 그 소식을 접하고 가슴속에서 솟구치는 기대와 안타까움을 <聞籍田有感>로 표현하게 된다.

天田不日降皇輿	天田으로 天子께서 불일간 납시는데
留滯長沙歲又除	長沙땅에 억류되어 또 한 해 흘러가고
宣室無由問鼇事	宣室에선 귀신 일을 물을 이유 없으며
周南何處託成書[3)]	周南 땅의 어디에서 글짓게 付託할까

그는 자신을 賈誼에 비유하였다.[4)] 그래서 제 2구는 賈誼가 長沙에 貶謫되어 고통의 나날을 보내었듯이 자신도 貶謫지 永州에서 또 한 해를 보내는 처지에 있음을 말하고 있다. 그리고 이어서 3·4구는 賈誼와 司馬談의 故事를 이용하여 자신의 안타까운 심정을 吐露한다.

漢文帝는 宣室[5)]로 친히 賈誼를 불러 제사와 귀신에 관한 의견을 물었다고 한다.[6)] 이후 이 이야기는 군주가 된 뒤 인재를 불러 만날 때 많이 사용되는 典故이다. 그래서 3구는 柳宗元이 賈誼로 자신을 비유하고 自己는 賈誼처럼 제사 지내는 일에 대한 의견을 황제에게 올릴 수 없는 슬픔—朝廷에서 皇帝와 함께 天下를 圖謀할 수 없는 슬픔—을 표현한 것이다. 또 漢武帝때 武帝가 泰山에 封禪大典[7)]을 올리려 할 때, 司馬談이 병이

2) 籍田은 임금이 친히 밟고 가는 田地 즉, 임금의 親耕田를 말한다. 옛날에 제왕들은 봄갈이 전에 친히 밭을 갈며 종묘에 제사를 지내어 勸農하였다. 이런 의식은 역대로 아주 성대한 의식으로 여겨졌고, 기일이 되면 문무백관 모두 조례복과 의관을 갖춰 전부 참가하였다. ≪詩經·周南·載芟≫ ; "載芟, 春籍田而祈社稷也."<傳> ; "籍田, 甸師氏所掌, 王載耒耜所耕之田, 天子千畝, 諸侯百畝. 籍之言借也, 借民力治之, 故謂之籍田."

3) <聞籍田有感> ≪柳河東集≫卷四三, p.1243.

4) 賈誼는 長沙王 太傅로 貶謫되었었는데 長沙는 柳宗元의 貶謫地 永州와 같은 지역이다.

5) 漢나라 未央宮 안의 궁전으로 황제가 음식을 삼가하는 곳이다.

6) ≪漢書·賈誼傳≫ ; "文帝思誼, 征之. 至, 入見, 上方受釐, 坐宣室. 上因感鬼神事, 而向鬼神之本. 誼具道所以然之故." ≪史記·屈賈列傳≫ ; "賈生徵見, 孝文帝方受釐, 坐宣室, 上因感鬼神事, 而問鬼神之本, 賈生因具道所以然之狀."

위중하여 周南(洛陽)에 체류하였으므로 이 大典에 참가할 수 없는 것을 매우 유감스럽게 여겼다. 그래서 죽음에 임박했을 때 그 아들 司馬遷에게 그의 다하지 못한 저술의 바람을 완성해 주도록 유언하였다고 한다.[8] 그 유언을 받들어 司馬遷이 ≪史記≫를 완성하였다는 것은 널리 알려진 사실이다. 이후 이 일은 朝廷의식에 참여할 수 없음을 탄식할 때 사용되는 典故가 되었다. 따라서 4구는 太史公이 황제를 따라 봉선대전에 참가할 수 없었던 것과 같이, 자기 또한 永州에 유배되어 籍田의식에 참가할 수 없는 그 괴로운 심정을 吐露한 것이다. 賈誼와 司馬遷에 자신을 比肩할만큼 柳宗元의 자부심은 대단히 컸었다. 이로부터 그의 懷才不遇의 심정을 이해할 수 있으며, 그리고 다시 이 시를 읽으면 구절구절이 눈물이다.[9)]

게다가 冉溪로의 遷居 초기에 얻은 상대적인 안정은 貶謫 초기에 얻은 질병을 다소 진정시켜주는 듯 하였지만, 그것도 잠시뿐 다시 脚氣病이 심해짐에 따라 그의 정신적 고통도 배가되기 시작하였다. 이 때의 고통을 읊고 있는 <<囚山賦>에 의하면 柳宗元은 주로 長安으로부터의 격리와 단절 때문에 견딜 수 없어 하고 있었다. 그가 눈앞에 펼쳐진 사방의 산들을 자신을 가두고 있는 감옥으로 느꼈던 것 또한 이 때문이었다.

비록 내가 호랑이나 코뿔소가 아니지만 우리에 갇히었고 돼지가 아님에도 우리 안에 갇히었네. 10여 년간 나를 보러온 사람 없고 오히려 층층이 쌓인 쑥이 내가 갇힌 곳을 더욱 가리네. 성인이 매일 나라를 다스리고 있고 현인도 매일 임명받고 있으니 누가 이러한 산으로 하여금 계속 끊임없이 나를 가두라고 하는지?[10)]

이 같은 貶謫생활의 즐거움은 친구일 수밖에 없다. 소외와 단절을 극복할

---

7) 옛날 중국의 태산에서 임금이 제를 지내는 의식.

8) ≪史記・太史公自序≫ ; "是歲天子始建漢家之封, 而太史公留滯周南, 不得與從事, 故發憤且卒. 而子遷適使反, 見父于河洛之間. 太史公執遷手而泣曰, '……今天子接千歲之統, 封泰山, 而余不得從行, 是命也夫. 余死, 汝必爲太史 ; 爲太史, 無忘吾所欲論著矣".

9) 近藤元粹, ≪柳柳州詩集≫卷4 : "一聲一淚, 自負亦甚矣."

10) <囚山賦> : "匪兕吾爲柙兮, 匪豕吾爲牢. 積十年莫吾省者兮, 增蔽吾以蓬蒿. 聖日以理兮, 賢日以進, 誰使吾山之囚吾兮滔滔!"

수 있는 길은 만날 수 있는 친구와의 교류밖에 없기 때문이다. 게다가 이 시기의 柳宗元은 정신적으로도 상당히 안정된 편이었다. 이 같은 그의 변화는 知己와의 교류에서 있어서도 이전과는 다른 모습을 보이게 된다. 예를 들어 <酬婁秀才將之淮南見贈之什>은 다음과 같이 읊고 있다.

遠棄甘幽獨　　貶謫되어 외로움 달게 여기니
誰言值故人　　누군들 옛 친구라 말하겠는가
好音憐鎩羽　　가여운 깃빠진 새 울음 예쁘고
濡沫慰窮鱗　　땅에 오른 물고기 거품에 사네
困志情惟舊　　같은 마음 벗만이 정이 깊은 것
相知樂更新　　서로 알아 즐거움 더욱 새로와
浪遊輕費日　　유람하며 가벼이 세월 보내며
醉舞詎傷春　　취하여 춤추는데 봄이 슬프랴
風月歡寧間　　風月따라 기쁨은 차라리 멀고
星霜分益親　　星霜따라 감정은 더욱 친하네
已將名是患　　名聲은 이미 그대 근심이러니
還用道爲隣　　차라리 道와 함께 살아가려네
機事齊飄瓦　　속세의 일 재앙을 점칠 수 없고
嫌猜比拾塵　　시기는 티끌 줍는 일과 같으니
高冠余肯賦　　높은 관에 기꺼이 글을 지으며
長鋏子忘貧　　긴 칼 차고 가난을 잊어버리리
晼晚驚移律　　석양에 늙어가는 벗에 놀래서
睽攜忽此辰　　등지고 떨어짐이 바로 이 때라
開顏時不再　　파안대소 하는 때 다시 없을걸
絆足去何因　　매인 발 떠나는 건 무슨 연유요
海上銷魂別　　바닷가에 넋 잃고 이별을 하니
天邊弔影身　　하늘가 그림자만 남기는구나
祗應西澗水　　이젠 단지 서쪽의 개울가에서
寂寞但垂綸[11]　　적막하게 낚시만 드리우리라

뜻하지 않는 친구의 안부로 그 기쁨을 노래하고 있다. 은거하는 마음으로 세상사를 잊고자 하였으나 역시 知己의 즐거움은 그 무엇에도 비교할

11) <酬婁秀才將之淮南見贈之什> ≪柳河東集≫ 卷四二, p.1131.

수가 없다. 자신을 알아주는 자가 있기 때문에 '가여운 깃 빠진 새'의 울음도 예쁠 수가 있고 굳은 신뢰는 땅에 오른 물고기가 서로를 위하여 거품을 내뿜는 것에 비유되고 있다.

4연은 일종의 반어이다. 봄이 진정으로 슬프지 않는 것이 아니다. 단지 슬프게 여기지 않으려고 노력할 따름이다. 그 슬픔 자체가 의미를 가지지 못하는 현실이기 때문이다. 5연의 "風月"과 "星霜", "멀고"와 "친하네"는 서로 대구를 이룬다. 같이 즐길 아름다운 경치는 이별함에 차라리 그 기억이 아득하고 눈에 보이지도 손에 잡히지도 않지만 말없이 주고 받은 서로의 정은 더더욱 깊이 느껴지는 것이다.

9연은 마침내 헤어져야 할 시간이 왔음을 지는 해로 묘사하고 있다. 入道하려는 벗을 만류하려 하나 그는 허허로운 웃음으로 일축하고 만다. 11 연의 "하늘가 그림자"는 공허함의 극치이다. 텅비어 있는 허공에 형체 없는 그림자는 벗이 남긴 빈자리이기도 하고 이제는 아무것으로도 채워지지 않을 것같은 詩人 마음 속의 공간이기도 하다. 그러면서 홀로 낚시줄을 드리운다. 바닷가의 석양과 하늘가로 길게 드리운 내 그림자는 한 폭의 적막한 풍경화를 그려낸다.

하지만 長安에서부터 알고 지냈던 친구들의 부음은 이 모든 정신적인 평정과 감정의 안정을 한꺼번에 깨트리는 원인이었다. 柳宗元은 평소 존경하던 呂溫이 죽었다는 소식을 접하고는 劉禹錫의 애도시에 唱和하는 형식으로 <同劉二十八哭呂衡州兼寄江陵李元二侍御>를 짓게 된다.

衡岳新摧天柱峯	南岳 衡山 天柱峯이 지금 쓰러져
士林顦顇泣相逢	士林들은 만나 울어 초췌해지고
祇令文字傳青簡	文字만을 青簡에다 전하게 하고
不使功名上景鍾	큰 종에다 공을 적지 못하게 하네
三畝空留懸磬室	三畝 땅에 경쇠 우는 방만 남았고
九原猶寄若堂封	九原땅엔 上堂같은 封墳 있으니
遙想荊州人物論	荊州서의 人物論을 생각하면서
幾回中夜惜元龍	몇 번이나 한 밤중에 元龍을 찾네

제목 속의 '李'는 李景儉, '元'은 元稹을 가리키는데, 이 당시 간이 江陵에 貶謫되어 있었다. 元稹도 呂溫을 애도하는 시 4편을 남기고 있다. 그와 劉禹錫, 柳宗元 등은 일찍이 長安시기에 면식이 있었으며, 이들 작품은 '新樂府運動'의 주창자와 革新派의 교유를 보여주는 것이기도 하다. 실제로 陳寅恪은 白居易의 '新樂府'에 '八司馬'사건에 분개하는 마음을 담은 篇章이 있음을 고증한 바 있다.12) 元稹과 白居易는 永貞革新 시기에 革新事業에는 참여하지 않았으나, 혁신파들과 뜻을 같이 하였던 것이다.

永貞革新의 동지인 呂溫의 죽음을 전해 듣고 지은 작품이다. 呂溫도 남방의 이곳저곳으로 貶謫되다가 40세의 나이로 요절하였다. 첫 연은 呂溫의 죽음에 대한 슬픔의 크기를 감각적으로 묘사하였다. 첫 구의 "天柱峯"은 두 가지 의미를 나타내는데, 그 하나는 呂溫이 나라를 떠받칠 만한 인재라는 것이고, 다른 하나는 그의 죽음으로 인한 柳宗元 자신의 슬픔이 하늘이 무너지는 것만큼이나 크다는 것을 표현한 것이다. 둘째 연에서는 죽은 뒤에도 그 功績을 인정받지 못하는 처지임을 한탄한다. 이는 呂溫만이 아니라 柳宗元 자신의 미래의 모습일 수도 있는 것이기에 더욱 비통하다. 지금 詩人이 처한 상황에서 허용되고, 할 수 있는 일은 文章으로 뜻을 남기는 길뿐이다. 셋째 연은 죽은 뒤의 凄凉한 상황과 애통한 심정을 묘사하고 있다. 청빈하게 살아 작은 오막살이만 남기고 고향에 安葬할 수도 없는 신세라는 것이다. 넷째 연은 제목과 첫 연의 悲痛을 수렴하여 呂溫의 죽음에 대한 哀悼 속에 恨을 표현하였다.

일반적으로 벗의 죽음을 애도하는 시는 쉽사리 感傷에 빠져든다. 그러나 이 작품은 呂溫의 불행한 죽음에 대해 깊은 애도의 정을 표현하면서도, 슬픔의 감정에만 머무르지 않는다. 詩人은 哀悼 속에 울분과 怨望을 담고, 비통함 속에 呂溫의 재능에 대한 예찬, 즉 자신에 대한 자부심을 표현하는 기개를 드러내고 있는 것이다. 그리고 이 애도가 內含하고 있는 懷才不遇의 심정이 이 작품의 기본 心象 구조라 할 수 있다. 특히 첫 연과 마지막

12) 陳寅恪, ≪元白詩箋証稿≫<太行路>·<園陵妾>, 上海古籍出版社, 1987, 176-178, 266-270면 참고.

연의 "衡岳 天柱峯 쓰러짐"과 三國時代의 호걸 陳元龍과의 비유는 비장함마저 엿보게 한다. 沈德潛의 "애도와 원망에 절도가 있어, 律詩 속의 離騷라"[13]는 비평도 이와 같은 맥락에서 적절하다 할 수 있을 것이다.

인간에게 있어 고통은 심신연마의 활력소로서 작용할 수도 있다. 그러나 그것은 때와 처한 상황과 强度에 따라 그 의미를 달리 하기도 한다. 柳宗元에게 있어 고통은 불행하게도 후자의 경우였다. 낯선 땅·열악한 환경이 모든 것이 그러지 않아도 지친 詩人의 심신을 극도로 피폐시킨다. 절제의 미덕은 여유로움에서 찾을 수 있다. 부딪치면 아프고 다치면 쓰린 것처럼 감각은 동일하며 즉각적이다. 그것을 어떻게 표현하느냐는 개개인의 차원의 것이다. 그러나 이것이 이렇듯 단순한 지경을 넘어 극복할 수 없는 한계선으로 내몰리게 될 경우 상황은 달라진다. 柳宗元에게 주어진 고통은 바로 이러한 것이었다. 이상의 挫折, 적응하기 힘든 이역으로의 貶謫, 동지들과의 이별 그리고 그들의 죽음 등등. 연속으로 이어지는 불행의 고리는 그의 이상을 갉아먹고 있었다.

이 작품은 첫머리에 呂溫의 죽음을 高山의 붕괴에 비유하고, 이어서 呂溫의 높은 명성과 그를 잃은 士林의 슬픔과 呂溫의 淸廉한 인품을 서술한 다음, 전고를 사용하여 현실을 풍자하였다. 漢末 劉表, 劉備, 許汜 등이 인물을 평론하면서 廣陵太守 陳登을 찬양한 적이 있는데, 陳登은 일찍이 '扶世濟民'의 뜻을 가졌으면서 대단한 '豪氣'를 가진 인물이었으나, 중년에 夭折하였다. 이 詩의 말미는 이 典故를 사용해 呂溫을 陳登에 비유하였다. 이 비유 속에는 당시의 事態를 漢末의 난세와 비교하여 천하를 변혁시킬 수 있는 인재가 요구되고 있음을 말하고 있다. 따라서 哀悼輓歌로서의 뛰어난 성취[14] 뿐만이 아니라 諷刺詩로서도 높이 평가되어야 할 작품이다.

永州에서의 문화적 소외 또한 柳宗元이 격리감을 배가시킨 원인이었다. 柳宗元을 괴롭힌 것은 永州의 열악한 기후 조건만은 아니었다. 남쪽 지방의 풍속·관습 등은 더위 못지않게 그를 괴롭히는 중이었다. 이 같은 고통

13) "哀怨有節, 律中騷體, 與夢得故是敵手" : 沈德潛, ≪說詩晬語≫.
14) 黃周星唐詩快卷十一曰 : "哀輓詩中最爲得體."

이 이 시기의 柳宗元을 울분으로부터 적막으로 나아가게 한 원인의 하나이기도 했다. <種白蘘荷>은 바로 이 같은 자신의 소외감을 가감 없이 드러내고 있는 작품이다.

皿蟲化爲癘	皿蟲이 염병으로 변한다하니
夷俗多所神	오랑캐 습속에는 귀신이 많고
銜猜每腊毒	시새움이 언제나 극독인 것을
謀富不爲仁	부귀를 도모하여 仁을 버리어
蔬果自遠至	채소 과일 멀리서 날라서 오고
杯酒盈肆陳	술잔이 가득하게 널려졌는데
言甘中心苦	말로는 달콤해도 마음은 쓰려
何用知其眞	무엇으로 그 진실 알 수 있으랴
華潔事外飾	꽃의 순결 아무리 꾸밀지라도
尤病中州人	中原人을 더욱더 병들게 할 뿐
錢刀恐賈害	금전이 화를 자초할까 두려워
飢至益逡巡	굶주려도 더욱더 머뭇거릴 뿐
竄伏常戰慄	엎드려 숨어서는 항상 떨면서
懷故逾悲辛	옛일을 생각하면 더욱 쓰리네
庶氏有嘉草	庶氏는 아름다운 풀을 가지어
攻襘事久泯	독을 제거 한 일은 오래 전이라
炎帝垂靈編	炎帝께서 영험한 책을 내리어
言此殊足珍	이는 특히 진귀한 것이라는데
崎嶇乃有得	천신만고 고생해 얻게 되어서
託以全余身	그에 내 몸 보전을 맡기었더니
紛敷碧樹陰	무성히 푸른 나무 그늘을 펴서
眄睞心所親15)	둘러보면 마음이 친해지노라

첫 연과 둘째 연의 "귀신도 많고", "仁을 버리어"는 그들의 습속이 미개함에 대한 경시를 은근히 나타내고 있다. 中原의 관료지식인으로 그가 추구하던 삶의 방식으로는 도저히 융화될 수 없는 이질감인 것이다. 그러나 문제는 작가가 머무르는 곳이 그러한 습속이 일반화되어 있는 곳이라는

15) <種白蘘荷> ≪柳河東集≫ 卷四三, p.1227.

점이다.

3·4연에 이르면 그 이질감은 더욱 구체화되어 그들의 말과 행동이 모두 의심스럽기까지 하다. 누구든 새로운 환경에 맞닥뜨리면 먼저 경계를 한다. 그리고 점차적으로 적응의 단계로 나아간다. 그러나 이런 일반론적인 방법이 모두에게 적용되는 것은 아니다. 적어도 스스로 그 새로운 환경에 적응하고자 하는 자세가 전제되어져야 하는 것이다. 柳宗元에게는 그것이 없었다. 애초에 그는 이 지역을 받아들일 수가 없는 것이었다. 타의에 의해 내몰린 곳이었고, 이런 경우 설사 그곳이 武陵桃源이라 할지라도 받아들이기가 힘든 터인데 하물며 환경도 사람도 모두 다른 이역임에랴. 이 상황에서 柳宗元의 태도는 움추러들 수밖에 없다.

6·7연은 적극적으로 나서서 대처하기 보다는 안으로 안으로만 칩거하려드는 그의 이러한 태도가 잘 나타나 있다. 그러다 근근이 마음을 붙힌 곳이 약재이다. 그의 병이 마음에서부터 연유한 것일진대 약재로 치유될 것인지는 의문이지만 아무튼 거기에 마음을 주어 그나마 위안으로 삼으려 노력하고 있는 것이다.

현지에 대한 이질감이 심할수록 익숙했던 곳에 대한 향수가 심해지는 법이다. 게다가 鄕愁가 불러일으킨 애틋함으로 서정주체의 관심이 고향이라는 다른 공간을 기억하면서 울분은 사라지고 적막 속에서 그리운 것을 찾는 변화가 시작된다. 예를 들어 <聞黃鸝>는 고향의 봄에 대한 그리움을 직설적으로 드러내고 있는 작품의 하나이다.

倦聞子規朝暮聲	아침 저녁 울어대는 두견새 지겹더니
不意忽有黃鸝鳴	뜻밖에도 꾀꼴꾀꼴 꾀꼬리 노래소리
一聲夢斷楚江曲	그 소리에 꿈에 깨니 楚江은 구비지고
滿眼故園春意生	눈에 가득 고향 동산 봄 생각 절로나네
目極千里無山河	천리끝을 바라봐도 산도 내도 없는데
麥芒際天搖青波	보리 이삭 하늘 끝에 푸른 물결 춤추고
王畿優本少賦役	王田에는 근본 살펴 부역을 줄이어서
務閑酒熟饒經過	한가로이 술 익으면 풍족히 지낸다네

此時晴煙最深處	이때에는 아지랭이 가장 깊은 곳에서
舍南巷北遙相語	집 남쪽과 골목 북쪽 멀리 서로 지저귀다
飜日迥度昆明飛	날 바뀌면 昆明池로 멀리 건너 날아가
凌風邪看細柳翥	바람 타고 비스듬이 細柳營 바라보네
我今誤落千萬山	나는 지금 잘못하여 첩첩 산에 떨어져
身同傖人不思還	傖人과도 같은 신세 돌아갈 수 없는데
鄉禽何事亦來此	고향 새는 무슨 일로 여기까지 날아와
令我生心憶桑梓	내 마음을 고향 마을 그리웁게 하는가
閉聲迴翅歸務速	그만 울고 날개 돌려 빨리 좀 돌아가렴
西林紫椹行當熟[16]	서쪽 숲의 자색 오디 지금쯤 익었으리

첫 연은 남방에서 듣기 어려운 黃鸝 소리에 반가운 마음을 나타내고 있다. 그리고 이 黃鸝는 첫 구의 子規와 대비를 이루고 있다. 자규의 처량한 울음소리는 언제나 나그네로 하여금 고향생각에 잠기게 한다.[17] 이 자규의 울음소리도 詩人에게 많은 정감을 주었겠지만 그것이 아침 저녁으로 울어대니 지겹다고 한다. 그 지겨움은 자규가 쉬지않고 울어서가 아니라 그 한서린 울음소리가 詩人의 적막한 마음을 더욱 슬프게 하여 견딜 수 없게 하였기 때문이었을 것이다. 그래서 경쾌한 黃鸝 소리가 더 반갑게 느껴졌다. 어둡고 한스러운 자규의 울음소리와 밝고 유쾌한 黃鸝의 울음소리가 적절하게 대비되어 詩的 환경에 전환을 꾀하고 있다. 이는 곧 詩人 자신의 변화를 의도하는 것일 수도 있다.

그러나 둘째 연에서 그 시도는 무위로 끝나고 만다. 이역에서 듣는 꾀꼬리 소리란 결국 또다시 고향을 환기시키는 매체가 될 따름이었다. 눈물의 楚江도 고향을 생각나게 하는 연상물이다. 그 물굽이는 詩人의 마음이 고향으로 가는 길이 되며, 눈 앞에는 어느새 봄기운이 완연한 고향의 정경이 가득 펼쳐진다. 말로 이루다 표현할 수 없는 詩人의 마음을 읽을 수 있다.[18] 이어지는 3·4·5·6연은 이렇게 黃鸝 소리에 환기되어 떠나는

16) <聞黃鸝> ≪柳河東集≫卷四三, p.1249.
17) 王維, <送揚長史赴果州詩> : "別后同明月, 君應聽子規."
18) 胡仔, ≪苕溪漁隱叢話≫後集 卷11 : "其感物懷土, 不盡之意, 備見於兩句中, 不在多也."

고향으로의 상상여행을 묘사하였다. 하나의 꿈에서 깨어 다른 하나의 꿈으로 이어지는 것이다. 보리이삭이 하늘 끝에 푸른 물결로 춤추는 봄의 들녘에 한가로이 술을 즐기는 농부들, 아지랑이 하늘거리는 골목 사이로 날며 지저귀다가 날 바뀌면 昆明池로 멀리 건너 날아가 바람 타고 細柳營 바라보며 비껴 나는 黃鸝를 상상하며, 詩人은 잠시 즐거움을 느낀다.

그러나 그 즐거움도 잠시일 뿐, 죄인이 되어 이 첩첩산중에 갇혀 있는 자신의 처지를 생각하고 슬픔에 빠지고 만다. 그래서 급기야 그 반가웠던 黃鸝를 원망한다. 그대로 잊고 지내려 하는 나에게 다시 고향을 생각하게 하여 그리움에 슬프게 하는가. 즐거운 상상에서 슬픈 현실로 돌아오는 괴로움은 슬픔 속에 살아갈 때보다 그 괴로움을 더 심화시킬 뿐이다. 하지만 詩人은 원망으로 끝맺음을 하지 않고, 마지막 연에서 나는 이렇게 척박한 이역땅에서 고향에 돌아가고 싶어도 갈 수 없지만, 黃鸝 '너는 울지 말고 어서 돌아가거라. 고향의 오디는 먹기 좋게 잘 익었을 테니'라고 권하며 원망의 마음을 추스린다. 이 작품은 이렇게 '반가움'에서 '원망'으로, '즐거움'에서 '슬픔'으로, 감정의 흐름을 대비 · 변화시켜 향수를 절실하게 표현하였다. 따라서 전체 시의 心象이 매우 약동감을 준다.[19] 그리고 마지막 연에서 黃鸝에 대한 원망을 너라도 고향에 돌아가라는 애정으로 다시 감정을 추스림으로써 독자에게 강한 여운을 남긴다. 黃鸝 너라도 돌아가라는 말은 끝 구절에서 고향의 오디가 익었으리라는 상상과 결합되어, 詩人의 고향에 대한 그리움을 다시 절절하게 한다. 돌아가고 싶은 것은 자신이지만 너라도 돌아가라고 말하는 감정의 절제가 詩的 감흥을 배가시키기 때문이다.

"景을 묘사함은 景 가운데 뜻을 머금고, 일 가운데 景을 보여주어야 한다. 세밀하고 청담해야지, 진부하거나 교묘함을 꺼린다. 뜻을 묘사함은 뜻 가운데 景을 담고, 의론함을 밝게 해야 한다."[20]고 하였다. 이 작품이

---

19) "意態飛動." : 孫月峯, ≪評點柳柳州集≫卷43.

20) "寫景, 景中含意, 事中瞰景, 要細密淸淡, 忌庸腐雕巧. 寫意, 要意中帶景, 議論發明." : 楊載, ≪詩法家數≫, ≪歷代詩話≫本.

한탄에 빠지지 않고 깊은 여운을 가질 수 있는 이유 또한, 전반부의 청담한 景物 묘사가 후반부의 강렬한 감정을 감싸주고 있기 때문이다. 柳宗元의 鄕愁詩는 이렇게 景物을 보고 솟구치는 감정을 吐露하는 형식를 많이 취하였다. 그 중에서 지금까지 살펴 본 바와 같이 봄의 景物로부터 향수를 연상하는 방식이 가장 많이 사용되었다.

봄의 景物 외에도 柳宗元은 다양한 景物을 통하여 고향에 대한 그리움을 연상하기 일쑤였다. <梅雨>는 투사와 동화를 추구하긴 하지만 詩的 대상과 詩人의 심리적 거리가 다소 이완됨으로써 사뭇 적막마저도 잊은 듯한 모습을 보여준다.

梅實迎時雨	매화 열매 때맞은 비를 맞으니
蒼茫値晩春	부슬비에 뿌우연 늦봄이로다
愁深楚猿夜	楚 원숭이 우는 밤 수심이 깊고
夢斷越鷄晨	越땅 닭 우는 새벽 꿈에서 깨니
海霧連南極	바다 안개 남녘의 끝에 닿았고
江雲暗北津	강 구름 북쪽 나루 어둡게 덮네
素衣今盡化	흰 옷은 이제 모두 바래었지만
非爲帝京塵[21]	황제계신 서울 먼지 때문 아니라…

첫 연의 매실이 누렇게 익을 무렵 장마가 내려, 시야에는 뿌우연 부슬비로 그 무엇도 뚜렷이 보이지 않는 늦봄의 정경은, 막막하고 답답한 우수를 느끼게 한다. 이어서 둘째 연은 이 늦봄의 장마비로 촉발된[22] 수심에 밤새도록 잠 못 이루는 모습을 묘사하였다. "깊은 근심"과 "초의 원숭이 슬피 우는 밤", 그 근심으로 "꿈에서 놀라 깸"과 "越 땅의 닭 우는 새벽", 이 心象들의 결합은 평이하면서도, 그 애절함이[23] 가히 절묘한 시상을 만들어내고 있다.[24] 이렇듯 잠 못 이루게 하는 근심의 이유는 마지막

21) <梅雨> ≪柳河東集≫卷四三, p.1237.
22) 王堯衢, ≪古唐詩合解≫ : "前解因雨起愁, 後解有念帝京之意."
23) 汪森, ≪韓柳詩選≫ : "夜猿晨鷄用事極穩貼入情, 更能無字不典切, 故佳."
24) 王堯衢, ≪古唐詩合解≫ : "因雨生愁, 聞夜猿而更苦, 因雨驚夢, 聽晨鷄而忽醒, 此時不勝凄怨矣."

연으로 미루어 볼 때 바로 長安에 대한 그리움이다. 그래서 셋째 연의 남북으로 끝없이 어둡게 내려앉은 "바다안개"와 "강구름"은 자신의 歸京길을 막고 있는 거대한 힘으로만 다가온다. 이 처량하고 암담한 정경이 詩人을 견딜 수 없게 한다. 그리하여 마지막 연에 이르러 결국 이 곳을 벗어나고 싶은 간절한 심경이 드러나게 되고 마는 것이다.

마지막 연은 陸機의 "서울에는 바람 먼지[風塵]가 많아, 흰 옷[素衣]을 검게 한다"[25]라는 시구를 逆用하여 표현한 것이다.[26] 육기 시구의 뜻은 京師에는 아첨하고 모함하는 간신이 많아 자신의 정절과 순결을 더럽힌다는 뜻인데, 詩人은 永州의 "바다안개와 강구름이 자신의 흰옷을 검게 하는 것이지, 京師의 먼지가 그러한 것이 아니라"고 하여, 귀경의 간절한 심경을 나타내고 있다.[27] 柳宗元에게 있어 京師인 長安은 곧 그의 고향이며, 고향에 대한 그리움은 곧 朝廷에로의 복귀에 대한 희망이기도 하다. 향수라는 간절한 심경이 매화열매 · 비 · 楚 원숭이 우는 밤 · 바다안개 등등의 많은 詩語들 속에 투사되어 있지만 다소 생경하게 드러난 詩人의 내면이 엿보이기도 한다.

반면에 와 <零陵早春>은 향수가 서정주체의 애틋함으로 드러나는 모습을 보여준다.

問春從此去	봄에게 물어본다 여길 떠나면
幾日到秦原	며칠만에 長安에 도착하느냐
憑寄還鄉夢	고향에 가고픈 꿈 그편에 부쳐
慇懃入故國[28]	간절한 맘 고향에 들여보내리

詩人이 현재 위치한 零陵은 남쪽이라 봄이 매우 이르지만, 고향 땅 長安[秦原]은 북쪽이라 봄이 다소 늦으므로, 봄에게 여기에서 떠나가면 몇

---

25) 陸機, <爲顧彦先贈婦二首其一> : "辭家遠行遊, 悠悠三千里. 京洛多風塵, 素衣化爲緇." 謝朓 : "誰能久京洛, 緇塵染素衣."

26) 沈德潛, ≪唐詩別裁≫卷4 : "活用陸士衡語, 所以念帝鄉傷放逐也."

27) 홍인표, 앞의 책, pp.237-238. 참고.

28) <零陵早春> ≪柳河東集≫ 卷四三, p.1237.

일이나 지나야 고향에 도착하는지 묻는다. 그리고 자신은 몸은, 비록 갈 수 없지만 꿈속에서는 갈 수 있을 터이니 그 꿈을 북으로 가는 봄에게 부쳐서라도 고향에 가고 싶다는 간절한 마음을 잘 표현하고 있다.[29] 짧은 五言絶句 속에 정교하게 心象을 구성하여 직접적인 표현을 사용하지 않고도 절실한 감정을 담아내고 있다.[30] 그래서 상쾌한 느낌마저 들게 한다.

<春懷故園> 또한 서정주체의 향수가 애틋함으로 묻어나는 분위기이다. 그저 연상의 매개물이 이곳의 "밭가는 봄"이라는 사실이 다를 뿐이다.

九扈鳴已晩	九扈새 울어대는 저녁무렵에
楚鄕農事春	楚의 향촌 밭가는 봄이로구나
悠悠故池水	아득히 먼 내 고향 연못의 물은
空待灌園人.[31]	헛되이 물 댈 이를 기다리리라

봄날 해 저물 무렵 저 멀리 어디선가 들려오는 구호새 울음소리가 지금이 밭갈이 할 봄임을 환기시키고, 그 봄의 心象이 다시 눈과 얼음이 풀린 내 고향 연못을 생각나게 한다. 마지막 구의 "물댈 이[灌園人]"[32]는 田園으로 돌아와 은거하는 사람을 가리킨다. 따라서 詩人의 田園에 은거하고자 하는 바램을 나타내었다고 할 수도 있겠으나, "헛되이[空]"라는 詩語가 가고 싶어도 갈 수 없는 절실한 향수의 감정을 드러내고 있다. 향수를 다루고 있는 柳宗元의 이 같은 작품들은 현실을 떠난 고향의 거리가 감정의 거리로 절제되어 이 시기 風格의 先聲을 鄕愁속에서 먼저 빚어내는 성과를 보이고 있다.

하지만 스스로가 몸담고 있는 현실은 鄕愁속의 고향과는 다른 것이었다.

---

29) 唐汝詢, ≪唐詩解≫ 卷23 : "零陵在南, 春最早, 秦原在北, 春稍遲. 故問春從此而去, 幾日而到秦原乎. 我欲憑寄還鄕之夢以入故園耳."
王堯衢, ≪古唐詩合解≫ 卷4 : "此意殷勤, 惟思故園, 故亦作殷勤之夢, 身不能到而夢到, 庶同春以入故園耳."

30) 劉辰翁 : "皆自精切." 蔣之翹, ≪柳集輯注≫卷42.

31) <春懷故園> ≪柳河東集≫ 卷四三, p.1264.

32) ≪史記・鄒陽傳獄中上書≫ : "是以孫叔敖三去相而不悔, 於陵子仲辭三公爲人灌園."

지금 이곳의 景物은 아직은 그의 내면적인 고통을 위로해 줄 수도 떠나게 할 수 도 없는 것이었다. 고민과 비애의 이면에는 분노와 통곡이 숨어있고 그 표면에는 노래와 웃음이 걸리기도 하는 것이 이 시기의 삶이었다.

희희낙낙 웃으면서 분노하는 것은 눈을 크게 뜨며 화를 내는 것보다 더 슬픕니다. 장탄식하는 것은 통곡하는 것보다 훨씬 더 슬픕니다. 제 겉모습이 호연한 것은 근심과 상처가 더욱 심해서가 아님을 당신이 어찌 알련지요?33)

이 같은 모순과 고통 때문에 그는 자기가 거주하는 冉溪를 '愚溪'로 개명하고, 그 곳의 샘, 연못, 정자, 섬 등도 모두 '愚'자를 붙였는지도 모른다. 그러나 스스로를 '어리석다'고 말하는 것은 이미 자신이 어리석지 않다는 것을 웅변하는 것에 다름 아니다. 만약에 이것이 총명함이 마땅한 지위를 찾지 못하는 어리석은 현실에 대한 풍자라면, 이 '愚'와 '賢'의 전도야말로 柳宗元의 비극성을 드러내는 또 다른 실례일지도 모른다.

貶謫地의 봄이 柳宗元에게 향수를 촉발시킨 것은 사실이지만, 봄으로 비롯된 남방의 더위는 더할 나위 없는 고통이었다. 그렇지 않아도 가슴속에 무거운 응어리를 지닌 詩人에게 무덥고 답답한 대기는 참기 힘든 것이었다. <夏夜苦熱登西樓>의 다음 대목이야말로 이 같은 상황의 표현이다.

苦熱中夜起	고통스런 더위에 한 밤에 깨어
登樓獨褰衣34)	樓에 올라 외로이 옷깃 걷으니

한밤에도 식지 않는 뜨거운 남방의 열대야로 제대로 잠조차 이루지 못한다. 그 속에서 억지로 잠을 청하다가 끝내 깨어나 길고 긴 한 밤을 지친 몸과 마음으로 견뎌낼 수밖에 없다. 그러나 詩人을 깨운 것은 단순한 더위만이 아니다. 그것은 오히려 그 괴로운 열기로 인하여 더욱 기승을

33) <對賀者> : "嘻笑之怒, 甚乎裂眦, 長歌之哀, 過乎慟哭, 庸詎知吾之浩浩, 非戚戚之尤者乎?"

34) <夏夜苦熱登西樓> ≪柳河東集≫ 卷四三, p.1197.

부리게 된 가슴속의 화(火)인 것이다. 더위와 울화를 식혀 볼까 樓閣에 올라 옷깃을 걷고 바람을 쐬어 보지만 그것은 쉽게 식지 않는다. 가슴속의 화는 찬바람으로는 식힐 수가 없다. 근심을 나눌 수 있는 벗이 있다면 다소나마 위안이 되련만 뜻 맞는 이도 없으니 홀로 누각에 오른다. 그러나 텅 빈 누각에서 느껴지는 건 쾌적함이 아니라 공허감이다. 그것은 더위보다 더 詩人을 적막하게 만든다.

그리하여 은근하고 담담한 吐露는 점점 탄식으로 변한다. <入黃溪聞猿>은 적막이 울분을 압도하는 내면의 변화를 절실하게 보여주는 시다.

溪路千里曲	꼬불꼬불 천리의 계곡 길에는
哀猿何處鳴	어디선가 원숭는 슬피 우는데
孤臣淚已盡	외로운 신하 눈물 이미 말라서
虛作斷腸聲[35]	부질없이 애 끊는 소리만 낸다

천리의 계곡길은 순탄치 않은 작가의 여정이자 마음의 길이다. 끝간데 없이 꼬불꼬불한 길은 그의 여정이 힘들고 그 고난이 계속 이어질 것임을 암시한다. 여기에서 원숭이의 울음은 침울하고 고적한 시의 정조를 더욱 부추긴다. 그리하여 한이 서린 듯한 원숭이의 애잔한 울음은 눈물도 이미 말라버린 작가의 마음에 생채기를 덧내고 있는 것이다.

적막이 울분을 대체하면서 가슴속에 남아있는 공간으로 景物이 자리를 잡기 시작한다. <與崔策登西山>은 柳宗元의 가슴속으로 들어온 景物로 인하여 내면의 갈등이 잦아드는 모습을 보여준다.

鶴鳴楚山靜	학이 우는 楚山은 고요만 한데
露白秋江曉	이슬 하얀 가을강 어스럼 새벽
連袂渡危橋	소매 끌며 위험한 다리를 건너
縈迴出林杪	꼬불꼬불 숲 속길 지나고 나서
西岑極遠目	서산 마루 저 멀리 바라다보니

35) ≪柳河東集≫ 卷四三, p.1215.

毫末皆可了	털끝까지 모두 다 보이는구나
重疊九疑高	첩첩한 구의산은 높기도 한데
微茫洞庭小	아련하게 보이는 洞庭湖 작고
迥窮兩儀際	아득히 하늘과 땅 맞닿은 곳에
高出萬象表	만물이 우뚝하게 솟아오르네
馳景泛頹波	부서지는 파도위 내달리는 산
遙風遞寒篠	먼 바람에 떨리는 차가운 小竹
謫居安所習	貶適地에 어딘들 익숙하랴만
稍厭從紛擾	조금씩 분잡함이 싫어지노라
生同胥靡遺	이 삶이 노비 같이 버려졌으니
壽等彭鏗夭	百壽라도 彭鏗의 요절과 같아
蹇連困顚踣	절름거려 곤경에 자빠졌지만
愚蒙怯幽眇	우매하여 오묘한 이치 겁내고
非令親愛疏	사랑하는 사람과 멀면 안되니
誰使心神悄	그 누가 내 心神을 근심케 하나
偶玆遁山水	우연히 바로 여기 山水에 숨어
得以觀魚鳥	물고기와 새들을 볼 수 있으니
吾子幸淹留	자네 행여 여기에 머물러 주면
緩我愁腸繞[36]	근심에 찬 애간장 풀어질텐데

蘇軾은 이 작품을 "謝靈運보다 훨씬 뛰어나다"[37]고 극찬하였다. 그 이유는 탁월한 회화적 묘사에 있다. 이 시는 먼저 어스름 새벽의 정경 속에 西山을 올라 "첩첩한 구의산은 높기도 한데, 아련하게 洞庭湖 작아 보이는" 대자연을 마주한다. 이 광대한 대자연의 景物이 눈앞에서 손아귀에 들어올 듯 작아 보이며 상쾌한 기분을 느낀다.[38] 그래서 서정 주체의 심경은 다소 누그러진 듯도 하여, "貶適地에 어딘들 익숙하랴만, 조금씩 분잡함이 싫어하노라"고 말한다. 그러나 "謫居"라는 두 글자가 가슴 속의 맺힌 울분을 드러내고 만다. "절름거려 곤경에 자빠졌지만(蹇連困顚踣)" 이후 끝까지는 오히려 황막한 산길을 밤에 걸으며 동행을 꼭 끌어 잡고

---

36) <與崔策登西山> ≪柳河東集≫ 卷四三, p.1195.
37) 蘇軾, <東坡題跋> : "此詩遠在靈運之上."
38) 孫月峯, ≪評點柳柳州集≫卷43 : "是響調, 讀之令人心快."

혹여 그가 떨어져 가버릴까 두려워하는 모습이다. 말미에 吐露하는 이런 심정은 막 산을 오르기 시작할 때의 상쾌함에 대비됨으로써 더욱 절실해진다.

이 작품의 "이슬 하얀 가을 강(露白秋江)"·"부서지는 파도 위 내달리는 산(馳景泛頹波)"·"먼 바람에도 떨리는 차가운 小竹(遙風遞寒篠)" 등의 표현은 조탁된 언어의 세련미의 극치이다. 그러면서 점점이 억제하지 못한 감정들이 분출되기도 한다. '노비 같은 삶'이나 "절름거려 곤경에 자빠진" 처지나 "근심에 찬 애간장(愁腸繞)" 등에서 작가의 더 깊은 시름을 보게 되는 것이다. 내 사랑하는 사람과 멀리 있기를 원치 않음에도 "誰使"로 나타내어진 말할 수 없는 억센 힘에 의해서 '나'의 운명은 결정되고 만 것이다. 그럼에도 내가 할 수 있는 일은 "애간장을 태우는 것" 뿐이다. '나'의 무력함과 알 수 없는 적에 대한 분노가 '나'를 지치게 한다.

〈南澗中題〉는 이미 서술한 바와 같은 갈등구조의 변화가 깨달음을 향한 兼濟 이상의 지양으로 이어지는 모습을 드러낸다.

秋氣集南磵	가을기운 모이는 남쪽 개울에
獨遊亭午時	홀로 놀다 어느덧 午時가 되자
迴風一蕭瑟	소슬하게 회오리 바람 불어와
林影久參差	숲 그림자 오래히 삐쭉이는데
始至若有得	들어서자 깨달음 있는 듯 하고
稍深遂忘疲	깊어지면 질수록 피로를 잊네
羈禽響幽谷	떠도는 새 그윽한 계곡에 울고
寒藻舞淪漪	찬 마름 잔물결에 춤을 추는데
去國魂己遠	고향 떠나 혼마저 아득하거늘
懷人淚空垂	그리움에 공연히 눈물 흘리네
孤生易爲感	외로운 타향살이 쉬이 슬픈 법
失路少所宜	길 잃어 뜻 맞는 일 많지 않으니
索寞竟何事	삭막하여 끝끝내 무슨 일 하랴
徘徊秖自知	배회하며 오로지 자신만 알 뿐
誰爲後來者	그 누가 후에 오는 사람일거나
當與此心期[39]	그때나 이 마음과 기약하리라

첫 구 "秋氣集南礀"의 "集"字가 전체 분위기를 농축하고 있다. 宋玉이 "悲哉秋之爲氣也"라 노래하고부터 "秋氣"는 "悲"와 떨어질래야 떨어질 수 없는 관계가 되었다. 분명히 詩人은 울적한 마음 때문에 기분을 전환하러 南澗에 왔을 것이다. 과연 대자연의 바람 소리와 숲 그림자가 "들어서자마자 깨달음 있는 듯 하고, 깊어지면 질수록 피로를 잊게 하였다." 텅빈 계곡의 새 소리를 듣고, 마름풀이 맑고 차가운 계곡물 가운데서 맴도는 모습을 보면 사람은 누구나 고요하고 엄숙한 맑은 마음을 느끼고 또 그것으로 인해 일순간 조그만 즐거움[樂]을 느끼게 된다. 그러나 동시에 그로부터 자신의 외롭고 삭막한 처지를 연상시켜 오히려 만 가지 감정이 모두 떠오르게 되어, "외로운 타향살이 쉬이 슬픈 법, 길 잃어 뜻 맞는 일 많지 않으니" 그로 인해 일순간 약간의 근심[憂]에 빠진다. 이것이 바로 蘇軾의 "柳儀曹南澗詩, 憂中有樂, 樂中有憂"[40]라는 評語이자, 錢鍾書가 이른 바 "착종된 감정[雜糅情感]"[41]이다. "착종된 감정[雜糅情感]"이란 무엇인가? 朱光潛은 이렇게 말한다. "고통을 쾌락으로 변화시키는 이러한 미묘한 방법을 통해, 인간의 심리는 언제나 외부 힘의 방해로 잃어버린 평형을 회복하고자 노력한다." 그는 또 이러한 전이 과정 속에서 쾌감과 고통이 서로 뒤섞여서 마치 가려운 데를 긁을 때처럼, "고통이 항상 쾌락의 싹을 포함하는 것과 꼭 같이 쾌락도 고통의 싹을 포함할 수 있다"[42]고 하였다. 柳宗元 시의 "착종된 감정[雜糅情感]"으로서의 특징 또한 근심으로부터 즐거움을 추구하고 또 역으로 즐거움을 근심으로 역전시키는, 한번 전변에서 또 다시 전변되는 결코 근심과 즐거움의 단순한 혼합이 아닌, 다단계의 전이로 형성된 복합체인 것이다.

우리가 이 관점을 가지고 <南澗中題>를 돌이켜 보면 다음의 사실을 발견하기 어렵지 않다. 詩人은 수심의 실마리를 털어 버리려는 애초의

39) <南澗中題> ≪柳河東集≫卷四三, p.1192.
40) ≪苕溪漁隱叢話前集≫권19.
41) ≪管維編≫, p.226.
42) 朱光潛, 『悲劇心理學』, 人民文學出版社, p.164.

소망을 결코 달성하지 못하였는데, 그 아래에 이어지는 “삭막하여 끝끝내 무슨 일 하랴, 배회하며 오로지 자신만 알 뿐. 그 누가 후에 오는 사람일거나, 그때나 이마음과 기약하리라”는 구절로 미루어, 이 유람은 울적한 마음을 풀 수 없었을 뿐만 아니라, 오히려 “찬 마름 잔물결에 춤을 추는데”로 배회하면 할수록 더욱 더 깊이 빠져들어 하나의 감정의 소용돌이를 형성한다.43)

그럼에도 불구하고 이 시기의 작품들은 울분이 景物을 매개로 적막이 되면서 柳宗元의 내면이 보다 많은 여백을 확보하는 모습을 보여준다. 이 같은 변화가 柳宗元이 현실에 안주해 가는 과정을 의미하는 것은 결코 아니다. 하지만 적막이 형성한 내면에 보다 많은 景物이 시의 형상으로 들어서기 시작했다는 것만은 부인할 수가 없다. 그러면서 그의 자아가 언제라도 떠날 수 있는 가벼운 마음을 갖추기 시작했다는 것은 커다란 변화이다. 왜냐하면 그의 이 같은 변화가 無心에 가 닿음으로써 자신의 애상을 투명하게 여과시키는 쪽으로 나아가게 하는 가능성을 열게 되었기 때문이다.

Ⅲ. 孤獨과 無心의 美學

일상 속의 孤獨이 내면의 無心을 만나면서 柳宗元은 적막을 수용하는 태도를 보이게 된다. 울분으로 인한 수심과 우울이 의미를 상실하는 순간, 그의 시는 ‘禪悟’시나 ‘登臨’시에 자주 나타나는 매미소리 같은 치열한 사유의 끊김을 경험하게 된다.

---

43) 林繼中, 「燃燒的寂寞—柳宗元山水詩風格特徵之形成」 『國際柳宗元硏究擷英』, '93 柳宗元國際學術討論會論文選, 梁超然 · 謝漢强 主編, 廣西人民出版社, 1994. 南寧, p.229. 참고.

悠悠雨初霽	오래고 오래이던 비가 개이어
獨繞淸溪曲	혼자서 맑은 시내 구비를 돌아
引杖試荒泉	지팡이 끌어 거친 샘물 맛보고
解帶圍新竹	허리띠 풀고 푸른 대숲 휘도니
沉吟亦何事	침울한 시 지은들 무엇하리요
寂寞固所欲	적막은 본래 내가 바라던 반 걸
幸此息營營	다행히도 바쁜 일 이젠 없어서
嘯歌靜炎燠[44]	노래하면 더위도 고요해지네

佛家의 오묘한 경지를 추구하지 않는 작가는 고요함으로 인해 더 깊은 孤獨으로 침잠해버린다. "억눌려 있는 怒火가 마음을 괴롭히는 적막과 孤獨感으로 치환되었기"[45] 때문이다. 山水의 그윽한 고요는 자괴감과 상호 감응하여, 찌는 듯한 더위가 물러나고 심신이 가다듬어지면 더위보다 고요한 적막이 찾아든다. 바로 이 '마음을 괴롭히는 적막'과 '뼈를 저리는 孤獨感이 柳宗元 詩의 '古峭淸新'한 風格의 발원지이다.[46]

치열한 사유를 단절시키는 柳宗元 특유의 孤獨은 자신에게 속한 것들을 상실해 가는 그의 체험과 결코 무관하지가 않다. 예를 들어 柳宗元의 早老는 그의 孤獨을 더 깊은 孤獨으로 만드는 계기의 하나이다. <始見白髮題所植海石榴樹>를 살펴보도록 하자.

幾年封植愛芳叢	몇년동안 심고 가꿔 피어난 예쁜 꽃이
韶豔朱顔竟不同	아름다운 붉은 얼굴 전과 같지 않으니
從此休論上春事	이후로는 지난 봄 일 얘기하지 않으리
看成古木對衰翁[47]	古木되어 늙은 노인 마주한 듯하노라

꽃은 매년 새롭게 피어나며 그 아름다움은 그때 그때마다 변하지 않는다. "전과 같지 않음"은 작가의 마음이며 모습이다. 지나간 봄이 아쉽기는

44) <夏初雨後尋愚溪> ≪柳河東集≫卷四三, p.1213.
45) 林繼中, 앞의 논문, p.234.
46) 许总, 「论柳宗元谪居心理空间与诗境構造方式」, 『汕头大学学报』 第11卷 第4期, 1995. 21면 참고.
47) <始見白髮題所植海石榴樹> ≪柳河東集≫ 卷四三, p.1230.

하나 영원히 되찾을 수 없음을 알기에 체념의 자세를 보여준다. 그러면서 "전과 같지 않은 붉은 얼굴"과 古木을 병치시키면서 세월의 덧없음에 허전한 마음을 가누지 못한다. 無心히 흐른 시간에 내 머리에는 어느덧 백발이 성성하고 '나'는 그 상실감을 혼자 달랠 수밖에 없는 것이다. <紅蕉> 또한 紅蕉의 꽃봉오리와 지는 해를 빌어 이 같은 자신의 상실을 표현하고 있다.

晩英値窮節	한 겨울에 늦게 핀 꽃봉오리는
綠潤含朱光	푸른 잎에 붉은 빛 머금었으니
以玆正陽色	이 유월 陽氣 성할 때의 빛깔은
窈窕凌淸霜	그 고움 맑은 이슬 능가하도다
遠物世所重	먼 지방 물건이라 중히 여기나
旅人心獨傷	나그네 마음만은 홀로 아픈데
回暉眺林際	지는 해가 숲 끝을 비추일 적에
戚戚無遺芳48)	꽃 지고 향기마저 스러지누나

봄에 새 잎 돋아 온 계절 내내 푸른 잎에 비해 한시절 짧게 피었다 지는 꽃은 그 화려함만큼이나 긴 아쉬움을 남긴다. 붉디 붉은 꽃빛을 맑은 이슬에 견줌으로 그 빛은 한층 현란하다. 자주 보지 못한 것으로 홀로 가까이 두어 귀히 여기려 하나 그 마음도 헤아려주지 않고 스러지고 만다. 숲 끝을 비추이는 저녁 해는 꽃에게 있어서나 작가에게 있어서나 얼마 남지 않은 생을 의미한다. 마침내 해지면 꽃도 지고 향기의 여운마저도 멀어지고 만다. 그 여운에는 혼자 있고 싶지 않은, 그래서 그 향기만이라도 좇으려는 작가의 마음이 실려 있다. 孤獨이 매개하는 無心에의 길은 술에 의해 매개되거나 자신의 의식적인 노력에 의하여 추구되기도 한다. 즐겁지 않은 날 술독을 열어 無心을 추구하는 柳宗元의 태도는 확실히 이전과는 다름 모습이다. 예를 들어 <飮酒>를 보자.

---

48) <紅蕉> ≪柳河東集≫ 卷四三, p.1234.

今旦少愉樂	오늘은 아침부터 즐겁지 않아
起坐開淸樽	일어나 앉아 맑은 술동을 열어
擧觴酹先酒	술잔 들어 첫잔에 술을 따르며
遺我驅憂煩	근심 번뇌 모두 다 몰아내려다
須臾心自殊	잠깐사이 마음이 절로 달라져
頓覺天地暄	불현듯이 천지가 따뜻해져서
連山變幽晦	이은 산들 깊고도 어두워지고
淥水函晏溫	푸른 물도 따스하게 휩싸였는데
藹藹南郭門	울울창창 무성한 南郭門에는
樹木一何繁	수목이 어찌 그리 번성도한가
淸陰可自庇	맑은 그늘 이 한 몸 가릴 수 있고
竟夕聞佳言	저녁까지 어여쁜 소리 들리니
盡醉無復辭	흡씬 취해 더이상 말도 못하고
偃臥有芳蓀	누우면 향기로운 창포가 있네
彼哉晋楚富	저들이여! 晋楚의 부귀한자들
此道未必存49)	이런 道 틀림없이 못가졌으리

한 잔의 술로 근심 번뇌를 잊으려 한다. 한순간에 굳었던 마음이 녹으면서 굽이굽이 이어진 울창한 산들과 천지의 따뜻한 기운이 푸른 물로 이어져 그 따스함이 나를 감싼다. 항상 나를 거부하고 있는 것같던 자연이 '나'를 받아들이는 것 같아 그 기쁨은 점점 커진다. 무성한 수목은 맑은 그늘로 나를 상쾌하게 하고 저녁까지 들리는 어여쁜 소리로 마음은 기쁘다. 술과 물과 수목과 어여쁜 소리에 취하여 즐거운데 누우니 창포의 향내가 또한 즐거움을 더한다. 마침내 그 기쁨에 겨워 탄성을 토한다. 이렇게 모든 슬픔과 울분을 잊고 自然山水와 합일을 시도하는 것이 隱逸의 전형적 情緖구조이지만, 柳宗元의 詩 중에 이런 情緖구조를 가진 작품은 몇몇 작품 외에는 찾아보기 힘들다. 많은 작품들은 隱逸을 지향하면서도 내면의 갈등에서 벗어나지 못하는 모습을 보인다. 이 세 首는 소박하고 자연스러운 五言古詩의 體裁로 진실한 감정과 실제 관경을 묘사하여, 과장이나 수식을 사용하지 않았지만 사람의 마음을 감동시키는 힘이 있다. 柳宗元의

49) <飮酒> ≪柳河東集≫ 卷四三, p.1253.

숨기고 드러내지 않은 激情을 절실하게 느낄 수 있는 작품이기 때문이다.

孤獨이 無心을 향해가는 柳宗元의 내면세계는 歲暮의 단절을 표현한 <郊居歲暮>에도 비슷한 양상을 드러낸다.

屛居負山郭	山郭을 등지고서 막혀 지내다
歲暮驚離索	歲暮가 은둔생활 놀라게 하네
野迥樵唱來	들판 멀리 나뭇군 노래 부르고
庭空燒燼落	빈 마당에 불똥이 떨어지는데
世紛因事遠	世上의 紛紛함도 일 따라 멀고
心賞隨年薄	마음마저 해마다 엷어져 가니
黙黙諒何爲	묵묵할 뿐 정녕코 무얼 하리요
徒成今與昨50)	부질없이 今年과 昨年 있을 뿐

세상사의 변화와 무관하게 지내다 문득 歲暮를 맞이한다. 1연의 "山郭을 등지고서"는 단절을 의미한다. 여기에는 다소간의 작가의 의도성이 묻어 있다. 세상일에 관여하고 싶으나 그럴 수 없어 "나뭇꾼의 노래"도 "들판 멀리"에 있고 "불똥"이 떨어지는 곳도 아무런 반향이 없는 "빈마당"일 뿐이다. 3연은 이렇듯 閑居 속에서 점점 위축되어 가는 자신의 모습을 그리고 있다. 知己도 없고 현실도 그렇지가 않으니 '나'가 할 수 있는 것이 아무것도 없다. 그리하여 또다시 시간만 보낼 따름이다. 그리고 여기에는 아무런 기대도 희망도 없다. 단지 막연한 기다림만이 있을 뿐이다. "등지고서", "들판 멀리", "빈 마당" 등등의 心象이 자아내는 정조가 그 기다림을 더욱 막막한 것으로 만들고 있다.

冉溪시기의 田園詩에는 정착과 더불어 다소 적극적으로 일상에 다가가려는 자세가 엿보인다. 관리의 횡포와 백성들의 힘든 삶을 보면서 분노와 동정을 금치 못하기도 한다. 이러한 현실적인 감정은 그의 悲哀를 다소 누그러뜨리기도 한다. 그러나 역시 여기가 자신이 머무를 곳은 아니라는 것이다.

50) <郊居歲暮> ≪柳河東集≫ 卷四三, p.1216.

冉溪로 이주한 이후에도 내면의 고통을 털어 놓을 수 있는 벗 하나 없는 孤獨한 상황은 지속되었으나, 상대적으로 그가 선택할 수 있는 가장 좋은 방법은 자연에의 귀의를 통해 집착으로부터 정신적인 초월을 얻기도 하였다. 예를 들어 <雨后曉行獨至愚溪北池>은 그 전형적인 예라고 할 수 있다.

宿雲散洲渚	잠잔 구름 물가에 흩어지는데
曉日明村塢	새벽 햇빛 촌락의 담을 비추네
高樹臨淸池	높은 나무 서있는 연못은 맑고
風驚夜來雨	바람에 놀랐더니 밤비로구나
予心適無事	내마음 한가로이 아무 일 없어
偶此成賓主[51]	우연히 이 손님들 주인되었네

비온 뒤 새벽녘 愚溪 北池의 아름다운 情景을 묘사한 작품이다. 지난 밤 먹구름이 물섬 위에서 사방으로 흩어지고 맑은 새벽 햇빛이 촌락의 담벼락에 환하게 비치운다. 첫 연의 心象은 이렇게 어두움에서 밝음으로, 닫힘에서 열림으로 동적 감각의 화면을 구성한다. 장막처럼 짙은 검은 구름이 曙光에 순식간에 흩어지니 詩人의 마음도 밝고 명랑해진다. 그러데 지난 밤의 먹구름이 무슨 일을 하였는지 詩人은 평범하게 땅을 내려다보거나 물의 흔적이나 연못의 水量 등을 살피지 않는다. 詩人은 청각으로 어제 내린 빗방울이 높은 나무잎에 채마르지 않고 매달려 있다가 바람이 불자 후두둑 떨어지는 소리를 포착하였다. 이로부터 이 지난 밤의 비가 날이 밝을 때가 되어서야 그쳤고 바람도 날이 밝기 전에는 그다지 크지 않았음을 감지하는 것이다.

첫 연에서 시각적 心象을 사용한 다음 둘째 연에서 청각적 심상을 사용함으로써 전체 작품의 정조를 다양화시키고 풍부한 감각을 유발시킨다. 둘째 연 앞 구의 "高樹"와 "淸池"는 詩人의 品格을 나타내는 心象으로 단아하고 청초한 정취를 자아낸다. 둘째 구의 "風驚"은 갑작스런 전환으로 주의를

51) <雨后曉行獨至愚溪北池> ≪柳河東集≫ 卷四三, p.1217.

환기시키는 心象이면서 또한 전체 시의 詩眼이라 할 수 있다. 특히 "驚"은 한순간 스쳐 지나가 미처 느끼지도 못하였음에 그래도 밤비에 그 흔적을 실은 바람의 움직임을 나타내고 있는데 가벼운 바람과 경쾌하게 떨어지는 빗방울 그것도 詩人이 깨닫지 못한 사이 몰래 잎사귀에 맺혀 있던 빗방울이 떨어지는 모습과 이에 놀라며 한편으로 미소를 머금는 詩人의 모습이 눈앞에 펼쳐지는 듯 하다. 이렇듯 맑고 깨끗함에 마음이 또한 가벼워져 아무것에도 얽매일 것 없다. 마지막 연에 이르러 그 감흥은 최고조에 달하게 되며 마침내 '나(詩人)'는 北池의 새벽 정경 속에 몰입되어 그 아름다운 정경을 마치 유쾌한 손님처럼 맞이하여 흥겨워하게 된다. 그 고요한 환희에 詩人은 貶謫의 슬픔도 잊고 주객일체의 忘我의 경지로 빠져든다. 그리하여 작가로서의 詩人이 '나'인지 시 속의 주체가 '나'인지 모를 일체감을 그려내고 있는 것이다.

이상과 같은 柳宗元의 경향은 孤獨보다는 無心에 기울어 零陵의 봄을 읊고 있는 <零陵春望>에서도 유사한 경지를 드러낸다.

平野春草綠	넓은 들엔 봄풀이 한창 푸른데
晩鶯啼遠林	저녁의 꾀고리는 먼 숲에 울고
日晴瀟湘渚	햇빛은 瀟湘 가에 맑기도한데
雲斷岣嶁岑	구름은 구로봉에 끊기었구나
仙駕不可望	仙駕는 바랄 수도 없겠지마는
世途非所任	世途도 맡을 바가 아닌 줄 알아
凝情空景慕	情으로 텅 빈 경치 사모하나니
萬里蒼梧陰52)	萬里길 蒼梧의 들 어둑하구나

첫 연은 봄날의 정경을 매우 감각적으로 묘사하였다. 앞 구의 시각적 효과와 뒤 구의 청각적 효과가 서로 상응하여 풍부한 생명감을 느끼게 한다. 대자연의 약동하는 색채와 소리는 詩人의 예민한 감수성을 자극하기에 충분하다. 둘째 연은 시선을 먼 곳으로 옮겨간다. 앞 구는 맑은 瀟湘의

52) <零陵春望> ≪柳河東集≫ 卷四三, p.1218.

물결과 물섬을 내려다보고, 다시 뒤 구는 시선을 옮겨 구름이 가로 걸친 구의산을 바라본다. 시각과 청각을 가까이서 멀리로, 아래에서 위로 이동시킴으로써 山水의 입체감을 느끼게 하는 동시에, 詩人 마음 속의 고요하고 그윽한 정취를 느끼게 한다. 그리고 둘째 연 둘째 구의 구의산과 구로봉에 끊겨진 구름은 순시하다 죽은 舜 임금의 典故와 함께 "끊겨진 구름"처럼 절단되어 버린 '나'의 이상을 암시한다.

셋째 연은 舜 같은 성인조차도 죽지 않을 수는 없어 그 위대한 모습은 다시 만날 수 없으니, 인간세상의 길은 험난한 것이라 자신과 같은 미천한 존재가 그 곳을 헤어날 수 없음은 당연하다는 자탄이다. 마지막 연은 만리의 창오산 그늘은 마치 舜임금이 후대에 남긴 공적과 같은데, 자신은 순임금을 사모하는 마음은 있으나 그 또한 헛된 추앙과 경모일 뿐 아무런 의미도 없다는 것이다. 여기서 작가가 말하고자 하는 바는 아무리 시간이 無心하게 흘러도 舜임금과 같은 위대한 인물의 자취는 남는 것이니 '나' 역시 현실이 힘들고 괴롭더라도 그 뜻을 굽히지 않을 것임을 다짐하며 그 이면에는 내심 舜 같은 성군이 정치를 한다면 억울하게 貶謫되지 않았을 것이고 그랬다 하더라도 풀려나서 귀환할 수 있었을 것이라는 현실에 대한 비판도 담고 있다.

반면에 <南中榮橘柚> 같은 시는 孤獨이 매개하는 無心이 절망적인 상황을 받아들임으로써 이 범주를 벗어나는 모습을 보여준다. 어떤 의미에서는 柳宗元의 과도기적인 모습을 보이고 있다고 생각되는 이 시를 살펴보도록 한다.

橘柚懷貞質	귤나무는 올곧은 資質 품어서
受命此炎方	이 더운 지방에서 생명을 받아
密林耀朱綠	밀림에서 파랗고 붉게 빛나고
晩歲有餘芳	歲暮에도 향기가 남아있구나
殊風限淸漢	바람도 맑은 漢水 두고 다르고
飛雪滯故鄉	눈보라도 고향에 머무르거늘
攀條何所歎	가지 잡고 탄식해 무엇하리요
北望熊與湘53)	北望하면 熊山과 湘山 뿐인걸

"올곧은 資質"과 "생명"은 이 귤나무가 "파랗고 불게 빛나"며 "세모에도 향기가 남아있는" 원인이다. 그런 의미에서 귤나무는 바로 柳宗元 자신의 투영이다. 그리고는 귤나무와는 다른 자신의 처지가 서술된다. 漢水 이북에 있어야 할 자신이 冉溪로 貶謫되었다는 것이 환기된 셈이다. 이 때문에 귤나무의 가지를 잡고 탄식하려던 詩人은 北望하면 熊山과 湘山뿐인 상황을 받아들이며 자신의 오랜 의지를 가라앉혀 버린다. 이 시속의 탄식은 간절한 염원의 결과이다. 따라서 그의 가슴속에 자리 잡고 있었던 염원이 사라져버린 것은 아니었다. 단지 柳宗元의 이성이 그 염원을 의식속으로 침전시켰을 뿐인 것이다. 이 시기의 시가 직접적인 吐露를 절제하고 객관사물의 묘사 속에 정감을 투영하려는 경향이 강해졌다는 것[54]은 이 때문이다. 그리고 바로 이 같은 변화 속에 無心과 침전된 의지가 만나는 다음 詩의 새로운 미학이 잉태되고 있었다.

Ⅳ. 無心에 沈澱된 意志 — '峭'의 境地

冉溪로 이주하여 상대적인 마음의 안정을 얻은 탓일까? 花木을 바라보는 柳宗元의 시선은 침전된 의지와 無心이 교차하는 상태를 드러낸다. <早梅>은 바로 양자간의 균형이 상당히 잘 갖추어진 모습이다.

早梅發高樹	이른 매화 높은 가지 꽃을 피워서
迥映楚天碧	아득하게 楚의 푸른 하늘 비추이고
朔吹飄夜香	북풍 불자 밤향기는 사르르 흩날리며
繁霜滋曉白	짙은 서리 새벽 빛에 흐드러져 반짝여
欲爲萬里贈	萬里길 밖 님에게로 보내고도 싶지만
杳杳山水隔	아득하게 山과 물로 가로 막혀 있구나
寒英坐銷落	차가운 저 꽃봉오리 시들어 떨어지면
何用慰遠客[55]	무엇으로 멀리서 온 손님을 위로하리

53) <南中榮橘柚> ≪柳河東集≫ 卷四三, p.1233.

54) 王自周, 「论柳宗元山水田园诗对传统精神的扭变」, 『佳木斯专学报』 第1期, 1995. 73면 참고.

일찍 핀 매화가 바람을 맞아 추위에 떨면서도 아름답게 피어 있는 자태는 이상을 추구하는 곧은 詩人의 마음이다. 첫 구의 '피어나다[發]'는 직접적으로는 단순히 꽃이 피어나는 모습을 그린 것이지만 속내는 막 기지개를 켜려하는 많은 생명들의 움직임이다. 또한 '높은 나무가지[高樹]'의 '高'는 뭇 꽃들이 아직 잠들어 있는 이른 봄 저 홀로 꽃을 피우는 매화의 기상과 고아한 자태를 나타냄과 동시에, 詩人의 인품을 담지한 心象이기도 하다. 둘째 구는 끝없이 드넓게 펼쳐진 푸른 하늘이 매화 속에 깃들어 그 정숙함과 고결함에 숙연해 지기조차 한다. 둘째 연은 첫째 연의 매화의 외형적 아름다움에서 나아가 매화가 내함한 기상을 칭송한다. 북풍이 휘몰아치는 밤에도 여전히 향기를 흩날리고 서리가 무겁게 내리는 새벽에도 새하얀 순결함이 더욱 빛난다. 이러한 북풍과 찬 서리를 개의치 아니하고 봄이 돌아오기를 기다리는 매화의 향기와 순결한 빛깔은 절개를 지켜 이상을 펼칠 날을 기다리는 작가의 기개이다.

전반부 두 연에서는 매화의 특질과 그 아름다운 자태를 눈에 잡힐 듯 코에 스밀 듯 그려내고 있다. 그러면서 그 속에 작가의 정감을 아무런 거부감 없이 녹여내고 있다. 이에 비해 그 다음 연에서는 작가의 얼굴이 전면으로 나선다. 셋째 연에서는 멀리 있는 벗에게 이 아름다운 매화를 보내고 싶지만 만리 길 밖 산과 물이 가로막혀 마음뿐이다. 사실 보내고 싶은 것은 단순한 매화가 아니라 매화를 보면서 느끼는 작가의 회포이다. 매화 속에는 詩人의 이상과 꿈에 그리는 고향이 담겨 있는 것이다. 넷째 연은 이렇게 산과 물에 막힌 채 세월만 흘러 매화가 시들어 떨어지는 것을 앉아 바라볼 뿐 할 수 있는 일이 없다. 매화가 시들어 떨어지는 것과 함께 詩人의 꿈도 이상도 점점 그 빛을 잃어간다. 차가운 저 꽃봉오리의 '차가움'은 눈 속에 핀 매화의 외형적 냉기이기도 하겠지만 바로 얼어 굳어져버린 작가가 처한 외적 현실 혹은 그것으로 인해 더욱 위축된 작가의 입지와 한 때 그를 전율케 했던 '이상'이다. 이렇듯 이른 봄 저홀로 피어난

55) <早梅> ≪柳河東集≫ 卷四三, p.1233.

매화와 작가의 孤獨과 기개과 하나로 융합되고, 매화의 피고 짐과 감정의 흐름이 일치 조화되고 있다. 이와 같이 수사를 부리지 않고 평이하고 질박한 언어 속에 진실한 감정을 숨긴 듯 드러낸 듯 心象을 구성하는 것이 柳宗元 시가의 특징 중 하나라 할 수 있다.

인간은 얽혀진 삶 속에서 서로의 가치를 부여받으면서 개인으로서의 한계를 극복해왔다. 따라서 부대낄 존재가 사라져버렸을 때, 말할 수 없는 상실감과 무력감을 느끼게 된다. 貶謫地의 柳宗元에게 가장 고통스러웠던 것 또한 더불어 함께 할 사람이 없다는 것이었다. 결국 柳宗元은 孤獨 속에 더 깊이 침잠함으로써 그것을 벗어나고자 하였다. 孤獨을 부정하지도 그것에 매몰되지도 않으면서 자신을 추스리기 위해서는 無心이 필요하였고 이 無心을 이성이 깃든 의지로 받혀주어야 했다. 이 機制야 말로 애를 끊는 탄식과 실없는 넋두리, 그리고 상처뿐인 오만을 담박한 시정으로 이끌어낸 여과지였다. 예를 들어 <新植海石榴>는 다음과 같이 읊고 있다.

弱植不盈尺	약한 줄기 한 자도 채 못되지만
遠意駐蓬瀛	큰 뜻은 蓬萊山에 머물러 있고
月寒空堦曙	달빛 찬 빈 섬돌에 날이 밝는데
幽夢綵雲生	깊은 꿈에 오색의 구름이 피네
糞壤擢珠樹	糞土에 구슬같은 나무가 솟고
莓苔插瓊英	이끼엔 瓊玉같은 꽃이 섞여서
芳根閟顔色	향기로운 뿌리는 빛을 감추어
徂歲爲誰榮56)	세월에 누굴 위해 꽃을 피우리

이것은 석류를 옮겨 심고 그 감회를 읊은 시이다. 여기에서의 寒은 가을의 촉각적 표현이다. 달빛은 그 자체로 차고 따뜻한 것이 아니라 가을 새벽의 서늘한 기온 때문에 서정 주체가 그렇게 느낀 것이다. 따라서 寒은 서정의 시간적 배경을 설정하는 詩語라고 할 수 있다. 그러나 이 시의 창작 동기가 석류나무를 옮겨 심고 나서 그 아름다운 꽃을 보고 지은

---

56) <新植海石榴> ≪柳河東集≫卷四三, p.1228.

것임을 생각한다면 寒의 의미는 그렇게 단순하지만은 않다. 자라던 본래의 토양에서 사람에 의해 옮겨진 석류는 낯선 남방으로 貶謫당한 자신의 처지를 느끼게 하였을 것이며,57) "향기로운 뿌리는 빛을 감추나／세월에 누굴 위해 꽃을 피우리"58)라는 마지막 연은 서정 주체의 내적 苦惱를 吐露하고 있다고 할 수 있을 것이다. 이런 연유로 이 작품에 대해 "함의가 깊고 완곡하다(곡절이 많다)"59)는 비평이 가능하다.

이 밖에 <漁翁>은 孤獨한 無心이 일상의 自彊不息과 결합된 가작의 하나이다.

漁翁夜傍西巖宿	漁夫 노인 밤이 되어 西巖 옆에 잠자고
曉汲淸湘燃楚竹	새벽에는 맑은 湘水 길어다 楚竹 때네
煙鎖日出不見人	안개 걷혀 해가 떠도 사람은 뵈질 않고
欸乃一聲山水綠	어허 영차 一聲으로 산도 물도 푸르네
迴看天際下中流	하늘 끝을 돌아보니 中流로 내려가고
巖上無心雲相逐60)	바위 위로 無心하게 구름만 따라 가네

시 전편 어디에도 감정의 직접적인 吐露가 없어 마치 景物만을 묘사한 것도 같다. 그래서 唐汝詢은 "이 시는 고기잡는 노인의 즐거움을 크게 칭송하여 흠모하는 뜻을 가지고 있는데, 유유자적하게 먹고 자며 山水간에 노래하며, 물결 한가운데 배를 띄우면 無心한 구름과 서로 쫓는다고 하니, 어찌 세상 밖의 소슬함이 아니겠는가"61)라 하였고, 吳山民은 "첫 연은 맑고 둘째 연은 景物을 흠모하여 절찬하였으니 어찌 柳宗元이 失意하였을 때의 시라고 여기겠는가"62)라 하였으며, 王文祿은 "기가 맑고 飄逸

57) 王國安 箋釋, 『柳宗元詩箋釋』, 上海古籍出版社, 1993, p.231. 참고.
58) "芳根閟顔色, 徂歲爲誰榮" : 앞의 책, ≪柳宗元集≫, p.1228.
59) 近藤元粹, ≪柳柳州詩集≫卷四 : "幽婉" ; 앞의 책, 『柳宗元詩箋釋』에서 재인용.
60) <漁翁> ≪柳河東集≫卷四三, p.1252.
61) 唐汝詢, ≪唐詩解≫卷18 : "此盛稱漁翁之樂, 蓋有欣慕之意, 言彼寢食自適而放歌於山水之間, 泛舟中流與無心之雲相逐, 豈不蕭然世外也."
62) 吳山民 : "首二句淸, 次二句有趣景慕, 深推贊切, 豈子厚失意時詩也." : ≪唐詩選脈會通≫

하다"[63]고 하였다. 모두 이 시의 앞 두 연에 묘사된 心象이 환기시키는 분위기에 관한 비평들이다.

그러나 이에 반하여 蔣之翹는 "이 시는 節操는 급박하나 節奏는 한가로운데, 그 氣는 이미 너무나 강렬하고 날카롭다"[64]고 하였다. 이는 맑은 心象 속에 묻어나는 강한 감정 때문일 것이다. 특히 마지막 연은 心傷한 감정과 景物을 여운으로 남긴다.[65] 하늘과 잇닿은 물길 따라 흘러가는 배를 바위 위로 보이는 無心한 구름만이 뒤를 좇는 心象은 무한한 孤獨感을 느끼게 한다. 그것이 너무나 적막한 孤獨이기에 소식은 마지막 두 구는 없어도 좋다고 한 것이다. 그러나 마지막 두 구가 없으면 柳宗元 시가의 맛이 아니다. 담백한 景物의 묘사 속에 강렬한 감정을 담아내는 것이 柳宗元 시가의 독특한 맛이기 때문이다.[66]

<中夜起望西園値月上>은 無心이 自然景物 속에 투영되어 그대로 詩가 되어버린 작품이다.

覺聞繁露墜	이슬이 떨어지는 소리에 깨어
開戶臨西園	문 열고 서편 동산 바라다보니
寒月上東嶺	찬 달이 東山 마루 위에 떠올라
泠泠疏竹根	싸늘하게 성근 대 뿌리 비추네
石泉遠逾響	돌샘 물은 멀리서 더욱 울리고
山鳥時一喧	산새들이 이따금 울어대는데
倚楹遂至旦	기둥에 기대어서 아침이 되니
寂寞將何言	이 적막 무엇으로 말을 하리오

얼핏 읽어보면 陶淵明의 田園詩와도 비슷하고 謝靈運의 山水詩를 닮았기도 하며 "寂寞將何言"하는 시정신은 阮籍의 咏懷詩와도 통하는 것 같

63) 明, 王文祿, ≪詩的≫ : "氣淸而飄逸, 殆商調歟!"
64) 蔣之翹, ≪柳集輯注≫ : "此詩急節閒奏, 氣已太峻削矣."
65) 孫月峯, ≪評點柳柳州集≫卷43 : "是神來之調, 句句險絶, 鍊得渾然無痕. 後二句尤妙, 意竭中復出餘波, 含景無窮."
66) 刘继才, 「柳宗元与陶渊明比较论」, 『辽宁教育学院学报』第15卷 第2期, 1998. 79면 참고.

다.[67] 詩語 하나 하나가 모두 실제 景物을 담백하게 묘사하고 있으나 그 담백함 묘사가 더욱 눈물을 흘리게 한다.[68] 잠에서 깨어나니 이슬 듣는 소리가 들린다. 창을 열고 동산을 바라보니 달은 이미 대나무 사이를 비추고 있다. 여기에 샘물 소리와 새 지저귀는 소리가 들려온다. 밤의 景物에 대한 절묘한 시각적 心象과 청각적 心象의 조화라 할 수 있다. 여기에 '寒'과 '冷'의 촉각이 중심 감각으로 작용한다. 이슬 떨어지는 소리에 잠을 깬다는 1연 첫 구는 적막하리 만큼의 고요를 느끼게 하고, 그 고요 속에 성근 대를 비치는 차가운 달은 서정주체의 孤獨과 애상의 감정 상태와 詩的 정취를 형성하는 心象으로 기능한다. 여기에 3연의 샘물 소리와 산새 소리는 정적을 깨뜨림으로써 더욱 고요함을 느끼게 하고 孤獨하게 한다. 너무나도 맑은 夜景에 詩人은 잠을 이루지 못하고 적막함에 몸부림 친다.[69]

이 시에서 '차가움'은 2연의 단순한 촉각을 넘어 다른 연의 시각적·청각적 心象을 포괄하여 전체 시의 분위기를 맑고 깨끗하게 주도하고, 또한 마지막 연의 감정 吐露가 설득력을 가지도록 해준다. 다른 시각적·청각적 心象들보다 작자의 情緖상태를 효과적으로 느끼게 하기 때문이다. 이 차가움은 마지막 연의 적막—詩人 내면의 苦惱의 감각적 묘사이기도 하다. 그리고 詩人의 苦惱와 이 시의 적막이 현실에 대한 '열정'으로 인한 것임은 말할 나위가 없을 것이다. 그런데 이 시에서 처럼 현실에 대한 실천적 열정과 그 挫折로 인한 아픈 마음을 노골화하지 않는 것이 柳宗元 시의 특성이자 風格이며 예술적 성취이기도 한데 그래서 '寒'은 그의 시에서 더욱 중요한 역할을 하게 되는 것이다.

끝으로 柳宗元의 대표작이라 평가되는 <江雪>을 읽어보도록 한다.

---

67) 林继中, 「柳宗元山水诗风格特證之形成」, 『天府新论』第6期, 1995. 59면 참고.
68) 蔣之翹, ≪柳集輯注≫ 卷43 : "語語得自實景, 故其神意尤覺悄然."
69) 唐汝詢, ≪唐詩解≫ 卷10 : "此傷志之不伸也. 言睡醒而聞滴露之聲, 於是開戶臨園, 則月已映於竹間矣, 泉響鳥喧, 夜景淸絶, 令人竟夕不寐, 寂寞之懷, 將復何言. 此蓋有不堪者, 其遷謫之意乎."

千山鳥飛絶	첩첩한 산중에는 새 날지 않고
萬逕人蹤滅	천만 갈래 길 위엔 인적도 끊겨
孤舟蓑笠翁	외로운 배 도롱이 삿갓 노인이
獨釣寒江雪	눈 내리는 찬 강에 낚시를 하네

새도 날지 않고 사람도 다니지 않는 망망한 대지만 남겨져 있으니 참으로 무엇 하나 남지 않은 빈 공간이다. 이 보다 더 광활한 적막이 있을까? 그러나 우리는 이 시에서 불교의 寂滅을 보는데 그치지 않고, 寒氣 속에 홀로 낚시하는 자의 역경에 대한 열정[熱血]을 느낀다. 이것은 禪家의 "空寂中生氣流行"의 경계이자, 柳宗元의 "당시의 적막한 마음"[70]의 특유한 생명의 정조이기도 하다. 이 시에서도 孤獨을 표현하는 모든 悲哀의 상념들은 '寒'으로 포괄된다.[71] 그리고 이 '寒'은 낚시하는 도롱이 삿갓 노인이 가슴 속에 숨어 품고 있는 '열정[熱]'과 대립면을 이룬다.

'寒'은 柳宗元 시가에 가장 자주 등장하는 감각 언어이면서 각 작품의 정조를 형성하는 핵심 心象이기도 하다. 그리고 그 '차가운' 촉각은 시간 지표상 가을 혹은 겨울의 心象이다. 그런데 柳宗元이 시가를 창작한 공간·지리적 환경은 겨울에도 남풍이 분다고 그 스스로 이야기하듯 그다지 추운 지역이 아니다. 따라서 柳宗元이 묘사하는 寒의 景物은 객관 현실이기보다는 詩的 상상 속의 景物이라 할 수 있다. 또 그 詩的 상상의 寒은 내면 의식의 '寒'이기 때문에 더욱 心象的이라 할 수 있다.

그리고 그 내면 의식의 寒은 이상을 향한 강한 실천의지와 현실적 挫折에서 빚어진 苦惱의 詩的 승화라 할 수 있으며, 그 寒이 환기시키는 情緖는 '孤獨感' 혹은 '비애감'이다. 그런데 柳宗元은 이러한 孤獨이나 비애를 寒의 정경으로 '情景融合'함으로써 그의 작품이 단순한 비탄이나 원한에 빠지지 않고, 겹겹의 층으로 여과되어 수십미터 땅 속 깊은 곳을 흐르다

70) 謝客風容映古今，發源誰似柳州深．朱弦一拂遺音在，却是當年寂寞心．: 元好問, <論詩絶句>.

71) 尚永亮,「冷峭：柳宗元审美情趣和悲剧生命的结晶」,『江汉论坛』第9期, 1990. 55면 참고.

뿜어져 올라오는 맑은 물처럼 투명성과 깊이를 가지게 만든다. 이것이 바로 분노와 탄식을 '寒'의 心象으로 승화시킨 柳宗元 시가의 風格을 이루는 주요한 특성이다.72)

柳宗元은 사회적 실천 의지와 욕망으로 인한 내적 苦惱를 끝내 벗어던지지 않는다.73) 오히려 그 苦惱의 깊이와 평정의 추구가 대립과 갈등의 구조를 형성하면서 떨어질래야 떨어질 수 없을 만큼 긴밀하게 결합되어 있는 것이 柳宗元 시의 가장 근원적인 風格을 이루고 있다. 다시 말하여 柳宗元 詩의 風格은 드러낸 '寒'과 숨긴 '熱'의 통일—갈등과 조화—이라 할 수 있으며 드러난 '차가움'으로부터 숨긴 '열정'을 읽어낼 때 비로소 柳宗元의 詩의 지극한 '절제의 미'를 이해하였다고 할 수 있을 것이다.

V. 結 論

柳宗元 詩의 가장 뚜렷한 특징은 "착종된 감정"이다. 실제로 그는 근심으로부터 즐거움을 추구하고 또 역으로 즐거움을 근심으로 역전시킨다. 轉變시키고 다시 轉變시키며, 근심과 즐거움을 단순하게 혼합시키는 것이 아니라, 다단계의 轉移科程을 거쳐서 복합적인 형상을 이루고 있다. 고통을 받아들일만한 것으로 변화시키는 이 미묘한 방법을 통해, 그는 언제나 외적인 강제로 잃어버린 평형을 회복하고자 노력한다. 그리고 이러한 전이과정 속에서 즐거움과 고통이 서로 뒤섞여서 마치 고통이 즐거움의 싹을 포함하는 것 같고, 즐거움이 고통의 싹을 배양하는 듯한 형상을 이루어낸다. 한마디로 柳宗元의 詩는 "升高欲自舒, 彌使遠念來" 즉 홀로 산 위에 올라 온갖 근심을 다 털어 버리려 하나 그럴수록 더욱 가슴속의 상념이

---

72) 尚永亮, 「冷峭：柳宗元审美情趣和悲剧生命的结晶」, 『江汉论坛』 第9期, 1990. 55-56면 참고.

73) 黃炳輝, 「秉其正以抗于世—柳宗元堅定的人生態度」 『唐詩人才漫畵』, 海峽文藝出版社, 1986, p.107-131. 참고.

깊어지는 복잡한 구조를 가지게 되는 것이다. 貶謫 생활 속에서, 한편으로 朝廷으로부터 소환되기를 간절히 바라면서, 다른 한편으로는 자아의 해탈을 추구하면서 柳宗元은 해탈을 추구하는 바램과 해탈할 수 없는 현실로써 貶謫 생활 전체의 감정적인 소용돌이를 구성하였던[74] 것이다. 그래서 蘇軾은 "남쪽으로 貶謫된 이후의 柳宗元 시는 그 대부분이 '상쾌하면서 또 우울하다[淸勁紆徐]'"[75]고 하였다. 柳宗元의 詩 風格을 논할 때 많은 사람들이 '峭'字를 붙인 까닭도 이 때문이다. 예를 들어 宋代의 高斯得은 柳宗元을 '孤峭'라 평하였고, 元代의 方回는 '峭而勁'이라 평하였으며, 明代의 胡應麟은 '淸而峭'라 평하였다.

실제로 柳宗元은 詩를 창작함으로써 자신의 끓어오르는 감정을 정화하려 무던히 노력하였다. 그리고 이러한 이유로 詩 창작에 몰입하긴 하였으나 감정의 직접적인 노출이 그가 추구하는 바 詩作 정신에 위배되는 태도임도 주지하고 있었던 터라, 생경한 감정의 吐露보다는 주위의 자연에 혹은 典故에 감정을 이입하는 방법에 의탁하여 詩의 특질[76]에 충실하고자 하였다. 貶謫 이후에는 敍事詩를 거의 짓지 않았던 柳宗元은 田園과 山水에 마음을 주고 '가슴 속 깊은 곳에 맺혀있는' 감정을 比興의 방식으로 '吐露하여 풀어버리려'하였다. 그래서 감정의 노골적인 표현을 지양하고 가능한 한 절제하고자 노력하였다. 그 결과 心象의 구성에 많은 노력을 기울였으며, 가슴속의 격정을 향수로 대체하여 표현하는 경우가 많았다.

---

74) 林繼中, 「燃燒的寂寞—柳宗元山水詩風格特徵之形成」 『國際柳宗元硏究擷英』, '93 柳宗元國際學術討論會論文選, 梁超然·謝漢强 主編, 廣西人民出版社, 1994. 南寧, p.230.

75) "柳子厚南遷後詩, 淸勁紆徐, 大率類此." : 蘇軾, ≪東坡續集≫ 卷8, <東坡題跋> 卷2.

76) 明, 謝榛, ≪四溟詩話≫ 卷3 : "景은 시의 매개이고, 情은 시의 배아이니 합하여 시가 된다. 몇마디 말로 만 가지 형상을 부려서 원기가 渾成하니 그 넓음이 가없다.(景乃詩之媒, 情乃詩之胚, 合而爲詩, 以數言而統萬形, 元氣渾成, 其浩無涯矣.)" 淸, 王夫之, ≪薑齋詩話≫卷下 ≪淸詩話≫本, <夕堂永日緖論> : "정과 경은 이름은 둘이나 실제로는 나눌 수 없다. 시에 뛰어난 자는 합함이 묘하여 가장자리가 없다. 빼어난 시는 정 가운데 경이 있고, 경 가운데 정이 있다.(情景名爲二, 而實不可離. 神于詩者, 妙合無垠. 巧者則有情中景, 景中情.)"

그렇다고 해서 柳宗元이 주관이 배제된 詩形象을 택하였다는 것은 아니다. 오히려 그는 經世의 의지와 그로 인한 내적 苦惱를 벗어 던지지 않음으로써 관조에 의하여 자연景物과의 객관적인 거리를 유지하는 데에 실패하는 모습을 보여준다. 그리고 깊은 苦惱와 평정의 추구를 모순구조로 전환시킴으로써 양자를 뗄래야 뗄 수 없는 관계로 결합시키고 만다. 예를 들어 그는 山水를 배회하며 그 자연스러움과 아름다움에 잠시 즐거움을 느끼지만 이내 자신의 처지를 그것에 침전시킴으로써 우수와 비탄에 빠지게 된다. 그리고는 이 우수와 비탄의 심정을 담박하게 묘사함으로써 詩的 감동력을 배가시키는 효과를 낳는다. 그래서 蘇軾은 柳宗元의 시는 "근심 속에 즐거움이 있고, 즐거움 속에 근심이 있으니, 고금에 유례없이 절묘하다"고 하였으며, 沈德潛은 "원망하지 않으면서 원망하고, 원망하면서도 원망하지 않는다"고 평한 것이다.

參考文獻

≪柳宗元集≫, 柳宗元, 中華書局, 北京, 1979년판.
≪柳宗元詩箋釋≫, 王國安 箋釋, 上海古籍出版社, 1993.
『國際柳宗元研究擷英』, 梁超然・謝漢强 主編, 廣西人民出版社, 南寧, 1994.
『柳宗元新傳』, 劉光裕・楊慧文, 上海人民出版社, 上海, 1989.
『柳宗元評傳』 吳文治著 中華書局 1962年 3月 第1版.
『柳宗元新傳』 柳光裕・楊慧文 著 上海人民出版社 1989.
『柳宗元評傳(中國思想家評傳叢書)』 孫昌武 著 南京大學出版社 1998.
『柳河東詩研究』, 洪寅杓, 서린문화사, 1981.
尙永亮, 「冷峭：柳宗元審美情趣和悲劇生命的結晶」, 『江漢論壇』 第9期, 1990.
高海夫, 「悲劇生涯和悲劇美的創造--柳宗元審美意識研究之一」, 『陝西師大學報』 第1期, 1990.
蘇者聰, 「柳宗元永州詩歌中的自我形象」, 『唐都學刊』 第3期, 1990.
孫昌武, 「論柳宗元的禪思想」, 『文學遺産』 第2期, 1991.
尙永亮, 「論柳宗元劉禹錫執著意識的三大特證」, 『河北師范大學學報』 第3期, 1993.
鹿 琳, 「≪永州八記≫--柳宗元精神世界与自然的完美融合」, 『齊齊哈爾師范學院學報』 第6期, 1994.
柳 昕, 「試析柳宗元的人格与性格」, 『中國文學研究』 第4期, 1994.
梁超然, 「論略柳詩風格」, 『文學遺産』 第2期, 1994.

戴偉華,「放情咏 ≪離騷≫--柳宗元永州創作心態試論」,『揚州師院學報』第2期, 1994.
陳曉芬,「柳宗元崇佛的主体意識」,『中國文學研究』第4期, 1994.
戴偉華,「柳宗元貶謫期創作的“騷怨”精神--兼論南貶作家的創作傾向及其特證」,『文學遺産』第4期, 1994.
梁超然,「論略柳詩風格」,『文學遺産』第2期, 1994.
王自周,「論柳宗元山水田園詩對傳統精神的扭變」,『佳木斯專學報』第1期, 1995.
許 總,「論柳宗元謫居心理空間与詩境構造方式」,『汕頭大學學報』第11卷 第4期, 1995.
林繼中,「柳宗元山水詩風格特證之形成」,『天府新論』第6期, 1995.
高林广,「柳宗元的詩歌理論及其詩學精神」,『內蒙古師大學報』第2期, 1996.
朱邦國,「論柳宗元的作品与創作心態的關係--兼及柳宗元藝術三造境的形成」,『徐州師范大學學報』第1期, 1997.
劉繼才,「柳宗元与陶淵明比較論」,『遼宁教育學院學報』第15卷 第2期, 1998.
王婉萍,「柳宗元貶謫期心態探析」,『臺州師專學報』第20卷 第2期, 1998.
陳 芒,「論柳宗元詩橫山范水之模式」,『贏南師范學院學報』第5期, 1998.
翟鵬玉,「柳宗元創作主体自得論」,『柳州師專學報』第14卷 第3期, 1999.
오수형, <柳宗元散文研究>, 서울대학교 대학원 박사논문. 1992. 8.
서울大學校東洋史學研究室 編,『講座中國史』3, 지식산업사, 1989.

출처 : 『중국학』 제27집, 대한중국학회, 2006. 12. 20

서늘한 맹교(孟郊)의 시, 파리한 가도(賈島)의 시

장준영*

Ⅰ. 머리말

필자는 중국 고전문학비평을 접하면서 다분히 함축적 의미를 지니는 중국 시비평 용어의 해석에 대한 어려움으로 항상 고통을 겪어 왔다.[1] 후대 시론에 자주 등장하는 "郊寒島瘦"도 바로 그 대표적인 사례 중의 하나이다.

蘇東坡가 「祭柳子玉文」에서 "元稹의 시는 가볍고, 白居易의 시는 속되며, 孟郊의 시는 차갑고, 賈島의 시는 말랐다."[2]라고 평한 이후 후대의 각종 문론에 자주 등장하고 있다. 물론 이 평어에 대한 찬반론이 없는 것은 아니지만 대체로 후대의 학자들에 의해 정설로 굳어져 있으며, 특히 오늘날 학자들에게는 더욱 당연한 것으로 받아들여져 이에 대해 의문을 제기하거나 구체적인 해석과 연구가 거의 없는 상태이다. 본 논문에서는

---

* 한국외대 중국어과 강사

1) 필자는 漢字의 우수성으로 인정되는 시각적 효과[視覺印象]와 이미지의 다의성[意像的自足性] 그리고 直觀的 특성들이 오히려 비평용어의 해석을 어렵게 하는 원인이라고 본다. (葛兆光, 『漢字的魔方』, 中華書局(香港), 1989년. 제2장 참고.)

2) "元輕白俗, 郊寒島瘦, "(『蘇軾文集』 卷六十三 祭文)

이러한 문제 인식에서 출발, 郊島[3]의 작품을 중심으로 그 언어와 내용에 대한 구체적인 분석을 시도하였다.

"郊寒島瘦"의 본뜻을 이해하기 위해서 먼저 연구자가 염두에 두어야 할 몇 가지 전제가 있다. 첫째는 "郊寒島瘦"는 蘇軾이 郊島의 시를 폄하하는 관점에서 언급했다는 점이다. 이것은 소식이 맹교시에 대해 "寒蟲"[4]이란 말을 사용한 것이나 숨김없이 "나는 맹교시를 싫어한다."[5]고 한 것만 보아도 그가 맹교의 시를 얼마나 폄하하고 있었는지 짐작케 한다. 둘째는 蘇軾이 "郊寒島瘦"로써 郊島시풍의 차이점을 말한 것이 아니라 시풍의 동일성을 전제하고 평가한 것이라는 점이다. 그러므로 "寒"과 "瘦"에 대한 개별적 비교분석은 필요치 않다고 하겠다. 마지막으로 "郊寒島瘦"는 郊島시의 별칭인 소위 "苦吟"[6]과 유사한 의미로 보아도 무방하다. "苦吟"과

---

3) 蘇軾이래, 郊島병칭은 상용어로 되었다.
宋 魏慶之『詩人玉屑・孟東夜賈閬仙』:"或謂郊島誰貧? 曰:島爲甚也. ……"
宋 胡仔『苕溪漁隱叢話』:"乖崖(張詠)詩, 句淸詞古, 與郊島相先後."
金 元好問「放言」云:"長沙一湘累, 郊島兩詩囚."(『遺山先生文集』卷二)

4)「讀孟郊詩二首」其一云:"夜讀孟郊詩, 細字如牛毛. 寒燈照昏花, 佳處時一遭. 孤芳擢荒穢, 苦語餘詩騷. 水淸石鑿鑿, 湍激不受篙. 初如食小魚, 所得不償勞. 又似煮彭蟣, 竟日持空螯, 要當鬪僧淸, 未足當韓豪. 人生如早露, 日夜火消膏. 何苦將兩耳, 聽此寒蟲號. 不如且置之, 飮我玉色醪."

5)「讀孟郊詩二首」其二云:"我憎孟郊詩, 復作孟郊語. 飢腸自鳴喚, 空壁轉飢鼠. 詩從肺腑出, 出輒愁肺腑. 有如黃河魚, 出膏以自煮. 尙愛銅斗歌, 鄙俚頗近古. 桃弓射鴨罷, 獨速短蓑舞. 不憂踏船翻, 踏浪不踏土. 吳姬霜雪白, 赤脚浣白紵. 嫁與踏浪兒, 不識離別苦. 歌君江湖曲, 感我長羈旅."

6) 孟郊「夜感自遣」云:"夜學曉不休, 苦吟神鬼愁. 如何不自閒, 心與身爲讎. ……"(『全唐詩』卷三百七十四)
「送別崔寅亮下第」云:"… 憂人成苦吟, 達士爲高歌.…"(『全唐詩』卷三百七十八)
賈島「寄賀蘭朋吉」云:"… 苦吟遙可想, 邊葉向紛紛."(『全唐詩』卷五百七十二)
「雨夜同厲玄懷皇甫荀」云:"… 溝西吟苦客, 中夕話兼思."(『全唐詩』卷五百七十二)
「秋暮」云:"…… 默默空朝夕, 苦吟誰喜聞."(『全唐詩』卷五百七十二)
「懷博陵故人」云:"……吟苦相思處, 天寒水急流."(『全唐詩』卷五百七十二)
「三月晦日贈劉評事」云:"三月正當三十日, 風光別我苦吟身. ……."(『全唐詩』卷五百七十四)
唐末詩僧可止「哭賈島」云:"燕生松雪地, 蜀死葬山根. 詩癖降今古, 官卑誤子孫. 塚欄寒月色, 人哭苦吟魂. 墓雨滴 碑字, 年年添蘚痕."(『全唐詩』卷八百二十五)
宋 魏泰『臨漢隱居詩話』:"孟郊詩蹇澀窮僻, 琢削不假, 眞苦吟而成. ……."(淸 何文煥『歷代詩話』上 321쪽)

“郊寒島瘦”는 모두 郊島시에 대한 종합적 평가라는 점에서 같은 맥락으로 이해할 수 있기 때문이다.

이 글에서는 “郊寒島瘦”의 의미를 이해하기 위해 우선 이 평어의 최초 사용자인 蘇軾의 본의가 무엇인지 그리고 후대 학자들의 비평에서는 어떻게 해석하고 있는지를 살펴 그 기본개념을 파악한 다음, 이를 기초로 맹교와 가도의 시어선택에서 나타나는 특성을 알아보고 동시에 두 시인의 작품속에 공통으로 존재하는 내용적 특징을 분석함으로써 “郊寒島瘦”에 대한 좀더 정확한 의미를 짚어 보고자 하였다.

Ⅱ. “郊寒島瘦”의 언어

1. “寒·瘦”의 본의

蘇軾의 평어 “郊寒島瘦”를 이해하기 위해서는 이 평어의 출현 당대인 송대의 郊島시에 대한 다양한 비평들을 살펴 보아야 할 것이다. 맹교시에 대한 송대의 비평에서는 대체로 “思苦奇澀”,[7] “刻苦”, “使人不歡”,[8] “苦思深遠”,[9] “精深難窺”,[10] “古而老”,[11] “蹇澀窮僻”,[12] “窮蹙之語”[13] 등의 용어들이 쓰이고 있으며, 賈島시에 대해서는 “變格入僻”,[14] “辭澀思

『新唐書』卷一百七十六載 : “…… 當其苦吟, 雖逢值公卿貴人, 皆不之覺也. ……” 『唐才子傳』卷五云 : “島字閬仙, 范陽人也.…… 逗留長安, 雖行坐寢食, 苦吟不輟.”

7) 『新唐書』卷一百七十六 : “郊爲詩有理致, 最爲愈所稱, 然思苦奇澀.”

8) 宋 嚴羽『滄浪詩話·詩評』: “孟郊之詩刻苦, 讀之使人不歡.”

9) 宋 許顗『彦周詩話』: “孟東野詩苦思深遠, 可愛不可學. 僕尤嗜愛者, ‘長安無緩步’ 一詩.”(淸 何文煥『歷代詩話』上 385쪽)

10) 宋 曾季貍『艇齋詩話』: “唐人詩有古樂府氣象者, 惟此二人. 但張籍詩簡古易讀, 孟郊詩精深難窺耳.”(丁福保輯『歷代詩話續編』上, 324쪽)

11) 宋 吳可『藏海詩話』: “孟郊詩云 : ‘天色寒靑蒼, 朔風吼枯桑. 厚冰無斷文, 短日有冷光’ 此語古而老.”(丁福保輯『歷代詩話續編』上, 331쪽)

12) 주6) 참고.

13) 宋 葛立方『韻語陽秋』卷第二 : “孟郊詩云 : ‘食薺腸亦苦, 强歌聲無歡. 出門卽有礙, 誰謂天地寬.’ 許渾詩云 : ‘萬里碧波魚戀釣, 九重靑漢鶴愁籠.’ 皆是窮蹙之語.”

苦",[15] "蹇澀"[16]과 같은 평어들이 사용되고 있다. 이들 평어에서 공통적으로 나타나는 "苦"와 "澀"으로써 교도의 시풍에 대한 견해를 우선 종합할 수 있으며, 이로 판단해 볼 때 소식이 제기한 "寒"과 "瘦"를 "苦"와 "澀"의 다른 이름으로 보아도 별 무리가 없을 듯하다. 다시 말하면 "澀苦[17]"하다는 말로 郊島의 시를 종합평가한 것이라고 볼 수 있다. 소식의 견해에 대해 후대 문인들 사이에 찬반론이 제기되곤 했지만 그러한 논쟁들은 오히려 "郊寒島瘦"의 시평사적 위치를 더욱 확고히 하는데 도움을 주었다.

송대의 郊島의 시에 대한 평가는 대체로 부정적이었으므로 소식의 견해에 대해서는 대부분 긍정적이다. 許顗는 소식의 "郊寒島瘦"에 대해 정확한 지적[18]이라고 하였으며, 張表臣도 郊島시의 부족한 점을 지적하면서 소식의 견해에 동의하였다. 여기서 장표신이 시의 표본으로 제시한 "(시의) 韻味가 맑고 높을 뿐 아니라 깊고 아득하며, 筆力은 고상하고 웅혼하다."[19]라는 말은 "寒"과 "瘦"의 상대적 의미를 잘 짚어 주고 있다. 결국 "郊寒島瘦"는 당시 豪放과 氣像을 중시한 蘇軾 자신의 총체적 시풍인 소위 "行雲流水"[20]의 관점에서 배타적으로 만들어진 것이라고 볼 수 있는데 이런 점에서 다소 그 편협성을 면할 수는 없을 것이다. 송대에 많지 않은 맹교시에 대한 긍정적 평가 중 曾季貍의 평어가 주의를 끈다. 그는 자신의 글에서

---

14) 王定保『唐摭言』卷十一 : "賈島字閬仙. 元和中, 元白尙輕淺, 島獨變格入僻, 以矯浮艶 ; 雖行坐寢食, 吟味不輟."

15) 宋 黃徹『溪詩話』卷三 : "久泄賈島詩如'鳥從井口出, 人自岳陽來', 貫休'此夜一輪滿, 淸光何處無', 皆經年方得偶句, 以見其辭澀思苦, 非若好事者夸辭, 亦謬用其心矣."

16) 唐 司空圖「與李生論詩書」: "賈浪仙誠有警句, 視其全篇, 意思殊餒, 大抵附於蹇澀, 方可致才, 亦爲體之不備也."

17) 자전적 풀이로는 '떫고 쓰다'의 뜻이나 기존의 평어로 볼 때, "蹇澀寒苦"의 축약으로 보아야할 것이다.

18) 宋 許顗『彦周詩話』: "東坡祭柳子玉文 : '郊寒島瘦, 元輕白俗.'此語具眼." (淸 何文煥『歷代詩話』上 384쪽)

19) 張表臣『珊瑚鉤詩話』卷一 : "詩以意爲主, 又須篇中鍊句, 句中鍊字, 乃得工耳. 以氣韻淸高深眇者絶, 以格力雅健雄豪者勝. 元輕白俗, 郊寒島瘦, 皆其病也."

20) 淸 趙翼『甌北詩話』卷五 蘇東坡詩 : "蓋李詩如高雲之游空, 杜詩如喬嶽之矗天, 蘇詩如流水之行地. 讀詩者於此處著眼, 可得三家之眞矣."

그동안 소식의 영향으로 맹교의 시를 좋아하지 않았으나 나이 오십이 지난 후에야 韓愈와 李翶가 맹교시를 높게 평가한 이유를 이해하였으며 소식의 郊島시에 대한 비평이 편협한 것이라고 주장하였다.[21] 위의 찬반론적 시평들과는 달리, 宋 葛立方은 맹교시에 대한 지나친 높임이나 지나친 폄하에 대해 비판하면서 중도적 입장을 취하고 있다.[22] 이처럼 "郊寒島瘦"에 대한 평가는 다양하게 나타나고 있는데 중요한 것은 의견의 正反 혹은 중립이 아니라 "郊寒島瘦"로써 郊島시를 평가하는 것이 얼마나 객관적이며 합리적인가하는 문제이다.

지금까지 "郊寒島瘦"와 관련된 그 시기의 비평들을 간략하게 살펴보았다. 여러 비평들의 한 가지 공통된 점은 郊島의 시가 당시로선 매우 이해하기 어려운 학문적 고뇌로 괴로워하는 시인의 투철한 작가정신에 의해 창작되었다는 것에 대한 인식이다. 이 점에선 蘇軾 역시 인정할 수밖에 없었을 것이다.

2. "寒瘦" 이미지의 시적 운용

韓愈는 「貞曜先生墓誌銘」에서 "(맹교의 시는)칼로 실을 끊듯이 이치를 분별하며, 매우 난해하고, 자신의 온 힘을 쏟아 시에 몰두하여, 갖가지 오묘함을 시속에 은근히 드러낸다."[23]라고 하였다. 이는 孟郊가 시어 선택

---

21) 宋 曾季貍『艇齋詩話』: "予舊因東坡詩云 '我憎孟郊詩'及 '要當鬪僧淸, 未足當韓豪. 何苦將兩耳, 聽此寒蟲號.', 遂不喜孟郊詩. 五十以後, 因暇日試取細讀, 見其精深高妙, 誠未易窺, 方信韓退之李習之尊敬其詩, 良有以也. 東坡性痛快, 故不喜郊之詞艱深. 要之, 孟郊張籍, 一等詩也. 唐人詩有古樂府氣象者, 惟此二人. 但張籍詩簡古易讀, 孟郊詩精深難窺耳. 孟郊如遊子吟烈女操薄命妾古意等篇, 精確宛轉, 人不可及也."(丁福保輯『歷代詩話續編』上, 324쪽) (그러나 증계리(曾季貍)가 글에서 예로 든「遊子吟」,「烈女操」,「薄命妾」,「古意」등의 작품을 중심으로 맹교시를 평가하는 것은 합리적인 비평이라고 보기 어렵다.)

22) 宋 葛立方『韻語陽秋』卷第一: "孟郊詩 '楚山相蔽虧, 日月無全輝. 萬株古柳根, 拏此磷磷溪. 大行橫偃脊, 百里方崔嵬.'等句, 皆造語工新, 無一點俗韻. 然其他篇章, 似此處絶少也. 李翶評其詩云: '高處在古無上, 平處下觀二謝.'許之亦太甚矣. 東坡謂 '初如食小魚, 所得不償勞. 又似食蟛虫越, 竟日嚼空螯.' 貶之亦太甚矣."

23) "刃迎縷解, 鉤章棘句, 掐擢胃腎. 神施鬼設, 間見層出."(『全唐文』卷五百六十四)

에 있어서 평이하고 가벼운 언어를 피하고 새롭고 기이하며 오묘한 언어들을 사용하는 것을 가리켜 한 말이다. 蘇軾의 "郊寒島瘦"는 이러한 한유의 말을 정면으로 부정한 것이라고 볼 수 있는데 송대에는 소식의 비평이 받아들여져 맹교의 시풍에 대한 부정적 시각이 주를 이룬다. 嚴羽는 "맹교의 시는 볼품없이 마르고 생기가 없어, 그 기력은 오므라들어 펴지지 않는데 한유가 이처럼 그의 편을 드는 것은 무엇 때문인가? 시의 도리는 본래 바르고 큰 것일진대 맹교는 스스로 그것에 의해 갇히고 있다."[24]라고 하면서 맹교의 시풍에 대해 강하게 비판하였다. 이처럼 역대 찬반론 속에서 도출된 결론은 크게 둘로 나누어져서 韓愈의 주장을 따르는 이들은 "寒"은 시 속에 슬픔과 고통을 한탄하는 내용을 함축하면서 동시에 그 시속에 내재하고 있는 맑고 시원한 意境의 아름다움을 말한다고 해석하고 있으며, 반면에 소식의 비평을 받아들인 사람들은 "寒"은 시상이 천박하고 형식적이며 무미건조하다의 의미로 생각하였다. 그럼 郊島의 작품을 통해서 평어 "郊寒島瘦"출현의 원인를 찾아보자. 맹교가 가도에게 보낸 시 「戲贈無本二首」其一[25]에서는 다음과 같이 노래하고 있다.

長安秋聲乾,	長安에 스산한 가을바람 불어오니
木葉相號悲。	마른 잎새들이 슬픈 소리를 낸다.
瘦僧臥冰凌,	파리한 중은 얼음곳간에 누워
嘲詠含金痍。	혀에 상처가 나도록 끝없이 읊조리는데,
金痍非戰痕,	그것은 칼날에 의한 상처가 아니고
峭病方在玆。	"奇峭"를 추구하다 그렇게 된 것이로다.
詩骨聳東野,	맹교의 "淸峭"함도 갖추었고,
詩濤湧退之。	한유의 "雄富"함도 갖추었도다.
有時踉蹌行,	때때로 비실 비실 걸으며,
人驚鶴阿師。	학처럼 깡마른 중이 사람을 놀라게 한다.[26]

24) 『滄浪詩話·詩評』: "孟郊之詩, 憔悴枯槁, 其氣局促不伸, 退之許之如此, 何耶? 詩道本正大, 孟郊自爲之限阻耳."

25) 『全唐詩』卷三百七十七.

26) 阿師 : 和尙的俗稱. 冠之以 '鶴', 則言其瘦也, 行走踉蹌也, 同時暗含品格高潔之意. (韓泉欣『孟郊集校注』卷六, 浙江古籍出版社, 258쪽.)

可惜李杜死,	이백과 두보가
不見此狂癡。	이 괴짜를 보지 못하는 것이 애석하구다.

여기서 瘦僧,[27] 鶴阿師 등 가도를 형용한 시어들은 蘇軾의 평어 "郊寒島瘦"의 합리성을 직접적으로 뒷받침해 주고 있으며 "郊寒島瘦"가 賈島시의 시어 선택이나 詩情에 대한 비평일 뿐만 아니라 가도 본인과 그의 시를 종합적으로 평가하는 것임을 시사하고 있다. 이는 詩品을 중시했던 중국 시가전통의 한 맥락으로 이해할 수 있을 것이다. 가도의 작품 속에서도 자신이 苦吟하는 모습이 직접적으로 그려진다. 그는 "하루만 시를 쓰지 않아도 마음은 말라 버린 샘물과 같다."[28] "두 구절을 삼년만에 얻으니, 읊자마자 두 눈에 눈물이 흐른다."[29] "새로운 시 한 수에 놀라 말라가는 내모습, 슬쩍 거울을 보니 추한 얼굴 비친다."[30] 등의 구절에서 볼 수 있듯이 그가 얼마나 시작에 몰두하고 있었으며 또한 흡족한 한 구절의 시를 얻기 위해 얼마나 고심했는가를 짐작케 해 준다. 이러한 苦吟의 흔적에서도 "郊寒島瘦"의 간접적 의미를 추측해 볼 수가 있다.

우선 "郊寒島瘦"에 대한 일차적 의미를 짚어 보기 위해 孟郊와 賈島의 시 속에 나오는 "寒"자와 "瘦"자를 정리하여 보았다. 맹교의 시에 나오는 "寒"자는 40여회, "瘦"자는 10회 이상이고, 가도의 시에서는 "寒"자가 50여회, "瘦 5회 이상 쓰이고 있다. 두 시인의 시의 총 편수로 볼 때, 이 두 시어의 사용은 매우 많은 것이라고 할 수 있으며 이는 蘇軾의 비평에 직접적인 영향을 주었을 것으로 생각된다. 이들 두 시인의 "寒"자와 "瘦"자에 대한 운용은 매우 다양하고 포괄적으로 나타난다. 여기서 잠시 그 운용의 예를 살펴보면, 우선 "寒"과 가장 밀접한 시적 이미지는 "비(悲)"로서 "一聞陌上苦寒奏, 使我佇立驚且悲."(≪出門行≫), "登高有所思, 寒雨

27) 姚合의 시 「別賈島」에서도 "野客狂無過, 詩仙瘦始眞."(『全唐詩』 卷四百九十六)이라 하여 가도가 마른 사람임을 말하고 있다. 가도의 마른 체형은 그의 시상과 밀접하게 연결되어 상징적 의미를 갖고 있음을 알 수 있다.

28) 「戲贈友人」 : "一日不作詩, 心源如廢井。" (『全唐詩』 五百七十一卷)

29) 「題詩後」 : "二句三年得, 一吟雙淚流。" (『全唐詩』 五百七十四卷)

30) 「和劉涵」 : "新題驚我瘦, 窺鏡見醜顏。" (『全唐詩』 五百七十一卷)

傷百草."(≪感懷≫), "溪老哭甚寒, 涕泗冰珊珊."(≪寒溪≫其七), "暮天寒風悲屑屑, 啼鳥遶水泉水噎."(≪往河陽宿峽陵寄李侍御≫) 등의 구절에서 흔히 볼 수 있다. 적막감을 상징하는 "孤" 역시 "寒"의 대표적인 시상 중의 하나로 "秋桐故葉下, 寒露新雁飛."(≪與韓愈李翶張籍話別≫), "京索先生三尺墳, 秋風漠漠吐寒雲."(≪過京索先生墳≫), "孤煙寒色樹, 高雪夕陽山."(≪送敭法師≫) 등의 구절을 예로 들 수 있다. 그리고 "寒"이 가장 직접적인 상징을 나타내는 경우가 있는데 바로 가난의 의미로 쓰일 때이다. "貧女鏡不明, 寒花日少容." (「雜怨」)에서는 "貧女"와 "寒花"를 댓구로 하여 "寒"의 시상을 "貧"과 연결시키고 있으며, "寒者願爲蛾, 燒死彼華膏." (「寒地百姓吟」)에서도 冷溫의 감각적 대비를 활용하여 "寒"을 "貧"의 개념과 강하게 밀착시킴으로써 "寒"의 시적 이미지가 주는 貧窮, 貧寒의 의미를 부각시키고 있다. 이밖에 "寒"에 대한 수식어로써의 다양한 활용도 두 시인의 특기라고 할 만하다. 예를 들면, 寒銅, 寒塘, 寒木, 寒景, 寒松, 寒星, 寒溪, 寒谷, 寒露, 寒物, 寒槿, 寒日(이상 맹교), 寒月, 寒氣, 寒鴻, 寒韻, 寒夜, 寒枕, 寒山, 寒骨, 寒沫, 寒色, 寒漱, 寒樓, 寒雲, 寒水(이상 가도) 등의 시어가 각각의 제재들과 결합하여 다양하게 운용된다. 특히 寒花, 寒江, 寒雨, 寒風, 寒草 등은 두 시인이 공통으로 애용하는 시어로 역시 소식이 "寒瘦"로써 郊島를 병칭하는데 직간접적인 영향을 주었을 것으로 생각된다.

"瘦"자의 비중은 그리 크지 않지만 글자의 특성으로 볼 때 郊島의 시에서는 매우 중요한 시어중의 하나이다. 맹교의 시에서는 그 쓰임도 매우 다양하여 형용사 외에도 단독으로 동사나 부사적으로도 활용되고 있는 것을 볼 수 있다. 형용사로 쓰인 예는 瘦郭,[31] 瘦僧,[32] 瘦笻,[33] 瘦容,[34] 瘦鬼,[35] 瘦田[36] 등이 있고, 동사나 부사적으로 쓰인 예로는 瘦攢,[37] 瘦臥,[38] 瘦如

31) 瘦郭有志氣, 相哀老龍鍾. (「勸善吟」)
32) 瘦僧臥冰凌, 嘲詠含金痍. (「戲贈無本二首」其一)
33) 雙屐與誰逐, 一尋靑瘦笻. (「延壽里精舍寓居」)
34) 頭髮梳千下, 休糧帶瘦容. (「山中道士」)
35) 驅儺擊鼓吹長笛, 瘦鬼染面惟齒白. (「弦歌行」)

髮,[39] 洗聲瘦,[40] 瘦坐,[41] 瘦削,[42] 驚我瘦[43] 등이 있다. 이러한 예들을 보면 郊島의 "瘦"자의 운용에 대한 고심을 읽을 수가 있다. 郊島의 시에는 "寒"과 "瘦"자 이외에도 이들과 유사한 시상을 갖는 글자가 많이 사용되고 있는데 그중에서 매우 직접적인 시상을 지니는 病, 老, 死, 衰, 苦, 愁, 悲, 哭, 泣, 淚, 貧, 窮, 飢 등의 글자가 그들의 전체 시에 상용되고 있어서 시정을 무겁게 하는 작용을 하고 있다. 이밖에도 맹교의 시에는 다른 시인의 시에서 찾아보기 힘든 독특한 시어사용이 보이는데 바로 "聳"자와 "骨"자[44]이다. "聳"은 주로 사역의 의미를 갖는 타동사로 쓰이면서 시의 함축성을 높여 주고 있을 뿐 아니라 시의 윤색보다는 간결한 시상을 이끌어 다소 건조한 느낌마저 들게 하는데 이것이 곧바로 시의 부분적 특성으로 나타난다. 그런 점에서 이 시어의 사용도 "寒瘦"적 시풍과 연결된다고 볼 수 있다. "骨"자도 시인이 애용하는 글자로서 주로 시인자신을 지칭하는 경우에 많이 쓴다. 이는 시인의 가난한 생활과 그동안 겪었던 온갖 어려움 속에서 오로지 시인으로서의 최소한의 존재가치만 남아 버린 자신의 대용어로써 위에서 언급한 "瘦"자와는 거의 유사한 시상을 가지며 아주 애용하는 시어이다. 그가 가도를 "마른 중[瘦僧][45]"이라고 놀릴

36) 淺井不供飮, 瘦田長廢耕. (「秋夕貧居述懷」)
37) 瘦攢如此枯, 壯落隨西曛. (「秋懷」其五)
38) 單床寤皎皎, 瘦臥心兢兢. (「秋懷」其六)
39) 秋草瘦如髮, 貞芳綴疏金. (「秋懷」其七)
40) 商氣洗聲瘦, 晚陰驅景勞. (「秋懷」其十二)
41) 瘦坐形欲折, 腹飢心將崩. (「秋懷」其十三)
42) 物色多瘦削, 吟笑還孤永. (「石淙」其九)
43) 新題驚我瘦, 窺鏡見醜顏. (「和劉涵」)
44) "聳"자와 "骨"자 쓰임구의 예 : "商聲聳中夜, 蹇支廢前行."(「秋懷十五首」其八), "人間少平地, 森聳山嶽多."(「君子勿鬱鬱士有謗毁者作詩以贈之」), "潛角時聳光, 隱鱗乍漂冏."(「石淙」其九), "聳我殘病骨, 健如一仙人."(「遊枋口」其二), "衆岫聳寒色, 精廬向此分." (「宿山寺」), "孤骨夜難臥, 吟蟲相唧唧."(「秋懷」其一), "餓馬骨亦聳, 獨驅出東門."(「出東門」), "飄飄鶴骨仙, 飛動鼇背庭."(「石淙」其五), "赤令風骨峭, 語言淸霜寒."(「嚴河南」), "富別愁在顏, 貧別愁銷骨."(「答韓愈李觀別因獻張徐州」), "松骨輕自飛, 鶴心高不羣."(「送李尊師玄」), "因思蛻骨人, 化作飛桂仙."(「終南山下作」), "步隨靑山影, 坐學白塔骨."(「贈智朗禪師」) 등이 있다.
45) 「戱贈無本」(『全唐詩』 卷三百七十七 孟郊六)

수 있었던 것도 "骨"과 "瘦"자에는 강한 긍정적 의미가 내재되어 있었기 때문이다. 이처럼 "聳"자와 "骨"자는 맹교시의 소위 "寒澀瘦硬"한 풍격을 가장 잘 나타내는 시어들이라고 하겠다.

이와 같이 시어의 직접적인 분석을 통해서도 부분적으로 맹교와 가도의 시풍이 "寒·瘦"로 특징지어지는 원인을 감지할 수 있다.

Ⅲ. "郊寒島瘦"의 내용

1. 哭窮哭寒

예로부터 "哭窮·哭寒"의 문학은 중국 시문학의 한 전통으로 자리 잡고 있었으며 가난과 시가의 상관성에 대한 논의도 있었다.46) 安史의 난과 더불어 도래한 中唐시기는 시인들의 생활고의 압력을 더욱 가중시키면서 그들의 삶을 지배하였고 이러한 곤궁한 처지들이 시창작의 주요소재로 나타나게 된다. 孟郊는 어려서 아버지가 돌아가시고 홀어머니와 함께 빈곤한 가정 환경 속에서 자랐다. 성장한 후 사회적 신분상승의 유일한 수단이며 어려운 현실의 탈출구인 과거시험에도 번번이 낙방하여 사십대 중반까지도 그 꿈을 이루지 못하자 생활은 더욱 궁핍해져서 결국 당시 貧士의 상징적 인물이 될 지경에 이른다.47) 이러한 과정에서 가난의 고통은 그에

46) 宋 張表臣『珊瑚鉤詩話』卷三 : "余以百司從車駕止建康. 一日, 謁內相朱子發, 論文甚洽. 適有數淸貴俱在座, 顧不肖而謂諸人曰 : '玆人文學該贍, 尤長於詩, 然坐是以窮耳' 意謂古人有言, '詩能窮人'故也. 余奮然答曰 : '內翰之言誤矣. 夫『詩非能窮人, 待窮者而以工耳.』此歐陽文忠功之語也. 以不肖觀之, 猶爲未當. 詩三百六篇, 其精深醇粹, 博大宏遠者, 莫如雅頌. 然鴟鴞之詩, 周公所作也 ; 泂酌之詩, 召公所作也. 詩云 :『吉甫作誦穆如淸風. 其詩孔碩, 其風肆好.』顧不美乎? 數君子者, 顧不達而在上, 功名富貴人乎? 何詩能窮人? 又何必待窮者而後工邪? 漢唐以來, 不暇多擧. 近時歐陽公王荊公蘇東坡號能詩, 三人者, 亦不貧賤, 又豈碌碌者所可追及? 然則謂詩能窮人者, 固非矣, 謂待窮者而後工, 亦未是也. 夫窮通者, 時也. 達則行於天下, 窮則獨善其身, 政不在能詩與不能詩也.' 座客爲之憮然."

47)『唐摭言』卷六 公薦 : "郊窮餓, 不得安養其親, 周天下無所遇, 作詩曰 : '食薺腸亦

게 그 무엇보다도 강렬하게 다가왔고 이런 불우한 환경의 외적표출이 苦吟의 한 형태로 나타나게 되었다. 賈島는 자신을 苦吟의 화신으로 인정하고 있는데[48] 그 역시 궁핍한 생활이 苦吟의 주요 원인이었음을 짐작할 수 있게 해준다. 맹교는 「秋夕貧居述懷」[49]에서 가난의 아픔을 다음과 같이 읊조리고 있다.

臥冷無遠夢, 잠 안 오는 밤 차가운 방에서
聽秋酸別情。 가을바람소리를 들으니 이별의 아픔은 더욱 커지고,
高枝低枝風, 가지마다 불어오는 바람에
千葉萬葉聲。 무성한 잎새들이 소리를 낸다.
淺井不供飮, 메마른 우물엔 마실 물도 없고,
瘦田長廢耕。 비좁은 텃밭은 버려둔 지 오래 되었구나.
今交非古交, 새 벗은 옛 벗과 달라,
貧語聞皆輕。 가난의 넋두리를 귀담아 들어주지 않는구나.

이 작품에서는 극빈의 고통을 시인 스스로 감내하고 있는 자신의 처지를 낮은 음으로 노래하고 있다. 물과 양식은 인간이 생활하는데 최소한의 생존조건이지만 그러한 기본적인 생활조건마저 충족할 수 없는 극빈자인 자신의 현실을 처연하게 그리고 있는데 무엇보다 시인을 더욱 비참하게 하는 것은 그런 극빈의 고통에 대한 넋두리를 들어줄 친구조차 없다는 것이다. 『唐才子傳』에서는 맹교가 강직한 성격으로 생업에 서툴러서 더욱 가난할 수밖에 없었음을 기록하고 있다.[50] 賈島의 「朝飢」[51]에서도 맹교의 술회와 아주 유사한 묘사가 보인다.

苦, 强歌聲無歡. 出門卽有礙, 誰謂天地寬.'"(薺 : 냉이제, 겨자과에 속하는 일년초. 어리 때 캐서 국을 끓여 먹는데 맛이 달콤함. 甘心如薺, 甘薺 등의 말이 있다.) 宋 劉攽『中山詩話』: "孟東野詩, 李習之所稱 : '食薺腸亦苦, 强歌聲無歡. 出門卽有礙, 誰謂天地寬.'可謂知音.… 其間語句尤多寒澀, 疑向五卷是名士所刪取者.…"

48) 주6) 참고.

49) 『全唐詩』 卷三百七十四.

50) 『唐才子傳』 卷五 : "…郊拙於生事, 一貧徹骨, 裘褐縣結, 未嘗俛眉爲可憐之色.…"

51) 『全唐詩』 卷五百七十一.

서 "終年"까지의 구는 정씨가 보인 投筆從軍과 建功立業의 정신을 두고서 한 말이지만 여기에 담긴 인생신념은 성당인의 진취적이고 낙관적인 기상을 대변하면서 동시에 시인의 웅대한 이상과 포부도 읽게 한다.21)

(2) 통치자의 부당한 대우 고발

당시의 종군, 참전이 사인들에게 입신양명의 활로를 개척할 수 있는 호기였을지라도 현실적으로 관직, 관원의 수가 한정되어 있는 상황에서 조정이 邊功者 모두의 기대나 욕구를 빠짐없이 충족시키기는 불가능한 일이었다. 변방에서 화려한 전공을 세우고도 작위, 작록으로써 우대받지 못한 이들이 생겨났음은 물론이다.22) 도한은 이러한 현실을 樂府體에 담아 邊功이 있는 자가 겪는 아픔과 울분을 사실적으로 묘사하기도 한다. 「古塞下曲」과 「燕歌行」이 그 예인데 먼저 다음 시를 보기로 든다.

「古塞下曲」

進軍飛狐北　　비호 북쪽으로 진군하자,
窮寇勢將變　　궁지에 몰린 적들은 기세가 꺾이어 갔다.
日落沙塵昏　　해가 지어 사막이 어둑할 때,
背河更一戰　　황하 건너에서 또 한바탕 싸울 채비를 하였다.
騂馬黃金勒　　황금 재갈 물린 붉은 말 힘차게 몰고,
琱弓白羽箭　　아롱진 활에 흰 깃 화살을 메겨 힘껏 당기었다.
射殺左賢王　　적 추장 사살하고서,
歸奏未央殿　　궁궐에 아뢰러 돌아왔다.
欲言塞下事　　변방에서 벌어진 일 말씀드리고 싶은데,
天子不召見　　천자께선 불러서 만나주지 않았다.
東出咸陽門　　동으로 함양문 나서려니
哀哀淚如霰　　슬프고 슬퍼서 눈물이 싸락눈처럼 쏟아졌다.

飛狐는 지금의 河北 淶源縣에 있었던 옛 關隘의 이름으로 太行山 여덟

---

21) 羅宗强・郝世峰, 앞의 책, 264쪽.
22) 許總, 앞의 책, 363쪽.

지레목의 하나였다. 시의 전반부는 한 武將이 飛狐關의 험세를 무릅쓰고 북진하여 적을 물리치고, 내친 김에 야간공격까지 감행한 사실을 들어 임전무퇴의 기상을 찬양하고, 후반부는 적 추장 살해 후 전과보고를 위해 궁중에 달려왔음에도 천자의 문전박대를 받아 만나지도 못하고 돌아온 사실을 서술하였다. 당시에 敵王을 사로잡은 자에게는 대장군에 제수한다는 현종의 말에 장수들은 고무되어 있었다.[23] 따라서 적 추장을 사살한 무장은 공로로 대장군이나 이에 상응하는 처우를 기대하고 돌아왔을 것이다. 그러나 천자가 召見조차 해주지 않는 기막힌 현실 앞에서 무장은 그만 비통의 눈물을 흘리고 만다. 시에는 천자를 직접 원망하는 말은 없지만 무장을 이해하고 동정하는 입장에서 그의 불우를 "淚如霰"으로 형상화하여 천자를 풍간하는 효과를 거두고 있다. 陳巖肖가 『庚溪詩話』에서 "이 시를 보면 윗사람은 신하의 마음을 주의 깊게 꿰뚫어보지 않으면 안 되겠다."(旣引)고 한 것은 이러한 측면에서 이 시를 이해한 것이다.

「燕歌行」

請君留楚調	그대여 초나라 가락은 그만 멈추시고,
聽我吟燕歌	내가 부를 연나라 노래나 들어보시오.
家在遼水頭	우리 집은 요수 언저리에 있는데,
邊風意氣多	변방의 풍습답게 의기를 중시하는 사람이 많다오.
出身爲漢將	내 출신은 한나라 무장으로,
正値戎未和	마침 오랑캐가 평화 도모치 않고 전쟁 일으키니,
雪中凌天山	눈 속에서 천산을 넘고,
氷上渡交河	얼음 위로 교하를 건넜네.
大小百餘戰	크고 작은 전쟁 백 번 넘게 치렀건만,
封侯竟蹉跎	공후가 되려는 뜻 끝내 어긋나고 말았네.
歸來灞陵下	파릉 아래로 돌아와 지내는데,
故舊無相過	친구들의 발길이 뚝 끊겼네.
雄劍委塵匣	보검은 먼지 앉은 상자 속에 버려지고,
空門垂雀羅	빈 대문 앞엔 참새 그물만 쳐져있네.

23) 『新唐書 · 吐蕃傳』(卷216上) : "帝以書賜將軍裴旻曰 : '敢有掩戰功不及賞者, 士自陳, 將吏皆斬.…能禽其王者, 授大將軍.' 於是士益奮."

天寒色靑蒼, 푸른 하늘은 찬 공기를 머금고,
北風叫枯桑。 북풍이 불어오니 마른 뽕나무들이 소리를 낸다.
厚冰無裂文, 두꺼운 얼음은 갈라진 흔적도 없고,
短日有冷光。 짧은 해가 추위를 더한다.
敲石不得火, 돌을 두들겨도 불이 나질 않고,
壯陰奪正陽。 큰 그림자가 햇볕까지 가려 버리는구나.
苦調竟何言, 아, 괴로운 마음 형용할 길 없어,
凍吟成此章。 추위에 떨며 이 노래를 짓는다.

시인의 "哭寒"은 이 시에서 그 절정을 보는 것 같다. 하지만 이러한 상황에서도 詩作에만 몰두하는 시인으로서의 집착은 참으로 대단하다. 맹교는 "나는 季倫의 부유함도 부럽지 않고, 原憲의 貧寒함도 비웃지 않는다."59)고 하였는데 그의 가난에 대한 당당함이 엿보이는 대목이다. 이밖에 「哭劉言史」의 "詩人業孤峭, 餓死良已多."와 「弔盧殷」其一 의 "詩人多淸峭, 餓死抱空山." 그리고 「送淡公」의 "詩人苦爲詩, 不如脫空飛." 등의 구절에서도 맹교의 가난 속에서 더욱 강렬해지는 시에 대한 집착을 여실히 드러내고 있다.

"哭窮・哭寒"문학은 어쩌면 시의 내용상의 특수성 때문에 소홀히 평가될 수 있는 면을 가지고 있어서 그의 문학사적 의의가 격감될 위험성이 크다. 더구나 읽는 이로 하여금 즐거움을 주지 못한다면 더욱 그럴 것이다. 하지만 여기서 우리가 주목해야 할 점은 시가를 시인자신의 솔직한 감정표출의 산물이라고 볼 때 "哭窮・哭寒"의 문학만큼 그 의미에 부합할 수 있는 詩種도 없다는 것이다. 이와 같은 이유로 "哭窮・哭寒"의 문학 전통은 시대를 초월하여 중국 시가사의 중요한 부분으로서 면면히 이어져 오고 있는 것이다.

59) 「傷時」云 : "我亦不羨季倫富, 我亦不笑原憲貧."(季倫 : 晋勃海南皮人. 永熙元年出爲荊州刺史, 以劫掠客商致富. 原憲 : 春秋時魯國人. 傳說他蓬戶褐衣蔬食而不減其樂. 引 韓泉欣『孟郊集校注』卷二)

2. 懷才不遇

과거시험에서의 연이은 실패 역시 시인들의 "苦吟"에 중요한 원인을 제공한다. 맹교는 「送別崔寅亮下第」에서 "憂人成苦吟, 達士爲高歌."[60]라고 하여 과거시험의 당락이 가져오는 극한적 대비를 노래하고 있다. 남다른 재주를 가지고 있으면서도 번번이 과거에 실패하고 사십세가 넘어 겨우 과거에 합격한 孟郊[61]와 평생 과거와 인연이 없었던 賈島는 그들이 겪은 가난의 근본적 원인이 된 과거시험에서의 어려움이 "苦吟"의 중요한 요소로 작용하고 있음을 알 수 있다. 맹교의 「夜感自遣」[62]에서는 다음과 같이 노래하고 있다.

夜學曉未休, 밤새워 책을 보다 만난 새벽,
苦吟神鬼愁。 괴로운 노래에 귀신도 슬퍼한다.
如何不自閒, 내가 왜 이리 조급한가 했더니,
心與身爲讐。 몸과 마음이 서로 맞질 않아 그렇구나.
死辱偏覗痛, 죽어서의 욕됨은 잠시의 고통이지만,
生辱長年羞。 살아서 욕됨은 기나긴 부끄러움이로다.
淸桂無直枝, 계수나무에는 곧은 가지가 다 없어지고,[63]
碧江思舊遊。 푸른 강가에 서니 옛 친구가 그립구나.

---

60) 『全唐詩』 卷三百七十八.

61) 『新唐書』 卷一百一記載云 : "… 年五十, 得進士第, 調溧陽尉. …"
『唐才子傳』 卷五孟郊條記載云 : "貞元十二年, 李程榜進士, 是年五十矣. 調溧陽尉." 『孟郊年譜』 記載云 : 按韓愈 「貞曜先生墓誌銘」 : "年幾五十, 時以尊夫人之命來集京師, 從進士試. 旣得卽去." 韓 愈 「孟生」詩宋樊汝霖注引 『唐登科記』 也稱 : "東野及第貞元十二年." 宋吳子良 「荊溪林下偶談」又云 "東野墓誌 : 年幾五十, 始以尊夫人來集京師, 從進士試, 旣得卽去.'史云 : '年五十得進士第.'樊汝霖云 : '時郊年五十四.'三說不 同. 按 『唐登科記≫ : 郊第在貞元十二年李程榜. 又按墓誌 : 郊死於元和九年, 年六十四. 自元和九年逆數而上, 至貞 元十二年, 凡十九年矣. 郊登第當是年四十六. 退之 「薦士」詩 : '酸寒溧陽尉, 五十幾何耄.' 蓋郊登第四年, 方調溧 陽尉也. 誌謂 '年幾五十'是矣. 史與樊說失之." 他的論斷大致可信. (華忱之, 『孟郊詩集校注』 附錄, 人民文學 出版社, 1995年)

62) 題下注云 : "一作失志夜坐思歸楚江. 又作苦學吟." (『全唐詩』 卷三百七十四)
제목을 「失志夜坐思歸楚江」(『唐文粹』 卷十五)이라고 하기도 하고, 「苦學吟」이라고도 한다. (『孟郊詩集校 注』 卷三)

63) 「淸桂」句 : 唐人稱科學考試及第爲折桂. 此言折桂不易. (韓泉欣 『孟郊集校注』 卷三)

낙제 후에 겪었던 시인의 실망과 분노가 시 전편에 묻어난다. 시인들에게는 자신의 사회적 경제적 처지를 개선할 유일한 수단이었던 과거시험에서의 실패는 그들에게는 어쩌면 죽음보다 무서운 것이었을지도 모른다. 맹교가 천신만고 끝에 과거에 급제한 후 노래하고 있는 기쁨의 극한적 표현을 보면 그동안의 정신적 고통이 어느 정도였는지 짐작이 간다.64) 수차례에 걸친 과거시험에서의 낙제는 맹교의 전체 시풍에 지대한 영향을 주었으며 "寒·瘦"적 이미지의 시풍 형성에 중요한 원인이 되었음을 알 수 있다. 『唐才子傳』의 기록에도 시인의 不遇가 그의 시작에 직접적 영향이 있음을 시사하고 있다.65) 맹교는 「落第」66)에서 낙방후의 괴로움을 다음과 같이 읊조리고 있다.

曉月難爲光, 새벽에 달빛이 바래가듯,
愁人難爲腸。 가슴은 근심으로 찢어질 듯하다.
誰言春物榮, 누가 봄날의 화사함속에서
豈見葉上霜。 어찌 잎새위의 서리를 보겠는가라고 하였던가?
雕鶚失勢病, 수리가 뜻을 펴지 못하고 병들자,
鷦鷯假翼翔。 뱁새들이 비상하며 흉내를 낸다.
棄置復棄置, 수없이 포기하고 또 포기하니,
情如刀刃傷。 마음이 칼날로 도려내는 듯 아프구나.

---

64) 「登科後」云 : "昔日齷齪不足誇, 今朝放蕩思無涯. 春風得意馬蹄疾, 一日看盡長安花."(『全唐詩』 卷三百七十四)
(필자역 : 지난날의 좁은 마음 자랑할 일 아니구나, 오늘 아침에는 유쾌하고 무한한 해방감이 느껴진다. 봄바람 속 급제하니 말발굽소리도 빨라지고, 하루 만에 장안(長安)의 꽃들도 다 보았구나.)

65) 『唐才子傳』 卷五孟郊條記載云 : "… 多傷不遇, 年邁家空, 思苦奇澁, 讀之每令人不歡. 如 '借車載家具, 家具少於車.'如謝炭云 : '吹霞弄日光不定, 暖得曲身成直身.' 如 '愁人獨有夜燭見, 一紙鄕書淚滴穿.' 如下第云 : '棄置復棄置, 情如刀刃傷.' 之類, 皆哀怨淸切, 窮入冥搜. …" 맹교는 「送別崔寅亮下第」 "天地唯一氣, 用之自偏頗. 憂人成苦吟, 達士爲高歌. …"에서 과거시험의 실패가 고음(苦吟)의 원인임을 노래하고 있다.

66) 『全唐詩』 卷三百七十四.

이 시에서는 愁, 霜, 病, 傷 등 다양한 "寒·瘦"와 유사한 시적 이미지를 갖는 시어들이 복합적으로 사용되고 있어 따로 시를 해석하지 않더라도 대략 그 내용을 짐작할 수 있을 정도 이다. 시인이 처한 환경이 시어 선택에 얼마나 절대적인 영향을 주고 있는지를 잘 보여주고 있다. 「下第東南行」[67]에서도 과거시험 실패로 인한 "寒·瘦" 이미지의 시정이 전편을 압도한다.

越風東南清, 남풍이 불어오는 동남쪽은 맑아서,
楚日瀟湘明。 楚땅의 해가 瀟水와 湘水까지 밝게 비친다.
試逐伯鸞去, 伯鸞을 좇고도 싶고,
還作靈均行。 굴원의 길을 가고도 싶구나.
江蘺伴我泣, 지나는 강가로 향초들이 소리 내어 흐느끼고,
海月投人驚。 강속에 비친 달은 사람을 놀라게 한다.
失意容貌改, 失意한 까닭에 행색이 변하고,
畏途性命輕。 험준한 길은 생명까지 위협한다.
時聞喪侶猿, 짝잃은 원숭이의 울음이 때때로 들리는데,
一叫千愁并。 한 번 울 때마다 온갖 근심 일어난다.

이 작품은 貞元 9년 맹교가 과거시험에 세 번째 낙방하고 쓴 시이다. 이 시에서는 屈原 「離騷」의 고사를 인용하여 비애적 시상을 전개하고 있다. 처량한 모습으로 낙향하는 시인의 모습을 사실적으로 묘사하고 있으며 특히 이 시에서는 愁 이외에도 泣, 喪 등의 글자를 사용하여 시인이 상용하는 苦吟적 특성을 한껏 살려주고 있다.[68] 가도의 「下第」[69]에서도 과거에 실패한 시인의 괴로운 형상이 처량하게 그려진다.

下第只空囊, 시험에 떨어지니 남은 것은 빈 배낭 뿐,
如何住帝鄉。 어떻게 長安에 머물꼬.

---

67) 주66)과 동일.

68) 필자는 "苦吟"이 교도의 시창작법과 창작태도에 대한 평가이긴 하지만 교도의 시작에 대한 강한 집착과 몰두는 창작태도와 창작내용의 경계를 허물고 있으며, 항상 시인자신과 시의 내용이 혼연 일체가 되어 작품속에 나타나므로 "苦吟"을 "愁", "泣", "喪" 등의 이미지와 연관 지을 수 있다고 본다.

69) 『全唐詩』 卷五百七十二.

杏園啼百舌, 反舌鳥가 지저귀는 杏園에선,
誰醉在花傍。 누가 꽃과 함께 취하고 있나.
淚落故山遠, 멀리 고향을 생각하니 눈물이 나고,
病來春草長。 올해도 몸살과 함께 봄을 맞는구나.
知音逢豈易, 知音은 만나기 어려우니,
孤棹負三湘。 외로이 三湘 은둔지로 노 저어 간다.

삼십여년 동안 科場을 헤맨 시인은 이제 지쳐 버린 심신을 다독거릴 힘조차 없다. 입신출세를 위해 환속했던 가도는 이제 다시 자신의 안식처로 돌아가고자 한다. 가도는 「病蟬」[70]에서도 不遇한 자화상을 그리고 있다.

病蟬飛不得, 병든 매미는 날지 못하고,
向我掌中行。 내 손바닥 안에서 기어가고 있다.
拆翼猶能薄, 날개 떨어진 매미를 가까이 보니,
酸吟尚極清。 슬프게 우는 소리가 俗되지 않다.
露華凝在腹, 淸高한 정신은 마음 가득한데,
塵點誤侵睛。 가끔 티끌이 눈 속에 잘못 들어온다.
黃雀幷鳶鳥, 섬참새와 솔개들이 어울려서,
俱懷害爾情。 모두 너를 해치려 하고 있다.

가도의 시에서는 매미[蟬]가 자주 등장한다. 매미소리는 시인자신의 고독과 빈곤 그리고 낙담에 의한 곤혹스런 마음을 대신해 줄 뿐만 아니라 愁心을 풀어 주고 자신을 각성시켜 주는 청량제와 같은 역할을 한다.[71] 가도는 「病鶻吟」[72]에서도 병든 송골매[病鶻]를 자신에 비유하고 있다.

---

70) 『全唐詩』 卷五百七十三.
『唐詩紀事』 賈島條 : 島久不第, 吟病蟬之句, 以刺公卿. 或奏島與平曾等爲十惡, 逐之.
『瀛奎律髓匯評』 卷二七 : 賈浪仙得老杜之瘦而用意苦矣. 蟬有何病, 殆偶見之, 托物寄情, 喩寒士之不遇也.

71) 黃 鵬, 『賈島詩集箋注』 箋注云 : 島詩中蟬聲總是喚起人遲暮與落魄感, 而孤獨貧困則爲浪仙落魄的主旋律.

72) 『全唐詩』 卷五百七十四.

俊鳥還投高處栖, 멋진 새는 높은 곳에 깃들고,
騰身戞戞下雲梯。 몸을 뒤틀며 구름다리를 내려온다.
有時透霧凌空去, 구름을 뚫고 공중에서 힘차게 날기도 하고,
無事隨風入草迷。 할일없이 바람을 따라 풀밭에 떨어져 헤매기도 한다.
迅疾月邊捎玉免, 빠르게 날며 달 속의 옥토끼에 살짝 닿았다가,
遲迴日裏拂金雞。 천천히 돌아오며 해속의 금닭을 흔들기도 한다.
不緣毛羽遭零落, 뜻밖에 깃털이 떨어져 버렸지만,
焉肯雄心向爾低。 어찌 웅혼한 기상을 접을 수 있으랴.

매미는 연약하고 淸高한 시인의 화신이고, 송골매는 맹금류로서 웅혼한 기상을 가진 시인의 화신으로 비교적 상반되는 두 은유물은 사용하고 있는 부분이 매우 흥미롭다. 이밖에도 「再下第」, 「夜憂」, 「長安旅情」, 「失意歸吳因寄東臺劉復侍御」, 「感興」, 「下第東歸留別長安知己」, 「贈崔純亮」, 「長安羈旅」, 「路病」, 「早蟬」등 시인이 실의한 전후에 쓰인 시들을 보면 대부분 "寒·瘦"와 같거나 유사한 시적 이미지를 지니는 시어들이 시의 중심어 역할을 하고 있음을 알 수 있다.

3. 生老病死

生老病死는 인간이면 누구나 태어나면서 공통으로 직면하게 되는 문제이다. 郊島의 시도 예외는 아니어서 이와 관련된 시들이 적지 않으며 가장 직접적으로 그들의 "寒苦"한 시풍과 연결된다. 먼저 맹교의 「臥病」[73]을 보자.

貧病誠可羞, 가난한 자와 병든 자는 모두 너무 수치스러운 것,
故床無新裘。 헌 침대에 새 옷조차 없구나.
春色燒肌膚, 봄볕에 피부가 타고,
時飡苦咽喉。 하루 세끼 밥이 목구멍을 괴롭힌다.
倦寢意蒙昧, 피곤한 잠에 정신이 혼미하고,

73) 『全唐詩』 卷三百七十三.

強言聲幽柔。 억지로 말을 하나 목소리에 힘이 없다.
承顔自俛仰, 손님의 시중을 들며 눈치를 살피자니,
有淚不敢流。 눈에 고인 눈물조차 흐르지 않는구나.
默默寸心中, 남 모를 괴로움을 내내 마음속에 감추고 있으니,
朝愁續暮愁。 하루 종일 근심만이 가득하다.

환절기에 발병하여 고생하는 시인이 자신의 병중 감회를 세묘하고 있다. 서두의 "貧病"에 대한 강한 부정으로 오히려 가난과 병마의 운명성이 강조되어 시 전체에 깊은 비애감이 드리운다. 이 시에서는 굳이 시어의 사용이나 그 풍격을 논하지 않더라도 결구에서 반복 사용된 "愁"자만 보아도 전체의 시에 녹아 있는 "寒瘦"적 시정을 강하게 느낄 수 있다. 「病客吟」74)에서도 병으로 고생하는 시인을 만날 수 있다.

主人夜呻吟, 저 주인이 밤새하는 신음은
皆入妻子心。 모두 아내가 거두어 주지만,
遠客75)晝呻吟, 객이 낮에 내는 신음은
徒爲蟲鳥音。 벌레와 새소리에 섞여 버린다.
妻子手中病, 아내 곁에서의 병은
愁思不復深。 근심이 더 깊어지지 않으나,
僮僕手中病, 종복과 함께하는 병은
憂危獨難任。 위험하고 참기가 어렵구나.
丈夫久漂泊, 사내라도 오랫동안 밖으로 떠돌다 보면,
神氣自然沉。 기운은 자연히 쇠하게 마련인데,
況於滯疾中, 하물며 오랫동안 병에 시달리고 있으니,
何人免噓口欽。 그 누가 탄식함을 면하리오.
大海亦有涯, 바다에도 끝이 있고,
高山亦有岑。 높은 산도 봉우리가 있는 법인데
沉憂獨無極, 깊은 근심은 유독 끝이 없으니,
塵淚互盈襟。 눈물이 먼지와 섞이며 옷소매를 적신다.

74) 『全唐詩』 卷三百七十四.
75) 『全唐詩』 本 '遠客'作 '客子', 題下注云 : '一作遠客.' (『全唐詩』 卷三百七十四)

客地에서 가장 사람을 힘들고 슬프게 할 때는 병이 났을 때이다. 더구나 주변에 아무도 자신을 돌보아 줄 사람이 없는 경우에는 사뭇 공포감마저 느껴진다. 시인이 조성한 쓸쓸한 분위기가 시 전편에 가득 채워져 보는 이로 하여금 마치 자신도 병을 앓는 착각이 들게 한다. 「老恨」[76]에서도 특별한 시상이 전개된다.

無子抄文字,	글을 적어 줄 자식이 없으니,
老吟多飄零。	늙어서 읊는 시들을 다 잃게 되는구나.
有時吐向牀,	때때로 침상을 향해 토해 내는 시들을
枕席不解聽。	베게와 자리도 알아듣지 못한다.
鬪蟻甚微細,	개미가 싸우는 극미한 소리도
病聞亦淸冷。	병중에는 또렷이 들려오는데,
小大不自識,	그 大小를 스스로 구분하지 못할 정도가 되니
自然天性靈。	오히려 성정이 절로 영민해 진다.

시적감정이 극도로 내밀화된 시이다. 오랫동안 병을 앓아 온 늙은 시인의 예민함이 오히려 처량한 모습으로 다가온다. 개미가 싸우는 소리를 소가 싸우는 소리처럼 들을 수 있는 상황은 시인 주변의 적막감이 어느 정도인지 짐작케 한다. 이 시에서 우리는 조금의 비옥함도 느낄 수 없으며 그저 절대고독이 가져오는 삭막함을 느낄 뿐이다. 소식이 "寒"과 "瘦"로 郊島의 시풍을 결론지은 이유가 이 한편의 시로써도 매우 설득력을 가진다. 인생의 덧없음을 노래한 시 「勸酒」[77]에서는 시인 맹교의 또 다른 모습을 볼 수 있다.

白日無定影,	밝은 해는 정해진 그림자를 만들지 않고,
淸江無定波。	맑은 강에는 정해진 물결을 만들지 않네.
人無百年壽,	사람은 백년을 살지 못하니,

76) 『全唐詩』 卷三百七十四.
此詩據 '無子抄文字, 老吟多飄零.' 諸語及東野 「杏殤」九首, 韓愈 「孟東野失子詩」 推之, 知東野此詩當亦作於元和 二三年間失子之後.(華忱之, 『孟郊詩集校注』 卷三.)
77) 『全唐詩』 卷三百七十四.

百年復如何。　　다음 백년을 걱정해서 무엇 하리.
堂上陳美酒，　　단상위에선 아름다운 술이,
堂下列淸歌。　　단상아래선 즐거운 노래가 흥겹구나.
勸君金屈巵，　　그대에게 금술 잔을 권하노니,
勿謂朱顔酡。　　얼굴 붉어진다 하지 말게.
松柏歲歲茂，　　松柏은 해마다 무성해지고,
丘陵日日多。　　무덤은 나날이 늘어 가는 것.
君看終南山，　　終南山을 보게나,
千古靑峩峩。　　천고에 푸를 저 높은 봉우리들을.

오랜만에 보는 시인의 다소 대범해진 모습이다. 술에 의탁해 인생무상을 노래하는 시인은 천생 고뇌하는 인간의 전형으로 보인다. 이 시에서는 오히려 白日, 淸江, 金屈巵, 朱顔酡 등 색대비가 강한 시어들로 인생의 무상함을 강조하고 있다. 가도의 「秋暮」[78]에서도 늙어가는 자신을 한탄하는 시인의 모습이 생생하다.

北門楊柳葉，　　北門 버드나무 잎은
不覺已繽紛。　　어느새 낙엽 되어 어지러이 흩어져 있다.
値鶴因臨水，　　물가에 사니 鶴도 만나고
迎僧忽背雲。　　중을 만나러 가는데 돌연 구름이 등 뒤로 흘러간다.[79]
白鬚相並出，　　양볼에 난 흰 수염을 보니
淸淚兩行分。　　두줄기 눈물이 흘러내린다.
默默空朝夕，　　말없이 아침저녁 쓸쓸히 보내는데
苦吟誰喜聞。　　이 괴로운 노래를 누가 즐겨 들으리오.

하릴없이 청춘을 다 보내고 늙어서 이룬 것이라곤 아무 것도 없다. 혼자 외로이 학과 더불어 은자처럼 살아가는 시인에게 오늘은 무서운 적막감이 몰려온다. 평생을 열심히 詩作에 몰두했건만 알아주는 이가 없으니 더욱 괴롭다. 이 시를 읽다보면 "苦瘦(괴로운 적막감)"한 시적 분위기가 고조되

---

78) 『全唐詩』 卷五百七十二.
79) 黃 鵬, 『賈島詩集箋注』 箋注云："値鶴 迎僧, 蓋言交遊稀少. 其境苦瘦."

어 있음을 느낄 수 있다. 위의 작품을 통하여 郊島의 "寒·瘦"적 이미지의 시풍형성에 대한 원인을 또 다른 각도에서 찾아 볼 수 있었다. 생로병사에 대한 숙명적 의식은 인간의 공통된 부분이지만 郊島의 시에서 더욱 절실하게 다가오는 것은 그들이 이러한 "寒·瘦"적 이미지를 갖는 詩情 연출의 名家들이기 때문일 것이다.

4. 寫實主義

중국시가문학에 있어서 "哭窮", "哭寒"의 문학적 전통은 중국시가의 사실주의문학의 한 부분으로 그 전통이 면면히 이어져 내려왔다. 이러한 전통은 문학의 본질과도 밀접한 연관을 갖는다. 淸의 趙翼이 그의 시에서 "나라의 불행이 시인에겐 곧 행운이며, 詩賦는 온갖 滄桑을 겪어야 정교해진다."[80]고 하였듯이 시인에게 주어지는 어려운 상황들은 어쩌면 그들에게 필연적인 것이었는지도 모른다. 자신의 처지가 어려울수록 시인의 시적 욕망은 더욱 치열해지고 심화됨으로써 순수문학적 입장에서 볼 때 더욱 완전한 형태의 문학형식이 나오는 계기를 제공하게 된다고 할 수 있다. 사회의 한 구성원으로서의 시인은 자신의 불우한 처지를 사실적으로 호소함으로써 자의든 타의든 중국시가의 사실주의 전통 계승에 적잖은 역할을 하였다. 莊子로부터 陶淵明, 杜甫, 郊島로 이어지는 "哭窮", "哭寒"의 문학적 전통은 중국사실주의시가의 독특한 문학양식으로서 확실한 자리매김을 하고 있는 것이다.[81] 맹교의 시중에 사실주의시가 차지하는 비율은 그다지 크지 않지만 현실을 반영하는 깊이 면에서 두보와 백거이와 비교해도 손색이 없는 작품들도 많다. 맹교의 사실주의 대표작 「寒地百姓吟」[82]에서는 백성의 고통을 눈물로써 한자 한자 써내려 가는 모습을 볼 수

---

80) 淸 趙翼 「題元遺山集」: "身閱興亡浩劫空, 兩朝文獻一衰翁. 無官未害餐周粟, 有史深愁失楚弓. 行殿幽蘭悲夜火, 故都喬木泣秋風. 國家不幸詩家幸, 賦到滄桑句便工."(『甌北集』 卷三十三)

81) 주56) 참고.

82) 『全唐詩』 卷三百七十四.

있다.

無火炙地眠, 땔감이 없어 바닥을 덥히지 못하니,
半夜皆立號。 사람들은 한밤중에 일어나서 소리를 친다.
冷箭何處來, 살을 에는 추위는 어디서 오는건지,
棘針風騷勞。 바늘로 찌르는 듯한 칼바람이 쉼 없이 불어온다.
霜吹破四壁, 사방에서 서릿바람이 새어 나와,
苦痛不可逃。 그 고통을 피할 길이 없는데,
高堂搥鍾飲, 부귀한 사람들의 집에선 술과 음식이 넘쳐 나고,
到曉聞烹炮。 고기를 삶고 굽는 냄새가 새벽까지 풍겨 온다.
寒者願爲蛾, 추위에 얼은 사람들은 차라리 나방이 되어,
燒死彼華膏。 그들의 화려한 장식촛불에 타 죽고 싶어 한다.
華膏隔仙羅, 하지만 화려한 장식초는 비단 천을 사이에 두고 있어,
虛遶千萬遭。 수천 번을 헛되이 돌고만 있구나.
到頭落地死, 돌고 돌다가 여기저기 땅에 떨어져 죽으니,
踏地爲遊遨。 부귀한 사람들은 그 땅을 밟으며 유락을 즐긴다.
遊遨者是誰, 유락을 즐기는 자 누구인가?
君子爲鬱陶。 군자[83]의 마음속엔 근심만이 쌓여 간다.

이 시는 마치 두보의 「自京赴奉先縣詠懷五百字」[84] 중의 "朱門酒肉臭, 路有凍死骨. 榮枯咫尺異, 惆悵難再述."구절을 확대 형상화시켜 놓은 듯한 작품이다. 작가는 이 시를 통하여 백성의 입장에 서서 그들을 기록하며 그들을 위해 호소하는 두보의 "詩史"[85]전통의 계승을 확인시켜 주고 있다. 이처럼 백성의 고통을 대변하는 사실주의적 작품에서도 "冷", "霜", "苦", "寒", "死" 등이 주제 시어로 사용되어 소식 평어와의 연계성을

83) 당시의 河南 관리 鄭餘慶을 가리킨다. 『舊唐書』 卷一百五十八 列傳第一百八 鄭餘慶條有記載云："鄭餘慶字居業, 滎陽人. …… 餘慶少勤學, 善屬文, 大曆中擧進士. …… 貞元初入朝, 歷左司·兵部員外郞, 庫部郞中. 八年, 選爲翰林學士. …… 餘慶砥名礪行, 不失儒者之道, 淸儉率素, 終始不渝. 四朝居將相之任, 出入垂五十年, 祿賜所得, 分給親黨, 其家頗類寒素."

84) 『全唐詩』 卷二百十六

85) 孟棨 『本事詩』 高逸第三："杜甫逢祿山之難, 流離隴蜀, 畢陳於詩, 推見至隱, 殆無遺事, 故當時號爲詩史."

암시한다. 그의 「長安道」86)에서도 위와 유사한 시정이 묘사되고 있다.

胡風激秦樹, 북풍이 불어와 秦중의 나무를 흔드니,
賤子風中泣。 천한 사람들이 바람 속에 울고 있다.
家家朱門開, 집집마다 붉은 대문은 열려 있건만,
得見不可入。 그저 바라볼 뿐 들어갈 수가 없구나.
長安十二衢, 長安의 수많은 大路,
投樹鳥亦急。 베어지는 나무들로 새들도 조급하다.
高閣何人家, 저 높은 누각은 누구의 집인데
笙簧正喧吸。 생황소리가 요란하게 흘러나오고 있는가?

이 시에서는 극명한 내용의 대조를 통하여 受害者로 비유되고 있는 "賤子"와 "鳥"의 비극을 그려내고 있다. 특히 1, 2구에서는 激과 泣 두 자를 교묘히 활용하여 "寒·瘦"적 이미지의 시정을 극대화시키고 있다. 맹교는 「織婦辭」87)에서도 더욱 구체적인 소재를 통하여 불합리한 사회를 통렬하게 비판하고 있다.

夫是田中郎, 남편도 農夫,
妾是田中女。 나도 農婦.
當年嫁得君, 올해 남편에게 시집 와서,
爲君秉機杼。 남편을 위해 베짜는 일을 하고 있다.
筋力日已疲, 근력은 날로 다해가지만,
不息窗下機。 쉬지 않고 창아래서 베를 짜고 또 짜는데,
如何織紈素, 어찌하여 하얀 비단을 짜는 이가
自著藍縷衣。 스스로는 남루한 옷을 걸치고 있는가?
官家牓村路, 관가에선 마을에 榜을 부쳐,
更索栽桑樹。 다시 뽕나무를 심으라고 재촉한다.

작가는 여인의 입을 빌어 항간 여인네의 노동력이 관리의 苛斂誅求에 의해 착취되는 과정을 폭로하고 있다. 피곤한 몸을 이끌고 베틀에 매달려 있는

86) 『全唐詩』 卷三百七十二.
87) 『全唐詩』 卷三百七十三.

農婦의 모습이 생생할 뿐만 아니라, "紈素"와 "藍縷衣"의 선명한 시각적 대비로 극적효과를 한층 상승시키고 있으며, 5, 6구 "筋力日已疲, 不息窗下機." 에서는 역시 "寒・瘦"적 이미지의 시정을 강하게 느낄 수 있다. 여기서 다시 두보의 사실주의 시정신이 그대로 배어나는 「嚴河南」[88]을 감상해 보자.

赤令風骨峭,	赤縣에선 가파른 계곡에서 바람이 불어오면,
語言淸霜寒。	말조차 서릿발에 얼어붙어,
不必用雄威,	위용을 보여줄 필요도 없이,
見者毛髮攢。	본 사람들은 모두 두려워 할 것일세.
我有赤令心,	나도 赤縣 다스리고자 하는 마음이 있었지만,
未得赤令官。	적현관이 되지 못하였으니 방법이 없겠지.
終朝衡門下,	그래서 온종일 허름한 집에 앉아,
忍志將筑彈。	마음을 억누르며 筑을 타며 지낸다네.
君從西省郞,	그대는 河南縣令으로
正有東洛觀。	지금 河南縣을 맡고 있지.
洛民蕭條久,	낙양의 백성들은 낙담하고 생기를 잃은 지 오래되어,
威恩憫撫難。	위엄만으론 그들을 위로하기가 어렵다네.
苦竹聲嘯雪,	눈보라속 참대나무가 울부짖는 한밤중,
夜齋聞千竿。	방에 앉아 대숲에서 들려오는 소리를 듣고 있는 중이네.
詩人偶寄耳,	시인은 우연히 머무르고 있을 뿐인데,
聽苦心多端。	그 고통을 듣자니 만감이 교차하는구먼.
多端落酒盃,	근심을 술잔에 띠워,
酒中方得歡。	술을 빌어 비로소 즐거움을 얻고 있다네.
隱士多隱酒,	隱士는 대개 술에 의지한다고 했던가.
此言信難刊。	이 말은 참으로 없어지지 않을 것 같네.
取次令坊沽,	마음대로 술집에서 술을 사 마시도록,
擧止務在寬。	조치는 반드시 관용으로 해주게나.
何必紅燭嬌,	요염한 紅燈도 필요 없이,
始言淸晏闌。	어느덧 조촐한 酒宴이 다해 가는구먼.

88) 『全唐詩』 卷三百七十七.
嚴河南 : 元和五年作. 是年韓愈改官河南令. 愈治縣執法甚嚴, 對於河北藩鎭起了抑制作用, 但嚴刑峻法施諸一般百 姓, 則有違儒家治世之道. 且洛民蕭條已久, 亟需體恤與哀憐, 故東野作詩以婉勸之. 嚴河南, 是東野對韓愈的戱稱. (韓泉欣『孟郊集校注』 卷六)

丈夫莫矜莊， 丈夫여, 너무 근엄하지 말게나,
矜莊不中看。 너무 근엄하면 보기에도 좋지 않으니.

韓愈가 河南현령으로 부임하자 河北의 藩鎭을 의식하여 가혹한 정치를 하자 친구인 맹교가 시로써 간곡하게 만류하는 내용이다. 비록 친구에게 주는 글이긴 하지만 이미 官과 民의 대립구조를 인식하고 시를 쓰고 있음을 볼 수 있다. 특히 "苦竹聲嘯雪, 夜齋聞千竿. 詩人偶寄耳, 聽苦心多端." 구절에서는 언제나 백성의 편에서 그들의 애환을 담아내는 진보적 사실주의 시인의 모습이 여실히 드러나고 있다. 이 시에서도 역시 "峭", "寒", "攢", "苦" 등으로 만들어진 "寒·瘦"와 유사한 시적 이미지들이 기본 시정을 형성하고 있다. 가도의 시에서는 내용이 조금 다른 사실주의 시가 보인다. 하지만 "寒·瘦"적 이미지의 표현을 사용하고 있는 점에서는 위의 시들과 다를 바 없다. 그는 「代邊將」[89]에서 다음과 같이 노래한다.

持戈簇邊日， 전장에서 보낸 수많은 날들,
戰罷浮雲收。 전쟁이 멈추자 뜬구름도 거치고,
露草泣寒露， 이슬 머금은 풀밭에 찬비가 내리니,
夜泉鳴隴頭。 한밤 언덕쪽 샘가에서 우는 소리가 들려온다.
三尺握中鐵， 칼을 손에 쥐니,
氣衝星斗牛。 기상은 하늘을 찌를 듯하여라.
報國不拘貴， 나라를 지킴에 부귀영화에 얽매이지 않고,
憤將平虜讎。 장군은 분연히 적들을 무찌른다.

변방을 지키는 한 장수를 소재로 한 邊塞詩다. 시 전반부에 "泣", "寒" 등의 시어에 깔려 있는 처량하고 적막한 배경이 후반부 장군에 대한 묘사와 강한 대조를 이루어 시의 극적 효과를 극대화 시키고 있다. 이 밖에도 「征婦怨四首」, 「亂離」, 「感懷」, 「殺氣不在邊」, 「百憂」, 「長安早春」, 「贈王將軍」, 「寄滄州李尙書」 등 郊島의 사실주의 시는 주목할 만하다.

89) 『全唐詩』 卷五百七十一.

Ⅳ. 맺음말

蘇軾의 평어 "郊寒島瘦"에 대한 이해를 위해 郊島시를 언어적 측면과 내용적 측면에서 살펴보았다. 필자는 "寒"과 "瘦"의 언어적 의미에서 나아가 그들의 시적 함축까지를 분석해 보고자 하였다. 우선 "郊寒島瘦"가 폄하적 개념에서 나온 것에 착안하여 역대 시평에서의 댓구를 찾아봄으로써 그 뜻을 명확히 하고자 하였는데 그 결과 "寒"은 대체적으로 "寒澀"한 시정을 의미하고, "瘦"는 苦吟과 직결되는 말로 주로 언어의 彫琢[煉字]을 상징하고 있음을 알 수 있었다. 내용적인 면에서는 哭窮哭寒, 懷才不遇, 生老病死, 寫實主義의 네 가지로 "郊寒島瘦"의 내용을 분석해 보았다. 이 네 가지 유형은 郊島시의 주요 특성이면서 동시에 서로 유기적인 관계를 가지고 있다. 哭窮哭寒의 내용은 본 논문의 주제에 대해 가장 직접적인 답안을 제시한다. 빈곤은 시인의 삶 그 자체였으며 그가 가장 시인답게 살 수 있도록 한 바탕이 되었다. 懷才不遇의 내용은 당시 많은 문사들이 공통으로 겪는 내용이지만 科場을 맴돌며 보낸 긴 세월은 시인으로 하여금 심신의 황폐화를 겪게 하였다고 할 수 있다. 生老病死의 내용 역시 인간이면 누구나 피할 수 없는 현실이지만 두 시인은 이 문제에 대해 누구보다도 민감했다. 자신을 "詩老"로 지칭하고 老, 病, 白, 殘, 衰, 瘦, 死 등의 글자를 시에 상용함으로써 전체 시정의 바탕을 형성한다. 마지막으로 寫實主義 시의 관점으로 시의 내용을 살펴보았는데 宋 張戒가 맹교시를 평하여 "寒苦하지만 믿음이 간다."[90]라고 했듯이 그의 시에 대한 정직성을 곧바로 사실주의 시 정신으로 승화시켜 보아도 별 무리가 없을 듯 하다. 시인은 주변의 사건과 사물을 사실적이고 진솔한 묘사로 가감없이 드러냄으로써 詩史 전통을 오롯이 이어가고 있다.

위의 분석을 통하여 蘇軾이 "郊寒島瘦"로써 郊島시를 비평한 것은 매우

90) 張戒『歲寒堂詩話』卷上 : "世以配賈島而鄙其寒苦, 蓋未之察也. 郊之詩, 寒苦則信矣, 然其格致高古, 詞意精確, 其才亦豈可易得."

적절하며 동시에 그것은 단편적인 평가가 아니라 郊島시에 대한 시어의 사용과 내용의 흐름을 철저하게 분석한 종합적 평가의 결과라는 것을 알 수 있다.

參考文獻

『舊唐書』, 中華書局, 1975.
『新唐書』, 中華書局, 1975.
『全唐詩』, 中華書局, 1985.
『全唐文』, 上海古籍出版社, 1993.
(五代)王定保 撰,『唐摭言』, 上海古籍出版社, 1978.
(宋)計有功 撰,『唐詩紀事』, 中華書局, 1965.
王仲鏞 著,『唐詩紀事校箋』(上下冊), 巴蜀書社, 1992.
傅璇琮 主編,『唐才子傳校箋』(全5冊), 中華書局, 2000.
楊家駱,『唐才子傳 · 唐音癸籤』, (臺灣)世界書局, 1985.
(淸)徐 松 撰 趙守儼 點校,『登科記考』, 中華書局, 1993.
(宋)孫光憲 著,『北夢瑣言』, 上海古籍出版社, 1981.
郭紹虞 校釋,『滄浪詩話校釋』, (臺灣)文馨出版社, 1973.
胡震亨 著,『唐音癸籤』, 古典文學出版社, 1957.
周勛初 主編,『唐人軼事彙編』, 上海古籍出版社, 1995.
傅璇琮 著,『唐代詩人叢考』, 中華書局, 1996.
陳伯海 主編,『唐詩彙評』, 浙江教育出版社, 1995.
(元)方 回選 評 李慶甲 集評校點,『瀛奎律髓彙評』, 上海古籍出版社, 1986.
呂子都 選注,『中國歷代僧詩全集』, 當代中國出版社, 1997.
(淸)何文煥 輯,『歷代詩話』, 中華書局, 1997.
丁福保 輯,『歷代詩話續編』, 中華書局, 1997.
王夫之等 撰,『淸詩話』, 上海古籍出版社, 1978.
郭紹虞 編選 富壽蓀校點,『淸詩話續編』, 上海古籍出版社, 1983.
華忱之 外,『孟郊詩集校注』, 人民文學出版社, 1995.
韓泉欣 校注,『孟郊集校注』, 浙江古籍出版社, 1995.
黃 鵬 箋注,『賈島詩集箋注』, 巴蜀書社, 2002.
木 齋 著,『中國古代詩歌流變』, 京華出版社, 1998.

출처 : 『中國學硏究』 제25집 (원제 : 교한도수(郊寒島瘦)에 대한 소고)

歐陽修 詞와 散文에 반영된 시대 의식

-〈豊樂亭記〉·〈醉翁亭記〉와 〈採桑子〉에 공유하고 있는 治世 특징을 중심으로-

홍병혜*

I. 서 론

구양수는 道勝文至[1]·事信言文[2]·簡而自然[3]의 文論을 주장하면서, 說理暢達[4]·委婉含蓄[5]·平易自然[6]으로 그 文論의 완성을 실천하였다.

---

* 배화여자대학 중국어통번역과 겸임교수

1) 歐陽永叔 著, ≪歐陽修全集≫ 上卷 321-322면(<居士集> 卷第四十九·「書」·〔答吳充秀才書〕), 北京市中國書店, 1986 : "……聖人之文雖不可及. 然大抵道勝者. 文不難而自至也.……"

2) 歐陽永叔 著, ≪歐陽修全集≫ 上卷 486-487면(<居士外集> 卷第十七·「書」·〔代人上王樞密求先集序書〕), 北京市中國書店, 1986 : "……某聞傳曰. 言之無文. 行而不遠. 君子之所學也. 言以載事而文以飾言. 事信言文. 乃能表見於後世. 詩書易春秋. 皆善載事以尤文者. 故其傳尤遠. 荀卿孟軻之徒. 亦善爲言. 然其道有至有不至. 故其書傳或不傳.……"

3) 歐陽永叔 著, ≪歐陽修全集≫ 上卷 533-534면(<居士外集> 卷第二十三·「雜題跋」·〔論尹師魯墓誌〕), 北京市中國書店, 1986 : "……述其文. 則曰簡而有法. 此一句. 在孔子六經. 惟春秋可當之. 其他經. 非孔子自作文章. 故雖有法而不簡也.……"

4) 歐陽永叔 著, ≪歐陽修全集≫ 上卷 1-2면(蘇軾, <居士集序>), 北京市中國書店, 1986 : "……其言簡而明. 信而通. 引物連類. 折之於至理. 以服人心.……"

5) 姚鼐 著, ≪惜抱軒全集≫ 第卷六·<復魯絜非書> : "……宋朝歐陽曾公之文. 其才皆偏於柔之美者也.……"

특히 太學體의 文章과 西崑의 詩體를 타파하고 이전 시기의 古文運動을 성공시켰는데, 이와 같은 文論을 토대로 한 그의 문장들은 질적으로 많은 추앙과 존경을 받고 있다. 그는 能文·能詩·能詞는 물론 다양한 문학형식에 있어서 모두 걸출한 공로를 제시하였지만, 이 중 詞體에 대해서는 각별한 개혁의 의지나 요구를 전제하지 않았으며,[7] 오히려 이를 통해 자신의 풍류와 낭만을 이입하여 풍부한 작품세계를 형성하였다. 따라서 구양수의 많은 詞作 속에는 풍류로 일관한 채, 주색과 유흥에 몰입하고 있는 작가 자신의 일면을 그리고 있으며, 이러한 사실은 특히 구양수 삶의 전반에 걸쳐 투과되는 부분으로 그의 낭만적이고 인정적인 심미를 대표한다. 결국 이와 같은 가시적 현상은 작품을 통해서 작가 구양수가 호소했던 내용이 그 형식의 개별성에 따라 확연한 변별과 특징을 고수하고 있을 것이라는 잠정적인 판단과 추정을 가능하게 한다.

그럼에도 불구하고 文人은 자신의 작품을 통하여, 작가의 가치관과 세계관을 중심으로 형성된 역사의식과 시대의식을 치밀하게 표출한다. 작품 속에 제시되고 있는 작가만의 고유적인 역사 및 시대의식은 한 작가를 드러내는 개성으로 상징적인 의미를 지닌다. 當代의 작가들은 사회의 동향과 시대의 기운에 예민하게 반응하였고, 이를 통해 체득하게 되는 감개와 사고에서 자유로울 수 없었으며, 이는 시대와 사회가 작가에게 부가하는 정신적인 멍에였다. 구양수 역시 北宋의 文豪로서, 그의 작품들 속에 흡수되어 있는 역사에 대한 감개 및 시대에 대한 고민은 그 문장의 총체적인 개성과 특징을 형성하고 있다.

---

6) 朱熹 著, ≪朱子語類≫ 第卷一百三十九, 漢京文化事業公司, 1980 : "……歐公文章及三蘇文好處. 只是平易說道理. 初不曾使差異底字. 換却那尋常底字.……"

7) 日本의 詞學者 靑山宏(靑山宏 著／程郁綴 譯, ≪唐宋詞硏究≫ 280면 : <歐陽修詞論>, 北京大學出版社, 1993)은 ≪詩話總龜前集≫(北京 : 人民文學出版社, 1987) 卷五에서 인용한 ≪古今詩話續編≫의 일단(歐陽文忠曰 : "詩原乎心者也. 貧富愁樂, 見乎所處. 江南李氏据富, 有詩曰 : 紅日已高三丈透, 佳人次第添香獸. 紅錦地衣隨步皺.〔以上 上片〕佳人舞徹金釵溜. 酒惡時拈花蕊嗅. 別殿微聞簫鼓奏.'與'時挑野菜和根煮, 旋斫生柴帶葉燒.〔以上 下片〕異矣.")을 거론하면서 구양수의 詞論을 제시하고 있는데, 이 내용은 그의 詞論을 단정하기에는 그 분량이 지나치게 소략할 뿐만 아니라 취지의 방향 역시 모호하다.

역대의 문인들은 자신의 문장을 통해서 개인적 사상과 시대적 의식을 호흡한다. 따라서 문장 특히, 散文을 통한 역사에 대한 雜感과 시대에 대한 斷想은 충분히 가능하였으며, 이는 역사적으로 요구되었던 필연적인 사항이다. 그러나 詞라는 문학 양식은 여흥의 보조수단으로 출발한 오락문학으로 비중있는 사고의 전개와는 일정정도 거리가 있음을 인정해야 한다.[8] 이러한 이론적인 토대 속에서도 구양수의 작품에는 그 형식을 막론하고(詞作에서 역시) '治世의 특징'을 교차적으로 공유하고 있다.[9]

작가의 萬感과 時代意識을 표출하는 데 있어, 형식은 단순한 외형에 불과하다. 특히 구양수에게 있어서의 '글쓰기 작업'은 작가의식을 표현하는 도구에 지나지 않았다. 따라서 그는 문학적인 형식에 구애받지 않은 채, 자신에게 주어진 시대적 구속에 충실했던 것이다.

본고에서는 이상의 문제의식을 중심으로 그의 散文에서 보이는 治世의 기운과 詞作에서 보이는 治世의 특징을 고찰함으로써, 그의 문장에서 보이는 '상이한 문학형식 속에서의 유사한 기세 배출'에 대해 파악할 것이다.

본고에서는 이상의 두 가지 측면 중 작가의 시대적인 고민과 당시에 대한 문인으로서의 동참의무에 비중을 두었으며, 그의 대표적인 산문은 물론 오락적이고 유흥적인 문장 형식으로 인식되고 있는 詞體에까지 용해되고 있는 시대의식을 공유점으로 추출하여 고찰의 방향을 설정하였다. 이를 위해 산문의 작품에서는 구양수의 文論을 충분히 파악할 수 있는 주요 散文[10] 즉, <豊樂亭記>와 <醉翁亭記>를 범위로 하고, 또한 詞作에서

---

8) 구양수의 경우 北宋의 문학혁신운동을 주도하면서, 일군의 저명한 문학 후학과 후배들을 발탁함으로써, 당시 문단의 영수로 손색이 없었다. 그러나 그 時文의 장중한 무게와는 달리, 그의 小詞는 경박하리 만큼 매우 '嫵媚(예쁘고 고움)'하다.(楊海明 著, ≪唐宋詞史≫197면, 江蘇古籍出版社, 1987)

9) 那就是對君主·對朝廷十分忠誠. 靑雲得志·位極人臣時並不奇, 困頓失意·坎坷愁怨而仍能始終不渝, 就彌覺可貴了. 對于古人的這種品格, 用"愚忠"二字概而論之, 顯然是過于武斷的結論. 因爲他們往往是將君主·朝廷同國家·人民緊緊聯繫在一起的. (曾棗莊 主編, ≪歐陽修詩文賞析集≫146면, 巴蜀書社, 1996)

10) 구양수의 散文은 '文體에 따른 내용분석'을 기준으로 할 때, '論辨類'(政治論·經學論·正統論) '序跋類'(贈別·詩文·經學) '書牘類'(政治·學問·謫所) '雜記類'(臺閣亭記·山水遊記·雜記) '墓誌祭文類'(神道碑銘·墓表·墓誌銘·祭文·傳

는 그의 문장의식을 충분히 대변할 수 있는 <採桑子>를 대상으로 하여 진행하였다.11)

따라서 본문의 관찰을 통해, 문학의 형식적인 체재와 기본적인 창작 취지와는 무관하게 작가적인 고민과 시대적인 환경에 연연했던 구양수의 문인적 한계와 특징을 살펴볼 수 있을 것이다.

Ⅱ. 본 론

宋代는 北宋(960-1127)과 南宋(1127-1279)으로 양분되며, 구양수(1007-1072)가 생존했던 북송 전기의 일부 기간은 仁宗의 治世 기간이었다.12)

북송은 개국 이후 40-50년의 휴양과 성장을 거치면서 점차 번영하였다.13) 국가의 평안과 상공업의 발달로 인한 도시 경제의 융성, 소비생활의 확대 및 오락의 보급은 문학의 발전에도 많은 영향을 미쳤는데, 특히 宋太祖는 공고한 중앙집권적 정치를 건립하기 위하여 상층관료와 문인들에게

狀類) 등으로 분류할 수 있는데, (이상은 郭魯鳳의 <歐陽修 散文 硏究>를 참고) 이와 같은 분류 중에서 특히 본고의 대상 범주에 해당하는 「豊樂亭記」와 「醉翁亭記」는 '臺閣亭記'의 일부에 포함된다. 이는 일반적으로 구별되는 '臺閣名勝記'의 개념이지만 구양수의 작품 중에는 名勝은 없다.(郭魯鳳, <歐陽修 散文 硏究> 272면, 한국외국어대학교 박사학위논문, 1991)

11) 구양수 詞作의 題材와 風格은 다양하다. 그 제재가 노골적인 사랑과 인생에 대한 감개 및 환경에 대한 감회 등으로 분류되는 것에 상응하여, 그 풍격 역시 雅詞의 풍격에서 俗詞의 풍격에 이르기까지 어떤 한 방향으로의 통일성을 추구하지 않는다. 그러나 <採桑子>는 구양수의 대표적인 詞作으로 그의 문장의식(시대가 작가에게 부여하여 당시적 속박에 대한 능동적인 접수와 작가로서의 시대 고민에 동참해야하는 당위적인 의무를 수행하고, 이를 의식적으로든 무의식적으로든 작품에 반영하려는 창작태도)을 적절히 조화하여 이룩된 작품이다. 따라서 본고에서는 散文 창작과 詞의 창작은 문학형식의 기본적인 출발과 창작의 취지가 상이함에도 불구하고, <採桑子>가 그의 治世 특징을 반영하는 散文들과 공통적인 의식을 교감하고 있는 작품으로 판단하였다.

12) 孫望 · 常國武 主編, ≪宋代文學史≫ 1-2면, 人民文學出版社, 1996

13) 吳組緗 · 沈天佑 著, ≪宋元文學史稿≫ 35면 참고, 北京大學出版社, 1989

다양한 혜택과 편리를 제공하였다. 구양수 역시 이러한 선처를 향유하였고, 이러한 심리적 만족은 문학의 형식을 초월하여 그 작품 속에 여실히 표현되고 있다. 결국 구양수는 자신의 주요 散文 속에서 시대의 안정과 포만을 서술하고 있으며, 이러한 治世에 대한 만족감은 詞作에서도 예외는 아니다.

1. 〈豊樂亭記〉·〈醉翁亭記〉에 반영된 치세의 특징

구양수의 散文에는 고난한 수고의 모습이나 처절한 각고의 고통은 없으며, 그 대부분이 여유와 풍요를 온화한 기세로 서술하고 있다.[14] 그러나 이러한 문장의 특색은 구양수 자신의 위인 및 품격과도 유관하지만, 가장 주요한 기반은 北宋 당시의 안정과 윤택이 가져온 작가의 治世에 대한 감지와 이로부터 기인한 심리적인 유쾌감이다.

다음은 <豊樂亭記> 중 豊樂亭이 위치한 장소의 기록과 함께 그 내력을 설명하고 있는 일단이다.

得於州南百步之近. 其上豊山聳然而特立. 下則幽谷窈然而深藏. 中有淸泉滃然而仰出. 俯仰左右. 顧而樂之. 於是疏泉鑿石. 闢地以爲亭.(저주의 남쪽에 백보가량 떨어진 곳에, 위로는 풍산이 홀로 솟아있고, 아래로는 깊은 골짜기가 조용히 자리잡고 있다. 가운데로는 맑은 샘물이 솟아나고 있으니, 땅을 굽어보고 하늘을 우러러보고 좌우를 둘러보아도 즐거움 뿐이였다. 그래서 샘물을 소통시키고 돌을 뚫고 땅을 깎아 정자를 지었다.)[15]

豊樂亭의 소재에 대한 상세한 서술 및 이에 대한 작가의 만족이 문장의

---

14) 執事之文, 紆餘委備, 往復百折, 而條達疏暢, 無所間斷 ; 氣盡語極, 急言竭論, 而用與閑易, 無艱難勞苦之態.(陶秋英 編選, 中國歷代文論選 ≪宋金元文論選≫109면 : 蘇洵, <上歐陽內翰書>, 人民文學出版社, 1999)

15) 歐陽永叔 著, ≪歐陽修全集≫ 上卷 275면(<居士集> 卷第三十九·「記」·〔豊樂亭記〕), 北京市中國書店, 1986

화두를 제어하고 있는데, 이러한 출발은 이후에 소개하게 될 내용에 대한 온화한 기선을 암시하는 것이다. 자연과 인간, 사물과 작가의 관계가 치밀하게 조화되어 있으며, 이러한 상황 속에서 구양수의 시야에는 미세한 어느 것 하나 왜곡되지 않은 채 순조롭게 관통하고 있다. 이것은 당시의 안정적인 治世가 작가에서 선사한 은혜이며, 구양수는 이러한 정신적 안도를 자신의 습작을 통해 만끽하고 있는 것이다.

<豊樂亭記>의 주요 단락을 살펴보면 다음과 같다.

> 蓋天下之平久矣. 自唐失其政. 海內分裂. 豪傑並起而爭. 所在爲敵國者. 何可勝數. 及宋受天命. 聖人出而四海一. 嚮之憑恃險阻. 剗削消磨. 百年之間. 漠然徒見山高而水淸. 欲問其事. 而遺老盡矣. 今滁介於江淮之間. 舟車商賈四方賓客之所不至. 民生不見外事. 而安於畎畝衣食. 以樂生送死. 而孰知上之功德. 休養生息. 涵煦百年之深也.(대개 세상이 평탄한지 오래되었다. (그러나) 唐이 정치를 잘못하고부터, 나라가 분열되고, 호걸들이 서로 일어나 다투니, 적국이 되어버린 땅이 얼마나 셀 수 없이 많은가? 마침내 宋이 천명을 받아, 성인이 나와 四海는 통일되었지만, 이전의 험준함에 의지하여 깎아내고 소모하였다. 백년 사이에 쓸쓸히 높은 산과 맑은 물만이 보이게 되었으니, 五代의 그 옛 일을 묻고자 하여도 살아있는 노인이 없다. 지금 滁州는 양자강과 회수 사이에 놓여 있어, 배와 수레와 상인 등 사방의 빈객들이 이르지 않는다. (또한) 백성들은 다른 일은 돌보지 않고 농사지어 먹고 입는 데에 안주하여, 이 세상에 난 것을 기뻐하고 죽은 이를 보낸다. 따라서 조세를 경감하여 생활을 넉넉히 하고 은덕을 베푼 것이 백년이나 된 임금의 공덕을 누가 알겠는가?)16)

이 작품은 <醉翁亭記>와 같은 해, 같은 지역에서 창작한 것이다. 중국의 歷代 文人들은 많은 작품 속에서 國家와 君主에 대한 충성을 드러내고 있으며, 이는 작가 자신의 비극적인 상황과 번민적인 고통과는 무관하다. 뿐만 아니라 이와 같은 개인적인 위치를 간과하고 있는 지고한 애국과 충성은 文人의 작품 속에서 지속적으로 표현되고 있다. 결국 작가는 國

16) 歐陽永叔 著, ≪歐陽修全集≫ 上卷 275면(<居士集> 卷第三十九・「記」・〔豊樂亭記〕), 北京市中國書店, 1986

家·君主·國民을 동일한 연쇄 개념으로 인식하였고,[17] 삼자의 통일적인 평온과 유기적인 안정만 추구된다면, 작가의 상태는 주목의 대상이 되지 않았던 것이다. 따라서 治世 속의 창작 조건은 구양수의 작품에 적지 않은 여유를 공급하였다.

이러한 작가 정신을 여실히 대변하고 있는 <豊樂亭記>의 일단이다.

> 修之來此. 樂其地僻而事簡. 又愛其俗之安閑. 既得斯泉于山谷之間. 乃日與滁人仰而望山. 俯而聽泉. 掇幽芳而蔭喬木. 風霜冰雪. 刻露淸秀. 四時之景. 無不可愛. 又幸其民樂其歲物之豊成而喜與予遊也. 因爲本其山川. 道其風俗之美. 使民知所以安此豊年之樂者. 幸生無事之特也. 夫宣上恩德以與民共樂. 刺史之事也. 遂書以名其亭焉.(나는 이곳에 와서, 지역이 궁벽하여 일이 간단함을 즐거워하였다. 또한 그 사람들의 풍속이 평안하고 한가함을 좋아하였다. 이미 산골에서 샘물을 얻어, 매일 저주 사람들과 함께 우러러 풍산을 바라보고 굽어 샘물 소리를 들었다. 그윽한 꽃들을 뜯기도 하고 큰 나무의 그늘 아래에서 쉬기도 하였는데, 바람·서리·얼음·눈 등으로 맑은 자태가 나오기도 하는 사계절의 풍경이 모두 사랑스러웠다. 또한 다행인 것은 백성들이 풍년이 든 것을 즐거워하며 나와 더불어 노는 것을 기쁘게 생각하는 것이었다. 따라서 그 산천을 근본으로 하여, 풍속의 아름다움을 말하고, 백성들로 하여금 풍년의 즐거움을 알게 하며, 무사한 때를 살고 있음을 다행으로 여기도록 하였다. 무릇 임금의 은덕으로 백성과 함께 즐기도록 하는 것은 자사의 일인 것이다. 이러한 것을 글로 써서 그 정자의 이름을 지었다.)[18]

구양수 역시 北宋의 政界와 文壇을 주도하던 핵심 인물이었다. 그는 仁宗 慶歷五年(1045)에 杜衍·韓琦·范仲淹 등의 혁신파들이 계속해서 축출을 당하자 직접 상소를 올려 폄적 당하기에 이른다. 그러나 작가는 폄적을 당한 그 다음해(慶歷六年 : 1046)에 <豊樂亭記>를 지어 여전히 '國家의 豊樂'과 '大宋의 功德'을 정감있게 가송하고 있는데, 작품 전체에 드러나는 정직함과 솔직함이 독자에게 감동을 준다. 특히 내용은 물론

---

17) 曾棗莊 主編, ≪歐陽修時文賞析集≫ 146면(劉石 撰稿, <豊樂亭記>), 巴蜀書社, 1996

18) 歐陽永叔 著, ≪歐陽修全集≫ 上卷 275면(<居士集> 卷第三十九·「記」·〔豊樂亭記〕), 北京市中國書店, 1986

'輕重的筆法, 聚散的結構.'의 예술적 특징을 구비하며, 산문으로서의 우수성을 담보하고 있다. 특히 "使民知所以安此豊年之樂者. 幸生無事之特也. 夫宣上恩德以與民共樂. 刺史之事也. 遂書以名其亭焉."라는 부분에서 작자는 국가에 대한 豊樂과 慶幸의 찬미를 강조하고 있으며, 이것이 豊樂亭이라 명명한 원인으로, 구양수가 豊樂亭記를 짓는 취지임을 밝히고 있다.

작가는 이와 같은 당시의 '治世'라는 시대적 특징을 <醉翁亭記>에서도 제시하고 있으며, 이는 현실을 나태히 방관하고 관조하는 작가의 소극적 권태가 아닌 당시에 대한 적극적인 참여와 시대 의식의 표현인 것이다.

> 峯回路轉. 有亭翼然臨于泉上者. 醉翁亭也. 作亭者誰. 山之僧曰智僊也. 名之者誰. 太守自謂也. 太守與客來飮于此. 飮少輒醉而年又最高. 故自號曰醉翁也. 醉翁之意不在酒. 在乎山水之間也. 山水之樂. 得之心而寓之酒也.(봉우리를 돌아 꼬불꼬불 산길을 올라가면 마치 새가 날개를 펼친 듯이 샘 위에 자리를 잡은 정자가 있다. 이것이 바로 취옹정이다. 이 정자를 세운 이가 누구인가? 이 산의 지선이다. 이름을 지은 자는 누구인가? 태수가 직접 이른 것이다. 태수가 손님과 함께 이곳에 와서 술을 마시는데, 조금만 마시면 곧 취하고 나이 또한 가장 많음으로 스스로 취옹이라 하였다. 취옹의 뜻은 술에 있는 것이 아니라 산수의 사이에 있는 것이다. 산수의 즐거움을 마음에 얻어서 술에 붙인 것이다.)[19]

위의 문장은 이전에 고찰한 <豊樂亭記>의 作法과 유사하다. 우선 醉翁亭의 소재를 점층법을 사용하여 넓은 곳에서 좁은 곳으로 점점 다가가는 듯한 느낌을 자아내도록 묘사하였고, 이후에 '醉翁'의 의미를 설명하고 있다. 특히 '醉翁'에 대한 의미 파악[20]과 "醉翁之意不在酒"라는 부분을

---

19) 歐陽永叔 著, ≪歐陽修全集≫ 上卷 276면(<居士集> 卷第三十九·「記」·〔醉翁亭記〕), 北京市中國書店, 1986

20) 구양수의 詩作과 관련하여 '翁'에 대한 몇 가지 의미를 살펴보면, 「題滁州醉翁亭」(居士外集／卷三)의 "四十未爲老, 醉翁偶題篇, 醉中遺萬物, 豈復記吾年."라는 기록과 「贈沈遵」(居士集／卷六)의 "我時四十猶彊力, 自號醉翁聊戲客."이라는 기록 및 「贈沈博士歌」(居士集／卷七)의 "我昔被謫滁州, 名誰爲翁實少年."이라는 기록 등이다. 이를 통해 구양수는 '翁'이라는 의미에 구애되어 자신이 젊거나 젊었던 것을 주장하고 있다. 뿐만 아니라 ≪西淸詩話≫에 따르면 구양수가 '醉翁亭'과

통해서 <醉翁亭記>가 순수 寫景의 문장이 아님을 짐작할 수 있는데, 구양수가 열정적인 자연산수의 작가일 뿐만 아니라, 포부를 좌절당한 정치가로서 개인적인 사정에 좌우되는 나약한 文人이 아닌, 국가의 안정을 느꺼워하고 자신의 신세계에 도전하는 취옹의 잠정적인 내면을 파악할 수 있다. 따라서 이 작품 역시 당시의 안정적인 治世의 기운은 작가에게 있어 고귀한 호혜로 자각되고 있으며, 구양수는 이와 같은 심리적인 평안을 자신의 상황과는 무관하게 노출하고 있는 것이다.

> 至於負者歌於塗. 行者休於樹. 前者呼. 後者應. 傴僂提携. 往來而不絶者. 滁人遊也. 臨谿而漁. 谿深而魚肥. 釀泉爲酒. 泉香而酒洌. 山肴野蔌. 雜然而前陳者. 太守宴也. …… 蒼顔白髮. 頹然乎其間者. 太守醉也.(짐을 진 자는 길에서 노래를 부르고, 길을 가던 사람은 나무 아래에서 쉬는데, 앞 서 가는 자가 소리쳐 부르면, 뒤에 가는 자가 대답하고, 서로 몸을 굽혀 손을 잡고 끌어주며 산을 오르내리는 행렬이 끊이지 않는 것은 저주 사람들이 놀이를 오기 때문이다. 시냇가에서 물고기를 낚으니, 물은 깊고 고기는 살쪄 있으며, 양천의 샘물로 술을 담그니, 샘물이 맑고 차서 술이 향기롭다. 산나물 안주에 푸성귀를 곁들여, 어지러이 앞에 벌여 놓은 것은 바로 태수가 베푸는 연회이다. …… 푸른 얼굴에 백발을 한 늙은이 하나가 그 가운데 쓰러져 있는 것은 주인인 태수가 취한 것이다.)[21]

고난한 행인의 맛있는 휴식, 이들 사이의 행복하고 다정한 화창과 격려, 살찐 생선과 향기로운 술, 그리고 무공해의 산채, 이 모두가 가공하지 않은 자연을 향유하는 평안한 모습이며, 이 후면에는 治世라는 거대한 평화가 자리하고 있다.

이상은 <豊樂亭記>와 <醉翁亭記>의 주요 일단이다. 北宋의 전기에는

'醒心亭'을 건축하였다는 사실을 전하고 있는데, 이러한 기록들은 결국 <醉翁亭記>의 '醉翁'인 구양수가 진실로 술에 취한 것이 아니며, 오히려 산수자연에 취한 작가자신이 늘 깨어있으면서 다시 복위하여 자신의 정치적인 이상을 실현시키고 국가와 백성을 위해 열심히 봉사하겠다는 결의를 엿볼 수 있게 하는 방증이 되고 있다.

21) 歐陽永叔 著, ≪歐陽修全集≫ 上卷 276면(<居士集> 卷第三十九·「記」·〔醉翁亭記〕), 北京市中國書店, 1986

조세를 경감하여 민중들의 생활을 넉넉하게 하였으며, 이후에 경제적인 안정이 지속되었다. 구양수는 두 작품 속에서 작가로서의 자신이 사회로부터 감지하는 경쾌한 심리를 잘 드러내고 있다. 따라서 두 작품은 자신이 폄적 중임에도 불구하고 '與民同樂'하는 文人의 도량과 의식을 서술하고 있는 구양수의 대표적인 散文이다.

다음 역시 治世의 번영을 배경으로 하고 있는 예이다.

> 醉能同其樂. 醒能述而文者. 太守也. 太守謂誰. 廬陵歐陽修也.(술에 취하면 사람들과 함께 즐길 수 있고, 술에서 깨면 붓을 들어 글로 펼칠 수 있는 자는 태수이다. 태수는 누구를 이르는 것인가? 여릉 사람 구양수이다.)[22]

조출한 연회 이후의 감상을 활력적으로 묘사하고 있는 부분이다. 연회의 규모나 환락의 장치는 이 작품의 배후와는 무관할 뿐만 아니라 작가적인 관심의 대상에서 제외된다. 백성과 유락을 함께하는 원만한 작가의 심태가 안정적인 盛世를 기반으로 서술되고 있는 이 작품의 유일한 초점은 시대가 부여하는 유쾌하고 명랑한 기세이다.

구양수는 <豊樂亭記>와 <醉翁亭記>에서 작가 자신은 폄적의 상황임에도 불구하고, 태평한 치세의 모습을 유쾌하게 묘사하고 있으며, 이 두 작품은 作法 및 全篇에 흐르는 시대적 특징이 유사하다.

1045년(慶曆 5년) 1월, 仁宗은 새로운 정치를 도모하는 자들이 붕당을 조직하여 횡포를 일삼는다고 참언한 章得象과 陳執中의 말만을 믿고 參知政事인 范仲淹과 樞密副使平章事인 富弼을 樞密使인 杜衍과 함께 해임하였고, 3월에는 이러한 해임의 부당함을 상소한 韓琦마저 樞密副使에서 해임되었다. 5월에는 知制誥인 余靖이, 7월에는 知潞州인 尹洙가 각각 파직을 당하였고, 구양수 역시 甥女인 張氏의 사건에 연루되어 知滁州로 폄관됨에 따라서, 구양수와 范仲淹을 위시하여 계획했던 慶曆變法은 실패

---

22) 歐陽永叔 著, ≪歐陽修全集≫ 上卷 276면(<居士集> 卷第三十九·「記」·〔醉翁亭記〕), 北京市中國書店, 1986

로 막을 내렸으며, 조정은 고스란히 이전의 상태로 돌아가게 되었다.[23]

결국 다음해인 1046년 滁州로 간 구양수는 豊山에 豊樂亭을 짓고, 瑯琊山에 醉翁亭을 지었다. 또한 號를 醉翁이라 하였고, 그는 당시 이곳의 산수에서 유쾌한 시간을 보내며 주옥같은 작품들을 다작하였다. 구양수는 자신의 암울한 현실적인 위치에도 불구하고, 여전히 국가의 '豊樂'과 '功德'을 호의적으로 찬송하였고, 이와 같은 작가적 의지는 강한 호소력을 동반하고 있다.

2. 〈採桑子〉에 반영된 치세의 특징

구양수의 주요 散文(이상에서 고찰한 <豊樂亭記>·<醉翁亭記>)을 비롯하여, 그의 詞作에 역시 '治世'라는 시대적 특색을 농후하게 발로하고 있는데, 이는 작가 자신의 강렬한 時代意識의 표출로 연계되고 있다. 구양수가 정치적인 안정과 경제적인 풍요를 구가하던 시기에 처세한 것은 주지의 사실이며, 이러한 시대적인 분위기는 그의 작품 속에 적절히 드러난다.[24] 따라서 치세의 시대적 환경은 구양수 창작 세계의 전면적인 풍격을 형성해 나아가는 주요 요인 중의 하나이다. 따라서 구양수의 작품을 관찰함에 있어, 애상의 기운이 다분한 五代의 잔재적인 풍격 이외에도 그것이 발휘하고 있는 치세의 색조에 더욱 유의해야만 한다. <採桑子>는 이러한 개연성을 충분히 담보하고 있는 구양수의 대표 詞作이다.

<採桑子>(全13首)[25] 중 주요 작품을 살펴보면 다음과 같다.

---

23) 歐陽永叔 著, ≪歐陽修全集≫ 附錄의 卷3 <神宗實錄本傳> : 墨本 1353-1358면 참고.

24) 중국 역대 문인들의 오락과 유흥의 배경은 대략 두 가지로 구분할 수 있는데, 첫째는 호황을 배경으로 하는 오락과 유흥이며, 둘째는 절망을 배경으로 하는 오락과 유흥이다. 전자의 경우는 도약과 희망을 담보하며, 후자의 경우는 좌절과 도피로 일관되는 포기적 성격을 보인다.

25) 歐陽永叔 著, ≪歐陽修全集≫ 1055-1057면(<近體樂府> 卷第一·「樂語長短句」)

<採桑子>其二

春深雨過西湖好. 봄 깊어 비 지나니 서호가 좋다네
百卉爭妍, 온갖 꽃 아름다움을 다투고
蝶亂蜂喧, 나비들 어지러이 춤추고 벌이 앵앵 소리내고
晴日催花暖欲然. 따뜻한 햇살에 꽃들은 불타는 듯 곱다네

蘭橈畵舸悠悠去, 목란 노로 화려한 배 저으며 유유히 떠나가니
疑是神仙. 신선인 듯
返照波間, 석양이 물결에 반사되고
水闊風高颺管絃. 넓은 수면에서 바람은 관현소리를 연주하네

<採桑子>其四

羣芳過後西湖好, 성하던 꽃 진 후에 서호가 좋으니
狼籍殘紅. 떨어진 꽃잎이 어지러이 흩날리네
飛絮濛濛, 자욱히 버들솜을 날리며
垂柳欄干盡日風. 난간에 드리운 버들가지 하루종일 봄바람에 한들거리네

笙歌散盡遊人去, 생황의 노래가락 흩어지고 놀던 이들 돌아가니
始覺春空. 비로소 봄날의 허전함을 느낀다네
垂下簾櫳, 창의 발을 드리우니
雙燕歸來細雨中. 한 쌍의 제비가 가랑비 속에 돌아오네

<採桑子>其五

何人解賞西湖好. 어느 누가 서호의 아름다움을 감상할 수 있을까
佳景無時. 아름다운 경치는 때가 없다네
飛蓋相追, 화려한 수레들 서로 어울려
貪向花間醉玉卮. 꽃 사이에서 옥술잔 들며 마냥 취하네

誰知閑凭闌干處. 한가롭게 난간에 기대어 있는데 누가 알겠는가
芳草斜暉. 향기로운 풀이 있는 곳에 석양이 지네
水遠煙微, 물은 멀리 흐르고 안개는 희미한데
一點滄洲鷺飛. 한 점의 모래섬에 백로가 날아드네

<採桑子>其六

清明上巳西湖好. 청명과 삼월 삼진 상사되니 서호가 좋다네
滿目繁華. 눈 가득 번화한 모습
爭道誰家. 다투어 길 앞으로 나아가는 수레에 누가 있는지
綠柳朱輪走鈿車. 푸른 버들 아래 붉은 바퀴의 자개 수레라네

遊人日暮相將去, 놀던 이들 해 저물자 잇달아 떠나는데
醒醉諠譁. 술이 깨고 술이 취해 떠들썩하네
路轉堤斜, 경사진 둑길을 돌아서면
直到城頭總是花. 곧장 성어귀까지 온통 모두 꽃이라네

<採桑子>其八

天容水色西湖好. 하늘과 물빛을 보니 서호가 좋다네
雲物俱鮮, 구름과 경물이 모두 신선한데
鷗鷺閒眠, 갈매기와 백로 한가로이 잠을 자니
應慣尋常聽管絃. 사람들의 관현소리에 이미 모두 익숙하네

風清月白偏宜夜. 바람 맑고 달 밝으니 아름다운 밤
一片瓊田, 수면은 한 조각의 玉田 같으니
誰羨驂鸞. 누가 '난새타고 하늘에서 노니는 것'을 부러워하는가
人在舟中便是仙. 배 안에 있으니 이것이 곧 신선이네

<採桑子>其九

殘霞夕照西湖好. 노을 속에 석양이 비치니 서호가 좋다네
花塢蘋汀. 꽃밭과 마름 핀 물가
十頃波平. 드넓은 수면에 잔잔한 물결
野岸無人舟自橫. 물가에는 사람없이 배만 홀로 걸려있네

西南月上浮雲散, 서남쪽에 달 오르니 뜬 구름이 걷히고
軒檻涼生. 난간이 시원해진다네
蓮芰香清, 연꽃과 마름의 향기가 맑아
水面風來酒面醒. 수면에 스치는 바람으로 술이 깨네

<採桑子>는 위에서 고찰한 <豊樂亭記>·<醉翁亭記>의 창작 동기와

동일한 원인을 토대로 창작된 것으로 여전히 '太平의 治世'라는 후광 속에서 출현하였다.[26] 구양수는 安徽의 潁州(현재의 阜陽)로 폄적되었을 때 일시에 <採桑子>를 창작하여, 西湖의 아름다운 경관을 노래하였는데, 여기에는 太平盛世의 경쾌한 기세와 작가의 즐겁고 희망적인 정서(其四의 '雙燕歸來細雨中' 및 '誰羡驂鸞' 등)가 충분히 드러나고 있다.[27] 특히 <採桑子>其四는 五代 馮延巳의 작품과 함께 거론되면서 구양수의 詞作이 보유하는 時勢의 명랑한 기운을 부각시키고 있는 작품이다.[28] 따라서 국가적인 안정과 사회적인 평온은 작가가 자연을 감지하고 체득할 수 있는 우선적인 요소이며, 작품 속에 이러한 여유는 유감없이 반영되고 있다.

3. 散文과 詞의 치세 특징 공유

구양수가 창작한 많은 체재의 작품은 '事事合體'하였으며, 이는 前人의 문학적 전통을 근면히 계승한 작가의 성실성을 대변한다. 또한 구양수의 다양한 문장들은 그 전체적인 풍격이 '和平深厚'하여, 작가의 면모와 그의 문학적인 기운이 일치하고 있음을 알 수 있다. 羅大經의 評語는 이와 같은

---

26) 宴嬉逸樂, 歌詠太平.(朱彝尊 輯, ≪詞綜≫ · <序>, 遠方出版社, 1998) 특히 范鎮은 ≪方輿勝覽≫ 卷十一에서 柳永 詞의 면모에 대해 언급하면서 "仁宗四十二年太平, 鎮在翰苑十餘載, 不能出一語詠歌, 乃於耆卿詞見之.(인종의 42년 동안은 태평하였음에도 불구하고, 나는 한림에서 십여년을 있으면서도 태평성세를 한마디도 노래하지 못하였지만, 유영의 사에서 그것을 볼 수 있었다.)"라 하였는데, 이는 구양수 詞作에 노출되고 있는 治世의 반영 여부에 대한 방증이다.

27) 曾棗莊 主編, ≪歐陽修詩文賞析集≫(劉揚忠 撰稿, <採桑子>) 197면 참고, 成都 : 巴蜀書社, 1996

28) 구양수의 <採桑子>는 통상적으로 馮延巳의 <採桑子>와 함께 거론되는데, 풍연사의 작품은 "笙歌放散人歸去, 獨宿江樓. 月上雲收, 一半珠簾掛玉鉤. 起來點檢經由地, 處處新愁. 馮仗東流, 將取離心過桔洲.(생황의 노래가락 흩어지고 사람들 돌아가니, 홀로 江樓에서 잠을 자네. 달 떠오르며 구름 걷히어, 주렴을 반만 걷어 옥고리에 걸었네. 일어나 거쳐 온 곳을 살펴보니, 곳곳마다 시름이 새롭다네. 동쪽으로 흐르는 물을 따라서, 이별의 마음을 안고 桔洲를 지나려 하네.)"라 하여, 笙歌의 배경에는 깊은 비탄을 표출하고 있으며, 이는 구양수 작품의 기운과는 대조적인 것으로 이해할 수 있다.(楊海明 著, ≪唐宋詞風格論≫ 72면 참고, 上海社會科學院出版社, 1986)

사실에 대한 직접적인 방증이다.

> 楊東山嘗謂余曰：文章各有體. 歐陽公所以爲一代文章冠冕者, 固以其溫純雅正, 藹然爲仁人之言, 粹然爲治世之音；然亦以其事事合體故也. 如作詩, 便幾及李・杜；作碑銘記序, 便不減韓退之；作 ≪五代史記≫, 便與司馬子長幷駕；作四六, 便一洗崑體, 圓活有理致；作 ≪詩本義≫, 便能發明毛・鄭之所未到；作奏議, 便庶幾陸宣公；雖遊戲作小詞, 亦無愧唐人 ≪花間集≫. 蓋得文章之全者也. 歐公文, 非特事事合體, 且是和平深厚, 得文章正氣.(양동산이 일찍이 나에게 말하였다. 문장에는 각기 문체가 있다. 구양수가 한 시대 문장의 영수가 된 이유는 원래 그의 문장이 온화하면서 바르고 부드럽게 인자한 사람의 말을 쓰고 순수하게 치세의 음이면서도 그 하나 하나의 일이 문체와 합치되기 때문이다. 시를 지으니 거의 이백과 두보에 이르고, 비・명・기・서를 지으니 한유에 뒤지지 않으며, ≪오대사기≫를 지으니 사마천과 어깨를 나란히 하였다. 또한 사육문을 지으니 서곤체를 말끔히 씻어버려 매끈하고도 조리가 있었고, ≪시본의≫를 지으니 모장과 정현이 언급하지 못한 것을 밝힐 수 있었으며, 주의를 지으니 육선공에 가까웠다. 뿐만 아니라 유희삼아 소사를 지어도 당인의 ≪화간집≫에 손색이 없으니, 문장의 전모를 체득한 사람이다. 구양수의 문장은 하나 하나의 일이 문체와 합치될 뿐만 아니라 완화하고 심후하여 문장의 바른 기상을 얻었다.)[29]

이상의 문장에서 두 가지의 의미를 파악할 수 있다. 우선적으로 구양수가 창작한 다양한 체재의 작품은 모두 각각 그 문체와 합치되고 있음을 알 수 있으며, 구양수의 여러 문체는 그 전체적인 풍격이 온화하여 순수한 면모와 일치하고 있음을 알 수 있다. 이 중 특히 후자는 구양수가 「答祖擇之書」[30]와 「與樂秀才第一書」[31]에서 표명한 작가의 견해와 일치한다. 구양수의 정통 유가들의 면모 즉, 溫柔敦厚한 仁人君子의 모습은 그의 문장에 집중적으로 표현되었고, 비록 다양한 문장들의 형식적인 개별성과 단계적인 심정상의 특수성을 감안한다 하더라도 총체적으로 접근한다면, 그 문장

29) 羅大經 撰, ≪鶴林玉露≫ 丙編 卷二
30) 道純則充于中者實, 中充實則發爲文章者輝光.(≪歐陽修全集≫ 498면, <居士外集>卷第十八)
31) 其充于中者足, 而後發乎外者大以光. 譬夫金玉之有英華, 非由磨飾染濯之所爲, 而由其質性堅實, 而光輝之發自然也.(≪歐陽修全集≫ 506면, <居士外集>卷第十九)

의 풍격과 작품 속에 드러나고 있는 시대의식은 '활달하고 잘 구비되어 있는' '온화하고 여유가 있어 고난이나 노고의 자취는 없는'32) 특징을 보이고 있다. 그 詩文의 이와 같은 특징은 구양수의 온화하고 인자한 인격과 근접하고 있으며, 이러한 이유에서 詞라는 문학양식을 대외적으로 무게 있는 문학양식으로 간주하지 않았지만 그의 이와 같은 상통적인 모습이 詞作에 역시 흡수되어 있는 것이다.

따라서 구양수가 개인적인 위치 및 문장의 형식과는 무관하게 자신의 동일한 창작의식(시대의식)을 표현할 수 있었고, 당시 평온한 治世의 기운과 성숙한 盛世의 유지는 작가에서 창작의식의 조건으로 제공된 것이다.

「豊樂亭記」·「醉翁亭記」와 「採桑子」에는 모두 北宋 전기의 시대적 특색이 표현되고 있는데, 이 작품들이 창작되었던 당시는 太平의 기운이 사회의 전반을 지배하고 있었다. 결국 治世 이후에 출현한 국가의 안정적인 상황과 이를 목도하는 작가의 감개가 당시 구양수에게 자신이 폄적의 상황임에도 불구하고 '與民同樂' 할 수 있는 작가의 여유를 제공한 것이다. 따라서 이러한 시대적 환경은 그 문학의 형식과는 무관하게 그 내용을 보합할 수 있는 작가의 창작 의식을 형성하였다.

Ⅲ. 결 론

구양수는 前人들의 문학 주장을 집대성하여 실용성을 강조한 文論을 제창함으로써 객관적인 공감대를 형성하였고, 知貢擧라는 지위와 상응하는 이론적인 토대를 형성하였다. 뿐만 아니라 창작을 통하여 자신의 文論을 실천함으로써, 그 文論의 우수성을 실증할 수 있었다. 따라서 구양수는 唐代부터 지속되고 있었던 北宋의 고문운동을 성공적으로 야기하였고, 이와 같은 성과를 창출한 구양수가 당시 여타 문인들의 文體分業이라는

32) 紆餘委備, 容與閑易, 無艱難勞苦之態.(蘇洵, 「上歐陽內翰第一書」: ≪宋金元文論選≫ 109면, 人民文學出版社, 1999)

일관적인 사고에 동행하고 있었음에도 불구하고,[33] 그는 문학의 양식을 막론하고 文人의 엘리트적 의식(역사와 시대의 기세와 동향에 부흥하려는 참여의식)을 공통적으로 주입하고 있음을 알 수 있다.[34]

우수한 작가는 시대의식에 대한 개성적인 안목을 지니고 있으며, 이를 자신의 창작 속에 주사한다. 이러한 과정에서 문학적인 형식은 작가적 입장을 호소하는 데 있어 어떠한 장애적 요소가 될 수 없다. 구양수 역시 散文과 詞作을 막론하고 적극적으로 자신의 시대의식을 투입하였고, 이에 대한 求心은 '당시 治世의 기운'이다.

이러한 기본적인 문제의식을 중심으로 본고에서 고찰한 결과는 다음과 같다.

첫째, <豊樂亭記>와 <醉翁亭記>는 작가가 滁州로 폄적당했을 때 지은 작품이지만, 그 안에 분노나 불만의 우울한 색채는 희석되어 있었으며, 오히려 국가의 안녕과 행복을 희망하고 현재적인 태평과 성세에 대해 만족하고 있는 작가적 의지와 향후의 포부를 충분히 표출하고 있었다.

둘째, <採桑子> 역시 작가가 安徽의 潁州로 폄적당했을 때 지은 작품이지만, 개인적인 분개나 울분의 기운보다는 大宋의 안정과 평안을 구가하는 문인의 치세적 의무감을 강렬하게 반영하고 있었다.

셋째, 이상에서 살펴본 구양수의 대표적인 散文과 詞作에서 모두 작가는 개인적으로는 불우한 상황이였지만, 작품 속에서는 여전히 포기나 도피로 인한 심리의 해체가 아닌 당시의 豊樂과 功德을 표현하고 있었는데, 이는 일정한 문학 형식을 선별한 문인의 편협적 발로가 아닌 포괄적인 노출임을 알 수 있었다.

이상의 결과에 따른 해석은 다음과 같다.

첫째, 역대적으로 문인들은 散文을 통해서 일을 서술함으로써 大道의 실현이라는 공능을 추구하였다. 따라서 구양수 자신이 散文이라는 문학적 형식을 취하여 당시적인 치세의 기운을 표현하는 것은 당위적인 도식을

---

33) 楊海明 著, ≪唐宋詞史≫ 170면, 江蘇古籍出版社, 1987
34) 河元洙, <宋代 士大夫論> 참고 (≪사대부 문학과 민중 문학≫ 71면-116면)

이용한 일반적인 현상으로 파악할 수 있다.

둘째, 그러나 기타의 형식, 특히 본고에서의 또 다른 고찰의 대상인 詞作을 통해서까지 그 실현을 연장함으로써, 구양수는 문학적인 형식에 대한 기본적인 취지와 토대를 극복하여 문학 형식의 자체적인 고유성에 구애받지 않고, 작가의 시대의식을 발휘하는 또 다른 하나의 도구로 사용했음을 알 수 있다.

셋째, 이러한 현상은 국가적인 상황과 시대적인 기운으로부터 자유롭지 못했던 문인의 자의적인 강박증 및 교육에 대한 타의적인 반향으로 '형식을 탈피한 강렬한 작가의식의 발로'로 이해할 수 있다.

구양수는 詩/詞/散文의 장르를 초월하여, 어떠한 문학형식 속에서도 자신의 입지에서 자유롭지 못하였으며, 이 때문에 그의 대표작 속에는 모두 그의 當時를 근심하고 걱정하는 時代意識이 일괄적으로 드러나고 있다. 특히 詞라는 문학형식은 치열한 유가의식과는 상당 부분 괴리를 보이는 문학 형식임에도 불구하고, 詞라는 문학 형식을 통해서 조차도 시대의 기운과 창작의 풍격을 동일시하는 작가의식을 여실히 보이고 있다. 이는 작가에게 있어 초기에 형성된 교육의 영향이며, 이와 유관한 압력은 文人의 창작활동에 있어 적지 않은 외압으로 작용하였다. 따라서 작가적인 의무를 대행하려는 의식적인 실천 의지와 후천적으로 계발된 교육 효과의 무의식적 발산이 유기적으로 집결함으로써, 문학 형식의 제한을 탈피하여 현상적으로 동일한 시대의식을 표출하게 된 결과를 형성한 것이다.

중국문학 안에는 다양한 형식이 내재하고 있음에도 불구하고, 의식과 기세에 있어서 이들 사이에 존재하게 되는 불가피한 유관성을 용인해야만 한다. 작가인 구양수의 입장에서는 문학의 형식을 구분하여, 서로를 무관한 경계로 분류하는 것에는 관심이 없었을 것이다. 주체할 수 없는 역사적인 회고 및 시대적인 豊樂과 당시적인 功德에 대한 심금을 신랄히 방출할 수 있는지의 여부만이 작가적인 관심의 초점이였을지 모른다. 난국이 아닌 治世는 구양수에게 역동적인 기반을 실어주었고, 따라서 그의 필치는 불만이 아닌 만족으로 우울이 아닌 유쾌로 굳굳히 정립될 수 있었다. 뿐만 아니라 이와 같은 상황을 배경으로 작가의 여의치 못했던 현재적인 위치는 현실에 대한 외면이 아닌 적극적인 동참으로 이어질 수 있었던 것이다.

본문은 취급의 범위와 영역이 지나치게 협소하고 제한적이다. 그러나 散文의 대표작과 詞作의 상징작을 대상으로 작가의 기본정신을 비교・고찰함으로써, 구양수 창작 세계의 본질과 저변을 파악하여 그의 문학적 일맥을 관통할 수 있는 기회를 제공할 수 있을 것이다.

參考文獻

歐陽永叔 著, ≪歐陽修全集≫, 北京市中國書店, 1986.
張華盛, ≪歐陽修≫, 安徽人民出版社, 1981.
郭正忠 著, ≪歐陽修≫, 上海古籍出版社, 1982.
朱彝尊 輯, ≪詞綜≫, 遠方出版社, 1998.
脫脫, ≪宋史≫, 中華書局, 1976.
孫望・常國武 主編, ≪宋代文學史≫, 人民文學出版社, 1996.
吳組緗・沈天佑 著, ≪宋元文學史稿≫, 北京大學出版社, 1989.
陶秋英 編選, ≪宋元金文論選≫, 人民文學出版社, 1999.
唐圭璋 編, ≪全宋詞≫, 中華書局, 1992.
唐圭璋 編, ≪詞話叢編≫, 中華書局, 1996.
楊海明 著, ≪唐宋詞史≫, 江蘇古籍出版社, 1987.
楊海明 著, ≪唐宋詞風格論≫, 上海社會科學院出版社, 1986.
沈祖棻 著, ≪宋詞賞析≫, 上海古籍出版社, 1980.
曾棗莊 主編, ≪歐陽修詩文賞析集≫, 巴蜀書社, 1996.
郭紹虞 著, ≪中國文學批評史≫, 上海古籍出版社, 1982.
王水照, <宋代散文的風格>(≪唐宋文學論集≫), 齊魯書社, 1984.
易錫海, <歐陽修在北宋古文運動中的地位及其貢獻>, 華中工學, 1981.
王繼麟, <歐陽修思想傾向淺議>, 河南師範大學, 1983.
沙裕忠, <論歐陽修的文學批評理論與實踐>, 浙江師院學報, 1981.
郭魯鳳, <歐陽修 散文 硏究>, 韓國外國語大學校 博士學位論文, 1991.
宋龍準, <歐陽修 愛情詞 考>, 中國語文學 第5輯, 1985.
邊成圭, <歐陽修의 詞 硏究>, 淸州師範大學論文集 第20輯, 1987.
權鎬鐘, <歐陽修 詩論 硏究>, 中國文學 第11輯, 1984.
柳種睦, <歐陽修의 文論과 그 實踐>, 大邱大學校 人文科學硏究 第5輯, 1987.

출처 : 『중국산문논총』 제2집 (원제 : 歐陽修 文章에 반영된 시대 특징)

제4장

중국 고전시가의 형식과 예술적 표현

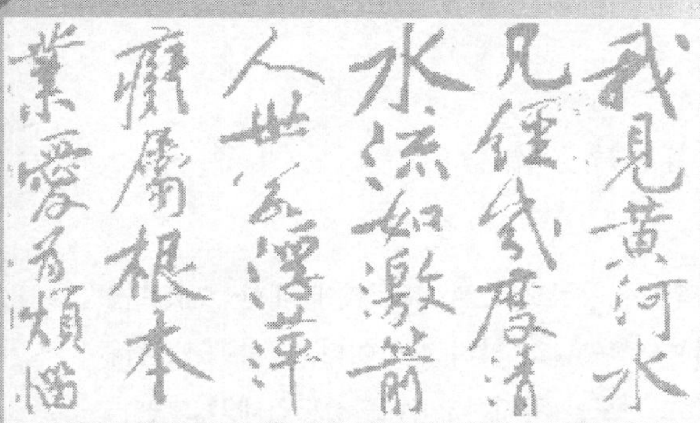

杜甫의 拗體詩와 그 창작의 成功과 失敗

김두근*

Ⅰ. 序 論

律詩라는 것은 中國 古典詩의 한 형식으로, 이 詩形式에 대한 大家로는 杜甫가 독보적인 인물로 꼽히는 것은 널리 알려진 바이다. 그의 千五百首 정도의 詩에서 율시는 三分의 二 정도를 차지하고 있을 정도인데,[1] 그만큼 이 형식에 대한 조예와 실천적 창작이 얼마나 있었는지 충분히 짐작이 가는 바이다.

律詩가 성공적인 창작이 되기 위해서는 필수적으로 고려되어야 할 문제는 형식과 내용이 얼마나 완벽한 결합을 이루고 있느냐이다. 오직 율시가

---

* 한국외대 중국어과 강사

1) 杜甫詩의 형식별 詩 篇首

古體 (1)五言古體 : 271수
(2)七言古體 : 145수
近體 (1)五言律詩 : 621수
(2)七言律詩 : 151수
(1)五言排律 : 123수
(2)七言排律 : 4수
(1)五言絶句 : 31수
(2)七言絶句 : 107수
2종의 古體 416수, 6종의 近體 1037수
古近體 總計 1453수

많다고 해서 율시의 대가로 불릴 수는 없는 문제이며, 형식의 完整性에다 또한 내용이 얼마나 형식의 특징과 결부되어져 詩的昇華가 이루어졌느냐가 중요문제이다. 결론적으로 말해서, 杜甫 律詩는 형식과 내용이 고도의 결합을 이루고 있고 표현의 묘를 다하고 있다.

그러나 이 형식의 완정성의 문제에서 큰 逸脫을 보이고 있고 또한 杜甫詩의 하나의 두드러진 특징으로 이름 지워져 있는 것은 바로 拗體詩이다. 이 拗體詩는 그의 인생말년의 시에서 그리고 七言律詩에서 특히 그 모습이 나타나고 있다.

이른바 拗體詩라는 것은 律詩形式의 三大重要要素인 平仄과 對仗, 그리고 押韻가운데서 平仄을 제대로 지키고 있지 않은 시를 말하는 것인데, 이것을 제대로 지키지 않았다는 것은 律詩에서 古體詩的 요소를 도입하여 시를 썼다는 것이 된다. 그가 왜 이렇게 律詩에서 古體詩的 요소를 가미하게 되었는지는 여러모로 다양하게 생각 되어질 수 있다. 그 중에서도 가장 주된 요인은, 무엇보다도 七言律詩라는 이 형식이 주어진 형식 그대로 시를 짓기에는 내용을 한계하는 측면으로 작용하고 그리하여 내용을 좀 더 살리는 차원에서 그렇게 했다고 할 수 있다. 七言律詩가 짓기 어려운 詩體라는 것은 이미 많은 학자들이 언급하였음으로 굳이 다시 再論할 필요는 없는 것으로 생각된다.[2] 그리고 杜甫의 初期 七言律詩에서는 비교

2) 칠율의 어려움에 대하여 최남규는 "칠율은 그 형식이 정미하다는 점이 詩體의 장점이면서 또한 이 점이 단점이기도 하다. 그것은 형식에 쉽게 속박당하기 때문이다"고 하였다.(崔南圭, <杜甫七言律詩의 類型과 吳體律詩研究>, 中國人文學, 1999)
그리고 ≪창랑시화≫에서도 "시의 여러시체 가운데서 유독 칠율이 최고로 어려워서 전문가가 아니면 지을 수가 없다. 성당에서 王維·李頎가 오직 그 가락이 기묘하였는데, 그러나 이기는 겨우 일곱수를 남겼고, 왕유 역시 이십여수에 그쳤다. 그리고 折腰, 첩자의 병폐가 가끔보이니 끝내 명사수는 아니다. 少陵으로부터 정교함과 거침이 섞여서 나열되고 의론들이 가끔 나왔다. 후인들이 이것을 본받았는데 오히려 부끄러움을 간직하고 있는 서고가 되었다. 요즘 사람들은 시를 처음배우면서 칠언율시부터 짓는데 이는 좁은 언덕에서 말을 돌리는 것과 같으니 여기에 이르러서 넘어지지 않는 자가 없다는 것을 모르고 있다. 아 한탄스럽구나! (詩中諸體, 惟七律最難, 非當家不能合作, 盛唐惟王維李頎頗臻其妙, 然李僅存七首, 王亦止二十餘首, 而折腰疊字之病, 時時見之, 終非射手也, 自少陵精粗雜陳, 議論間出, 後人效, 反以是爲藏垢之府矣. 今人初學爲詩, 便作七言律, 不知如蟻封盤

적 있는 형식 그대로 시를 지으려는 경향이 강하였다고 할 수 있는 반면, 시간이 흘러갈수록 형식 준수 의식이 떨어져 成都時期를 지나 夔州時期에 이르면, 拗體詩의 詩의 篇首나 혹은 한 首의 詩에서 그 拗의 정도가 매우 심하게 나타나 어떠한 시는 첫 구에서 마지막 구까지 한 句의 예외도 없이 平仄이 맞추어져 있지 않는 시도 있다. 이것은 결국 七言律詩 形式自體의 難處에다 시 형식에 대한 기본적인 인식이 근본적으로 붕괴되었음을 역시 말해 주고 있다.

그러나 정작 중요한 문제는 杜甫詩에 拗體詩가 많이 있다는 것이 아니라, 이 拗體詩가 과연 어떻게 視覺되어지느냐이다. 요컨대, 요체시라는 것이 杜甫 末年의 시의 주된 풍격인 과거에 대한 강력한 회오의 감정과 절망 불안의식이 형식에도 그대로 반영되어 적절한 내용에 맞는 적절한 형식을 취했기 때문에 이것 역시 杜甫의 형식선택의 탁월한 면을 보여주는 것이기 때문에 형식 발전의 관점에서 보는가 하면, 또 다른 견해는 요체시라는 것은 형식과 내용의 완전한 일치라는 율시의 근엄한 창작적 자세에서 쓰여 진 것이 아니라, 제 마음대로 쓰고 싶은 대로 썼기 때문에 요체시 가운데서는 훌륭한 작품이 적고 이 창작방식을 실패적인 것이었다는 관점에서 보고 있다는 것이다.

요체시를 가지고 실패한 창작이었다든지 혹은 성공적인 창작이었다든지 단칼지워 결론을 낸다는 것은 무리이다. 그만큼 두보시의 대부분의 작품이 시 속에 내재적 감정이 도도하게 흐르고 있고 시의 우와 열을 판단해 낸다는 것이 간단한 문제에 해당되는 것이 아니기 때문이다. 기본적으로 이러한 전제위에서 杜甫詩에서의 拗體詩와 그 창작의 성공과 실패에 대하여 기존의 說들을 감안하여 나름대로 拗體詩의 成功과 失敗에 대하여 생각해보려 한다.

馬, 到此未有不복者, 噫, 可歎也!)" (≪창랑시화≫)
그리고 위경지의 ≪시인옥설≫에서는 형식별로 시 쓰기의 어려움은 "율시가 고시보다 어렵고, 절구가 팔구보다 어렵고, 칠언율시가 오언율시보다 어렵고, 오언절구가 칠언절구보다 어렵다(律詩難於古詩, 絶句難於八句, 七律難於五律, 五絶難於七絶)"고 하였다. (魏慶之, ≪詩人玉屑≫, 保景文化史 1984, 10p)

Ⅱ. 本 論

律詩 平仄의 구성원리는 하나의 聯에서 出句와 對句는 對를 이루어야 하고 이것은 다시 聯과 聯의 관계에서는 粘[3])을 이루어야 한다. 그러므로 粘이라는 것은 앞 연의 對句가 뒷 연의 出句와 平仄이 같아야 한다는 것이다. 그리고 하나의 句 안에서는 절주점에 있는 두 번째, 네 번째, 여섯 번째에 위치하고 있는 글자는 역시 반드시 對를 이루어야 한다. 이 平仄構成의 핵심은 對를 이루면서도 또한 粘을 이루어야 하고, 이 粘은 다시 對를 이루는 방식으로, 이어질듯하면서도 끊어지고 끊어질 듯하면서도 다시 이어지는 방식이 됨으로 인하여 긴장과 조화를 통해서 音律의 和諧를 극히 추구하는데 있다.

그러므로 拗體詩라는 것은 위에서 설명한 이러한 平仄構成의 방식이 되지 못하고 한 聯에서 出句와 對句가 粘을 이룬다든지, 聯과 聯의 관계에서 윗 聯의 對句가 아랫 聯의 出句와 對를 이룬다든지 혹은 하나의 句에서 절주점에 위치하고 있는 글자들이 서로 粘을 이룬다든지 하여 音律의 조화가 깨어지는 것을 말한다. 이러한 기반에 근거하여 杜甫 拗體詩를 다음과 같이 나누어 보자.

---

3) '粘'字는 '黏'과 同字이다. (傅璇琮, ≪中國詩學大辭典≫, 절강교육출판사 1999, 1186p)
'粘', nian으로 읽는다. ≪說文≫에는 '粘'字가 없다. ≪廣韻≫에 '粘'은 '黏'의 후기 俗字라고 주석하고 있다. 현대중국어에는 '粘'字는 두 가지 음이 있는데, 'zhan' 음은 동사로 쓰이고, 'nian'음은 형용사로 쓰인다. 1955년 ≪第一批異體字整理表≫에서 '黏'이라는 글자를 없애고, '粘'을 남겼다. 1988년 ≪現代漢語通用字表≫에 '黏'자가 회복되어 형용사로 쓰이게 되었으며 '粘'의 뜻은 더 이상 '黏'의 뜻으로 표시하지 않게 되었다. 비록 이와 같지만 지금까지 율시를 해석하고 평가하거나 율시 성율의 서적들에는 '粘'자를 다용한다.(張本志著, ≪律詩規范≫, 天津古籍出版社 2007, 20p)

1. 拗體詩의 分類

(1) 失粘詩

失粘的 율시라는 것은 위에서 말한 바대로 聯과 聯사이에서 粘이 이루어지고 있지 않다는 뜻으로 杜詩 七律中에 失粘式의 律詩는 십여수가 된다. 그러면 실재적으로 두보의 失粘詩를 예를 들어 보기로 하자.

<咏懷古迹五首>二

搖落深知宋玉悲,[4] 조락의 계절에 송옥의 슬픔 깊이 알겠고
風流儒雅亦吾師。[5] 그 시부의 풍격과 인품의 유아스러움도 나의 스승이다
悵望千秋一灑淚, 슬피 천년을 바라보며 눈물 듬뿍 흘리고
蕭條異代不同時。[6] 쓸쓸함은 시대와 때만 같지 않을 뿐이다
江山故宅空文藻, 강산의 옛집은 부질없이 문사가 아름답고
雲雨荒臺豈夢思。[7] 비 구름에 덥힌 폐허의 누대는 어찌 꿈으로만 생각하는가
最是楚宮俱泯滅, 무엇보다도 초궁이 모두 사라졌으니
舟人指點到今疑。[8] 뱃사람이 가리켜도 지금은 의심스럽기만 하네

---

4) 宋玉의 <九辨>에 "悲哉秋之爲氣也, 蕭瑟兮草木搖落而變衰"를 두고 한 말이며, 송옥이 이렇게 쓸쓸함을 읊은 것은 망국에 대한 근심 때문이었다(楊倫, ≪杜詩鏡銓≫, 시 해설 참조)

5) 이 구절은 "其詩賦標格風流, 人材儒雅, 亦可爲吾之師也 (그 시부의 기골과 풍류, 사람됨의 유아스러움도 역시 나의 스승이 된다)"라는 뜻이다. (簡明勇, ≪杜甫七律硏究與箋注≫, 臺灣五州出版社, 181p)

6) 이 구절은 "나와 송옥이 시대는 다르나 모두 쓸쓸한 것은 마찬가지이며 그러나 그것으로 나의 스승을 삼으니, 고로 동시에 태어나지 않음을 애석해한다(我與宋玉異代而皆蕭條, 然以其可爲我師, 故惜不得同時而生也)"라는 뜻이다. (간명용, 앞의 책 181p)

7) 宋玉의 <高唐賦>에서는 "先王이 이 곳에 놀러 갔다가 꿈에 한 부인을 만났는데 그녀는 자기를 무산의 신이라고 했다. 그녀는 자신이 무산 남쪽에 사는데 아침에는 구름이 되고 저녁에는 지나는 비가 된다"고 하였다(楊倫, ≪杜詩鏡銓≫, 시 해설 참조)

8) 즉 무산아래 뱃사람이 초궁이 있었던 곳을 가르치고 있으나 흔적이 없어 그 가르친 지점이 맞는지 맞지 않는지 의심스럽다는 뜻으로 이 구절로 보아 두보가 고적을 돌아보며 이 연작시를 쓰고 있다는 것을 알 수 있다.(簡明勇, 앞의 책 181 참조)

平仄平平仄仄平
平平仄仄仄平平
仄仄平平仄仄仄
平平仄仄仄平平
平平仄仄平平仄
平仄平平仄仄平
仄仄仄平平仄仄
平平仄仄仄平平

위의 시의 평측 구성에서 우선 각 구의 두 번째 자리에 위치한 글자들을 보면 首聯 對句와 頷聯 出句는 平과 仄이 되어 있어 粘을 이루지 않고 오히려 對를 이루고 있다. 그리고 나머지 頷聯의 對句와 頸聯의 出句, 頸聯의 對句와 尾聯의 出句는 粘을 이루고 있다는 사실이 발견된다. 결국 이 사실은 首聯은 나머지 세연과 平仄 구성을 달리하고 있다는 의미가 되는데 즉 首聯은 仄起式 首聯의 平仄構成인데 반하여 頷聯과 頸聯 그리고 尾聯은 모두 平起式 頷聯, 頸聯, 尾聯의 平仄을 구성하고 있다. 한 首의 시를 더 보기로 하자.

<所思>[9)]

苦憶荊州醉司馬	괴로이 형주의 술 취한 사마를 생각하노니
謫官樽酒定常開	벼슬 폄적되어 술동이는 늘 열려 있겠구나
九江[10)]日落醒何處	구강에 해지면 어디에서 깨어나며
一柱觀[11)]頭眠幾回	일주관 머리에서 몇 번이나 잠들었던가
可憐懷抱向人盡	가련하게 회포를 사람에게 다 털어놓고

9) 여기서 생각의 대상은 崔漪이다. 두보의 원 제목아래 '崔吏部漪'라고 되어 있다. 이 시는 두보가 관직을 버리고 성도초당에 머물던 시절에 지어진 시로 폄직의 아픔을 경험했던 그이기에 최의를 생각하여 지은 시이다.

10) '九江'은 아홉강을 일컫는 강인데 형주에 있다. 沅水, 漸水, 元水, 辰水, 敍水, 西水, 澧水, 資水, 湘水를 가리켜 九江이라 하며 이 강들은 모두 洞庭湖에서 合水된다.(虞集, 박양식역 ≪杜律虞註≫, 시 해설참조)

11) 博物志에 "江陵有臺, 甚大而惟一柱, 衆樑皆拱此柱(강릉에 누대가 있는데 매우 크고 또한 오로지 한 개의 기둥만 있었고 모든 대들보들은 모두 이 기둥에 받쳐져 있었다"고 한다.(虞集, 박양식역, ≪杜律虞註≫, 시 해설참조)

欲問平安無使來	안부 물으려 해도 전해줄 사람 없네
故憑錦水將雙淚	그래서 금강에 두 줄기 눈물 더하노니
好過瞿塘[12]灩澦堆	구당의 염여퇴를 잘 지나가기를 바란다

仄仄平平仄平仄
仄平平仄仄平平
仄平仄仄平平仄
仄仄仄平平仄平
仄平平仄仄平仄
仄仄平平平仄平
仄平仄仄平平仄
仄仄平平仄仄平

이 平仄에서도 일단 各聯의 第二字를 통해 失粘을 확인해보면, 頷聯의 對句는 頸聯의 出句와 粘을 이루지 못하고 있고, 頸聯의 對句는 尾聯의 出句와 역시 粘을 이루지 못하고 있다.

杜甫七律에서 失粘이 일어나고 있는 것은 주로 頷聯과 頸聯[13]사이인데, 頷聯이 失粘聯일 수도 있고 頸聯이 失粘聯일 수도 있다. 이 부분에서 주로 失粘이 일어나는 근본적인 이유는 역시 章法의 문제와 관련지어볼 수 있다. 특히 一氣到底式으로 직서되는 경우는 이러한 실점의 가능성은 훨씬 높다고 볼 수 있다. 즉 聯과 聯이 연면성을 띠고 전개되기 때문에 형식에 어긋나는 부분이 있어도 조탁의 가능성이 훨씬 줄어들기 때문이다.

또한 杜甫詩에서 頸聯이 실점연이 되는 또 한가지 이유는 시의 창작과정에서 전반 넷 구, 후반 넷 구로 나누어 한 수의 시에서 형식을 이등분하려는 경향 때문이라고 할 수 있는데 이것은 두보의 의도적인 작법이 아닌가

---

12) '瞿塘峽'은 夔州에 있으며, 협곡의 입구에 灩澦石이 있다고 한다. 협곡은 매우 급물살이지만, 成都에서 荊州로 가려면 반드시 지나가야 하는 곳이다. (楊倫, ≪杜詩鏡銓≫, 시 해설참조)

13) 頷聯과 頸聯사이에서 일어나는 失粘詩는 杜甫 失粘詩의 반 이상을 차지할 정도인데, 이 부분에서 일어나는 失粘詩는 다음과 같다. <城西陂泛舟>, <宣政殿退朝晚出左掖>, <早秋苦熱堆案相仍>, <有客>, <所思>, <嚴公仲夏枉駕草堂兼携酒饌得寒字>, <奉寄章十侍御>, <拔悶>, <十二月一日三首>(1), <卽事>, <立春>, <暮春>, <七月一日題終明府水樓二首>(二), <題柏學士茅屋> 등이다.(于然湖, ≪杜詩語言藝術硏究≫, 齊魯書社 2007, 76p)

싶다. 그럼 이러한 二等分的 平仄을 통하여 빚어진 실점시를 다시 보기로 하자.

<賓至>[14]

幽栖地僻經過少　　그윽히 사는 곳 땅이 외져 지나는 사람 적고
老病人扶再拜難　　늙어 병들어 사람이 붙잡아도 절하기도 어렵다
豈有文章驚海內　　세상을 놀라게 할 문장 어찌 있으며
漫勞車馬駐江干　　부질없이 수레를 강가에 대느라 수고하였다
竟日淹留佳客坐　　해 다하도록 머물러 손님이 앉아 있어도
百年粗糲腐儒餐　　평생 거친 음식은 진부한 선비의 음식이로다
不嫌野外無供給　　손님 대접 소홀함을 싫어하지 않는다면
乘[15]興還來看葯欄[16]　　흥을 내어 또 와서 작약의 울타리를 보시오

平平仄仄平平仄
仄仄平平仄仄平
仄仄平平平仄仄
仄平平仄仄平平
仄仄平平平仄仄
仄平平仄仄平平
仄平仄仄平平仄
平仄平平仄仄平

이 시는 頷聯과 頸聯사이에서 失粘만 없다면 變通이 적용되는 몇 군데의 拗[17]를 빼고는 거의 완벽하게 平仄을 맞추고 있는 詩이다. 전반 넷 구는 平起式 平仄을 구성하고 있으며, 後半 넷 구는 仄起式 平仄을 구성하고 있다.

≪杜甫七律研究與箋注≫의 저자 簡明勇은 이 詩를 頸聯과 尾聯을 失粘

14) 이 시의 제목은 <有客>이라고 하기도 한다. 두보 나이 49세, 서기 760년 성도 초당에서 지어진 시이다.
15) '乘'은 異讀字로 평성일 경우에는 '타다', '편승하다'의 의미이고, 측성일 때에는 '수레'라는 의미를 지닌다. (왕력저, 송용준 옮김, ≪中國詩律≫ 348p)
16) '欄'은 '檻'의 뜻이다.
17) 變通에 의해서 拗된 부분은 頷聯對句의 첫 번째, 세 번째 글자, 頸聯 對句의 첫 번째, 세 번째 글자, 尾聯 出句의 첫째자, 對句의 첫째자이다.

聯[18]이라 하고 있지만 사실 이 말은 그리 타당치 않다. 한 首의 시 전체가 平起式이면 平起式, 仄起式이면 仄起式으로 판단하는 기준은 일반적으로 首聯出句 第二字를 중심으로 하지만 그러나 위의 平仄構成을 보면 首聯과 頷聯이 平起式으로 되어 있고 頸聯과 尾聯은 이와는 반대로 仄起式으로 어떠한 하나의 기준을 적용할 수 없다. 즉 전반 넷구는 넷 구 대로 對와 粘을 이루며 완전한 하나의 형식을 갖추고 있고, 후반 넷 구는 또 이대로 對와 粘을 이루며 완전한 하나의 형식을 갖추고 있기 때문이다. 이러한 경향을 가지고 있는 시 한 수를 더 들어보기로 하자.

<奉寄章十侍御>

淮海維揚一俊人	회해유양에 한 뛰어난 사람 있으니
金章紫綬照青春	금 안장 자주색 줄에 푸른 봄이 비치도다
指麾能事廻天地	지휘는 빼어나 천지를 바꿀 정도이고
訓練强兵動鬼神	강병을 훈련시켜 귀신을 감동 시킨다
湘西不得歸關羽	상서는 관우가 돌아갈 수 없게 하였고
河內猶宜借寇恂	하내는 여전히 구순을 빌림이 마땅하네
朝覲從容問幽仄	조정에서 황제 뵐 때 조용히 숨은 인재 묻거든
勿云江漢有垂綸	한적한 곳에 낚시 드리운 사람 있다고 말하지 마오

平仄平平仄仄平
平平仄仄仄平平
仄平平仄平平仄
仄仄平平仄仄平
平平仄仄平平仄
平仄平平仄仄平
平仄平平仄平仄
仄平平仄仄平平

위의 시도 앞의 시와 마찬가지로 시의 전반과 후반이 二等分的 평측을 구성하고 있다. 앞의 <賓至>의 시와 달리 首聯은 仄起式으로 시작했다가 頸聯에서는 平起式으로 전환하여 완전히 두 부분으로 나누어져 있다. 다만

---

18) 간명용, 앞의 책 96P

尾聯 出句에서는 '仄仄平平平仄仄'의 句式이 되어야 하나 第五字와 六字가 互換되어 있어 頸聯對句와의 부분적인 失粘이 있고 또한 尾聯 對句와 역시 부분적인 失對를 이루고 있을 뿐이다. 아마도 杜甫 자신은 전반 넷 구와 후반 넷 구가 중복을 이루는 平仄格式의 단조로움을 탈피하고자 이렇게 前後가 二等分的이 되게 하여 창조적인 平仄運營을 시도하는 과정에서 失粘이 일어났을 가능성이 있다.

(2) 失對詩

결론적으로 말해서 형식의 이탈은 처음부터 형식을 무시하고 썼든지 아니면 형식을 지키고 싶어도 표현 때문에 형식을 지킬 수 없을 때 야기된다. 여덟구 전체가 古體句로 이루어져 있는 <晝夢>같은 시는 前者의 경우가 되고, 일부의 失對粘이나 혹은 古體句는 詩人의 준수의식이 없었다고는 볼 수 없으나 경우에 따라서 부득이하게 형식을 못 지킨 것이라고 할 수 있다. ≪漢語詩律學≫의 저자 王力은 失粘보다는 失對가 좀 더 병으로 간주되었다고 하고 있다.[19] 그리고 涂宗濤가 "무릇 對仗의 싯구는 平仄上에서 두 句가 필수적으로 平仄이 相反되어야 한다. 즉 平聲은 仄聲과 對를 이루어야 하고, 仄聲은 平聲과 對를 이루어야 한다."[20]고 하고 있는 것처럼, 한 聯에서의 出句와 對句間의 문제는 聯과 聯의 문제보다는 좀 더 내부적인 문제에 해당되고 그만큼 형식 준수 역시 견고해야 할 필요성이 있다고 할 수 있다. 그러나 粘과 對의 형식준수의 난이도는 매우 큰 차이가 있을 것이다. 즉 失粘이라는 것은 聯과 聯 사이의 문제임으로 하나의 失粘聯을 형식에 맞게 조탁하려면 出句와 對句間의 절주점에 있는 모든 글자를 고쳐야 한다. 다시 말해 하나의 聯을 모두 고쳐야 한다는 것이다. 그러나 對라는 것은 어디까지나 句와 句사이의 문제임으로 出句와 對句중에 하나

---

19) 두보칠언율시에 보면 역시 통계에서도 나타나고 있는데, 실대보다는 실점이 많다. 즉 실대가 39수이고 실점은 76곳으로 집계되고 있다. (于年湖, ≪杜詩語言藝術硏究≫, 齊魯書社 2007, 76p)

20) 凡是對仗的詩句, 在平仄上, 要求兩句必須平仄相反, 卽平對仄, 仄對平. (涂宗濤, ≪詩詞曲格律綱要≫, 天津人民出版社 2007, 39p)

의 句만 고치면 가능함으로 그만큼 失對를 막을 여지는 충분하다고 할 수 있다. 즉 다음의 平仄을 보기로 하자.

仄仄平平平仄仄
仄仄平平仄仄平

위의 平仄形式을 한 聯의 出句와 對句間에 있을 수 있는 失對의 모습이라면 출구의 절주점에 있는 세 글자만을 조탁한다든지 혹은 그와 반대로 대구의 절주점에 있는 세 글자만 조탁을 한다면 얼마든지 失對를 피할 수 있다는 것이 된다. 즉 失粘聯과의 조탁의 난이도상의 차이는 정확히 배로 감소한다는 것이다.

杜甫七律의 失對21)에서 주목할 부분은 주로 首聯의 出句와 對句 사이에서 발생하고 있다는 점인데, 다음 시는 전반 넷구는 拗體的인 형식을 이루고 있고, 후반 넷구는 形式上에 큰 문제가 없는 시인데, 이 시 속에서 失對的인 面을 보기로 하자.

<江雨有懷鄭典設>22)

春雨闇闇塞峽中	봄비는 어둡게 무협에 내리고
早晩來自楚王宮	아마 초왕궁으로부터 비가 시작되었나 보다
亂波紛披已打岸	어지러운 물결은 파도되어 이미 언덕을 치고
弱雲狼藉不禁風	약한 구름은 수선스레 깔려 바람을 막지 못한다
寵光蕙葉與多碧	햇살 받은 혜초의 잎은 많이 푸르고
點注桃花舒小紅	빗방울 맺힌 복숭아꽃은 작은 붉음을 펼친다
谷口子眞23)正憶女	곡구의 정자진이 바로 너를 생각하게 하니

21) 杜甫詩에서 失對하고 있는 詩는 다음과 같다. <題省中院壁>의 首聯과 頷聯, <題鄭縣亭子>의 首聯, <至後>의 首聯, <卜居>의 首聯, <崔氏東山草堂>의 尾聯, <望岳>의 頷聯, <送王十五判官--->의 首聯, <將赴成都草堂---->五의 首聯, <早秋苦熱堆案相仍>의 首聯, <曉發公安>의 首聯, <十二月一日三首>一 의 首聯, <黃草>의 首聯, <立春>의 首聯과 尾聯, <愁>의 首聯, <江雨有懷鄭典設>의首聯과頷聯, <簡吳郎司法>의首聯, <白帝>의首聯 등이있다.

22) 제목에서 보이는 '典設'은 관직이다. 唐書에 "東宮官有典設郎四人"이라는 글이 있다. 이 시는 서기 767년에 두보가 瀼西草堂에 머물 때 지은 시 이다.

岸高瀼滑限西東　　언덕 높고 양수 흘러 서동으로 나눈다

平仄仄仄仄仄平
仄仄平仄仄平平
仄平平平仄仄仄
仄平平仄仄平平
仄平仄仄仄平仄
仄仄平平平仄平
仄仄仄平仄仄仄
仄平平仄仄平平

이 詩는 首聯과 頷聯이 서로 정상적인 平仄을 이루고 있지 못하다.[24] 앞 단락에서 失粘을 이루는 聯이 주로 頷聯과 頸聯이라고 하였지만 失對를 이루는 곳은 주로 首聯과 頷聯, 특히 首聯에서 주로 失對가 이루어지고 있는데, 그 이유는 詩의 序頭로써의 역할 때문인 것으로 보인다. 즉 首聯은 對仗句처럼 비교적 독립적인 두 句가 대립을 이루어 詩想을 구상하는 것이 아니라 한 수 시를 이끌어가는 실마리 혹은 단서가 될 수 있는 전제적인 말이 와야 하기 때문에 對를 이루기 어렵다는 것이다. 즉 위의 싯구절에서 보는 것처럼 出句는 對句의 頂節인 부사어로써 연결되어 두 구가 하나의 의맥으로 통하여 사실적인 句가 됨으로 인하여 조탁적인 구절이 될 수 있는 소지를 줄이고 있는 것이다.

23) 子眞은 한나라 때 곡구에서 농사를 지으면서 관직에 나가지 않았던 사람으로, 揚雄이 "곡구의 정자진은 그 뜻을 굽히지 않고 암석의 땅을 갈았다(谷口鄭子眞不屈其志而耕巖石之下)"라고 하였다. (간명용, 앞의 책 42참조)

24) 杜甫詩에서 이 처럼 한 首의 시에서 두 聯이 失對하고 있는 것은 위의 시를 포함하여 모두 네 수가 되는데, <題省中院壁>, <立春>, <晝夢>이 그러한 시들이다.

<立春>[25)]

春日春盤細生菜	봄날 봄 소반에 생채가 가느다랗니
忽憶兩京全盛時[26)]	갑자기 낙양과 장안의 풍성하던 시절이 생각나는구나
盤出高門行[27)]白玉	높은 집에서 나온 소반은 백옥이고
菜傳纖手送青絲	가느다란 손에 전해진 푸성귀는 부추이네
巫峽寒江那[28)]對眼	무협의 찬 강은 어떻게 눈으로 대하며
杜陵遠客不勝悲	두릉의 먼 손님은 슬픔을 이기지 못한다
此身未知歸定處	이 몸은 돌아갈 정처를 알지 못하니
呼兒覓紙一題詩	아이 불러 종이 찾아 한 수의 시를 짓는다

平仄平平仄平仄
仄仄仄平平仄平
平仄平平平仄仄
仄平平仄仄平平
平仄平平平仄仄
仄平仄仄仄平平
仄平仄平平仄仄
平平仄仄仄平平

위의 시는 首聯과 尾聯이 失對를 이루고 있다. 首聯은 出句와 對句사이에 절주점에 있는 글자를 대조시켜보면, '仄-平-平'과 '仄-平-仄'으로 이루어져 있어 失對를 이루고 있다는 것을 알 수 있으며, 尾聯 역시 出句와 對句間에 '平-平-仄'과 '平-仄-平'으로 이루어져 있어 역시 失對하고 있다는 것을 알 수 있다. 이 두 聯에서 失對의 원인은 기본적으로 首聯의 破題와 尾聯의 結論에 따른 章法上의 문제 때문임을 역시 보여준다. 먼저 首聯을 보면, 出句는 '春 '이라는 글자를 第一字와 三字에 중복해서 씀으로 인하여, 한 구절이나 한 연에서의 같은 글자의 중복사용을 금기시하는

25) 이 시는 두보 나이 56세, 서기 767년에 기주에서 지은 시이다.

26) 여기서 전성시절이라는 것은 생채가 "가득 담겨 있다"는 것을 말한다. '全盛'은 '梅發'로도 쓰인다(간명용, 앞의 책 18P).

27) '行'은 異讀字로 평성으로는 '行하다'. '가다'의 의미이고, 측성으로는 '덕행'이라는 뜻이다(왕력저, 송용준옮김, 앞의 책 340p).

28) '那'는 異讀字로 평성으로는 '어찌', '어떻게'의 뜻이고, 측성으로는 '無那(어찌할 수 없다)'의 뜻이다(상동서, 337p).

字法에 어긋난다고 볼 수 있으나 七言의 句式運用의 차원에서 그리고 音律追究적 차원에서 쓰여 졌다고 볼 수 있으며, 그러나 對句는 頂節에서 부사어 '忽'을 사용하여 앞 구절과의 의맥을 연결하여 사실적인 문장 성격이 됨으로 인하여 조탁의 여지가 없는 방식이 되었다. 그 결과로 第二字만 失對하고 있는 것이 아니라 第四字까지 失對하고 있으며, 第六字는 주의 깊게 관찰하지 않으면 일견 對를 이루고 있는 것처럼 보이나 엄밀하게 말하면, 이 글자도 역시 失對하고 있다고 해야 할 것이다. 즉 出句의 第五字와 六字가 호환되어 있기 때문이다. 다음으로 尾聯의 失對 원인을 보기로 하자. 이 尾聯은 首聯과 달리 出句와 對句間을 연결해주는 對句頂節에 부사어가 쓰여 지지 않고 있지만 역시 연면적인 구성을 하고 있다고 보아야 하겠다. 그러나 여기서 失對하고 있는 글자들을 찾아보면, 出句의 두 번째 글자 '身'자 밖에 없다는 것을 알 수 있다. 이 외에 杜甫七律에서 尾聯에서 失對하고 있는 시의 平仄形式정도를 보면 매우 부분적이라는 것을 알 수 있는데 그 모습을 보기로 하자.

南望青松架絶壑 남쪽으로 푸른 솔이 벼랑에 걸쳐 있고
安得赤脚踏層冰 어찌하면 맨 발로 두꺼운 얼음을 밟을 수 있을까
平仄平平仄仄仄
平仄仄仄仄平平

何爲西莊王給事 어찌하여 서쪽 별장의 왕급사는
柴門空閉鎖松筠 사립문 공연히 닫아 소나무와 대나무를 닫고 있을까
平平平平平仄仄
平平平仄仄平平

위의 첫 연은 <早秋苦熱堆案相仍>의 尾聯, 둘째 연은 <崔氏東山草堂>의 尾聯이다. 모두 第二字만 拗되어 失對를 이루고 있다. 결과적으로 앞에서 예를 든, <立春>의 시와 위에서 예를 든 두 수를 포함하여 나머지 한 수의 시도 모두 이러한 부분적인 失對를 이루고 있는 시이다. 결국 杜甫七律에서 尾聯 失對는 그 출현 회수도 首聯, 頷聯, 頸聯보다 훨씬

적고 또한 失對를 이루고 있는 몇 수의 시도 단지 부분적인 失對를 이루고 있을 뿐 하나의 句를 모두 바꾸어야 할 그러한 失對句는 없다는 것이다. 이것은 곧 결말을 이루기 위한 詩想의 전환이 반드시 형식의 부조화와 연결되지 않는다는 것을 의미한다고 볼 수 있다. 그렇다면 오히려 그 반대가 될 가능성은 없냐이다. 다시 말해, 전환이 오히려 형식적인 면이 될 수 있는 기회를 줄 수 있다는 것이다. 즉 詩想이 전체적인 맥락에 억매이지 않고 쓸 수 있다는 것은 좀 더 형식적인 것을 추구할 수 있는 숨통이 트여질 수 있다는 것이다. 다시 말해, 以前의 聯들이 詩想이 맥락을 갖는 범위 내에서 형식에 부합된 구절을 찾아야 하는 애로 사항이 있다면, 尾聯에서는 이러한 속박에서 벗어나 형식적 조탁이 될 가능성이 좀 더 있을 수 있다는 것이며 그 결과로 尾聯 失對가 적을 수 있다는 것이다.

(3) 古體[29)]詩

近體詩의 形式이라는 것이 本質性에 입각하여 정립된 것이라고 하여도 '律'이라는 그 의미 속에는 다분히 인위적인 면이 적용되어 있음을 부정할 수 없는데, 吳相洲의 ≪永明體與音樂關係硏究≫에서 다음 말은 바로 그러한 면이 처음부터 있었음을 말해준다. "四聲의 발견은 詩律에 대하여 조건을 제공해주었다. 그러나 사성은 너무나 복잡하였고 네 개의 성조에 따라서 시율을 배열하는 것은 극히 조절하기 쉽지 않은 것이다. 沈約과 같은 사람이 최초에 사성을 이용하여 詩歌의 성율을 만들어 낸 것은 본래 음악이 宮商五音으로 악조를 구성하고 있는 것으로부터 계발해낸 것이다. 그러나 그들이 매 글자를 네 개의 성조를 이용하여 분별을 하고 규율에 따라 조합할 때에 매우 큰 곤란에 직면하였다. 그리하여 창시자인 沈約마저도 탄식하여 말하기를, '궁상의 소리는 다섯 개가 있고, 문자는 수많은 세월에 걸쳐 다변화 되었다. 오랜 세월에 걸친 다양함을 五聲으로 나누고 높낮이

---

29) 蘇武와 李陵이전에 글을 뽐내고 예스럽고 담박한 글을 '고체'라 하였고, 沈佺期와 宋之問 이래 율법이 정밀한 것을 '율시'라 하였다(蘇, 李而上, 高簡古淡, 謂之 '古', 沈, 宋而下, 律法精切, 謂之 '律') (張表臣, ≪珊瑚鉤詩話≫卷三)

를 조절하는 것은 생각의 힘으로 할 수 있는 것이 아니었다.[30]'"고 하고 있다. 즉 여러 모든 가능한 표현방식을 하나의 통일적인 형식으로 구현해 내는 데는 형식의 창조초기부터 다소의 견강부회한 측면과 무리가 있었음을 보여주는 것이다. 이 무리성은 문장이 길면 길수록 더욱 拗의 현상이 빈번히 일어나고 형식의 범주를 벗어날 소지는 커진다고 볼 수 있다. 즉 오언에서 다섯 글자를 맞추는 것 보다 칠언에서 일곱 글자를 맞추는 것이 훨씬 어려울 수 있다. 때문에 杜甫 七律에서는 다른 詩體에 비해서 古體句의 출현이 매우 빈번하고 특히 夔州以後의 시기에는 이러한 현상이 더욱 두드러진다.

앞에서 말하였다시피 '粘'이 聯과 聯사이에서 일어나고 '對'는 한 聯의 句와 句사이에서 일어나는 문제라면 古體句는 하나의 句에서 일어나는 平仄上의 문제[31]이며, 平仄譜와 위배된 平仄을 사용하고 있으나 救해지지 않는 경우이다.

杜甫詩에서 古體平仄을 사용하고 있는 정도는 매우 다양한데 한 首의 詩에서 단지 한 句만이 古體平仄을 이루고 있는 詩가 있는가 하면 8句 전체가 古體平仄을 사용하고 있는 것도 있다. 이렇게 詩의 본래 平仄을 벗어나 古體的 平仄을 채택한 것에 대하여 좀 더 몇 가지 이유를 생각해보면, 杜甫가 자신의 詩句에서 언급한 바와 같이, "强戲爲吳體[32](일부로 재미삼아 오체를 지어본다)"[33]고 한 것이 한 가지 이유가 될 수 있고,

---

30) 四聲的發現爲詩律創造了條件. 但四聲太複雜了, 按照四個聲調來配列詩律, 是極不易控制的. 沈約等人最初用四聲配制詩歌的聲律, 本來是由音樂有宮商五音以構成樂調得到啓發的. 當他們把每個字都企圖用四個聲調加以分別并按規律組合時, 就遇到很大困難. 因此, 連創始者沈約也爲之感歎的說, "宮商之聲有五, 文字之別累萬, 以累萬之繁, 配五聲之約, 高下低昂, 非思力所擧.(吳相洲, ≪永明體與音樂關係研究≫, 北京大學出版社 2006, 130p)

31) 그러나 전적으로 句의 문제에만 국한되고 聯과는 전혀 관계가 없다고 할 수는 없다. 만약에 出句에 '孤平'이 있다거나 혹은 '三平調'가 있어 古體的인 句가 되어도 對句에서 '孤仄'으로 상대시키거나 '三仄調'로 救하게 되면 古體 平仄으로 보지 않기 때문이다. (簡明勇, ≪杜甫七律研究與箋注≫臺灣五州出版社 1973, 99p)

32) 鄺健行은 <論吳體和拗體的粘合程度>라는 논문에서 吳體는 平仄格式에서 拗體와 다른 점이 없다고 하고 있다. 이것은 方回의 說과 같다고 할 수 있겠다. (鄺健行, <論吳體和拗體的貼合程度>, ≪詩賦與律調≫中華書局, 1994)

두 번째는 율격 때문에 의미의 표달에 장애를 받지 않기 위해서 이렇게 했을 수도 있으며, 세 번째는 시의 창작과정에서 平仄을 제대로 점검하지 않아 그러한 일이 일어났을 수도 있다.

그럼 여기서 한 수의 시에서 한 句와[34] 여덟 句가 古體平仄인 詩의 예를 들어보기로 하자.

<卽事>[35]

天畔群山孤草亭	하늘 가 온 산에 풀 정자가 외롭고
江中風浪[36]雨冥冥	강의 풍랑에 비가 어둡게 내린다
一雙白魚不受釣	한 쌍의 흰 고기도 낚이지 않고
三寸黃柑[37]猶自青	세 치의 누런 감귤은 오히려 푸르다
多病長[38]卿無日起	병 많은 사마상여는 일어날 날이 없고
窮途阮籍幾時醒	궁핍한 길의 완적은 언제쯤 깨어나나
未聞細柳散金甲	세류영에서 무장을 풀었다는 소식 들려오지 않고
腸斷秦川[39]流濁涇	애 끊어지는 장안에는 탁한 경수가 흐른다

平仄平平平仄平
平平平仄仄平平
仄平仄平平仄仄
平仄平平平仄平
平仄平平平仄仄
平平平仄仄平平

33) 이 語句는 杜甫의 七言律詩 <愁>의 시 제목아래 주를 달아 놓은 것이다. 이 '吳體'는 대개 다음 두 가지로 해석되고 있는데, 하나는 일정한 율격규율이 없는 율시를 말하는 것이며, 또 하나의 해석은 吳體는 拗救調의 율시라는 것이다. 崔南圭는 失粘과 古體平仄이 함께 뒤섞여 있는 것이라 하여, 失粘的 詩와 古體的 詩에서 따로 떼어 분류하였다.

34) 여덟구 가운데 한 句가 古體平仄인 시를 古體的 律詩에 포함시키는 것은 다소 부당한 것처럼 생각되어지는데, 이에 대하여 鄺健行의 <詩賦與律調>에서는, 세구 이상이 古體平仄인 詩를 拗의 현상이 뚜렷한 시로 분류하였다.

35) 이 시는 두보나이 56세, 서기 767년에 기주에서 지은 작품이다.

36) '浪'은 異讀字로 평성으로는 '滄浪'의 뜻이고, 측성으로는 '물결'의 뜻이다. (왕력 저, 송용준역, 앞의 책 341p)

37) '柑'은 '甘'이라고도 쓰여진다.

38) '長'은 '馬'로 쓰여 지기도 한다.

39) '川'은 '州'로 쓰여 지기도 한다.

仄平仄仄仄平仄
平仄平平平仄平

위의 詩는 仄起式 首句入韻의 詩이다. 首聯出句는 第一字와 五字가 변통된 율구이며, 對句는 第三字가 변통된 율구이다. 이 시에서 문제가 되는 것은 바로 頷聯出句인데 원래의 平仄은 首聯對句와 粘을 이루고 또한 頷聯對句와 對를 이루어야 한다는 차원에서 '平平仄仄平平仄'이 되어야 한다. 굳이 이러한 기준에서 보면 첫째 자가 平에서 仄으로 바뀌었고 네 번째 자가 仄에서 平으로 바뀐 것이다. 또한 여섯 번째 글자가 平에서 仄으로 바뀌어 한 구절에서 세 글자가 拗를 범하고 있는 셈이다. 그러나 첫 글자는 변통40)에 해당하는 글자이고 네 번째, 여섯 번째 글자는 반드시 지켜야 할 글자에서 拗를 범하고 있다고 해야 할 것이다. 그러나 앞에서 當時에 실대와 실점을 그렇게 중요시 하지 않았다고 하는 관점에서 생각하면 두보가 이 구식을 어떠한 기본평측을 염두고 두고 썼는지 알 수 가 없다. 즉 '平平仄仄平平仄'의 구식을 생각해 볼 수 도 있고 혹은 '仄仄平平平仄仄'의 구식을 생각해 볼 수 도 있다. 그만큼 어떠한 일정함이 없다는 것이다.

頷聯對句는 第一字와 五字가 변통된 律句이며 頸聯出句는 第一字가 변통되었으며 對句는 第三字가 변통되었다. 尾聯出句는 第五字가 拗되어 있으나 對句에서 역시 第五字를 拗하여 救함으로 古體句를 免하고 있다.

아래의 도표는 두보칠율에서 한 구가 고체평측인 시를 도표화한 것이다.

---

40) 여기서 變通이라는 것은 '一三五不論, 二四六分明'이라는 이른바 율시평측상의 口訣의 의미와 통하는 것으로, 구결을 마치 하나의 법칙처럼 받아들이는 풍조에 여러 사람의 비판적인 견해가 있는 만큼, 율시형식의 본질에 입각하여 "시율을 융통적으로 운용하는 방식"이라는 의미의 차원에서 變通이라는 용어를 사용하였다.

번호	詩 作品	창작시기
1	<題省中院壁>	좌습유시절
2	<望嶽>	화주시절
3	<卜居>	성도시절
4	<恨別>	성도시절
5	<寄杜位>	성도시절
6	<嚴公仲夏枉駕草-->	성도시절
7	<野望>	성도시절
8	<送王十五判官扶--->	성도시절
9	<章梓州橘亭----->	성도시절
10	<撥悶>	성도시절
11	<白帝>	기주시절
12	<黃草>	기주시절
13	<夜>	기주시절
14	<卽事>	기주시절
15	<見螢火>	기주시절

도표상에 나타난, 한 句가 古體平仄인 시를 보면 대부분 成都시절의 비교적 한담한 생활을 하는 가운데서 지어졌다. 이것은 成都時期가 그의 인생전반과 후반기의 일종의 과도기적인 시기로써 이 시기부터 차츰 拗格의 시가 출현하기는 하나 그 정도는 심하지 않게 나타나고 있다는 사실을 보여준다.[41]그러므로 각 時期의 古體詩를 판별하는데 있어서 얼마나 많은 詩의 篇首가 있느냐가 중요한 것이 아니라, 한 首의 시에서 古體의 정도가 어느 정도인가가 형식의 발전변화여부를 판단하는데 좀 더 실질성을 띤다고 할 수 있을 것이다. 다음으로 한 수 시 여덟구가 모두 고체구인 시를 보기로 하자.

41) 그러므로 각 시기별로 古體의 정도를 파악하는데 있어서는 詩의 편수로 기준을 삼을 것이 아니라 한 수의 시에서 어느 정도 고체구를 사용하고 있느냐를 기준으로 해야 할 것이다. 즉 위의 본문에서 보다시피 成都시기는 한 수의 시에서 한 구가 고체평측이 많은 반면, 夔州시기에는 한 수의 시에서 여러 구가 고체구이기 때문에 형식상에서 특이한 모습을 드러내고 있다고 생각하는 것이다.

<晝夢>[42]

二月饒睡昏昏然　　2월의 많은 잠에 정신이 혼몽하고
不獨夜短晝分[43]眠　　밤이 짧아서가 아닌데 낮에 나누어 잔다
桃花氣暖眼自醉　　복숭아꽃에 날씨 따뜻하니 눈이 절로 감기고
春渚日落夢相牽　　봄 물가에 날 저무니 꿈이 서로 끌린다
故鄕門巷荊棘底　　고향의 문과 거리는 가시밭 아래 있고
中原君臣豺虎邊　　중원의 군신은 짐승 곁에 있다
安得務農息戰鬪　　어찌하면 농사에 힘써 전투를 쉴 수 있으며
普天無吏橫索錢　　세상에 돈 뜯는 관리들 없을 수 있을까
仄仄平仄平平平
仄仄仄仄仄平平
平平仄仄仄仄仄
平仄仄仄仄平平
仄平平仄平仄仄
平平平平平仄平
平仄仄平仄仄仄
仄平平仄平仄平

위의 詩는 平仄上 어떠한 규율을 발견할 수 없다. 평측상의 주의하고 있는 부분은 수구에 입운을 하였다는 사실과 홀수구 끝에 측성을, 짝수구 끝에 평성을 두고 있을 뿐 그 나머지 평측은 모두 간과하고 있다. 이러한 古體句나 失粘 혹은 失對的인 詩가 형식에 어긋났다고 하여 시 자체에 대한 어떠한 편견을 가져서는 안 될 것이다. 즉 鍾文이 <發展中的詩美內涵>에서, "우리들이 시를 읽을 때 늘 느끼는 것은 어떤 싯구들은 매우 간단하며 또한 聲律上의 押韻이나 혹은 엄격히 節奏의 정제성이나 대칭성에 따라 배열하지 않고도 한 번 읽어보면 저절로 감동이 오는 시가 있다"[44] 고 하는 것처럼 율시에 부합되는 형식만이 최선의 형식이 아님은 물론이다.

---

42) 위의 시는 杜甫나이 56세 때 夔州에서 지은 작품으로 그의 인생말년의 형식의 붕괴를 가장 대표적으로 보여주는 시이다.

43) '晝分'은 낮 시간이라는 뜻이다.

44) 我們在讀書中常有這種體會, 有的詩句很簡單, 甚至在聲律上也沒有押韻, 或者很嚴格地按節奏的整齊律對稱律排列起來, 但一 經輕輕吟讀, 就不禁神眩心顫.(鍾文, <發展中詩美內涵> ≪詩的美學≫, 신성출판사 2006, 14p)

그러나 이러한 원론적인 입장에서 벗어나 과연 시의 형식이 존재하지 않는다면 내용은 좀 더 내용적일 수 있는 조건이 되는가 하는가 문제이다. 오히려 여러 다양한 형식의 존재가 내용에 대한 構想力을 推動할 수 있는 계기가 될 수 없느냐이다. 다시 말해 형식을 위해 조탁을 하는 과정에서 여러 가지 詩的인 構想을 하게 한다는 것이다. 위의 시 <주몽>을 보면 조탁의 문제와 관련된 것은 押韻과 對仗의 두 요소밖에 되지 않는다. 그 결과 시의 내용이 매우 單線化 되어 있다는 느낌을 버릴 수 없다. 즉 시의 창작과정에서 있을 수 있는 여러 가지 구상에서 형식이 제외됨으로 인하여 그만큼 좋은 구절을 쓰기 위한 생각을 하지 않아도 된다는 것이다. 때문에, "이른바 두보의 요체는 대개 평범하게 경치를 묘사하거나 기탁이 깊지 않으면서 내키는 대로 지은 작품이다."[45]라는 이러한 평가를 받게 되는 결과를 가져왔을 가능성이 있다. 그러므로 형식이라는 것은 오직 제한성이라는 차원의 문제가 아니라 오히려 시적 구상력을 강화시키는 중요한 역할을 한다고 해도 그릇된 말이라고 할 수 없을 것이며 두보가 율시를 지으면서 이러한 형식이 가진 내재적인 선의의 요소를 십분활용하여 율시의 시인으로 대성한 요인 역시 컸다고 말하지 않을 수 없다.

아래 도표는 두보칠율의 고체구에서 5구, 6구, 8구와 같이 비교적 많은 고조를 가지고 있는 시를 도표화한 것이다.[46] 이렇게 요의 현상이 심한 시를 보면 사실 두보시에서 명시로 분류되어질 수 있는 시가 별로 없다는 것을 알 수 있어 형식이 간과되는 것이 좋은 시가 창작되어지는 적절한 조건이 되지 못함도 보여주고 있다고 해야 할 것이다.

번호	詩 作品	창작시기
1	<白帝城最高樓>	기주시기
2	<愁>	기주시기
3	<暮春>	기주시기
4	<鄭駙馬宅宴洞中>	天寶安史以前

45) 김준연, ≪唐代七言律詩硏究≫, 서울대박사논문 2003, 165p
46) 崔南圭, ≪杜詩的音樂世界≫ 97p, 遼海出版社

5	<崔氏東山草堂>	화주시기
6	<暮歸>	기주시기
7	<晝夢>	기주시기

2. 拗體詩 創作의 成功과 失敗

앞에서도 언급이 되었지만, 拗體詩를 정확하게 분류하는데 있어서는 매우 모호한 문제가 있다. 하나의 완전한 拗體詩로 개념되려면, 시인이 시를 지을 때 平仄 개념을 별반 가지지 않고, 그리하여 내용위주의 시가 될 때를 말한다. 그러므로 어떻게 생각하면, 요체시라는 것은 형식이라는 제약을 벗어나 시인이 표현하고 싶은 대로 마음대로 표현하면 되는, 즉 내용에만 신경을 쓰게 됨으로 시 창작의 용이성이 제고 될 수 있고, 또한 그만큼 표현의 강도도 높아지게 됨으로 좋은 시가 될 가능성도 더 높아지는 것처럼 생각할 수 있다. 그러나 이러한 사고 역시 어떠한 片面性과 견해의 천박성을 내포하고 있을지 모른다. 왜냐하면 詩라는 것은 본래 그 장르의 성격으로 보아 그 나름의 어떠한 특유한 형식이 생래적으로 있다고 생각할 수 있기 때문이다. 그렇다면, 이와는 반대되는, 즉 그 고유의 형식이 일탈되어졌을 때 정통적인 시 장르의 전달적 우수성이 그대로 유지 될 수 있느냐 하는 것이다. 다시 말해, 시 韻文전통의 독특성을 떠나 다른 장르의 흡입과 혼용의 경향으로 흘러가 그 본질을 잃을 수 있다는 것이다.

다음 詩는 杜甫가 夔州에서 지은 ≪秋興八首≫ 첫 수의 詩인데 그 모습을 보기로 하자.

玉露凋傷楓樹林　옥 같은 이슬이 단풍나무 숲을 시들게 하니
巫山巫峽氣蕭森　무산과 무협에는 바람이 스산하다
江間波浪兼天湧　강 사이 파도는 하늘위로 용솟음치고
塞上風雲接地陰　변방의 바람과 구름은 땅에 잇대어 음산하다
叢菊兩開他日淚　다북국화 두 번이나 피었으니 타향살이 눈물겹고
孤舟一繫故園心　외로운 배 옛날을 그리는 마음으로만 매여 있다

寒衣處處催刀尺　　겨울 옷 짓느라 곳곳에서 가위와 자를 재촉하고
白帝城高急暮砧　　백제성에 저녁 다듬이 소리 높고 급하다

仄仄平平平仄平
平平平仄仄平平
平平平仄平平仄
仄仄平平仄仄平
平仄仄平平仄仄
平平仄仄仄平平
平平仄仄平平仄
仄仄平平仄仄平

위의 시는 杜甫 七言律詩 가운데 가장 秀作의 한편으로 꼽아도 손색없을 정도로 좋은 시이다. 문제가 되는 평측을 보면, 首聯 出句의 다섯 번째, 首聯 對句의 세 번째, 頷聯 出句의 세 번째, 頸聯 出句의 첫 번째, 세 번째 자가 정해진 平仄이 아니라는 것을 알 수 있다. 그러나 여기서 쓰인 글자들은 모두 變通이 허용되는 위치이고, 正格의 율시가 됨에 있어서 어떠한 하자가 없고 나머지 글자들은 원래의 형식 그대로 平仄이 쓰이고 있다. 그러므로 이 결과를 두고 보면, 이 시에서 杜甫가 형식에 기울인 공은 어느 정도인지 충분히 짐작할 수 있다는 것이다. 그렇다면, 과연 이 시의 형식에 기울인 공이 다만 형식을 위한 형식의 차원에서 그렇게 되었느냐 하면 그렇게 볼 수 는 없고, 내용과 충분한 결합을 이루고 있다는 것을 알 수 있다.

杜甫七律에서 형식과 내용의 관계를 몇 가지로 정리할 수 있다면, 첫째로, 형식만 추구되고 내용은 보잘 것 없는 시, 두 번째는 형식과 내용이 결합되어 있는 시, 세 번째로 형식이 무시되고 내용이 추구되고 있는 시로 나눌 수 있을 것으로 생각된다. 첫 번째의 경우는 초창기의 미성숙의 시가 그렇고, 세 번째의 경우는 夔州時期의 詩가 대개 그러하다. 그러나 위의 ≪秋興八首≫첫 수의 詩는 夔州時期의 詩임에도 불구하고, 형식이 동시에 극구 추구되고 있다는 것이다. 그 이유는 다소 복잡한 문제를 내재하고 있는 것 처럼 생각되나, 사실은 이것은 매우 간단명료한 문제라고 생각하

지 않을 수 없다. 즉 시의 본질적인 문제에 해당하는 것이다. 결론적으로 시라는 것은 형식과 내용이 二分法的으로 따로 따로 존재하는 것이 아니라 이 양자는 결합적인 관계이며, 가장 형식적인 시는 가장 내용적이 될 수 있고 가장 내용적인 시는 가장 형식적인 것이 될 수 있다는 것이다. 다시 이것을 좀 더 풀어서 말하자면, 시인의 感興이 매우 강하게 일어나 詩想이 훌륭해지니까 이것이 형식적으로도 매우 견고하게 짜여지게 되고 또 한편으로는 형식의 완정성이 추구되니까 이것이 또한 내용의 훌륭함을 제고시키는 역할을 하는, 형식과 내용이 서로 상승작용을 돋구어주는 역할을 한다는 것이다.

지금까지 杜甫拗體의 연구는 주로 형식의 발전이라는 차원에서 다루어져 왔다. 그러나 위에서 본 바와 같이 시라는 것이 특수한 성격을 지닌 장르이고, 때문에 형식과 내용이라는 것이 분리되어지는 것이 아니라, 결합의 관계라는 관점에서 보면, 拗體詩의 연구 방향에 대한 전환의 여지도 있다고 할 수 있을 것이다. 즉 다음과 같은 논리도 가능해진다는 것이다. "杜甫의 拗體律詩는 주로 夔州時期에 집중되어 있는데, 요체의 시도는 총체적으로 보아 성공적이지 못했다. 기주시기의 칠율을 훑어 보면, 이런 규율을 쉽사리 보아내게 된다. 감정이 짙고 뜻이 깊은 심혈을 기울인 작품, 예컨대, <秋興八首>, <詠懷古跡五首>, <登高>, <閣夜>, <又呈吳郞>등등은 모두 율격에 꼭 들어맞지 않는 것이 없다.[47]

물론 이와는 반대로 요체의 형식이 그 내용에 맞는 그 형식일 뿐이라고 말할 수 도 있지만 그러나 이런 식이 된다면, 결과적으로 시라는 것은

---

47) 형식과 내용의 결합성에 대해서 高加索도 "생활에서 창작에 이르기까지 관찰과 사고를 거쳐서 詩意의 詩情을 개척하고 제련하며 내용의 미를 강구하는 것은 두말 할 나위 없이 중요한 것이다. 그러나 이로 인해서 소홀히 하고 경시하며 심지어 시를 부정하는 형식과 형식미는 있을 수 없는 것이다. 좋은 시라는 것은 언제나 내용과 형식이 고도의 조화와 完美한 통일을 이룬 결정체이기 때문이다(從生活到創作, 通過觀察, 思考, 去開拓提煉詩意的詩情, 講究內容美, 無疑是最重要的. 但却不能因此而忽略, 輕視, 甚至否定詩的形式和形式美. 一首好詩, 總是內容與形式達到高度和諧, 完美統一的結晶體)"고 하였다. (高加索, <詩的衣裳>, ≪詩的美學≫, 신성출판사 2006, 96p)

형식이 없는 장르가 되며, 律詩가 古體詩 혹은 自由詩와의 관계에 있어서 그 경계의 영역 또한 사라지는 것이라고 할 수 있다.

Ⅲ. 結 論

지금까지 杜甫의 拗體의 분류와 그 분류의 문제점, 그리고 杜甫拗體詩 창작의 실패와 성공에 대하여 천박한 견해이나마 그 일단을 생각해보았다.

결국 杜甫의 요체시라는 것은 律詩가 오직 律詩를 위한 형식이 아니라, 律詩에다 古體詩的형식을 도입하여 쓴 시이다. 두보가 이 기법을 도입한 것은 하나에서 열까지 모든 것을 제한하는 至嚴한 중국율시의 형식48)에 대한 어떠한 일탈감 혹은 그러한 엄격한 율시의 형식에 일관되게 그가 극도로 얽매여 시를 지어왔다는 사실에 대한 그 나름의 형식 준수의식에 대한 반감의 작용이라고 볼 수 도 있다. 그 결과 시기적으로는 그의 인생말년 그리고 형식으로는 七言律詩에서 그 준칙이 흔들리는 모습을 집중적으로 보여주고 있다. 그의 시에서 가장 많은 수량을 차지하고 있는 五言律詩에서 요체시가 극히 드물다는 것은 그만큼 칠언율시의 형식이 어렵다는

---

48) 중국율시의 준엄한 형식을 아래의 아홉가지로 정리하면 다음과 같다.
第一, 每句字數只準五個字或七個字, 不能增減(매구의 자수는 다섯자 혹은 일곱자 여야 하며 임의로 증감할 수 없다)
第二, 每篇句數只準八句, 不能多也不能少(매편의 구수는 여덟구로 하며, 많아도 안되며, 적어도 안된다)
第三, 中間四句必須作成對子(중간의 네구절은 반드시 대구를 이루어야 한다)
第四, 只準押平聲韻, 不準押仄聲韻(압운은 평성운으로 하며, 측성운은 안된다)
第五, 只準兩句一押韻(第一句可押韻可不押)(두구에 하나의 압운을 한다(제 일구는 압운을 할 수도 있고 안할 수도 있다)
第六, 不準換韻(환운을 할 수 없다)
第七, 不準有重復的韻脚(중복된 운각이 있어서는 안된다)
第八, 一首詩中不準有重復的字(한수의 시안에서 중복된 글자가 있어서는 안된다)
第九, 一・三・五・七等不押韻的單句, 其末一字必用仄聲, 而且要上去入三聲間隔着用(일・삼・오・칠 등의 압운하지 않는 구의 끝 글자는 필히 측성을 사용해야 하며, 上・去・入 三聲간에 격으로 써야 한다)

것을 말하는 것이다. 그 결과 150여수에 달하는 칠언율시에서 50여수 정도는 형식을 제대로 지켜내지 못하고 있는 이른바 拗體律詩이다. 그러나 이 요체율시도 一括化시킬 수 없을 정도로 그 拗의 방식과 拗의 정도가 다양하다. 拗의 방식에는 失粘과 失對 그리고 古體句가 있으며, 그 정도에서는 한 句 古體가 있고 심지어 여덟구 모두가 古體句인 詩도 있다.

그러나 문제는 단순히 종류의 분류나 혹은 편수가 아닐 것으로 생각되며, 핵심은 요체가 얼마만큼 더욱 詩的일 수 있느냐 하는 그 성격과 본질적인 문제일 것으로 생각된다. 中國律詩는 중국시의 정형시라고 할 있지만, 이 정형시는 비단 중국에만 있는 것이 아니고 동서양 어느 나라에서나 대부분 그 고유의 대표적인 형식으로 정형시가 있다는 것이다. 이 사실에서 추론해보면, 가장 詩的인 시는 결코 형식을 떠난 내용이나 내용을 떠난 형식이 존재하지 않고 이 양자가 가장 밀접한 관계가 되었을 때 비로소 가장 詩的인 것으로 대표된다는 것을 의미한다.

이런 바탕위에서 생각해보면, 杜甫의 七言律詩가 비록 획기적이고 혁신적인 방식으로의 창작의 시도라는 측면에서, 拗體律詩에 대한 그 의의를 평가하지 않을 수 없지만, 또한 시의 정통성에서 벗어나 가장 詩的일 수 있는 본질에서 일탈한 점 역시 있다고 해야 할 것이다.

參考文獻

簡明勇, ≪律詩硏究≫, 臺灣學海出版社, 1984

簡明勇, ≪杜甫七律硏究與箋注≫, 臺灣五州出版社, 1973

于年湖, ≪杜詩語言藝術硏究≫, 齊魯書社 2007

張本志, ≪律詩規范及其辨析≫, 天津古籍出版社 2007

郭芹納, ≪詩律≫, 商務印書館 2005

涂宗濤, ≪詩詞曲格律綱要≫, 天津人民出版社 2007

張中行, ≪詩詞讀寫叢話≫, 中華書局 2006

黃　玫, ≪韻律與意義≫, 人民出版社 2005

沈亞丹, ≪漢語詩歌的音樂形式及其歷史變遷≫, 上海人民出版社 2007

吳相洲, ≪永明體與音樂關係硏究≫, 北京大學出版社 2006

袁慶述, ≪聲律啓蒙與詩詞格律≫, 海南出版社 2005

楊春時, ≪文學理論新編≫, 北京大學出版社 2007

徐有富, ≪詩學原理≫, 北京大學出版社 2007

趙　謙, ≪唐七律藝術史≫, 文津出版社 2006

崔南圭, ≪杜詩的音樂世界≫, 遼海出版社 2002

莫礪鋒, ≪杜甫詩歌講演錄≫, 광서사범대학출판사 2007

劉士林, ≪中國詩學原理≫, 海南出版社 2006

金俊淵, ≪唐代七言律詩 硏究≫, 서울대 박사 2001

출처 : 『두보칠언율시 형식연구』(한국외대 2008년 박사학위 논문)에서 발췌

杜牧詩에 活用된 典考의 특징

金 成 文*

Ⅰ. 序

晩唐의 詩文學은 시인 개인의 감정과 문학의 미적 가치에 비중을 두었기 때문에 문자의 雕琢과 음률의 조화, 對句와 典故의 사용 등 형식적인 부분에 置重하였으니, 대표적인 인물로는 杜牧(803-852)과 李商隱(813-858)을 꼽을 수 있다. 이들은 모두 정치적으로는 매우 불우했지만, 詩文學 방면에서는 크게 성공을 거둔 者들이다. 흔히 李商隱 하면 用典의 高手라고 하나 杜牧 역시 이와 쌍벽을 이룰 만큼 용전에 능하였다. 杜牧詩 485首 가운데에는 典故가 무려 383條나[1] 운용되었을 뿐만 아니라 運用上의 妙를 이룬 점으로 보아 典故의 多用은 杜牧詩의 특점 가운데 하나임엔 틀림없다. 흔히 杜牧이 江南의 아름다운 풍경과 도시의 향락적인 분위기만을 노래한 시인으로 인식되어 왔으나, 사실 그의 시를 좀더 깊이 관찰해 보면 이보다는 현실을 직시하고 사회와 國家를 근심한 작품이 훨씬 많다. 杜牧詩의 用典은 寫景이나 자신의 향락을 노래한 작품보다는 後者의 작품

---

* 진주보건대학 국제관광계열 교수

1) 典故의 資料로는 范之麟·吳庚舜 主編의 ≪全唐詩典故辭典≫(上·下), 馮集梧의 ≪樊川詩集注≫, 繆鉞의 ≪杜牧傳≫, 周錫韓의 ≪杜牧詩選≫, 王景霓의 ≪杜牧及其作品≫, 市野澤寅雄의 ≪杜牧 ≫을 參考로 하였음.

들에서 대체로 많이 나타나 있다. 그의 古詩는 정치와 사회를 제재로 하여 豪放하고 剛慨한 義氣를 표현하면서 상당히 많은 典故를 인용하여 詩意를 강조하였고, 근체시에서도 한정된 格式에 풍부하고 함축적인 내용을 담기 위해 典故를 운용하였다. 특히 그의 詠史詩에서는 역사적 사실에 기탁하여 자신의 감개를 표출하였고, 贈酬詩에서도 다량의 전고를 사용하여 자신의 뜻을 상대방에게 전하였다.

用典이란 前人이 이루어 놓은 문화 유산, 즉 前代의 著書에 나오는 語句나 과거의 인물・사건과 관계 있는 故事를 배경으로 생겨난 독특한 표현방식으로, 이는 用事라 稱하기도 하는데,[2] 그 辭典的 意味는 대체로 '典故를 引用하는 것'[3] '故事를 引用하는 것'[4]으로, 魏慶之는 用典에 있어 用事를 「意用事」와 「語用事」로 나눈 바가 있고,[5] 淸 彭孫遹도 「用故人之事」・「用故人之語」・「用故人之字」로 구분하여 用典에 있어 故事 뿐만 아니라 前人의 語句까지 포함 시킬 수 있음을 밝히고 있다.[6]

이처럼 典故는 이미 지나간 사실들이기 때문에, 典故語를 사용하게 되면 詩를 이해하는 데에는 다소 難解한 점이 있으나, 詩人의 입장에서 보면, 直接的인 표현을 피하고, 比喩·暗示·象徵의 手法으로 자기의 情感을 효과적으로 표출시킬 수가 있다. 이제 杜牧의 全體詩 455首에 사용된 典故를 抽出하여[7] 이들이 어떤 종류의 典籍에서 얼마만큼 詩作에 인용되었고, 그 내용은 무엇이며 표현은 어떻게 이루어지고 있는가를 살펴보기로 한다.

---

2) 周振甫, ≪詩詞例話≫)(中國青年出版社, 北京, 1979), p.297. 「用事就是用典, 詩詞要不要用典, 不能一概而論.」

3) ≪辭海≫ (上海辭書出版社, 1979) : 「寫作時引用典故.」, ≪現代漢語辭典≫(商務印書館, 香港, 1980) : 「引用典故.」, ≪中日大辭典≫(大修館書店, 東京, 1987) : 「典故を引く.」

4) ≪中文大辭典≫(中華學術院, 臺北, 1980) : 「詩人用故事也.」

5) 魏慶之, ≪詩人玉屑≫ 卷7 <用其意・用其語>.

6) 彭孫遹, <金粟詞話> ≪詞話叢編≫, P.710.

7) 典故의 資料로는 范之麟・吳庚舜 主編의 ≪全唐詩典故辭典(上・下)≫(湖北辭書出版社, 1989.)과 馮集梧의 ≪樊川詩集注≫・繆鉞의 ≪杜牧傳≫・周錫䪖의 ≪杜牧詩選≫・王景霓의 ≪杜牧及其作品≫・市野澤寅雄의 ≪杜牧≫을 參考로 하였음.

Ⅱ. 用典의 出處

用典은 前人들의 故事나 語句를 자신의 문장 속에 활용하는 技法인 만큼, 典故를 사용하기 위해서는 반드시 前代 문학에 대한 풍부한 지식이 있어야만 가능하다. 杜牧은 당시 宰相을 지낸 祖父 杜佑의 학문적 가풍에 영향을 받아 어려서부터 독서에 전념하여 詩書子史 등 다양한 서적을 涉獵하였다. 이로 말미암아 훗날 그의 詩文에는 前代 詩文의 名句, 經典의 名言, 史書의 역사적 사건 등이 알게 모르게 인용되어 표출됨으로써 그의 詩歌 창작에 중요한 일부분을 차지하게 되었다. 杜牧詩에 사용된 전고는 그 量에 비례할 만큼 出典 역시 매우 다양함을 보이고 있으니, 이를 經部類, 史部類, 子部類, 集部類로 大別해 出典別 頻度를 圖表化하여 그 특성을 살펴보기로 한다.

出處	出處名	數量	出處名	數量
經部類	詩經	9	周易	6
	左傳	7	禮記	4
	論語	6	尙書	2
	計			34
史部類	史記	60	國語	6
	漢書	54	戰國策	4
	後漢書	42	高士傳	4
	晉書	35	水經注	3
	三國志	11	隋書	3
	宋書	7	其他	15
	計			244
子部類	莊子	9	墨子	2
	韓非子	7	列子	2
	西京雜記	6	神仙傳	2
	世說新語	6	搜神記	2
	淮南子	4	拾遺記	2
	博物志	3	其他	19
	計			64
集部類	文選	25	詩品	2
	楚辭	7	庾子山集	1
	陶淵明集	3	其他	3
	計			41
合計				383

위의 표에서 보듯이 杜牧詩 455首 중에는 典故가 무려 383條나 사용되었다. 이 가운데 經部類가 34條(9%), 史部類 244條(64%), 子部類 64條(16%), 集部類 41條(11%)이다. 그가 이렇게 典故를 다량 運用할 수가 있었던 것은 그의 ≪樊川文集·注孫子集序≫에서 '及年二十, 始讀 ≪尙書≫ ≪毛詩≫ ≪左傳≫ ≪國語≫, 十三代史書.'라 한 點으로 보아 젊은 시절에 힘써 노력한 多讀의 결과임을 알 수가 있다. 이처럼 杜牧은 讀書量이 매우 많았을 뿐만 아니라 그 분야 또한 광범위하기에, 이런 蓄積된 知識들이 그의 작품 속에 반영되었을 것임을 쉽게 짐작할 수가 있다. 다음에서 前代의 著書에 나오는 語句와 과거의 인물과 관계 있는 故事를 중심으로, 杜牧詩와 用典의 출처인 原典을 비교하여 杜牧詩의 用典의 실제를 살펴보되, 用典의 분량이 많고 광범위하여 일일이 그 詩句를 例示할 수가 없으므로, 그 대표적인 것만 例를 들어보기로 한다.

1. 經部類

杜牧詩의 用典 中에 經部類에 속하는 것은 34條(9%)이며, 주로 ≪詩經≫·≪左傳≫·≪論語≫·≪周易≫·≪禮記≫·≪尙書≫ 등 6種의 典籍에서 取하고 있다. 經典의 語辭를 詩句에 사용하기가 매우 어려웠던 탓에[8] 두목의 詩에서도 다른 部類의 典故에 比하여 제일 적게 사용되었다. 앞의 표에서 보듯이 ≪詩經≫·≪論語≫·≪左傳≫에서 많이 취하고 있으며, ≪尙書≫나 ≪禮記≫에서는 비교적 적게 取하였다. 주요 用典을 例擧하면 다음과 같다.

(1) 詩經에서 取한 用典(9條)....주로 帝王의 德을 칭송하거나 生活美德에 관한 典故를 取하고 있다.

因思上黨三年戰, 閑詠周公七月詩.<郎事黃州作.>...七月詩. ≪詩經·風≫<七月>(序)

---

8) ≪詩人玉屑≫ 卷7：「詩句固難用經語, 然善用者不勝其韻.」

以德化人漢文帝, 側身修道周宣王.<皇風>...側身修道. ≪詩經·雅≫<云漢.序>
弋檻營中夜未央, 雨沾雲惹侍襄王.<羊欄浦夜陪宴會>...夜如何. ≪詩經·小雅≫<庭燎>
淺心須揭厲, 休更學張綱.<過勤政樓>...淺深揭勵. ≪詩經·邶風≫<匏有苦葉>
恩義同鐘李, 塤篪寬弟兄.<寄內兄和州崔員外十二韻....塤篪. ≪詩經·小雅≫<何人斯>
儻無遷谷分, 歸去養天眞.<貽友人>...遷喬木. ≪詩經·伐木≫

(2) 左傳에서 取한 用典(7條)...敵을 소멸시키거나 朝廷에 대한 憂慮, 혹은 예측할 수 없는 자신의 운명이나 언행의 警戒에 관한 典故를 取하고 있다.

如蒙一召議, 食肉寢其皮.<雪中書懷>...食肉寢皮. ≪左傳≫<襄公二十一年>
獨佩一壺遊, 秋毫泰山小.<獨酌>...泰山小. ≪左傳≫<齊物論>
射鉤後呼父, 釣翁王者師.<杜秋娘>...射鉤. ≪左傳≫<僖公二十四年>
誤會公觸尾, 不敢夜循牆.<昔事文皇帝三十二韻>...循墻. ≪左傳≫<昭公七年>

(3) 論語에서 取한 用典(6條)...保身이나 謙虛한 자세, 非謗에 관한 典故를 取하고 있다.

笑向春風初五十, 敢言知命且知非.<歲日朝廻口號>...五十知天命. ≪論語·爲政≫
禮數全優知隗始, 討論常見念回愚.<送王侍御赴夏口座主幕>...回愚. ≪論語·爲政≫
仗義懸無敵, 鳴攻固有辭.<和野人殷潛之題籌筆驛十四韻>...鳴攻. ≪論語·先進篇≫
無國要孟子, 有人毁仲尼.<杜秋娘>...毁仲尼. ≪論語≫<子張>

(4) 周易에서 取한 用典(6條)...節候, 懷才不遇 등에 관한 典故를 取하고 있다.

今年我江外, 今日生一陽.<冬至日寄小姪阿宜>...一陽生. ≪周易·復卦≫·≪史記≫ 卷25 <律書>
陽德比君子, 初生甚微茫.<冬至日寄小姪阿宜>...陽德比君子. ≪周易·系詞.下≫

勝敗兵家事不期, 包羞忍恥是男兒.<題烏江亭>...包羞. ≪周易・卜卦≫

(5) 禮記에서 取한 用典(4條)...和親, 禮節 등에 관한 典故를 取하고 있다.

蕭條井邑如魚尾, 早晚干戈識虎皮.<即事黃州作>...干戈識虎皮. ≪禮記・樂記≫
欲與明公操履杖, 願聞休去是何年.<李侍郎於陽羨里富有泉石牧亦於陽羨粗有薄産敍舊述懷因獻長韻>...操履杖. ≪禮記≫ <曲禮.上>
隣喪不相舂. 公租無詬負<題池州弄水亭>... 隣凶不杵. ≪禮記≫<曲禮.上>

(6) 尙書에서 取한 用典(2條)...反亂의 鎭壓이나 官吏의 貶謫 등에 관한 典故를 取하고 있다.

安得封域內, 長有扈苗征.<感懷詩>..扈苗征. ≪尙書.夏書≫<甘誓序>
燐君更抱重泉恨, 不見崇山謫去時.<見宋拾遺題名處感而成詩>...崇山謫. ≪尙書≫<虞書・舜典>

2. 史部類

史部類에서 取한 典故는 전체 用典 가운데 64%(244條)를 占하고 있다. ≪史記≫가 60條로 가장 많고, ≪漢書≫・≪後漢書≫・≪晉書≫・≪三國志≫・≪宋史≫・≪國語≫・≪戰國策≫・≪高士傳≫・≪水經注≫・≪隋書≫에서 대부분을 취하였다. 이 밖에도 ≪北齊書≫・≪南齊書≫・≪魏書≫・≪北史≫・≪南史≫・≪陳書≫・≪吳越春秋≫ 등 무려 21種의 典籍에서 典故를 取하였다.

杜牧이 이처럼 史部類에서 많은 典故를 取한 것은 현실에 대한 자신의 感懷를 직접적으로 표현하기 곤란하거나 정형화된 詩句 속에 많은 뜻을 含蓄시키고자 하였기 때문일 것이다.

(1) 史記에서 取한 用典(60條)...朝廷, 王族, 臣下, 將帥, 戰爭, 下級 官吏, 隱士, 興亡盛衰 등의 내용이 주류를 이루고 있다. 長久한

歷史를 기록한 典籍인 만큼 그 내용도 실로 多樣하다.

子旣屈一鳴, 余固宜三刖.<池州送孟遲先輩>...一鳴. ≪史記≫ 卷126 <滑稽列傳>
射鉤後呼父, 釣翁王者師.<杜秋娘>...王子師. ≪史記≫ 卷32 <齊太公世家>
無國要孟子, 有人毁仲尼.<杜秋娘>...無國要孟子. ≪史記≫ 卷74 <孟子列傳>
丹頂西施協, 霜毛四皓鬚.<鶴>...四皓. ≪史記≫ 卷55 <留侯世家>
題此涕滋筆, 以代投湘賦.<李甘>...投湘賦. ≪史記≫ 卷84 <賈生列傳>
漉空滄海水, 搜盡卓王孫.<昔事文皇帝三十二韻>...卓王孫. ≪史記≫卷17 ≪司馬相如傳≫
顔回捧俎豆, 項羽橫戈矛.<洛中送冀處士東遊>...項籍. ≪史記≫ 卷7 <項羽本紀>
飄然集仙客, 諷賦欺相如.<張好好詩>...相如. ≪史記≫ 卷117 <司馬相如傳>
桃李無言又何在, 向風偏笑艶陽人. <紫薇花>...桃李成蹊. ≪史記≫ 卷109 <李將軍贊>
楚國大夫憔悴日, 應尋此路去瀟湘.<蘭溪>...楚大夫. ≪史記≫ 卷84 <屈原傳>
烈士思酬國士恩, 春申誰與快冤魂.<春申君>...春申刎首. ≪史記≫ 卷78 <春申君列傳>

(2) 漢書에서 취한 用典(54條)...皇帝와 臣下, 將帥와 戰爭, 貴族과 官吏, 인생의 成敗나 困境을 뜻하는 典故가 많다.

還稱二千石, 於我意何如.<自遣>...二千石. ≪漢書≫ 卷19上 <百官公卿表上>
可憐劉校尉, 曾訟石中書.<李給事>...訟石中書. ≪漢書≫ 卷36 <劉向傳>
一尺桐偶人, 江充知自欺.<杜秋娘>...江充. ≪漢書≫ 卷45 <江充傳>
蘇武却生返, 鄧通終死饑.<杜秋娘>...蘇武. ≪漢書≫ 卷54 <蘇建傳>附<蘇武傳>
誰知病太守, 猶得作茶山.<春日茶山病不飮酒因呈賓客>...病太守. ≪漢書≫ 卷50 <汲黯傳>
南軍不袒左邊袖, 四老安劉是滅劉.<題商山四皓廟一絶>...左袒. ≪漢書≫ 卷3 <高后紀>
曲突徒薪人不會, 海邊今作釣魚翁.<李給事>...曲突徙薪. ≪漢書≫ 卷68 <霍光傳>
旋見衣冠就東市, 忽遺弓劍不西巡.<河湟>...衣冠就東市. ≪漢書≫ 卷49 <晁錯傳>

牧童火入九泉底, 燒作灰時猶未枯.<過驪山作>...牧童火. 《漢書》 卷36 <向傳>
淮陽多病偶求歡, 客愁侵霜與燭盤.<初冬夜飮>...淮陽病. 《漢書》 卷50 <汲黯傳>

(3) 後漢書에서 취한 用典(42條)...정치에 관한 事件, 官吏의 昇進과 左遷, 전쟁, 장수의 武勇, 神仙, 隱居, 孝, 文才, 哀悼의 마음 등에 관한 典故를 取하고 있다.

捷報雲臺賀, 公卿拜壽巵.<少年行>...雲臺. 《後漢書》 卷22 <朱祐等傳贊>
淺心須揭厲, 休更學張綱.<除官歸京睦州雨霽>...張綱. 《後漢書》 卷56 <張皓傳>附 <張綱傳>
綱今開傳燮, 書舊識黃香.<除官歸京睦州雨霽>...黃香. 《後漢書》 卷80上 <文苑傳.上・黃香傳>
元禮去歸緱氏學, 江充來見犬臺宮.<李給事>...元禮歸論綸氏. 《後漢書》卷67 <李膺傳>
芝蓋不來雲杳杳, 仙舟何處水潺潺.<洛陽長句2首>...仙舟. 《後漢書》 卷68 <郭太傳>
調高銀字聲還側, 物比柯亭韻校奇.<寄珉笛與宇文舍人>...柯亭. 《後漢書》 卷60下 <蔡邕傳>
登龍有路水不峻, 一雁背飛天正寒.<賀崔大夫崔正字>...登龍. 《後漢書》 卷67 <黨錮列傳・李膺傳>
離心忽忽復悽悽, 雨晦傾瓶醉取泥.<醉後題僧院>...醉如泥. 《後漢書》 卷79下<儒林傳.下・周澤傳>

(4) 晉書에서 취한 用典(35條)...臣下와 官吏들의 태도, 寵妃나 宮女의 삶, 思鄕, 신선과 선비의 생활, 飮酒 등에 관한 典故를 取하고 있다.

高摘屈宋艷, 濃薰班馬香.<冬至日寄小姪阿宜>...班馬. 《晉書》 卷82 <陳壽等傳論>
一醉六十日, 古來聞阮生.<自宣州赴官入京路逢裵坦判官歸宣州因題贈>...一醉六十日. 《晉書》 卷49 <阮籍傳>
只有三張最惆悵, 下山廻馬尙遲遲.<送薛邽二首>...三張. 《晉書》 卷55 <張亢傳>

魏帝縫囊眞戲劇, 苻堅投箠更荒唐.<西江懷古>...投鞭塡江. ≪晉書≫ 卷114 <苻堅載記.下>
一曲將軍何處笛, 連雲芳樹日初斜.<街西長句>...將軍笛. ≪晉書≫ 卷81 <桓宣傳>附 <桓伊傳>
月明更想桓伊在, 一笛聞吹出塞愁.<潤州二首>...桓伊笛. ≪晉書≫ 卷81 <桓宣傳>附 <桓伊傳>

(5) 三國志에서 取한 用典(11條)...勇將, 奇智, 生命, 女人, 酒 등에 관한 典故를 取하고 있다.

矯矯雲長勇, 恂恂郤穀風.<題永崇西平王宅太尉愬院六韻>...雲長勇. ≪三國志≫ 卷36 <蜀書·關羽等傳>
萬弧五百步, 長戟八十斤.<史將軍>...長戟八十斤. ≪三國志≫ 卷18 <魏書·典韋傳>
死綏却是古來有, 驍將自驚今日無.<聞慶州趙縱使君與黨項戰中箭身死長句>...死綏. ≪三國志≫ 卷1 <魏書·武帝紀>
西京才子旁看取, 何似喬家那窈娘.<偶呈鄭先輩>...喬家那窮娘. ≪三國志≫ 卷54 <吳書·周瑜傳>
自憐窮律窮途客, 正劫孤燈一局棋.<寄李起居四韻>...窮途哭. ≪三國志≫ 卷21 <魏書·王粲傳>

(6) 宋書에서 취한 用典(7條)...君臣의 遇合, 官吏의 功績, 술 등에 관한 典故를 取하고 있다.

釣築乘時用, 芝蘭在處芳.<華淸宮三十韻>...釣築. ≪宋書≫ 卷27 <符瑞志>(上)
不及磻溪叟, 身閑長自由.<早秋客舍....磻溪. ≪宋書≫ 卷27 <符瑞志.上>
三邊要高枕, 萬里得長城.<夏州崔常侍自少常亞列出領麾幢十韻>...萬里長城. ≪宋書≫ 卷 43 <檀道濟傳>
行樂及時時已晩, 對酒當歌歌不成.<湖南正初招李郢秀才>...對酒當歌. ≪宋書≫ 卷21 <樂志>3, 武帝 <短歌行·對酒>
休公都不知名姓, 始覺禪門氣味長.<贈終南蘭若僧>...休公. ≪宋書≫ 卷71 <徐湛之傳>

(7) 國語에서 취한 用典(6條)...長壽祈願, 美人滅國, 官職에 관한 典故를 取하고 있다.

夏姬滅兩國, 逃作巫臣姬.<杜秋娘>...夏姬滅國. ≪國語≫<楚語(上)>
九原可作吾誰與, 師友瑯琊邴曼容.<長安雜題長句>...九原可作. ≪國語≫<晉語>(八)
五言寧謝顏光祿, 百歲須齊衛武公.<寄宣州鄭諫議....衛武. ≪國語·楚語(上)≫
謝朓詩中佳麗地, 夫差傳裡水犀軍.<潤州二首>....水犀軍. ≪國語·越語(上)≫

(8) 戰國策에서 취한 用典(4條)...賢才不遇, 小人得勢 등에 관한 典故를 取하고 있다.

狐威假白額, 梟嘯得黃昏.<昔事文皇帝三十二韻>...狐假虎威. ≪戰國策≫ 卷14 <楚策>(一)
遭遇不遭遇, 鹽車與鼓車.<驌驦駿>...鹽車. ≪戰國策≫ 卷17 <楚策>4
唯念賢哉崔大讓, 可憐無事不歌魚.<寄浙西李判官>..歌魚. ≪戰國策≫ 卷11 <齊策> 4

(9) 高士傳에서 取한 用典(4條)...老子나 隱居貧士 등에 관한 典故를 取하고 있다.

平生五色線, 願補舜衣裳.<郡齋獨作>...舜衣裳. ≪高士傳≫ 卷上 <善卷>
蓬蒿三畝居, 寬於一天下.<贈宣州元處士>...蓬蒿. ≪高士傳≫ 卷中 <張仲蔚>
江南仲蔚多才調, 愴望春陰幾首詩.<初春雨中舟次和州橫江裴使君見迎李趙二秀才同來因
書四韻兼寄江南許渾先輩>...張仲蔚. ≪高士傳≫ 卷中 <張仲蔚>

(10) 水經注에서 取한 用典(3條)...地名, 追慕, 隆勢 등에 관한 典故를 取하고 있다.

三聲欲斷疑腸斷, 饒是少年須白頭.<猿>...三聲猿. ≪水經注≫ 卷34 <江水>
旋見衣冠就東市, 忽遺弓劍不西巡.<河湟>....弓劍. ≪水經注≫ 卷3 <河水篇>
前驅二星去, 開險五丁忙.<奉和門下相公送西川相公兼領相印出鎭全蜀>...五丁開險. ≪水經注≫卷27<沔水>

(11) 隋書에서 取한 用典(3條)...官吏의 淸正, 運命의 變化 등에 관한 典故를 取하고 있다.

韓嫣金丸莎覆綠, 許公韉汗杏粘紅.<長安雜題長句6首>...許公韉. ≪隋書≫ 卷

61 <宇文述傳>附<云定興傳>
太守政如水, 長官貪似狼.<郡齋獨作>...政如水. ≪隋書≫ 卷73 <循吏傳·越軌傳>
蕭后去揚州, 突厥爲閼氏.<杜秋娘>...蕭后. ≪隋書≫ 卷36 <煬帝蕭皇后傳>

3. 子部類

子部類에서 取한 典故는 64條(16%)에 이른다. ≪莊子≫·≪韓非子≫·≪墨子≫·≪列子≫·≪荀子≫·≪孫子≫·≪老子≫·≪淮南子≫·≪法言≫·≪西京雜記≫·≪博物志≫·≪世說新語≫·≪搜神記≫·≪拾遺記≫·≪穆天子傳≫·≪神仙傳≫·≪山海經≫·≪海內十州記≫ 등 무려 28種의 典籍에서 典故를 取하였다. 대체로 道家, 法家, 小說家類가 대부분이다. 子部類 역시 그 속에 담긴 寓話나 逸話의 意境을 빌어다 詩의 含蓄性을 높이거나 직접적인 표현은 피하고 迂廻的인 묘사로써 詩意를 婉曲하게 表現하고 있다.

(1) 莊子에서 取한 用典(9條)... 인생의 無常함, 道家, 憂國, 非現實的인 사실의 비유, 진귀한 물건을 얻는 것에 관한 典故를 取하고 있다.

人生落其內, 何者爲彭殤.<郡齋獨作>...彭殤. ≪莊子≫<齊物論>
大翼終難戢, 奇峰且自韜.<寄李播評事>...大翼. ≪莊子≫<逍遙游>
失計拋漁艇, 何門化涸鱗.<書事>...涸鱗. ≪莊子≫<外物篇>
丹心懸魏闕, 往事愴甘棠.<奉和門下相公送西川相公兼領相印出鎭全蜀>...魏闕. ≪莊子≫<讓王>
塵世難逢開口笑, 菊花須插滿頭歸.<九日齊山登高>...開口笑. ≪莊子≫<盜跖>

(2) 韓非子에서 取한 用典(7條)... 懷才不遇, 勸戒, 운명의 變化無雙함 등에 관한 典故를 取하고 있다.

子既屈一鳴, 余固宜三刖.<池州送孟遲先輩>...三勒. ≪韓非子≫ 卷4 <和氏>
宋株聊自守, 魯酒怕旁圍.<新轉南曹未敍朝散初秋署退出守吳興書此篇以自

見志>...守株待兎. ≪韓非子≫ 卷19 <五蠹>
今依隴西公, 如虎傅兩翅.<送沈處士赴蘇州李中丞招以詩贈行>...如虎朴傅翅. ≪韓非子≫ 卷17 <難勢>와 ≪三國志≫ 卷15 <魏書・張既傳>
還須整理韋弦佩, 莫獨矜誇玳瑁簪.<送杜顗赴潤州幕.>...韋弦佩. ≪韓非子≫ 卷8 <觀行>
冥鴻不下非無意, 塞馬歸來是偶然.<李侍郎於陽羨里富有泉石牧亦於陽羨粗有薄産敍舊懷因獻長韻>..塞上翁. ≪淮南子≫<人間訓>

(3) 西京雜記에서 取한 用典(6條)...美女, 遊樂生活, 樂器 등에 관한 典故를 取하고 있다.

豪持出塞節, 笑別遠山眉.<少年行>....遠山眉. ≪西京雜記≫ 卷2
德業懸秦鏡, 威聲隱楚郊.<送牛相出鎭襄州>...秦鏡. ≪西京雜記≫ 卷3
相如死後無辭客, 延壽亡來絶畵工.<奉陵宮人>...毛延壽. ≪西京雜記≫ 卷2
韓嫣金丸莎覆綠, 許公韉汗杏粘紅.<長安雜題長句6首>...金丸. ≪西京雜記≫ 卷4
閑吹玉殿昭華管, 醉折梨園蔕帶花.<出宮人二首>...昭華管. ≪西京雜記≫ 卷3

(4) 世說新語에서 取한 用典(6條)...相對의 인품을 稱頌하거나 友情 등에 관한 典故를 取하고 있다.

貂簪荊玉潤, 丹穴鳳毛光.<春日言懷寄虢州李常侍十韻>...鳳毛. ≪世說新語≫<容止篇>
寄與玉人天上去, 桓將軍見不敎吹.<寄珉笛與宇文舍人>...玉人. ≪世說新語・容止≫
看著白蘋牙欲吐, 雪舟相訪勝閑行.<湖南正初招李郢秀才>...雪舟訪. ≪世說新語≫<任誕>

(5) 淮南子에서 取한 用典(4條)...傳說, 勇將, 세월의 흐름 등에 관한 典故를 取하고 있다.

孤鴻秋出塞, 一葉暗辭林.<秋夢>...一葉秋. ≪淮南子≫<說山訓>
凶門瓜牙輩, 穰穰女兒戱.<感懷詩>...凶門. ≪淮南子・兵略訓≫
嗜酒狂嫌阮, 知非晩笑蘧.<自遣>...知非年. ≪淮南子≫<原道訓>

(6) 博物志에서 取한 用典(3條)...계절의 변화, 地殼의 변화, 將帥

의 衷情 등에 관한 典故를 取하고 있다.

聘之碧瑤佩, 載以紫雲車.<張好好詩>...紫云車. ≪博物志≫ 卷8 <史補>
深宮鎖閉猶疑惑, 更取丹沙試辟宮.<宮詞二首>...丹砂試宮. ≪博物志≫ 卷4 <戲術>과 ≪漢書≫ 卷65 <東方朔傳>
分明知是湘妃泣, 何忍將身臥淚痕.<斑竹筒簟>...湘妃泪. ≪博物志≫ 卷8

(7) 墨子에서 取한 用典(2條)...美女에 관한 典故를 取하고 있다.

細腰宮裡露桃新, 脈脈無言幾度春.<題桃花夫人廟>...細腰. ≪墨子≫<兼愛中>
落魂江湖載酒行, 楚腰纖細掌中輕.<遣懷>...楚宮腰. ≪墨子≫<兼愛中>

(8) 列子에서 取한 用典(2條)...비현실적인 傳說, 過度한 욕망 등에 관한 典故를 取하고 있다.

我欲東召龍佰翁, 上天揭取北斗柄.<池州送孟遲先輩>...龍伯國人. ≪列子.湯問≫ 晉, 張華 ≪博物志≫ 卷2 <河圖玉版>
終年押鷗鳥, 來去且無機.<漁父>...狎鷗. ≪列子・黃帝≫

(9) 神仙傳에서 取한 用典(2條)...仙術, 讀書의 효과 등에 관한 典故를 取하고 있다.

叱起文武業, 可以豁洪溟.<感懷詩>...叱起. ≪神仙傳≫ 卷2 <黃初平>
讀詩韓集愁來讀, 似倩麻姑癢處抓.<讀韓杜集>...麻姑抓痒. ≪神仙傳≫ 卷2 <王遠>

(10) 搜神記에서 取한 用典(2條)...美人, 惜情 등에 관한 典故를 取하고 있다.

骨淸年少眠如氷, 鳳羽參差五色層.<贈李秀才是上公孫子>... 骨淸. ≪搜神記≫ 卷5
千歲鶴歸猶猶恨, 一年生住豈無情.<八月十二日得替後移居霅溪館因題長句四韻>...鶴歸華表. ≪搜神後記≫ 卷1

(11) 拾遺記에서 取한 用典(2條)...仙境, 남녀의 愛情 등에 관한 典故를 取하고 있다.

輕盈照溪水, 掩斂下瑤臺.<梅>...瑤臺. ≪拾遺記≫ 卷10 <昆侖山>
向春羅袖薄, 誰念舞臺風.<寄遠>...舞臺風. ≪拾遺記≫ 卷6

4. 集部類

集部類에서 取한 典故는 41條(11%)에 이른다. 이 가운데에서 ≪文選≫이 25條로 가장 많고, ≪楚辭≫가 7條로 그 다음으로 많이 사용되고 있다. ≪陶淵明集≫과 ≪詩品≫에서도 각각 3·2條씩 取하고 있다. 그 밖에 ≪白氏六帖≫·≪庾子山集≫·≪三輔黃圖≫·≪簫史曲≫에서 각각 1條씩 取하였으며, 모두 8種의 典籍에서 取하였다. 이러한 集部類 중 詩가 대부분이고 辭賦가 다소 있다. 이것은 杜牧이 前人의 詩句를 암기하고 있다가 作詩 때에 의식적으로 몇 字를 加減 또는 수정함으로써 새로운 句節을 창출해 내었거나, 詩想에 따라 寫作하는 사이에 무의식적으로 마치 자신의 句節인 양 混入되어 나타난 결과라 생각된다.

(1) 文選에서 取한 用典(25條)...男女의 사랑과 離別, 君臣關係, 美女, 左遷, 詩才, 隱居, 思鄕, 神仙 등에 관한 典故를 取하고 있다.

誰家洛浦神, 十四五來人.<書情>...洛神. ≪文選≫ 卷19 <洛神賦序>
雷音後車遠, 事往落花時.<杜秋娘>...雷音. ≪文選≫ 卷16 <長門賦>
仙掌月明孤影過, 長門燈暗數聲來.<早雁>...長門. ≪文選≫ 卷16 <長門賦.序>
幾度思歸還把酒, 拂雲堆上祝明妃.<題木蘭廟>...明妃. ≪文選≫ 卷27 <王明君詞序>
城高鐵甕橫江弩, 柳暗朱樓多夢雲.<潤州二首>...夢雲. ≪文選≫ 卷19 <高唐賦>
弋檻營中夜未央, 雨沾雲惹侍襄王.<羊欄浦夜陪宴會>...雲雨. ≪文選≫ 卷19 <高唐賦>

(2) 楚辭에서 取한 用典(7條)...君子, 傷別, 君王의 출행 등에 관한 典故를 取하고 있다.

白髮滄浪上, 全忘是與非.<漁父>...滄浪. ≪楚辭≫ <漁父辭>

咸池昇日慶, 銅雀分香悲.<杜秋娘>...咸池. ≪楚辭≫ <離騷>
本是馨香比君子, 遶欄今更爲何人.<和令狐侍御賞蕙草>...比君子. ≪楚辭≫ <離騷>
城角爲秋悲更遠, 護霜雲破海天遙.<聞角>...悲秋. ≪楚辭≫ <九辯>
遠風南浦萬重波, 未似生離恨別多.<見劉秀才與池州妓別>...南浦. ≪楚辭≫ <九歌・河伯>

(3) 陶然明集에서 取한 用典(3條)...隱居, 理想鄕, 閑雅한 情趣 등에 관한 典故를 取하고 있다.

籬東菊徑深, 折得自孤吟.<折菊>...東籬菊. ≪陶然明集≫ 卷3 <飮酒二十首>
此花不逐溪流出, 晉客無因入洞來.<酬王秀才桃花園見寄>...晉客洞入. ≪陶淵明集≫ 卷6 <桃花源記>
偃須求五鼎, 陶秖愛五廬.<春末題池州弄水亭>...愛吾廬. ≪陶淵明集≫ 卷4 <讀山海經十三首>

(4) 詩品에서 取한 用典(2條)...詩才를 칭송한 것에 관한 典故를 取하고 있다.

七者論詩誰似公, 曹劉須在指揮中.<酬張祜處士見寄長句四韻>...曹劉. ≪詩品≫ <總論>
五言寧謝顔光祿, 百歲須齊衛武公.<寄宣州鄭諫議>...顔光祿. ≪詩品≫ 卷中 <宋光祿大夫顔延之>

(5) 庾子山集에서 取한 用典(1條)...思鄕에 관한 典故를 取하고 있다.

戊辰年向金陵過, 惆悵閑吟憶庾信.<江南懷古>...庾信哀. ≪庾子山集≫ 卷2 <哀江南賦序>

以上에서 보아 알 수 있듯이 杜牧이 典故를 취해 온 典籍類는 모두 63種에 이르며, 이 중 史部類에서 가장 많은 전고를 取했고, 그 다음으로 子部類, 集部類, 經部類 順으로 取했다. 그가 史書에서 많은 故事를 인용할 수 있었던 것은 그의 ≪樊川文集・注孫子集序≫에서 밝힌 것처럼 20歲에 들어 十三代史書를 통달하였기 때문으로 보인다. 가장 많은 전고를 취해온

典籍으로는 ≪漢書≫(後漢書 포함)인데 모두 96條를 취하였고, 그 다음이 ≪史記≫(60條), ≪晋書≫(35條), ≪文選≫(25條), ≪三國志≫(11條), ≪詩經≫(9條), ≪莊子≫(9條) 順이다. 이처럼 杜牧詩의 用典이 史書를 根幹으로 다양한 典籍에서 전고를 取한 것은, 前代 典籍에 대한 作者의 축적된 지식이 밑바탕이 된 것이라 하겠다.

Ⅲ. 用典의 內容

杜牧詩의 淵源이 詩書子史百家語를 習得한데 있다[9]고 함은 杜牧이 젊은 시절 얼마나 많은 典籍들을 涉獵하였는가를 짐작할 수 있게 한다. 宰相家 출신인 그는 宦途의 꿈을 成就하기 위해 다방면의 典籍을 多讀하였기에, 그의 詩文 속에는 前人들이 이루어 놓은 詩文이나 역사적 사건들이 流露되어 묘사되었다. 특히 그가 作詩에 運用한 典故는 그 量이 많을 뿐만 아니라 내용 또한 다양하다. 이들 내용은 朝廷이나 政治에 관한 故事, 군사에 관한 것, 부모형제나 친구에 관한 것, 술과 여인에 관한 것, 현실에 대한 불평이나 도피, 失意, 인생무상 등 國家大事에서 개인의 身邊雜記에 이르기까지 광범위하다. 이러한 것들은 대체로 前人이 이루어 놓은 축적된 문화유산을 배경으로 하고 있기 때문에 주로 前代의 典籍에 나오는 語句와 과거의 인물이나 사건과 관계있는 故事들이다. 이들을 내용별로 분류하고 그 특징을 살펴보기로 한다.

1. 政治에 관한 것

蘇武却生返, 鄧通終死餓. <杜秋娘>...鄧通死餓. ≪漢書≫ 卷93 <鄧通典>
還稱二千石, 於我意何如. <自遣>... 二千石. ≪漢書≫ 卷19上 <百官公卿表上>
杜陵簫次君, 遷少去官賓. <自貽>... 簫次君去官頻. ≪漢書≫ 卷78 <簫望之

9) 謝錦桂毓, ≪杜牧研究≫(臺灣商務印書館, 民國65), p.128.

傳 · 簫育傳>
太守政如水, 長官貪似狼. <郡齋獨作>... 政如水. ≪隋書≫ 卷73 <循吏傳·越軌傳>
一尺桐偶人, 江充知自欺. <杜秋娘>... 江充. ≪漢書≫ 卷45 <江充傳>
平生五色線, 願補舜衣裳. <郡齋獨作>... 舜衣裳. ≪高士傳≫ 卷上 <善卷>
釣築乘時用, 芝蘭在處芳.<華淸宮三十韻>... 釣築. ≪宋書≫ 卷27 <符瑞志.上>
金槖寧迴顧, 珠簟肯一棖. <寄內兄和州崔員外十二韻>... 珠簟肯一棖. ≪後漢書≫ 卷41 <鍾離意傳>
側身修道周宣王. <皇風>... 側身修道. ≪詩經·云漢序≫
旋見衣冠就東市, 忽遺弓劍不西巡. <河湟>...衣冠就東市. ≪漢書≫ 卷49 <晁錯傳>
吉甫裁詩歌盛業, 一篇江漢美宣王. <奉和白相公聖德和平致玆休運歲終功就合詠盛明呈上三相公長句四韻>... 江漢美宣王. ≪詩經·江漢.序≫

「鄧通死饑」는 漢文帝의 臣下인 鄧通이 文帝의 총애를 받아 막대한 富를 축적하였으나 文帝 死後에 그의 재산은 모두 몰수당하고 자신의 직위마져 박탈 당한 내용이며, 「二千石」은 漢代 太守의 年俸이 二千石인 데서 나온 말로, 漢代에는 太守를 '二千石'이라 稱하였다.

「簫次君去官頻」은 漢代 蕭望의 아들 蕭次君이 任地를 자주 옮겨 다니느라 昇進의 기회를 얻지 못한데서 나온 故事며, 「政如水」는 隋代 越軌의 청빈함을 일컫는 말로 官吏의 淸廉함을 뜻한다.

「江充」은 漢武帝 때 江充이 사람을 시켜 오동나무로 만든 木偶人을 太子宮에 몰래 묻고서 태자가 巫術로써 武帝를 詛呪받게 한다고 告함으로써 결국 太子로 하여금 죽음을 당하게 한 사실로서, 간사한 짓으로 朝廷의 억울한 사건을 꾸민 것을 뜻하며, 「舜衣裳」은 舜임금이 衣裳을 盛大하게 꾸몄다는 데서 緣由한 것으로, 王業을 指稱한다.

「釣築」은 呂尙이 釣築에서 낚시하다 周文王의 신하가 된 사실에서 君臣의 만남을 의미하며, 「珠簟肯一棖」은 漢 賢宗이 즉위한 후, 交阯(嶺南)太守 張恢의 부정하게 모은 재산을 몰수하여 群臣들에게 나누어 주었으나, 尙書인 鍾離意 만은 이를 받지 않았다는 데서 비롯된 말로 官吏의 淸廉함을 뜻한다.

「側身修道」는 周宣王 때 나라에 큰 재난이 일자, 자신의 처신이 올바르지 못하여 발생한 것이라 여겨, 자신의 處身을 바르게 하고 善政을 베풂으로써, 災殃을 제거하였다고 한 데서 緣由한 것으로, 帝王의 德을 찬미하는 뜻이며, 「衣冠就東市」는 漢景帝 때 晁錯이 제후의 세력을 약화시킬 것을 건의하자 吳楚七國은 그가 謀反을 도모한다고 하며 죽일 것을 의논하였다. 마침내 景帝도 허락을 하여 官服을 입힌 채 東市에서 處刑하였다는 故事에서, 朝廷 臣下가 死刑을 당한다는 뜻으로 쓰였다.

「江漢美宣王」은 ≪詩經≫의 <江漢>이 尹吉甫가 周宣王을 찬미하기 위해서 지은 작품이라는 데서 緣由한 말로, 帝王을 歌頌하는 말을 뜻한다.

그러면 이러한 典故가 杜牧詩에서 어떻게 운용되었는지 살며보기로 한다.

<杜秋娘>의 「鄧通死饑」는 鄧通의 政治的 운명을 통해 인간의 운명이란 예측할 수 없는 것임을 표현하였고, <自遣>의 「二千石」은 漢代의 태수에 상당한 唐代의 刺史인 杜牧 자신을 指稱하고 있다.

<自貽>의 「籥次君去官頻」은 籥次君을 빌어 작자 자신의 정치적 失意를 표현하였고, <郡齋獨作>의 「政如水」는 태수의 관직생활이 청렴함을 표현하고 있다.

<杜秋娘>의 「江充」은 唐文宗 때 鄭注 등이 漳王을 陷害한 사실에 비유되었고, <郡齋獨作>의 「舜衣裳」은 杜牧 자신이 王業을 보좌할 뜻이 있음을 나타내고 있다.

<華淸宮三十韻>의 「釣築」은 현명한 臣下가 등용됨을 나타내었고, <寄內兄和州崔員外十二韻>의 「珠簾肯一根」은 崔員外가 장차 嶺南으로 감에 그의 청렴함을 찬미하였다.

<皇風>의 「側身修道」는 唐武宗의 정치를 周宣王의 善政을 비유하여 표현하였고, <河湟>의 「衣冠就東市」는 晁錯의 고사를 빌어 唐代宗이 元載에게 자결하도록 한 사건을 말하며, <奉和白相公聖德和平致玆休運歲終功就合詠盛明呈上三相公長句四韻>의 「江漢美宣王」은 杜牧이 酬答한 白相公의 原詩를 <江漢>이 비유시켜, 군왕의 "聖德"을 가송하였다.

이상 정치에 관한 典故는 官吏의 昇進과 貶謫, 治績, 登科, 정치적인 抱負나 挫折, 官吏의 生活態度(淸廉), 王業, 帝王과 王族에 관한 것, 臣下의 言行, 기타 朝廷에서 발생한 정치적 사건 등을 주된 내용으로 삼고 있으며, 전체 典故(383條) 가운데 약 126條(33%)가 이러한 내용을 담고 있다. 작자는 이러한 전고를 빌어 憂國傷民과 정치적 理想을 표출시켰다.

2. 軍事에 관한 것

長釬周都尉, 閑如秋嶺雲. <史將軍>... 長釬周都尉. ≪漢書≫ 卷16 <高惠高后文功臣表>

萬弧五百步, 長戟八十斤. <史將軍>... 長戟八十斤. ≪三國志≫ 卷18 <魏書・典韋傳>

矯矯雲長勇, 恂恂郤縠風. <題永崇西平王宅太尉愬院六韻>... 雲長勇. ≪三國志≫ 卷36 <蜀書·關羽等傳>

莫敎銅柱北, 空說馬將軍. <送容州唐中丞赴鎭>... 馬援. ≪後漢書≫ 卷24 <馬援傳>

常恨兩手空, 不得一馬箠. <送沈處士赴蘇州李中丞招以詩贈行>... 馬箠. ≪史記≫ 卷89 <張耳陳餘列傳>

誰識大君謙讓德, 一毫名利鬪蛙蟆. <長安雜題長句>... 斗蛙蟆. ≪漢書≫ 卷27下 <五行志.下>

「長釬周都尉」는 漢初의 長釬都尉 周灶가 項籍軍을 격파한 데서 나온 말로, 용맹한 장수를 지칭하며, 「長戟八十斤」은 曹操의 부하 典韋가 어깨 힘이 대단하여 80斤의 긴 창을 잘 사용하였다는 데서 勇壯을 의미한다. 「雲長勇」은 삼국시대 關羽의 용맹을 말 한 것으로, 용맹한 將帥를 지칭하며, 「馬援」은 東漢人 馬援이 일찍이 伏波將軍을 받들어 交趾에 出征한 바가 있는데, 후에 슈軍南征의 의미로 사용되었다.

「馬箠」는 越軍이 燕나라 將帥에게 자신의 말채찍 아래엔 越의 數十城이 있다고 말 한데서, 병사를 일으키지 않고 敵을 물리쳐 功을 세운다는 뜻이며, 「斗蛙蟆」은 漢武帝 때 청개구리와 두꺼비가 떼를 지어 싸움을 벌였는데, 그해 대규모의 戰亂이 발생한 사건에서 緣由한 것으로, 곧 대규모의 용병이 있을 징조임을 의미한다.

杜牧詩의 예를 보면, <史將軍>의 「長鈈周都尉」는 史將軍을 周灶에 비유함으로써 그의 용맹을 부각하였고, 「長戟八十斤」은 史將軍의 勇武가 뛰어남을 묘사하였다.

<題永崇西平王宅太尉愬院六韻>의 「雲長勇」은 李愬의 용맹을 關雲長에 비유하였고, <送容州唐中丞赴鎭>의 「馬援」은 唐中丞의 공적을 기대하는 의미로 쓰였다.

<送沈處士赴蘇州李中丞招以詩贈行>의 「馬箠」는 沈處士가 적을 물리쳐 공을 세울 수단이 없음을 한탄하는 내용이며, <長安雜題長句>의 「斗蛙蟆」은 藩鎭의 用兵을 풍자하였다.

以上 軍事에 관한 전고는 주로 將帥의 武勇과 戰功, 패전의 아픔과 國防의 중요성 등을 주 내용으로 하며, 이와 같은 典故는 약 44條(11%)에 이른다. 唐末 藩鎭의 割據와 이민족의 來侵에 따른 國防에 대한 작자의 憂慮를 반영하고 있다.

3. 가족이나 친구에 관한 것

旅館夜憂姜被冷, 暮江寒覺晏裘輕. <冬至日遇京使發寄舍弟>...姜被. ≪後漢書≫ 卷53 <江肱傳>

思義同鐘李, 塤篪寬弟兄. <寄內兄和州崔員外十二韻>...塤篪. ≪詩經·何人斯≫

金虎知難動, 毛釐亦恥言. <昔事文皇帝三十二韻>...河梁. ≪文選≫ 卷29 <與蘇武三首>

城角爲秋悲更遠, 護霜雲破海天遙. <聞角>...悲秋. ≪楚辭≫ <九辯>

交遊話我憑君道, 除却鱸魚更不聞. <盧秀才將出王屋高步名場江南相逢贈別>...鱸魚. ≪晉書≫ 卷92 <文苑傳·張翰傳>

巨卿哭處雲空斷, 阿鶩歸來月正明. <池州李使君歿後十一日處州新命始到後見歸妓感而成詩>...巨卿哭... ≪後漢書≫ 卷81 <獨行傳·范式傳>

看著白蘋牙欲吐, 雪舟相訪勝閑行. <湖南正初招李郢秀才>...雪舟訪. ≪世說新語≫<任誕>

.雷音後車遠, 事往落花時.<杜秋娘>...雷音. ≪文選≫ 卷16 <長門賦>

「姜被」란 東漢의 姜肱 · 仲海 · 季江의 3형제가 모두 효행이 뛰어나, 잠을 잘 때에도 같은 이불에서 자고, 또한 엄한 繼母를 잘 섬겨 繼母의 마음을 慰勞함으로써 그 孝行이 하늘에 닿을 정도였다는 데서 효행이 뛰어남을 의미하며, 「塤篪」는 ≪詩經·何人斯≫에 "伯氏吹塤, 仲氏吹篪"에서 取한 것인데, "塤"은 古代에 흙으로 만든 吹奏樂器며 "篪"는 대나무로 만든 취주악기인데, <何人斯>詩에서는 이 樂器 소리의 調和를 형제의 和諧에 비유를 함으로써, 형제 간의 화목을 지칭하는 말로 쓰여왔다.

「河梁」은 李陵의 送別詩인 <與蘇武三首>中 "携手上河梁"句에서 取한 것인데, "河梁(橋梁)"은 送別한 地點을 말하나, 후에 송별의 의미로 사용되었고, 「悲秋」는 宋玉의 <九辯>中 "悲哉愁之爲氣也"句에서 取한 것으로, 秋景에 대한 感傷을 寄託한 말로서 傷別의 情을 指稱한다.

「鱸魚」은 晋代 張翰(吳人)이 洛陽의 官員으로 있을 때, 고향 吳中의 순채국(蒓羹)과 농어회를 먹고 싶어 관직을 그만두고 고향으로 돌아간 事實에서, 思鄕의 뜻으로 사용되며, 「巨卿哭」은 東漢人 巨卿(范式)이 꿈에서 친구 張邵가 죽는 것을 보고는 휴가를 얻어 친구 집으로 갔더니 바로 그날이 그의 친구 葬禮日이었다. 마침 巨卿이 도착하여 哭을 하자 꼼짝도 않던 靈柩가 움직이기 시작하였다는 故事에서 葬送이나 죽은 친구를 애도한다는 뜻으로 쓰인다.

「雪舟訪」은 晋 王徽之가 山陰에 살 때, 어느날 밤에 많은 눈이 내려 혼자 술을 마시다 갑자기 친구 戴安道가 생각나 눈 속에 배를 타고 밤새도록 달려가 겨우 그의 문앞에 당도하였으나 친구가 보이지 않자 그는 "乘興而行, 興盡而返"이라며 되돌아 왔다는 故事에서, 친구를 생각하거나 방문한다는 의미로 사용되며, 「雷音」은 司馬相如의 <長門賦> 中에 陳皇后가 雷聲을 듣고 皇帝의 수레소리로 생각하였다고 한데서 緣由한 것으로, 수레소리에 비유하거나 故人을 생각한다는 의미 혹은 皇帝의 수레 소리를 지칭한다.

杜牧詩의 예를 보면, <冬至日遇京使發寄舍弟>의 「姜被」는 姜肱 · 仲海 · 季江의 3형제의 우애를 杜牧과 동생 杜顗와의 관계에 비유하였고,

<寄內兄和州崔員外十二韻>의 「塤篪」는 樂器 소리의 調和를 빌어 內兄인 崔員外와의 友誼가 친형제 만큼 두터웠음을 묘사하였다.

<昔事文皇帝三十二韻>의 「河梁」은 離別의 정이 <與蘇武>에서의 別恨보다 더 깊음을 나타내었고, <聞角>의 「悲秋」는 傷別의 아픔을 통해 호각소리의 구슬픔을 표현하였다.

<盧秀才將出王屋高步名場江南相逢贈別>의 「鱸魚」은 張翰(吳人)이 洛陽에 오래 머물며 고향을 그리워한 것을 빌어 작자가 고향을 떠나 江南에 오래 머물게 된 것에 비유하였고, <池州李使君歿後十一日處州新命始到後見歸妓感而成詩>의 「巨卿哭」은 巨卿(范式)이 친구 張邵의 죽음을 슬퍼한 것을 빌어 李使君의 죽음을 비통해 하였다.

<湖南正初招李郢秀才>의 「雪舟訪」은 王徽之가 친구 戴安道를 만나고자 눈 속에 배를 저어 밤새 달려간 것을 빌어 李郢이 來訪을 요청하는 뜻으로 쓰였고, <杜秋娘>의 「雷音」은 皇帝가 杜秋娘을 다시 寵愛하지 아니함을 역설적으로 묘사하였다. 이상은 父母에 대한 孝道, 兄弟間의 友愛, 離別, 思鄕, 友情, 訪問, 哀悼, 送別의 아픔 등에 관한 내용을 포함하고 있으며, 모두 약 30條(8%)에 이른다. 가족에 대한 사랑과 친구간의 돈독한 우정 등 작자의 소박한 인간애가 담겨있다.

4. 酒에 관한 것

一醉六十日，古來聞阮生. <自宣州赴官入京路逢裵坦判官歸宣州因題贈>...一醉六十日. ≪晉書≫ 卷49 <阮籍傳>

歸來冷笑悲身事, 喚婦呼兒索酒盆. <哭韓綽>...酒盆. ≪晉書≫ 卷49 <阮籍傳>

錢神任爾知無敵, 酒聖於吾亦庶幾. <題桐葉>...酒賢. ≪三國志≫ 卷27 <委書·徐邈傳>

但將酩酊酬佳節, 不用登臨怨落暉. <九日齊山登高>...酩酊. ≪晉書≫ 卷43 <山濤傳>附<山簡傳>

離心忽忽復悽悽, 雨晦傾甁醉取泥. <醉後題僧院>...醉如泥. ≪後漢書≫ 卷79下<儒林傳.下·周澤傳>

「一醉六十日」은 일찍이 晋文帝가 阮籍에게 구혼을 했으나 阮籍이 60일 동안을 술에 취한 상태여서 결국 그의 應答을 듣지 못하였다고 한 故事에서, 醉飮의 뜻으로 쓰이며, 「酒盆」 역시 阮籍으로부터 나온 고사인데, 阮籍이 술 마시기를 좋아하여, 阮咸과 그의 宗親이 모인 자리에서 잔을 사용하지 말고 큰 대야로 술을 마시게 하였다는 데에서, 豪快하게 술 마시기를 즐기는 의미로 사용되었다.

「酒賢」은 삼국시대 魏나라 사람들이 술을 稱할 때, 白酒를 賢人, 淸酒를 聖人이라 부른데서 나온 것으로 술을 뜻하며, 「酩酊」은 晉의 征南將軍 山簡이 늘 大醉하여 아이들의 노랫가사에 오른 데서 나온 말로, 醉飮의 뜻으로 사용되었고, 「醉如泥」는 東漢人 周澤이 술에 취해 넘어져 마치 진흙탕에 빠진 것 같은 데서 나온 말로서, 술에 滿醉한 상태를 의미한다.

杜牧詩의 예를 보면, <自宣州赴官入京路逢裵坦判官歸宣州因題贈>의 「一醉六十日」은 阮籍의 醉飮을 통해 送別의 뜻을 이끌었고, <哭韓綽>의 「酒盆」 역시 阮籍의 豪快한 음주로써 죽은 친구에 대한 애통함을 술로써 달래고자 하였다.

<題桐葉>의 「酒賢」은 술을 사람에 비유하여 지칭한 것이며, <九日齊山登高>의 「酩酊」은 중양절 산에 올라 醉飮코자 함을 의미한 것이고, <醉後題僧院>의 「醉如泥」는 周澤의 醉態를 통해 자신의 술 취한 태도를 표현한 것이다.

이상의 술에 관한 典故는 술의 힘을 빌어 자신의 의지를 관철시키거나 자신의 슬픈 심경을 토로, 佳節에 자연과 더불어 음주에 젖어보려는 마음 등을 내용으로 하였으며, 이러한 전고는 약 12條(3%)에 이른다. 作者의 愛自然과 낙천적인 성격을 드러내고 있다.

5. 人生無常, 現實逃避 및 老莊思想이 내포된 것

鏡弄白髭鬚, 如何作老夫. <遣興>…弄白須. ≪南史≫ 卷5 <齊本紀.上>

子夜星纔落, 鴻毛鼎便移. <和野人殷潛之題籌筆驛十四韻>…星落. ≪三國志≫

卷35 <蜀書·諸葛亮傳>
翠巖三百尺, 誰作子陵臺. <丹水>...子陵. ≪後漢書≫ 卷83 <逸民傳·嚴光傳>
蓬蒿三畝居, 寬於一天下. <贈宣州元處士>...蓬蒿. ≪高士傳≫ 卷中 <張仲蔚>
孤高堪弄桓伊笛, 縹緲宜聞子晉笙. <寄題甘露寺北軒>...子晉(王子晉·王子喬). ≪逸周書≫卷9 <太子·晉解>
錦肆開時軸, 青囊結道書. <許七侍御棄官東歸瀟灑江南頗聞自適高秋企望題詩寄贈十韻>...青囊. ≪晉書≫ 卷72 <郭璞傳>
曾上蓬萊宮裡行, 北軒欄檻最留情. <寄題甘露寺北軒>...蓬萊. ≪史記≫ 卷28 <封禪書>

「弄白須」는 六朝 齊의 廢帝(旭林王)가 5歲였을 때, 高帝가 侍從들에게 자신의 흰머리 털을 뽑게 하던 중, 증손인 廢帝에게 내가 누구냐고 물었다. 그 때 廢帝가 "太翁"이라고 하자 高帝는 좌우를 둘러보고 웃으면서, "벌써 할아버지가 되어 흰머리를 뽑게 되었다니!" 하며 보던 거울을 던져버린 사건에서 생겨난 전고로, 인생이 쉬 늙어 감을 의미하는 뜻으로 쓰이며, 「星落」은 諸葛亮이 임종 전에 붉은 별이 자신의 陣營으로 떨어지는 것을 보고 자신의 운명이 다했다는 것을 직감하게 되었다는 故事에서, 사람의 생명이 다함을 뜻하는 의미로 사용되었다.

「子陵」은 東漢人 嚴光의 字인데, 嚴光은 일찍이 光武와 함께 학문을 하였다. 후에 光武가 卽位하여 그의 현명함을 생각하고는 그를 불러 政事를 맡기려 하였지만 嚴光은 자신의 姓을 바꾸고 몸을 숨겨버렸다는 사실에서 隱逸之士의 뜻으로 사용되며, 「蓬蒿」는 東漢인 張仲蔚이 道와 德을 닦아 天官과 사물에 밝고 詩賦 등 문장에 뛰어났지만 隱身不仕하여 항상 困窮儉素하게 지내며 閉門養性하였기 때문에 그의 집엔 쑥이 자라 사람을 덮을 정도였다는 데에서 隱居貧士나 隱士의 집이란 의미로 쓰이고 있다.

「子晉」은 晉 靈王의 太子 王子晉(王子喬)을 말하는데, 王子晉이 일찍이 白鶴을 타고 笙簧을 불며 緱氏山에 올라갔다는 데서, 道를 얻어 神仙이 되거나 仙家를 指稱하는 말이 되었고, 「青囊」은 晉 郭璞이 郭公으로부터 卜筮術을 배우면서 ≪青囊中書≫ 9卷을 전해 받아 그 책을 통달하여 마침내 卜筮術에 뛰어났다는 데에서 도술에 능한 선비의 뜻으로 사용되며,

「蓬萊」는 東海에 있는 전설상의 神山(渤海에 있음)이라 전해오는데, 이곳에는 仙人과 不死藥이 있으며, 禽獸는 모두 白色이며 궁궐은 황금과 은으로 만들어졌다고 한다. 이 때문에 詩文에서 "蓬萊"라 함은 대개 仙境을 지칭하는 말로 쓰인다.

杜牧詩의 예를 보면, <遣興>의 「弄白須」는 齊(南朝) 高帝의 고사를 빌어 자신의 늙은 모습을 묘사하였고, <和野人殷潛之題籌筆驛十四韻>의 「星落」은 杜牧詩에서도 역시 諸葛亮의 죽음을 의미하고 있다.

<丹水>의 「子陵」은 嚴光이 隱逸之士인 점을 빌어 丹水가 조용히 낚시하는 佳境임을 강조하였고, <贈宣州元處士>의 「蓬蒿」는 元處士를 張仲蔚의 隱身不仕에 비유하여 그의 安貧自逑함을 칭송하였다.

<寄題甘露寺北軒>의 「子晉」은 王子晉(王子喬)이 道를 얻어 神仙이 된 사실을 빌어 甘露寺 북쪽 난간에 오르니 마치 仙界에 오른 느낌을 받았음을 묘사하였으며, <許七侍御棄官東歸瀟灑江南頗聞自適高秋企望題詩寄贈十韻>의 「青囊」은 許七侍御가 郭璞 만큼 도술에 능한 선비임을 묘사하였고, <寄題甘露寺北軒>의 「蓬萊」는 甘露寺를 전설상의 蓬萊仙宮에 비유하여 묘사하였다.

이상은 仙界나 소극적인 現實世界를 내용으로 한 것으로, 자신의 늙어감을 탄식하거나, 현실에 대한 소극성, 理想世界의 憧憬, 隱逸, 隱居, 神仙, 道家, 죽음, 전설이나 황당무계한 사실 등을 주된 내용으로 하였으며, 이러한 종류는 약 61條(16%)에 이른다. 現實世界에서 탈피하고 싶어하는 작자의 心境을 표출하고 있다.

6. 人生의 警戒

不念三緘事, 世途皆爾曹.<鸚鵡>...三緘. ≪說苑·敬愼≫. ≪孔子家語·觀周≫
九年夏四月, 天誡若言語.<李甘>...天誡. ≪漢書≫ 卷27下 <五行志>
睫在眼前長不見, 道非身外更何求.<登池州九峰樓寄張祜>...眼不見睫. ≪史記≫ 卷41 <越王勾踐世家>
宋株聊自守, 魯酒怕旁圍.<新轉南曹未敍朝散初秋署退出守吳興書此篇以自見志>...守株待兎. ≪韓非子≫ 卷19 <五蠹>

「三緘」은 孔子가 周나라에 가서 太廟를 보았는데, 그 오른쪽 계단 앞에 조각된 金人의 입이 세겹으로 봉하여졌고, 등엔 "故人愼言人也"라고 새겨 놓았다는 데서, 말을 조심하라는 의미로 쓰이며, 「天誡」은 文帝 5년 10월 楚의 수도 彭城에 큰 바람이 일어 성문이 무너져 사람이 죽었다. 이 것은 楚가 吳와 함께 謀反하면 장차 망하게 된다는 사실을 암시한 것이 였으나, 왕이 이를 깨닫지 못하여 마침내 楚는 吳를 따라 망하게 되었다는 故事에서, 氣象異變에 대한 인간의 警戒로 쓰인다.

「眼不見睫」은 齊나라 使者가 越王에게 "지금 越王께서 晋의 失策은 잘알고 있지만, 越의 失策을 모른다"고 하며, "(目)見毫毛而不見其睫也"라 한 데서 나온 말로서, 남의 단점은 잘 보지만 자신의 단점은 보지 못하다는 의미로 사용되며, 「守株待兎」는 宋人이 밭을 갈다 그루터기에 받쳐 죽은 토끼 한마리를 얻고는 밭 가는 일을 중지하고 토끼 만을 기다렸다는 데에서, 舊習에 얽매여 변화가 없거나 일에 융통성이 없음을 가리키는 말로 사용된다.

杜牧詩의 경우를 보면, <鸚鵡>의 「三緘」은 鸚鵡가 흉내 잘 냄을 叱責하고, 세상 사람들이 말을 함부로 함을 諷刺하였으며, <李甘>의 「天誡」에서는 唐 文宗 9년 4월 큰 바람이 일어 나무가 뽑히는 災殃이 발생한 사건과 同年 3월 수도에 地震이 났던 일을 통해 李訓·鄭注의 弄權에 대한 警戒로 삼았다.

<登池州九峰樓寄張祜>의 「眼不見睫」는 當時 사람들이 張祜의 재주를 몰라주는데 대한 諷刺로 사용되었고, <新轉南曹未敍朝散初秋署退出守吳興書此篇以自見志>의 「守株待兎」는 자신이 昇進과 功名을 구하지 않고 구태의연한 태도를 지니고 있음에 대한 嘲弄의 의미로 쓰였다.

이상 인간에 대한 警戒는 言行의 愼重, 자연현상의 異變으로 인한 인간에 대한 警戒, 眼前의 이익만을 따지거나 요행을 바라는 것 등을 주내용으로 하며, 이같은 類는 약 10條(3%)에 이른다. 사회에 대한 불안과 인간들의 虛勢를 嘲笑하는 작자의 마음을 엿볼 수 있다.

7. 懷才不遇, 惡意, 不平한 心情에 관한 것

自憐窮律窮途客, 正劫孤燈一局棋.<寄李起居四韻>...窮途哭. ≪三國志≫ 卷21 <魏書.王粲傳>

上黨爭爲天下脊, 邯鄲四十五秦坑.<東兵長句十韻>...秦坑. ≪史記≫ 卷43 <越世家>

因看魯褒論, 何處是吾廬.<李給事>...魯褒論. ≪晉書≫ 卷94 <隱逸傳·魯褒傳>

是誰添歲月, 老却暗投人.<書事>...暗投. ≪史記≫ 卷83 <鄒陽列傳>

去矣時難遇, 沽哉價莫酬.<牧陪昭應盧郎中在江西宣州佐今吏部沈公幕罷府周歲公在昭應牧在淮南>...沽哉. ≪論語≫<子罕>

安知魏齊首, 見斷簀中屍..<杜秋娘>...簀中屍. ≪史記≫ 卷79 <范雎列傳>

「窮途哭」은 삼국시대 阮籍이 세상을 슬퍼하며 마음이 울적할 때에, 수레를 타고 다니기를 즐겼는데, 어느날 막다른 길을 만나자 그만 痛哭하며 돌아왔다는 고사에서 困境에 빠져 비탄해 함을 의미하는 뜻으로 사용되며, 「秦坑」은 전국시대 越이 병사를 내어 上黨 지방을 取하자, 마침내 秦越戰이 勃發하여 秦이 越의 降卒 40만을 長平(現 山西省 固平縣 西北)에 生埋葬한 사실에서 寃痛한 사건의 뜻으로 쓰인다.

「魯褒論」은 晋 魯褒가 지은 <錢神論>을 지칭하는데, 魯褒은 당시 사회 기강이 크게 흐트러지고 금전만능의 풍조가 팽배함을 가슴아파하며, 자신의 이름을 숨기고 이 책을 지어 사회가 혼탁해져 감을 풍자하였다. 여기에서 魯褒論이란 세상의 기풍이 물욕을 탐하여 卑俗해져 감을 뜻한다.

「暗投」는 鄒陽이 獄中에 있을 때 梁孝王에게 어둠 속에서 珍珠를 남에게 던지면, 상대방으로 하여금 경계심을 일으키게 하며, 던진 이에게 惡意가 있지 않나 의심하게 된다고 말한 데에서 布衣才士를 推薦해 주는 이가 없어 君主에게 쓰여지기가 어렵다는 것으로, 懷才不遇의 뜻으로 사용되며, 「沽哉」는 子貢이 孔子의 훌륭한 재주를 세상에 발휘하지 않고 있는 것을 안타깝게 여겨 玉에 비유하여 問答한 내용인데, 자신의 玉을 팔기는 팔아야 하지만 지금은 장사꾼을 기다리고 있다고 말한 것에서, 자신의 학식,

인격, 재능을 알고 기용해 주기를 기다리는 뜻으로 쓰인다.

「簣中屍」란 전국시대 魏나라 國相인 魏齊가 신하인 范雎가 齊나라와 내통한다는 죄명을 씌워 范雎에게 태형을 가하였다. 魏齊는 그가 죽은 줄 알고 대자리에 말아 화장실에 내팽개 쳤다. 후에 范雎는 화장실 지기의 도움으로 탈출하여 秦나라로 가서 國相이 되어 秦王의 두터운 신임을 받았다. 秦王은 范雎의 원수를 갚기 위해 곧 趙王에게 서신을 보내 魏齊를 죽이도록 하였다. 마침내 魏齊는 도망할 길이 없어 자살하였다. 趙王은 그 소식을 듣고 魏齊의 목을 베어 秦으로 보낸 사건을 말한다.

杜牧詩의 경우를 보면, <寄李起居四韻>의 「窮途哭」은 阮籍의 곤경함을 자신의 처지에 비유하였고, <東兵長句十韻>의 「秦坑」은 秦越戰에 생긴 일을 빌어 唐武宗 會昌 2年(842) 昭義節度使 劉稹이 潞州(上黨)에서 朝廷에 항거하자 武宗이 병사를 내어 토벌한 사건에 比擬하여 묘사하였다.

<李給事>의 「魯褒論」은 魯褒의 <錢神論>에 기록된 내용을 빌어 당시 사회가 혼란하고 인심이 탐욕스럽고 비천해감을 표현하였고, <書事>의 「暗投」는 老年에 겪는 자신의 불우한 처지를 묘사하고 있다.

<牧陪昭應盧郞中在江西宣州佐今吏部沈公幕罷府周歲公在昭應牧在淮南>의 「沽哉」는 孔子의 말을 빌어 자신의 懷才不遇함을 自嘆한 것이고, <杜秋娘>의 「簣中屍」는 죽음을 가장하여 생명을 건진 范雎를 지칭하였다.

以上은 才能이 있지만 불우한 생활을 하거나, 惡意, 嘲弄, 聲討, 마음의 불평, 억울함, 화근, 곤경, 거짓 위세, 등을 주요 내용으로 하고 있으며, 이런 류의 전고는 약 66條(17%)에 이른다. 이들에서 자신이 국가에 대한 충정과 뛰어난 능력을 갖추었지만 항상 외직으로 나가 있어 자신의 포부를 펼칠 기회가 거의 없음을 안타까워하는 마음을 엿볼 수 있다.

8. 女人에 관한 것

向春羅袖薄, 誰念舞臺風. <寄遠>...舞臺風. ≪拾遺記≫ 卷6
驚殺東隣繡床女, 錯將黃暈壓檀花. <偶作>...東隣女. ≪文選≫ 卷19 <登徒子好色賦>

細腰宮裡露桃新, 脈脈無言幾度春. <題桃花夫人廟>...細腰. ≪墨子・兼愛中≫
誰家洛浦神, 十四五來人. <書情>...洛神. ≪文選≫ 卷19 <洛神賦序>
艷質已隨雲雨散, 鳳樓空鎖月明天. <傷友人悼吹簫妓>...鳳樓. ≪簫史≫<樂府詩集> 51卷
日暮東風怨啼鳥, 落花猶似墮樓人. <金谷園>...墮樓人. ≪晉書≫ 卷33 <石苞傳>附<石崇傳>

「舞臺風」은 漢 成帝가 越의 飛燕과 더불어 太液池에서 노니는데, 飛燕의 몸이 너무 가벼워 조금만 바람이 불어도 그녀의 몸이 물에 빠지려 하자, 成帝는 갓 끈으로 飛燕의 치마를 매어 물에 빠지지 않도록 하였다. 후에 飛燕이 점점 여위어 지자 成帝에게 자신은 비천한 여인인데, 어찌 다시 갓끈으로 치마를 매고 놀겠습니까라며 太液池의 바람을 피할 수 있는 樓臺에 자신의 치마를 매었다는 데에서 男女의 愛情을 뜻하는 의미로 사용되며, 「東隣女」는 宋玉의 <登徒子好色賦>와 司馬相如의 <美人賦>에 나오는 이야기로서, 동쪽 이웃에 사는 한 여인의 미모를 묘사한 데에서 생겨난 것으로, 美女를 의미하는 말로 사용된다.

「細腰」는 춘추시대 楚 靈王이 허리 가는 여인을 좋아하자, 여인들이 다투어 가는 허리를 만들기 위해 식사를 줄이다가 죽은 이가 많았다는 데에서, 楚 女人을 지칭하는 말로 쓰이다가, 후에 미녀의 가는 허리 혹은 야윈 여인을 일컫는 말로 사용되었으며, 「洛神」은 曹植의 <洛神賦>에서 그가 아름다운 洛水의 女神을 만났다는 데에서 美女 혹은 女神의 뜻으로 쓰인다.

「鳳樓」는 南朝 陳의 姜總이 지은 <簫史曲>에 나오는 이야기로, 簫史는 秦 穆公 때의 사람으로 퉁소를 잘 불어 孔雀과 白鶴이 정원에 모여들 정도였다. 穆公의 딸 弄玉은 그 소리를 좋아하여 簫史에게 시집가 퉁소 부는 법을 배워, 마침내 鳳凰소리를 내었더니 봉황이 지붕 위로 날아와 앉았다. 簫史는 그의 부인을 위해 鳳臺를 지어 주었는데 몇 년 후에 봉황을 따아 날아가버렸다는 데에서 "鳳樓"는 公主의 居所의 의미로 쓰이며, 「墮樓人」은 晉代 綠珠라는 石崇의 妓女를 가리키는 말로서, 綠珠는 미모가 뛰어날 뿐만 아니라 피리를 잘 불었다. 權臣 孫秀가 사람을 보내 그녀를 불렀으나 金谷別館에 있던 石崇은 아무 응답도 없이 "녹주는 내가 사랑하는 바이다"라고 하였다. 孫秀는 화가나 조서라 사칭하고는 석숭을 체포하였다. 석숭이 체포될 때 綠珠에게 말하기를 "내가 지금 너 때문에 죄를 받게 되었구나."라 하니 綠珠는 눈물을 흘리면 "당신 앞에서 바로 죽겠나이다."라며 樓臺 아래로 떨어져 죽었고, 石崇의 가족도 피살되었다는 고사에서 富豪의 寵妓란 뜻으로 쓰인다.

杜牧詩의 경우를 보면, <寄遠>의 「舞臺風」은 홀로 閨中에 있는 여인이 멀리 떠난 이를 생각하는 뜻으로 쓰였고, <偶作>의 「東隣女」는 여인의 미모를 빌어 자신의 風采가 非凡함을 나타내고 있다.

<題桃花夫人廟>의 「細腰」는 "細腰宮"을 楚宮에 비유하였고, <書情>의 「洛神」은 洛水의 女神을 빌어 아름다운 소녀를 묘사하였다.

<傷友人悼吹簫妓>의 「鳳樓」는 陳 穆公의 딸 弄玉의 퉁소 불던 곳을 빌어 妓女의 居所를 지칭하며, <金谷園>의 「墮樓人」은 석숭의 정원에서 생긴 역사적 사건에 대하여 추모의 정을 나타내는 뜻으로 사용되었다.

女人에 관한 전고는, 男女의 愛情(求愛), 美女, 寵妃, 愛妾, 公主, 宮女 등을 주 내용으로 하고 있으며, 약 34條(9%)에 이른다. 이들은 대개 美貌와 貞節에 뛰어난 여인들로서 작자의 여인상을 짐작할 수 있게 한다.

이상 杜牧詩에 運用된 전고의 내용을 8分하여 살펴보았는데, 이들은 典故의 내용이 어디에 중점이 두어졌는지와 작자가 그 고사의 어떤 부분을 중심 내용으로 하여 인용하였는지에 따라서 나름대로 분류한 것이다. 예를 들면, 어떤 여인이 정치적인 사건에 관여되어 발생한 고사라면, 정치와 여인의 내용 중에 모두 포함이 될 수 있으나 작가가 표현하고자 하는 중심내용이 어떤 것이냐에 따라 분류를 하였다. 이러한 분류방법으로 살펴본 바 정치와 군사를 내용으로한 전고가 가장 많아 전체(383條)의 44%(170條)를 차지하며, 다음이 懷才不遇(66條), 인생무상이나 失意(61條), 여인에 관한 것(34條), 가족이나 친구에 관한 것(30條), 술(12條), 인생의 警戒(10條) 順이다. 정치와 군사에 관한 전고가 으뜸을 차지한 것은 그의 우국정신을 반영한 詩의 내용과 무관하지 않으며, 懷才不遇 역시 宦途의 불만이나 정치 理想의 挫折을 읊은 詩에서 많이 운용되고 있는 사실로 미루어 보아 이들이 杜牧詩에 사용된 전고의 대표적인 내용임을 알 수 있다.

Ⅳ. 用典의 運用上 特徵

詩歌의 用典은 특별히 註釋을 가하지 않더라도 詩意를 이해할 수 있는 것이어야 한다.[10] 그러기에 用典은 冷僻難澁하거나 생소한 전고, 수사를 위한 군더더기 전고, 자신의 博學을 자랑하기 위해 의도적으로 사용하는 전고를 피하고, 사용하지 않을 수 없는 狀況下에서 적절히 활용하면 用典은 하나의 修辭技巧로서 기능을 충분히 발휘할 수가 있는 것이다. 篇幅이나 字數가 제한된 格律詩에서는 用典이 불가피한 경우가 많은데, 다만 함부로 활용하면 詩人과 讀者 사이의 감정의 통로를 가로막는 障碍物이 될 수가 있기 때문에 신중하게 하지 않으면 안된다. 요컨대 用典을 하되 얼마만큼 자연스럽게 했느냐가 문제이며, 이러한 문제만 解消되면 詩人과 讀者와의 隔은 극복될 수가 있고, 詩語의 효율적인 운용을 통한 含蓄性의 增大라는 측면에서도 커다란 修辭效果도 거둘 수가 있는 것이다.

그러나 지나친 用典은 그것으로 因하여 詩人의 참된 감정의 전달이 방해를 받기 때문에, 일찍이 劉勰은 ≪文心雕龍≫에서 典故에 대하여 다음과 같이 말하고 있다.

> 事類者, 蓋文章之外, 據事以類義, 援古以證今者也…凡用舊合機不啻自其口出引事乖謬雖千載.
>
> (전고란 대개 문장 밖에 있는 사실을 가지고 그 뜻을 類型化하고, 옛일을 빌어서 현실을 實證하는 技法이다…지난날의 著述에서 빌어오는 機微를

---

10) 張耀輝・范培松・顧振彪, ≪文學寫作技巧七十題≫(安徽文藝出版社, 1987), p.187.

알맞게만 한다면, 자기가 생각한 표현보다 배나되는 효과를 내게 된다. 하지만 타당성을 잃은 잘못된 전고의 사용은 비록 천 년을 내려가도 흠이 되는 것이다.)11)

用典에서의 주의해야할 점을 概括的으로 언급하였다. 또 鍾嶸은 抒情을 목적으로 하는 詩歌에 있어서 用典 자체를 부인하였으나, 12) 抒情을 위주로 하는 詩는 시인의 표달하고자 하는 감정이 微妙하고 複雜한 데 반하여 제한된 詩句 때문에 의미의 含蓄이 필요하며, 직접적으로 표현하기 곤란한 부분을 과거의 일을 빌어서 표현할 필요성이 요구될 경우가 있다. 이러한 用典이 杜牧詩에서 어떻게 운용되며, 그 特徵과 표현효과는 무엇인지를 다음 몇 首의 詩를 통해 대강 살펴보기로 한다.

我昨金陵過，聞之爲歔欷.
自古皆一貫，變化安能推.
夏姬滅兩國，逃作巫臣姬.
西子下姑蘇，一舸逐鴟夷.
織室魏豹俘，作漢太平基.
誤置代籍中，兩朝尊母儀.
光武紹高祖，本係生唐兒.
珊瑚破高齊，作婢舂黃糜.
蕭后去揚州，突厥爲閼氏.

(내 최근 금릉을 지나다가
杜秋娘의 운명을 듣고 눈물을 금할 수 없었노라.
예로부터 모든 일이 이와 같으니
인생의 성쇠를 어찌 예측할 수가 있으랴?
夏姬는 두 나라를 망쳐 놓고
巫臣의 첩이 되어 도망하였다.
越國의 西施는 姑蘇臺를 내려와
范蠡따라 片舟타고 五湖를 건너갔다.

11) 劉勰, ≪文心雕龍≫ <事類>
12) 鍾嶸, ≪詩品・序≫ <第9段>

薄姬는 포로 되어 織室에서 베를 짜지만
後에 文帝를 낳아 漢朝를 興盛케한 基礎를 이루었다.
竇姬를 代國의 名簿에 잘못 올려
兩朝에 걸쳐 왕후에 책봉되었다.
光武帝는 高祖를 이었으나
본디 侍女인 唐兒의 子息이다.
馮小憐은 北齊를 멸망케 했고
그녀도 쌀을 찧는 비천한 여인이 되었다.
蕭后(隋煬帝의 妃)는 揚州를 떠나
突厥에 돌아가 皇后가 되었다.)

이 詩는 <杜秋娘> 第33-41聯으로, 前代 女人들의 盛衰한 運命을 빌어 인간의 運命이란 豫測하기 어려운 것임을 描寫하고 있다. 杜秋娘은 본래 지방관 李錡의 妾이였으나 李錡가 반란에 실패하자 宮女에 入籍되어, 후에 황제(憲帝)의 寵姬로, 太子의 保姆로서 榮華를 누리나, 결국 정치의 희생물이 되어 고향으로 추방되는 비참한 운명을 맞는다. 杜牧은 杜秋娘이 살고 있는 潤州를 지나다 그녀의 불행한 운명에 관해 듣고는, 사람의 運命이란 榮枯盛衰의 變化가 심해 豫測할 수가 없음을 歎息하며, 많은 典故를 인용하여 杜秋娘의 불행한 운명을 읊고 있다.

여기에 引用된 典故는 모두 7種으로 그 내용을 살펴보면, 第3聯은 春秋時代 鄭穆公의 딸인 夏姬의 運命을 묘사한 것으로, 「夏姬滅國」이란 典故를 引用하여 詩意를 강조하고 있다. 夏姬는 본디 陳大夫 御叔에게 시집가 徵舒을 낳았으나, 御叔이 죽자 陳靈公과 大夫 孔寧·儀行父와 私通한다. 徵舒는 忿怒가 치밀어 陳靈公을 살해하니, 孔寧 등은 楚國으로 도망하여 楚國으로 하여금 陳을 공격하도록 설득해 徵舒을 죽이고 夏姬를 捕虜로 잡고 陳을 滅한다. 楚 莊王은 夏姬를 尹襄老와 결합시켜 주나 襄老가 戰死하자 그녀는 楚의 大夫 巫臣과 議論하여 鄭國으로 돌아간다. 후에 巫臣이 齊國으로 가는 機會를 빌어 鄭國으로 가 夏姬를 妻로 맞이하여 晉國으로 도망한다.[13)]

---

13) ≪國語≫ <楚語>(上).

第4聯에서는 春秋時代 越國의 美女 西施에 관한 典故를 인용하였다. 춘추시대 勾踐(越王)이 夫差(吳王)에게 敗하자 西施를 夫差에게 보내어 그로 하여금 酒色에 眈溺토록 한다. 이로 말미암아 謀臣인 伍子胥와 疏遠하게 되어 결국 吳國은 越國에 敗하게 되고, 西施는 勾踐을 도왔던 范蠡를 따라 五湖로 간다.14)

第5聯은 魏王의 侍妾인 薄姬의 運命을 기술한 것으로, 漢 高祖는 曹參 등으로 하여금 魏王 豹를 물리치게 한 후 薄姬를 生捕하여 織室에서 베를 짜도록 한다. 그후 漢 高祖는 그녀를 後宮으로 삼아 마침내 아들 劉恒을 낳으니, 그가 바로 太平盛世를 이룰 수 있도록 기초를 만든 漢文帝이다.15)

第6聯은 漢代 竇姬의 운명을 노래한 것인데, 竇姬는 본래 呂太后의 宮女이다. 後에 呂太后는 자신의 宮女들을 帝王들에게 바치게 되었는데, 竇姬는 고향 가까운 趙國으로 가고자 官吏에게 부탁하나 官吏들의 실수로 代國으로 가는 名簿에 등록되었다. 그러나 代國으로 간 그녀는 代王의 寵愛를 받아 劉啓를 낳았으며, 代王이 卽位(文帝)하자 그녀는 皇后가 되고, 代王 太子(景帝)가 卽位하자 그녀는 皇太后가 되고, 景帝가 죽고 武帝가 卽位하니 太皇太后가 된다.16)

第7聯은 漢 景帝妃 程姬의 侍婢인 唐兒의 運命을 읊은 것인데, 어느날 景帝가 王妃 程姬를 寢室로 불렀으나 그녀는 몸이 좋지 않아 대신 侍婢인 唐兒를 분장해 들여보낸다. 景帝는 그녀가 王妃 程姬인줄 알고 同寢해, 마침내 長沙定王(劉發)을 낳았다. 東漢의 光武帝는 長沙定王 劉發의 後裔이다.17)

第8聯은 北齊 後主의 妃인 馮小憐의 運命을 노래한 것인데, 後主(高緯)는 馮小憐을 寵愛한 나머지 國事를 소홀히 해 北周에게 滅亡 당한다. 北周 武帝는 馮小憐를 생포하여 代王(達)에게 보내니, 代王(達)의 寵愛를 받아

---

14) ≪吳越春秋≫ 卷9 <勾踐陰謀外傳>.
15) ≪漢書≫ <薄姬傳>.
16) ≪漢書≫ 卷6 <武帝紀>.
17) ≪漢書≫ 卷23 <景十三王傳>.

결국 代王의 妃를 讒害한다. 北周가 亡한 後 隋 文帝는 그녀를 代王妃의 오빠 李詢에게 보내니, 李詢의 어머니는 그녀에게 베옷을 입혀 절구질을 시키다가 스스로 목숨을 끊도록 강요한다.[18)]

第9聯은 隋 煬帝의 妃인 蕭后의 운명을 읊은 것인데, 隋 煬帝가 江都(揚州)에 유람 갔을 때 宇文化及에 의해 살해 당하자, 蕭后는 宇文化及을 따라 聊城으로 간다. 그후 宇文化及의 軍隊가 패하자 그녀는 竇建德의 捕虜가 되지만, 突厥 處羅可汗의 妻(隋의 義城公主)가 蕭后를 데려온다.[19)]

이상 第3-10聯은 前代 女人들의 運命이 정치적인 변화에 따라 뒤바뀐 사건을 引例한 것인데, 작자는 夏姬·馮小憐·蕭后의 예를 빌어 高貴한 신분의 여인이 奢侈와 淫亂으로 因하여 불행한 最後를 맞는 悲慘한 運命 그렸고, 微賤한 신분의 西施·薄姬·程姬·竇姬를 통하여 여인의 운명이 高貴하게 된 사실을 描寫함으로써 인간의 運命이란 豫測할 수 없는 것임을 强調하였다.

물론 이 一段은 「我昨金陵過, 聞之爲歔欷」句 만으로 詩意의 表達이 가능해, 第3聯 以下 7種의 用典은 사족에 불과한 것처럼 보인다. 그러나 그 표현 속에는 군더더기 용전으로 자신의 재능을 뽐내려는 의도는 전혀 보이지 않는다. 그는 단지 「夏姬」, 「西子」, 「魏豹」, 「代籍」, 「唐兒」, 「高齊」, 「蕭后」의 역사적 사건이나 인물을 통해 杜秋娘의 榮衰와 變化無常한 운명을 深刻하게 증명해 보이려 했다. 그는 用典을 함에 두 종류의 相反된 내용(盛衰한 女人의 運命)의 전고를 인용하여 杜秋娘의 운명을 확연히 論證하였고, 내용상에서 보아도 복잡한 역사적 사건을 간결한 詩句로 압축하여 史實에 부합되게 묘사함으로써 상당한 설득력과 미적 감각을 살리면서 詩意를 강조하였다. 그러나 每聯에 用典을 함으로써 詩로 하여금 枯燥하게 만들어 情趣를 잃게 하고 말았다.

18) ≪北史≫ <馮淑妃傳>.
19) ≪隋書≫ <蕭后傳>.

折戟沈沙鐵未銷, 自將磨洗認前朝.
東風不與周郎便, 東雀春深銷二喬.

(부러진 창 모래에 묻혔으나 쇠 삭지 않아
내 이를 닦고 씻자 옛것이 분명하구나.
동풍이 주랑을 돕지 않았던들
동작대의 늦은 봄에는 橋公의 자매가 갇혔으리.)

이 詩는 작자가 赤壁을 유람하다, 三國時代의 赤壁大戰의 歷史的 사건을 形象的으로 묘사한 <赤壁>詩이다. 第1-2句는 사물의 모습을 묘사하였으나, 第3-4句에서 역사적인 사건을 노래함으로써 그 사물이 역사성을 가진 것임을 밝히고 있다. 특히 第3句의 「東風不與周郎便」은 周瑜가 諸葛亮과 聯合하여 曹操의 大船團을 火攻으로 擊滅시킨 사건을 묘사한 것이다.[20] 杜牧은 이 詩에서 用典을 하면서도 결코 直敍하지 않고 '飜案'의 手法을 이용하여 描寫함으로써 詩意를 더욱 深度있게 표출시키고 있다. 더욱이 이 詩는 形象化된 言語로써 簡潔明快하게 표현되어 輕薄하다는 評하기도 하나,[21] 그 形象이 生動的이고 鮮明하여, 藝術 處理上 성공을 거둔 作品이라 할만하다.

이와 같이 杜牧은 典故를 작품 속에 融化시켜 자연스럽게 運用함으로써 讀者가 用典의 출처나 심지어 用典의 사용여부를 모른다할지라도 詩의 내용을 이해하는 데 하등의 지장이 없는 것이 많다. 그는 用典의 材料가 풍부하면 簡約하게 사용하였고, 사실을 말하기 어려운 경우에는 用典을 빌어 숨긴 뜻을 섞었고, 잘 알려진 故事는 드러나지 않게 사용하려 했으며, 無味乾燥한 詩句에 生氣를 불어넣었다.

한편 詩意에 알맞는 말을 찾지 못할 경우에는 스스로 故事에 적합한 詩語를 創造하여 사용하기도 하였다. 예를 들어 楚漢戰을 背景으로 한 <題烏江亭>을 보기로 한다.

---

20) ≪三國志・吳志≫<周瑜傳>
21) 沈德潛, ≪唐詩別裁≫ 卷4.

勝敗兵家事不期, 包羞忍恥是男兒.
江東子弟多才俊, 卷土重來未可知.

승패는 병가의 흔한 일 그 결과를 예측할 수 없으니
패배의 수치를 참는 자가 진정한 대장부로다.
강동의 자제 중엔 우수한 인재 많아
권토중래할 수 있을지 모르지 않는가?

烏江亭은 紀元前 203年 項羽가 垓下에서 劉邦軍에게 包圍당해 戰爭에 敗함으로써 自刎한 곳이다. 작자는 이 詩에서, 項羽가 비록 劉邦에게 敗하였지만 결코 挫折하지 말고 江東의 훌륭한 俊才들을 다시 모아 捲土重來하지 않은 것을 애석해하고 있다. 작자는 여기서 역사적인 사건을 표면에 드러내지 않고 자연스럽게 묘사함으로써 詩를 이해하는데 아무런 지장이 없을 뿐만 아니라 典故의 사용을 깨닫지 못할 정도로 그 운용의 묘를 살렸다. 이는 王士禎이

作詩用事以不露痕迹爲高…用古事古論暗藏其中, 若出諸己.

시를 짓는 데 있어서 전고의 사용은 그 흔적이 나타나지 않아야 최고이다… 古事古論을 사용함에 몰래 그 속에 감추고 마치 작자로부터 나온 것처럼 해야 한다.[22]

라고 한 것과도 부합되는 것으로, 用典의 修辭技法이 탁월함을 입증하는 것이다. 그리고 오늘날의 '捲土重來'라는 전고는 杜牧이 本詩에서 사용한 「卷土重來」에서 由來한 것으로, 복잡하게 표현될 역사적 내용을 단지 몇 字의 詩語로 凝縮시켜 묘사함으로써 그의 新造語를 後人들이 자주 인용하게 되었다.

22) 王士禎, ≪池北偶談≫

細腰宮裡露桃新, 脈脈無言度幾春.
至竟息亡緣底事, 可憐金谷墮樓人.

細腰宮엔 이슬 머금은 도화 갓 피었건만
그대는 말없이 보낸 봄날이 얼마이던가.
息國의 멸망은 무슨 일 때문인가?
금곡원 누각에서 떨어진 사람이 가련하구나.

이 詩는 정치적 犧牲物이 된 息夫人의 불행한 삶을 描寫한 <題桃花夫人廟>인데, 息夫人은 春秋時代 陳侯의 딸로 姓이 '嬀'이며, 일찍이 息國의 國君에게 시집가 '息嬀'라 稱해졌다. ≪左傳≫에는 楚文王이 息嬀의 美貌를 보고 곧 兵을 파견하여 息國을 멸하고 息嬀를 자신의 소유로 만들었다고 기술하고 있다.[23)]

작자는 「細腰宮」, 「墮樓人」의 典故를 인용하여 息夫人의 자태와 운명을 묘사하였는데, 「細腰宮」은 楚宮을 지칭하는 것으로, 楚 靈王이 細腰의 美人을 좋아한 까닭에 宮中에는 굶어 죽은 여인이 많았다고 한 데서 楚宮을 細腰宮이라 불렀다.[24)] 사실 楚 靈王은 楚 文王보다 약 200年 後의 人物이니 息夫人이 居住하던 楚宮을 細腰宮이라 부른 것은 楚宮의 對稱으로 보아야 할 것이다.

「墮樓人」은 晉 石崇의 愛妾인 綠珠를 지칭하는데, 當時 越王의 部將 孫秀가 綠珠를 요구하자 石崇이 반대해, 그 결과 石崇은 억울하게 罪를 받게 되었고, 綠珠는 樓閣에서 떨어져 자살하였다.[25)] '息夫人'을 '墮樓人'에 비유한 것은 劉向의 ≪列女傳≫에서 息嬀가 屈辱을 참지 못해 息君과 함께 自殺했다는 기록에 근거한 것으로, ≪左傳≫의 기록과는 다르다. 이는 작자가 息夫人을 충절의 여인상으로 浮刻시키려는 의도에서 비롯된 것이 아닌가 생각된다.

典故의 사용은 마땅히 事實에 부합되어야 하나 이 시처럼 한 대상물을

---

23) ≪左傳≫ <莊公十四年>
24) ≪後漢書≫ 卷54 <馬廖傳>
25) ≪晉書≫ 卷33 <石苞傳>附(石崇傳).

미화시키거나 강조하기 위해서 유사한 내용을 인용하는 경우가 있다. 또 그의 詩에는 熟事를 實用하여 膚淺하거나 僻事를 虛用하여 晦澁한 경우도 없지 않다. 이는 晩唐 시인들의 用典을 즐겨하는 풍토 속에서, 作者 역시 典故를 詩句 속에 다량 애용함으로써 빚어진 결과로 보인다. 少量이기는 하나 杜牧詩에는 用典을 자칫 誤用한 사실이 있음을 부인할 수 없으니 예를 들면, <過華淸宮絶句>의「長安廻望繡成堆, 山頂千門次第開. 一騎紅塵妃子笑, 無人知是荔枝來.」(장안에서 돌아보니 비단이 쌓인 듯, 산위엔 천 개의 문 차례차례 열리네. 한 필 말의 붉은 먼지에 양귀비 미소짓지만, 여지가 실려옴을 아는 이 없어라.)에서 楊貴妃가 驪山에서 荔枝를 먹었다고 하였으나, 사실 天寶 4年 楊貴妃가 玄宗의 貴妃가 된 以後부터 安史亂이 일어나기까지 이곳은 줄곧 楊貴妃가 겨울을 보내었던 安樂處였으며, 楊貴妃는 10月에 驪山으로 들어가 이듬해 春節이 되어야 長安으로 돌아왔다. 그러나 荔枝는 盛夏에 익게 되어 먹을 수가 있는 것으로, 26) 用典을 함에 역사적인 사실을 홀시한 것이라 하겠다. 그러나 玄宗과 楊貴妃의 荒淫無道함을 暴露하기 위해 驪山과 荔枝를 한 곳으로 집중시켜 표현한 점에 대해서는 用典에 비록 小誤가 있다 할지라도 詩意를 강조하기 위해서 불가피한 것으로 보인다. 다만 몇몇 작품에서 이런 현상이 발견되기는 하나 대부분의 작품에서는 사실에 부합된 전고의 운용으로 詩意를 충실히 表達하고 있다.

杜牧詩의 用典은 한 首에 적게는 1條에서 많게는 수십 條의 用典을 取한 경우도 있다. 例를 들면 <杜秋娘>은 27條, <感懷詩>와 <奉和門下相公送西川相公兼領相印出鎭全蜀>에 각각 11條, <池州送孟遲先輩>에 10條, <往年隨故府吳興公夜泊蕪湖口今赴官西去再宿蕪湖感舊傷懷因成十六韻>에 8條, <昔事文皇帝三十二韻>에 9條, <李給事>에 7條, <東兵長句十韻>·<題桐葉>·<除官歸京睦州雨霽>이 각각 6條, <李甘>·<奉送中

26) 魏慶之, ≪詩人玉屑≫, 上揭書, p.130.
「杜牧華淸宮詩云, (詩略), 尤膾炙人口. 據唐紀, 明皇以十月幸驪山, 至春節還宮, 是未嘗六月在驪山也. 然荔枝盛署方熟. 詞意雖美而失事實.」

丞姉夫主自大理卿出鎭江西敍事書懷因成十二韻>・<題永崇西平王宅太尉愬院六韻>에 각각 5條가 운용되었다.

種類別로 보면, 동일한 전고가 2回 이상 사용된 것이 39條에 이르는데, 이 가운데 3回씩 사용된 것은 「一麾出守」, 「長門」, 「鳳凰池」, 「錦帳郞」, 「相如」, 「挂冠」, 「姹女」, 「桓伊笛」, 「彭殤」, 「蓬萊」의 10種이며, 2回씩 사용된 것은 「乞火」, 「韋武」, 「分香」, 「四皓」, 「朱云直言」, 「冲斗」, 「江充」, 「蘇武」, 「皀囊」, 「沈碑會」, 「張仲蔚」, 「張綱」, 「觸蠆尾」, 「鯨魚」, 「瑤池」, 「燕臺」, 「知非年」, 「細腰」, 「南浦」, 「珠履客」, 「秦鏡」, 「愛吾廬」, 「悲秋」, 「棠陰」, 「舜衣裳」, 「謝安」, 「虞卿雙璧」, 「戴盆」, 「黥陳」의 29種이다.

이처럼 杜牧이 많은 典故를 즐겨 驅使할 수 있었던 것은 古典에 대한 풍부한 지식과 대재다능한 문장력을 통해 用典의 效用性을 최대로 활용할 수 있었기 때문이라 하겠다.

그의 詩에 나타난 用典의 효과를 간추려 보면, 첫째 詩의 단조로움과 平凡함을 피할 수가 있었고, 둘째 언어의 凝縮性으로 詩의 外形美를 증가시켰으며, 셋째 含蓄적인 表現으로 詩意를 깊고 婉曲하게 만들었으며, 넷째 意境上의 美感을 활용하여 작품에 活力을 불어넣고 詩意를 豊富하게 만들었으며, 다섯째 原典의 文句나 詩句를 그대로 引用한 것이 많기는 하지만 자신의 情志를 나타내는데 적절히 運用하였고, 여섯째 새로운 詩句의 創出로 후대 문인들의 用典거리를 제공하였다.

Ⅴ. 結 語

중당의 사회시가 만당으로 접어들면서 차츰 유미적인 경향을 띠기 시작하여 시인들은 시구에 많은 전고를 사용하게 되었으니 杜牧도 예외는 아니었다. 杜牧詩에는 63종의 典籍(經・史・子・集)으로부터 383條의 전고를 取해 운용하였는데, 특히 長篇古詩에 다량의 用典이 이루어져, 한 首의 詩에 무려 27條의 전고가 운용된 경우도 있다. 前代 典籍類 가운데

史部類에서 가장 많은 전고를 취하였는데, 무려 21종의 史書에서 244條의 전고를 取用하였다. 이는 杜牧이 史書에 깊은 관심과 흥미가 있었음은 물론 作詩에 역사적인 사건이나 인물을 빌어 자신의 정회를 표현하고자 했기 때문이다. 특히 현실에의 불만이나 위정자에 대한 질책을 가하고자 할 때에는 역사적인 사실을 한두 마디의 간결한 詩語로 압축시켜 풍자하곤 하였다. 子部類에서는 28종의 전적에서 64條의 전고를 취하였는데, 이들은 주로 寓話나 逸話를 통해 직접적으로 말하기 어려운 일을 暗示나 迂廻的으로 표현함으로써 고도의 含蓄性과 婉曲性을 기할 수 있다. 集部類에서는 8종의 典籍에서 41條의 전고를 取하였는데, 이들은 前人들이 사용한 語句를 약간 변형하거나 그대로 따와 사용하는 경우가 대부분으로, 자신의 詩句에서 새로운 意境으로 再創出시켰다. 經部類에서는 6종의 典籍에서 34條의 전고를 取하였는데, 婉曲한 표현을 피하고 직접적인 표현방법으로 인생철학이나 生活美德을 표현하였다.

용전의 내용을 보면, 取해온 典籍類가 많듯이 그 내용 역시 다양하다. 이 중에 정치나 군사에 관한 전고가 가장 많은데, 이는 작자의 국가와 백성에 대한 관심을 표현한 것으로 杜牧詩의 주된 내용과도 무관하지 않다. 그 밖에도 懷才不遇, 失意, 인생에 대한 警戒, 우정, 여인, 술 등에 관한 전고들이 운용되었는데, 모두 작자의 內的 一面을 표현하는 수단으로 쓰였다.

杜牧詩의 용전은 모두 성공작이라 볼 수는 없으나, 전체적인 맥락에서 보면 전고를 표면에 드러내어 묘사하는 경우와 시구 속에 감추어 자연스럽게 표현하는 경우로 兩分된다. 杜牧詩엔 쉬운 내용의 전고가 사용되기는 하였으나, 많은 경우 難澁하거나 생소한 전고가 運用되어 작자와 비슷한 지식 수준이 아니면 이해하기 힘든 작품들도 흔히 있다. 이러한 표현 태도는 시인의 입장에서 보면, 함축적인 수법으로 표현하고자 하는 詩意를 충분히 나타낼 수 있을지 모르나, 독자의 입장에서는 이해에 많은 어려움이 따른다.

결국 杜牧詩의 용전은 표현의 간결함과 함축성, 詩意의 婉曲한 표현과

美句를 추구한 점에 대해서는 肯定的인 평가를 내릴 수 있으나, 詩壇의 분위기에 便乘한 지나친 用典이나 難解한 전고의 運用으로 詩意 파악을 어렵게 한 것에 대해서는 否定的인 평가를 내릴 수 있겠다.

參考文獻

≪樊川文集≫(四部備要), 杜牧, 臺灣商務印書館(臺北), 1965.
≪樊川文集≫, 杜牧, 上海古籍出版社(上海), 1965.
≪杜牧研究資料彙編≫, 譚黎宗慕, 臺灣藝文印書館(臺北), 1972.
≪杜牧詩文選注≫, 朱碧蓮・王淑均, 上海古籍出版社(上海), 1982.
≪杜牧詩選≫, 周錫韐, 香港三聯書店(香港), 1983.
≪杜牧及其作品≫, 王景霓, 吉林時代文藝出版社(吉林), 1985.
≪全唐詩典故辭典≫(上・下), 范之麟・吳庚舜 主編, 湖北辭書出版社, 1989.
≪詩人玉屑≫, 魏慶之, 商務印書館(臺北), 1980.
≪美學≫(4冊), 黑格爾著・朱孟實譯, 里仁書局印行(臺北), 1981.
≪詩歌淺析≫, 石峻, 上海書局(香港), 1981.
≪詩學≫, 張正體・張婷婷, 商務印書館(臺北), 1982.
≪修辭學≫, 黃慶萱, 三民書局(臺北), 1983.
≪文學寫作技巧七十題≫, 張耀輝・范培松・顧振彪, 安徽文藝出版社(安徽), 1987.
≪文學描寫與技巧≫, 冉欲達, 中國青年出版社(北京), 1988.
≪唐詩故事≫(續編), 栗斯, 中國國際廣播出版社(北京), 1988.
≪唐宋詩詞故事選≫, 藍谷, 中國電影出版社(北京), 1988.
≪唐詩紀事≫, 計有公, 商務印書館(臺北), 1968.
<杜牧詩的獨特成就>, 李曰剛, ≪文風≫, 1971.
<杜牧創作個性和藝術風格綜論>, 王西平, ≪中國古代近代文學研究≫, 1989.

출처 :『中國語文論集』 1993년, 釜山·慶南中語中文學會 (원제 : 杜牧詩의 用典考)

溫庭筠 詩에 나타난 表現技巧의 특징

제장환*

Ⅰ. 緖 言

詩를 아름답게 한다는 것은 美辭麗句를 늘어놓는 것이 아니라 詩人이 생각하는 점을 어떻게 적절히 表現하느냐의 問題이다.[1] 어느 詩人이든지 간에 자신의 詩를 特徵的으로 드러내는 表現技巧가 있으며, 詩의 特徵을 傳達하기 위해서는 반드시 表現技巧가 수반되어야 한다. 이러한 표현방법에 視覺的 表現技巧와 聽覺的 表現技巧가 있다.

흔히 中國文字의 特徵을 繪畫性과 音樂性으로 大別하는데, 中國詩 또한 이 文字를 사용하여 詩를 짓는 것이기 때문에, 詩의 繪畫性은 意象으로 表現하며, 意象은 空間性의 視覺效果를 追求한다. 詩의 音樂性은 節奏로 表現하며, 節奏는 時間性의 聽覺效果를 追求하게 된다.[2] 따라서 마치 繪畫처럼 內在해 있는 모든 詩的 觀念을 눈앞의 정경 마냥 나타낼 수 있는 것이 視覺的 表現技巧라 할 수 있다. 또한 시에 있어서 音律의 調和를 통해 시를 음악처럼 표현하고자 하는 技巧가 聽覺的 表現技巧라 할 수

---

* 육군3사관학교 교수

1) 金圓卿 ≪文學概論≫(서울 : 學文社, 1980) p.83

2) 張淑香, ≪李義山詩析論≫(臺灣 : 藝文印書館, 1986), p.10

있다. 詩는 원래 「言語의 藝術」이라 보아왔으며, 詩를 짓는 것이 言語를 사용하는 한 聲音의 세계이기 때문에 한 편의 詩作은 일단의 聲音을 모은 것이 되고, 이 聲音을 듣고서 感情의 傳達을 받게 되므로 詩에 있어서 音響의 효과를 무시할 수 없게 된다. 특히 中國語에 있어서 두 가지 특징적인 聽覺的 性格이 그 文字들이 單音節性인 것과 그 글자들이 고정된 聲調를 가지고 있는 것[3]이기에 더욱 더 그러하다. 이 소리를 통한 전달방법에 있어서 여러 가지 技巧를 부린 것이 바로 詩의 聽覺的 表現技巧라 할 수 있다.

本稿에서는 晩唐 詩人 溫庭筠의 詩 가운데 특징적으로 나타나는 表現技巧를 분석하고자 시도하였다. 溫庭筠 詩에 특징적으로 드러나는 視覺的 表現技巧는 주로 色彩字, 麗藻, 典故, 比喩등이며, 聽覺的 表現技巧는 平仄, 用韻, 對偶, 疊字등의 표현기교가 주목을 받을 만 하다. 따라서 視覺的 表現技巧에서는 色彩字, 麗藻, 典故, 比喩 등의 기교를 중심으로 분석하고, 聽覺的 表現技巧에서는 平仄, 用韻, 對偶, 疊字 등의 技巧를 중심으로 각각 분류하여 溫庭筠 詩의 表現技巧를 分析하기로 한다.

Ⅱ. 視覺的 表現技巧 分析

1. 色彩字

溫庭筠은 色彩感이 풍부하다는 특징이 있다. 溫庭筠 자신이 色彩感을 형용사로써 사용하였을 뿐만 아니라, 자신이 詩人으로서 美의 要素를 色彩에서 찾았고, 色感과 情感의 관계까지 생각하였기 때문이며, 색채는 강렬한 視覺效果를 조성하여 意象을 더욱 선명하고 생동감 있게 해준다. 詩句 속에 깃 든 色彩語는 한갓 색을 표시하는 것뿐만 아니라 色彩感情을 표시하

3) 劉若愚・李章佑譯, ≪中國詩學≫(서울 : 同和出版公社, 1984), p.36.

는 것이 되며 色彩象徵을 표시하는 것이라 하겠다.[4)]

≪全唐詩索引≫에 의하면 溫庭筠의 詩文字 24346字[5)] 가운데 色彩字가 1022字[6)]로 전체시의 4.2%를 차지하며, 평균 23.82字 가운데 한 개의 色彩字가 있다. 日人 荒井健이 李賀, 韓愈, 王維 세 사람의 色彩字를 비교하였는데, 李賀는 30개의 字 가운데 한 개의 色彩字가 있고, 王維는 67개의 字 가운데 한 개, 韓愈는 125개의 字 가운데 겨우 한 개의 色彩字가 있다[7)]고 하였으니, 溫庭筠의 色彩字 사용에 대한 집착이 어느 정도였는지 알 수 있다.

本 節에서는 溫庭筠의 色彩字 使用을 分析한 것으로, 온정균 시에 색채자가 포함된 題材를 분류해보고, 色彩字를 사용한 詩句를 羅列하고, 색채자의 配合狀況을 살펴보기로 한다.

溫庭筠 詩에 운용된 色彩字로는 紅, 翠, 白, 靑, 綠, 碧, 黃, 紫, 朱, 赤, 黛, 藍, 素, 金, 銀 등의 글자가 있는데, 338首의 詩를 기준으로 한 횟수를 통계처리 해보면 아래의 표와 같다.

色	紅	翠	白	靑	綠	碧	黃	紫	朱	赤	丹
字數	89	39	59	56	49	49	31	24	18	13	5
色	黛	藍	素	金	銀	玄	皓	緗	絳	赭	計
字數	8	2	12	88	5	3	3	1	1	1	556

이 통계의 결과에서 溫庭筠이 그의 시에서 色彩字를 사용한 頻度를 알 수 있다. 어떤 색채의 사용은 같은 詩 안에서 두 세 차례 나타나기도 한다. 그러므로 색채가 나타난 총 횟수는 작품의 총 수를 초과한다. 詩

4) 金南石 ≪現代詩原論≫(서울 : 瑞音出版社, 1977), p.84
5) 欒貴明 等 編著 ≪全唐詩索引庭筠卷≫(秦皇島 : 現代出版社, 1994), p.442
6) ≪全唐詩索引庭筠卷≫에 의거하면, 金(159회), 紅(119회), 玉(95회), 白(85회), 靑(73회), 綠(69회), 碧(63회), 翠(60회), 黃(58회), 粉(32회), 朱(30회), 霜(29회), 紫(22회), 蒼(21회), 赤(18회), 素(14회), 丹(14회), 銀(13회), 黛(12회), 烏(9회), 玄(7회), 皓(6회), 黑(3회), 絳(3회), 墨(3회), 藍(2회), 黔(1회), 緋(0회), 紺(0회), 緇(0회)로 분류하였다.
7) 馬楊萬運 ≪李長吉硏究≫, 臺灣大碩士論文, 民國五十八年, p.29

속의 色彩에 대한 선택 및 偏好를 비교해 보면 그가 詩 속에서 선택한 순서는 紅, 白, 靑, 綠, 碧, 翠, 黃, 紫, 朱, 赤, 黛, 丹, 藍이다. 이 몇 종류의 色 외에 원래 색이 있는 물건의 名詞에서 色彩字를 借用한 것으로 金, 銀, 柳, 桃, 玉, 翡翠 등등의 借用字가 아주 많다.

詩는 景物에 대한 묘사를 벗어날 수 없는데, 景物을 묘사한 이상 반드시 色彩를 운용하여야 하며, 다른 色彩는 사람에게 다른 感官의 경험을 준다. 色彩는 항상 사물과 결합하여, 일종의 습관적인 사용방법으로 바꾸며, 오래되면 사람들은 색채에 대하여 聯想의 작용을 갖기 시작한다. 색채 발전이 마지막에 이르면 다른 색은 다른 風格으로 형성된다. 色彩의 風格은 시대환경과 민족성격과 관계가 있으며, 예컨대 春秋時代에는 紫色이 바른 색이 아니라고 하였지만 五代에 이르러 紫色은 오히려 고위의 상징이 된 것과 같은 것이다. 色彩字의 形成, 構造와 寫法은 여러 종류의 構成字의 형태를 갖는다.

첫째, 單字이다. 이런 色彩字는 하나의 單字로 구성된다. 예를 들어 白, 黑, 黃, 綠, 藍, 靑, 紫, 赤, 褐, 碧, 翠, 灰, 金, 銀...類로, 前人의 작품에서 가장 많이 사용하였다. 이들 色彩字는 또 두 가지 현상이 있다. 하나는 순수한 色彩字로 白, 黑, 紅, 黃 등과 같은 것이며, 하나는 색이 있다고 칭하는 물건의 명사로부터 바뀌어진 色彩字이다. 예컨대 金, 銀, 玉, 灰 등과 같은 것이다.

둘째, 重疊이다. 單字나 혹은 複合詞를 중첩해서 사용하면 모두 重疊詞로 바뀐다. 色彩字 또한 이러한 용법이 있다. 예컨대 「藍藍」, 「紅紅」, 「黑黑」, 「紅紅綠綠」 같은 것이다.

셋째, 二色이다. 두 개의 色彩字로부터 色彩詞 혹은 詞組를 합성한다. 예컨대 「金碧」山水, 「黑白」是非같은 것으로, 마땅히 나누어 처리해야 한다. 含義는 나눌 수 있지만, 그러나 함께 운용하기 때문에 항상 일체로 간주되며, 어떤 경우에는 그것을 두 개 詞의 연합, 즉 組로 볼 수도 있다.

넷째, 修飾이다. 하나의 色彩字 위에다 하나의 修飾字를 더하여 그것의 深淺濃淡의 色度, 혹은 嬌艷愁怨의 情態를 형용하는 것이다. 이 위아래

두 글자는 모두 변동될 수 있으며, 이로부터 많은 새로운 色彩詞를 구성할 수 있다. 예컨대「深綠」,「淺綠」,「濃綠」,「暗綠」,「慘綠」,「嫩綠」등의 詞와 같은 것이다.

다섯째, 借用이다. 약간의 名物詞를 借用하여 色彩詞로 삼는다. 많은 물건 즉 금, 은, 동, 버드나무, 복사꽃, 장미, 포도, 보석, 옥, 상아, 차...과 같은 類는 모두 그것의 각별하고 단순한 색채를 갖고 있으며, 따라서 작가는 항상 원래 색이 있는 물건을 칭하는 명사들을 선택하여 色彩詞로 차용하는데, 이 또한 일종의「譬喩」이다.

여섯째, 隱喩이다. 각 사물의 글자 또한 색채자와 함께 연용하여 색채자를 구성할 수 있다. 예컨대 雪白, 粉白, 乳白, 銀白... 類이다.[8)]

일곱째, 鑲疊이다. 하나의 色彩字 아래에 두 개의 疊字를 더하여, 鑲疊型의 色彩詞를 구성할 수 있다. 예를 들면 白花花, 灰沈沈, 朱滴滴, ...類와 같은 것이다.

여덟째, 轉化이다. 色彩詞가 비록 대부분 모두 形容詞나 혹은 副詞 성질에 속해 있는 것이지만, 동사나 명사로 바뀐다. 예를 들면「春風又『綠』江南岸(봄바람은 또 강남의 언덕을 푸르게 한다)」와 같은 것이다.

상술한 색채사의 구조와 寫法은 두 가지 방법으로 귀납할 수 있다. 하나는 직접 색을 묘사해내는 것으로, 예컨대「紅妝」,「碧樹」,「白馬」,「黃蕊」와 같은 것이고, 다른 하나는 사물의 색깔을 빌린 것으로, 예를 들면「銀河耿耿星參差」같은 것으로, 그것의 灰藍한 色調를 느낄 수 있다. 그러나 이러한 設色은 讀者의 聯想에 의지하여야 하고 前者처럼 확정해서는 안 된다.

대체로 紅, 綠, 金, 銀은 항상 사람에게 濃麗한 감각을 준다. 특히 溫庭筠의 樂府詩에는 純美綺麗로 치우쳐있기 때문에 濃麗鮮艷한 色이 가장 많다. 그 가운데 특히「紅」자를 쓰기 좋아하였는데, 거의 절반의 시에 반드시「紅」字가 있다.「紅」색은 일종의 膨脹的인 色彩로 그것은 사람의 시각을 강렬하게 자극할 수 있다. 黃永武는 溫庭筠 詩를 分析하고 다음과 같이

8) 方祖桑, <色彩詞의 構成과 變化> ≪中國語文≫ 第41卷, 第3期 참조.

설명하였다.

溫庭筠의 詩 가운데는 특별히 '紅'자를 즐겨 사용하였는데, 거의 절반의 시에 반드시 「紅」字가 있다. <春曉曲>詩에 원래 있는 「紅顏」외에 「紅妝」이 있다 : 「紅妝萬戶鏡中春<鷄鳴埭曲>」. 「紅粉」 : 「夜軒紅粉陳香羅<七夕>」, 「紅鉛」 : 「倚瑟紅鉛濕<金虎臺>」, 「紅淚」 : 「紅淚文姬洛水春<達摩之曲>」. 「紅顏」이나 혹은 또 紅玉을 묘사하였다 : 「蘭膏墜髮紅玉春<張靜婉採蓮歌>」. 거울 속에 보이는 근심도 붉은 것이다 : 「鏡裏見愁愁更紅<蓮浦謠>」. 장막에 보이는 것도 붉은 것이다 : 「紅珠斗帳櫻桃熟<偶游>」. 침상 머리맡에 보이는 것도 붉은 것이다 : 「錦疊空床委墜紅<春愁曲>」. 베틀 위에 보이는 것도 붉은 것이다 : 「文君織得春機紅<錦城曲>」. 門도 붉은 것이다 : 「小苑有門紅扇開<吳苑行>」. 말도 붉은 것이다 : 「柳邊猶憶紅驄影<哭王元裕>」. 물고기도 붉은 것이다 : 「水客夜騎紅鯉魚<水仙謠>」. 새 부리도 붉은 것이다 : 「紅嘴啄花歸<詠山鷄>」. 봉황의 꼬리는 붉은 것이다 : 「秦王女騎紅尾鳳<曉仙謠>」. 이슬도 붉은 것이다 : 「不見紅珠滿樹時<自有扈至京師已後朱櫻之期>」. 물결도 붉은 것이다 : 「水漾暗紅壓疊派<牧丹二首>」.

꽃을 묘사하는 붉은 것은 더욱 온갖 모양이 백출하였다 : 「恨紫愁紅滿平野<懊惱曲>」. 「紅深綠暗徑相交<寒食日作>」. 「一枝惆悵紅<敷水小桃盛開因作>」. 「落鏡愁紅寫倒枝<題友人池亭>」. 「似無如有帶朝紅<反生桃花發因題>」. 「高低深淺一闌紅<夜看牧丹>」.

단순하게 연꽃이 붉은 것을 묘사한 것은 다음과 같다 : 「唯有荷花守紅死<懊惱曲>」. 「舊日嘉蓮照水紅<和太常杜少卿東都修行竹里有嘉蓮>」. 「不見池紅照水紅<題城南杜邠公林亭>」. 「紅藕香中萬點珠<寄盧生>」.

단순히 紅葉을 묘사한 것은 다음과 같다 : 「紅葉聲乾鹿在林<宿雲際寺>」. 「一夜林霜葉盡紅<盤石寺留別成公>」. 「寒鴉遼亂葉紅時<題西明寺僧院>」[9)]

---

9) 黃永武, ≪溫庭筠詩欣賞≫, ≪自由青年≫ 41卷 6期, 1969, pp.89-90.

2. 麗藻

溫庭筠은 艶詩에서 麗藻를 즐겨 사용하여 사물의 意象을 구체적으로 드러내어 視覺의 효과를 높였으므로, 歷代의 詩論家들이 溫庭筠의 詩를 「수식이 화려하기는 온정균과 같다(藻綺如庭筠)」[10], 「才思는 화려하고 韻格은 淸撥하다(才思艶麗, 韻格淸拔)」[11], 「詩句는 비록 典雅하나 의미가 적다(句雖典雅, 少意味耳)」[12]고 하는 등 溫庭筠의 詩가 浮艶하고 유미주의 색채를 가지고 있다고 평가하였다.

詞彩의 농염은 溫庭筠 악부시가의 극히 선명한 예술 특징이다. 그러나 자세히 음미해 보면, 시인이 일반적으로 언어의 平淡을 피하기 위하여 「紫騮」·「金鳳」·「銀鴨」·「玉兎」·「紅燭」·「翠花」·「驪珠」·「碧浪」·「綺閣」 등의 농염하고 화려한 어휘로 개별 시구를 꾸며 예술 感染力을 강화시키기 위한 것이 아님을 알 수 있다. 이는 시민문학과 시민계층 심미의식의 영향으로 일종의 선명한 色彩美, 일종의 농염한 예술경계를 대담하게 추구한 것으로, 바로 이 때문에 溫庭筠의 어떤 樂府詩에는 심지어 처음부터 끝까지 농염함과 화려함으로 가득하다. <黃曇子歌>(권1)를 예로 보기로 한다.

參差綠蒲短, 搖艶雲塘滿.
紅瀲蕩融融, 鶯翁瀏鶒暖.
萋芊小城路, 馬上修蛾懶.
羅衫裊回風, 點粉金鸝卵.

들쭉날쭉 푸른 부들은 짧고,
흔들거리는 아름다운 구름은 못에 가득하다.
붉은 물가에 환한 빛이 넘실대어,
꾀꼬리와 紫원앙새를 따뜻하게 하는데

10) ≪唐音癸籤≫ 卷8.
11) ≪全唐詩≫ 卷575
12) ≪唐詩摘鈔≫

풀이 무성한 작은 성의 길에서는,
말 탄 여인이 눈썹고치는 것을 귀찮아한다.
비단 저고리 회오리바람에 하늘거리니,
가루를 문질러 금빛 꾀꼬리 알을 꾸미는 듯 하구나.

이 小詩는 글자마다 아로새겨 놓았고, 시구마다 화려하게 꾸며 놓아 정말로<織錦詞>(卷1)에서 말하는 「簇簌金梭萬縷紅, 鴛鴦豔錦初成匹(금빛 북, 만 가닥 붉은 실이, 원앙무늬 아름다운 비단 한 필을 이루었네)」와 같은 것으로, 가까이서 보면 마치 눈부신 구슬 같고, 멀리서 보면 눈부신 노을 같아서 사람들에게 선명하고 강렬하게 감각기관을 자극해 주고 있다.

온정균은 특히 악부 시가에서 더욱 농염하고 화려한 글자와 자질구레하고 번거로운 사조를 드러내고 있으며, 그 意象도 지극히 아름답다. 예를 들면 그의 <春江花月夜詞>(卷2)에서 隋煬帝가 남쪽으로 江都 지방을 유람하는 장면을 묘사한 것에도 잘 나타나 있다.

百幅錦帆風力滿, 連天展盡金芙蓉.
珠翠丁星復明滅, 龍頭劈浪哀笳發.
千里涵空照水魂, 萬枝破鼻團香雪.

백 척의 화려한 유람선이 가득 바람을 일으키고
금빛 부용이 하늘가로 펼쳐지는 것 같다.
진주와 비취 소리 땡그랑 땡그랑 다시금 명멸하고
용머리가 파도를 헤치니 슬픈 피리 소리가 난다.
천리나 되는 운하에 밤하늘이 비치고 달을 비추며
수많은 버들개지 향기가 코를 찌르고 버들 솜을 두르네.

이 단락의 묘사에서 시인은 錦·金·芙蓉·珠翠·香·雪처럼 선명한 시각과 짙은 臭覺 작용이 풍부한 글자로 시의 표층을 장식하였으나, 시속에서 만들어낸 意象은 더욱 아름답고 婉媚하며 壯麗하고 휘황찬란하다. 멀리서 보면, 隋 煬帝가 南遊하는 유람선이 수 천·수 백 개의 커다란 연꽃이 장대한 운하에서 하늘을 향해서 터지는 것 같다. 가까이서 보면

龍船을 탄 궁녀와 妃嬪들의 머리에 장식한 진주와 비취가 마치 밤하늘에서 반짝이는 뭇별과 같다. 배들이 파도를 가르며 앞으로 나아가고 북소리와 음악을 연주하는 소리가 함께 울리며 미묘한 음악 소리도 천리·만리로 울려 퍼진다. 운하 양쪽의 버드나무는 푸르름을 토해내고 아름다운 꽃들이 다투어 피어 공기 속에 도처에서 짙게 코를 찌르는 향기가 흐르고 있다. 분명히 여기에서 시인은 賦體의「鋪采摛文, 體物寫志」의 특징을 섭취하여 수면에서 언덕까지,「錦帆」에서 아름다운 꽃에 이르기까지,「珠翠」에서「哀笳」에 이르기까지「舳艫千里泛舟」가운데 일련의 화려한 意象을 묘사하였고, 隋 煬帝가 남쪽으로 江都를 유람하는 호화로운 장면을 多側面에서 多層次的으로 전개하였다.

또 <蘭塘詞>의 一段을 보면 景物의 아름다움을 나타낸 麗藻가 많다.

> 繡領金須蕩倒光, 團團皺綠雞頭葉.
> 露凝荷卷珠淨員, 紫菱刺短浮根纏.
> 小姑歸晚紅妝淺, 鏡裏芙容照水鮮.
> 東溝潏潏勞回首, 欲寄一桮瓊液酒.
>
> 수놓은 옷깃과 금빛 살짝 물에 비치어 일렁이고,
> 푸른 주름이 진 가시연 잎에는 이슬이 둥글다.
> 이슬이 연잎에 엉겨있으니 구슬 깨끗하고 동그란데,
> 紫菱 가시는 짧고 떠 있는 뿌리는 얽혀있네.
> 젊은 아낙네 늦게 돌아와 붉은 화장이 옅어졌고,
> 거울 속에는 부용꽃이 물에 곱게 비친다.
> 동쪽 도랑에서 물이 콸콸 솟아나니 애써 고개 돌리고,
> 그대에게 한잔 瓊液酒를 보내고 싶네.

이 시는 색의 배치가 짙으면서 곱다.「金須」·「綠葉」·「紫菱」·「紅粧」은 모두 무늬가 아름다운 색채를 이루었다. 그리고「木蘭楫」·「繡頸」·「紅粧」·「芙蓉」·「瓊液」으로부터 어휘의 화려함을 볼 수 있다.

溫庭筠의 樂府詩歌는 文彩가 찬란하고 화려하며 풍채가 수려한데, 唐人

의 詩歌에서 필적할 만한 것이 드물다. 따라서 평론가들은 줄곧 눈부시게 아름다운 사채와 화려한 이상을 溫庭筠의 독특한 개성으로 보고 있다. 만일 이에 그친다면, 정말로 "유미주의"일 따름이다. 그러나 사실 溫庭筠의 예술 추구 방면에서 결코 농염하고 화려한 사채와 아름다운 의상으로 독자의 색채감을 동원하여 시가의 심미효과를 강화하는데 만족하지 않았다. 어느 의미에서 말한다면, 시인이 마음에 들어 하는 것은 결코 독자의 强烈한 感覺器官에 대한 자극이 아니라, 서정 주체를 서사한 주관적 감수이다. 바꾸어 말하면, 溫庭筠이 시가의 외재 형식 방면에서 농염하고 화려하게 꾸밀 때, 시인은 물상 밖의 경계의 구도를 더욱 중시한 것이다.

溫庭筠은 麗藻를 통하여 시의 세부 묘사와 복잡한 심리 묘사를 추구하였다. 그의 <張靜婉采蓮曲>은 바로 전형적인 예이다. 이는 사회의 하층 여성들이 버림받아 고통스러워하고, 그녀가 사람을 그리워하는 것을 묘사한 시이다. 그녀와 상층 사회의 「麒麟公子」의 낭만적인 애정을 표현하고, 색정에 빠져 정신을 잃은 여인의 복잡한 심리로 표현하기 위하여, 시인은 체제와 격률 방면에서 비교적 자유롭고 광범위한 악부시가의 특징을 이용하여 대폭의 장면을 배치하고 빈번하게 의상을 전환하여 회고에서 시작하여 슬픈 생각으로 끝나는데, 여주인공과 「기린공자」간의 애정 갈등의 전 과정, 즉 사랑의 싹틈, 행복한 사랑, 불행한 변고와 애정을 잃은 여주인공의 비통함을 세밀하게 묘사하고 있는데, 이 사회 하층 여성의 불행한 운명과 열렬하고 애원하는 그녀의 내심 세계를 표현하기 위하여 시인은 麗藻를 통하여 詞彩를 짙게 꾸몄고 實境虛寫·虛境實繪의 예술 수법을 운용하여 분위기를 과장하였고, 심리를 드러내었다. 게다가 情을 景 속에 융합하고 景으로 情을 묘사하였으며, 諧言·비유·상징 등의 표현수법을 다중으로 운용하여, 따라서 여주인공을 한없이 態濃意遠하고 애절하게 묘사하여 전체 시의 意境 또한 몽롱하고 애절하게 드러난다. 그래서 사람들이 溫庭筠의 악부시가 화려한 수식에 치우쳤고, 더욱이 온화한 향기에 치중하였다고 여기는 것이다.

이상에서 알 수 있듯이, 溫庭筠은 특히 樂府詩에서 詞彩와 情趣, 形象美

와 意境美를 동시에 추구하였다. 溫庭筠은 과감하게 낡은 틀을 벗어난 시인이지만, 그가 창조한 다방면의 의상과 형상은 도리어 역사적 진실과 예술적 진실을 전개하기 위해서 모두가 화려한 수식과 온화한 향기의 심미추구를 체현하였다. 또 줄곧 「농염하고 화려하다」고 일컬어졌고, 또한 「형식주의」, 「유미주의」로 배척되곤 하였다. 그의 전체 樂府詩를 종합하여 보면, 설사 일부 시의 사조가 화려하긴 하나, 대부분의 작품은 여전히 심미관과 整體風格을 잘 표현해 내었다. 이어서 女妓의 아름다움을 麗藻로 묘사하고 있는 <夜宴謠>(卷1)를 제5句부터 예를 들어 살펴보기로 한다.

鸞咽姹唱員無節, 眉斂湘煙袖回雪.
淸夜恩情四座同, 莫令溝水東西別.
亭亭蠟淚香珠殘, 暗露曉風羅幕寒.
飄飄戟帶儼相次, 二十四枝龍畵竿.
裂管縈弦共繁曲, 芳樽細浪傾春醁.
高樓客散杏花多, 脈脈新蟾如瞪目.

난새의 목을 가진 미녀의 노래는 둥글둥글 끊임이 없고,
눈썹을 살짝 찡그리니 상수의 안개 마냥 소매에서 눈이 날리네.
맑은 밤 은혜와 정이 사방 좌중에 함께 하니,
도랑물이 동서로 이별하게 하지 마시오.
꼿꼿하던 초가 눈물을 흘리니 향기로운 진주는 점점 작아지고,
어두워지니 이슬 내리고 새벽바람에 비단 장막은 차가워진다.
창에 달린 깃발과 띠는 아름답게 차례차례 펄럭이고,
스물 넷 가지에는 용이 그려져 있네.
관악기, 현악기가 모여 성대한 악곡을 이루고,
향그러운 술잔에 찰랑이는 잔물결을 기울이네.
높은 누각에 손님들 흩어지고 난 자리 살구꽃 가득하고,
새로 뜬 달만이 눈을 부릅뜨고 이를 지켜보네.

이 시는 女妓와 귀족공자의 밤의 잔치를 묘사하고 있으며, 시에서는 화려한 어휘를 사용하여 용모장식 방면에서 女妓의 아름다움을 형성하였다. 「尾斂湘煙」으로 눈썹을 형용하였고, 「長釵墜髮」로 그 머리카락을 묘사

했으며, 「鶯咽奼唱」으로 그 소리를 형용하였다. 귀족공자가 술 마시는 것을 묘사한 것은 「一飮千鐘如建瓴」·「芳樽細浪傾春醁」이라고 하였는데, 어휘의 사용이 모두 매우 화려하다.

麗藻가 비록 시의 이미지를 드러내는데 유리함이 있더라도, 결코 외관상의 장식 뿐만은 아니며, 시의 바탕을 配合할 수 있고, 감정의 聯想이나 暗示力을 불러일으킬 수 있는 것이다.

3. 典 故

典故는 典據, 故事, 故實, 用典, 用事 등의 用語로도 표현할 수 있는데, 이런 用語들은 典故와 함께 同義語로 사용되기도 하며 때로는 약간씩 다른 의미로 사용되기도 한다.[13] 典故라는 두 글자는 ≪後漢書≫에 처음 보이고 있는데, [14] ≪詩品≫에서도 來歷이 있는 詩語를 典雅하게 사용함으로써 俚俗에 빠지지 않음을 주장하고 있고, [15] 曹丕와 같은 이도 典雅한 辭文을 지음으로써 後世에 족히 전해질 수 있는 문장을 강조한 바 있다.[16] 따라서 典故를 잘 활용하면 표현을 簡鍊하게 하면서도 깊은 韻味를 나타낼 수 있으므로 완곡한 표현임에도 뜻을 다 나타낼 수 있고, 文辭를 아름답고도 풍부하게 할 수 있으며, 文章의 기세를 流暢하게 할 수 있는 美學的 效果를 가져올 수 있다.[17]

嚴羽는 ≪滄浪詩話≫에서 「詩는 책과는 관련이 없는 別種의 才能을 內包하고 있다. 詩는 理와도 관련이 없는 별종의 의미를 갖고 있다.(詩有別材, 非關書也. 詩有別趣, 非關理也)」고 하여, 詩에 있어서 典故의 사용을 찬성하지 않았는데, 鍾嶸이나 王士禎도 같은 견해를 가졌다.[18] 그러나

13) 李東鄕 ≪稼軒辛棄疾詞硏究≫, 通文館, p.204 참조
14) ≪後漢書≫<東平王蒼傳>:「陛下至德廣施, 慈愛骨肉, 每賜讌見, 輒興席改容, 中官親拜, 事過典故」
15) ≪詩品≫<典雅之品>
16) 曹丕 ≪與吳質書≫:「辭文典雅, 足傳於後」
17) 周紹賢, ≪中國文學論衡≫(臺北:文京書局, 1975), p.260

작자가 표현하고자 하는 말이 直述하기에 불편함이 있을 때 典故를 빌어 비유하는 것이며, 특히 詠物類의 작품이 만약 典故를 이용하지 않고, 「物」의 構造, 形態, 功能만을 묘사한다면 情感을 나타낼 방법이 없을뿐더러 生動感을 일으키기 어렵고, 더욱이 문학작품이 되기는 불가능할 것이다.[19]

淸의 趙翼은 ≪甌北詩話≫에서 다음과 같이 말하였다.

> 詩의 性情을 묘사하는데 있어서 오로지 몇 개의 典故에만 의지하는 것은 아니지만, 古事란 이미 典故를 이룬 것인 즉, 하나의 典故는 이미 또 다른 하나의 뜻을 가지게 된다. 시를 짓는 자는 그러한 뜻을 빌어서 자신의 情感을 묘사함으로써 자연히 느낌을 더욱 깊고 두텁게 한다. 그러므로 후대의 시인은 마땅히 서적을 이용하여야 할 것이다.[20]

라고 하여 用典의 이유를 설명하고 있다. 또한 ≪文心雕龍≫·<事類篇>에는 典故의 援用을 「文學創作에 있어서 외부에서 사실을 끌어와 그 개념을 類型化하고, 옛것을 빌어서 현실을 설명하는 技法」이고, 또 「옛날의 지혜와 隱微한 뜻을 알맞게만 사용한다면 자기의 표현보다 효과를 낼 수 있게 된다. 하지만 잘못된 典故의 사용은 비록 천년을 내려가도 흠이 되는 것이다」[21]라고 하여 才能과 學識이 調和된 典故의 사용을 강조한 것으로, 적절한 표현과 意境上의 美感을 나타내기 위하여 사용하되 합당한 根據가 되는 典故를 사용함으로써 잘못된 활용에 빠지지 말 것을 경계한 것이라 하겠다. 다시 말해서 典故의 功用性은 詩의 평범하고 단조로움을 피할 수 있으며, 시의 外形美를 증가시킬 수 있고, 詩意를 풍부하게 할 수 있고, 作者의 心聲을 나타낼 수 있으며, 詩意을 깊고 부드럽게 할 수 있는 것이다.

---

18) 楊文雄, ≪李賀詩研究≫(臺北 : 文史哲出版社, 1983), p.147. 참조

19) 張正體·張婷婷 ≪詩學≫<下>, 臺灣商務印書館, P.225

20) 趙翼 ≪甌北詩話≫卷10. (詩寫性情, 原不專恃數典. 然古事已成典故, 則一典已別有一意. 作詩者借彼之意, 寫我之情, 自然倍覺深厚. 此後代詩人不得不用書卷也)

21) 劉勰 ≪文心雕龍≫<事類>「據事以類義, 援古以證今者也」. 「凡用舊合機, 不啻自其口出. 引事乖謬, 雖千載而爲瑕」

[22]결국 用典의 장점은 平淡한 것을 神奇한 것으로 化하게 하고, 작품이 老鍊, 機智, 暗示를 풍부하게 드러나게 하여 시의 효과를 증강시키게 하는 것이다.[23]

온정균 시에서 典故가 인용된 대표적인 예문을 「用事」, 「用辭」의 두 가지 경우로 나누어 알아보기로 한다

(1) 用事의 경우

용사의 경우는 모두 典籍故實, 혹은 寓言, 傳說, 神話 등을 이용하여 用典의 자료로 삼아 상징한 것이다. 예를 들어보면,

① 紅淚文姬洛水春, 白頭蘇武天山雪 <達摩支曲>(권2)
② 景陽寒井人難到, 長樂晨鐘曉自知 <題望苑驛>(권4)
③ 石麟埋沒藏春艸, 銅雀荒涼對暮雲 <過陳琳墓>(권4)
④ 古墳零落野花春, 聞說中郎有後身 <蔡中郎墳>(권5)
⑤ 象牀寶帳無言語, 從此譙周是老臣 <經五丈原>(권4)
⑥ 一劍乘時帝業成, 沛中鄉里到咸京 <過新豊>(권8)
⑦ 香隨靜婉歌塵起, 影伴嬌饒舞袖垂 <題柳>(권4)
⑧ 故城殷貴嬪, 曾占未來春 <故城曲>(권2)
⑨ 文君織得春機紅, 怨魄未歸芳艸死 <錦城曲>(권1)
⑩ 樹成寄與望鄉人, 白帝荒城五千里 <錦城曲>(권1)
⑪ 誰解乘舟尋范蠡, 五湖煙水獨忘機 <利州南渡>(권4)
⑫ 家臨長信往來道, 乳燕雙雙拂煙艸 <春曉曲>(권3)
⑬ 廬江小吏朱斑輪, 柳縷吐牙香玉春 <懊惱曲>(권2)
⑭ 酒酣夜別淮陰市, 月照高樓一曲歌 <贈少年>(권5)
⑮ 誰言荀羨愛功勳, 年少登壇衆所聞 <贈李將軍>(권4)
⑯ 金溝故事春常在, 玉軸遺圖火半焚 <贈李將軍>(권4)
⑰ 不學龍驤畫山水, 醉鄉無迹似閒雲 <贈李將軍>(권4)
⑱ 他年猶擬金貂換, 寄語黃公舊酒壚 <寄盧生>(권8)
⑲ 劉公春盡蕪菁色, 華廏愁深苜蓿花 <寄分司員庶子兼呈元處士>(권4)
⑳ 發迹豈勞天上桂, 屬詞還得幕中蓮 <送崔郎中赴幕>(권4)

22) 張正體·張婷婷, 上揭書, pp. 226-229 參照
23) 楊文雄, 前揭書, p.148

①의 경우, 文姬는 蔡翁의 딸 蔡琰으로, 전쟁에서 흉노에게 포로가 되었던 사실을, 다음 구에서는 蘇武가 흉노에게 잡혀갔던 사실을 인용한 것이다. ②의 경우는, 陳後主와 張麗華가 함께 景陽井에 뛰어 든 고사에서 인용한 것이고, ③의 경우는, 「銅雀荒凉」에서 인재를 중시하지 않음을 나타내었는데, 재능을 중시하던 조조가 都邑한 鄴都의 銅雀臺를 이용하여 상상하게 하였다. ④의 두 번 째 구는 中郎 즉 蔡翁에 관한 것으로, 殷芸의 ≪小說≫에 나오는 「장형이 죽던 날 채옹의 모친이 바로 임신을 하였고, 장형, 채옹 두 사람의 재능과 모습이 매우 흡사하여 사람들이 모두 채옹이 장형의 후손이라 말하였다(張衡死日, 蔡邕母始懷孕, 二人才貌甚相類, 人云邕是張衡後身)」라는 고사를 인용한 것이다. ⑤는 蜀의 劉禪後主가 우매하고 譙周가 득세하여 魏에 투항한 고사를 인용한 것이고, ⑥은 漢 高祖 劉邦이 손에 三尺의 劍을 들고 천하를 얻은 것과, 沛中의 鄕里들이 모두 京城인 長安으로 옮겨온 고사를 인용한 것이다. ⑦은 南朝 樂伎 張靜婉의 歌舞하는 모습과 董嬌嬈의 춤추는 모습을 인용하였다. ⑧은 宋 孝武帝와 殷貴嬪의 애절한 역사고사를 인용하였다. ⑨는 卓文君과 司馬相如의 애정고사를 인용하였고, ⑩의 경우는 劉備의 군대가 白帝에서 패하고 황량한 성만 남아있다는 歷史事實을 인용한 것이다. ⑪은 ≪史記・越世家≫에 기록된 范蠡가 배를 타고 나가 돌아오지 않았다는 고사를 인용하였다. ⑫에서 長信은, 漢 成帝의 총애를 趙飛燕에게 빼앗긴 班婕好가 살던 長信宮을 말하는 것이며, ⑬의 경우는 廬江의 小吏인 焦仲卿과 劉蘭芝의 애정고사를 인용하였다. ⑭의 경우, 「淮陰市」는 淮陰侯 韓信의 고사를 인용한 것으로, 韓信이 어렸을 때, 淮陰의 한 저자에서 욕을 당했으나, 후에 서한의 백만 대군의 總帥가 되었다. 溫庭筠도 출중한 재능을 지니고 있지만 세상에 쓰이지 못하고 있으니, 이 역사사실을 인용하여 소년 시절의 韓信에게서 자신의 처지를 기탁하고 있는 것이다. ⑮에서는 晉나라 荀羨을 예로 들어 李聽 장군의 군인으로서의 업적을 찬양하고 있다. ⑯은 晉나라 王濟의 예를 들어 이청 장군이 돈을 주조한 구체적인 공적사업을 비유하였고, 아울러 京師에 있던 저택이 화를 당한 일도 묘사하였다.⑰은 晉의 顧愷之

를 인용하여 이청 장군이 술을 좋아하는 것을 묘사하였다

⑱의 경우는, 晉代 阮孚와 王濬沖을 사례로 들어 자신이 차후에 서로 만날 시기를 기다림을 설명하고 있다. ⑲의 두 구는 삼국시대 유비가 일찍이 순무를 심고 시기를 기다렸고, 晉나라 때 華廙는 거여목을 심고 근심을 풀고 품성을 수양하였으니, 때를 기다리라는 견해를 인용한 것이다. ⑳은 六朝 郗詵과 王儉의 예를 인용하여 崔芻言이 지금까지 벼슬한 경력을 묘사하였다.

(2) 用辭의 경우

用辭의 경우는 모두 전인들이 사용한 시문의 수사법으로, 온정균은 이것들을 시속에 융화시켜 자신의 情意를 새롭게 나타내었는데, 이는 전인의 시구를 잘라 사용한 것으로 그의 시의 연원을 알 수 있게 해준다, 그는 주로 楚辭 및 古樂府를 즐겨 인용하였다.

① 黃河怒浪連天來<公無渡河>(권1)
② 天生舊物不如新<新添聲楊柳枝辭・二首>(권9)
③ 欲將紅錦段 <偶題>(권7)
④ 星斗寥寥派脈脈 <舞衣曲>(권1)
⑤ 秋風葉下洞庭波 <贈少年>(권5)
⑥ 唯有王孫獨未回 <送盧處士遊吳越>(권8)
⑦ 正是王孫悵望時 <長安春晚二首・其一>(권5)
⑧ 門外芙蓉老 <邊笳曲>(권3)

①의 구는 이백의 <將進酒> 「黃河之水天上來」에서 온 듯하고, ②의 경우는 竇玄妻의 <古怨歌>에 나오는 「衣不如新, 人不如故」에서 잘라 사용한 것으로, <古怨歌>로서 자신의 남편을 勸戒한 말이다. ③의 경우, 「紅錦段」은 張衡의<四愁詩>.. 「美人贈我錦繡段」에서 따왔다. ④에서의 「派脈脈」은 <古詩十九首>중의 「盈盈一水間, 脈脈不得語」에서 차용하였고, ⑤의 구는 屈原의 <九歌・湘夫人>의 句節 즉 「嫋嫋兮秋風, 洞庭波兮木葉下」

를 인용하였다. ⑥과 ⑦의 경우, "王孫"이라 한 것은 公子哥兒를 말하는 것으로, ≪楚辭 · 招隱士≫ 의「王孫遊兮不歸, 芳草生兮萋萋」句에서 차용하였다. ⑧의 경우, 여기서「芙蓉老」라고 한 것은 李賀詩 <江樓曲>의「樓前流水江陵道, 鯉魚風起芙蓉老」에서 따온 것 같다.

이상 用事, 用辭의 경우에서 서술한 것은 온정균시의 일반적인 用典의 상황이고, 溫庭筠詩의 用典의 技巧를 이해하려면 반드시 한 首의 詩 전체의 結構를 통해서 詩의 효과를 고찰해보아야 할 것이다. <謝公墅歌>(권2)를 통해서 알아보기로 한다.

> 朱雀航南繞香陌, 謝郎東墅連春碧.
> 鳩眠高柳日方融, 綺榭飄飆紫庭客.
> 文楸方罫花參差, 心陳未成星滿池.
> 四座無喧梧竹靜, 金蟬玉柄俱持頤.
> 對局含嚬見千里, 都城已得長蛇尾.
> 江南王氣繫疎襟, 未許苻堅過淮水.
>
> 주작교 남쪽으로 향기로운 길이 얽혀 있고,
> 謝公의 동쪽 별장은 푸른 봄이 연하여 있다.
> 비둘기 잠든 높은 버드나무에 해가 막 밝은데,
> 아름다운 정자에는 미풍이 대궐에서 온 손님에게 하늘거린다.
> 바둑판의 네모난 눈금에 꽃은 어지러이 흩어져 있고,
> 마음속의 계책은 아직 세우지 않았는데 별은 못에 가득하다.
> 사방의 자리에 떠들썩함 없고 오동나무와 대나무도 고요하고,
> 금매미 장식의 사안과 옥으로 된 지팡이를 쥔 손님은 함께 턱을 괴고 있네.
> 대국을 벌이며 이마를 찡그리고 천리를 내다보았고,
> 도성에서는 이미 긴 뱀의 꼬리를 잡았다네.
> 강남의 제왕기운이 늘어진 옷깃을 묶고서,
> 苻堅에게 淮水를 지나도록 허락한 적이 없다네.

이 시는 전체가 <世說新語>에 나오는 일화를 바탕으로 하고 있는 것으로, 비록 한 종류의 典故를 사용하였지만, 능히 작가의 주관을 암시하는 느낌을 받게 하고 있다. 시는 세 단락으로 나눌 수 있는데, 首 四句는

별장의 위치와 그곳의 봄 풍경에 대한 묘사로, 사안이 정신적으로 권력과 먼 거리를 유지했던 것처럼 별장은 당시 도읍이었던 建康에서 멀리 떨어져 있다. 따라서 謝安의 별장은 장소를 지칭하면서 동시에 그의 인품을 상징하고 있다. 5-8句는 절묘하게도 바둑판의 형세로 시대의 형국을 묘사하고, 한적함을 이용하여 위급함을 돋보이게 하였다. 謝安이 위험에 처해서도 두려워하지 않고 냉정하게 태연했던 것을 칭찬하였다. 9-12句는 謝安이 天下의 安危를 일신의 가슴에 두고 전술전략을 세워 천리 밖에서 승리를 거둔 재략을 칭찬한 것이다. 시인이 謝安을 선택하여 칭찬한 것은 唐代 당시의 인물 없음에 대한 비판이고 또 자신이 사안과 같은 인물이 될 수 있기를 희망하는 마음에서 이 典故를 이용하여 시를 지은 것 같다. 다음은 <和友人題壁>(권4)을 예를 들어보기로 한다.

> 沖尙猶來出範圍, 肯將輕世作風微.
> 三台位缺嚴陵臥, 百戰功高范蠡歸.
> 肯欲一鳴驚鶴寢, 不應孤憤學牛衣.
> 西州未有觀棊暇, 磵戶何由得掩扉.
>
> 비우는 것을 숭상함은 규범을 초월해서 나오는 것인데,
> 세상을 가볍게 여기고서 고상한 운치라 하겠나.
> 三公의 높은 직위를 바라지 않고 嚴子陵은 은거하였고,
> 백 전의 공을 높이 세운 범려는 주저 없이 은퇴하였네.
> 스스로 한번 울어 잠자는 학을 놀라게 하더라도,
> 홀로 분노하여 王章이 소의 옷에 누웠던 일을 배워서는 안되네.
> 西州의 위험한 국면에도 바둑을 바라보는 謝安의 한가함이 없었 다면,
> 은거하는 곳에서 무슨 이유로 사립문을 잠글 수 있었겠는가.

이 시에서 溫庭筠은 富貴를 탐하는 것과 아울러 消極的이고 厭世的이며 淸貧을 추구하는 것 모두 비난하였고, 자신이 먼저 세상을 구제한 후에 공을 이루고 자신은 물러가야 한다는 적극적이고 유망한 인생태도를 嚴子陵, 范蠡, 王章, 謝安의 고사를 이용하여 천명하였으니, 여기서 시인의 적극적인 정신세계를 엿볼 수 있게 해준다.

1-2구는 典故를 사용하지 않았고, 3-4구는 嚴子陵이 천하가 태평무사할 때, 그는 오직 산림에 은거하길 원했고, 또 三台의 높은 직위를 탐하여 바라지 않았으며, 范蠡가 句踐을 도와 吳를 멸망시키고 나라의 부흥을 돕고는 조금도 주저함 없이 은퇴한 고사를 이용하여, 이것이 바로 진정 「守虛」를 행할 수 있는 인물이라는 것을 말해주고 있다. 5-6句는 이왕 세상을 한번 놀라게 할 것이라면 학의 울음소리가 하늘까지 움직이듯이 크게 포부를 펼쳐봐야지, 王章처럼 병이 들자 이불조차 없어 소 옷에 누워 있으면서도 조정에 자신의 처지를 말하지 않고, 혼자 분개해하고 비관 절망만 하는 고집스러움에 대한 묘사이다. 7-8구는 謝安처럼 위험한 국면을 바로잡고 뛰어난 공을 세우면 그때는 사립문을 잠그고 조용히 은거해야 한다는 내용이다. 이와 같이 詩속에 前人의 歷史故事를 이용하여 자신에 비유하고, 用典의 技巧를 사용하여 언어를 최대한 압축시킨 가운데 意象效果를 나타내어 用典에 성공한 예라 할 수 있다. 이상과 같이 溫庭筠詩에 있어서 典故의 사용은 항상 내용상의 需要에 기초하였고, 今昔을 對比함으로서 反諷(아이러니)의 효과를 조성하고 있다.

다음은<達摩支曲>(卷2)을 보기로 한다.

> 擣麝成塵香不滅, 拗蓮作寸絲難絶.
> 紅淚文姬洛水春, 白頭蘇武天山雪.
> 君不見, 無愁高緯花漫漫, 漳浦宴餘淸露寒.
> 一旦臣僚共囚虜, 欲吹羌笛先汍瀾.
> 舊臣頭鬢霜雪早, 可惜雄心醉中老.
> 萬古春歸夢不歸, 鄴城風雨連天艸.

> 사향노루 잡아 가루로 만든다 해도 향기 없어지지 않고,
> 연을 마디마디 꺾는다 해도 실을 끊기는 어렵다.
> 피눈물 흘리며 채문희는 낙수의 봄과 이별하였고,
> 흰머리의 소무는 천산의 눈밭에 갇혔지.
> 그대는 보지 못했나,
> 無愁曲을 좋아한 北齊 後主 高緯의 호화로운 생활을
> 장수 포구에의 연회는 맑은 이슬 차가와 질 때까지 열었다네.

하루아침에 신하들과 함께 포로가 되었지,
羌笛을 불려고 하면 눈물이 줄줄 흘러내렸네.
옛 신하들 머리는 일찍 하얗게 되었지,
안타깝구나, 웅대한 포부가 취중에 늙어버린 것이.
만고에 봄은 다시 돌아오지만 꿈은 돌아오지 못하고,
업성에는 비바람 몰아치고 잡초는 하늘까지 연이었네.

이 시는 모두 세 개의 典故로 이루어져 있다. 모두 포로가 되었다가 돌아온 사람들이다. 제3구의 文姬는 蔡邕(133-192)의 딸 蔡琰으로, 전쟁 중에 흉노에게 포로가 되어 12년동안 억류되었다가 曹操에 의해서 돌아오게 된 것을 말하고, 제4구의 蘇武는 한 무제 때 흉노에 사신으로 갔다가 19년 간 억류되어 있었고, 제6구의 無愁는 北齊 後主 高緯(565-576 재위)를 가리키는데 北周 군사에게 포로로 잡혀간 것을 말한다.

먼저 3-4 구는 도치된 문장인데, 「紅淚」는 東漢 女詩人 蔡文姬가 흉노에게 잡혀 있다가 지은 <胡笳十八拍>의 「十拍悲深兮淚成血」구에서 유래된 것이고, 또 「白頭」는 蘇武가 흰머리가 되어 天山에 갇혀 있었던 일을 말하고 있다. 또 天山과 洛水를 대비하였는데, 하나는 塞北에 있고, 하나는 中原에 있으니, 두 구에서 나타내고자 하는 뜻은 몸은 흉노 땅에 있어도 마음은 漢나라에 있다는 것이다. 두 번째 단락의 5-8 句는 對比手法을 운용하여 고위가 방종하여 나라가 망했다는 것을 묘사하였는데, 이것이 전 시의 主體가 된다. 세 번째 단락에서 9-10 句는 「白頭蘇武天山雪」에 호응하여 北齊 遺民의 亡國의 恨을 묘사하였다. 마지막 11-12 句는 「憂勞興國丶逸豫亡身」이라는 도리를 만당 통치자에게 경종을 울리고자 한 것이다. 결국 「君不見」이하의 8구는 北齊 君臣의 亡國의 恨을 집중적으로 묘사하여 전체시의 詠嘆의 뜻을 완전하게 하였다.

작자는 이 시에서 이상의 역사고사를 인용하였고, 의식적으로 전형적인 아둔한 군주를 선택하여 그들의 끝없는 욕망과 荒淫으로 인해 나라가 망하게 된 사실을 폭로하였고, 唐代의 군주가 이것을 거울로 삼고 역사적 교훈으로 삼기를 바라는 의미에서 典故를 사용한 것이다.

4. 比 喩

比喩란 語源上으로 보면, 「묘사하기 어려운 景을 目前에 있듯이 그린 것(狀難寫之景如在目前)」이며, 허구적인 의상과 실제적인 인상을 병렬하여 그것들 사이의 유사점을 드러내는 것[24]을 말한다. 溫庭筠 詩에 나타나는 比喩의 방법에는 여러 가지가 있으나, 특히 직유와 은유의 방법이 주목받을 만하다.

(1) 直 喩

직유란 明喩라고도 하며, 지금까지 상용되어 온 가장 간단한 비유법의 하나이다. ≪文心雕龍≫에 보면, 比(=直喩)란 사물을 묘사하여 그것이 가지는 의미를 부가하여 과장된 표현으로 사태를 절실하게 표현하는 것[25]이라고 설명하고 있는데, 이러한 직유의 방법은 사물이나 관념을 다른 사물이나 관념과 직접 비교하는 것으로, 원관념을 「如」, 「似」 같은 자를 주로 사용한 보조관념을 통해 代替할 수 있는 경우이니, 이런 경우를 溫庭筠 시에서 살펴보기로 한다.

① 郎心似月月易缺<張靜婉採蓮歌>(권1)
② 吳宮女兒腰似束<蘇小小歌>(권2)
③ 衰桃一樹近前池, 似惜紅顔鏡中老.<春曉曲>(권3)
④ 蜂爭粉蕊蝶分香, 不似垂楊惜金縷.<惜春詞>(권2)
⑤ 欲綻似含雙靨笑.<牡丹>(권9)
⑥ 柳花飄蕩似寒梅.<陪河中節度遊河亭>(권8)
⑦ 雪似梅花不堪折.<三洲詞>(권2)
⑧ 遠水斜如翦, 青莎綠似裁.<齊宮>(권3)
⑨ 濃陰似帳紅薇晩, 細雨如煙碧草新.<題李處士幽居>(권4)

---

24) 王夢鷗・李章佑譯, ≪中國文學의 綜合的理解≫ (太陽文化社 1978), pp.172-175

25) 劉勰・崔信浩譯註, ≪文心雕龍≫(서울 : 玄岩社, 1975), p.149, 「...比蓋寫物以附意, 颺言以切事者也...」

①, ②의 경우는 사람으로 사물을 비유한 것으로, ①구에서는, 낭군의 마음이 마치 반복되는 달의 虧盈현상과 같다는 것으로 비유하였고, 이것을 통해 어떤 때는 가득 찬 보름달처럼 사랑으로 충만한 날도 있다고 자신을 달래는 애처로움에 연민의 정을 나타내고자 하였다. ②구는 기생 자신의 아름다운 자태를 비단을 묶은 것 같다고 비유하였다. ③, ④, ⑤는 사물로 사람을 비유한 예로서, ③구는 시든 복숭아로 자신의 처지를 비유하여 늙어 가는 자신의 모습을 안타까워하는 심정을 드러내고자 하였다. ④의 兩句에서는, 퇴색해 가는 봄의 정경을 아쉬움 속에서 바라보는 남녀를 비유하였고, ⑤구는 꽃이 막 피어나는 정경을 마치 보조개를 머금고 웃고 있는 모습으로 비유하여 視覺意象을 잘 드러내고 있다. ⑥, ⑦, ⑧, ⑨는 사물로 사물을 비유한 경우로, ⑥구는 휘날리는 버들 꽃을 마치 겨울 매화 같다고 하여 元觀念인 버들 꽃을 겨울 매화라는 보조관념을 통해 명확하게 視覺意象을 전달하고 있다. ⑦구는 눈송이가 마치 매화꽃 같아도 꺾지 못함을 비유하여 안타까움을 나타내었고, ⑧의 兩句에서는, 멀리 비스듬히 흐르는 물은 깎아 놓은 것 같고, 푸른 사초는 마름질 한 것 같다고 하여 두 구를 對句로 이루게 하면서 비유를 진행하였다. ⑨의 兩句에서는, 짙은 그늘은 장막 같고, 가랑비는 연기와 같다고 하여 산중생활의 고요함을 비유하였다.

(2) 隱 喻

隱喻란 暗喻라고도 하며, 직접적인 말을 사용하지 않고 간접적으로 類推的, 혹은 對比的인 字句를 사용하여 母題를 字句이면에 몰래 감추는 것[26]을 말하며, 시의 진정한 본질이고, 시의 주요 裝置인 동시에 자연과 언어의 본질인 것이다.[27]

시인이 은유를 운용하는 목적은 주로 은유의 수단을 통하여 특수한 혹은 신선한 느낌과 경험을 나타내는 것이며, 溫庭筠은 은유를 즐겨 사용

26) 王夢鷗·李章佑, 前揭書, p.145.
27) 杜國淸, <漢字作爲試的表現媒介>, ≪中外文學≫ 8卷 9期, p.17.

하여 여러 가지 浮艷한 風格의 수단으로 표현하고 있어 은유의 기법에서 다른 시인들 보다 뛰어나다. 그러면 溫庭筠 詩에 있어서 隱喩의 기교를 살펴보기로 한다.

① 玉鉤鸞不住, 派淺石磷磷 <詠嚬>
② 江風吹巧翦霞綃, 花上千枝杜鵑血
③ 不盡長圓疊翠愁, 柳風吹破澄潭月.<觱篥歌>(권1)
④ 野土千年怨不平<懊惱曲>(卷2)

①구의 玉鉤는 눈썹을 가리키며, 찡그리는 곳은 눈썹에 있고, 찡그리는 모습을 그대로 말한다면 모습이 흩어져 있는 것으로, 派石으로 비유하였으니 그 아름다움이 나타난다.

②의 前句는 「翦」이라는 글자를 사용하여 강바람이 노을 빛 비단을 자르듯 무르익은 봄의 기운을 잘라 내간다는 의미로, <碌碌古詞>(권2)에서의 「春風破紅意」의 뜻과 같이 쓰였고, 다음 句는 온 가지에 꽃이 만개해 있는 모습을 「杜鵑血」로 비유하여, 蜀의 붉은 비단이 마치 杜鵑花가 핀 것 같다는 것에서 한 걸음 더 나아가 두견새가 돌아가고 싶어 피를 토하고 울부짖는 장면을 생각하도록 類推하였다.

③의 前句에서 「長圓」은 곧 끝없는 부평초를 말하며, 그 위에 푸른 근심이 쌓여있음을 나타내는 句로, 푸르다는 意象으로 同質關係로 類推하고 있다. 다음 구는 動的인 性質을 지닌 風이 潭에 부니 潭속에 비춰진 달의 모습이 이지러질 수 있으며, 風의 움직임에 따라 月의 모습도 바뀐다고 類推하고 있다.

④구에서 「不平」, 즉 고르지 않다는 것은 들판의 흙이 고르지 않다는 의미와 함께 또 마음도 고르지 않다는 것을 유추하고 있다.

Ⅲ. 聽覺的 表現技巧 分析

1. 平 仄

近體詩를 이루는 중요한 요소로는 平仄, 對仗, 韻 등을 들 수 있는데, 이중 가장 중요한 것은 平仄이라 할 수 있다. 시인은 중국어 聲律의 특징에 의거하여 일종의 高低, 長短이 서로 교차하는 節奏를 구성하니 바로 平仄의 교차를 통한 聲律美의 추구가 된다. 중국인들은 일찍부터 의식적으로 성조의 교차를 운용하였으니, 平仄의 교차로써 聲律의 아름다움을 추구한 것이다. 平仄은 근체시에 있어서 가장 중요한 格律요소이며, 일종의 聲調關係로 詩는 聲調音節이 없으면 詩가 되지 못하고 聲調音節은 平仄으로 誦讀하게 된다. 즉 平仄이 없으면 聲調音節이 없게 된다는 것이다. 平仄은 古詩에서는 近體詩처럼 엄격한 平仄格式이 있는 것 같지 않고, 거의 거론하지 않았다. 다만 五·七言詩가 당대에 들어와 盛唐을 지나며 詩律이 점점 섬세해지고 소리의 高低를 따진 것이 곧 平仄이며, 일정한 규칙 하에서 이루어지게 되는데 이를 정리해 놓은 것이 近體詩의 詩律이다. 이러한 平仄의 目的은 詩의 情緒를 따라서 聲調를 전환하고 적당히 배열하여 시의 음악성을 발휘하기 위한 것이다. 近體詩律 中 四聲說은 南齊 永明年間에 起源하여 梁陳時期에 정립되었는데,[28] 이는 소수 文人들의 발명에 의한 것이 아니라 중국 歷代詩人들의 장기적인 창작과정 중에 누적된 예술경험의 정리라 할 수 있겠다.[29]일반적으로 沈約의 ≪四聲八病說≫을 律詩 기본규율의 출발이 되는 법식으로 볼 수 있는데, 실제로 이에 완전히

28) 顧炎武 ≪音論≫卷中 <四聲之始>:「是四聲之論, 起於永明, 而定梁陳之間也」

29) 四聲은 古代 中國語에 객관적으로 존재하였던 것이므로, 어느 一人이 주관적으로 창조한 것이 아니다. 따라서 沈約이 四聲을 발명하였다거나 平仄의 구분도 ≪四聲譜≫에서 규정하였다고 말하는 것 등은 잘못된 이론이며 沈約 등의 문인들이 의식적으로 聲調의 교차를 운용하여 詩를 썼다고 보는 것이 자연스러운 관점일 것이다.

부합된 시를 짓기란 매우 어려운 일이다. 그러나 四聲을 구사하는 格律은 규정된 平仄譜에 의거하여 짓는 것이 요구되며 詩意의 寄託과 함께 整齊된 韻律美의 創出은 좋은 시의 기본 요건이 되는 것이다.

다음으로 溫庭筠 詩 中의 근체시를 살펴본다. 먼저 근체시의 현황을 정리해 보면 다음과 같다.

〈표 1〉

詩形	絶句		律詩		排律								
句	4		8		12	12	16	20	40	44	60	100	200
五.七言	5	7	5	7	7	5	5	5	5	5	5	5	5
詩 數	13	45	91	88	1	6	2	2	1	3	1	1	1
句數計	52	180	728	704	12	72	32	40	40	132	60	100	200

위 <표1>에서 알 수 있듯이 溫庭筠시 전체 338首 가운데 근체시 비율이 75%(255首)를 차지하고 있으며, 5 · 7言비율은 121首(48%) 대 134首(52%)로 비슷한 비율을 차지하고 있음을 알 수 있다. 나머지 고체시는 83首로 전체 시 가운데 25%를 차지하고 있으며 다음 표에서 정리하였다.

〈표 2〉

句數	五言	句數計	六言	句數計	七言	句數計
4	2	8				
6	1	6				
8	15	120	1	8	19	152
10					1	10
12	3	36			12	144
14	1	14			1	14
16	2	32			7	112
20	2	40			4	80
22					1	
28	2	56				
30					1	
32	1	32				
40	1	40				
계	30	384	1	8	46	512

다음으로 溫庭筠의 律詩 중에 나타난 平仄의 運用 例를 살펴보기로 한다. 이는 首句 第二字의 平仄에 따라 「平起式」, 「仄起式」으로 분류한다. 다시 首句의 押韻여부에 따라 양분되는데, 「平起式首句不用韻式」, 「平起式首句用韻式」, 「仄起式首句不用韻式」, 「仄起式首句用韻式」 등으로 四分할 수 있다.

먼저 「平起式首句不用韻式」詩 一 首를 例擧해 보기로 한다.

<題竹谷神祠>(卷7)

蒼蒼松色晚 平平平仄仄
一徑入荒祠 平仄仄平平
古樹風吹馬 仄仄平平仄
虛廊日照旗 平平仄仄平
煙煤朝奠處 平平平仄仄
風雨夜歸時 平仄仄平平
寂莫湘江客 仄仄平平仄
空看蔣帝碑 平仄仄仄平

이 詩는 格律에 부합된다. 2구의 「一」, 6구의 「風」자가 仄聲 대신 平聲을 쓰고 있고, 8구의 「看」자가 平聲대신 仄聲을 쓰고 있으나, 「一三五不論」설에 의거하면 平仄聲 모두 가하니 법식을 벗어나지 않고 五律 平起式의 模範格式을 구사하고 있음을 알 수 있다.

다음은 「平起式首句用韻式」의 예를 보기로 한다.

<題造微禪師院>(卷8)

夜香聞偈後 仄平平仄仄
岑寂掩雙扉 平仄仄平平
照竹鐙和雪 仄仄平平仄
看松月到衣 仄平仄仄平
艸堂疎磬斷 仄平平仄仄
江寺故人稀 平仄仄平平
惟憶湘南雨 平仄平平仄
春風獨鳥歸 平平仄仄平

이 詩도 格律에 符合된다. 1, 4, 5 句의 第1字가 平聲대신 仄聲을 쓰고 있고, 2, 6, 7句의 第1字가 仄聲대신 平聲을 쓰고 있지만, 모두 「一三五不論」의 원칙에 의거 平仄聲 모두 可하니 法式을 벗어나는 것이 아니다.

다음은 「仄起式首句不用韻式」시의 경우이다.

<送陳諴之侯官兼簡李常侍>(卷4)

縱得步兵無緣蟻 仄仄仄平平平仄
不緣句漏有丹砂 仄平仄仄仄平平
殷勤爲報同袍友 仄平仄仄平平仄
我亦無心似海査 仄仄平平仄仄平
春服照塵連艸色 平仄仄平平仄仄
夜船聞雨滴蘆花 仄平平仄仄平平
山梅自是青雲客 平平仄仄平平仄
莫羨相如卻到家 仄仄平平仄仄平

이 시는 仄起式首句不用韻式 七言律詩의 格律에 들어맞는 좋은 예이다. 1句의 第5字인 「無」와 「緣」이 仄聲을 사용해야하는 자리에 平聲으로 되어 있으나 「一三五不論」을 감안한다면 「無」자는 格律에 맞지만 「緣」字는 拗가 된다. 그러나 第2句의 第5字가 平聲으로 되어 拗를 救하고 있으므로[30] 조화를 이루고 있다. 또 2구의 「不」, 6구의 제 「夜」는 平聲을 사용해야하는데 仄聲으로 되어있으나 律을 어긴 것은 되지 않는다.

다음은 七律 「仄起式首句用韻式」詩의 例를 들어본다.

<南湖>(卷4)

湖上微風入檻涼 平仄平平仄仄平
翻翻菱荇滿回塘 平平平仄仄平平
野船著岸偎春艸 仄平平仄平平仄

30) 한 句에 반드시 平聲字를 써야할 곳에 仄聲字를 쓰고, 仄聲字를 써야 할 곳에 平聲字를 쓰는 것을 拗라 하는데, 이것을 本句 혹은 對句의 적당한 위치에다가 이번에는 仄聲字를 쓸 곳에다 平聲字를, 平聲字를 쓸 곳에다 仄聲字를 써서 앞의 것을 도와 救하는 것을 拗救라 한다.

水鳥帶波飛夕陽 仄仄仄平平仄平
蘆葉有聲疑霧雨 平仄仄平平仄仄
浪花無際似瀟湘 仄平平仄仄平平
飄然蓬頂東歸客 平平平仄平平仄
盡日相看憶楚鄉 仄仄平平仄仄平

이 詩는 首句에 押韻한 「仄起式首句用韻式」[31]으로 七言詩의 正格이라 할 수 있다. 2구의 「菱」, 5구의 「蘆」, 6구의 「無」, 7구의 「蓬」은 원래 仄聲이 와야하고, 3구의 「野」와 「著」, 4구의 「帶」, 6구의 「浪」도 원래 平聲이 와야하나 「一三五不論」에 해당하므로 律을 벗어난 것이 아니다.

이상에서 살펴본 것처럼 溫庭筠은 平仄을 모두 嚴格한 格律의 요구대로 운용하였고, 비록 拗句가 있다 하더라도 詩意의 情緖에 따라 바꾸었기 때문에 病으로 생각되지 않는다.

2. 用 韻

詩에는 音, 色, 意境 등의 세 가지 핵심적인 요소가 있다. 즉 소리에서 시작되어 색으로 드러나고 意境에서 神妙함이 運用되는 것이다.[32]따라서 좋은 시는 視覺的 效果와 聽覺的 效果가 적절히 조화를 이루어야하는 것이 필요하다. 그 가운데 청각적 효과를 이룰 수 있는 요소로는 적절한 자음을 지닌 시어의 선택, 平仄과 韻律의 조화로운 안배 등을 들 수 있다. 특히 律詩에 있어서 平仄보다 더 엄격함을 요구하는 것이 바로 用韻이라 하겠다. 근체시에 있어서는 반듯이 一韻으로 一貫하여 通韻을 허용하지 않았으며, 用韻이 비교적 자유로운 古體詩에서도 나름대로의 韻字法式에 따른 예는 흔히 볼 수 있는 것이다.

일찍이 劉勰은 詩歌에서 韻律의 美를 강구하는데 있어 詩歌의 맛은

31) 七言律詩의 경우 平起式, 仄起式여부와 首句用韻 여부에 따라 「平起式首句用韻式」, 「平起式首句不用韻式」, 「仄起式首句用韻式」, 「仄起式首句用韻式」으로 4분할 수 있다.
32) 李重華, ≪貞一齋詩話≫ : 「詩有三要, 曰 : 『發竅于音, 徵色于象, 運神于意』」

字句에서 시작되며 韻律의 美를 나타내는 힘은 결국 「和」와 「韻」 두 가지에 달려있는 것으로 보았다.

音聲의 美醜는 문장을 입에 올릴 때의 효과에 의존하는 바가 크다. 문장의 眞味는 字句 사이에 흐르고 그 氣力은 和聲과 韻律에서 나타난다. 다른 音이 서로 따르는 것을 和聲이라 하고, 같은 소리가 서로 호응하는 것을 韻律이라 한다. 韻律에는 정해진 型이 있기 때문에 한 구절의 韻만 정해진다면 다른 韻은 간단하게 정하여지는 것이나, 和聲은 起伏이 정하여지지 않았기 때문에 일정한 調和點을 발견하기가 어렵다. 散文에서는 좋은 착상이 떠오르는 대신 文章 안의 和聲을 정리하기가 어렵고, 韻文에서는 내용을 정밀하게 하기는 어려우나 韻을 맞추기는 쉽다...(聲畵姸蚩寄在吟詠. 吟詠滋味流於字句, 氣力窮於和韻. 異音相從謂之和, 同聲相應謂之韻. 韻氣一定故餘聲易遣. 和體抑揚故遺響難契, 屬筆易巧選和至難. 綴文難精而作韻甚易....)[33]

이른 바 聲律은 사람의 소리에서 시작되며, 마음에서 우러나오는 詩意와 律呂를 알아내려면 일정한 운율의 법칙을 따르게 되는 것이다. 따라서 詩人이 詩를 지을 때 어떤 韻을 어떻게 활용하였는가를 살피는 것은 그 詩가 지닌 韻律을 더욱 鮮明하게 파악할 수 있게 해준다. 이제 溫庭筠 詩 가운데 보이는 用韻을 살펴봄으로써 溫庭筠 詩에 나타난 詩律의 특성을 파악하기로 한다.

먼저 古體詩의 用韻을 보기로 한다. 古體詩의 用韻은 始終 一韻으로 押韻하든지 혹은 중간에 韻을 바꾸는지 여부에 따라 「一韻到底」와 「中間轉韻」[34]또는 「一韻到底」와 「換韻格」[35]등의 兩分法과 「本韻」 「通韻」 「轉韻」의 三分法[36] 등으로 설명되어진다. 近體에 비해 換韻, 轉韻, 通韻 등의

33) 劉勰, ≪文心雕龍≫, 第三十三<聲律>
34) 張正體・張婷婷, ≪詩學≫, 臺灣商務印書局, p.136참조
35) 金學主, ≪中國文學槪論≫, 新雅社, p.50 參照
36) 王力은 ≪漢語詩律學≫, p.44에서 各 韻이 포괄하고 있는 字數에 따라 다음의 네 가지로 분류됨을 설명하였다.
(1) 寬韻 : 支, 先, 陽, 庚, 尤, 東, 眞, 虞

여유가 있는 것이며, 仄聲韻과 栢梁體의 활용도 可하다 하겠다. 여기서는 王力의 분류법에 따라 고체시의 用韻 現況을 「本韻」「通韻」「轉韻」의 세 가지 유형으로 살펴보기로 한다.

먼저 本韻의 경우를 보기로 한다. 溫庭筠詩에서 고체시는 모두 77수로 그 가운데 一韻到底로 作詩된 詩는 모두 25首이며, 19種의 韻이 134回 사용되었다. 그 가운데 平聲韻으로 이루어진 詩의 數와 用韻回數를 정리해 보면 다음과 같다.

〈표 1〉 平聲韻 一韻到底

平 聲	韻 目	五 言				七 言		詩 數	用韻回數
		8句	12句	16句	20句	8句	10句		
上平聲	東	1						1	4
	冬			1				1	8
	支				1			1	10
	微	1						1	4
	齊					1		1	5
	灰	2						2	8
	眞	3						3	12
	寒	1						1	4
下平聲	歌						1	1	9
	麻				1			1	4
	陽					1		1	5
	庚				1			1	10
	侵		1					1	6

<표 1>에 의하면 平聲韻 一韻到底 詩는 모두 16首로 고체시 83수 중 20%에 해당하고 있다. 上平聲은 8韻 11首 55回, 平聲韻이 5韻 5首 34回

(2) 中韻 : 元, 寒, 魚, 蕭, 侵, 冬, 灰, 齊, 歌, 麻, 豪
(3) 窄韻 : 微, 文, 刪, 靑, 蒸, 覃, 鹽
(4) 險韻 : 江, 佳, 肴, 咸
즉 韻字로 쓰이는 字數의 多少에 따라 넓고 좁음을 선정한 것이다. 그러나 이러한 분류는 다소의 불합리함도 있으니, 「微, 文, 刪」三韻은 字數는 비록 적으나 詩人들은 그것을 즐겨 사용하였다.

활용되었음을 알 수 있고, 平聲韻중 가장 많이 사용된 韻은 上平聲 眞韻으로 3首에 12回 사용하였다.

다음으로 仄聲韻 一韻到底로 이루어진 詩의 수와 用韻回數를 정리해 보면 다음 <표 2>와 같다.

〈표 2〉 仄聲韻 一韻到底

仄 聲	韻 目	五 言			七 言	詩 數	用韻回數
		6句	8句	28句	8句		
上聲	紙				1	1	5
	旱		1			1	5
	皓		1			2	9
入聲	屑	1	1			2	8
	藥		1			1	4
	緝			1		1	14

<표 2>에 의하면 仄聲韻一韻到底 詩는 모두 8首로 古體詩 83首 가운데 10%에 해당한다. 仄聲韻중에 上聲韻이 3韻 4首 19回이며, 入聲韻은 3韻 4首 26回로 각각 활용되고 있으며, 去聲韻은 사용하지 않다.

다음은 고체시 중에 보이는 通韻의 경우를 살펴보기로 한다. 通韻은 同聲의 隣韻을 通押할 수 있어 本韻格의 用韻보다 융통성이 있다. 또 通韻에 있어 詩 한 首 가운데 나타나는 韻目數의 비율과 흐름에 따라 운용방식을「偶然出韻」「主從通韻」「等立通韻」등으로 구분할 수 있다.[37] 溫庭筠 詩 가운데 通韻을 활용한 시는 총23首가 보이고 있어 古體詩 83首 중 28%에 해당함을 알 수 있다. 이제 通韻의 예를 3分하여 살펴보기로 한다.

1) 偶然出韻 : 이는 全篇을 同一韻으로 하고 있으나 한 개의 韻만이 他韻인 경우로, 溫庭筠 古體詩에서는 通韻한 詩 23首 中 단 한 수도 보이지 않는다.

2) 主從通韻 : 이는 한 首의 시 가운데 一個韻이 主를 이루고 있으면서

37) 王力, 前揭書, p.331-349 參照

다른 한 운이 간간이 쓰인 경우로, 通韻한 시 23首 가운데 단 두 首가 이에 해당한다.

* <寓懷>(卷3)〔5言16句〕: 元(6회), 陽(3회)
* <獵騎辭>(卷3)〔5言14句〕: 霰(6회), 先(2회)

3) 等立通韻 : 이는 한 首의 詩에 두 개의 韻目이 사용되면서 두 韻이 數가 같거나 비슷한 경우로, 通韻한 詩 23首 중 21首가 이에 해당된다. 몇 수를 예로 들어본다.

* <蓮浦謠>(卷1)〔7言8句〕: 東(3회), 漾(2회)
* <常林歡歌>(卷1)〔7言8句〕: 肴(2회), 皓(2회)
* <嘲春風>(卷1)〔5言8句〕: 皓(3회), 元(2회)
* <生禖屛風歌>(卷1)〔7言8句〕: 梗(3회), 東(2회)
* <惜春詞>(卷2)〔7言8句〕: 語(3회), 蕭(2회)
* <水仙謠>(卷2)〔7言8句〕: 魚(3회), 月(2회)

通韻된 詩 23首 중「等立通韻」이 大多數를 차지하고 있으며, 溫庭筠은 通韻을 많이 활용하지 않고 있음을 알 수 있다.

通韻을 사용하는 古體詩는 그 韻을 사용함이 비교적 자유스러워 구속을 적게 받았다. 그런데도 되도록 本韻을 사용하려 한 것은 규칙적으로 韻書를 사용했기 때문이거나 일종의 古代詩를 모방하려는 심리가 남아 있었기 때문으로 풀이되며[38], 시를 지음에 있어 되도록 뜻을 爲主로 하면서 同音을 사용하고자 하다가 通用할 자가 없을 때에 他韻을 활용한 것으로도 볼 수 있는 것이다.[39]

---

38) 古韻과 廣韻은 語音의 실제 변화가 있었으므로 같지 않았다. 그러나 唐人들은 그것을 모르고 古今의 韻部가 같은 것으로 여기기도 했으니, 古人이 어느 字와 어느 字(古韻에 있어서는 同音)를 사용하여 押韻한 것을 보고 隣韻의 通押으로 오해하여 古人들을 모방하고자 하는 심리에서 通韻을 사용하기 시작하였다.(王力, 前揭書 p.331參照)

39) 이러한 의식에 대해서 吳喬의 다음의 評은 참고가 된다. ≪答萬季野≫ :「詩以義爲主, 從音之, 必盡一韻無可用之字, 然後旁通他韻. 又不得於他韻, 則寧無韻. 苟其義之至當, 而不可以他字易, 則無韻不害. 漢以上往往有之」

다음은 고체시에서 운용된 轉韻의 경우를 살펴보기로 한다. 당시의 전운은 두 가지로 구분할 수 있다. 첫째는 詩人이 임의대로 轉韻한 경우로서 古詩와 같은 것이며, 두 번째는 韻을 바꿈에 있어 거리와 韻脚의 聲調上에 매우 의식적인 주의를 기울인 것이다. 전자가 古代詩를 모방한 詩風이라면 후자는 新式의 古風이라 할 수 있는데, 여기서는 任意轉韻과 意圖的轉韻으로 命名하기로 한다.[40] 古體詩 83首 中 轉韻된 詩는 31首에 달하고 있는데, 任意轉韻으로 볼 수 있는 시는 없으며, 모두 意圖的轉韻으로 보아야 할 것 같다. 아래에 意圖的轉韻의 예를 보기로 한다.

* <鷄鳴埭曲>(卷1)〔7言20句〕: 支-支-支-篠-篠-篠-先-先-先-迥-迥-迥-支-支-支
* <織錦詞>(卷1)〔7言12句〕: 寘-寘-寘-侵-侵-侵-紙-紙-紙
* <夜宴謠>(卷1)〔7言16句〕: 靑-靑-靑-靑-靑-靑-寒-寒-寒-沃-沃-沃
* <遐水謠>(卷1)〔7言12句〕: 紙-紙-紙-寒-寒-寒-陽-陽-陽
* <錦城曲>(卷1)〔7言12句〕: 屑-屑-屑-東-東-東-紙-紙-紙
* <舞衣曲>(卷1)〔7言16句〕: 眞-眞-眞-霰-霰-霰-支-支-支-陌-陌-陌
* <雉場歌>(卷1)〔7言12句〕: 遇-遇-遇-豪-豪-豪-阮-阮-阮
* <故城曲>(卷2)〔5言12句〕: 刪-刪-刪-沃-沃-沃-眞-眞-眞
* <東郊行>(卷2)〔7言12句〕: 皓-皓-皓-眞-眞-眞-有-有-有
* <碌碌古詞>(卷2)〔5言12句〕: 屋-屋-屋-麻-麻-麻-麻-麻-麻

이상에서 알 수 있듯이 大多數가 意圖的轉韻으로 古詩를 모방한 轉韻의 시도가 거의 없음을 알 수 있겠다. 그리고 주로 平・上・入聲으로 轉韻하고 있어 의사 전달보다는 聲律을 主로 하고 있음을 알 수 있다.

다음으로 近體詩255首의 用韻을 살펴본다. 먼저 近體詩의 用韻을 韻目에 따라 정리해 보면 다음 (표3)과 같다.

40) 以上은 王力, 前揭書, pp.350-353을 參照하였다.

〈표 3〉 近體詩의 用韻

韻		節句		律詩		排律(5言)								7言	詩數	用韻回數
		5言	7言	5言	7言	12句	16句	20句	40句	44句	60句	100句	200句	12句		
寬韻	尤	1	4	2	9					1					17	92
	支		4	9	7	1		1							22	108
	東		4	8	8										20	92
	眞	1	6	7	4										18	76
	先		3	8	9							1			21	126
	陽	1	5	4	3					1	1			1	16	111
	庚		6	10	6										22	98
	虞		3	1	1		2						1		8	127
中韻	灰		1	3	4										8	38
	麻	2	2	4	5										13	57
	寒			2											2	10
	元			4	2	2									8	42
	蕭	2			2	1									5	22
	魚			3	1										4	20
	侵	2		3	2			1		1					9	63
	齊	1			3	1									5	24
	歌		1	3	3										7	33
	冬	1		3	3										7	33
	豪				2										2	10
窄韻	微	1	2	7	4										14	64
	文				6										6	30
	刪	1	2	4	3										10	44
	靑			3					1						4	35
	蒸		1	1											2	8
	覃					1									1	6
	鹽			1											1	5
險韻	江			1											1	5
	咸				1										1	5
	篠		1												1	3
계		13	45	91	88	6	3	2	1	3	1	1	1	1	255	1387

(표3)을 보면 近體詩 255首에는 寬韻 8種, 中韻 11種, 窄韻 7種, 險韻 3種이 사용되었으며, 그 가운데 寬韻이 144首(57%), 中韻이 70首(27%), 窄韻이 38首(15%), 險韻이 3首(1%) 각각 사용된 것을 알 수 있다. 전체 用韻의 횟수는 1387回로 이 중 寬韻이 830回(60%), 中韻이 352回(25%),

窄韻이 192回(14%), 險韻이 13回(1%)로 각각 사용되었다. 寬韻을 가장 많이 사용했으며, 險韻을 가장 적게 사용하였다. 이 가운데 가장 많이 운용된 운은 「支」韻과 「庚」韻으로 각각 22首 108回, 22首 98回 사용되었다. 50회 이상 사용된 韻은 「尤」, 「支」, 「東」, 「眞」, 「先」, 「庚」, 「虞」, 「麻」, 「侵」, 「微」의 10種韻으로 이들 10種韻이 914回에 걸쳐 사용되어 전체 29種韻中 35%를 차지하고 있다. 이 같은 用韻現況은 溫庭筠이 近體詩를 押韻하는데 있어 대체로 무난한 韻을 사용하였으며, 聲律이 奇僻한데로 흐르는 것을 좋아하지 않았음을 드러낸다. 즉 「支」, 「東」, 「庚」 등의 비교적 명랑한 음조를 창출하는 韻字를 많이 활용함으로써 시의 韻味를 밝게 하기를 즐겨하였던 것이다.

溫庭筠 詩語의 두드러진 특징은 音調가 唯美하고 자연스러우며 유창하다는 것인데, 그의 詩가 樂府이든 律詩이든 혹은 絶句이든지 간에 詩語의 뜻은 얕은 면이 있을지라도 모두 音調가 唯美하고 유창하여 발음하기가 까다롭지 않다. 溫庭筠은 音律에 정통하였으므로 그의 작품은 音韻의 調和와 자연스러움을 강조하기 위해 仄聲聲調의 매끄러움에 주의하였다. 또한 七言律詩는 絶對多數가 首句에 押韻하여 처음부터 그의 시를 읽는 사람으로 하여금 부드럽고 자연스러운 분위기로 이끌고 있음을 알 수 있다.

3. 對 偶

對偶는 字對字, 詞對詞, 句對句 등이 같은 구성을 이루며, 語意, 發音, 平仄 등이 서로 對가 되도록 詩나 散文에서 활용한 수법을 말하는데 中國語의 특성을 이용하여 詩文에서 常用하는 중요하고도 독특한 技巧이다. 대우는 시중에 사용되는 다른 기교와 마찬가지로 잘못 사용되어진다면 기계적 짝맞춤으로 전락할 수 있으나 훌륭히 사용된다면 自然 속에 숨어있는 對照的 局面을 느낄 수 있도록 나타낼 수 있다.[41]

---

41) 劉若愚著, 李章佑譯 ≪中國詩學≫, 同和出版社, 1984. p.217

≪尙書≫, ≪易經≫, ≪詩經≫ 등 초기 詩文에서도 대우가 사용되고 있는 예를 발견할 수 있어[42]言語의 표현에 있어 아직 修辭法이 발달되어 있지 않았던 시절에도 對偶는 자연스럽게 활용되었던 것을 알 수 있다. ≪詩經≫이후 漢代를 거쳐 내려오며 詩文을 짓는 문인들은 對偶를 매우 중요하게 인식하고 사용하여 왔으니 대우의 開花와 주의 점에 대해 劉勰은 다음과 같이 언급하였다.[43]

揚雄·司馬相如·張衡·蔡邕 등 前·後漢의 문인들이 對句의 가치를 강조한 이래로 마치 宋의 畵家나 吳의 刀匠처럼 繁瑣한 細工을 더하게 되었다. 修辭上의 對句는 措辭의 多彩化와 평행하여 보급되며, 發想上의 對偶는 세련된 韻律과 호응하면서 꽃을 피웠다. 魏·晉의 才子들에 이르러선 句와 句의 分析에 마음을 기울이고 문자의 연결 위에서 하나의 개념을 나타내려 했으며, 극히 미세한 부분에까지도 신경을 쓰고 있다. 그러나 핵심이 있는 것은 좋은 성과를 얻었어도 문장을 만들기 위한 피상적인 대구는 아무런 성과도 거두지 못하고 있다(自揚馬張蔡崇盛麗辭[44], 如宋畵吳冶刻形鏤法, 麗句與深采並流, 偶意共逸韻俱發. 至魏晉羣才析句彌密, 聯字合趣剖毫析釐. 然契機者入巧, 浮假者無功)

對偶의 種類와 方法에 대해서는 많은 論家들의 言及이 있었다. 예를 들어 劉勰은 對句의 형식에 대하여 4種으로 구분하였고[45], 對偶論으로

---

42) ≪尙書≫<大禹謨>에 보면 皐陶贊에 「罪疑惟輕, 功疑惟重」이라 하였고, 益進謨에 「滿招損, 謙受益」이라는 구가 있어 자연스런 對의 例를 볼 수 있고, ≪易經≫의 <文言>에서 君子의 四德을 논함에 句와 句가 相應하였으며 龍과 虎를 들어 同類를 설명하는 단계에서는 글자와 글자가 상대관계를 이루고 있고, <繫辭傳>의 「乾」「坤」을 논하는 부분과 日月의 왕래를 묘사하는 부분에서도 對偶관계가 성립되도록 기술하고 있다. 또한 ≪詩經≫이나 옛 시인들이 酬唱한 시 등에도 對句와 獨立句가 적절하게 구사되어 있다.

43) ≪文心雕龍≫(卷7) 第三十五章<麗辭>에서 「麗」를 「驪」의 의미로 쓰고 있으니 이는 對句를 의미하는 것이다.

44) 여기서 「麗」는 ≪說文解字≫의 『麗, 旅行也』 라고 한 것에 근거하면, 열을 지어서 가는 것을 말한다. 劉勰은 「麗」를 「驪」의 의미로 쓰고 있으니, 이는 對句를 의미하는 것이다.

45) ≪文心雕龍≫·<麗辭>:『麗辭之體凡有四對. 言對爲易, 事對爲難. 反對爲優, 正對爲劣』

유명한 初唐의 上官儀는 6對와 8對로 細分化하였으며46), 中唐代 空海는 對偶의 종류를 29種으로 더욱 자세하게 나누었다.47) 또 현재 나와 있는 詩論書를 보면 과거 詩의 對仗을 중시하던 시절 수십 종에 걸쳐 분리하였던 것처럼 세분하여 놓지는 않았어도 前人들의 分化를 참고하여 몇 가지 종류로 나눠 놓고 있음을 살필 수 있다. 對仗의 종류에 대해 王力은 「工對」, 「隣對」, 「寬對」 등으로 크게 세 가지로 구분하였고, 다시 「工對」아래에 「借對」·「借音對」, 「寬對」아래에 「錯綜對」·「流水對」·「隔句對」등을 붙여 설명하였다.48) 또 張正體·張婷婷은 五七言 絶句에서 對偶를 운용하는 방식으로 前散後對·前對後散·四句皆對·四句皆散 등으로 구분하였고49), 吳丈蜀은 對偶의 종류에 대해 「工對」「寬對」「流水對」「交錯對」「借對」「扇對」등으로 6분하여 각각 설명하였다.50)

溫庭筠은 전체시의 8할 이상을 5·7언 律詩, 絶句와 排律의 近體詩로 창작했는데, 對偶의 技法이 매우 뛰어나다는 평을 듣고 있다. 자세히 살펴보면 律詩에 있어서의 對仗技法이 工巧하고 對偶運用도 뛰어나 자연스러운 諧和를 도모하고 있음을 발견하게 된다. 이제 溫庭筠 詩에 보이는 對偶運用의 用例들을 王力이 구분한 바에 의거하여 살펴보기로 한다.

먼저 「工對」와 「隣對」의 경우를 본다. 「工對」와 「隣對」는 出句와 詞組와 詞性이 工整하게 부합하는 것을 말한다. 上句가 某種의 詞組로 구성된 句式을 갖고 있다면 下句도 같은 구성을 갖고 對를 이루어야 하니 名詞對名詞, 動詞對動詞, 形容詞對形容詞, 數詞對數詞, 方位詞對方位詞, 副詞對副詞, 虛詞對虛詞 등이 相對를 이루고 있는 것이다. 또한 同一 品詞로 對를

---

46) 六對는 「正名對·同類對·聯珠對·雙聲對·疊韻對·雙擬對」등이고, 八對는 「的名對·異類對·雙聲對·疊韻對·聯綿對·雙擬對·回文對·隔句對」등을 가리킨다.

47) 空海 ≪文鏡秘府論≫ 東卷 <論對>에서 對偶를 「的名對·隔句對·雙擬對·聯綿對·互成對·異類對·賦體對·雙聲對·疊韻對·迴文對·意對·平對·奇對·同對·字對·聲對·側對·隣近對·交絡對·當句對·含境對·背體對·偏對·雙虛實對·假對·切側對·雙聲側對·疊韻側對」등의 29種으로 분류하고 있다.

48) 王力, ≪漢語詩律學≫(上海古籍出版社), pp.153-166 參照

49) 張正體·張婷婷 ≪詩學≫上冊(臺灣商務印書館), pp.51-53 參照

50) 吳仗蜀 ≪讀古詩文常識≫(上海古籍出版社, 2001), pp.76-84 參照

이루고 있으나 同一 種類에 속하는지 여부에 따라 다시 「工對」와 「隣對」로 나누게 된다. 같은 종류, 예를 들어 天文門은 天文門끼리 人倫門은 人倫門끼리 對立시키는 것을 「工對」라 하고51), 서로 가까운 종류, 예를 들어 天文門과 時令, 器物門과 衣服門 등을 對立시키는 것을 「隣對」라 한다.52)

① 濃陰似帳紅薇晩, 細雨如煙碧艸新.<題李處士幽居>(卷4)
② 酒裏春容抱離恨, 水中蓮子懷芳心.<蘇小小歌>(卷2)
③ 澗花入井水味香, 山月當人松影直<西陵道士茶歌>
④ 遠水斜如翦, 青莎綠似裁.<齊宮>(卷3)
⑤ 三台位缺嚴陵臥, 百戰功高范蠡歸.<和友人題壁>(卷4)
⑥ 篷聲夜滴松江雨, 菱葉秋傳鏡水風.<寄湘陰閻少府乞釣輪子>
⑦ 縱得步兵無綠蟻, 不緣句漏有丹砂.<送陳嘏之侯官兼簡李常侍>
⑧ 草木榮枯似人事, 綠陰寂莫漢陵秋.<題端正樹>(卷5)

溫庭筠 詩의 경우 律詩에 있어 對偶를 사용해야 할 경우 完整한 工對를 사용한 예는 경우가 많으며, 隣對를 사용한 경우는 그다지 많지 않다.

①-⑤는 「工對」의 예이고, ⑥-⑦은 「隣對」의 예이다. ①은 「薇」와 「艸」의 草木花果門과 「晩」과 「新」의 天文類가 對를 이룸으로서 정교한 工對를 이루고 있고, ②는 「酒」와 「水」가 비슷한 성질로 對를 이루고, 「春容」과 「蓮子」가, 「離恨」과 「芳心」이 각각 對를 이루고 있다. ③은 「澗花」와 「山月」이 對를 이루며, ④는 「翦」과 「裁」가, ⑤는 「 三台」와 「百戰」이 數量詞로서,

51) 王力은 上揭書pp.153-166에서 科擧를 보던 시대의 몇 가지 韻書속에 기재되어 있던 部門을 아래와 같은 11類로 나누어 例를 들고 있다. : 「第一類 ; 天文門・時令門, 第二類 ; 地理門・宮室門, 第三類 ; 器物門・衣飾門, 第四類 ; 文具類・文學類, 第五類 ; 草木花果門・鳥獸門, 第六類 ; 形體門・人事門, 第七類 ; 人倫門・代名對, 第八類 ; 方位對・數目對・顔色對・干支對, 第九類 ; 人名對・地名對, 第十類 ; 同義連用字・反義連用字・連綿字・重疊字, 第十一類 ; 副詞・連介詞・助詞」

52) 王力은 前揭書, pp.169-170에서 「隣對」의 경우를 대략 다음의 20가지로 구분하였다. : 『1. 天文과 時令, 2. 天文과 地理, 3. 地理와 宮室, 4. 宮室과 器物, 5. 器物과 衣飾, 6. 器物과 文具, 7. 衣飾과 飮食, 8. 文具와 文學, 9. 草木花草와 鳥獸蟲魚, 10. 形體와 人事, 11. 人倫과 代命, 12. 疑問代名詞 및 「自」・「相」등의 字와 副詞, 13. 方位와 類字, 14. 人名과 地名, 15. 類字와 色彩, 16. 同義와 反義, 17. 同義와 連緜字, 18. 反義와 連緜字, 19. 副詞와 連介詞, 10. 連介詞와 助詞.』

「嚴陵」과 「范蠡」는 역사 인물로서 각각 對를 이루고 있어, 溫庭筠이 詩를 지음에 工整한 對偶技法을 사용한 예를 보여주고 있다. ⑥과 ⑦은 字對字의 對를 이루고 있는데, ⑥은 「篷聲」과 「菱葉」이, ⑦은 「綠蟻」와 「丹砂」가, ⑧은 「草木」과 「綠陰」이 각각 의미가 상반되지 않은 채 對를 이루면서 詩意를 북돋워 주고 있다.

다음으로는 「寬對」의 예를 살펴보기로 한다. 寬對는 字對字가 모두 工整하게 부합되는 것은 아니고 일부 詞語가 다른 品詞나 語順을 채용했으되 의미상으로는 對를 이루고 있는 경우로, 一聯 가운데 詞性이 相對하는 것이 그렇게 工整하지 못하거나 혹은 詞組의 對가 그다지 엄하지 않은 이런 對聯을 寬對라 한다.

① 新雁參差雲碧處, 寒鴉遼亂葉紅時.<題西明寺僧院>(卷4)
② 心游目斷三千里, 雨散雲飛二十年 <送崔郎中赴幕>(卷4)
③ 所嗟非勝地, 堪恨是春風.<敷水小桃盛開因作>(卷7)

①의 경우 「新雁」과 「寒鴉」는 對가 工整하지만, 「雲碧處」는 「紅葉時」와 對가 되지 않는다. 왜냐하면 「雲碧」은 「紅葉」에 對가 될 수 있지만, 「處」와 「時」는 대가 될 수 없으며, 이곳에 한 聯이 된 것은 「雲碧」과 「紅葉」이 조화를 이룰 수 있다는데 착안한 것이다. ②에서는 「心游」와 「雨散」은 대가 될 수 없고, 다만 「三千里」와 「二十年」에서 數量詞인 「三千」과 「二十」이 對를 이루게 되므로 寬對라 할 수 있다. ③에서는 出句 主語인 「所嗟」와 對句 主語인 「堪恨」은 서로 對를 이룰 수 없지만 「嗟」와 「恨」이 동사이므로 所와 堪을 결합시켜 主語를 명사화 할 수 있으므로 寬對라 할 수 있다.

다음으로 「錯綜對」, 「流水對」의 경우를 살펴보기로 한다. 「錯綜對」는 出·對句가 對를 이룸에 있어 顚倒錯綜하여 對仗을 이룬 경우이고 出·對句가 연이어져 顚倒될 수가 없는 것을 「流水對」라 한다.[53] 「流水對」는 대가 비교적 工整한 工對이기도 하고, 對가 그다지 工整하지 않은 寬對이

53) 黃勖吾 ≪詩詞曲叢談≫(上海書局), pp.85-86

기도 한 데 後者가 비교적 자주 보인다.

① <寒食前有懷>(卷8)
殘芳荏苒雙飛蝶, 晩睡朦朧百囀鶯.
남아있는 향기 이어지니 나비가 짝을 지어날고,
늦은 잠이 몽롱한데 수많은 꾀꼬리 지저귄다.

② <三洲詞>(卷2)
李孃十六靑絲髮, 畫帶雙花爲君結.
이씨 성의 새댁은 열 여섯, 푸른 쪽댕기,
한 쌍의 꽃을 수놓은 허리띠도 낭군을 위해 매었다.

③ <太液池歌>(卷1)
平碧淺春生綠塘, 雲容雨態連春蒼.
모두 푸른빛인 이른봄에 푸른 연못은,
구름이 끼어 비가 올 듯한 모습으로 하늘에 닿아있다.

④ <東峯歌>(卷2)
冉冉山雞紅尾長, 一聲樵斧驚飛起.
살 찐 꿩은 붉은 꼬리 늘이고 있다가,
나무꾼 도끼소리에 놀라 날아오른다.

⑤ <題西明寺僧院>(卷4)
爲尋名畫來過寺, 因訪閒人得看棊.
그가 그린 벽화를 보기 위해 절로 왔는데,
한가한 사람을 찾아서 바둑두는 것을 보네.

⑥ <利州南渡>(卷4)
波上馬嘶看櫂去, 柳邊人歇待船歸.
물가에 말이 울어 노를 저어 가보니,
버드나무 가에는 사람들이 휴식하며 배가 돌아오길 기다린다.

①의 「雙飛蝶」과 「百囀鶯」은 「蝶」과 「鶯」字의 위치가 바뀌어 있는 채로 對를 이루고 있다. ②의 경우는 「孃」과 「君」이 대를 이루나 句中과 句頭로 그 위치가 각각 다르기 때문에 「錯綜對」가 된다. ③은 出句의 「碧」과 對句

의「蒼」이 위치가 다른 형태로 對를 이루고 있다. 對仗은 서로 相對되는 글자끼리 서로 대립됨이 正例이나 이렇게 錯綜對를 사용할 경우는 만약 工對나 隣對를 사용할 경우 의미상으로 매우 工整한 對仗이 되며 文理도 順通한 편이나 平仄에 있어서는 조화를 이룰 수 없기에 顚倒시키지 아니하면 안되는 경우라 하겠다.[54] ④-⑥은 出句와 對句의 順通한 흐름을 위해 流水對를 사용한 예인데, 字面上으로 보면 工對이지만 出句와 對句에서 말하는 것은 한가지 일인 것이다. 溫庭筠의 詩를 보면 律詩 가운데 流水對를 채택한 句들이 자주 보인다. 이는 溫庭筠이 對偶를 사용할 때에도 意境의 표현을 주로 했으며 詩意의 先後間 흐름을 더욱 중시한 결과에서 연유한 바라 하겠다.

전체적으로 溫庭筠 시에 나타난 對偶의 종류를 살펴본다면 工對가 가장 많고 寬對가 그 다음이며, 그 이외의 對仗을 써야 할 경우 流水對를 사용한 경우가 많다. 錯綜對는 별로 보이지 않고 隔句對 역시 例를 찾기가 힘들다. 이러한 對偶의 사용빈도를 볼 때 工整함을 추구하는 律詩句形을 취하여 音律을 重視여겼던 것이다.

한편 樂府詩에서는 본래 對仗을 추구하지 않지만, 溫庭筠의 樂府에서는 비교적 많은 對句가 있다. 例를 들어보면 다음과 같은 것이 있다.

* 彗星拂地浪連海, 戰鼓渡江塵漲天<鷄鳴埭歌>(卷1)
* 綺閣空傳唱漏聲, 網軒未辨凌雲字<曉仙謠>(卷1)
* 上郡隱黃雲, 天山吹白艸
  嘶馬渡寒磧, 朝陽照霜堡<邊笳曲>(卷3)
* 鳳管悲若咽, 鸞弦嬌欲語
  扇薄露紅鉛, 羅輕壓金縷<江南曲>

또<獵騎>(권3) 및 <握柘詞>(권7) 등의 시에서는 중간의 여러 구가 모두 對句를 이루고 있으며, 형식은 律詩에 가깝다. 樂府 中의 對句는 하나는 골간을 온전하게 하고, 하나는 정체에 빠지지 않게 하였다. 또 한가지

54) 王力, 前揭書, pp.162-163 參照

특징으로 溫庭筠의 시 가운데는 「當句對」가 매우 많은데, 특히 악부 중에서는 거의 모든 시에 있으며, 아래의 시에서 많은 예를 들어 그 對詞의 실질을 밝혀보기로 한다.

* 眉斂 湘煙袖回雪. 裂管 縈弦共繁曲<夜宴謠>(卷1)
* 情遠 氣調蘭蕙熏. 含商 咀徵雙幽咽. 輭縠 疎羅共蕭屑.
交枝 簇蔕連壁門.<鷺箠歌>(卷1)
* 平碧 淺春生綠塘. 雲容 雨態連春蒼.<太液池歌>(卷1)
* 繡翎 白頸遙相妒. 綠場 紅迹來相接. 靑畝 春蕪連古苑.<雉場歌>(卷1)
* 天絲 舞蝶俱裵回. 綺戶 雕楹長若此.<吳苑行>(卷1)
* 彎堤 弱柳遙相矚. 柳暗 桑穠聞布穀.<晩歸曲>(卷2)
* 雕旗 獸艦凌波起. 雷吼 濤驚白若山.
石鯨眼裂 蟠蛟死. 箭羽 槍纓三百萬.<昆明治水戰詞>(卷2)
* 鳳低 蟬薄愁雙蛾. 鸞咽 鶴唳飄颻歌.<七夕歌>(卷3)
* 紅深 綠暗徑相交, 抱暖 含芳披紫袍.<寒食日作>(卷4)
* 弱柳千條 杏一枝, 半含春雨 半垂絲.<題望苑驛>(卷4)
* 露濃煙重 艸萋萋, 樹暎闌干 柳拂隄.<經李徵君故居>(卷4)
* 月缺 花殘莫愴然, 花須終發 月終圓.<和友人傷歌姬>(卷4)
* 劍逐驚波 玉委塵.<經故翰林袁學士居>(卷5)
* 槿籬 芳援近樵家.<鄠杜郊居>(卷5)
* 菰黍正肥 魚正美.<寄崔先生>(卷9)

「當句對」의 詩에 대한 기능은 강하게 하고, 아름답게 하기 위해서이다. 위의 예에서 「裂管」과 「縈弦」, 「含商」과 「咀徵」, 「雲容」과 「雨態」, 「鸞咽」과 「鶴唳」, 「抱暖」과 「含芳」, 「露濃」과 「煙重」, 「槿籬」와 「芳援」은 그 실질은 모두 서로 같아, 중첩되게 사용하여 疊詞처럼 인상을 강화시킬 수 있다. 「花須終發月終圓」과 「劍逐驚波玉委塵」같은 구도 동일 사실을 중복강조하고 있다. 형용사의 중복은 美化작용을 하고 있는데, 「情遠」, 「氣調」, 「菰黍正肥魚正美」등과 같은 것이다. 當句對의 平仄 또한 시의 音節의 美에 영향을 끼친다.

當句對의 대량 사용은 문자를 세밀하고 아름답게 해주며, 음절을 유창하게 하고, 또 民歌식의 유창한 흥취를 만들어낼 수 있으나, 쉽게 空虛한 말로 흐를 수 있다. 예를 들어 「抱月」과 「飄烟」은 情態가 비슷하고, 「含商」과 「咀徵」은 한가지 일을 말한 것이며, 「靑畝」와 「春蕪」역시 봄날의 郊外를 언급한 것에 불과하다. 과다 사용하면 시에서 충분히 精練되지 않음을 느낄 수 있으며, 반복하면 진부해지게 된다.

4. 疊 字

疊字는 韻文의 작법에 있어 동일한 글자를 두 차례 이상 반복하여 사용하는 수사의 한 형태로서, 音節의 청각적 미감을 도와 작품에서 드러내려는 감정을 효과적으로 표출하는데 있어 기여할 수 있으며[55], 사물의 形態나, 혹은 사물의 聲音을 나타내는 것이다. 疊字는 원래 疊韻인 동시에 雙聲이기 때문에 시의 聲律上 重複으로 표현하여 聯綿과 强調의 효과를 나타내는 것이다. 즉 음악의 반복구조와 같이 글자의 반복을 통한 리듬감을 전달해주며 읽는 이와 듣는 이로 하여금 심리적 안정감과 운율적 반복에 따른 일정한 의식을 갖게 해준다.

疊字는 ≪詩經≫305篇 가운데 188篇에서 사용되어 詩의 韻律美와 修飾美를 振作시킨 이래로 古來의 中國文學史上 거의 대부분의 장르에서 사용되어 왔고, 또한 視覺的으로도 文字上의 안배에 따른 修辭美를 느낄 수 있게 해준다. 句頭, 句中, 句末 등에서 때로는 한 연의 出句와 對句에서 垂珠對를 이루기도 하면서[56] 선명한 인상을 창출하고 있는 것이다. 溫庭筠의 詩 가운데 疊字의 運用이 상당수 이루어지고 있어[57], 聲律의 重疊과 意味의 重疊이라는 疊字의 특성을 잘 활용하고 있고, 시로 하여금 음절이 잘 어울리게 하고 기품이 흐르게 하고 있다. 여기서는 크게 사물의 형태를

55) 夏承燾・吳熊和 著, ≪讀詞常識≫(百靈出版社, 1983, ≪知識叢書≫編輯委員會編), pp.66-67 參照

56) 出句와 對句가 疊字 句로서 對를 이루는 것을 垂珠對라고 한다.(張正體・張婷婷, ≪詩學≫ pp.204-205 참조)

57) 溫庭筠의 疊字사용은 그의 全集에서 一百五十九 차례 이상 사용하였고, 全詩의 3분의 1정도에서 이 技巧를 사용하였다.

나타내는 경우와 성음을 나타내는 경우로 분류하여 알아보기로 한다.

(1) 사물의 형태를 나타내는 경우

* 差差向巖石, 冉冉凌青壁. <嶢歌>(권3) ; 들쭉날쭉한 모습, 느릿느릿한 모습
* 水清蓮媚兩相向, 鏡裏見愁愁更紅. <蓮浦謠>(권) ; 근심스러운 모습
* 左亦不碌碌, 右亦不碌碌. <碌碌古詞>(권) ; 순조로운 모습
* 悠悠復悠悠, 昨日下西州. 西州風色好, 遙見武昌樓.
  武昌何郁郁, 儂家定無匹. <西州曲>(권)
* 月隨波動碎潾潾, 雪似梅花不堪折. <三洲詞>(권2) ; 물결치는 모습
* 紅瀲蕩融融, 鶯翁灘鵜暖. <黃曇子歌>(권) ; 빛나는 모양
* 繡領金須蕩倒光, 團團皺綠雞頭葉. 東溝潏潏勞回首, 欲寄一栝瓊液酒.<蘭塘詞>(권2) ; 둥근 모습, 물이 쏟아지는 모습
* 狼烟堡上霜漫漫, 枯葉飄風天地乾.<遐水謠>(권1) ; 끝없이 펼쳐진 모습
* 采蓮蓮有子, 不作浮萍生.<江南曲>(권) ; 蓮의 모습
* 鵲歸燕去兩悠悠, 青瑣西南月似鉤.<七夕>(권4) ; 유유자적한 모습
* 豆苗蟲促促, 籬上花當屋.<嶢歌>(권3) ; 꿈틀거리는 모습

(2) 사물의 聲音을 나타내는 경우

* 風颸颸, 雨離離. 菱茨刺, 瀏鶩飛. 水連網眼白如景, 淅瀝篷聲寒點微<罩魚歌>(권2) ; 바람소리, 흔들리는 소리
* 沙晴綠鴨鳴咬咬. 錦薦金鑪夢正長, 馬聲特特荊門道, 東家呃喔鷄鳴早<常林歡歌>(권1) ; 새 울음소리, 닭 울음소리
* 朝罩罩城東, 暮罩罩城西. 兩槳鳴幽幽, 蓮子相高低<罩魚歌>(권2) ; 그윽한 소리
* 紅豔花多風嫋嫋, 碧空雲斷水悠悠.<題懷貞亭舊遊>(권4) 바람소리
* 路分谿石夾煙叢, 十里蕭蕭古樹風. <開聖寺>(권4) ; 바람소리
* 格格水禽飛帶波, 孤光斜起夕陽多.<晩歸曲>(권2) ; 새 울음소리
* 丁丁暖漏滴花影, 催入景陽人不知.<晩歸曲>(권2) ; 물방울 떨어지는 소리
* 東溝潏潏勞回首, 欲寄一栝瓊液酒 <蘭塘詞> (권2) ; 물이 솟아오르는 소리

다음은 溫庭筠의 詩 가운데 疊字의 활용이 두드러진 시로 <罩魚歌>(卷2) 한 수를 보기로 한다.

朝罩罩城東, 莫罩罩城西.
兩槳鳴幽幽, 蓮子相高低.
持罩入深水, 金鱗大如手.
魚尾迸員波, 千珠落湘漢.
風飋飋雨離離, 菱芡刺鸂鶒飛.
水連網眼白如景, 淅瀝篷聲寒點微.
楚岸有花花蓋屋, 金塘柳色前谿曲.
悠悠杳若去無窮, 五色澄潭鴨頭綠.

아침에는 성의 동쪽에서 물고기를 잡고,
저녁에는 성의 서쪽에서 물고기를 잡는다.
두 노의 울림이 그윽하고,
연밥이 서로 오르내린다.
가리를 들고 깊은 물 속에 들어가니,
금빛 비늘의 물고기 손바닥만하다.
물고기 꼬리는 둥근 파도 속에 솟구치니,
천 개의 구슬이 湘江의 蓮에 떨어진다.
바람은 나부끼고, 비는 주룩주룩 떨어지고,
뾰족한 마름가시, 紫원앙새 날고,
물이 그물코에 닿으니 빛처럼 환하고,
거룻배에 들리는 빗소리에 한기는 점차 엷어진다.
초땅 언덕에 핀 꽃은 지붕을 덮었고,
아름다운 못의 버드나무 빛은 前溪로 휘었다.
그윽하고 아득함이 마치 끝없는 곳으로 가는 듯,
오색빛 나는 맑은 못에 오리 머리가 푸르다.

이 시는 온정균의 樂府民謠<罩魚歌>의 후반부이다. 「風飋飋, 雨離離, 菱芡刺, 鸂鶒飛. 水連網眼白如影, 淅瀝篷聲寒點微」는 청각뿐만 아니라 촉각, 시각에도 호소하고 있다. 사람에게 주는 感受 역시 평면적인 것이 아니고 입체적이다. 색도 있고 소리도 있으며 동작도 있어 전부 눈앞의 평상적인 景物이고 눈에 익은 현상이지만, 시인의 선택과 안배를 거쳐 살아있는 생명이 되었다. 부슬부슬 내리는 비 소리는 그치지 않고 강남 물 고장의 어선 위에 내리며, 또한 마침 우리 귀에도 울리고 있어, 바람

솔솔 불고 가랑비 내리고, 마름(풀) 가시, 魚網入水를 분별할 수 없게 한다. 일상적인 사물일수록 잘 묘사하기가 더욱 어려우며, 또한 이 세미한 곳으로부터 溫庭筠이 한 樂府詩人이 된 성과를 가장 잘 볼 수 있다. 여기에서 그가 感官經驗에 탐닉한 唯美派 시인이었음을 볼 수 있다.

일상 경험에서 視覺·聽覺·觸覺·嗅覺 등은 종종 서로 교감할 수 있고, 눈·귀·코·몸 등 각 관능영역은 한계가 없을 수도 있었다. 色은 온도가 있을 수 있고, 소리는 형상이 있을 수 있고, 冷暖은 중량이 있을 수 있었다. 이와 같은 것들은 보통 언어에서 적잖게 드러난다. 예를 들어, 우리는 「光亮」을 말할 때 「響亮」이라고도 하는데, 찬란한 빛을 형용하는 「亮」자를 소리로 전이시켜 마치 시각과 청각이 한데 있어 피차 구분이 없는 것 같다.

이른바 「感官의 交綜運用을 받아들이는」 것은 바로 본래 눈동자에서 얻은 인상이어야겠지만 오히려 코에서 받아들이고 있고, 본래 촉각에 호소해야 하는 인상이어야겠지만 오히려 청각에 호소하고 있다. 이와 같은 것들은 일부러 五官의 感受力을 교환하여 보통을 초월한 강렬한 美感活動을 일으켜 感官意象으로 하여금 매우 활발하고 새롭게 표현하도록 한다.

청각과 시각의 通感現象은 通感 중에서 가장 잘 나타나고 가장 중요한 것이며 이는 사람의 여러 감각 중에 있기 때문에 청각과 시각이라는 두 감각은 가장 靈敏하고 가장 세밀하며 가장 풍부하고도 결합이 가장 긴밀하다. 이것들은 객관대상의 審美屬性을 感受하는 생리적 심리적 기초이고, 사람 감각 중의 고급감각이며, 후각·미각·촉각은 저급 감각기관에 속한다.

이상으로 溫庭筠 시 가운데 쓰인 疊字들의 예를 살펴보았다. 溫庭筠은 近體詩를 많이 창작하여 聲律에 상당히 구속되어 있는 부분이 있는데, 시중에 쓰인 첩자들의 활용은 청각적으로 활력을 불어넣고 있어 단조롭고 메마른 느낌만 추구하는 시어들이 아님을 보여주고 있다. 또한 적절한 疊字의 운용은 여러 마디로 설명할 내용을 간략한 이자로 축약시키는 효과도 가지고 있어 시의상의 簡鍊에도 큰 도움을 주고 있는 것이다. 요컨대 溫庭筠 詩에서 활용된 104種 159回의 疊字들은 溫庭筠 詩 곳곳에서 語調의 和諧를 돕고 語勢의 雄偉를 증진시켜주는 修辭的인 효과를 발하는 요소들이라 하겠다.

이상과 같이 疊字의 운용은 詩의 形象을 두드러지게 하는 효과가 있다.

Ⅳ. 結 語

溫庭筠의 表現技巧에 있어서의 특징은 歷代의 어떤 다른 詩人보다 더 表現技巧에 心血을 기울여 詩語와 造句에 있어서 그의 才能을 한껏 발휘하고 相當한 成功을 거두게 되었다는 것이다. 먼저 溫庭筠시에서 使用된 視覺的 表現技巧의 특징으로 첫째는 色彩字의 多用을 들 수 있는데, 色彩感을 形容詞로써 使用하였을 뿐만 아니라, 美의 要素를 色彩에서 찾고 强烈한 視覺效果를 조성하여 意象을 더욱 鮮明하고 生動感이 있게 하였다. 특히 「紅」자의 사용이 가장 많다는 특징을 보여준다. 둘째는 華麗한 文章 즉 麗藻를 즐겨 사용한 것인데, 이것은 그의 艶詩를 더욱 돋보이게 하였고, 麗藻의 多用으로 인해 그의 詩가 唯美主義 色彩를 가지고 있다고 評價를 받게 되었다. 셋째는 典故의 使用으로, 詩의 平凡하고 단조로움을 피하고 詩의 外形美를 增加시키고 詩意를 풍부하게 하였고, 넷째는 比喩를 즐겨 사용하였는데, 특징적인 것은 主로 直喩의 技法을 통하여 元觀念을 「如」, 「似」 같은 字를 사용한 補助觀念을 통해 對替하였고, 과장된 표현으로 사태를 切實하게 표현하였다는 것이다. 또 隱喩를 사용하여 신선한 느낌과 경험을 나타내고 여러 가지 浮艶한 風格의 手段으로 표현하여 다른 詩人들보다 技巧面에서 더욱 뛰어나다는 評을 받고 있다.

다음은 溫庭筠 詩에서 사용된 聽覺的 表現技巧의 特徵으로, 첫째는 嚴格한 格律의 요구대로 運用한 平仄인데, 비록 拗句가 多少 보이지만 詩意의 情緖에 따라 바꾸었기 때문에 調和를 이루고 있다. 溫庭筠 詩語의 두드러진 특징은 音調가 柔美하고 자연스러우며 流暢한 것이다. 溫庭筠 詩에는

樂府, 律詩, 絶句를 막론하고 모두 音調가 부드럽고 유창하여 어색하고 발음하기 까다로운 현상은 거의 없다. 둘째는 律詩에 있어서 嚴格한 用韻을 運用한 것으로, 本韻, 通韻, 轉韻의 모든 형태가 古體詩, 近體詩를 막론하고 다 나타나고 있으며, 특히 그의 七言詩는 絶對多數가 首句에 押韻하여 처음부터 사람들을 부드럽고 자연스런 분위기로 이끌었다. 셋째는 完整한 對偶의 使用인데, 律詩에 있어서의 對偶技法이 工巧하고 運用도 뛰어나 자연스러운 諧和를 도모하고 있음을 발견할 수 있다. 넷째는 聲律의 重疊이면서 意味의 重疊이라는 疊字의 特性을 잘 나타내고 있다. 주로 事物의 形態나 聲音을 效果的으로 나타내기 위해 활용하는 技法으로 全詩의 3분의 1 정도에서 이 技巧를 運用하고 있음을 알 수 있다.

이상에서 알 수 있듯이 溫庭筠은 그의 詩를 表現함에 있어서 視覺的 表現技巧와 聽覺的 表現技巧를 이용하여 그의 詩에 대한 아름다움과 부드러움을 드러내었고, 자연스럽고 調和를 이루는 詩를 效果的으로 나타내고 詩意를 豊富하게 하고자 하였다. 이렇게 表現技巧를 重視한 結果 藝術風格이 唯美主義的인 傾向으로 나아가게 되었으며, 이러한 傾向은 晩唐 詩壇에도 커다란 영향을 끼쳐 修辭와 音律을 중시하는 風潮를 이루게 하였다.

參考文獻

<단행본>

[1] 金圓卿, ≪文學概論≫, 서울 : 學文社, 1980
[2] 張淑香. ≪李義山詩析論≫, 臺北 : 藝文印書館, 1986
[3] 劉若愚・李章佑譯, ≪中國詩學≫, 서울 : 同和出版公社, 1984
[4] 金南石 ≪現代詩原論≫, 서울 : 瑞音出版社, 1977
[5] 欒貴明 等 編著 ≪全唐詩索引庭筠卷≫, 秦皇島 : 現代出版社, 1994
[6] 黃永武, ≪溫庭筠詩欣賞≫, ≪自由青年≫ 41卷 6期
[7] 黃坤堯, ≪溫庭筠≫, 臺北 : 國家出版社, 1984
[8] 劉斯翰 選注, ≪溫庭筠詩詞選≫, 香港 : 三聯書店, 1986
[9] 周紹賢, ≪中國文學論衡≫, 臺北 : 文京書局, 1975
[10] 王力, ≪漢語詩律學≫, 上海古籍出版社,
[11] 吳仗蜀, ≪讀古詩文常識≫, 上海古籍出版社, 2001
[12] 夏承燾・吳熊和 著, ≪讀詞常識≫, 百靈出版社, 1983

<논 문>

[1] 馬楊萬運 ≪李長吉硏究≫, 臺灣大碩士論文, 民國五十八年.
[2] 方祖桀, <色彩詞의 構成과 變化>, ≪中國語文≫ 第41卷, 第3期
[3] 杜國淸, <漢字作爲試的表現媒介>, ≪中外文學≫8卷 9期
[4] 林邦鈞, <論溫庭筠和他的詩>(『文學遺産』 1981年 第4期)
[5] 黃震雲, <溫庭筠詩歌的藝術特色>(『徐州師院學報』 1984年 第1期)
[6] 王希斌, <論溫庭筠樂府詩的思想內容>(『北方論叢』 1989年 第3期)
[7] 劉尊明, <溫庭筠筆下的女性形象及其審美意義>(『湖北大學學報』 1989年 第5期)
[8] 劉尊明, <禪與詩：溫庭筠藝術風格成因新探>(『人文雜志』 1989年 第6期)
[9] 成松柳, <溫庭筠詩歌藝術風格初探>(『長沙水電師院學報』 1992年 第1期)
[10] 崔鵬, <談溫庭筠的詩>(『內蒙古電大學刊』 1992年 第6期)
[11] 吳小如, <說溫庭筠「商山早行」：唐詩今榷之三>(『古典文學知識』 1994年 第2期)

宋詞에 사용된 題序의 역할

- 張炎 詞의 題序를 중심으로 -

尹東烈*

Ⅰ. 서 론

詞의 창작이 民間에서 文人으로 확대되면서 詞牌의 名과 詞意가 일치하는 本意詞로부터 非本意詞로 바뀌어 갔다. 非本意詞는 詞牌만 보고는 그 내용을 짐작하기 어렵기 때문에 내용을 설명할 수 있는 副題나 序文을 병기하기 시작하였는데, 이러한 副題나 序文을 병기한 것을 題序라고 한다. 宋代 詞人중에서 詞題와 詞序를 쓰는 일은 張先으로부터 시작되어 蘇軾에 이르러 本格化되었으며 蘇軾 이후 南宋 作家들에게 있어서는 題序를 사용하는 일이 普遍化되었다.1) 그러면 宋代 詞人들이 詞에 題序를 붙이기 시작한 까닭은 무엇일까? 施蟄存은 唐五代와 北宋 初期 詞에서 詞題가 필요하지 않았던 이유는 當時의 詞가 대부분 小令이었고 주로 술집[酒樓]이나 노래하는 장소[歌館]에서 쓰여 천편일률적인 내용을 담고 있어 文句가 간단명료하고 詞意를 쉽게 파악할 수 있었기 때문이지만, 이후 詞의 역할이 확대되고 內容・意境・題材가 복잡하여져 詞의 文句만

* 안산1대학 관광중국어과 조교수

1) 柳種睦, "蘇軾詞硏究", 서울, 中文, pp.309-314. 참조

보아서는 詞意를 파악하기 어려워 題序를 부가할 필요가 생겼기 때문이다[2]고 설명하였다. 즉, 宋詞에서 題序의 효용은 外延的으로 볼 때 詞體가 발달하고 詞의 內容과 意境 및 題材의 확대에 따른 것에 起因한 것이지만, 그 목적은 주로 詞意의 전달에 있다는 것이다. 본고에서는 南宋 詞人 張炎 詞의 題序에 대해 詞體別, 字句別, 詞題·詞序別로 구분하여 南宋詞에 있어서 題序의 역할에 대해 살펴보고자 한다.

Ⅱ. 詞體와 字句로 살펴본 題序 사용

黃昇은 "唐詞는 題에 따라 지은 것이 많아서 <臨江仙>은 神仙의 일을 말하고 <女冠子>는 女道士의 姿態를 서술했으며 <河瀆神>은 祠堂을 읊었으니 대체로 本題의 뜻에서 벗어나지 않았다. 그 뒤에 점차 변하여 題로부터 멀어졌다"[3]라고 하여, 唐五代 詞는 대부분 詞牌의 名과 詞意가 일치하는 本意詞라 하였다. 이는 唐五代 詞의 속성을 설명해 주는 것이라 하겠다.

非本意詞는 詞가 차츰 지식인의 개인적 서정의 수단이 되어 가면서 그 내용이 詞牌와는 거리가 멀어졌고 마침내 詞牌는 曲調를 나타낼 뿐 詞의 내용과는 전혀 무관한 경우가 많아지게 되었다. 따라서 곡조를 표시하는 詞牌 이외에 내용을 보충하여 설명해 줄 수 있는 詞題 또는 詞序[4]가 별도로 필요하게 되었다. 이에 대해 王易는 "五代, 宋初의 詞는 調名 아래에 題目이 없었다. 그 뒤 사를 짓는 자는 調名 아래에 창작 의도를 붙이기 시작하였는데, 이 풍조를 연 사람이 소식이다"[5]라고 했다.

---

2) 施蟄存, "詞學名詞釋義", 北京, 中華書局, 1988年, p.94.

3) "唐詞多緣題所賦, <臨江仙>則言仙事, <女冠子>則述道情, <河瀆神>則詠祀廟, 大概不失本題之意. 爾後漸變, 去題遠矣." 黃昇, "花菴詞選" 卷1, 李珣<巫山一段雲>詞 附註.

4) 施蟄存은 간단하여 문장이 성립되지 않는 것을 詞題, 비교적 길게 작사의 동기나 詞의 뜻을 설명한 것을 詞序라 구분하였다(앞의 책 p.94).

5) 王易, "詞曲史", 台北, 廣文書局, 1979. p.260

그러나 題序가 蘇軾으로부터 시작되었다는 주장은 논란의 여지가 많다. 任二北의 『敦煌曲校錄』에 수록된 民間敦煌詞 545首 중에서 360수가 題序를 가지고 있고, 소식 이전의 북송사인 105명 중에서 題序가 병기된 詞를 1수 이상 남긴 詞人은 모두 48명으로 약 절반에 가깝다. 그러나 이 48명 중 25명은 1수씩이고 2수 이상인 사람은 23명이고, 다시 5수 이상인 詞人은 張先의 65수를 비롯해 8명에 불과한 실정이다. 그러나 소식은 장선의 뒤를 이어 詞題를 철저하게 많이 사용했고 詞序도 많이 사용하여 300여 수의 詞 중에서 70%가 넘는 220~230수가 題序를 가지고 있다. 이를 통해 볼 때 張先으로부터 詞題와 詞序를 쓰는 일이 시작되었고 蘇軾에 이르러 本格化되었으며 소식 이후 南宋 作家들에게 있어서는 題序로 詞意를 보완하는 일이 普遍化되었음을 알 수 있다.[6]

南宋代 詞人인 張炎의 경우에도 『全宋詞』에 수록된 그의 詞중에서 題序가 병기되어 있는 詞가 총 271首이고, 倂記되어 있지 않은 詞는 31首로 총 89.1%의 작품에 題序가 병기되어 있다. 이로써 장염이 詞題를 철저하게 사용했고 詞序도 매우 많이 사용했음을 알 수 있다. 南宋 詞人 張炎 詞의 題序에 대해 詞體別, 字句別, 詞題·詞序別 역할에 대해 살펴보면 다음과 같다.

1. 詞體別

먼저, 王力의 詞體 구분법에 의해 張炎 詞를 小令과 慢詞로 구분하고,[7] 詞體別 題序 倂記 여부를 살펴보고자 한다. 張炎 詞는 전체 작품 중에 89.1%가 題序를 병기하고 있기 때문에 題序를 倂記하지 않은 詞만를 詞體別로 나열하여 보면 다음과 같다.

---

6) 柳種睦, 앞의 책, p.314. 참조

7) 張炎 詞를 王力의 기준(小令 : 62字 이하, 慢詞 : 63字 이상)에 따라 분류할 때, 小令이 102首(33%), 慢詞가 200首(63%)를 차지하고 있었다.

◎ 小令 : 총 102首에서 28首

<浣溪沙>(100)[8], <菩薩蠻>(101), <四字令>(102), <醉落魄>(105), <南樓令>(133), <清平樂>(136), <踏莎行>(139), <浣溪紗>(220), <朝中措>(225), <采桑子>(226), <浣溪紗>(228), <鶴鴣天>(231), <浪淘沙>(236), <謁金門>(239), <清平樂>(240), <漁家傲>(242), <珍珠令>(260), <漁歌子>(282-290), <一翦梅>(291), <南鄕子>(292)

◎ 慢詞 : 총 200首에서 3首

<木蘭花慢>(213), <滿江紅>(217), <壺中天>(238)

張炎 詞의 詞體別 題序 用例를 살펴보면, 張炎은 小令 총 102首 중에 27.5%에 해당하는 28首의 詞에 題序를 전혀 병기하지 않고 있으며, 慢詞의 경우에 총 200首 중에서 3首를 제외한 전체 詞에 題序를 병기하고 있다. 즉, 題序의 병기가 62자 이하의 小令보다는 글자의 수가 많은 慢詞에 집중되어 있으며, 張炎이 詞體別로 題序의 사용을 구분하고 있음을 알 수 있다. 이는 小令과 같이 文句가 간단하여 詞意 파악이 쉬운 경우에 題序를 달지 않거나 짧은 詞題를 병기하고 있으며, 詞意 파악이 쉽지 않은 慢詞의 경우에는 200首중에서 3首를 제외한 모든 詞가 題序를 병기하고 있다. 이는 施蟄存이 밝힌 題序 병기 이유와 부합된 것으로 張炎 詞의 題序는 詞意 전달에 주된 목적이 있음을 傍證하는 일례라 할 수 있다.

2. 字句別

題序를 병기한 張炎 詞중에 73.2%에 해당하는 197개의 작품이 10字 이내의 題序를 가지고 있으며, 10字 이상의 題序를 가진 작품은 26.8%에 해당하는 72首이다. 이 가운데 2字로 된 짧은 詞題도 있고 71字에 이르는 비교적 긴 詞序도 있는데, 51~71字에 이르는 비교적 긴 詞序는 6首에

8) 작품명 뒤에 있는 숫자는 『全宋詞』에 실려 있는 장염의 작품순번을 나타내는 것이다.

불과하다. 다음은 張炎 詞의 題序의 개략적인 모습을 파악하기 위해 다음과 같이 세분하여 보았다.

1-10字로 된 題序 : 197首(73.2%)
11-20字로 된 題序 : 30首(11.2%)
21-40字로 된 題序 : 28首(10.4%) (21-30字 : 13首, 31-40字 : 15首)
41字 이상으로 된 題序 : 14首(5.2%) (41-50字 : 8首, 51字이상 : 6首)

詞序를 본격적으로 쓰기 시작한 蘇軾의 詞에는 30字 이상의 詞序가 30여 편이나 되며 200字가 넘는 長篇의 詞序도 2편이나 되어 詞의 本文보다 序文이 主가 된 듯 하며 內容上으로도 序文이 더욱 심오하고 감동적인 느낌마저 준다고 하였다.9) 이는 當時에 쓰인 詞序가 이미 詞의 附屬物이 아닌 독립된 小品文의 역할을 하고 있다는 것을 보여주는 것인데, 張炎 詞에 쓰인 詞序는 대부분 11字에서 40字로 구성되었으며 100자 이상의 長篇은 없어 詞序가 本詞의 범위를 초과하는 경우는 드물다고 말할 수 있다.

張炎 詞 題序의 글자 수에 따른 효용 고찰은 詞題와 題序가 기본적으로 글자 수에 따라 구분된다는 점에서 볼 때 구체적인 내용은 Ⅲ장에서 거론하기로 한다.

Ⅲ. 詞題와 詞序로 구분하여 살펴본 題序의 사용

施蟄存은 간단하고 문장이 성립되지 않는 것을 詞題라 하고, 作詞 동기나 詞意를 비교적 길게 설명한 것을 詞序라 하여 구분하고 있다.10) 이에 施蟄存의 구분에 따라 張炎 詞의 題序를 詞題와 詞序로 나누어 그 用例를 살펴보고자 한다.

9) 柳種睦, 앞의 책, pp314-316. 참조.
10) 施蟄存, 앞의 책, p94. 참조.

1. 詞 題

詞題를 간단하고 문장이 성립되지 않는 題序라고 규정할 때 張炎 詞중의 詞題는 10字 이내의 것이 대부분이지만 10字 이상으로 구성된 것도 詞題로 구분하여야 할 것이 적지 않았다. 먼저, 2字로 구성된 詞題의 예를 보면 다음과 같다.

<南浦>(1) : 「春水」
<解連環>(30) : 「孤雁」
<塞翁吟>(45) : 「友雲」
<祝英臺近>(46) : 「耕雲」
<風入松>(47) : 「岫雲」
<青玉案>(296) : 「閒居」

2字로 구성된 짧은 詞題로, 詞題만을 보고는 詞意를 분명하게 파악하기 힘들다. 그러나 「春水」(봄의 강)에서는 겨울을 이겨내고 새 생명을 잉태하는 봄날의 활기찬 물줄기를 노래하고 있음을, 「孤雁」(외로운 기러기)에서는 자신의 외로운 처지를 기러기에 빗대어 표현하였음을 짐작할 수 있다.

다음의 구름을 노래하고 있는 <塞翁吟>(45), <祝英臺近>(46), <風入松>(47)을 살펴보면 2자로 구성된 詞題의 특징을 잘 알 수 있다.

"불안한 마음에 말없이 평생을 같이 하자면서,
도연명의 시를 전해 주었지."
(耿無語・共說生平, 都付陶詩.) <塞翁吟>(45) - 友雲

"화초 무성한 들판에 봄 그늘지니,
적막한 꿈의 魂들,
밟혀 부서진 배꽃은 얼마인가."
(蒙茸數畝春陰, 夢魂落寞, 知踏碎・梨花多少.) <祝英臺近>(46) - 耕雲

"이미 마음을 비워 만리길을 떠나네.
晉人(도연명)이 돌아가면서,
바람 타고 斜川을 지났었지."
(已無心・萬里行天. 記得晉人歸去, 御風飛過斜川[11].) <風入松>(47)- 岫雲

<塞翁吟>(45) : 友雲과 <風入松>(47) : 岫雲의 경우에 詞題만을 보았을 때 詞意를 직접 추론하기 어렵다. 다만 <江神子>(44)의 詞 및 그 詞序를 살펴볼 경우, <塞翁吟>(45) : 友雲과 <風入松>(47) : 岫雲, <祝英臺近>(46) : 耕雲은 모두 친구 孫虛齋의 "四雲庵"에 대해 노래한 것임을 알 수 있다.[12] <江神子>(44)는 본문에서 賈島의 <尋隱者不遇> 詩句[13]와 歐陽修의 <醉翁亭記>[14]를 원용하여 자신의 뜻이 山水自然에 있음을 밝히고 있는 대표적인 隱逸詞이다. <塞翁吟>(45)과 <風入松>(47)의 본문에서 도연명을 직접 거론하고 있으며, 또한 <江神子>(44)를 참고하여 살펴볼 때 張炎이 인생의 덧없음과 자연에 은거하여 유유자적 살고픈 마음을 이 詞들을 통해 전달하고 있음을 유추할 수 있다. 즉, 2字로 구성된 詞題의 경우에는 詞題만으로는 전체 詞의 내용을 유추하기 힘들고 반드시 본문의 내용을 참조하여야 알 수 있다.

다음은 3字와 4字로 된 詞題의 경우이다.

<一萼紅>(37) : 「賦紅梅」
<摸魚子>(151) : 「別處梅」
<壺中天>(248) : 「懷霅友」
<小重山>(264) : 「煙竹圖」
<高陽臺>(2) : 「西湖春感」

---

11) 斜川 : 江西 星子와 都昌 두 縣 사이의 호수에 위치하고 있다. 陶淵明은 『遊斜川』을 지어 아름다운 풍경을 노래하였다. 여기서는 隱士들이 거주하는 곳을 말한다.
12) <江神子>(44) - 孫虛齋作四雲庵, 俾余賦之兩雲之間 - (손허제가 사운암을 짓고서 兩雲之間을 지어 달라고 하였다) 이 곳에서 兩雲之間은 대략 耕雲亭과 岫雲亭 또는 友雲亭 사이를 말한다.
13) 賈島, <尋隱者不遇> : "松下問童子, 言師采藥去. 只在此山中, 雲深不知處"("全唐詩", p.6693)
14) 歐陽修, <醉翁亭記> : "醉翁之意不在酒, 在乎山水之間夜"("古文觀止", p.581)

<憶舊游>(32)：「登蓬萊閣」
<瑤臺聚八仙>(48)：「爲野舟賦」
<疏影>(92)：「題賓月圖」
<蝶戀花>(141)：「贈楊柔卿」
<瑤臺聚八仙>(166)：「詠鴛鴦菊」
<如夢令>(209)：「淵明行徑」
<風入松>(267)：「谿山堂竹」
<柳梢淸>(294)：「淸明夜雪」

3~4자로 구성된 詞題의 경우 '동사+명사'의 구조로 구성된 경우가 있지만 2자로 구성된 詞題의 예에서와 마찬가지로 詞題를 보고 詞意를 추측만 할 뿐이지 詞意를 분명하게 파악하는 것은 불가능하다. <瑤臺聚八仙>(48)의 「爲野舟賦」(강야주를 위해 노래하다)와 <蝶戀花>(141)의 「贈楊柔卿」(양유경에게 보내며) 등은 詞題만을 보고서 江野舟나 楊柔卿과 관계된 것임을 미루어 짐작할 수 있을 뿐이다. <如夢令>(209)의 「淵明行徑」(도연명의 작은 길)은 陶淵明의 <歸去來辭>에서 그 제재를 취했음을 추측할 수 있으며, <一萼紅>(37)의 「賦紅梅」(紅梅를 노래하다) 등은 눈앞에 보이는 사물을 대상으로 읊은 詠物詞임을 알 수 있다.

다음은 5~10字로 된 詞題의 경우이다.

<摸魚子>(27)：「高愛山隱居」
<解連環>(33)：「拜陳西麓墓」
<徵招>(60)：「聽袁伯長琴」
<聲聲慢>(6)：「都下與沈堯道同賦」
<淒凉犯>(69)：「過鄰家見故園有感」
<蝶戀花>(142)：「陸子方飮客杏花下」
<木蘭花慢>(50)：「西鄧牧心東游詩卷後」
<憶舊游>(256)：「寓毗陵, 有懷澄江舊友」
<甘州>(91)：「趙文升索賦散樂妓桂卿」
<洞仙歌>(42)：「觀王碧山『花外詞集』有感」

5~10字로 구성된 詞題는 서술이 보다 구체적이며 내용이 점점 상세함

을 알 수 있다. <摸魚子>(27) 에서는 “고애산에 은둔하다(高愛山隱居)”와 <憶舊游>(256)에서 “비릉에 우거하며 징강의 옛친구를 그리워하다.(寓毗陵, 有懷澄江舊友)”는 은둔의 생활을 노래하고 있음을 알 수 있다. <徵招>(60)에서 “袁桷의 琴 연주를 들으며(聽袁伯長琴)”, 와 <聲聲慢>(6)에서 “도성 아래서 심요도와 함께 노래하다.(都下與沈堯道同賦)”, <蝶戀花>(142)에서 “육자방(육문규)이 살구 꽃 아래에서 손님들과 술을 마시다.(陸子方飮客杏花下)”에서는 원각, 심요도, 육자방과 악기 연주와 더불어 노래하고 술을 마시며 그 정취에 젖어 詞를 쓰고 있음을 밝히고 있다. 또한 <木蘭花慢>(50)에서 “등목심의 東遊詩卷 後에 부쳐(「西鄧牧心東游詩卷後」)”과 <洞仙歌>(42)에서의 “왕벽산의 『화외사집』에 대한 유감(「觀王碧山『花外詞集』有感」)”에서는 각각 詩詞集인 『동유시권』과 『화외사집』에 대한 느낌을 노래하고 있는 詞라는 점을 분명히 하고 있다. 즉, 5~10字로 구성된 詞題는 단순히 무엇을 노래한다고 밝히는 것에서 나아가 어디에서 무엇을 읊는다는 것까지 비교적 구체적으로 서술하고 있다.

이상으로 張炎 詞 중 10字 안팎의 字數로 구성된 詞題에 대해서 살펴보았다. 2~3字로 구성된 것은 詞의 내용을 추측할 수 있었지만 詞意를 분명하게 파악하는데 무리가 따랐으며, 또한 詞의 題序가 아니라면 詩의 作品名으로 생각할 정도로 함축적인 題目의 역할을 해주고 있다. 그 이상의 字數로 구성된 題序는 詞意를 파악하는데 보다 구체적으로 접근하고 있지만 구체적인 詞作 배경이나 詞의 내용을 설명하는 데는 부족하였다. 본고에서 이를 詞序로 구분하지 않고 詞題라고 한 것은 詞序라고 하기에는 그 字數가 비교적 짧고, 또 그 작품의 구체적인 詞作 背景이나 詞의 內容을 설명해주는 것이 약간은 빈약하기 때문이었다.

2. 詞 序

詞序란 施蟄存의 설명에 의하면 作詞 동기나 詞意를 비교적 길게 설명한 것을 말한다. 蘇軾이 詞序를 본격적으로 쓰기 시작한 이래, 南宋末 元代의 張炎 詞에 이르러서는 詞序의 역할이 더욱 확대되었다. 題序가 병기된 張炎 詞중에서 10字 이상으로 구성된 詞序가 병기된 작품이 26.8%나 되는데, 이는 張炎이 文情의 전달을 위해 詞序를 적극 활용하였음을 말해 주는 것이다. 張炎 詞의 題序 중에 10자 이상으로 구성된 詞序의 면모를 살펴보면 다음과 같다.

11-20字로 된 詞序 : 30首(11.2%)
21-40字로 된 詞序 : 28首(10.4%) (21-30字 : 14首, 31-40字 : 14首)
41字 이상으로 된 詞序 : 14首(5.2%) (41-50字 : 8首, 51字 이상 : 6首)

詞序의 字數만을 살펴볼 경우 10에서 20字 이내의 것이 30首로 가장 많았고, 20字 이상의 것은 36首이며, 51字 이상으로 구성된 것은 6首였다. 즉, 張炎의 詞序는 대부분 11字에서부터 길게는 71字에 이르는 長篇의 詞序로 구성되었으며 100字 이상의 長篇은 없었다. 위의 통계에 나타난 것을 토대로 하여 張炎 詞에 쓰인 詞序의 성격을 살펴보기 위하여 몇 편을 예시하면 다음과 같다.

(1) 자신의 身世와 故國에 대한 그리움

다음은 張炎의 나이 44세인 元 世祖 至元 28(1291)년에 지은 <國香>(9)의 詞序이다

> "沈梅嬌는 杭州의 妓女였는데, 우연히 경도에서 만나 술을 마시며 서로의 고생을 이야기했다. (그녀는) 아직도 周淸眞(周邦彦)의<意難忘>과 <臺城樓> 두 곡을 부를 수 있었다. 나에게 그 일을 기록해 달라고 부탁하였다. 사가 완성되자 비단 머리띠에 옮겨 써주었다."

(沈梅嬌, 杭妓也, 忽于京都見之. 把酒相勞苦, 猶能歌周清眞意難忘、臺城路二曲, 因囑余記其事. 詞成, 以羅帕書之.) <國香>(9)

이 詞는 작자가 北游하였다가 大都에서 옛 臨安의 기녀 沈梅嬌를 만나 지은 詞이다. 詞의 본문에서 沈梅嬌를 唐代의 명창 "比紅兒[15]"에 비유한 것으로 보아 노래와 춤에 뛰어난 명기였음을 추측할 수 있다. 南宋이 멸망하기 前 杭州에서 알았던 妓女를 大都에서 만난 사실 하나만으로도 옛 향수를 불러오겠지만 범상치 않은 兩人의 관계를 미루어 볼 때 당시의 만남은 今昔之感을 불러올 만하다. 따라서 詞序에서 그녀와의 아름다운 추억과 오늘날의 零落한 처지를 대비하고 있는데, 亡國 前 화려했던 시절의 회상은 오히려 亡國의 비애를 더욱 깊게 느끼게 하고 있다. 이 詞는 비록 옛 여인과의 정을 읊은 艷情詞라고는 하지만 역시 柳永式의 艷情과는 거리가 있어 보인다.

다음은 張炎이 54歲 되던 해에 지은 <長亭怨>(66)의 詞序이다.

"경인년에 연계에서 오국천을 만났는데, 8년이 지나 용동에서 재회하였다. 얼마 후 헤어지고 다시 북으로 향하면서 이 곡을 지었다."
(歲庚寅, 會吳菊泉于燕薊. 越八年, 再會于甬東. 未幾別去, 將復之北, 遂作此曲)<長亭怨>(66)

詞序에서 "庚寅 越八年"이라 함은 元 成宗 大德 2年(1298)으로 작가가 54歲가 되던 해임을 알 수 있다. 詞友 吳菊泉과의 재회후 또다시 이별하며 지은 詞로 북국의 풍광이 묘사되어 있으며 자신의 신세를 기탁하고 있음을 유추할 수 있다. 張炎이 北行 중에 쓴 작품에 대해 『四庫全書總目提要』에서는 張炎의 詞를 "왕왕 처량하고 격렬하여 주변 경치를 보고 마음 속의 정을 읊는데에 있어 자신의 신세에 나타나는 盛衰를 묘사하여 단지 아름다

15) 『摭言』, "羅虯與宗人隱, 鄴齊名, 時號三羅. 紅兒善肉聲(指歌唱). 虯作絶句百篇, 號『比紅兒』詩. 大行于世."(黃畬, 『山中白雲詞箋』, 浙江古蹟出版社, 1994年. p.22. 재인용)

움을 깍고 다듬는데 공을 들이지는 않았다"라고 평하고 있다.[16]

다음은 張炎의 나이 51세에 지은 <月下笛>(39)의 詞序이다.

> "홀로 만죽산을 거닐다가 인적 드문 문 앞에 낙엽이 쌓여있어 마음이 쓸쓸해져 서리의 감개가 발동하였다. 그때 나는 용동의 적취산사에서 살고 있었다."
> (孤游萬竹山中, 閒門落葉, 愁思黯然, 因動黍離之感. 時寓甬東積翠山舍)<月下笛>(39)

이 詞는 張炎의 나이 51세인 元 成宗 大德 2年(1298)에 甬東(지금의 浙江 定海)의 積翠山舍에 기거하며 지은 것으로 거주지를 자세히 밝히고 있다. 作家가 題序에 "黍離之感"이 발동하였다고 밝혔듯이 자신의 身世와 故國에 대한 그리움을 옛 杭州에 기탁하고 있다. 詞 全體가 客愁와 亡國에 대한 哀傷, 그리고 벗을 그리는 마음을 그리고 있다.

다음은 作家의 나이 52세에 지은 <春從天上來>(73)이다.

> "己亥年 봄 다시 서호로 돌아가 董靜傳과 高士樓에서 술을 마시면서 이 詞를 지어 나의 우울함을 썼다."
> (己亥春, 復回西湖, 飮靜傳董高士樓, 作此解以寫我憂)<春從天上來>(73)

이 詞는 作家가 52세인 元 成宗 大德 3年(1299)에 西湖로 다시 돌아와 董靜傳[17]과 高士樓에서 술을 마시면서 지은 것으로, 옛 친구들 모두 사라져 황량해진 西湖 풍경을 보고 고국 南宋에 대한 애처로운 생각을 기탁한 것이다.[18] 詞人은 늦봄 美景 속에 무한한 감상에 젖어 아름답지만 연약하고 그리고 아름답지만 凄凉한 風格을 그려내고 있다.

---

16) 『四庫全書總目提要』: "所作往往蒼凉激楚, 卽景抒情, 備寫其身世盛衰之感, 非徒以剪紅刻翠爲工"

17) 董靜傳 : 董嗣杲, 字는 明德, 號는 靜傳居士. 錢塘(杭州)人, 후에 入道하였으며, 詩詞에 能해 『西湖百詠』이 전해지고 있다.(黃畬, 앞의 책, p.150)

18) 劉斯奮, 『姜夔 · 張炎詞選』, 三聯書店, 1987年. p.153 참조.

(2) 곡조의 유래에 대한 설명

다음은 張炎의 나이 47세인 元 世祖 至元 31년(1294)에 지은 <西子妝慢>(56)의 詞序이다.

> "夢窓(吳文英)이 이 곡을 自製하였다. 나는 그 곡조의 아름답고 우아함을 좋아하여 오래 전에 곡을 짓고 싶었으나 이룰 수가 없었다. 갑오년 봄, 羅江에 머물며 羅景良과 강가를 유람했다. 숲이 우거지고 꽃들이 만발해 주위가 매우 울창하였기에 이 곡을 지었다. 그러나 아쉽게도 옛 악보가 손실되어 가락에 맞춰 노래할 수가 없었다."
> (吳夢窗自製此曲, 余喜其聲調妍雅, 久欲述之而未能. 甲午春, 寓羅江, 與羅景良野游江上. 綠陰芳草, 景況離離, 因塡此解. 惜舊譜零落, 不能倚聲而歌也.) <西子妝慢>(56)

<西子妝慢>(56)는 張炎이 羅景良과 노닐며 꽃이 만발한 羅江의 경치를 읊은 詞로, 세월의 흐름이 덧없이 빠름과 隱逸의 悲哀, 그리고 고향을 그리는 마음을 묘사하고 있다. 詞序에서는 이 곡의 유래를 밝히고 있으며, 화려한 봄날에 자신의 과거를 투영시켜 대비하고 있다. 다음은 張炎의 나이 41세 때 지은 <湘月>(58)의 詞序이다.

> "나는 책을 싣고 山陰을 왕래하는 도중 매번 일로 시간을 뺏겨 흥취를 다할 수 없었다. 戊子년 겨울 느즈막에 徐平野와 王中仙(沂孫)과 함께 배를 끌고 시내로 나갔다. 하늘은 텅비고 강물은 차가워 古意가 쌉살한 바람 사이에 살아났다. 中仙(王沂孫)의 사는 매우 雅麗했고 평야도사 그린 진설도 또한 淸逸하여 볼만하였다. 나는 이 사를 姜夔의 염노교 격지성에 맞춰 지었다."
> (余載書往來山陰道中, 每以事奪, 不能盡興. 戊子冬晩, 與徐平野・王中仙曳舟溪上. 天空水寒, 古意蕭颯. 中仙有詞雅麗, 平野作晉雪圖, 亦淸逸可觀. 余述此調, 蓋白石念奴嬌鬲指聲也.) <湘月>(58)

詞序에서 밝힌 戊子年은 元 世祖 至元 25년(1288)으로 작자의 나이 41세 때를 말하고, 山陰은 지금의 浙江省 紹興이다. 이 곡의 유래를 밝혀

옛일을 빌어 현재를 개탄하며 국가를 걱정하고 있음을 밝히고 있다.[19]

(3) 그림 및 화가에 대한 설명

다음은 海山圖의 화가와 그림의 별칭, 유래에 대해 설명하고 있는 <風入松>(131)의 詞序이다.

> "징강의 선인이 새긴 해산도 혹은 도원도라고 불리우는 것에 제하다. 이견지에서 72선녀가 바로 예당우의곡의 옛 가락에 부합된다고 말하였다. 仇仁近의 시는 정묘하고 매우 상세하나 나머지 글은 빼어나지 못하다."
> (題澄江仙刻『海山圖』, 或云『桃源圖』.『夷堅志』云, 七十二女仙, 正合『霓裳』古曲. 仇仁近一詩精妙詳盡, 餘詞不能工也.) <風入松>(131)

張炎은 먼저 題序를 통해 海山圖의 화가와 그림의 별칭, 유래에 대해 설명하고 題畵한 詩詞의 품평까지 가하고 있다. 그림의 유래에 대해 설명한 것은 그림의 내력에 부합된 제화사를 쓰기 위함일 것이고, 仇遠의 題畵詩가 "정묘하고 상세하다"라 평한 것은 題畵詩詞의 정밀한 수사와 치밀한 묘사의 중요성을 말한 것이다.

다음은 난 그림에 題序한 <淸平樂>(157)의 詞序이다.

> "陸處梅가 집에 소장한 所南翁의 蘭그림에 제하여"
> (題處梅家藏所南翁畵蘭)<淸平樂>(157)

題序에 수장자와 화가에 대해 밝히고 있다. 화가인 鄭思肖는 宋亡 후 南向하고 앉아 元을 섬기지 않을 것을 맹세하고 땅에 뿌리를 두지 않은 蘭을 그려 亡國의 슬픔을 표시한 애국자이다.

---

19) 兪陛云,『唐五代兩宋詞選釋』: "玉田與中仙, 皆君國之念甚深, 其追懷晉代, 亦借古慨今也"(黃畬, 앞의 책, p.122)

(4) 절기를 맞이하는 심정에 대한 내용

다음은 장염의 나이 58세에 중양절을 맞이해 지은 <新雁過妝樓>(202)의 詞序이다.

> "을사년 중양절에 율양에서 거주하였다. 기러기 소리를 듣게 되자 형제들이 보고 싶은 감흥이 일었다"
> (乙巳菊日, 寓溧陽, 聞雁聲, 因動脊令之感) <新雁過妝樓>(202)

乙巳는 元 成宗 大德 9년(1305)으로, 작가의 나이 58세 때이다. 張炎에게는 혈육의 정을 묘사한 詞가 매우 드문데, "菊日"과 "動脊令之感"의 구절로 보아 중양절을 맞이하여 혈육을 그리워하며 지은 것임을 알 수 있다.

다음은 정월대보름에 지은 <木蘭花慢>(234)의 詞序이다.

> "정월 대보름이 지나자 춘기가 넘쳐 사뭇 遊興이 일었다. 雪川吟社 제공들에게 부친다."
> (元夕後, 春意盎然, 頗動游興, 呈雪川吟社諸公) <木蘭花慢>(234)

宋人들은 정월대보름이 되면 등불을 거두고 城으로 나가 봄을 즐겼는데, 當時人들의 생활상과 節日을 맞이한 작가의 심정이 잘 나타나 있다. 詞序에서 밝힌 雪川吟社[20]는 詩社名으로 이 詞가 同人들끼리 分題賦詠한 것이라는 것을 알 수 있다. 따라서 詞에서는 다양한 典故를 사용하여 주변 풍광과 작가의 심사를 술회하고 있다. 南宋 詞人들은 詞社를 결집하여 "節序"로써 分題 賦詠하고 和韻 酬唱하는 풍조가 만연하였는데, 사교적인 응수의 節序詞는 작가의 진정이 결여된 문자의 유희로 지어진 것이 많았다. 이러한 유희의 작품들은 기교와 조탁을 중시하고 典故를 많이 사용하여

---

20) "弘治『湖州府志』: 定安門 내에 강들이 모여 만들어진 곳이다. 번개치는 소리가 들려 雪溪라고 부른다." 雪川吟社는 당시 詩社名이다.(黃畬, 앞의 책, p.386)

자신의 詞才를 과시하는 데 목적이 있었다. 그러나 張炎의 節序詞는 應社를 위한 節序詞가 있기는 하였지만 많지 않고 대부분 破家와 亡國에 대한 아픈 마음을 써내고 있다. 이는 張炎 자신이 『詞源』 <節序>조에서 "틀에 박힌 표현이나 유희의 글에서 보여주는 속된 표현을 경계하고," 李淸照式의 "佳節을 맞이하여 肉親을 생각하고 故國을 생각하는 詞"를 쓸 것을 주장한 것에 대한 실천한 것이라 할 수 있다.

Ⅴ. 결 론

張炎 詞에서 題序가 병기되어 있는 詞는 총 271首이고, 倂記되어 있지 않은 詞는 31首로 총 89.1%의 작품에 題序가 병기되어 있다. 詞體別 題序 倂記 여부를 살펴보면 62자 이하의 小令보다는 글자의 수가 많은 慢詞에 집중되어, 張炎이 詞體別로 題序의 사용을 구분하고 있음을 알 수 있다. 이는 小令과 같이 文句가 간단하여 詞意 파악이 쉬운 경우에 題序를 달지 않거나 짧은 詞題를 병기하고 있으며, 詞意 파악이 쉽지 않은 慢詞의 경우에는 200首 중에서 3首를 제외한 모든 詞가 題序를 병기하고 있다. 이는 施蟄存이 밝힌 題序 병기 이유와 부합된 것으로 張炎 詞의 題序는 詞意 전달에 주된 목적이 있음을 傍證하는 일례라 할 수 있다. 張炎 詞의 題序는 2字의 짧은 詞題로부터 71字에 이르는 비교적 긴 詞序가 있는데, 51에서 71字에 이르는 비교적 긴 詞序는 6首에 불과하다. 長篇의 형식을 띤 詞序도 대부분 11字에서 40字로 구성되었으며 100字 이상의 超長篇은 없어 詞序가 本詞의 범위를 초과하는 경우는 드물었다.

張炎詞의 詞題 즉, 2~3字로 구성되거나 10자 이하의 題序의 경우 詞의 내용을 추측할 수 있었지만 詞意를 분명하게 파악하는데 무리가 따랐으며, 또한 詞의 題序가 아니라면 詩의 作品名으로 생각할 정도로 함축적인 題目의 역할을 해주고 있다. 5자 이상의 詞題의 경우에는 詞意를 파악하는데 보다 구체적으로 접근하고 있지만 구체적인 詞作 배경이나 詞의 내용을 설명하는 데는 부족하였다. 張炎은 또한 詞序를 통해 詞作 場所와 時間, 動機, 背景 등을 구체적으로 설명하고 있는데, 이는 詞序가 작품 내용에 대한 단순한 說明이라기 보다는 작품의 내용을 좀더 깊이 있게 이해할 수 있게 하는 중요한 단서의 역할을 한 것이라 할 수 있다. 따라서 張炎詞에 있어 詞序와 作品을 따로 떼어놓고 생각하기보다는 詞序도 作品의 일부분으로 간주한다면 그 작품의 내용을 좀더 심도 깊게 이해할 수 있을 것이라 생각된다.

參考文獻

張炎撰, 吳則虞校輯,『山中白雲詞』, 北京, 中華書局出版, 1983年, 10月.
劉斯奮,『姜夔·張炎詞選』, 三聯書店, 1987年.
黃畬,『山中白雲詞箋』, 浙江古蹟出版社, 1994年.
柳種睦,『蘇軾詞硏究』, 대구, 中文出版社, 1993年.
施蟄存,『詞學名詞釋義』, 北京, 中華書局, 1988年.
唐圭璋編,『全宋詞』1-5, 中華書局出判, 1986年, 5月.
王易,『詞曲史』, 台北, 廣文書局, 1979年.

출처 : 『안산1대학 논문집』 23호

陳師道 五言律詩에서 보이는 用事 運用

이은주*

Ⅰ. 서 론

陳師道는 北宋 후반기 특히 哲宗 元祐(1086-1093)시기에 활약했던 대표적 시인들 중의 한 사람이다. 그의 詩學論은 주로 ≪後山詩話≫에 드러나 있는데, 무엇보다도 六朝나 唐代와 같은 영감의 소산으로서만이 아니라 자기 연마나 학습의 측면에서 접근해 들어간 점이 두드러진다. 이는 시를 고문가와 도학가 및 경세가를 막론하고 자신의 사상과 감정의 유력한 표현 수단으로 보았던 宋代 文人들의 기본적 자세이기도 했지만, 진지하고 치열한 자세로 시를 창작했던 陳師道로서는 당연한 결과라고 할 수 있다.[1)] 陳師道가 이렇듯 시의 후천적 습득을 중시하며 造語나 造句의 단련에 힘쓰는 등 그가 보여준 '苦吟'의 창작태도[2)]는 唐代에는 韓愈 이래 賈島나 孟郊 등 일부 시인 외에는 드물었고, 송대에는 黃庭堅과 陳師道에

---

* 한국외대 중국어과 강사

1) 오태석, <北宋 後期詩의 詩史的 고찰>, ≪中國文學≫ 제30집, 한국중어중문학회, 1998, 306쪽 참고

2) 葉夢得, ≪石林詩話≫ :「世言陳無己每登覽得句, 卽急歸, 臥一榻, 以被蒙首, 謂之吟榻. 家人知之, 卽猫犬皆逐去, 嬰兒稚子亦皆抱持寄鄰家. 徐待其起就筆硯, 卽詩已成, 乃敢復常. 蓋其用意專, 不欲聞人聲, 恐亂其思, 故詩中亦時時自有言吟榻者. 天下絶藝, 信未有不精而能工者也.」

의해 확고하게 자리를 잡았다고 할 수 있다. 陳師道는 鍛鍊을 추구했던 苦吟시인이지만, 궁극적으로 그가 추구한 것은 시구의 단련이 겉으로 드러나지 않는 자연스런 융화의 경지였다. 그러므로 그가 시풍상 지향했던 바도 '말은 간약하지만 뜻은 풍부한' 語簡而意博'한 縮約美의 추구였다.[3] 그러나 사회적으로 자기실현을 거의 하지 못하고 말년에 접어들어 하급관리를 전전하며 가난·병마와 씨름했던 陳師道로서는 내면적인 수양에 힘쓸 수밖에 없었고, 宋代 교양이었던 독서를 통해 시를 향한 苦吟의 자세를 더욱 강하게 표출될 수밖에 없었다.

陳師道는 기존의 經·史·子傳類에서 뿐만 아니라 禪學의 영향으로 佛典類에서 인용한 典故를 작품속에 대거 인용함으로써 시어의 함축 등 언어의 긴밀한 사용을 고도로 추구, 작품의 의경을 보다 확대시켰다는 평가를 받았지만, 일반인들에게 낯선 典故를 사용함으로써 독자들이 작품을 제대로 이해하지 못해 난해하다는 평가를 받기도 했다. 그래서 본 고는 그 평가가 僻典의 운용으로 비평가들의 비판적인 평가가 이루어졌던 것은 아닌지, 아니면 陳師道가 활동하던 宋代와 후대의 독서행위에서 오는 차이 때문에 그의 작품이 제대로 평가받지 못하는 것인지에서 시작한 의문에서 시작, 중국의 시인이었다면 누구도 피해갈 수 없는 '用事'라는 시작법 중에서 그가 가장 많이 운용한 유형을 세 가지로 나눠 살펴보고자 한다.

---

3) 오태석은 <北宋 後期詩의 詩史적 고찰>에서 陳師道의 이런 '語簡而意博'을 통한 축약미의 추구는 기본적으로 六朝 淸談論에서 '표현은 다했어도 뜻은 다함이 없는(言盡而意不盡)' 중국 전통적인 함축 형상미의 陳師道的 구현론이며, 실제로는 蘇軾의 "간약한 古風중에 섬세·풍부함을 드러내고, 담박한 가운데 지극한 맛을 싣고 있다"는 '中邊論'의 이론적 계승이라고 밝혔다. ≪중국문학≫ 제10집, 1998, 한국중어중문학회, 307쪽 참고.

Ⅱ. 陳師道 五言律詩에 사용된 用事의 세 가지 유형

陳師道의 讀書와 學問에 대한 중시는 "以俗爲雅"·"以古爲新"의 창작 방식으로 체계화되었다. 독서를 기본으로 광범위한 학문을 터득한 陳師道는 그의 시에 있어서도 이를 바탕으로 한 典故의 인용이 상당히 정밀했음을 그의 시에 注를 단 任淵의 ≪後山詩注補箋目錄≫를 통해 추측할 수 있다.

"후산의 시를 읽으면 마치 曹洞禪에 참선하는 것 같으니 ① 正位를 범하지 않고 死語를 절대로 꺼려, ② 심사숙고 찾아보고 널리 자료를 인증하지 않으면 그 用意의 깊은 곳을 엿볼 수 없다. 이것이 이 시에 주석을 단 이유이다.[4]

陳師道의 用事에 관해 언급한 이 문장은 "시를 배우길 도를 배우듯[5]" 하며 "문을 닫아걸고 시를 찾았던[6]" 작가 陳師道가 지녔던 시 창작자로서의 태도와 시 창작에 전념한 작가의 시를 제대로 이해하기 위한 독자들의 태도를 동시에 제시하고 있다. ①의 작가로서의 태도는 명확한 用事의 동기나 의도가 없이 다만 자신의 박학함만을 자랑하기 위하거나 미진한 자신의 언어를 메우기 위한 수단으로서가 아니다. 작가 자신이 확실히 표현·전달하고 싶은 풍부한 감정이 있어야만 비로소 用事라는 수사기교를 사용한다는 조건[7]을 깨닫고 있음을 알 수 있다. ②의 독자로서의 태도는 인용된 原典을 직접 '찾아서'·'인증하는'행위가 수반되어야만 한다는 전제가 깔려있다. 이런 행위가 불가능한 독자, 즉 작가와 동일한 학식을 지니지 못한 독자는 僻典으로 인한 晦澁한 느낌만을 받을 뿐 그 用事의

---

4) "讀後山詩, 大似參曹洞禪, 不犯正位, 切忌死語, 非冥搜旁引, 莫窺其用意深處, 此詩注所以作也" ≪後山詩注補箋≫<後山詩注輔箋目錄>

5) 葛立方, ≪韻語陽秋≫ 卷2 :「魯直謂陳後山, 學詩如學道, 此豈尋常雕章繪句者之可擬哉.」

6) ≪山曲詩集≫, <病起荊江亭卽事> :「閉門覓句陳師道, 對客揮毫秦少游. 正字不知溫飽未, 西風吹淚古藤州.」

7) 周振甫, ≪詩詞例話≫, 中國青年出版社, 1979, 280쪽 참고

의미를 제대로 파악할 수 없기 때문에 작가의 意境을 이해할 수 없다는 의미이기도 하다.

典故의 운용에서 가장 중요한 것은 작가의 意圖性이라 할 수 있다.[8) 작가가 독창적인 의도나 동기를 가지고 자유자재로 典故를 운용해야만 제대로 된 用事를 만들 수 있기 때문이다. 姜夔와 陳釋僧은 각각 ≪白石道人詩說≫과 ≪文說≫에서 "잘 알려져 있지 않은 典故는 구체화시켜 사용(僻事實用)"해야 하고 "익히 잘 알려진 事類는 융통성 있게 사용(熟事處用)" 등의 방법을 언급했다. 그들은 正用·反用·借用·暗用 등의 用事법에 대해 자세히 논하면서, 그러면서도 用事에 얽매이지 않고 자유자재로 활용할 것을 주장했다.[9)]

用事 운용법에 관한 이 짧은 문장은 시의 내용과 典故와의 관계, 典故를 운용하는 작가의 태도 및 用事의 지향점 등을 제시하고 있다. '흔하지 않은 일은 구체화시켜서 사실대로 사용하고, 익숙한 일은 융통성있게 허구적으로 사용해야한다'는 뜻을 가진 僻事實用과 熟事處用은 독자와의 관계 속에서 典故를 어떻게 드러내야하는가의 문제를 환기시켜준다.[10)] 이를테면 시인과 독자가 공유하는 문학적 관습속에 잘 알려져있는 典故를 운용할 경우 별다른 出典을 밝히지 않아도 原典의 典故를 쉽게 이해할 수 있어 '융통성있게' 變容할 수 있다. 그러나 잘 알려지지 않은 原典을 운용할 경우 반드시 典故의 출처를 밝히거나 암시함으로써 '구체화시켜' 사실대로 사용해야한다. 그러나 잘 알려져 있는가 그렇지 않은가는 작가와 독자의 능력에 따라 다를 수밖에 없다. 또한, 그들이 속한 시대나 사회에 따라 주관적이고 상대적일 수밖에 없다. 때문에 제대로 운용하지 못할 경우 오히려 모방이라는 비난을 피할 수 없게 된다. 그러므로 用事가 성공을 거두기 위해서는 작가의 의도와 그 의도에 부합하는 原典을 선택하는

8) 劉勰, ≪文心雕龍≫, <事類>: "故事得其要, 雖小成績, 譬寸轄制輪, 尺樞運關也. …… 凡用舊合機, 不啻自其口."

9) 이병한, ≪중국고전시학의 이해≫, 179쪽 재인용

10) 정끝별, ≪패러디시학≫, 문학세계사, 1997, 32~34쪽 참고

안목, 그리고 독자의 흥미를 유발할 수 있도록 原典을 드러내는 방법, 이 세 가지에 의해 좌우된다. 독자가 用事를 통해 시에 운용된 典故의 문맥과 작가의 의도를 제대로 파악하지 못한다면 用事를 통한 문장의 의미를 배가시키기는커녕 작품과 독자와의 교류 또한 차단할 수도 있다.

사실상 用事 운용방법 중 가장 많은 분류방법은 바로 正用·反用·借用·暗用[11]이지만, 이들 분류 또한 그 특징에 대해서 완벽한 정의가 내려져 있지 않고, 분류하는 사람에 따라 각기 그 내용이 다르기 때문에, 본 論文에서는 다음 세 가지 유형으로 나누어 분석해보도록 하겠다. 첫째, 典故와 詩의 내용이 상황 맥락에 있어서 유사성을 갖는 유형, 둘째, 典故와 詩의 내용이 하나의 동일한 대상을 공유하긴 하지만 그 맥락은 서로 다른 유형, 그리고 셋째, 典故와 詩의 내용이 완전히 상반된 유형이다. 이 세 가지 用事의 유형들은 典故와 시의 내용을 연관짓고 의미를 생성하는데 있어 각기 다른 방법을 보여준다. 위 3가지 유형에 근거해 陳師道 五言律詩에 인용된 典故를 분석해보겠다.

1. 典故와 詩의 內容이 동일

첫 번째는 典故와 詩의 내용이 상황맥락에 있어서 유사성을 가지는 유형이다. 陳師道를 비롯한 대부분의 작가들이 典故를 인용할 때 가장 많이 사용한 유형으로, 인용한 典故와 작가가 말하고자 하는 詩의 상황이 동일한 관계에 놓이면서 작가는 '옛것을 빌려 지금을 비유하는 (借古喩今)'의 형식으로 자신의 의지를 간접적으로 말하거나 풍자할 수 있다.[12]

<寄潭州張芸叟二首>(其一)을 예로 들어보도록 하겠다.

---

11) 다양한 用事법 중 가장 대표적인 형태가 正用·反用·借用·暗用이라고 할 수 있다. 正用은 典故가 가지는 본래의 표현과 의미를 그대로 차용하는 방법이고, 反用은 典故가 가지는 본래의 표현과 의미를 역으로 운용하는 방법이다. 借用은 인용하려는 典故를 가시적으로 드러내는 방법이라면, 暗用은 그 인용한 흔적을 내재화하는 방법이라고 할 수 있다.

12) 정끝별, ≪패러디시학≫, 문학세계사, 1997, 36쪽 참고

湖嶺一都會, 동정호와 오산령 산맥사이의 큰 도시가,
西南更上游. 서남 지역의 요충지가 되었네.
秋盤堆鴨脚, 가을에는 대야속엔 오리발 쌓여가고,
春味薦猫頭. 봄에는 별미로 부엉이를 추천하오.
宣室來何暮, 선실에 왜 이리 늦게 오셨소,
蒸池得借留. 증지에 좀 더 머물러 주었으면
孰知爲郡樂, 누가 이 知州된 즐거움을 알리오,
莫作趣鄕憂. 고향으로 돌아오려는 근심하지 마시오
<寄潭州張芸叟二首>其一(卷)

이 시는 潭州로 폄적당한 張瞬民을 위로하기 위해 지은 시로서, 5·6句에 3개의 典故가 인용되었다. 紹聖년간에 張瞬民은 新舊黨爭으로 潭州에 폄적당했는데, 그곳이 바로 漢의 長沙였던 곳이다. 이곳은 賈誼가 太傅로 임명되어 머물던 곳이었기 때문에 賈誼의 고사를 빌어 張瞬民의 마음에 위안을 주려했다. 그렇다면, 陳師道가 張瞬民과 賈誼사이에 어떤 공통점을 찾았을까? 바로 '長沙'에 폄적당한 '懷才不遇' 한 인재라는 점이다.

제3句의 '宣室'은 ≪漢書≫<賈誼傳>에서 인용했다. 賈誼는 漢代 유명한 才子였으며, 정치적 포부 또한 대단했다. 그러나 대신들에게 배척당하면서 長沙太傅로 폄적당했다.

> 일년이 지난 어느날, 賈誼는 長安으로 다시 불려와 文帝를 배알했다. 당시 文帝는 정성스럽게 제사를 올리고 未央宮의 宣室에 앉아있었다. 文帝는 귀신에 관한 일에 느낀 바가 있어 賈誼에게 귀신의 본질에 대해 물었다. 賈誼는 상세히 그 도리에 대해 설명했다. 배알이 끝난 뒤, 漢 文帝는 "오랫동안 賈誼를 보지못해 내 스스로 그보다 뛰어나다고 생각했는데, 아직도 미치지 못한다."고 했다.[13]

두 사람 모두 '長沙'로 폄적당한 공통점이 있는데, 두 인물은 황제에

13) "後歲餘, 賈生徵見. 孝文帝方受釐, 坐宣室. 上因感鬼神事, 而問鬼神之本. 賈生因具道所以然之故. 至夜半, 文帝前席. 旣罷, 曰 : "吾久不見賈生, 自以爲過之, 今不及也." ≪史記≫<屈原賈生列傳>

대한 일관된 충정을 보인 신하들이었지만, 그런데도 각각 재능을 제대로 인정받지 못하며 주류사회에서 따돌림 당하다 결국 폄적당했다는 공통점을 갖는다. 시의 내용과 典故는 懷才不遇라는 공통적으로 가진다. '宣室'은 賈誼가 文帝를 접견했던 未央宮의 正室을 말하지만, 오히려 너무 뛰어난 재능 때문에 사람들의 질시를 받았던 인물이 자신의 능력을 재삼 인정받는 장소라는 의미가 더 강하다. 불우함을 극복해주는 상징적 의미로 쓰였다고 볼 수 있다. 陳師道는 폄적당하는 張瞬民을 위로하며 그 역시 이런 날이 올 것이라는 희망까지도 엿볼 수 있다. 이렇듯 자신이 표현하고자 하는 시의 내용과 유사한 내용을 가지는 故事를 인용하고 있다.

그 다음 시어를 살펴보자. '來何暮'는 ≪後漢書≫<廉范傳>에서 인용했다.[14] 廉范이 蜀郡의 太守로 재직할 때, 그 인물됨이 순하고 경박하지 않다는 평가를 받았었다. 成都는 사람들로 장사진을 이루고 마을의 집들은 촘촘히 붙어있을 정도로 흥성했다. 그러나 화재예방을 목적으로 백성들이 밤에는 일을 하지 못하도록 했다. 그러므로, 백성들은 몰래 밤에 일을 하고 화재는 계속 발생했다. 이에 廉范은 당장 이 구습을 없애고, 대신 물을 저장하도록 엄명을 내렸다. 이후 백성들의 생활은 편해졌고, 백성들은 그를 칭송하며"왜 이렇게 늦게 오시었소? 불쓰기를 금지하지 않으니 백성들은 편안히 살 수 있게 되었다네. "라고 노래를 불렀다고 한다.

제 6句의 '借留'은 ≪後漢書≫<寇恂傳>에서 인용되었다.[15] 寇恂이 潁川지방을 다스릴 때 그 곳은 대단히 평화로웠다. 이후, 그가 다른 지역의 관리를 맞고 있을 때, 그는 다시 潁川으로 와 도적을 평정했다. 당시 백성들은 光武帝에게 寇恂을 일년간만 더 머무르게 해달라고 요청했고, 恂은 그 이후 민심을 진정시켜 그 나머지들도 항복하게 만들었다.

즉, 의미는 언젠가는 '宣室'에 온 것이 늦었다는 사람들의 아쉬움을 받게

14) ≪後漢書≫<廉范傳> :「廉范字叔度 "建初中, 遷蜀郡太守. 成都民物豊盛, 邑宇逼側, 舊制禁民夜作, 以防火災, 而更相隱蔽, 燒者日屬. 范乃毁削先令, 但嚴使儲水而已. 百姓爲便, 乃歌之曰 ; "廉叔度, 來何暮. 不禁火, 民安作. 平生無襦今五袴.」

15) ≪後漢書≫<寇恂傳> :「帝卽日車駕南征, 恂從至潁川, 盗賊悉降, 而竟不拜郡. 百姓遮道曰 : "願從陛下復借寇君一年." 乃留恂長社. 鎭撫吏人. 受納餘降.」

될 것이고, 그렇게 되면 비록 선정을 베풀어주고 아껴주었던 潭州에게는 미안하지만, 하루빨리 長安으로 복귀해 다시 화려한 官途 생활을 할 수 있을 것이라는 것이다.

그리고, 廉范과 寇恂의 典故가 드러내는 공통점은 그 지방 백성들을 위해 선정을 베풀었다는 점이다. 이는 초반 賈誼의 고사를 드러냄으로써 비록 폄적은 당했지만 다시 복귀될 것이고, 다시 부임된 그 곳에서 선정을 베푼다면 그들과 마찬가지로 백성들의 환영을 받는 관리가 될 것이라는 점을 부각시키기 위해서였다. 이 경우 그가 의미를 생성하는 방식은 賈誼의 고사에 대해 일반적으로 부여하는 의미를 張瞬民의 경우에도 그대로 부여한 것이다. 즉, 고사로부터 시적 상황으로 의미의 轉移가 이루어지고 있다.[16] 이 과정은 이미 일정한 의미를 획득하고 있는 故事를 유사하게 인용함으로써 시의 내용상 의미를 구축함과 동시에 표면적으로 드러나는 유사성외에, 내용상 직접 언급하지 않은 의미까지도 시에 담는다.[17] 항상 반대파들의 시기와 질투의 대상이었던 賈誼의 처지가 張瞬民과 비교되면서 張瞬民을 폄적시킨 처사가 부당했음을 간접적으로 드러낸다.

이처럼 직접적인 언급을 피하면서도 풍자적인 효과를 거둘 수 있는 것은 고사와 시적 상황의 내용이 매우 완전한 동일관계를 가지고 있기 때문에 가능하다.[18]

<寄潭州張芸叟二首>其一에서 볼 수 있는 바와 같이 완전한 동일관계는 인용된 어휘를 통해 故事 전체를 떠올리고, 떠올린 故事를 통해 시적 대상을 바라보는데 있어 어떤 의미상의 괴리도 느끼지 않게 함으로써 用事가 자연스럽게 시에 융합될 수 있게 한다. 이렇게 用事가 시에 자연스럽게

16) 用事에서 전이를 통해 의미를 생성하는 경우 비유와 유사한 성격을 가지는 것으로 볼 수 있다. 치환은유는 未知의 것을 이해하기 위해 旣知의 것으로 바꾸어 부르는 명명의 전이양식으로 이해될 수 있다. 이런 점에서 用事를 비유의 한 방법으로 파악했다. 김준오, ≪시론≫제4판, 삼지원, 1997, 178~183쪽 인용

17) 송재소, 「漢詩 用事의 비유적 기능」, <한국한문학연구>제8집, 한국한문학연구회, 1985, 309쪽 참고

18) 서명희, ≪用事와 언어문화론적 연구≫, 서울대학교 碩士論文, 1999.2, 16쪽 참고

결합한 경우는 '無斧鑿痕'라고 하며 높이 평가되었다. [19] 그러나 만약 이 두 구에 사용된 3개의 고사를 알지 못한다면 이 시의 맛은 제대로 감상할 수가 없다.[20] 또한, 晚唐詩에서는 찾아볼 수 없는 用事의 맛을 제대로 보여주는 작품이라고 할 수 있다.

度臘不成雪,　　선달 지나도 눈 내리지 않더니,
迎年遽得春.　　새해가 급히도 봄을 맞았네.
冰開還舊綠,　　얼음 깨지니 옛 푸른 모습 돌아오고
魚喜躍修鱗.　　물고기 즐거운 듯 긴 비늘 요동치네.
柳及年年發,　　버들은 해마다 피어나고,
愁隨日月新.　　시름은 날마다 새로워지네.
老懷吾自異,　　노인네 심회라 내 스스로 남다를 뿐,
不是故違人.　　일부러 남 다르려 한 것은 아니네.
<早春>(卷10)

전반 네 구에서는 좀 이르게 맞이한 봄을 읊었고, 5·6句에서는 景物과 感情을 연결시켜 해마다 피어나는 버들처럼 시름이 날마다 새로워진다고 했는데 전반부는 典故의 운용도 없어 情景 융합이 결핍되었다고 지적받았던 宋詩와는 다른 면모를 보여주므로 오히려 '唐風'에 가까운 시라고 하겠다. 위 문장에서는 尾聯에만 典故가 인용되었다.

마지막 절은 ≪南史≫에서 따왔다. 沈悔文이 평소 술을 마시지 않고 놀기 또한 좋아하지 않자, 宋 孝武帝가 이를 보고 일부러 남다르려 하기 위함이라 비아냥거렸다. 謝莊은 沈悔文에게 매번 남들과 다르게 행동할 필요가 있는지에 대해 말하며 조심하라고 주의를 주었다. 이에 대해 沈悔文은 "남들과 다른 존재가 되려 한 것이 아니라 본성이 원래 그럴 수가 없기 때문이요."라고 말했다고 한다.[21] 이와 같이 故事의 흔적이 없도록

---

19) '無斧鑿痕'이란 도끼로 베고 끌로 뚫은 흔적도 없다는 뜻인데, 자연스럽고 인위적인 노력의 흔적이 없다는 것을 의미하는 말이다. 이렇듯 흔적없는 用事는 精切한 用事의 한 요건이었다. 오태석, ≪黃庭堅詩硏究≫ 204쪽 참고

20) 范月嬌는 이 두구에 인용된 3개의 典故는 읽을수록 맛이 새롭다고 평했다. ≪陳師道及其詩硏究≫, 327쪽 참고

陳師道 자신에 연결해 썼기 때문에 '盡力無痕'했다는 평가를 받았다.

陳師道의 생활방식은 주위사람들로부터 많은 호기심을 끌었던 게 사실이다.[22] 관직에 나가지 않아 생활의 궁핍은 말로 형언할 수 없을 정도였지만, 그는 오히려 학문에만 열중했다. 이런 그의 모습이 일반인들의 눈에는 그리 정상적으로 비치지는 못했다. 그러나 그는 오히려 자신의 이런 모습을 이상히 여기는 주위 사람들에게 이 또한 자신의 생활방식임을 설득해 보이고 있다. 바로 沈悔文의 입을 빌어 자신의 마음을 토로했기 때문이다. 그러나 이를 봄 풍경을 읊고 있는 서경시에 더불어 사용했기 때문에 典故의 흔적은 보이지 않는다. 그래서인지, 方回는 이 작품에 대해 건조한 느낌을 주긴 하지만, 그 속에 '骨'이 느껴진다고 평했고, 典故 운용에 흔적을 없애기 위한 陳師道의 노력에 긍정적인 평가까지 내려주었다.[23]

이처럼 典故를 통해 자신의 경험이나 생각・정서 등을 보편화하거나 일반화시킬 수 있다. 原典이 가진 익숙함을 근거로 독자의 친밀감과 신뢰를 불러일으키는 동시에 작품을 합리화하고 정당화할 수 있다. 어떤 사실을 직접적으로 언급하기 어렵거나 그렇지 않으면 명확하게 언급하지 않기 위해서 原典을 빌려 간접적이고 완곡하게 표현할 수 있다.

2. 典故와 詩의 內容이 부분적 동일

典故와 詩의 내용이 맺는 관계의 두 번째 양상은 典故와 詩의 內容이 완전한 일치가 아닌 부분적인 일치만을 보이는 경우이다. 이 경우는 다시 두 부분으로 나눌 수 있겠다. 하나는 典故와 詩가 동일한 대상을 공유할 뿐 문장에 있어서 다른 함축적 의미를 지니지 못하는 경우이다. 이 유형은 陳師道 작품에 用事된 부분 중 그다지 많은 범위를 차지하지는 못한다.

21) ≪南史≫ :「沈悔文素不飮酒, 又不好戲. 宋孝武謂故欲異己. 謝莊嘗戒曰 : "卿每與人異, 亦何可久." 懷文曰 : "非欲異物, 性之所不能矣."」

22) 吾友陳師道, 抱瑟不吹笙. 文章似揚馬, 欬唾落明珠. 固窮有膽氣, 風壑嘯於菟. 秋來入詩律, 陶謝不枝梧.

23) ≪瀛奎律髓彙評≫卷10 <春日類> : "…極瘦有骨, 盡力無痕, 細看之句中有眼."

墨雲映黃槐, 검은 구름 누런 홰나무에 비추고,
更著白鳥度. 다시 흰 새가 그 위를 지나가네.
蟬鳴不餘力, 매미는 울려해도 힘이 없고
蛙腹能許怒. 개구리 배는 더 불룩히 해도 되겠네.
稱目有佳思, 고개를 드니 좋은 생각 떠오르지만,
側徑無好步. 사잇길은 걷기에 좋지 않네.
興來成獨往, 흥이 와봤자 다시 가버리겠지.
意得誰與賦 뜻 얻은들 뉘와 함께 시를 지으리오?
<晩望>(卷6)

任淵은 제 4句가 韓非子의 '성난 개구리' 故事를 썼다고 注했다.

越나라 句踐이 吳를 치려 하면서 병사들이 죽음을 가볍게 여기고 싸워주길 바랬다. 그러던 어느날, 句踐이 성난 개구리를 보고 예를 올리니 모시던 시종이 물었다. "왜 개구리를 보고 예를 올립니까?" 하니, "개구리에게 저와 같은 기운이 있는데 어찌 경의를 표하지 않을 수 있겠는가?" 하는 말을 듣고 병사들이 "개구리에게 기운이 있어도 임금은 저렇게 경의를 표하는데, 하물며 병사들이 용기가 있다면 얼마나 극진히 대우하겠는가?" 라고 했다. 그때부터 사람들은 스스로 목을 잘라 머리를 임금에게 바치는 사람이 나타났다고 한다. [24]

原典에서 알 수 있듯이 이 典故는 상이 후하면 목숨까지 바친다는 의미로 종종 병사들의 戰意를 불태우기 위한 典故로 사용되었다. 그러므로 이 <晩望> 시의 전체맥락과 이 화난 개구리의 고사 사이에 긴밀한 관련이 있다고 보기 어렵다. 여기서 고사의 내용은 개구리의 배를 불룩하게 하고 화가 난 듯 울어대는 모습만을 말해주는 것으로서의 의미만을 말해줄 뿐이다. 故事 전체 내용은 과잉의 정보라고 할 수 있겠다. 다만 이 인용은 '개구리 배는 더 불룩해도 되겠다'는 의미상 아직 맥없이 가만히 있는 개구리를 통해 모든 시적 정취가 무기력함을 나타내주고 있다. 이 구절을

24) "越王慮伐吳, 欲人之輕死也. 見怒鼃而式之。" 御者曰 : "何爲式?" 王曰 : "鼃有氣如此, 可無爲式乎?" 士人聞之曰 : "鼃有氣, 王猶爲式, 況士人有勇者乎!" "是歲, 人有自剄死以其頭獻者." ≪韓非子≫<內儲說上>

매개로 이와 관련된 모든 행위와 사건을 연상하게 하므로 시의 내용을 풍부하게 하는 효과는 낳을 수 있지만, 典故의 내용이 詩의 의미를 확장하는 역할을 하지 못한다. 단순히 개구리가 울어대는 모습을 보고 쓴 듯한데 한데, 개구리가 시끄럽게 울어댄다고 해도 될 표현을 典故까지 끌어다 쓴 것은 宋代의 시에서나 보이는 면이라고 할 수 있다.

공통의 대상인 '개구리' 라는 한 가지 요소 이외에 典故의 내용과 시의 상황 간에 관련이 없다는 것은 故事에서 詩로, 혹은 詩에서 故事로 연상이 이루어질 때 맥락이나 내용의 전환이 가능하다는 것을 의미한다. 이처럼 故事를 시의 상황에 부분적으로만 적용해 색다른 연상의 효과를 노린다면, 엉뚱한 맥락에 고사를 이용하는 것도 가능할 것이다.25)

다음은, 典故와 시의 내용이 맥락상 일부만 적용되는 경우이다. 하나의 典故가 두 구에 쓰여 대구를 이루지만 한 句는 동일의 의미를, 다른 한 句는 상이한 의미를 내포하고 있다. 王徽之의 고사를 쓴 <雪後黃樓寄負山居士>이다.

林廬煙不起, 수풀 초막에선 연기 피어나지 않고
城郭歲將窮. 성곽안엔 한 해가 장차 다해가네.
雲日明松雪, 구름밖 햇빛 눈 덮힌 소나무 비추고,
溪山進晚風. 계곡과 산에는 저녁 바람 불어드네
人行圖畫裏, 사람들은 지극한 생각에 빠져 지나가고,
鳥度醉吟中. 새는 흥얼거림 속에 날아 가누나
不盡山陰興, 山陰의 흥이 다하지 않아
天留憶戴公. 하늘에 남아 戴公을 그리네
<雪後黃樓寄負山居士> (卷2)

黃樓는 徐州에 위치한 누각으로, 陳師道가 자주 들렀던 곳이다. 눈이 내린 후 이 누각에 들렀다가 張仲連이 생각나 지은 시이다. 마지막 절에는

25) 송재소는 시인이 用事할 때, 시에 표현된 문구가 해당 고사의 원의를 충실하게 대신하지 않는 경우도 있다고 지적하면서, 이를 소위 經書에서의 '斷章取義'와 관련지었다. 송재소, <漢詩 用事의 비유적 기능>, <한국한문학연구>제8집, 한국한문학연구회, 1985, 298쪽 참고

유명한 ≪晉書≫의 '山陰訪逵' 고사를 썼다.

> 王徽之가 山陰에 거처하는데 밤에 눈이 내리는 경치를 지켜보다 갑자기 戴逵가 생각났다. 당시 戴逵는 剡溪에 머물렀는데, 밤이었음에도 불구하고 바로 작은 배를 타고 그를 만나러 갔다. 밤새도록 가서야 戴逵의 집 대문앞에 도착했지만 오히려 王徽之는 들어가지 않고 돌아왔다. 사람들이 그 까닭을 묻자 王徽之는 "본래 흥에 취해 갔지만, 흥이 다해 돌아왔을 뿐이다. 군이 戴逵를 볼 필요가 있겠는가?" [26]

이 시에서 '설경 속에 흥에 취한' 것은 原典과 동일하지만, 王徽之가 친구를 보기 위해 달려간 것과는 달리 오히려, 陳師道는 張仲連을 생각하는 그리움을 간직한 채 눈 내리던 날 그와의 좋은 기억이 남아있는 곳에서 남은 흥취를 즐기겠다는 의미로 이 典故를 썼다.[27] 사실상 모든 原典은 이중 혹은 삼중의 의미를 가지고 있기 때문에, 原典에 대한 새로운 해석은 끊임없이 계속될 수 있다. 이런 자동화되어버린 일련의 문학적 관습들을 거부함으로써 보다 새롭게 인식될 만한 것들에 길을 터주는 일이다.[28] 이 유형은 분위기나 정감의 유사성에 바탕을 두고 고사를 인용하고 난 뒤에, 原典에 대해 '비틀기'를 시도했다고 볼 수 있다. 예컨데, 독자들에게 많이 알려진 '山陰訪逵'의 고사를 인용해 독자들의 주의를 환기시키지만, 결국은 그들이 예상하지 못한 결론을 취함으로써 독자들의 관습적 발상에 대한 문제를 제기한 것이라 볼 수 있다. 여기서 주목할 것은 이 用事가 관습적 의미 부여방식에 대해 문제제기를 통해 그 효과를 백분 창조해낸 점이다. 이때 用事는 과거와 현재에 대한 일정한 관점을 제공하고 다양한 해석을 가능하게 해준다.

典故와 詩 사이에 이미 유사성이 존재하여 시인이 시적 상황을 보고 유사성을 가지고 있는 故事를 떠올리는 경향도 있고, 詩와 典故사이에는

---

26) "王徽之嘗居山陰, 夜雪初霽, 忽憶戴逵. 逵時在剡, 便夜乘小船詣之, 經宿方至, 造門不前而反. 人問其故, 徽之曰 ; "本乘興而來, 興盡而反, 何必見安道耶." ≪晉書≫

27) ≪後山詩注補箋≫(卷2) : "後山謂興盡則未必相憶, 甯不爲雪夜之行, 使有餘興也."

28) 정끝별, ≪패러디시학≫, 312쪽 참고

아무런 표면적인 유사성은 없지만, 시인이 유사성을 창조해내는 경우도 있다. 하나의 대상과 다른 대상 사이의 유사성을 발견해내는 것은 그 대상의 새로운 의미를 찾아내는 것과 동일하다. 다른 사람이 발견하지 못한 유사성을 발견하는 것은 다른 사람이 알아내지 못했던 대상의 의미를 알아내는 것과 같다. 이미 알려져 있는 의미가 아닌 새로운 의미를 찾아내는 것을 의미의 創造라고 한다면, 用事는 유사성의 발견을 통해 새로운 의미를 창조하는 방법이다.

3. 典故와 詩의 內容이 상반

작가가 작품에서 표현하고자 하는 詩의 내용이 인용하는 典故의 본래의 뜻과는 그 맥락이 일치하지 않는 경우가 있을 수 있다. 제2절에서 분석한 典故와 詩의 내용이 부분적 동일할 경우는 對偶를 이루는 典故중 前 句는 原典의 의미를 그대로 수용했다면, 後 句는 자신의 개성에 따라 '비틀기'를 시도했다고 볼 수 있다. 그러나 이 절에서 분석하고자 하는 것은 바로 典故 본래의 표현과 의미를 반대로 인용한 경우이다.[29)]

用事에서 인용된 典故는 대부분 시적 상황과 동일시되는 부분을 인용하는 것이 일반적인 형태이기 하지만, 典故와 시적 상황이 병치될 경우 참신한 맛을 주기 때문에, 더욱 높은 평가를 받아왔다. 즉, 이 방법은 문학적인 수양이 높고, 재능이 뛰어난 작가만이 가능한 것이라 치켜세우고 있다. [30)]

用事는 詩意를 표현하기 위한 수단이기에, 詩意와 原典과의 차이점이 생길 때 原典에 충실할 것인가 그렇지 않으면 詩意를 고려해 原典을 고칠 것인가 하는 문제점에서 宋代 시인들은 後者를 선택했다. 하지만, 재능과 학문적 성취가 뛰어나고 평범하고 속된 견해를 초월할 수 있는 자만이

---

29) 周裕鍇, ≪宋代詩學通論≫, 536쪽 참고

30) 魏慶之, ≪詩人玉屑≫ 卷七, <用事> :「篇文人用故事, 有直用其事者, 有反其意而用之矣. …… 直用其事, 人皆能之, 反其意而用之者, 非學業高人, 超越尋常拘攣之見, 不規規然踏襲前人陳迹者, 何以臻此!」

原典에서 좋은 부분을 찾아내 새로운 방향으로 발전시키고, 낡은 것에 빠지지 않을 수 있다.[31] 대부분 反用한 어휘는 낡은 것을 피하고 새로움을 추구했기에, '以古爲新' · '以俗爲雅'의 방법을 제대로 운용했다고 할 수 있다. 이를 통해 얻어지는 효과는 작가의 才能과 博學을 과시함과 동시에 자신의 개성을 표현하기 가장 힘든 분야에서 개성을 찾아낼 수 있다는 장점이 있다.

丈人魯諸生,　장인은 노제생처럼
明刑如皐陶.　형벌을 다스릴 때 만큼은 구연만큼 명철했네.
幸寬右顧憂,　다행히 관대히 용서하시어 동쪽을 바라보며 근심하시니,[32]
未惜一身遙.　멀리 떠나감을 가엽게 여기지 않네.
西南萬里行,　서남쪽 만리길
可以斷繩橋.　밧줄로 이어만든 다리를 끊을수도 있으리.
愼勿冠惠文,　사법관의 관을 쓰려고는 하지 마시오.
神母仁如堯.　신모는 요임금처럼 인자하셨다오
<寄外舅郭大夫>(卷一)

陳師道의 장인 郭槩의 구체적인 직업에 대해서는 그 관련자료가 나와 있지 않지만, 이 시를 바탕으로 볼 때 '刑法'과 관련된 직업에 종사했었던 듯 하다.

제 7句는 ≪漢書≫<張敞傳>에서 인용했다. 張敞의 아우인 張武가 梁國의 재상을 맡았는데, 梁國은 오만불손한 梁王과 많은 유지들로 다스리기가 어렵다는 평을 받고 있었다. 張敞이 梁을 다스리는 방법을 使者를 시켜 張武에게 물어보니, 張武가 "교활한 말을 부리는 데는 재갈과 채찍을 호되게 해야 된다. 梁國은 큰 나라이지만 쇠약해있다. 柱後惠文으로 엄하게 다스릴 뿐이다." 고 했다. 그제서야 張敞은 "자네의 말대로라면 아우는 반드시 梁을 잘 다스릴 것이다." 라며 웃었다고 한데서 연유한 것이다.

---

31) 周裕鍇, ≪宋代詩學通論≫, 中國傳統文化硏究叢書, 巴蜀書局, 1997, 535~536쪽 참고

32) <寇恂傳> : 「鄧禹曰.. 『昔高祖任蕭何於關中, 無復西顧之憂.』

'杜後惠文'은 任淵의 注에 따르면 秦代의 獄刑吏라고 한다.

마지막 구절은 王子年의 ≪拾遺記≫에 "푸른 무지개가 神母를 둘러싼 후로 곧 임신을 느끼게되어 庖犧를 낳으셨다. "라 한데서 나온 글자로 여기서는 宣仁 高太后를 가리킨다.[33] 哲宗이 어렸기 때문에 당시 太后가 垂簾聽政을 했는데 德으로 백성을 교화시키는데 힘썼으므로 堯임금에다 비긴 것이다. 제 6句까지 형법으로서 나라를 다스린다는 法治의 중요성을 강조하다가, 張敞의 고사를 비판하고 神母의 仁의 정치를 인용함으로써 陳師道는 오히려 神母와 堯인금을 등장시켜 현 古太后의 忍治가 그 어떤 형벌보다 큰 효과를 거둬들일 수 있는 가장 현명한 길임을 역설하고 있다.

인용한 典故가 시적 상황과는 상반되는 경우에 原典을 계승하면서 비판적으로 가하는 해석방법은 전통 작품에 대한 권위와 근거를 문제시하는 경우에 해당된다.[34] 즉 특정적인 요소나 관습화된 해석에 도전함으로써 상투화되고 자동화된 기대치를 무너뜨려 그와 같은 작품이 생성된 당시의 사회적 관습이나 原典에 대한 일반화된 해석의 관점까지도 확대할 수 있다는 것이다. 그러므로, 독자 또한 用事된 작품을 읽으면서 原典의 모든 기대치에 대해 작가가 보여주는 다양한 반격에 주목해야한다. 다음 작품은 유명한 ≪莊子≫의 '濠上知魚' 고사를 상반되게 인용한 예이다.

平生經世策, 　평생 나라를 다스릴 묘책을 위해 일했건만,
寄食不資身. 　남의 집에 빌붙어 살며 내 몸 하나 돌보지 못했네.
孰使文章著, 　문장을 지었다고 누가 말하는가?
能辭轍跡頻. 　능히 수레자국과 말발굽자국을 빈번히 말해주네.
帝城分不入, 　천자가 계신 궁전에는 들어오지 못하도록 막고,
書札詗何人. 　서찰은 어떤 이가 염탐하였는가?
子未知吾懶, 　그대가 나의 게으름을 알지 못하면,
吾寧覺子貧. 　어찌 내가 그대의 가남함을 알겠소?

<寄答李方叔>(卷四)

---

33) ≪後山詩注補箋≫卷1 :「王子年, 拾遺記曰 : "有青虹繞神母, 即覺有娠, 而生庖犧. 此引用比宣仁高太后. 時太后臨朝, 專務以德化民, 女主之堯舜也."」

34) 정끝별, ≪패러디시학≫, 311~329쪽 참고

나라를 위해 일하고픈 마음은 가득하지만 지방관직을 전전해야하는 陳師道는 뛰어난 문장실력을 가지고 있으면서도 과거시험에 떨어진 뒤 관직의 뜻을 버린 李廌과 함께 종종 시를 교환했다. 陳師道와 李廌은 둘 다 가난한 선비로서, 李廌은 陳師道를 '友善'[35]이라고 까지 평가했다. 그러므로 이 두 사람이 서로의 처지를 몰랐을 리 없다. 陳師道는 서로의 不遇에 대한 불평을 열거한 뒤, ≪莊子≫<秋水>편 '濠上知魚'의 의미를 반대로 씀으로써, [36] 오히려 李廌의 어려움을 이해할 수 있는 이는 자신뿐임을 강조한다.

> 莊子와 惠子가 濠梁가에서 호수의 징검돌 근처에서 노닐고 있었다. 莊子가 "피라미들이 유유히 헤엄쳐 다니니, 이것이 물고기의 즐거움이구나" 고 하자, 惠子가 "당신은 물고기가 아닌데 어찌 물고기의 즐거움을 아시오?"라고 물었다. 莊子는 "그대는 내가 아닌데 어찌 내가 그 물고기의 즐거움을 알지 못한다는 것을 안단 말이요?" 라고 반문하자, 혜자가 "나는 당신이 아니니 물론 당신을 알지 못하오. 당신은 물론 물고기가 아니니까 당신이 물고기의 즐거움을 알지 못한다는게 확실하오."라고 말했다. 莊子가 말했다. "자, 처음으로 돌아갑시다. 당신은 「어찌 당신이 물고기의 즐거움을 안단 말이요?」"라고 했지만, 이미 그것은 내가 안다는 것을 알고서 내게 물은거요. 나는 호수가에서 물고기의 즐거움을 안단 말이요." [37]

심리적 교류가 없을 경우 서로 상대방의 마음을 알 수 없다고 하는데 비해, 장자는 절대의 경지에 서면 상대방의 마음도 볼 수 있다고 한다. 형식상의 논리에만 치우쳐 있다 보면 참된 인식이 있을 수 없게 된다는 점을 강조하는 故事이다.[38] 陳師道의 시에서는 原典에서 사용된 述語 '知'를 陳師道는 오히려 '覺'으로 바꾸면서 서로의 어려움과 고통을 더

---

35) ≪濟南集≫<陳省副集序> : "廌生世晩, 不得從公游, 然與公之孫師仲·師道友善."
36) ≪後山詩注補箋≫(上) : 任淵注 "此反「濠上知魚」之意而用之."
37) "莊子與惠子遊於濠梁之上. 莊子曰 ; "鯈魚出游從容. 是魚之樂也." 惠子曰 ; "子非魚. 安知魚之樂." 莊子曰 ; "子非我. 安知我不知魚之樂." 惠子曰 ; "我非子. 固不知子矣. 子固非魚也. 子之不知魚之樂. 全矣." 莊子曰 ; "請循其本. 子曰汝安知魚樂云者. 旣已知吾知之而問我. 我知之濠上也." ≪莊子≫<秋水>
38) ≪굿모닝장자≫, 442~443쪽 참고

잘 이해하게 만들었다.[39] 오히려 역으로 사용함으로써 以心傳心의 표현이 되어, 그 뜻이 더욱 曲切해진다.

原典에서 인용한 典故가 실제 작품 속에서 반대되는 의미를 도출해낼 경우 독자 의식에 대한 환기범위가 넓기 때문에 詩境을 역전시키는 표현법이라 할 수 있다. 그러므로 尾聯에 쓰면 극적인 효과를 제공함과 동시에, 주제를 더욱 강렬하게 드러낸다. 이런 상반되는 典故를 사용하는 근본적인 이유는 한마디로 逆說에 있다고 할 수 있다.[40] 공인된 진리를 다른 시어를 통해 말하는 것은 시인의 사명이라면, 사물의 숨은 뜻을 드러내 또 다른 진리를 알게 해 줌으로써 그 내용을 풍부하게 하는 것 역시 시인의 역할이라 할 수 있다. 典故와 시적 상황의 동일시함으로써 얻게 되는 효과가 前者라면, 상반되는 典故 사용으로 얻는 효과는 바로 後者의 경우를 가리킨다. 그러므로 의미가 굳어진 사건에서 작가가 창조해낸 다른 면에 대해 옳다 그르다라고 판단할 수는 없을 것 같다. 독자들에게 불러일으키는 공감의 정도가 문제될 뿐이다.

이상의 논의로 볼 때, 用事는 典故 인용을 통해 당대의 보편적 인식과 가치의 체계에 호소하는 방법으로서, 用事를 통한 의미의 창조가 적절성을 획득하는 것은 바로 이런 점 때문이다.[41] 이때 '적절'하다는 것은 논리적으로는 옳다는 것과는 별개의 문제일수도 있다. 오히려 적절성의 문제는 독자의 공감을 얻어내고 그들을 설득할 수 있느냐의 문제이다.[42] 공감과

---

39) 최금옥, ≪陳師道詩硏究≫, 216쪽 참고

40) 崔美汀, <漢詩의 典據修辭에 대한 考察>, 12~13쪽

41) 적절성은 무질서한 사고와 구별되는 진정한 창의성의 결과물이 갖추어야하는 중요한 조건이다. Arthur J Cropley, 김선 역, ≪교육과 창의성≫, 집문당, 1995, 36~37쪽 참고

42) 김정규는 用事를 "글쓰는 이가 개진코자하는 사실을 典故의 인용에 의해 합리화시켜서 그 내용을 설득력있는 것으로 하기위한 방법"이라고 했고, 김원중은 문심조룡에 나타난 유협의 用事論을 분석해 "用事란 일반 독자의 역사적 사실에 대한 존경심이나 보편적으로 받아들여진 권위있는 여론에 대한 일종의 숭배 심리를 이용해 작가의 주장을 설득력있게 전달하는 방법" 이라고 한 바 있다. 김정규 <麗·朝代 시문제작에 미친 劉勰의 用事理論의 재조명>, ≪중어중문학≫제9집, 한국중어중문학회, 1987, 217쪽 참고 / 김원중, <用事攷 : ≪文心雕龍≫을 중심으로>, ≪중국어문학≫ 제23집, 1994, 6쪽 참고

설득이라는 목표를 위해서는 우선, 독자와 작가사이에 보편적으로 알려진 것을 활용해야하고, 그 다음으로 독자와 작가가 공유하는 문화적 기반위에서 권위가 인정되는 것을 토대로 해야 한다.

결국 用事는 작가가 典故를 많이 사용하는 것이 아니라, 사용을 하되 그것에 대한 독자의 환기력을 얼마만큼 배려하였는가를 살필 수 있다는데 있다. 用事가 原典의 형태를 어떻게 유지하느냐란 문제에 있어, 用事된 작품에 특별한 의미를 환기함이 없다면 그것이 用事란 것을 알든 모르든 의미 전달에 큰 차이가 없다.

Ⅲ. 결 론

宋詩의 흐름에서 볼 때 陳師道는 당시 王安石, 蘇軾, 黃庭堅 등과 같은 大家들과 같은 시대에 살면서, 北宋의 황금기인 元祐詩壇의 흥성을 이었다. 그러나 다른 시인들과 달리 陳師道는 新法과 新學에 불만을 품고 과거에 참가조차 하지 않을 정도로 지조가 뛰어났던 사람이었다. 관직생활로 공명을 얻는데는 관심이 없었던 그는 어려운 생활 속에서 作詩에 온 힘을 기울였고, '讀書'에 대한 학문적 접근을 중시했다. 그 스스로 師承關係를 통해서보다는 讀書를 통해 진리를 깨달았다고 한 것을 통해서도 알 수 있듯이 그의 작품 속에는 선인들의 생각이나 사상이 자연스레 스며들어 있었다. 또한 廣博한 지식 · 俗된 것을 거부하는 정신 · 그리고 '語簡而意博'의 표현방법을 통해 다양한 典故의 인용은 자연스런 현상이었다.

그러므로 본 論文은 陳師道시에 인용된 典故의 유형에 주안점을 두고 用事의 세 가지 유형에 대해 살펴보았다. 이미 用事의 유형에 대해서는 많은 설이 있고 그 분류 또한 다양하기 때문에, 陳師道 시에 보이는 用事의 유형을 典故와 詩의 관계여부에 따라 동일, 부분 동일, 상반으로 나누어 분석해보았다. 典故와 시의 내용이 동일할 경우에는 자신의 경험이나 생각 등이 典故가 가진 성격상 독자들에게는 신뢰감을 주고 작품을 정당화하고 합리화시켜줄 수 있는 장점이 있었다. 典故와 시의 내용이 부분적으로 동일할 경우에는 典故에 대한 독자들이 가지는 관습적 발상에 대해 문제를 제기하고, 그로 인해 독자들의 주의를 환기시켜줄 수 있다는 특징이 있었다. 典故와 시의 내용이 상반될 경우는 가장 문학적 평가를 높게 받는 부분으로 극적인 효과를 제공해주면서, 동시에 주제를 더욱 강렬히 드러낼 수 있었다.

用事는 시를 읽는다는 행위와 의의를 정의한다. 그러므로 用事된 작품은 그 原典에 대한 지식을 가지고 있다는 것을 전제하기 때문에 典故가 포함된 시를 읽는 행위는 역사적인 행위라고 볼 수 있겠다.

參考文獻

이병한, ≪중국고전시학의 이해≫, 문학과 지성사, 1992

오태석, <北宋 後期詩의 詩史的 고찰>, ≪中國文學≫ 제30집, 한국중어중문학회, 1998

정끝별, ≪패러디시학≫, 문학세계사, 1997

송재소, 「漢詩 用事의 비유적 기능」, <한국한문학연구> 제8집, 한국한문학연구회, 1985

서명희, ≪用事와 언어문화론적 연구≫, 서울대학교 碩士論文, 1999

김선 역, ≪교육과 창의성≫, 집문당, 1995

김정규, <麗·朝代 시문제작에 미친 劉勰의 用事理論의 재조명>, ≪중어중문학≫ 제9집, 한국중어중문학회, 1987

김원중, <用事攷 : ≪文心雕龍≫을 중심으로>, ≪중국어문학≫제23집, 1994

周裕鍇, ≪宋代詩學通論≫, 中國傳統文化硏究叢書, 巴蜀書局, 1997

周振甫, ≪詩詞例話≫, 中國靑年出版社, 1979

출처 : 『陳師道 五言律詩의 用事 硏究』 (한국외대 2001년 석사학위 논문)에서 발췌

變文 속 揷入韻文의 기능

정병윤*

Ⅰ. 들어가는 말

협의의 變文[1]에는 산문 외에도 수많은 운문이 삽입되어 있다. 이는 문학 갈래 개념이 철저하지 못한 데 따른 서사문학에서 서정성을 완전히 청산하지 못한 과도기적 현상으로 해석할 수도 있다. 그러나 이것은 오늘날의 관점에서 바라본 것으로 수세기에 걸친[2] 변문 속의 운문에 대한 정당한 평가라 하기는 어렵다. 그리고 문학작품이란 그 구성 요소들이 내부적인 조직을 가지고 미적 목적을 위해 유기적으로 결합된 구조라 할 때, 변문 속의 삽입운문은 하나의 완결된 변문 작품을 위한 구조적 필요에 의해 삽입된 것으로, 결코 장식적이거나 부수적인 수식이라는 평가

---

* 한국외대 중국어과 강사

1) 變文이란 용어는 廣義와 狹義 두 가지 의미를 지니고 있다. 광의의 변문이란, 莫高窟 藏經洞에서 발견된, 散韻의 조합형식 혹은 그 原題와는 상관없이 설창 형식으로 이루어진 통속문학작품 전반을 말하는데 흔히 "敦煌講唱文學"이란 용어로 그들을 총칭하기도 한다. 협의의 변문이란, 광의의 변문 가운데 經文을 인용하지 않고 原題가 "變" "變文"등으로 되어 있거나 그와 유사한 형식으로 이루어진 有說有唱의 작품을 말한다.

2) 변문의 구체적인 創作年代 혹은 流布年代가 모두 드러난 것은 아니나, 이미 밝혀진 작품들에 따르면 변문은 대략 8~11세기에 걸쳐 이루어진 것으로 보인다.

로 단순 폄하시킬 수는 없는 것이다.

곧 변문 속의 삽입운문은 강창자가 하나의 이야기를 선택하여 연창하는 과정에서 운문이 지닌 다양한 기능과 역할을 통해 작품의 美的 목적, 혹은 演唱 목적을 달성하기 위해서 삽입한 것으로 창작 기법의 문제와 직결된다고 할 수 있다. 더군다나 산문과 운문의 조합 형식은 변문 성행 시기의 보편화된 형식일 뿐더러, 그 이후 講唱이란 이름하의 많은 작품들이 기본적으로 취하고 있는 구성 형태라는 점에서 산문 속의 운문은 논의할 가치가 충분하다고 할 것이다.

변문에 대한 연구가 다각적으로 그 폭과 깊이를 더해 왔음에도 불구하고 삽입운문에 대한 연구는 아직까지 전무한 것으로 안다. 다만 산문과 운문의 조합 형태에 관해서만이 변문 연구 초기서부터 언급되고 있을 뿐이다. 본 논문에서는 협의의 변문에 속하는 작품들의 서술구조와 작가 의식 사이의 관계를 통해 하나의 작품 속에 삽입된 운문의 기능을 살펴보기로 한다.

Ⅱ. 삽입운문의 기능

삽입운문의 기능을 살피기에 앞서 산문과 운문의 결합 양태를 일별할 필요가 있다. 흔히들 散韻組合의 양상을 세 가지로 분류하곤 한다. 重複式과 連續式, 그리고 强調式이 그것이다. 이것은 운문이 앞 산문과 어떠한 내용적 관계를 지니는지에 초점을 맞추어 구분한 것으로, 중복식이란 말 그대로 앞 산문 내용을 그대로 다시 한번 서술하는 형식을, 연속식이란 앞 산문의 내용과 중복됨 없이 고사를 서술해 나가는 형식을, 강조식이란 앞 산문에서 언급한 내용 가운데 특정 장면을 확대 서술하여 그 장면을 부각시키는 형식을 말한다. 이것은 매우 그럴 듯해 보일 수 있는데 사실은 그렇지 않다. 물론 이들 세 분류에 속하는 경우도 많지만 그렇지 못하는 경우도 허다한 까닭이다. 판단하기 나름으로 중복식이 될 수도 강조식이 될 수도 있으며, 분명히 두 가지 형식이 뒤섞여 있는 경우들도 많다. 순수한 연속식이 있는가 하면 일부 중복식을 포함하는 연속식도 있고, 강조식에 있어서도 앞 산문의 중복이 아니라 오히려 뒤에 나올 산문 내용의 중복인 경우도 있다.

이 같은 散韻組合의 양상에 대한 이해는 운문의 기능을 논하는 데 있어 중요한 의미를 지닌다. 변문 속의 운문은 그것만을 별도로 떼어놓고 생각해서는 안되고 전후 산문과의 연관선상에서 고찰해야 하기 때문이다. 이것은 변문의 삽입운문이 일반 운문과 다른 점이기도 하다.

1. 인물의 형상화

고대소설은 인물의 성격이나 심리보다는 사건을 중시하는 감이 없지 않다. 고대소설의 등장 인물들은 사건을 연결해 나가는 매개적인 존재에 지나지 않으며 주제 표출의 수단으로서 존재할 뿐이라는 것이다. 그렇다고 해서 고대소설 속에서 인물의 형상화가 전혀 고려되지 않았다는 것은 아니다. 일찍이 宋, 元代의 劉辰翁, 趙令疇 등의 이론가는 소설이 작중인물의 품덕, 기질, 성격, 심리활동 등과 같은 내재적인 정신세계를 표현해야 한다는 이른바 "傳神論"으로 筆記體 志人小說과 唐 傳奇 속의 인물 형상을 논한바 있었으며, 이 "傳神"은 이후 고대 소설이론가들의 인물 형상에 대한 미학적 분석의 기준이 되기도 했던 것이다.3)

아무리 고대소설이 인물보다 사건을 중시한다 해도 인물의 행동 없이 사건의 전개는 불가능하다. 소설마다 사건 중심, 혹은 인물 중심의 차이는 있을 수 있지만 이 둘이 분리된다는 것은 있을 수 없다. 형상화된 인물 없이 성공적으로 사건을 전개해 나간다거나 사건 없이 성공적으로 인물의

3) 통속소설의 인물 형상화에 대한 분석은 宋, 元代에 비록 등장하기는 했지만 그다지 이론가들의 주목을 받지 못하고, 明末에 와서 葉晝, 金聖嘆과 같은 대가에 의해 커다란 주목과 발전을 이루게 된다.(謝昕·羊列容·周啓志, ≪中國通俗小說理論綱要≫, 31~33쪽, 文津出版社, 1992년)

형상화를 이룬다는 것은 그 가능성이 없어 보인다. 변문은 초기의 통속소설에 속하지만 그중에는 인물 중심의 소설이라 볼 수 있을 정도로 작중인물의 형상화에 치중하는 작품들이 존재한다. 특히 변문 속의 운문은 작중인물의 형상화에 기여하는 바가 크다. 작중인물 언어의 직접적인 묘사나 외모 묘사, 혹은 심리 독백 등을 운문으로 노래하여 인물을 형상화시키고 있다.

(1) 작중인물의 언어

작중인물의 언어로 구성된 삽입운문이 인물의 형상화에 기여하는 예는 歷史變文에서 찾을 수 있다. 講經文과 佛教變文에서도 작중인물의 언어로 된 삽입운문이 상당수 존재하지만, 앞 산문에 대한 중복 혹은 연속 서술인 경우를 막론하고 그 인물묘사의 沒성격화로 인해 인물의 형상화에 기여하는 예는 거의 보이지 않는다. 작중인물 언어의 직접적인 인용은 작품의 스토리 전개 측면에서 보자면 반드시 필요한 요소는 아니나[4] 작중인물의 내면 혹은 성격을 제시하여 청중들에게 인물의 모습을 각인시켜 쉽게 감동을 불러일으킨다. ≪李陵變文≫에서는 이릉의 副將인 管敢이 죄를 짓고 처벌받을 것을 두려워하여 흉노에게 투항하여 이릉 부대의 피폐해진 상황을 폭로하고, 그로 인해 이릉 부대는 흉노의 역공을 당하여 투항하지 않을 수 없는 상황에 처하게 되는데, 변문은 다음과 같이 투항을 앞둔 이릉과 그 부하들의 대화를 묘사하고 있다.

① "丈夫出塞命能判, 大衆胡狼事實難.
丈夫出塞命能判, 大衆胡狼事實難.
辭君擬剪匈奴賊, 自坐千金明月鞍.
丈夫失制輸狂虜, 負特皇天孤負土.

4) 두 사람간의 대화인 경우에는 사건을 진전시키는 효과가 있긴 하지만, 사건의 전개만을 위해서라면 요약(summary)의 형식이 더 효과적일 수 있다. 사건의 전개 외에 대화의 또 다른 중요한 역할은 바로 작중인물의 성격을 가장 직접적이며 단적으로 보여주는 데 있다.

非但無面見天王，黃泉地下羞先祖.
嗟呼嘆息乃長吟，只爲欺胡苦入深。
上天使爾知何道，陛下應知陵赤心。”
左右聞言皆落淚：

“장부가 변경으로 나가면 목숨도 버릴 수 있지만
수많은 오랑캐를 무찌르는 일은 참으로 어려운 일이네.
황제와 이별하고 흉노와 싸우기 위해
스스로 천금의 보석 안장에 앉았네.
장부가 통제력을 잃고 흉노에게 패배 당하여
하늘을 저버리고 땅을 저버렸으니
천자를 뵐 면목도 없을 뿐더러
황천지하에서 조상 뵙기도 부끄럽네.
아아! 탄식하고 길게 신음하는 것은
단지 오랑캐와 싸워 이기기에 고통이 큰 까닭이라네.
하늘은 그대에게 어찌된 일인지 알릴 것이니
폐하께서는 분명 나의 충심을 아실 것이네.”
좌우에서 이 말을 듣고 눈물을 흘리며

② “將軍今日何千次!
豈容獨領五千人，戰敵匈奴十萬騎？
赤血滂沛若水流，胡兵遍野橫屍死。
縱令無面見天王，亦合留名在史記。”
-中略-

“장군께서는 오늘 어찌도 이리 조급해하십니까!
어떻게 홀로 오천의 군사로
십만이나 되는 흉노와 맞서 싸웠더이까.
붉은 피가 물처럼 흘러 내렸고
흉노 병사의 시체는 들판에 나뒹굴었네.
설령 천자를 뵐 면목이 없게 되었더라도
역사에 이름 남기기에 족하네.”
-중략-

③ “更若人爲十隻矢，參差重得見家鄕。
左右今須鳥獸之分，失路迷津望月奔。
倘若南歸見天子，爲報陵辜陛下恩。”

“만일 누가 내게 화살 열 개만 더 준다면
다시 고향에 돌아갈 수도 있을 텐데.
그대들과는 이제 이별을 해야 하니
길을 잃게되면 달을 보며 달아나야 한다.
만약 귀국하여 천자를 알현하게 되면
폐하의 은혜를 저버렸다고 하시오.”

무기도 식량도 다 바닥이 난 상태에서 엄청난 흉노의 습격을 받은 이릉의 군대는 결사항전 하였지만 중과부적이었다. 이 같은 위기의 순간에 대장군으로서 이릉이 취한 선택은 전군이 끝까지 싸우다가 다같이 최후를 마치는 것도, 모두 함께 투항을 하여 목숨을 유지하는 것도 아니었다. 그는 부하들로 하여금 어둠을 틈타 달아나도록 하고 자신은 흉노와 최후의 결전을 벌이는 제3의 방법을 택했다. ①은 흉노와의 싸움에 패배한 이릉의 심정으로서, 여기서 그는 흉노와의 싸움에서의 패배는 곧 하늘과 땅의 신의 뜻을 저버린 것이고 황제와 조상의 기대에 어긋난 것이라 깊이 자책하고 있으며, 비록 패배는 하였지만 황제에 대한 자신의 충성심만은 변함이 없음을 천명하고 있다. ②는 이러한 이릉의 자책에 대한 부하들의 반응이다. 객관적으로 어쩔 수 없는 상황에서의 패배임에도 불구하고 지나치게 자신을 책망하는 이릉의 모습을 보고, 그의 부하들은 아군의 절대적인 수적 열세와 지금까지의 혁혁한 戰果를 거론하며 이릉이 황제의 기대를 저버린 것도 아닐뿐더러, 오히려 역사에 길이 남을 업적을 남겼다며 그를 위로하고 있다. ③은 이릉이 부하들에게 당부하는 내용으로, 단 “화살 열 개”가 없어 고향으로 돌아가지 못하는 안타까움을 표출한 뒤, 부하들에게 자신이 흉노와 최후의 결전을 벌이는 틈을 타 달아날 것을 권할뿐더러, 부하들이 도망 중에 길을 잃을까 염려하여 달의 위치로 방향을 판단하는 방법까지 알려주고 있다. 서술자는 ①과 ③의 이릉의 목소리를 통해 부하들을 사랑하는 그의 愛人思想과 漢에 대한 충정의 마음을 보여주고 있고, ②의 부하들의 언어를 통해 이릉의 지난 영웅적인 행적을 제시하고 있다. 그리하여 이들 운문은 비극적임과 동시에 영웅적인 이릉의 형상을 선명히 부각시키고 있다. 다음은 ≪伍子胥變文≫의 일단으로, 작중인물의 언어로 이루어진 운문이 인물의 형상화에 기여하고 있는 또 다른 예이다.

> 子胥別姐稱
> "好住！ 不須啼哭淚千行。
> 父兄枉被荊誅戮, 心中寫火劇煎湯。
> 丈夫今無天日分, 雄心結怨苦蒼蒼。
> 倘逢天道開通日, 誓願活捉楚平王。
> 剜心幷臠割, 九族總須亡。
> 若其不如此, 誓願不還鄉！"
>
> 자서가 누이와 이별을 하는데
> "몸조심하세요!
> 통곡하여 눈물 많이 흘리지 마세요.
> 父兄이 억울한 형벌을 받아 죽임을 당함에
> 가슴속엔 불길이 뜨겁게 타오릅니다.
> 장부는 지금 마주 대할 하늘의 태양조차 없으니
> 웅대한 마음에는 원한이 맺히고 고통이 가득하오.
> 만일 天道가 열리는 날을 맞게 된다면
> 맹세코 楚平王을 사로잡아
> 심장은 도려내고 살은 난도질하리.
> 九族을 반드시 모두 없애리.
> 만일 그러하지 못하면
> 다시는 고향에 돌아오지 않으리!"

이것은 오자서가 楚王을 피해 오나라로 도망을 하는 중에 누이와 만나 헤어지는 장면이다. 아버지와 형은 초왕으로부터 억울한 죽음을 당하고, 오자서 자신은 또 자신을 쫓는 초왕의 병사들을 피하느라 함부로 대낮에 달아나지도 못함에 "마주 대할 하늘의 태양조차 없"는 처지가 되고 말았다.

이 같이 비통하고 원통한 처지로 내몰린 오자서는 다시 한번 복수의 칼날을 갈게 된다. 자신을 알아 줄 明君을 만나 중용되고 복수를 위한 충분한 힘을 길러, 살아있는 초왕의 심장을 도려내고 살을 잘라 죽이고 그 일족마저 모조리 없애버리는 날이 오기를 절치부심 기다리고 있다. 그가 부형의 원수를 갚는 날은 곧 하늘의 이치가 구현되는 "天道가 열리는 날"이 된다. 그리고 그렇게 복수를 다 하기 전에는 "다시는 고향에 돌아오지 않"겠다고 다짐한다. 그리하여 부형의 원한을 반드시 갚고야 말겠다는 오자서의 비장한 면모를 충분히 보여주고 있다. ≪伍子胥變文≫은 오자서라는 인물의 형상화에 많은 심혈을 기울이고 있는 작품이다. 계속하여 오자서는 오나라로 도망을 가는 길에 또 아내를 만나게 되는데, 아내가 자신을 알아보자 자서는 다음과 같이 자신의 신분을 숨긴다.

> 娘子莫漫橫相干, 人間大有相似者。
> 娘子夫主姓伍身爲相, 僕是寒門居草野。
> 倘見夫壻爲通傳, 以理勸諫令歸舍。
> 今緣事急往江東, 不得停留復日夜。
>
> 낭자는 함부로 나와 관계 있다 하지 마시오.
> 상에는 닮은 사람도 많은 법이지요.
> 낭자 남편의 성은 伍이고 재상인데,
> 저는 미천한 집안 출신으로 초야에서 산다네.
> 만일 당신의 남편을 보게 되면 당신 소식을 전해주고
> 이치로써 타일러 집으로 돌아가도록 할 것이네.
> 지금은 일 때문에 급히 江東으로 가야하니
> 다시 더 머물 수는 없겠네.

오자서는 "대장부가 눈앞의 일도 달성하지 못했는데 부인이 자신을 알아보니 어찌 작은 일에 얽매여 대의를 그르치겠는가" 하며 아예 부인을 모르는 체 자신의 신분을 숨기고 서둘러 자리를 뜬다. 그리고 부인이 자신의 앞니를 보고 자신을 알아보자 도중에 바위로 두 앞니를 부러뜨리고 만다. 부형의 원수를 갚는 것 보다 오자서에게 더 중요한 일은 이미 존재치

않았던 것이다. 오자서가 도망 중에 뜻하지 않게 자신의 집을 방문하여 아내를 만나고, 또 아내가 자신을 알아봄에도 불구하고 그녀에게까지 자신을 숨기는 장면은 부형의 원수를 갚기 전에는 어떠한 사사로운 감정도 틈입될 수 없는 오자서의 절박하고 비장한 모습을 분명하게 보여주고 있다.

오자서가 오나라로 도망하는 중에 누이를 만나고 아내를 만나는 대목들은 사실 스토리의 전개에 없어서는 안될 필수적인 장면들이라기보다는 오자서라는 인물의 형상화를 위해 존재하는 것이다.

(2) 외형 묘사

인물의 묘사는 심리, 외모, 행동, 사상 등으로 나눌 수 있는데, 그 중 외모에 대한 묘사는 작중인물의 특성을 직접적으로 나타낼 수 있어 작자가 작중인물을 처음 소개할 때 흔히들 사용하는 수법이다. 일찍이 金聖嘆과 張竹坡는 외모 및 복장에 대한 묘사가 인물의 형상화에 주는 적극적인 효과에 주목한 바 있는데[5], 성공적인 외형묘사는 인물의 문화적 소양과 성격, 기질 등을 반영할 수 있기 때문이었다. 변문 가운데 인물의 외형묘사 기교를 가장 자주 사용한 작품으로는 ≪醜女緣起≫를 들 수가 있는데, 그 스토리의 성격상 해당 인물의 개성적인 특징을 보여주는 데까지 나아가지는 못했을 망정, 인물의 외모를 시각에 호소하여 독자로 하여금 인상깊게 받아들이도록 하고 있어 주목된다. 다음은 추녀의 외모를 묘사한 대목이다.

---

5) ≪水滸傳≫제37회에서 李逵의 외모 특징을 "黑凜凜"이라 묘사한 것을 두고 김성탄은 "단지 이규의 형상만을 그려낸 것이 아니라 이규의 성격과 마음씨까지 그려내었다(不惟畫出李逵形狀, 兼畫出李逵性格、李逵心地來)"라고 평한 바 있고, ≪金瓶梅≫제7회에서 西門慶의 복장을 묘사한 대목인 "頭戴纏綜大帽, 一撒鉤縧紛底皀靴"를 평하기를 "부귀한 기상은 오히려 市井의 기질이다(富貴氣象却是市井氣)"라고 하였다. (앞의 책, 131쪽 참조)

① 只首思量也大奇，朕今王種豈如。
丑陋世間人總有，未見今朝惡相儀。
山穹 崇踽足宿 如龜鱉，渾身又似野豬皮。
饒你丹青心里巧，彩色千般畫不成。
獸頭渾是可憎兒，國內計應無比并。
若論此女形貌相，長大將身娉阿誰。

생각해보면 정말로 기이하도다.
朕의 아이가 어찌 이와 같을 수 있을까.
추악함은 세상에 항상 있게 마련이지만
이 같은 형상은 본 적이 없구나
굽은 등과 튀어나온 가슴은 거북이나 자라와 같고
온몸은 멧돼지 같은 피부를 가졌도다.
그대가 아무리 유능한 畵工이어서
온갖 색채를 다 써도 그려낼 수 없으리.
못난 딸은 그야말로 밉살스럽게 생겼으니
나라 안에서 그와 견줄 자 없을 것인데
이 아이의 외모를 가지고 논하려 한다면
자라서 누가 그 애에게 장가들려 할 것인가.

② 女緣丑陋世間希，渾身一似黑革丸皮。
雙脚跟頭皴又僻，如驢尾一枝枝。
看人左右和身轉，舉步何曾會禮儀。
十指纖纖如露柱，一雙眼子似木追 離。

공주의 추악한 용모는 세상에 드문 것이니
온몸이 마치 검은 가죽피부 같고
두 다리는 쭈글쭈글하고 갈라 터졌으며
머리카락은 당나귀 꼬리처럼 굵고 뻣뻣하네.
주위를 바라보려면 몸이 돌아가야 하고
걸음걸이는 어찌 禮儀가 있을 것인가.
열 손가락은 기둥과 같이 굵고 볼품없으며
두 눈은 나무망치 닮은 배 같이 생겼네.

③ 公主全無窈窕, 差事非常不小。
上唇半斤有余, 鼻孔竹筒渾小。
生來未省喜歡, 見說三年一笑。

공주에게는 요조스러움이 조금도 없으니
매우 기이한 일이로다.
윗 입술은 半斤이 넘고
콧구멍은 대나무 통처럼 생겼네.
태어난 이후로 즐거워하는 적이 없으니
듣자니 3년에 한번 웃는다네.

추녀의 외모를 변문은 이렇듯 연속 3차례에 걸쳐 묘사하고 있다. ①은 대왕의 독백, ②와 ③은 서술자의 언어로 이루어져 있는데, 여기서 주목할 점은 추녀의 외형묘사가 산문이 아닌 운문으로만 이루어지고 있다는 사실이다. 散韻組合이라는 변문의 특성으로 보건대, 한번쯤은 산문으로도 묘사될 법 한데 그러한 예는 찾아볼 수 없다. 그 이유는 인물의 외모를 講唱이라는 구연형식으로 재현할 때 講보다는 唱이 더 합당하기 때문일 것인데, 이론상으로 보아도 산문체의 단조로울 수 있는 講說보다는 운문체의 변화 있는 唱吟이 인물을 각인시키는 데 효과적으로 보인다. 어쨌든 변문은 추녀의 외모를 피부, 입술부터 손가락, 콧구멍에 이르기까지 세밀히 묘사하고 있는데, 그 추악함의 정도가 간신히 인간의 형태를 갖추고 있을 정도임을 시사해 주고 있다. 추녀의 추악한 모습에 대한 이런 거듭된 강조는 "醜女"연기라는 제목에도 걸맞을 뿐더러, 聽者로 하여금 추녀를 몸소 대면하는 듯한 생생한 재연의 현장을 만날 수 있게 해준다. 추녀의 추한 모습 외에도 ≪醜女緣起≫에서는 佛의 비범한 외모 역시 산문 아닌 운문으로 묘사하고 있다.

顔容世無比, 髮紺旋螺文,
眉如初月翠, 口似頻婆果,
四十二牙齒, 兩目海澄澄,
胸前題萬字。

용모는 세상에 비할 바가 없거늘
감색의 머리카락은 나선무늬를 이루고 있고
눈썹은 초승달처럼 아름다우며
입은 頻婆羅樹 열매와 같고
마흔 두 개의 치아를 갖추었으며
두 눈은 바다처럼 맑고
가슴에는 卍字가 새겨져 있다.

이 운문은 추녀가 남편마저도 자신의 추한 외모를 원망하고 부끄러워하는 모습을 보고는, 佛을 향해 비통의 눈물을 흘리며 참회하고 발원하자 그녀의 소원을 들어주기 위해 추녀 앞에 나타난 佛의 모습을 묘사한 것이다. 앞서 추녀의 외모묘사에 비하면 다소 간략하여 그 형상성이 떨어지지만 凡人과 다른 佛의 모습을 떠올리기에 부족하지 않다. 계속하여 佛은 자비의 힘으로 추녀의 모습을 변화시켰는데 그 변화된 모습 역시 운문으로 묘사하고 있다.

公主輕盈世不過, 還同越女及嫦娥。
紅花臉似輕輕坼, 玉質如棉白雪和。

公主의 아름다운 자태는 세상이 견줄 수 없거늘
越女나 嫦娥에 비견될 만 하네.
얼굴은 붉은 꽃이 수줍게 피어난 듯 하고
玉같은 피부는 목화나 흰 눈과 같네.

佛의 자비력으로 추녀는 미녀가 되었는데, 그 아름다움을 越나라의 미녀 西施나 불사약을 훔쳐 가지고 달로 달아났다는 嫦娥에 비하고 있다. 추녀의 추한 모습에 대한 묘사에 비하면 그 세부성이 떨어져 아름다운 모습을 형상화하기에는 다소 부족하지만, 산문이 아닌 운문으로 그 외형을 묘사하고 있다는 점은 주목할 만 하다.

이상은 강창의 형식으로 구연된 공연물에서 인물의 외형을 묘사하는 데 주로 운문이 사용되었으며, 그것은 운문이 인물의 형상화에 더 효과적이기 때문이었음을 설명해 준다.

(3) 독백 혹은 내적 독백

독백은 혼자서 입 밖으로 내 놓는 소리이고, 내적 독백은 입 밖으로 나오지 않은 마음 속에 머물러 있는 말이나 생각으로 정의되긴 하나 양자는 그 성격상 크게 다를 것이 없다. 양자 모두 작중인물의 성격이나 인생관 등을 표출하는 수단으로 사용된다. 변문 중에서 이들은 주로 산문이 아닌 운문으로 표현되고 있는데, 이것은 인물의 외형묘사의 경우와 같다. 예컨대,

① 每恨生居邪見地，未蒙智杵碎邪山。
幸願慈尊垂汲引，專心佇望禮尊顔。

한스럽게도 邪門의 땅에서 지내오면서
지혜의 몽둥이로 邪山을 부수지 못했네.
바라건대 慈尊께서 인도의 손길을 내려주시길
온 마음으로 尊顔에 예배 올리네.

② 弟子生居邪見地，終朝積罪事魔王。
伏願天師受我請，降福舍衛作橋梁。

弟子는 邪門의 땅에서 지내며
날마다 魔王을 섬기며 죄를 쌓아왔네.
엎드려 바라옵건대 天師께서는 저의 부탁 들으시어
舍衛城에 복을 내리고 佛國으로 저희를 인도해주시길.

이것은 ≪降魔變文≫의 일단으로, 須達이 護彌로부터 佛의 威德에 대한 설명을 들은 뒤 佛을 향한 敬仰의 마음을 토로하고 있는 장면이다. 이들 두 인용문은 닫힌 성문이 저절로 열리는, 佛의 위력을 보여주는 내용의 짤막한 산문을 사이에 두고서 이렇게 연속해서 두 차례 수달의 독백이 운문 형태로 보여지고 있는데, 여기서 수달은 지금까지 外道를 섬겨왔던 자신의 잘못을 참회하고 부처에게 자신과 조국 사위성의 백성들을 인도해

주기를 간절히 소망하고 있다. 佛을 향한 敬慕의 마음이 절절한 이 운문 속 수달의 모습은 이미 독실한 불교도의 형상이다. 그 후, 수달은 사리불이 정해준 장소에 부처를 모실 精舍를 짓기로 하는데 그 장소는 다름 아닌 태자의 동산이었다. 처음에 태자는 자신의 동산에 정사를 짓는 것에 반대하지만, 곧 수달의 信心에 감동하여 두 사람은 합심하여 정사를 짓기로 한다. 이에 대한 外道 노도차의 심정이 다음과 같은 독백으로 나타나고 있다.

乍可決命一回, 不能虛生兩度。
門徒盡被誑將, 遣我不存生路。
到處即被欺陵, 終日被他作祖。
帝王尙自降他, 況復凡流下庶。
吾今怨屈何申, 須向王邊披訴。

차라리 한번 그와 결투를 할지언정
헛되이 세월을 보낼 수 없다.
門徒들이 모두 현혹되어버리면
나는 살아갈 방도를 잃게 된다.
도처에서 속임을 당하고
종일토록 그에 의해 저주받게 될 것이다.
제왕마저도 그에게 설복 당하거늘
하물며 일반 백성들임에랴.
지금의 이 억울함을 어디에 하소연하나
반드시 왕께 호소해야 하리.

노도차는 부처 설법의 강한 전파력을 이미 알고 있었던 듯하다. 부처가 오기도 전에 "제왕(사실은 태자)"마저도 그에게 설복 당하고 말았거늘, 하물며 일반 백성들이 직접 부처의 설법을 접하게 된다면 그 결과는 불을 보듯 뻔하였다. 그에게 부처의 영접은 곧 舍衛城에서 자신의 위치 상실을 의미하였기 때문에 반드시 저지시켜야만 하는 생존이 걸린 문제였다. 一國의 大臣인 수달과 一國의 "儲君(現王 다음에 왕이 될 사람)"인 태자의 精舍 건립 행위를 접한 노도차는 부처와 한번 결투를 벌여서라도 그들의 행위를 막고자 하는데, 이것은 그의 분노의 표출이다. 그리고 자신의 門徒들이 모두 부처에게 설복 당해버릴까 염려하는 것은 그가 조바심을 내는 구체적인 이유다. 그런데 一國의 國師인 노도차가 취하는 방도는 기껏 왕에게 자신의 억울한 심정을 하소연하여 왕의 "현명한" 판단에 기대는 것이었다. 부처의 방문에 위협을 느낀 노도차의 분노와 시기심은 이렇듯 조바심과 다급함으로 이어지고 결국은 왕에 대한 애걸로 귀착되고 있는 것이다. 그리하여 그는 신문고를 두드리고 왕에게 하소연하는데 "흐느껴 울어 목이 쉬고, 한동안 훌쩍일 뿐 말을 하지 못(哽噎聲嘶, 良久沈吟不語)" 하는 것이다. 이러한 노도차의 모습은 일국의 종교 지도자로서의 형상이 아닌 시정의 잡배나 소인배의 형상 다름 아니다.

운문이 수시로 섞여 드는 ≪降魔變文≫과는 달리, ≪廬山遠公話≫는 비록 일곱 차례의 운문이 섞여 있기는 하지만 전체 작품에서 운문이 차지하는 비중이 극히 미소하고 대부분이 산문으로 사건이 진행되고 있기에 아예 有說無唱類로 분류되기도 하는데[6], 이 작품에서도 작중인물의 내적 독백으로 운문이 사용되고 있다.

我等如飜鳥, 和尙如大樹,
大樹今旣移, 遣衆棲何處。
化身何所在, 空留涅槃句,
願乘智惠燈, 莫忘迷去路。

우리는 날아다니는 새와 같고
화상께서는 커다란 나무와 같은데,
지금 커다란 나무가 옮겨지려 하니
뭇 새들은 어디에 의지해야 하나.
화신께서는 어느 곳에 계시는지
덧없이 열반경만이 남아 있구나.
지혜의 등불을 드리우셔서
가시는 길 잃어버리지 마소서.

---

6) 대표적인 경우로 邱鎭京의 ≪敦煌變文述論≫(臺灣商務印書館, 1970)이 있다.

이것은 스승인 遠公이 도적의 무리에게 붙들려가게 되자 이를 슬퍼하는 雲慶의 독백이다. 자신을 새에 비유하고 스승을 그 새가 깃들어 사는 나무에 비유하고 있는데, 스승이 도적들과 떠난 뒤 의지할 곳 없는 자신의 심정 및 스승에 대한 존경과 그리움을 표출하고 있다. 역사변문에서도 운문으로 작중 인물의 (내적) 독백을 보여주는 예는 드물지 않다. 가장 대표적인 작품으로는 ≪伍子胥變文≫이 있는데, 수 차례의 사용 예 가운데 하나 만을 들어보면,

> 大江水兮淼無邊, 云與水兮相接連。
> 痛分痛兮難可忍, 苦兮苦兮冤復冤。
> 自古人情有離別, 生死富貴總關天。
> 先生恨胥何勿事, 遂向江中而覆船。
> 波浪舟兮浮沒沉, 唱冤枉兮痛切深。
> 一寸愁腸似刀割, 途中不禁淚沾襟。
> 望吳邦兮不可到, 思帝鄉兮懷恨深。
> 倘値明主得遷達, 施展英雄一片心。
>
> 큰 강물은 아득하니 끝이 없어
> 구름과 물이 서로 맞닿아 있도다.
> 애통하다, 애통하다, 차마 볼 수 없구나.
> 괴롭도다, 괴롭도다, 원한 위에 다시 원한이로다.
> 예로부터 사람에게는 이별이 있고
> 생사부귀는 하늘에 달려 있다 했는데
> 선생은 자서에게 무슨 한이 있길래
> 끝내 강물 속으로 배를 엎으시나요.
> 물결 속의 배여, 떠올랐다 가라앉네.
> 원통과 억울함을 소리치네, 아픔은 더욱 깊어지는구나.
> 한 촌의 수심에 찬 간장은 칼로 도려내는 듯
> 길을 가도 눈물이 옷깃을 적심은 어찌할 수 없구나.
> 吳나라를 바라보네, 닿을 수 없구나.
> 고향을 생각하네, 회한만 깊어진다.
> 만일 明君을 만나 중용된다면
> 영웅의 한 조각 마음을 펼쳐 보이리.

오자서는 오나라로 도망을 하는 중에 빨래하는 여인이나 어부와 같이 오자서와는 아무런 관련이 없는 일반 민중의 절대적인 도움을 받고 있다. 이들은 오자서의 도망을 적극 도와주고 난 뒤 한결같이 스스로 목숨을 끊음으로써 자신들의 행동에 대한 책임을 지고 있는데, 민중의 이 같은 무모할 정도의 자기 희생적 행위는 오자서의 무사 도피가 하늘의 뜻임을 암시해주고 있고, 동시에 오자서라는 인물의 범상치 않음을 간접적으로 보여주고 있다. 위 운문은 오자서가 자신을 배에 태워 강을 건너게 해준 어부가 스스로 배를 뒤집어 자살하는 것을 보고 비탄에 잠기며 탄식하는 대목이다. 자신의 안전을 위해 기꺼이 죽음을 택한 어부에 대한 고마움과 그를 죽음으로 이끌게 한 자신에 대한 자책감이 엿보인다. 그리고 부형의 원수를 갚고 대장부의 기상을 떨치는 것이 그들의 죽음에 대한 보답이라고 여기고 있다. 오자서의 정의를 사랑하는 민중에 대한 연민의 정과 그들의 희생 앞에서 그저 슬퍼만 하지 않고 민중의 영웅으로 기백을 떨칠 것을 다짐하는 그의 모습이 선명하다.

인물의 독백 혹은 내적 독백을 통한 심리묘사 방식은 단조로운 표현의 지양이라는 연행 현장의 요구에 부응하려는 강창자의 예술적 경험의 축적으로 인해 이루어진 것으로, 인물의 성격묘사를 통한 형상화에 있어서 중요한 수단이 된다. 작중 인물의 내면정서를 세밀하고도 극적으로 드러내어 청중의 인물에의 刻印에 기여를 함과 동시에 청중으로 하여금 자신의 정서를 작중 인물의 정서에 합일시켜 작품 속으로 쉽게 몰입하게 하는 역할을 한다.

2. 극적 분위기 조성

변문은 서사문학이면서도 서사물을 마치 눈앞에 보는 가시적 대상처럼 그려 聽者(讀者)로 하여금 직접 극을 보는 것과 같은 극적 감흥을 느끼게 한다. 이것은 변문이 보는 그림으로써의 變相과 밀접한 관계가 있다는 사실과도 무관하지 않을 것이다. 대상을 눈앞에 직접 보고 있는 듯한 느낌을 주기 위해서 변문은 운문을 통한 장면의 묘사 방식을 채용하고 있다. ≪破魔變文≫에서 마왕은 보살의 수행을 방해하기 위해 자신의 무리들을 불러모으는데, 변문은 그 魔軍의 위용을 묘사하길,

魔王自爲都元帥, 總管諸軍依指揮,
靉靆之云空里報, 潑下黑霧似墨池。
雨點若着如中箭, 電子逢人似連鎚,
山岳擎來安掌里, 江河捻來直下傾。
空里鬧, 世間驚, 號令唯聞唱煞聲。
紅旗卷處殘霞起, 皀纛懸處碧云飛。

마왕은 스스로 都元帥가 되어
모든 군대를 총괄하여 지휘하는데
뭉게뭉게 피어오르는 구름이 하늘을 뒤덮고
墨池와 같은 검은 안개를 뿌린다.
빗방울은 맞게되면 화살을 맞은 것 같고
우박은 사람을 때리는 것이 쇠망치 같다.
山岳을 들어올려 손바닥 안에 두고
江河를 집어올려 쏟아 붇는다.
허공이 요란하니 세상이 놀라는데
죽이라는 고함소리만 들려온다.
붉은 깃발 휘날리니 저녁놀이 일어나는 듯 하고
검은 깃발 걸리니 푸른 구름이 날리는 듯 하다.

검은 안개, 화살 같은 빗방울, 쇠망치 같은 우박, 요동치는 산과 강, 공중으로부터의 호령 소리, 푸른 구름 등과 같은 異象, 그리고 그러한 현상을 일으키는 魔軍의 모습은 무시무시한 공포를 느끼기에 충분하다. 그런데 본 변문에서 이러한 마군의 공포스러운 모습은 위의 운문으로만 묘사되어지지 않고 이에 앞서 산문으로 먼저 그 모습을 묘사하고 있는데, 그렇다고 해서 운문의 역할이 줄어들거나 없어지지는 않는다. 읽는 문학의 입장에서 보자면 운문의 이러한 중복 서술은 하나의 衍文이고 사건의 진행을 약화시키는 군소리로 밖에 보여지지 않을 수 있는데, 염두에 두어

야 할 것은 변문은 독서물이 아닌 공연물로서 생겨났다는 점이다. 운문의 중복 서술은 무대 위에 올려짐으로써 비로소 그 진가를 발휘한다. 음악적 요소가 가미된 吟唱(운문)을 통해 청중은 講說(산문)에서 느끼지 못했던 또 다른 감동을 받게 되는 것이다. 즉 강설의 산문이 魔軍의 모습 전달이라는 목적에 기여한다면, 이어지는 吟唱의 운문은 그 편면적일 수 있는 마군의 모습에 생동감과 입체감을 가져와 작품의 분위기와 마군의 성격을 더욱 분명하고 인상적으로 청중에게 전달한다. ≪降魔變文≫에서는 사리불이 이끄는 佛家의 대오를 묘사한 운문도 보인다.

> 毗樓天王執金旌, 提頭賴吒持玉節。
> 甲杖全身盡是金, 刀箭渾論純用鐵。
> 靑面金剛色黲然, 大頭金剛瞋不息,
> 鐃鼓轟轟聲動天, 瑞氣明明而皎潔。
> 天仙空里散名花, 讚唄之聲相趁迭。
> 降魔杵上火光生, 智慧刀邊起霜雪。

> 毗樓天王은 금 깃발을 들고
> 提頭賴吒는 玉節을 들었네.
> 갑옷을 입은 온몸은 모두 金이고
> 칼과 화살은 모두 순수한 철로 만들었네.
> 靑面金剛은 흑빛을 띠고
> 大頭金剛은 눈을 부릅뜨며 분노가 식지 않는데
> 종과 북소리 하늘을 울리고
> 상서로운 기운은 밝고도 깨끗하다.
> 천사는 허공에서 아름다운 꽃을 뿌리고
> 찬패 소리가 끊이지 않는다.
> 降魔杵 위에는 불꽃이 타오르고
> 知慧刀에는 서리와 눈이 흩날린다.

이것은 사리불이 六師外道와 鬪法을 하기 위해 여러 善神들을 이끌고서 길을 떠나는 대목에 대한 묘사이다. 앞서 魔軍의 묘사와는 달리 갑옷과 칼, 화살, 분노와 같은 군대의 위용을 나타내는 단어들 외에, 종과 북소리,

상서로운 기운, 꽃, 범패와 같은 어휘들의 사용은 佛家의 대오가 惡軍이 아닌 善軍임을 보여주는 동시에 佛의 자비를 떠올리게 한다. 强함과 善함, 용맹과 자비를 동시에 겸비한 佛家 隊伍의 면모를 보여준다. 본 변문도 위의 인용 운문에 앞서 산문으로 먼저 불가의 대오를 묘사한 뒤 이처럼 중복 서술하고 있는데, 이 역시 재 서술이라는 이유로 그 가치를 폄하시킬 수는 없다. 佛家의 대오를 눈으로 직접 보는 듯한 효과와 그에 따른 분위기를 창출하는 데는 吟唱으로 진행되는 운문이 더 효과적이기 때문이다. 운문을 사용하여 장면 묘사를 한 또 다른 예를 ≪伍子胥變文≫에서 들어보면,

子胥行至潁水旁, 渴乏飢荒難進路,
遙聞空里打紗聲, 屈節斜身便卽住。
慮恐此處人相掩, 捻脚攢形而映樹；
量久穩審不須驚, 漸向樹間偸眼虛見。
津傍更亦沒男夫, 唯見輕盈打紗女,
水底將頭百過窺, 波上玉腕千回擧。
卽欲向前從乞食, 心意懷疑生猶豫,
進退不敢輒諮量, 踟躕卽欲低頭去。

자서는 潁水 가에 이르러
목마르고 굶주려 더 나아가기 어려웠네.
어렴풋이 허공 중에 빨래 두드리는 소리 들려
몸을 굽혀 비스듬히 하고 곧 멈추어섰네.
이곳까지 사람이 들이닥칠까 두려워
살금살금 발걸음 옮기고 몸을 웅그려 나무 뒤에 숨었네.
오래도록 자세히 살펴보니 경계할 필요 없어
나무들 사이로 조금씩 슬그머니 곁눈질해보네.
나루터에는 남자 없고
단지 빨래하는 아리따운 소녀.
물에 머리가 닿을 듯 백 여 차례 들여다보고
물결 위로 옥 같은 팔뚝을 수천 번 들어올리네.
즉시 앞으로 나가 구걸하자니
마음속으로 의심이 생겨 머뭇머뭇하네.
감히 나서지도 숨지도 못하고 망설이다가
주저주저 고개 숙이고 나가려 하네.

이는 자신을 잡아들이라는 초왕의 엄중한 조서가 내린 상태에서, 도망 중의 오자서가 潁水 가에 이르러 빨래하는 소리가 들려 옴에 함부로 나서지 못하고 숨어 상황을 관망하는 장면이다. 잡히면 곧 죽음을 면치 못하는 도망자의 두려움과 소심함이 운문 속에 가득하다. "물에 머리가 닿을 듯 백 여 차례 들여다보고, 물결 위로 옥 같은 팔뚝을 수천 번 들어올리네"는 빨래하고 있는 소녀의 모습을 그린 것으로서, 오자서가 두려움으로 선뜻 나서지 못하고 그녀를 그만큼 장시간 숨어 바라보고 있음을 보여준다. 앞서 인용한 두 운문의 경우와는 달리 이 운문은 산문에 대한 연속 형태로 진행되고 있는데, 산문으로 스토리를 진행시키다 장면에 대한 묘사에서 운문으로 서술 형태를 바꾼 것은 吟唱의 운문만이 가져올 수 있는 효과를 기대해서이다. 즉 오자서의 불안한 심리 상태는 이를 통하여 한층 더 극적으로 보여지게 된다.

이러한 운문을 통한 장면 묘사는 강창자가 스토리 전개 과정에서 세밀하게 묘사할 필요가 있다고 생각되는 부분에서 사용된다. 강렬한 인상을 심어 특정의 분위기를 나타내고자 할 때 현실의 시간과 거의 같은 속도와 진행으로 사건의 현장을 클로즈업시켜 놓는다. 따라서 장면 속에서의 등장인물은 실생활에서처럼 보고, 말하고, 웃고, 때리는 모습을 자연스럽게 보여준다. 이는 서사문학이면서도 극적 표현 효과를 중시하는 변문의 특징으로 볼 수도 있을 것이다.

3. 사건의 전개

앞서 언급한 바, 변문에서 운문의 전개는 개략적으로 앞 산문에 대한 중복형과 연속형, 강조형의 방식으로 되어 있는데, 운문이 사건의 전개 역할을 하는 경우는 이 중 연속형에 한정된다. 중복형이나 강조형 운문은 문자 그대로 앞 산문의 내용을 중복 서술하거나 일부 장면에 대한 확대 서술이라서 새로운 스토리의 전개와는 거리가 멀기 때문이다. 그렇다고 해서 연속형 운문 모두가 다 사건의 전개에 기여하는 것은 아니다. 연속형으로 구성된 운문 가운데는 사건의 전개 기능을 하는 것 외에도, 장면 묘사나 작중 인물의 독백과 같은 스토리 전개에 반드시 필요하다고는 볼 수 없는 내용의 것도 존재하기 때문이다. 사건 전개의 기능을 하는 운문이란 스토리 전개에 없어서는 안될 필수적인 내용의 경우를 말한다.

서사문학 일반에서 사건의 전개는 요약(summary)과 인물간의 대화(dialogue)로 이루어지는 게 보통이다. 변문도 마찬가지로 요약과 대화로 스토리가 진행되는데, 운문만을 별도로 놓고 보자면 사건의 진행에 필수적인 내용을 지닌 운문은 요약보다는 대화로 구성되어 있는 경우가 많다. 요약서술의 운문으로 사건을 진술하는 경우가 드문 이유는 아무래도 평면적인 사건진술에는 운문보다 산문이 더 용이하기 때문일 것이다. 그리고 대화로 구성된 운문은 강창자의 그 부분에 대한 중요성 인식에서 비롯된 것일 테다. ≪難陀出家緣起≫의 다음 운문은 대화의 형태로 사건이 서술되는 좋은 예이다.

① "不審天中這個身，前身未委種何因？
此處想君得第一，不知夫主是何人？"

"天上의 그대가 누군지 알 수 없고
前生에 무슨 業因을 지었는지 알 수 없네.
그대가 이곳에서 제일인 것 같은데
남편이 누구인지 알 수 없네."

② "若說我家夫主，不是等閑之人，
如今說着姓名，凡是人皆總識。
那是閻浮提內，五天印土之中，
迦毗羅國城中，淨飯皇王太子，
釋迦如來親弟，那是姨母所生。
他緣宿業因緣，配我以爲夫主。"
-中略-

"내 남편에 대해 말하자면 보통사람이 아니라서
지금 이름을 말하면 모든 사람이 다 알 것이라네.

그는 閻浮提의 오천축국 가운데
가비라성 정반왕의 태자인
석가여래의 친동생으로 姨母의 所生이라네.
그는 宿業의 인연으로 나의 남편이 될 거라네."
-중략-

③ 難陀聞語笑咍咍，如今有幸得相過，
今日方來相頂謁，只我如今便是陀。
-中略-

난타는 그 말을 듣고 하하 웃으며
지금 운 좋게 서로 마주쳐
오늘 비로소 예를 갖춰 알현할 수 있게 되었으니
지금의 내가 바로 난타라네.
-중략-

④ 天女當時聞語，便卽卻報難陀：
"我家夫主威儀，不作俗人裝束。
他家剃頭落髮，身被壞色袈裟，
若論進止威儀，恰共如來不別。
何處愚夫至此，輒來認我爲妻，
不如聞早卻回，莫大此時挫辱。

천녀는 그 말을 듣고
곧 난타에게 말하는데：
"내 남편의 모습은
俗人의 복장이 아니라네.
그는 삭발하였고
흑청색 袈裟를 입고 있으니
만일 그의 거동과 모습으로 말한다면
如來와 다를 바 없다네.
어디서 우둔한 남자가 이곳에 와서
함부로 나를 처 삼으려 하는가.
일찌감치 돌아가느니만 못하니
여기에 더 머물러 모욕을 당하지 말 것이오."

여기서 ①③은 難陀의 말이고 ②④는 天女의 말로써 연속된 운문이다. 세존을 따라 천상에 구경 온 난타는 하늘나라를 구경하다가 남편 없이 혼자서 지내는 여자를 발견한다. 그리고 그 여자에게 남편이 누군지를 묻는데 여자는 석가여래의 친동생, 즉 난타가 자신의 남편이라고 대답한다. 이에 난타는 기뻐하며 자신이 바로 난타라고 말하지만 천녀는 俗人의 복장을 한 그의 말을 믿지 않는다. 이것은 난타의 俗된 근성을 보여주기 위한 인물의 형상화 수단으로 사용되었다고 볼 수도 있지만, 그보다는 사건의 순수한 진행을 위해 존재한다고 보아야 마땅하다. 왜냐하면 천녀의 남편이 난타 자신이라는 사실은 곧 난타가 출가를 결심하게 되는 중요한 한 계기로써 작용하기 때문이다. 이렇듯 변문은 사건의 진술을 운문으로만 진행시키기도 한다. 운문으로 스토리를 전개하는 또 다른 예를 ≪破魔變文≫에서 찾아볼 수 있다.

① 近日恰似改形容，何故憂其情不樂。
為復諸天相惱亂？ 為復宮中有不安？
為復憂其國境事？ 為復憂念諸女身？
惟願父王生慈愍，如今為女說來由。
父王道：

"요즘 얼굴빛이 변하신 듯 하온데
무슨 근심으로 즐거워하지 않으신지요.
諸天이 어지러워졌나요?
궁 안이 편안하지 않으신가요?
國境의 일이 근심스러우신가요?
저희 딸들이 근심을 끼쳤나요?
바라건대 부왕께서는 자애로움으로
지금 저희 딸들에게 이유를 말씀해 주시기를."
부왕이 말하길,

② 不是憂念諸女身，汝等自然已成長；
也不憂其國境事，天宮快樂更何憂。
吾緣淨飯悉達多，近日已於成正覺，

叵耐見伊今出世，應恐化盡我門徒。
若使交他敎化時，化盡門徒諸弟子；
我卽如今設何計，除滅不交出世間。
于是三女遂卽進步向前，諮白父王：

"너희들이 근심을 끼친 것이 아니다.
너희들은 이미 잘 성장했다.
國境의 일이 근심스러운 것도 아니고
天宮은 즐겁기만 한데 무엇을 근심하겠느냐.
내가 근심하는 것은 淨飯王의 싯다르타가
최근 이미 正覺을 이루려 하는데
그가 지금 世間에 나오려는 것을 바라만 볼 수 없거늘
나의 門徒들을 모두 교화시킬까 두려워서이다.
만일 그가 교화하게 내버려두면
우리 門徒들은 모두 교화되고 말 것이다.
나는 지금 방도를 모색하여
그를 물리쳐 出世間하지 못하도록 하려한다."
이에 세 딸들이 앞으로 나와 부왕에게 아뢴다.

③ 瞿曇少小在深宮，色境歡娛爭斷得！
沒是後生身美貌，整是貪歡逐樂時。
我今齊願下閻浮，惱亂不交令證果，
必使見伊心退後，不成無上大菩提。

"瞿曇은 어렸을 때 깊은 宮에서 자랐으니
어찌 色의 환락을 끊었으리!
하물며 그 젊은이는 잘 생겼으니
지금 마침 환락을 추구할 때라네.
저희는 지금 閻浮提로 내려가
그를 어지럽혀 證果를 이루지 못하게 하고
반드시 그의 마음을 후퇴시켜
無上의 大菩提를 이루지 못하게 하리."

이것은 佛(정확히는 보살)의 正覺을 방해하고자 보낸 마왕의 군대가 여지없이 무너지는 것을 보고 분노와 근심으로 안절부절못하고 있는 마왕과 그를 위로하려는 세 딸 사이에 오가는 대화이다. ①과 ③은 딸들의 말이고 ②는 마왕의 말로, 이 운문의 앞 산문에서는 佛에 의해 패배 당한 마왕의 분노가 묘사되고 있고, 뒤이은 산문에서는 딸들의 계책을 듣고 기뻐하는 마왕과 아름답게 장식을 하는 딸들의 모습이 묘사되고 있다. 마왕의 美人計를 이용한 두 번째 방해공작은 이렇듯 산문이 아닌 작중인물의 대화로 이루어진 운문으로 시작되고 있는 것이다. ≪降魔變文≫의 수달은 사리불을 통해 精舍를 짓기에 적당한 한 동산을 발견해내고는 어떻게 해서라도 그 동산을 사들일 결심을 하는데, 다음은 수달과 그 동산의 관리인 사이에 오가는 대화이다.

① "園主當今是阿誰？ 我今事切須相見,
火急具速莫遲違。" 園人叉手具分披：

"이 동산의 주인은 누구인가?
나는 긴요한 일이 있어 만나봐야 하니
속히 말하여 지체하지 말 것이오."
동산지기는 팔짱을 낀 채 말하기를

② "園主富貴不隨宜, 現是東宮皇太子,
每日來往自看之。不向園來三數日,
倍加修飾勝常時, 長者欲識其園主,
乃是波斯國主兒！"

"동산의 주인은 富貴하여 함부로 대할 수 없는데
바로 東宮의 황태자시라네.
매일 이곳에 와서 둘러보시는데
만일 며칠 동산에 오지 않으시면
평소보다 몇 배의 관리를 하신다네.
장자는 이 동산의 주인을 알고자하는데
바로 波斯國의 태자시라네!"

이 운문에 앞서 수달은 정사를 짓기에 적당한 동산을 물색하는데, 변문은 그 과정을 하나하나 長文의 산문으로 서술하고 있다. 성의 동쪽에 있는 동산은 파와 마늘 냄새가 진동하여 안되고, 서쪽에 있는 동산은 馬市가 열렸던 곳이라서 안되고, 북쪽의 동산은 술과 음탕한 방들이 많아서 안된다는 식으로 유사한 사건을 되풀이하여 서술하고 있는데, 이것은 정사 건립 장소의 까다로움을 보여줌으로써 그들이 어쩌면 합당한 장소를 찾지 못할 수도 있다는 불안감을 야기한다. 마지막으로 수달은 성의 남쪽에서 적당한 동산을 발견하게 되는데 그것은 다름 아닌 황태자의 동산이었다. 변문의 강창자는 그 동산의 주인이 태자라는 사실을 알리는 데 간단한 요약 형식의 산문을 사용할 수도 있었을 텐데, 굳이 이렇게 수달과 동산지기와의 대화를 이용한 운문을 사용하고 있는 것은 그의 운문과 대화의 기능에 대한 올바른 이해에서 비롯된다. 演唱이 되는 상황에서 변화 없는 산문이나 요약 기법을 통한 직접적인 사실 제시보다는 변화 있고 보다 생동적인 운문과 대화를 수용함으로써 훨씬 실감 있는 사실 전달의 효과를 얻을 수 있게 되는 것이다. 수달이 억 만금을 들여서라도 그 동산을 사들일 작정이었는데 그 동산은 세상에서 제일 부자인 황태자의 것인데다, 태자는 매일 그곳에 들를 정도로 그 동산을 사랑하고 있다는 사실은 앞으로의 상황이 쉽사리 수달의 의지대로 되지 않을 거라는 추측을 가능케 한다. 그리하여 청중은 수달이 수 차례의 시행착오를 겪고서 간신히 적당한 장소를 찾은 데 따른 안도감 뒤에 또다시 좌절과 낭패감을 맛보게 되는 것이다.

대화가 아닌 요약서술 형태의 운문으로 사건의 진행을 꾀하는 경우도 드물게 존재한다. ≪難陀出家緣起≫에서 난타는 천상 구경에 이어 지옥 구경을 하게 되는데, 거기서 그는 사람들로 가득 찬 뜨거운 가마솥 중에 유독 하나의 가마솥만이 텅 비어있는 것을 보고는 옥졸에게 누구를 위한 것인지를 묻게 된다. 이에 옥졸은 난타를 위한 것이라 대답하니 난타는 질겁하여 도망친다. 변문은 뒤이어 다음과 같은 운문으로 사건을 진행시킨다.

難陀登時便走，夜叉從後趕來，
牛頭喊叫連天，獄子發聲動地。
怕怖莫知爲計，魂飛膽戰心惟，
口稱南無釋尊，惟願師兄相救。
纔聞世尊名字，鑊湯煙燄總消除
難陀走到佛前頭，禮拜如來雙淚流
-中略-
發心從此轉殷勤，稽首皈依禮世尊，
便遣目連與剃度，當時得作比丘身。
如來爲說因緣法，言下還成羅漢僧，
當日祇園談淨土，同向蓮宮作聖人。

난타가 곧장 달아나니
夜叉가 뒤에서 쫓아오는데
牛頭鬼의 고함소리 하늘에 닿고
獄卒의 호령소리 땅을 흔드네.
두려움에 어찌할 줄 모르고
혼비백산 벌벌 떨며
南無 世尊을 부르며
師兄이 도와주기만을 바라네.
世尊의 이름을 부르자
뜨거운 가마솥의 불꽃이 곧 사라지네.
난타는 佛의 앞에 와서
여래를 향해 예배 올리며 눈물을 흘리네.
-중략-
發心하여 이로부터 정진하고자
머리를 조아리며 세존에 귀의하니
세존은 目連을 보내어 삭발하게 하니
이때 난타는 比丘의 몸을 얻었네.
여래께서 因緣의 法을 설하니
그 말씀 아래서 羅漢僧을 이루고
그날 祇園에서 淨土를 말씀하시고
함께 蓮華藏으로 향하여 聖人이 되었네.

중략 이전의 대목에서는 귀신들에게 쫓기는 난타의 모습이 다소 희화적으로 묘사되고 있는데 요약서술이라기 보다는 장면제시라고 보아야 할만큼 그 묘사의 정도가 세밀하다. 그에 반해 중략 이후의 부분에서는 난타가 세존의 名號를 염송한 공덕으로 인해 地獄鬼의 추격으로부터 벗어난 뒤, 발심 귀의하여 비구가 되고, 다시 羅漢僧이 되기까지의 상당히 긴 시간적 과정을 간단히 요약 서술하고 있다. 한 운문 속에서 이렇게 사건 진행의 속도 차이가 보이는 것은 강창자의 의도와 관련이 깊다. 본 변문을 연창하는 강창자의 주목적은 난타가 어떠한 과정을 거쳐 俗世의 인연을 버리고 佛家에 귀의하게 되는 지를 청중에게 보여주려는 데 있지, 난타가 비구가 된 뒤에 어떻게 열반의 경지에 이르고 聖者가 되는 지에 있지 않다. "難陀出家緣起"라는 제목에도 부합되는 사건서술의 비중 안배이다.

이렇듯 그 형태가 대화가 되었든 아니면 요약이 되었든지 간에 사건을 진행, 서술해나가는 삽입운문은 변문의 스토리 전개에 없어서는 안될 필수적인 요소이다. 그리고 어떤 사건의 서술에 산문을 사용하지 않고 대화나 요약형태의 운문을 사용하는가는 순전히 강창자의 그 대목에 대한 중요성 인식에 달려 있다. 예컨대, 사건의 진행에 전환의 계기가 되는 대목이나 청중의 관심을 집중시킬 필요가 있다고 여겨지는 부분, 강창 목적을 강조할 수 있는 대목 등의 서술에 있어서는 대화 혹은 요약 형태의 운문을 사용하는 경향이 있다. 그리하여 산문만의 사건서술이 자칫 가져올 수 있는 단조로움과 무미건조함을 막아 청중의 집중력을 높이고 흥미를 유발시키는 것이다.

4. 강창자의 의식 제시

강창자가 하나의 고사를 선택하고 그것을 講과 唱이라는 형식으로 연행해 나갈 때, 그 연행되는 작품 속에는 이미 강창자의 의식이 반영되어 있다고 할 수 있다. 강창자가 아무런 동기나 가치관 없이 그 고사를 선택하여 연행할 리 없기 때문이다. 이러한 강창자의 의식이 경우에 따라서는 작중 현실을 벗어나 직접 글 표면에 나타나는 경우가 있는데, 주로 강창자

특유의 어투가 그대로 드러난다든가, 아니면 강창되는 고사와 그다지 긴밀한 관계에 있지 않은 사상내용이 거론되는 예들이 그것이다. 이러한 강창자의 존재 노출은 역사변문에서 보다는 불교변문에서 많이 나타나는데, 그것은 변문의 연행에 대한 강창자의 목적의식이 불교변문의 경우에 훨씬 강하고 뚜렷하게 나타난다는 사실과 무관하지 않다. ≪目連緣起≫는 생전의 악업으로 아비지옥에 떨어진 모친을 구하는 목련의 이야기를 다루고 있는데, 변문은 지옥에서 고통 받는 모친의 慘狀을 서술하는 중에 돌연 다음과 같은 문구를 삽입시키고 있다.

> 奉勸座下門徒, 一一須生覺悟,
> 莫縱無明造業, 他時必墮三途,
> 今朝覺悟修行, 定免如斯惡業。
>
> 法會에 모인 그대 門徒들에게 권하노니
> 모두들 깨달음이 생겨
> 어리석음으로 함부로 惡業을 짓지 말 것이니
> 그렇지 않으면 반드시 三塗에 떨어지고 말리라.
> 오늘 깨달아 수행을 하게 되면
> 이 같은 惡業에서 반드시 벗어나게 되리.

"門徒"는 물론 본 변문이 연창되는 자리에 참석한 청중을 두고 한 말이다. 이 운문은 작중인물의 목소리도 서술자의 목소리도 아닌 강창자 자신의 목소리[7]로 그의 존재를 드러내면서 강창자는 청중들에게 惡業을 짓지 말 것을, 그렇지 않으면 목련의 모친처럼 뜨거운 가마솥에 삶겨지고 刀山劍水에 시달리면서 끝없는 고통을 당하게 된다고 경고하고 있다. 이것은

---

7) 여기서 "서술자"란 이야기 안에 존재하면서 그 이야기를 꾸미는 보이지 않는 주체를 가리키는 의미로, 그리고 "강창자"란 이야기 밖에 존재하는 육신을 갖춘 실체를 가리키는 의미로 사용했다. Chatman이 말한 '내포 작자(implied author)'와 '실재 작자(real author)'의 의미로 이해해도 무방할 것이다(≪Story and Discourse : Narrative Structure in Fiction and Film≫, 147~151쪽, cornell Univ. 1978). 체트만의 이 책은 한용환에 의해 ≪이야기와 담론≫(고려원, 1991)이란 제목으로 번역출판 되었다.

인물의 형상화나 분위기 조성을 위한 것도, 사건의 전개를 위한 것도 아닌 "生前에 악업 짓지 않기"라는 강창자의 가치관을 전달하기 위한 의도에서 비롯한 것이다. 변문 속의 세존은 계속하여 목련의 모친을 지옥에서 구해내기 위해서 목련에게 盂蘭盆을 설치할 것을 권하고, 이어지는 운문에서 또다시 "佛은 세상에 계실 때 이 가르침을 내리셨으니／그리하여 지금 우란을 설치하기를 서로 권하게 되었네(佛在世時留此教, 故今相勸造盂蘭)"라는 강창자의 목소리로 그것이 우란분의 유래가 되었음을 청중에게 설명하고 있다. 그리고 목련의 모친은 목련의 깊은 효심으로 마침내 지옥의 고통을 벗고 生天하게 되는데 그 대목의 운문은 말하길,

奉勸座下弟子, 孝順學取目連,
二親若也在堂, 甘旨切須侍奉。
父母忽愁崩背, 修齋聞法酬恩,
莫學一輩愚人, 不報慈親恩德。
六畜禽獸之類, 由懷乳哺之恩,
況爲人子之身, 豈不行于孝順。
-中略-
奉勸聞經諸聽衆, 大須布施莫因循,
托若專心相用語, 免作靑提一會人。
須覺悟, 用心聽, 閑念彌陀三五聲。

법회에 모인 제자들에게 권하노니
목련의 효행을 본받아
부모가 살아 계시면
즐거운 마음으로 받들어 모셔야 할 것이다.
부모가 돌연 세상을 떠났으면
齋를 올리고 法을 들으며 은혜에 보답해야 할 것이니
한평생 어리석은 자들을 본받아
慈親의 은덕에 보답하지 않아서는 안되리.
가축과 금수의 부류들도
자기를 길러준 은혜를 알고 있거늘
하물며 사람의 자식이 되어
어찌 孝順을 행할 줄 모르는가.

-중략-

經을 듣는 모든 청중들에게 권하노니
보시를 행하며 함부로 행동하지 말기를.
만일 온 마음으로 염불하면
靑提夫人과 같은 운명을 면할 수 있으리.
깨달음을 얻고 마음으로 들어
틈틈히 나무아미타불을 염할 일이다.

"법회에 모인 제자들에게 권하노니"라든가 "經을 듣는 모든 청중들에게 권하노니"와 같은 문구는 이 운문이 강창자 자신의 목소리임을 직접적으로 보여준다. 앞서 말한 "살아 생전에 악업 짓지 말기"는 강창자의 가치관일 수는 있어도 본 변문의 주제일 수는 없다. ≪目連緣起≫의 주제는 어디까지나 "부모에 대한 자식의 효도"에 있다. "살아 생전에 악업 짓지 말기"라는 가치관을 강조하기 위하여 자신의 목소리를 드러낸 강창자가 변문 전체의 주제인 효도를 얘기하면서 그 목소리를 감출 리 없다. 그리하여 강창자는 이 같은 상당히 긴 운문으로 부모에게 효도를 다하라고 청중을 향해 목소리를 높이고 있는 것이다. ≪破魔變文≫에서 마왕의 세 딸들은 달콤한 언사로써 보살을 유혹하나 도리어 보살에 의해 추한 노파로 변하고 만다. 이에 세 딸들은 참회하며 용서를 구하자 보살은 이들을 본래의 모습으로 되돌려준다. 곧 세 딸들은 마왕에게 돌아가서 자초지종을 얘기하며 보살의 正覺을 방해하지 말라고 한다. 본 변문은 이 대목을 산문과 운문으로 번갈아 가며 서술한 뒤, 계속하여 다음과 같이 노래한다.

定擬說, 且休卻, 看看日落向西斜。
念佛座前領取偈, 當來必定座蓮花。

강설을 그치고 잠시 휴식을 하겠는데
해가 서쪽으로 기울어가고 있구나.
法座 앞에서 염불하고 揭頌을 읊으면
내세에는 반드시 蓮花에 앉게 되리라.

이 문구는 앞선 ≪目連緣起≫의 경우와는 달리 강한 메시지를 담고 있지는 않지만, 역시 작중 세계에서 벗어난 강창자의 존재를 드러내 보이고 있다. 강창자의 변문 연창은 한 두 시간으로 끝나지 않는 게 일반적이다. 짧게는 수 시간, 길게는 수 일 혹은 수 개월이 걸리는 경우도 있다. 본 변문의 강창자 처럼 날이 저물어 강창을 마쳐야 하는 경우는 자주 있는 일이다. 하루의 강창을 마치면서 강창자는 청중에게 열심히 염불하면 내세에 연화세계, 즉 극락정토에 태어날 수 있음을 다시 한번 상기시키고 있다. 이 같은 강창의 자리가 파하는 解座文 성격의 문구들은 변문 곳곳에서 발견된다. P3128 ≪太子成道經一卷≫ 말미의 "지금 和尙은 그 眞髓를 설하고 있으니／ 제자들은 수행에 힘쓰고 함부로 행동하지 말지니／ 각자 염불하고 집으로 돌아가서／ 늦게 돌아와 모친의 노여움을 사지 말일이다(適來和尙說其眞，修行弟子莫因巡。各自念佛歸舍去，來遲莫遣阿婆嗔)"와 같은 문구는 많은 예들 가운데 하나이다.

강창자의 존재를 분명히 드러내는 문구는 비록 존재하지 않지만, 작품의 말미에 위치하여 강창자가 변문을 연창하는 동기 혹은 목적을 보여주는 운문들도 있다.

① 十念彌陀雖卽少，功德沾施福不輕。
勤心念佛捨娑婆，努力修行出愛河，
一串數珠長在手，聲聲相續念彌陀。
若能如此勤修道，臨命終時瑞相多
彌陀□到西方去，論情快樂更無過。

아미타불을 열 차례 염송하는 것은 아무 것도 아니지만
그 공덕과 복은 가볍지 않도다.
정심으로 念佛하여 사바세계를 벗어나고
노력 수행하여 愛慾의 江을 벗어날 것이며
하나의 염주를 오랫동안 손에 들고
계속해서 아미타불을 염송하라.
이렇게 修道에 정진할 수 있으면
죽음에 이르러 상서로운 모습이 많을 것이고,
아미타불이 서방세계로 인도하여
즐거움이 더할 나위 없으리니.

② 無限難思意味長， 速須覺悟禮空王，
三八士須斷酒肉， 十齋眞要剩燒香。
更能長念如來好， 一切時中得吉祥。
好道理， 不思議， 記當修行莫勇伊，
念佛座前領取偈， 剩抛散施總須知。

무한하고 헤아리기 어려울 만큼 진리는 영원하나니
속히 깨달음을 얻어 空王을 친견하고 예배하옵기를
三八日[8]에는 반드시 술과 고기를 끊고
十齋日[9]에는 많은 향을 사르기를
다시 오랫동안 여래의 名號를 염송하면
항상 길상함을 얻게 되리.
이 같은 훌륭한 이치는 불가사의하니
응당 수행을 함에 주저해서는 안될 일
法座 앞에서 염불하고 게송을 읊으며
많이 버리고 보시를 해야 함을 항상 명심해야 하느니

이것은 각각 ≪難陀出家緣起≫와 ≪歡喜國王緣≫의 말미 운문들이다. ①은 세존의 동생인 난타가 세존의 집요한 노력에 의해 마침내 출가를 결심하게 되는 대목에 이은 것으로, 나무아미타불 念誦의 공덕을 찬양하고 있는데 이는 난타 출가라는 스토리와는 무관하다. 변문의 전체적인 내용에 의하면, 난타가 출가를 결심하게 된 것은 순전히 난타의 根性과 세존의 시기 적절한 교화방법 때문이지 아미타불을 염송한 덕분은 아니다. 그럼에도 나무아미타불 운운하는 내용의 운문이 첨가되고 있는 것은 본 변문이 연행되던 시기에 유행하던 불교사상과 관련이 깊다. 隋唐代에 형성된 중국 불교의 여러 종파들은 唐과 五代를 거치면서 禪宗과 淨土宗의 양종 만이 성행하게 된다. 이 가운데 정토종은 그 수행의 간단함과 수행으로 인한 功德과 福의 무한함으로 인해 일반 대중들로부터 폭발적인 호응을 얻게 된다. 아미타불을 염송하기만 하면 모든 惡業이 사라지고 死後에 서방정토

8) 매월 8·18·28일의 3일.
9) 매월 1·8·14·15·18·23·24·28·29·30일.

에서 태어난다는 것은 정토종의 근간 사상이다. 비록 강창되는 내용이 정토종과는 무관한 내용일 지라도 결말부분에 이렇게 일반대중 사이에 크게 성행하고 있는 아미타 서방정토사상을 소개함으로써 본 변문의 내용을 아미타신앙주의로 귀결시키고 있는 것이다.

②는 국왕이 유상부인의 말대로 禮佛回向하고 八關齋戒를 지키며 福德을 닦아 부인이 있는 곳으로 生天한다는 산문에 이은 운문이다. 보는 관점에 따라서는 강창자의 목소리가 아닌 작중인물 유상부인의 발언으로 볼 수도 있겠으나, 본 고사의 전반적인 내용과의 비교를 통해 판단해보건대 강창자의 목소리로 보는 것이 더 합당해 보인다. 전체 고사의 내용으로 보아 유상부인의 가장 큰 소망은 국왕이 八戒를 수지하여 도솔천에서 태어나 자신과 재회하게 되는 데 있다. 그런데 이 운문에서는 그러한 내용은 전혀 없고, 깨달음을 얻어 佛을 친견하고 예불드릴 것을 권하거나, 술 마시지 말고 고기 먹지 말고 香을 많이 사르라는 등의 불교도라면 응당 지키고 추구해야 할 불교의 가장 일반적이고 보편적인 신앙, 계율만을 서술하고 있는 것이다. 그리고 또 이러한 변문을 연창하는 것을 생활의 업으로 삼아온 俗講法師로서의 강창자 입장에서는 청중들이 자신의 변문을 듣고 나서 되도록이면 많은 대가를 지불, 즉 "보시"를 하였으면 하는 바램이었을 것이기에 이처럼 "많이 버리고 보시를 해야 함을 항상 명심"할 것을 마지막으로 당부한 것이다.

이와 같이 작품 속에 강창자의 목소리가 드러나는 현상은 구체적인 표출 양상만 다를 뿐 후대의 백화소설에서도 일반적으로 보여지고 있다[10]. 처음부터 눈으로 읽는 소설로 지어진 이른바 擬話本의 경우, 소설 장르의 비평론적 관점에서 보건대 이러한 문장은 독자로 하여금 자신이 바로 주인공이고 자신이 바로 사건의 현장에 있다는 同一視(identification)的 幻想을 가져오지 못하게 하기에 바람직하지 못하다는 평가는 일리가 있다. 그러나 변문

10) 예컨대, 강창자의 自問自答이나 강창자 자신의 解說과 評論, 혹은 작중인물의 발언 중에 "모년 모월"과 같은 인물의 직접적인 발언에는 등장할 수 없는 문구들이 존재하는 경우들이다.

의 경우는 다르다. 변문은 눈으로 읽는 독서물로서 생겨난 것이 아니라 귀로 듣는 공연물로서 태어났다. 생성 동기가 다른데 동일한 시각으로 평가를 하는 것은 곤란하며 어디까지나 실제 공연되는 연행현장의 입장에서 이해하는 것이 바람직하다. 그렇다면 이와 같은 강창자의 존재 노현은 구비연행문학이라는 변문의 특성에서 비롯한 것이고, 강창자가 종교 교의의 선전이라는 본연의 임무에 충실한 결과로 받아들여야 할 것이다.

Ⅲ. 맺는 말

이상으로 변문 속 삽입운문의 기능을 대화나 외형 묘사, 독백 혹은 내적 독백을 통한 인물의 형상화, 장면 묘사를 통한 극적 분위기 창출, 인물간의 대화 혹은 진술을 통한 사건의 전개, 그리고 강창자의 존재 노출을 통한 강창자의 의식 제시, 이렇게 네 가지 각도에서 살펴보았다. 이중 구비연행문학이라는 특성에서 기인하는 강창자의 의식 제시 기능을 제외하면 모두 소설의 구성에 있어서 필수적인 요소들이다. 이 사실은 변문이 온전한 구조를 갖춘 문학 작품이 되는 데 있어 운문의 역할을 대변하고 있는 것이다. 강창자의 존재 노출 기능 역시 연행 현장을 고려한다면 그 역할은 부정적일 수 없다.

본 논문에서 논한 바의 네 가지 기능은 결코 삽입운문의 모든 기능을 망라한다고 볼 수는 없다. 사실 삽입운문의 기능은 散韻組合의 양상만큼이나 복잡 다기하여 이미 언급한 기능 외에도 보기에 따라 얼마든지 있을 수 있으며, 간혹 이중 혹은 삼중의 기능을 하는 운문들도 흔치 않기에 본문에서처럼 딱히 어떠한 기능을 지니고 있다라고 단정짓기 곤란한 경우들도 많다. 그렇다고 해서 이 같은 연구가 무의미하다고 볼 수는 없다. 극히 일부가 될 망정 운문이 변문 속에서 수행하는 기능을 살피는 작업은 곧 운문의 존재 의의를 밝히는 일이기 때문이다.

參考文獻

潘重規, ≪敦煌變文集新書≫, 中國 文化大學 中文研究所, 1983
黃徵, 張湧泉, ≪敦煌變文校注≫, 中華書局, 1997
邱鎭京, ≪敦煌變文述論≫, 臺灣商務印書館, 1970
謝昕・羊列容・周啓志, ≪中國通俗小說理論綱要≫, 文津出版社, 1992
Seymour Chatman, ≪Story and Discourse : Narrative Structure in Fiction and Film≫, cornell Univ. 1978
鄭漢淑, ≪小說文章論≫, 고려대출판부, 1973
나병철, ≪소설의 이해≫, 문예출판사, 1998
이상우, ≪소설의 이해와 작법≫, 月印, 1999
李昇馥, ≪古典小說의 敍述構造와 挿入詩歌의 機能≫, 서울대국문과 석사학위 논문, 1986

출처 : 『中國學硏究』 19집

제5장

중국 현대문학의 방향과 모색

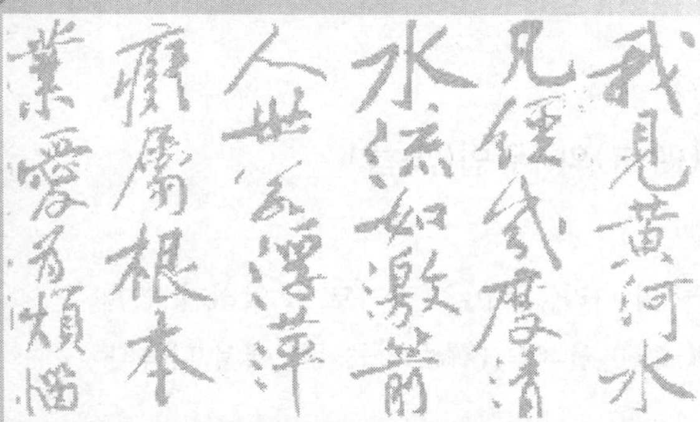

중국 근현대 무협소설의 근현대성

임춘성*

Ⅰ. 전기(傳奇)와 우언(寓言)

『붉은 수수밭(紅高粱)』과 『술의 나라(酒國)』의 작가로 잘 알려진 모옌(莫言)은 루쉰(魯迅)의 「주검(鑄劍)」을 해독(解讀)하는 글[1]에서 다음과 같이 언급하였다.

> 최근 몇 년간 나는 이른바 '엄숙'소설이 무협소설을 학습하는 문제를 줄곧 고민하고 있다. 어떻게 무협소설이 독자를 사로잡는 요소를 흡수하고 나아가 독자들이 소설을 끝까지 읽을 수 있게 하는가, 이것이 아마도 당대 소설의 유일한 출로일 것이다.[2]

---

* 국립목포대학교 중어중문학과 교수

1) 莫言(1991), 「誰是復仇者?-「鑄劍」解讀」, 『中國現代文學研究叢刊』 1991年第3期, 107-111쪽. 이 글은 루쉰의 소설집 『고사신편(故事新編)』에 실린 「주검(鑄劍)」의 복수자 형상인 흑색인(黑色人) 옌즈아오저(宴之敖者)와 메이젠츠(眉間尺)를 영웅의 관점에서 해독하였다. 모옌은 두 사람이 자신의 목을 내놓는다는 점에서 그들을 영웅으로 간주한다. 하나는 복수를 위해서, 다른 하나는 임무를 완수하기 위해서.

2) 같은 글, 110쪽. "幾年來, 我一直在思考所謂的 '嚴肅'小說向武俠小說學習的問題, 如何吸取武俠小說迷人的因素, 從而使讀者能把書讀完, 這恐怕是當代小說唯一的一條出路."

우리는 이 글에서 이른바 '아(雅)'를 대표하는 한 작가의 위기의식과 대안 모색을 동시에 읽을 수 있다. 모옌은 '독자들이 책을 끝까지 보게 만드는', 그리고 '독자를 사로잡는(迷人)' 무협소설의 요소를 구체적으로 적시(摘示)하지는 않고 있지만 전후 문맥을 꼼꼼히 살펴보면 '전기적(傳奇的) 요소'가 그 중요한 부분임을 알 수 있다. 한 가지 재미있는 사실은 '전기(傳奇)'가 '당대(唐代)의 단편소설'과 '명청 시대의 장편 희곡'이라는 문학사적 정의 외에도 '낭만, 로만스', '전기, 기담, 공상적(환상적) 이야기' 등의 의미를 추가하고 있다는 점이다. 특히 '전기주의(傳奇主義)'를 '낭만주의'와 같은 뜻으로 쓴다든가, '전기식(傳奇式)'을 '전기적', '전설적'이라는 뜻으로 풀이한 용례를 보면 '전기(傳奇)'의 의미를 광범하게 사용할 수 있음을 알 수 있다.[3] 이렇게 볼 수도 있다. '기(奇)'는 '기이(奇異)'요 '신기(新奇)'다. '이(異)'는 '낯설게 하기'요, '신(新)'은 '창신(創新)'이다. 그리고 '전(傳)'은 '전달(傳達)'이고 '이야기하기(敍事)'이다. 결국 '낯설고 새로운 것을 이야기한다'는 의미로 해석할 수 있지 않겠는가? 그러므로 모옌은 "어떤 역사소설도 실제로는 모두 전기소설이고 역사교과서도 '전기화' 되었다"고 하였고, 루쉰의 「주검」도 실제로 고대 전기에서 취재하였지만 자신의 감정을 모두 투입하였으므로 완전히 새로운 창조로 보아야 한다[4]고 말하고 있는 것이다.

그러나 모옌이 무협소설을 긍정 일변도로 평가하는 것은 아니다. 그는 무협소설의 폐해에 대해서는 오히려 구체적으로 거론하고 있다. '지나친 과장', '균형감각의 부재', '우언과 상징적 의미의 파괴', '미학적 가치를 상실한 문자와 묘사', 그리고 '이야기의 전개에만 의지'하여 독자를 흡인하고 있다는 것이다. 이 가운데 '우언성'은 중국 전기소설의 가장 귀중한 자산이다. 홍콩과 타이완의 무협소설가들은 바로 이 '우언성'을 훼손시켰다는 것이다. 모옌의 언급을 종합하자면, '엄숙'소설은 최근 무협소설의

3) 고대민족문화연구소 중국어문사전편찬실 편(1995), 『중한대사전』, 고려대학교 민족문화연구소, 340쪽.

4) 莫言(1991), 110쪽.

특성인 전기성을 학습하되 무협소설이 방기하고 유린해버린 우언성을 견지해야 한다는 것이다. '우언'은 '함축'이요 '상징'이다. 우언성이 결여된 전기는 오락으로 치달을 수밖에 없고, 전기성과 결합되지 않은 우언은 건조한 계몽으로 나갈 것이다.

우리는 모옌의 언급에서 두 가지 사항을 이야기할 수 있다. 하나는 무협소설 자체의 문제이고, 다른 하나는 홍콩과 타이완의 이른바 '신파' 무협소설가들에 대한 평가이다. 이 두 가지 문제는 별개의 사안이면서도 중첩되어 있다. 모옌의 말대로라면, 무협소설은 전기성과 우언성의 두 가지 핵심 요소로 구성되어 있는데, '신파' 무협소설은 우언성을 무시한 채 전기성에만 치중하여 재미 위주의 작품을 양산하였으므로 연구할 가치가 없게 되는 것이다. 전자에 대해서는 이론의 여지가 없다. 전기성과 우언성은, 모옌의 말대로, 무협소설뿐만 아니라 모든 소설이 갖추어야 할 요소라고까지 말할 수 있다. 그러나 후자에 대해서는 모옌의 평가에 동의하기 어렵다. 워룽성(臥龍生)과 구룽(古龍), 량위성(梁羽生)과 진융(金庸)의 작품이 단순히 오락만을 추구하였을 뿐 우언적 요소가 없다는 것인가? 특히 수많은 지식인으로부터 환영을 받고 있는 진융 작품을 그저 소일거리로 치부하고 말 것인가?

이 글에서는 '근현대성'이라는 각도에서 중국 근현대 무협소설을 고찰하고자 한다. '근현대성'은 여전히 정의하기 어려운 개념이다. 우선 서유럽의 모더니티와의 관련 속에서 동아시아의 근현대성을 고찰한 후, 중국 근현대 무협소설의 '근현대성'의 몇 가지 양상을 고찰하고자 한다. 첫째, 애국 계몽이라는 태동기의 창작 동기가 어떻게 상업 오락으로 전환되었는지를 고찰할 것이다. 둘째, 무협소설은 중국의 민족 문화와 어떻게 관련되어 있는지를 고찰할 것이다. 민족문화의 고양은 상무정신과 아울러 무협소설 창작의 주요 동인이었다. 그리고 단순한 한족(漢族) 문화의 제창에서 오족(五族) 공화(共和)의 구현의 형상화도 점검해볼 것이다. 마지막으로 무협소설의 양식의 변천 과정을 고찰하고자 한다. 그것은 초기의 단일한 양식에서 추리 및 멜러 등의 다양한 양식을 섭취하고 진융에 이르러서는 한 작품에서 다양한 장르적 요소를 아우르는 양식을 선보이고 있다. 이상의 양상을 통해 중국 근현대 무협소설의 '근현대성'을 개략적으로 고찰하겠다.

Ⅱ. 모더니티와 근현대성

'20세기 중국문학'은 세계문학사의 맥락에서는 제3세계 문학에 속하는 주변부 문학이었고, 한국문학의 상황에 비추어보면 비주류 문학이다. 이런 상황에서 중국문학을 업으로 삼다 보니 본업뿐만 아니라 중심부와 주류에 대해 관심을 가지지 않을 수 없었다. 뿐만 아니라 문사철(文史哲)을 근간(根幹)으로 하는 중국학(Sinology)에 대한 공부 또한 게을리할 수 없었다. 이들 공부는 한편으로 버거운 일이기도 했지만 그 과정을 통해 나름대로 총체적 관점을 가질 수 있는 기회도 되었다. 비주류와 중국학에 관한 논의는 다른 지면으로 미루고, 여기에서는 '중심-주변'과 관련된 문제를 '모더니티와 근현대성'에 초점을 맞추어 이야기해 보자.

이야기의 실마리를 풀기 위해 아래 인용문을 보자.

> 이 책에서의 '근현대'는 서유럽의 '모던(modern)'에 해당하는 개념으로 사용하였다. 사실 서유럽의 '모던'이라는 개념 자체가 모호한 만큼 그것에 해당하는 동아시아적 의미를 정의하는 것 또한 간단치 않다. 그 동안 한국은 '근대'와 '현대'로, 중국은 '근대', '현대', '당대'로 나누는 것이 통례였지만, 이 글에서는 19세기 들어 세계사를 주도해 온 서유럽의 문화가 동아시아의 문화와 본격적으로 충돌하기 시작한 19세기 중반을 그 기점으로 설정하고 그 때 제기된 과제가 아직 근본적으로 해결되지 않았다는 점에 주목하여, 그 때부터 지금까지의 역사를 하나의 '유기적 총체'로 설정하며, 그것을 동아시아의 '근현대'라고 명명하고자 한다. 아울러 서유럽의 '모더니티(modernity)'를 동아시아의 '근현대성'으로, 서유럽의 '모더니제이션(modernization)'을 동아시아의 '근현대화'로 바꾸었다. 이때 동아시아의 근현대는 서양의 포스트모던(post-modern)까지 포함하게 된다.[5)]

5) 임춘성(1997), 「책을 내면서」, 『중국근현대문학운동사』, 한길사, 서울, 10쪽.

시간이 제법 되었지만, "그 때(19세기 중반)부터 지금까지의 역사를 하나의 '유기적 총체'로 설정하며, 그것을 동아시아의 '근현대'라고 명명" 한다는 문제의식은 여전히 유효한 것으로 보인다. 특히 '서유럽의 모던'과 '동아시아의 근현대'를 변별하려는 의도는 '다인과론적 접근 multi-causal approach'(Stuart Hall)[6]이라는 측면에서 주목을 요한다. 이는 어떤 현상을 단일한 인과적 설명으로 해소시키는 것이 아니라, 그것을 다양한 원인들에 의해 작동하고 그 상호 작용에 의해 변화 가능하며 우연적인 결과를 낳기도 하는 다양한 과정들로 이해하는 것이다. 이런 입장에 서야만 '서유럽 보편-동아시아 특수'라는 '중심-주변'의 틀을 깰 수 있을 것이다.

또한 '중국문학의 근현대성'에 대한 글에서 '동북아[7]의 비애'를 언급한 적이 있었다. "우리(동북아-인용자)가 저들(서유럽-인용자)의 모던을 따라잡기 위해 한 세기 이상을 분투하였건만, 저들은 우리가 추구해온 그것을 다시 해체하고 있는 현실"[8]이 그것이다. 이와 같은 '동북아의 비애'를

---

6) '다인과론적 접근'이라는 용어는 스튜어트 홀이 『Formations of Modernity』 <서문>에서 사용하였다. "여기서는 현대사회를 범세계적인 현상으로서 간주하며, 현대세계를 단일한 역사적 변동이 아닌, 일련의 주요한 역사적 변동들이 가져온 예측되지 않고 예상할 수도 없었던 결과로 다룬다. … '현대 modern'라는 통상적인 용어는 … 이론적인 혹은 분석적인 근거를 결여하고 있다. 하지만 이 책은 데이비드 헬드 David Held가 2장에서 제시하는 '장기간에 걸쳐 일어난 일련의 깊게 구조화된 변동과정'의 상호 작용에 기반한 이론적 모델을 통해 현대성에 이르는 통로를 분석한다. 이 책은 이 과정들을 단일한 과정(예를 들면 현대화 modernization 과정)으로 해소하지 않고 **다양한 과정들**로 다룬다. 이 과정은 다양한 역사적 시간의 척도에 따라 작동하는 것으로서 그 상호작용에 의해 변화 가능하고 우연적인 결과를 낳는다. 헬드가 관찰한 바대로 '강조점은 과정, 요인, 인과유형에 있다. … 그것의 발흥을 완전하게 설명할 어떤 단일한 인과적 설명이나 현상 혹은 현상들의 집합도 없다. 바로 이 요소들의 결합 속에서만 하나의 설명이 시작될 수 있다.'"(강조-인용자) 스튜어트 홀 외(1996), 전효관 김수진 외, 『현대성과 현대문화』 [1], 현실문화연구, 서울, 9~10쪽 참조. 뒤에서 다시 언급하겠지만, '다양한 과정들'이란 말은 중심-주변의 단일한 틀을 깨는 데 유효하다.

7) 엄밀하게 말하자면 '동아시아'와 '동북아'는 다른 개념이다. 지리적으로 동아시아는 동북아와 동남아로 구성되어 있다. 다만 "한·중·일 3국을 '좁은 범위의 동아시아'(최원식 2000)로 설정하는 방식을 경과적으로 수용하여 사용"(임춘성 2002c, 48쪽)한다는 맥락에서는 양자가 같은 내용을 지칭하게 된다.

8) 임춘성(2000), 「중국문학의 근현대성 단상」, 『중국현대문학』 제18호, 223쪽.

극복하려는 노력으로 마오쩌둥의 '반제 반봉건 민족해방 민중혁명론'과 백낙청의 '근현대성' 논단을 예로 들었다. 그 극복 노력이 일정 정도 성과를 거두었음에도 불구하고 전자는 '제3세계 특수주의', 후자는 '서유럽 보편주의'의 편향을 노정하였고, "두 가지 편향 모두 서양이라는 보편을 전제하였다는 점에서 '서양 중심-동북아 주변'의 이분법적 사고를 탈피하지 못하고 있는 것을 알 수 있다."9) 그런데 '중심-주변'이라는 이분법적 사고를 정밀하게 고찰해보면, 그 '중심'이라는 것 자체가 이중적 성격을 가지고 있음을 알 수 있다. 즉 "중세를 극복하려는 측면과 모던을 넘어서려는 측면", "모더니티와 포스트모던(또는 exmodern) 지향성" 등이 그것이다. 특히 위르겐 하버마스(Jurgen Habermas)는 "서양의 모던이 한편으로 자연법적 질서에 대한 종교적 믿음에 의해 유지되었던 '전체성의 파열'을 의미하지만, 다른 한편으로는 종교의 세속화로 말미암은 사회의 분화와 합리화를 통해 인간의 해방능력이 축적된다는 '진화적 발전에 대한 믿음'을 표현한다고 주장한다."10) 이렇게 되면 "논리적으로 중국 근현대 과제는 사중성을 가지게 되는 셈이다. 서양의 모더니티의 '전체성의 파열'의 측면에 대한 지향과 극복, 그리고 '진화적 발전에 대한 믿음'에 대한 지향과 극복이 그것이다."11)

이렇게 요약해보니, 그 저변에 여전히 '서유럽 중심-동북아 주변'의 문제가 미해결인 채로 남아 있음을 알 수 있다. 이전의 논의를 다시금 요약하는 것은 이를 새로운 논의의 발판으로 삼기 위할 때에만 의미를 가질 것이다. 중심-주변의 틀을 깨기 위해서는 앞에서 언급한 '다인과론적 접근'과 함께 '전지구적 맥락(global context)'과 '타자들(others)'의 개념을 빌려 오는 것이 필요하다. '전지구적 맥락'이란 홀이 서유럽에서 진행된 유럽중심적 설명을 비판하기 위해 사용하는 개념이다. 그에 의하면, "서구

---

9) 같은 글, 225쪽.
10) 위르겐 하버마스(1994), 이진우 옮김, 『현대성의 철학적 담론』, 문예출판사, 서울, 444쪽.
11) 임춘성(2000), 227쪽.

의 점진적 통합, 경제발전을 향한 지속적인 도약, 강력한 민족국가 체계의 출현 그리고 여타의 현대사회 형성에 대한 모습은, 마치 유럽이 내부로부터 자신의 발전에 필요한 모든 조건과 원료 그리고 동력을 제공받았던 것처럼 '순수하게 내적인' 이야기로 말해진다."12) 그러나 홀은 "이 과정 또한 외적이고 전지구적인 존재 조건을 가지고 있었음을 환기시킨다. 오늘날 현대성의 토대를 침식하고 변형시키고 있는 특정한 '전지구화'의 유형(생산, 소비, 시장과 투자의 국제화)은 새로운 현상이 아닌, 단지 매우 긴 이야기의 최종 국면일 뿐"13)이라는 것이다. 그리고 "초기의 유럽 해상 제국의 확장, 신세계에 대한 착취, 유럽인과는 매우 상이한 새로운 인간들과 문명들과의 해후, 상업과 정복 그리고 식민화를 통해 그들을 유럽의 역동적인 발전을 위한 수단으로 이용한 것 등은 (때로 무시되기도 했지만) 현대사회와 현대의 형성에 영향을 미친 핵심적인 삽화들이다."14)

홀은 중심과 주변의 문제를 '서양과 그외의 사회들'로 전환시켰다. 같은 제목의 글에서 그는 '서양과 그 외의 사회들'이라는 관념이 어떻게 구성되었는지 그리고 서양사회와 비서양사회 사이의 관계들이 어떻게 재현되었는지를 검토하고 있다. 그 주장의 핵심적인 출발점은 "'서양'이 지리적이 아닌 '역사적인' 구성물이라는 것이다." 그에게 있어 '서양적'이라는 말은 "발전된, 산업화된, 도시화된, 자본주의적인, 세속적인, 그리고 현대적인" 이란 말과 통하는 것이고, '서양'이라는 개념 또는 관념은 '사고의 도구', '이미지들 또는 재현(표상) 체계'이자, '비교의 표준이나 모델', '평가기준 또는 이데올로기'로 작용한다고 해석하였다.15) 이는 '그외의 사회들'을 '타자화'시키는 것과 동시에 진행된 것이다. 이어 홀은 미셸 푸코의 '담론' 개념과 에드워드 사이드의 '오리엔탈리즘'에 기대어 15세기에서 18세기 말에 나타난 '서양과 그 외의 사회들'에 관한 담론을 분석한다. 그 담론이

12) 스튜어트 홀(1996)[1], 14~5쪽.
13) 같은 책, 15쪽.
14) 같은 책, 15쪽.
15) 스튜어트 홀(1996)[2], 183~4쪽.

어떻게 형성되었나? 그 주요 주제들 -그 재현 전략들-은 무엇이었나? 이것이 그의 주요 관심사이다.

홀의 논의는 이렇게 마무리된다. 서양의 이른바 '모던'한 사회형태의 형성(formation)과 특징은 서유럽 내로부터 틀지워졌지만, 이러한 형성이 '전세계적' 과정이기도 했다는 점, 다시 말해 그 형성과정이 중요한 '외재론적' 특징들을 가지고 있다는 것이다.[16] 결국 '서양'과 '그 외의 사회들', 즉 이른바 '중심'과 '주변'은 이렇게 긴밀하게 상호 연관되어 있었던 것이다.

투르비언은 전지구적 맥락에서 근대화의 유형화를 시도했는데, 이는 참조할 만하다. "근대화가 서유럽에서 시작된 것이지만, 전지구적으로 그 역사적 경로에는 혁명 혹은 개혁의 유럽 근대화, 아메리카 신세계의 근대화, 외부로부터 주어진 근대화, 식민지 근대화의 여러 유형들이 존재한다. 이 유형들은 물론 이념형으로 존재하며, 그것들의 다양한 조합과 변이가 개별 사회의 역사적 궤적으로 구체화된다. 이 국민국가들의 경로는 세계체제 내에서의 구조적 위치와 국내의 개인적·집합적 행위 간의 상호 복합적인 관계에 따라 보다 다층화되어 왔다."[17] 우리의 이해를 돕기 위해 투르비언의 유형화를 중국에 적용시켜 보면, 중국의 경우에는 외부로부터 주어진 근(현)대화, 식민지 근(현)대화, 그리고 사회주의 근(현)대화가 '역사적으로' 조합되고 변이된 유형으로 볼 수 있다.

서유럽에 의해 '타자화'되면서 서유럽의 모더니티 형성에 일정한 역할을 한 동아시아(그리고 중국), 동아시아의 근현대성 형성에 직·간접적으로 영향을 준 서유럽의 모더니티, 이에 대한 종합적이고 구체적인 논의는 후일을 기약할 수밖에 없다. 이 글에서는 모더니티와 근현대성 모두 자본주의 및 국민국가(nation-state)와 긴밀한 관계를 가지고 있다는 점을 감안하여, 중국 근현대 무협소설에서 그 두 가지를 전형적으로 고찰할 수 있는 측면을 살펴보기로 한다. 그리고 무협소설의 양식을 다양화

16) 같은 책, 240쪽.
17) 김호기, 「근대성」, 김수택(2003)외, 『21세기 지식 키워드 100』, 한국출판마케팅연구소, 서울, 32쪽.

(diversification)와 혼성성(hybridity)이라는 각도에서 고찰하고자 한다.

Ⅲ. 애국 계몽과 상업 오락

우리가 무협소설을 언급할 때 가장 먼저 떠올리는 것은 그 오락성이다. 그러나 중국 근현대 무협소설이 태동하던 무렵 무협소설 창작의 주요한 동인은 '상무(尙武)정신'과 '민족문화의 고양'을 주요 내용으로 하는 애국 계몽이었다. 아편전쟁 이후 지속된 근현대 중국의 실패와 좌절의 역사를 여기에서 반복할 필요는 없을 것이다. 중요한 것은 그 역사과정을 통해 얻은 교훈이 '부국강병(富國强兵)'이었다는 것이다. 양무운동(洋務運動), 변법유신(變法維新), 신해혁명(辛亥革命) 등이 그 대표적인 대응이었던 셈이다. 상무정신과 민족문화 고양은 부국강병의 구체적 실천 방안이라 할 수 있다. 그중 상무 정신과 관련시켜 간과할 수 없는 것이 의화단(義和團) 운동[18]이다. 대중적으로는 '황페이홍(黃飛鴻)' 시리즈에 의해 잘 알려진 이 운동은 바로 중국 인민 개개인이 모두 무술을 단련하여 강철 같은 심신으로 서양 오랑캐에 대적하자는 것이 아니었던가? 또한 당시 계몽 선전에 열을 올리던 량치차오(梁啓超)가 『중국의 무사도(中國之武士道)』(1904)라는 책을 엮어 전국(戰國)시대의 '무협' 정신을 새롭게 진작(振作)시키자고 주장한 것도 같은 맥락으로 읽을 수 있다. 량치차오는 그 특유의 과장법과 반복법을 사용하여 국가, 친구, 직무, 허락, 은원, 명예, 도의 등이 생명보다 소중하다고 주장하였다. 그리고 이런 가치를 추구하기 위해 열강 및 전제에 반대하고 민족성 개조와 연계시킴으로써, 무협 정신의 핵심을 '대의(大義)'로 설정하였다.[19] 이렇게 볼 때, 태동 시기의 근현대

---

18) 조너선 D. 스펜스(1999), 『천안문』, 이산, 서울, 43쪽. "반기독교적인 감정과 1898년 서구 열강의 북중국 침략 등에 대한 분노가 중국 고유의 무술이나 민족종교적인 전통과 어우러져 의화단(義和團)을 탄생시켰다."

19) 이상, 徐斯年(1995), 100~101쪽 참조.

무협소설은 '신파'에 대한 모옌의 평가와는 달리, 오락적 재미보다는 계몽적 내용에 치중했던 것으로 평가할 수 있다.

전통적인 '문이재도(文以載道)' 문학관의 연장이랄 수 있는 5·4의 계몽문학관은 과거와 단절하는 '신문학'을 주장하면서 '구문학'을 비판했지만, 그것은 아속(雅俗)을 구분하는 전통을 답습하고 있었고, '아(雅)'를 추켜세우고 '속(俗)'을 '타자화'시켰다. '통속문학'은 낡고 퇴폐적인 것으로 단죄되어 문단에서 추방되었다. 애초 애국애민이라는 계몽적 계기를 가지고 있었던 근현대 무협소설이 5·4 신문학에 의해 봉건문학으로 비판받게 되자 자신의 위상을 시장 쪽으로 이동시킨 것은 계몽성을 포기하고 오락성을 선택한 행위라 할 수 있다. 즉 초기의 애국 계몽으로부터 상업 오락으로 자리매김한 것이다. 조금 더 구체적으로 살펴보자.

아편전쟁(鴉片戰爭) 이후 실패와 좌절에 시달려온 중국 인민들은 자연스럽게 예전의 영광을 그리워하고 있었다. 그러므로 1910년대에 형성된 초기 무협소설은 오랫동안 잃어버렸던 중화민족의 '상무(尙武)' 정신을 회복하고 발양(發揚)시키려는 시대적 과제와 연결되어 있다. 구파 무협소설의 주제는 초기에 열강에 대항, 반만(反滿), 민족성의 재건과 연계되어 있었다. 작가들도 혁명당원, 신문기자, 급진적 청년 등 당시의 선진 지식인이 많았다. 당시 무협소설이 지녔던 정치의식과 '당대의식'의 강렬함은 무협소설사에서 드문 현상이었다.

그러나 이 시기 무협소설은 5·4신문학 운동에 의해 통속소설로 비판받으면서 구파로 매도되고 만다. 무협소설은 전쟁문화에 의해 억압되기 전에 5·4신문학에 의해 문단에서 축출된 고통의 경험을 가지고 있었던 것이다. 이런 측면에서 무협소설은 1920년대의 주요한 갈등이었던 신(新)과 구(舊)의 사이에서 자신의 독특한 이중적 성격을 가지게 된다. 즉 무협소설은 당시 원앙호접파(鴛鴦蝴蝶派)로 대표되는 통속소설과는 변별되는 의식의 선진성을 구비했으면서도 5·4 신문학에 의해 그 낡은 성격이 비판되었던 것이다. 이 때문에 무협소설은 5·4 신문학 운동의 공세 아래 패퇴한 통속문학의 일부분이면서도 자각적·비자각적으로 5·4 신문학과 동일성 인식(認同)・상호침투하는 경향이 출현하였다. 대신 더 이상 창작상의 정치성・계몽성 등의 공리를 추구하지 않고 즐거움의 기능을 중시하였다. 이로 인해 그들 자신만의 독특한 자리매김(定位)이 형성되었다. 1920~40년대 상하이(上海)와 톈진(天津)을 중심으로 한 무협소설의 왕성한 창작은 이렇게 형성되었다.

5・4 신문학이 무협소설을 비판하고 문단에 축출할 때 내세웠던 이유 중의 하나는 그것이 중국인의 열악한 국민성을 체현했다는 것이었다. 신문학운동 진영의 정전둬(鄭振鐸)는 다음과 같이 비판하였다.

> (무협소설 성행의) 가장 중요한 원인의 하나는 일반 민중이 극단적인 폭정의 압박을 받을 때 뱃속 가득 불평과 분노가 쌓여있지만 역량이 부족하여 반항할 수 없기 때문에 그들의 유치한 심리에 초인적인 협객이 출현하여 그들의 불평을 해결해주고 강포한 자들을 제거해주기를 바라게 된다. 이는 완전히 근성이 비열한 환상이다. 이런 불가능한 환상으로 자신의 희망없는 반항을 위로하려는 심리이다.[20]

여기에서 정전둬는 두 가지를 말하고 있다. 무협소설은 현실에서 억압받은 일반 민중이 그에 의지하여 울분을 대리 발설하는 장치라는 점과, 그 장치가 비열한 국민성의 발로라는 점이다. 전자는 대중문화의 보편적 속성과 관련되는 부분이므로 사족을 달 필요가 없을 것이다. 그러나 후자의 경우에는 당시 5・4 신문학의 교조적인 계몽문학관의 입장이 반영되어 있다. 계몽문학관은 바로 전통적인 '문이재도(文以載道)' 문학관의 현대판이라 할 수 있는데, 재도(載道) 문학관은 바로 『삼국연의(三國演義)』와 『수호전(水滸傳)』 등을 금서 목록에 올렸던 장본인이기도 하다.

---

20) 鄭振鐸, 「論武俠小說」, 芮和師(1984)等編, 『鴛鴦胡蝶派文學資料』(福建人民出版社, 福州)下冊, 837쪽. "(武俠小說盛行)最重要的原因之一, 便是一般民衆, 在受了極端的暴政壓迫之時, 滿肚子的塡塞着不平與憤怒, 却又因力量不足, 不能反抗, 於是他們的幼稚心理上, 乃懸盼着有一類超人的俠客出來, 來無蹤, 去無跡的, 爲他門雪不平, 除强暴. 這完全是一種根性鄙劣的幻想 ; 欲以這種不可能的幻想, 來寬慰了自己無希望的反抗的心理的."

여기서 우리는 무협소설의 왕성한 창작이 대도시를 근거지로 삼고 있음에 주목할 필요가 있다. 물론 인쇄자본주의[21]가 발전하면서 출판물의 대부분이 대도시에서 발행되었기 때문에 이를 무협소설에만 국한시킬 수는 없을 것이다. 그러나 무협소설과 대도시의 관계는 특히 밀접하다 할 수 있다. 무협소설은 '도시통속소설'에 속하는데, 중국의 초기 '도시통속소설'은 근현대 도시 생활에서 광범한 제재를 선택하여 그것을 재미있고 세밀하게 묘사함으로써 다양한 사회 풍경화를 제공하였다. 이들은 중국 민족의 전통적인 문화심태(cultural mentality)를 잘 파악함으로써 사회 세태와 인정 반영에 뛰어났다. 1930년대에 똑같은 도시 소설이라 하더라도 '사회해부파'의 도시소설이나 '신감각파'의 심리분석소설에 비해 '도시통속소설'이 폭넓은 독자를 확보한 것은 바로 이런 이유 때문이었다. '도시통속소설'의 하위 장르인 무협소설의 흥성은 대도시와 신문 연재에 힘입은 바가 크다. 초기 무협소설이 상하이에서 흥성하고 1930~40년대에 톈진을 배경으로 북방 5대가가 이름을 날린 것은 자연스런 일이었다.

이런 맥락에서 볼 때, 1949년 중화인민공화국의 건국은 무협소설을 비롯한 대중문화 발전에 치명적인 사건이었다. 중화인민공화국의 건국은 대중문화의 불가결한 요소인 '시장'과 '욕망'을 부정했다. 그 결과 당시 대중문화 종사자들은 대부분 홍콩 등의 자본주의 세계로 이주했다. 대중문화의 꽃이라 할 수 있는 영화의 경우 1949년 이전 중심지였던 상하이가 건국 이후 그 바통을 홍콩에게 넘겨준 것이 대표적인 예라 할 수 있다. 이후 중국 대륙에서는 이렇다 할 대중문화를 찾아보기 어렵게 되었다. '노동'을 핵심으로 하는 넓은 의미의 민중문화(보다 정확하게는 묘당문화의 조종을 받는 민간문화)만이 존립할 수 있었다. 무협소설도 중화인민공화국의 문화 정책 아래에서 유통은 물론 창작까지도 금지되었고, 그로 인해 자신의 근거지를 홍콩과 타이베이라는 새로운 대도시로 옮길 수밖에 없었으며, 개혁·개방과 함께 홍콩과 타이베이의 자본주의 대중문화가

21) 이 용어는 베네딕트 앤더슨(2002)으로부터 가져온 것이다.

역수입되기를 기다릴 수밖에 없었다.

Ⅳ. 한족(漢族) 중심과 오족(五族) 공화

베네딕트 앤더슨의 『상상의 공동체』의 출판을 계기로 민족은 '상상된', 즉 상상에서 지속적으로 형성, 재구성, 변형되는 것으로 인식되고 있다. 그러나 현실에서는 "민족적 동일시의 감수성이 없다면 현대적 주체는 깊은 주체적 상실감을 경험할 것이다." 그러므로 민족 정체성은 그 존재 유무에 초점을 맞출 것이 아니라 그 재현 방식이 중요한 것이다.

"사실상 민족 정체성은 우리가 갖고 태어나는 게 아니라 재현 representation 작용과의 관계 속에서, 그리고 그 내부에서 형성되고 변형된다는 것이다. 우리는 영국 민족 문화에 의해 일군의 의미들로 '영국성'이 재현되어온 방식 때문에 '영국인'이 무엇인지 비로소 알게 된다."[22](강조-원문) 뒷 문장에서 영국을 중국으로 바꿔도 우리의 이해에 지장을 주지 않는다. '우리는 중국 민족 문화에 의해 일군의 의미들로 '중국성'이 재현되어온 방식 때문에 '중국인'이 무엇인지 비로소 알게 된다.'

민족 문화는 민족 국가의 '정치적 지붕'(겔너) 아래 강화・지속되기 마련이다. 민족 정체성의 재현 방식 다시 말해 민족 문화의 서사가 이야기되는 방식은 대략 다음과 같은 측면 또는 요소를 포함하고 있다고 한다. 첫째, 민족 서사는 민족의 역사, 문학, 매체 그리고 대중문화 속에서 이야기되고 반복되는 가운데 존재한다. 둘째, 기원, 연속, 전통, 그리고 초시간성에 대한 강조이다. 민족 정체성은 원초적인 것으로, 때로는 침묵 속에 있지만 "길고도 지속되는 신비의 최면"으로부터 "그 파괴되지 않는 존재의 회복"에 이르기까지 언제나 "깨어 있는" 것으로 재현된다(겔너). 셋째, 민족 문화의 담론 전략은 홉스봄과 랭거가 '전통의 창안' 또는 '전통의 발

22) 스튜어트 홀(2000) 외 지음, 전효관 김수진 외 옮김, 『모더니티의 미래』, 현실문화연구, 서울, 343쪽.

명'(invention of tradition)이라고 일컬었던 것이다. "옛날에 있었던 것처럼 보이고 또는 그렇다고 주장하는 전통은 매우 가까운 시대에 그 기원이 있는 경우가 많으며 때로는 만들어지기도 한다. … '창안된 전통' 또는 '발명된 전통'이란, 어떤 적당한 역사적 과거와의 연속성을 당연히 함축하는 되풀이를 통해 특정 가치와 규범을 주입하고자 하는, 의례성이나 상징성을 띤 일군의 실천들을 의미한다."(홉스봄과 랭거) 넷째, 창안된 전통과 관련된 또 다른 예는 건국 신화이다. 그것은 민족의 기원을 지정하는 이야기로서, 국민과 국민의 민족성은 예전부터 있었기에 그것은 '실체'가 아닌 '신화적인' 시간의 안개 속에서 길을 잃어버렸다. 창안된 전통은 역사상의 혼돈과 재난을 이해할 수 있는 것으로 만들고, 무질서를 '공동체'로 전환시키고 재난을 승리로 바꾼다. 신화는 식민화의 파열보다 훨씬 이전에 존재했었던 대안의 역사 또는 대항 서사가 구성될 수 있는 서사를 제공한다. 다섯째, 민족 정체성은 종종 상징적으로 순수하고 유일한 인민 또는 '민중'이라는 개념에 기초한다. 그러나 현실의 민족 발전 과정을 볼 때, 권력을 행사하거나 유지하는 사람이 원초적인 민중인 경우는 거의 없다.[23] 20세기 전반 중화민국이 건국될 때, 그리고 20세기 후반 중화인민공화국이 건설될 때 우리는 이상의 전략 또는 요소들이 문화적으로 혼성되어 있음(cultural hybridity)을 알 수 있다.

이상의 논의를 참조체계로 삼아 중국으로 돌아가보자. 최근 문화연구(cultural studies)에 열중하고 있는 왕샤오밍(王曉明)은 '근현대 중국의 민족주의'를 네 측면에서 고찰하고 있다. 첫째, '세계' 관념이 '천하' 관념을 대체하게 된 것, 둘째, 이익 충돌의 각도에서 국가와 국가의 관계를 인식하게 된 것, 셋째, 전체 국민에게 속하는 국가가 황제의 조정을 대체하게 된 것, 넷째, 한족과 만족의 의도적 구분.[24] 사실 민족주의는 근현대의

23) 같은 책, 345~8쪽 참조.

24) 王曉明(2002), 「現代中國的民族主義」,
http : // cultuur.online.sh.cn / asp / list2.asp?id=1025 1~2쪽.
<當代文化硏究網 www.cul-studies.com>.

민족국가(또는 국민국가 nation state)와 긴밀한 관계를 가지고 있다. 근현대 민족국가는 이전 단계의 국가와는 근본적으로 다르다. 이전 단계에서 천하는 중화(中華)와 외이(外夷)로 분할되어 문명과 야만의 이분법이 '역사적으로 구성'되었다. 근현대 민족국가로 전환되면서 중심과 바깥의 이항 대립으로 구성되었던 천하는 수많은 국가들로 구성된 세계(世界)로 대체되었고, 중국은 수많은 국가들의 하나가 되었다. 그리고 각 국가는 자신의 이익을 위하여 고심하게 되었다. 이런 인식의 전환과 맞물려 중국 내의 종족 문제가 중첩되면서 "'망국', '국가', '혁명' 문제 등과 긴밀하게 결합된 민족주의 사상이 중국에서 싹트기 시작하였다."[25]

중국 근현대 무협소설이 태동하던 시점에 민족은 두 가지 층위로 해석될 수 있다. 하나는 외적의 침입에 대한 중국 민족이고, 다른 하나는 만주족에 대한 한족이다. 사실 중국의 민족문화라는 것이 한족이 중심인 56개 종족(ethnic)의 혼성문화라는 것은 오늘날 상식이라 할 수 있다. 그러나 근현대 무협소설의 태동기인 1910년대에는 반제(反帝)와 반만(反滿)이 착종되어 있었고 대부분의 중국인들은 전자보다 후자를 더욱 중요한 것으로 인식했다. 이 두 가지는 "쑨중산에 의해 삼민주의(三民主義)의 가장 중요한 부분을 구성하는 민족주의로 개괄되었다. 쑨중산의 민족주의는 신해혁명 이전에는 전체 혁명파의 기치였다. 신해혁명 이후에 그는 제국주의를 직접 반대해야 하는 중요성을 인식하여 신삼민주의의 일부분으로 발전시켰다."[26] 그의 민족주의의 핵심은 당시 많은 사람들이 오해했듯이 만주족을 타도(反滿)하는 것이 아니라, 그것을 한 단계 끌어올려 '만주족 귀족이 잡고 있던 국가 정권을 전복시킨다'는 것이었다. 리쩌허우(李澤厚)의 말을 좀더 들어보자.

> 국내 각 민족에 대해 쑨중산은 신해 이후 '오족 공화'를 강조하였고 아울러 "우리나라에 어찌 5족뿐이겠는가? 내 의견은 우리 중국의 모든 민족이 하나

25) 王曉明(2002), 2쪽.
26) 李澤厚(1994), 『中國近代思想史論』, 安徽文藝出版社, 合肥, 304쪽.

> 의 중화민족으로 융합하자는 것이다." 쑨중산의 이런 생각과 주장, 정강 정책은 기본적으로 건강하고 정확하였다. 이는 '국민당 제1차 전국대표대회 선언'에서 더욱 발전하였다. "민족주의는 두 가지 의의가 있습니다. 하나는 중국 민족이 스스로 해방을 구하는 것이고 두 번째는 중국 경내의 각 민족이 일률적으로 평등해지는 것입니다." "목적은 중국 민족이 세계에서 자유와 독립을 얻는 것입니다." "그 목표는 모두 반제국주의에 포함됩니다." 종족 혁명에서 민족 자결로, 불평등 조약 승인에서 불평등 조약 폐지로, 오족 공화에서 각 민족의 일률적 평등으로, 쑨중산의 민족주의는 여기에서 최고 수준에 도달하였다.[27]

요컨대, 쑨원은 일찌감치 종족(ethnic) 간의 갈등을 극복하고 다수를 차지하는 한족(漢族) 중심의 중화민족의 민족국가(nation state) 건설을 주장하였다. 그리고 민족국가 체제로 제국주의에 대항할 계획이었던 것이다.

태동기의 근현대 무협소설에서 담론된 '민족문화의 고양'은 중화민족으로까지 승화하지 못한 한족 중심의 '종족주의'를 크게 넘어서지 못했던 것으로 보인다. 쑨원의 '오족 공화'의 경지는 진융(金庸)의 작품에서 구현되고 있다.

『천룡팔부(天龍八部)』(1963)는 그 제목부터 상당히 모호한 작품이다. 그 시간배경은 북송 철종(哲宗) 원우(元祐)·소성(紹聖) 연간으로 서기 1094년 전후다. 그리고 윈난(雲南)의 다리(大理)국을 중심으로 이야기가 전개되면서, 한족의 북송, 거란족의 요(遼), 돌궐족의 서하(西夏), 그리고 선비족 무룽(慕容)가의 비전으로서의 연(燕)까지 오족(五族)의 오국(五國)이 공간배경을 이루고 있다. 역사적으로는 북송이 중심이지만 1094년은 북송의 멸망(靖康之恥,[28] 1126년)까지 30년 남짓 남은 시점으로 북송과 요의 갈등은 극단을 향해 달리고 있었다. 작품의 제1 주인공이랄 수 있는 차오펑(喬峰)은 무림의 최대 조직인 개방(丐幇)의 방주로 등장한다.[29]

27) 같은 책, 309~10쪽.
28) 진융의 다른 작품 『射雕英雄傳』의 주인공 郭靖과 楊康의 이름은 의형제였던 두 사람의 아버지가 '정강지치'를 잊지 말라고 태어나기 전부터 지어준 이름이었다.
29) 그는 타고난 신체 조건과 천부적인 무공 자질 그리고 강인한 성격으로 당대 최고의 고수에 손색이 없다. 게다가 그는 불의를 참지 못하고 친구를 좋아하며 의리를

한인으로 자란 차오펑은 알고 보니 거란족 출신의 샤오펑(蕭峰)이었다. 이때부터 그는 극심한 정체성 혼란을 겪는다. 사실 30년 넘게 한족으로 살아온 차오펑이 자신을 거란족 샤오펑으로 조정하는 과정은 간단치 않았다. 처음의 황당함은 점차 포기로 바뀌고 어느 순간부터는 자신의 양부모와 사부를 해친 대악인을 추격하게 된다. 이 과정에서 유일하게 자신의 출신에 관계없이 자신을 믿고 따르는 아주(阿朱)를 죽음에 몰아넣게 된다. 우여곡절 끝에 거란족 샤오펑의 정체성을 인정하지만 그렇다고 다른 거란족처럼 한족을 미워할 수는 없다. 이제 새로운 고민이 그의 앞에 놓여 있다. 한족으로 '살아본' 경험은 무고한 한족을 무조건 해칠 수 없게 하고 거란족으로 '살아가는' 경험은 한족이 거란족을 해치게끔 방관하지 않게 된다. 그러나 갈수록 첨예해지는 한족과 거란족 사이의 갈등은 결국 파국으로 치닫게 되고 샤오펑은 요의 침공을 막으려 하지만 결국 요의 황제에게 감금되는 신세가 된다. 다행히 의형제 두안위(段譽)와 쉬주(虛竹)의 도움으로 탈출하지만, 마지막에는 요 황제를 협박하여 군대를 철수시킨 후 자진하고 만다.[30] 차오펑으로 자라서 두 개의 정체성 사이에서 혼란을 겪다가 결국 샤오펑으로 죽는 그는 여전히 다음의 의문을 해결하지 못한다. '한인 중에서 선한 사람이 있는 반면 악한 사람이 있고, 거란인 중에도 선한 사람이 있는 반면 악한 사람이 있다. 왜 한인과 거란인으로 나뉘어 서로 살상을 서슴지 않는 것일까?' 그의 죽음은 요의 침략을 막지만 결국 북송은 망하고 남쪽으로 옮겨간 남송은 원(元)에게 멸망함을 우리는 이미 알고 있다. 샤오펑의 문제제기는 이렇게 마무리된다.

샤오펑의 문제제기에 대한 다른 방식의 해결책을 우리는 『녹정기(鹿鼎記)』의 결말에서 찾아볼 수 있다. 강토를 안정시키려는 만주족 황제 캉시

중시하는 전형적인 영웅 호남이다. 그는 열심히 개방을 이끌면서 북송에 대한 충성을 실천한다.

30) 샤오펑의 자살 원인을 한 가지로만 보기는 어렵다. 어쩌면 샤오펑은 연인 아주가 죽었을 때 이미 죽음을 결심했을 수도 있다. 그리고 자신의 친부가 자신에게 소중한 사람들, 양부모와 스승을 살해했음을 알았을 때 느꼈을 허망함도 일조했을 수 있다.

(康熙)와 반청복명(反淸復明)의 천지회(天地會) 사이에서 거취를 정하지 못하고 퇴출(退出)하는 주인공 웨이샤오바오(韋小寶)는 알고 보니 한(漢)·만(滿)·몽(蒙)·회(回)·장(藏)의 합작품이었던 것이다. 물론 유전학적으로는 그 중의 하나일 것이지만, 여기에서는 문화적인 가능성으로서의 합작을 말하는 것이다. 신분(身份)에 관한 진융의 해체는 기녀의 아들인 웨이샤오바오에게만 국한되지 않는다. 사실 만주족 황제 캉시는 이미 공식적으로 한족의 혈통이 50퍼센트 섞여있다. 그뿐만 아니다. 캉시의 손자인 첸룽(乾隆)이 한족 대신의 아들이었다는 민간 전설[31]을 바탕으로 쓴 처녀작 『서검은구록(書劍恩仇錄)』은 유전학적으로는 한족인 청(淸) 황제가 자신이 한족임을 확인한 후에도 만주족을 선택한다는 줄거리를 통해 '종족'의 허구성을 역으로 설파하고 있다.[32]

Ⅴ. 다양화(diversification)와 혼성성(hybridity)

초기의 단순했던 무협소설의 풍격은 '북파 5대가'를 거치면서 다양화된다. 1920년대 무협소설계는 남방의 샹카이란(向愷然)과 북방의 자오환팅(趙煥亭 : 紱章)(南向北趙)을 대표로 한다. 핑쟝부샤오성(平江不肖生)이란 필명으로 연재된 샹카이란의 『강호기협전』과 『근대협의영웅전』은 중

31) 그 내용은 다음과 같다. 캉시제는 청나라의 기반을 안정시켰는데, 재위기간(1662~1723)이 60년에 달했다. 당시 캉시제의 아들들은 황태자의 자리를 차지하려고 알게 모르게 쟁투를 벌였다. 그러나 캉시제는 황태자 선정에 신중하여 황자들의 능력뿐만 아니라 황손의 됨됨이까지 고려했다. 캉시 58년 8월 13일 넷째 황자 인전(允禎, 훗날 雍正帝, 1723~1736)의 측비가 해산했다. 인전은 기다리던 아들이 아니라 딸을 낳자 매우 실망했다. 며칠 후 한족 대신 천스관(陳世官)이 아들을 낳자, 사람을 시켜 데려오라 했다. 그런데 안고 들어간 것은 아들인데 데리고 나온 것은 딸이었다. 이상은 『서검은구록』의 관련된 이야기를 요약한 것이다.

32) 멜 깁슨(Mel Gibson) 감독·주연의 『브레이브 하트 Braveheart』(1995)에서도 잉글랜드와 스코틀랜드가 종족 문제로 첨예하게 대립했지만, 잉글랜드의 왕통이 스코틀랜드인 월레스의 혈통으로 이어진다는 발상은 역사적 사실에 관계없이 민족 또는 종족에 대한 신랄한 풍자로 읽을 수 있다.

국 근현대문단의 최초의 '무협열'을 일으켰다. 그러나 본격적인 무협소설의 성숙은 1932 톈진 『천풍보(天風報)』에 환주러우주(還珠樓主)의 『촉산검협전(蜀山劍俠傳)』 연재를 표지로 삼는다. 환주러우주를 대표로 하는 '북파(北派)'는 현대적 기질을 가진 중국 무협소설 유파를 형성하였다. 환주러우주의 선마파(仙魔派 또는 奇幻仙俠派), 바이위(白羽 : 宮竹心)의 사회파(또는 社會反諷派), 왕두루(王度廬)의 협정파(또는 悲劇俠情派), 정정인(鄭證因)의 기격파(技擊派, 또는 幇會技擊派), 주전무(朱貞木)의 기정파(奇情派, 奇情推理派) 등은 1930~40년대에 독자를 사로잡았던 '북파 5대가'였다.[33] 이중 환주러우주 외의 작가는 모두 1938년 이후에 작품 활동을 하였다.[34]

북파 5대가라는 유파는 무협소설의 하위 장르로 볼 수도 있다. 즉 선마 무협소설, 사회 무협소설, 협정 무협소설, 기격 무협소설, 기정 무협소설이 그것이다. 이들은 1920~30년대의 단순했던 무협소설 장르를 다양화시켰다 할 수 있다. 특히 상상력의 극한을 넘나드는 환주러우주의 『촉산검협전』은 중국에서 상대적으로 취약한 '체계적인 신화'에 대한 보완으로 볼 수 있다. 그리고 그들은 수도(修道)를 통해 입신(入神)한다는 면에서 현실적 기초를 가지기도 한다. 또한 리안(李安)의 『와호장룡』의 원작자로 새롭게 주목을 받은 왕두루는 무협과 사랑을 연결시켜 협정(俠情) 무협이라는 독특한 장르를 개척하였다. 이처럼 풍격의 다양화 과정을 통해 무협소설은 단순한 오락거리에서 자신의 문화적 의의를 획득해나간다.

홍콩과 타이완의 '신파 무협소설'에 이르러서는 무협소설의 새로운 영역을 개척하는 동시에 다양한 장르와 유파가 혼성된다. 새로운 영역의 개척

33) 이상 5대가의 분류는 徐斯年(1995)과 葉洪生(1997)을 따랐다. 유파의 두 가지 명칭중 전자가 徐斯年의 분류이고, 후자가 葉洪生의 분류이다.

34) 1938년 이후 무협 열기가 북방으로 이동한 현상은 경파(京派)의 흥성과 밀접한 관계를 가지고 있다. 양자의 쌍방향적 영향관계는 흥미로운 문학사적 과제로 보인다. 1930년대 베이징과 톈진을 중심으로 한 통속문학 창작은 이미 상당한 규모를 갖추었다. 특히 무협작가 자오환팅(趙煥亭)과 리서우민(李壽民) 외에도 장헌수이(張恨水)와 류윈뤄(劉雲若) 등 사회소설로 뛰어난 대작가들이 출현하여 그 창작 수준이 남방의 여러 작가를 뛰어넘었다.

으로는 구룽(古龍)을 들 수 있다. 특히 그의『추류샹 전기(楚留香傳奇)』는 추리 무협소설이라는 독특한 장르를 개척함으로써 독자들의 커다란 호응을 받았다. 이제 무협소설은 단순한 싸움 이야기가 아니라 인간의 삶을 재현하는 하나의 양식으로 자리잡고 있다. 복수, 수련, 비급 쟁탈 등의 고유한 양식으로부터 사랑, 범죄 등 인간 사회에서 일어나는 모든 일과 신화 등의 환상이 무협소설 속에 녹아들어 있는 것이다. 필자 세대의 중학교 시절을 사로잡았던 워룽성(臥龍生)의『군협지(玉釵盟)』만 하더라도 무공 수련, 복수, 의술, 기연, 사랑, 추리, 권력 등의 요소들이 혼성(hybrid) 되어 있다.

"서로 다른 종이나 계통 사이의 교배에 의해서 생긴 자손"의 뜻을 가지고 있는 하이브리드(hybrid, 잡종 또는 혼성)는 혼혈 또는 튀기 등과 통한다. 그러나 후자가 불순하고 불온하며 불완전하다는 문화적 의미를 가지고 있다면, 하이브리드는 근현대성의 한 표현방식으로 발전에 대한 열망을 상징한다. 전자가 '상실'을 의미했다면 후자는 이제 '생성'을 의미하게 된 것이다.35)

하이브리드는 진융에게 이르러 그 진정한 가치를 발휘한다. 동(東)과 서(西)의 융합, 아(雅)와 속(俗)의 혼성, 문학 기교와 영화 기법의 혼성 등이 그것이다. 혼성성은 두터운 텍스트와 직결된다. 진융(金庸)의 소설은 단순한 통속소설에 그치지 않고, 다원적인 독자의 기대시야를 다양하게 융합함으로써 다양한 해석(interpretation)의 가능성을 가지고 있는 '두터운 텍스트(thick text)'이다.『사조영웅전(射雕英雄傳)』을 예로 들어보자. 그의 소설은 대부분 명확한 '역사 배경'과 '강호의 상황' 그리고 '인생 이야기'라는 세 가지 기본축을 가짐으로써 단조로움을 극복하고 있다. 뿐만 아니라 역사의 허구화와 허구의 역사화, 전기적인 강호 배경, 주인공의 성장 과정, 무공의 개성화와 문화화, 지고지순한 사랑과 다양한 내공의 사랑 이야기, 중국 문화에 대한 교양 입문서 등은 독자들의 다양한 기대를

35) 안이영노, 「하이브리드」, 김수택 외(2003), 470~1쪽 참조.

저버리지 않는다. 그밖에도 독자의 기호에 따라 풍부하게 읽을 수 있다. 츄추지(丘處機)와 강남칠괴의 18년에 걸친 내기 약속 등에서 볼 수 있는 사나이의 신의, 황야오스(黃藥師)의 기문팔괘와 이덩(一等)대사의 일양지(一陽指) 치료 등을 통한 최고의 경지 등에 초점을 맞출 수도 있다. 상대적으로 서사시 전통이 부재한 중국 문학사의 공백을 메울만한 영웅 사시로 보는 것도 그 한 가지 사례이다. 중요한 것은 우리가 진융의 소설을 재미있게 읽으면서 자연스레 중국 문화의 어떤 부분을 이해하게 되고 나아가 '중국인의 어떤 특성'(some Chineseness)을 이해할 수 있게 된다는 것이다. 이런 면에서 진융의 작품은 재미와 의미라는 두 마리 토끼를 한 손에 거머쥔, '두 날개 문학사'를 체현한, '아속공상(雅俗共賞)의 경지를 구현하고 있는 '문화소설'이라 할 수 있겠다.

Ⅵ. 중국 근현대 무협소설의 문학사적 의의

21세기 들어 본격적으로 제기된 '통속문학'의 문제의식은 그동안 '중국 신문학사', '중국 현대문학사', '20세기 중국문학사'라고 시기구분되었던 '중국 근현대문학사' 담론을 새로운 단계로 끌어올렸다. '신문학사'는 '구문학'을 배척하였고 '현대문학사'는 '우파문학'을 탄압하였으며 심지어 '20세기 중국문학사'도 '통속문학'을 홀시하였다. '통속문학'의 문제제기는 바로 배척과 탄압으로 점철된 '중국 근현대문학사'의 주류 권력에 대한 비판으로 읽을 수 있다. "사회적, 정치적 혹은 도덕적 세계에 대한 진술들이 단순히 진리나 허위였던 적은 거의 없으며, '사실들'이 그 진리성이나 허위성에 대해 명확히 결정할 수 있게 해주는 것도 아니다. '사실들'은 얼마든지 상이한 방식으로 결합될 수 있기 때문이다."(미셸 푸코) 이를테면 팔레스타인인들은 '자유의 투사'인가 아니면 '테러리스트'인가? 최근의 '대통령 탄핵'은 '의회 쿠데타'인가 '민주주의의 승리'인가? "푸코가 '담론'이라는 용어를 사용하는 것은 해결될 수 없는 딜레마인 것처럼 보이는 것을 피하려는 시도"임에는 분명하다. 그러나 무조건 도피하지는 않는다. 그의 대안은 이렇다. "팔레스타인의 문제는 경쟁하고 있는 담론 - '자유의 투사'와 '테러리스트'라는 담론 - 에 의해 생산되며, 그 각각의 담론은 권력을 놓고 싸운다는 것에 관련되어 있다. 요컨대 어떤 상황의 '진리'를 결정하는 것은 이러한 투쟁이라는 것이다."[36] '대통령 탄핵'의 문제도 그것을 찬반 양론으로 나눌 것이 아니라, 서로 각자의 주장을 펴고 상대방의 주장을 경청하면서 경쟁하게끔 해야 할 것이다. 근거 없는 분노도 희극적이지만 과도한 열정도 피곤한 법이다. 차라리 이런 정치 사안을 놀이와 축제로 승화시켜가는 민주시민의 성숙한 문화의식이 보기에 좋다.

'중국 근현대문학사 담론'에서 '통속문학'의 문제제기는 '타자들'의 복권의 대미라는 차원에서 그 의미를 부여할 수 있다. 전통적인 '문이재도(文以載道)' 문학관의 연장이랄 수 있는 5·4의 계몽문학관은 과거와 단절하는 '신문학'을 주장하면서 '구문학'을 비판했지만, 그것은 아속(雅俗)을 구분하는 전통을 답습하고 있었고, '아(雅)'를 추켜세우고 '속(俗)'을 '타자화'시켰다. '통속문학'은 낡고 퇴폐적인 것으로 단죄되어 문단에서 추방되었다. '인민 해방'을 구호로 내세웠던 중화인민공화국의 문학사는 '인민문학'을 위해 '우파 문학'과 '동반자 문학'을 타도해야 한다는 논리를 생산하여 그들을 탄압하였다. 그리고 '좌파들'은 서로 경쟁하며 '극좌'로 치달았다. 해방이라는 구호는 아무 것도 해결하지 못한 채 자신들조차 수렁 속으로 밀어넣고 말았다.

1980년대 중반 '20세기 중국문학'의 제창은 바로 이에 대한 문제제기였다. 그리고 '현대문학'에 의해 탄압되었던 '우파'와 '동반자'를 해방시켰다. 그리고 15년이 지난 후 '통속문학'이 제기되면서 '신문학'에 의해 추방되었던 '구문학'을 복권시켰다. 여기서 중요한 것은 '우파 문학'의 해방과 '통속문학'의 단순 복권이 아니다. 보다 중요한 것은 또다시 주류가 비주류를 탄압하고 추방하는 일이 벌어지지 않아야 한다. '두 날개 문학사' 개념은

36) 스튜어트 홀(1996)[2], 206쪽.

이런 맥락에서 중요한 의미를 가지고 있다. 그것은 판보췬(范伯群)의 표현에 의하면, '순문학과 통속문학의 두 날개로 함께 나는 문학사'이다. 이런 '공통 인식'을 1920년대에 가질 수 있었더라면, '신문학사'는 '신문학'과 '구문학'의 두 날개로 날아, 독자들을 '구문학'에 빼앗겨 '인문학의 위기' 운운 하는 일이 없었을 것이다. 이런 '공통 인식'을 1950년대에 가질 수 있었더라면, '현대문학사'는 '현대문학(즉 좌파문학)'과 '우파문학'의 두 날개로 비상하여 세계문학과 자유롭게 교류하면서 자신의 정원을 더욱 아름답게 가꿀 수 있었을 것이다.

이 글은 '순문학과 통속문학의 두 날개로 함께 나는 문학사' 주장에 전적으로 동의한다. 진정한 '두 날개 문학사'를 위한 무수한 과정이 예비되어 있을 것이다. 아(雅)의 속화(俗化), 속(俗)의 아화(雅化) 등도 검토의 대상이 되어야 할 것이지만, 아속공상의 핵심은 아와 속의 동시적 감상이라는 점에 있지 않을까 싶다. 다시 말해, 고아(高雅)한 작품도 감상하고 통속(通俗)적인 작품도 읽는다는 이분법적 사고가 아니라, 한 작품에서 고아한 측면과 통속적인 측면을 동시적으로 감상한다는 것이다. 중요한 점은 이를 감당할 만한 두터움(thickness)을 가진 텍스트의 출현이다. 이 연구에서 대중화와 근현대성이라는 주제의식을 가지고 무협소설을 살펴본 것은 이른바 '무협지'라고 경시되어온 이 장르에서 두터운 텍스트의 가능성을 발견했기 때문이었다.

마지막으로 한 가지 경계할 것은, '두 날개 문학사' 개념이 많은 논자들의 동의를 얻어 권력을 가지게 되면 또 새로운 주류가 되어 주류에 편입되지 못하거나 편입되고 싶지 않은 이른바 '비주류'를 다른 형태로 탄압하거나 추방하는 현상이 다시 있어서는 안 된다는 것을 문학사의 교훈으로 삼아야 할 것이다.

參考文獻

金庸(1994),『金庸作品集』(1~35) 三聯書店, 北京.

金庸學術研究會(2000)編,『閱讀金庸世界』, 上海書店出版社, 上海.

金庸學術研究會(2000)編,『名人名家讀金庸』, 上海書店出版社, 上海.

莫言(1991),「誰是復仇者-「鑄劍」解讀」,『中國現代文學研究叢刊』1991-3, 107~111頁.

范伯群(2000) 主編,『中國近現代通俗文學史』(上下), 江蘇教育出版社, 南京.

徐德明(2000),『中國現代小說雅俗流變與整合』, 社會科學文獻出版社, 北京.

徐斯年(1995),『中國武俠小說論』, 人民文學出版社, 北京.

宋偉杰(1999),『從娛樂行爲到烏托邦冲動：金庸小說再解讀』, 江蘇人民出版社, 南京.

嚴家炎(1999),『金庸小說論稿』, 北京大學出版社, 北京.

葉洪生(1997),『論劒：武俠小說談藝錄』, 學林出版社, 上海.

芮和師(1984)等編,『鴛鴦胡蝶波文學資料』, 福建人民出版社, 福州.

王　立(1999),『偉大的同情---俠文學的主題史研究』, 學林出版社, 上海.

王度廬,『臥虎藏龍』(上下), 群衆出版社.

王曉明(2002),「現代中國的民族主義」,
<當代文化研究網 www.cul-studies.com>,
http：//culture.online.sh.cn / asp / list2.asp?id=1025

韋紹昌(1984)編,『鴛鴦蝴蝶派研究資料』(上下), 上海文藝出版社, 上海.

劉登翰(1999)主編,『香港文學史』, 人民文學出版社, 北京.

劉若愚(1991)著, 周清霖 唐發饒譯,『中國之俠』(The Chinese Knight-Errant), 三聯書店, 上海.

劉衛國(1994),「金庸武俠小說的文化經脈」, 廣東省作家協會『當代文壇報』1994-5기.

劉再復(1998),「金庸小說在二十世紀中國文學史上的地位」,『當代作家評論』1998년 제5기.

劉再復等(2000),『金庸小說與二十世紀中國文學』, 明河社, 香港.

李愛華(1999),「大陸金庸研究二十年」,『中國現代當代文學研究』1999년 제5기.

李澤厚(1994),『中國近代思想史論』, 安徽文藝出版社, 合肥

張　華(2000),『中國現代通俗小說流變』, 山東文藝出版社, 濟南.

錢理群 溫儒敏 吳福輝(1998),『中國現代文學三十年(修訂本)』, 北京大學出版社, 北京.

丁永强(1989),「新派武俠小說的敍事模式」,『藝術廣角』1989년 제6기.

周清霖(1993),「論還珠樓主的"入世武俠"小說」,『俠與中國文化』, 臺灣學生書局, 臺北.

陳遼 曹惠民(1999), 『百年中華文學史論(1898~1999)』, 華東師範大學出版社, 上海.
陳 墨(1998), 「金庸小說與20世紀中國文學」, 『通俗文學評論』 1998년 제3기, 『中國現代當代文學研究』 1998년 제12기.
陳 墨(1999), 『孤獨之俠---金庸小說論』, 上海三聯書店, 上海.
陳平原(1992), 『千古文人俠客夢』, 人民文學出版社, 北京.
胡仲權編(1998), 『武俠小說研究參考資料』, 萬卷樓圖書有限公司, 臺北.
還珠樓主(1999), 『還珠樓主武俠系列』, 廣西民族出版社, 桂林.
김수택 외(2003), 『21세기 지식 키워드 100』, 한국출판마케팅연구소, 서울.
김영수 외(2004), 『위대한 대협의 부활을 꿈꾸며』, 김영사, 서울.
대중문학연구회(2001), 『무협소설이란 무엇인가』, 예림기획, 서울.
스튜어트 홀 외(1996), 전효관 김수진 외 옮김, 『현대성과 현대문화(1, 2)』, 현실문화연구, 서울.
스튜어트 홀 외(2000), 전효관 김수진 외 옮김, 『모더니티의 미래』, 현실문화연구, 서울.
위르겐 하버마스(1994) / 이진우 옮김, 『현대성의 철학적 담론』, 문예출판사, 서울.
위행복(2003), 「民國舊派小說의 史的 位相」, 『중국현대문학』 제27호, 한국중국현대문학학회, 81~111쪽, 서울.
임춘성 편역(1997), 『중국근현대문학운동사』, 한길사, 서울.
임춘성(2000), 「중국문학의 근현대성 단상」, 『중국현대문학』 제18호, 221~232쪽.
임춘성(2002a), 「중국 근현대문학의 대중화와 무협소설」, 『중국인문과학』 제24집, 199~216쪽.
임춘성(2002b), 「金庸 소설을 통해본 '위군자'와 '진소인'의 실용이성」, 『중국현대문학』 제22호, 363~383쪽.
임춘성(2002c) 「동아시아문학론의 비판적 검토」, 『중국어문학』 제39집, 45~67쪽.
전형준(2003), 『무협소설의 문화적 의미』, 서울대학교출판부, 서울.
조너선 D. 스펜스(1999), 정영무 옮김, 『천안문』, 이산, 서울.

출처 : 『중국현대문학』 제29호

루쉰의 여성 해방 운동

유세종*

Ⅰ. 학문적 의제로서의 성(性)

"루쉰은 죽었다. 우리는 그의 뒤를 잇기 위해 이러저러한 일을 해야 한다고 습관적으로 말하곤 한다. 그러나 우리는 모든 것을 남김없이 파헤치는 그의 용기를 충분히 배우지 못했다. 우리가 진리에 의연히 대처하는 루쉰의 자세와 대담성을 따라 갈 수만 있다면 천만다행이라고 생각한다."1) 이는 1941년 딩링(丁玲)이 한 말이다. 상하이에서 국민당에게 감금당해 살다가 옌안(延安)으로 탈출하였던 그녀는 당시 옌안의 혁명 주체 세력들이 가지고 있었던 혁명에 대한 열정과 이상주의적 열기 속에 내재하고 있는 교조적, 허구적, 금욕적인 태도 등에 대해 깊은 우려를 품고 있었다. 그녀는 루쉰을 끌어다 자기가 하고 싶은 말을 하고 싶었던 것이다. 공산당 통치구에서 루쉰이 조금씩 신화화되어가고 있었다는 사실을 감안하여 읽는다 해도, 우리가 다시 인정하게 되는 것은 습관과 관행과 불평등에 대해 비타협적으로 맞서 싸운 루쉰의 면모다. 그것은 당시 지배 이데올로

---

* 한신대학교 중국지역학과 교수.

1) Hsia Tsi-an, 『The Gate of Darkness』, Studies on the Leftist Literary Movement in China. Seattle, 1968. p.251. 조나단 D.스펜서, 정영무 옮김, 『천안문』, 이산, 1999. 308쪽. 재인용.

기를 해체하는 해체주의자로서의 모습이기도 하다. 그것은 루쉰 스스로 토로하였듯이 "거의 피를 흘려야 할 정도로" 남김없이 파헤치는 용기와 대담성이 없이는 불가능하였다. 딩링은 루쉰의 이러한 용기와 대담성, 의연함 등을 환기하고 싶었던 것일 것이다.

사회주의로의 이행 혁명이 여성 해방에 긍정적인 결과를 가져오리라는, 『가족, 사유재산 그리고 국가의 기원』에서의 엥겔스의 주장은 일정 정도 옳은 것이었다.[2] "중국의 도시 지역에서 이루어진 성 평등은 가장 선진적인 자본주의 국가를 포함한 세계 어느 나라보다도 위대한 것이었다"[3]고 할 수 있었다. 그러나 중국 사회주의 혁명이 기본적으로 계급 혁명을 기초로 하고 있었고, 오랜 세월 중국인의 삶과 일상에 뿌리를 깊이 내려온 가부장제, 여성 불평등을 타파하기 위해서는 어떤 의미 있고도 힘 있는 운동과 조치는 없었다. 여성이 혁명 과정에 주체적이고 능동적으로 참여하였음에도 불구하고 대부분의 경우 여성은 전통적인 성 역할의 일에 할당되었다는 점에서도 그 한계를 가질 수밖에 없었다. 1980년대 개혁 개방 이후 도동간의 빈부 격차가 심화됨에 따라 농촌에서의 여성의 지위는 '인민공사' 시절 이전으로 현저하게 낮아져 가고 있으며, 도시에서 역시 산업화로의 급속한 이행 속에서 자본의 임금 노동에 대한 지배가 가속화되어 감에 따라 작업장에서의 성적 불평등은 다시 사회 문제화 되고 있다.

인류 역사에서 여성 해방의 역사는 매우 일천하기 그지없으며,[4] 특히 우리 사회는 한 번도 제대로 된 반봉건 운동이나, 반전통 운동이 범민족적, 범사회적 차원에서 진행된 바 없다. 한국인의 의식과 일상, 사회 모든 부문에서는 수천년 내려온 가부장 문화가 현대의 다양한 생활양식과 혼재

---

2) '일정정도'라는 수식어를 단 것은 엥겔스의 여성해방론이 가지는 몇 가지 문제점과 그 현실적 한계 때문이다. 이에 대해서는 정현백의 「여성억압의 역사적 기원」, 『문명 그리고 화두』, 열린사회아카데미, 1998. 242-269쪽.

3) 마크 블레처 지음, 전병곤 외 옮김, 『반조류의 중국』, 돌베개, 2001. 242쪽.

4) 여성 참정권만 보더라도 영국, 독일, 미국의 여성이 선거권을 가지게 된 것은 제1차 세계대전 이후의 일이며, 우리나라는 1945년에서야 보통, 평등, 비밀 선거제가 도입되었다. 스위스에서는 1972년에 이르러서야 여성이 선거권을 취득하였다. 위의 책, 『문명 그리고 화두』, 258쪽.

된 채 완고하게 자리하고 있다. 중국은 여성 해방사에 있어서는 우리 사회와는 전혀 다른 역사적 경험과 혁명적 경험을 가지고 있었고 그런 면에서 세계 여성 운동의 주목을 받고 있지만, 신시기 이후 여전히 많은 사회적 문제점을 노정하고 있는 실정이다. 이러한 점을 상기할 때, 20세기 초 중국 신문화운동에서 반전통 운동의 가장 힘 있는 기수로서 개성 해방과 여성 해방을 위해 부단하게 싸웠던 루쉰을 페미니즘[5]의 시각에서 재조명해보는 것은 의미가 있다. 기존의 연구들로 루쉰의 작품 연구에서(예를 들면「傷逝」,「祝福」,「離婚」……) 여성성[6]을 언급한 것은 수없이 많다. 그러나 페미니즘의 시각에서 루쉰 문학, 사상을 본격적으로 연구한 것은 없다.

"1980년대 인문과학 분야에서 일어난 놀라운 변화 중 하나는 性이 분석의 한 범주로서 등장했다는 사실이다."[7] 성을 학문적인 의제로 올려놓은 것은 페미니즘이다. 페미니즘은 여성 억압의 역사와 그 문화, 여성의 문제를 바라보는 시각차에 따라 제각기 다른 진단을 내리고 그에 따라 다른 해결책을 모색해 왔다. 이에 따라 그 이론의 역사 및 갈래 역시 다양하게 나뉘어진다.[8] 여기서는 페미니즘을 "학문적 텍스트나 실천행위 이상의

5) 페미니즘은 우리말로 여성주의로 번역되는데, 여성주의가 무엇인가라는 논의는 '여성'을 어떻게 정의하느냐에 따라 페미니즘 이론 진영에서도 매우 다양한 형태로 논의되고 있다. 여기서는 가장 상식적인 의미에서의 '여성의 시각으로 인간의 역사와 문화, 사회현상을 비판, 재해석하고 여성의 권리와 기회에 대해 미래적 전망을 획득하고자 하는 모든 운동' 정도로 이해하고자 한다. 여성주의의 다양한 이론들과 이들간의 차이와 공통성 등에 대해서는, 로즈마리 통 지음, 이소영 옮김, 『페미니즘 사상-종합론적 접근』, 한신문화사, 1995와 캐롤린 라마자노글루 저, 김정성 옮김, 『페미니즘, 무엇이 문제인가』, 문예출판사, 1997를 참조.

6) 여성성에 대해서는 페미니즘 이론 진영에서도 아직 깊이 있는 연구가 진행되지 않고 있으며, 이에 대해서는 별도의 논의를 필요로 하다. 루쉰 작품 연구에서 언급하고 있는 여성의 문제는 주로 전통과 여성, 계몽주의와 여성, 근대성과 여성, 지식인과 여성 등의 시각에서 논의되는 것으로 페미니즘적 여성성에 기초한 것이라기보다 타자와의 관계 속에서 발생하는 여성의 제 문제라고 할 수 있겠다.

7) Elaine Showalter, 「Introduction」, 『Speaking of Gender』, London, Routledge, 1990, 1쪽. 존 스토리, 박모 옮김, 『문화연구와 문화이론』, 현실문화연구, 1994. 183쪽. 재인용.

8) 페미니즘 이론을 분류하는 방식에는 여러 가지가 있는데 경험주의적이고 실증주

것"으로서 "근본적으로 여성 억압의 문제와 여성에게 권력을 부여할 방법과 수단"을 고민하거나 이와 "관련된 정치적 운동"9)으로 보고 루쉰의 여성 해방 운동을 고찰하고자 한다.

이 글은 위와 같은 소박한 문제의식에서 출발하여, 20세기 초 서구 근대 계몽의 영향 하에 있었던 루쉰이 여성의 문제를 어떻게 인식하고 있었으며 그의 여성 해방 운동 및 그 전략이 어떠한 성격을 갖는가를 살피는 작업이 될 것이다. 이를 위해 루쉰의 여성 해방 운동을, 집단으로서의 남성주의에 대한 비판, 집단 희생양으로서의 여성 억압 폭로, 개인으로서의 여성의 각성, 여성과 경제권의 문제, 여성 해방을 위한 '싸움론', 창조, 복구, 일하는 주체로서의 여성성에 대한 예찬 등의 순서로 설명해 나가고 한다.

Ⅱ. 집단적 남성주의 비판

중국혁명의 과정에서 "여성은 하늘의 반을 받치고 있다"는 구호는 내걸었던 마오쩌둥(毛澤東)은 1927년, 전통 중국사회에서 "남성은 보통…… 정치적 권위…… 혈통적 권위…… 그리고…… 종교적 권위를 누리고 있다"고 하고, 이러한 모든 것이 "전체 가부장적 봉건체계와 그 이데올로기를 형성하고 있다."고 하였다.10) 그런데 이 가부장적 봉건사회에 대해 루쉰은 이름도 없고 의식도 없는 살인 집단이라고 규명하였다. "사회 속에

의적인 사유전통의 영미계 페미니즘과 이론적이고 철학적 사유전통의 프랑스계 페미니즘으로 광범위하게 나누기도 하고(태혜숙, 『탈식민주의와 페미니즘』, 도서출판 여이연, 2001. 15-42쪽), 일반적인 방법으로, 자유주의 여성해방론, 맑스주의 여성해방론, 사회주의 여성해방론, 급진적 여성해방론으로 나누기도 한다.(정현백, 위의 글, 257쪽) 또 이 네 갈래 위에 생태 페미니즘, 정신분석학적 페미니즘, 흑인 페미니즘, 레즈비어니즘 등 등으로 세분되기도 한다.(고갑희, 「여성주의적 주체생산을 위한 이론 1」, 『여성이론』 1호, 1998, 26쪽)

9) 6장 「페미니즘」, 위의 책 『문화연구와 문화이론』, 216쪽.

10) 『毛澤東選集』 1권, 1967, 44쪽. 위의 책, 『반조류의 중국』, 243쪽. 재인용.

서 수많은 고인들에 의해 전해 내려온 도리라는 것은 실제로는 아주 무리한 것들이지만 역사적이고 수적인 힘을 가지고 그 뜻에 맞지 않는 사람들을 죽음으로 몰고 간다. 이름도 없고 의식도 없는 이 살인 집단이 옛날부터 얼마나 많은 사람들을 죽여 왔는지 알 수 있다."[11] 루쉰은 남성문화의 폭력과 패거리주의가 역사적 권위와 수적인 힘을 동원하여 어떻게 여성을 살해하여 왔는가를 분석하면서 전통 남성중심사회를 '이름도 없고 의식도 없는 살인 집단(無主名無意識的殺人團)'이라고 명명, 그 집단성에 주목하였다.

루쉰은 1918 『신청년』에 기고한 「나의 정조관(我之節烈觀)」에서 여성에게 일방적으로 정절을 요구해온 남성들이 얼마나 허황된 관념론에 사로잡혀 있는지를 조목조목 해부하고 있다. 어째서 부도덕한 여자가 나라를 망친단 말인가? "정부와 군계, 학계, 재계 속에는 전부 남자들이지 정조가 없는 여자는 한 명도 들어있지 않다." 부덕한 여자들이 아니라 남자들이 다 차지하고 있다는 것이다. 또한 그 부도덕이란 잣대도 얼마나 남성중심의 임의적인 것인가. 음양론에 근거한 여성폄하와 온갖 학설은 명백한 헛소리다. "음양(陰陽)이니 내외(內外)니 하는 설들이 황당한 논리라는 것은 이미 환하게 밝혀졌다." 음양의 법칙이 있다하여도 "양이 음 보다 존귀하고, 외가 내보다 숭고하다 라는 이치는 증명할 수가 없다." 오직 중국 같은 나라만이 "그처럼 기형적인 도덕을 만들어 낼 수 있으며, 그 정도도 날이 갈수록 가혹하고 잔인해지고 있다."[12]

그래서 루쉰은 여자들은 가련한 운명을 타고났다고 한탄한다. "여자는 남자의 소유물이므로 남편이 죽어도 다른 사람에게 재가하면 안되고, 그가 (남편이) 살아있으면 물론 (타인에게 ; 인용자) 빼앗길 수 없는 것", 즉 물건이다. 그 남편이 "정복당한 국민이 되어 보호할 힘도, 저항할 용기도 없어지면 하는 수 없이 이상한 묘안을 짜내어 여자들의 자살을 고취시킨다."[13] 열녀와 절개 표창 등이 그것이다. 그러므로 "옛날에는 여자로 사는

---

11) 「我之節烈觀」(1918. 8), 『坟』, 『魯迅全集』 제1권, 124쪽.
12) 「我之節烈觀」, 118, 120, 122쪽.

일은 아주 재수 없는 일이었다. 일거수 일투족이 모두 잘못이어서, 이래도 욕 저래도 욕을 하였다."[14] 루쉰은 여성이 남성중심 이데올로기 사회에서 집단적인 속죄양이었음을 간파하였다.

어느 사회든 그 사회의 도덕성이 건강하지 못하고 사회의 이중성과 폭력성이 강해지면 질수록 지배 이데올로기를 장악하고 있는 집단은 지배 질서의 유지와 지속을 위해 희생양 혹은 희생 집단을 필요로 한다. 모든 사회는 그 사회의 지배 이데올로기를 관철하기 위해 지배 이데올로기를 벗어나는 집단 및 개인을 희생양으로 삼는다. 이 때 전가의 보도처럼 사용되는 논리가 전통, 국수, 미풍양속, 관습 등등이다. 그러므로 루쉰의 여성해방 운동은 먼저 여성을 집단적 속죄양으로 희생시키는 남성의 폭력문화에 대한 비판에서 시작한다. "역사상 망국과 패가의 원인은 모두 여자에게 그 허물이 돌아간다. 얼렁뚱땅 대대로 온갖 죄를 뒤집어쓰고 지내온 지가 이미 삼천년이나 되었다. 남자들은 책임을 지지 않음은 물론, 반성도 할 줄 모른다."[15] "나는 지금까지, 왕소군이 흉노에게 시집을 가서 한나라를 안전하게 할 수 있었고, 목란이 출정을 하여서 수나라를 보호할 수 있었는지를 믿지 않는다. 달기가 은나라를 망하게 하였다든가, 서시가 오나라를 함정에 빠지게 하였다든가, 양귀비가 당나라를 문란하게 하였다든가 하는 그런 고리타분한 말도 믿지 않는다. 남권 사회 속에서 여인들은 결코 그런 커다란 힘을 가지지 못했을 것이다. 그러므로 흥망의 책임은 마땅이 남자의 몫이라고 생각한다. 그런데 지금까지 남성이란 작자들은 무릇 패망의 대 죄과를 여성의 몸에 떠밀고 있다. 정말 일푼의 가치도 없는 희망 없는 남자들인 것이다."[16]

1930년대 일본의 침략이 중국의 심장을 겨누는 급박한 정세에서 중국은 망국의 근원을 사회적으로 과학적으로 제대로 분석하지 못하고 있었다.

---

13) 「我之節烈觀」, 121쪽.
14) 「逃的辯護」(1933. 1), 『僞自由書』, 『魯迅全集』 제5권, 9쪽.
15) 「我之節烈觀」, 123쪽.
16) 「阿金」(1936, 2), 『且介亭雜文』, 『魯迅全集』 제6권, 201쪽.

단지 사회적 약자이면서 침묵의 다수였던 여성의 사치를 운운하면서 망국의 책임을 그들에게 전가하였다. 루쉰의 화살은 바로 이러한 남성 집단을 향한 것이었다. "국난(國難) 기간에는, 여성들도 특별히 수난을 당하는 듯하다. 여인들이 사치를 좋아하여 국산품을 좋아하지 않는다고 몇몇 정인군자(正人君子)들께서 질책하였다. 춤을 춘다든가 육감이라든가 하는 등등은 그저 모두 여성들과 관계가 있고 (그들만의) 죄상이 된다. 마치 남자들이 모두 고생스럽게 중 노릇하고, 여인들이 모두 수도원엘 들어가면, 비로소 국난이 타개될 수 있기라도 한 듯 말이다. 사실 그것은 여인의 죄상이 아니라 바로 그들의 가련함인 것이다. 이 사회제도는 그들을 몰아 각양각색의 노예로 만들고, 또 갖가지 죄명을 그들의 머리 위에 뒤집어씌우고자 한다." 루쉰은 "사치와 음탕은 사회가 붕괴되고 부패화한 현상의 하나일 뿐이지 그 원인은 결코 아니다."라고 분석하고 "문제는 매음의 사회적 근원에 있다"[17]고 하였다. 루쉰은 전통사회에서의 젠더 역할과 그에 따른 남근주의적 폐해에 대해, 남김없이 해부하고 비판하였는가 하면 이러한 문화의 사회적 근원을 살펴야 한다고 주장하였다.

이러한 남성문화의 이중성 및 비열함에 대한 루쉰의 비난은 때로 거의 야유의 수준이라고 할 수 있다. "절개를 잃는 일은 남녀 두 성이 있어야 가능한 것을 어찌 모르겠는가? 그런데도 남자는 책임을 여자에게만 뒤집어씌운다. 사람으로서 절개를 저버린 남자나 정조를 지키지 못하게 만든 폭도에 대해서는 대충대충 넘어간다."[18] "(남성들은 ; 인용자) 그녀에게 고등 계급의 놀이게 노릇을 하라고 요구한다. 그들은 …… 여인들이 사치하다고 욕하면서 점잖은 얼굴로 미풍양속을 유지하고자 한다. 그러나 한편으로는 몰래몰래 육감적인 넓적다리 문화를 즐기고 계신 것이다. …… 사고 파는 것은 쌍방적인 것. 여자를 사는 오입쟁이가 없다면 어디에 매음을 파는 창녀가 있을 수 있겠는가."[19] 그 야유는 예외 없이 공자에게로도

---

17) 「關于女人」(1933,6), 『南腔北調集』, 『魯迅全集』 제4권, 516쪽.
18) 「我之節烈觀」, 122쪽.
19) 「關于女人」, 『魯迅全集』 제4권, 516쪽.

향했다. “공자가 말하길 ‘오직 여자와 소인은 부양하기 어렵다. 가까이 하면 불손해지고 멀리하면 원망한다.’고 하였다. 여자를 소인과 한 부류로 취급하였다. 그런데 여기에 공자의 어머니도 포함시켰는지는 나도 잘 모르겠다. 후대의 도학 선생들께서는 어머니에 대해서는 표면적으로 어떻게든 깊이 존경하게 되었다. 그러나 그러했을지라도 어머니가 된 중국의 여성들은 여전히 자기 아들 이외의 모든 남성들로부터 경멸을 받아야 했다.”[20]

루쉰의 여성 해방에 대한 담론은 그러한 것을 가능케 하였던 전통 가부장 문화에 대한 비판인데 그 비판의 논조와 논리가 매우 정연하고 구체적이며 설득력이 있다는 점이다. 「나의 정조관」에서 중국 고대에서의 ‘절(節)’과 ‘열(烈)’의 역사적 연원을 살피고 그것이 어떻게 왜곡되어 갔는가를 설명한 후, 상식에 근거한 질문을 던지고 그 질문에 대해 하나하나 여러 각도에서의 답을 루쉰 스스로 제시해 가는 것이다. 그러한 설명의 과정에서 루쉰이 놓치지 않고 있는 것은 바로 여성 불평등이라는 문화 형성의 역사적 연원과 사회적 구조의 관계다. “사치와 음탕은 사회가 붕괴되고 부패화한 현상의 하나일 뿐이지 그 원인은 결코 아니다. 사유제 사회에서는, 원래 여인을 사유재산으로 삼기도 하고, 상품으로 삼기도 하여, 나라마다, 종교마다 아주 희기하고도 괴이한 조문들을 만들어내어, 여인을 무슨 재수 없는 동물로 간주, 그녀를 위협하여 노예처럼 복종하게 만든다.”[21] 이 글은 1933년 6월 「신보월간(申報月刊)」이란 잡지에 발표한 아주 짤막한 글이다. 여기서 루쉰은 여성 문제의 사회적 근원을 사유제라고 하는 사회제도와 연관하여 설명하고 있다. 이어서 같은 해 10월에 쓴 글에서는 “사회가 해방되어야(여성 ; 인용자) 자신도 해방된다”는 일관된 주장을 하고 있다.[22] 이는 시간과 공간을 달리하여 엥겔스나 레닌이 하였던, “어떤 사회에서도, 여성 해방의 정도는 보편적인 해방을 가늠하는 천연적인 척도다”[23] 라든가, “모든 해방운동의 경험에서 볼 때, 혁명의 성패는 여성이

---

20) 「關於婦女解放」(1933, 10), 『南腔北調集』, 『魯迅全集』 제4권, 597쪽.
21) 「關于女人」(1933,6), 『南腔北調集』, 『魯迅全集』 제4권, 516쪽.
22) 「關于婦女解放」(933,10), 『南腔北調集』, 『魯迅全集』 제4권, 598쪽.

해방운동에 참여하는 정도에 달려있다”[24]라고 한 주장들과 맥이 닿아 있는 것이라 하겠다.

Ⅲ. 여성의 각성과 경제권 문제

집단으로서의 남성주의를 부정하고 희생 집단으로서의 여성에 주목하였던 루쉰은 여성의 각성과 해방의 문제를 매우 구체적이고 현실적인 문제로부터 접근하였다. 서구 근대의 계몽주의 사상, 인도주의 사상이 초기 루쉰에게서 와서 ‘사람을 세우는 일(立人)’[25] 로 집약되었다고 한다면 ‘여성을 세우는 일’은 그 입인 사업의 절반이었다. 일찍이 루쉰은 1908년 「문화편향론(文化偏至論)」에서 “물질을 배격하고 정신을 드높이며, 개인을 신임하되 다수를 배척하겠다는(掊物質而張靈明, 任個人而排衆數)” 주장으로 당시 시속 時俗의 관념론적이고 명분론이 짙은 근대화론자들과 분명하게 획을 긋는다. 물질문명을 부정함과 동시에 개인에 주목하겠다는 것이다. 루쉰은 위 글에서 서구에서의 개인과 개인주의의 역사적 의의와 연원을 설명하면서 개인주의자를 이기주의자로 오해하는 당시 중국의 지식계를 비판한 바 있다. “개인이란 말이 중국에 들어온 지는 아직 3, 4년이 채 못 된다. 시사에 밝은 사람이라고 불리는 사람들이 사람을 매도할 때 쓰곤 하는데, 만약 개인주의자라는 딱지가 붙으면 그것은 민중의 적이라고 매도”하였다고 비판하였다. “사람들이 점차 인류의 존엄을 깨닫게 되었으며 자아를 알게 되어 개성의 가치 또한 충분히 인식하게

---

23) 「社會主義從空想到科學的發展」, 『馬克思恩格斯選集』 제3권, 인민출판사, 1972. 411-412쪽.

24) 「在全俄女工第一次代表大會上的演說」, 『列寧全集』 제28권, 인민출판사, 1956, 163쪽.

25) “그러므로 천지간에 생존하면서 세계열강과 경쟁하려면 가장 중요한 것은 사람을 세우는 일이다. 사람이 선후에야 어떤 일이라도 할 수 있다.” 「文化偏至論」, 『墳』, 『魯迅全集』 제1권, 57쪽.

되"었음에도 불구하고 "개개인의 특수성을 완전히 무시하고 구별하지 않을 뿐 아니라 그것을 멸하려"[26]까지 한다고 개인주의의 폐해에 대해서도 개탄하였다. 필자는 루쉰이 이와 같은 맥락에서 집단으로서의 여성이 아닌 개인으로서의 여성의 문제에 주목하였다고 본다. 루쉰이 무한한 애정과 연민의 시선으로 그려내고 있는 「애도(傷逝)」에서 각성한 '신여성' 쯔쥔(子君)이 "나는 나 자신의 것이에요. 그 분들, 아무도 내게 간섭할 권리가 없어요!"하고 당당하게 주장하는 모습을 반복 서사하고 있고, 쯔쥔의 그러한 "철저한 사상은 그녀의 뇌리에서 나보다 훨씬 투철하였고 훨씬 강인한 것이었다"라고 남자 화자의 입을 빌어 부연 설명하고 있다. [27] 가정의 전제와 구사상의 속박에서 벗어나려고 한 20년대 '노라'에게서 루쉰이 강조하고자 하는 것은 개인으로서의 각성이요, 개인으로서의 자각임을 은연중 드러낸 것이라고 할 수 있다. 물론 그것이 엄청난 싸움이 요구되는 문제였으며 소설 속에서 쯔쥔이 철저하게 실패하는 것으로 끝나는 것은 별도의 문제라 하겠다.

루쉰은 '집단'이 가지는 집단 무의식적 횡포와 살해, 우민성, 그리고 그것이 개인에게 가지는 면죄부로서의 기능, 도피처로서의 기능을 잘 알고 있었으며, 집단이 온갖 비겁성과 애매함의 근원임을 분명하게 인식하고 있었다. 그래서 역사와 수적 다수의 힘에 기댄 중국 전통의 남성 집단을 '이름도 없고 의식도 없는 살인집단'이라고 매도할 수 있었던 것이다. '입인'의 문제에서 개인에 주목한 것과 같은 맥락에서 '입녀(立女)'의 문제에 있어서도 루쉰은 개개인의 여성에 주목했고 이로 인해 그의 여성 해방 전략은 일상적이면서 현실적으로 해결해야할 문제들로부터 출발할 수 있었던 것이다.

루쉰은 여성의 경제권이 여성 해방에 있어 관건적인 문제임을 간파하였다. 앞서 말한 바와 같이 페미니즘이 학문적 의제 혹은 방법론적 세계관 이상의 것으로서 근본적으로는 여성을 억압으로부터 해방하고 여성에게

26) 「文化偏至論」, 『墳』, 『魯迅全集』 제1권, 46, 50쪽.
27) 「傷逝」, 『彷徨』, 『魯迅全集』 제2권, 112쪽.

권력을 부여할 방법 및 수단과 관련된, 실천적이고 정치적인 운동이라고 한다면, 루쉰이 주목했던 여성의 경제권과 이의 쟁취를 위한 '싸움론'은 첨예하고도 절박한 현실 문제였다고 할 수 있다.

1918년 「나의 절렬관」에서 여성 억압의 역사적 연원과 과정을 밝히면서 중국 유교 문화의 가부장제와 집단적 폭력으로서의 남성 문화를 비판하였던 루쉰은 1923년 12월 베이징여자고등사범학교에서 「노라는 집을 나간 후 어떻게 되었는가(娜拉走后怎樣)」라는 제목으로 한 강연에서는 구체적이고 현실적인 해결의 방안을 제시하고자 하였다. 『신청년(新青年)』 창간호부터 여성 운동을 옹호해온 천두슈(陳獨秀)는 1918년 입센의 「인형의 집」을 번역하여 이 잡지에 실었다. 이것은 당시 오사 5·4 신문화운동의 대중적 확산과 함께 큰 반향을 불러일으켰다. 집을 나간 노라, 집을 나가길 희망하는 수많은 노라들이 생겨났고 그들은 대개 루쉰의 제자들이기도 하였다. 이들에 대한 루쉰의 측은한 마음과 염려, 걱정의 염이 교직된 이 강연에서 그는 당시 중국의 노라에게는 오로지 세 가지의 길밖에 없다고 잘라 말하였다. "노라는 집을 나간 후 어떻게 되었는가?...... 사실 노라에게는 오로지 두 길밖에 없다. 타락하거나 아니면 돌아오는 것…… 또 하나의 길이 있으니, 굶어 죽는 것이다."[28] 굶어 죽거나 유곽에서 타락의 길을 가거나 남편이 있는 집으로 돌아가는 것이 그것이다. 남편이 있는 집, 혹은 결혼하지 않은 노라의 경우는 아버지가 있는 집, 아버지가 없는 경우는 오빠가 있는 집이다. 그리고 그 남편과 아버지와 오빠로 상정되는 남성의 집은 그녀를 가출 이전과 마찬가지로 대해 주지 않는다. 노라는 가문의 수치이며 전통 도덕률을 파괴한 이단자다. 그녀 스스로 자살하는 것만이 서로 서로가 명예를 지키는 유일한 길이라고 생각한다. 궤도 이탈자를 죽임으로써 궤도 위에 있는 사람들의 안전이 유지된다. 형태는 자살이지만, 사실은 집단의 이름으로 행해지는 살해다. 그러므로 집으로 돌아간다는 것은 가문에 의해 격리, 유폐되어 수용되거나 죽는 길 뿐이다. 「애도(傷

28) 「娜拉走后怎樣」, 『墳』, 『魯迅全集』 제1권, 159쪽.

逝)」에서 아버지의 집으로 돌아간 쯔쥔의 자살이 바로 그러하다. 그러므로 루쉰은 이 강연에서 "인생에서 가장 고통스러운 것은 꿈에서 깨어난 후 갈 길이 없는 것이"라고 한탄하기도 하였다. 이제 노라가 자립하여 살아갈 수 있는 유일한 방법은 돈뿐이라고 루쉰은 역설한다. "노라를 위해 생각해 보면 가장 중요한 것은 돈, 고상한 말로 하자면 경제다. 물론 자유는 돈으로 살 수 있는 것이 아니지만, 돈 때문에 팔아버릴 수가 있다. 인간에게는 큰 결함이 하나 있는데 그것은 자주 배가 고프다는 것이다. 이 결함을 보완하기 위해서, 남의 꼭두각시가 되지 않기 위해서, 목하 이 사회에서는 경제권이 가장 중요하다고 보아야 한다."29) 그러나 그 당시 사회적 노동시장이 여성에게는 거의 열려져 있지 않았으며, 있다고 하여도 매우 제한되어 있었음을 상기한다면 루쉰의 이런 충고는 사실 실현 불가능한 해결책으로 보여진다.30)

중국 최초의 여성 전사이면서 시대적 상징으로서의 '노라'였다고 할 수 있는 치우진(秋瑾)은 일찍이 여성의 자립과 관련하여 생계를 위한 기술 습득을 강조한 바 있다. "남자들의 속박을 벗어나려면 무엇보다 먼저 자립해야 한다. 자립하고자 한다면 공부하고 기술을 익혀야 하며 단결하지 않으면 안 된다. 일본에는 여학교가 나날이 발전하고 있어 모두가 저마다 일인 일기를 익혀 생계를 꾸려나갑니다."31) 루쉰이 노라의 경제권을 말하

29) 「娜拉走后怎樣」, 159, 161쪽.

30) 蘇童의 소설 『妻妾成群』(장이머우 감독의 영화로 우리나라에 「홍등」으로 방영)에서 1920년대 전문대를 중퇴하고 부유한 상인 집의 네 번째 첩으로 들어가는, 처음에는 매우 당당하게 스스로 선택한 삶인 듯이 보이지만 일 년도 안되어 그 속에서 미쳐버리는, 여주인공 頌蓮의 모습은 당시의 여성 자립의 허구성과 한계를 암시하고 있다. 얼굴 없는 주인공 남자와 그를 정점으로 한 四合院의 먹이사슬구조는 이름 없는 살인집단으로서의 전통 남성주의 문화를 극명하게 드러내고 있다.

31) 치우진은 혁명은 가정에서부터라고 주장하는 한편 자립을 고취하면서 기술과 경제력의 획득을 중시하였다. "여자도 마땅히 공부하여 자립을 구하지 않으면 안된다. 매사를 남자에게 의존해서는 안된다. 오늘날 젊은이들은 걸핏하면 '혁명, 혁명'한다. 그러나 나는 혁명이란 가정에서부터 시작해야 한다고 생각한다. 소위 남녀평등권도 그러하다." 「치우진여사를 회고함(記秋女俠遺事)」, 吳芝瑛, 『秋瑾集』, 上海古籍出版社, 1991. 193-194쪽. 그녀는 또 여성의 남성에의 의존이 얼

기 꼭 20년 전에, 치우진 역시 여성의 자립을 위한 경제적 토대의 중요성에 주목하였고 그 생계의 방법을 계몽하고 있었던 것이다. 1905년경 치우진의 위와 같은 계몽운동과 혁명이 시도되었고 1911년 신해혁명에 의해 근대적 입헌국가가 수립되었고, 1919년 오사 시기 광범위한 의식계몽운동이 있었음에도 불구하고 중국 사회는 크게 달라진 것이 없었던 것이다.

1923년 '노라 강연'에서 여성의 경제권을 강조하였던 루쉰은 10년 후인 1933년에도 다시 경제권을 강조한다. 신해혁명 이후 여성의 참정권을 위해 노력한 여성들이 있었고 여성에게 다양한 직업도 생겨났으나 루쉰이 보기에 그것은 "임금이 낮아서 여성노동자를 쓰거나 말을 잘 듣기 때문에 고용주들이 즐겨 고용하는 것, 그밖에는 단지 여자이기 때문에, 비록 '꽃'이라고 불리기도 하지만 한편으로는 '모든 접대는 여성이 합니다'라는 영광스러운 광고"에나 오르는 그런 정도였다. 이러한 것들을 당시 평단에서는 오사 5・4 여성 해방 운동의 성과라고들 하였다. 그러나 루쉰은 "우리가 아직도 항상 듣게 되는 것은 직업여성들의 고통스런 신음 소리와 신식 여성에 대한 평론가들의 조소다."라고 지적하였다. 루쉰은 "여자들이 규방에서 나와 사회로 나가면 사실은 또다시 많은 사람들에 의해 농담거리가 되었으며, 토론을 유발시키는 새로운 자료가 되었다. 이것은 그들이 사회로 나왔으나 여전히 다른 사람의 '부양(養)'에 의지해야 하기 때문인데, 다른 사람의 '부양'을 받으면 남의 잔소리도 들어야만 하고 심지어는 모욕도 당해야 한다…… '부양'과 '피부양'의 경계가 소멸되기 전에는 이러한 탄식과 고통이 영원히 사라지지 않을 것이다. 개혁이 이루어지지 않은 사회에서의 모든 새로운 꽃무늬들은 하나의 간판에 불과한 것이지 사실은 이전과 결코 달라진 것이 아니다." 그래서 그는 다시 경제권을 거론한다.

마나 허구적인 것인가를 주장 "여러분은 조국이 망해가고 있는 것을 잘 알 것입니다. 남자들이 자신도 보호하지 못하고 있는데 우리들은 아직도 그들에게 의지하려 하고 있습니까? 우리들이 분발하여 일어서지 않으면 안됩니다. 조국이 망하고 나면 이미 때는 늦습니다." 「2억 중국여성동포들에게 고함(敬告中國二萬萬女同胞)」, 『秋瑾集』 6쪽. 「청말의 여성운동가 ; 추근」, 유세종, 『여성이론』 창간호, 1998. 235-238쪽.

"모든 여자가 남자와 동등한 경제권을 얻지 못한다면 일체의 좋은 명분은 다 빈말이라고 생각한다. 물론, 생리적으로 심리적으로 남녀는 다름이 있는 것이다. 동성간에도 피차 다름이 있는 것은 어쩔 수 없다. 그러나 지위는 동등해야만 한다. 반드시 지위가 동등해진 연후에야 비로소 참 여성과 남성이 있게 되며, 비로소 탄식과 고통이 사라질 수 있는 것이다."[32] 사회개혁이 병행되지 않은 여성 해방은 허울뿐임을 거듭 주장하고 있다. 이는 지금의 페미니즘 시각에서 보아도 급진주의적 성격이 강한 여성 해방의 논리라고 하겠다.

Ⅳ. 여성 해방 '싸움론'

루쉰은 노라가 경제력을 갖기 위해서는 하나도 투쟁이요, 둘도 투쟁임을, 지리하고도 길고 참을성 있는 투쟁에 의해서만 획득될 수 있는 것임을 거듭 강조하고 있다. 1918년의 「나의 정조관」에서, 여성들을 불행하게 만드는 묘안을 만들어 "주장하는 것은 남자이고 당하는 것은 여자인데, 여자들 자신은 어찌하여 조금도 이의를 제기하지 않는가?"[33]라는 질문을 던졌던 루쉰은 1923년 '노라 강연'에서는 여성의 경제권과 이를 얻기 위해서는 어떻게 투쟁해야 하는가를 말하고 있다. "첫째, 먼저 가정에서 남녀간의 평균적인 분배가 이루어져야 한다. 둘째, 사회에서 남녀 서로 동등한 세력을 가져야 한다. 유감스럽게도 나는 이런 권리를 어떻게 획득하는지 잘 알지 못한다. 그저 싸워야 한다는 것만 알뿐이다. 혹시 참정권을 요구하는 것보다 더 치열한 싸움을 해야 할지도 모른다. 물론 경제권을 요구하는 것은 아주 평범한 일이다. 그러나 고상한 참정권을 요구하거나 거창한 여성 해방과 같은 일보다 더 번거롭고 어려울 지도 모른다. …… 집안에서 참정권을 요구해서는 큰 반대를 받지 않을 지도 모르나 경제의

---

32) 「關於婦女解放」, 『南腔北調集』, 『魯迅全集』 제4권, 597, 597, 598쪽.
33) 「我之節烈觀」, 122쪽.

균등한 분배에 대해 말했다가는 당장에 적을 만날 지도 모른다. 이리되면 치열한 싸움이 벌어지게 됨은 뻔한 이치다." 구체적이고 현실적인 것—작은 것—을 얻기 위한 싸움이 먼 미래의 이상세계나 꿈-큰 것-을 얻기 위한 싸움 보다 얼마나 더 어려운 것인가를, 그는 매우 위트 있게 설명하고 있다. 불쌍한 사람에게 한 벌 밖에 없는 솜저고리를 벗어주거나 아니면 인류 구원을 위하여 보리수 밑에 가 앉아 명상을 해야 한다면 자신은 주저없이 보리수 밑으로 가겠다는 것이 그것이다.

노라의 경제권 쟁취를 위한 싸움의 한 방법으로 루쉰은 '끈기(韌性)'를 주장한다. "세상에는 일종의 무뢰한 정신이란 것이 있는데, 그 요령은 바로 끈기다.…… 경제권을 요구하는 것도 이와 같아야 한다. 어떤 이가 그것은 너무 케케묵은 이야기라고 해도 경제권을 달라고 해야 하며, 너무 저속한 이야기라고 말해도 경제권을 달라고 해야 한다." "잠시 한 때만을 깜짝 놀라게 하는 희생은 정말 필요하지 않다. 그것은 묵묵하고 끈기있게 하는 싸움만 못하다."[34] '노라'들에게 제시하는 싸움의 목적과 방법이 구체적인 것, 목전에서 획득해야 하는 것들이다. 그러나 그러한 싸움이 당시 사회현실 속에서 얼마나 절망적일 정도로 어려운 것인가는 그가 반복하여 묵묵하고 '끈기'있는 싸움을 강조하는 것으로부터 짐작할 수 있는 것이다.

여성 해방에 대해 가졌던 루쉰의 역사적 절망감과 고충은 20년대 그의 단편소설들 속에서 뒤틀린 현실에 대한 풍자의 모습으로 희극화되기도 한다. 1920년, 혁명과 변발의 관계를 풍자한 소설「머리털 이야기(頭髮的故事)」에 나오는 대목이다. "지금 자네들, 이상주의자들은 어디서고 '여자도 머리를 잘라야 한다'느니 하고 떠들지만, 아무 소득도 없이 괴로움을 당하는 많은 사람들만 만들어낼 뿐이지 않은가? 지금 이미 머리털을 잘라 버린 여자는 그것 때문에 학교에 입학할 수도 없고, 학교에서 제적당하기도 하지 않는가? 개혁을 한다고? 무기는 어디에 있지? 일하면서 배운다고?

34)「娜拉走后怎樣」, 161, 162, 164쪽.

공장은 어디에 있어? 조용히 지내다 시집가서 며느리 노릇이나 하는 게 그래도 낫지 않나! 모든 것을 잊는 게 바로 행복일세. 만약 그녀들이 평등이니 자유니 하는 말들을 기억하고 있다면 평생동안 고통스러울 뿐이야.…… 아아, 조물주의 채찍이 중국의 등짝 위에 내려쳐지지 않는 한, 중국은 영원히 이런 식의 중국이지. 스스로는 결코 머리카락 한오라기조차 바꾸려 하지 않을 걸세."[35)]

여성교육에 대한 당시 의식수준의 우매함에 대한 풍자로는 이런 것이 있다. "전에 지우영감이 '여자애들에게 무슨 공부를 시키느냐?'면서 여자교육에 반대하였을 때, 그래도 난 지우 영감을 공격하였었는데, 지금 와서 보니 역시 나이 잡순 노인 말이 옳았어. 생각 좀 해 보라구. 여자가 어정어정 거리를 나다니는 것도 점잖게 볼 수 없는데, 게다가 머리를 짧게 자르기까지 한다는 거야. …… 천하를 소란하게 하는 것들이 바로 이 여학생들이니, 마땅히 엄하게 다스려야 해.……"[36)] "유신(維新)도 물론 좋으나 시작(詩作)은 양가의 규수에게는 마땅한 것이 아닙니다. 예주선자께서도 여자교육에는 별로 찬성치 않으십니다. 그것은 남녀의 구별을 혼란케 하는 것으로 천제(天帝)께서 좋아하지 않으신다고 여기십니다."[37)] 몇 안되지만 적극적인 싸움을 하는 여성상의 모습도 있다. "짐승 같은 아들놈은 젊은 과부와 눈이 맞아서 나를 싫다고 하니, 일이 그렇게 쉽게 될 수 있겠어요? '짐승 같은 아비'는 자식 놈의 편만 들면서 내가 필요 없으니 나가라는 거예요. 그렇게 마음대로요!" "아이꾸는 눈을 크게 뜨고 배의 천장을 바라다보고 있었다. 장차 어떻게 하면 녀석들의 집을 패가망신시키며, 어떻게 하면 '짐승 같은 아비'나 '짐승 같은 아들 놈'을 궁지에 몰아넣을까 하는 것을 생각하고 있는 모양이었다." "그렇게 되면 전 목숨을 걸고 해보겠습니다. 모두가 패가망신하겠지요." 「이혼」에 나오는 아이꾸(愛姑)의 모습이다.[38)]

---

35) 「頭髮的故事」(1920, 10), 『吶喊』, 『魯迅全集』 제1권, 464-465쪽.
36) 「肥皂」(1924,3), 『彷徨』, 『魯迅全集』 제2권, 47쪽.
37) 「高老夫子」(1925,5), 『彷徨』, 『魯迅全集』 제2권, 79쪽.

이러한 소설들의 배경이 되는 20년대 당시 중국의 한편에서는 물론 아주 소수의 여성이긴 하나, 사회적 권리와 지위를 획득하고 사회의 일원으로서 혁명에 참가한 때이기도 하였다. 1921년 상하이에서 중국공산당 제1차 전국대회가 개최되었고, 프랑스에서 유학하고 돌아온 샹징위(向警予)같은 여성은 1922년 당시 중국공산당 총서기로 있던 천두슈(陳獨秀)를 만나 6월 중앙위원으로 선출되었다. 그녀는 당의 여성부 부장에 임명되어 상하이 견직공장과 연초공장의 여성 노동자를 조직화하는 작업을 성공적으로 추진하고, 중국 최초로 집단적인 여성 노동자 운동을 주도하기도 한다.[39] 당시 현실에서 보기에 거의 불가능한 '싸움'을 '노라들'에게 충고해야 했던 루쉰의 고충과 연민은 바로 이러한 시기에 자리하고 있었던 것이다.

그는 또 여성이 "경제면에서 자유를 얻는다고 해서 인형이 아닙니까?"고 반문하고 "역시 인형입니다. 다만 남에게 조종당하는 일이 적어지고 자기가 조종할 수 있는 인형이 늘어날 수 있을 뿐"이라고 하였다. 현대 사회에서는 "남자와 남자, 여자와 여자가 서로서로 인형이 되며 남자도 종종 여자의 인형이 되는데 이것은 결코 몇몇의 여성이 경제권을 얻었다 하여 사라질 수 있는 것이 아니"라고 하였다. 아무튼 사람으로서 "이상세계의 도래를 굶으면서 조용히 기다릴 수는 없"고 "적어도 목숨은 부지해야 하"기 때문에 "마른 수레바퀴 자국에 빠진 붕어가 한 줌의 물을 절박하게 요구하면서 한편으로 다른 방도를 생각해야 하는 것처럼" 경제권을 위해 싸우는 길밖에 없음을 강조한다. 또한 자신의 이러한 "말들은 노라를 보통 인물로 간주하고 한 것"임을 밝히고 있다.[40] 그러니까 루쉰의 여성 해방을 위한 '싸움론'은 '평범한 노라'를 위한 것이었다. 1919년 가정의 개혁을 말하면서 "혁명을 아버지에게서도 일으켜보자"[41]고 하였던 루쉰은 요컨

---

38) 「離婚」, 『彷徨』, 145, 147, 150쪽.
39) 『천안문』, 157-158쪽.
40) 「娜拉走后怎樣」, 『魯迅全集』 제1권, 163쪽.
41) 루쉰의 가정 혁명에 관한 대표적인 글은 「我們現在怎樣做父親」(1919.11)이다. "내가 이 글을 쓰는 목적은 가정을 어떻게 개혁할 것인가를 연구하고 싶어서다.

대 여성 해방 역시 '평범한 노라'에게서 일어나야만 한다는 생각이다. 그것은 평범한 여성 하나 하나에게서 혁명이 되지 않으면 사회의 개혁도 불가하고 사회의 개혁 역시 '평범한 노라' 하나하나가 모두 해방되지 않고는 불가능하다는 루쉰 고유의 '혁명론'과 연관된다.

이 평범한 인물로서의 노라에 대한 '싸움론'을 그는 1930년대에도 일관되게 주장하였다. "진정한 해방이 있기 전에는 전투다. 그러나 나는 결코 여성이 남성과 마찬가지로 창을 들고 싸워야 한다거나, 자기 아이에게 한쪽 젖만 먹이고 남자에게 나머지 반쪽을 부담하라고 말하려는 것은 아니다. 목전의 일시적인 위치에 구차하게 안주하지 말고 사상과 경제 등을 해방하기 위해 부단하게 싸워야만 한다. 사회가 해방되어야 자신도 해방된다. 물론, 여성만이 가지고 있는 현존하는 질곡을 위해 투쟁하는 것 역시 여전히 필요한 것이다."42)

루쉰의 이러한 집요한 '싸움론'은 시대적 조건에서 오는 절망감에도 불구하고 존재론적인 '당위(當爲)' 문제였기 때문이기도 하지만, 여성 해방에 대한 도저한 희망을 저버리지 않았기 때문이기도 하다. "중국 여성은, 염세가들이 말하듯이 결코 구제할 수 없는 것이 아니며, 멀지 않은 장래에 빛나는 여명을 보게 될 것이라는"43) 희망이 있어서 가능했다. 그리고 그것은 인간에 대한 루쉰의 양심이자 예의였던 것이다.

…… 이제까지 신성 불가침이라고 생각해오던 부자간의 문제에 대하여 몇 가지 의견을 좀 개진하고 싶어서다. 요컨대, 혁명을 아버지에게서 일으켜보자는 것뿐이다." 『魯迅全集』 제1권, 129쪽. 중국 최초로 가정 혁명을 공공연하게 주장한 인물로는 치우진(秋瑾)이다. 그녀의 가정 혁명에 관한 자료는 유세종, 「청말의 여성운동가 ; 추근」, 『여성이론』 창간호, 1998. 참조.

42) 「關於婦女解放」, 『魯迅全集』 제4권, 598쪽.

43) 「傷逝」, 『彷徨』, 『魯迅全集』 제2권, 112쪽.

V. 창조, 복구, 복수의 주체로서 여성성

루쉰은 1922년 발표한 「하늘을 보수하다(補天)」에서 여신을 그리고 있다. 진흙으로 인간을 창조하는 여와, 기진할 정도로 피로한 상태에서도 계속되는 창조 노동을 하는 여와, 무너진 하늘을 땜질하기 위해 동분서주하고, 하늘을 다 수리한 후에는 기력이 탕진하여 숨을 거두는 여와의 모습을 그리고 있다. 신화를 재구성한 소설이긴 하나, 신화적 근거에 충실한 서술이라기보다는 픽션적 서사가 더 많은 부분을 차지하고 있는 것이 『옛이야기 새로 쓰기(故事新編)』임을 감안할 때, 여와의 형상은 루쉰이 찬미하고픈 인간의 형상 혹은 여성의 이미지라고 할 수 있다. 노동하고 생산하고 파손된 것을 수선하는 주체로서의 여성성 이미지다. 「하늘을 보수하다」에서 루쉰이 '여와' 형상을 통해 어떤 여성성을 예찬하고 있다고 본다면, 소설 말미에서 여와 신의 가랑이 아래에서 여와의 발가락을 찌르고 있는 봉건 유로의 모습은 루쉰이 그토록 혐오해마지 않던 당시의 위선적이고도 금욕적인 '정인군자(正人君子)'들이었다. 그가 여와에게 청산유수처럼 늘어놓는 말의 내용을 볼 때, 그 인물이 상징하고 있는 지점에 보수적인 남성 집단이 있음은 말할 나위가 없다. "벌거벗고 음탕함에 빠지는 것은 덕을 잃고 예를 무시하는 것이며, 도 度를 버리는 것이니 금수의 짓이라. 나라에 형벌이 있으니, 이에 금하노라."라고. 이에 대해 여와는 "눈을 흘겼다…… 그녀는 이제 이런 것들과 말해 보았자 이야기가 통하지 않을 게 분명한 것임을 알게 되었다. 그래서 그녀는 더 이상 입을 열지 않고" 하늘을 보수하는 일에 전념한다.44) 루쉰은 이 소설을 개작하면서 자신도 모르게 '익살'이 발동하여 이 옛 의관 입은 사내 형상을 첨가해 놓은 것이라고 하였고, 그것이 전체 서사구조를 훼손할 것임을 알고 있다고 스스로 토로한 바 있다.45) 그러나 꾀죄죄하고 왜소한 봉건적인 남성상

44) 「補天」, 『故事新編』, 『魯迅全集』 제2권, 352쪽.
45) 「序言」, 『故事新編』, 『魯迅全集』 제2권, 341쪽.

의 모습과 무너진 하늘을 보수하랴 땀을 흘리며 수고하는 거대한 여성상의 모습을 의도적으로 대립, 배치해 놓은 이 부분은 창조와 수리, 복구하는 주체로서의 여성성에 대한 루쉰의 애정과 찬사가 암암리에 빛을 발하는 지점이라고 볼 수 있다.

소설 「고사리를 캐다(采薇)」에서 백이와 숙제의 위선과 허구성을 가장 적나라하게 드러내주는 클라이맥스 부분에 여성이 배치된 점 역시 주목을 요한다. 주나라를 피해 수양산에 들어간 백이와 숙제가 주나라의 곡식을 먹지 않기 때문에 고사리만 먹고 있다는 말을 구경 온 마을 사람에게 하고 있는데, 스무살 가량의 아금(阿金)이라는 여자가 나온다. "그 여자는 매우 영리한 듯 벌써부터 알아들은 것 같았다. 그녀는 잠시 냉소를 짓더니 이내 정의롭고 늠름하게 잘라 말하였다. 당신들이 먹고있는 고사리는 우리 성상 폐하의 것이 아니란 말인가요?" 백이와 숙제가 죽고 난 후, 마을 사람들은 "아금은 정말 영리한 여자라며 탄복해 마지않았다. 그러나 일부에서는 그녀가 너무 야박하다고 비난하는 사람도 있었다."[46] 그녀의 영리한 그 한마디는 '선왕의 도'를 운운하면서 자신을 기만하고 있고 남을 기만하고 있는 인물들, 유교 사회에서 수 천년 동안 성인으로 추앙 받아온 인물들에게 강한 결정타의 역할을 하고 있다.[47] 이러한 내용은 역사적 사실과는 전혀 무관하게 루쉰의 작가적 상상력이 창조해낸 장면이다.

루쉰은 일찍이 1903년 일본에서 쓴 「스파르타의 난(斯巴達之魂)」에서 여성의 강인한 전사로서의 면모에 찬사를 보낸바 있었다. 페르시아와 스파르타의 전쟁에서 스파르타 군으로 참전한 남편이 살아 돌아오자 살아 돌아온 사람은 자신의 남편이 아니라고 하면서 스스로 자결함으로써 남편을 다시 전장으로 돌려보내는 한 용맹한 여인의 이야기다 "이 아름답고 젊은 부인이며 여장부여, 어찌 탄식한단 말인가? 탄식이 어찌 스파르타의 여자가 할 일이겠는가? 오직 스파르타의 여자만이 남아를 지배할 수 있고, 오직 스파르타의 여자만이 남아를 낳을 수 있다.…… 아 어찌 스파르타의

---

46) 「采薇」, 『故事新編』, 『魯迅全集』 제2권, 410, 411쪽.
47) 「『故事新編』解說」, 錢理群, 『走進當代的魯迅』, 北京大學出版社, 1999, 131쪽.

여자가 탄식을 알겠는가?" "만약 수치를 아신다면…… 어찌 그 칼로 싸우지 않나요? 어찌 그 칼로 적들의 목을 베지 않나요? 아아, 스파르타의 무덕(武德)이 식었군요! 첩은 남편을 욕되게 하였으니 청컨대 당신 곁에서 칼을 안고 죽겠나이다." 물론 이 글은, 러시아의 중국 땅(동북 3성) 편입 음모에 대한 당시의 일본 유학생들의 분노와 울분이 그대로 반영되어있고, 격정적인 구국 정서와 조국애, 남아로서의 자존과 수치심등이 여과 없이 드러난 글이다. 루쉰은 외국의 전설을 끌어다 외세에 대한 항전(抗俄)을 고취하고 비장한 무혼(武魂)을 찬양하고자 하였던 것이다. 그는 스파르타의 여인에 대해 "독자들은 그건 인정이 아니라고 의심하지 말아야 한다. 스파르타는 진실로 그러하였다."라고 부연한다.[48] 이는 그가 1907년 치우진의 처형 소식을 듣고 "그녀는 박수갈채에 떠밀려 죽었다"라고, 냉정하고도, 조소적으로 말하기 시작의 훨씬 이전의 일이다. 영웅과 낭만을 부정하고 민중과 현실에 주목하기 이전의 초기 루쉰 모습이지만, 스파르타 여인을 통해 드러내고 있는 여성의 용맹과 복수의 정신은 「하늘을 보수하다」에서의 여와가 주는 여성성, 즉 노동에 의한 창조와 파괴에 대한 복구의 이미지와 겹쳐지는 부분이기도 하다.

루쉰의 또, 소년기에 그에게 강한 영향을 미쳤던 여자 귀신에 대해 많은 애정을 기울 바 있다. 죽기 전에도 그 본래의 형상을 복원시켜보고자 하여 관련된 자료를 수집하고, 고증을 하고, 글을 남긴 '여조(女吊)' 귀신이 그것이다. '여조'는 사오싱 지방의 민간 희극에 나오는 목 메달아 죽은 여자 귀신으로서 복수의 화신이다. 루쉰에게는 여타의 다른 어떤 귀신보다 가장 아름답고 가장 강력한 힘을 지닌 귀신으로 어필하였다. 루쉰은 죽기 며칠 전에 이 여자 귀신에 대해 「여조」라는 글을 지어 그 형상을 재현해내고자 하였다.[49] 루쉰 평생의 문학적 화두이자 루쉰 문학의 핵심 주제 가운데 하나인 복수의 문제와 이에 등장하는 인물들이 지닌 여성 이미지를 어떻게 해석할 것인가의 문제는 별도의 연구가 필요하다. 그의 작품 속에 드러나

48) 「斯巴達之魂」(1903. 10), 『集外集』, 『魯迅全集』 제7권, 13, 14, 13쪽.
49) 「女吊」(1936. 10), 『且介亭雜文末編. 附集』, 『魯迅全集』 제6권, 614-621쪽.

는 복수의 인물 형상은 약자에 대한 대변인으로서의, 대리 싸움꾼으로서의 루쉰의 다른 면모이기도 하지만, 무한한 애정을 기울여 묘사한 약자와 원혼의 모습들에서 나타나는 여성 이미지는 단순한 피억압자의 모습, 한을 품은 자의 차원을 넘어서서 해원(解冤)의 가능성을 지닌 인물들로서 기능하고 있다.

Ⅵ. 맺는 말

루쉰이 그토록 희망하였던 여권 신장은 오랜 역사적 시간이 흐른 뒤에도 여전히 첨예한 사회문제의 하나로 남아있다. 루쉰이 1923년 강연에서 "유감스럽게도 중국은 변혁하기가 너무 어렵다. 책상을 하나 옮기거나 난로를 한번 고치려 해도 거의 피를 흘려야 할 정도다. 뿐만 아니라 설령 피를 흘렸다 해도 꼭 옮겨 놓을 수 있다거나 고칠 수 있다는 보장도 없다. 커다란 채찍이 등짝을 후려치기 전에는 중국은 결코 스스로 움직이려 하지 않을 것이다. 나는 이 채찍이 오고야 말거라고 생각한다. 그 채찍이 좋고 나쁘고는 별문제다. 어쨌든 내려쳐질 것이다. 그러나 그것이 어디에서 오며 어떻게 올지는 나로서도 정확히 알 수 없"다고 하였다.[50] 이 커다란 채찍이 무엇을 말하는 것인지는 불명하지만, 중국은 1921년 이후 오랜 시간의 내란과 수많은 희생을 치른 혁명의 과정을 겪었다. 그 채찍이 이 혁명을 예감한 것이라고 한다면, 혁명 이후 중국의 여권은 어떠하였는가? 물론 앞서 말했듯이, 중국에서의 양성 평등은 가장 선진적인 자본주의 국가를 포함한 세계 어느 나라보다도 앞 선 것으로 평가되어왔다. 특히 '인민공사' 시절의 여권 문제는 양성 평등의 구현이라는 측면에서는 매우 고무적이고 '실험적인 제도'가 아니었는지 연구할 과제로 남아 있다.

그러나 매 혁명의 단계마다, 사회적 변화의 부침에 따라 여성 문제는

50) 「娜拉走后怎樣」, 『魯迅全集』 제1권, 164쪽.

여전히 미제로 남아있다. 공산당은 1950년 혼인법을 제정하여 강요된 결혼의 경우 여성의 이혼을 합법화하였다. 혼인법은 남성들의 거센 반발을 불러일으켰지만 효율적으로 시행되었다. 혼인법이 제정된 그 해에만 1만 명에 달하는 여성이 이혼을 하였다고 한다. 또 "1948년에 기록된 여성 사망자 464명 중 이혼 분쟁을 벌이다가 자살하거나 가족 동반 자살을 한 경우가 40%를 차지한다"[51]고 한다. 이러한 통계는 당시 중국 여성들이 얼마나 절박한 상황에 처해 있었는지를 간접적으로 설명해 주고 있다. 이는 여성의 해방이 아직 미완의 과제로 중화인민공화국으로 넘어가고 있으며, 그리고 1980년대 신시기 이후로 이월되고 있으며, 21세기 이후로도 계속될 과제임을 암시하고 있는 것이다.

루쉰의 전통 해체 전략의 일환으로 진행된 여성 해방의 전략은 어떠한 이즘 이전의 인권 해방 운동, 그를 위한 전통 해체의 성격을 강하게 지닌다. 그것은 루쉰의 반전통이라는 전체 기획의 중요한 일부분이면서 국민성 비판, 민족성 비판을 통한 루쉰의 '사람을 세우는(立人)' 사업의 중요한 고리이기도 하였다. 여성의 인권 해방을 위한 루쉰의 전략은 먼저 남성주의에 대한 비판에서 시작하였고 이는 자연히 중국 고대의 유교적 가부장 문화에 대한 비판이 그 중심핵을 이룬다. 루쉰은 남성중심주의 문화가 지닌 집단적 폭력성에 주목하였을 뿐만 아니라 그것이 가져온 온갖 폐해와 위선, 비합리성에 대한 지적과 비판의 과정에서 그것의 사회적이고 역사적인 연원과 이유를 밝히는 데에 많은 필력을 할애하였다. 여성 해방을 위해서는 돈이 필요하다는 것, '부양'과 '피부양'의 경계가 소멸되기 전에는 진정한 여성 해방이 없을 것이라는 것, 사회 개혁이 이루어지지 않은 사회에서의 여성 해방은 이름 좋은 허울뿐이라는 것, 진정한 여성 해방이 이루어지기 위해서는 사유제가 폐지되어야 한다는 것 등의 주장은 그의 예리한 사회과학적 분석력의 일단을 보여주는 것이다.

물론 여성의 문제에 관해서는 루쉰 스스로 한계를 지니고 있다. 그 스스

51) 위의 책, 『천안문』, 341쪽, 420쪽 주 16번.

로 봉건 유습에 순응하여 결혼을 하였다는 한계가 그것이다. 또한 여성 운동을 대중운동 및 집단적 조직 운동으로 가져갈 생각을 아예 할 수 없었다든가, '입인' 및 '입녀'의 문제가 세계열강의 침략 속에서 생존하기 위한, 또는 근대국가로의 이행 국면에서 나오는 근대적 국민 국가와 애국주의를 그 배경으로 할 수밖에 없었다든가 하는 시대적 한계 역시 지적될 수 있을 것이다. 또한 근대적 삶의 생산 양식인 자본주의가 초래할, 노동에 대한 자본의 지배가 어떻게 다른 차원에서 여성을 억압할 것인지를 전혀 예측할 수 없었던 것 등도 한계로 지적될 수 있겠다. 다시 말해, 성에 대한 전통과 현대(서구)의 이중적 억압을 경험하지 못한 루쉰이 가지는 한계가 있을 수 있겠다.

그러나 이러한 한계에도 불구하고 사회에서의 완전한 양성 평등의 실현, 완전한 사회 개혁이 이루어지지 않고는 진정한 여성 해방은 없을 것이라는 주장을 하였다는 것—이는 물론 1930년대 이후에 발표한 글에서 주로 주장되는 것으로 맑시즘에 대한 공부가 그에게 이러한 인식을 가능하게 하였으리라 추측 가능— 등은 루쉰의 여성 해방 사상이 당시로서는 매우 시대를 앞지른 단계에 와 있었음을 보여주고 있다. 1850-1860년대 유럽에서 시작되었던 자유주의 페미니즘 운동이 재산권, 교육을 받을 권리, 직업을 가질 권리 등을 요구하였는데, 루쉰의 여성 해방 운동은 이 자유주의적 페미니즘의 단계를 넘어서서 급진적이고, 사회주의적인 페미니즘의 단계에까지 나간 사상적 단초를 보이고 있다고 하겠다.

루쉰은 그의 아내 될 여자인 주안(朱安)에게 두 가지를 요구하였다. 전족을 풀을 것, 학교에 들어가 글자를 배울 것이 그것이다.[52] 전족을 푼다는 것이 인간성을 억압하는 과거와의 단절을 의미하고, 배운다는 행위가 현재 삶에 대한 성찰과 미래에 대한 전망의 모색을 의미한다면, 여성 해방과 관련하여 우리 사회와 현 중국 사회는, 이 요구로부터 완전히 자유로울 수 있는가 자문해 본다.

---

52) 王曉明, 『無法直面的人生. 魯迅傳』, 上海文藝出版社, 1993. 34-35쪽.

參考文獻

『魯迅全集』1-16권, 北京 人民出版社, 1981.
『馬克思恩格斯選集』 3권, 北京 人民出版社, 1972.
『列寧全集』 28권, 北京 人民出版社, 1956.
錢理群, 『走進當代的魯迅』, 北京大學出版社, 1999.
王曉明, 『無法直面的人生. 魯迅傳』, 上海文藝出版社, 1993.
조나단 D.스펜서, 정영무 옮김, 『천안문』, 서울 이산, 1999.
김용준 외, 『문명 그리고 화두』, 서울 열린사회아카데미, 1998.
마크 블레처 지음, 전병곤 외 옮김, 『반조류의 중국』, 서울 돌베개, 2001.
로즈마리 통 지음, 이소영 옮김, 『페미니즘 사상-종합론적 접근』, 서울 한신문화사, 1995.
캐롤린 라마자노글루 저, 김정성 옮김, 『페미니즘, 무엇이 문제인가』, 서울 문예출판사, 1997.
존 스토리, 박모 옮김, 『문화연구와 문화이론』, 서울 현실문화연구, 1994.
태혜숙, 『탈식민주의와 페미니즘』, 서울 도서출판 여이연, 2001.
『여 / 성이론』 창간호, 도서출판 여이연, 1998.

(출처 : 서울 『中國語文論譯叢刊』 8집. 2001)

영웅과 반역자 사이

- 구추백 전기 -

李貞嬌*

瞿秋白이 옥중에서 남긴 『多餘的話』는 세상에 알려진 후 '不知我者'에 의해 반공 자백서로 몰리고, '知我者'의 탈권음모의 수단이 되어 말년에 자수변절한 '반역자'라는 억울한 누명을 썼다.[1)] 이처럼 自傳 『多餘的話』는 瞿秋白 사후 역사 평가에 지대한 영향을 끼쳤다.

그런데 한 가지 아이러니한 것은 瞿秋白 전기를 쓴 전기 작가들의 寫作動機를 살펴보면 대부분 문혁기에 "討瞿"를 목적으로 편집된 선전 자료와 함께 배포된 自傳 『多餘的話』를 읽고 깊은 감동을 받아서라는 것이다. "討瞿"운동은 결국 사람들 가슴속에 감동의 씨앗을 뿌렸고, 1978년 12월 中共 11기 3중 전회 이후 瞿秋白의 명예가 회복되면서 그 감동은 傳記라는 열매로 세상에 다시 태어났다. 즉 다시 말해서 瞿秋白 관련 수많은 전기의 탄생은 결국 瞿秋白의 自傳에서 기인했다는 것이다.

瞿秋白 전기의 다량 출현은 20세기 전기문학의 전반적인 발전경향과도

---

* 한국외대 중국어과 강사

1) 瞿秋白은 그의 自傳 첫 머리에 『詩經·王風·黍離』의 兩句詩를 인용했다. "知我者, 謂我心憂 ; 不知我者, 謂我何求.(나를 아는 자는 내 마음이 근심스럽다고 말하고, 나를 모르는 자는 내가 뭔가를 추구하고 있다고 말한다)" 瞿秋白, 多餘的話, 瞿秋白文集 政治理論篇(7), 人民出版社, 1991, p.694

커다란 관계가 있다. 梁啓超, 胡適, 郁達夫, 郭沫若에서 비롯된 20세기 傳記文學은 그 동안 20세기 文學史에서 그 가치를 제대로 인정받지 못하고 아예 언급되지 않거나 아주 소홀히 다루어왔다. 그러나 文革의 종결을 선언한 중공 11기 3중 전회 이후 사상의 질곡에서 해방되면서 傳記 창작이 쏟아지기 시작했고 90년대에는 '傳記熱' 현상[2]까지 나타났다. 이러한 창작 열기와 더불어 傳記文學理論 연구도 활기를 띠기 시작했고, 20세기 文學史에서의 傳記文學의 중요성도 인식되기 시작했다. 21세기에 접어들면서 중국은 "傳記文學과 素質教育"이라는 슬로건 아래 傳記 창작과 연구는 전례에 없이 고무되어 "21세기는 傳記文學의 세기가 될 것"[3]이라는 주장까지 나오고 있다.

領袖 전기로 분류되는 瞿秋白 전기를 살펴보면, 毛澤東이나 魯迅에 비할 수는 없지만 그의 특수한 역사적 운명과 신분 때문에 그에 관한 전기 또한 적지 않음을 알 수 있다. 특히 중공 11기 3중 전회 이후 그의 명예가 회복됨에 따라 그에 대한 연구가 활발해졌고, 다양한 시각으로 그를 재조명하려는 움직임이 거세게 일어나면서 그에 관한 다양한 형식의 전기가 대량 출현하였다. 광의의 瞿秋白 전기까지 포함하면 엄청나겠지만, 본 연구 주제에 제한하여 엄선한 연구 대상은 1999년까지는 24편(自傳 포함)이고, 瞿秋白 순국 70주년인 2005년까지 출간된 전기를 포함하면 33편이다.

瞿秋白이 1935년 옥중에서 自傳『多餘的話』를 남기고 세상을 떠난 후 瞿秋白 他傳[4]은 대체적으로 追慕性 略傳에서, 回顧性 小傳, 그리고 全面性

---

2) 중공 11기 3중 전회가 문혁의 종결을 알리자 각종 문예는 날로 사상의 질곡에서 벗어났고 20세기 80년대 중반 꽃피기 시작한 전기 창작 붐이 90년대 후반까지 계속 이어지자 전기 연구자들은 이를 90년대 '傳記熱' 현상이라고 부르게 되었다.(戴光中, 論中國現當代傳記文學發展軌迹, 中國現代文學研究叢刊, 2000年 03期 참조)

3) 曾曉夢·張新科 整理, 第八屆中外傳記文學學術研討會綜述, 文學評論, 2004年 02期, p.177

4) 他傳은 自傳에 대비되는 전기문학 용어로, 自傳이 傳主가 그 자신을 위해 쓴 전기를 말한다면, 他傳은 다른 사람이 자신을 위해 쓴 전기를 가리킨다. 본 고에서 사용하고 있는 他傳이란 용어는 김용덕의『전기문학의 이해』(역락출판사, 2006)를 참조함.

傳記와 테마성 傳記로 발전하였다. 瞿秋白 傳記 역사를 4단계[5]로 나누어 볼 수 있는데, 제1단계는 追慕性 略傳 시기(1936년~1949년), 제2단계는 回顧性 小傳 시기(1950년~1985년), 제3단계는 全面性 傳記 시기(1986년~1999년), 제4단계는 테마성 傳記 시기(2000년~2005년)이다.

瞿秋白 他傳은 사실 그 수량에 비해서 내용상 차별화된 뚜렷한 특징을 가지고 있지 않다. 그러나 형식상의 뚜렷한 특징에 따라 학술연구형 전기[6], 문학장르형 전기, [7] 예술장르형 전기[8]로 나누어 볼 수 있다. 시기에 관계없이 32편의 他傳을 유형별 특징에 따라 분류하면 학술연구형 전기가 14편으로 가장 많고, 문학장르형 전기가 10편, 예술장르형 전기가 8편이다.

따라서 본 고에서는 1936년에서 2005년 사이에 출간된 32편의 瞿秋白 他傳을 대상으로 4시기로 나누어 瞿秋白 傳記의 발전경향을 분석하고, 아울러 유형별로 학술장르형 전기, 문학장르형 전기, 예술장르형 전기로 구분하여 그 특징을 고찰하고자 한다. 이와 동시에 瞿秋白 전기 작가들의 立傳 동기와 목적을 살피고자 한다.

Ⅰ. 追慕性 略傳 시기(1936년~1949년)

이 시기의 瞿秋白 전기는 대부분 追慕性 略傳에 속한다. 瞿秋白 사후에 대량으로 출현한 追悼性, 記念性 문장은 이 시기의 가장 큰 특징이다.

1935년 9월 1일 左聯 기관지『文藝群衆』창간호에 발표된「悼瞿秋白同志」를 시작으로 이 시기에 출현한 楊之華[9]의「瞿秋白同志傳」, 南田의

---

5) 본 고에서의 瞿秋白 傳記發展史의 시기구분은 葉楠과 奕彤의 견해를 참고했음. (葉楠・奕彤, 瞿秋白傳著歷史回顧與展望, 湖北行政學院學報, 2004年 第6期)

6) '학술연구형 전기'란 학술연구의 형태로 傳主의 생애를 평론한 전기를 의미한다.

7) '문학장르형 전기'란 시나 산문 및 소설 형식으로 傳主의 생애를 묘사한 전기를 의미한다.

8) '예술장르형 전기'란 TV 영상 매체나 라디오 드라마 및 사진이나 그림 등의 형식으로 傳主의 생애를 묘사한 전기를 의미한다.

9) 楊之華(1900~1973)는 瞿秋白의 두 번째 부인이다. 1921년 1월에 沈定一의 아

「瞿秋白先生略傳」, 孔另境의 「記瞿秋白」, 謝澹如의 「瞿秋白最後的話」, 일본학자 進士 楨一郎의 「瞿秋白傳」, 溫濟澤의 「瞿秋白同志革命鬪爭史略」 등은 모두 생평을 간략하게 소개한 追慕性 略傳에 속한다. 이것들은 대부분 아주 소략한 단편으로 본 고의 분석 범위에서 제외시켰다.

Ⅱ. 回顧性 小傳 시기(1950년~1985년)

이 시기의 瞿秋白 전기는 傳主를 회고하거나 간략하게 생평을 소개한 回顧性 小傳이 대세를 이루었다. 이 시기의 전기는 모두 7편으로 학술연구형이 4편, 문학장르형이 2편, 예술장르형이 1편이다. 4편의 학술연구형 전기 중 3편은 中外 전기에 속하고 1985년에 王士菁이 쓴 『瞿秋白傳』만이 중국 대륙판이다. 이 시기의 瞿秋白 전기의 특징을 연대순으로 나타내면 다음 도표와 같다.

들 沈劍龍과 결혼하고, 1922년에 蕭山에서 중국 사회주의 청년당에 가입했다. 1924년 1월에 上海大學 사회학과에 합격했다. 1924년 6월에 瞿秋白과 向警予의 소개로 중국공산당에 입당하고 11월에 沈劍龍과 이혼하고 瞿秋白과 결혼했다. 1925년 중공 제4차 전국대표대회에서 中央婦女部 위원에 피선되었고, 上海 방직공장 파업과 5.30운동 및 上海 노동자의 3차 무장봉기에 참여했다. 4.12정변 후 武漢에서 중공 제5차 전국대표대회에서 중앙위원에 피선되었고 中央婦女部 부장직을 맡게 되었다. 1930년에 中共中央 婦女委 위원직을 맡았고 中華全國總工會 女工部에서 일을 하다가 후에 上海 中央局組織部 비서를 지냈다. 1935년 8월에 소련으로 가서 코민테른 제7차 대표대회에 참가하고 國際紅色救濟會 상무위원직을 맡았다. 1941년에 딸 瞿獨伊 등과 귀국하다가 新疆에서 체포되었다. 항전승리 후 석방되어 延安에 도착했다. 1949년 신중국 성립 후 全國婦聯 당조직 구성원, 國際部 부장, 全國總工會 당조직 구성원, 女工部 부장 등을 역임했다. 중공 8기 10중 전회에서 중앙감찰위원회 위원, 후보 상무위원에 당선되었다. 문혁 때 瞿秋白 사건에 연루되어 옥살이를 하다가 1973년 10월 20일에 세상을 떠났다. 1977년 7월에 명예가 회복되었다. 저서로는 『婦女運動概論』 등이 있다. (陳福康・丁言模, 楊之華評傳, 上海社會科學出版社, 2005 참조)

〈표 1〉 回顧性 小傳 시기(7편) : (1950~1985)

전기 특징	작가명	작품명	출판년도	비고
학술연구형	司馬璐	瞿秋白傳	1962	홍콩
문학장르형	楊之華	回憶秋白 (집필시기 59~62년)	1984	산문전기
학술연구형	姜新立	瞿秋白的悲劇	1978	대만
학술연구형	皮科威玆	書生政治家-瞿秋白曲折的人生	1981	미국
문학장르형	憶秋白編輯小組(編)	憶秋白	1981	산문전기
예술장르형	貴州省話劇團演出	魯迅與瞿秋白-戱劇連環畵	1982	連環畵
학술연구형	王士菁	瞿秋白傳	1985	

이 시기를 대표하는 전기인 『回憶秋白』과 『憶秋白』을 논하기 전에, 50년대 초반에 楊之華가 쓴 回顧性 생평 전기 「一個共産黨人-瞿秋白」에 대하여 간략하게 살펴보자.

1953年 『黨史資料』 第1期에 게재된 楊之華의 「一個共産黨人-瞿秋白」은 이전 시기의 追慕性 略傳에 비해 편폭이 상대적으로 긴 50쪽 분량의 전기로 瞿秋白의 출생에서 희생에 이르기까지 瞿秋白의 전 생애를 14가지 주제[10]로 구분하여 시대순으로 서술했는데, 『多餘的話』에 대해서는 전혀 언급하지 않았다.[11] 楊之華의 「一個共産黨人-瞿秋白」은 문혁기에 瞿秋白을 떠받들고 毛澤東을 폄하한 빌미가 되어 엄청난 비판을 받았다.

中共中央의 공식적인 瞿秋白의 생평에 관한 보고는 瞿秋白 순국 20주년

10) 1.秋白의 가정 2.조국을 열렬히 사랑하다 3.李守常 동지가 이끄는 사회주의 연구소조에 가입하다 4.중국을 구원하는 데 뜻을 세우다 5.진리를 추구하다. 6.공산당이 없으면 진리도 없다. 7.공산주의를 적극적으로 선전하다 8.秋白과 기회주의의 투쟁 9.秋白의 자아비판 정신 10.秋白과 노동자 11.秋白과 농민 12.秋白과 문예 13.진리에 반하는 사람이 진리를 위해 투쟁하는 사람을 심판할 자격은 없다 14.나의 역사를 찢지 마시오!(1981년 人民文學出版社에서 출간한 『憶秋白』 pp.9~62에 수록되어 있다)

11) 그 후에 쓴 「憶秋白」이라는 글에서는 瞿秋白이 옥중에서 『多餘的話』 라는 문장을 쓴 적이 있다고 언급했다.(楊之華, 憶秋白, 憶秋白, 人民文學出版社, 1981, p.227 참고)

인 1955년 6월 18일에 北京 八寶山 혁명열사 공동묘지에서 거행된 瞿秋白 유골 안장의식에서 陸定一이 당 중앙을 대표하여 발표한 것이 처음이다. 이 간략한 생평보고는 瞿秋白 비문에 새겨져 있는 내용과 동일하다.

이 시기를 대표하는 비교적 완정한 체계를 갖춘 최초의 回顧性 산문 전기가 출현했는데, 그것이 바로 楊之華의 『回憶秋白』이다. 楊之華는 이 전기를 쓸 때 당조직의 대대적인 지지를 받았었다. 1959년에 중앙 조직부가 洪久成을 파견하여 楊之華를 돕도록 지시했고, 1959~1962년 3년에 걸쳐 마침내 초고가 완성되었지만 안타깝게도 시대적인 제약으로 楊之華가 세상을 떠난 뒤인 1984년에야 비로소 출간되었다. 楊之華의 『回憶秋白』은 총 171쪽, 후기를 제외하고 모두 13장[12]으로 구성된 瞿秋白傳記史上 전기로서의 형식을 갖춘 최초의 작품이라고 할 수 있겠다.

瞿秋白의 혁명동지이자 인생의 반려자였던 楊之華는 瞿秋白을 그 누구보다도 가까이서 지켜본 산 증인으로 回顧性 전기를 쓰기엔 더할 나위 없이 좋은 조건을 구비하고 있었다. 『回憶秋白』은 비록 回顧性 전기이지만 결코 단순히 과거의 기억을 따라 회상하는 방식으로 쓰인 글은 아니다. 楊之華는 瞿秋白이 희생된 후 틈틈이 瞿秋白 생전에 함께 했던 연로한 동지들을 만나서 취재를 하고, 각지의 기념관 및 도서관을 찾아다니며 갖가지 방법으로 瞿秋白의 遺著와 관련 자료들을 수집 정리하면서 回顧性, 記念性 문장들을 꾸준히 써왔다. 이 전기는 바로 그녀의 다년간의 회고와 축적된 자료의 토대 위에 瞿秋白 본인의 저작을 참조하여 쓴 글이다.

『回憶秋白』은 비록 학술연구형 전기가 아닌 문학장르형 回顧性 산문이지만 楊之華가 전기 집필에 쏟은 남다른 노력 때문에 학술 저서 못지않은 영향력을 지니고 있다. 80년대 중반부터 쏟아져 나온 대부분의 瞿秋白 專著는 이 전기를 參考文獻으로 삼고 있다.

12) 1. 용광로, 2. 탐색, 3. 봄 제비, 4. 열혈, 5. 숙적, 6. 폭풍, 7. 시금석, 8. 關頭, 9. 시련, 10. 문화전사, 11. 혁명 우의, 12. "고향", 13. 불굴

> 之華 동지의 이 遺著는 비교적 체계적으로 瞿秋白 동지의 생평사적을 기술했는데, 그 가운데 1927년 당의 '五大'에서 '8.7' 회의까지 이 기간 秋白 동지가 陳獨秀의 우경 투항주의적 오류에 반대하여 전개한 힘겨운 투쟁과 30년대 초 그가 上海에서 魯迅 선생과 함께 영도한 좌익문화운동 방면의 중요한 공헌을 집중적으로 회고하였다. 이는 우리가 당사와 혁명사 및 현대문화사상사를 연구하는데 모두 중요한 참고 가치를 지니고 있다.13)

楊之華의 瞿秋白 전기는 이처럼 黨史와 革命史 그리고 思想史에서 주요한 參考文獻的 가치를 지닐 뿐만 아니라 문혁 후 왜곡된 瞿秋白 형상을 바로잡는 데에도 커다란 역할을 했다.

그리고 瞿秋白의 지인들이 瞿秋白을 회고한 단편 산문을 모아 엮은 1981년 人民文學出版社에서 출간한 『憶秋白』은 비록 학술연구형 전기가 아니지만 가장 직접적이고 권위적인 자료로 瞿秋白을 연구할 때 1차 자료에 속한다. 楊之華의 『回憶秋白』은 객관성을 담보해야 하는 학술적 측면에서 보면, 楊之華 개인의 주관적 감정의 개입이라는 혐의에서 자유로울 수 없는 반면, 『憶秋白』 속의 단편 문장들은 같은 유형의 回顧性 산문이지만 제3자의 시각이라는 객관성을 담보하고 있기 때문에 훨씬 더 參考文獻적 가치를 지닌다고 할 수 있다.

『憶秋白』은 주로 瞿秋白과 함께 전투를 한 경험이 있는 혁명 동지들이 쓴 많은 회고 문장들 중 한 사람에 한 편씩만 선별했다. 단 瞿秋白의 전우이자 부인인 楊之華가 쓴 문장은 「一個共産黨人-瞿秋白」과 「憶秋白」두 편을 선록하고, '憶秋白'을 서명으로 삼았다. 그리고 瞿秋白에 관한 내용이 포함되어 있는 魯迅의 서신 문장14) 또한 함께 수록했다.15) 따라서 『憶秋白』에

---

13) "之華同志這部遺著, 比較系統地記述了瞿秋白同志的生平事迹, 其中着重回顧了一九二七年黨的'五大'到'八七'會議期間, 秋白同志爲反對陳獨秀右傾投降主義錯誤所作的艱巨鬪爭, 以及三十年代初, 他在上海和魯迅先生一起領導左翼文化運動方面的重要貢獻, 這對於我們硏究黨史·革命史和現代文化思想史, 都有重要的參考價値." 楊之華, 回憶秋白, 人民出版社, 1984, p.170

14) 朱正輯注, 魯迅著作中的瞿秋白史料, 憶秋白, 人民文學出版社, 1981, pp.289~312 참조

15) 앞의 책, p.362(編後記)

는 모두 34명,[16] 35편의 回顧性 산문이 수록되어 있고, 서문은 陸定一에 의해 쓰여졌다. 周揚, 鄭振鐸, 王統照, 葉聖陶, 丁玲, 茅盾, 曹靖華, 蕭三, 周建人, 郭沫若, 馮雪峰, 許廣平, 夏衍, 鄭伯奇 등 현대문학의 거장들이 대거 瞿秋白을 회고하는 문장을 쓰는 데 참여했다. 이 책의 편집후기에서 편집 출간의 의의를 다음과 같이 밝히고 있다.

> 瞿秋白 열사의 혁명활동과 생평사적에 관한 자료를 수집 정리하는 것은 중국 공산당 당사와 중국현대문학사와 문예운동사의 연구에 대하여 모두 중요한 가치를 지니고 있다. 지난 몇 년간 瞿秋白 열사를 회고하는 많은 문장들이 발표되었지만 아직까지 책으로 편집 출간되지는 못했다. 瞿秋白 열사를 기념하고, 그의 숭고한 品德을 배우기 위하여 우리는 특별히『憶秋白』이 책을 편집하였다.[17]

『憶秋白』의 출간은 이처럼 역사 자료로서의 귀중한 가치를 지닐 뿐만 아니라 혁명을 경험하지 않은 젊은 세대들로 하여금 기성세대들이 사회주의를 건설하기 위하여 어떻게 고군분투해왔는지 그리고 앞으로 사회주의 현대화 건설을 위해 어떻게 헌신해야 할지를 인식하게 하는 데도 커다란 의의를 지니고 있었다. 이 시기를 대표하는 이 두 편의 回顧性 전기는 아직 학술연구형 전기가 출현하지 않은 상태에서 그 역할을 대신하는 瞿秋白 연구의 근간이 되었다.

이 시기의 학술연구형 전기는 모두 4편인데, 그 중 3편은 외국에서 출간된 것들이고 王士菁이 쓴『瞿秋白傳』만이 중국 대륙판이다. 1948년에 최초로 완정한 魯迅 전기를 쓴 王士菁[18]은 1985년 5월에 四川人民出版

---

16) 陸定一, 周揚, 楊之華(瞿秋白의 부인), 羊牧之, 瞿鐵群(瞿秋白의 여동생), 沈潁, 鄭振鐸, 王統照, 葉聖陶, 胡愈之, 丁玲, 茅盾, 曹靖華, 蕭三, 周建人, 瞿獨伊(瞿秋白의 딸), 李霽野, 李維漢, 郭沫若, 吳玉章, 馬輝之, 馮雪峰, 許廣平, 史平, 夏衍, 鄭伯奇, 徐特立, 李伯釗, 趙品三, 莊東曉, 石聯星, 劉英, 溫仰春 등이다. 그리고 '魯迅著作中的瞿秋白史料'가 포함되어 있다.

17) "搜集和整理有關瞿秋白烈士的革命活動・生平事迹的材料, 對中國共産黨黨史・中國現代文學史和文藝運動史的研究都有重要的價值. 歷年來發表了不少回憶瞿秋白烈士的文章, 可是這些文章從未編輯成冊. 爲了紀念瞿秋白烈士, 學習他的崇高的品德, 我們特地編輯了這本『憶秋白』." 앞의 책, p.362(編後記)

社에서 학술연구형 傳記로서의 면모를 제대로 갖춘 최초의 瞿秋白 全面性 傳記를 출간했다. 王士菁의 『瞿秋白傳』은 첫머리의 「陸定一同志關於瞿秋白同志生平的報告」와 引言 그리고 結束語와 後記를 제외하고 모두 6章[19]으로 구성되어 있다.

王士菁은 1948년에 『魯迅傳』을 쓸 때 이미 瞿秋白에 관심을 가지기 시작했다. 그리고 그는 1951~1953년에 『瞿秋白文集』 자료 수집과 부분 편집 및 註釋 작업에 참여했고, 1980년에는 또 『瞿秋白文集』의 재편집과 출판 작업에 참여하게 되었다. 그는 이 두 차례의 『瞿秋白文集』 편집 과정에 참여하면서 瞿秋白의 手稿를 탐독하게 되었고, 馮雪峰, 許廣平, 謝澹如 등이 瞿秋白과 접촉하는 가운데 나누었던 이야기들을 통하여 瞿秋白의 생동적인 형상을 파악하게 되었다. 이러한 유리한 조건으로 그는 楊之華의 回顧性 산문 전기 『回憶秋白』과는 달리 상대적으로 완정한 史書 전기 『瞿秋白傳』을 창작할 수 있었다.

王士菁은 『瞿秋白傳』 '結束語'에서 瞿秋白은 생전사후 두 차례에 걸쳐 사실무근의 모함을 받았지만, 그 가해자들은 결국 역사의 냉정한 심판을 받게 되었다고 지적했다.

> 과거에 국민당 반동파와 그 어용문인들은 절개를 굳게 지킨 이 공산당원에 대하여 그가 체포되어 희생된 후 각종 무고한 말을 꾸며내어 모함과 비방을 일삼았다. 10년 동란기간에 林彪와 "4인방" 그리고 康生 일당들은 반혁명의 목적에서 출발하여 혁명 선열에 대한 뼈에 사무치는 원한을 품고 또 다시 그에게 근거 없이 날조된 각종 죄명을 덧붙였다. 그들은 瞿秋白 동지의 묘지를 파서 평지로 만들어버렸고 묘비는 박살내버렸다. 그들은 瞿秋白의 『文集』을 소각하고, 심지어 『文集』을 인쇄 제작할 때 사용한 조판[紙型] 또한 불태워 없앴다. 그들은 전문적인 서적과 신문을 출간하여 각종 사실무근의 황당무계한 거짓말과 모함을 날조하였다. 그러나 역사의 변증법은 냉

18) 張夢陽, 魯迅傳記寫作的歷史回顧(一), 魯迅研究月刊, 2000年 第三期, p.64

19) 제1장 햇빛이 없는 곳에서 태어나다, 제2장 한 줄기 빛이 있는 길을 찾아서, 제3장, 北京에서 모스크바로, 제4장 정치전선과 사상전선에서의 투쟁, 제5장 문예전선에서의 투쟁, 제6장 자유의 땅과 적군의 감옥에서의 투쟁

> 정하면서도 공정한 법이다. 시간이 얼마나 지났을까? 극악무도한 형형색색의 추악한 악당들은 모두 역사의 심판대로 압송되었고 역사의 치욕의 기둥에 못박혀, 인간 축에도 못 드는 개똥이 되어 오명을 천추에 남겼다.[20)]

그럼에도 불구하고 瞿秋白의 생평과 사상 및 저작에 대한 왜곡과 모함은 문혁 후에도 쉽게 가시지 않아 젊은 세대들이 瞿秋白을 제대로 이해할 수 있는 전기가 절대적으로 필요하다는 인식 하에 王士菁은 『瞿秋白傳』를 출간하게 되었다. 그는 寫作 동기를 다음과 같이 밝히고 있다.

> 젊은 동지들이 瞿秋白 동지의 생평 사적과 저작(여기서는 주로 문예작품을 말한다)을 더욱 깊이 공부하고 정확하게 이해하도록 도와주기 위하여, 간명하면서도 핵심을 잘 간추린 瞿秋白 동지에 관한 전기 한 권을 펴내는 작업은 아주 필요한 것이다. 이에 編者는 천박한 지식을 무릅쓰고 이 작업에 덤벼들었다.[21)]

앞으로는 문예 방면만이 아닌 무산계급 정치 활동가이자 선전가로서의 瞿秋白에 대한 전면적인 연구를 진행하여 총체적인 瞿秋白 형상을 수립하고, 이를 통하여 젊은 세대에 대한 혁명전통 교육을 실시하는 것은 기성세대의 피해갈 수 없는 책임이라고 강조하고, 그런 의미에서 이 간명한 전기는 하나의 자그마한 초석이 될 것이라고 인식했다.

王士菁의 『瞿秋白傳』을 제외한 이 시기의 학술연구형 전기는 모두 中外

---

20) "在過去, 國民黨反動派及其御用文人對於這位堅貞不屈的共産黨人, 在他被捕犧牲以後, 製造了種種讕言, 進行誣蔑和誹謗. 在十年動亂期間, 林彪·'四人帮'和康生一伙人出於反革命的目的, 懷着對於革命先烈的刻骨仇恨, 又給他加上了種種莫須有的罪名, 他們杷瞿秋白同志的墓地鏟平了, 墓碑砸碎了 ; 他們把瞿秋白的『文集』焚燒了, 甚至連印制『文集』的紙型也都燒毁了. 他們出版了專門的書報, 製造出種種離奇的謊言和誣蔑不實之詞. 然而, 歷史的辨證法是無情的也是公正的. 曾幾何時? 這一些窮凶極惡的形形色色的醜類都被押上了歷史審判臺! 被釘在歷史的恥辱柱上, 成爲不齒於人類的狗屎堆, 遺臭萬年!" 王士菁, 瞿秋白傳, 四川人民出版社, 1985, p.200

21) "爲了幇助青年同志進一步深入學習和正確理解瞿秋白同志的生平事迹和著作(這裏所說, 主要是指文藝作品), 編寫一本簡明的扼要的關於瞿秋白同志的傳記, 這是很有必要的. 因此, 編者不揣淺陋, 試作這項工作." 앞의 책, p.205

전기로 1962년 홍콩 自聯出版社에서 출간된 司馬璐의 『瞿秋白傳』, 1978년 대만 國立政治大學東亞硏究所에서 출간한 姜新立의 『瞿秋白的悲劇』, 그리고 1981년 미국 캘리포니아 대학출판부에서 출간된 Paul. G. Pickowicz의 『Marxist Literary Thought in China -- The Influence of Chü chiu-pai』[22]등이다. 주목할 만한 것은 이 3편의 中外 傳記는 모두 瞿秋白 傳記文學史上 아주 이른 시기의 全面性 傳記로 楊之華(59~62년)와 王士菁(85년)[23]과는 달리 한결같이 『多餘的話』가 瞿秋白의 작품이라는 전제 하에 참고인용하고 있다는 것이다. 司馬璐과 姜新立은 『多餘的話』의 全文을 부록으로 수록하고 있고, 픽코위쯔는 전체 13장 중 제12장에서 『多餘的話』에 대한 구체적인 분석을 통하여 자신의 견해를 밝히고 있다.

이 시기의 中外 傳記 가운데서 반공주의적 시각에서 立傳한 司馬璐와 姜新立의 瞿秋白 전기는 여러 가지 면에서 유사성을 많이 내포하고 있다. 『湖北行政學院學報』 2004年 第6期에 발표된 葉楠과 奕彤의 「瞿秋白傳著歷史回顧與展望」에서는 이 두 전기를 실패한 전기의 典範으로 규정하고 맹렬하게 비판을 가했다.

司馬璐의 『瞿秋白傳』은 서언과 부록을 제외하고 모두 8장[24]으로 구성되어 있고 마지막에 『多餘的話』를 부록으로 수록하고 있다. 司馬璐는 전기 말미에서 瞿秋白 전기를 쓰게 된 진정한 목적을 밝히고 있다. 瞿秋白은

---

22) 이 전기는 미국에서 1981년에 출간된 이후, 중국 中國卓越出版公司에서 1990년에 『書生政治家-瞿秋白曲折的人生』 이라는 제목으로 譚一靑과 季國平의 번역으로 출간되었고, 우리나라 청년사에서 1991년에 『중국 마르크스주의 문예이론-瞿秋白의 영향』 이라는 제목으로 심규호의 번역으로 출간되었다.

23) 楊之華는 『多餘的話』에 대하여 「一個共産黨人-瞿秋白」에서는 아예 언급하지 않았고, 후에 쓴 「憶秋白」에서는 간단하게 瞿秋白이 옥중에서 이 글을 쓴 사실이 있음을 언급했다. 그러나 『回憶秋白』에서는 기존의 입장을 바꾸어 『多餘的話』는 僞作이라고 주장했다. 王士菁도 『瞿秋白傳』의 본문에서 『多餘的話』를 언급하지 않았는데, 그 이유를 '후기'[1]에서 밝혔다.

24) 제1장 出生·家世, 제2장 北京에서 모스크바로, 제3장 공산당 참가 전후, 제4장 연애와 결혼, 제5장 "8.7회의" 전후, 제6장 左聯·魯迅, 제7장 소비에트 지구로의 진입과 체포 및 총살, 제8장 瞿秋白 일생의 總結

비록 그렇게 가치 없이 죽었지만 그의 傳記는 전 세계의 親共 또는 左翼 청년 지식인들을 啓導시키는 데 대단히 적극적인 교육 의의를 지니고 있다는 것이다.

> 오늘날의 국제 공산주의 운동가들은 아직도 계속해서 아시아와 아프리카 여러 국가에서 瞿秋白식의 지식인을 선택 제조하고 있다. 瞿秋白은 죽었다. 그는 비록 그렇게 가치 없이 죽었지만 한 가지 좋은 점은 그의 진실한 이야기를 써내면, 전 세계의 親共 또는 左翼 청년 지식인들에겐 대단히 적극적인 교육 의의를 지닐 수 있다는 것이다.……瞿秋白의 대비극은 바로 이렇게 시작된 것이다. 필자는 이러한 비극이 역사상 더 이상 출현하지 않기를 바란다.[25)]

姜新立의 『瞿秋白的悲劇』은 胡秋原이 쓴 胡序(「瞿秋白論」)와 姜新立이 직접 쓴 緖言 그리고 말미의 『多餘的話』 부록을 제외하고 모두 6장 24절[26)]로 구성되어 있는 장장 440쪽의 장편 전기이다. 姜新立도 그가 『瞿秋白的悲劇』을 쓴 목적을 다음과 같이 밝히고 있다.

> 瞿秋白이라는 이 비극적인 인물을 주제로 삼아 글을 쓴 목적은 아주 간단하다. 그것은 바로 그 개인이 중국 현대사와 중국 공산주의 운동에서 맡았던 실제 역할을 연구하는 것 외에도, 가장 주요한 목적은 그를 하나의 역사 거울로 삼아 그의 개인적인 비극 가운데서 역사 교훈의 그림자를 찾는 것이다.[27)]

---

25) "今天的國際共産主義運動者, 還繼續在亞非許多國家, 選擇與製造瞿秋白型的知識份子. 瞿秋白死了, 他死得那麽不値；但却有一個好處, 把他的眞實的故事寫出, 對全世界的親共的或左翼青年知識份子, 富有積極的教育意義.……瞿秋白的大悲劇就是這様開始的, 筆者希望這樣的悲劇, 在歷史上不再出現了." 앞의 책, p.119

26) 제1장 대비극의 주인공, 제2장 '餓鄕'으로의 여행, 제3장 이론과 정치 사이, 제4장 맹동주의와 조화주의, 제5장 문학과 혁명, 제6장 개인 비극

27) "拿瞿秋白這個悲劇性的人物, 作爲寫作的主題, 目的非常簡單, 那就是除了硏究他個人在中國現代史及中國共産主義運動中, 所扮演的實際角色外, 最主要的目的是拿他作爲一面歷史鏡子, 從他的個人悲劇中, 去尋求歷史敎訓的影子"[臺] 姜新立, 瞿秋白的悲劇・緖言, 國立政治大學東亞硏究所, 臺灣, 1978, p.6

그는 또 "헛된 이상과 지나친 열정만 있고 이성과 지식은 결여된 이와 같은 청년들이 당시에도 물론 적지 않았지만, 지금이라고 어찌 없겠는가"[28], 중국 현대 지식인들은 반드시 "공산주의 이데올로기로부터 해방해야만 비로소 비극의 재현을 피할 수 있다"[29]고 주장했다. 胡秋原이『瞿秋白的悲劇』에 쓴 "胡序" 첫머리에서 "그의 이 전기는 역사를 연구할 때 반드시 가져야할 초연한 태도를 유지하여 당파성의 편견을 피할 수 있었다"[30]고 말했지만, 저자의 신분[31]에 걸맞게도 우익편향의 흔적을 지울 수가 없다. 司馬璐와 姜新立 이 두 사람은 그들이 왜곡시킨 瞿秋白 형상을 통하여 중국 공산주의 운동은 "역사의 대비극이고", "瞿秋白은 역사 대비극의 주인공"이라는 것을 설명하고 싶었음에 틀림없다. 그로 인하여 전기 작가가 반드시 갖추어야 할 객관적 태도를 잃어버리고 주관적 사상을 선전하는 데 급급하여 그 내용이 지나치게 우익 편향적이거나 때로는 설득력 없는 논리를 펼치는 경향을 가지고 있다.

瞿秋白 中外 전기 중 대륙 측 연구자들에게 가장 객관적으로 瞿秋白을 연구한 저서로 호평을 받은 전기가 바로 1981년 미국에서 출간된 폴 픽코위쯔의『Marxist Literary Thought in China -- The Influence of Chü chiu-pai』이다. 사실 중국 대륙 최초의 완정한 瞿秋白 전기라고 할 수 있는 王士菁의『瞿秋白傳』이 나오기 수십 년 전에 해외에서 이미 瞿秋白 관련 전기 저작이 출간되었다. 예를 들면, 소련에서 출간된『殉國烈士瞿秋白』(瞿秋白同志犧牲週年紀念, 모스크바 外國工人出版社, 1936)[32], 소련의 馬克・施奈德(Schneider)의『瞿秋白的創作道路(1899~1935)』(모스크바 Lzdtel stvo Nauka 출판사, 1964)[33], 미국의 貝那德特・李의 철학

28) 앞의 책, p.2(緖言)
29) 앞의 책, p.372
30) 앞의 책, p.1(胡序)
31) 胡秋原은『瞿秋白的悲劇・胡序』에서 "新立은 국민당내 반공이론사업을 담당하고 있는 사람"이라고 그의 신분을 친절하게 밝히고 있다.
32) 瞿秋白 사후에 최초로 瞿秋白을 추모하는 글을 모아 출간한 책이다.
33) 슈나이더(Schneider)는 瞿秋白의 중요성은 소련의 횃불을 중국으로 전한 데 있다고 보았다.

박사논문『瞿秋白傳：從青年時代到黨的領袖(1899~1928)』(뉴욕 콜롬비아대학, 1967)[34] 등이다.[35]

1988년 제1기『國外社會科學情況』에 게재된 픽코위쯔의 瞿秋白 전기에 대한 서평에서, "瞿秋白의 중국 마르크스주의 문예사상사에서의 지위에 대한 평가가 아주 높고, 그 비평이 공평하고 객관적이라, 서방 瞿秋白 연구의 대작이라고 할 수 있다"[36]는 평가에 힘입어, 1990년에 중국에서 번역 출간될 수 있었고, 1991년에는 우리나라에서도 번역 출간되었다.

픽코위쯔의 이 저서는 서문과 감사의 글 및 2편의 부록[37]을 제외하고 모두 13장으로 구성된 학술연구형 전기로서의 면모를 제대로 갖추고 있다. 픽코위쯔의 마르크스주의 문예이론에 관한 이 專著를 전기로 분류할 수 있는 객관적 타당성을 확보하기 위해 저자 본인의 생각을 엿볼 필요가 있다.

> 본 연구는 한 중요한 지식인의 傳記이다. 그러나 본 연구는 여기에 그치지 않고, 5.4운동 당시 학생지도자였으며, 이후 문학과 혁명의 관계에 대해 수많은 논쟁을 해왔던 초기 마르크스주의자들 가운데 핵심인물이라고 할 수 있는 한 개인 즉 문학가로서의 瞿秋白을 통하여 중국 현대 문예운동의 전반적 발전과정을 자본주의와 사회주의 양측면에서 분석하는 것을 주목적으로 한다.[38]

中國卓越出版公司의 "政治和政治家硏究叢書"의 하나로 번역 출간된 픽코위쯔의 중문판 瞿秋白 전기는 우선 서명을 "叢書"에 어울리는『書生

34) 이 논문은 瞿秋白 어린시절의 생활에 관한 많은 중요한 부분들을 포함하고 있긴 하지만, 주로 1923년에서 1928년에 이르는 瞿秋白의 정치활동에 집중하고 있다.
35) 紀白, 港臺和國外瞿秋白硏究點滴, 瞿秋白硏究(5), 學林出版社, 1993 참고
36) "對瞿秋白在中國馬克思主義文藝思想史上的地位評價很高；批評公允・客觀, 不失爲西方硏究瞿秋白的一部宏論."[美] 皮科威玆, 書生政治家-瞿秋白曲折的人生, 譚一靑・季國平譯, 中國卓越出版公司, 1990, p.291에서 재인용
37) 부록에는 中國 現代文學 作家小傳과 瞿秋白 年譜가 있다.
38) 픽코위쯔,『중국 마르크스주의 문예이론 -瞿秋白의 영향』, 심규호 옮김, 청년사 1991, p.7

政治家-瞿秋白曲折的人生』으로 바꾸었다. 그리고 앞뒤면 표지의 도안과 광고 카피가 똑같이 디자인되었는데, 정중앙에 瞿秋白의 사진이 있고 상단에는 한 미국인이 쓴 서평의 일부가 절록되어 있다. 이외에도 중문판에는 저자의 서문과 감사의 글 및 부록 2편이 생략되었고, 목차상의 장절의 표제들도 바뀌었으며, 전체 14장으로 구성되어 있는데 영문판 제13장의 2개의 節을 각각 제13장과 제14장 즉 2개의 章으로 구분하였다. 이에 대하여 중문 역자는 다음과 같이 설명하고 있다.

> 본서는 1981년에 캘리포니아 대학교 버클리 분교 중국문제연구센터에서 출간되었다. 작가는 인물 전기를 쓰는 데 주의하면서 (본서 "參考文獻에 관한 노트" 첫머리[39]에서 한 말을 통하여 알 수 있다) 瞿秋白 일생의 혁명활동 특히 문학활동을 평술하였다. 독자들이 본서 내용을 좀 더 직접적이고 명확하게 이해하도록 하기 위하여, 역자는 原書의 書名과 부분 章節의 표제를 바꾸었고 몇 개의 節을 삭제하기도 했다.[40]

이 전기는 서방 瞿秋白 연구의 일련의 이론 관점과 새로운 자료를 집중적으로 반영하고 있으며 비교적 높은 학술 가치를 지니고 있다. 중국 마르크스주의 문예이론, 현대문학사, 중공당사 등 여러 학술 영역의 연구에도 중요한 참고 가치를 지니고 있다.[41] 지금까지의 中外 瞿秋白 연구를 통틀어 국내에 소개된 유일한 瞿秋白 저작인 픽코위쯔의 한글판 전기 『중국 마르크스주의 문예이론 -瞿秋白의 영향』은 90년대 이후로 한국 瞿秋白

---

39) "參考文獻에 관한 노트" 첫머리의 글은 다음과 같다 : "다른 전기 작가와 마찬가지로 나의 연구는 瞿秋白이 어떤 작품을 남겼고 그 작품들은 어느 곳에 있는가라는 질문에서 시작되었다. 그리고 나는 나보다 앞서서 瞿秋白에 대해 연구했던 학자들과 주석가들이 그의 작품에 대해 언급했던 것이 무엇이었는가를 알 필요가 있었다." 픽코위쯔, 『중국 마르크스주의 문예이론 -瞿秋白의 영향』, 심규호 옮김, 청년사 1991, p.345

40) "本書1984年由加利福尼亞大學伯克萊分校中國問題硏究中心出版. 作者着意爲人物立傳(據本書「書目提要」開頭所言可知), 評述瞿秋白一生革命活動, 特別是文學活動. 爲了讓讀者更爲直接明確地了解本書內容, 譯者對原書書名和部分章節的標題作了變動, 并有個別刪節." [美] 皮科威兹, 書生政治家-瞿秋白曲折的人生, 譚一靑·季國平譯, 中國卓越出版公司, 1990, pp.291~292

41) 앞의 책, p.291

연구자들의 필독서가 되었다. 그가 瞿秋白을 연구할 당시에는 대륙에서 瞿秋白 연구가 아직 초보적인 상태에 놓여 있었고, 시대적인 제약으로 중국에서 공개된 참고 자료도 아주 제한적이었지만 마르크스주의 문예이론의 수용사를 중심으로 출생에서 희생에 이르는 전 과정을 폭넓게 서술하면서 자신의 독특한 견해를 피력했다. 물론 지금의 시각에서 보면 일부 논지는 실제상황에 부합하지 않은 것들도 있지만 이러한 오류는 대부분 자료의 한계에서 비롯된 것들이다.

이 시기 전기 중 유일하게 예술장르형 전기에 속하는 1982년에 中國戲劇出版社에서 출간된『魯迅與瞿秋白』[42]은 話劇을 각색한 連環畵 전기로 아주 간단하면서도 생동적으로 구성되었다. 이 전기는 특히 魯迅과 瞿秋白 간의 革命 友誼에 초점을 맞추어 창작된 것으로 테마성 전기로 분류된다. 이 전기는 貴州省 話劇團이 연출한 같은 제목의『魯迅與瞿秋白』을 카메라로 촬영한 후 스토리와 관련된 주요 장면[43]만을 선별하여 그 대사를 각색한 후 편집 출간한 생동적인 사진 전기 유형이라고 볼 수 있다.『魯迅與瞿秋白』이라는 서명에서 알 수 있듯이 魯迅과 瞿秋白에 얽힌 이야기가 주요 내용이다.

> 이 連環畵는 同名의 화극을 각색한 것으로 중국 현대문학사상의 두 거장인 魯迅과 瞿秋白에 얽힌 이야기를 반영하고 있다. 1932년 초 두 사람의 첫 만남과 그 후 瞿秋白의 魯迅 집으로의 피난, 1932년 魯迅의 중앙 소비에트 지구로 떠나는 瞿秋白 전송, 그리고 瞿秋白의 福建에서의 사형을 전후한 魯迅의 그에 대한 救命 활동과 애도를 통하여 그들 상호 간의 敬慕와 함께 전투하는 혁명 우의를 묘사하였다.
>
> "人生得一知己足矣, 斯世當以同懷視之"라는 이 글귀는 당시 魯迅이 瞿秋白에게 준 兩句詩이다. 여기에는 위대한 두 戰士간의 두터운 정이 담겨져 있을 뿐만 아니라 그들의 당과 조국 및 인민에 대한 충정과 열애도 응집되어 있다.[44]

---

42) 瞿秋白의 上海 시기에 치중한 專著에는 單演義의『魯迅與瞿秋白』(86년), 朱美義의『瞿秋白和魯迅』(93년), 許京生의『瞿秋白與魯迅』(98년)등이 있는데, 이것들은 모두 瞿秋白과 魯迅의 전투 우의에 초점을 맞추어 저술한 것들로 자연스럽게 문학방면의 묘사에 치중했다.

43) 전체 스토리가 모두 117개의 scene으로 구성되어 있다.

『魯迅與瞿秋白』은 비교적 이른 시기의 예술장르형 전기로 이 작품을 시작으로 다음 시기(1986~1999)에는 더욱 다양한 형태의 작품들이 출현하게 된다.

Ⅲ. 全面性 傳記 시기(1986년~1999년)

이 시기의 瞿秋白 傳記는 全面性 傳記가 대세를 이루었으며, 앞 시기의 回顧性 小傳 시기에 비하여 전기로서의 면모를 제대로 갖춘 명실상부한 전기가 대거 창작되었다. 이 시기에 출현한 전기는 모두 16편으로 학술연구형이 6편, 문학장르형이 6편 그리고 예술장르형이 4편이다. 이 시기의 瞿秋白 전기의 특징을 연대순으로 나타내면 다음 도표와 같다.

이 시기 6편의 학술연구형 傳記 가운데 20세기 瞿秋白 傳記發展史에서 찬란히 빛나는 두 작품이 탄생했으니, 그것은 바로 瞿秋白 연구의 최고 수준을 대표하는 陳鐵健의 『瞿秋白傳』 (86년)[45]과 王觀泉의 『一個人和一個時代-瞿秋白傳』 (89년)이다. 司馬璐와 姜新立의 전기가 실패한 전기의 전형이라면, 陳鐵健과 王觀泉의 전기는 성공한 전기의 전형이다.

1986년 上海人民出版社에서 출간된 陳鐵健의 『瞿秋白傳』은 부록과 후기를 제외하고 15장 72절로 구성된 537쪽에 달하는 장편 전기이다. 陳鐵健도 여타 瞿秋白 전기 작가들과 마찬가지로 瞿秋白과의 인연이 남다르다. 그는 1950년대 대학 다닐 때 1953년판 『瞿秋白文集』 (4권)을 읽은 후 『魯迅全集』을 읽게 되었다. 그 후로 瞿秋白과 魯迅은 그의 대학시절 가장

---

44) "這本連環畫是根據同名話劇改編的, 反映的是中國現代文學史上的兩位巨人--魯迅與瞿秋白的故事. 通過他們從一九三二年初次相會及其後瞿秋白到魯迅家避難, 一九三四年魯迅送瞿秋白赴中央蘇區, 以及瞿秋白在福建被害前後魯迅對他的營救和悼念, 描繪了他們的相互敬慕·共同戰鬪的革命友誼.
'人生得一知己足矣, 斯世當以同懷視之.' 這是當時魯迅書贈瞿秋白的兩句詩. 它不僅蘊藏着兩位偉大戰士之間的深情厚誼, 而且凝聚着他們對黨·對祖國·對人民的忠貞和熱愛."內容說明, 魯迅與瞿秋白-戲劇連環畫, 中國戲劇出版社, 1982

45) 1995년 재판시 서명을 『從書生到領袖-瞿秋白』으로 바꾸어 출간했다.

〈표 2〉 全面性 傳記 시기(16편) : (1986~1999)

전기 특징	작가명	작품명	출판년도	비고
학술연구형	陳鐵健	瞿秋白傳 (從書生到領袖-瞿秋白)	1986년	
학술연구형	王鐵仙	瞿秋白文學評傳	1987년	문학
예술장르형	江蘇 TV	秋白之死	1987년	TV 드라마
예술장르형	上海電影制片廠	秋之白華	1988년	영화 극본
학술연구형	王觀泉	一個人和一個時代 -瞿秋白傳	1989년	
문학장르형	史洪	革命先驅瞿秋白	1990년	산문 전기
문학장르형	王保林(編)	懷霜詩抄	1991년	창작 시가
학술연구형	魯雲濤	瞿秋白評傳	1991년	
학술연구형	葉楠	瞿秋白評傳	1991년	
문학장르형	冒炘	瞿秋白・楊之華	1995년	소설 전기
문학장르형	梁衡	覓渡, 覓渡, 渡何處?	1996년	창작 산문
문학장르형	陳潔	瞿秋白的故事	1997년	산문 전기
문학장르형	王靜・陸文柱	瞿秋白	1998년	산문 전기
학술연구형	嚴慈	學者兼革命家瞿秋白	1999년	
예술장르형	江蘇省瞿秋白研究會外	瞿秋白-大型文獻紀錄片	1999년	TV 다큐
예술장르형	常州電臺六集系列廣播劇	永久的青年瞿秋白	1999년	라디오 연속극

존경하는 역사인물이 되었다. 그런데 "10년 동란이 시작되자 위대하면서 평범한 이 두 사람은 사람들에 의해 양극단으로 치달았다. 한 사람은 끝없이 날아올라 거의 '神'으로 받들어졌고, 한 사람은 갑자기 추락하여 완전히 '鬼'로 변해버렸다."[46] 陳鐵健은 몹시 두렵고 당혹스러웠다. 그 당시 노점에서 파는 '討瞿' 관련 신문을 사서 모으는 게 그의 "취미"가

46) 陳鐵健, 瞿秋白傳, 上海人民出版社, 1986, p.532

되었고, 지금도 그는 그 신문들과 그것들을 책으로 엮은 『討瞿』 한 권을 완정하게 보관하고 있다. 바로 이 글들 때문에 그는 『多餘的話』 와 瞿秋白의 논저를 다시 읽게 되었고, 瞿秋白 사후의 당과 인민의 그에 대한 평가에 주목하기 시작했다. 이상의 이야기가 陳鐵健으로 하여금 瞿秋白 전기를 쓰게 한 주관적 동기라면, 아래 내용은 하늘이 그에게 내려준 瞿秋白 傳記를 쓰게 한 객관적 조건이다.

> 성공한 瞿秋白 전기는 대부분 역사상의 진실한 瞿秋白을 써내는 것을 목적으로 한 것들이다……陳鐵健은 신판(85년판) 『瞿秋白文集』 편집 작업과 瞿秋白 관련사건 재수사 작업에 참여했었고 瞿秋白 순국 50주년 기념식상의 중앙 지도자의 연설문 초안을 작성한 적도 있다. 이러한 기회를 통하여 공안부가 1954~1964년간 진행한 瞿秋白 사건 관련 수십 권에 달하는 수사기록 전부와 기타 관공서 기밀문서 자료들을 탐독하고, 瞿秋白 사건 관련자들을 방문했다. 게다가 그 자신이 중국 사회과학원 近代史硏究所 현대사연구실 주임이었으니, 이 모든 것들이 그로 하여금 사학가의 태도와 시각으로 瞿秋白을 위해 立傳할 수 있는 여건을 마련해 주었고 마침내 진실하고 사실적인 瞿秋白 전기를 써내었다.[47)]

그에게 주어진 이러한 객관적 조건과 그의 瞿秋白에 대한 남다른 敬慕心이 回顧性 小傳 시기와는 차원이 다른 진정한 의미의 학술연구형 瞿秋白 전기를 창작할 수 있게 했다. 陳鐵健의 전기는 이후에 출현한 王觀泉의 전기와 더불어 瞿秋白硏究史의 권위적인 경전이 되었다.

1989년 天津人民出版社에서 출간된 王觀泉의 『一個人和一個時代-瞿秋白傳』은 서문과 후기 그리고 재판 후기와 편집 후기를 제외하고 모두 12장 60절로 구성된 676쪽에 달하는 그야말로 대작이다. 전기 작가들의

---

47) “成功的瞿秋白傳總是以寫出歷史上眞實的瞿秋白爲目的……陳鐵健參加過新編『瞿秋白文集』的編輯工作和瞿秋白專案的復查工作, 還起草科中央領導人在瞿秋白就義50週年紀念會上的講話稿. 這使他閱讀了公安部1954~1964年間辦理瞿案的全部記錄數十卷及其他檔案材料, 訪問了瞿案有關的人員, 加上他本身是中國社會科學院近代史硏究所現代史硏究室的主任, 這一切使他能够以史學家的態度和眼光來爲瞿秋白作傳, 從而寫出一部求眞寫實的瞿秋白傳記.” 葉楠・奕彤, 瞿秋白傳著歷史回顧與展望, 湖北行政學院學報, 2004年 第6期, p.63

立傳에 얽힌 에피소드는 종종 독자들에게 傳主 못지 않은 감동을 준다. 그 대표적인 예가 바로 王觀泉이다.

그는 지금까지 7권의 저작을 출간했는데, 그 중 마지막 두 권의 인물 전기 때문에 실명에 가까운 시력을 잃게 되는 엄청난 대가를 지불했다. 1984년 9월에 『席卷在最後的黑暗中-郁達夫傳』의 원고를 마감한 2달 후 병원에서 오른쪽 눈을 수술하고 퇴원한지 얼마 되지 않아 고집불통인 그는 의사의 만류에도 불구하고 『瞿秋白傳』을 쓰기 시작했고 1988년 2월에 마침내 원고를 탈고했다. 그런데 1989년 6월 26일 인쇄소에서 갓 나온 책을 받아 들었을 때 갑자기 반짝하더니 왼쪽 눈마저 빛을 잃어버렸다.[48] 이렇게 한 쪽 눈을 대가로 지불하고 쓴 전기이니 그 연구 성과가 기존의 전기와 차별화되는 것은 너무나 당연하다. 이 대목에서 王觀泉의 立傳 동기를 알아보자.

> 횃불을 높이 치켜들고 홀로 세상을 밝히는 사람들은 대부분 어둠 속에서 말라 죽어 가는데, 이것 자체가 슬픈 것은 결코 아니다. 혁명이란 늘 희생이 따르는 법, 정말 슬픈 것은 후대인들의 기억 속에서 잊혀지는 것이다. 우리가 지금 瞿秋白을 위해 立傳하는 것은 중화민족과 중국공산당은 健忘者가 아니라는 것을 증명하기 위해서다.[49]

王觀泉은 한 시대의 영웅에게 있어서 후대인들의 기억 속에서 사라지는 것보다 더 슬픈 일은 없다고 인식했다. 瞿秋白의 죽음을 헛되이 하지 않기 위해서 우리는 그를 기억하고 그를 위해 立傳할 의무가 있으며 절대 健忘者가 되어서는 안 되는 것이다.

이 시기 학술연구형 전기 중 테마성 傳記에 속하는 王鐵仙[50]의 『瞿秋白

---

48) 王觀泉, 一個人和一個時代-瞿秋白傳, 天津人民出版社, 1991, p.670 참조

49) "高擎火炬燭照光明的人, 往往瘦死在黑暗之中, 這并不足悲, 革命總是要有所犧牲的, 可悲的是後代的遺忘. 現在, 我們爲瞿秋白立傳, 證明中華民族和中國共産黨不是健忘者." 앞의 책, p.13

50) 王鐵仙은 瞿秋白의 친누이 동생의 아들, 즉 생질이다.(王鐵仙, 瞿秋白論稿·序, 華東師範大學出版社, 1984, p.3)

文學評傳』은 "문학가로서의 瞿秋白 연구의 대표작으로서 문장을 논하는가 하면 인물을 평하기도 하고 역사와 평론을 결합시킴으로써 瞿秋白 문예연구 영역에서 독보적인 존재"[51]가 되었다. 王鐵仙의 『評傳』은 小引과 結束語 및 後記를 제외하고 모두 5장으로 구성되었으며 전통적인 인물 전기처럼 편년체식 서술방법을 취하고 있다.

王鐵仙의 『評傳』은 일찍이 1984년에 출간된 『瞿秋白論稿』에 이미 그 雛形을 찾아 볼 수 있다. 그는 瞿秋白의 문학 창작과 이론을 논술의 주요 줄기로 잡고 그의 사상발전과 혁명실천의 역정을 그 가지로 삼아 문학특성의 시각에서 瞿秋白의 현실을 중시하는 혁명풍격과 그의 낭만시인 기질의 모순적 통일을 해부하려고 노력했다.[52] 그는 瞿秋白의 文學戰線상의 공적을 다음 세 가지 방면에서의 '第一'로 표현했다.

> "최초로 인민 대중 위하여 복무하는 것이 혁명문학의 중심문제임을 명확하게 제기했다" ; "최초로 마르크스, 엥겔스, 레닌 등 마르크스주의 경전작가의 문예논저를 비교적 체계적으로 국내에 직접 번역 소개했다" ; "최초로 마르크스주의 관점으로 魯迅을 연구하고 정확하고도 숭고한 평가를 내렸다." 瞿秋白은 "좌익문예의 발전을 아주 효과적으로 이끌어 훗날 중국 무산계급 혁명문학운동의 주요 창시자이자 개척자의 한 사람으로 공인되었다."[53]

그는 이 評傳을 통하여 일부 연구자들이 瞿秋白과 현대사의 기타 혁명문학가의 연구에 관심을 가지게 되고, 사람들이 잊어서는 안 될 일들을 잊지 않게 된다면, 그것만으로도 이 評傳은 그 나름의 목적을 다하게 되는 셈[54]이라고 했다.

---

51) 葉楠・奕彤, 瞿秋白傳著歷史回顧與展望, 湖北行政學院學報, 2004年 第6期, p.62
52) 丁言模, 瞿秋白研究領域的新開拓, 瞿秋白研究(2), 學林出版社, 1990, p.357
53) "'第一個明確提出了爲人民大衆服務是革命文學的中心問題' ; '第一個直接地比較系統地將馬克思・恩格斯・列寧等馬克思主義經典作家的文藝論著介紹或飜譯到國內來' ; '第一個用馬克思主義觀點硏究了魯迅, 作出了正確而崇高的評價'. 瞿秋白 '卓有成效地推動了左翼文藝的發展, 幷在日後被公認爲是我國無産階級革命文學運動的主要奠基者和開拓者之一.'" 앞의 책, 1990, p.358
54) 王鐵仙, 瞿秋白文學評傳, 百花文藝出版社, 1987, p.281 참고

사실 초기의 瞿秋白 연구는 대부분 문예 영역에 집중되었다. 가장 큰 이유는 물론 中共中央이 문학가로서의 瞿秋白의 공적을 높이 평가했기 때문이다. 그리고 당시의 무산계급 정치가나 활동가로서의 瞿秋白에 대한 평가는 상대적으로 민감한 사안이었기 때문에 대부분의 연구자들은 이 분야의 연구를 기피하게 되었다.

陳鐵健의 전기를 시작으로 王觀泉의 전기와 王鐵仙의 평전은 瞿秋白 전기발전사에서 뿐만 아니라 瞿秋白 연구사 전체에서도 가장 뛰어난 연구로 평가받고 있는 3대 걸작이다. 이 세 전기는 이후의 瞿秋白 연구에 커다란 디딤돌이 되었다. 뒤이어 출간된 이 시기의 학술연구형 전기 3편으로는 魯雲濤와 葉楠의 評傳, 그리고 嚴慈의 전기가 있다.

魯雲濤의 『瞿秋白評傳』은 1986년에 탈고를 하고도 여러 출판사를 전전하다가 1991년에야 四川人民出版社를 통하여 출간하게 되었다. 魯雲濤의 『評傳』은 모두 8장 27절로 구성되어 있으며, 총 335쪽 중 제6장 "在文化戰線上"(총 75쪽)에 가장 많은 편폭을 할애하고 있다. 대부분의 전기 작가들이 그러하듯이 魯雲濤도 瞿秋白에 대한 지극한 존경심에서 傳記를 쓰게 되었다고 집필 동기를 밝히고 있다.

> 瞿秋白은 위대한 정치가이자 뛰어난 문학가이다. 그는 학식이 해박하고 재주가 남다르다. 그의 사상과 저술 및 사적은 모두 정치, 철학, 문학, 당사, 문화사상사, 번역 등 여러 가지 영역과 관련되어 있어서 그의 일생을 評述한다는 것은 근본적으로 대단히 어려운 작업이다. 내가 지식의 천박함을 무릅쓰고 그 어려움을 알면서도 이 작업을 위해 노력한 까닭은 순전히 나의 瞿秋白 동지에 대한 탄복과 존경심에서 비롯되었다.[55]

1991년 河海大學出版社에서 출간된 葉楠의 『瞿秋白評傳』은 모두 9장

55) "瞿秋白旣是一位偉大的政治家又是一位傑出的文學家. 他知識淵博, 才華橫溢. 其思想, 其著述, 其事迹, 涉及政治・哲學・文學・黨史・文化思想史・飜譯等衆多領域, 要評說他的一生, 本是一件十分艱難的工作. 我所以不揣淺陋, 知其難而又勉力爲之, 完全是出自我對瞿秋白同志的欽佩與敬仰" 魯雲濤, 瞿秋白評傳, 四川人民出版社, 1991, p.334

구성되어 있으며, 9개의 주제를 설정하고, 장마다 몇 개의 소절을 두는 형식을 취하고 있는데, 이러한 寫作方法은 시간 순서에 따라 年譜式이나 編年體式으로 쓰는 전통적인 인물전기와는 다르다. 葉楠 또한『瞿秋白評傳』후기에서 瞿秋白의 인격에 매료되었음을 밝히고 있다.

1999년에 출간된 嚴慈의『學者兼革命家瞿秋白』은 학술연구형 전기라고 보기에는 여러 가지 측면에서 미흡한 점이 있긴 하지만 전체적인 寫作方法이 다른 연구자들의 연구 성과를 인용하는 방식으로 전기를 서술하고 있고, 설명체의 어조를 띠고 있어서 문학장르형 전기로 구분하기에는 더욱 많은 문제점을 가지고 있다. 특이한 점은 上海教育出版社의 "二十世紀文化名人與上海" 叢書의 하나로 上海와 관련된 문화 명인을 발굴하여 上海文化의 정체성을 연구하는 데 그 취지를 두고 있다는 것이다. 嚴慈의 전기는 문화 위인으로서의 瞿秋白의 문화 활동과 업적 방면에 초점을 맞추면서, 瞿秋白의 上海 문화전선 시기의 전투를 반영하고 동시에 20세기 초의 문화사조와 上海의 문화정신을 측면적으로 반영하는데 중점을 두었다.

이 시기에 출현한 문학장르형 전기는 두 종류로 분류할 수 있다. 하나는 산문 전기와 소설 전기이고, 다른 하나는 瞿秋白 제재 창작 시가와 단편 산문이다.

1990년에 中國勞動出版社에서 출간된 史洪의『革命先驅瞿秋白』은 총 213쪽 분량으로 부록과 후기를 제외하고 모두 10장으로 구성된 평이한 산문체의 대중성 전기이다. 이 전기는 80년대 초에 瞿秋白의 명예회복과 더불어 용기를 가지고 瞿秋白 전기를 탈고했지만, 오래 동안 사회에 만연해 있던 문혁의 폐해가 하루아침에 사라진 것은 아니었기 때문에 당시 출판사들은 瞿秋白 관련 서적을 출간하는 것을 상당히 꺼려했었다. 史洪은 中共中央이 1980년의「關於若干歷史問題的決議」에 이어, 瞿秋白 순국 50주년인 1985년에 성대한 기념식을 거행하고 楊尙昆이 講話를 통하여 瞿秋白의 찬란한 혁명생평을 소개하고 거대한 혁명공적을 여실히 평가함으로써 瞿秋白에 대한 인식도 조금씩 바뀌기 시작했고 그에 따라 瞿秋白 연구도 자연스럽게 활기를 띄기 시작했다고 지적했다.[56] 그는 瞿秋白

전기의 집필 계기에 대하여 다음과 같이 서술했다.

> 문혁 전에 나는 秋白 동지의 부인 楊之華 언니가 두 권의 소책자를 저술하는 것을 도와주면서, 그녀의 친절하고 생동적인 소개를 직접 들었고, 일부 연로한 동지들을 방문하였으며, 또 일부 관련 사료들을 찾아 읽기도 했었다. 그 당시에 비록 시대적인 제약이 있긴 했지만 그래도 아주 많은 것을 깨닫고 많은 가르침을 받았었다. 1980년에 들어서서 당 중앙이 문혁 동안 제멋대로 날조된 "반역자" 등의 사실무근의 모함을 뒤집어엎고 秋白에게 명예를 회복시켜준 후 모출판사의 청탁으로 나는 당의 「關於若干歷史問題的決議」의 관련 평가에 근거하여 소책자를 하나 집필했지만 결국에는 출판하지 못했다.[57]

陳潔의 『瞿秋白的故事』는 1997년에 時代文藝出版社의 作家故事文庫의 하나로 청소년 독자를 겨냥하여 출간된 作家傳記 시리즈이다. 이 시리즈에 속한 현대작가로는 魯迅, 丁玲, 朱自淸, 沈從文, 老舍, 聞一多, 郭沫若 그리고 瞿秋白 이렇게 8명이다. 그리고 1998년 江蘇文藝出版社의 中外名人傳記叢書의 하나로 출간된 王靜·陸文桂의 『瞿秋白』 또한 청소년 독자를 대상으로 집필한 전기로 편폭이 길지 않고 문체가 간결하며 문학적 풍격을 지니고 있다. 이 두 산문 전기는 모두 청소년 교육용으로 출간된 위인전기에 속한다.

이시기의 문학장르형 傳記 중 소설 전기에 속하는 것은 1995년 中國青年出版社에서 출간된 冒炘의 『瞿秋白·楊之華』이다. 名人情結叢書 중의 하나인 이 전기는 이전의 인물 전기와는 달리 새롭고 독특한 관점 즉 명인들의 정감 세계를 집중적으로 다루고 있다.[58] 즉 瞿秋白과 楊之華

---

56) 史洪, 革命先驅瞿秋白, 中國勞動出版社, 1990, pp.211~212 참고

57) "'文革'前, 我們曾帮助秋白同志夫人楊之華大姐編寫過兩本小冊子, 親聆她的親切生動的介紹, 拜訪了一些老同志, 也查閱了一些有關史料. 那時雖有局限性, 但感觸頗深, 受教頗多. 到1980年, 中央平反秋白寃案, 推倒給他妄加的 '叛徒'等誣陷不實之詞後, 應某出版社之求, 按我黨第一個 「關於若干歷史問題的決議」的有關評價, 寫了一本小冊子, 但未能出版." 앞의 책, p.211

58) 冒炘, 瞿秋白楊之華·前言, 中國青年出版社, 1995, pp.1~2 참조

두 사람의 러브 스토리에 포커스를 맞추어 쓴 테마성 傳記로 작품의 풍격이 아름답고 정겨우며 문학성이 뛰어나 강한 可讀性을 지니고 있다. 본서는 2편의 부록[59]을 제외하고 모두 6장으로 구성되어 있으며, 楊之華의 첫 번째 혼인의 실패에서부터 瞿秋白이 희생되기까지의 두 사람간의 혁명적 사랑을 주요 묘사대상으로 삼고 있다. 본 전기의 작가 冒炘은 瞿秋白 연구가로서 80년대 중후반에 瞿秋白을 소재로 한 각종 영상물의 극작가로 활동해 왔는데, 예를 들면 드라마 『秋白之死』와 영화 『秋之白華』 등이 있다. 이 전기는 대부분의 지문이 대화체로 구성된 소설형식을 갖추고 있어서 생동적이고 재미있다. 기존의 딱딱한 학술적인 전기와는 구별되는 대중적 전기를 창작했다는 데서 그 의의를 찾을 수 있겠다.

王保林이 주축이 되어 그 동안 瞿秋白을 제재로 창작한 詩篇들을 모아 1991년에 天津人民出版社을 통하여 『懷霜詩抄』를 출간하게 되었다. 『懷霜詩抄』의 “첫 번째 원고” 즉 1985년 2월에 탈고할 당시에는 柳亞子 등 14명의 시인, 약 30여 편의 시가 수록되었지만 결국 출간되지 못했다. 최종적으로 1991년에 출판된 “두 번째 원고”에는 무려 32명의 시인, 70여 편의 詩詞가 수록되었다. 이는 곧 瞿秋白이 아직도 수많은 시인들의 가슴 속에 살아 있음을 의미하는 것이다.[60]

丁景唐은 『懷霜詩抄』의 서문에서 王保林의 이 같은 노력을 아주 의미 있는 작업이라고 평가했다.

> 王保林 동지는 瞿秋白의 저술과 번역을 수집 연구함과 동시에 또 신문잡지에 흩어져 있는 瞿秋白 열사를 기념하는 詩篇을 애써 수집하고 있다. 이는 아주 의미 있는 작업이다. 책에 수록된 柳亞子, 鄧拓, 羊牧之, 錢小山, 張志民 등의 작품들은 시인의 秋白열사에 대한 깊은 애도의 정을 표현하였고, 耿濟之, 鄭振鐸, 瞿菊農, 郭紹虞, 蔣光慈 등이 20년대에 秋白에게 써준 시들은 그들과 秋白 동지 간의 두터운 우정을 표현하였다. 編者는 독자들의 詩詞 내용에 대한 이해를 돕기 위하여 주석과 해설을 덧붙였다.[61]

---

59) “瞿秋白致楊之華的信”과 “楊之華憶秋白”
60) 王保林(編), 懷霜詩抄, 天津人民出版社, 1991, pp.202~203 참고

또 한 가지 주목할 만한 것으로는 瞿秋白 제재 창작시집으로서 1999년 南方出版社에서 출간한 蔣柏楨의 『瞿秋白-從書生到領袖』가 있다.

문학장르형 傳記 중 瞿秋白 제제 창작 단편 산문은 유감스럽게도 아직까지 책자로 출간된 것이 없다. 따라서 1996년 『中華兒女』 第8期에 발표된 瞿秋白 제재 창작 산문의 최고봉이라 할 수 있는 梁衡의 「覓渡, 覓渡, 渡何處?」를 중심으로 일부 回顧性 小傳[62]을 포함한 瞿秋白 제재 산문의 전반적인 역사를 개괄적으로 언급하고자 한다.

20세기에 瞿秋白 제재와 관련된 문장은 수도 없이 많았지만, 그 중 산문 작품은 독자적으로 한 파를 형성하여 특별히 사람들의 주목을 끌었다. 산문은 상대적으로 말해서 그 수량은 많지 않지만, 그 神美한 문학적 감화력으로 인해 가장 쉽게 독자들의 마음을 사로잡고 공명을 불러일으켰다. 瞿秋白 전기 관련 모든 장르를 통틀어 瞿秋白 제재 산문이 사회적 반향이 가장 컸다. 瞿秋白 희생에서 60년대 초까지는 瞿秋白 제재 산문의 발전 초기로 회고나 회상 형식의 산문이 가장 많았다. 특수한 정치 원인으로 瞿秋白의 문화 영역에서의 활동을 위주로 표현했고, 문화계 밖으로 영향을 끼친 것은 상대적으로 비교적 적었다. 1951년 10월 21일 『人民日報』에 발표된 曹靖華[63]의 「羅漢嶺前弔秋白幷憶魯迅先生」는 瞿秋白 희생 현장을 직접 취재하고 묘사한 최초의 산문으로 심금을 울리는 작품이다.

20세기 중국문단의 최고의 거장인 魯迅은 당연히 가장 많은 독자층을 확보하고 있다. 대부분의 독자들은 魯迅을 통하여 瞿秋白을 알게 된다. 특히 그들 두 사람의 두터운 혁명적 우정에 대하여 가장 많이 알려져

---

61) "王保林同志在收集和研究瞿秋白著譯的同時, 還用心收集散見於報刊上的紀念秋白烈士的詩篇. 這是一件很有意義的工作. 書中所收柳亞子・鄧拓・羊牧之・錢小山・張志民等的作品, 表現了詩人對秋白烈士的深沉悼念之情 ; 所收耿濟之・鄭振鐸・瞿菊農・郭紹虞・蔣光慈等在20年代題贈秋白的詩, 表現了他們跟秋白同志之間的深厚情誼. 編者爲這些詩詞作了一些注釋, 寫了分析文字, 對讀者理解詩詞的內容是有帮助的." 앞의 책, p.2(序)

62) 1981년 人民文學出版社에서 출간된 『憶秋白』에 수록된 許廣平과 丁玲의 瞿秋白 회고 산문을 포함한다.

63) 이렇게 세인의 심금을 울리는 감동적인 글을 쓴 曹靖華도 문혁 시기에 『討瞿戰報』에 글을 기고하여, 瞿秋白을 '정통 반역자'라고 모함했다.

있다. 독자들이 이 두 문화거장이 함께 생활했던 구체적인 정경이나 생활 속의 에피소드에 관심을 가지는 것은 지극히 자연스러운 일이다. 따라서 이에 대하여 가장 잘 알고 있는 魯迅 부인 許廣平이 쓴 「瞿秋白和魯迅」[64]이 세상에 나온 후, '문단의 쌍벽'인 魯迅과 瞿秋白에 대한 존경심에서 사람들은 너나없이 앞 다투어 읽었으니 그 영향력을 알만하다.

追慕性 略傳 시기에 속하는 東方曦라는 필명으로(1940년 11월 『宇宙風乙刊』 제32기) 발표된 孔另境의 「記瞿秋白」은 이념과 예술을 조화롭게 통일시킨 記人散文의 걸작으로 農村讀物出版社가 1988년에 출간한 『現代散文鑑賞詞典』에 수록되었다. 현존 자료의 고증에 따르면, 孔另境의 「記瞿秋白」은 瞿秋白 제재 산문의 선하를 열었다고 할 수 있다.

60년대 중기 瞿秋白은 『多餘的話』 때문에 "반역자"로 날조되어 정치적 고압 속에 瞿秋白 제재 산문의 창작도 잠시 종적을 감추어 버렸다. 70년대 중기 문화대혁명이 끝난 후부터 瞿秋白 제재 문장들이 雨後竹筍처럼 쏟아져 나오기 시작했다. 수량이나 그 질적인 면에서 모두 문혁 이전 시기를 능가하였다. 이 시기 회고 산문 중에서 丁玲의 「我所認識的瞿秋白同志-回憶與隨想」[65]이 단연 으뜸이다.

90년에 들어와 많은 당사자들이 세상을 떠나자 回顧性 산문도 날로 적어졌다. 瞿秋白 제재 산문의 창작 붐을 조성하기 위하여 1995년에서 1996년까지 중국작가협회가 주최하는 『文藝報』 와 瞿秋白 고향의 『常州日報』 가 공동으로 "瞿秋白雜文散文奬" 공모행사를 추진하게 되었다. 응모작이 수백 편에 달했는데, 이는 곧 瞿秋白 정신이 이 시대와 역사 조류에 부합하는 과학 정신임을 증명해 준 셈이다. 우수한 많은 산문들 중에서 裘山山의 「男人瞿秋白」, 趙庚林의 「"6.18" 這一天」, 張鴻子의 「故鄕天上流雲」, 邵玉健의 「尋夢青果巷」 등이 상을 수상했는데, 그 중 가장 대표적인 작품은 산문류에서 유일하게 일등상을 수상한 何繼青의 「故鄕, 文明的血

64) 許廣平, 瞿秋白和魯迅, 憶秋白, 人民文學出版社, 1981, pp.271~284
65) 丁玲, 我所認識的瞿秋白同志-回憶與隨想, 憶秋白, 人民文學出版社, 1981, pp.128~156

脈」66)이다.

1996년부터 문단에 "瞿秋白 돌풍"이 불기 시작했는데, 그것은 梁衡이 『中華兒女』 1996년 第8期에 발표한 산문 「覓渡, 覓渡, 渡何處?」 때문이다. 산문의 대가인 梁衡은 편폭은 4000자가 안 되는 단편 산문이지만 이것을 창작하는데 무려 6년이란 세월을 보내야 했다. 이 산문은 가장 먼저 『中國剪報』에 게재되었고 연이어 중국 최고의 권위을 자랑하는 간행물인 『新華文摘』, 전국에서 발행량이 가장 많은 간행물인 『讀者』 와 『文摘週報』 등 수십 개의 신문 잡지에서 전후로 게재함으로써, 독자군이 갈수록 눈덩이처럼 불어났고, 이로 인하여 『多餘的話』도 일반 민중들 입에 오르내리는 화제 거리가 되었으며, 사람들의 瞿秋白에 대하여 새롭게 인식하는 좋은 계기가 되었다.67) 梁衡의 「覓渡, 覓渡, 渡何處?」는 훗날 전국적으로 통용되는 중학 교재에 실렸을 뿐만 아니라 瞿秋白紀念館의 碑文에 실리는 영광을 안기도 했다.

이러한 다양한 형태의 문학장르형 전기는 신세기에 들어서면서 장편소설 전기의 형식으로 발전하게 된다. 이 시기의 예술장르형 傳記는 모두 4편으로 TV 드라마와 라디오 드라마 그리고 영화와 다큐멘터리 등 다양한 형식으로 출현했다. 1987년 6월 18일에 江蘇 TV에서 방송된 드라마 『秋白之死』 와 영화 『秋之白華』의 극작가인 冒炘 또한 다른 瞿秋白 傳記 작가들과 마찬가지로 일찍부터 『餓鄕紀程』과 『赤都心史』를 애독했고, 문혁기에 『討瞿戰報』 와 『多餘的話』를 접하게 되었다. 그는 자신이 『秋白之死』 TV 드라마 제작에 참여하게 된 목적을 다음과 같이 밝히고 있다.

> 秋白의 일생은 짧고 험난했지만 그는 중국혁명사, 철학사, 문학사, 신문사상 많은 개척적이고 창시적인 공헌을 했는데, 이는 나로 하여금 무한한 존경심을 불러일으켰다. 그리고 그의 인품의 순결함과 인격의 위대함은 더욱 나로 하여금 진심으로 그에 대한 열애의 감정을 갖게 했다. 유감스러운 것은 반세

66) 1995년 11월 24일 『文藝報』에 게재됨.
67) 邵玉健, 瞿秋白題材散文部分代表作漫評, 瞿秋白硏究(10), 學林出版社, 1998, pp.292~305 참고

> 기동안 秋白에 대한 평가가 몇 번이나 번복되었고 秋白의 형상에 오점을 남겼다는 것이다. 이 때문에 그의 생평과 저작을 연구할 때, 나는 늘 언젠가는 秋白의 진실한 형상을 스크린에 올려 수많은 군종 속으로 들어가게 하고 싶다는 열망을 마음속에 품고 있었다. 나는 늘 중국 예술화랑에 瞿秋白의 형상이 빠진다면 우리 민족에겐 커다란 유감스러운 일이 될 것이라는 생각이 들었다. 秋白은 "인간은 자신의 역사를 새가 자신의 날개를 사랑하는 것보다도 더 사랑합니다. 저의 역사를 찢지 말아주세요"라고 말한 적이 있다. 秋白 자신이 그토록 아꼈지만 불행히도 찢기어진 역사로 하여금 다시 광채를 발할 수 있도록 하기 위해서 나는 微力이나마 작은 힘을 바치고 싶다.68)

이처럼 冒炘은 瞿秋白에 대한 존경심으로 학술연구에 참여하면서도 늘 瞿秋白의 진실한 형상을 스크린에 올리겠다는 꿈을 포기하지 않았다.

드라마 『秋白之死』는 기존의 편년체식 구성방식을 과감히 버리고 그의 일생 중 체포에서 희생에 이르는 아주 짧은 기간을 대상으로 2회분의 테마성 전기극으로 제작되었다. 즉 인물을 '生'과 '死'의 충돌 한 가운데 놓고 瞿秋白의 독특한 품격을 묘사하는 데 집중하는 방식을 채택했다. 『秋白之死』 가 극 속에서 설정한 傳主의 역사 기간은 겨우 4개월 남짓밖에 안 되지만 瞿秋白 일생 전체를 농축시키고 있다고 할 수 있다. 趙庚林은 『秋白之死』 가 과거의 이러한 유형의 전기극에 흔히 보이는 "사건이 인물을 파묻어 버리거나 인물을 '神化'하는 기존의 폐단"을 극복했다고 극찬했다.69)

---

68) "秋白一生是短暫而坎坷的. 但是, 他在中國革命史・哲學史・文學史・新聞史上, 却做了許多開拓性・奠基性貢獻, 這使我産生了無限敬仰的心情；而他的人品之純潔・人格之偉大, 更使我從心裏對他懷着熱愛之情. 不幸的是, 半世紀以來對秋白的評價幾經反復, 秋白的形象被蒙上遼塵埃. 因此, 在研究他的生平與著作的時候, 我常有一種欲念和遐想縈繞心際, 渴望有朝一日, 使秋白的眞實形象走上屏幕, 走到億萬群衆中去. 我總覺得, 在中國的藝術畵廊裏如果缺少瞿秋白的形象, 將是我們民族的一大憾事. 秋白說過：'人愛自己的歷史比鳥愛自己的翅膀更厲害, 請勿撕破我的歷史'. 爲了讓秋白自己所無比珍惜的・然而不幸被撕破了的歷史重新煥發光彩, 我愿意獻出一份綿力." 冒炘, 史學-人學-美學---- "秋白之死"創作談, 瞿秋白研究, 中國礦業大學出版社, 1989, p.332

69) 趙庚林, 讓社會共享瞿秋白研究成果, 瞿秋白紀念館編, 瞿秋白研究(9), 學林出版

당시는 극좌 사조의 인성에 대한 부정으로 전기문학에서 애정에 대한 묘사는 거의 금지구역이었다. 특히 영웅 인물이나 영수 인물을 묘사하는 작품들은 오직 그들의 정치생애와 계급의식만을 반영해야 하며, 애정과 가정생활의 재현은 감히 엄두도 낼 수 없었다. 이러한 시대 분위기에도 불구하고 瞿秋白과 楊之華의 감동적인 러브스토리를 집중적으로 묘사한 테마성 전기로 분류되는 영화극본 『秋之白華』가 1988년 『電影新作』 제2기에 발표되자, 평론가 古耜[70]은 『秋之白華』는 "독자들에게 한 시대 위인의 애정 경험과 혁명 지도자의 평범한 생활을 펼쳐 보여주었고, 당대 전기문학에 응당 있어야 할 눈부시게 아름다운 색채를 더해 주었다"[71]고 높이 평가했다.

1999년에 방영된 TV 다큐멘터리 『瞿秋白-大型文獻紀錄片』(南京 영화제작소와 常州 TV가 공동 제작)은 모두 10부작[72]으로 구성되어 있는 대형 다큐멘터리 기획물이다. 대형 문헌기록 다큐멘터리 『瞿秋白』은 "중국 공산당 초기 주요 지도자, 위대한 마르크스주의자, 탁월한 무산계급혁명가와 이론가 및 선전가, 중국혁명문학사업의 주요한 창시인 중의 한 사람"인 瞿秋白의 찬란한 일생을 반영한 우수한 걸작으로, 2001년 全國精神文明建設 "五個一工程"奬을 수상한 바 있다. 다큐멘터리 『瞿秋白』은 瞿秋白의 전생애를 담고 있는 全面性 傳記로 주제가 선명하고, 문학성이 강하고, 화면이 아름답고, 제작이 정교하여 상당한 예술적 감염력을 지니고 있다. 이 다큐멘터리는 후에 좋은 작품으로 인정받아 당원과 간부 및 청소년의 애국주의와 혁명전통 교육 특히 이상신념 교육에 적극적으로 활용되고 있다. 『瞿秋白』 전기는 영상매체의 장점을 최대한 활용하여 현재 살아있는 瞿秋白 지인들의 당시 상황을 회상하는 장면과 권위 있는 瞿秋白

社, 1998, pp.418~419

70) 古耜의 평론은 1988년 『文藝報』 9월 10일자에 발표되었다.

71) 冒炘, "秋之白華"創作思考, 瞿秋白硏究, 中國礦業大學出版社, 1989, p.339

72) 제1부 少年覓渡, 제2부 五四洗禮, 제3부 光明使者, 제4부 江南一燕, 제5부 熱血澎湃, 제6부 大浪之顚, 제7부 文壇雙璧, 제8부 蘇區歲月, 제9부 從容就義, 제10부 諸夏懷霜

연구자들의 이에 대한 분석을 통하여 瞿秋白의 일대기를 묘사하고 있기 때문에 상당히 생동적이면서도 논리적인 측면을 지니고 있다. 특히 이 다큐멘터리는 풍부하고 상세한 귀중한 생동적인 史料들을 포함하고 있기 때문에 당사 문헌으로서의 충분한 소장 가치를 지니고 있다.

『永久的青年瞿秋白』은 常州 라디오 방송 6부작[73] 연속극으로 瞿秋白 탄생 100주년 기념작이다. 이것 역시 유년기부터 국민당에 체포되어 희생되기까지 瞿秋白 전생애를 반영하고 있는 全面性 傳記로, 언어가 통속적이고 인물이 생동적으로 묘사되어 극의 재미를 한층 더해 준다. 특기할 만한 것은『永久的青年瞿秋白』의 극작가 또한 冒炘이라는 것이다. 瞿秋白 연구가 冒炘은 이 시기에 다양한 형태의 문예장르형 瞿秋白 전기를 무려 4편이나 창작했다.

Ⅳ. 테마성 傳記 시기(2000년~2005년)

이 시기의 瞿秋白 전기는 테마성 傳記가 주류를 이루고 있다. 이 시기에 출현한 瞿秋白 전기는 모두 9편으로 학술연구형 전기가 4편으로 가장 많고, 예술장르형이 3편, 문학장르형이 2편이다. 이 시기의 瞿秋白 전기의 특징을 연대순으로 나타내면 다음 도표와 같다.

이 시기의 학술연구형 전기 4편은 모두 테마성 전기에 속한다.

藍鴻文・許煥隆의『瞿秋白』은 2000년 人民日報出版社의 中外名記者叢書의 하나로 출간되었다. 이 전기는 瞿秋白의 신문기자로서의 신분에 초점을 맞추어, 瞿秋白의 신문잡지 창간 및 주편, 그리고 사설, 시사평론 등 각종 신문언론 활동을 4시기로 나누어 서술하고 있다.

---

73) 第1회 叛逆少年, 第2회 秋之白華, 第3회 江城風雨, 第4회 文壇知己 第5회 赤子情懷, 第6회, 魂繞長汀

〈표 3〉 테마성 傳記 시기(9편) : (2000~2005)

전기 특징	작가명	작품명	출판 년도	비고
학술연구형	藍鴻文·許煥隆	瞿秋白	2000	언론
학술연구형	韓斌生	文人瞿秋白	2000	문인
학술연구형	餘玉花	瞿秋白-學術思想評傳	2000	사상
학술연구형	劉福勤	情感·才華·心史	2001	생활
예술장르형	瞿秋白紀念館(編)	江南第一燕-瞿秋白畵傳	2002	사진
예술장르형	于仲良·季世昌(主編)	瞿秋白(大型文獻畵冊)	2003	사진
문학장르형	宋振海	碧血忠魂-瞿秋白革命的一生	2003	소설 전기
문학장르형	張琳璋	瞿秋白	2005	소설 전기
예술장르형	江蘇省瞿秋白研究會(編)	瞿秋白	2005	그림

사실 지금까지 다양한 측면에서 瞿秋白 연구가 진행되어 왔지만 이렇게 瞿秋白의 신문언론 활동에 관한 단독 연구는 이루어지지 않았으며, 더군다나 전기로 출간된 예는 더 더욱 없었다. 이런 측면에서 이 전기는 그 나름의 역사적 의의를 충분히 지니고 있다. 그리고 마지막에 부록으로 「瞿秋白新聞活動年表」를 수록하고 있는 것도 상당히 인상적이다.

'문인으로서의 瞿秋白'에 초점을 맞추어 연구한 또 하나의 학술연구형 테마성 傳記는 2000년 中央文獻出版社에서 출간된 韓斌生의 『文人瞿秋白』이다. 이 전기는 瞿秋白의 중국 현대 선진문화 창건에 대한 공헌을 중점적으로 다루고 있다. 문인으로서의 瞿秋白의 생애를 모두 7시기[74]로 구분하고 매 시기 대표작들을 중심으로 瞿秋白 전기를 서술했다는 특징을 가지고 있다. 그런데 葉楠과 奕彤은 「瞿秋白傳著歷史回顧與展望」라는 글[75]에서 韓斌生이 정치가로서의 瞿秋白 형상을 소홀히 다루고 지나치게

74) 제1시기 霜的自白(1899~1916), 제2시기 心的聲音(1916~1920), 제3시기 光的尋覓(1920~1922), 제4시기 愛的浪花(1923~1924), 제5시기 火的煉獄(1925~1930), 제6시기 文學情結(1931~1934), 제7시기 生的涅槃(1935. 2~ 1935. 6.18)

문인으로서의 瞿秋白 형상을 부각시켰다고 지적했다.

2000년 北京圖書館出版社에서 출간된 餘玉花의 『瞿秋白-學術思想評傳』은 瞿秋白 학술사상 및 그 근원을 탐구하는데 주력하면서 瞿秋白의 동시대인들과의 학술교류 및 그의 중국 현대문화사와 사상사에서의 학술적 지위를 논했다. 餘玉花 또한 앞서 살펴본 여타 전기 작가들과 마찬가지로 그의 瞿秋白에 대한 연구도 『多餘的話』에서 비롯되었다.

> 나의 瞿秋白 연구에 대한 관심은 『多餘的話』에서 비롯되었다. 이 기이한 문장을 읽고 난 후 나는 瞿秋白의 진정한 사상을 알고 싶다는 억제할 수 없는 강렬한 욕망을 느꼈고, 그 때부터 그의 책과 그를 연구한 관련 문장들을 읽기 시작해서 후에 일부 성과물들을 발표하기도 했다.[76)]

濟南出版社 黨史人物生活傳記叢書 중의 하나로 출간된 劉福勤의 『瞿秋白-情感·才華·心史』는 瞿秋白의 情感, 才華, 心史를 집중적으로 묘사했다.

> 『心憂書 "多餘的話"』[77)]와 『從天香樓到羅漢嶺-瞿秋白綜論』[78)] 이 두 권을 출간한 후에, 나는 다시 70년대 후기 이래의 瞿秋白 연구 자료들을 일독하고, 사람들이 대부분 혁명가로서의 瞿秋白의 정치 대사나 그의 사상과 이론 및 문학 작품의 理性的 내용의 연구에 열중하고 있고, 그의 정감 세계와 고상한 정조의 특징에 대하여, 그의 정신 발전과 변화의 역정 즉 心靈史에 대하여, 그의 탁월한 재능과 그 발휘 상황에 대하여 연구가 비교적 결여되어 있고, 테마성 연구와 비교적 체계적인 연구가 결핍되어 있다는 것을 발견하

---

75) 葉楠·奕彤, 瞿秋白傳著歷史回顧與展望, 湖北行政學院學報, 2004年 第6期, p.63

76) "對瞿秋白研究的興趣起因於『多餘的話』, 讀了這篇奇文後, 使我產生一種無法抑制的欲望, 要去了解瞿秋白眞正的思想, 開始讀他的書和研究他的有關文章, 幷有一些成果發表." 餘玉花, 瞿秋白-學術思想評傳, 北京圖書館出版社, 2000, p.360

77) 『心憂書 "多餘的話"』는 1993년에 上海社會科學出版社에서 출간된 최초의 『多餘的話』 전문 저서이다. 저자 劉福勤은 기존의 『多餘的話』에 대한 다양한 학설을 총정리하고, 『多餘的話』에 상세한 注釋을 달고 내용을 꼼꼼하게 분석한 명실상부한 『多餘的話』 전문연구가이다. 그는 '心憂說'의 대표논자이다.

78) 『從天香樓到羅漢嶺-瞿秋白綜論』는 1995년에 廣西師範大學出版社에서 출간되었다.

> 게 되었다. 이에 나는 秋白의 情感과 心史 및 才華에 관한 자료를 주의 깊게 수집 정리하면서 기존의 瞿秋白 연구를 확장 심화시키려고 노력했다.[79]

劉福勤의 瞿秋白 생활 전기는 1999년 解放軍出版社에서 출간한 共和國領袖生活傳記叢書와 비슷한 성격을 가지고 있는데, 보통 인간으로서의 領袖의 생활에 대한 독자들의 관심에 부응하기 위하여 기획된 시리즈임을 알 수 있다. 역대 공산당 領袖의 '神化'에서 '人化'한다는 기치 아래, 당대 전기 작가들은 영수 인물 전기를 쓰면서 보통 人民으로서 領袖의 정감 세계와 情趣와 愛好, 혼인생활 및 절개와 풍채 등을 생동적으로 묘사하려고 애썼다.

이 시기의 예술장르형 사진 전기로는 2002년 瞿秋白紀念館에서 발행한 『江南第一燕-瞿秋白畵傳』과 2003년에 于仲良·季世昌이 주편한 中央文獻出版社에서 출간한 大型文獻畵冊 『瞿秋白』이 있다. 신세기에 들어서면서 瞿秋白을 기념하고 선전하는 활동도 다원화 추세를 보이고 있는데, 瞿秋白紀念館에서 발간한 『江南第一燕-瞿秋白畵傳』은 반세기 이래 瞿秋白 기념과 선전의 긴 역사 속에서 첫 시도에 속한다. 『江南第一燕-瞿秋白畵傳』의 序言에서 丁景唐은 본 畵傳의 취지를 다음과 같이 밝혔다.

> 통속적이고 이해하기 쉬운 선전 형식을 가진 "그림으로 말하는" 이 畵傳은 아주 쉽게 많은 독자에게 다가갈 것이다. 이것이 바로 기획자가 의도한 바 중의 하나이다. 즉 더욱 많은 독자들로 하여금 瞿秋白 열사와 파란만장한 중국혁명투쟁사와 문화사를 이해하게 하는 것이다. 이는 또 현재 "三個代表" 사상을 학습하고 실천하고 있는 우리에게도 적극적인 현실 의의를 가지고 있다.[80]

---

79) "在出版了『心憂書 "多餘的話"』和『從天香樓到羅漢岭-瞿秋白綜論』兩本書之後, 我重新飜閱了70年代後期以來瞿秋白研究的資料, 發現人們多是在瞿秋白作爲革命家的政治大事上, 在其思想·理論和文學作品的理性內容的研究上用功夫, 而對他的情感世界·高尙情操的特點, 對他的情感發展變化歷程卽心靈史, 對他的卓異才華及發揮情況, 則比較地缺乏探討, 缺乏專題的和較有系統的研究. 於是我注意搜集整理有關秋白情感·心史·才華的材料,　試圖對瞿秋白研究有所拓展和深化. "劉福勤, 情感·才華·心史·序言, 濟南出版社, 2001, p.1

80) "這本 '看圖說話'的畵傳----通俗易懂的宣傳形式, 很容易被廣大讀者所接受, 這正是策劃者的初衷之一,　卽讓更多的讀者了解瞿秋白烈士以及波瀾壯闊的中國革

뒤이어 출간된 大型文獻畵冊『瞿秋白』에 대하여『揚子晩報』2004年 1月 10日자에서는 다음과 같이 보도하고 있다.

> 어제 오전(2004년 1월 9일)에 大型文獻畵冊『瞿秋白』의 출판발행식이 南京에서 거행되었다. 이 화첩의 취지는 瞿秋白 탄생 105주년과 순국 70주년을 회고하고 기념하는 데 있다. 이 화첩에는 모두 500여 개의 사진과 그림이 수록되어 있으며, 瞿秋白의 "總想爲大家闢一條光明的路(모두를 위해 한 줄기 빛이 있는 길을 열어주고 싶다)"를 주선율로 瞿秋白의 찬란한 일생을 전면적이고 체계적으로 반영하였다.[81]

이 두 권의 사진 전기는 많은 귀중한 역사 사진이나 그림에 간결한 문자 설명을 곁들이는 통속적이고 형상적인 방법으로 瞿秋白의 일생을 묘사하여 瞿秋白 전기의 새로운 형식을 창조했다고 할 수 있다. 이밖에 삽화 형식의 그림에다 간결한 문자가 곁들어진 예술장르형 連環畵 전기『瞿秋白』이 2005년에 江蘇美術出版社에서 출간되었다. 連環畵는 그림과 글이 풍부하고 다채로워서 형상이 생동적이기 때문에 청소년이 좋아하는 독서물이다. 근래에 連環畵의 형식도 발전하고 참신해져서 문학성과 지식성 및 가독성과 감상성 등의 방면에서 더욱 높은 품격을 드러내고 있다.

마지막으로 이 시기의 문학장르형 전기로는 中央文獻出版社에서 2003년에 출간한 宋振海의『碧血忠魂-瞿秋白革命的一生』[82]과 2005년에 출간한 張琳璋의『瞿秋白』[83]두 권이 있다. 이 두 전기는 소설 형식을 이용하여 창작한 전형적인 문학 전기이다. 앞 시기의 문학장르형 전기에 비해 훨씬 더 문학적인 색채를 지닌 장편 소설 전기로 특히 형식적인 측면에서

命鬪爭史・文化史・這對於當今正在學習和實踐'三個代表'思想, 也有着積極的現實意義." 瞿秋白紀念館(編), 江南第一燕-瞿秋白畵傳・序言, 上海書店出版社, 2002, p.3

81) "昨天上午, 大型文獻畵冊『瞿秋白』首發式在南京擧行. 此畵冊旨在緬懷和紀念瞿秋白誕辰105週年和英勇就義70週年. 這本畵冊有五百多幅圖片, 以瞿秋白"總想爲大家闢一條光明的路"爲主線, 全面系統的反映了他的光輝一生. "(http : //ent.sina.com. cn 2004年 1月 10日 13 : 39 揚子晩報, 검색일 071015)

82) 開卷語와 結束語와 跋을 제외하고 모두 4장으로 구성되어 있다.

83) 楔子와 부록을 제외하고 모두 50장으로 구성되어 있다.

상당히 발전했음을 알 수 있다. 특히 張琳璋의 『瞿秋白』은 瞿秋白의 체포에서 스토리 전개를 시작하여 5.4운동에서 희생되기까지를 회고하는 형식으로 묘사하고 있어 기존의 편년체식 서술방식을 탈피했다.

宋振海는 瞿秋白 관련 저작을 통하여 瞿秋白을 알게 되면서 瞿秋白에 매력을 느끼게 되었고 그에 대한 존경심으로 전기 창작에 대한 강렬한 충동을 느끼게 되었다. 그는 이 뜨거운 열정으로 瞿秋白 연구 자료를 탐독하고 창작하는 데 무려 4년이란 시간을 보냈다.[84] 張琳璋은 중학교 2학년 때 『瞿秋白文集』을 통독하고 문혁 때 『討瞿戰報』에 실린 『多餘的話』를 읽게 되었다.

> 나는 자그마한 방에 틀어박혀 『多餘的話』를 읽고 또 읽어보았다. 나는 아무리 보아도 어느 문장이 '쓸데없는' 것인지 도무지 알 수가 없었다. '반역자'나 '나약한 자'의 흔적은 더 더욱 찾아볼 수가 없었다. 반대로 내가 분명하게 느낀 것은 진실한 뜨거운 심장의 박동과 고상하고 솔직한 영혼의 고백이었다.[85]

張琳璋은 문혁 후 비평가와 작가로 활동하면서 1996년에 이 위대한 사상가이자 문학가인 瞿秋白의 不死의 정신을 기록하여 후세에 남겨야겠다는 결심을 하고 2003년에 이 소설 전기를 탈고했지만 2005년에야 출간하게 되었다.

특기할 만한 점은 기존의 전기 작가들은 대부분 瞿秋白을 연구하는 학자나 전문가들이었는데, 이 두 전기 작가는 모두 소설가 출신이라는 것이다. 宋振海와 張琳璋이 瞿秋白 전기 창작에 온 심혈을 기울였음에도 불구하고 아쉽게도 이 두 소설 전기는 출간 후 세간의 주목을 받지는 못했다. 瞿秋白 전기문학사상 첫 시도였다는데 커다란 의의가 있다.[86]

---

84) 宋振海, 碧血忠魂-瞿秋白革命的一生・序言, 中央文獻出版社, 2003, 참조

85) "我把自己關在小屋子裏, 一遍一遍地讀那『多餘的話』. 我無論怎樣看, 都看不出哪一句話是 '多餘'的, 更找不到一丁點兒的所謂 '叛徒'・'軟骨頭''的痕迹. 相反地, 我感覺到的分明是一顆眞實的火熱的心臟的跳動和一個高尙的坦誠的靈魂的自白." 張琳璋, 瞿秋白・前言, 中央文獻出版社, 2005, p.2

86) 이 두 편이 全面性 전기에 속하는 최초의 소설전기라면, 1995년에 출간된 冒炘의

20세기 瞿秋白 傳記의 발전사를 정리해 보면, 초기에는 追慕性 略傳이 대거 출현했으나 50년대에 들어서면서 瞿秋白을 회고한 단편 산문 전기가 대세를 이루었다. 楊之華의 『回憶秋白』은 이 시기 回顧性 산문 전기의 대표작이다. 80년대 중반이후 1999년까지는 전기로서의 면모를 제대로 갖춘 全面性 傳記가 주류를 형성하여 전체 16편 중 10편을 차지했다. 최근 약 6년간의 전기 창작 추세를 살펴보면, 全面性 전기보다는 테마성 전기가 점점 주류를 이루고 있음을 알 수 있다.

특히 본 연구를 통하여 瞿秋白에 관한 학술적인 연구 성과가 점차 문예 형식으로 전환되고 있음을 알 수 있다. 문학장르형 전기나 예술장르형 전기는 사실 학술연구형 전기의 연구 성과를 토대로 창작되었다. 이러한 문예장르형 전기들은 史學에서 人學 다시 美學으로, 예술형상을 빌어 학술 사상을 사회 전체로 전파 보급하는 데 커다란 역할을 해왔으며, 이것들은 모두 예술 감상과 역사 문헌의 이중적 가치를 지니고 있다.

지금까지 32편의 瞿秋白 他傳을 유형별로 분류하고 시기별 발전경향을 살펴보았다. 瞿秋白 전기는 비록 양적으로 꾸준히 증가해왔고, 전기 형식상에서도 다양한 형태로 발전해왔지만 질적으로 陳鐵健과 王觀泉의 전기를 뛰어넘는 획기적인 瞿秋白 전기는 아직 시일을 두고 기다려야 것 같다.

그리고 전기 작가들의 瞿秋白 전기 창작의 동기와 목적을 집중적으로 살펴본 결과 대부분의 전기 작가들은 『多餘的話』를 통하여 瞿秋白을 진정으로 이해하고 존경하게 되었고 이는 곧 전기 창작의 주요 계기가 되었음을 알 수 있었다. 아울러 瞿秋白 전기의 '一人多傳' 현상은 바로 여기에서 비롯되었음을 확인할 수 있었다.

『瞿秋白 · 楊之華』는 테마성 전기로 분류되는 최초의 소설형식을 갖춘 전기라고 할 수 있다.

參考文獻

瞿秋白, 瞿秋白文集 政治理論篇(7), 人民出版社, 1991
瞿秋白紀念館編, 瞿秋白研究(2), 學林出版社, 1990
瞿秋白紀念館編, 瞿秋白研究(5), 學林出版社, 1993
瞿秋白紀念館編, 瞿秋白研究(9), 學林出版社, 1998
瞿秋白紀念館編, 瞿秋白研究(10), 學林出版社, 1998
[臺] 姜新立, 瞿秋白的悲劇, 國立政治大學東亞研究所, 臺灣, 1978
憶秋白編輯小組(編), 憶秋白, 人民文學出版社, 1981
貴州省話劇團演出, 魯迅與瞿秋白-戲劇連環畫, 中國戲劇出版社, 1982
楊之華, 回憶秋白, 人民出版社, 1984
王鐵仙, 瞿秋白論稿, 華東師範大學出版社, 1984
王士菁, 瞿秋白傳, 四川人民出版社, 1985
陳鐵健, 瞿秋白傳, 上海人民出版社, 1986
王鐵仙, 瞿秋白文學評傳, 百花文藝出版社, 1987
冒炘, 瞿秋白研究, 中國礦業大學出版社, 1989
史洪, 革命先驅瞿秋白, 中國勞動出版社, 1990
[美] 皮科威玆, 書生政治家-瞿秋白曲折的人生, 譚一青・季國平譯, 中國卓越出版公司, 1990
픽코위쯔, 『중국 마르크스주의 문예이론 -瞿秋白의 영향』, 심규호 옮김, 청년사 1991
王保林(編), 懷霜詩抄, 天津人民出版社, 1991
王觀泉, 一個人和一個時代-瞿秋白傳, 天津人民出版社, 1991
魯雲濤, 瞿秋白評傳, 四川人民出版社, 1991
冒炘, 瞿秋白楊之華, 中國青年出版社, 1995
劉福勤, 從天香樓到羅漢岭-瞿秋白綜論, 廣西師範大學出版社, 1995
餘玉花, 瞿秋白-學術思想評傳, 北京圖書館出版社, 2000
劉福勤, 情感・才華・心史, 濟南出版社, 2001
瞿秋白紀念館(編), 江南第一燕-瞿秋白畫傳, 上海書店出版社, 2002
宋振海, 碧血忠魂-瞿秋白革命的一生, 中央文獻出版社, 2003
陳福康・丁言模, 楊之華評傳, 上海社會科學出版社, 2005
張琳璋, 瞿秋白, 中央文獻出版社, 2005
김용덕, 전기문학의 이해, 역락출판사, 2006
戴光中, 論中國現當代傳記文學發展軌迹, 中國現代文學研究叢刊, 2000年 03期
張夢陽, 魯迅傳記寫作的歷史回顧(一), 魯迅研究月刊, 2000年 第三期
曾曉夢・張新科 整理, 第八屆中外傳記文學學術研討會綜述, 文學評論, 2004年 02期
葉楠・奕彤, 瞿秋白傳著歷史回顧與展望, 湖北行政學院學報, 2004年 第6期

출처 : 『瞿秋白 傳記에 관한 研究』(한국외대 2008년 박사학위 논문)에서 발췌

상처와 거절의 문화적 풍경

— 陳染의『개인생활(私人生活)』을 읽고

金 明 姫*

Ⅰ. 개인적 글쓰기와 陳染

개혁 · 개방 이후 17년이 지난 90년대 중반의 중국은 사회의 상업화와 다원화된 문화가 급속하게 진행되었다. 90년대 문학에는 90년대 사회 상황과 그 사회의 유행풍조가 자연스럽게 반영되었는데, “사소하고 평범한 ‘일상생활’이 ‘개혁’ · ‘계몽’과 같은 ‘거대한’목표를 대신하였고, ‘개인’이 ‘사회’와 ‘정치’를 대신하여, ‘글쓰기’를 수식하는 중요한 어휘가 되어, 당시 중국사회의 유행하는 의식이 되었다.”[1)] 그리하여 “90년대에 들어온 이후, 사회의 일반의식이나 문학의 유행관념에서 ‘개인’은 가장 중요한 것이 되었다. ‘개인’의 발전이 일반 대중의 가장 중요한 관심사가 되었으며, 아울러 ‘개인성’과 ‘개인적 글쓰기’가 더욱 빈번하게 문학 잡지의 유행하는 화제가 되었고, 비평가들도 이로써 작품을 논술하였을 뿐만 아니라, 수많

---

* 전남대학교 중어중문학과 강사

1) 王曉明,「在創傷性記憶的環抱中」,『在新意識形態的笼罩下--90年代的文化和文学分析』, 王曉明 主編, 江蘇人民出版社, 2000年. 238쪽

은 작가 또한 이로써 자아(自我)를 논술하였다."[2] 이처럼 "90년대에 급격히 팽창한 '개인'의식은 단지 경제 '개혁'·문화와 사회 '개방'류의 이른바 '현대화'의 일반적인 결과일 뿐만 아니라, 그것은 8·90년대의 중국현실이 주조해낸 특별한 성질을 분명히 띠고 있었다. 그 중 가장 중요한 것은 상처 있는 기억이며, 공공생활(公共生活)에 대한 자연스러운 회피였다."[3] 바로 이러한 사회배경 아래에서, 90년대 중국 여성작가의 '개인적 글쓰기'가 진행되었다.

90년대 중국의 여성문학에서 "린바이(林白), 천란(陳染), 쉬야오빈(徐小斌)은 비교적 큰 논쟁을 불러일으킨 여성작가로 '개인적 글쓰기(個人化寫作)'의 대표"[4]작가들이다. 그 중에서도 린바이(林白)의 『한 사람의 전쟁(一個人的戰爭)』과 천란(陳染)의 『개인생활(私人生活)』은 90년대 문단의 '개인적 글쓰기'와 '사소설(私小說)'논쟁을 불러일으켰으며, 창작 속에서 명확한 성별(性别)태도를 드러내어, 여성문학의 범주에 귀납되었다.

작가이자 평론가인 쉬쿤(徐坤)은 90년대 여성글쓰기에 대한 전면적인 개괄을 해냈는데, 그녀가 보기에 "80년대 여성 글쓰기는 사상해방운동과 함께 여성작가가 남성작가들과 같이 '문혁(文革)'에 의해 금지된 5·4시기에 근원을 둔 개성해방·인간의 자아에 대한 발견에 새롭게 불을 붙이고 이어 나갔다면, 90년대는 다원화된 문화·역사현실이 도래함에 따라서, 줄곧 문화의 주변부에서 묵묵히 길을 걷던 여성작가들이 '인간'해방의 기치 하에 가려진 '여성'의 자아 발견을 발굴해 내는 것을 중시하였다"[5]고 말하고 있다. 쉬쿤(徐坤)은 90년대의 '다원화 문화'는 '5·4'이래 여성의 제3차 해방을 이루었다고 보았는데, "제3차 해방은 바로 90년대 여성의 자기 신체에 대한 해방이었다. 상대적으로 평등하고 진보적인 사회기제가 여성으로 하여금 더욱 자주적으로 자신의 생존방식을 선택할 권리가 있게

2) 王曉明, 앞의 책, 239쪽.
3) 王曉明, 앞의 책, 239-240쪽.
4) 洪子誠, 『中國當代文學史』, 北京大學出版社, 1999년, 364쪽.
5) 薛毅, 「浮出歷史地表之后」, 『在新意識形態的笼罩下-90年代的文化和文学分析』, 王曉明 主編, 江蘇人民出版社, 2000年. 216쪽에서 재인용.

하였고, 여성의 자기 신체에 대한 인식욕망도 더욱 강렬해졌다. 90년대의 여성들은 이전처럼 남성권력의 눈을 빌려서 거울삼을 필요가 없게 되었고, 여성 자신의 눈을 통하여 자신이 자기의 신체를 인식하고 직시하였으며, 신기한 눈으로 새롭게 자신의 신체를 발견하고 감상하였으며, 여성의 잃어버린・사라져버린 자아를 발견하고 되찾았다."[6]라고 하였다. 이와 같이 볼 때, 90년대의 중국 여성은 자각적인 여성의식이 있었고, 독립적인 여성 시각과 여성언어가 있어서 독특한 여성의 경험을 표현해 낼 수가 있었다. 80년대 여성작가들과 달리 90년대 여성작가들은 '인간'의 자아가 아닌 '여성'의 자아발견에 주목하면서, 주변부에서 중심을 향하여 걸어 나갔으며, '개인적 글쓰기'라는 독특한 풍격을 형성하였다.

그렇다면 90년대 여성작가들에게 뚜렷하게 드러나는 '개인적 글쓰기'를 어떻게 이해할 것인가? 다이진화(戴錦華)는 여성의 '개인적 글쓰기'를 다음과 같이 정의하고 있다. "한 측면에서, 이른바 '개인적'이라는 것은 단지 개인의 시점・각도에서 역사에 들어가는 것이다. 나의 이해에 근거하면, 상당히 개인적인 시점에서 들어가는 서사(敍事)는 권위적인 언어와 주류서사(主流敍事)에 대한 해소・전복을 이룰 수 있다. 적어도 완전한 상상의 경관에 틈을 낼 수가 있다. 다른 한 측면에서는 여성작가에 대한 것으로, 개인적 글쓰기에는 자전적인 의의가 있다. 우리가 직면한 언어환경 중에서 그것은 여성작가가 개인생활을 쓰고・개인의 사적인 비밀을 드러내는 것으로 구체화된다. 이로써 남성사회・도덕적 언어에 공격을 할 수 있으며, 세상을 놀라게 하는 효과를 얻을 수 있다. 왜냐하면 여성 개인생활 체험의 직접적인 글쓰기는 남성권력사회의 권위적인 언어・남성 규범과 남성이 갈망하는 여성형상을 전복 시킬 수 있기 때문."[7]이라고 말하였다. 아울러 그녀는 "개인의 경험과 체험을 탐구하고 표현하는 '개인적 글쓰기'는 이미 오랫동안 중국문단 내에서 결핍된 글쓰기 방식"[8]이라고 언급하였

6) 薛毅, 「浮出歷史地表之后」, 앞의 책, 217쪽에서 재인용.
7) 戴錦華・王干, 「女性文學與個人化寫作」, 『大家』, 第1期, 1996년, 196쪽.
8) 戴錦華, 「陳染 : 個人和女性的書寫(跋)」, 『陳染文集』 1券, 江蘇文藝出版社, 1996

다. 90년대에 창작된 천란(陳染)의 장편소설 『개인생활(私人生活)』은 바로 '개인적 글쓰기'의 대표작으로 일컬어진다.

천란(陳染)[9]의 창작은 여러 차례 변화를 겪었다. 천란은 "대학기간에 시를 쓴 적이 있으며, 80년대 중기부터 소설을 쓰기 시작하였다. 초기의 소설은 캠퍼스 안의 현대 젊은이의 정신상태를 주로 표현하였는데, 1986년에 발표한 『세기병(世紀病)』이 대표적이다. 그 후, 그녀는 '루안리우전(亂流鎭)'이라 불리는 작은 마을 사람들의 괴이한 생활을 주요내용으로 하는 '환타지(魔幻)'와 상징색채를 띤 일련의 소설을 썼다. 1990년에 쓴 『지난 날과의 건배(與往事乾杯)』 부터 시작하여, 그녀의 창작은 현대도시의 여성생활과 여성체험으로 방향을 바꾸었으며, 특히 혼자 사는 지식여성의 생활경험과 정서체험을 표현하는데 뛰어났다. 이러한 소설은 여성 일인칭 형식으로, 가정・혼인과 사회환경 중의 상처를 입은 체험이 있는 지식여성의 은거생활과 그 정서와 느낌을 서술하였다. 소설이 취한 서술방식이 자전적 색채를 띠고 있음으로 인하여, 표현된 내용은 종종 여성개인의 성장 경험속에서 나오는 性別問題가 언급되었다. 천란(陳染)의 장편소설 『개인생활(私人生活)』은 그녀의 여성성장의 주제・반어적 서술과 반역적 입장이 집중적으로 표현된 작품이다."[10]

천란(陳染)의 장편소설 『개인생활(私人生活)』은 작품의 프롤로그에 해당하는 0장을 포함하여 에필로그에 해당하는 21장까지, 전체 22장으로 구성되어 있다. 소설은 주인공 화자인 "나(我)--니니우니우(倪拗拗)"의 1인칭 관찰자 시점으로 이루어져 있다. 『개인생활』은 화자인 "나(1968년이 비범한 해의 밤에 태어남)"의 성장소설이면서, 자전적 색채를 띠고

년, 400쪽.

9) 천란(陳染)은 1962년 4월 북경에서 태어났고, 어렸을 때 음악을 배운 적이 있다. 1982년 대학 중문과에 입학해서, 졸업 후 대학교사, 신문사 기자, 출판사 편집인을 역임한 적이 있다. 출판된 소설집으로는 『종잇장(紙片兒)』, 『입술속의 햇빛(嘴唇裏的阳光)』, 『잠재된 성과 숨겨진 사실(潛性逸事)』이 있고, 산문집으로는 『자투리 모음(斷簡殘篇)』이, 장편소설로는 『개인생활(私人生活)』이 있다. 그 외에 『천란문집(陳染文集)』이 있다.

10) 洪子誠, 『中國當代文學史』, 北京大學出版社, 1999년, 365쪽.

있다. 화자인 '나'의 신체와 정신의 성장・변화하는 모습이 초등학생/중・고등학생/대학생의 과정을 거치면서, 주인공인 '나'와 그녀를 둘러싼 주변 인물과의 관계에서 일어나는 일상생활들을 묘사하고 있다. 필자가 보기에 『개인생활』은 주인공 '나'의 자기 신체에 대한 자아발견, 여성의 욕망과 섹슈얼리티에 대한 보고서이면서, 동시에 남성권력 체제와 사회의 억압적 문화에 대한 저항의 서사로서의 여성적·개인적 글쓰기이다.

이 글은 남성권력 체제와 사회의 억압적 문화가 소설 속 여성인물들에게 가져다 준 상처와 그 억압적 문화에 대한 거절의 몸짓과 저항의 언어로서의 개인적 글쓰기가 소설 『개인생활(私人生活)』에 어떻게 나타나고 있는지를 살펴보고, 여성이 심리적 위안을 얻을 수 있는 자기만의 상상의 세계가 작품속에서 어떻게 표현되어 있는지를 살펴보고자 한다.

Ⅱ. 상처의 기억

천란(陳染)의 『개인생활(私人生活)』을 읽고 필자가 느낀 가장 깊은 인상은 소설 속에 표현된 상처 있는 인물들이었다. 『개인생활(私人生活)』 속에 나타난 등장인물들, 특히 여성인물들은 모두 상처의 기억이 있고 결함이 있는 불완전한 사람들로 묘사되어 있다.

그렇다면 작가는 어째서 『개인생활(私人生活)』 속의 여성 등장인물들을 하나같이 상처의 체험을 간직한 인물들로 그려내었을까? 그녀의 작품 속에서 표현된 상처의 기억이 의미하는 것은 무엇인가? 여기에서는 소설 속에 표현된 여성인물들의 상처를 구체적으로 살펴보면서, 여성인물들의 상처가 어디로부터 연유한 것인지, 그 상처가 의미하는 것은 무엇인지를 고찰해보고자 한다.

먼저 주인공이며 화자인 '나(我)--니니우니우(倪拗拗)'의 어린 시절, 집안의 보모였던 할머니와 '나'의 유일한 친구인 이치우(伊秋), 그리고 이웃집 거씨(葛氏)여인의 상처에 관한 이야기를 살펴보자.

집안의 보모였던 할머니는 '한 쪽 눈의 소유자'이다. 그녀의 다른 한 쪽 눈은 여러 해 전에 그녀의 남편에게 맞아서 못쓰게 된 후, 다시는 눈을 뜰 수 없게 되었다.

> 나는 일찍이 그녀에게 물었다. 어째서 우나요?
> 할머니는 말했다, 마음이 아프기 때문이란다.
> 나는 말했다, 어째서 다른 한 쪽 눈은 마음이 아프지 않나요?
> 할머니는 말하였다. 왜냐하면 그것은 이미 마음이 아플 수가 없기 때문이란다.
> 나는 말했다, 어째서 다른 한 쪽 눈은 마음이 아프지 않나요?
> 할머니는 말하였다. 왜냐하면 그것은 이미 죽었기 때문이란다, 그녀의 남편에 의해서 매우 오래 전에 죽임을 당했단다.[11)]

그래서 할머니는 남편을 떠나, 우리 집에 와서 일을 하게 되었고, 아버지에게 모욕을 당하였다. 어느 날, 아버지는 더 이상 그녀를 집에 머무르지 못하게 한다. '나'는 성장한 이후에야 할머니가 황무지같은 그 집을 정원으로 가꾼 소중한 존재였음을 깨닫게 된다. 여러 해 동안 할머니는 "그 집의 생명의 빛이 그녀의 노동아래 살아나갈 수 있도록 시도하였다. 그녀는 이집에서 자신도 잃어버린 채, 그 집을 위하여 모든 정력을 바쳤다. 그러나 그녀는 결국 그 집안을 소생시킬 수가 없었다."[12)] 그 집안을 위하여 묵묵히 자신의 모든 정력을 바친 할머니를 아버지가 무엇 때문에 내보내게 되는지 소설 속에 그 이유는 언급되어 있지 않지만, 화자인 '나'는 유년시절, 집안의 총애를 받던 개(소피아 로랜)가 아버지의 얼굴을 할퀸 뒤, 영원히 들개가 되어버린 일을 상기하며, 할머니가 이와 유사한 실수를 하였을 것이라고 생각한다. 아버지의 절대적인 권위에 대해 누구도 반기를 들 수 없는 집안의 상황에서, 화자인 '나'는 눈물을 삼키며 "할머니, 내가 커서 돈을 벌면, 당신을 데려오고, 그를 쫓아내겠어요, 나는 복수할거예요."[13)]라고 말한다. "그"는 물론 화자인 '나'의 아버지이다.

---

11) 陳染, 『私人生活』, 『陳染文集』 3券, 江蘇文藝出版社, 1996년, 20쪽.
12) 陳染, 『私人生活』, 21쪽.
13) 陳染, 『私人生活』, 28쪽.

화자인 '나'는 14살 때, 마침내 '나'와 교류하기를 원하는 짝을 찾게 되는데, 그녀는 방학기간에 같은 학습조에서 공부하게 된 이치우(伊秋)였다. 이치우(伊秋)는 소아마비에 걸린 절름발이였다.

> 이치우(伊秋)의 아버지는 초등학교 교장이었고 엄마는 연극단의 배우였다. 그들은 1964년 초에 결혼하여 그 이듬해 이치우(伊秋)를 낳았다. 이치우(伊秋)가 4살이 되던 해, 그녀의 아버지는 당시 중국에서 발생한 정치운동의 격투와 싸움을 견딜 수 없었다. 그는 상부의 칙령에 의해 두 명의 죽은사람과 함께 잠을 자야했는데, 한 명은 방금 홍위병에 의해 맞아죽은 여선생이었으며, 다른 한 명은 '형벌이 두려워 투신자살한' 교무주임이었다. 그는 그 두 구의 시체사이에 누워, 끊임없이 그것들을 손으로 만지도록 강요당했다. 그리하여 다음날의 (심문에서) '조리 있고 뚜렷하게' 문제 에 대답할 수 있었다. 꼬박 하룻밤의 시달림은 그의 유약한 신경을 마침내 붕괴시켜버렸다. 그의 우울하고 유약한 본성은 갑자기 통제할 수 없게 되어 광적으로 폭발하였다. 이로 인해 전 가족은 비참함에 빠지게 되었다. 그는 이치우(伊秋)를 강으로 던져버렸다. 이치우(伊秋)가 행인에 의해 강에서 건져졌을 때는 이미 숨이 끊일락말락 하였으며, 그녀의 몸에는 몇 군데 가위에 찔린 상처가 있었다. 이치우(伊秋)의 부모의 시체는 두 그루의 나무 위에 나누어져 걸려 있었다."[14]

부모의 이른 죽음으로 인하여 숙부에 의해 키워진 이치우(伊秋)는 절름발이라는 신체적 결함 때문에 집단에 의해 친구들 사이에서 배척된다. 어느 날, 이치우(伊秋)는 화자인 '나'에게 "우리 둘은 공통점이 있는데, 우리는 모두 다른 사람에게 받아들여지지 않아, 우리는 그들 속에 있지 못하고, 우리는 그들 바깥에 서있는 낯선 사람이 되어 주의를 받지 못해"[15] 라고 말한다. 그러나 이치우(伊秋)는 비록 절름발이라는 신체적 결함으로 인하여, 친구들 사이에서 배척당하기는 하지만, 신체적 결함으로 인한 상처 이외의 친구들에 의해 배척당하는 또 다른 상처에서 벗어나고 싶어한다. 또 한 명의 상처 있는 인물은 '나'의 이웃집에 사는 거씨(葛氏)여인이다.

---

14) 陳染, 『私人生活』, 78-79쪽.
15) 陳染, 『私人生活』, 76쪽.

거씨(葛氏)여인은 유방암에 걸렸고, 머지않아 죽을 것이라고 엄마는 말하였다. 저녁밥을 먹은 후, '나'는 일기를 쓰다가 잠 속으로 빨려 들어가게 된다. 꿈 속에서, 거씨(葛氏)여인이 죽었다.

> 이 때, 관 속의 여인이 그녀의 병마로 인해 삼켜진 가느다란 팔을 펴서, 나의 손을 잡았다. 나는 그 손에 여전히 온기가 남아있는 것에 놀랐다. 그런 후에 그 여인은 다른 한 손으로 얼굴 한 쪽 위의 흰 천을 들어올리며, 한 쪽 눈을 드러내놓고, 분명하게 말하였으며, 반 쪽 눈만 보였다.
> 그녀는 나를 향해 웃으며, 매우 조용하고 허약하게 말하였다. "두려워하지 마라!"
> 나는 말하였다. "당신은 아직 안 죽었나요?"
> 그녀는 말하였다. "나는 죽지 않았다. 나는 한 차례 실험을 하고 있는 중이다"
> "실험이요?"
> "나는 사람을 별로 믿지 않는다. 나의 남자를 포함해서. 너는 보아라, 그는 바쁘게 장례물품을 기록하는 것 이외에, 조금도 슬퍼하지를 않구나, 보아하니 오히려 매우 쾌활한 것이, 분명히 한 차 례 새로운 '기회'를 얻으려고 기뻐하고 있구나!"16)

꿈 속의 '나'는 관(棺) 속에 누워있는 거씨(葛氏)여인의 시체와 대화를 하게 된다. 꿈이 왔다갔다 하다가 '나'는 꿈에서 깨어났다. 다음날 아침, 현실 속에서 거씨(葛氏)여인은 정말로 죽었다. "거씨(葛氏)남자는 도망가서 보이지 않았고, 그의 여인은 남편의 허리띠에 목이 졸려 질식하여 죽은 것이다."17) 이 일은 '나'에게 어젯밤의 꿈이 생각나게 했다. 꿈 속에서 자신의 남자를 믿지 못했던 거씨(葛氏)여인의 모습이 떠올라 '나'는 부들부들 떨기 시작했다.

그렇다면 『개인생활(私人生活)』에 표현된 이 여인들의 상처는 어디에서 연유하는가? 한 쪽 눈의 할머니는 그녀의 남편에게 맞아 한 쪽 눈을 못쓰게 되었고, 또 '나'의 집에서는 아버지에 의하여 쫓겨나게 된다. 소아마비에

---

16) 陳染, 『私人生活』, 94쪽.
17) 陳染, 『私人生活』, 99쪽.

걸린 이치우(伊秋)는 비정상적인(결함있는) 시대의 정치상황을 견디지 못한 아버지에 의해 강에 버려져 절름발이가 된다. 유방암을 앓고 있는 거씨(葛氏)여인은 지병으로 인해 죽는 것이 아니라, 남편의 허리띠에 목이 졸려 죽게 된다. 주목할 것은 이 여성인물들에게 가해지는 상처의 체험과 기억이 하나같이 소설 속의 男性인물들에 의해 이루어진다는 점이다.

다음은 위에서 언급한 이 세 여인 이외에도 상처입은 인물들이 있다. 『개인생활(私人生活)』에서 중요한 위치를 차지하고 있는 허과부(禾寡婦)와 엄마, 그리고 '나(我)'인데, 그들의 상처에 관한 기억을 살펴보고자 한다.

> 허(禾)는, 스물 몇 살에 대학을 졸업하고 중학교 교사로 발령을 받았다. 그녀의 남편은 지역문화관의 음악 교사였는데, 오래지 않아 남편에게 새로운 애인이 생긴다. 후에 그녀의 남편은 알 수 없는 열병으로 갑자기 죽게 되는데, 나중에 알게 된 그의 병은 "허리 둘레에 나는 단독(丹毒)"이 라는 급성병이었다."[18]

미묘한 성(性)적 끌림의 목소리를 가지고 있는 허과부(禾寡婦)는 특별히 사람을 끌어당기는 힘이 있다. 허과부(禾寡婦)는 화자인 "나의 무미건조한 내면생활의 하나의 밝은 빛이며, 나의 엄마를 대신할 만한 특이한 여인이다."[19] '나'는 허과부(禾寡婦)에게서 모성(母性)을 느끼며, "나는 엄마가 아닌 허(禾)에게서 가정의 따뜻함을 느낀다."[20]

허(禾)는 '나'보다 열 몇 살이 더 많은 젊은 과부이다. 그녀는 "언제나 나로 하여금 기묘한 공모자의 느낌이 생겨나게 한다."[21] "허(禾)는 내 속을 너무 잘 이해하여 말이 필요치 않는, 내 마음속의 영원히 가장 친밀한 공모자이다."[22] 유년시절, 가위로 아버지의 유백색의 바지를 자를 때도 그랬다. 그 때도 그녀는 '나'를 위로해주었다. '나'에게 허(禾)는 이 생의

---

18) 陳染, 『私人生活』, 50-51쪽.
19) 陳染, 『私人生活』, 96-97쪽.
20) 陳染, 『私人生活』, 148쪽.
21) 陳染, 『私人生活』, 48쪽.
22) 陳染, 『私人生活』, 171쪽.

고통을 함께 나눠 짊어질 수 있는 동반자이며, '나'를 비춰볼 수 있는 거울 같은 존재였다. "여러 해 동안 내가 진정으로 좋아한 사람은 사실 그녀"[23] 였으며, '나'에게는 하나의 바램이 있는데, 허(禾)가 떠나지 않기를 바라는 것이며, 허(禾)와 함께 영원한 나날을 보내고 싶어하는 것이다.

그러나 큰 화재가 '나'의 사랑하는 벗(禾)을 데려가 버렸다. 허(禾)의 고장난 냉장고에서 일어난 불길은 허(禾)를 삼켜버렸고, '나'의 정신을 삼켜버렸다. "나의 정신은 오랫동안 그 화재에서 빠져나오지 못하였다. 허(禾)의 죽음은 나의 심신을 몇 개월 동안 마비상태에 빠지게 하였고, 텅 빈 채로 허무하게 하였다. 나는 그녀가 없어졌다는 사실을 믿을 수가 없었고"[24] 이 일은 결국 '나'의 정신에 이상과 분열을 일으켰다.

『개인생활(私人生活)』의 제1장의 소제목인 "검은 비 속에서의 발끝 춤"은 엄마에 관한 이야기이다. 작가는 제1장의 표제어에서 "온 몸이 상처투성이인 이 여인은 우리의 어머니이다"[25]라고 덧붙이고 있다. 엄마는 "오만하고 독단적이며 뜻을 이루지 못한 관리"인 아버지와 살고 있었다. 아버지는 "줄곧 여러 해 동안 계속 억압과 배척을 받았는데, 이것이 그의 교만과 초조와 신경질을 더욱 심해지게 했다. 아버지는 엄마와 나의 일에는 관심이 없고, 단지 자기 자신에게만 관심이 있다."[26] 그리하여 '나'는 어른이 되면 아버지와 같은 사람에게 시집가지 않아야겠다고 생각한다. 그는 '나'와 엄마가 의지할 수 없는 존재이며, "어느 날, 주방을 고치러온 아저씨에게 화를 내어, 엄마를 난처하게 만드는"[27]사람이었다.

> 누가 뭐라고 해도 평소 자기 식으로 하는 엄마는 자연의 비와 생활 속의 어두운 비라는 이중의 압력아래, 가만히 발끝으로 서서, 광명을 찾고 있었다"[28]

23) 陳染, 『私人生活』, 151쪽.
24) 陳染, 『私人生活』, 214쪽.
25) 陳染, 『私人生活』, 9쪽.
26) 陳染, 『私人生活』, 15쪽.
27) 陳染, 『私人生活』, 16쪽.
28) 陳染, 『私人生活』, 16쪽.

현실에서의 엄마는 발끝으로 서서 아버지의 눈치를 살피며, 아버지에게 눌려 살다가 결국 이혼을 선택하게 된다. 부모의 이혼은 "나와 엄마에게 아름다운 혼인생활에 대한 회의론자가 되게 하였다."29)

엄마는 힘들게 이전의 날들을 살아서 건너와, 이제야 누구의 모욕도 받지 않고 살게 되었는데, 불치의 병에 걸리게 된 것이다. 밤마다 숨이 막히는 엄마의 병은 왼쪽심장의 기능이 완전하지 못한데서 온 것이라고 하였다. "1990년 초, 엄마는 밤중에 잠자다가 "죽었다". "죽었다"에 내가 인용부호를 붙이는 것은 왜냐하면 의사와 주위사람들이 그녀가 죽었다고 말했기 때문이다. 그러나 나는 결코 그렇게 생각하지 않는다.30)", '나'는 엄마의 죽음을 받아들일 수가 없는 것이다.

다음은 소설의 주인공이며 화자인 "나(我)"의 이야기를 살펴보자.

열 한 살 무렵, "나는 반에서 나이가 가장 어렸는데, 담임선생인 T선생은 반의 친구들에게서 나를 고립시켰다."31) '나'는 초등학교 담임선생인 T선생에 의해 "결함(殘缺)있는 아이", "문제아", "보균자"로 구분되었다.

> T선생은 나의 엄마에게 나를 데리고 병원에 가서 검사를 한번 해보라고 말하였다. 나의 두뇌에 무슨 결함(殘缺)이 있는지 없는지를 알아보라고. 그는 내가 벙어리처럼, 머릿속에서 무엇을 생각 하고 있는지 알아맞힐 수가 없다고 말하였다.32)

T선생은 내가 말해야 할 때 말하지 않고, 말하지 않아야 할 때 말을 하는 '문제아'라고33) 엄마에게 말하였다.

> 초등학교 4학년의 어느 날, T선생은 수업시간에 "우리 중의 누군가가 책상 아래로 인체 그림책을 돌려 보고 있는데, 그런 것은 일부러 남녀의 은밀한

---

29) 陳染, 『私人生活』, 121쪽.
30) 陳染, 『私人生活』, 229쪽.
31) 陳染, 『私人生活』, 12쪽.
32) 陳染, 『私人生活』, 12쪽.
33) 陳染, 『私人生活』, 14쪽.

> 부분을 드러내는 그림책"[34]이라고 말하였다. T선생이 '은밀한 부분(私部)'이라고 말했을 때, 나는 '그'부분이라고 생각했고, 그렇게 생각하자 얼굴이 달아올랐다. T선생은 나를 불러 세워, "너는 어째서 얼굴이 빨개졌는지 말해 봐?"라고 물은 이후, 아이들은 전염병을 피하듯 나를 피하였고, 나는 "보균자"[35]가 되었다.

"무리와 하나로 융화되는 즐거움, 그것은 나에게 영원한 하나의 결함"[36]이었고, "나의 상상에 부합되는 아버지가 없는 것은 내 생명에 있어서 가장 치명적인 하나의 결함"[37]이었다.

그리고 화재로 인한 허(禾)의 죽음과 유일하게 친했던 남자친구 인난(尹楠)의 떠남, 연이어 다가온 엄마의 죽음, 이런 충격적인 경험들은 '나'의 정신에 이상을 가져오고 분열을 일으키게 된다. '나'는 허(禾)와 엄마의 죽음을 받아들이지 못하고, '나'를 사랑했던 사람들이 연이어 떠난 상처의 기억을 감당해내지 못하고, 아울러 상처의 정도가 극에 이르러 정신분열 상태('내'가 없는 상태, '내'가 사라진 상태는 곧 '제로여사(零女士)[38]"의 탄생을 의미함)에 빠지게 된다. 나중에, 정신이 돌아오기는 하지만, '나'는 여전히 시대의 조류에 부합되지 못하는 고독한 사람이다. '나'는 상처의 기억과 아픔이 너무 깊어서 어떤 타인과도 교류하고 싶어하지 않는다.

위에서 우리는 허과부(禾寡婦)와 엄마, 그리고 '나'의 상처의 체험과 기억들을 살펴보았다. 허(禾)는 남편이 죽음으로써 과부(寡婦)가 되었고, 오랫동안 당뇨병을 앓고 있어서, 음식을 조절해야만 했다. 그러나 당뇨병이 아닌 화재로 인한 죽음의 불길이 그녀를 삼켜버렸다. 엄마는 오랜 세월동안 아버지에게 짓눌려 살아오다가, 이혼을 선택하여, 누구의 모욕도 받을 필요가 없는 삶을 살 수 있게 되었으나, 불치의 병이 그녀를 데려가 버린다. '나'는 초등학교 담임 선생인 T선생에 의해 결함(殘缺)있는 아이,

---

34) 陳染, 『私人生活』, 32쪽.
35) 陳染, 『私人生活』, 32쪽.
36) 陳染, 『私人生活』, 63쪽.
37) 陳染, 『私人生活』, 165쪽.
38) 陳染, 『私人生活』, 240쪽.

문제아, 보균자로 분류된다. 나를 사랑했던 허(禾)와 남자친구 인난(尹楠), 엄마가 연이어 '나'를 떠남으로써 정신이상을 일으키게 된다. '나'에게는 여전히 시대의 조류에 부합되지 않는 결함이 남아있다.

허(禾)와 엄마 그리고 '나'의 상처들에는 공통점이 하나 있는데, 이 세 여인의 상처들이 중층적인 의미구조를 갖고 있다는 점이다. 바로 1차적인 상처(과부, 이혼, 문제아)와 나중에 덧붙여진 2차적인 상처(화재로 죽음, 불치병, 정신분열 상태)를 지니고 있다는 것인데, 그녀들의 1차적 상처는 모두 바로 허(禾)의 남편, 아버지 그리고 T선생과 같은 男性들에게서 기인한다는 것이다.

이처럼 작가는『개인생활』에 나타난 여성인물들에 대해 사랑과 우정, 연민과 同性愛를 가지고 긍정적 묘사를 해나가고 있지만, 소설 속에 드러나는 남성인물들(아버지와 T선생)에 대해서는 거부와 반역하려는 심리태도를 가지고 부정적 묘사를 하고 있다. 소설 속의 여성인물들은 하나같이 상처와 결함 있는 사람들인데, 그들의 상처가 의미하는 것이 무엇인지를 다음의 거절의 몸짓과 저항의 서사 분석을 통해서 살펴보고자 한다.

Ⅲ. 거절의 몸짓과 저항의 서사

다이진화(戴錦華)는 "여성의 '개인적 글쓰기'가 남성권력 사회의 권위적인 언어와 주류서사에 대한 해소・전복을 이룰 수 있다"고 보았으며, 그 이유를 "여성 개인생활 체험의 직접적인 글쓰기는 남성권력사회의 권위적인 언어와 남성 규범, 그리고 남성이 갈망하는 여성형상을 전복시킬 수 있기 때문"[39]이라고 보았다. 아울러 "新時期 중국 여성은 '화목란 상황(花木蘭 情境--옛날, 아버지를 대신하여 從軍한 효녀 木蘭처럼, 남자로 분장하여 평등을 추구하지만, 진정으로 性別을 초월할 수 없는 상황)'의 평등과

---

39) 戴錦華・王干,「女性文學與個人化寫作」,『大家』, 1996년, 第1期, 196쪽.

'여인이 되라'는 권력의 요구대로 전통의 性別秩序에 복종해야 하는 두 가지 난처한 상황에 처하게 되는데, 천란(陳染)는 제3의 길을 선택하였다. 그것은 작가 자신의 성별신분을 고집하고 인정하며, 힘에 부치지만 완강하게 자신--여성의 공간--을 지탱하고 있는 길이었다. 그리하여 남성문화의 내재화된 음영을 벗어나고 반성하며, 여성으로서, 여성체험에 대한 글쓰기를 통하여 성별질서 · 성별규범과 도덕원칙에 의문을 제기한다"[40] 라고 평하였다.

천란(陳染)은 「나의 성장(我的成長)」이라는 글에서 자신이 어떻게 개인적인 글쓰기를 선택하게 되었는가에 대해 다음과 같이 술회하고 있다. "총체적으로 말하자면, 중국 더 나아가서 세계의 문화구조 · 정치기구는 모두 남성권력체제이다. 나의 장편 『개인생활』의 매우 많은 세부묘사는 부권제도(父權制度)에 대한 항쟁이다. 소설의 민감하고 미세한 부분들에는 성별(性別) 항쟁이 포함되어 있으며, 나의 성별(性別)입장이 결정한 것이다. 어떤 경우 남성비평가들은 내 소설 속의 매우 민감하고 미세한 부분이 내포하는 성별 항쟁(抗爭)을 깨달을 수 없을 때가 있다. 여성 성별의 심리와 입장과 여성 성별의 약세인 위치는 여성들로 하여금 매우 많은 문제에서 공명(共鳴)이 일어나게 하는데, 이성(異性)은 이것을 체득할 수가 없다."[41]라고 말하였다.

그렇다면 『개인생활(私人生活)』 속에는 부권제도(父權制度)에 대한 항쟁이 어떻게 나타나고 있는가? 남성권력체제인 세계의 문화구조와 정치구조에 대한 작가의 세계인식은 어떠한가? 소설 속의 남성인물들에 대한 구체적 분석을 통하여, 작가의 세계에 대한 인식(결함 있는 시대)은 어떤 방식으로 표현되었으며, 이 세계를 지배하는 남성인물들에 대하여 주인공 여성화자인 '나'는 어떻게 대응하였는지 고찰해보려 한다.

먼저 『개인생활』에서 남성권력 사회의 상징으로 대표되는 '아버지'와

40) 戴錦華, 「陳染 : 個人和女性的書寫(跋)」, 『陳染文集』 1券, 江蘇文藝出版社, 1996년, 401쪽.
41) 陳染, 「我的成長」, 『不可言說』, 作家出版社, 2000년, 226쪽.

‘T선생’에 대해 살펴보자.

소설의 제2장의 소제목은 ‘한 쪽 눈의 할머니’이며, 집안의 보모인 할머니에 관한 이야기이다. 우리는 이 제2장의 표제어에서 “우리가 아버지에게 ‘예(是)’라고 말하고, 생활에 대해 ‘예’라고 하는데, 이 대답보다 더욱 깊은 否定은 더 이상 없다”42)라고 말한 표현에 주목할 필요가 있다. 화자인 ‘나’는 어린 시절, 보모인 한 쪽 눈의 할머니를 더 이상 집에 머무르지 못하게 하는 아버지의 절대권위에 대해, 커서 그 원인을 반성하게 되는데, “아버지의 난폭하고 독단적이며, 절대적인 권세는 엄마와 할머니, 그리고 어린 내가 자동적으로 그에게 부여한 것”이며, “우리의 연약함과 복종이 그가 우리를 압제하도록 부여하고, 용인했으며”, “이 점에서, 한 가정과 한 국가의 상황이 완전히 같다”43)는 인식에 도달하게 된 것이다. 작가는 중국 더 나아가 세계의 남성권력체제는 집안(아버지)에서건 국가(소설의 시대적 배경인 모택동 시대)에서건 유지되고 있는데, 이러한 부권제도와 남성권력사회에 저항하지 않는 여성이 자발적으로 일조한 부분도 없지 않음을 시사하고 있다.

여기에서 우리는 화자인 ‘나’의 어린 시절에 일어난 ‘의미있는 한 사건’을 되짚어 볼 필요가 있다. 그 때는 바로 중국의 정치형세가 거대한 전변을 일으킨 1976년이었다. 어느 날, 어린 ‘나’는 아버지의 조급하게 서두르는 표정에서, 그가 또 회의에 가려고 한다는 것을 알게 된다. 엄마와 ‘나’는 영화를 보러 나갈 계획이었다. 엄마는 아버지가 회의에 갈 때마다 늘 입고 다니는 유백색(乳白色)의 모직바지를 다려서 나의 침대 위에 놓아두었고, ‘나’에게는 영화 보러 나갈 준비를 하라고 하였다. ‘나’는 세수를 하였고, 얼굴에 로션을 발랐다.

---

42) 陳染, 『私人生活』, 17쪽.
43) 陳染, 『私人生活』, 24쪽.

> 내가 화장대의 서랍 속에 화장품을 넣어두려고 할 때, '나'의 눈에 갑자기 가위가 들어왔다. 그 가위는 짙은 남빛의 광택을 차갑게 띠고 있었다. (가위는)나의 등 뒤에서 번쩍이고 있었는데, 마치 잘못을 회피하고 있는 것 같았다.....(중략)
> 나는 재빨리 몸을 돌려, 가위를 들고, 내 침대 위의 모직바지를 향해 곧장 내달렸다. 넓게 펼쳐진 바지의 다리부분이 바로 가위에 겨누어지고 있었다. 가위와 모직바지가 맞물려서 내는 싹둑싹둑 하는 소리가 차가운 번개처럼, 위험한 쾌락이 있는 것 같았다...... 유희의 쾌감이 나를 긴장하게 하고 또 만족하게 했다. 그런 후, 나는 마치 놀라 허둥지둥하는 한 마리 토끼처럼, 몇 번인가 달아나 뛰어다니다가 집에서 벗어났다.[44)]

그러나 잘라진 바지를 대하는 엄마의 반응은 흡사 "그것이 바지가 아니라, 살아있는 사람의 다리이며, 잘라진 틈에서 붉은 피가 후두둑 밖으로 솟구치는 것"[45)]처럼 대하였다. 그리하여 그 날 오후, 엄마는 종일 그 바지를 수선하게 되었다.

여기에서 흥미로운 것은 화자인 '나'는 아버지가 회의를 하러 갈 때 입는 중요한 바지를 자르면서 '쾌감'과 '만족감'을 느낀다는 점이다. '나'에게 가위는 어려서부터 만져서는 안 되는 금지된 물건이었다. 그러나 '나'에게 금기시 되었던 가위를 든 충동과 그 가위가 바지와 맞물려서 내는 소리는 '나'에게 "몸 속에서 기묘한 무엇인가가 '해결'된 쾌감이 일어나게 했다"[46)]. 이 "무엇인가가 해결된 쾌감"이란 무엇을 말하는 것일까? 어린 '나'는 마침내 금기시되었던 "아버지의 절대권위와 우리에 대한 억압"에 대해 반항한 것이다.

그것은 "금기에 대한 동경과 강렬한 반역의 개성, 그리고 대항성이 극단까지 팽창한 특징들이 이 사건의 필연성을 결정한"[47)] 것이었다. 절대적인 권위를 가지고 집안에서 우리를 제압하는 아버지에 대한 '나'의 미움이 아버지의 외출복 바지를 자르게 했다. 바지는 아버지를 상징한다. 그러므

---

44) 陳染, 『私人生活』, 42쪽.
45) 陳染, 『私人生活』, 44쪽.
46) 陳染, 『私人生活』, 45쪽.
47) 陳染, 『私人生活』, 45쪽.

로 아버지의 바지를 자르는 것은 '나'에게 있어 어떤 의미에서는 '아버지가 우리를 억압한 것'에 대한 복수이기도 하였다.

다음은 T선생에 관한 이야기를 살펴보자.

T선생은 원래 초등학교 4학년 때의 '나'의 담임선생님이었다. 당시에 "초등학교가 중・고등학교까지 연속 10년을 다니는 학제로 바뀌면서, 따이마오 학교(戴帽學校)"48)가 된다. '나'는 중학교에 진학을 하고, T선생은 국어과목을 담당하였다.

> 쉬는 시간에 몇 명의 여학생들이 예전대로 T를 에워싸고 재잘거리고 있었다. '나'는 스스로 한 명의 '낯선사람' 혹은 '아웃사이더'로서의 난처함을 피하기 위하여, 내 책상 위에 엎드려서 숙제를 하고 있었다......(중략)
> 그 때, 나는 T가 나의 이름을 크게 부르는 것을 들었다. "니니우니우(倪拗拗), 쉬는 시간에 숙제 하는 것은 허락하지 않는다, 교무실로 와라!"49)......(중략)
> 나는 그가 어째서 언제나 큰소리로 나를 부르고, 어째서 평온한 마음상태로 나에게 이야기 할 수 없는지, 조금도 이해가 되지 않았다. 나는 계속 머리를 숙이고, 주먹을 꽉 쥐고 있는 책상 위의 창백한 나의 손가락을 보았다. 한 장의 폐지뭉치를 조심스럽게 폈다가, 그런 후 또 그것을 잔인하게 갈기갈기 찢는다. 손에서 갈기갈기 찢어진 것은 한 장의 폐지가 아니라, 흡사 T의 분노한 피부와 같았다."50)

종이를 갈기갈기 찢는 '나'의 모습은 T에 대한 분노의 또 다른 표현인 것이다. 자신의 마음이 내키는 대로 숙제도 하지 못하게 하는 T의 모습에서, 잘못한 것이 없는데도 교무실로 오라고 하는 T의 모습에서 '나'는 마침내 "수많은 男性들은 모두 이렇게 모순적이며・난폭하고・신성불가침한 존재들"51)이라는 인식에 도달하게 된다.

고등학교를 졸업하는 그 해의 겨울방학, 눈 내리는 날, '나'는 숙제를

---

48) 陳染,『私人生活』, 59쪽.
49) 陳染,『私人生活』, 60쪽.
50) 陳染,『私人生活』, 61쪽.
51) 陳染,『私人生活』, 62쪽.

제출하러 학교에 갔는데, T선생은 '나'에게 남아서 교실 앞마당의 눈을 쓸라고 했다. 다른 친구들은 모두 집으로 돌아가는데, '나'만 남아서 눈을 쓸어야 한다는 것을 '나'는 불공평하다고 생각하였다. 그러나 쓸어도 쓸어도 또 덮이는 눈에서 '나'는 이 눈쓸기가 "끝없는 시험이나 노역 같고, 영원히 끝나지 않을 시험 · 완성할 수 없는 노역과 같다고 느꼈다. 그것은 완전히 T선생의 음모였고, 함정이었다."[52] 이 눈쓸기는 '나'에게 있어 "시지프스의 새로운 신화"였다. 시지프스는 신들을 경시하여 신들의 비밀을 누설했다는 이유로, 끊임없이 산꼭대기까지 바위 덩어리를 굴려 올리게 하는 형벌을 받는다. 굴러 올려도 굴러 올려도 또 다시 굴러 떨어지는 시지프스의 바위 덩어리처럼, T에 의해 '나'에게 부과된 '눈쓸기'는 바로 쓸어도 쓸어도 다 쓸 수 없는 "시지프스의 새로운 신화"였던 것이다.

그 순간, '나'는 눈앞의 다 쓸 수 없는 눈(雪)이 갑자기 '나'의 미래생활의 상징이고 운명인 것처럼 여겨졌다. '나'는 T의 모든 난폭함과 교활함, 압박과 '나'에 대한 불공평이 순식간에 떠올랐다. T선생은, "나의 점수와 덕행의 평가를 통제할 뿐만 아니라, 나의 말, 나의 생각 심지어는 나의 정서까지도 통제한다. 이 모든 것은 정말이지 너무 불공평하다!"[53]라고 '나'는 느끼게 되었다.

이미 정오가 되었다. '나'는 T와 '나'의 아버지로 대표되는 남자에 대한 원한을 품고서 T선생이 있는 교무실로 들어갔다.

> 나는 갑자기 힘껏 그의 큰 손을 밀어젖히고, 마침내 큰 소리로 말하였다.
> "나는 당신에게 말할 것이 있어서 왔어요!"
> "무슨 일이냐?" 그는 나에게 의혹이 풀리지 않는다는 듯이 물었다.
> 나는 분노에 차서 그의 얼굴을 주시하였다.
> "나는 특별히 당신에게 말할 것이 있어요...... 어디가 은밀한 부분이죠! 그것은 여기이고, 저기예요!"
> 나는 어린 시절 그가 나를 만진 부분대로 그에게 '답례'하였다.
> 나는 매우 힘있게 그를 만졌다![54]

52) 陳染, 『私人生活』, 116쪽.
53) 陳染, 『私人生活』, 116쪽.

화자인 '나'는 대담하고 통렬하게 T에게 복수하였다. 그러나 '나'의 이 복수는 현실이 아닌 상상 속에서 이루어진 것이다. '나'는 상상 속에서만 T에게 복수하는 것이 가능한 것이다. 현실에서는 불가능한 복수, 그것을 주인공 '나'는 상상 속에서라도 기어이 이루어내고 만 것이다. 현실이 아니라면 상상의 세계에서라도 저항하고야 말겠다는 '나'의 도저한 의지를 엿볼 수 있는 부분이다.

이상으로 아버지와 T선생을 통하여, 『개인생활』 속에 나타난 남성권력체제 안에 존재하는 부권사회의 절대권력을 휘두르는 사람들의 모습을 살펴보았다. 아울러 그 억압의 문화 속에서 주인공 '내'가 남성권력체제의 사회에 대하여 어떻게 반응하고 저항하는지, 그 거절의 몸짓을 살펴보았다. 화자인 '나'는 정신병원에서조차도, 갑자기 찾아온 아버지를 모른다고 하며, 정신분열의 상태에서도 아버지에게 "나를 통제하지 마세요, 나를 통제하지 마세요"55)라고 말하고 있다. 주인공 '나'의 男性과 父性에 대한 항쟁과 반역의 심리, 그리고 거부의 몸짓이 어느 정도인지를 알 수 있는 대목이다. 작가는 아버지와 T선생으로 상징되는 부권제도의 사회가 바로 여성을 얽압하는 문화이며, 결함이 있는 시대임을 역설하고 있다.

천란(陳染)의 『개인생활』에는 부권제도가 가져온 억압의 문화에 대한 저항의 언어와 거부의 서사가 개인적 글쓰기, 여성적 글쓰기의 형식으로 표현되어 있다. 우리는 다이진화(戴錦華)가 지적한 "개인적 글쓰기는 이미 오랫동안 중국문단 내에서 결핍된 글쓰기 방식이었다"56)라고 말한 점에 주목할 필요가 있다. 그것은 문학서사 방면에서의 '결핍된 문화양식'을 가리키는 또 다른 표현이었다.

천란(陳染)은 "중국의 '거대한 문학(大文學)'이라는 이전의 모식은 모두 국가의 정치혁명 등 커다란 제재를 쓴 것이며, 매우 개인적인・생활의

54) 陳染, 『私人生活』, 118쪽.
55) 陳染, 『私人生活』, 252쪽.
56) 戴錦華, 「陳染：個人和女性的書寫(跋)」, 『陳染文集』 1券, 江蘇文藝出版社, 1996년, 400쪽.

부분적인 것에 대한 작품은 작다(小)고 여겨졌다. 그래서 나의 장편소설의 제목을『개인생활』이라고 하였는데, 바로 이전의 모식에 반대하려고 한 것이다"[57]라고 술회하였다. 아울러 작가는 "카프카의 문학도 매우 작다(小), 그러나 카프카가 관심을 가진 것은 인류생존의 곤경이라는 문제였다. '작다(小)'은 것일지라도 인류를 높이 승화시키고, 인류가 직면한 어떤 곤경을 반영하기만 한다면, 바로 매우 커다란 것이 된다"[58]고 역설하고 있다.

천란(陳染)은 "개인의 색채가 없는 문화 · 독특한 개인의 사상이 결핍된 예술은 '빈곤한 문화'의 특징이다. 걸핏하면 '국가' · '인민'이라는 미명하에 개인의 소리를 강제로 억제하고, '주류집단(主流群体)'라는 이름아래 독단적으로 개인의 의식을 덮어버리는 것은 정신문명이 원시적인 사회의 단계"[59]라고 말하며, '개인'의 중요성을 강조하였다. 그리하여 소설『개인생활』은 주류문학의 거대서사와 거대한 문학(大文學)의 모식에 반대하여, 비주류문학, 소수문학, 작은 문학(小文學)이라는 저항의 언어와 거부의 서사방식을 선택하였다. 이것은 작은 것으로써 큰 것을 보는(以小見大) 서사 방식으로, 개인적이고 여성적인 것이 결코 작은 것만은 아니며, 여성의 역사와 여성 생존의 곤경이라는 문제를 다루고 있는 중요한 부분임을 역설하고 있다.

그리하여 천란은 개인의 역사를 기록하는 것은 "개인의 독특한 개별 특징이기도 하고, 또 인류전체의 특징이기도 하다."[60]는 점을 강조하면서, 키에르케고르의 '소수인'의 입장을 지지하였다. 여러 사람들이 '예'라고 할 때, 용감하게 '아니오'라고 말할 수 있는 개인과 소수인이 더 역량있는 사람이라는 것이다. 왜냐하면 그들은 진정으로 자신들의 어떤 관점을 가지고 있기 때문이고, 그러므로 작가는 '개인적인'것이 결핍된 문화는 "빈곤한

57) 陳染,「我的成長」,『不可言說』, 231쪽.
58) 陳染,「我的成長」,『不可言說』, 232쪽.
59) 陳染,「"個人化"與我自己」,『聲聲斷斷』, 作家出版社, 100쪽.
60) 陳染,『私人生活』, 247쪽.

文化"이며, 결함있는 시대가 바로 이런 "빈곤한 문화"를 만들어낸다고 생각하였다. 아울러 그러한 거대서사의 모식에 저항하고 거부하는 개인적 글쓰기와 여성적 글쓰기의 서사양식을 선택하였다.

Ⅳ. '낯설게 하기'와 상상의 세계

천란(陳染)의 『개인생활』에 두드러지게 나타나는 표현수법은 "낯설게 하기(陌生化)"와 의인화 수법이다. 천란(陳染)은 말하지 못하는 신체에 말을 걸고, 그것들과 교류하며, 의식있는 신체로 변화시킨다. 또한 생명 없는 사물에 생명력을 부여하며, 사물을 '命名하는 것'에 그 특징을 드러낸다.

11살 무렵의 '나'는 비에 젖어 화가 나있는 팔과 다리에게 말을 건다.

> 나는 팔에게 '노(No) 아가씨(不小姐)'라고 이름지어 주고, 다리에게 '예스(Yes) 아가씨(是小姐)'라고 이름지어 준다. 왜냐하면 나는 팔이 나의 두뇌를 대표한다고 생각하기 때문이고, 다리는 나의 신체를 대표하지, 나의 의지(意志)를 대표하는 것이 아니라고 생각하기 때문이다"61)

화자인 '나'의 두뇌는 Yes가 아닌 No에 익숙해져 있으며, '나'의 두뇌는 반항적이다. 신체는 '나'의 두뇌보다 긍정적이다.

> 나는 나의 '노(No)예스(Yes)아가씨'들을 인솔하며 걸어간다. 길에서 그녀들에게 위로하는 말을 한다. 어떤 때, 나는 나 한 사람이 매우 많은 사람이라고 느낀다. 이렇게 하면 매우 떠들썩해진다. 우리는 끊임없이 사상을 교류하며, 시시각각으로 부딪치는 문제를 하소연한다."62)

이처럼 '나'는 말하지 못하는 신체에게 말을 걸고, 그들과 끊임없이 교류

61) 陳染, 『私人生活』, 10쪽.
62) 陳染, 『私人生活』, 10쪽.

하면서, 팔과 다리에 독특한 이름을 지어주며, '命名하는 것'에 장점을 발휘한다.

또 하나의 특징은 생명 없는 사물에 생명력을 부여하며, 감정 없는 신체에 감정을 부여하는 의인화수법이다. 어린 시절, 학교에 불려온 '나'의 엄마 앞에서, 엄마보다 나이도 어린 T선생이 강경한 태도를 보일 때, "화가 난 나는 결국 눈으로 T의 팔을 물어버린다. 그것은 내가 눈(眼睛)으로 문 것이다"63) 이 묘사는 주인공 '나'의 집요한 성격이 엿보이는 대목이며, 이로 인해 '나'의 성격을 짐작할 수 있는 부분이다. 또한 눈으로도 사람을 물 수 있음을 보여준 천란(陳染)은 신체기관에 생명을 부여하는 묘사능력이 뛰어나다.

특이한 것은 시체에도 생명력을 부여하여, 시체가 말을 한다는 점이다. 꿈속에서 거씨(葛氏)여인의 시체는 '나'와 대화를 나누며, 또 다른 꿈속에서 '나의 시체'는 '나'와 말하기를 싫어하며, 끊임없이 재채기를 한다. 천란의 글에서는 시체조차도 말을 하고, 재채기를 하며 갑자기 생명 있는 것으로 변화된다.

엄마의 '옷'도 말을 한다. 엄마가 죽은 후, 그녀의 옷은 여전히 살아있어서, "엄마, 잘 잤어요?"라고 하며, "나는 오랜 시간 그녀의 옷들과 교류한다. 그것들(엄마의 옷)은 확실히 살아있다. 나는 그녀의 옷들이 나에게 말하는 것을 듣는다."64) 천란은 소설 속에서 의인화수법을 활용하여, 대상을 '낯설게'만들고, "일상적 인식의 습관적 대상이 되어 버린 사물에 대한 인식력을 우리에게 다시 되돌려주고"65) 있는 것이다.

다른 하나의 표현 수법은 '상상의 세계'인데, 특이한 점은 주인공 '나'는 자신의 내면 심리세계, 상상의 세계에서 심리적 위안을 얻는다는 것이다.

'나'를 사랑하는 사람(허과부(禾寡婦), 남자친구 인난(尹楠), 엄마)들이

---

63) 陳染, 『私人生活』, 13쪽.
64) 陳染, 『私人生活』, 232쪽.
65) 레이먼 셀던 著, 『현대문학이론』, 현대문학이론연구회 譯, 문학과 지성사, 1994년.

모두 그녀를 떠나, 사랑하는 사람들을 모두 상실한 '나'는 상실의 정도가 극에 달해서 누구와도 교류할 수가 없게 되자, 자신만의 내면 심리세계에서 위안과 안정을 얻게 되고, 최후에는 "욕조"에서 심리적 안정감을 찾는다.

외부세계로부터 오는 상처와 상실감이 너무 깊어서, 누구와도 교류할 수 없는 '나'는 세상 사람들과 교류하고 싶어 하지 않는다. 자신만의 공간인 내면의 심리세계와 상상의 세계에서 위안과 안정을 얻는다. 특별히 안정감을 느끼는 '욕실공간'과 '욕조 '는 울프가 말한 '자기만의 방'을 의미하기도 한다.

Ⅴ. 맺음말

이상으로 90년대 개인적 글쓰기의 대표작이라고 할 수 있는 천란(陳染)의 『개인생활』을 상처의 기억과 억압에 대한 거절의 문화적 풍경의 각도에서 살펴보았다. 『개인생활』은 90년대 "개인적 글쓰기의 전략인 여성 욕망의 서술, 남성 권위 담론의 전복, 주변부 서술"[66]이 모두 표현되어 있는 작품이다.

천란(陳染)이 소설의 화자인 '나'의 입을 통해, "나의 관심은 결함있는 시대 속의 결함있는 사람들이다"[67]라고 말했듯이, 필자는 이 소설의 핵심 주제가 '결함있는 시대(남성권력 체제의 억압적 문화와 사회) 속의 '결함있는 사람들(상처있는 사람들)'이라고 생각한다. 소설 전체흐름을 통해 보면 '성욕망에 대한 묘사'가 일관되게 진행되고 있는 중요한 주제이지만, 본 글에서는 다루지 않았다. 이 소설의 섹슈얼리티를 분석할 때는 주인공 '내'가 성적 정체성을 발견하는 과정과 동성애와 이성애가 함께 다뤄져야 하며, 이치우(伊秋)와 시따왕(西, 大望), '나'와 T선생, '나'와 인난(尹楠),

66) 朴正元, 「중국당대문학과 개인적 글쓰기--여성문학을 중심으로」, 『中國現代文學』 22호. 2002년. 201쪽.
67) 陳染, 『私人生活』, 8쪽.

'나'와 허(禾)의 관계가 모두 다뤄져야 하므로, 별도의 글에서 집중토론할 만한 주제라고 생각했기 때문이다. 특히 '나'와 T선생, '나'와 허(禾)의 관계에서의 섹슈얼리티는 소설 속의 등장인물과 '나'만의 문제가 아닌, 인간의 보편적 욕망이고 인류의 문제인 것이다.

아울러 『개인 생활』의 미학적 특성과 미학적 가치에 대한 면밀한 검토와 분석 또한 특화시켜 탐구할 만한 필요가 있다고 생각한다. 본 글에서는 '낯설게 하기'와 상상의 세계라는 간략한 형식적 특성만을 언급하면서, 『개인 생활』의 미학적 특성과 가치에 관한 연구는 다음 과제로 남겨두고자 한다.

천란(陳染)의 『개인생활』은 90년대 중국의 거대담론(국가 · 역사 · 정치)을 중시한 것에 대하여, 90년대의 방식으로써 항거한 것이며, 사소한 일상생활 역시 소중하며, 여성 · 개인의 섹슈얼리티도 무시해버릴 수 없다는 것을 보여주고 있다. 여성의 시각으로 여성의 성별신분을 인정하면서, 한 개인의 내면 심리세계의 끝없는 반성과 세계와의 대치 · 긴장국면을 사실적으로 묘사한 작품이다. 천란의 개인적 글쓰기가 개인의 내면심리에만 너무 깊이 침잠하여, 사회와 세계에 대하여 문을 닫아걸고 있다는 비평 또한 존재하지만, 필자는 여성이 여성의 관점으로 자아와 사회·세계에 대하여 인식하고 느끼는 것을 여성적 글쓰기의 방식으로 작품창작을 통하여 실천하고 있는 다음 행보가 기대된다.

參考文獻

陳 染,『私人生活』,『陳染文集』3券, 江蘇文藝出版社, 1996.
陳 染,「我的成長」,『不可言說』, 作家出版社, 2000.
陳 染,「"個人化"與我自己」,『聲聲斷斷』, 作家出版社, 2000.
陳 染,「王朔陳染對話」,『我們能否與生活和解』, 作家出版社, 2001.
陳 染,「自語」,『陳染文集』4券. 江蘇文藝出版社, 1996.
洪子誠,『中國當代文學史』, 北京大學出版社, 1999.
陳思和,『中國當代文學史教程』, 復旦大學出版社, 1999.
王曉明,「在創傷性記憶的環抱中」,『在新意識形態的笼罩下--90年代的文化和文学分析』, 王曉明主編, 江蘇人民出版社, 2000年.
薛 毅,「浮出歷史地表之后」,『在新意識形態的笼罩下--90年代的文化和文学分析』, 王曉明 主編, 江蘇人民出版社, 2000年
戴錦華・王干,「女性文學與個人化寫作」,『大家』, 第1期, 1996
戴錦華,「陳染:個人和女性的書寫(跋)」,『陳染文集』1券, 江蘇文藝出版社, 1996
廖冬梅,「當代女性文學眞的如此"誤置"嗎?」,『文藝爭明』, 2002, 第三期.
李運摶,「什么不是"個人化"?」,『中國年度文論選・'99券』, 漓江出版社, 1999.
方 鈴,「陳染小說:女性文本實驗」,『當代作家評論』, 1995. 第1期.
賀桂梅,「個體的生存經驗與寫作」,『當代作家評論』, 1996. 第3期.
金炅南,「陳染:對女性慾望的自我透視及對女性存在觀念的覺悟」,『中國現代文學』第14號, 1998.
김순진,「천란(陳染) 글쓰기의 여성적 의미」,『중국학연구』25輯, 중국학연구, 2003년 8월.
朴正元,「중국당대문학과 개인적 글쓰기--여성문학을 중심으로」,『中國現代文學』제22호. 2002.
김성례,「여성의 자기 진술의 양식과 문체의 발견을 위하여」,『여자로 말하기, 몸으로 글쓰기』,『또 하나의 문화』제9호. 1992년.
레이먼 셀던 著,『현대문학이론』, 현대문학이론 연구회 譯, 문학과 지성사, 1994년.
팸 모리스 지음, 강희원 옮김,『문학과 페미니즘』, 문예출판사, 1999년.
로즈마리 퍼트남 통 지음, 이소영 옮김,『페미니즘 사상』, 한신문화사, 2000년.
타니 발로우 著, 김은실 / 박혜경 번역,「중국의 여성에 관한 지역연구에서 부채의 영역과 페미니즘의 유령」,『흔적』1, 문화과학사, 2001년.

출처 : 『中國現代文學』제28호, 2004년 3월

저자 (가나다순)

고진아 한국외대 중국어과 강사
곽노봉 동방대학원대학교 서예과 교수
김경현 육군사관학교 외국어학과 교수
김규선 한국외대 중국어과 강사
김두근 한국외대 중국어과 강사
김명희 전남대 중문과 강사
김민종 명지대학교 방목기초교육대학 교수
김성문 진주보건대학 국제관광계열 교수
문승용 한국외대 중국어과 강사
박종숙 호서대학교 중어중국학과 교수
배다니엘 남서울대학교 중국학과 교수
심규호 제주산업정보대학 관광중국어통역과 교수
유성준 우석대학교 중국어과 교수
유세종 한신대학교 중국지역학과 교수
윤동렬 안산1대학 관광중국어과 교수
이우용 한국외대 중국어과 강사
이은주 한국외대 중국어과 강사
이정교 한국외대 중국어과 강사
임춘성 국립목포대학교 중어중문학과 교수
임효섭 동아대학교 중국학부 교수
장준영 한국외대 중국어과 강사
전홍철 우석대학교 유통통상학부 교수
정병윤 한국외대 중국어과 강사
정호준 한국외대 중국어과 강사
제장환 육군3사관학교 교수
최웅혁 대구가톨릭대학교 중어중문학과 교수
홍병혜 배화여자대학 중국어통번역과 겸임교수

중국문학의 전통과 모색

1판 1쇄 찍음 • 2008년 8월 20일
1판 1쇄 펴냄 • 2008년 8월 30일

저 자 • 박종숙외 26인
발행인 • 정 현 걸
발 행 • 신 아 사
인 쇄 • 예지인쇄

출판등록 • 1956년 1월 5일(제9 - 52호)
서울특별시 은평구 녹번동 28 -36번지 (2F)
전화(02)382－6411 • 팩스(02) 382－6401
홈페이지 • www.shinasa.co.kr
E - mail • shinasa@chol.com

ISBN : 978-89-8396-606-3

정가 ***30,000***원